上

地产开发的
29套机要档案 II

广州颖响图书有限公司 深圳市艺力文化发展有限公司 编著

29 个最具借鉴价值的报告文本
14 大项目开发流程关键节点剖析
15 种主流盈利开发模式的精品个案

大连理工大学出版社

如何在变革的时代做不变的房地产？

变革时代，学习无止境

当历史的车轮把我们从昨天的山花烂漫裹挟到今天的高楼林立——时代已经变化了！

是什么使我们的环境变化了呢？是中国的城市化进程和人们意识的觉醒使然。

十年前，当我们在做房地产项目的时候发现有那么多不懂的专业知识，所以要拼命学习。于是，我们购买了大量房地产相关的书籍和资料，从中学习了很多能够学以致用的知识。

慢慢地，我们开发了一个又一个项目，操盘了一个又一个项目……

过了一段时间后，回头发现：实践和书中获得的新知识让我们快速成长，建造的房子改变了一座城市、一个区域的面貌，设计出最人性化的户型，建造出最优美的园林，启动了居民对房子的美好向往……然而我们又发现，很多企业的学习能力更强，他们做的项目更好，真是一山更比一山高。

做房地产的十年经验告诉我一个最浅显的道理：学习是没有止境的。

你具备房地产行业的核心能力吗？

然而房地产的环境同时也在向恶化的趋势演变。为什么呢？一个浅显的原因就是——房子建得太多了！

中国过去二十年来房地产行业呈突飞猛进式发展态势，造城运动此起彼伏，它在改变了一座城市面貌的同时也造就了过多的供应量，造就了大量质素参差不齐的房地产企业，而政府对房地产行业的调控政策也从未松动过——中国房地产，你怎么了？

竞争产生优胜劣汰，竞争同时也产生了新的动力。在任何行业里，永远的春天都是不可能的，当行业发展到一定阶段，行业的洗牌就不可避免。而洗牌的结果总是要把一部分综合素质不高、能力不强的企业淘汰出这个行业，然后建立新的格局和规则。

中国房地产行业就已经行进到这个路口。向左走，向右走，何去何从？

而我们的答案是向前走。在未来十年，中国房地产行业仍将是一个黄金十年，只是这个十年不可能是所有房地产企业的黄金十年，它只是属于一部分具有较强核心能力和较高综合素质的企业的黄金十年。

中国房地产行业，正在面临新的机遇和挑战。

如何把握下一个黄金十年？

要在房地产行业继续你的黄金十年，对于任何企业来说，学习都是必需的。虽然你也许认为已经掌握了很多专业知识，但是学无止境是一种应有的态度。也许你认为已经做到足够好，但是仍然有许多企业做得比你好。即便你是万科，也有很多企业开发的项目比万科的要好。在这个行业里面，没有永远的第一名。

因此，"取百家之所长为我用"的学习态度就将奠定你在行业里的核心竞争力。《地产开发的29套机要档案Ⅱ》的出版总结了近年来国内最成功的29个楼盘的核心解码，很多核心的素材是在行业内第一次披露，因此它的含金量以及对企业的帮助可以说是巨大的。当然，前提是企业仍然抱着学习的热忱，并且仍然希望在房地产行业里努力前行，做到更好，做这个行业里的优胜者。

在变革的时代里没有谁可以拒绝学习，在变革的时代里也没有谁是永远的赢家，它有的只是学习、进步，然后再学习、再进步！

在变革的时代里你做好准备了吗？

颖响图书把《地产开发的29套机要档案Ⅱ》交给你，同时，也请你把你的雄伟蓝图交给未来！

段宏斌
广州道本商业地产策略中心总裁
2014年1月1日

编委会

编著单位

广州颖响图书有限公司
深圳市艺力文化发展有限公司

主编

林　木　　　贺颖红　　　卢积灿

编委名单

（以下排名不分先后）

林　木	章伟杰	陈岸	刘培毅	高霄鸣	左农	李世光
陈　华	边光伟	林涛	孙冬军	唐虹	段宏斌	谢苏江
华　泳	沈志伟	谢苏勤	杨开发	黄海旋	张明顺	张武杰
李继渊	贺德红					

美术编辑

阙文芳

图书在版编目(CIP)数据

地产开发的29套机要档案.2/广州颖响图书有限公司，深圳市艺力文化发展有限公司编著. —大连：大连理工大学出版社，2014.2

ISBN 978-7-5611-8551-3

Ⅰ.①地… Ⅱ.①广…②深… Ⅲ.①房地产开发－案例 Ⅳ.①F293.3

中国版本图书馆CIP数据核字(2014)第018866号

出版发行：大连理工大学出版社
　　　　　　(地址：大连市软件园路80号　邮编：116023)
印　　刷：深圳市皇泰印刷有限公司
幅面尺寸：210mm×285mm
印　　张：83.5
出版时间：2014年2月第1版
印刷时间：2014年2月第1次印刷
责任编辑：房　磊
封面设计：阙文芳　王志峰
责任校对：杨宇芳

书　　号：ISBN 978-7-5611-8551-3
定　　价：868.00元（上、下册）

发　行：0411-84708842
传　真：0411-84701466
E-mail：12282980@qq.com
URL：http://www.dutp.cn

本书四大核心价值

价值①
最具价值的报告文本

本书收录29个最具借鉴价值的报告文本，分享经典实战项目的成功经验，专业读者借此可洞察项目成功的关键所在。

价值②
项目开发关键节点剖析

通过14大项目开发关键节点的剖析，展示标准房地产住宅项目、商业地产项目全程操作的核心要点。

价值③
主流开发形态全程剖析

选取房地产住宅项目、商业地产项目15大主流盈利开发模式的精品个案，从专业的角度细致展现项目策划全程。

价值④
规范化报告模板

本书提供多类房地产报告模板，涵盖可行性研究、项目定位、营销策划、招商运营等，列明详细包含要素，提供现学现用的规范化模板。

本书分为住宅项目以及商业项目两大版块，每个版块分别从开发关键节点和主流盈利产品个案两大方面出发，选取最新最具价值的策划案例，全面剖析住宅项目以及商业项目的操作方法，为读者提供全程策划解决方案。

颖响图书

颖响房地产策划报告系列丛书

只研究最具价值的房地产策划报告文本

第一篇
八大住宅项目开发关键节点核心报告

01 可行性研究
江阴市璜土 176 亩项目可行性研究报告
0022

02 投资分析
成都市 MMS 新城别墅项目市场调研及土地价值咨询报告
0092

CONTENTS ▶ 目录

03 项目定位
重庆市鱼嘴项目市场定位报告　　　　　　　　　　　　**0148**

CONTENTS ▶ 目录

05 产品策划
新疆昌吉 JQJ 项目产品策划方案　　　　　　　　　　　　　　　0224

CONTENTS ▶ 目录

07 营销策划
滨州市 ZHC 项目营销策划报告   **0308**

CONTENTS ▶ 目录

08 广告策划
武汉市 KME 小镇项目广告策划报告
0354

第二篇
6 大盈利型住宅项目核心报告

09 大盘策划
济南市 ×× 项目定位策划报告

10 高端住宅
西双版纳 XX 项目市场策划报告
0450

CONTENTS ▶ 目录

11 产品设计
重庆市 BB 新城中心项目产品设计报告   0528

12 滨江豪宅

13 别墅

CONTENTS ▶目录

14 城中村改造
临汾市尧都区 NL 村城中村改造方案 **0612**

CONTENTS ▶ 目录

第一篇

8 大住宅项目开发关键节点核心报告

住宅项目是一种最常见的房地产开发类型，如何在如今众多的住宅项目中脱颖而出，开发出适销对路的产品，成为优质项目，快速售罄，是所有住宅开发企业最关心的问题。

要解决好这个问题，做好市场调查、项目定位、产品规划、投资分析、整合推广、销售策划等步骤的策划和操作是最关键的。

01
可行性研究

江阴市璜土 176 亩
项目可行性研究报告

一、区域宏观概况

1. 项目地缘特征

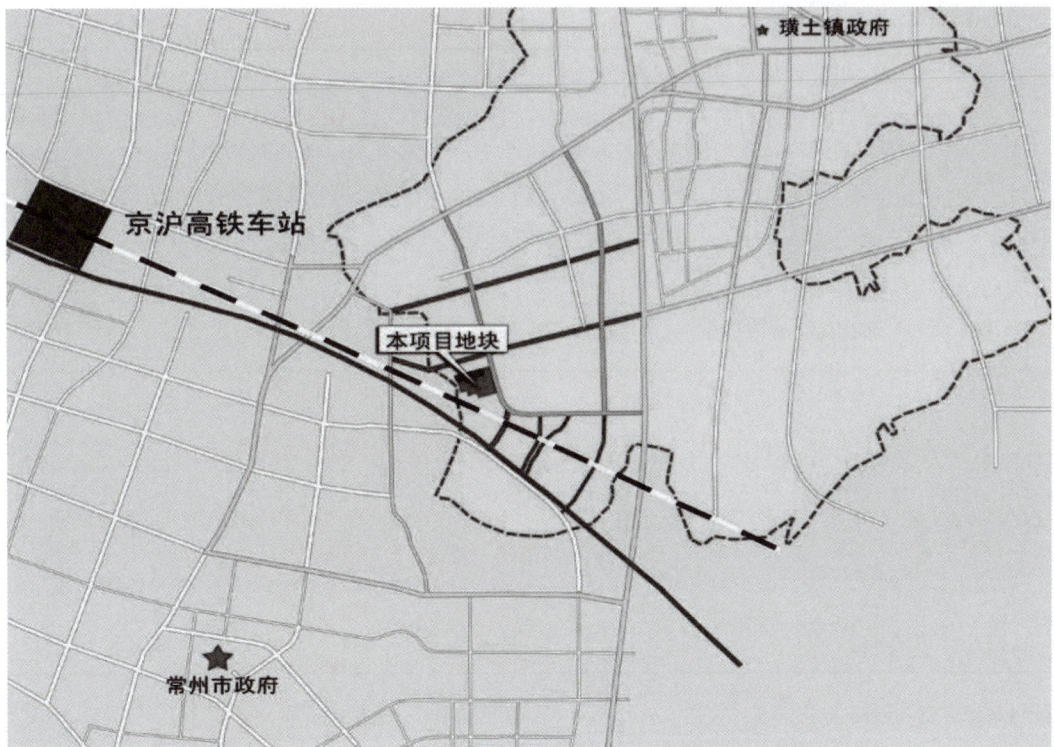

▶—— 图1-1 项目地缘特征

　　如上图所示：本项目地块位于江阴璜土与常州新北区交界处，地块西南面直接与常州地界相连。

　　项目西面、南面的常州区域发展趋向成熟，本项目与常州市政府的距离比与璜土镇政府的距离还要近。项目周边在建楼盘客群结构显示，项目所在区域的楼盘，无论是常州本地项目，还是璜土本地项目，超过75％的客户来自常州，因此从璜土的地界线看，本地块就在常州的"家门口"，更像是常州的"孩子"。只是沪宁高速、京沪高铁横亘在中间，把项目所在的璜土区域和常州划分成了"两家人"。

　　鉴于以上原因，本案市场研究的范围是：一级市场，常州市区；二级市场，江阴璜土。

2. 区域人口状况

　　常州市：总面积4374平方公里，其中市区面积1864平方公里。2009年末全市户籍人口359.82万人，外来人口（暂住与常住）总数为185.36万人。

▶—— 表1-1 常州人口结构状况

	2009年	2008年	2007年
年末户籍人口（万人）	359.82	——	——
年末常住人口（万人）	445.18	440.71	435.23
城镇人口（万人）	272.27	268.66	264.84
城市化率（%）	61.2	61	60.9

数据来源：常州统计局

2007—2009年，常州户籍人口平均增长率为0.65%左右，常住人口增长率约为1%。

江阴：全市总面积987.53平方公里，陆地面积811.73平方公里，水域面积175.8平方公里，其中城区面积为49.23平方公里。截至2009年年底，江阴市总人口为120.35万人，城区人口为40万人。

▶—— 表1-2 江阴市人口结构状况

	2009年	2008年	2007年
年末户籍人口（万人）	120.35	120	119.77
年末外来人口（万人）	79	75	70
城镇人口（万人）	53.7	48.4	45.85
城市化率（%）	44.62	40.33	38.28

数据来源：江阴统计局

2007—2009年，江阴市年人口平均增长率为0.23%，有登记的外来人口平均增长率为12.86%，外来人口的增长速度反映出江阴市经济发展正处于快速上升通道。

3. 区域经济发展

常州市：常州属于江苏省三大经济发展强市（苏、锡、常）之一。

▶—— 表1-3 常州市"三产"发展情况

	2009年	2008年	2007年
地区生产总值（亿元）	2518.66	2202.23	1880
第一产业（亿元）	91.6	68.32	63
第二产业（亿元）	1429.73	1297.51	1122

续 表

	2009年	2008年	2007年
第三产业（亿元）	997.33	836.4	695
人均生产总值（元）	56 861	50 283	43 674

数据来源：常州统计局

▶── 表1-4 常州市外向经济发展情况

	2009年	2008年	2007年
进出口总额（亿美元）	150.79	176.29	132.26
其中出口（亿美元）	108.66	132.44	98.44
新增工商注册外资（亿美元）	43.18	——	44.01
实际到账注册外资（亿美元）	22.61	20.4	18.35

数据来源：常州统计局

江阴市：中国经济发展有名的县级市，连续八年获得"中国百强县级市"第一名殊荣。

▶── 表1-5 江阴市"三产"发展情况

	2009年	2008年	2007年
地区生产总值（亿元）	1713.36	1530	1190.56
第一产业（亿元）	32.38	21.6	18.37
第二产业（亿元）	1028.4	942.65	749.54
第三产业（亿元）	652.58	565.75	422.65
人均生产总值（元）	142 572	127 500	99 403.86

数据来源：江阴统计局

▶── 表1-6 江阴市外向经济发展情况

	2009年	2008年	2007年
进出口总额（亿美元）	110.55	135.49	110.23
其中出口（亿美元）	61.75	87.91	64.35
年内到位注册外资（亿美元）	7.19	6.83	6.29
工商登记协议注册（亿美元）	10.07	12.56	12.81

数据来源：江阴统计局

4. 居民生活水平

常州市：居民生活各项指数在全国都排在前位，居民具有较高的消费能力。

▶── 表1-7 常州市居民生活情况

	2009年	2008年	2007年
在岗职工平均工资（元）	39 220	34 834	30 413
城镇居民人均可支配收入（元）	23 751	21 592	19 089
农民人均纯收入（元）	11 198	10 171	9033
人均储蓄存款余额（元）	48 809	39 895	30 560

数据来源：常州统计局

2007—2009年常州市居民生活各项指标发展情况：

在岗平均工资年均增长13.56%；

城镇居民人均可支配收入年均增长11.56%；

农民人均纯收入年均增长11.35%；

人均储蓄存款余额年均增长26.45%。

江阴市：多年来发展比较稳定，居民生活质量稳步提高，城镇居民人均可支配收入超过常州，江阴居民的消费能力在全国所有县级市中排名首位。

◗— 表1-8 江阴市居民生活情况

	2009年	2008年	2007年
在岗职工平均工资（元）	43 282	38 766	33 688
城镇居民人均可支配收入（元）	27 119	24 214	21 013
农民人均纯收入（元）	13 172	11 975	10 641
人均储蓄存款余额（元）	47 472	40 993	30 708

数据来源：江阴统计局

2007—2009年江阴市居民生活各项指标发展情况：

在岗平均工资年均增长13.36%；

城镇居民人均可支配收入年均增长13.62%；

农民人均纯收入年均增长11.27%；

人均储蓄存款余额年均增长24.65%。

5. 城市建设情况

常州市：常州市城市化建设速度非常快，建设区域主要集中于新北区。

◗— 表1-9 常州市城市建设情况

		2009年	2008年	2007年
固定资产投资（亿元）		1704.80	1448.20	1203.90
建筑企业总产值（亿元）		107.70	106.50	87.00
其中	施工面积（万平方米）	5714.71	5259.00	4954.00
	竣工面积（万平方米）	2433.98	2391.00	2181.00
房地产开发投资（亿元）		306.20	308.92	225.00
房地产成交金额（亿元）		538.10	477.01	228.50
房地产成交面积（万平方米）		879.10	383.72	572.00
其中	住宅用房面积（万平方米）	787.20	313.03	514.50
	商业用房面积（万平方米）	70.50	51.79	44.50
	办公用房面积（万平方米）	21.40	18.90	13.00

数据来源：常州统计局

2007—2009常州市城市建设各项指标发展情况：

资产投资年均增长19.01%；

建筑企业总产值年均增长11.77%；

房地产开发投资年均增长18.21%；

房地产年总销售年均增长48.88%。

江阴市：城市化建设起步比常州略晚，但由于江阴市经济基础坚实，因此城市化发展潜力巨大。

▶—— 表1-10 江阴市城市建设情况

		2009年	2008年	2007年
固定资产投资（亿元）		500.79	400.33	372.15
建筑企业总产值（亿元）		76.67	66.24	55.03
其中	施工面积（万平方米）	877.00	852.00	812.00
	竣工面积（万平方米）	468.00	448.00	456.39
房地产开发投资（亿元）		78.95	77.79	64.46
房地产成交面积（万平方米）		254.36	143.48	109.15
其中	现房销售（万平方米）	88.83	63.91	40.89
	期房销售（万平方米）	165.53	79.57	68.26

数据来源：江阴统计局

2007—2009年江阴市城市建设各项指标发展情况：

资产投资年均增长16.33%；

建筑企业总产值年均增长18.06%；

房地产开发投资年均增长11.09%；

房地产年总销售年均增长54.37%。

6. 宏观环境评价

本项目位于常州新北区与江阴璜土的交界处，将面对两大市场——常州、江阴。

常州属于江苏省"苏、锡、常"三大经济强市之一，江阴连续八年蝉联"中国百强县级市"第一名，因此，本项目具有非常良好的市场基础。

经济高度发展，居民购买力强，必然带旺两市地产市场，未来几年两市地产市场发展空间巨大。

本项目紧靠常州新北区，常州新北区发展迅速，城市化建设越来越成熟，相关配套设施越来越完善，本项目可借用的资源非常丰富。

常州新北区土地资源已近枯竭，发展北扩必然将拉动邻近区位（璜土）的发展，因此未来几年，璜土将会迎来其发展的黄金期。

本项目位于璜土对常州的门户位置,璜土未来15年规划城市发展的重点在本项目所在位置,因此,本项目将成为璜土区域发展的"首发者"。

二、项目地块状况

1.地块四至情况

本项目地块位于江阴与常州交界处,常州北片区已经发展得相当成熟了,土地资源渐显匮乏,大有向东或南拓展之势。

璜土镇位于江阴临港新城西南部,由于与常州的地缘关系密切,以及常州北部的发展,未来几年内将会得到快速发展。

地块东北——区域规划的未来商贸、行政中心以及生态旅游产业园,规划面积超过38平方公里,道路等相关的基础建设目前已经上马。

地块南面——与常州中国恐龙园相距不到1公里,从本地块南面到常州中心区域有多条规划路。

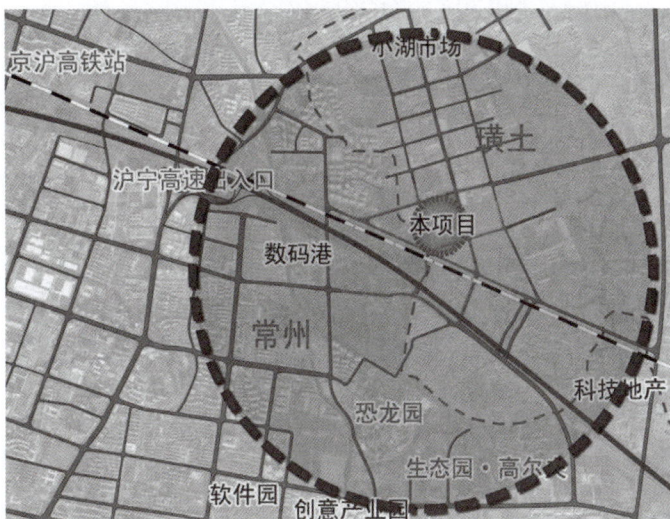

▶ 图1-2 项目地块四至情况

地块北面——相距不到1公里是小湖市场,有小湖路、永利路与小湖市场相连,地块与小湖路之间原为工业区,多数工厂已经搬迁。

地块西面——为新发展区域,常州的拆迁安置集中区域,多个房地产商住项目在建,多数为安置项目。

综合评估:地块位处璜土对江阴的门户之地,地缘优势比较明显,但由于对常州的道路建设没有完成,因此地缘价值目前处于"潜水"状态,由于交通问题的影响导致璜土区域发展滞后,因此人居环境、生活配套难以与常州形成融合与共享。

地块价值:让项目的地缘价值浮出水面,最简单、最直接的措施就是解决交通问题,该问题的解决目前已经被列为璜土镇城市化建设的首要任务。

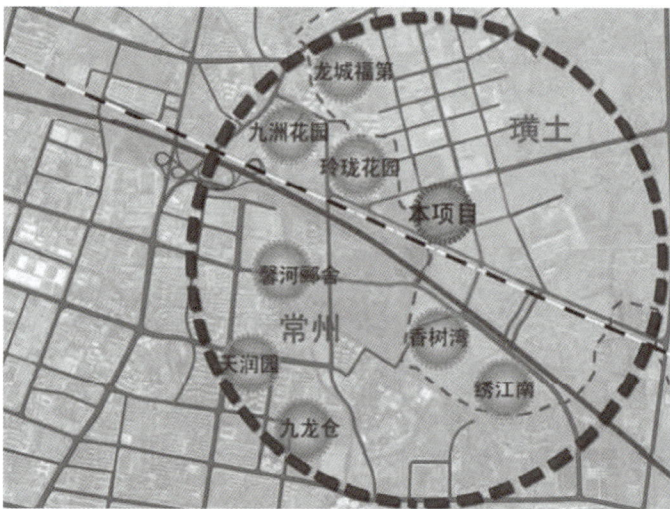

图1-3 地块周边项目开发情况

2.周边项目开发

地块周边1.5公里范围（常州、江阴当地）内有近十个房地产项目在建（在售），区域产品以别墅为主，市场认售度较高，但相对常州城区，各类物业产品价格较低。

南面为香树湾，占地600余亩，以别墅为主，还有少量高层住宅，均为地中海风格，目前已开发到尾期。

西南面有九龙仓，占地614亩，高层洋房与别墅组合，洋房为现代风格，别墅为地中海风格，2010年3月开盘。

西北面有九州花园、龙城福第、紫阳·美地山庄，这些楼盘都有部分产品为安置物业，同样为别墅、叠加洋房、高层洋房产品组合，洋房为现代风格，别墅为简约欧式或地中海风格。

本项目地块与香树湾仅有一路之隔（沪宁高速以及在建的京沪高铁），与本项目地块相对。

图1-4 香树湾花园

图1-5 九州花园

图1-6 九龙仓

3. 交通路网状况

（1）道路现状

东侧：紧邻小湖路，小湖路南北向与主干道芙蓉大道、镇澄路相交，延伸段与常州黄河东路相连，直达恐龙园。

南侧：小湖路直通常州，与恐龙园、常州行政区相连，有新规划四条南北向辅道通向常州行政中心区。

北侧：永利路与小湖综合市场相连，与镇澄路相交，该道正在改造，路面将比原来宽，成为与常州沟通的另一条主干道。

图1-7 项目道路现状一

西侧：1.5公里为沪宁高速出入口，芙蓉大道向西延伸通往镇澄路与常州的通江路，3.5公里左右为京沪高铁站。

项目的1.5公里范围内，有不少于五条主干道、十余条辅道与常州及江阴相通；沪宁高速、京沪高铁将常州及江阴与其他地区连接起来，交通非常便捷。

（2）道路现状

下图蓝色道路多数已进入建设期，政府计划以上道路在2011年8月全部开通。

图1-8 项目道路现状二

4. 地块发展条件

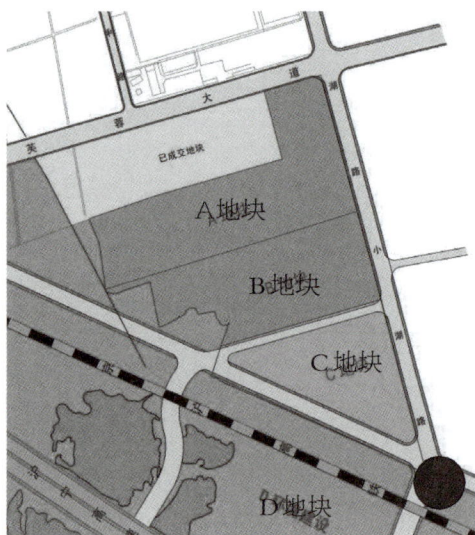

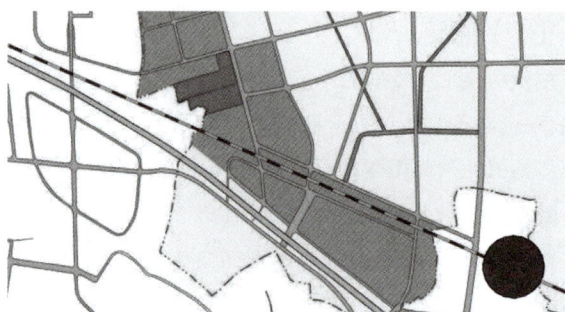

▶— 图1-9 项目周边地块情况

▶— 图1-10 项目地块分布

如图1-10所示：本项目为A、B两块土地，其中A地块100亩，B地块76.48亩，合计176.48亩，地块西面为常州规划用地。

图中C、D地块为发展预留用地，C地块功能定位为区域生活配套中心，D地块为城市公园+娱乐+商业组成的城市广场。

本项目为片区整体开发的第一期，第二期为C、D地块，与璜土镇政府签订的土地转让意向协议中明确提出，乙方有义务为整个片区发展进行定位与规划设计，并在同等条件下，具有获得C、D地块以及图中所示的整个片区土地的优先权。

国家政策规定，县级市地产项目土地招拍挂单宗用地不能超过100亩，所以本项目用地被分成了A、B两块。

本项目属于带方案挂牌项目，挂牌通过深入的市场可行性研究以及结合地方控规分析后，提出了本项目的发展定位，并得到了当地政府部门的认可。

本项目用地综合指标如下：

▶— 表1-11 用地指标

指标项	数值	单位
用地面积	176.48	亩
折合用地面积	117 653.33	平方米
容积率	1.5～2.0	——
建筑密度	≤35.00	%
绿地率	≥35.00	%
建筑高度	≤100	米

5.周边发展前景

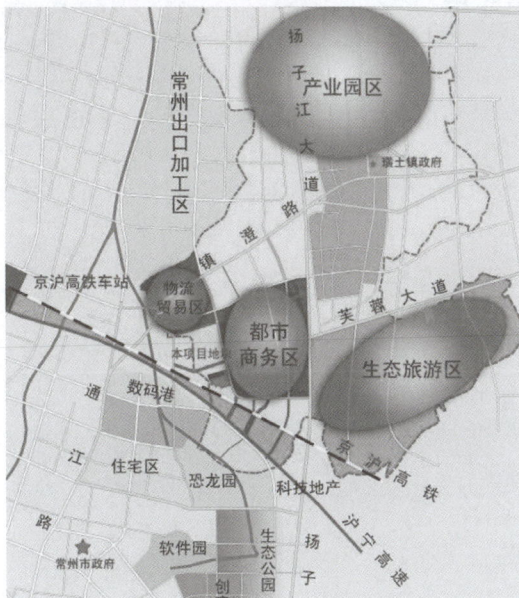

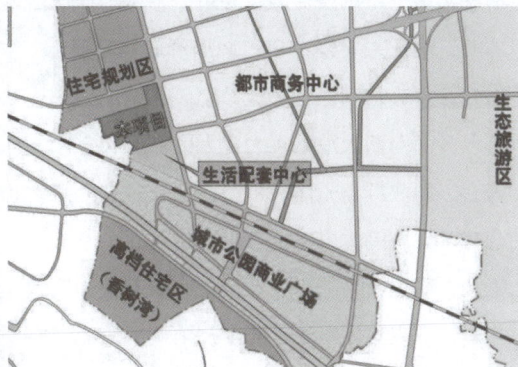

◀ 图1-11 本项目周边用地功能规划

◀ 图1-12 2010年璜土镇区域功能规划

图1-12所示为璜土镇2010年对整个璜土区域所进行的功能规划调整，具体如下：

东面：未来都市商务区以及镇未来行政中心，规划用地将近1万亩；生态旅游区，规划用地近3平方公里。

南面：京沪高铁绿化带、恐龙园、正在打造的以龙汤温泉及恐龙园为基础的常州休闲商业区，与常州市政府相距不到3公里。

北面：商住规划用地以及信息科技产业园、工业办公区，再往北为以小湖市场为基础规划的商贸物流区。

西面：地块西面直接与常州相接，未来芙蓉大道与高铁沿线相连，藻江路通向京沪高铁站及常州市中心（常州市政府）。

本项目周边用地功能规划：

东面：本地块与未来"都市商务中心"直接相连，"都市商务中心"是面积超过20 000亩的生态旅游区。

南面：两大门户工程，片区生活配套中心、城市公园商业广场。

北面：商住规划用地，与在售的近500亩的龙城福第项目相接，北面商住规划用地也是璜土镇政府目前意向预留给浙商控股的发展用地。

西面：地块西面有芙蓉大道、高铁沿线路与常州藻江路相接，直通京沪高铁站和常州市中心。

6.项目地块评估

（1）项目地块优势

第一，位于璜土对常州的"门户"位置，周边有多个地产项目；

第二，常州发展北扩，新北区城市化程度越来越高；

第三，常州可拓展资源越来越少，本地块区域迎来机会；

第四，璜土未来CBD区，地缘价值非常高；

第五，周边路网已经形成，距高铁站3.2公里；

第六，面向两大消费潜力巨大的市场：常州、江阴；

第七，地块拆迁干净、平整，已具备施工条件；

第八，地块基本方正，有利于规划；

第九，璜土新区的首发项目，政府支持力度大；

第十，未来路网发达，与常州之间的交通非常便捷。

评估：地块价值主要表现在地缘优势与交通优势两方面，地块与常州交界，地缘优势明显；周边交通路网规划丰富，未来前景看好。

（2）项目地块劣势

第一，周边人居环境有待成熟，配套设施比较匮乏；

第二，南面、西面与常州对接的道路有待建设；

第三，属于江阴地界，客户对接存在政策抗性影响；

第四，与常州接壤的边界不规则，影响规划；

第五，周边项目多数规模庞大，不具备规模优势；

第六，毗邻高速与高铁，居住价值受到一定的影响。

综合评估：地块劣势主要表现在璜土与常州之间地缘的交通不通畅上，即两区之间的交通问题没得到很好的解决。

劣势解决：璜土镇政府今年区域规划重点之一就是解决与常州之间的交通问题，并得到常州市政府的支持与配合，目前一些重要干道已经在建，本项目南面四条道路计划在2011年8月贯通通车，因此本项目地块的价值有望在短期内得到明显提升。

三、房地产市场调研

1. 区域地产概况

本项目所在区域的置业客户75%以上来自常州，因此本项目所面向的核心市场为常州市。

（1）2009年常州一级市场概况

2009年1—11月常州市区土地挂牌70宗，总占地面积446.56万平方米；成交土地56宗，总占地面积

133.11万平方米，成交总金额为133.19亿元。

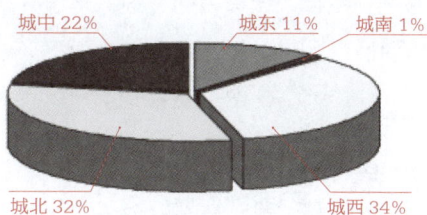

城中 22%　城东 11%　城南 1%
城北 32%　城西 34%

数据来源：常州国土局

▶── **图1-13　2009年1—11月常州各区域土地成交面积比例**

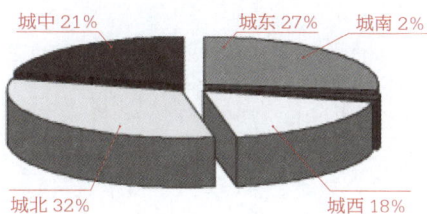

城中 21%　城东 27%　城南 2%
城北 32%　城西 18%

数据来源：常州国土局

▶── **图1-14　2009年常州各区域地块成交宗数比例**

（2）2009年常州商品房供求概况

从区域成交来看，本项目地块所在的城北是常州成交量最大的区域，其次是城南。城西、城东是2009年的热点区域，成交量分别占到18%和14%。城中区域去化缓慢，成交占比较低。

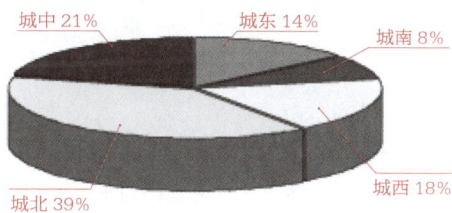

城中 21%　城东 14%　城南 8%
城北 39%　城西 18%

数据来源：常州国土局

▶── **图1-15　2009年1—11月常州各区域商品房成交面积比例**

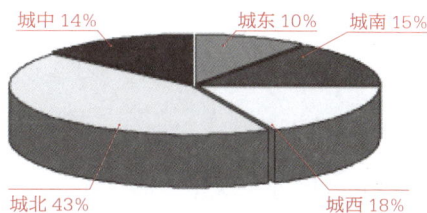

城中 14%　城东 10%　城南 15%
城北 43%　城西 18%

数据来源：常州国土局

▶── **图1-16　2009年常州商品住宅区域供应比例**

（3）2009年常州产品结构概况

从产品类型来看，住宅成交是楼市主体，比重占到了近95%，其次是别墅用房，成交比重占到了4%，而办公、商业等其他类型比重较低；从2009年住宅产品需求结构来看，二次置业，甚或二次置业以上的改善性需求所占的比重较大，90~144平方米的比重占到了65%。

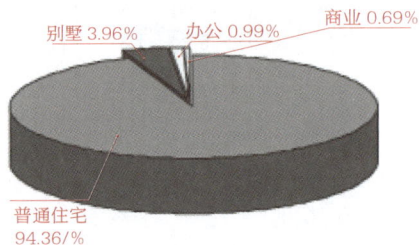

别墅 3.96%   办公 0.99%   商业 0.69%
普通住宅 94.36/%

数据来源：常州国土局

▶── **图1-17 2009年1—11月常州市区各物业成交面积比例**

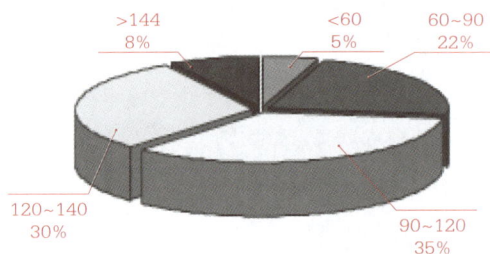

>144 8%   <60 5%   60~90 22%
120~140 30%   90~120 35%

数据来源：常州国土局

▶── **图1-18 2009年各面积段商品住宅成交套数比例**

2. 区域项目情况

常州新北区北临长江，南靠沪宁铁路，区位条件优越，交通便捷。全区总面积439.16平方公里，总人口40多万人，由旅游休闲区、商贸生活区、行政中心区等组成。2006年10月常州市政府的迁入、城市中心的转移让新北区成为常州社会、经济发展的一面"旗帜"。

（1）项目周边楼盘分布

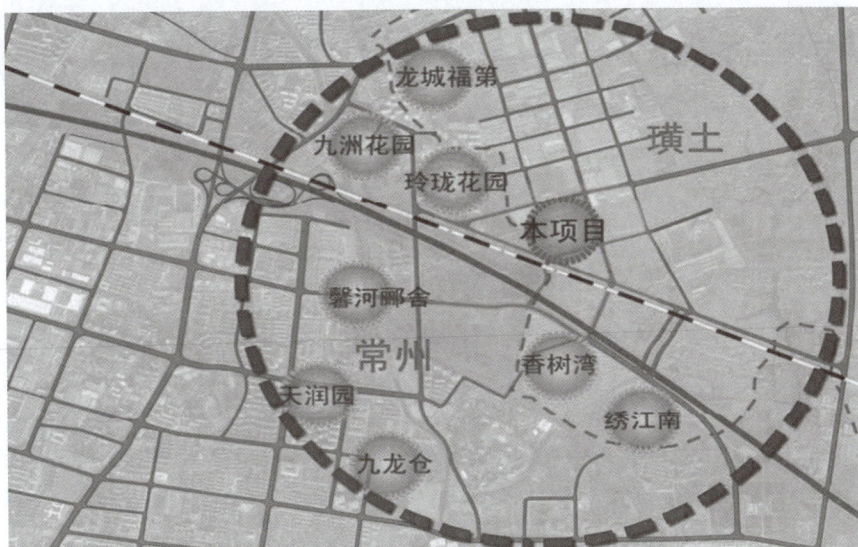

▶— **图1-19 项目周边楼盘分布**

本项目南面与西面汇集了近十个分别处于常州、璜土的地产项目，从地图可以看出，本地块南面与西面常州界内的发展已经相当成熟，而该区域土地资源基本枯竭，因此本地块所在区域将迎来良好的发展时机。

（2）项目周边楼盘概况

▶— **表1-12 周边在建项目情况**

项目	规模		产品	所属地
	总占地面积	总建筑面积		
紫阳·美地	150亩	15万平方米	联排/叠加	璜土
龙城福第	485亩	40.6万平方米	别墅/高层	璜土
九州花园	603亩	102万平方米	高层/多层	常州
香树湾	600亩	31万平方米	高层/联排/叠加	璜土
秀江南	218亩	10万平方米	联排/叠加	璜土
九龙仓	615亩	100万平方米	高层/叠加/联排	常州
馨河郦舍	94.5亩	11.3万平方米	高层/小高/联排	常州
康桥水郡	75.5亩	14.5万平方米	高层	常州
天润园	121.3亩	20.2万平方米	高层	常州

说明：以大盘为主，别墅产品比率较高

3.区域产品调查

（1）项目周边产品结构调查

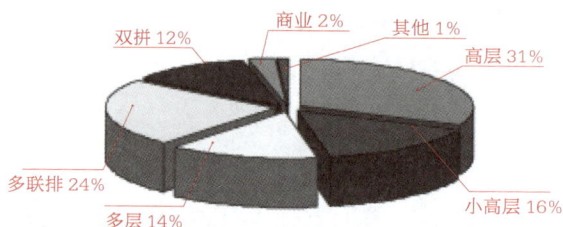

数据来源：常州房管局/江阴房管局

▶── 图1-20　2009年本项目周边区域住宅成交产品类型

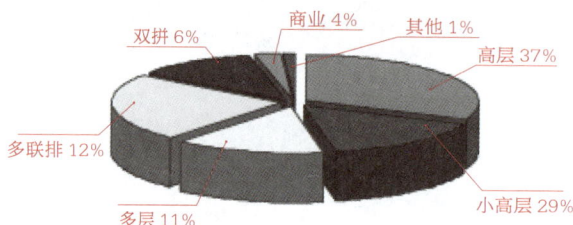

数据来源：常州房管局/江阴房管局

▶── 图1-21　2010年本项目周边区域住宅成交产品类型

图1-20和图1-21是2009年及2010年本地块周边（常州新北区和璜土）所有项目全年销售产品的套数比率。从统计数据可以看出，高层与小高层是本区域市场的主流产品，原因是土地成本的迅速提高；其次就是别墅，主要原因是本地块所在区域内项目别墅产品比率高。

地块周边项目别墅比率高主要原因在于以下两点：

一是，本区域为新发展区，在这些项目的规划设计阶段，所在区域还属于不成熟的远郊。

二是，本地块以南不到一公里是有名的恐龙园，以及常州高尔夫球场、温泉谷，别墅产品适宜性高。

2010年别墅产品比率降低，原因为：一是，本地块所在区域范围内人居氛围渐渐形成，人居环境也越来越成熟，高层住宅适宜性越来越高；二是，今年多个新开项目（如九龙仓等）都是以高层产品启动市场，而且所推盘量较大。

（2）项目周边面积结构调查

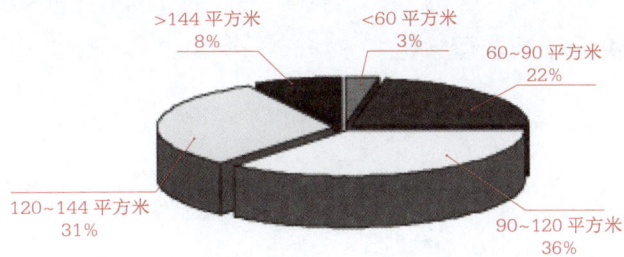

数据来源：常州房管局/江阴房管局

▶── **图1-22 2009年本项目周边区域普通住宅成交面积段**

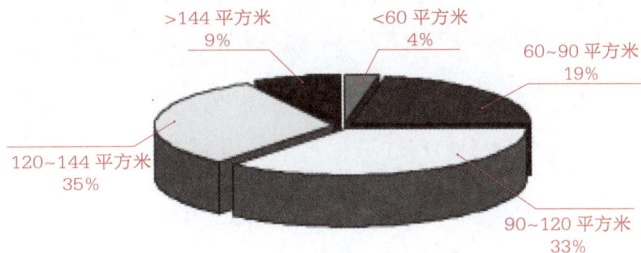

数据来源：常州房管局/江阴房管局

▶── **图1-23 2010年本项目周边区域普通住宅成交面积段**

图1-22和图1-23是对本地块所在区域市场（常州新北区和璜土）所有成交普通住宅产品面积段的统计，2010与2009年对比，60平方米以下、超过120平方米的户型比率提高；60~120平方米的户型比率有所降低，原因在于：区域发展迅速，生活环境越来越成熟、生活配套逐步完善，改善型置业者比率提高，同时物业的投资价值也越来越凸显出来。

区域别墅户型面积变化不大，联排为160~200平方米，双拼为230~300平方米。

4.区域价格分析

（1）区域市场价格走势调查分析

单位：元／米²

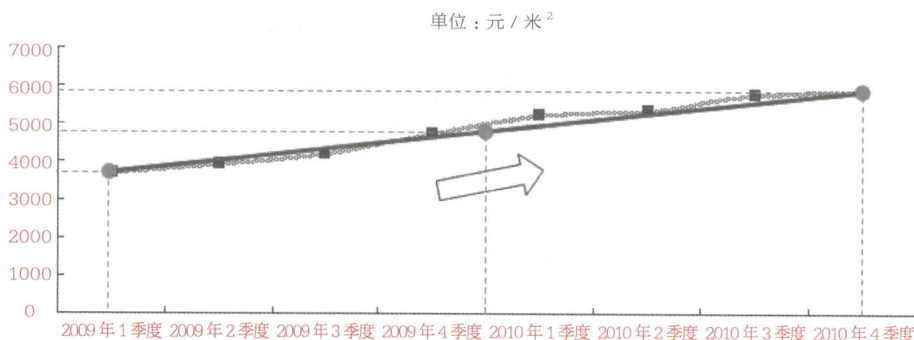

数据来源：常州房地产信息网、江阴房地产信息网

▶—— **图1-24　2009—2010年价格调查分析**

统计分析结果表明：本地块所在区域市场产品价格一直处于稳定上升通道，从2009年1月到2010年10月，价格上涨幅度接近60%，年度均价增长超过30%。

（2）区域板块价格情况调查分析

如右图所示：通过区域市场调查，目前区域市场（普通住宅）价格最高的是中心板块，其次是本地块所在的恐龙园板块，由于恐龙园等相关的优越资源以及市政配套的逐步完善，该板块价值越来越得到置业者的认可，物业产品价格上涨迅速。

（3）周边项目价格情况调查分析

▶—— **图1-25　区域板块价格情况调查分析**

▶—— **表1-13　周边楼盘价格调查**

项目	产品	起价（元/米²）	最高价（元/米²）	均价（元/米²）	备注
紫阳·美地	联排	5000	9000	7500	续开
	叠加	4500	7500	6000	
龙城福第	高层	3800	5200	4500	续开
	别墅	6000	13 000	11 000	
九州花园	高层	5000	6500	5800	续开
	多层	5500	7500	6800	
香树湾	高层	3500	5600	4900	续开
	联排	7000	15 500	13 000	

续表

项目	产品	起价（元/米²）	最高价（元/米²）	均价（元/米²）	备注
秀江南	联排	10 000	16 000	14 500	续开
	叠加	7200	9500	8500	
九龙仓	高层	6300	8500	7500	新开
	联排	16 500	25 000	23 000	
馨河郦舍	小高层	7000	7900	7500	新开
	高层	6500	7500	7000	
	联排	15 000	25 000	23 500	
康桥水郡	高层	4600	5800	5200	续开
天润园	高层	7000	8000	7500	续开

数据来源：常州房地产信息网、江阴房地产信息网

　　相对常州中心区域，本地块所在区域的价格不算高，但仍属于常州第二梯级房价，由于城市化扩张北移以及市政重点配套设施逐步完善，该区域的房价还有很大的上升空间。

（4）周边各盘历史价格分析

▶— 表1-14 2009年区域市场各盘销售统计

楼盘	产品	套数（套）	金额（万元）	面积（平方米）	均价（元/米²）
香树湾	高层住宅	292	9492.00	28 386.54	3343.98
	多层洋房	150	26 364.31	33 749.94	7811.66
	联排别墅	12	4977.18	4006.96	12 421.34
龙城福第	高层住宅	229	6344.58	22 039.70	2878.71
	多层洋房	37	8305.03	11 965.71	6940.69
紫阳·美地	联排别墅	29	4746.39	6794.94	6985.18
秀江南	联排别墅	81	15 605.63	17 825.02	8754.90
天润园	高层	550	33 634.87	65 251.04	5154.69
康桥水郡	高层	362	19 667.13	44 526.0	4417.00
九州花园	高层/多层	624	26 305.74	70 544.0	3728.98

数据来源：常州市房管局、江阴市房管局

　　本地块周边项目在2009年度所实现的价格尽管不高，但各类产品的去化速度相对其他板块明显要快，这也是2010年该区域房价逆势而上的主要原因之一。

2009年与2010年所实现的价格有明显的差距，房价快速上涨的另一重要原因是常州城市化建设力度加大，而且新北区是建设的重点区域，政府战略的北移给该区域带来发展机会，区位价值得到提升。

（5）周边各类产品价格变动分析

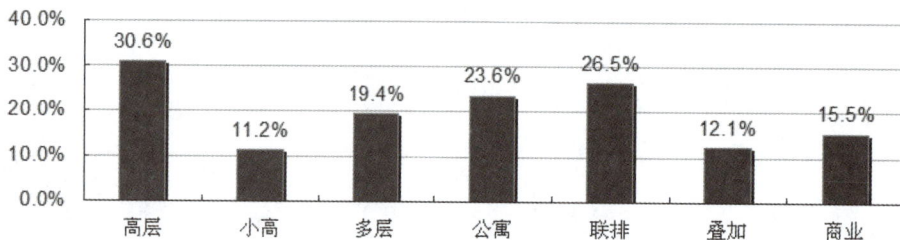

数据来源：常州市房管局、江阴市房管局

▶—— 图1-26 2010年1—10月与2009年同期对比各类产品价格变动情况

2010年1—10月与2009年同期相比，各类物业产品价格都有明显的上涨，尤其是高层住宅，结合上一节的分析结果：本区域高层住宅销售量与价格都明显上涨，说明本区域客群结构发生了改变；另一项上涨明显的是别墅产品，别墅产品价格上涨的原因与高层不同，由于地价迅速上涨，追求容积率成为必然，因此别墅将渐渐成为本区域的稀缺型产品，价格上涨成为必然。

5. 供求关系分析

（1）区域市场2009年供求对比

产品供应：2009年，项目所在的区域（新北区）累计新推货量为129.19万平方米，占整个常州市区全年新推总货量的57%；月均推出新产品量为10.77万平方米。

产品销售：2009年，项目所在的区域（新北区）累计成交量为214.27万平方米，占整个常州市区全年成交总额的40%；月均成交量达到17.86万平方米。

（2）项目周边个案2009年供求对比

2009年紧邻本地块有香树湾、龙城福第、紫阳·美地、秀江南、天润园、康桥水郡、九州花园七个在售项目。成交统计如下：

▶—— 表1-15 紧邻本地块的七大项目供售统计

成交	成交套数（套）	成交金额（亿元）	成交面积（万平方米）	成交均价（元/米²）
总量成交	2543.00	19.36	33.06	5856
均盘成交	424	3.23	5.51	5862
均盘月均	36	0.27	0.46	5870

数据来源：常州房地产信息网、江阴房地产信息网

（3）区域市场2009年价格分析

单位：元/米^2

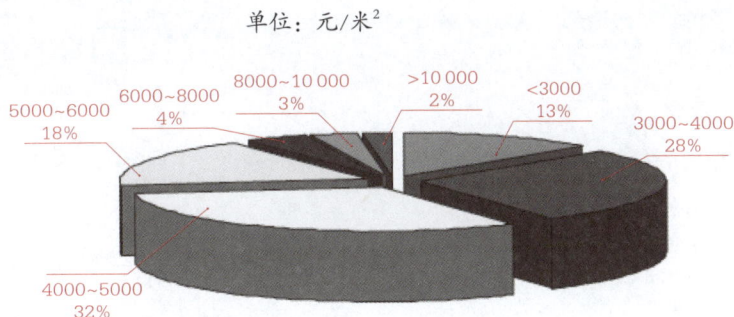

数据来源：常州市房管局、江阴市房管局

▶— **图1-27 2009年本地块所在区域住宅成交价格区间**

从成交产品价格段划分来看，2009年区域市场中低价格段比重相对较大，其中4000元/米^{2}以下低端产品占到成交总量的41%，4000~5000元/米^{2}的中端产品占到总量的32%。从中不难看出，城北区域高端需求受到明显抑制，但随着环境、人居氛围、配套的逐步改善，高端需求向本区域转移的趋势相当明显。

2010年，九龙仓、馨河郦舍等项目的推出，正式拉开了区域由低端需求向高端需求转化的序幕，因此，也拉动了如香树湾、天润园等项目的价格上涨。

本项目周边区域（恐龙园板块）产品的价格段在5000~6000元/米^2。

（4）区域市场需求结构分析

本项目所在的恐龙园板块在2009年销售均价已达到5856.28元/米^2，2010年至今，由于九龙仓、馨河郦舍等项目拉动，产品均价突破6500元/米^2。本区域产品均价较高的原因有两方面：一是，区域别墅产品比重较高；二是，新增高档项目带动区域房价整体上涨。第一个特征说明了本区域需求结构问题，本区域目前存在三个客群层次：联排别墅代表高端需求；高档住宅代表中高端需求；低端住宅代表低端需求。相对其他区域市场，层次则显得更加分明。

6. 政策影响分析

（1）2009—2010年房地产新政盘点

2009年1—2月

五大银行相继出台新政：推出基准利率及房贷优惠政策，楼市开始转暖。

2009年5月

I. 国务院发布《关于调整固定资产投资项目资本金比例的通知》；

II. 国家税务总局制定《土地增值税清算管理规程》；发改委公布了《关于2009年深化经济体制改革工作的意见》，重提物业税；

III. 国土资源部下发《关于切实落实保障性安居工程用地的通知》。

2009年6月

I. 中国银行业监督管理委员会发布了《关于进一步加强按揭贷款风险管理的通知》;

II. 住房与城乡建设部、国家发展和改革委员会以及财政部联合印发了《2009—2011年廉租住房保障规划》。

2009年8月

国土资源部下发《关于严格建设用地管理促进批而未用土地利用的通知》。

2009年10月

住建部等七部委联合发出《关于利用住房公积金贷款支持保障性住房建设试点工作的实施意见》。

2009年12月

I. 国务院常务工作会议发布了"国四条",抑制投资投机性购房;

II. 国务院常务会议研究完善促进消费的若干政策措施,将个人住房转让营业税征免时限由2年恢复到5年;

III. 财政部和税务总局出台了《关于调整个人住房转让营业税政策的通知》;

IV. 财政部、国土资源部、央行、监察部等五部委公布《关于进一步加强土地出让收支管理的通知》。

2010年1月

国务院办公厅发布《关于促进房地产市场平稳健康发展的通知》,称之为"国十一条"。

（2）房地产政策分析

从宏观来看,尽管房地产政策频出,但其根本目的是保证房地产市场发展的稳定与健康,而不是扼杀房地产市场,而且,根据以往地产业调控政策的周期,本次宏观调控应该在2011年下半年完成。

从本地块所在区域市场来看,常州、江阴经济高度发达,而房价相对比较理性,房价相比经济发展相当的一些城市并不高,因此,相对这些城市,本区域地产市场应该还有较大的发展空间以及更多的机会。

从本地块所在区位来看,正处于城市化发展的高峰期,地缘、地方政策、环境与配套建设的进行等,使本地块所在的区位地缘价值不断提升,与目前正日益严重的通胀形成鲜明的对比,因此,地缘价值具有足够的吸引力来对抗相关政策的抗性影响。

7. 市场态势研判

（1）宏观市场态势研判

未来几年里,国家对房地产市场的调控不会减弱,房地产市场应该仍然是国家政策重点关注的市场。

但是,房地产行业对国家经济,至少在未来5年里仍然起着举足轻重的作用,因此房地产市场不会因此而崩盘,相反由于有国家政策的调控,房地产市场会更加健康、良性、平稳地发展。

全球性经济的疲软直接影响到中国经济的发展,而目前中国,刺激经济发展能有立竿见影效果的杠杆就是调整房地产市场的政策。

如果未来几年世界性经济仍未能转好,2011年国家政策为房地产市场解冻的可能性就极大。

（2）区域市场态势研判

常州最近几年城市化发展非常迅猛，城市化发展必然带动房地产市场发展。"苏、锡、常"属于江苏省三大经济强市，属于"苏、锡、常"之一的常州房价最低，甚至低于一些属于苏北区的城市（如淮安等），同时与之相邻的江阴也连续八年荣膺"中国百强县级市"之首的称号，因此，常州、江阴这样的城市，因其经济发展所沉淀的消费需求具有很大的潜力，尤其是在当前通胀越来越严重的形势下，地产投资在这个区域必然越来越被消费者重视。

（3）地块区域态势研判

常州几年前发展向北扩张，尤其是市政府的北迁，使新北区的区域价值得到明显提升，同时，更是加速了新北区城市化发展的进程。

经过数年发展，新北区可开发资源越来越少，冲破资源短缺的途径是向东或南扩展，这必将导致目前城市发展战略的重大调整，因此继续向北，融合璜土，是发展成本战略中的最佳战略。

本地块处于璜土对常州的门户位置，常州北扩资源短缺，为璜土发展提供了良好的机会，而处于门户位置的本地块是首批受益者之一。

（4）市场供求态势研判

2009年之前，地块所在区域产品均价在3200元/米²左右，3年时间里，区域产品价格有将近100%的增长幅度（以龙城福第为例，2009年初，高层住宅2900元/米²左右，目前均价为4500元/米²），同时，所在区域成交量一直居高不下。

这说明本区域地缘价值越来越被普遍认同，区域客群结构由之前的地段需求向中高档需求转化。

随着区域环境、配套建设越来越完善，人居氛围越来越成熟，本地块所在区域的地缘价值仍然存在很大的提升空间。

（5）市场竞争态势研判

由于多年来，本地块所在区域的地产项目更多的是面对低档需求市场，性价比是市场竞争的焦点，因此目前在建的多数项目，无论规划、户型，还是环境、功能建设都显得比较粗糙。

随着区域客群结构的转变，市场竞争的焦点也将随之转移，未来市场竞争的焦点将转移到与中高档需求对接的环境、产品、功能及服务上来。

8. 区域市场评估

（1）市场机会评估

2009年8月至2010年8月，区域市场各类产品价格都有明显的增长；

高层住宅与公寓产品市场认售度越来越高，产品价格上涨幅度最大；

璜土地界楼盘项目的常州客户比率增长明显，客户档次有明显的提高；

区域在售、在建项目规划、产品、功能等建设存在明显的提升空间；

常州发展北扩遇到资源短缺问题，项目所在的璜土区域迎来绝佳机会；

本地块位处璜土对常州的门户之地，璜土发展，本项目近水楼台先得月。

（2）市场风险评估

璜土地界的项目产品价格比相邻常州地界的项目低20%~35%；

璜土地界的项目置业客群与常州地界的项目客群档次相比有明显的差距；

目前在售项目无论规模还是地段与本地块相比均有明显的优势。

（3）机会风险对局策略

璜土区域规划功能概念与常州对接，同时要完成规划方案的基础建设，如道路、环境等。

通过营销策略与营销手段，结合本项目定位对区域功能规划进行包装、营销，提升区位价值认同度。

在整个营销过程中，推给消费者的是本项目的产品，让受众认知的却是本区域的未来功能发展。

区位整体功能规划概念必须是常州目标群所认可的，不但要概念清晰，还要让目标群见到行动。

根据整体规划所面对的目标群体定制本项目的产品与功能，与对手形成鲜明的差异及优势。

通过前期营销，对常州导入璜土的功能定位概念，同时最贴近常州区域的环境与基础设施要率先建设。

四、项目发展定位

1. 发展条件研判

（1）市场条件研判

由于受1：1.37规则影响，江阴几乎所有项目规划都采用"列兵式"排布方式，"列兵式"规划缺陷：

第一，布局方式呆板；

第二，影响区内空气对流；

第三，影响园林环境规划。

因此，本项目通过规划创意设计，成为区域旗帜型楼盘，具有市场可行性。

（2）地缘条件研判

一路之隔，常州范围内发展成

▶ 图1-28 项目地缘条件

熟，璜土范围内百废待兴，界限非常分明，打破界限，实现区域融合的机会在于：

- ·人居密度越来越高，生活配套亟待建设；
- ·休闲旅游产业兴旺，但业态单一，同时缺乏配套；
- ·高附加值产业北迁，区位价值提高。

本地块目前的价值，完全依附于所在区域的价值，因此规划设计不单纯要考虑本地块，更要考虑地块周边功能配置。找到两个区域共需的功能，可以打破两区之间的地域区位观念，模糊边界界限。

（3）人居条件研判——由于区位特殊的地缘关系，人居结构也比较特殊

原居区域：以低层次外来人口为主。

新居区域：两极分化明显，区域楼盘基本以别墅加高层组合的形式为主，别墅以高层次人群、高层改善型住户为主。

因此，本项目价值的实现不仅依赖于市场现状，更依赖于周边功能配套的规划建设。

2. 项目发展战略

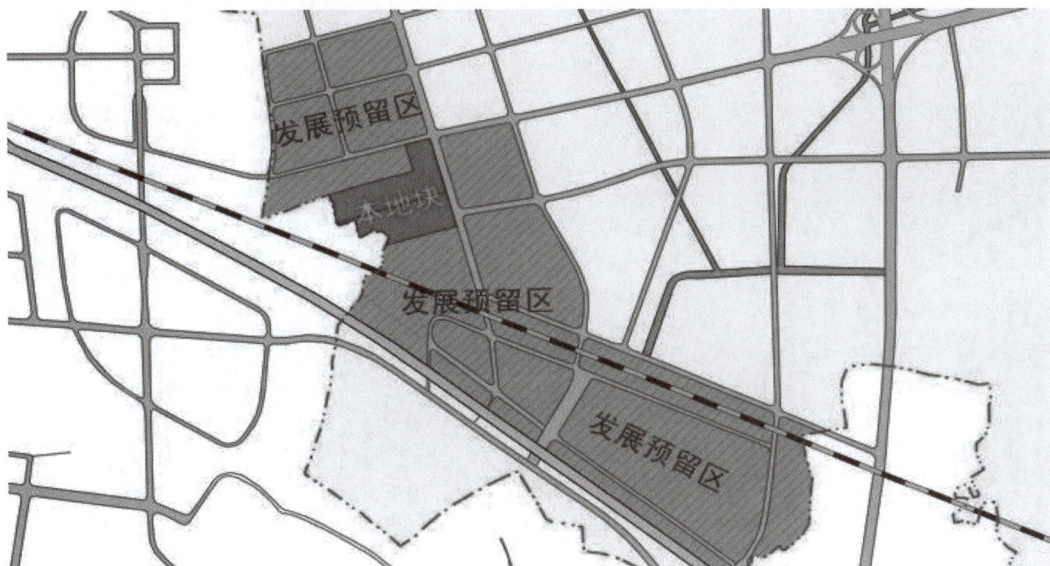

▶—— **图1-29 地块分布**

充分利用璜土镇政府给予的可操作资源，发展战略放眼整个片区，不是本地块区区176亩的土地，而是如上图所示的近2500亩土地，因此，对本项目的发展提出了以下三大战略思想：边界模糊战略、区位门户战略、区位地标战略。

（1）边界模糊战略——战略基本思想：城市功能一体化

功能一体化包括以下内容：城市配套功能；产业功能关联；生活配套设施城市功能一体化，将使得两区居民生活、工作、消费等不分璜土、常州，从而使两区居民在观念上模糊区位边界观念，弱化及消除区域抗性。

战略要点阐述:

· 解决交通问题→提升两区地缘关联;

· 解决环境对接问题→实现城市形象融合;

· 解决功能共享问题→解决人脉融合问题;

· 解决产业关联问题→实现区位价值对等。

(2)区位门户战略——战略基本思想:打造璜土的城市客厅

打造城市客厅的目的是聚集人气。

聚集人气的两大法宝是功能和环境。

功能、环境、人气体现璜土的都市化形象。

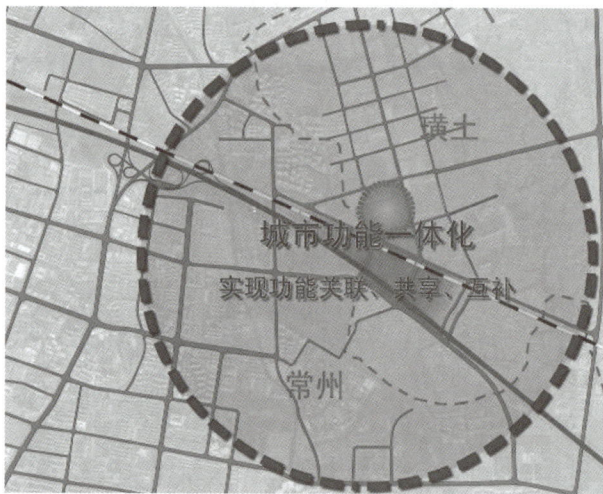

图1-30 项目发展战略

当门户区域的功能设施是两区居民所必需的时,璜土与常州的人脉就自然贯通了;如果环境超越了常州,那璜土门户功能就会更加强大。

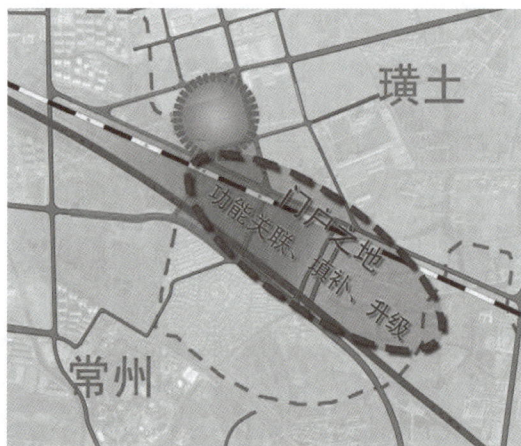

图1-31 区位门户战略

图1-32 两大功能体系

战略要点阐述:打造璜土的城市客厅,建立两大功能体系。

城市商业综合体:

商业综合体包括超市、酒店、商场、影院等;风情商业街有名牌折扣店、精品店、餐饮店、娱乐设施等,满足周边近十万居民的生活消费。

儿童欢乐大世界:

与常州恐龙园互补,包括大型水上乐园、大型亲子乐园、动漫游戏城、表演观摩厅、儿童用品大世界、美食广场、酒店等,有需求基础及恐龙园客源。

以上两大功能将具备聚集人气的超级能力,区域后续开发价值将会大大提高。

（3）区位地标战略——战略基本思想：功能与营销奠定地标概念

地标概念内涵：功能设施标新立异，区域环境超越常州，营销理念推陈出新。

在这里建立地标，依靠的不是摩天大楼或名胜古迹，依靠的是硬件、软件的优化，打造独一无二的功能价值，从而被市场充分认可而成为地标。

战略要点阐述：功能、环境、服务、营销价值成就地标。

区域地标战略思路要点：

功能设施打造多个世界第一或中国第一；

环境建设超越常州、无锡类似项目；

通过举办全国性现场直播活动扩大影响；

用卡通吉祥物创作动漫、书籍、玩具等。

这样不仅能成功建立璜土的地标，同时将会拖动多个前沿产业，形成一条产业链。

▶── **图1-33 区位地标战略**

3. 项目规划概念

根据区域发展战略，对本地块以及本地块周边土地进行深入的市场研究与项目功能研判，同时以此为依据提出本项目以及周边土地的功能规划。

（1）整体规划方案

规划设计理念：通过功能规划与常州形成功能融合。

本项目作为整个区域的首发项目，成功与否将会对整个片区的价值产生一定的影响，而项目能否成功却取决于通往南面常州的道路是否能够打通以及道路的畅通程度。

本项目仅仅通过道路的开通来达到与常州的融合是远远不够的，因此，需要使本项目以南区域的功能与常州进行对接规划。

根据本案提出的区位门户战略，本项目以南地块及沪宁高速与京沪高铁之间地块功能定位为：

· 城市商业综合体——以满足周边近十万居民的生活消费需要。

· 儿童欢乐大世界——与常州恐龙园形成功能上的互补。

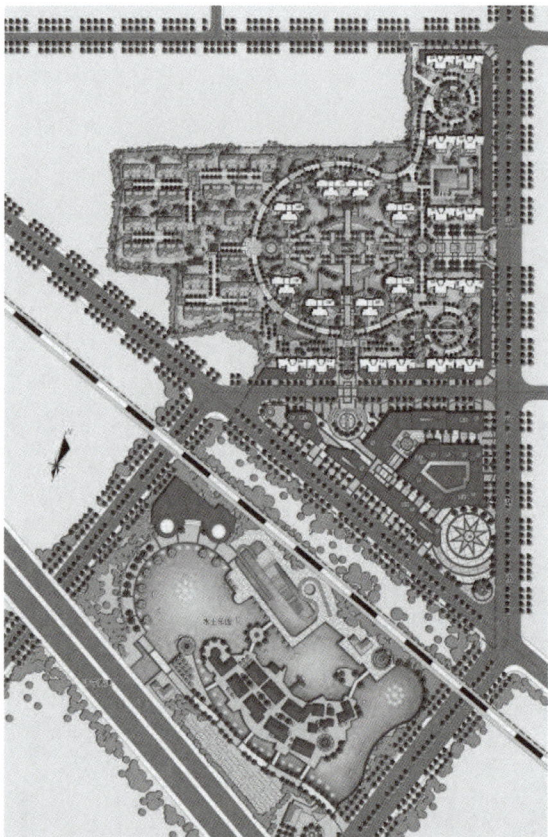

图1-34 本地块规划方案

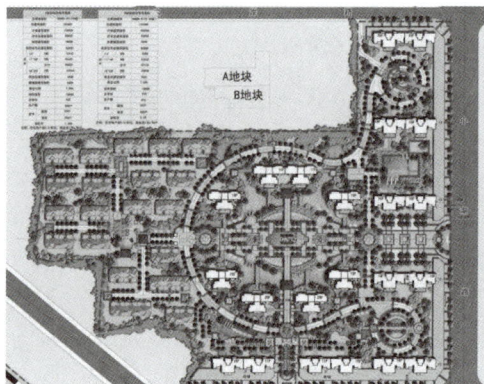

图1-35 整体规划方案

（2）本地块规划方案

产品组合：别墅+高层+小高层，以小高层（18层及以下）为主。

环境概念：水景主题，大空间、大园景，强调共享性、均好性。

功能概念：功能型会所，与商业街组合，商业与周边功能对接。

动线组织：分组团管理，人车分流，保证组团独立性和私密性。

（3）本地块技术经济指标

◢— 表1-16 本地块技术经济指标

指标项			数值	单位
用地面积			176.48	亩
折合用地面积			117 653.3	平方米
容积率			1.808	
商业面积比例			6.891	%
建筑密度			34.9	%
绿地率			35.01	%
总建筑面积			250 659.8	平方米
计容总建筑面积			217 659.8	平方米
其中	商业面积		15 000	平方米
	住宅面积		197 386	平方米
	其中	12~18层	103 182	平方米
		11层	19 448	平方米
		合计	122 630	平方米
	其中	19~33层	53 756	平方米
		联排别墅	21 000	平方米
	别墅总户数		84	户
	住宅总户数		1616	户
半地下车库			33 000	平方米
建筑最高高度			≤100	米

（4）建筑与园林风格表现

▶━━ **图1-36　建筑与园林风格示意图**

（5）本地块周边功能规划

如右图所示：C、D两地块位于璜土对常州的门户之地，根据本案的战略思想，这两个地块应该建立璜土对常州的门户，同时在功能形态上，必须成为璜土的地标项目。

C区——商业综合体

在周边不足1.5公里的范围内，有近十个住宅项目，近15万人口，但生活配套设施缺乏，因此C区将承担该区域居民基础生活配套的功能。

D区——（国际）儿童欢乐大世界

恐龙园的存在与经营畅旺，为本区提供了市场契机，恐龙园专题性太强，功能局限性明显，本区

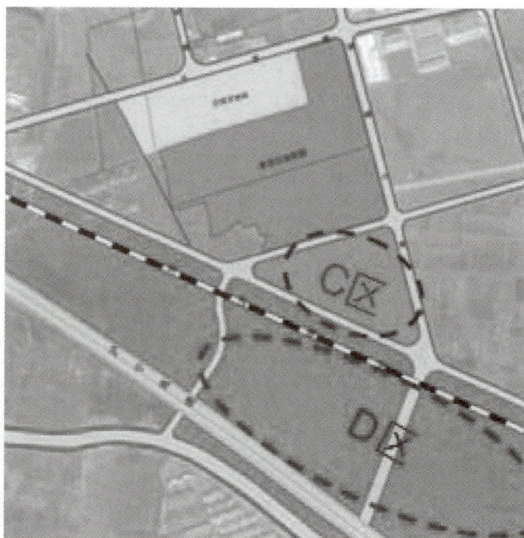

▶━━ **图1-37　地块周边功能规划**

功能以儿童娱乐为主题，打造一个与恐龙园相关联的中大型主题公园，补充了恐龙园功能上的不足，充分利用了恐龙园的客户资源，可与恐龙园相得益彰。

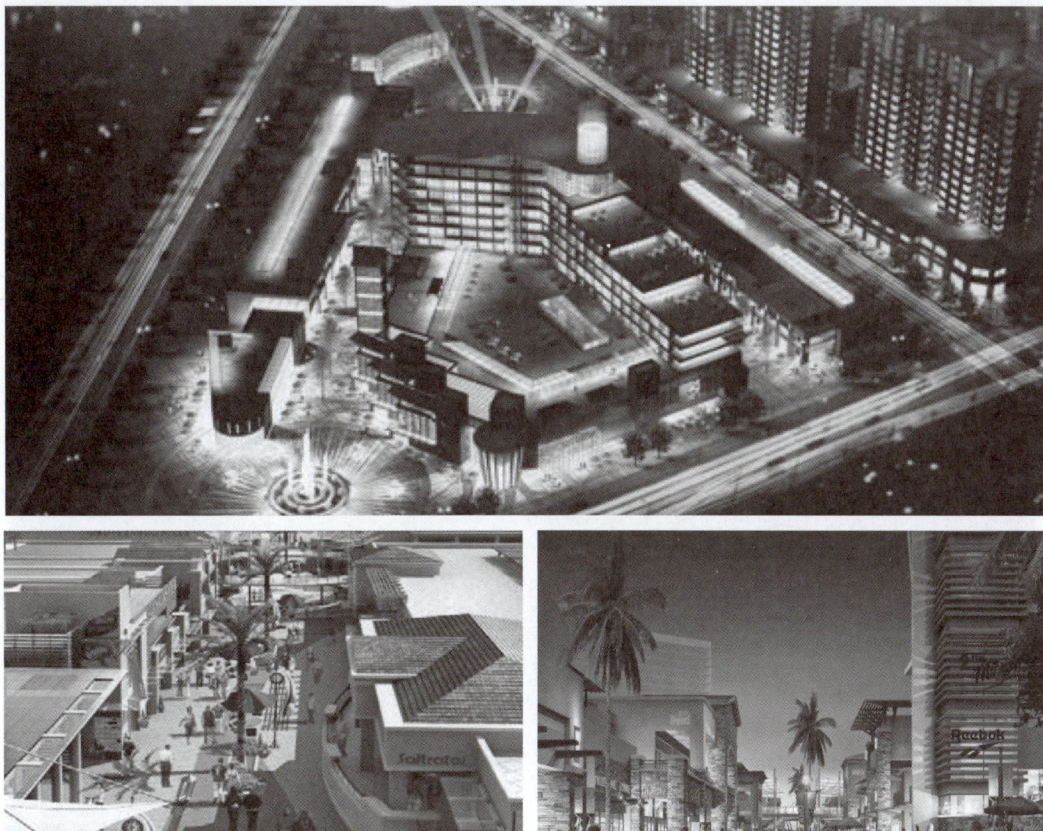

▶—— 图1-38 建筑与园林风格示意图

4. 目标市场定位

（1）目标市场区域

本项目与周边的地缘沟通关系，决定项目的市场区域范围，本项目与常州地缘关系更加密切，因此本项目的区域市场为：

主场区域市场——常州；

核心区域市场——璜土；

战略区域市场——江阴。

区域市场主次关系将决定未来项目推广重点区域范围，常州将是本项目营销的主攻战场。

（2）目标客群范围

目标客群定位方向：追求生活品质品位的社会中坚群体。

目标客群细分为三大类主要消费群体：

主导客群——社会中坚层；

偶得客群——社会智富层；

边缘客群——社会成长层。

主导客群的价值诉求及情感诉求，将决定本项目的产品、功能、环境等定位方向。

（3）目标客群特征

社会中坚层是这个社会发展的中流砥柱，他们在经济上不是这个社会的顶级阶层，但是他们的专业、技术、能力、工作经验与阅历，绝对是推动整个社会发展的主流力量。

年龄28~45岁；

各行各业发展的中坚力量；

有思想、有观念，不随波逐流；

平时工作繁忙，工作之余渴望放松；

有一定经济基础，追求生活品位；

生活观念、生活时尚的引领者；

具有明显的"羊群效应"；

置业的目的以改善生活为主。

这是一个已经小有成就的群体，他们是当前社会生产力的代表，他们未来很有希望成为社会智富层。

5. 产品价格研判

（1）普通住宅价格研判

采用类比项目加权比较法，由于计算过程非常烦琐，因此不在方案里表现。

▶—— 表1-17 普通住宅产品价格研判

项目（C）	售价（元/米²）	比较权重（C_j）	敏感因素（Q）	权重值（Q_i）
香树湾	4900	0.25	地段区位	0.15
			小区配套	0.10
龙城福第	4500	0.15	户型结构	0.08
			园林环境	0.09
馨河郦舍	7000	0.13	建筑风格	0.05
			周边配套	0.10
九龙仓	7500	0.15	交通状况	0.08
			社区人群	0.04

续表

项目（C）	售价（元/米²）	比较权重（C_j）	敏感因素（Q）	权重值（Q_i）
九州花园	5800	0.20	升值潜力	0.10
			营销技巧	0.08
			品牌效应	0.07
康桥水郡	5200	0.12	物业管理	0.06

用公式推算：

$$P^{'} = \sum_n \left[\left(\sum_n^m Q_i \times V_{j,i} \right) P_j^{'} \times C_j \right] ; \begin{array}{l} (j=1,2,3……m) \\ (i=1,2,3……n) \end{array}$$

得出本项目普通住宅平均价格：5504.36元/米²，取整数则本项目未来1~3年内普通住宅均价为5500元/米²。

（2）联排别墅价格研判

▶— 表1-18 联排别墅产品价格研判

项目（C）	售价（元/米²）	比较权重（C_j）	敏感因素（Q）	权重值（Q_i）
香树湾	13 000	0.25	地段区位	0.20
			小区配套	0.06
龙城福第	11 000	0.20	户型结构	0.10
			园林环境	0.12
秀江南	14 500	0.25	建筑风格	0.06
			周边配套	0.08
馨河郦舍	23 500	0.15	升值潜力	0.12
			营销技巧	0.06
九龙仓	23 000	0.15	品牌效应	0.10
			物业管理	0.10

同样，用公式推算：

$$P^{'} = \sum_n \left[\left(\sum_n^m Q_i \times V_{j,i} \right) P_j^{'} \times C_j \right] ; \begin{array}{l} (j=1,2,3……m) \\ (i=1,2,3……n) \end{array}$$

得出本项目联排别墅平均价格：13511.41元/米²，取整数则本项目未来1~3年内联排别墅均价为13 500元/米²。

（3）商铺和车位价格研判

按照目前同区相同物业的售价，本项目商铺价格为6500元/米^2，车位价格为1800元/米^2。

6. 项目市场角色

（1）市场角色思考

门户要地，专属资源。常州与江阴的门户地段，属稀缺资源，唯有有眼光的人士方能配得上其价值。

未来中心，人居典范。紧邻未来商务中心区，周边四大公园，终极设计规划，致力打造常州、江阴典范社区。

社会中坚，品位知性。本项目为常州、江阴社会中坚层量身定制，社会中坚层对生活有更理性的追求。

因此，本项目价值是鲜明的，但这种价值只有社会中坚层才能理解。

（2）项目功能属性定位

项目价值与目标客群价值诉求对接项目所形成的市场印象，因此，本项目市场角色是：社会中坚生活"特区"，江阴、常州公园生活典范社区。

项目市场角色鲜明：这里是社会中坚层、精英专属生活领地，与社会中坚层、精英相匹配，这里所倡导的是一种公园式的崭新的生活形态。

（3）项目案名思考

案名不仅要体现本项目的核心价值，同时要能与目标客群的价值诉求与情感诉求对接，案名一推出就要能与之形成共鸣，因此本项目案名：领秀·城邦。

"领秀"：谐音"领袖"，指社会中坚层与精英；"城邦"：是一个阶层的专属领地。两者组合，强调这里是社会中坚层及精英的专属领地，表达对他们的尊重与关怀。

（4）项目形象定位

项目品牌调性要与目标客群情感诉求与利益诉求进行对接，才能与目标客群形成共鸣。尽管社会中坚层非社会顶级阶层，但却是推动社会发展的主力，因此他们渴求被认可、被尊重。本项目从地段，到产品、园林、功能，为他们量身定制的不仅仅是一处住所，同时也是精神家园。因此，本项目品牌调性为：领秀·城邦——让梦想永远停驻的地方！

（5）广告推广主题定位

推广主题与项目品牌形象相呼应，直观地诉求本项目的品质或追求品质的态度，同时以情感表达为主，兼顾理性诉求：

领秀·城邦——用心构筑梦想家园！

备选建议：领秀·城邦——用星级标准，重新定义生活！

7. 项目营销战略

（1）营销战略总思想

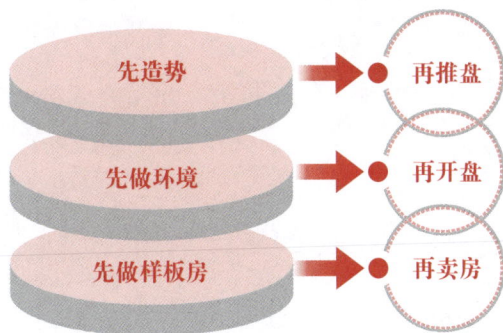

图1-39 营销战略

先造势，再推盘：本项目区位、地段决定本项目必须如此运作。

先做环境，再开盘：第二部曲演绎第一部曲的广告诉求，更容易建立市场信心。

先做样板房，再卖房：第三部曲延续第二部曲，将价值呈现出来。

（2）营销战略实施牌理

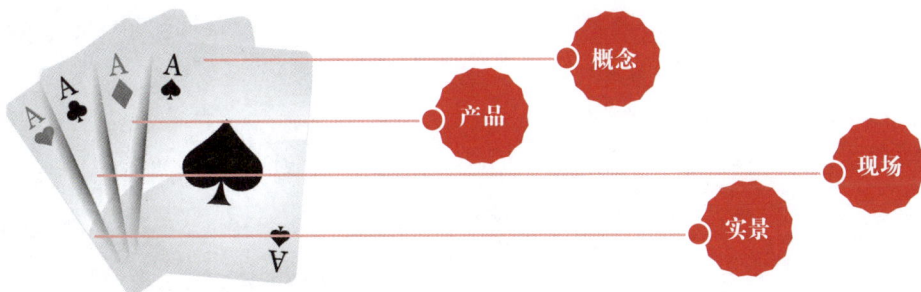

图1-40 策略实施"四张王牌"

第一张牌：概念传播，先声夺人；

第二张牌：产品展示，彰显品质；

第三张牌：现场体验，惊艳出阁；

第四张牌：实景开放，震撼全城。

（3）市场沟通战略定位

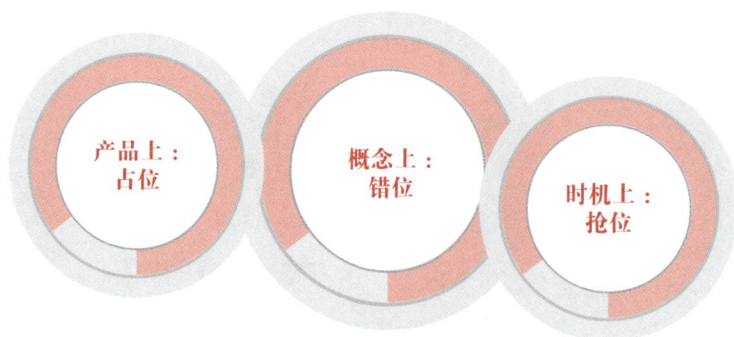

产品上：
占位

概念上：
错位

时机上：
抢位

▶—— 图1-41 "三位一体"战略

产品占位：通过规划、产品、功能、环境等细节，打造终极产品，超越对手；

概念错位：用顶级的产品、环境对接中高档客户群，为客户创造价值空间；

时机抢位：准确把握市场时机，工程与营销默契配合，缩短开发时间。

8. 发展定位评估

（1）发展概念价值评估

▶—— 图1-42 项目发展整体概念

如上图所示：本项目的发展概念不仅仅局限于本项目所在的地块，而是在对整个片区未来发展定位的前提下所提出的发展概念。

儿童欢乐大世界：与常州恐龙园关联互补，能够实现璜土与常州的无缝对接。

城市商业综合体：填补了整个片区功能配套的空白，完整演绎本区位门户与地标的概念。

本项目价值体现：与地缘价值结合，规划目标市场定位与区位整体功能定位结合，使项目价值最大化。

（2）规划概念价值评估

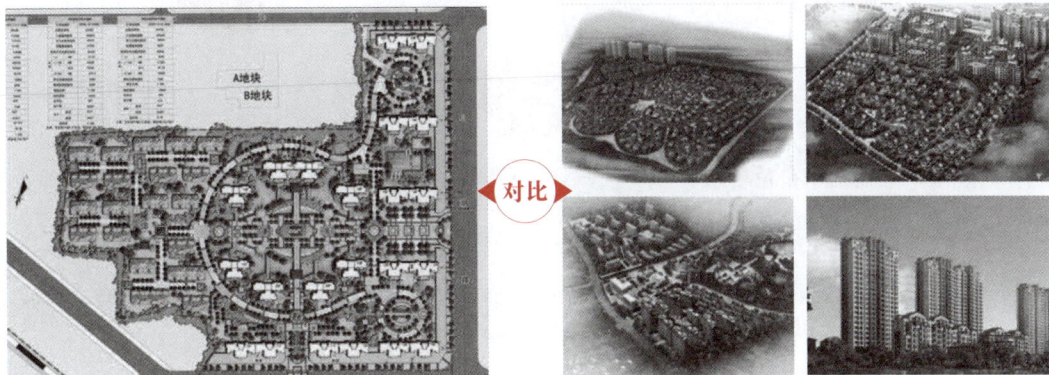

▶—— 图1-43 本项目与目前当地市场在售或在建项目的对比

与目前当地市场在售或在建项目相比，本项目规划方案具有以下特征：

· 建筑排布更加灵动：点式为主，采光面更大，布局更加灵活，私密性更强，规划的艺术含量更高；

· 组团主次更加分明：中心组团分明，中心组团与其他分组团照应关系良好，园林共享性与户型的均好性更明显；

· 居住价值更加明显：由于私密性、共享性、均好性等都得到更好的照顾，因此住居价值体现得更明显。

（3）营销概念价值评估

①项目核心价值归纳

区位价值：门户地段、区位发展前景、未来CBD区域、可预期的市政配套资源……

规划价值：倡导健康与品位的规划，宜人的环境、可传世的产品、量身而设的功能……

功能价值：英伦管家式物业管理、多主题休闲运动会所、智能入户型安防系统……

②价值关键词提炼

归纳以上分析，提炼出以下与目标市场对接的六大价值：

门户地段——门户之地——尊尚；

区位前景——区域地标——标杆；

规划价值——终极之作——传世；

环境价值——恢弘手笔——品位；

产品品质——量身打造——优越；

功能价值——特权专属——尊享。

③项目价值与目标客群的对接

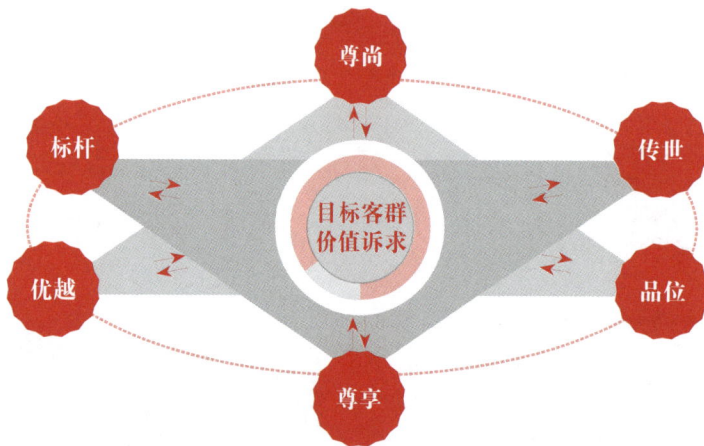

图1-44 目标客群价值诉求

本项目倾力打造六大核心价值与目标市场对接，同时用以与对手竞争。

项目发展定位中的产品、环境、功能以及区域功能概念的设置，为营销战略打下了基础，本项目的营销战略事实上就是项目产品、功能、环境与目标客群对接的策略。

本项目的发展定位与区域市场在售项目相比，使地块的价值得到大幅提升，项目规划可实现这一价值，而营销战略使这一价值在市场上"变现"。

因此，发展战略、规划概念、营销战略是保证本项目开发成功的一个完整的战略体系。

五、项目开发建设

1. 开发条件研判

（1）项目开发市场条件

通过前面章节的市场研究，本地块开发的市场条件目前已经相当成熟：

市场环境比较成熟，市场氛围基本形成。

在当前的市场价格下，本项目开发具有较大的盈利空间，而且区域市场价格处于上升通道。

按照当前的市场去化情况以及未来预期，本项目产品去化速度肯定不低。

根据当前市场的客群结构及区域市场客群结构变化态势来看，本项目产品的市场需求充足。

因此，本地块具有可开发的市场条件。

（2）项目开发环境条件

本地块与常州地界相连，地块以南按市场板块划分属于"恐龙园板块"，该板块在常州新北区，楼盘档次最高，价格最贵，因此，本地块发展归位为该市场板块，形象展示将重点面对南面常州。

从目前环境来看，需要解决两方面的问题：

一是交通问题，即南面以及西面与常州各条主干道的对接，政府已经承诺在2011年8月前全部开通，并已列入招拍挂合同条款。

二是环境问题，南面与恐龙园以及各大楼盘项目的地缘沟通，通过本地块以南发展用地的功能规划，与常州形成"无缝"对接，政府要求本公司参与这个区域的规划设计，也列入购地协议的合同条款，因此，通过整个区域规划概念宣传，可以消除地缘上的抗性。

因此，本地块开发的周边环境也已经比较成熟。

2. 工程周期节奏

▶── 表1-19 工程开发进度时间计划表

序号	主要工程节点	2010—2011年		2011—2012年			2012—2013年				2013年		
		12—02	03—05	06—08	09—11	12—02	03—05	06—08	09—11	12—02	03—05	06—08	09—11
01	土地挂牌摘牌	■											
02	前期研判与策划	■											
03	规划设计及报建		■										
04	审图招标			■									
05	一期打桩及基础工程			■									
06	主体工程建设				■								
07	对外认筹及销售				■								
08	售楼部/样板房					■							
09	局部环境建设					■							
10	一期开盘及销售					■	■	■	■				
11	主体工程封顶					■	■						
12	外墙/水电/通信等							■					
13	一期园林环境建设						■	■					
14	一期交楼								■				
15	二期打桩					■							

序号	主要工程节点	2010—2011年		2011—2012年			2012—2013年				2013年		
		12—02	03—05	06—08	09—11	12—02	03—05	06—08	09—11	12—02	03—05	06—08	09—11
16	二期主体工程				■								
17	二期局部环境及样板房					■							
18	二期开盘及销售						■	■	■	■			
19	二期环境与配套建设						■	■	■				
20	二期交楼									■			
21	三期打桩						■						
22	三期主体工程						■						
23	三期局部环境与样板房							■					
24	三期开盘及销售								■	■	■		
25	三期环境与配套建设								■	■			
26	三期交楼											■	
27	项目开发收尾工作											■	■

如上表所示：

本地块开发销售周期3年，分3期，每期之间开发时间交替，以保证销售的延续性；本地块开发节奏的安排以市场为导向，以营销为依据，开发节奏服从营销策略的安排。

以上开发周期与工程节奏的安排主要以大的营销节点为依据，如先确定本项目在2011年国庆前半个月内开盘，以此为基点，安排整个工程进度。具体的时间进度根据当时的实际情况进行细化与安排。

3.分区分期策略

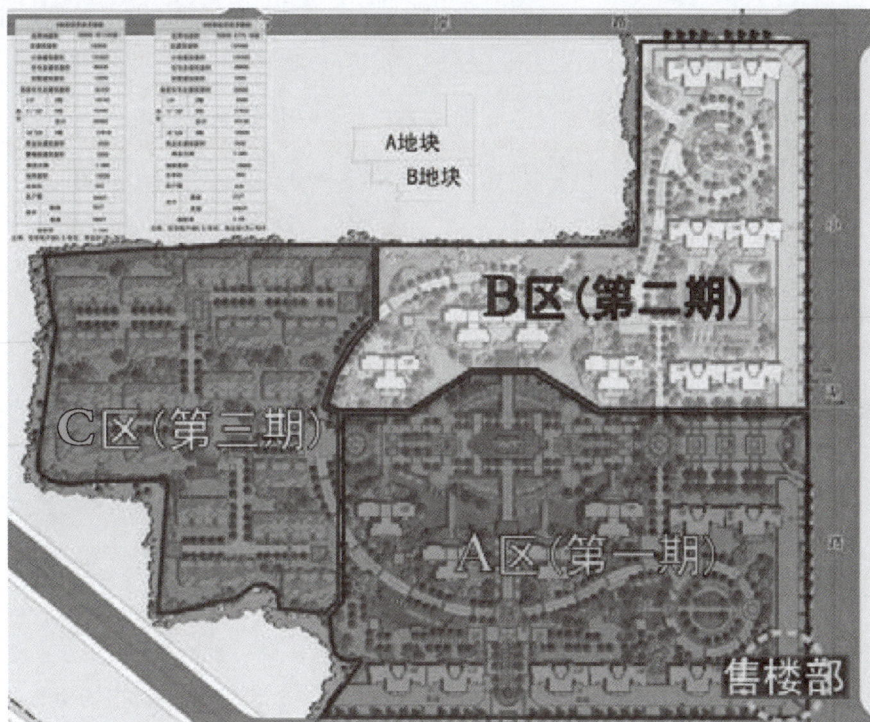

如上图所示,本项目分3期开发,分期的原则如下:

· 有利于项目产品价值的逐期提升;

· 有利于项目施工建设及施工现场的管理;

· 有利于环境建设以及售楼部的展示;

· 前期的开发不影响项目的后续开发;

· 有利于小区组团人居氛围的形成。

以上分区的优势在于:

A区(第一期):具有较长的沿街线,项目面市即能展示出很好的形象;有利于售楼部的设置;能够将主体园林在前期充分展示出来,可提升产品售价;具有独立的组团社区,社区生活不受后续开发影响。

B区(第二期):可以充分利用第一期展示的环境来提升产品的价值;主题园林与出入口在这一期可以完整展现出来;园林环境能够真正体现楼王单位的价值;可明显提升下一期开发的产品价值。

C区(第三期):纯别墅区,由于园林环境、功能配套在第一、二期已经完成,因此价格会更高;因为别墅与普通住宅客群差异性很大,因此如此分区会更有利于营销推广,节约营销成本。

分区分期策略思想归纳:通过分区、分期开发,尽可能提升价值较低的产品价值,使价值较高的产品价值更高!

4. 开发营销对接

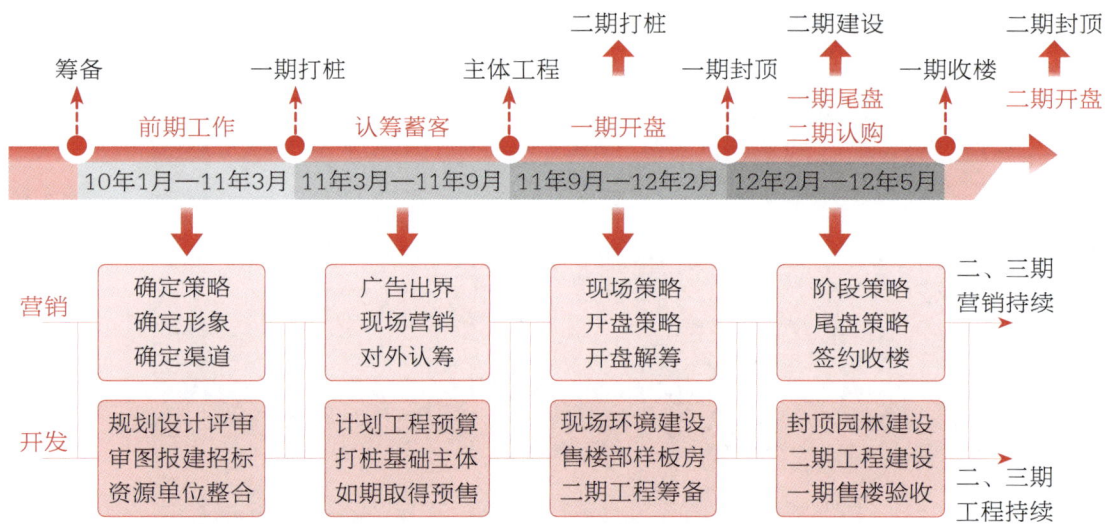

图1-46 项目开发与营销对接示意图

工程的节点配合营销策略，营销节奏与通常的自然周期保持步调一致。如上图所示：按照以上工程进度，一期的开盘时间正好可以赶在2011年国庆之前，通过前期一个半月时间的市场预热，正好可以迎来一年一度的旺销季节。

同样按照以上的工程节点，二期开盘时间正好赶上2012年的"五一"节，尽管时下地产市场"五一"效应减弱，但仍然是消费市场最关注地产行业的时段之一，而且，每年"五一"后，市场渐渐升温，走向一年一度的黄金旺季。

三期的工程进度与节点可以以此类推。

5. 项目产品建设

（1）产品功能概念建设

产品的品质与档次建设原则：产品与目标市场诉求对接，高档产品对接中高档客群。

产品建设目标：打造常州和江阴两市的社会中坚层的精品型、样板型宜居生活社区。

中坚层：当代精英、社会发展中坚力量；

精品型：不求规模，但产品/环境/功能一流；

样板型：倡导新居住观念，兼顾节能与环保。

物业产品方向：高层＋别墅。

（2）产品市场概念建设

项目产品市场概念提炼：倾力打造常州、江阴"生活特区"。

本项目位于区位发展功能规划中心，紧靠都市商务圈，正对城市广场。

本项目作为本区域发展战略的首发项目，产品、环境、功能都将打造区域的新高度。

本项目将以优质的产品、一流的环境及量身定制的功能，倡导一种更优越的生活。

这种优越生活将专为常州、江阴社会中坚层而设，体现社会中坚层的人生价值。

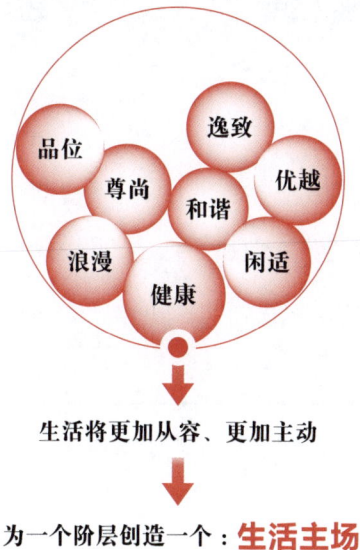

生活将更加从容、更加主动

为一个阶层创造一个：**生活主场**

▶━━ **图1-47 产品市场概念**

项目产品形象概念提炼：常州&江阴公园生活典范社区。

本项目紧邻三大公园：中国恐龙园、璜土生态旅游区、璜土国际儿童欢乐大世界。

与环境相呼应，本项目将致力社区园林建设，打造震撼性的风情式主题园林。

环境与建筑、功能结合，本项目倡导一种集品位、休闲、浪漫、尊尚于一体的新型的现代都市生活方式。

（3）产品工程建设策略

策略总思想：用现场打动目标客群。

策略要点阐述：

开盘之前，精心打造沿街环境，并挑出沿街立面；

精心打造局部园林，设置最佳看楼通道；

设置产品材质展示厅。

（4）产品户型建设

▶—— 表1-20 产品户型配比

房型	建筑面积	户型比例	梯间
二房	75~80平方米	≥10%	二梯三户
	89平方米左右	≥15%	二梯三户
三房	110平方米左右	≤30%	二梯三户
	120~130平方米	≤20%	二梯三户
四房	145平方米左右	≤15%	二梯二户
别墅	160~260平方米	≥10%	3.5层（含地下）

洋房：75~80平方米二房及110平方米的三房户型，紧凑而功能完善；89平方米二房与120平方米以上三房讲求空间的舒适度。

别墅：享受型，3~4房，尤其注重客厅、餐厅、厨房等空间比例以及结构的安排，每户2个停车位。

6. 功能环境建设

（1）园林概念建设

打造中心园景；采用水景题材，水景与泳池统一考虑；丰富植物，高生与矮生植物合理安排，凸显园林层次；

引入园林小品、景墙、景观建筑，增强园林品位；

注重园林参与性，满足居民休憩、休闲、运动等需要；在临京沪高铁边界，建"植物绿墙"。

（2）交通组织建设

出入口设置东、南、北三个出入口，东面为主出入口；人车分流，车库入口设置于出入口附近；别墅建议采用独立的出口，凸显别墅业主身份；主出入口够气派，可与园林广场一并考虑；

道路系统主级交通道路为小湖路，区内道路以主出入口为原点进行设计，人流导向主出入口及未来商务中心；次要交通道路为南北规划道路，车流为主要导向，出入常州、璜土、高铁站等非常便捷；小区内道路以景观轴线为原点，消防车道景观化，通过景观设置，尽量规避高层对别墅区的影响。

停车方式及车位配比：半地下车库，少量露天车位，车位配比满足控规要求。

（3）商业与会所概念建设

会所三大功能——业主俱乐部

①康体运动；

②休闲娱乐；

③车友俱乐部。

沿街商业功能——社区生活广场

①生活超市；②风味餐饮；③西餐茶厅；

④家用家饰；⑤社区诊所；⑥家政服务。

▶— 图1-48 会所位置图

六、项目投资评估

1. 评估条件编制

按照正常的开发程序、本区域市场产品销售的周期、地块开发条件现状等因素，确定本项目的评估条件：

本案提出的规划方案已通过江阴规划局审批，评估方案依照本案提出的规划方案；

开发与销售周期都为12个季度（3年），以打桩时间为起点；

产品价格按照目前的市场价格，设定未来开发期市场价格维持目前水准；

自有资金35%，前期中长期借贷60亿元（人民币），无短期借贷；

所有成本按照：目前市场标准×（1+5%）进行估算，所有税收按照当前税法规则；

设定财务折现率为10%，比正常预算的财务折现率（8%）高两个点。

2. 投资筹资计划

（1）项目开发总投资计划

▶— 表1-21 投资总计划表（一）

序号	项目名称	投资计划（万元）		
		第1季	第2季	第3季
1	开发建设成本费用	22 930.78	3517.98	3517.98
1.1	土地费用	19 412.80	0.00	0.00
1.2	前期费用	284.15	284.15	284.15
1.3	建筑安装工程费	2950.59	2950.59	2950.59
1.4	管理费用	97.05	97.05	97.05

续表

序号	项目名称	投资计划（万元）		
		第1季	第2季	第3季
1.5	销售费用	0.00	0.00	0.00
1.6	其他费用及不可预见费	72.79	72.79	72.79
1.7	建设期利息	113.40	113.40	113.40
2	经营税金及附加	0.00	0.00	864.86
3	土地增值税	0.00	0.00	98.44
3.1	土地增值税缴交/预征	0.00	0.00	98.44
4	项目总投资	22 930.78	3517.98	4481.28
4.1	开发产品成本	22 930.78	3517.98	3517.98
4.2	经营成本费用	0.00	0.00	963.30

▶── 表1-22　投资总计划表（二）

序号	项目名称	投资计划（万元）		
		第4季	第5季	第6季
1	开发建设成本费用	3517.98	3517.98	3517.98
1.1	土地费用	0.00	0.00	0.00
1.2	前期费用	284.15	284.15	284.15
1.3	建筑安装工程费	2950.59	2950.59	2950.59
1.4	管理费用	97.05	97.05	97.05
1.5	销售费用	0.00	0.00	0.00
1.6	其他费用及不可预见费	72.79	72.79	72.79
1.7	建设期利息	113.40	113.40	113.40
2	经营税金及附加	864.86	864.86	864.86
3	土地增值税	98.44	98.44	98.44
3.1	土地增值税缴交/预征	98.44	98.44	98.44

续表

序号	项目名称	投资计划（万元）		
		第4季	第5季	第6季
4	项目总投资	4481.28	4481.28	4481.28
4.1	开发产品成本	3517.98	3517.98	3517.98
4.2	经营成本费用	963.30	963.30	963.30

◗━━ 表1-23 投资总计划表（三）

序号	项目名称	投资计划（万元）		
		第7季	第8季	第9季
1	开发建设成本费用	4458.95	4314.18	4314.18
1.1	土地费用	0.00	0.00	0.00
1.2	前期费用	284.15	284.15	284.15
1.3	建筑安装工程费	2950.59	2950.59	2950.59
1.4	管理费用	97.05	97.05	97.05
1.5	销售费用	940.97	796.20	796.20
1.6	其他费用及不可预见费	72.79	72.79	72.79
1.7	建设期利息	113.40	113.40	113.40
2	经营税金及附加	864.86	864.86	864.86
3	土地增值税	98.44	98.44	98.44
3.1	土地增值税缴交/预征	98.44	98.44	98.44
4	项目总投资	5422.25	5277.49	5277.49
4.1	开发产品成本	4458.95	4314.18	4314.18
4.2	经营成本费用	963.30	963.30	963.30

▶── 表1-24 投资总计划表（四）

序号	项目名称	投资计划（万元）		
		第10季	第11季	第12季
1	开发建设成本费用	4314.18	4314.18	4314.18
1.1	土地费用	0.00	0.00	0.00
1.2	前期费用	284.15	284.15	284.15
1.3	建筑安装工程费	2950.59	2950.59	2950.59
1.4	管理费用	97.05	97.05	97.05
1.5	销售费用	796.20	796.20	796.20
1.6	其他费用及不可预见费	72.79	72.79	72.79
1.7	建设期利息	113.40	113.40	113.40
2	经营税金及附加	864.86	864.86	864.86
3	土地增值税	98.44	98.44	98.44
3.1	土地增值税缴交/预征	98.44	98.44	98.44
4	项目总投资	5277.48	5277.48	5277.48
4.1	开发产品成本	4314.18	4314.18	4314.18
4.2	经营成本费用	963.30	963.30	963.30

（2）项目开发筹资计划

▶── 表1-25 资金筹措计划表（一）

序号	项目名称	投资计划（万元）		
		第1季	第2季	第3季
1	投资计划	3517.98	4481.28	4314.18
2	资金筹措计划	0.00	0.00	2140.7
2.1	资本金	0.00	0.00	284.15
2.2	借（贷）款	0.00	0.00	893.25
2.2.1	中长期借（贷）款	0.00	0.00	97.05

续表

序号	项目名称	投资计划（万元）		
		第1季	第2季	第3季
2.2.2	短期借（贷）款	0.00	0.00	796.20
2.3	销售收入	0.00	0.00	963.30

▶ **表1-26 资金筹措计划表（二）**

序号	项目名称	投资计划（万元）		
		第4季	第5季	第6季
1	投资计划	4481.28	4481.28	4314.18
2	资金筹措计划	4481.28	4481.28	2140.7
2.1	资本金	0.00	0.00	284.15
2.2	借（贷）款	0.00	0.00	893.25
2.2.1	中长期借（贷）款	0.00	0.00	97.05
2.2.2	短期借（贷）款	0.00	0.00	796.20
2.3	销售收入	4481.28	4481.28	963.30

▶ **表1-27 资金筹措计划表（三）**

序号	项目名称	投资计划（万元）		
		第7季	第8季	第9季
1	投资计划	5277.49	5277.49	4314.18
2	资金筹措计划	5277.49	5277.49	2140.70
2.1	资本金	0.00	0.00	284.15
2.2	借（贷）款	0.00	0.00	893.25
2.2.1	中长期借（贷）款	0.00	0.00	97.05
2.2.2	短期借（贷）款	0.00	0.00	796.20
2.3	销售收入	5277.49	5277.49	963.30

▶━ 表1-28 资金筹措计划表（四）

序号	项目名称	投资计划（万元）		
		第10季	第11季	第12季
1	投资计划	5277.49	5277.49	4314.18
2	资金筹措计划	5277.49	5277.49	2140.70
2.1	资本金	0.00	0.00	284.15
2.2	借（贷）款	0.00	0.00	893.25
2.2.1	中长期借（贷）款	0.00	0.00	97.05
2.2.2	短期借（贷）款	0.00	0.00	796.20
2.3	销售收入	5277.49	5277.49	963.30

3. 成本收入估算

（1）项目开发成本估算

▶━ 表1-29 总成本费用表

编码	工程项目（费用）名称	造价或费用（万元）	楼面造价（元/米²）
1	开发建设成本费用	66 550.55	2929.68
1.1	土地费用	19 412.80	854.59
1.2	前期费用	3409.84	150.11
1.3	建筑安装工程费	35 407.09	1558.68
1.4	管理费用	1164.59	51.27
1.5	销售费用	4921.98	216.67
1.6	其他及不可预见费	873.45	38.45
1.7	建设期利息	1360.80	59.90
2	经营税金及附加	8648.62	380.73
3	土地增值税	984.40	43.33
3.1	土地增值税缴交/预征	984.40	43.33

续表

编码	工程项目（费用）名称	造价或费用（万元）	楼面造价（元/米²）
4	项目总投资	76 183.57	3353.74
4.1	开发产品成本	66 550.55	2929.68
4.2	经营成本费用	9633.02	424.06

（2）项目销售收入估算

▶── 表1-30　销售收入表

序号	产品类型	单价（元/米²）	可售面积（平方米）	销售收入（万元）
1	高层住宅	5500.00	179 160.00	98 538.00
2	联排别墅	13 500.00	21 000.00	28 350.00
3	沿街商铺	6 500.00	12 000.00	7 800.00
4	地下车库	1800.00	33 000.00	5 940.00
合计		——	——	140 628.00

4. 投资损益分析

▶── 表1-31　损益表

序号	项目名称	损益（万元）
1	经营收入	140 628.00
1.1	销售收入	140 628.00
2	开发建设成本费用	66 550.55
2.1	商品房分摊经营成本	66 550.55
3	经营税金及附加	8 648.62
4	土地增值税	984.40
5	利润总额	64 444.43
6	所得税	16 111.11
6.1	所得税缴交/预征	16 111.11

续表

序号	项目名称	损益（万元）
7	税后利润	48 333.33
7.1	盈余公积金	2416.67
7.2	公益金	4833.33
7.3	应付利润	41 083.33

项目	明细	具体数值
税前	全投资投资利润率（％）	84.59
税后	全投资投资利润率（％）	63.44
税前	资本金投资利润率（％）	241.69
税后	资本金投资利润率（％）	181.27

本项目总投资76 183.57万元，其余通过项目分期开发销售维持滚动开发。

项目开发完成税后利润：48 333.32万元（4.8亿元），税后资本金投资利润率181.27%，投资回报率非常高，具有很高的投资价值。

5. 投资财务分析

（1）投资财务分析的依据

对本项目进行经济效益分析评价的主要依据是国家计委、建设部颁布的《建设项目经济评价方法与参数》，参照我国新的财务制度，结合房地产开发的实际情况，分别计算全部投资和自有资金的经济效益。主要评价指标有财务内部收益率（FIRR）、财务净现值（FNPV）及项目动、静态回收期等指标。

〖注〗①财务内部收益率（FIRR）是指项目在整个计算期内各年净现金流量现值累计等于零时的折现率，反映出项目所占用资金的盈利率，即反映出项目的盈利能力。当FIRR大于基准收益率时，则认为其盈利能力已满足最低要求。

②财务净现值（FNPV）按事先规定的基准贴现率Ic将项目计算期内各年净现金流量折现到建设期的现值之和，是考察项目在计算期内盈利能力的动态评价指标，净现值大于或等于零的项目是可以考虑接受的。建议选取稍大于银行同期贷款利率作为基准收益率，本项目贷款利率为7.47%，故基准收益率Ic取为10%。

（2）全投资现金流量分析

▶—— 表1-32 全投资现金流量表（一）

序号	项目名称	投资计划（万元）		
		第1季	第2季	第3季
1	现金流入	0	0	14 062.8
1.1	销售收入	0	0	14 062.8
2	现金流出	22 817.38	3404.58	5978.99
2.1	开发建设投资（不含利息）	22 817.38	3404.58	3404.58
2.2	经营税金及附加	0	0	864.86
2.3	土地增值税	0	0	98.44
2.4	所得税	0	0	1611.11
3	净现金流量（税前）	−22 817.38	−3404.58	9694.92
4	累计净现金流量（税前）	−22 817.38	−26 221.96	−16 527.04
5	折现净现金流量（Ic=10%）（税前）	−22 280.12	−3246.14	9026.09
6	累计折现净现金流量（Ic=10%）（税前）	−22 280.12	−25 526.27	−16 500.18
7	净现金流量（税后）	−22 817.38	−3404.58	8083.81
8	累计净现金流量（税后）	−22 817.38	−26 221.96	−18 138.16
9	折现净现金流量（Ic=10%）（税后）	−22 280.12	−3246.14	7526.12
10	累计折现净现金流量（Ic=10%）（税后）	−22 280.12	−25 526.27	−18 000.14

项目	明细	具体数值
税前	财务内部收益率（%）	155.48
	财务净现值（Ic=10%）	51 812.15
	静态回收期（年）	1.18
	动态回收期（年）	1.22
税后	财务内部收益率（%）	117.24
	财务净现值（Ic=10%）	38 306.03
	静态回收期（年）	1.31
	动态回收期（年）	1.37

▶— 表1-33 全投资现金流量表（二）

序号	项目名称	投资计划（万元）		
		第4季	第5季	第6季
1	现金流入	14 062.80	14 062.80	14 062.80
1.1	销售收入	14 062.80	14 062.80	14 062.80
2	现金流出	5978.99	5978.99	5978.99
2.1	开发建设投资（不含利息）	3404.58	3404.58	3404.58
2.2	经营税金及附加	864.86	864.86	864.86
2.3	土地增值税	98.44	98.44	98.44
2.4	所得税	1611.11	1611.11	1611.11
3	净现金流量（税前）	9694.92	9694.92	9694.92
4	累计净现金流量（税前）	−6832.13	2862.79	12557.71
5	折现净现金流量（Ic=10%）（税前）	8813.56	8606.04	8403.4
6	累计折现净现金流量（Ic=10%）（税前）	−7686.62	919.42	9322.82
7	净现金流量（税后）	8083.81	8083.81	8083.81
8	累计净现金流量（税后）	−10 054.35	−1970.54	6113.26
9	折现净现金流量（Ic=10%）（税后）	7348.92	7175.88	7006.92
10	累计折现净现金流量（Ic=10%）（税后）	−10 651.23	−3475.35	3531.57

项目	明细	具体数值
税前	财务内部收益率（%）	155.48
	财务净现值（Ic=10%）	51 812.15
	静态回收期（年）	1.18
	动态回收期（年）	1.22
税后	财务内部收益率（%）	117.24
	财务净现值（Ic=10%）	38 306.03
	静态回收期（年）	1.31
	动态回收期（年）	1.37

▶—• 表1-34 全投资现金流量表（三）

序号	项目名称	投资计划（万元）		
		第7季	第8季	第9季
1	现金流入	14 062.80	14 062.80	14 062.80
1.1	销售收入	14 062.80	14 062.80	14 062.80
2	现金流出	6919.96	6775.20	6775.20
2.1	开发建设投资（不含利息）	4345.55	4200.78	4200.78
2.2	经营税金及附加	864.86	864.86	864.86
2.3	土地增值税	98.44	98.44	98.44
2.4	所得税	1611.11	1611.11	1611.11
3	净现金流量（税前）	8753.95	8898.71	8898.71
4	累计净现金流量（税前）	21 311.66	30 210.37	39 109.09
5	折现净现金流量（Ic=10%）（税前）	7409.12	7354.31	7181.15
6	累计折现净现金流量（Ic=10%）（税前）	16 731.95	24 086.26	31 267.40
7	净现金流量（税后）	7142.84	7287.60	7287.60
8	累计净现金流量（税后）	13 256.10	20 543.71	27 831.31
9	折现净现金流量（Ic=10%）（税后）	6045.52	6022.81	5881.00
10	累计折现净现金流量（Ic=10%）（税后）	9577.09	15 599.90	21 480.90

项目	明细	具体数值
税前	财务内部收益率（%）	155.48
	财务净现值（Ic=10%）	51 812.15
	静态回收期（年）	1.18
	动态回收期（年）	1.22
税后	财务内部收益率（%）	117.24
	财务净现值（Ic=10%）	38 306.03
	静态回收期（年）	1.31
	动态回收期（年）	1.37

—— 表1-35 全投资现金流量表（四）

序号	项目名称	投资计划（万元）		
		第10季	第11季	第12季
1	现金流入	14 062.80	14 062.80	14 062.80
1.1	销售收入	14 062.80	14 062.80	14 062.80
2	现金流出	6775.19	6775.19	6775.19
2.1	开发建设投资（不含利息）	4200.78	4200.78	4200.78
2.2	经营税金及附加	864.86	864.86	864.86
2.3	土地增值税	98.44	98.44	98.44
2.4	所得税	1611.11	1611.11	1611.11
3	净现金流量（税前）	8898.71	8898.71	8898.71
4	累计净现金流量（税前）	48 007.80	56 906.52	65 805.23
5	折现净现金流量（Ic=10%）（税前）	7012.06	6846.95	6685.74
6	累计折现净现金流量（Ic=10%）（税前）	38 279.46	45 126.42	51 812.15
7	净现金流量（税后）	7287.60	7287.60	7287.60
8	累计净现金流量（税后）	35 118.92	42 406.52	49 694.12
9	折现净现金流量（Ic=10%）（税后）	5742.53	5607.31	5475.28
10	累计折现净现金流量（Ic=10%）（税后）	27 223.43	32 830.74	38 306.03

项目	明细	具体数值
税前	财务内部收益率（%）	155.48
	财务净现值（Ic=10%）	51 812.15
	静态回收期（年）	1.18
	动态回收期（年）	1.22
税后	财务内部收益率（%）	117.24
	财务净现值（Ic=10%）	38 306.03
	静态回收期（年）	1.31
	动态回收期（年）	1.37

　　财务内部收益率远远大于基准利率（10%）；回收期小于开发销售周期/2（1.5年），因此，本项目开发投资风险较低，投资经济可行性很高。

（3）资本金现金流量分析

▶── 表1-36 资本金现金流量表（一）

序号	项目名称	现金流量（万元）		
		第1季	第2季	第3季
1	现金流入	6000.00	0.00	14 062.80
1.1	销售收入	0.00	0.00	14 062.80
1.2	长期借款	6000.00	0.00	0.00
2	现金流出	22 930.78	3517.98	6092.39
2.1	开发建设投资（不含利息）	22 817.38	3404.58	3404.58
2.2	经营税金及附加	0.00	0.00	864.86
2.3	土地增值税	0.00	0.00	98.44
2.4	所得税	0.00	0.00	1611.11
2.5	借款本金偿还	0.00	0.00	0.00
2.6	借款利息支付	113.40	113.40	113.40
3	净现金流量（税前）	−16 930.78	−3517.98	9581.52
4	累计净现金流量（税前）	−16 930.78	−20 448.76	−10 867.24
5	折现净现金流量（Ic=10%）（税前）	−16 532.13	−3354.26	8920.51
6	累计折现净现金流量（Ic=10%）（税前）	−16 532.13	−19 886.39	−10 965.88
7	净现金流量（税后）	−16 930.78	−3517.98	7970.41
8	累计净现金流量（税后）	−16 930.78	−20 448.76	−12 478.36
9	折现净现金流量（Ic=10%）（税后）	−16 532.13	−3354.26	7420.55
10	累计折现净现金流量（Ic=10%）（税后）	−16 532.13	−19 886.39	−12 465.85

续表

项目	明细	具体数值
税前	财务内部收益率（%）	216.68
	财务净现值（Ic=10%）	51 993.49
	静态回收期（年）	1.03
	动态回收期（年）	1.07
税后	财务内部收益率（%）	163.45
	财务净现值（Ic=10%）	38 487.37
	静态回收期（年）	1.14
	动态回收期（年）	1.18

▶── 表1-37 资本金现金流量表（二）

序号	项目名称	现金流量（万元）		
		第4季	第5季	第6季
1	现金流入	14 062.80	14 062.80	14 062.80
1.1	销售收入	14 062.80	14 062.80	14 062.80
1.2	长期借款	0.00	0.00	0.00
2	现金流出	6092.39	6092.39	6092.39
2.1	开发建设投资（不含利息）	3404.58	3404.58	3404.58
2.2	经营税金及附加	864.86	864.86	864.86
2.3	土地增值税	98.44	98.44	98.44
2.4	所得税	1611.11	1611.11	1611.11
2.5	借款本金偿还	0.00	0.00	0.00
2.6	借款利息支付	113.40	113.40	113.40
3	净现金流量（税前）	9581.52	9581.52	9581.52
4	累计净现金流量（税前）	−1285.73	8295.79	17 877.31
5	折现净现金流量（Ic=10%）（税前）	8710.47	8505.37	8305.11

续表

序号	项目名称	现金流量（万元）		
		第4季	第5季	第6季
6	累计折现净现金流量（Ic=10%）（税前）	−2255.41	6249.96	14 555.07
7	净现金流量（税后）	7970.41	7970.41	7970.41
8	累计净现金流量（税后）	−4507.95	3462.46	11 432.86
9	折现净现金流量（Ic=10%）（税后）	7245.82	7075.21	6908.62
10	累计折现净现金流量（Ic=10%）（税后）	−5220.02	1855.19	8763.82

项目	明细	具体数值
税前	财务内部收益率（%）	216.68
	财务净现值（Ic=10%）	51 993.49
	静态回收期（年）	1.03
	动态回收期（年）	1.07
税后	财务内部收益率（%）	163.45
	财务净现值（Ic=10%）	38 487.37
	静态回收期（年）	1.14
	动态回收期（年）	1.18

▶━ 表1-38 资本金现金流量表（三）

序号	项目名称	现金流量（万元）		
		第7季	第8季	第9季
1	现金流入	14 062.80	14 062.80	14 062.80
1.1	销售收入	14 062.80	14 062.80	14 062.80
1.2	长期借款	0.00	0.00	0.00
2	现金流出	7033.36	6888.60	6888.60
2.1	开发建设投资（不含利息）	4345.55	4200.78	4200.78
2.2	经营税金及附加	864.86	864.86	864.86

续表

序号	项目名称	现金流量（万元）		
		第7季	第8季	第9季
2.3	土地增值税	98.44	98.44	98.44
2.4	所得税	1611.11	1611.11	1611.11
2.5	借款本金偿还	0.00	0.00	0.00
2.6	借款利息支付	113.40	113.40	113.40
3	净现金流量（税前）	8640.55	8785.31	8785.31
4	累计净现金流量（税前）	26 517.86	35 303.17	44 088.49
5	折现净现金流量（Ic=10%）（税前）	7313.15	7260.59	7089.63
6	累计折现净现金流量（Ic=10%）（税前）	21 868.22	29 128.81	36 218.44
7	净现金流量（税后）	7029.44	7174.20	7174.20
8	累计净现金流量（税后）	18 462.30	25 636.51	32 810.71
9	折现净现金流量（Ic=10%）（税后）	5949.54	5929.09	5789.49
10	累计折现净现金流量（Ic=10%）（税后）	14 713.36	20 642.45	26 431.94

项目	明细	具体数值
税前	财务内部收益率（%）	216.68
	财务净现值（Ic=10%）	51 993.49
	静态回收期（年）	1.03
	动态回收期（年）	1.07
税后	财务内部收益率（%）	163.45
	财务净现值（Ic=10%）	38 487.37
	静态回收期（年）	1.14
	动态回收期（年）	1.18

➤── **表1-39 资本金现金流量表（四）**

序号	项目名称	现金流量（万元）		
		第10季	第11季	第12季
1	现金流入	14 062.80	14 062.80	14 062.80
1.1	销售收入	14 062.80	14 062.80	14 062.80
1.2	长期借款	0.00	0.00	0.00
2	现金流出	6888.60	6888.60	12888.60
2.1	开发建设投资（不含利息）	4200.78	4200.78	4200.78
2.2	经营税金及附加	864.86	864.86	864.86
2.3	土地增值税	98.44	98.44	98.44
2.4	所得税	1611.11	1611.11	1611.11
2.5	借款本金偿还	0.00	0.00	6000.00
2.6	借款利息支付	113.40	113.40	113.40
3	净现金流量（税前）	8785.31	8785.31	2785.31
4	累计净现金流量（税前）	52 873.80	61 659.12	64 444.43
5	折现净现金流量（Ic=10%）（税前）	6922.70	6759.70	2092.65
6	累计折现净现金流量（Ic=10%）（税前）	43 141.14	49 900.84	51 993.49
7	净现金流量（税后）	7174.20	7174.20	1174.20
8	累计净现金流量（税后）	39 984.92	47 159.12	48 333.32
9	折现净现金流量（Ic=10%）（税后）	5653.17	5520.06	882.20
10	累计折现净现金流量（Ic=10%）（税后）	32 085.11	37 605.17	38 487.37

项目	明细	具体数值
税前	财务内部收益率（%）	216.68
	财务净现值（Ic=10%）	51 993.49
	静态回收期（年）	1.03
	动态回收期（年）	1.07

续表

项目	明细	具体数值
税后	财务内部收益率（%）	163.45
	财务净现值（Ic=10%）	38 487.37
	静态回收期（年）	1.14
	动态回收期（年）	1.18

与全投资分析的结果一样，财务内部收益率远远大于基准利率（10%）；回收期小于开发销售周期/2（1.5年），因此，本项目开发投资风险较低，投资经济可行性很高。

6. 不确定性分析

（1）临界点分析

▶—— 表1-40 临界点（盈亏平衡）分析表

变化因素	基本方案成本费用（万元）	基本方案经营收入（万元）	变化因素的变化临界点（%）				
			利润率（0%）	利润率（10%）	利润率（15%）	利润率（20%）	利润率（30%）
项目成本	76 183.57	140 628.00	84.59	67.81	60.51	53.83	41.99
销售收入	76 183.57	140 628.00	−45.83	−40.41	−37.70	−34.99	−29.57

评估：

假设本项目总投资不变，经营收入须减至原来的54.17%，即达到盈亏平衡；相反，若假设经营收入不变，总投资须增至原来的184.59%。而要出现以上两种情况，除非市场大萧条或者遇到不可抗力因素，由此可见其风险程度较低。

本项目销售风险较小，主要是销售回收资金速度较快，回收资金马上又投入到项目中去。

影响本项目财务效益的主要确定性因素为开发成本、售价水平、销售税率、建设经营期的长短。据市场预测，开发成本项目中最有可能发生波动变化的是建安工程费和售价水平。本项目敏感性分析针对全部投资的评价指标进行（财务内部收益率和投资利润率），假设本项目总投资不变，分别计算售价上下波动5%、10%对经济评价指标的影响。计算结果详见敏感性分析表。

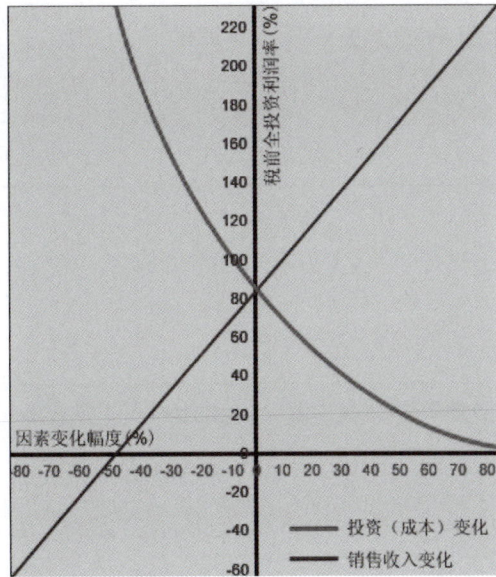

● 图1-49 临界点（盈亏平衡）分析图

（2）敏感性分析

● 表1-41 敏感性分析表（一）

序号	指标名称	计量单位	基本数	变化1	变化2	变化3	变化4
	投资变化比例	%	——	0.00	0.00	0.00	0.00
	经营收入变化比例	%	——	−10.00	−5.00	5.00	10.00
1	土地费用成本	万元	19 413.00	19 413.00	19 413.00	19 413.00	19 413.00
1.1	土地单价	万元/亩	110.00	110.00	110.00	110.00	110.00
1.2	土地成本所占比例	%	25.48	25.98	25.73	25.24	25.00
2	项目总成本费用	万元	76 184.00	74 728.00	75 456.00	76 911.00	77 639.00
3	资金筹措	万元	76 184.00	74 728.00	75 456.00	76 911.00	77 639.00
3.1	资本金	万元	26 664.00	26 155.00	26 410.00	26 919.00	27 174.00
3.2	借款	万元	6000.00	6000.00	6000.00	6000.00	6000.00
3.3	销售收入投入	万元	43 519.00	42 573.00	43 046.00	43 992.00	44 465.00
4	销售总收入	万元	140 628.00	126 565.00	133 597.00	147 659.00	154 691.00
5	利润总额	万元	64 444.00	51 837.00	58 141.00	70 748.00	77 052.00

续表

序号	指标名称	计量单位	基本数	变化1	变化2	变化3	变化4
6	所得税	万元	16 111.11	12 959.28	14 535.20	17 687.02	19 262.93
7	税后利润	万元	48 333.32	38 877.85	43 605.59	53 061.06	57 788.80

▶── 表1-42 敏感性分析表（二）

	指标名称	计量单位	基本数	变化1	变化2	变化3	变化4
税前全投资	财务内部收益率	%	155.48	125.03	140.28	170.97	186.50
	财务净现值（Ic=10%）	万元	51 812.00	41 224.00	46 518.00	57 106.00	62 400.00
	静态回收期	年	1.18	1.28	1.23	1.13	1.10
	动态回收期	年	1.22	1.34	1.28	1.18	1.14
	投资利润率	%	84.59	69.37	77.05	91.99	99.24
税后全投资	财务内部收益率	%	117.24	94.90	106.01	128.73	140.09
	财务净现值（Ic=10%）	万元	38 306.00	30 360.00	34 333.00	42 279.00	46 252.00
	静态回收期	年	1.31	1.42	1.36	1.26	1.22
	动态回收期	年	1.37	1.50	1.43	1.32	1.27
	投资利润率	%	63.44	52.03	57.79	68.99	74.43
税前资本金	财务内部收益率	%	216.68	174.16	195.18	238.33	260.29
	财务净现值（Ic=10%）	万元	51 993.00	41 406.00	46 700.00	57 287.00	62 581.00
	静态回收期	年	1.03	1.12	1.07	1.00	0.97
	动态回收期	年	1.07	1.16	1.11	1.03	1.00
	投资利润率	%	241.69	198.19	220.15	262.82	283.55
税后资本金	财务内部收益率	%	163.45	132.28	147.89	179.30	195.41
	财务净现值（Ic=10%）	万元	38 487.00	30 542.00	34 515.00	42 460.00	46 433.00
	静态回收期	年	1.14	1.23	1.18	1.10	1.07
	动态回收期	年	1.18	1.29	1.23	1.14	1.11
	投资利润率	%	181.27	148.65	165.11	197.11	212.66

评估：从上表计算结果来看，项目经营收入变化，项目投资回报率起伏不大，同时与同行相比，各项指标都满足投资可行性评估标准（财务内部收益率＞Ic；投资回收期＜投资周期/2）。因此，项目对经营收入变动的敏感性不高，本项目经营具备较高的抗风险能力。

7. 还款付息计划

▶—— 表1-43 还款付息表（一）

序号	项目名称	还款付息（万元）		
		第1季	第2季	第3季
1	借（贷）款及还本付息			
1.1	期初借（贷）款本息累计	0.00	6 000.00	6 000.00
1.1.1	本金	0.00	6 000.00	6 000.00
1.1.2	利息	0.00	0.00	0.00
1.2	本期借（贷）款	6 000.00	0.00	0.00
1.3	本期应计利息	113.40	113.40	113.40
1.4	本期本金归还	0.00	0.00	0.00
1.5	本期利息支付	113.40	113.40	113.40
1.6	期末借（贷）款本息累计	113.40	6 113.40	6 113.40

▶—— 表1-44 还款付息表（二）

序号	项目名称	还款付息（万元）		
		第4季	第5季	第6季
1	借（贷）款及还本付息			
1.1	期初借（贷）款本息累计	6000.00	6000.00	6000.00
1.1.1	本金	6000.00	6000.00	6000.00
1.1.2	利息	0.00	0.00	0.00
1.2	本期借（贷）款	0.00	0.00	0.00
1.3	本期应计利息	113.40	113.40	113.40
1.4	本期本金归还	0.00	0.00	0.00

续表

序号	项目名称	还款付息（万元）		
		第4季	第5季	第6季
1.5	本期利息支付	113.40	113.40	113.40
1.6	期末借（贷）款本息累计	6113.40	6113.40	6113.40

▶── 表1-45 还款付息表（三）

序号	项目名称	还款付息（万元）		
		第7季	第8季	第9季
1	借（贷）款及还本付息			
1.1	期初借（贷）款本息累计	6000.00	6000.00	6000.00
1.1.1	本金	6000.00	6000.00	6000.00
1.1.2	利息	0.00	0.00	0.00
1.2	本期借（贷）款	0.00	0.00	0.00
1.3	本期应计利息	113.40	113.40	113.40
1.4	本期本金归还	0.00	0.00	0.00
1.5	本期利息支付	113.40	113.40	113.40
1.6	期末借（贷）款本息累计	6113.40	6113.40	6113.40

▶── 表1-46 还款付息表（四）

序号	项目名称	还款付息（万元）		
		第10季	第11季	第12季
1	借（贷）款及还本付息			
1.1	期初借（贷）款本息累计	6000.00	6000.00	6000.00
1.1.1	本金	6000.00	6000.00	6000.00
1.1.2	利息	0.00	0.00	0.00
1.2	本期借（贷）款	0.00	0.00	0.00
1.3	本期应计利息	113.40	113.40	113.40

续表

序号	项目名称	还款付息（万元）		
		第10季	第11季	第12季
1.4	本期本金归还	0.00	0.00	0.00
1.5	本期利息支付	113.40	113.40	113.40
1.6	期末借（贷）款本息累计	6113.40	6113.40	6113.40

8. 投资综合评估

（1）经济评估市场可行性说明

　　本项目地块的规划定位是在对市场进行深入调研的基础之上，结合本地块所在的市场环境研究，重点对项目所在区域市场进行细致分析而得出的结果。项目定位从前期了解区域的市场现状、产品现状、环境现状、功能配套现状、价格发展状况、人居现状、消费诉求状况、政府对整个片区未来的发展规划等，再通过地块的市场适宜性进行深入研究，结合本地块的优势与劣势、机会与风险进行研判之后，探索本地块的发展机会与方向，找出区域市场的需求空缺与产品机会，并最终结合地块自身因素形成本项目最佳规划方案。可以看出，本项目建设在市场角度上是可行的。

（2）经济可行性评估归纳分析

▶━ 表1-47　评价指标归纳

序号	评价指标	指标值	单位
1.	项目总投资	76 183.57	万元
1.1	经营费用成本	9633.02	万元
1.2	开发建设成本费用	66 550.55	万元
2	项目实际投资成本	26 663.73	万元
3	项目总销售收入	140 628.00	万元
4	项目总税负	25 744.13	万元
5	项目税后净利润	48 333.32	万元
6	项目税后净利润率	181.27	%
7	财务净现值（FNPV，Ic=10%）	38 487.37	万元
8	财务内部收益率（FIRR）	163.45	%
9	投资回收期（静态）	1.14	年
10	投资回收期（动态）	1.18	年

上述财务效益评估的结果说明，本项目具有良好的经济效益，其各项财务指标均高于社会及现行房地产业的基准收益率，具有较强的盈利能力。因此，本项目建设在财务角度上是可行的。

综合分析，本项目具有较高的经济可行性。

七、后序

1. 关于市场可行性

（1）市场机会与风险

本方案是以深入的市场调查为依据而做出的研究结论，重点从本地块所在的区域市场产品、需求、发展态势以及地块地缘特性等四个方面探求市场机会与风险。

通过研究，本区域市场在产品、需求、发展态势方面存在非常明显的机会空间：产品机会空间——主要表现在产品可优化及区域价格处于快速增长的时期。

需求机会空间——主要表现为区域中高档需求比率不断提高，中高层需求对区域价值的认同感增强。

发展态势机会——主要表现为常州发展版图北扩遇到资源短缺瓶颈，璜土发展迎来良机。

本项目所面临的风险主要表现在两方面：

第一，璜土与常州的地缘沟通（交通）不顺畅；

第二，常州、璜土两地居民对区域的心理抗性。

（2）市场风险规避可行性

在本方案中，通过对地块的发展定位以及一系列的发展、开发、营销战略，来解决以上问题：

一是通过区域整体规划，解决区域融合问题；二是通过交通规划，解决地缘沟通问题；三是通过门户功能定位，解决心理抗性问题；四是通过营销战略，解决价值认同问题；五是通过项目建设，缩短以上问题的解决周期。

（3）项目开发的市场时机

由于市场成熟，以及璜土政府的通力配合，按照意向协议地价以及当前区域市场产品售价，本项目当即开发，具有很强的可行性、很高的收益回报。

2. 关于经济可行性

（1）投资成本与收益

项目按照本方案定位的发展策略所提出的规划方案进行建设。

成本与收益如下：

项目总投入=7.6亿元；

实际总投入=2.7亿元；

销售总收入=14.1亿元；

税前利润=6.4亿元；

税后利润=4.8亿元；

税后利润率=181.3％。

成本收益评估说明：

关于成本：采用当前地产行业平均成本，预估未来可能有5%的成本增长。

关于价格：采用当前可以被消费者接受的价格，忽略未来市场价格可能的增长。

关于算法：财务折现率为10％，中长期贷款为6000万元，贷款利率7.9％，回收期3年。

可以看出，本项目采用了一种相对保守的评估方法，以此规避未来开发期内不可预期的财务成本风险。

（2）财务可行性分析

在财务可行性分析中，采用了现金流、不确定性分析以及还款付息能力分析。

现金流分析的结果表明：项目开发现金流非常稳定，两项重要指标分别是：回收期（1.14年）＜项目开发期/2（1.5年）、财务内部收益率（FIRR）（163.45％）＞资金成本（10％）。以上结果都表明了本项目投资风险很低。

不确定分析的结果表明：

临界点分析结果说明：本项目如果要出现盈亏平衡的状况，除非本项目总投资不变，经营收入须减至原来的54.17％；或者经营收入不变，总投资须增至原来的184.59％。显然，要出现这样的情况比较难，除非出现了不可抗力因素。

敏感性分析结果说明：各种因素的变化，对项目投资回收期以及财务内部收益率的影响不大，因此本项目投资风险较低。

（3）项目投资价值评估

以上评估结果表明，本项目投资回报很高，同时投资风险相当低，具有相当高的投资价值。

3.投资可行性综合评估

市场研究的结果表明：本项目开发投资市场机会与空间明显，而且预期3~5年内市场都处于发展上升通道，因此，本项目具有极高的投资价值，投资本项目可以获得相当高的投资回报。

投资经济评估的结果表明：本项目按照基本方案开发建设，投资收益率远远高于目前的行业平均利润，无论现金流还是投资回收期都说明资金回笼安全性很高，资金风险很小，具有相当高的投资价值。

02
投资分析

成都市 MMS 新城别墅项目
市场调研及土地价值咨询报告

一、MMS项目条件与地块解析

1.项目概况

（1）位置及四至

本项目位于成都市新津县花源镇MMS新城片区的最南端，距成都市中心约25公里，距新津县城约11公里，距成都双流国际机场约10公里。

项目东临杨柳河，南临规划道路（正在修建），西邻北大附中，北邻湿地公园和杨柳河。项目占地约800亩，由四个地块组成，其中两个地块（A、B）已经取得《国有土地使用证》，开发程度基本达到"三通"；地块C目前为生地，开发企业已与政府签订了购地协议；另外一个地块（D1或D2，面积约300亩）已经有取得意向，位于上述三个地块的东南部，目前为农田，尚未征地。宗地的基本情况如下：

▶━━ 表2-1 地块基本情况

地块编号	A	B	C	目标地块（D1或D2）
土地面积（平方米）	65 033	60 457	200 001（折合300亩）	200 001（折合300亩）
用途	商住	商住	住宅	住宅
位置	花源大道西侧	花源大道西侧	花源大道东侧	D2东临杨柳河 D1北侧为新区一干道
备注	已取得《国有土地使用证》		已签订购地协议	尚未征地

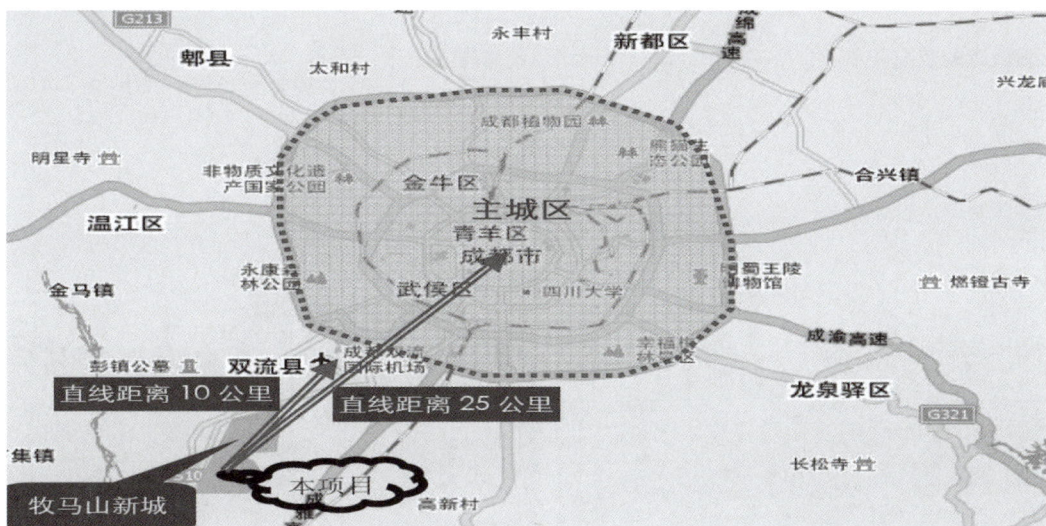

▶━━ 图2-1 项目位置

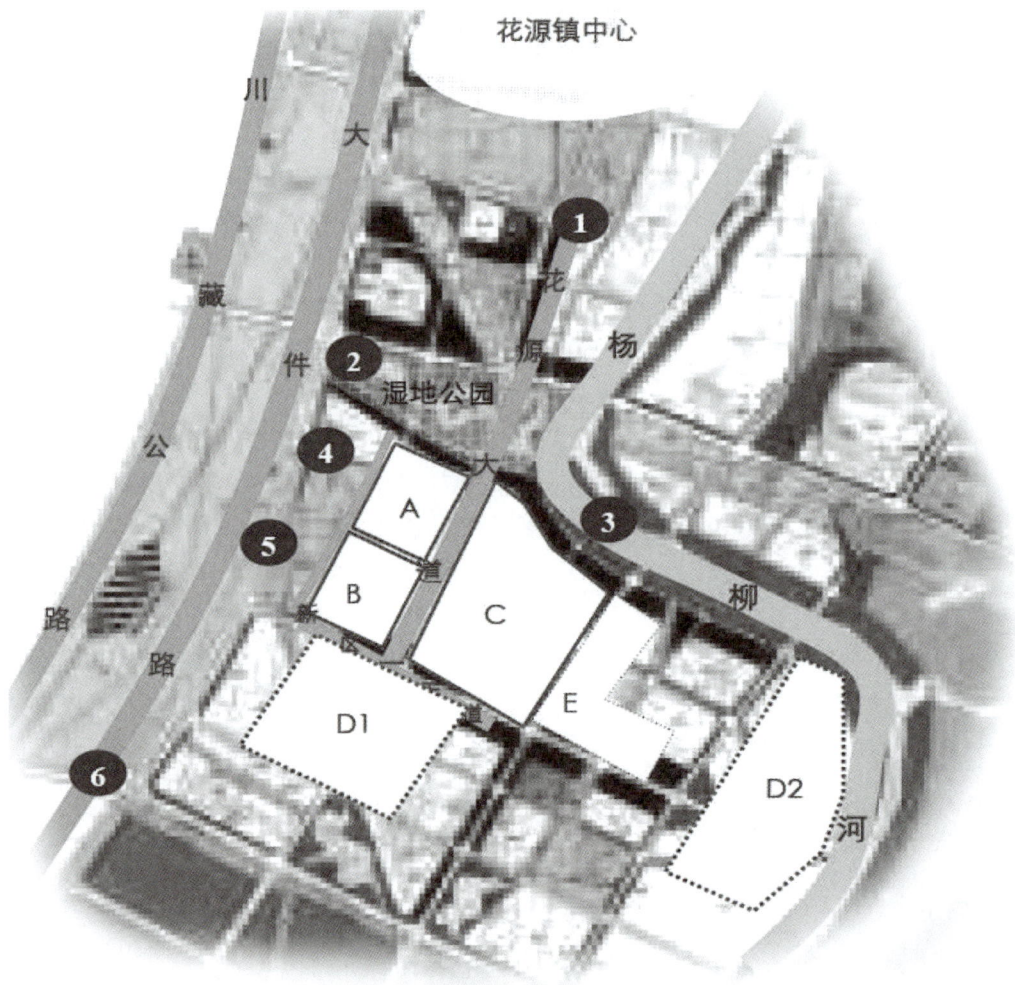

▶── 图2-2 项目地块

①花源大道

新修建的双向四车道，从花源镇通向该区域，目前修建至新区一干道。

▶── 图2-3 花源大道

②紫华湿地公园

新津县第一座人工湿地公园，占地155.73亩，其中水域4万平方米，绿化5.5万平方米，具有涵养水源、净化水质、调节气候、维系生物多样性等重要生态功能，对提升花源镇整体形象起到了重要作用。

▶—— 图2-4 紫华湿地公园

③杨柳河

杨柳河——岷江支流，是一条以灌溉为主要功能的河道，河宽80~100米，距离花源镇域约6公里。

▶—— 图2-5 杨柳河

④华川皮业厂区

工厂主要做皮革鞣制加工，排放的黑色污水流入杨柳河，对杨柳河水质已经产生影响。据说政府有将此工厂迁移他处的意向，但未获证实。

▶—— 图2-6 华川皮业厂区

⑤北大附中成都新津实验学校

位于新津县花源镇，是一所按国家级标准配置建设的15年一贯制的高品质国有民办寄宿学校，校园占地135亩，总建筑面积68 000平方米，现已投入使用，可容纳4000名学生就读。成熟的教育配套将吸引中年置业者。

▶— **图2-7 北大附中成都新津实验学校**

⑥大件路新津段

目前正在进行拓建与改建，拓建改造的大件路新津段主道为双向六车道城市免费快速通道，路面54.5米，辅道为双向四车道，限速标准为80公里/小时，从成都到新津的车程约20分钟，是成都进入花源镇的主通道，也是项目与外界之间的交通主干道，西侧为川藏路。

▶— **图2-8 大件路新津段**

⑦新区一干道

正在修建的双向四车道，从大件路通向杨柳河岸，已修至C与E地块边界处，尚未竣工。

▶— 图2-9 新区一干道

⑧E地块

E地块已经出让给成都新隆置业有限公司，面积为240亩，目前为农用地，尚未开发。如果目标地块为D2，E地块会影响本项目的整体性，不利于本项目的整体规划和项目配套资源的共享。

▶— 图2-10 E地块

（2）地块现状

截至目前，项目用地为待开发土地。地块A、B均达到了"三通"，场地尚未平整；C地块和目标地块（D1、D2）为农用地，地上有农作物及少量平房。政府正在修建周边道路，部分已经完工。

▶—— 图2-11 地块现状

▶—— 图2-12 道路现状

（3）项目规划

A和B地块已经取得《建设用地规划许可证》（地字510132200921037和地字510132200921038），其规划指标已经明确；C地块和目标地块尚未正式获得相关出让证明，MMS新城的总体规划尚未通过主管部门的审核，因此其规划指标待定。

▶—— 表2-2 项目规划

	地块A	地块B	地块C	目标地块
地块面积（平方米）	65 033	60 457	200 001	200 001
规划容积率	地块YA04 ≤1.0	地块YA07 ≤1.4	待定	待定
商业建筑面积的比例	≥30%	≥30%	0	待定

目标地块D1位于B、C地块的南侧，土地面积为300亩，整个项目连成一片，总土地面积约800亩，有利于未来项目社区环境的建设，但资源优势不明显，别墅项目对资源环境依赖性较大的特点会对本项目价值有一定影响。

目标地块D2位于杨柳河岸边，沿河分布的目标地块D2的土地面积为300亩，整个项目土地面积为800亩，被新隆公司地块分割，不利于本项目的整体规划和项目配套资源的共享，但D2地块临杨柳河，环境资源优势明显。

2. 项目配套分析

（1）市政配套分析

项目所在的MMS新城片区功能定位为：以森林公园、运动休闲、商务会议、高尚居住为主的生态旅游度假区。

项目地块距花源镇中心约2公里，在一定程度上可共享花源镇较为完善的市政配套。根据《新津县花源镇规划》，花源镇镇区为花源镇核心区，是城镇主要功能配套区域，包括政府、学校、医院、商场、自来水厂、广场绿地等，是全镇的政治、经济、文化中心。沿杨柳河两岸为住宅区。区域内规划有一定比例的市政公用设施用地以及供水、供电、供燃气等设施用地，市政配套设施将日趋完善。

供水：镇域内现有水压达到0.6兆帕的自来水厂，日供水1万吨，水质达到国家标准。在2010年保留现有水厂，在金马河附近新建水厂，一期工程规模为1万吨/日，到2020年可达4万吨/日；

供电：由花桥110千伏变电站供给，保障电力稳定；

供气：配气站日供天然气12.5万立方米，能够满足日常生活需要。

（2）医疗文化配套分析

花源镇中心卫生院（县第三人民医院）建筑面积4071平方米，设防保科、内科、妇产科、儿科、急诊科等科室。区域内有良好的教育配套：四川华新现代职业学院、成都职业技术学院、成都职业艺术学院及北大附中（北大附中成都新津实验学校）。北大附中是集幼儿园、小学、初中、高中于一体的现代化学校，目前该学校已经投入使用。

（3）商业配套分析

本项目毗邻新津县花源镇，共享花源镇的基本生活配套，商业类型多为底层临街商铺，目前没有大型综合商场，生活配套一般。根据《新津县花源镇规划》，城镇主中心临河处布置城镇南部公建中心，安排商贸、旅游、文娱等用地。

（4）交通配套分析

① 花源镇道路规划分析

根据《新津县花源镇规划》，道路为"五横五纵"的集中式布局结构。五横即从北到南横跨杨柳河两岸的横向20~30米的城镇主干道，五纵即基本平行于大件路的贯穿城镇南北的纵向联系干道，红线宽为24~30米。

▶── 表2-3 交通配套

道路名称	道路红线宽度（米）	道路类型	车道数
花源大道	24	主干道	4
白云路	24	主干道	4
大件路（牧山大道）	40	主干道	6
森林大道	20	主干道	4
兴源路	20	次干道	4
东华大道	16	次干道	2
正源路	16	次干道	2

②花源镇交通现状分析

公路：本项目与外部其他区域连接的道路有川藏路、大件路和成雅高速三条快速通道；南延线、双楠大道、新川藏路以及即将开工建设的华牧路都可辐射至本项目。随着各道路陆续竣工通车，本项目至市区的时间将会缩短，并吸引更多客户在此区域置业。

铁路：本项目距公兴火车站约8公里，距成都火车南站约15公里；在建的成—绵—乐城际轻轨会从花源镇穿过，并设有站点，但建成时间未确定。

本项目至成都双流机场的直线距离约10公里。

公共交通：花源车站位于花源镇西北部，距离本项目约2公里。花源车站是汇集公交、长途、出租车等为一体的综合换乘枢纽，有到达周边市县的公交车，至新津县和成都市的公交约15分钟一班次。

3. 资源环境分析

项目紧邻杨柳河，依山傍水，多种常绿灌乔木覆盖全区；

浅丘坡地上自然分布的美国松林，使整个新城更显幽雅、恬静；

在本项目的北侧有占地百余亩的湿地公园，目前已经建成；

片区内建有标准的国际高尔夫球场等体育文化设施，国际高尔夫球场距离本项目直线距离为3.5公里，不到5分钟车程。该片区内有上述良好的自然资源，为打造高档住宅区域奠定了基础。

4. 城市规划对地块影响分析

从成都市城市规划来看，项目所在的花源镇是成都市南部新城十大板块之一、新津县的迎宾门户花园、现代化欧洲风情小镇。规划以发展房地产、教育、文化、旅游、商贸业、服务业为主导。通过对新津县规划部门相关人员的访谈了解到花源镇紧邻双流MMS，发展重点为低密度住宅开发区域，并得到社会认可。

5.消费者对项目片区的看法

MMS新城片区得到消费者普遍认可，是成都发展的重点片区之一；

七成以上受访者看好该项目地段的未来发展，并表示会考虑在本项目购房；

部分消费者认为MMS新城片区虽定位为高档住宅区，片区环境优美，但配套不够完善，距成都市中心较远，目前比较适合度假，但随着大件路等道路的竣工，可以考虑为第一居所。

距离机场约十公里，从机场到本片区车程十几分钟，对外交通方便快捷。

6.地块分析小结

土地面积较大，可通过自身配套和社区建设营造居住氛围；

地块临湿地公园和杨柳河，自然资源优势明显；

地块西侧有工厂——华川皮业，排放的污水流入杨柳河，若不改变现状，会对项目的开发价值有一定的影响；

如果目标地块为D1，则项目地块为一个整体，土地利用价值将大为提高，有利于未来项目社区环境的建设，但自然资源优势不明显；如果目标地块为D2，地块被分割，虽然自然资源优势明显，但不利于未来项目社区环境的建设和配套资源的共享，如能收购新隆置业的240亩尚未出让的部分地块，与现有地块连成一片，土地的利用价值将大为提高；

地块交通主干道已基本完工，但公共交通设施不完善对本项目有一定的影响。

二、成都市房地产投资环境分析

1.成都市印象

（1）城市地位

①地理位置属四川省核心位置

成都市位于四川省中部，四川盆地西部，简称"蓉"。全市东西长192公里，南北宽166公里，总面积12 390平方公里，东北与德阳市相连，东南与资阳市毗邻，西南与雅安市衔接，西北与阿坝藏族羌族自治州接壤，南面与眉山市相连。根据《四川省城镇体系规划》确定的全省城镇发展方针和战略，全省城镇发展要以成都为核心，以宝成、成昆、成渝、成达四条交通干线为发展轴，努力提升成都的综合实力，积极扶持和培育绵阳、乐山、南充等区域中心城市，以及攀枝花、马尔康、康定、西昌等盆周山区和少数民族集聚地区的中心城市，完善区域基础设施，发挥中心城市对周边地区经济和社会发展的辐射带动作用，促进人口和产业的合理集聚，全面提高全省城镇化水平。

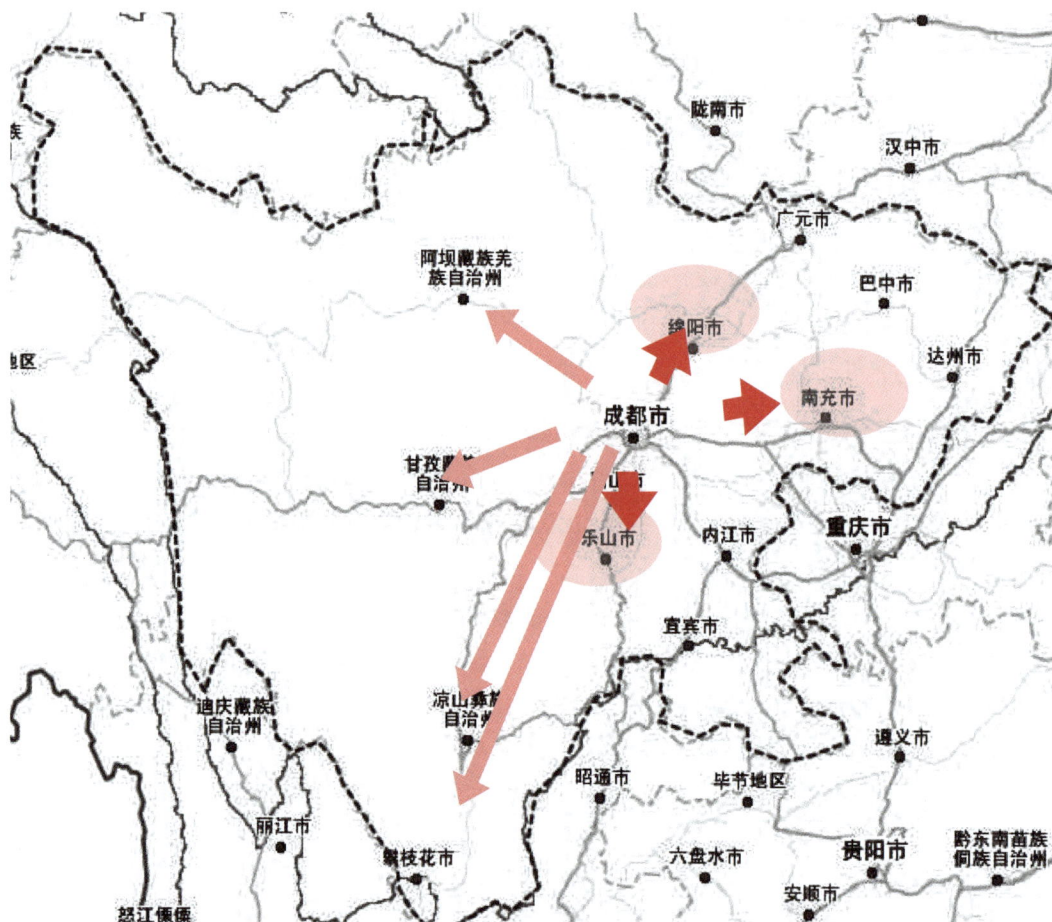

▶━ 图2-13 项目地理位置

② 西南地区最大商贸中心

成都具有区域性金融中心的地位。全市金融机构数量、金融业务交易量居中国西部各城市首位，证券业务成交量仅次于上海、深圳，列全国第三位。成都市是内陆开放城市和率先建立社会主义市场经济体制综合配套改革的试点城市，国家一类大市，全国综合实力50强城市，是国务院确定的西南地区科技中心、商贸中心、金融中心、交通枢纽和通讯枢纽。成都是西部最大的商贸中心，成都背靠四川8700万人口的巨大市场，辐射西南、全国乃至部分东南亚和中亚地区。

③ 地理位置显要，对外交通便利

成都是西南地区的交通枢纽，是八条高速公路和四条铁路干线的交汇点，成都双流国际机场是中国六大航空港之一。

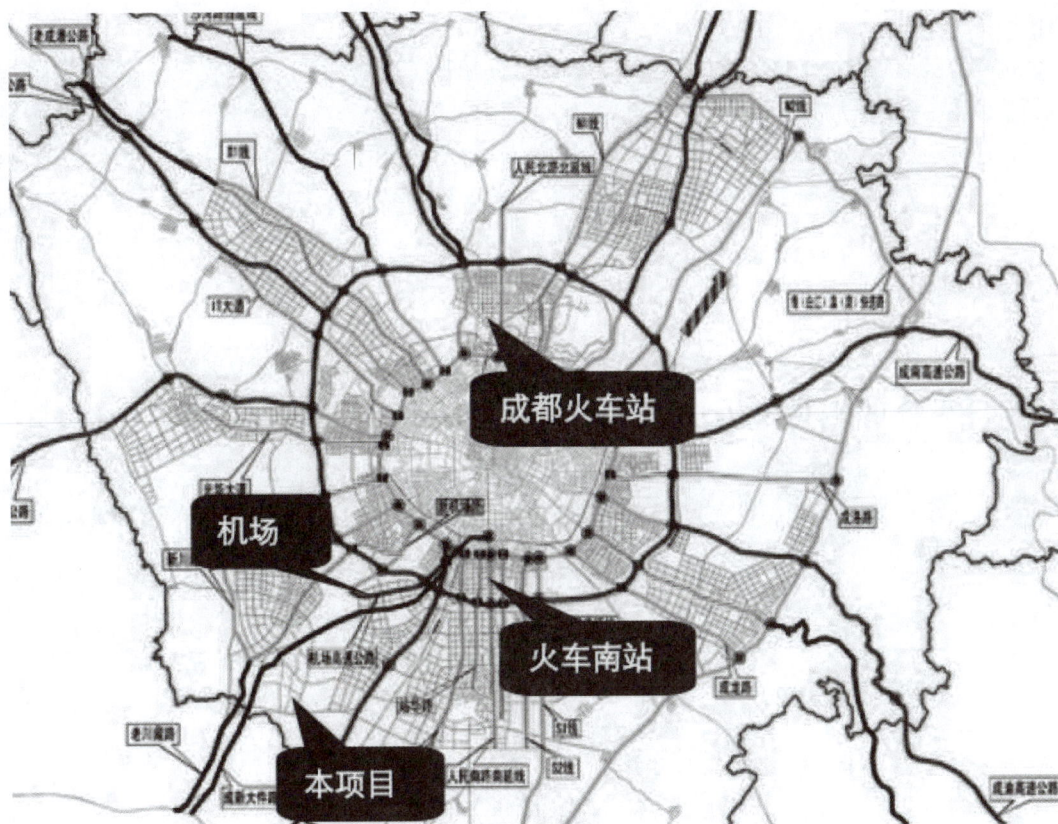

➤── **图2-14 成都市中心城与外围组团多通道路网规划示意图**

公路：2007年年底，全市公路总里程达到18 982.8公里，高速公路438.8公里，一级公路647.6公里，二级公路1697.7公里；到2008年年底，成都市域公路总里程已达到19 472.617公里，公路密度157公里/百平方公里，路网密度和道路等级均达到全国一流水平。

铁路：成都铁路枢纽地处西南地区的中部，衔接宝成、成昆、成渝、成达四条铁路干线及成灌地方铁路，是我国铁路中长期铁路网规划中"沪汉蓉客运专线"与"兰昆通道"的交汇点。随着成绵乐城际铁路的建设，成都枢纽将形成衔接宝成、成渝、成昆、成达四条铁路干线及成绵乐城际、成渝城际客运专线的现代化综合铁路网络，是西南通往西北、中南、华北等地区的交通要道。

民航：2006年5月29日，随着命名为"成都号"的荷兰皇家航空波音777—200大型客机顺利降落在双流国际机场，成都乃至中西部地区第一条直飞欧洲的国际定期客运航线正式开通。

2008年12月31日，成都双流国际机场第二跑道和新航站楼工程正式开工，项目建成后，将成为西部最大的航空枢纽港和客货集散地，年飞机起降架次和旅客吞吐量均将超过2008年的两倍，成都也将成为继北京、上海、广州之后，国内第四个拥有机场第二跑道的城市。

④城市地位高，投资环境和居住环境对外省和周边县市人群有较大吸引力

至2008年年底，在川的浙商超过30万人，而在成都的浙商就达到18万人之多。正是由于对外来投资者抱以宽容的态度，提供热情周到的服务以及良好的投资环境，2009年，成都被浙商评为"最佳投资城市"。成都也是众多浙商评出为数不多的"最佳投资城市"中的唯一一个省会城市。

在零点研究咨询集团正式公布的最具文化底蕴城市排行榜中，成都以独有的天府文化与丰富的历史沉淀排名第八。

　　成都平原土地肥沃、气候宜人，具有得天独厚的宜居条件。加上成都的城市文化以舒适淡定的休闲文化为主，住在成都就成了一种享受。

　　根据成都市房管局调查数据显示，近几年成都楼市有一半的房子都是被外地人买走的，这样对分的比例，表明外地人来成都居住已经成为这个城市主流的居住文化。

（2）城市格局

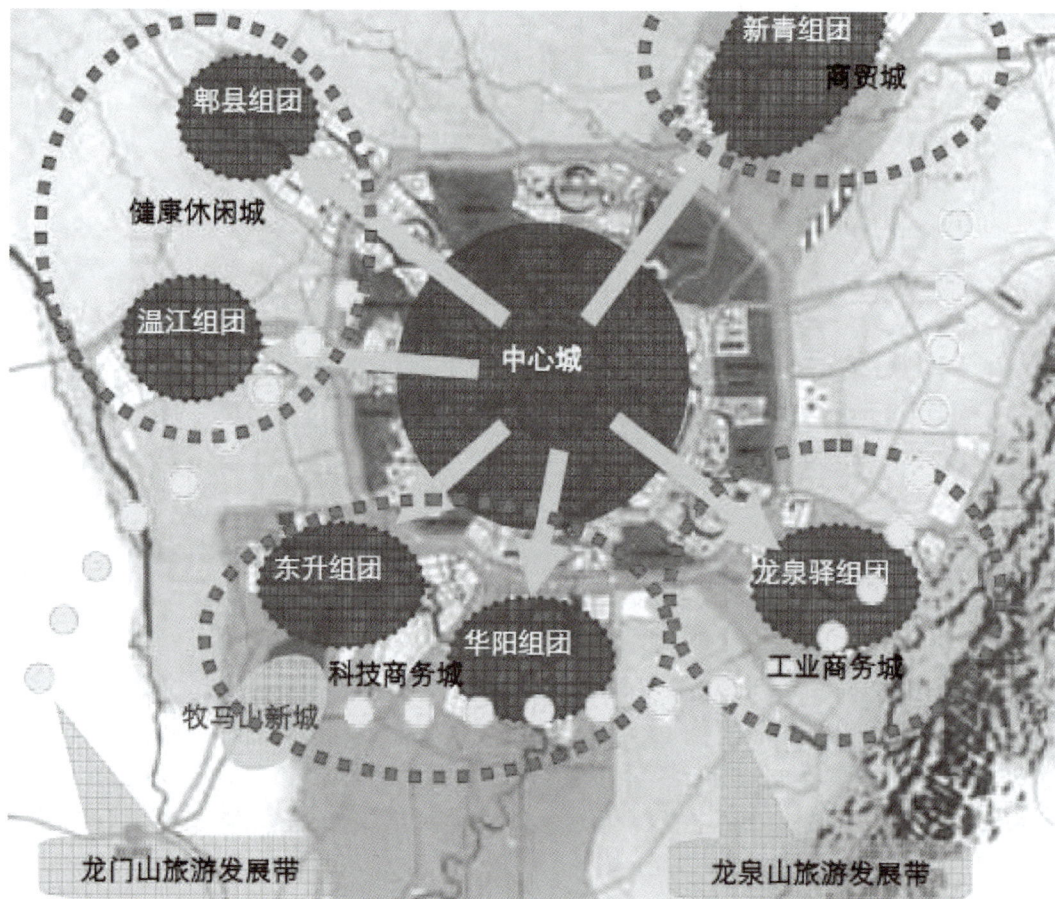

→ 图2-15 成都市发展格局图

①城市发展战略

　　根据《成都市总体规划》（2003—2020年），成都市布局形态逐步由密集"圈层式"发展为疏密结合的"扇叶式"布局；优化城市产业结构和用地布局，引导城市向东、南、北三个方向发展；逐步形成南北展开的城市格局，构建多个中心城市空间结构。将打造新（都）青（白江）、郫县、温江、双流—东升、双流—华阳、龙泉驿六个城市组团，拉开城市架构，重点发展南部新城、东部新城和北部新城。

②城市功能发展格局

　　成都市立足"全域成都"资源条件和产业基础，以统筹城乡发展为指导，按照"生产性服务业集聚发展，民生性服务业城乡均衡发展"的思路，构建"一核集聚、四城辐射、两带带动"的战略性空间格局，优先规划建设26个现代服务业重点集聚区。

"一核"集聚："一核"包括锦江区、青羊区、武侯区、金牛区、成华区和高新区，是成都市服务业的核心功能地域，是服务功能的主要承担者和服务业的主要集聚区。重点发展金融业、信息服务业、商务服务业和文化创意产业等现代服务业，推动商贸业和都市旅游业提档升级，积极培育教育培训、医疗服务等行业，着力提升国际化服务功能，打造中西部服务业发展核心区。

"四城"辐射："四城"主要包括近郊区（市）县范围，以新城为空间载体，以重大服务设施和项目为支撑，突出物流、商贸（批发）、商务、休闲旅游等服务功能，形成四大特色服务业功能区。

"两带"带动："两带"包括龙门山和龙泉山旅游发展带，重点发展观光度假旅游，积极发展为旅游配套服务和当地居民服务的商贸流通业。

③城市未来发展趋势

龙泉驿组团：主城区东部分中心，国家级经济技术开发区所在地，以现代制造业为主导的工业集中发展区，将发展休闲度假产业的城市新区。

新（都）青（白江）组团：主城区北部分中心，青白江区将以化工、冶金、建材、重型设备制造为主导形成集中发展区，新都区将依托铁路枢纽建设物流中心。二者共同构成北部新城。

温江组团：主城区西部分中心，以食品、印刷、高新产业为主导的工业集中发展区，依托大专院校形成以教育科研、休闲旅游为主的城市新区。

郫县组团：主城区西北部分中心，以高新技术产业为主导的工业集中发展区，依托大专院校形成科研教育基地。

双流—东升组团：主城区西南部分中心，以医药、电气机械设备制造等为主导的集中发展区，以发展物流配送、科研教育为主的园林式城区。

双流—华阳组团：主城区南部分中心，以发展会展、商务服务、科研等为主的新城区。

④MMS新城发展历程

MMS新城所在区域位于双流—东升组团所辐射的范围内，MMS新城的区域价值、低密度住宅区定位，已经被广泛接受，经过多年开发，双流MMS新城几乎已无新地供应，这给新津MMS的房地产开发提供了机会。

2. 成都市社会经济发展状况

（1）宏观经济发展情况

①成都市国民经济保持较快增长

2002—2007年，成都GDP总值保持每年12%以上的增长速度。受国际金融危机的影响，2008年增长速度放缓。2009年上半年经济止滑回升。

单位：亿元

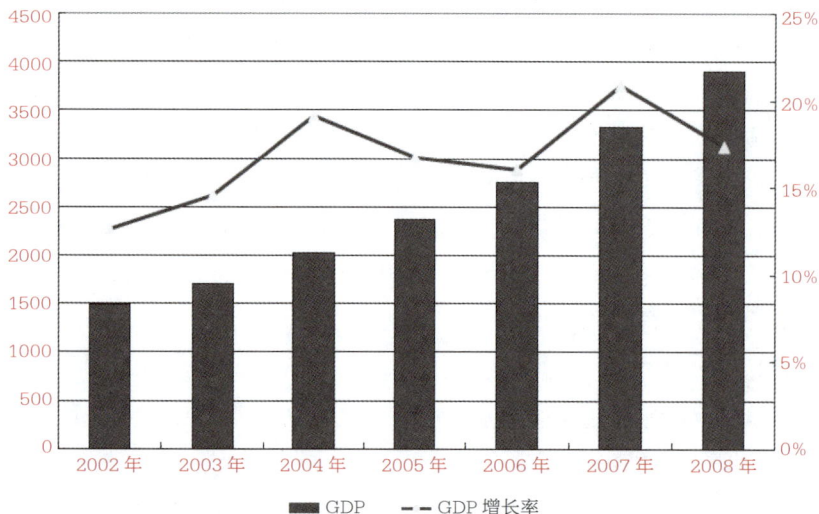

数据来源：成都市统计年鉴和新津2008年统计手册

▶━━ **图2-16 2002—2008年成都地区生产总值（GDP）及增长率**

经初步核算，2009年上半年全市实现地区生产总值1951.3亿元，比上年同期增长14.3%，增速比第一季度提高2个百分点。其中：第一产业实现增加值113.7亿元，增长3.3%；第二产业实现增加值950.6亿元，增长17.4%；第三产业实现增加值887.0亿元，增长12.5%。三个产业对经济增长的贡献率分别为1.2%、58.0%和40.8%。

②成都市的人均生产总值持续增长

按常住人口计算，2008年成都市人均生产总值30 855元，按现行汇率折算为4524美元，增长9.6%。

单位：元

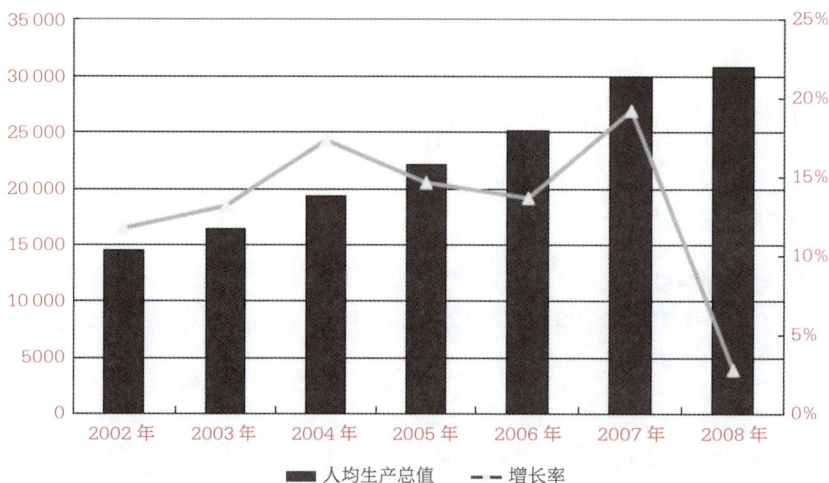

数据来源：成都市统计年鉴和新津2008年统计手册

▶━━ **图2-17 近年成都市人均生产总值及增长率**

③成都市产业结构稳定，能有效保障经济的持续增长

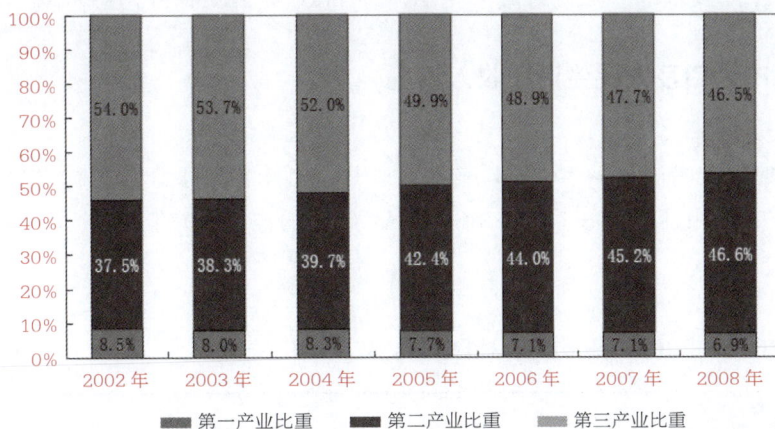

数据来源：成都市统计年鉴

▶━ **图2-18 成都市产业结构**

　　第一产业所占比重最小，第二产业所占比重稳步增加，第三产业的比重最大，但近年有些下降。2008年成都地区生产总值中三个产业的比例为6.9∶46.6∶46.5。产业结构的稳定性逐渐增加，经济结构的稳定能有效保障经济的持续增长。

（2）成都市全社会固定资产投资状况

　　成都市投资规模稳步增长。2008年全年全社会固定资产投资3012.9亿元，比上年增长25.8%。房地产投资完成额912.5亿元，比上年增长0.3%。

单位：亿元

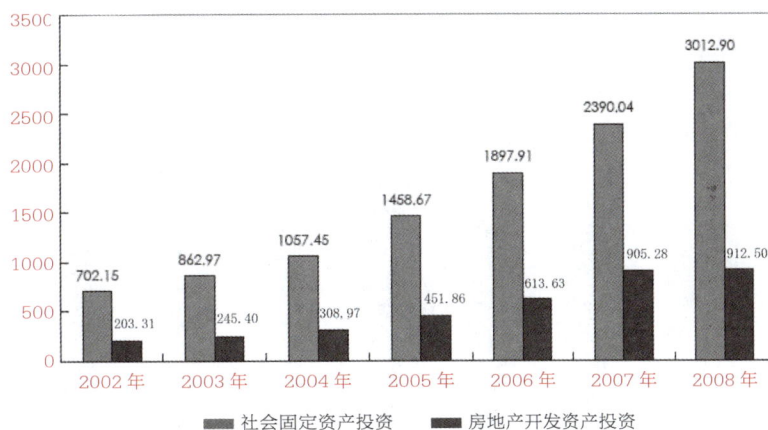

数据来源：成都市统计年鉴

▶━ **图2-19 成都市固定资产投资及房地产开发投资额**

　　2009年上半年全社会固定资产投资完成1902.5亿元，比上年同期增长44.1%。其中基本建设投资表现突出，共完成1025.8亿元，增长92.9%，比全社会固定资产投资增速加快48.8个百分点，占全社会固定资产投资的比重由一季度的49.9%上升到53.9%，上升4个百分点，主要是四个重灾区投资成倍增长。

（3）成都市人口及人民生活和收入状况

①城镇人口平稳增长

人口自然增长率保持较低水平。2007年，全市人口出生率为8.4‰，比上年增长1.6个千分点；死亡率为8.7‰，上升4个千分点；自然增长率为−0.3‰，降低2.4个千分点。2007年年末全市常住人口1112.28万人。

▶—— 表2-4 2003—2008年成都市人口情况

年份	2003	2004	2005	2006	2007	2008
总户数（万人）	336.12	350.53	366.72	382.22	391.58	——
总人口（万人）	1044.31	1059.69	1082.03	1103.40	1112.28	1125
农业人口（万人）	658.08	605.96	538.10	531.90	516.72	——
非农业人口（万人）	386.23	453.73	543.93	571.50	595.56	——

数据来源：成都市统计年鉴及统计局网站

②生活及收入水平继续提高

城乡居民生活水平继续提高。2008年全年城市居民人均可支配收入16 943元，增长14.1%；全年农村居民人均纯收入6481元，增长14.9%。2009年上半年，城市居民人均可支配收入9408元，增长12.5%；农民人均现金收入4594元，增长12.4%，增幅比上年同期提高0.6个百分点。

单位：元

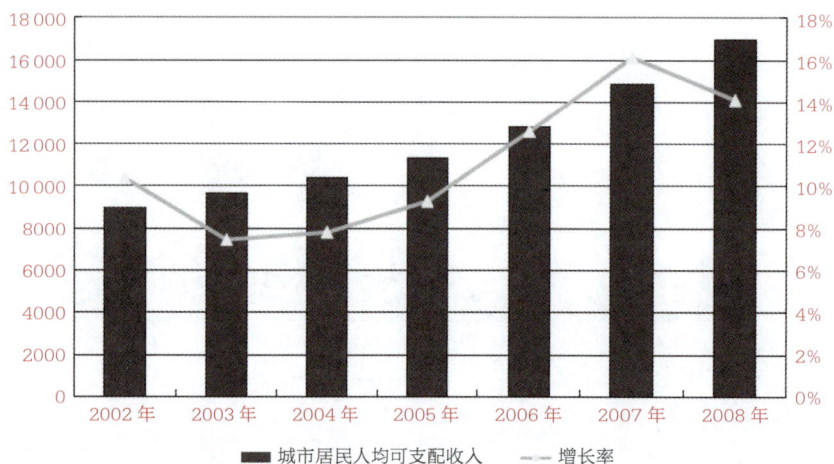

▶—— 图2-20 成都市城市居民人均可支配收入

成都市城市居民的人均可支配收入逐年提高，说明市民的购买力逐步增强，是房地产发展的有利保障。

③企业家信心指数回升

二季度企业景气调查显示，全市企业综合生产经营景气指数为117.3点，比一季度提高6.8点；企业家信心指数为112.4点，比一季度提高14.2点。从行业指数来看，企业家信心指数回升幅度较大的是房地产业和工业，分别比一季度回升23.6点和21.2点。

3. 成都市近期重大项目

重大项目的建设与立项将促进经济发展，增强居民购买力，带来就业人群，产生购房需求。

（1）成都摩尔国际汽配广场

该项目建筑面积约21万平方米，功能齐备，方便快捷，是具备电子商务交易平台、汽配用品展示交易功能的大型现代物流配送项目。项目被列入四川省、成都市、武侯区重点建设项目，全力打造集整车、汽配、汽车用品、仓储物流、办公写字楼、酒店为一体的综合商业体。首期总投资8亿元，项目地址位于成都市武侯区聚龙路1号（八益家具城侧）。该项目已于2010年年底竣工，其体量巨大，商铺配套完善。

（2）锦江环球贸易广场

该地块位于双桂路以南、牛沙路以北、二环路以东、沙河以西，总占地面积约259亩，预计总建筑面积将达130万平方米，其中商业面积约13万平方米，商务面积约11万平方米，酒店面积约4万平方米，住宅约21万平方米。

（3）成都"城北天地"商业项目

该项目地处金牛区解放路北一段，紧邻沙河，占地面积约5.7万平方米，总建筑面积约48万平方米，总投资达30亿元。该项目不仅将借鉴上海"新天地"等发展项目的优势和特色，而且还将结合成都乃至四川的本土文化特色和商业元素进行开发。项目打造完成后，将形成集住宅、商业和写字楼于一体的大型城市生活综合体。区域总部内将吸纳30多家港澳台及大陆知名企业入驻。

（4）川藏铁路

川藏铁路（从成都到拉萨）成都段部分将力争在2009年年内实现开工建设。目前，成都段部分已基本确定将沿着成都—温江—崇州—邛崃—蒲江走向修建，按照成都至都江堰快速客运铁路的建设标准和投资方式进行。川藏铁路将规划建成为一条客货并重、兼具城际功能的西部地区铁路主干线，按单Ⅰ级电气化铁路建设，其中成都—雅安段一次新建双线，设计速度目标值160公里/小时，估算总投资537.8亿元，计划工期8年。火车北站的大规模扩能改造工作将加快推进。

（5）成都双流国际机场第二跑道和新航站楼

成都双流国际机场第二跑道在2009年年内投入使用，新航站楼于2011年3月建成投入使用，将进一步强化成都在中西部地区的航空枢纽地位。

（6）成都地铁

2005年11月21日，成都地铁1号线一期工程获国家发改委正式批复。同年12月28日，成都地铁1号线一期工程在高新区天晖路正式开工。同时，成都也将成为继北京、天津、上海、广州、深圳和南京之后又一个拥有地铁的中国城市。

4. 成都市城市规划分析

根据《四川省城镇体系规划》确定的全省城镇发展方针和战略，确定以成都为核心，积极扶持和培育周边城市，因此未来基础设施建设和经济发展将会进一步加快。

根据《成都市总体规划》（2003—2020年），成都市优化城市产业结构和用地布局，引导城市向东、南、北三个方向发展，重点发展南部新城、东部新城和北部新城。南部新城的发展将重点体现在南部延线至以华阳为中心的区域，以及成都至新津的城市走廊上。被确定为重点发展区域，能促使该区域内房地产市场更快地发展。

花源镇被市政府确定为优先发展的重点镇。花源镇以此为契机，抓住成都城市板块向南延伸的机遇，明确了"打造成都市南部新城的重要组团和MMS片区的区域中心"的城镇发展定位，确定了"以居住、旅游、休闲及教育文化产业为支撑"的产业发展思路。但目前各项配套比较单一，需要加强配套建设。从规划来看，本项目处于城市发展的重点区域，相关规划明确了"以居住、旅游、休闲及教育文化产业为支撑"的产业发展思路。

5. 政策研究

（1）房地产政策

加强土地税收管理工作。2008年2月20日，国家税务总局、财政部、国土资源部发布了《关于进一步加强土地税收管理工作的通知》。各级国土资源部门要加快土地登记进度，扩大登记覆盖面，推进城镇地籍调查和变更登记工作。各级财税部门要根据当地实际情况，合理确定清查范围，将城乡结合部、占地面积大和用地情况不清楚的单位列为重点；对新纳入城镇土地使用征税范围的外商投资企业和外国企业的占地情况要进行全面清查。

强调严格控制新增建设用地规模。2008年8月13日，国土资源部发布《全国土地利用总体规划纲要（2006—2020年）》。到2010年和2020年，全国耕地保有量分别保持在18.18亿亩和18.05亿亩。而对于地方由于经济发展而带来的尖锐用地矛盾，强调严格控制新增建设用地规模，同时实行差别化的区域土地利用政策，强化对省级行政辖区土地利用的调控。

改进、完善城市建设用地审查报批。2008年1月7日，国土资源部颁发《关于进一步改进和完善报国务院批准城市建设用地审查报批工作的通知》（以下简称"《通知》"）。《通知》要求各地在总结2007年年度城市建设用地审查报批工作的基础上，进一步转变职能，改进审批方式，简化手续，优化程序，提高效率，服务城市建设和发展。从2008年起，在国土资源部下达土地利用计划指标后，省级政府于每年2月底前汇总后一次性向国务院申报城市建设用地。

房地产税规定。2009年1月1日，国务院总理温家宝签署国务院第546号令，废止《城市房地产税暂行条例》。同时，自2009年1月1日起，外商投资企业、外国企业和组织以及外籍个人，将与内资企业享受"无区别待遇",依照《中华人民共和国房产税暂行条例》缴纳房产税。

进一步鼓励普通商品住房消费。2008年12月23日,国务院颁发《关于促进房地产市场健康发展的若干意见》,加大对自住型和改善型住房消费的信贷支持力度。A.在落实居民首次贷款购买普通自住房。享受贷款利率和首付款比例优惠政策的同时,对已贷款购买一套住房,但人均住房面积低于当地平均水平,再申请贷款购买第二套用于改善居住条件的普通自住房的居民,可比照执行首次贷款购买普通自住房的优惠政策。对其他贷款购买第二套及以上住房的,贷款利率等由商业银行在基准利率基础上按风险合理确定。B.对住房转让环节营业税暂定一年实行减免政策。将现行个人购买普通住房超过5年(含5年)转让免征营业税,改为超过2年(含2年)转让免征营业税;将个人购买普通住房不足2年转让的,由按其转让收入全额征收营业税,改为按其转让收入减去购买住房原价的差额征收营业税。C.将现行个人购买非普通住房超过5年(含5年)转让按其转让收入减去购买住房原价的差额征收营业税,改为超过2年(含2年)转让按其转让收入减去购买住房原价的差额征收营业税;个人购买非普通住房不足2年转让的,仍按其转让收入全额征收营业税。

国土部加强批而未用土地的处理。2009年9月,国土资源部下发《关于严格建设用地管理促进批而未用土地利用的通知》。通知要求,加快城市建设用地审批和土地征收实施。省级国土资源管理部门要加强对地方的指导,督促各地加快征地实施工作进度,确保已批准的城市建设用地能够及时形成供地条件,保障扩内需、保增长、调结构用地的供应。

国土部警告:非政府原因土地闲置严惩不贷。2009年9月,国土资源部对开发商囤地发出最严厉警告:非政府原因造成商品房用地闲置的将严惩不贷。目前国土部层面已经形成了对于商品房用地闲置进行分类处理的意见:清理自2007年1月1日后的商品房用地开发情况,对确因政府原因造成土地闲置的,会同有关部门协调处理促进开发;否则就将严惩不贷。

审计署再度审计4万亿元刺激计划。2009年9月,中国国家审计署审计长刘家义表示,审计署目前正对政府4万亿元经济刺激方向计划展开审计调查。这是审计署对4万亿元的第二轮审计工作。本次审议于9月初铺开,预计将于10月底结束。

住建部表示不支持高房价。2009年9月,国庆新闻中心举行"中国社会保障、住房保障情况和住房建设成就"新闻发布会,住房和城乡建设部副部长齐骥在发布会上表示,不支持高房价。

(2)金融类政策

严格管理商业性房地产信贷。2008年8月27日,央行、证监会发布《关于金融促进节约集约用地的通知》,禁止金融机构向房地产开发企业发放专门用于缴交土地出让价款的贷款。此外,只要国土资源部门认定某个房地产项目建设用地闲置时间超过2年,开发该项目的房产公司将无法从银行获取任何形式的贷款。

政府或四季度再调货币政策。2009年8月31日,安信证券首席经济学家高善文就中国央行等政府部门一直在强调保持适度宽松的货币政策发表看法。他认为当前中国货币政策执行层面实际已经从上半年的过度宽松走向了轻度紧缩,政府应在四季度及时修正,使其回到真正的适度宽松上来。否则,就需要出台第二轮财政刺激计划,以达到经济"保八"目标。

明确把关二套房按揭贷款的审查和发放。2009年7月11日,银监会发布《关于进一步加强按揭贷款风险管理的通知》,要严格遵守二套房贷原有的政策,明确要求各银行严格把关二套房按揭贷款的审查和发放,要求不得自行解释二套房贷认定标准,不得以任何手段变相降低首付款的比例成数。

下半年信贷放缓或成定局。2009年上半年，中国新增信贷高达7.37万亿元，超过新中国成立以来任何一年的信贷投放总量。根据中国银行惯例，上半年占到全年信贷70%，下半年只有30%。由此不难推断，下半年信贷放缓或成定局。

央行四季度可能上调存款准备金率。渣打亚洲区总经济师关家明日前表示，当前出现的猪肉价格上涨并不意味着此前资产价格的持续上涨已经传导到消费品，新一轮的通胀并没有形成。鉴于前期资产价格涨幅过快，央行货币政策下一步的微调动作重点将解决"流动性的分配不均"问题，并有望在四季度动用存款准备金率有选择地收紧流动性。

货币将保持增长，但不是月月增。2009年9月17日，央行副行长苏宁表示，央行下一阶段继续落实适度宽松货币政策，而且2010年将继续实施适度宽松货币政策。他指出，保持货币增长的力度表现出来不会是月月增，也不能因为一个月的变化就说央行的政策变了。

四季度货币政策仍宽松。央行2009年第三季度例会日前在京召开。会议称，下一季度要继续落实适度宽松的货币政策，保持政策的连续性和稳定性。进一步理顺货币政策传导机制，保持银行体系流动性充裕，引导货币信贷合理适度增长。这些在一季度例会报告显著位置曾出现的措辞，在二季度的报告中一度"销声匿迹"。总体来说，目前国家对房地产市场采取的调控政策对本项目的影响不大。

6. 基于宏观经济环境对房地产市场发展的判断

（1）成都房地产市场处于平稳发展阶段

成都市GDP正在以12%以上的速度保持高速增长，2008年成都人均GDP为4524美元。根据国际上相关模型判断，成都市房地产市场正进入平稳发展阶段，同时根据市场的实际表现，我们判断成都市房地产市场正处于以平稳发展且改善需求为主的阶段，有利于成都市别墅市场的发展。

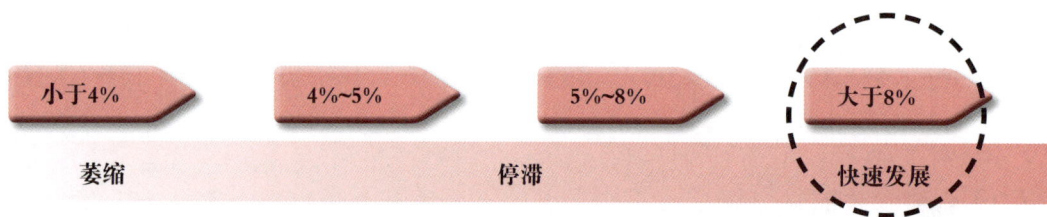

▶—— 图2-21 房地产预警系统判断——GDP增速与房地产发展关系

▶—— 表2-5 人均GDP与房地产市场关系表

人均GDP	0~800US$	800~4000US$	4000~8000US$	8000~20 000US$
需求阶段	生存需求	生存、改善需求	改善需求为主	—
房地产市场特征	超速发展 单纯数量型	快速发展 以数量为主，数量 与质量并重	平稳发展 以质量为主，数量 与质量并重	缓慢发展 综合发展型

注：世界发展银行的经济理论：一个国家的人均GDP与整体社会经济发展之间的对应关系

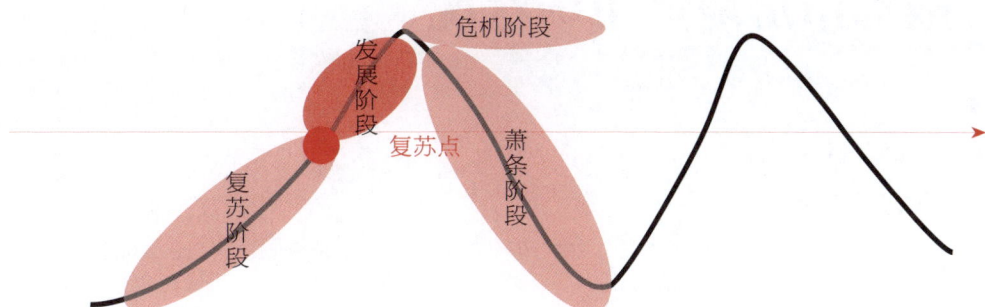

图中标注：危机阶段、发展阶段、复苏点、萧条阶段、复苏阶段

▶—— **图2-22 住宅市场发展阶段示意**

具体各阶段特征如下：

复苏阶段：价格慢涨、租金回报理想、刚需买家带动、现楼价＞期楼价。

发展阶段：租金回报下跌、现楼期楼齐平上升、地价涨幅快于房价涨幅、市场动力以刚需买家和长期投资客为主。

危机阶段：刚需买家退出市场、以长期投资客为主客户、现楼价＜期楼价、月供款＞月收入1/2。

萧条阶段：刚需买家、长期投资客均退出市场。

（2）成都市房地产投资占固定资产投资的比例合理

2008年成都房地产投资占固定资产投资总规模的30.28%，而同期房地产发达城市房地产投资占固定资产投资总规模接近50%，说明房地产仍处于理性发展的阶段，总体投资规模合理。其房地产市场依然有一定的上涨空间。

（3）成都市房价收入比与京沪深相当

根据国家统计局发布报告称：2008年成都市城镇居民人均可支配收入为16 942.62元，较2007年同期增长14.1%，2009年上半年城市居民人均可支配收入为9408元，增长12.5%。按一家三口计算则家庭年收入在5万元左右。2009年成都房地产上半年均价为5882元/米^2，按每户120平方米计算，总价70万元左右，房价收入比1：14，与京沪深相当。根据世界银行经验，发展中国家的家庭年均收入与房价的比值在1：4~1：9为合理状态，若比值在此区间内则表明该地区商品住宅有效需求度高，商品住宅与居民生活水平协调发展。

7. 成都市房地产投资环境分析小结

成都市宏观经济持续稳定快速发展和产业结构不断优化，未来将为房地产市场发展提供良好支撑；

重大项目的建设与立项将促进经济发展，增强居民购买力，带来就业人群，产生购房需求；

本项目处于城市发展的重点区域，相关规划明确了"以居住、旅游、休闲及教育文化产业为支撑"的产业发展思路；

模型和经验表明成都市的房地产市场处于平稳发展阶段，数量与质量并重，未来发展空间大。

三、成都市房地产市场状况

1. 房地产市场发展状况

（1）房地产投资状况

成都市房地产开发投资逐年稳步增长，2008年全市房地产开发投资912.5亿元，同比增长0.3%，占GDP的23.39%，占固定资产投资的30.28%。

单位：亿元

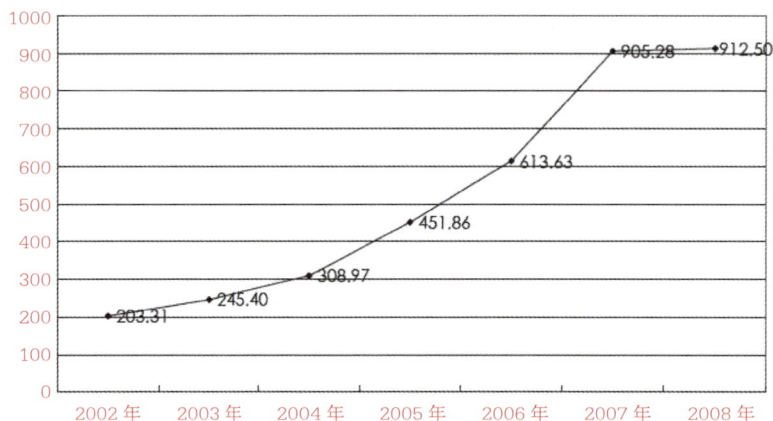

数据来源：成都市统计年鉴

▶—— **图2-23 成都市历年房地产开发投资**

（2）房地产开发供应状况

①施工竣工状况

单位：万平方米

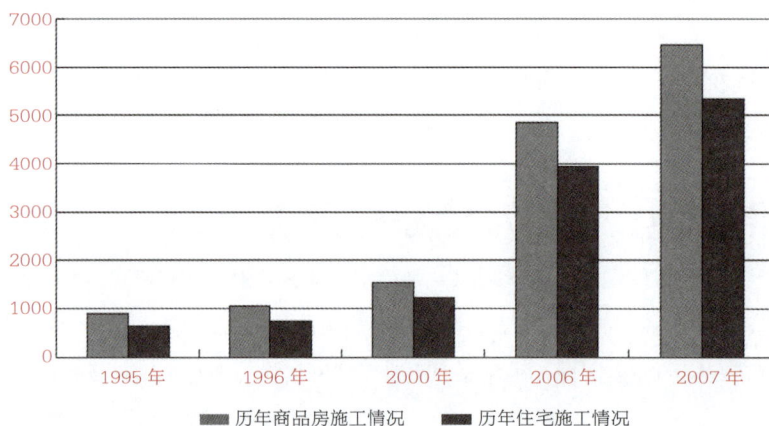

■ 历年商品房施工情况　　■ 历年住宅施工情况

数据来源：成都市统计年鉴

▶—— **图2-24 成都市历年商品房及住宅施工情况**

统计数据显示，成都市住宅施工面积不断增长，自2006年开始增长加快。

单位：万平方米

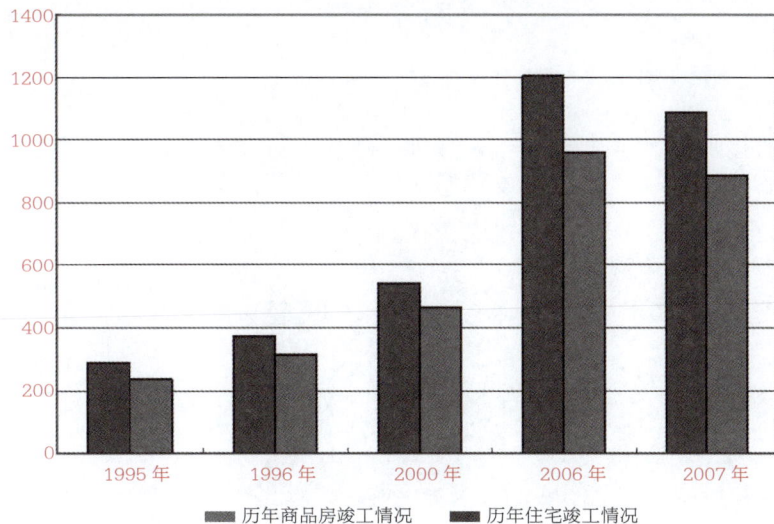

数据来源：成都市统计年鉴

▶— **图2-25 成都市历年商品房及住宅竣工情况**

上图显示，成都市历年商品房及住宅竣工面积均不断增长，2006年与2000年相比增幅达一倍，但2007年开始稍降。

②住宅市场存量

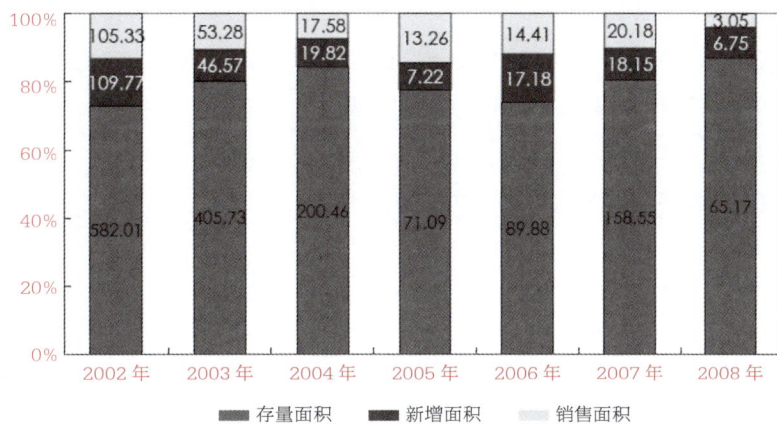

数据来源：成都市统计年鉴

▶— **图2-26 2009年9月成都市商品住宅供求情况**

上图显示，至2009年9月，成都市商品住宅存量最多的是主城区和双流板块，其次是温江和新都板块，上述统计板块内的存量合计为1572.89平方米。

（3）房地产成交状况

①供需总体情况

单位：万平方米

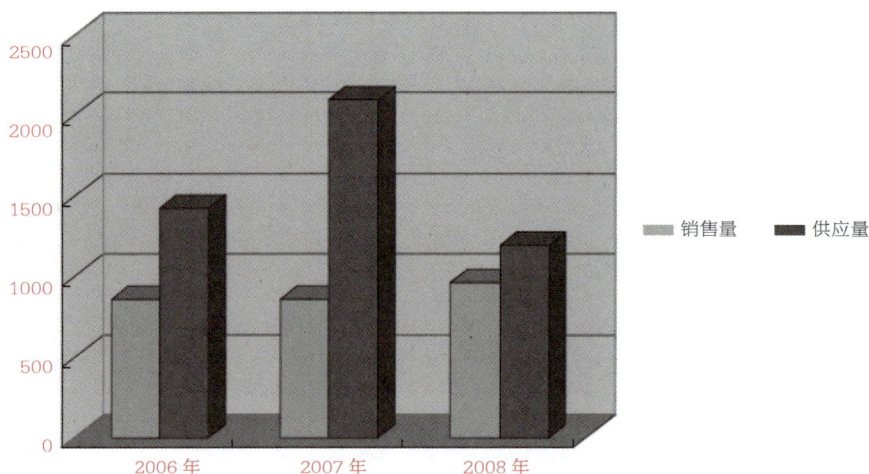

图例：销售量 供应量

▶── **图2-27 成都历年住宅供应情况**

从整个市场供需状况来看，2007年供应量急剧增加，销售量占供应量的50％不到，形成的存量将在2008年和2009年进一步消化。

②销售额

2007年，成都市商品房销售额951.64亿元，同比增长64.09％；商品住宅销售额875.2亿元，同比增长68.76％。

2008年，成都市实现商品房销售额626.7亿元，同比下降34.5％；商品住宅销售额580.1亿元，同比下降34.1％。房地产销售额下滑。

③销售面积

2007年，成都市商品房销售面积2225.50万平方米，同比增长39.91％；商品住宅销售面积2084.80万平方米，同比增长40.66％。

2008年，成都市商品房销售面积1273.5万平方米，同比下降43.2％；商品住宅销售面积1191.4万平方米，同比下降43.3％，房地产销售面积下滑。

④成交量

▶ **表2-6 近年主城区1—5月商品房成交面积**

年度	成交量（万平方米）
2009	690.05
2008	325.22
2007	469.72

数据来源：成都市房管局

统计数据显示，2009年1—5月主城区成交量不仅相对萧条的2008年有了两倍以上的增幅，即便与市场成交活跃的2007年相比，也有46.9%的大幅增长，市场企稳回暖的趋势明显。

⑤销售价格

根据调查，2008年整体市场价格相对于2007年明显呈现下降趋势。进入2009年开始止跌反弹，1月份商品住宅均价为5045元/米^2，5月份商品住宅均价为5669元/米^2，5月商品住宅均价较1月已经有13.4%的增幅，市场价格有明显回暖的趋势，但比2007年水平还处于相对理性状态。

2. 土地市场分析

（1）历年成都市土地出让情况

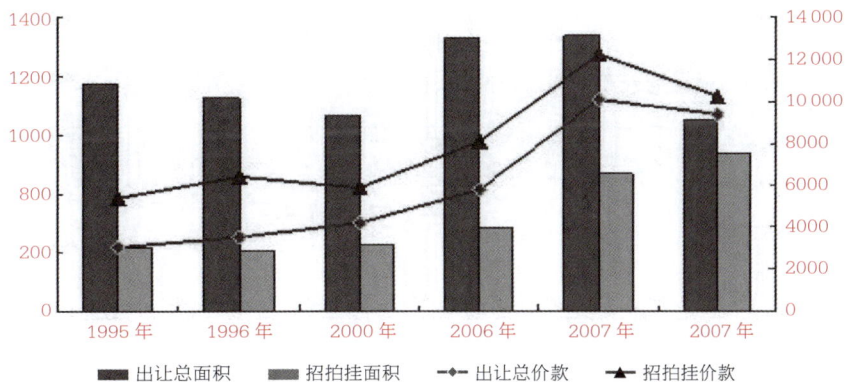

■ 出让总面积　　■ 招拍挂面积　　-◆- 出让总价款　　-▲- 招拍挂价款

数据来源：成都国土局网站

▶ **图2-28 2003—2008年成都市土地出让及招拍挂情况**

数据显示，2006年和2007年成都市土地出让总面积最大。2008年土地出让总面积与前两年相比有所下降，与2005年基本持平。

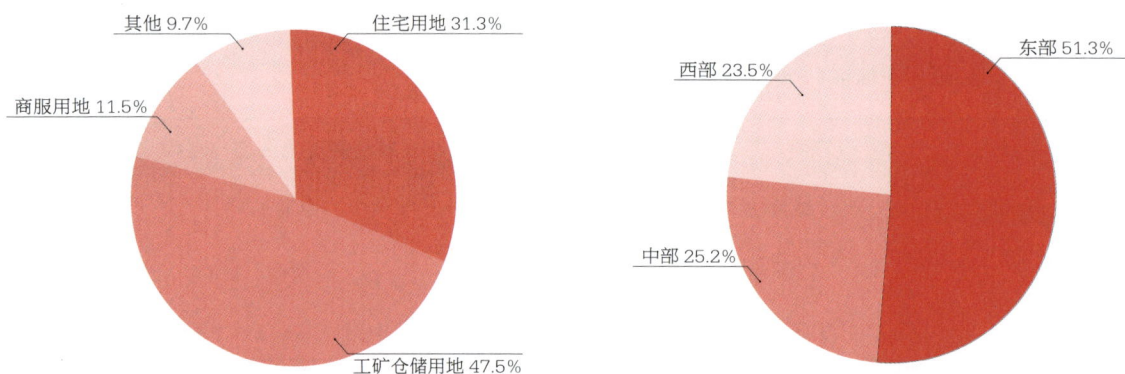

数据来源：成都国土局网站

▶━━ 图2-29 2008年成都市土地出让类型和地区分布

上图显示，2008年成都市住宅用地面积占总出让土地面积的31.34%，且出让土地中，东部区域占总出让土地面积的51.3%。

▶━━ 表2-7 成都市主城区商住用地成交情况（成交单价）

年度	2006年	2007年	2008年	2009年上半年
楼面地价（元/米²）	1254	3766	1685	1426
备注	2008年楼面地价不含世纪城地块。			

数据来源：市场调研

▶━━ 表2-8 成都市主城区商业用地成交情况（成交单价）

年度	平均成交单价（万元/亩）
2008年（剔除伊厦商贸城地块、世纪城新会展地块）	337
2009年上半年	361

数据来源：市场调研

从成交价格来看，目前整体价格水平依然处于相对理性的状态，商住用地楼面地价已经超过2006年的水平，稍低于2008年；从商业用地成交价格来看，稍高于2008年，平稳增长。

（2）近年成都市郊区住宅用地部分成交案例

▶ 表2-9 成交案例表

序号	宗地编号	出让时间	宗地位置	用地面积	土地用途	容积率	成交价
1	PX03（252/211）	2009-9-1	郫县	60亩	住宅用地	≤4.0	256万元/亩
2	XD04（252/211）	2009-9-1	新都区	15亩	住宅用地	≤1.8	132万元/亩
3	XD03（252/211）	2009-8-6	新都区	84亩	住宅用地	≤2.9	196万元/亩
4	WJ22（252/211）	2008-8-6	温江区金马镇	160亩	住宅用地	1.3≤r≤2.0	102万元/亩
5	WJ23（252/211）	2008-8-6	温江区金马镇	148亩	住宅用地	1.2≤r≤3.6	102万元/亩
6	新地拍[2008]-07号	2008-8-13	新津县五津镇	14.83亩	商住	≤4.0	60万元/亩
7	新地拍[2008]-06号	2008-5-30	新津县永商镇	50亩	商住	≤1.8	85万元/亩
8	WJ04（252/211）	2008-8-20	温江区公平街	80亩	商住	不详	200万元/亩
9	新地拍[2008]-13号	2008-12-12	新津县花源镇	241亩	商住	≤1.8	95万元/亩

数据来源：成都国土局网站

上表显示，从2008年5月至2009年9月，成都市郊区住宅类用地的成交价格为60万元~256万元/亩，由于地块所处区位、成交时间、地块面积、规划指标限制等不同，价格差异较大。

▶ 表2-10 MMS板块商住用地历年土地出让情况

区域		花源镇	新津县	双流县	合计
2006年	土地面积（亩）	0	169	3274	3443
	成交价格（万元/亩）	0	34	107	——
2007年	土地面积（亩）	0	39	6644	6683
	成交价格（万元/亩）	0	83	187	——
2008年	土地面积（亩）	293	65	3937	4295
	成交价格（万元/亩）	85	73	93	——

续表

区域		花源镇	新津县	双流县	合计
2009年	**土地面积（亩）**	188	0	831	1019
	成交价格（万元/亩）	93	0	185	——
面积小计	**（亩）**	476	273	14 686	15 440

数据来源：成都国土局网站

　　上表显示，在2006年至2009年间，MMS板块共出让商住用地15 440亩，主要集中在双流县，为14 686亩，占总出让面积95％以上，基本是在2006—2008年推出的，2009年上半年出让土地较少。新津县共出让土地273亩，近两年新津县出让的土地基本都集中在花源镇，占新津县总出让面积的64％。在价格方面，新津县的土地成交价格远低于双流县，为34万元~83万元/亩，呈逐年递增趋势。历年成交价格的上涨幅度稳中有升也预示着未来该片区将成为成都低密度高尚住宅片区的又一新热点。

（3）2009年1—7月成都市土地市场情况

　　楼市回归理性，地价适中，目前的土地市场与2007年的亢奋和2008年的持续观望相比，呈现出理性的稳中有升态势。一方面，随着信贷放量和各项政策的扶持，开发商自身的资金状况较2008年有了一定程度的好转。另一方面，随着楼市的回升，大多数项目的销售一路走好，存量减少明显，这使得开发商重新考虑拿地开发。

　　尽管当前土地市场成交活跃，但成交价格依然理性。据相关统计数据显示，成都市区的住宅类土地使用权价格经历了2007年的2783元/米^2、2008年的1570元/米^{2}后，2009年1—7月已回升至1665元/米^2，较去年上升5.9％。当前的地价正处于相对合理的范围。

3. 成都市别墅市场分析

（1）成都市别墅市场发展历程

　　成都市别墅市场从1991年开始，经历了发展初期和快速发展阶段，目前已经进入全新发展期。

▶━━ 表2-11 成都市别墅市场发展历程

阶段	城市别墅 独领风骚	低价别墅 迅速崛起	联排别墅 大放异彩	远郊别墅 开始繁荣	别墅步入 产品时代
社会背景	改革开放后，首批下海商人逐渐掌握大量财富，成为顶级财富阶层	中端企业主需要满足别墅居住梦想	1997金融危机后诞生大量新兴财富阶层；新兴行业的发展产生了大批城市新贵	禁批别墅用地；交通条件的改善和私家车购买热潮的出现，人们能接受的极限居住条件提高	别墅市场竞争日益激烈，大量的早期别墅客户进行居住条件升级
主力客户	高端私营企业主、外籍人士	中低端私营企业主	中产阶级、城市新贵（新兴行业、新兴企业管理人员及高级职员）	泛公务员、城市中高收入人群、退休人群	别墅换房客、新兴企业主
别墅功能	第一居所	第一居所	第一居所	第一居所、第二居所、养老、度假	居家、养老、度假、商务
产品特点	多为纯别墅，多为大面积别墅	自建别墅，多为大面积别墅等	独栋别墅、联排别墅	独栋、联排、叠拼；低密度、低容积率、高绿化率	独栋、联排、叠拼、错拼、双拼；产品品质及服务逐渐提高
开发区域	城市边缘（现二环左右）	近郊（现二、三环之间）	市区及近郊	城市近郊	远郊

1991—2000年为初期阶段：成都市别墅开发投资稳步上升。成都别墅市场开始经历从无到有的过程。涌现出锦绣花园、舜苑、桃花源别墅等多种类型、不同区域的产品。

2001—2004年为快速发展阶段：成都市别墅的开发投资呈快速上升势头，成都别墅快速进入了升级换代的时代。近郊别墅的大量出现使得郊区板块特征逐渐清晰起来。

2004年以后为全新发展阶段：成都市别墅投资骤然加速，空前繁荣。市场逐渐成熟，顶级的规划、建筑、景观设计团队开始参与。产品更加丰富多样，独栋、联排、双拼、叠拼以及各个类型的衍生产品不断冲击着市场的创新，竞争更加激烈。

（2）成都市别墅市场格局

根据成都市房地产的开发状况，其别墅市场主要可分为城区板块、温江板块、青城山板块、新都板块、龙泉驿板块、华阳板块、

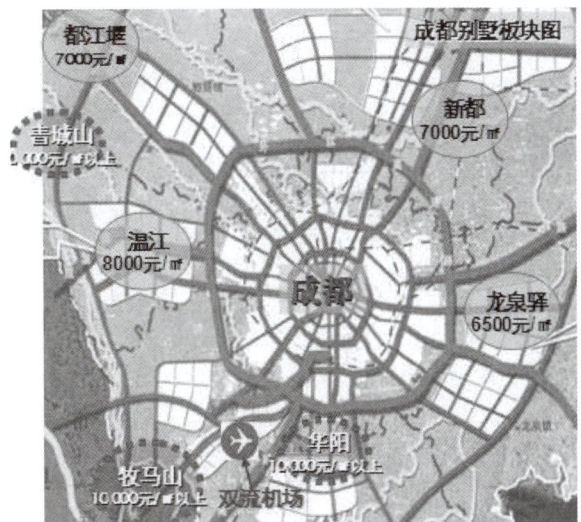

▶━━ 图2-30 成都市别墅市场格局

MMS板块、都江堰板块八大板块。

① 城区板块

因其地理位置上佳，以绝对的核心区位，融合文化、自然资源为依托，形成城区独有的城区别墅。城区别墅较为稀缺，供给产品基本上以叠拼别墅为主。

② 温江板块

离成都市区近，资源较弱。人居环境较佳，是成都传统高档别墅开发区域。受光华大道通车以及土地放量影响，别墅楼盘较多，区域竞争非常激烈。

③ 青城山和都江堰板块

以青城山、都江堰的自然资源以及世界自然遗产对全国的辐射能力，青城山区域内的别墅，特别是真正具有优秀自然资源的产品有很高的市场价值。但由于受地震影响，青城山别墅销售一度停滞，目前正处于逐步恢复当中。客群主要以度假为主要购买目的，是成都第二居所的不二选择。

④ 新都板块

区域具有原生绿地、亲水特质，是成都的别墅/类别墅新兴开发区域。便捷交通、水景资源、新城规划以及社区的规模化优势成为新都类别墅的最大卖点；但纯别墅项目很少，均表现出多产品聚合的形态。

⑤ 龙泉驿板块

龙泉驿的别墅开发较早，但是由于该区域缺乏清晰的定位，因此相对其他区域的发展显得比较尴尬。该区域主要推出已开发楼盘的后续产品，以低价的居家型别墅为主。

⑥ 华阳板块

受政府南迁、会展、高新产业、南部新城规划、地铁等多重利好刺激，近年来一直是成都别墅最好销售的区域、风向标，质价双高。整个区域日渐品质化，客户看中的是未来升值空间、项目规模优势以及优秀的产品配套。

⑦ MMS板块

区域依托机场、国际高尔夫球场、原生松林、坡地、水系等优势，是成都传统的高档别墅开发区域，由于高端别墅的聚集，已经形成西部首席高端群体聚集区；但该区域目前也存在道路交通瓶颈、居家生活类配套设施缺乏、教育设施缺乏、周边服务业态相对单一等问题。

4.成都市别墅市场供给特征

（1）各板块供应量及销售价格特点

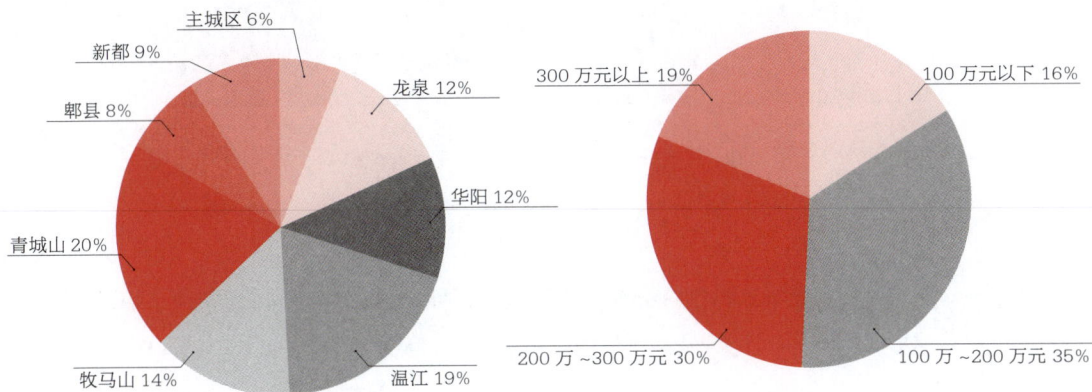

▶ **图2-31 各区域供应量结构图**　　　　▶ **图2-32 各总价段别墅供应情况图**

　　从供应结构来看，供应区域最大的是青城山板块，其次是华阳和MMS板块；从别墅总价来看，总价100万~300万元的产品占绝对主流。

（2）2007—2008年成都市别墅供销情况

单位：平方米

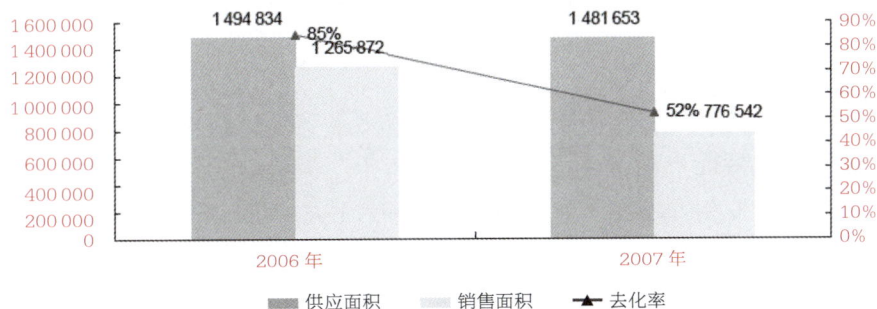

供应面积　　销售面积　　▲ 去化率

▶ **图2-33 2007—2008年成都别墅销售情况**

　　成都市别墅2007年供应面积149万平方米，销售127平方米，面积销售率85%；2008年供应面积148万平方米，供应水平基本与2007年相当，但仅销售78万平方米，面积销售率52%，同比下降39%，因此大量存量进入2009—2010年销售市场。

单位：套

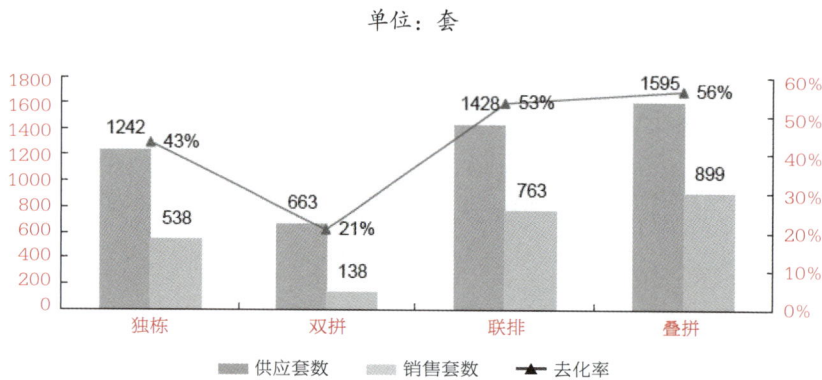

▶── 图2-34 2008年成都各类型别墅销售情况

数据显示，双拼为目前市场上销售最差的别墅类型。这种处于独栋与联排之间的产品正在慢慢退出市场。从供应套数来看，叠拼依然是供应最旺盛的产品，其次是联排和独栋。

（3）2009年上半年别墅交易情况

据相关报告统计显示，2009年上半年，成都市别墅共计成交40.39万平方米，合计1471套房源。7月成都共计成交别墅371套，达12.08万平方米。从区域板块分析：南门的高端热点区域MMS板块、华阳板块仍是别墅销售较好的重点区域，同时城区别墅仍然供不应求。

（4）价格特征

价格第一层级：华阳、MMS和青城山板块，别墅价格在10 000元/米²以上；

价格第二层级：除第一层级板块之外的其他板块，价格6500~8000元/米²。

5. 成都市别墅市场需求分析

（1）客户组成特征

成都市场不同板块按客户来源分，形成了以成都客户为主流，同时周边州县、外省客户为补充的格局：

▶── 表2-12 客户组成特征

板块	客户来源	客户层次	驱动因素	客户特征
主城区	60％为成都客户，外省客户占到大约40％	财富顶尖阶层	城市	企业大老板等
华阳	覆盖全国，成都顶级客户	城市顶尖才智阶层	近城市、高尔夫	知识层面高，有相当财富积累
都江堰	本地客户、成都客户、阿坝州以及深圳等外来客户	高端客户居多，对产品和品质要求很高	资源	投资、养老多种置业需求，财富聚集者

续表

板块	客户来源	客户层次	驱动因素	客户特征
郫县	区域自住客户，少量投资度假客	老师、商人、企业管理层等	低价、近城市	知识层面高，处于财富上升阶段
青城山	主要为成都客户，少量外省客户	单位中的高管或私企老板	资源	投资、养老多种置业需求，财富聚集者
温江	主要为成都客户，有部分省内和全国其他城市客户，少量海外	中高级白领和高级财富人士	低价、近城市	知识层面高，处于财富上升阶段
MMS	客户较广泛，除成都客户之外，周边城市及外省客户也占一定比例	顶级财富人士	资源、高尔夫	拥有雄厚财富实力，知识层面较高
新都	主要为区域内小私企老板及周边就近区域客户	城市中间阶层	低价、资源	财富积累期，属于小私企发展阶段
龙泉驿	以成都为主以及部分省外人士	城市中间阶层	低价、资源	财富积累期，有较高文化层次

（2）客户需求的驱动因素

①经济因素

2009年上半年，成都经济在全球金融危机的大背景下仍然保持了较快增长。据统计数据显示，今年一季度成都GDP增速为12.3%，明显超过6.1%的全国平均水平。这种增长主要来自三方面的支持：一、成都经济不依赖于出口，因而受外部因素影响较小；二、以基础设施为代表的固定资产投资增长明显；三、以电子信息产品制造业、石油化工工业、食品饮料及烟草工业为代表的几大产业保持平稳增长。进入成都的世界500强已经达到100多家，大量中外跨国企业视成都为中西部的窗口，依靠宜居环境，对高端住宅有更大的需求。

②政策因素

A.金融机构对开发商的信贷逐渐放宽。度过了最艰难的2008年，银行对开发商的贷款不再苛刻。手里有了钱的开发商也不需要再降价促销、回收资金了，而消费者一向追涨不追跌（羊群效应），可以说这也是上半年房地产价格上涨、销售火爆的一个重要原因。

B.为了刺激购房，银行对购房者先后几次下调购房贷款利率。从8.5折到如今的最低7折以及延长公积金贷款年限、降低首付成数等都很好地刺激了上半年的楼市。

C.震后政策。震后成都市政府为了使楼市健康稳定发展，提出了一系列的购房优惠政策，包括购房减免契税（契税应缴地方政府的65%全免）以及购房补贴（买不同户型的房子可享受政府补贴总房款的1%~2%不等）等，极大地推动了上半年楼市的快速上扬。从5月份成都楼市的成交量就可见一斑。由于政策截止日期到5月31日，因此5月份出现了一个购房高峰期，当月成交面积207万平方米，而在2007年楼市最火爆的时候最高月成交面积才153万平方米。

③刚性需求的释放

随着经济情况的好转以及一些利好政策的刺激，2008年被压抑了很久的刚性需求在2009年集中释放。该刚性需求客户主要包括：外地客户（震区，为子女在成都买房等）、拆迁补偿户（成都计划未来拆迁户达9.7万，其中今年3.25万户）以及需要成家的年轻一代。粗略估计2009年成都的拆迁户将消化约200万平方米的住房。

6.房地产市场分析小结

从成都市房地产市场整体来看，供需基本平衡，市场健康，止跌回升，但相对理性。土地市场成交价格较2008年有上升，土地市场成交活跃，但成交价格依然理性。

目前成都别墅市场比较成熟，聚集度较高的是华阳板块、MMS板块、温江板块和青城山板块。成都别墅市场整体发展趋势为稳中有升，数量与质量并重，未来发展空间大。由于2008年别墅市场的销售率较低，因此大量存量进入2009—2010年销售市场。叠拼是销售最旺盛的产品，其次是联排和独栋，双拼为目前市场上销售最差的别墅类型。

MMS新城是成都市未来商品住宅供应的主要区域，未来随着成都市城区供应量的减少，MMS板块将成为高端住宅开发新的热点区域。

四、项目所在区域专项市场分析

1.MMS板块别墅市场分析

（1）市场格局

①双流MMS

是成都市和双流县共同打造的投资平台，位于成都市双流县胜利乡，组团规划面积18平方公里，人口6万，绿化率60%以上。周围有府河（东西）、杨柳河（西侧）、江安河（北端）、岷江（西南部）四条江河环绕，水域宽阔，自然环境优美；山上植被丰茂，多种常绿乔木覆盖全区，浅丘坡地上自然分布美国松林，苍松滴翠；山间空气清新，气候温和。发展方向是以运动休闲为特色，以休闲商务和高尚人居为主体，集会议展示、商务办公、运动健康、教育科研等功能于一体的综合性临空型生态山水新城。2003年，森宇集团率先进入MMS，推出纯独栋别墅——维也纳森林别墅，之后华昌实业、联盟新城（交大房产）等房产巨头也相继在MMS圈地开发。经过多年开发，MMS新城的区域价值、低密度住宅区定位，已经被广泛接受。

②新津MMS

占地约6平方公里，其中国有建设开发用地约为3210亩，体育公园、商业及旅游休闲等基础设施配套用地约5800亩，建设周期约5年，将打造成为一个别具韵味的欧洲风情小镇。发展方向是以欧洲风情、山水人居为主体，以纯粹坡地生活方式为主线，融合运动休闲、商务会议、养生保健、商业娱乐、特色观光于一体的综合性生态新城。2007年，置信与龙湖同时进入MMS新津县花源镇，并推出了牧山丽景与长桥郡项目。由此，MMS板块开始进入花源镇开发的后MMS时代，而牧山大道（大件路）的建设更是拉近了成都与花源镇的距离。

③花源镇新区

新区占地约8平方公里，阿特金斯将新区规划为休闲慢生活欧洲小镇。核心区将建广场庆典区、创意遐想区、音乐漫步区、餐饮娱乐区、滨水游览区、滨水住宅区等多个主题街区。大型中央广场、大片绿地、音乐喷泉、艺术大剧院、高耸的教堂等欧式建筑特色明显的公共设施将为游人活动提供充裕的空间。街头艺人随兴演奏乐器，个性店铺激发人们的创造力，吸引注重生活情趣的人士。同时明确划分较高密度、中高密度、中低密度和低密度开发区域，让不同地块发挥不同功能。

以上三个片区同属于MMS板块，发展方向是以运动休闲为特色，以休闲商务和高尚人居为主体，集会议展示、商务办公、运动健康、教育科研等功能于一体的综合性区域。经过5年开发，双流MMS新城几乎已无新地供应，这给新津MMS的房地产开发提供了机会，依托本区域和双流牧马山资源，打造高档住宅区域。

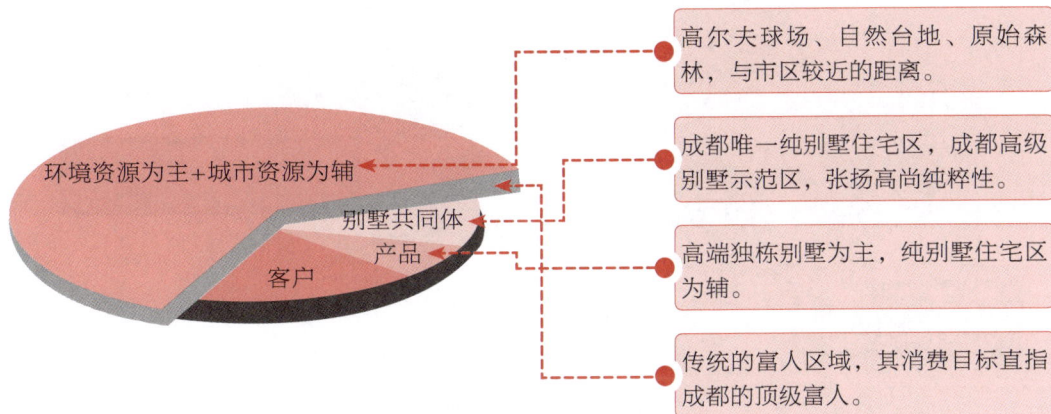

	高尔夫球场、自然台地、原始森林，与市区较近的距离。
环境资源为主+城市资源为辅	成都唯一纯别墅住宅区，成都高级别墅示范区，张扬高尚纯粹性。
别墅共同体 产品 客户	高端独栋别墅为主，纯别墅住宅区为辅。
	传统的富人区域，其消费目标直指成都的顶级富人。

▶── **图2-35 MMS板块别墅特点**

MMS板块是传统高端别墅区域，随其配套的完善以及与城市中心距离的拉近，功能正在由之前的以休闲度假为主向"第一居所"转换。

MMS板块以独栋别墅为主，客户看中的是此地环境、风水及相对便捷的交通。

MMS城市价值和自然资源兼有，独特的价值体系将使其未来迈向更高价值层级。

（2）别墅市场供给特征

①MMS板块别墅项目情况

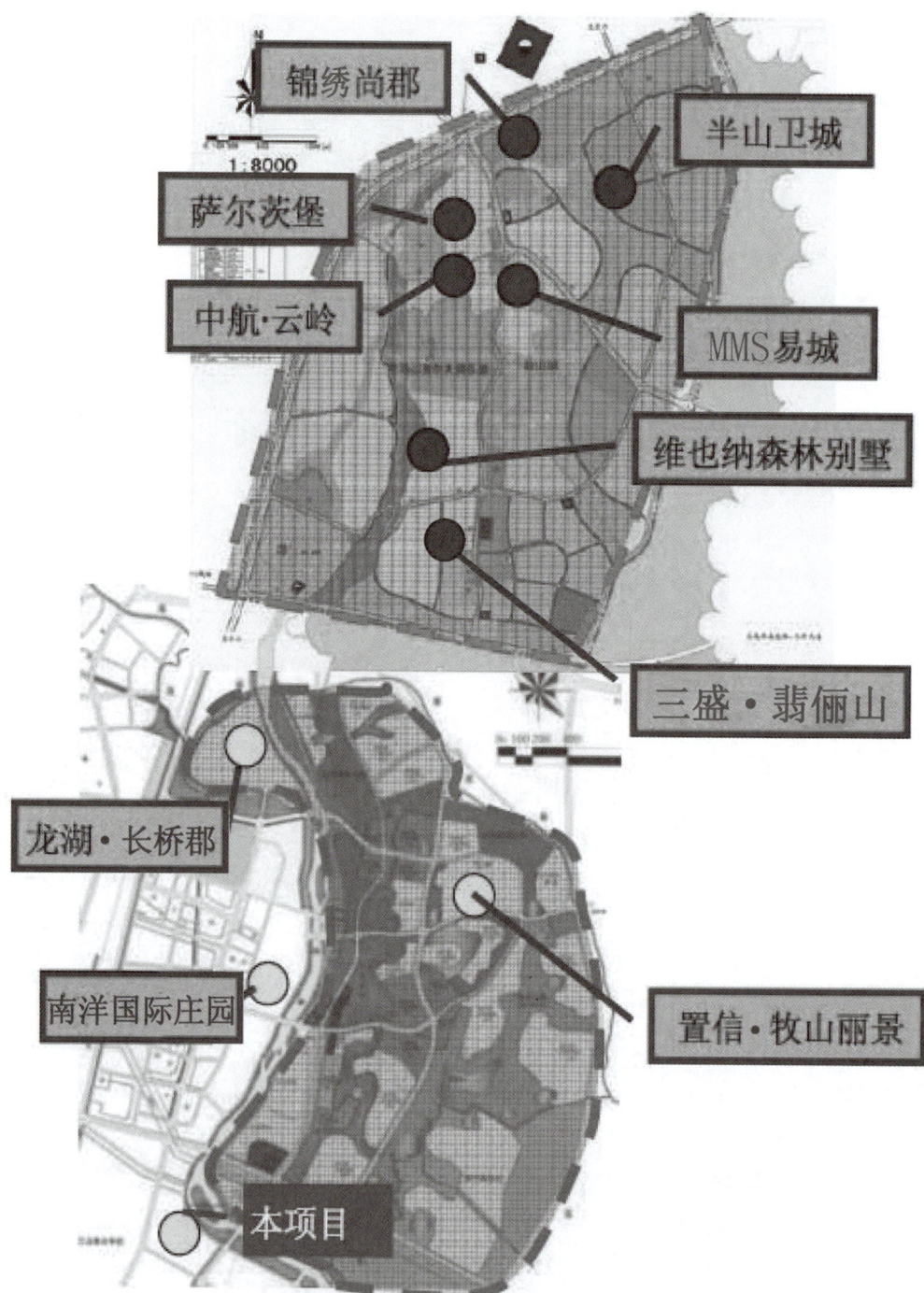

图2-36 MMS板块别墅项目分布

▶── **表2-13 MMS板块在售及未售别墅概况**

开发程度	项目名称	项目位置	占地面积（亩）	建筑面积（平方米）	总套数（户）	户型及面积（平方米）	销售均价（元/米²）	销售率
在售	萨尔茨堡	双流县云岭路	200	51 332	183	独栋、联排，257~357	12 000	67%
	半山卫城	双流县胜利镇	254	79 000	322	独栋，186~367	11 000	95%
	MMS易城	双流县MMS	362	72 790	246	独栋，250~300	10 000	100%
	维也纳森林别墅	双流县	780	203 989	455	独栋，50~750	10 000	94%
	龙湖·长桥郡	新津县花源镇	811	259 843	478	独栋，500~900	15 000	99%
	南洋国际庄园	新津县花源镇	530	55 448	102	独栋，200~400	15 000	97%
	置信·牧山丽景	新津县花源镇	730	23 500	97	独栋，300~800	13 000	98%
	中航·云岭	双流县云岭路	300	96 309	116	独栋，330~960	15 000	94%
待售	锦绣尚郡	双流县成牧大道	600	301 230	28	独栋、双拼，160~340	10 300	——
	三盛·翡俪山	双流县黄水镇	250	289 759	——	——	12 000	——
——	合计	——	4817	1 433 200	2027			

分布：MMS板块别墅项目主要集中在北部—双流MMS片区，以四川高尔夫球国际俱乐部为核心分布在周围，南部—新津MMS片区的别墅沿杨柳河两岸分布。

规模：MMS板块别墅总规模目前已达到140万余平方米，共2000多套，其中在建项目共60万平方米，预计今年年底推出。MMS板块别墅项目规模两级分化，介于10万至20万平方米的项目目前为空白；建筑面积在20万平方米以上的有5个，占50%；10万平方米以下的项目有5个，占50%。

户型：以独栋为主，少量双拼和联排，无叠拼和花园洋房。

价格特征：MMS板块目前在售独栋别墅楼盘销售均价均在10 000元/米²以上，以龙湖·长桥郡和中航·云岭作为区域内高档楼盘的典型，销售均价已达到15 000元/米²左右。

销售率：上表显示，MMS板块在4年多的时间里，别墅供应总建筑面积约143万平方米，共2000余套，各项目别墅的销售率均较高，除萨尔茨堡外，其他项目的销售率均达到94%以上，目前该片区的存量为100余套。

②MMS片区未来土地供应情况

从新津县土地管理局获悉，2009年下半年，花源镇MMS新城将有约600亩住宅用地出让，共分两个地块。

地块1：由2宗地构成，总面积105.11亩，位于花源镇花源社区10、11组。该地块位于开元艺术学院北侧，西临牧山大道（大件路），地块以北临碾河，与龙湖·长桥郡项目相依，地块以东紧邻龙湖·长桥郡。

地块2：由9宗地构成，总面积约496.95亩，位于花源镇白云村。地块位于花源森林大道东侧，置信·牧山丽景一期项目以北的MMS浅丘地带。

上述将出让土地根据片区规划，均为低密度住宅，若按容积率0.5计算，会有约20万平方米建筑面积的别墅在未来3至5年内推出。根据《新津县花源镇规划》，镇区内未来几年内可出让低密度住宅用地约4000亩，土地供应充足，建筑面积100万~150万平方米。

（3）别墅市场需求分析

成都市居民购房需求以自住为主，高收入阶层具有少量投资比例。根据购房驱动因素进行分类，居民购房需求主要分为：

·新兴的需求：社会财富的强制洗牌决定了新兴财富阶层的不断出现，从而保证了源源不断的新生需求。

·不断扩大的需求基数：社会财富阶层的金字塔分布决定了别墅要不断"平民化"来寻求更大的客户基数，而社会整体支付能力的提高则让这种"平民化"在购买端得到响应。

·对不同功能的需求：客户需求的多元化推动了别墅功能的细分，别墅功能的细分又促进了客户为实现不同功能发生多次置业。

·产品"升级"的需求：客户对产品品质要求的提升决定了别墅品质及服务水平的逐渐提升，别墅水平的提升又刺激了早期别墅客户为升级居住品质重复置业。

·对更好环境的需求：客户对通勤距离的接受极限的提高决定了别墅的远郊化，别墅的远郊化又推动了客户为更好的居住环境重复置业的可能。

根据五种需求，现阶段及未来几年别墅市场可能的发展趋势：

▶━━ 表2-14 别墅市场发展预测

需求分类	正在发生或者可能发生的变化
新兴的需求	本轮全球金融危机必然导致新一轮的财富洗牌，从而产生更多的新兴财富阶层，这部分人可能在金融危机解除后的三五年内迅速成为别墅市场购买主力之一，在此之前新兴需求的产生速度将大大降低
不断扩大的需求基数	在新兴需求受到金融危机抑制的情况下，不断大众化是别墅市场发展的重要方向。未来控单价、控面积、控总价的思路将成为别墅产品设计的主要方向之一，经济型别墅极有可能成为未来市场的主流产品
对不同功能的需求	兼具居住与度假、养老功能的别墅在被金融危机压缩的市场需求中更容易生存，越来越多的别墅将通过模糊化定位的方式来寻求更广泛的需求基础
产品"升级"的需求	主流别墅产品的品质及服务水平依然会持续提高
对更好环境的需求	随着轨道交通的发展，客户对通勤距离的接受极限可能进一步提高，远郊别墅的发展应该会进一步繁荣

地震对成都别墅市场的影响：

根据市场调研，5·12地震使得同样依靠自然资源为依托的青城山板块受挫严重，目前的销量及价格均未恢复到震前水平。而MMS板块几乎没有受到地震的影响，且MMS必然会承接青城山板块部分资源型和度假型客户，由之前的竞争关系转变为承接利好关系。

2009年上半年，外地人来成都购房的比例达到了40.2%，相比上一年的35.8%，可以说上半年成都楼市外来购房者的比例恢复到了一个正常水平。外地人受地震的负面影响在成都正逐渐消除。

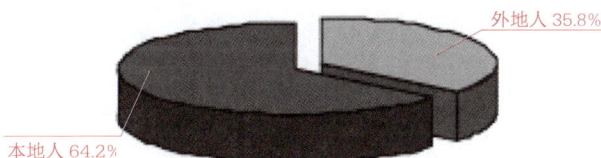

外地人 35.8%

本地人 64.2%

▶━━ 图2-37 2008年成都市购买别墅产品客户分布比例

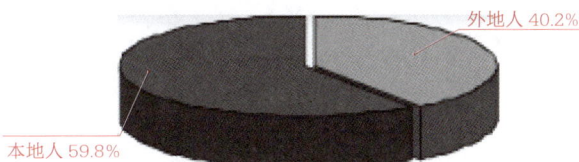

外地人 40.2%

本地人 59.8%

▶━━ 图2-38 2009年成都市购买别墅产品客户分布比例

由上述分析可知，MMS板块必然会承接青城山板块部分资源型和度假型客户，由之前的竞争关系转变为承接利好关系，且外地人来成都购房的数量正在增加。

（4）典型楼盘分析

本项目位于MMS新城片区，规模大，周边配套尚不完善，因此在典型楼盘选取上主要考虑与项目位置相近、规模相当或周边环境相似的项目进行深入剖析。对龙湖·长桥郡、南洋国际庄园、置信·牧山丽景等六个楼盘进行分析。

①龙湖·长桥郡

▶— 表2-15 项目概况

位置	新津县花源镇白云路
规模	占地面积：800亩，容积率0.36，分三期开发
产品类型	独栋别墅，一期400平方米至960平方米，217套；二期300多平方米别墅；三期定制别墅，定位为顶级商务别墅
建筑风格	英式风格
户型配比	面积区间370~960平方米。主力户型为500~700平方米，占40%~50%；低于500平方米的占20%；900多平方米的仅四五栋
销售状况	一期已售完；二期只剩余8套，均价1.4万~1.5万；三期尚未开工建设
客户	以本地客户为主，约占60%，以私营企业主为主。40岁以上为主力年龄段。将此处作为第一居所的客户为主，投资客占到约30%
资源	2000亩原生态保护松林、2800亩牧山湖公园、1500亩国际高尔夫球场、杨柳河等
配套	牧山大道、北大附中、花源镇、交通（公路、轻轨）
卖点	龙湖品牌、资源（一山、两河、纯独栋）、高端品质和产品附加值（长桥郡为每一栋别墅的户内添加了中央吸尘系统、中央空调系统、地暖系统等）、丰富的植被（6200棵原生乔木、400余种自然植被）、临水（50%皆可亲水）
劣势	生活配套一般

②南洋国际庄园

▶— 表2-16 项目概况

位置	新津县MMS南侧
规模	占地530亩，容积率0.23，开发周期为2年
产品类型	独栋别墅
建筑风格	南洋风格
户型配比	总套数102套。户型以A户型为主，面积主要为430平方米左右；B、C户型为辅，面积分别为409平方米和467平方米
销售状况	全部售完

续表

客户	以本地客户为主,约占60%,以私企业主、企业老总为主。40岁以上为主力年龄段。将此处作为第一居所的客户为主,投资客占到约30%
资源	2000亩原生态保护松林、2800亩牧山湖公园、1500亩国际高尔夫球场、杨柳河等
配套	大件路、北大附中、花源镇、交通(公路、轻轨)
卖点	以南洋热带亚热带轻松明快风格为主,以"塑造居住文化,拓展人性化空间"为规划理念,以"立体生态+水景园林"为主题特色的纯水岸高端别墅区
劣势	建设时间稍早,无特殊景观

③置信·牧山丽景

▶── 表2-17 项目概况

位置	新津县花源镇
规模	占地730亩,容积率0.45,开发周期为5年
产品类型	独栋别墅
建筑风格	欧式风格
户型配比	纯独栋别墅,一期共97套,户型为300~800平方米(花园300平方米),主力户型400~500平方米(花园400平方米),二期于2010年上半年开盘,二期主要户型为300~600平方米
销售状况	一期于2009年3月全部售完
客户	以本地客户为主,约占70%,以私企业主、企业老总为主,外地客户以西藏、深圳和国外为主。40岁以上为主力年龄段。将此处作为第一居所的客户为主,投资客占到约30%
资源	2000亩原生态保护松林、2800亩牧山湖公园、1500亩国际高尔夫球场、杨柳河等
配套	大件路、北大附中、花源镇、交通(公路、轻轨)、伊藤洋华堂、应天寺和国际高尔夫球场
卖点	牧山丽景海拔486~512米,坡地别墅
劣势	生活配套一般

④萨尔茨堡

▶— 表2-18 项目概况

位置	双流县云岭路
规模	占地200余亩,总建筑面积5万平方米
产品类型	独栋和双拼别墅,137户独栋别墅、10户双拼别墅
建筑风格	地中海风格
户型配比	一期51套,二期94套,首批推出51套;独栋别墅面积为261~330平方米,双拼别墅面积为253平方米和272平方米两种户型
销售状况	一期已交房,二期共94户,目前余50套未售完,均价1.1万元/米²。今年年初至今销售速度:3套/月
客户	以成都本地客户为主,以小私企业主为主。35~45岁为主力年龄段。从事制造等实业为主,也有大学教授。自住需求为70%,其中长期居住的占10%,投资占30%
资源	2000亩原生态保护松林、2800亩牧山湖公园、1500亩国际高尔夫球场、杨柳河等
配套	牧山大道、北大附中、花源镇、交通(公路、轻轨)
卖点	3000平方米商业街、广场、城堡、泳池、网球场、MMS、经济型别墅,坡地高差大
劣势	生活配套一般,无特殊景观

⑤中航·云岭高尔夫别墅

▶— 表2-19 项目概况

位置	双流县云岭路
规模	总占地面积300亩,总建筑面积6万多平方米,容积率为0.37,绿化率60%
产品类型	独栋别墅
建筑风格	美式草原风格
户型配比	独栋建筑面积为350~715平方米,多层建筑面积为66.75~134.76平方米
销售状况	一期售完,二期剩5套独栋。独栋630平方米,售价为850万;多层每套80万~90万。二手房:独栋416平方米报价460万
客户	本地企业主、教授等,高尔夫会员很少购买此处
资源	2000亩原生态保护松林、2800亩牧山湖公园、1500亩国际高尔夫球场、杨柳河等
配套	西南民族大学、棠湖中学外语实验学校、双流中学、棠湖公园

续表

卖点	高尔夫球场，送终身高尔夫会籍
劣势	生活配套一般。花园面积小，多为100~200平方米

由以上典型案例分析可得出如下启示：

MMS新城区域依托机场、国际高尔夫球场、原生松林、坡地、水系等优势，是成都传统的高档别墅开发区域，由于高端别墅的聚集，已经形成西部首席高端群体聚集区，销售价格较高，各楼盘的均价在10 000元/米²以上——本项目同样可以打造高档别墅类住宅。

该区域别墅以独栋为主，少量双拼，独栋面积多在300平方米以上，200平方米以下的小独栋产品相对稀缺——本项目可以在产品类型及户型面积上与其他项目有所差异，以减弱产品同质化竞争。

该区域目前居家生活类配套设施和教育设施缺乏，周边服务业态单一——本项目可以完善生活性配套，增强居住舒适度。

各项目规模均较大，占地面积均在200亩以上，长桥郡项目占地约800亩，在该片区的知名度较高——本项目若能取得目标地块，一方面充分利用大规模这一优势，利于建设良好社区，并提升在市场中的知名度；另一方面也对市场容量造成较大压力。

各项目均在一整块地上开发建设，易统一规划、设计——本项目各地块之间有道路分隔，对整体开发有一定影响。

从购买的客户看，本片区内别墅的客户群以本地客户为主，比例约为60%，多为城南传统富人（双流、新津企业主）、大学教授、企业高管和政府官员，外地客户以深圳投资客为主——本项目面对的客户同样是以上客户群。

（5）竞争分析

①板块竞争分析

华阳板块、青城山板块和MMS板块同属于成都市第一层级别墅区域，由于地震对青城山别墅的价格及销量影响非常大，所以竞争主要来自华阳板块。

▶—— 表2-20 华阳板块与MMS板块对比分析

项目	华阳板块	MMS板块	MMS板块优劣势
城市规划	南部副中心	生态都城、慢生活小镇	生活节奏较慢，生态环境优，居住、度假两相宜
产业规划	商务办公	运动休闲、文化旅游、会务度假、教育培训、商务居住	CBD功能弱
地理区位	10~15公里	15~20公里	距离市中心距离稍远
城市交通	天府大道、站华路、新成仁	川藏路、大件路	交通通达度较高
生活配套	现代城市功能配套	城乡功能配套	生活配套趋向城乡化
自然资源	锦江、蓝湖、麓山	牧马山、杨柳河、江安河	原生态自然资源优势明显

续表

项目	华阳板块	MMS板块	MMS板块优劣势
物业类型	别墅、洋房及高层	纯别墅为主，双拼为辅	产品种类相对单一
产品档次	中偏高	高	顶级高端产品优势明显
楼盘规模	多个超大型楼盘集聚	中大型楼盘	楼盘规模与数量均较小
楼盘性质	复合型大社区	纯居住	商业体量不足
独栋价格	15 000~40 000元/米²	10 000~20 000元/米²	独栋价格稍低
独栋面积	200~260平方米；300~500平方米	250~300平方米；350~500平方米	面积较为接近
双拼价格	12 000~15 000元/米²	10 000~11 000元/米²	双拼优势不明显
双拼面积	300~450平方米	186~250平方米	面积较小
联排价格	9000~12 000元/米²	8000元/米²	联排优势不明显
联排面积	280~380平方米	210~260平方米	面积略小
客户来源	独栋别墅以省外客户为主流；类别墅产品以成都客户为主流	以成都客户为主流；外地客户主要是高端养老型客户	客户来源较为接近，但由于华阳来自香港、广东等的品牌开发商更多，因此忠诚跟随的外地客户较多
客户阶层	私营企业主、公司高管、公务员	私营企业主、个体业主、公务员	客户阶层较为接近

华阳板块在规划、配套、区位与通达性上具有不可比拟的先天优势，而MMS板块则更多体现远郊自然资源性占有、纯粹的高端居住组团的特点；华阳板块在楼盘规模、数量、居住的舒适度上占有优势，而MMS板块仅在独栋的价格上优势明显，但在双拼和联排价格上与华阳低端的楼盘差异不大，只是凭借较小的面积获得一个较低的总价；与华阳板块相比，MMS板块250平方米以下的独栋别墅明显偏少；客源特征上总体较为接近，但MMS板块由于来自香港、广东等地的品牌开发商更多，因此忠诚跟随的外地客户较多。

②竞争楼盘分析

▶── 表2-21 MMS新城未来主要楼盘供应

项目	产品类型	户型面积	推售套数	推售面积	备注
龙湖·长桥郡	独栋别墅	400~500平方米	——	约5万平方米	具体的产品信息未公布，2010年的推售量大于2009年

续表

项目	产品类型	户型面积	推售套数	推售面积	备注
置信·牧山丽景	独栋别墅	300~600平方米	66套	约3万平方米	——
萨尔茨堡	独栋、双拼	257~357平方米	45套	约1.7万平方米	尾盘销售
半山卫城	后续的推售情况未确定，但整个项目仅为8万平方米。352户，2010年的推售量不是很大				
华新·锦绣尚郡	联排、双拼	240~487平方米	——	约6万平方米	一期于2009年10月下旬开盘
三盛·翡俪山	独栋、联排	180~300平方米	——	——	于2010年春节前后开盘
备注	2010年该板块别墅供应量约30万平方米				

数据来源：市场调研

◀— 表2-22 华阳板块未来主要楼盘供应

项目	产品类型	户型面积	推售套数	推售面积	备注
麓山国际社区	独栋别墅	——	——	预计10万平方米	具体的产品细节未公布
蔚蓝卡地亚	独栋、叠拼	400~1500平方米 230~300平方米	——	预计8万平方米	独栋别墅为新产品，细节未公布
雅居乐花园	独栋、联排	166~280平方米	500多套	预计10万平方米	
蜀郡	叠加	240~270平方米	——	预计5万平方米	后续销售以叠拼别墅为主
蓝山溪谷	联排	180~320平方米	近100套	预计2万平方米	——
潜在别墅项目	裕鑫房产（现南郡七英里开发商）项目，地块位于麓山国际社区对面				
备注	2010年该板块别墅供应量约40万平方米				

数据来源：市场调研

从以上信息可以看出，上述两板块的别墅供应多为已推楼盘的后续产品，2010年的别墅供应量总建筑面积约为70万平方米，新项目较少，但总量比较大。MMS板块之前4年多的时间里，别墅供应量总建筑面积约84万平方米,可见在2010年的供应量比较大,竞争激烈。

（6）别墅市场价格趋势分析

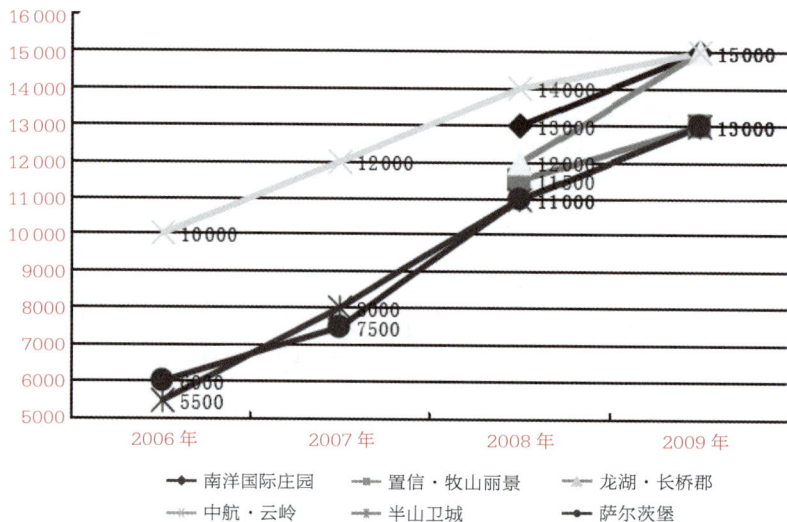

数据来源：市场调研

▶—— **图2-39 MMS板块别墅销售价格**

上图显示,MMS板块历年别墅价格一直呈上升态势,随着该区域生活配套的完善及交通道路的畅通,片区内的别墅价格还有很大的上升空间。通过对上图数据的测算,各项目价格的年平均增长速度为5%~20%,根据本项目所在区域发展特点及经济发展状况,未来几年内MMS板块的别墅价格仍会保持此速度增长。

（7）项目SWOT分析

优势（S）

MMS新城区域由于高端别墅的聚集,已经形成西部首席高端群体聚集区;项目依山傍水,原生态自然资源优势明显;

项目地块规模较大,可通过自身配套和社区建设营造氛围;新修建的花源大道通向该项目,且该项目距双流国际机场直线距离约10公里,对外交通便利。

劣势（W）

项目周边基础设施配套不完善,居民心理距离较远;华川皮业厂区排放的黑色污水流入杨柳河,对项目造成不利影响;本项目周边商业氛围较淡,不利于商业发展。

机会（O）

成都市处于房地产市场的平稳发展阶段,房地产市场从长远来看,整体走势向好。

威胁（T）

片区未来几年别墅市场供应总量较大,竞争激烈。

（8）别墅市场现状总结

纯独栋别墅价格受政策、地震以及金融危机的影响不大，定位高端的别墅价格还在持续上涨，价格走势较为坚挺；

纯独栋别墅供应将日渐稀缺，双拼别墅销售乏力，联排和叠拼将成为主打的高端产品；

MMS板块的板块竞争主要来自华阳板块，MMS板块与之相比具备远郊自然资源性占有、高端居住更为纯粹、价格较低等特点；

随着城市不断扩大，郊区概念正不断弱化，MMS板块作为第一居所的日期日益临近；

2009年整个MMS板块非常沉寂，由于仅龙湖·长桥郡有较多新产品入市，因此板块别墅放量明显小于华阳。

MMS板块和华阳板块在2010年有大量新项目入市，竞争激烈。

2. 商业市场分析

（1）商业市场综述

新津县县域商业网点体系为"一心一组团两副一园区四社区"：一心——由老城区商业中心组成；一组团——花源镇为成都市南部发展区域的组团之一；两副——岷江片区作为片区级商贸服务中心，南河新城设置旅游服务接待中心；一园区——普兴物流园区；四社区——新津城区按用地结构和居住区规模形成四个居住区级商业中心。

花源镇在成都市五环路范围内，规划中的地铁3号线在此设有出口，地铁开通后，花源镇离MMS、成都新行政中心距离更近，将成为成都南部新城组团之一，也是成都市三圈层职业教育基地之一。现花源镇有各种企业128家，个体工商户3000余户。

（2）商业状况及租售情况调查

①花源组团商业中心概况

位置：花源镇域东部。

商业定位：成都市南部新城的组成部分，发展以国际高端居住社区配套服务商业、文教、运动休闲、校园产业为特色的居住商贸城镇。

规模：城镇建设用地798.70公顷，人口规模6万~8万人。

重点打造：国际高端居住社区，为国际社区提供高档国际学校、高端运动休闲设施、娱乐休闲设施；发展文化产业配套商业、校园配套产业；拓展MMS片区商务、居住、休闲旅游功能。

标志业态：高端运动休闲、娱乐休闲产业、文化产业配套商业、教育产业商业配套区。

鼓励业态：高端运动休闲点、咨询服务业、科研培训、综合街、休闲美食街、百货商店、超市、专业店（农资）、便利店、餐饮网点、休闲旅游网点、连锁店、邮政银行网点。

限制业态：购物中心、仓储商店农产品、批发市场、商品批发市场。禁止在居住区内设置以销售和制作有毒有害、易燃易爆、影响居住环境商品的商业网点。

②花源镇商业中心位于白云路南北两侧，北侧主要分布在白云路上，南侧以广场为中心，片区内有成都开元艺术大学、四川师范大学设计艺术学院、西华大学禾嘉学院、成都职业艺术学院、北大附中

等，周边商业以餐饮、网吧、便利店为主，商业出租率约70%，租金白云路最高，向两边递减；白云路以南广场周边租金最高，月租金水平：白云路14~22元/米²，广场8~12元/米²，次街6~9元/米²。

▶── 表2-23 花源镇商业案例

案例	建筑面积	经营业态	临路状况	月租金
A	120平方米	餐饮	次干道	12元/米²
B	30平方米	服装	主干道	20元/米²
C	120平方米	餐饮	主干道	14元/米²

▶── 图2-40 花源镇临街商铺

③成都城郊别墅商业市场主要以住宅配套为主，会所面积较大，会所内配套较为齐全，有球场、健身房、酒吧等，部分设有独立商业街。

（3）商业市场总结

项目所处花源镇于1996年撤乡建镇，成立至今约13年，发展至今"以房地产业为支撑的工贸型城镇"的定位，形成了三大支柱产业：一是工业产业；二是房地产业；三是文化产业。其商业主要为满足三大产业相关配套，随着学校相继落成，房屋入住率的提高，其商业将会有较大发展。

本项目周边房地产项目均设有社区配套商业，尤其是别墅区内的商业大都为社区配套商业，很多只租不售，其租金水平目前为20~25元/米²，但总体经营情况较好，空置率较低。

别墅区内的商业经营业态多为康体中心、SPA水疗会馆、社区超市、图书馆、美术馆、室内剧场、电影院、老幼活动休闲中心、会议中心、花园度假酒店、中西餐厅、红酒雪茄吧、咖啡吧、恒温泳池、网球中心、健身房等。

规划中的地铁3号线在花源镇设有出口，将提升该区域的商业价值。

五、项目用地土地价值评估

1. 估价前提和特殊事项说明

（1）估价的假设条件

委托方合法有偿取得土地使用权，并支付有关地价款和税费。

估价对象在设定用途下得到或将得到最有效的利用，并会产生相应的土地收益。

在估价基准日土地市场为公正、公开、公平的均衡市场。

任何有关估价对象的运作方式和程序均符合国家和地方的有关法律法规。

委托方提供资料属实。

估价对象不受可能影响其价值的债权限制和负有法律义务性质的开支所约束。

（2）估价范围

根据委托方要求，本次评估的是委托方已经取得的A、B地块和尚未取得的C地块以及目标地块（D1或D2），总用地面积525 492平方米，估价对象明细如下：

▶── 表2-24 估价对象明细

地块	《国有土地使用证》	权利人	土地面积（平方米）	容积率	土地用途	土地终止日期	土地性质
A	082号	成都市江龙投资有限公司	65 033	≤1.0 ≤1.4	商住	住宅 2079-7-23	出让
B	083号		60 457	≤1.8	商住	住宅 2079-6-25	出让
C	尚未出让	——	200 001	未定	居住	——	——
D1或D2	尚未出让	——	200 001	未定	居住	——	——
合计	——	——	525 492	——	——	——	——

（3）估价基准日

2009年9月29日

（4）估价目的

为委托方了解估价对象的市场价值提供参考依据

（5）估价依据

《中华人民共和国土地管理法》

《城镇土地估价规程》（GB/T18508–2001）

《土地利用现状分类》（GB/T21010–2007）

《国有土地使用证》（新津国用2009第082号和新津国用2009第083号）

《建设用地规划许可证》（地字510132200921037和地字510132200921038）

《成都MMS项目可研报告》

（6）地价定义

土地使用权性质：在估价基准日，A、B地块为出让建设用地，C地块和目标地块尚未征用、出让。但本次评估设定估价对象为建设用地出让土地使用权，无他项权利限制。

土地用途设定：估价对象A、B地块在《国有土地使用证》登记的用途为商住混合用地，根据开发企业介绍，C地块和目标地块的土地用途为居住用地，根据此次估价的目的、估价的合法性原则以及《土地利用现状分类》（GB/T21010–2007），此次评估设定用途为商住混合用地。

开发程度设定：在估价基准日，A、B地块已达到宗地外"三通"，宗地内场地未平整，C地块和目标地块为生地。本次评估的是项目用地达到"三通一平"条件下的市场价值，不考虑地上的旧有建筑物及农作物对土地价值的影响。

土地利用和规划条件说明：根据委托方提供的《成都MMS项目可研报告》，项目的规划设计方案为独栋别墅、联排别墅和洋房相结合的低密度高档社区，其规划容积率分别为0.35、0.65、0.1，综合容积率为0.65。由于本次评估的土地面积与上述报告中的面积不一致，故本次评估各类型物业的建筑面积根据上述报告中各类型物业的比例进行分摊计算，则计容积率的总建筑面积为341 570平方米。

土地使用年限设定：根据《国有建设用地使用权出让合同》[编号（2009）0028和0029]，估价对象的土地使用年限商业为40年，住宅为70年，同时设定其他目标地块的住宅用地的使用年限为70年。

根据土地估价技术规程和项目的具体要求，此次评估是该宗土地在上述设定用途、土地利用和规划条件、开发程度、剩余使用年限条件下于估价基准日的国有建设用地使用权市场价值。

（7）估价报告的使用

本报告及估价结果仅为本次估价目的的使用，当用于其他目的时，本报告及估价结果无效。

估价结果是在满足地价定义所设定条件下的土地使用权价值，若估价对象的土地面积、土地开发利用方式、剩余使用年限、土地开发程度、权利状况和估价基准日等影响地价的因素发生变化，该估价结果应相应调整。

本报告必须完整使用方为有效，对仅使用本报告中部分内容所导致的有关损失，受托估价机构不承担责任。

估价对象的土地权属状况、土地和面积等以委托方提供的《国有建设用地使用权出让合同》[编号（2009）0028和0029]、《国有土地使用证》（新津国用2009第082号和新津国用2009第083号）、《建设用地规划许可证》（地字510132200921037和地字510132200921038）复印件为准，并以此确认该土地"权属合法，界址清楚，面积准确"。

在房地产市场无重大变化的情况下，本报告估价结果有效期自评估基准日起一年内有效。

本报告中所使用货币为人民币。

2. 土地利用状况

根据现场查看，在估价基准日，A、B地块的实际开发程度已达到宗地外"三通"，宗地内场地尚未平整，C地块和目标地块为生地。本次评估以估价对象设定的土地利用和规划条件为前提，根据委托方提供的《国有土地使用证》和《成都MMS项目可研报告》，确定估价对象的规划指标为：

◖—— **表2-25 估价对象规划指标表**

项目		指标
土地用途		商住混合用地
总用地面积		525 492平方米
综合容积率		0.65
覆盖率		≤35%
计容积率总建筑面积		368 896平方米
其中	商业	5000平方米
	独栋	81 977平方米
	联排	119 549平方米
	洋房	133 212平方米
	物管及配套用房	1832平方米
	车库及地下室	27 326平方米

3. 估价方法

根据《城镇土地估价规程》，现行土地估价方法有市场比较法、基准地价系数修正法、收益还原法、剩余法、成本逼近法等。估价方法的选用取决于估价目的、估价对象的特点及当地房地产市场发育情况等。估价对象周边区域市场上同类土地使用权虽有交易案例，但由于交易时间距估价时间点较远，且市场价格波动幅度较大，故不适宜采用市场比较法。估价对象属于商品房建设用地，有确定的规划指标，具有开发价值，且所处区域类似房地产的销售价格和开发成本易于调查和收集，因此采用剩余法进行评估。根据估价对象的特点，其他方法均不适合此次评估，故仅采用剩余法进行评估。

4. 土地价值评估

剩余法评估测算过程

基本原理

剩余法是在预计开发完成后不动产可实现的开发价值的基础上，扣除预计的正常开发成本、利息、利润和税费等，以价格余额求取土地使用权价格的一种方法。

计算公式

V＝A–B–C

式中：

V——地价；

A——开发价值；

B——开发成本；

C——开发商合理利润。

假设前提：

· 项目按设定的最佳开发利用方式自行开发；

· 在工程竣工验收时项目全部销售完毕；

· 在开发期间各项成本均匀投入；

· 在开发期间房地产的租金或价格保持不变，并且不考虑物价上涨的影响。

①确定项目最佳开发利用方式

根据项目的规划设计限制条件和评估假设前提，确定本项目的最佳开发利用方式为：

项目定位：别墅、联排和洋房相结合的低密度高档社区；

建筑结构：框架结构；

装修标准：外部和公共部分高档装修，内部毛坯；

开发强度：根据项目的规划方案和设定的规划条件，本项目的物业类型比例及可售面积如下：

▶── 表2-26 本项目物业类型及可售面积概况

功能	商业	独栋	联排	洋房	物管用房	车库及地下室
建筑面积（平方米）	5000	81 977	119 549	133 212	1832	27 326
备注	可售	可售	可售	可售	不可售	不可售

②预测项目开发价值A

我们调查的案例有：

▶── 表2-27 案例调查表

项目名称	位置	销售均价（元/米²）			
		独栋	联排	洋房	商业
龙湖·长桥郡	新津县花源镇白云路	15 000	——	——	——
萨尔茨堡	双流县MMS云岭路	12 000	11 000	——	6500

续表

项目名称	位置	销售均价（元/米²）			
		独栋	联排	洋房	商业
中航·云岭	成都双流MMS云岭路	15 000	——	——	——
南洋国际庄园	双流县MMS南侧	15 000	9000	——	——
麓山国际	双流县人民南路南延线	——	——	——	——
半山卫城	双流县胜利镇	11 000	——	——	——

根据市场调查，新津MMS新城区域内以别墅为主，基本没有花园洋房。

目前在售的独栋别墅销售价位为11 000~18 000元/米²，联排别墅的销售价位为9000~12 000元/米²，花园洋房的销售均价为7000元/米²左右，别墅区域内商业的价格为6000~7000元/米²。由于品质的差异，各楼盘的价格差异也非常大。

在确定本项目建成后可实现的销售价格时考虑的因素有：

· 本项目北邻湿地公园，东临杨柳河，资源环境优势明显；

· 本项目规模较大，规划条件宽松，产品可塑空间大；

· 本项目西邻北大附中成都新津实验学校，卖点鲜明；

· 本项目西侧紧邻北大附中，未来人流量较大；

· 项目开发和销售周期长，期间市场走向如何存在不确定性。

根据目前市场情况以及对未来市场的预测分析，结合估价对象现状，最终确定本项目的销售价格和开发价值为：

A=3 363 595 000（元）

③估算项目开发成本B

开发成本包括建造成本、购地税费、其他费用、销售费用、资金利息和相关税费，其计算依据和取费标准如下：

a.建造成本

建造成本包括前期费用、基础工程、主体工程、水电安装、消防工程、通讯工程、室外配套工程等项目。根据《成都市建筑工程价格信息》和成都市同类工程造价水平以及本项目定位，其建造成本为：

▶— 表2-28 项目建造成本一览表

项目	建筑面积（平方米）	成本单价（元/米²）	建造成本（元）
商业	5000	7000	35 000 000
独栋别墅	81 977	14 000	1 147 678 000
联排别墅	119 549	11 000	1 315 039 000
花园洋房	133 212	6500	865 878 000

项目	建筑面积（平方米）	成本单价（元/米²）	建造成本（元）
合计	339 738	——	3 363 595 000

则本项目的建造成本为:

▶—— 表2-29 本项目建造成本

项目	建筑面积（平方米）	成本单价（元/米²）	建造成本（元）
商业	5000	2300	11 500 000
独栋别墅	81 977	3500	286 919 500
联排别墅	119 549	3000	358 647 000
花园洋房	133 212	2000	266 424 000
公共配套	1832	2000	3 663 600
地下车库	27 326	2000	54 651 168
合计	368 896	——	981 805 268

b.购地税费

购地税费包括契税3%及印花税0.05%。则:

购地税费＝V×（3%+0.05%）=0.0305V（元）

c.其他费用

包括管理费用、不可预见费，取土地成本和建造成本的5%。则:

其他费用＝（V+购地税费+建造成本）×5%=49 090 263+0.051525V（元）

d.销售费用

考虑开发商品牌、项目定位和区域状况，按总销售收入的1.5%计。则:

销售费用=开发价值×销售费率=3 363 595 000×1.5%=50 453 925（元）

e.资金利息

指在房地产开发完成或实现销售之前发生的所有必要费用应计算的利息。

包括土地取得成本、建造成本、管理费用和销售费用的利息。根据项目情况建设期取5年，利率R取中国人民银行5年期现行贷款利率5.94%。则:

利息＝（V+购地税费）×[（1+R）N-1]+（建造成本+其他费用+销售费用）×[（1+R）N/2-1]=167 804 557+0.34464V（元）

f.相关税费

为销售房地产应缴纳的税费，包括营业税、城市维护建设税、教育费附加、印花税和土地增值税。

销售税金

包括营业税及附加合计为销售收入的5.95%。则：

销售税金＝开发价值×5.95%

＝3 363 595 000×5.95%

＝200 133 903（元）

土地增值税

根据《中华人民共和国土地增值税暂行条例》，土地增值税计算公式如下：土地增值税=增值额×适用税率−扣除项目金额×速算扣除系数；扣除项目金额=（地价+购地税费+建造成本）×（1+20%）+其他费用+利息+销售费用+销售税金增值额=开发价值−扣除项目金额增值率=增值额÷扣除项目金额

经测算，本项目增值率为19.83%，适用税率30%，速算扣除系数为0。则：土地增值税=515 383 809−0.47437V（元）

税费=销售税金+土地增值税=715 517 712−0.47437V（元）

g.项目的总开发成本B

B=a+b+c+d+e+f=1 964 671 725−0.04771V（元）

确定开发商合理利润C

根据成都市同类商品房开发项目的利润水平，并结合项目所在区域特征，确定开发商的合理销售利润率为15%。

开发商利润=开发价值×销售利润率=3 363 595 000×15%=504 539 250（元）

地价测算

V＝A−B−C

＝3 363 595 000−（1 964 671 725−0.04771V）−504 539 250

0.9523V=894 384 025

V=939 183 057（元）

则剩余法的评估结果为：

总地价=939 183 057元

地面地价=总地价/用地面积=1787元/米^2（取整）

经市场调查和实地查勘，依据《中华人民共和国土地管理法》《城镇土地估价规程》及其他相关法规文件，遵循独立、客观、公正、合法的原则，按照土地估价程序，采用剩余法进行评定估算，并结合估价对象的区域因素和个别因素以及估价人员的经验，最终确定估价对象于估价基准日在满足地价定义条件下的土地使用权价值为：

地面地价：人民币1787元/米^2；总地价：人民币939 183 057元；大写金额：人民币玖亿叁仟玖佰壹拾捌万叁仟零伍拾柒元整。

备注：目标地块D1临新区一干道，目标地块D2临杨柳河。两地块相比，地块D2资源优势明显，利于开发企业利用杨柳河水系进行园区的景观及绿化建设，根据我们的经验判断，地块D2的市场价值高于地块D1。

03
项目定位

重庆市鱼嘴项目
市场定位报告

··········· 第一部分 ···········

市场定位分析

一、项目概况

　　项目位于两江新区鱼嘴镇新城区边缘区域，毗邻移民小区，地块周边道路体系相对完善，商业、学校、医院等配套成熟；建设用地37 135平方米，容积率不大于2.98。

　　项目地块北临高速公路，噪音抗性较大；南面靠还迁房用地，高层可远观长江；西边紧邻还建房，景观视野较差；东面临湖，是重点利用的自然资源。场地内最大高差约6米，沿街面较窄，现状场地高出周围道路较多。

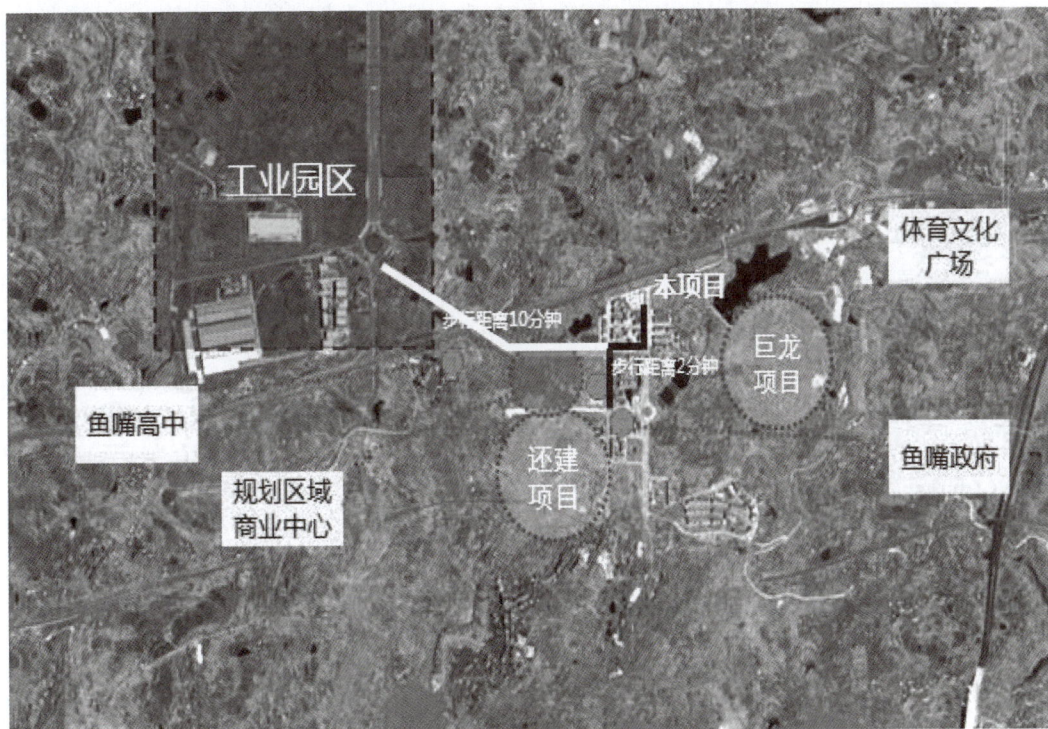

工业园区
体育文化广场
本项目
步行距离10分钟
巨龙项目
步行距离2分钟
鱼嘴高中
还建项目
鱼嘴政府
规划区域商业中心

▶━━ 图3-1　会所位置图

　　项目至鱼嘴新城商业中心、行政中心、文体中心步行距离只需2分钟，政府在该区域打造辐射周边区域的大型商业中心，为项目配套提供了强有力的支撑。工业园区至项目步行距离12分钟，车程3分钟，为本项目提供了可能的客户源。

二、项目SWOT分析

1. SWOT矩阵列

S
1.区域优势：两江新区新兴城市区域
2.环境优势：东面临湖，南面可远观长江
3.地段优势：项目距离新城中心近
4.商业优势：商业业态丰富，档次较高

O
1.区域发展：城市发展运营带来的拆迁及安置，促进项目的开发
2.市场契机：区域房地产市场处于空白期
3.消费群体：重点工业、物流发展组团，三大企业入驻

对策
充分发挥区域发展优势、湖景和江景资源等综合优势，创造比较优势，形成核心竞争力

对策
以项目综合优势填补市场空白，树立项目品质，采取高性价比的策略

W
1.噪音劣势：紧邻高速公路，噪音污染严重
2.环境劣势：可利用的环境资源较少
3.昭示性劣势：处于鱼嘴镇新城边缘

T
1.政策影响：调控性的政策陆续出台，未来政策方面因素不确定
2.区域竞争：巨龙项目与和韵家园项目的开发，去化了当地部分置业客户

对策
弱化劣势，推广中强调规划、区域发展与景观资源

对策
把握好开发节奏，谨慎入市，采用差异化和高性价比策略

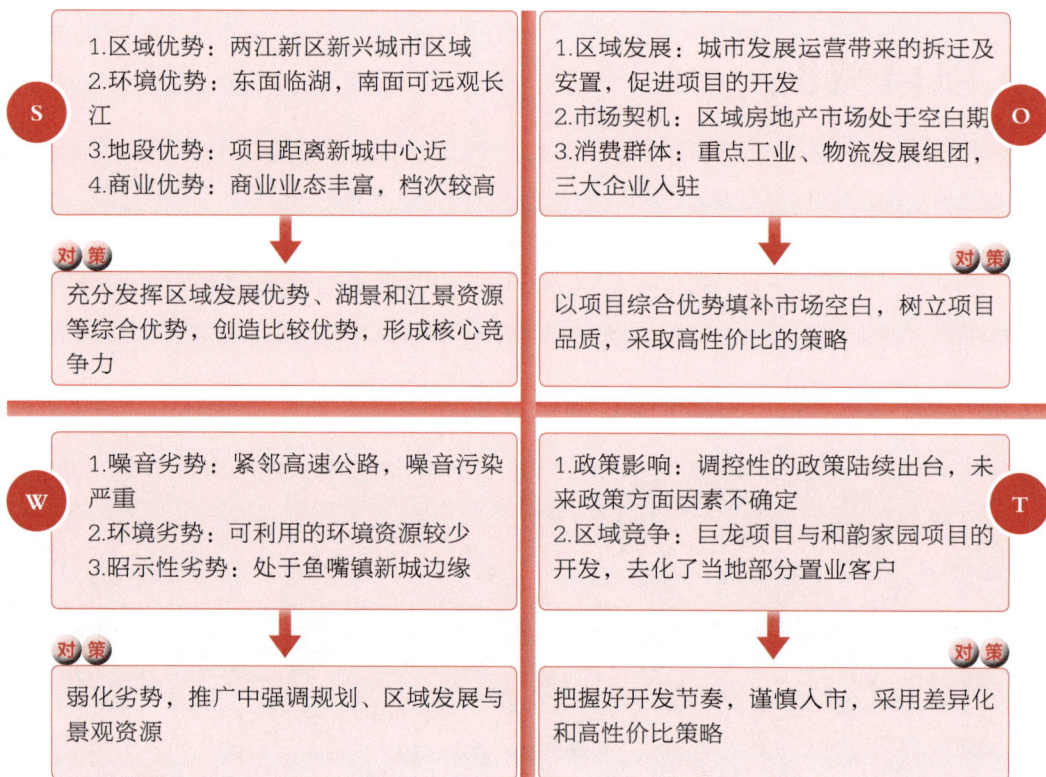

▶── **图3-2 项目SWOT矩阵**

（1）项目优势分析

①区域优势
鱼嘴镇是两江新区新兴的城市区域，东部新城核心部分是全国100个重点镇和重庆市确定的100个经济强镇之一，区域优势明显。

②环境优势
东面临湖，利于景观利用；南面可远观长江，可用观江看湖概念；周边没有拆迁及其他建筑，便于打造。

③地段优势
项目距离新城中心近，生活便利，交通便捷。

④**商业优势**

拥有集中式商业、湖滨风情商业街，商业业态丰富，档次较高。

（2）项目劣势分析

①**噪音劣势**

地块北面紧邻高速公路，噪音污染严重，客户心理抗性较大。

②**环境劣势**

目前鱼嘴处于开发初期，项目周边城镇化建设未大面积铺开，可利用的环境资源较少。

③**昭示性劣势**

其位置处于鱼嘴镇新城边缘，客户心理距离较远。

（3）项目机会分析

①**区域发展**

鱼嘴属于两江新区东部新城重点组团，城市发展运营带来的拆迁及安置促进了项目的开发。

②**市场契机**

鱼嘴片区房地产市场处于空白期，本项目入市即能成为区域内较高端产品的代表，必能引人关注。

③**消费群体**

重点工业、物流发展组团，三大企业入驻、数万人进驻就业，为项目提供了具备消费能力的客户群。

（4）项目威胁分析

①**政策影响**

调控性的政策陆续出台，未来政策方面因素不确定。

②**区域竞争**

周边巨龙35万平方米项目的开发必然成为本项目最大的客源竞争对手；和韵家园36万平方米安置房项目的开发，去化了当地部分置业客户。

2. 项目可利用的机会点分析

结合对本项目的SWOT分析，我们认为本项目可利用的机会点主要体现在以下六个方面：

（1）区域发展潜力优势的运用

在两江新区规划前，江北渝北等地区已经是重庆发展重心。政府机构、各大中型优质企业、重点院校等开始向该区域搬迁。区域人口快速增长，随之商业也发展迅猛，隐隐成为重庆市的政治经济和商业中心。

两江新区成立后，更大的政策倾斜、产业布局、优惠政策等必将加快区域发展步伐。十年产值过万亿的规划，重点工业、物流发展组团，三大企业入驻，增加区域就业机会带动区域消费能力，再加上因城市化进程的加速而涌入的大量农村人口，将为新区带来购房需求。所以，两江新区房产升值空间大。

因此，项目应加强区域发展潜力的宣传，吸引刚需及投资客户，树立区域发展形象。

（2）周边景观资源的充分利用

项目东临湖景，南面可远观江景，拥有稀缺的水景资源，是项目的硬性优势，是提升项目产品附加值的重要因素。因此，项目在产品设计方面应充分发挥景观资源优势，使项目更具竞争力。

（3）市场契机的利用

目前，鱼嘴片区的房地产市场处于空白期，本项目入市即能成为区域内较高端产品的代表，必能引人关注。因此，产品必须有特色，注重细节和品质，树立区域标杆楼盘形象。

（4）企业团购客户及主城区客户的激发

周边巨龙35万平方米项目的开发与和韵家园36万平方米安置房项目的开发，去化了当地的部分置业客户，也会成为项目未来客户源的主要竞争对手，未来必须主动寻求企业团购客户及主城区客户，积极去化项目。

（5）特色景观资源的打造

目前鱼嘴房地产市场处于空白期，在充分利用项目景观优势的基础上，打造项目的特色亮点，如屋顶花园、临湖观景平台、慢跑道等。因此，项目景观应具有差异化，打造简约、现代、有特色的中式风情园林，体现体验营销的特色，树立消费者对项目的信心。

（6）品质物业管理的引进

物业管理是房地产项目的重要组成部分，是提升项目产品附加值的重要因素。现在越来越多的开发商都很注重项目品质细节，故项目引进品质物管，树立中高端项目形象，有利于后期的销售。

三、项目初步定位指向

鱼嘴镇是全国100个重点镇和重庆市确定的100个经济强镇之一，是重庆市东部新城的核心部分，两江新区核心重镇，规划发展规模60平方公里，50万人，未来市场潜在供应量大，发展潜力巨大。

本项目位于两江新区鱼嘴镇新城区边缘区域，毗邻移民小区，地块周边道路体系相对完善，商业、学校、医院等配套成熟；项目自然资源丰富，东面有水库，利于景观利用，南面可远观长江，可用观江看湖概念，周边没有拆迁及其他建筑，便于打造，距离新城中心近。

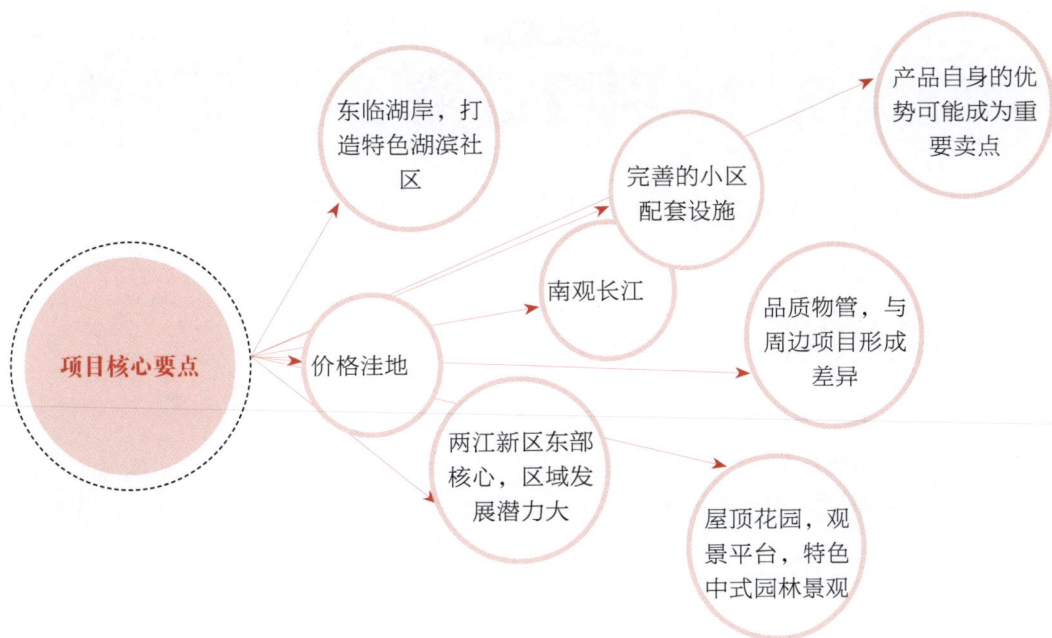

> ━━ **图3-3 项目核心价值点**

项目初步定位指向：

打造高性价比的中高端观湖高层和小高层。

第二部分

项目定位

一、定位原则

项目定位应基于发展战略，在遵守市场竞争规律和客户需求的基础上体现项目本身的特征。在以下的客户定位、产品定位和价格定位中都将结合企业、项目以及市场竞争情况三者来分析本项目具体的定位，充分体现了战略与定位之间的紧密联系。

1. 差异性

项目定位应该具有一定的差异性，这种差异性主要从目前的整体供应特征之中，寻找一种与众不同的建筑产品和居住环境，以区别于区域市场或整体市场的其他形象，以免陷入同质化竞争的恶性泥潭。

2. 适应性

项目的定位应该结合企业战略、项目属性、竞争市场的特征等其他要素，提出最适合本项目的定位，而并非刻意地寻求创新，只有结合项目的实际情况提出的定位才是最合适的，哪怕这种定位缺乏所谓的"创新"元素。

3. 独特性

独特性可以表现在具体的产品上，亦可表现在独特的楼盘形象概念中，它是一种具有鲜明特色的形象识别，是一种区别于市场同类产品的有效手段。

二、项目总体定位

项目总体定位：两江新区，花漾新城

定位解析：

"两江新区"：鱼嘴作为两江新区的核心板块，地域优势明显，未来城市发展潜力巨大。

"花漾"：即项目的卖点——优美的湖景资源和以花为主题的园林景观。

"新城"：本项目将被打造成为目前鱼嘴区域的精品住宅生活区的典范。

三、项目档次定位

　　政府对鱼嘴的定位及规划为重庆新城重要商业副中心，为鱼嘴带来了巨大改变，使本区域可以加速融入主城通道，短期内的区域影响力将逐渐扩散，外区投资客及置业需求者将逐渐转移到本区域，为项目的投资价值带来了较大机会点，区域未来发展潜力巨大。

　　铁山坪区域、海尔路区域与项目距离较近，而价格已经融入主城价格，因此本区域价格对置业者有巨大诱惑，中高端项目总价与主城其他区域对比也具有明显优势。

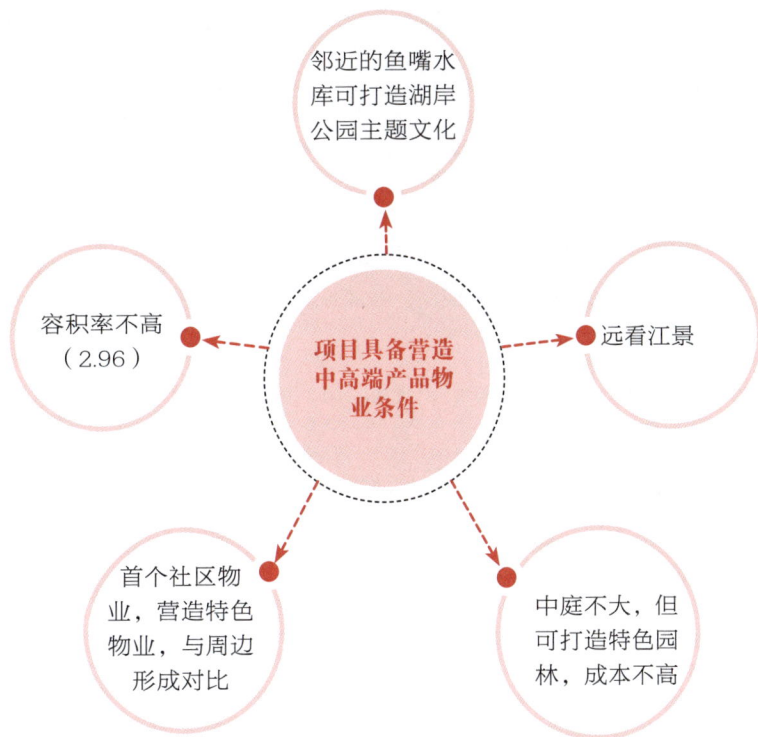

- 邻近的鱼嘴水库可打造湖岸公园主题文化
- 容积率不高（2.96）
- 远看江景
- **项目具备营造中高端产品物业条件**
- 首个社区物业，营造特色物业，与周边形成对比
- 中庭不大，但可打造特色园林，成本不高

▶━ **图3-4 项目物业条件分析**

四、项目形象定位

项目形象定位：两江新城，湖岸优品。

两江新城：地产价值层面，两江新区的重点板块，有较强的标志性，强调项目城市价值。

湖岸优品：产品价值层面，湖是硬性卖点，"优品"既强调了项目的相对高品质，也说明了我们的目标客户群体对生活品位的追求。

五、项目客户定位

1. 客户主体特征

主力客户年龄：25~50岁，中青年消费者是购房的主力群体；

家庭结构：两口或三口之家；

文化程度：高中（含中专、中技）和大专以上；

目标客户群：鱼嘴本地居民、三峡库区移民、外来务工人员、企业搬迁员工；

目标客户群区域：两江新区；

职业背景：公务员、教师、个体户、农民、普通职员、企业蓝领；

家庭月收入：3000~6000元；

目前鱼嘴的主力客户群是中青年购房者，以两口或三口之家为主，鱼嘴当地居民是购房的主力人群。

2. 客户需求特征

置业目的：首置刚性需求与改善型客户为主，纯投资客户为辅；

关注内容：价格、户型、社区配套、物业管理、公共配套等；

购房目的：为自己与家人长期居住所用；

置业因素：户型结构，其次是交通状况和社区配套；

购房总价：31万~50万元；

客户的需求以首次置业和改善型居住为主，看重项目的价格、户型及社区配套等，购房总价在31万~50万元。

3. 客户的偏好

面积区间：70~90平方米，喜欢实用两房和小三房户型；

功能房的选择：儿童房间、阳台、花园露台和书房；

客厅面积：消费者偏爱设有26~30平方米的宽敞客厅的房屋；

客厅层高：消费者喜欢舒适、不压抑、层高3.3米的客厅；

客厅开间：消费者喜欢开间在4.2米左右较适中的客厅，对大开间客厅偏好程度较低；

卧室面积：卧室15~25平方米是消费者比较喜欢的面积区间；

阳台要求：86%的消费者明确表示需要阳台；

建筑风格：消费者比较偏好现代风格的建筑。

当地客户比较偏好实用两房和小三房，偏爱宽敞的客厅，喜欢阳台和露台、书房等功能房。

六、物业类型定位

1.定位说明

物业类型定位是在项目开发建设过程中建筑产品形态的定位，直接关系到项目开发过程中的建筑类型。中等规模的项目开发，产品线应当丰富，而不应过于单一，这样便于扩大客户群，提供更多的市场选择，规避市场风险。

2.物业类型定位

（1）定位依据

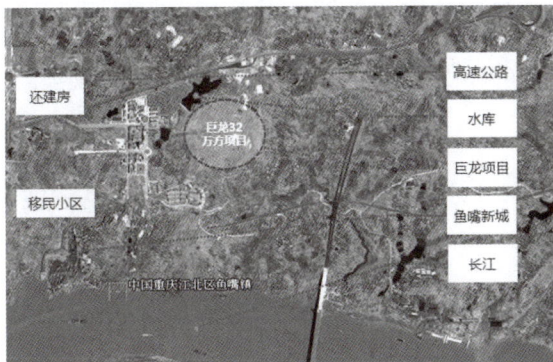

▶━━ 图3-5　周边项目分析

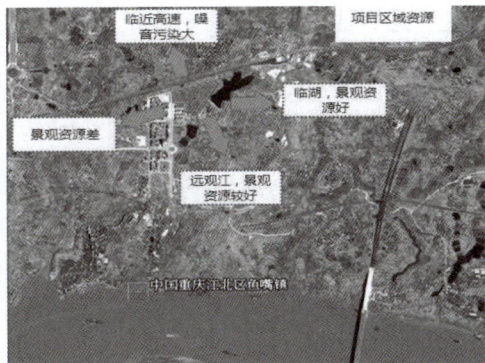

▶━━ 图3-6　周边资源分析

从项目区域位置来看，要综合考虑还建房和巨龙项目的影响，充分利用湖景、长江等资源，避开高速公路的噪声污染。

在布局上，从使用和销售的角度来综合考虑，首先要把握好项目的景观资源，因此，东南面成为本项目重点布局的方向。

从居住舒适度来考虑，应减少朝向西北向噪声和朝向较差景观的布局。

（2）物业类型定位

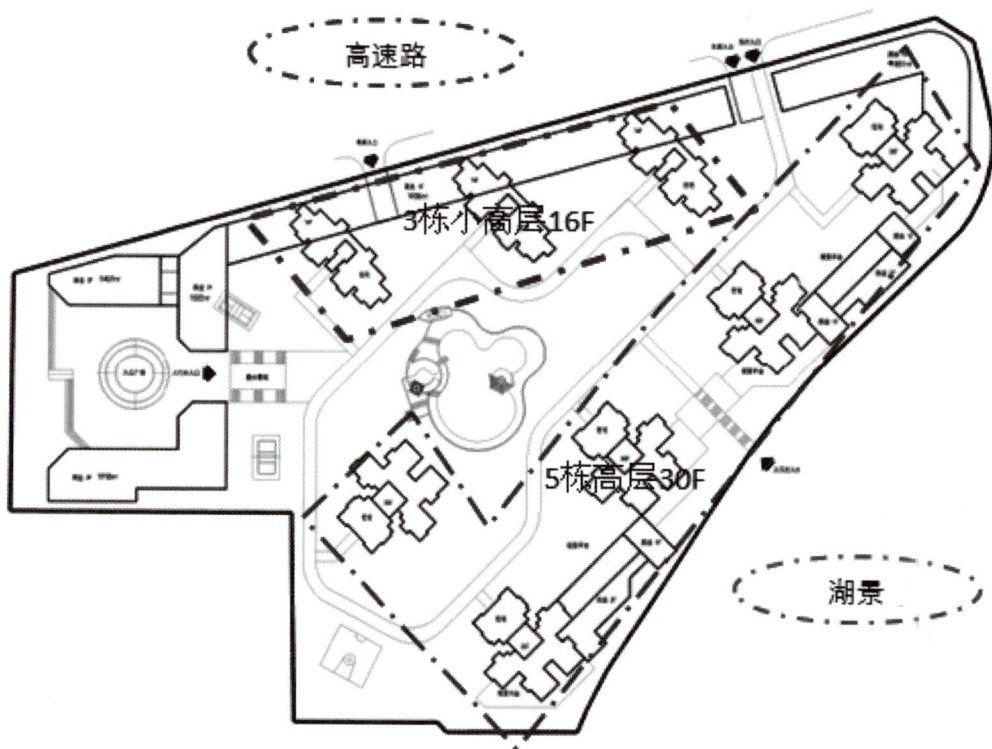

▶── 图3-7 项目物业类型定位

通过该布局方式，初步统计，约30%户数可观中庭，约15%户数朝高速路，约10%户数朝向还建房区域，约45%户数临湖观湖；小高层形成屏障将社区与马路分开，有效降低了噪声污染；靠近还建房的区域打造广场或前期示范区，广场可将商业及项目的价值进行附加，该规划能最大限度地规避项目地块的自身劣势。

（3）定位优劣势分析

定位优势：

· 建筑密度较低，保证了居住的舒适度；

· 中庭景观利用最大化，湖景资源充分利用；

· 小高层形成屏障，有效降低了小区噪声；

· 天际线错落有致，整体均好性较强；

· 集中式商业展示性强，能有效增强客户对项目的好感度。

定位劣势：

· 全高层产品无法提升项目的居住品质。

七、项目价格定位

1. 住宅定价

（1）成本推导定价

根据目前的市场情况，估计项目的均价在4800~5600元/米²。

▶—— 表3-1 成本推导定价

建面均价（元/米²）	净利润（万元）	净利润率
4800	9723.31	18.58%
5000	11 109.23	21.86%
5200	12 495.15	25.14%
5400	13 881.07	28.42%
5600	15 266.99	31.70%

房地产项目的净利润率在30%左右，从上表对比看出，均价5000元/米²以下不能实现项目的利润最大化，均价在5400元/米²左右可以实现项目的净利润率目标。

（2）区域房地产价格情况

目前鱼嘴的房地产市场处于空白期，价格可以参考区域内的二手房市场。

▶—— 表3-2 区域房地产价格情况

房源	建筑面积	装修情况	总价	价格
移民小区3*2*2	133.82平方米	中装	67万元	5007元/米²
移民小区2*1*1	83.35平方米	清水	40万元	4799元/米²
移民小区3*1*1	101.2平方米	简装	50万元	4941元/米²
金鑫花园3*2*2	156.8平方米	清水	63万元	4018元/米²

续表

房源	建筑面积	装修情况	总价	价格
盛世大楼3*2*2	156平方米	简装	60万元	3846元/米²
棠富园（划拨性质）1*1	52平方米	简装	17万元	3269元/米²
奇奥电梯房2*1*2	80平方米	清水	40万元	5000元/米²
金鑫电梯房4*3*2	142平方米	精装	74万元	5211元/米²

2009年鱼嘴镇二手房均价在3500元/米²左右，受两江新区正式挂牌影响，到2011年5月，市调数据显示，目前鱼嘴镇二手房报价在5000元/米²左右。

目前调控性的政策陆续出台，未来政策方面因素不确定，故建议项目价格采用低开高走的策略，谨慎入市。

因此，建议项目在入市之初均价在5400元/米²左右，既能保证项目的利润收益，也能与二手房和周边小区形成品质差异，但具体价格应视当时的市场情况而定。

2. 商业定价

（1）商业的投资回报率

根据鱼嘴当地的租金情况，计算投资回报率，推导项目的商业价格。

▶── 表3-3 商业投资回报

层数	租金 （元/米²/月）	月数	投资回收期 （年）	预计售价 （元）
1F	70	12	15	12 600
2F	50	12	15	9000
3F	30	12	15	5400

根据项目的投资回报率，初步预估项目的商业价格在10 000元/米²左右。

（2）区域商业市场情况

▶── 表3-4 区域商业市场情况

房源	建筑面积 （平方米）	装修情况	总价 （万元）	价格 （元/米²）
移民小区商铺	50	精装	72	14 400
移民小区商铺	29.5	清水	27	9153

根据当地商铺的市场情况，均价为8000~14 000元/米^2，由于项目打造的是鱼嘴湖滨休闲商业街，业态比较丰富，品质相对较高，因此，预估项目商业价格在10 000元/米^{2}左右。

3. 项目经济测算

（1）测算前提

按总地价1.2亿元计算，小高层、高层的建安成本在1500元/米^{2}左右，地下车库建安成本1400元/米^2，商业建安成本1400元/米^2。

结合区域发展态势和房价走势，目前房地产价格走势处于政策高压期，预计本项目预售价格与现在市场价格相当，小高层、高层销售均价5400元/米^2，商业均价在10 000元/米^{2}左右。

车库造价计入计算，收益不纳入预算范围。

（2）经济估算

▶—— 表3-5 预售项目利润估算表

序号	项目	计算公式	数值
（1）	销售收入		64 750.88万元
（2）	开发成本		41 277.52万元
（3）	销售费用	建安成本3%	586.90万元
（4）	销售税金及附加		6475.09万元
（5）	财务费用	建安成本2%	399.44万元
（6）	利润总额	（1）－（2）－（3）－（4）－（5）	16 011.93万元
（7）	所得税	（6）×25%	4002.98万元
（8）	净利润	（6）－（7）	12 008.95万元
（9）	投资利润率	利润/总投资	37.89%
（10）	投资净利润率	净利润/总投资	28.42%

经过初步估算，按照住宅建筑面积均价5400元/米^{2}计算，整个项目可实现净利润1.2亿元左右，净利润率在28.42%。

第三部分

项目产品定位

一、总体规划设计要求

根据开发意向，须重点体现小区住宅"人无我有、人有我优"的特点，形成差异化竞争，激发顾客购房的欲望。

根据地块自身地形地貌及周边城市环境等制订项目的规划设计方案，以形成项目的风格和形象。

项目人行主入口设置在地块西北角，叠水景观处。

尽量减少单体间的干扰，加大楼间距，确保私密性和视野的开阔性。

在平面布置方面注意户户有景、户户均好的通风采光效果。

项目住宅产品考虑由小高层和高层组合，考虑到客户的区隔性，应形成相对独立的组团。

景观设计要求绿化率尽可能增加至30％以上。园林打造原则：以草坡为设计蓝本，辅以大面积的鲜花小径，灌木的点缀使宅间设计富有层次感。

户型设计上既要注重"可变空间"的运用（如空中院馆、入户花园、超大阳台等），也要从目标客户实际需求出发，注重"可变空间"功能的实用性。

在控制成本的同时，适当增设优于当地其他小区的安保智能化系统（如：门禁卡、可视电话、无线网络、指纹锁等），突出差异化和高品质。

建筑布局充分考虑重庆气候条件，尽量避免西晒。

入户大堂精装。

注重项目内部人车分流，设置慢跑道。

水、电要求：供水设自来水变频供水加压泵，小区配套供水设施设置在地下层，供配电设施置于地下层，视片区及小区内用电分布选择适当位置。

满足小区内住宅最低车位比，尽量增加车位数量，地下车库面积控制在2.1万平方米；

合理考虑项目周边商业布局，项目商业规模控制在9000平方米左右，临街商业层数控制在一层，集中式商业层数控制在二层左右，局部控制在三层。

二、建筑风格建议

目前两江新区没有对建筑外立面风格的具体规定，根据《重庆市规划局关于城市空间环境和建筑景观规划的暂行规定》中的要求，建设项目建筑外立面设计应注重突出重庆地方传统风格，体现重庆个性特色风貌，外立面造型应简洁、大气、朴实、适用，避免过分烦琐、夸张、不切实际的造型设计。因此从营销角度建议本项目采用现代简约建筑风格。

▶—— 图3-8 建筑风格示意图

现代简约建筑风格在本项目的外立面打造中为重中之重，本项目为展示两江新区的门户形象，外立面采用外墙漆，打造具有完整和统一感的建筑外立面。

在建筑色彩方面，根据《重庆市规划局关于城市空间环境和建筑景观规划的暂行规定》中的要求，建设项目在色彩选用方面，同一组建筑主体色调要统一，一般以总共不超过两种主体颜色为宜，颜色的明度、彩度不能过分强调自我，应充分考虑与周边建筑相协调。

在此基础上，根据项目的实际情况，建议建筑色彩采用白色和咖啡色的基调，大气、沉稳。

整体建筑风格参考协信城立方，城立方是协信精心规划的融合现代风格的新古典主义高层，不管建筑风格还是外立面颜色都大气、沉稳，是目前值得借鉴的产品。

▶— **图3-9 协信城立方示意图**

三、总体规划设计建议

本示意方案共3栋16F高层、5栋30F高层，如图3-10所示（图片仅作示意，不能指导设计）。

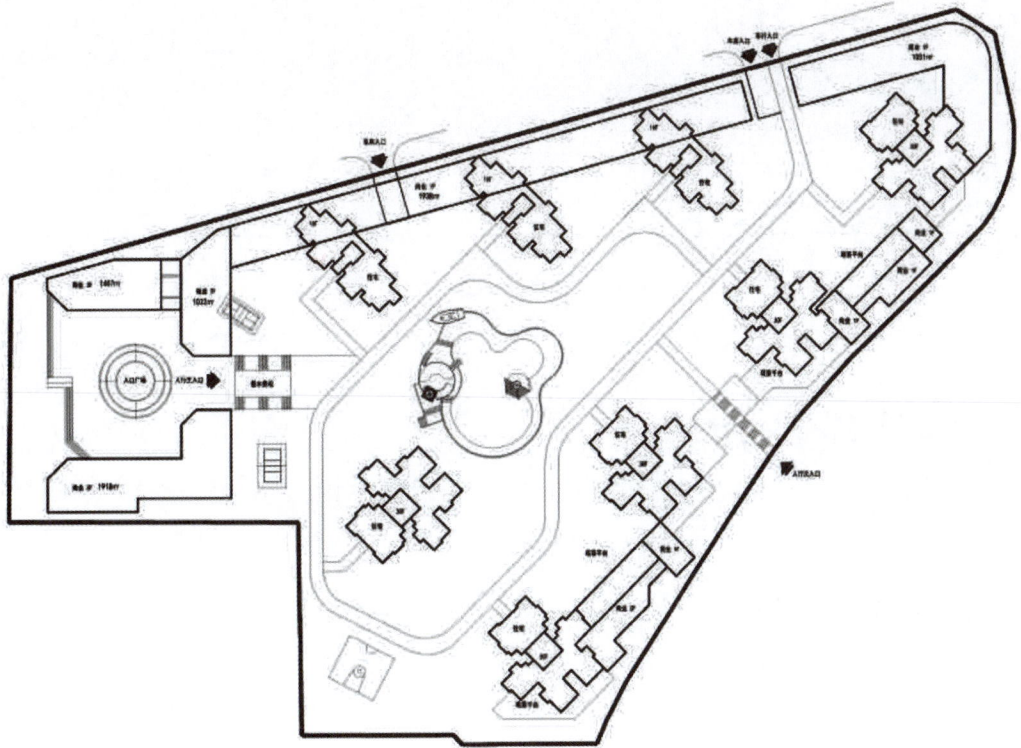

▶── 图3-10 整体规划设计建议图

项目综合经济技术指标：

▶── 表3-6 项目综合经济技术指标

一、规划用地面积：37 135平方米	
二、总建筑面积：132 405.42平方米	
其中	1.地上总建筑面积：111 974.77平方米
	A.住宅总建筑面积：102 660.64平方米
	B.公建总建筑面积：9314.13平方米
	其中
	商业总建筑面积：8824.08平方米
	物管及配套用房：490.05平方米
	2.地下总建筑面积：20 430.65平方米
	车库建筑面积：20 430.65平方米

续表

三、容积率：2.97

四、绿化率：≥30%

五、建筑密度：≤25%

六、停车位数：地下676个（按现行最低标准）

四、单体设计建议

1. 住宅部分设计

景观居住高层以现代简约风格为主，应突出标志性、城市化、公建化、品质化。住宅公建化就是按照公建的标准打造产品，尽量避免马赛克、瓷砖等材料的使用，如公建的外立面有些会要求做统一的封闭式阳台、采用统一的玻璃材质等。

为减少高层物业的抗性，增大其舒适程度，高层户数尽量不多于6户，小高层为4户板式，电梯配置至少2部。

结合建筑外立面，设计集中空调室外机位，冷凝水集中排放。建筑物的主要外立面无凸出的设备管线。厨卫、设备管线尽量靠建筑物内侧设置，保障建筑立面美观整洁。

考虑立体绿化的设计，在地下停车库、地面、空中花园、屋顶花园中全方位引进休闲绿化设计，提高业主接触机会，增加邻里交往，以不同空间形式多层次体现生态、人性化住宅设计。高层在满足限高条件下可考虑设置架空层，主要在对景观和活动区有阻隔的地方设置局部或全架空。架空层主要功能为景观绿化延续。

公摊率尽量控制在22%以内。每个户型尽量都带实用的赠送空间，如二变三户型可考虑空中院馆，标准三房户型可考虑入户花园等方式。

小高层可考虑采用花廊式电梯采光前室，即采用花台等包装电梯前室，形成景观式的公共空间。

2. 商业用房

商铺的设计要求在与项目整体风格保持一致的情况下，具有鲜明的时代感、国际性和个性特色，公建化特色突出，并尽可能提出创新理念。

主入口两侧商业要考虑主力商家的特殊，要求采取定制的方式。商业街要充分考虑到分零销售和后期运营的合理兼顾。一层主要以销售为主，单个面积控制在40~70平方米，开间4~5米，进深12~15米，考虑到门面业态调整的灵活性，建议每个门面设置烟道、上下水通道。二层以销售为主，不排除有以租代售的形式，单个面积控制在150~500平方米。

五、户型设计建议

1. 产品户型设计原则

满足客户重点需求：看重室内外赠送空间，尤其是室外空间，特别是景观阳台、庭院的设计。

遵循市场畅销户型特征：洋房产品主要是面积较大，舒适度较高，赠送花园面积大，所有主功能空间尺寸舒适；高层主要是功能空间合理，无朝向、采光等硬伤，动静分区、干湿分区、动线等合理。

遵循户型设计基本原则：主要功能空间布局合理；别墅退台式处理；扩大室内与室外自然环境过渡的空间面积，如阳光房、庭院等；突出强调景观面，如景观阳台、露台、凸窗、大面积窗户。

2. 户型设计依据

市场调查的结果显示，消费者买房的主要目的为自住，选择两房的占52%，三房的占40%，追求的是能满足一家人居住的两房和三房。而在面积的选择上，89%的消费者欲购买90平方米以下的房子，消费者喜欢实用两房和小三房户型。因此，根据市场调查的结果，户型配比以两房和三房为主，建筑面积100平方米以下的户型配比也占到了80%，建筑面积100平方米以上的户型只考虑临湖面，配比仅占20%。

户型配比建议：

► 表3-7 户型配比

产品	户型	户型格局	建筑面积（平方米）	套内面积（平方米）	公摊面积（平方米）	内部比例
小高层+高层	两房	舒适两房	70~85	57~70	13~15	45%
		两房可变	85~100	70~82	15~18	45%
	三房	标准三房	100~120	82~98	18~22	10%

备注：由于建筑设计的新防火要求，商品房住宅的公摊率有所提高，上述套内面积按照公摊率22%计算。

3. 小高层户型配比建议

▶— 表3-8　小高层户型配比

户型	两房两厅	两房变三房
空间形式	平层	平层
建筑面积（平方米）	70~85	85~100
套内面积（平方米）	57~70	70~82
户数比例	50%	50%
说明	——	可带院馆
依据	工业园区蓝领需求及投资客需求；本区首次置业需求	拆迁安置户三口之家需求；蓝领在本区域安家需求；首改需求

4. 高层户型配比建议

▶— 表3-9　高层户型配比

户型	两房两厅	两房可变三房	三房两厅
空间形式	平层	平层	平层
建筑面积（平方米）	70~85	85~100	100~120
套内面积（平方米）	57~70	70~82	82~98
户型比例	33%	33%	33%
说明	——	可带院馆	入户花园
依据	工业园区蓝领需求及投资客需求；本区首次置业需求	拆迁安置户三口之家需求；蓝领在本区域安家需求；首改需求	高级蓝领及投资需求；首改需求

5. 高层、小高层户型设计要求

注重户型的居住舒适度，增加配置的功能空间，如多阳台、露台、主卧衣帽间、卧室配阳光书房或阳台等。

增加赠送空间，如入户花园、空中院馆、结构加板、飘窗等。

（1）2房设计要求

客厅：开间不低于3.9米。

卧室：主卧室开间不低于3.6米；次卧室开间不低于3.3米。

厨房：开间不小于2米，面积在6~8平方米。

阳台：双阳台，阳台进深不小于1.5米，生活阳台开间不小于1.5米。

卫生间：主卫开间不小于1.8米，次卫生间开间不小于1.6米。

（2）功能2.5房设计要求

客厅：开间不低于3.9米。

卧室：主卧室开间不低于3.6米；次卧室开间不低于3.3米；可变空间改造后开间不低于3米。

厨房：开间不小于2米，面积在6~8平方米。

阳台：双阳台，阳台进深不小于1.5米，生活阳台开间不小于1.5米。

卫生间：主卫开间不小于1.8米，次卫生间开间不小于1.6米。

（3）3房设计要求

客厅：开间不低于4.5米。

卧室：主卧室开间不低于3.9米；次卧室开间不低于3.3米；书房或儿童房开间不低于3米。

厨房：开间不小于2米，面积在7~10平方米。

阳台：双阳台，景观阳台进深不小于2米，生活阳台开间不小于1.5米。

卫生间：双卫设计，主卫生间开间不小于2.2米，次卫生间开间不小于1.8米。

功能房套内面积建议：

▶—— 表3-10 功能房套内面积

	两房户型面积（平方米）		三房户型面积（平方米）
	57~70	70~82	82~98
主卧	12~13	13~14	16~18
次卧	8~9	8~9	10~12
次卧	无	无	8~9
主卫	4~6	4~6	4~6
次卫	无	4~5	4~6
可变空间	无	4~5	无

续表

	两房户型面积（平方米）		三房户型面积（平方米）
	57~70	70~82	82~98
客厅	15~17	17~18	18~20
厨房	4~6	5~6	6~7
餐厅	4~6	5~6	6~7
生活阳台	4~6	4~6	4~6
景观阳台	6~7	6~7	6~7

6. 参考户型图

整体户型设计可参考龙湖郦江，该楼盘户型面积区间与本项目相近，户型紧凑。

（1）舒适两房（双阳台、飘窗）（仅作示意，不能指导设计）

▶—— 图3-11 户型示意图一

（2）两房变三房（双阳台、双飘窗、院馆）（仅作示意，不能指导设计）

▶━ **图3-12 户型示意图二**

（3）舒适三房（双阳台、入户花园、飘窗、双卫）（仅作示意，不能指导设计）

▶━ **图3-13 户型示意图三**

六、园林景观建议

1.园林打造原则

本案定位为具备前卫的、主题性非常明显的现代风情。在景观绿化功能上，本项目将以下三个方向作为设计指导前提。

· 生态环境功能：保持灌木、花类植物的多样性。

· 休闲活动功能：小区绿地提供户外活动交往场所，创造尽可能多的活动空间，结合人性化的设计，体现休闲、娱乐、交流、景观的功能，增加本案的表现力和创造力。

· 景观文化功能：通过园林空间、花卉的多种配置、小品雕塑、中庭和叠水景观处设置高大乔木等提供视觉景观享受和文化品位享受。根据地块的地质条件，利用湖景资源，建议可考虑设置观景平台或者沿湖慢跑道。

▶── 图3-14 观景平台示意图

▶── 图3-15 慢跑道示意图

特色景观功能，利用小高层和高层的高差，设置小高层屋顶花园；在广场入口两边的商业顶楼设置屋顶花园，形成项目独特的风景线。

▶── 图3-16 小高层屋顶花园示意图

▶—— 图3-17 商业屋顶花园示意图

2. 园林主题定位

▶—— 图3-18 多彩缤纷，花满香庭

3. 植物配置

随着建设生态住宅、绿色住宅呼声的日益高涨，许多房地产开发商开始在建设住宅小区的同时进行园林绿化，试图为住户营造优美的居住环境，而植物配置是其中的一项重要内容。住宅小区的园林植物配置应突出空间层次，富有地方特色，色彩鲜明并具有鲜明的个性，从而发挥最佳的生态、社会和经济效益。

突出景观的层次感：主要是对竖向空间的合理安排。通过花卉、灌木、亚乔木、乔木等的不同高度，打造丰富的竖向空间。

高：以乔木为主。可考虑香樟、广玉兰、白玉兰、梧桐、马褂木等。乔木高大、枝叶茂密，种植在小区出入口的主路，主路将成为一条林荫大道。

中：以灌木为主。可考虑桂花、紫薇、碧桃、红枫、花石榴等。采用形状各异的花坛，对小灌木密集栽植进行绿化美化，形成花镜、花台，产生不同的视觉效果。

低：以草坪为主。用多年生矮小草本植株密植，经修剪的人工草地设置在屋前、广场、空地和建筑物周围，供观赏、游憩或作运动场地之用。

植物景观不要单调，注意同周边物体色彩搭配。

银杏：高大、珍贵。春、夏季节为绿色，到秋季树叶会过渡到金黄色，有一种天生的富贵感。

紫叶李：树叶常年深紫色，与银杏灰色的枝干、绿色及金黄色的树叶形成天然的反差与和谐。颜色的搭配产生视觉冲击。

红瑞木：观干植物，鲜红的枝干与翠绿的叶子相得益彰、相映成趣，到冬季又与小叶黄杨配合得协调美观。

三季有花，四季常青：可以春、夏、秋、冬四季景观配置。春景配置樱花、红叶碧桃、云南黄素馨；夏景配置紫薇、广玉兰、石榴；秋景配置桂花、银杏、红枫、枫香等；冬景栽植雪松、竹子、梅花、腊梅等。利用四季常青植物丰富社区和庭院的景观生机。

4. 园林风格主题

园林风格：现代中式风情

现代中式园林风格，既有鲜明的中式风情特点，又与整个项目的现代建筑风格相呼应。

整体的园林景观效果参考华宇春江花月，该项目是华宇精心打造的新中式园林景观社区，不仅有中式园林元素，也有现代风格的演绎，是高层中式园林景观值得借鉴的典范之作。

▶—— 图3-19 华宇春江花月景观示意图

5. 园林打造建议

（1）多层次立体绿化

项目的景观设计要满足人们对绿色环境的要求，达到景观环境在视觉效果上的清新、优雅、舒适、宜人，调节小区的气候环境，改善小区的空气质量，维持小区内环境的生态平衡。

满足小区布局各层次对绿化的要求，从人行主轴线到中心花园，从中心花园到宅间绿地，从主景观团到次景观团，层次分明，步步有景。

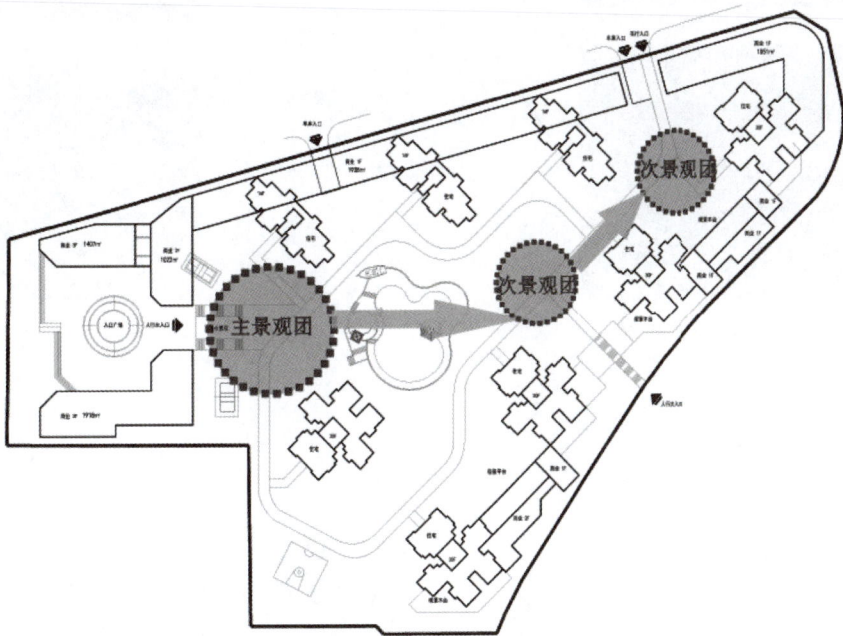

▶—— **图3-20 景观组团示意图**

保证常年见绿，力求四季有花。以绿色植物为主，适当点缀部分落叶植物和秋冬季有色彩、林相变化的植物，使人在小区内能充分感受到季节的变化，欣赏到不同季节的园林美。

要注意突出软景的特色，打造立体景观。硬质铺装不宜过多，要与软景紧密结合，降低生硬感。通过引入水系、加强绿化等一系列的生态绿化标准，来打造"微气候"的生态概念。

（2）多重的安全考虑

注意满足无障碍要求，具体包括：

· 残疾人无障碍，如有台阶的地方同时设置坡道，使轮椅可通达。

· 老人无障碍，如台阶高度适宜，方便老人行走。

· 儿童无障碍，提供大量的儿童游乐设施和活动场所，并考虑儿童活动的安全性，如游乐设施增加保护装置，防止儿童摔伤、撞伤、夹伤、刺伤；水景深度适宜，可供儿童嬉戏，又可防止儿童溺水。

· 运动无障碍，提供大量的运动场地，所有设施都考虑方便运动，如路肩做成圆弧形。

（3）节点景观

以景观休闲广场和叠水景观入户，突出项目特色与归属感，宅间丰富的灌木花卉在给业主美的感受的同时可减轻业主心理上的压力。

图3-21 节点景观示意图

（4）主景观

主景观以现代中式风情园林为主，辅以少量水景。

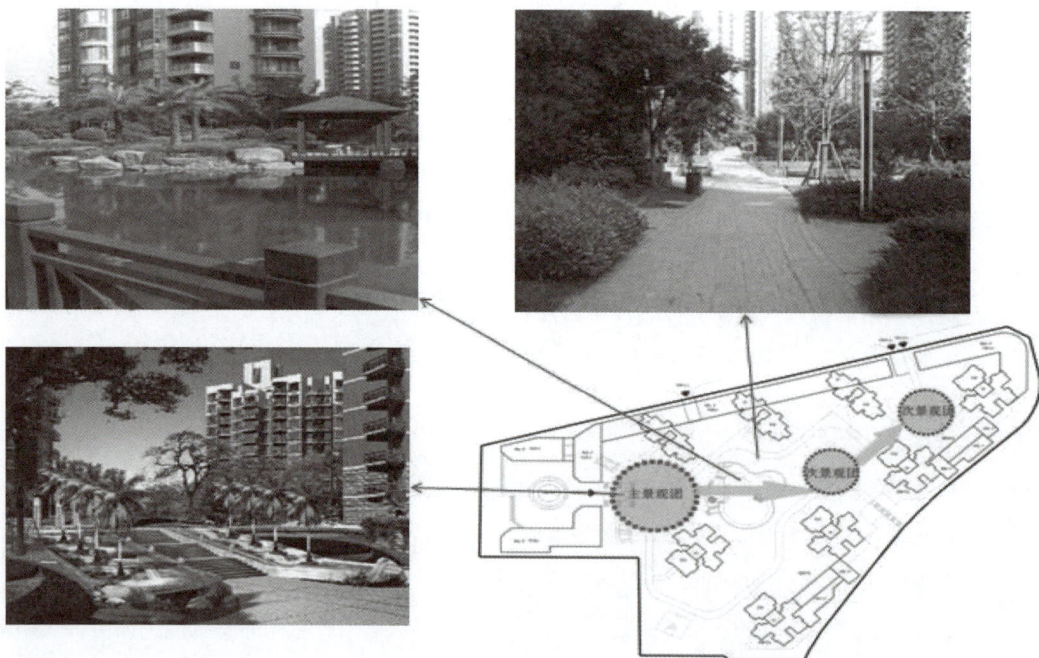

图3-22 主景观示意图

七、其他设施建议

1. 配套设施建议

　　根据地块面积、地形及小区楼栋的排布，在小区设置半个篮球场、一个羽毛球场、健身器械、休闲水景凉亭及小区儿童乐园等运动设施。同时应合理布局运动场所位置，最大限度减少对住宅的干扰。

▶── **图3-23 配套设施建议图**

　　各种管线：合理布局水、电、气、电信等市政及专用管线的接口，处理好小区今后的智能化、供水、供电、排水、排污、排洪、电视等管线的布置问题，预留一定空间，便于今后施工接口。

　　环卫设施：充分考虑环卫设施（垃圾站、公厕等）的合理数量及位置，既便于小区内业主的日常生活及运动，又便于小区物业管理及相关部门的管理。

　　智能化设施：遵循技术先进、经济适用的原则，建议设置周边防范报警系统、门禁及小区巡逻系统、有线电视系统、停车库管理系统、电梯运行监控系统、物业管理系统等智能化子系统。建议考虑电梯刷卡入户的特色方式，小区业主只有在刷卡后才能到达权限限定的楼层，大大提高居住的安全性，也能享受到私家电梯的便捷性。

2. 小区入口建议

小区主入口应具有现代气息，外观时尚、大气，能凸显项目品质，体现项目叠水景观的独特性。水景的运用可根据项目实际情况而定（图片仅作示意）。

▶── 图3-24 合川蓝滨一号大门示意图

3. 入户大堂设计建议

入户大堂打造成宽敞、大气的现代风格，墙面采用普通石材，搭配布艺沙发，并在大堂设置专属的信件报刊寄送位置。同时，在大堂不同位置可摆放一些盆栽，实现园林的小区景观与入户大堂的现代风格的完美结合。建议大堂层高设置在4米左右。

4. 门窗设计建议

门窗的设计能体现一个项目的品质，为建筑外立面增色。彩色塑料门窗主要依靠的是所用的原材料，即PVC塑料型材的彩色化，相对于白色PVC型材制作的塑料门窗，其具有新颖、易协调、好搭配、表面纹理多样等优点。因此，彩色塑料门窗受到很多用户的青睐和喜爱。

5. 建筑节能设计建议

在一、二线城市中，房地产低碳概念和住宅科技化的探索已经是企业未来的核心竞争力。本案作为区域内的中高端楼盘，将低碳的概念首先引入鱼嘴，也能体现本项目的产品和优质生活方式的核心价值点，故针对本案我们提供以下几种方向的建议：

建筑设计方面：售楼部对太阳能、风能的运用。比如在水系方面，通过雨水的收集、生活用水和景观用水的转换，减少对水资源的浪费；在用电方面，通过对自然界的太阳能的利用，达到省电的效果；在小区的景观灯和污水处理上运用部分科技概念。

建筑立面设计方面：采用新技术、新材料，如外墙保温技术、墙体屋顶保温层和门窗节能技术等，减少室内空调暖气的使用，达到节能减排的效果。

车库方面：采用灯光声控系统，达到节能省电的效果。

6. 物业管理建议

优秀的物业管理是房屋保值增值的重要因素，越来越多的开发商已经意识到物业管理的重要性。因此，建议邀请品质物管公司提供小区的物业服务，为业主提供人性化的服务。同时在项目销售前期便提倡一切以客户满意为核心的服务理念，让客户在初步接触项目时便感受到物业无微不至的服务，树立客户对产品及开发商的信任感和认同感。物业管理公司品牌的软性支撑尤为重要。因此，物业管理除本身的品牌号召力以外，还应注重企业诚信度、物管服务的规范性，以人为本，体现人文关怀。

▶—— 表3-11 物业管理服务内容一览表

分类服务	具体内容
接待服务	问讯及留言服务/失物招领/信件报刊收发、递送服务/个人行李搬运寄存服务、代办托运/出租车预约服务/旅游活动联系、接洽服务/代购车、船、机票服务/酒店预订服务/订餐、送餐服务/花卉、水果代购递送服务/供应日用品、小食品/会议、庆祝等服务/房屋出租及转让信息服务
清洁卫生服务	电梯清洁保养/公共区域空调机房、风室风口的清洁/消防系统及其设备的清洁/供水、排水、泵房系统及其设备的清洁/楼层及公用垃圾房的清洁/绿化、美化保养/停车场清洁/公共区域地面清洁服务/其他清洁服务
工程维修服务	电梯24小时维护保养/消防系统及其设备维护保养/公共照明系统的巡视检查及维修保养更换/给排水系统的巡视检查及维修保养/变配电系统维护保养/公共电器维修服务和保养/装修、提供装修公司介绍服务/装修期间的保安清洁监管服务/其他维修服务
保安服务	门户保安服务/内部保安巡逻服务/外围保安巡逻服务/停车场保安交通指挥服务/消防系统监控检查/消防培训服务

物业管理的前期介入

①查看工程建设现场

前期物业管理的目的是为以后的管理创造良好的条件，因此，物业管理企业应根据物业管理要求，对物业的规划设计及建筑施工提出合理建议。

◆审视工程土建构造、管线走向、出入线路、保安系统、内外装饰、设施建设、设备安装的合理性。重点查看消防安全设备、自动化设备、安全监控设备、通信设备、给排水设备、空调设备、车库及公用泊位设备、电力设备、交通运输及电梯设备、服务设备等。

◆对施工现场提出符合物业管理需要的建议方案，磋商解决办法。

◆在施工现场做好日后养护、维修的要点记录，图纸更改要点记录。

◆参与工程验收，进行器材检查、外观检查、性能检查、功能测试、铭牌检查，并按整改计划督促整改。

②配合销售现场

前期物业管理的目的是为以后的管理创造良好的条件，但由于项目还未销售完毕，所以须为销售工作做好配合工作。

◆安排保安做好入口处的接待问讯及留言等服务。

◆安排保安做好车辆的停放指挥和保卫工作。

◆安排清洁人员做好售房部的清洁和保洁工作。

◆让每个保洁人员都成为潜在的置业顾问，通过周到的服务和比较全面的楼盘知识来随时为客户提供超越预期的服务。

◆拟定《业主公约》的初步方案。

◆做好业主对物业的设施、设备疑难问题的解释工作等。

八、商业规划建议

1. 商业定位

结合鱼嘴商业现状分析和鱼嘴商户调研分析结果，我们建议项目商业定位如下：

"湖滨风情休闲娱乐美食街"

集休闲、娱乐、美食、购物、生活于一体，升级鱼嘴原有消费观念，将备受现代消费者关注。

2. 商业规划原则

在商业部分的功能布局上，首先应能满足业主的日常生活配套，其次商业应能灵活分割，便于销售，帮助开发商实现资金回笼。目前区域商业以底商为主，档次较低，不能吸引主力店、品牌连锁店的入驻，物业定位低端。故我们建议项目商业布局以湖为核心，形成档次较高的湖滨休闲娱乐美食街。同时应在充分考虑其商业业态的规划之后，从商业互动和商业业态补充的角度来确定本项目后期商业定位及规划。最后，商业属项目的整体配套，其打造须符合项目中高档次的整体定位，要坚持商业定位不影响整体档次形象的原则。

3. 商业布局建议

充分利用湖滨资源优势：

以打造湖滨特色休闲娱乐为主，最大化地利用项目的商业价值。

临街商铺：

设置以社区配套为主的临街商业。主力面积控制在40~70平方米，既便于总价控制，又便于根据不同的需要连通使用。

集中式商业：

　　该区域昭示性较好，且集中式商业在前期能很好地提升项目档次，并能有效带动周边人口前来消费，其存活率及溢价能力高。

4. 商业的打造

　　现代质感立面，一层主要以销售为主，单个面积控制在40~70平方米，并能灵活组合，二层单个面积控制在150~500平方米。业态以精品店、餐饮娱乐、休闲娱乐为主。主力商业可以考虑引进重百、新世纪等中小型超市，规模控制在1000平方米左右，能带动整个项目的商业发展及区域对本项目商业价值的认同。

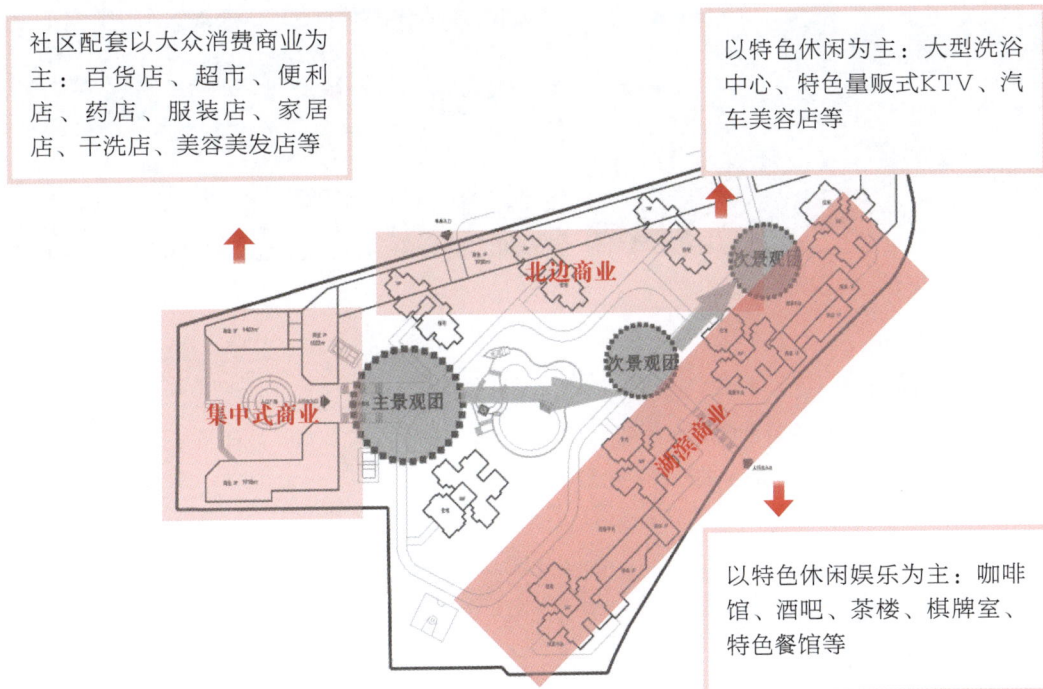

社区配套以大众消费商业为主：百货店、超市、便利店、药店、服装店、家居店、干洗店、美容美发店等

以特色休闲为主：大型洗浴中心、特色量贩式KTV、汽车美容店等

以特色休闲娱乐为主：咖啡馆、酒吧、茶楼、棋牌室、特色餐馆等

▶── 图3-25 商业整体分布示意图

（1）集中式配套商业

社区配套商业主要为超市、便利店、干洗店等，只需配备水、电及排污管道。

▶── 图3-26 集中式配套示意图

（2）湖滨商业

湖滨休闲商业，主要为特色餐馆、酒吧、茶楼等，需配备水、电、气、烟道及排污管道。茶楼、咖啡馆商业等可考虑在二层采用退台式设计，进深在6~8米。

▶── 图3-27 湖滨商业退台设计示意图

（3）北边商业

北边商业主要为大型洗浴中心、特色量贩式KTV、汽车美容店等，需配备水、电、气、烟道及排污管道。

▶━━ **图3-28 北边商业示意图**

从上述各种商业业态来看，建议全部设置烟道。有如下两点原因：第一，烟道设置的主要成本在于排烟处理器，费用已投入大部分，管道设置所占用成本比例较低；第二，从使用者角度考虑，商业全部设置烟道，可增加商业使用灵活性，便于业主后期租售。

▶━━ **表3-12 商业功能空间尺度建议表**

层高	进深	面积
1F层高5.1米，2F层高4.2~4.5米，3F层高4.2米	进深控制在1：3	门面可自由组合
商业功能空间业态分布		
百货日杂店、超市、药店、服装店、家居店、干洗店、美容美发店、大型洗浴中心、特色量贩式KTV、汽车美容店、咖啡馆、酒吧、茶楼、棋牌室、特色餐馆等		

九、车库配置建议

采取开挖地下车库形式，在满足项目车位比的最低要求下，按照每个30平方米计算，地下车库总规模控制在2.1万平方米左右。

　　建议在满足最低车位比同时，尽量控制地下车库层数。

　　小区设置地下车库，内部实现人车分流。

　　同时地下停车库的位置要均衡设置，车库的出入口不宜布置在人流交通密集的地方，以免出现交通险情。并且，规划设计时要注意采用无障碍的设计，注重老弱病残的需要。

　　打造景观车库或阳光车库，改变地下车库昏暗、简陋的形象，满足客户的高端需求。

▶── 图3-29 地下车库效果示意图

　　根据项目的实际情况，确定地下车库的位置（图片仅作示意，不指导设计）。

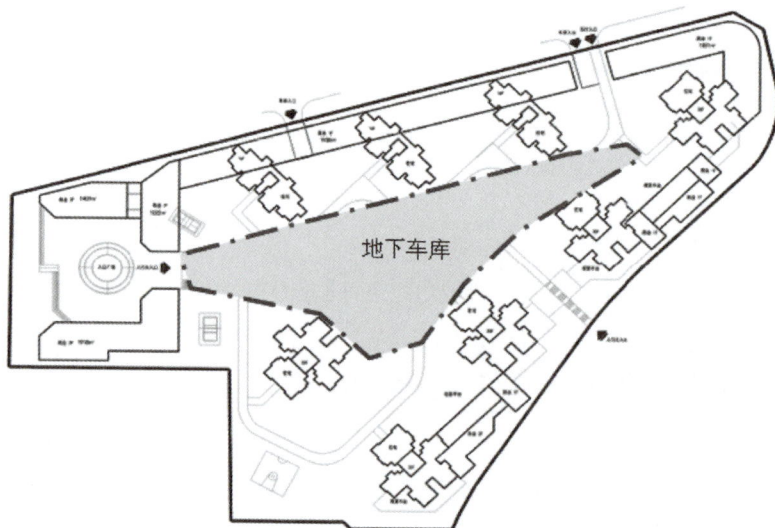

▶── 图3-30 地下车库位置示意图

第四部分

营销推广总体思路

一、项目营销总述

目前鱼嘴房地产市场处于空白期，房地产项目在营销策略、推广方式上比较匮乏。但同期启动的巨龙项目必定在营销推广上大造声势，对项目造成一定的竞争威胁。因此，在本项目的入市之初，除了以广告轰炸、关键营销节点的活动（以开盘活动居多）等为主的常规手法外，还需要走差异化的营销道路，如突出项目性价比、湖景优势等，与竞争项目形成差别。

二、总体营销目标

1. 塑造良好的项目品质形象，为后期销售创造良好的基础

项目位于两江新区东部核心区，区域发展潜力大，项目以"两江新城，湖岸优品"的形象定位，将成为鱼嘴未来的标杆楼盘。虽然鱼嘴区域的知名度有待提升，但项目的内在价值和区域市场形象应及时树立，这是营销推广工作的重要步骤。

通过对项目的区位、产品及建筑形态、项目定位及档次、未来价值呈现等方面的描述，让市场知晓项目的基本情况，让市场对项目产生遐想和期盼，达到树立项目市场形象的目的，进而为项目的销售蓄客奠定坚实的市场基础，这是项目实现良好销售的第一步，也是重要的不可或缺的基础工作。

2. 以项目形象造就企业形象，为后续开发打下良好的基础

在市场上树立项目的品质形象，建立良好的市场口碑，打造高品质的项目品牌，进而树立开发商企业形象，打造开发商企业品牌，为开发商后续项目的开发打下良好的基础。

三、项目推广策略

1. 策略出发点

突出项目的差异化卖点，并通过各种推广方式，建立起项目中高端的形象；通过高品质、高性价比的产品打造，运用整合推广策略，树立项目的整体形象和统一形象；通过景观先行及售房部现场体验的效果，带给客户优质服务和未来美好生活想象，获得客户初步的认同；根据工程进度，找准时机适时入市，实现合理的开盘销售目标，为后续销售的顺利开展造势。

2. 营销推广总体思路

项目从整体上来看，在区域升值潜力、湖景资源、园林景观、价格等方面有着较为明显的竞争优势，只有将这些优势转化为卖点，通过合理的媒介传播渠道实现推广，才能逐渐让消费者认知和认同本项目，最终实现项目的完美销售。因此，一方面，通过阶段软文投放、媒体宣传、公关活动等，获得目标受众的认同，逐步树立项目良好的市场形象；另一方面，在树立良好市场形象的基础上，根据项目的工程进度分阶段、分组团销售，逐步提升项目的整体竞争力，实现项目品牌认同度的积累，最终带动开发商品牌的塑造。

在营销推广策略方面，我们认为可以在包装策略的基础上，选择整合营销传播策略、体验营销策略、事件营销策略、精确定向推广策略和活动营销推广策略。

在房地产开发企业运用整合营销传播策略，就是以整合广告媒体战略、公关推广、促销活动等多种传播媒介，宣传同一种声音，传播同一种形象，这不仅能强化消费者对项目的清晰认识，而且能有效地树立统一的项目品牌形象。

体验营销策略，即通过售楼处现场、示范园林、示范样板房的切身真实体验，让客户感受到未来美好生活意境，甚至通过停车岗、门童、看房车、会所的物管服务，让客户体验高品质物管服务来实现体验营销的目的，实现最大化的营销推广效果。

事件营销策略，即通过项目在营销推广的过程中，人为地或是有意识地制造热门事件，吸引市场眼球，掀起相关话题，引起市场关注，从而达到营销推广的目的。其中，事件务必是正面的。

精确定向推广策略，即在户外广告、电视、网络等线上推广方式促动下，吸引客户到项目现场，通过本项目周边导视系统、看房通道的引导以及现场售房部、样板园林、样板房的形象展示，形成精确定向的推广目的，使客户能够接触到本项目信息的每个环节，不断给客户强化高品质社区的视觉感受，然后通过现场售房部高素质置业顾问专业的销讲、推荐，物管工作人员现场的配合服务，对每个看房客户精确定向推广，高效实现销售目标。

活动营销推广策略，是指企业通过介入重大的社会活动或整合有效的资源策划大型活动而迅速提高企业及其品牌知名度、美誉度和影响力，促进产品销售的一种营销方式。此方式在营销中能变被动为主动，传播达到率更高，零距离与消费者接触。

3. 推广渠道组合

项目开盘时间在2012年9月，形象导入期时间在2012年5—6月，蓄势期时间在2012年7—8月。

▶— 表3-13 项目推广表

推广阶段	推广方式	推广目的	推广形式
形象导入期	报媒	运用主流媒体对开发商品牌进行形象造势，树立品牌地产形象 引爆前期销售势能，激发争购热潮	整版、半版、新闻版、项目各重要营销节点
	网络	发布项目的基本信息，配合活动启动项目推广	横条广告、弹框广告等
	户外	加强楼盘知晓度宣传，渲染热销氛围	形象宣传与项目信息宣传
	短信	随时向目标客户群传递项目信息	项目形象及信息宣传
	公交站台	扩大项目辐射范围，增强项目影响力	——
	产品推介会	坚定客户购买信心，铺垫开盘热销	销售现场 冷餐会
蓄势期	报媒	运用当地主流媒体对开发商品牌进行形象造势，树立品牌地产形象 引爆前期销售势能，激发争购热潮	整版、半版、新闻版、项目各重要营销节点
	网络	配合活动启动项目推广，发布项目的各种信息	横条广告、弹框广告等
	户外	加强楼盘知晓度宣传，渲染热销氛围	形象宣传与项目信息宣传
	公交站台	扩大项目辐射范围，增强项目影响力	——
	车视广告	扩大项目在整个市场的知名度	——
	短信、彩信	增强项目的信息传递途径	开盘信息、一期产品分卖点
	工地围墙	项目形象展示	——
	巡展	项目形象及产品推荐	
	销售中心与园林示范景观开放活动	深入传播项目信息	大型开放活动
开盘强销期	报媒	运用当地主流媒体对开发商品牌进行形象造势，树立品牌地产形象 引爆前期销售势能，激发争购热潮	整版、半版、新闻版、项目各重要营销节点
	网络	配合活动启动项目推广，发布项目的各种信息	横条广告、弹框广告等

续表

推广阶段	推广方式	推广目的	推广形式
开盘强销期	户外	加强楼盘知晓度宣传, 渲染热销氛围	形象宣传与项目信息宣传
	短信、彩信	增强项目的信息传递途径	——
	公交站台	扩大项目辐射范围, 增强项目影响力	——
	车视广告	扩大项目在整个市场的知名度	——
	开盘活动	为开盘热销造势, 引爆开盘现场	销售现场大型活动

附件: 项目经济测算小结

1. 经济测算前提

地价按总地价1.2亿元计算, 小高层、高层的建安成本在1500元/米^{2}左右, 地下车库建安成本1400元/米^2, 商业建安成本1400元/米^2。

结合区域发展态势和房价走势, 目前房地产价格走势处于政策高压期, 预计本项目预售价格与现在市场价格相当, 小高层、高层销售均价5400元/米^2, 商业均价在10 000元/米^{2}左右。

车库造价计入计算, 收益不纳入预算范围。

2. 项目经济测算

(1) 项目经济技术指标

▶—— 表3-14 项目经济技术指标

一、规划用地面积: 37 135平方米	
二、总建筑面积: 132 405.42平方米	
其中	1.地上总建筑面积: 111 974.77平方米
	a.住宅总建筑面积: 102 660.64平方米
	b.公建总建筑面积: 9314.13平方米
	其中
	商业总建筑面积: 8824.08平方米

续表

其中	物管及配套用房：490.05平方米
	2.地下总建筑面积：20 430.65平方米
	车库建筑面积：20 430.65平方米

三、容积率：2.97

四、绿化率：≥30%

五、建筑密度：≤25%

六、停车位数：地下676个（按现行最低标准）

（2）住宅项目开发成本估算表

▶ 表3-15 住宅项目开发成本估算表

序号	项目名称	计算程式	建筑面积（平方米）	单价（元/米²）	金额（万元）
1	土地成本				
1.1	地价款		111 974.77	1071.67	12 000.00
2	前期工程费		111 974.77	489.50	5481.16
2.1	勘测费			5.00	
2.2	规划设计咨询费			20.00	
2.3	三通一平			10.00	
2.4	可行性研究费			0.00	
2.5	工程监理费			4.00	
2.6	城市配套费			290.00	
2.7	其他所有规费			30.00	
2.8	建设单位管理费	建筑安装费用4.5%		130.50	
3	建筑安装工程费				
3.1	计入容积率的				
3.1.1	高层（33F）		102 660.64	1500.00	15 399.10
3.1.2	商业（社区、裙楼、大型商业）		9314.13	1400.00	1303.98
小计			111 974.77		16 703.08

续表

序号	项目名称	计算程式	建筑面积（平方米）	单价（元/米²）	金额（万元）
3.2	不计入容积率的				
3.2.1	地下车库		20 430.65	1400.00	2860.29
3.3	建安成本小计				19 563.37
4	室外工程费				1701.34
4.1	社区管网		111 974.77	120.00	1343.70
4.1.1	室外给排水			25.00	
4.1.2	室外电气及高低压设备			80.00	
4.1.3	室外智能化系统			15.00	
4.2	园林配套				133.69
4.2.1	小区园林		11 140.50	120.00	133.69
4.3	配套设施		111 974.77	25.00	223.95
5	人防费				23.50
6	基础设施费	含综合配套费		80.00	783.82
7	管理费用	建安成本3%		15.00	586.90
8	不可预见费	建安成本2.5%		43.68	489.08
9	财务费用	建安成本2%		120.00	391.27
10	其他费用				
10.1	工程监理费			20.00	111.97
10.2	其他（报建费等）	物业启动		70.00	559.87
	其他费用小计	9.1~9.2		52.41	671.84
11	合计（不含地价）	2~10		43.68	29 692.28
12	总开发成本	1+10		34.94	41 692.28

备注：在人防费方面，地方政府无具体规范执行标准，故目前根据《重庆市人民防空办公室结合民用建筑修建防空地下室方案办事指南》的统一标准预估项目的人防费，项目属于一类区域45元/米²，按基地面积5224.67平方米计面积。

3. 出售部分总投资估算表（含财务、销售费用）

▶— 表3-16 出售部分总投资估算表

序号	项目名称	总额（万元）	单价（元/米²）	占总投资比例
1	土地成本	12 000.00	1071.67	28.40%
2	前期工程费	5481.16	489.50	12.97%
3	建安工程	19 563.37	1747.12	46.30%
4	室外工程费	1701.33	151.94	4.03%
5	基础设施费	783.82	70.00	1.85%
6	管理费	586.90	52.41	1.39%
7	不可预见费	489.08	43.68	1.16%
8	其他费用	671.85	60.00	1.59%
9	财务费用	391.27	34.94	0.93%
10	销售费用	586.90	52.41	1.38%
11	合计	42 255.68	3773.67	100.00%

注：单价为按计容积率建筑面积分摊计算的单价

4. 销售收入明细

▶— 表3-17 销售收入明细表

序号	项目	合计
1	高层住宅销售收入（万元）	55 436.75
1.1	高层住宅面积（平方米）	102 660.64
1.2	高层住宅售价（元/米²）	5400.00
1.3	高层住宅销售率（%）	100.00
2	商业销售收入（万元）	9314.13
2.1	商业销售面积（平方米）	9314.13
2.2	商业平均售价（元/米²）	10 000.00

续 表

序号	项目	合计
2.3	商业销售率（%）	100.00
3	销售税金及附加（万元）	6475.09
3.1	营业税（按5%计算）	3496.55
3.2	土地增值税（万元）	2959.12
3.3	印花税（按3%计算）	19.43
4	销售净收入（＝1+2-3）（万元）	58 275.79

5. 项目损益及利润分配表

▶── 表3-18 项目损益及利润分配表

序号	项目	合计（万元）
1	经营收入	64 750.88
1.1	销售收入	64 750.88
1.2	出租收入	0.00
1.3	其他收入	0.00
2	开发成本	41 301.02
3	运营成本（出租）	0.00
4	销售费用	586.90
5	销售、经营税金及附加	6475.09
6	财务费用	399.44
7	营业利润	15 988.43
8	补前期亏损	0.00
9	利润总额	15 988.43
10	所得税	3997.11
11	净利润	11 991.32

注：销售费用比率为2.5%，所得税率按25%计算

6.预售项目利润估算表

▶── 表3-19 预售项目利润估算表

序号	项目	计算公式	合计
1	销售收入（万元）		64 750.88
2	开发成本（万元）		41 301.02
3	销售费用（万元）	建安成本3%	586.90
4	销售税金及附加（万元）		6475.09
5	财务费用（万元）	建安成本2%	399.44
6	利润总额（万元）	（1）－（2）－（3）－（4）－（5）	15 988.43
7	所得税（万元）	（6）×25%	3997.11
8	净利润（万元）	（6）－（7）	11 991.32
9	投资利润率（%）	利润/总投资	37.84
10	投资净利润率（%）	净利润/总投资	28.38

04
资金计划

南宁市 XX 项目投资估算及资金筹措计划

第一部分

项目概况与投资经营方案

一、项目概述

项目位于南宁市XXX区,南靠XXXX,北临XXXX,西南面对规划中的水景公园,项目东侧为衡阳路延长线,项目总用地47 375.75平方米,经南宁市国土规划局批准,用地功能为商住及配套设施,实际建设用地面积39 390.36平方米,计容积率建筑面积为149 683.37平方米。

▶── 表4-1 项目主要技术经济指标

内容	指标	内容	指标
建设地点	衡阳路与新阳路北三里交会处	规划总用地面积	47 375.75平方米
实际用地面积	39 390.36平方米	计容积率面积	149 840.61平方米
总建筑面积	157 689.07平方米	建筑容积率	3.8
建筑密度	28%	绿地率	30.8%
住宅面积	141 125.49平方米	商业面积	8527.04平方米
地下室面积	8036.54平方米	居住总户数	1520户

根据上述规划经济指标,计容积率总建筑面积149 840.61平方米,其中住宅141 125.49平方米,商业8527.04平方米,另外,不计容积率的地下室建筑面积8036.54平方米,共494个车位,项目总建筑面积157 689.07平方米,拟建21栋18层商住楼。

二、项目投资方案

1. 投资组合方式

在房地产开发中,大量的资金周转使开发商很难单凭自身的经济实力进行项目开发,本项目总投资(含贷款建设期利息)为37 725.35万元,整个建设经营期为3年,是一个建设周期长、资金投入量大的建设项目。所以，一般采用投资的多种组合运用方式，一方面可减少融资的压力，有助于资金的流通；另一方面可相对降低开发商的风险，使项目顺利开发。

本项目开发投资的资金来源有三个渠道：一是自有资金，二是向银行贷款，三是预售收入用于投资部分。资金动作方式如下：自有资金全部用于投资；销售收入扣除与销售有关税费后用于投资，初步估算按销售收入15.5%计算；此外还缺少的资金，则向银行借贷。本项目开发总投资（含贷款利息）共计37 725.35万元，自有资金10 000万元，占总投资的26.5%，销售收入再投入用于投资合计7725.35万元，另需贷款额合计20 000万元。

2.资金动作方式

在项目的前期，将汇集到的自有资金用于支付土地使用权出让金和前期工程费；在获取土地使用权后，可将其向银行或金融机构抵押以获取银行抵押贷款，用于地上建筑物建设；当住宅楼建设完成了主体工程后就可进行销售，销售收入再加上用其他方式筹措到的资金，就可将整个项目投资完成。

（1）自有资金

整个项目的自有资金为10 000万元，占总投资的26.5%，分3年投入。

▶—— 表4-2　自有资金年度投入表

第一年	第二年	第三年
3340.15万元	6582.21万元	77.64万元

（2）银行贷款

银行长期贷款共有两笔，共计20 000万元，占总投资53%；从第一年起到第二年止每年借一笔。

▶—— 表4-3　银行贷款年度投入表

第一年	第二年
10 000万元	10 000万元

（3）销售收入再投入

销售收入再投入按销售收入的15.5%计算，从项目有销售收入后第三年开始，直到项目建设经营期结束，上半年为整个销售收入的11.9%，下半年为整个销售收入的3.6%，总销售收入再投入为7725.35万元，占总投资的20.5%。

▶—— 表4-4　销售收入再投入年度投入表

第三年	
上半年	下半年
5931.45万元	1793.90万元

···· 第二部分 ····
项目的建设工程规划与安排

一、规划目标

以建造具有当代先进水平的优质城市住宅为目标，满足人们生活环境和居住条件的舒适性、安全性和生态性的要求，为人们提供多样化、可选择、适应性强的住宅，创造具有良好居住环境且有完善基础设施的文明、卫生的示范花园。

依靠科技进步，推广新材料、新产品、新技术，提高住宅功能质量水平和花园与住宅节能、节地、节材效果，使花园和住宅具有较高的科技含量。

合理组织绿化、交通体系、完善公建布局和住宅分布，使整个花园具有良好的空间布局形态。

吸收各项目中好的居住规划特点，创造有特色的、能满足居住生活需要的环境功能。

二、建设方式及进度安排

1.开发计划拟定的原则

本项目作为一个以市场为导向的中高档住宅项目，在拟定项目的开发建设计划时，我们主要依据大中规模住宅项目的基本规律，遵循最佳的市场对接时机，与购买力适应，以及按基地的成熟条件渐进的原则。

本项目经测算销售值达49 838.4万元人民币，从南宁楼市的发育及区域购买力以及合理的市场占有率的角度出发，我们将开发经营时间暂定为3年，其中销售期为2年。

根据项目基地及规模情况，在项目的开发过程中以整体开发为主，但为了利于资金回收等原因，在施工的过程中，以滚动开发的模式进行开发经营。

2.建设方式

采用公开招标方式选择施工单位，并聘请工程监理，从而有效地控制项目的工期、成本和质量。

3. 进度安排

项目拟用3年，分3期进行。

根据南宁市可外协配套的设计、施工等资源能力，我们初步设定的各主要分段工程进度周期如下：

·项目的设计及开工准备（初步及施工图设计、三通一平、报建、招标等）：3个月。

·住宅的主体建筑（基础、主体、外装及设备）：18个月。

·室外环境配套（道路、管网、环艺、验收等）：15个月。

4. 项目周期设定

开发正式启动的时间设定为项目规划方案通过规划部门审批的时间，并以此时间为项目开发周期的起始日。

根据项目基地及规模情况，在开发建设中设清晰的分期，从项目基地较成熟的衡阳西路渐次向西推进，按总建设面积的1/3左右为一个工程流水节奏，间隔六个月（一季左右）的动工时间，形成项目整体开发的形象及市场影响。

5. 分段周期设定

根据规划方案及开发总周期、各主要分段工程周期的设定，本项目的开发粗略计划拟定如表4-5（以季度为单位）。

▶── 表4-5 项目实施计划表

	第一年				第二年				第三年			
	1季度	2季度	3季度	4季度	1季度	2季度	3季度	4季度	1季度	2季度	3季度	4季度
××花园项目开发计划												
项目的设计及开工准备												
初步及施工图设计												
三通一平												
报建												
招标												
住宅主体建筑												
基础												
主体												
外装及设备												

续表

	第一年				第二年				第三年			
	1季度	2季度	3季度	4季度	1季度	2季度	3季度	4季度	1季度	2季度	3季度	4季度
室外环境配套								████	████	████	████	████
道路								████	████	████		
管网								████	████	████		

第三部分

项目投资估算及资金筹措计划

一、开发成本估算

土地使用权出让金、土地征用与拆迁安置补偿及前期工程费的三通一平、各种税费，共计投入资金6000万元人民币。

前期工程费：1199.26万元，详见本项目前期工程费估算表（见表4-6）。

▶—— 表4-6 前期工程费估算表

序号	项目	计算依据	计价（万元）
1	规划设计费	建安工程费×3%	620.30
2	可行性研究费	建安工程费×0.15%	31.02
3	水文、地质、勘察费	建安工程费×0.15%	31.02
4	筹建开办费	建安工程费×2.5%	516.92
合计			1199.26

建安工程费：20 676.77万元（见表4-7）。

▶—— 表4-7 高层建安工程费用组成每平方米建筑面积造价

项目	高层（元/米²）	项目	高层（元/米²）
桩基础	70	土建工程	750
电梯	120	消防	30
一般水电安装	100	煤气	10
通讯	5	公用天线	3
普通装修	50	对讲机系统	12
地下室费用	130	智能化设施	80

高层建安工程费用组成每平方米建筑面积造价：

70+750+120+30+100+10+5+3+50+12+130+80=1360元/米^2

建安工程费：

高层建安工程费=1360×149 840.61+（300+50）×8527.04=20 676.77万元

注：其中（300+50）为裙楼玻璃墙和中央空调的每平方米建筑面积造价。

基础设施费（红线内外工程费）：1348.62万元（见表4-8）。

▶── 表4-8 基础设施费估算表

序号	项目	计算依据	金额（万元）
1	供电工程	65万元/公顷×4.737575公顷	307.94
2	供水工程	15万元/公顷×4.737575公顷	71.06
3	电信工程	7万元/公顷×4.737575公顷	33.16
4	煤气工程	7万元/公顷×4.737575公顷	33.16
5	绿化工程	5.4万元/公顷×4.737575公顷	25.58
6	道路工程	42.13万元/公顷×4.737575公顷	199.59
7	排水工程	37.6万元/公顷×4.737575公顷	178.13
合计			848.62

注：本项目是一个高绿化花园小区，在原来的绿化成本内再增加500万元建设中心花园

公建配套设施费：485万元（见表4-9）。

▶── 表4-9 公建配套设施费估算表

序号	项目	建筑面积（平方米）	单价（元/米^2）	金额（万元）
1	幼儿园	1000	500	50
2	卫生院	1000（位于裙楼房内）	400	40
3	文化活动中心	1500	700	105
4	超市	2000（位于裙楼房内）	——	——
5	邮政支局	500（位于裙楼房内）	——	——
6	电信营业所	500（位于裙楼房内）	——	——
7	储蓄所	700（位于裙楼房内）		

续表

序号	项目	建筑面积（平方米）	单价（元/米²）	金额（万元）
8	物业管理处	200（位于裙楼房内）	300	6
9	会所	3000（位于裙楼房内）	700	210
10	公厕	100	500	5
11	垃圾压缩站	200	300	6
12	变电站	1200	500	60
13	煤气调压站	50	600	3
	合计			485

开发期间税费：2657.38万元（见表4-10）。

▶━━ 表4-10 开发期间税费一览表

序号	类别	计算依据	缴纳税额（万元）
1	配套设施建设费	建安工程费×6%	1240.61
2	建筑工程质量安全监督费	建安工程费×0.4%	82.71
3	供水管网补偿费	住宅：0.3T/人，600元/T 商铺：0.1T/平方米，600元/T	住宅：95.76 商铺：51.16
4	供电用电负荷费	住宅：4KVA/户，480元/KVA 商铺：8KVA/百平方米，1000元/KVA	住宅：291.84 商铺：68.22
5	其他	建安工程费×2%	413.54
6	物业管理基金	建安工程费×2%	413.54
	合计		2657.38

不可预见费：711.29万元。取上面1~5项之和的3%：

不可预见费=（0+1199.26+20 676.77+1348.62+485）×3%=711.29万元

（注：第一项土地使用权出让金为政府公布数据，不存在不可预见性）

开发成本：33 078.32万元。以上1~7项小计：

开发成本=6000+1199.26+20 676.77+1348.62+485+2657.38+711.29=33 078.32万元。

二、开发费用估算

1.管理费用：891.29万元。取前面1~5项之的和的3%，即：

（6000+1199.26+20 676.77+1348.62+485）×3%=891.29万元

2.销售费用：1495.14万元（见表4-11）。

▶—— 表4-11 销售费用估算表

序号	项目	计算依据	计价（万元）
1	广告宣传及市场推广费	（49 838.4）销售收入×1%	498.38
2	销售代理费	（49 838.4）销售收入×1%	498.38
3	其他销售费用	（49 838.4）销售收入×1%	498.38
合计			1495.14

3.财务费用：2260.6万元，详见206页表4-14贷款还本付息结算表；

4.开发费用：4647.03万元，即891.29+1495.14+2260.6=4647.03万元。

三、总成本费用汇总及分摊表

本项目的总成本费用详见投资成本费用估算汇总表（见表4-12）。

▶—— 表4-12 投资成本费用估算汇总表

成本项目	总额（万元）	得房成本（元/米²）		
		高层	商铺	车位
1. 开发成本	33 078.32	1903.71	4903.71	2862.31
（1）土地成本	6000	300	1500	985.8
（2）前期工程费	1199.26	76.05	76.05	76.05
（3）建安工程费	20 676.77	1200	3000	1472.8
（4）基础设施费	1348.62	85.52	85.52	85.52

续表

成本项目	总额（万元）	得房成本（元/米²）		
		高层	商铺	车位
（5）公建配套设施	485	30.76	30.76	30.76
（6）开发期间税费	2657.38	168.52	168.52	168.52
（7）不可预见费	711.29	42.86	42.86	42.86
2. 开发费用	4647.03	319.79	213.89	213.89
（1）管理费用	891.29	53.71	53.71	53.71
（2）销售费用	1495.14	105.9	——	——
（3）财务费用	2260.6	160.18	160.18	160.18
3. 合计	37 725.35	2223.5	5117.6	3076.2

注：投资分摊的原则如下

总原则：所有的总投资均应分摊到可售（可租）的面积中去。
细则：按计算投资的各项成本来分摊；
各分项中能按各功能使用容量来分摊的按各功能使用容量分摊；
若不能按使用数量或容量来分摊，则按各功能的面积比例来分摊；
各种税费中与工程有关的按同一分项功能工程成本比例分摊，与工程无关的按功能面积比例分摊；
与工程无关的分项按各功能面积比例分摊。

四、资金筹措、投资计划及借款利息

1. 资金筹措与投资计划

本项目开发投资的资金来源有三个：一是企业自有资金，二是银行贷款，三是销售房收入用于投资部分。本项目开发商投入自有资金10 000万元作为启动资金，另需向银行贷款20 000万元用于投资，剩余部分7725.35万元由销售房收入补充，总投资为37 725.35万元，其中2260.6万元的银行贷款利息从住宅销售收入中支付。

详细投资见计划与资金筹措表（见4-13表）。

▶━ **表4-13 投资计划与资金筹措表**

单位：万元

序号	项目合计	建设经营期					
		2005年		2006年		2007年	
		上半年	下半年	上半年	下半年	上半年	下半年
1	投资总额	37 725.35	2167	3340.15	11 240.06	13 175.15	6008.57	1793.9
1.1	建设投资	35 464.75	2167	3067	11 240.06	12 340.80	6008.57	640.80
1.1.1	土地成本	6000	1500	1500	1500	1500	0	0
1.1.2	前期工程费	1199.26	400	500	299.26	0	0	0
1.1.3	建安工程费	20 676.77	0	0	7000	9000	4676.77	0
1.1.4	基础设施费	1348.62	0	0	800	400	148.62	0
1.1.5	公建配套设施费	485	0	0	200	0	285	
1.1.6	开发期间税费	2657.38	0	800	800	800	257.38	0
1.1.7	不可预见费	711.29	118.50	118.50	118.50	118.50	118.50	118.50
1.1.8	管理费	891.29	148.50	148.50	148.50	148.50	148.50	148.50
1.1.9	销售费用	1495.14	0	0	373.80	373.80	373.80	373.80
1.2	贷款利息	2260.60	0	273.15	0	834.35	0	1153.10
1.3	流动资金	0.0	0	0	0	0	0	0
2	资金筹措	37 725.35	2167	3340.15	11 240.06	13 175.15	6008.57	1793.90
2.1	自有资金	10 000	0	3340.15	1240.06	5342.15	77.12	0
2.2	借款	20 000	2167	0	10 000	7833	0	0
2.3	销售收入再投入	7725.35	0	0	0	0	5931.45	1793.90

2.贷款本金的偿还及利息支付

长期借款采用每年本金等额偿还方案，最后一年还清，从建设经营期第三年开始计算。详见贷款还本付息结算表。（央行2000年9月起执行的贷款利率：5.463%）

▶— 表4-14 贷款还本付息结算表

单位：万元

序号	项目名称	合计	建设经营期		
		——	第一年	第二年	第三年
1	借款还本付息				
1.1 第一笔借款	年初借款累计	——	——	——	——
	本年借款	10 000	10 000	10 273.15	10 834.35
	本年应计利息	1426.25	273.15	561.20	591.90
	年底还本付息	11 426.25	——	——	11 426.25
	年末借款累计		10 273.15	10 834.35	0
1.2 第二笔借款	年初借款累计	——	——	——	10 273.15
	本年借款	10 000		10 000	——
	本年应计利息	834.35		273.15	561.20
	年底还本付息	10 834.35			10 834.35
	年末借款累计	——	——	10 273.15	0
1.3 借款汇总	年初借款累计	——	0	——	——
	本年借款	20 000	10 000	10 000	0
	本年应计利息	2260.60	273.15	834.35	1153.10
	年底还本付息	22 260.60	0	0	22 260.60
	年末借款累计				
2	借款还本付息的资金来源				
2.1	投资回收	——	——	22 260.60	

注：贷款利率为5.463%；

当年利息＝（年初借款本息累计+当年借款/2）×年利率。

第四部分

项目销售和租赁收入测算

一、住宅销售单价的确定

1. 用房地产市场比较法确定销售价格上限（平均价格）

详见本项目价格定位与策略部分。由上次测算可知本项目房地产价格为：2500元/米²。

2. 建议销售测算单价

为了方便计算本项目的销售总额，我们取2500元/米²为计算单价。

3. 总销售收入的确定

根据估算出来的结果，确定住宅部分从建设经营期的第二年年中开始出售，整个销售过程大概分四批进行，住宅部分分别为10%、20%、30%、40%，价格分别为2500元/米²、2600元/米²、2700元/米²、2800元/米²，销售率100%；商铺部分从建设经营期第三年年中开始出售，整个销售过程分两批进行，商铺部分分别为30%、35%，价格分别为11 000元/米²、12 500元/米²，销售率65%；车位部分从建设经营期第三年年中开始出售，整个销售过程分两批进行，车位部分分别为50%、20%，价格分别为15万元/个，销售率70%。按照上述确定的每年出售比例和销售单价，计算实际销售总收入。

▶—— 表4-15 住宅销售总收入预测

项目		可销售面积（平方米）	建议销售单价（元/米²）	销售收入（万元）
第一批	10%高层	14 112.55	2500	3528.14
第二批	20%高层	28 225.10	2600	7338.53
第三批	30%高层	42 337.65	2700	11 431.17
第四批	40%高层	56 450.20	2800	15 806.06
合计				38 103.90

▶── 表4-16 商铺销售总收入预测

项目		可销售面积（平方米）	建议销售单价（元/米²）	销售收入（万元）
第一批	30%铺面	2558.11	11 000	2813.92
第二批	35%铺面	2984.46	12 500	3730.58
合计				6544.50

▶── 表4-17 车位销售总收入预测

项目		可销售面积（平方米）	建议销售单价（元/米²）	销售收入（万元）
第一批	50%车位	247	15	3705
第二批	20%车位	99	15	1485
合计				5190

▶── 表4-18 全部销售收入分批比例预测

销售计划			建设经营期年收入（万元）				合计（万元）
批数	比例	面积（平方米）	2005年	2006年		2007年	
				上半年	下半年	上半年	下半年
1	10%高层	14 112.55	3528.14					3528.14
2	20%高层	28 225.10			7338.53			7338.53
3	30%高层	42 337.65				11 431.17		11 431.17
4	40%高层	56 450.20					15 806.06	15 806.06
5	30%铺面	2558.11				2813.92		2813.92
6	35%铺面	2984.46					3730.58	3730.58
7	50%车位	247				3705		3705
8	20%车位	99					1485	1485
合计			3528.14	7338.53	17 950.09	21 021.64		49 838.40

注：项目销售计划

1　销售的政策限定

1.1　国家现行的商品房销售政策《商品房销售管理办法》（2001年6月1日执行）中规定，房地产项目投资达到总投资的25%后方可预销售，南宁市一般的执行原则是工程形象达二层以上时发给《商品房预售许可证》。

1.2 按现行的中国央行的住房信贷政策，多层建筑主体封顶、高层建筑达主体三分之二工程形象进度时，可以办理按揭手续并向开发商支付按揭款项。

1.3 根据项目建设计划安排，每一流水片达到预售条件应在该流水片开工后的第二季；达到银行按揭款支付的条件应是该流水片动工后的第三季。

2 销售计划设计

2.1 按南宁市目前行业的惯例，初步考虑本项目每一流水片在开工后第二季取得预售许可证后开始正式对市场发售期房。

2.2 根据本项目的区位及项目的综合竞争力分析，每一流水片在开始预售后，前两季为期房，后两季为准现房和现房。根据南宁市房地产市场的发展态势及消费者对期房现房的不同接受程度，我们设定每一流水片从开始预售的首季开始，一年内完成销售。

2.3 根据项目的开发和销售进程，车库在销售的项目取得预售证或者项目成为准现房时开始发售，并在每一流水片的最后一个季度中销售。

二、商铺租赁单价的确定

用市场比较法确定租赁价格的上限（平均价格）。

根据价格定位与策略部分可知：本项目的商铺部分为11 000元/米^2，假设本项目商铺经营年限为无限期，则根据公式a=vr来求其租赁价格（其中r=8%）：

月租赁价格=（11 000×8%）/（12×65%）=112.82元/米^2。

建议平均月租金为110元/米^2。

▶━━ 表4-19 出租计划和出租收入估算表

序号		1	2	3	4	5	6	7	8
项目名称		可出租面积	单位租金（元/米²）	可能的毛租金收入（万元）	出租率（%）	有效毛租金（万元）	转售单价（元/米²）	转售收入（万元）	合计
建设期	1	0	0	0	0	0			
	2	0	0	0	0	0			
	3	0	0	0	0	0			
经营期	4		100	1023	65	564			
	5		100	1023	70	716			
	6		100	1023	75	767			
	7		100	1023	80	818			
	8		100	1023	85	869			
	9		100	1023	90	920			
	10		100	1125	90	1012			
	11		100	1125	90	1012			
	12		100	1125	90	1012			31 045 万元
	13		100	1125	90	1012			
	14	8527.04	100	1125	90	1012			
	15		100	1125	95	1068			
	16		100	1125	95	1068			
	17		100	1125	95	1068			
	18		100	1125	95	1068			
	19		100	1125	95	1068			
	20		100	1125	100	1123			
	21		120	1227	100	1227			
	22		120	1227	100	1227			
	23		120	1227	100	1227	13 000	11 085	

注：假设商铺出租在第4年开始，在第23年末转售，转售单价为13 000元/米²

三、车库租赁单价的确定

采用市场比较法确定租赁价格（平均价格）。根据市场价格定位策略部分可知：本项目的车位月租赁单价为250元/个；售时的单价为15万元/个。（注：假设车位出租在第4年开始，在第23年末转售，转售价格为15万元/个）。

▶── 表4-20 车位出租计划和出租收入估算表

序号		1	2	3	4	5	6	7	8
项目名称		可出租个数	单位租金（元/个/月）	可能的毛租金收入（万元）	出租率（%）	有效毛租金（万元）	转售单价（元/个）	转售收入（万元）	合计
建设期	1	0	0	0	0	0			
	2	0	0	0	0	0			
	3	0	0	0	0	0			
经营期	4		200	118	65	76			
	5		200	118	70	82			
	6		200	118	75	88			
	7		200	118	80	94			
	8		200	118	85	100			
	9		200	118	90	106			
	10		250	148	90	133			
	11		250	148	90	133			
	12		250	148	90	133			3620万元
	13	494	250	148	90	133			
	14		250	148	90	133			
	15		250	148	90	133			
	16		300	177	95	168			
	17		300	177	95	168			
	18		300	177	95	168			
	19		300	177	95	168			
	20		300	177	95	168			
	21		350	207	100	207			
	22		350	207	100	207			
	23		350	207	100	207	15 000	741	

建设项目的财务评价

一、税金计算

住宅销售税金及附加估算：详见住宅销售税金及附加估算表。

▶── 表4-21 住宅部分销售税金及附加估算表

单位：万元

序号	项目名称	建设经营期			合计
		2005年	2006年	2007年	
1	销售收入	0	10 866.67	38 971.73	49 838.4
2	销售税金及附加（6.23%）	0	676.99	2427.94	3104.93
2.1	营业税（5%）	0	543.33	1948.59	2491.92
2.2	城市维护建设税（0.35%）	0	38.03	136.40	174.43
2.3	教育附加税（0.15%）	0	16.30	58.46	74.76
2.4	防洪工程维护费（0.18%）	0	19.56	70.15	89.71
2.5	交易管理费（0.5%）	0	54.33	194.87	249.20
2.6	交易印花税（0.05%）	0	5.43	19.49	24.92
3	土地增值税（1%）	0	108.66	389.72	498.38
	销售税金合计	0	1462.63	5245.62	6708.25

商铺租赁税金及附加估算：详见商铺租赁税金及附加估算表。

车位租赁税金及附加估算：详见车位租赁税金及附加估算表。

▶── 表4-22 商铺租赁税金及附加估算表

单位：万元

序号		1	2	2.1	2.2	2.3	2.4	2.5	2.6	3
项目名称		租赁（转售）收入	租赁税金及附加（5.68%）	营业税（5%）	城市维护建设税（0.35%）	教育（0.15%）	防洪工程护费（0.18%）	交易管理费	交易印花税	土地增值税
建设期	1	0	0	0	0	0				
	2	0	0	0	0	0				
	3	0	0	0	0	0				
经营期	4	664	37.7	33.2	2.3	0.99	1.20			
	5	716	40.7	35.8	2.5	1.07	1.29			
	6	767	43.6	38.4	2.7	1.15	1.38			
	7	818	46.5	40.9	2.9	1.23	1.47			
	8	869	49.3	43.5	3.0	1.03	1.56			
	9	920	52.3	46	3.2	1.38	1.66			
	10	1012	57.5	50.6	3.5	1.52	1.82			
	11	1012	57.5	50.6	3.5	1.52	1.82			
	12	1012	57.5	50.6	3.5	1.52	1.82			
	13	1012	57.5	50.6	3.5	1.52	1.82			
	14	1012	57.5	50.6	3.5	1.52	1.82			
	15	1068	60.7	53.4	3.7	1.60	1.92			
	16	1068	60.7	53.4	3.7	1.60	1.92			
	17	1068	60.7	53.4	3.7	1.60	1.92			
	18	1068	60.7	53.4	3.7	1.60	1.92			
	19	1068	60.7	53.4	3.7	1.60	1.92			
	20	1125	63.9	56.3	3.9	1.69	2.02			
	21	1227	69.7	61.4	4.3	1.84	2.21			
	22	1227	69.7	61.4	4.3	1.84	2.21			
	23	1227	69.7	61.4	4.3	1.84	2.21			
	转售	11 085	691	554	39	17	20	55	6	111

▶— 表4-23 车位租赁税金及附加估算表

单位: 万元

序号		1	2	2.1	2.2	2.3	2.4	2.5	2.6	3
项目名称		租赁（转售）收入	租赁税金及附加(5.68%)	营业税（5%）	城市维护建设税(0.35%)	教育(0.15%)	防洪工程护费(0.18%)	交易管理费	交易印花税	土地增值税
建设期	1	0	0	0	0	0	0	0	0	0
	2	0	0	0	0	0	0	0	0	0
	3	0	0	0	0	0	0	0	0	0
经营期	4	76	4.3	3.8	0.27	0.11	0.14			
	5	82	4.7	4.1	0.29	0.12	0.15			
	6	88	5.0	4.4	0.31	0.13	0.16			
	7	94	5.3	4.7	0.33	0.14	0.17			
	8	100	5.7	5.0	0.35	0.15	0.18			
	9	106	6.0	5.3	0.37	0.16	0.19			
	10	133	7.6	6.7	0.47	0.20	0.24			
	11	133	7.6	6.7	0.47	0.20	0.24			
	12	133	7.6	6.7	0.47	0.20	0.24			
	13	133	7.6	6.7	0.47	0.20	0.24			
	14	133	7.6	6.7	0.47	0.20	0.24			
	15	168	9.5	8.4	0.59	0.25	0.30			
	16	168	9.5	8.4	0.59	0.25	0.30			
	17	168	9.5	8.4	0.59	0.25	0.30			
	18	168	9.5	8.4	0.59	0.25	0.30			
	19	168	9.5	8.4	0.59	0.25	0.30			
	20	207	11.8	10.4	0.72	0.31	0.37			
	21	207	11.8	10.4	0.72	0.31	0.37			
	22	207	11.8	10.4	0.72	0.31	0.37			
	23	207	11.8	10.4	0.72	0.31	0.37			
转售		741	46	37	3	1.1	1.3	3.7	0.37	7.4

注: 各种税金及附加估算表中均包括土地增值税项目。

二、损益表与静态盈利分析

🔻—— 表4-24 住宅部分损益表

序号	项目	合计	建设经营期		
			2005年	2006年	2007年
1	销售收入（万元）	49 838.40	0	10 866.67	38 971.73
2	总成本费用（万元）	37 725.35	0	9431.34	28 294.12
3	土地增值税（万元）	498.38	0	108.66	389.72
4	销售税金及附加（万元）	3104.93	0	676.99	2427.94
5	利润总额（万元）	5404.80	0	649.68	7859.95
6	所得税（万元）	1783.58	0	214.40	2593.78
7	税后利润（万元）	3621.22	0	435.29	5266.17
8	盈余公积金（万元）	362.12	0	43.53	526.62
9	可分配利润（万元）	3259.10	0	391.76	4739.55
10	投资利润率（万元）	14.33%	——	——	——
11	投资利税率（万元）	23.88%	——	——	——
12	资金本利润率（万元）	54.00%	——	——	——

评价指标：

住宅部分投资的投资利润率=（利润总额/总投资额）×100%

=（5404.8/37 725.35）×100%=14.33%

住宅部分投资的投资利税率=（利税总额/总投资额）×100%

=（5404.8+498.38+3104.93）/37 725.35×100%=23.88%

住宅部分资金的投资利润率=（利润总额/住宅部分自有资金）×100%

=（5404.8/10 000）×100%=54%

本项目以上三个静态评价指标与房地产同行业相应指标比较，可以接受，故项目可行。

三、现金流量表与动态盈利分析

对本项目进行经济效益分析评价的主要依据是国家计委、建设部颁发的《建设项目经济评价方法与参数》，参照我国新的财会制度，结合房地产开发的实际情况，分别计算全部投资和自有资金的经济效益。由于本项目为租售并举的项目，所以要运用多个评价指标来进行项目评价，主要评价指标有：财务内部收益率（FIRR），财务净现值（FNPV）及项目动、静态回收期等指标。评价指标的计算过程详见住宅全部投资现金流量表、住宅部分自有资金现金流量表。

注：①财务内部收益率（FIRR）是指项目在整个计算期内各年净现金流量现值累计等于零时的折现率，反映出项目所占用资金的盈利率，即反映出项目的盈利能力。当FIRR大于基准收益率时，则认为其盈利能力已满足最低要求。

②财务净现值（FNPV）按事先规定的基准收益率IC将项目计算期内各年净现金流量折现到建设期的现值之和，是考察项目在计算期内盈利能力的动态评价指标。净现值大于或等于零的项目是可以考虑接受的。建议选取"稍大于银行同期贷款利率"作为基准收益率，本项目贷款利率为5.463%，故基准收益率IC取为8%。

1. 住宅全部投资现金流量表

▶—— 表4-25 住宅部分全部投资现金流量表

序号	项目名称	建设经营期		
		2005年	2006年	2007年
1	现金流入（万元）	0	10 866.67	38 971.73
1.1	销售收入（万元）	0	10 866.67	38 971.73
1.2	其他现金流入（万元）	0	0	0
2	现金流出（万元）	5234	24 580.91	12 060.81
2.1	建设投资（万元）	5234	23 580.86	6649.37
2.2	土地增值税（万元）	0	108.66	389.72
2.3	销售税金及附加（万元）	0	676.99	2427.94
2.4	所得税（万元）	0	214.40	2593.78
3	净现金流（万元）	−5234	−13 714.24	26 910.92
4	累计净现金流（万元）	−5307.28	−19 021.52	7889.40
5	折现净现金流（万元）	−4842.81	−11 757.75	19 909.56

续表

序号	项目名称	建设经营期		
		2005年	**2006年**	**2007年**
6	累计折现净现金流（万元）	−4910.61	−16 668.36	3241.20
7	税前净现金流（万元）	−5234.00	−13 928.63	29 504.70
8	税前累计净现金流（万元）	−5307.28	−18 807.12	10 697.58
9	税前折现净现金流（万元）	−4842.81	−11 941.56	21 828.52
10	税前累计折现净现金流（万元）	−4910.61	−16 852.17	4976.35
评价指标		**税前**	**税后**	——
财务净现值（IC=8%）（万元）		4976.35	3241.20	——
财务内部收益率		38.33%	38.23%	——
投资回收期（静态）（年）		2.64	2.71	——
投资回收期（动态）（年）		2.76	2.84	——

整理住宅全部投资现金流量表，得出表4−26评价指标：

▶━ **表4-26 评价指标**

评价指标	**税前**	**税后**
财务净现值（IC=8%）（万元）	4976.35	3241.20
财务内部收益率	38.33%	38.23%
投资回收期（静态）（年）	2.64	2.71
投资回收期（动态）（年）	2.76	2.84

　　由上述指标可以看出，本项目住宅全部投资的财务净现值均为较大的正值，税前税后的财务内部收益率均大于贴现率8%，投资回收期也满足项目投资经营期限的要求，故本项目住宅部分投资可行。

2. 住宅部分自有资金投资现金流量表

▶—— 表4-27 住宅部分自有资金现金流量表

序号	项目名称	建设经营期		
		2005年	2006年	2007年
1	现金流入（万元）	0	10 866.67	38 971.73
1.1	销售收入（万元）	0	10 866.67	38 971.73
1.2	其他现金流入（万元）	0	0	0
2	现金流出（万元）	0	11 931.50	34 465.94
2.1	自有资金（万元）	0	5000	5000
2.2	销售收入再投入（万元）	0	5931.45	1793.90
2.3	偿还贷款本金（万元）	0	0	20 000
2.4	偿还贷款利息（万元）	0	0	2260.60
2.5	销售税金及附加（万元）	0	676.99	2427.94
2.6	土地增值税（万元）	0	108.66	389.72
2.7	所得税（万元）	0	214.40	2593.78
3	净现金流（万元）	0	−1064.83	4505.79
4	累计净现金流（万元）	0	−1064.83	3440.97
5	折现净现金流（万元）	0	−912.92	3333.53
6	累计折现净现金流（万元）	0	−912.92	2420.61
评价指标		税前	税后	——
财务净现值（IC=8%）（万元）		4976.35	2420.61	——
财务内部收益率		38.33%	38.48%	——
投资回收期（静态）（年）		2.64	2.41	——
投资回收期（动态）（年）		2.76	2.27	——

根据住宅部分自有资金现金流量表，得出以下评价指标：

▶── **表4-28 评价指标**

评价指标	税后
财务净现值（IC=8%）（万元）	2420.61
财务内部收益率	38.48%
投资回收期（静态）（年）	2.41
投资回收期（动态）（年）	2.27

税后静态、动态投资回收期都在项目投资的第二年和第三年之间，回收投资资金的速度还是比较快的。

由上述的指标可以看出，本项目住宅部分自有资金投资可行。

四、资金来源与运用表的贷款偿还能力分析

资金来源与运用表集中体现了项目自身平衡的生存能力，是财务评价的重要依据。本项目的资金来源与运用见住宅部分资金来源与运用表。本项目住宅销售和商铺与车位租赁每年都有盈余的资金，也就是说，每年的资金流入都大于资金流出，本项目具有较强的贷款偿还能力和自身平衡能力。故本项目两方案可行。详见资金来源与运用表。

▶── **表4-29 住宅部分资金来源与运用表**

单位：万元

序号	项目名称	经营期		
		2005年	2006年	2007年
1	资金来源	7000	25 866.67	46 971.73
1.1	销售收入	0	10 866.67	38 971.73
1.2	自有资金	0	5000	5000
1.3	银行借款	7000	10 000	3000
1.4	其他收入	0	0	0

续表

序号	项目名称	经营期		
		2005年	2006年	2007年
2	资金运用	5234	24 580.91	34 321.41
2.1	建设投资	5234	23 580.86	6649.37
2.2	借款还本付息	0	0	22 260.60
2.3	销售税金及附加	0	676.99	2427.94
2.4	土地增值税	0	108.66	389.72
2.5	所得税	0	214.40	2593.78
3	盈余资金	1766	1285.77	12 650.32
4	累计盈余资金	1766	3051.77	15 702.09

　　本项目的不确定因素主要来自以下几个方面：建造成本、售价、开发周期、贷款利率等。这些因素受当地政治、经济、社会条件的影响，有可能发生变化，影响本项目经济效益目标的实现。

····················· 第六部分 ·····················

不确定性分析

一、盈亏平衡分析

1. 住宅销售部分盈亏平衡

假定本项目总投资不变，且售价与收款进度如基准方案所设，则由计算可得，当住宅销售率为75.70%时，住宅全部投资利润率为零，也就是投资刚能保本。一般认为，当盈亏平衡点的销售率不大于60%时，项目风险较低，本项目盈亏平衡点的销售率为75.70%，可见其风险程度较高。

2. 结论

本项目之所以住宅销售部分的风险较大，而商铺与车位租赁部分的风险明显偏小。一方面原因是商铺与车位租赁的经营期限较长，资金回收较慢，而住宅销售回收资金的速度较快，回收资金马上又投入到项目的投资中去，减少了商铺与车位的资金投入量，像贷款利息，全用住宅销售收入来支付；另一方面，在项目建设成本分摊上，由于商铺与车位的成本价格较低，但本地段的商铺与车位投资回报较大，这也使得本项目商铺与车位租赁风险程度降低。

二、敏感性分析

影响本项目财务效益的主要确定性因素为开发成本、售价水平、销售税率、建设经营期的长短。据市场预测，开发成本项目中最有可能发生波动变化的是建安工程费和售价水平。因而，本项目敏感性分析针对全部投资的评价指标（财务内部收益率和投资利润率），分别计算售价上下波动5%、10%和建安工程费上下波动10%、20%时，对经济评价指标的影响。计算结果详见敏感性分析表。

━━ **表4-30 全部投资敏感性分析表**

全部投资		财务净现值（万元）	财务净现值升降幅度	财务内部收益率	财务内部收益率升降幅度	投资利润率	投资利润率升降幅度
基准方案		3241.2		38.23%		14.33%	
售价变动	−10%	1436.47	−55.68%	37.87%		−7.96%	−7.96%
	−5%	2369.48	−26.89%	38.13%	−0.26%	24.70%	24.70%
	5%	4235.92	30.69%	38.28%		90.09%	90.09%
	10%	5169.14	59.48%	38.33%	0.13%	122.82%	122.82%
建安工程费变动	−20%	7331.37	126.19%	38.43%		183.04%	183.04%
	−10%	5098.95	57.32%	38.33%		110.26%	110.26%
	10%	633.17	−80.46%	37.36%		−7.05%	−7.05%
	20%	−1599.21	−149.34%	40.02%	−4.68%	55.00%	55.00%

由表中数据可得：

1. 售价、建安工程费的变动对财务净现值的影响

售价下降5%、10%，将引起该项目的财务净现值分别下降26.89%、55.68%；当售价下降17.7%时，该项目财务净现值等于零，到达临界点，此时，若售价再下降，则财务净现值小于零，出现亏损。

建安工程费上升10%、20%，将引起该项目的财务净现值分别下降80.46%、149.34%；当建安工程费上升12.8%时，该项目财务净现值等于零，到达临界点，此时，若建安工程费再上升，则财务净现值小于零，出现亏损。

2. 售价、建安工程费的变动对财务内部收益率的影响

售价下降5%、10%，将引起该项目的财务内部收益率分别下降0.13%、0.26%；当售价下降17.7%时，该项目财务内部收益率等于基准收益率（IC=8%），到达临界点，此时，若售价再下降，则财务内部收益率将达不到预期的基准收益率。

建安工程费上升10%、20%，将引起该项目的财务内部收益率分别下降2.28%、4.68%；当建安工程费上升12.8%时，该项目财务内部收益率等于基准收益率（IC=8%），到达临界点，此时，若建安工程费再下降，则财务内部收益率将达不到预期的基准收益率。

3. 售价、建安工程费的变动对投资利润率的影响

售价下降5%、10%，将引起该项目的投资利润率分别上升24.7%、下降7.96%；当售价下降24.09%时，该项目投资利润率等于基准收益率（IC=8%），到达临界点，此时，若售价再下降，则投资利润率将达不到预期的基准收益率。

建安工程费上升10%、20%，将引起该项目的投资利润率分别下降7.05%、上升55%；当建安工程费上升29.4%时，该项目投资利润率等于基准收益率（IC=8%），到达临界点，此时，若建安工程费再上升，则投资利润率将达不到预期的基准收益率。

由以上分析可以得出，售价和建安工程费都是该项目的敏感因素，相比之下，售价因素更为敏感。除了售价对本项目的影响较大外，工期和销售率对本项目的影响也值得注意。工期延误除了导致资金不能及时回收再投入、NPV和IRR会下降、回收期大大延长外，还会影响楼盘的信誉和形象，由此而导致延误交楼时间的，还要给买家赔偿违约金。销售率低下，即意味着投资资金不能快速回收，这样会使整个项目陷入僵局。

总体来说，项目经营阶段风险较大，主要集中在住宅部分能不能按计划销售完毕，资金能否尽快回收。针对这些问题，现提出两个建议：

★建议在原来的租售并举的方案中采取投资风险计划控制。实施计划控制，即在充分分析现有和未来资金的条件下，妥善地安排资源，谨慎考虑项目的营销策略是否得当，促销时机是否合理，销售和租赁计划是否能如期完成，市场定位及价格定位是否合理，在利用一切可利用的机会上，为项目的经营制订尽可能周密、科学、详细的计划，并在实施过程中，尽可能地严格按照计划去进行，将风险减至最小。

★建议采用全销售方案。在现在商铺与车位租赁市场不太明朗的情况下，如果暂且不考虑项目的远期收益，而是为尽快回收所有的建设投资，降低投资的风险，可把商铺、车位跟住宅一同销售。

三、决策树概率分析

为更精确地预测本项目住宅销售部分风险程度，下面用决策树来进行计算。

经计算，E（NPV）=2994.13

风险标准偏差=1872.55

净现值变异系数=57.78%

计算结果表明，本项目的期望折现净现金收入为2994.13万元，处于较高盈利水平，而净现值变异系数为57.78%，低于60%，说明其风险程度在合理范围内。

05
产品策划

新疆昌吉 JQJ 项目
产品策划方案

第一部分

项目产品规划设计理念与形象

项目市场定位：昌吉首席知性风情社区

目标客户定位：城市中产阶层

项目形象定位：中产的知性居住观

项目开发理念：新人文地产——用思想建筑，用文化造城

项目案名：JQJ

整体规划构想：持舍得态度，规划纯中高层住宅

阐述：结合地块现有条件，放弃地块东侧的住宅产品规划，打造精致的园林示范区，并规划具有创意感的低层构筑物；其他地块根据开发顺序，首期规划以18+1层为主的中高层住宅，后期产品规划应实现容积率尽量提高，以22层高层为主，容积率尽可能实现3.0，在西侧完整地块打造较大型中央景观园林；充分利用地块内部的水资源优势，成就昌吉独有的水景园林。

一、项目产品规划设计理念

1. 细节优化品质

大盘往往通过规模与配套来提升价值，而精致型的品质社区则应以细节的优化来提升项目品质，由总体规划到局部产品细节，无不重视细节的雕琢，并对每个建筑细节的用材用料、造型工艺等极尽心思，每个细节都有其值得玩味的文化内涵和故事背景。

2. 人文符号延伸

人文精神和人文体验是目标群体崇尚的目标，他们的生活处处带有文化标签和人文烙印。只有在项目整体规划中赋予人文精神，并在规划与建筑细节上处处体现出特有的人文符号，预留人文场景，才能够塑造一个真正与目标群体产生共鸣的品质化人文社区。

3. 邻里关系重建

产品规划必须重新审视现代都市社会中缺失的守望相助的邻里关系、冷漠的人际情感，围绕和谐邻里社区愿景来塑造空间，增加邻里交往的可能空间，塑造社区的和谐、安全与归属感。空中邻里庭院，楼上楼下，左邻右里，其乐融融。

4. 小众环境营造

忽视小众环境的营造，是多数大楼盘共同的缺陷。在社区以外，所有人都在大众化的环境里生活，人与人相互不认识，相互提防，缺少安全感和归属感。而社区则应该在家庭的小众环境及邻里的小众环境等方面提供更多的便利空间。

5. PARTY意识形成

项目的目标群体是一群社交型的人，他们喜欢与有同等地位、同样收入和共同爱好的人一同交往、聚会、举办沙龙，甚至家里也是沙龙的经常举办之地。因此无论是会所、泛会所还是家庭的公共区域，都应该为城市中产阶层的PARTY需求提供场所。

二、项目产品形象

本项目的整体规划指导思想应根据项目的定位、肌理与形象来制订，具体见下图：

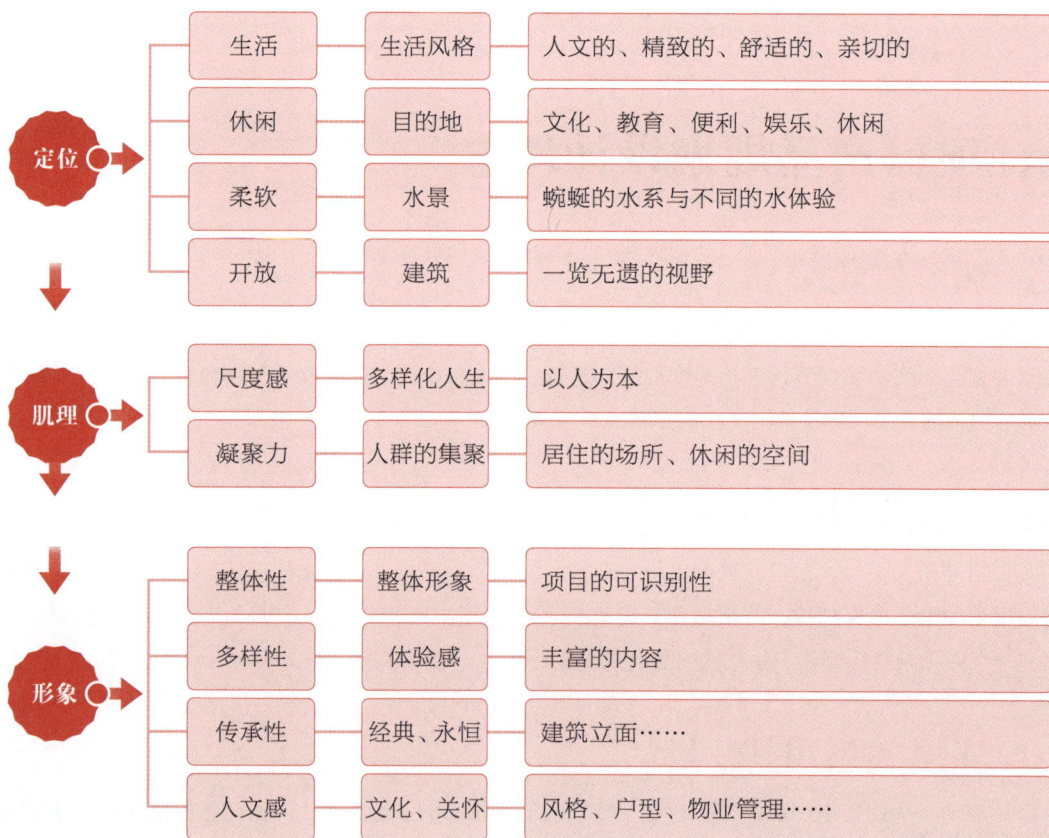

定位	生活	生活风格	人文的、精致的、舒适的、亲切的
	休闲	目的地	文化、教育、便利、娱乐、休闲
	柔软	水景	蜿蜒的水系与不同的水体验
	开放	建筑	一览无遗的视野
肌理	尺度感	多样化人生	以人为本
	凝聚力	人群的集聚	居住的场所、休闲的空间
形象	整体性	整体形象	项目的可识别性
	多样性	体验感	丰富的内容
	传承性	经典、永恒	建筑立面……
	人文感	文化、关怀	风格、户型、物业管理……

▶—— 图5-1 项目概况

三、项目产品体系构筑

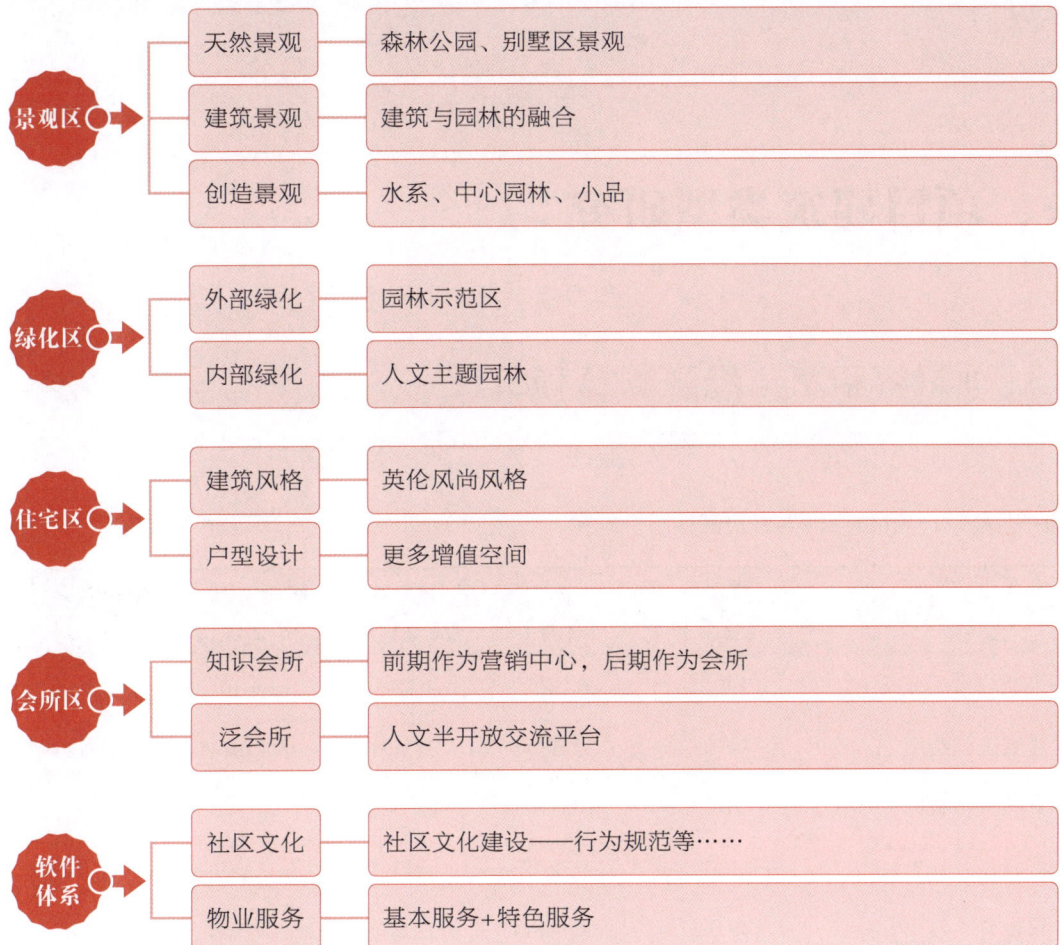

景观区	天然景观	森林公园、别墅区景观
	建筑景观	建筑与园林的融合
	创造景观	水系、中心园林、小品
绿化区	外部绿化	园林示范区
	内部绿化	人文主题园林
住宅区	建筑风格	英伦风尚风格
	户型设计	更多增值空间
会所区	知识会所	前期作为营销中心,后期作为会所
	泛会所	人文半开放交流平台
软件体系	社区文化	社区文化建设——行为规范等……
	物业服务	基本服务+特色服务

▶—— **图5-2 项目产品体系构筑**

第二部分

项目整体规划布局

一、项目建筑类型研究

1.项目容积率与经济测算分析

根据已提交的《项目定位及开发战略报告》及不同容积率的财务分析，对比如下：

▶━━ 表5-1 项目容积率与经济测算

项目	方案一（2.0）	方案二（2.5）	方案三（3.0）	组合方案一（2.5）	组合方案二（3.0）
土地成本（万元）	6180	6180	6180	6180	6180
建安工程费用（万元）	14 897	21 281	27 931	21 487	27 072
其他开发费用（万元）	7874	10 013	12 214	10 085	12 200
税费（万元）	3968	5220	6479	5335	6574
总投资（万元）	32 919	42 694	52 805	43 087	52 026
自有资金（万元）	10 397	11 124	12 325	10 490	11 143
销售收入（万元）	39 170	51 547	63 992	52 687	64 940
税后利润（万元）	6251	8853	11 187	9600	12 915
投资利润率	19.0%	20.7%	21.2%	22.3%	24.8%
自有资金利润率	60.1%	79.6%	90.8%	91.5%	115.9%
内部收益率	23.4%	25.1%	28.4%	33.4%	34.5%
项目净现值（IC=8%）（万元）	3259	4866	6141	5802	7851

分析：

从组合方案来看，方案二与方案一相比，虽然总投资增加约9000万元，但实际启动资金仅增加约650万元，但利润值却增加了约3314万元。

根据各项财务指标，组合方案二更具可行性，其开发风险更低。

2.项目建筑高度分析

项目总建筑高度不超过65米，换算成建筑层高约为22层，从建安成本的角度考虑，18+1层以上的建筑类型有较大的差异，一方面是电梯费用的增加，18层以上（含18层）须配两部电梯，成本约增加50元/米^2，另一方面因为消防要求及建筑高度不同导致基础埋深、基础及建筑加固程度、防火等级的提升，建安成本将有不同程度的提高，公摊也相对提高。12~18层住宅公摊率为14%~20%。18~33层住宅公摊率为16%~24%。一方面从降低首期开发成本的角度考虑，首期建筑不适宜超过18+1层，同时考虑预期的价格上涨，需要实现较高的容积率，二期建筑以22层高度为主。

3.住宅单层规划分析

一梯两户与一梯多户对比而言，板楼的居住舒适度显然更高，但公摊也相对较大，而且不易出面积，从昌吉高层房地产市场来看，消费者对于一梯多户设计的抗性并不大，因此，建议以一梯四户为主。

二、项目整体规划布局

1.项目总体规划原则

（1）顺势——顺应区域环境

项目的成功必须与区域环境相融合，通过"顺势求形"来规避项目开发的风险，其中包括与城市发展的融合、与区域景观的融合、与地形地貌的融合。

（2）挑战——独特性的追求

一个成功的项目均有其独特的个性，来彰显其魅力，因此在这样一个全新的建设项目中，独特性的成功塑造是非常具有挑战性的。

（3）创意——场所感的营造

一个社区的成功营造应该向人们提供一种完整的空间体验，这样的空间体验是由硬件和软件的充分配合营造出来的，从建筑、景观、交通、尺度感等方面出发，使之成为其本身的特性。

2.项目整体规划布局

空间架构

①社区空间关系
四级空间关系

阐述：

在社区空间关系上，遵循"开放空间—半开放空间—半私密空间—私密空间"的有层次的完整空间序列，营造出层次分明的居住空间和居住体验。

一级空间：开放空间，即面向城市的公共空间，商业、会所等与市政道路紧密连接，创造与城市空间的互动连通。

二级空间：半开放空间，即社区园林绿化区域，对社区居民开放，是整个社区的公共区域。

三级空间：半私密空间，即建筑中的大堂、电梯间等，具有一定的私密性。

四级空间：私密空间，即住户独有的景观阳台、入户花园等私家场所，强调私有性和隐私性。

②土地的利用
塑造一个以居住为主，融合人文、商业等用途的社区。

为不同区域的居住组团提供不同的环境特征、分级的开敞空间，而会所、零售、幼儿园等构成的综合用途地块提供邻里服务中心的功能。

中心景观紧密地结合住宅设置。

开放空间在用地中占有较高比例。

开放空间系统与城市道路紧密结合。

③风景资源的保护与强化
项目的建成需要一个相当长的时期，为了确保项目的成功，需要对几个重要核心区进行严格的控制。

目标1：维护与修复自然景观环境。

原则

对于开发项目可能产生的对风景资源的影响进行审核评估；

对敏感区域加以保护，以免受到开发的破坏；

注重水资源的利用，以确保营造项目的独特性；

目标2：在公共视线范围内，改善区域的景观可视性。

原则

通过基地视线走廊的设计，改善景观可视性；

明确从道路通往基地的观景点，在公共范围内提供观景设施。

④项目整体规划布局与特色分区
对于本项目而言，各区域和邻里的尺度、多样性和特色的考虑至关重要。分区按照指定的规模、用地性质和自然地貌以及周边环境而界定。在整个社区统一色彩和设计语言的框架下，每个区域又通过以下方面体现各自的特色和个性：

　　·空间关系和布局关系；

　　·建筑和景观元素的结合；

　　·指定节点区表达的分区或邻里特色。

方案一：点塔式布局

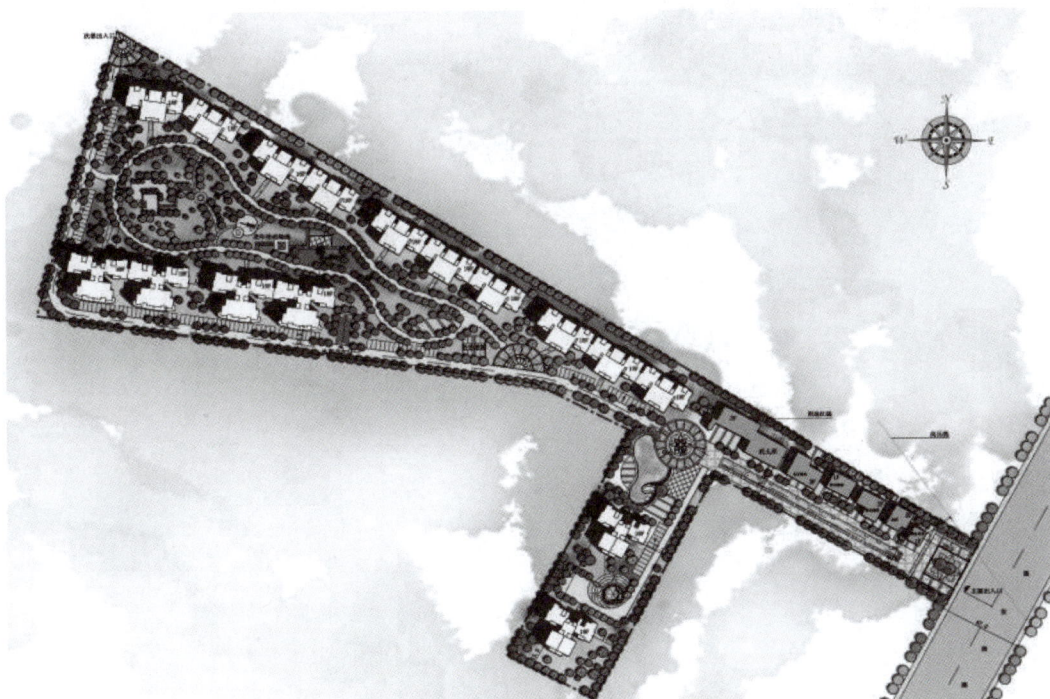

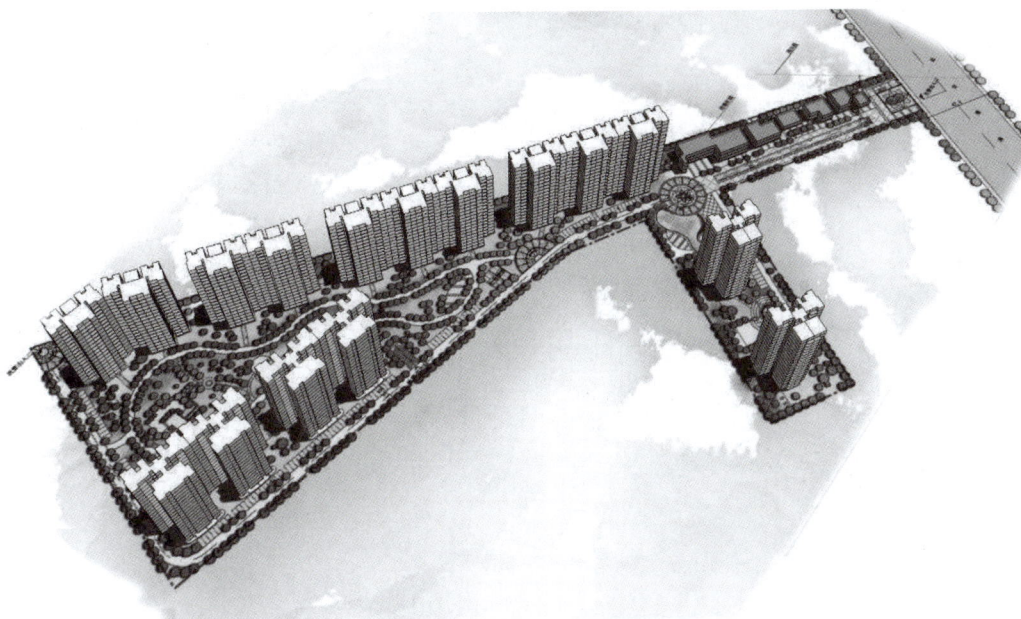

方案二：板式22层规划

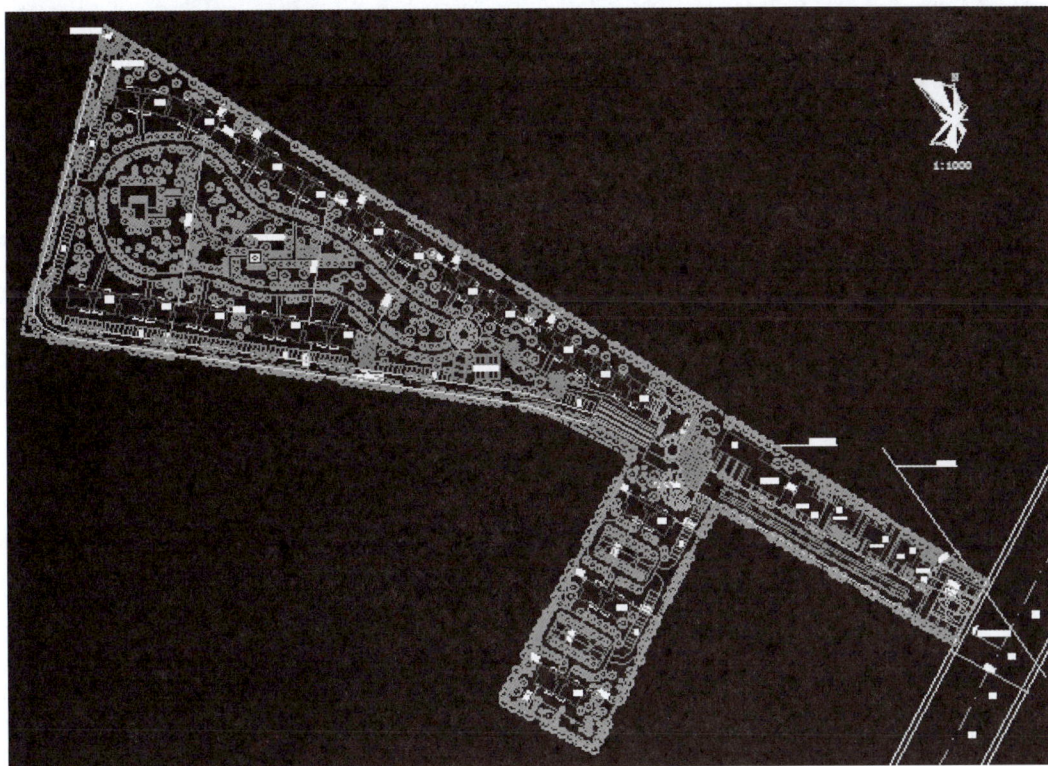

▶━ 表5-2 两个方案的经济技术指标对比表

经济技术指标		方案一	方案二
总建筑面积		184 242平方米	133 810平方米
地上总建筑面积		158 042平方米	118 160平方米
住宅建筑面积		155 342平方米	115 910平方米
公建面积		2700平方米	2700平方米
地下建筑面积		26 200平方米	15 200平方米
容积率		3.00	2.27
建筑密度		15.75%	12.65%
绿地率		35%	35%
总户数		1328户	798户
车位	地面停车位	141个	99个
	地下停车位	655个	380个

3. 社区交通组织

（1）总体设想

人车混行，部分人车分层。

轴线清晰，步步随景。

考虑社区总体规划布局，较难实现严格意义上的人车分流设计，沿地块的边界设置车行环路，人流由入口处直接进入社区中心，确保组团内不受车辆干扰。

小区内的进出道路系统应有清晰的主次轴线，勾勒出清晰的居住空间层次，营造缓慢进入家庭的回家线路。

交通道路景观化，使住户一进入社区就能感受到强烈的归属感和温馨感，在回家过程中松弛白天的疲劳，体现社区的人性化规划。

（2）车道系统

①目标

提供多种方式的交通体验。

提供方便高效的交通服务设施。

建立明晰的道路等级，满足功能需求。

将穿越性交通最小化。

②车位设置

根据项目规划要求，车位配比必须达0.6以上，考虑地下车库成本较高，建议地下停车与地面停车相结合，地面停车位主要分布在地块退界距离内，地下车库设置在地块西侧。

③车行系统设计

地下车库规划设计：半地下阳光车库——有阳光会呼吸型生态车库。

集中式车库——侧面下沉式道路，引进阳光和新鲜的空气，避免传统的地下停车库黑暗、闭塞的不足，车辆通过下沉式道路直接进入地下车库。地下车库在中庭处局部挑空，挑空处做景观绿化，使车库空气形成对流，形成实实在在的"生态车库"，同时也把地下室的行人直接引导到地面，回家之路也是景观之旅，真正做到健康、生态。

消防车道情景化。利用高低错落的植物群丰富沿线的景观层次，将视线引向通道周边的各个景观区，以弱化消防车道的突兀感。同时在不影响通道功能的前提下，在其周边设置一些盆栽、坐椅等，使其更具步道的节奏与尺度，更加亲切，更加有趣味。

（3）步道系统

①目标和原则

目标：

强调步行优先，鼓励休闲游憩性的步行活动。

围绕景观走廊塑造特色滨水步行空间。

原则：

开放空间内设连续的步行道，提供舒适、宜人的步行空间。

设计步行专用道网络，主要由核心区环线、景观廊道组成，并均可向中心延伸，进入中心景观区。

景观带与步行道结合，在道路剖面设定和景观处理手法的共同作用下，塑造空间尺度。这样的空间可以作为人们交流的场所，并反映项目形象。

②步行道路划分

分段明确、主次清晰

一级道路：即小区级道路系统，是贯穿社区的景观中轴线，社区内各组团景观空间都将通过中轴景观延伸至各单位组团。

二级道路：主要指组团内部相对独立的步行系统，通过小区交通网的节点，使小区步行系统能够将各部分的活动空间、景观联系在一起。

三级道路：宅前小径。宅前小径曲多直少，并在两旁配置一些园林小品以及层次丰富的植物搭配。

4. 景观空间规划

以社区交通干道为景观轴线，以中心景观为核心，通过景观轴线向组团均衡延伸，缔造层次丰富的景观空间。

社区交通干道既是居民出入的通道，同时也是居民欣赏社区景观的重要轴线。它是组团景观与中心景观的衔接线，使得整体景观层次分明，变化丰富。

中心景观作为整个社区的景观核心，体现出项目的整体园林风格，是居民日常休闲、活动、娱乐的中心地带。

通过组团景观的分布，确保社区内各单元住户都能享受到较好的景观生活，提升小区的整体生活品质。

第三部分

项目单体概念设计建议

一、项目整体建筑风格

1.总体构想

在第一阶段策划服务中，根据目标客户群的特征、区域特征以及与周边楼盘形成区隔等因素，建议项目的建筑风格采用与项目特征相融合的英伦风格建筑，塑造出鲜明的文化感、艺术感，表达都市人文生活的特征，从而形成具有整体性的时代生活特质与品位，表现出项目建筑整体鲜明的价值追求。

英伦风尚建筑风格：用建筑提升产品价值，用建筑熏陶审美情操，用建筑营造生活氛围。

▶── 图5-3 建筑风格示意图

2.建筑风格应用

纯粹的英式建筑在单体上具有简洁的建筑线条、凝重的建筑色彩和独特的风格，通过坡屋顶、老虎窗、女儿墙、阳光室等建筑语言和符号的运用，诠释了英式建筑所特有的庄重、古朴，而双坡陡屋面、深檐口、外露木、构架、砖砌底角等则为英式建筑的主要特征。

本案考虑成本投入，应注重去繁求简，将英式古典元素与现代建筑手法自然融合，采用简洁、流畅的建筑线条。色彩的运用以及局部元素的处理在节省开发成本的同时，又能处处展现英式风格的庄严与人文感。

二、项目单体建筑建议

1. 墙身

人文感、尊贵感。

整体采用英式三段式的建筑立面处理，塑造持久耐看的视觉效果，同时在色彩的运用上，采用红褐色作为墙面基色调，楼体立面外观运用直线、点、曲线等最原始朴素的建筑立面几何语言，并采用英式红墙砖的自然暖色调，加强建筑对人心理产生的宁静效果。通过石材与砖墙的天然色调，产生强烈的现代感，考虑地块特征，可由东向西形成和谐的韵律感和空间层次变化。

◀━━ 图5-4 小高层效果图

2. 基座

稳重、品质感。

基座采用深色文化石，营造出最沉稳厚重的建筑基座，提升建筑整体档次感。在视觉上与墙身的淡色调形成差异，体现出建筑立面的层次，表现出建筑工艺文明的极致。

3. 屋顶

人字坡屋顶体现天际线的韵律。

屋顶对建筑外观及建筑气质的表现起到记忆点缀作用，使消费者对项目有清晰强烈的认知符号。为了体现项目整体的品位与气质，建议采用英式风格最常用的人字坡屋顶，展现英式优雅稳重的建筑厚度。

4. 阳台

高、宽、创新。

尽可能增大阳台面宽，以提高整个住宅的采光性能，增强住宅与自然的接触。采用挑高阳台设计，充分扩大阳台的空间感，给予住户开阔、舒适的私家领空享受。

5. 入户门设计

可识别性。

单元门是住户的"脸面"，设计充分考虑入户门的选材，首先考虑单元门的安全性，其次将对单元入口进行必要的装饰，使得住户不是通过门牌号码来识别，而是通过人文符号来识别。

6. 入户大堂设计

震撼、休闲、人文。

在大堂外设置休闲设施（如茶几、沙发等），让业主在等电梯时有休息之处，或可作会客之用，体现出项目的人文关怀与人文符号。入户大堂顶部悬吊大型豪华灯饰（其余部分可为普通但精心挑选的灯饰），成为整个大堂的核心亮点，成为今后销售点及住户产生品质感的心理暗示焦点。

7. 人文电梯间

人文、艺术。

将传统的室内电梯间改造成艺术空间，在墙壁上悬挂各类型艺术品和元素，使其成为一个具有人文气息的趣味空间。

8. 窗户

英伦风情。

英伦风格在窗户的处理方面多采用白色，通过与铁艺栏杆等建筑语言及符号的应用来体现风情感，如右图所示。

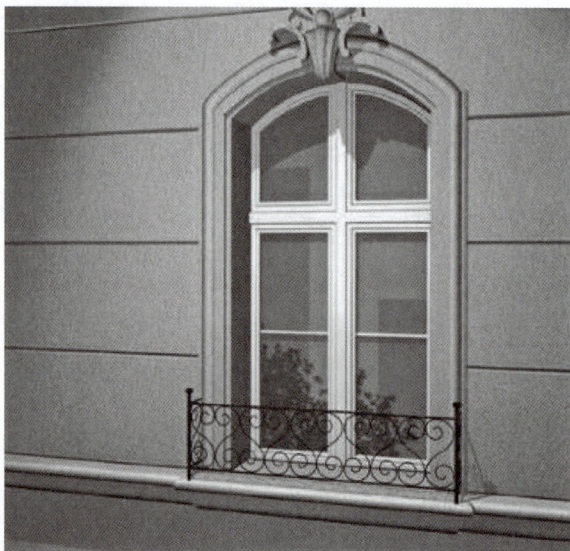

▶── 图5-5 窗户示意图

第四部分

项目户型概念设计建议

一、项目户型配比建议

1. 项目户型配比推导逻辑图

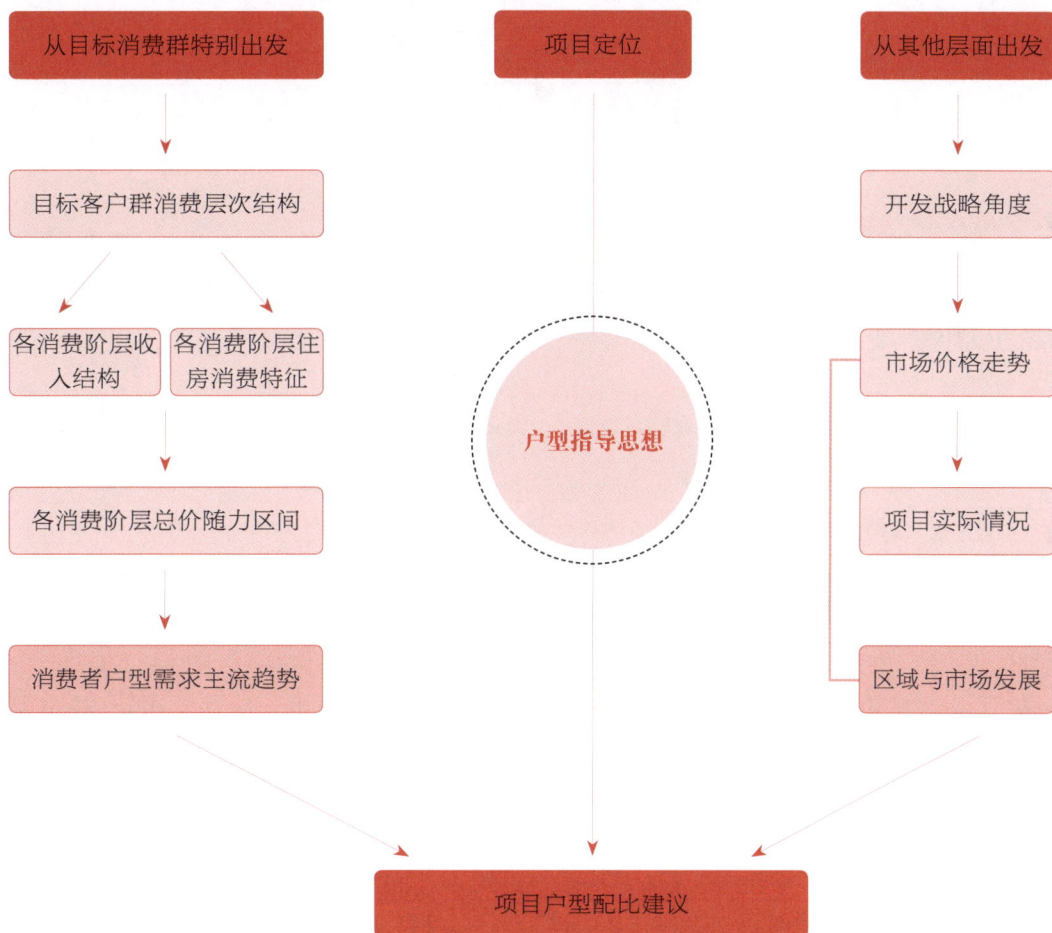

▶── 图5-6 户型配比推导逻辑图

2. 从目标消费群推导项目户型

（1）消费需求档次

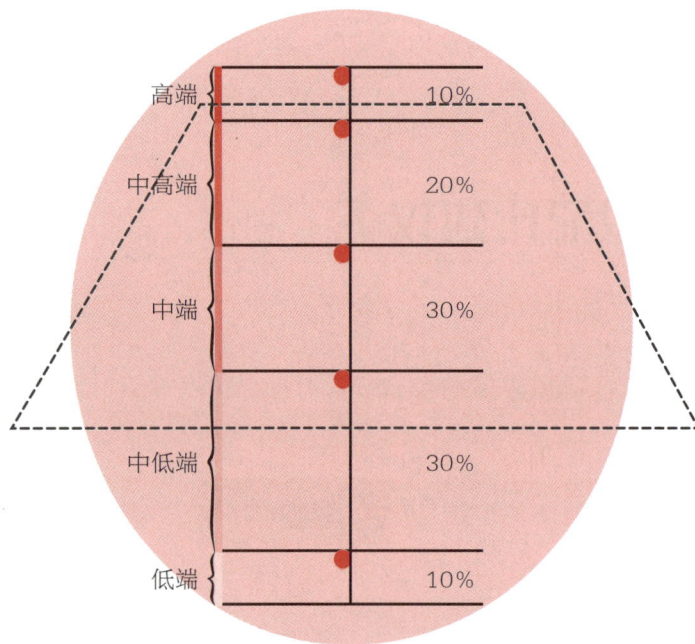

高端   10%

中高端   20%

中端   30%

中低端   30%

低端   10%

▶━━ **图5-7 一般房地产市场产品档次分布结构**

根据本案目标客户群体定位，将以追求品质的中端客户群体为主，因此，从市场产品需求档次的结构可以得出项目户型的配比档次，如下：

中高端：中端：中低端＝20％：30％：15％

换算成整体百分比，从以上数据我们可以推导出，按照经济购买能力的结构层次，项目户型的档次配比应当遵循其相应的购买力结构层次。

▶━━ **表5-3 项目户型配比档次结构**

购买力及户型档次结构	户型结构	比例
高端	舒适四房及以上	——
中高端	舒适三房	30%
	标准三房	
中端	紧凑三房	47%
	舒适两房	
中低端	紧凑两房	23%
	一房	

备注：以上所指仅为购买力，而非针对品质。

　　以上推论使我们对项目户型配比的档次结构有了较为清晰的把握，三房将仍然是项目户型结构的主力房型，其在整体产品中所占的比例为50%~60%。

（2）项目目标客户群消费特征

①昌吉消费群体购买力研判

　　根据市场调研结论，家庭年收入约为4.8万（2009年城镇居民人均可支配收入13 620元），房价收入比约为7.14。

②各消费阶层总价承受力计算

　　承受力是指消费者在尽最大购买能力状况下的消费力，因此，承受力的计算将各阶层的住房消费支出比例定为统一比例，购买方式忽略消费者的偏好，按照一般购买习性等同计算。

　　昌吉作为消费性城市，居民的日常生活消费开支占据较高的比重，在商业消费日益纷繁复杂的现代城市，诸如教育、健康等消费也成为家庭的必需消费。因此，我们认为，在一般情况下，昌吉住房消费支出的最高比例不应超过30%（2009年昌吉恩格尔系数约为35.9%）。

▶── 表5-4　各消费阶层消费支出分析

消费阶层	收入区间（N元/年）	住房消费支出比例	年住房消费支出（元）
中高端	15万≥N≥8万		4.5万≥N≥2.4万
中端	8万≥N≥6万	30%	2.4万≥N≥1.8万
中低端	6万≥N≥4万		1.8万≥N≥1.2万

　　注：以上计算比例数据为经验概测数据，并非严格绝对数据，但在总体上具有广泛的涵盖意义和指导性。

　　通过以上数据是无法测算出项目户型产品配比的精准区间及数据比例的，但通过计算可以从总体上把控项目户型设计的倾向，为项目户型配比提供合理并较为细致的信息依据。

　　以贷款1万元，按揭15年计算，考虑未来利率的调整，其月供以82元计算，年支付住房贷款约为984元/年。从而根据各阶层的年住房消费支出，我们可以大致测算出他们的购房总贷款区间。

▶── 表5-5　消费阶层购房总价区间分析

消费层次	贷款年限	年住房消费支出（元）	贷款金额（万元）	贷款按揭比例	购房总价区间（元）
	15年	984	1		
中低端	15年	12 000	12	≈70%	17万~26万
	15年	18 000	18		

续表

消费层次	贷款年限	年住房消费支出（元）	贷款金额（万元）	贷款按揭比例	购房总价区间（元）
	15年	984	1		
中端	15年	18 000	18	≈70%	26万~34万
	15年	24 000	24		
中高端	15年	24 000	24	≈70%	34万~64万
	15年	45 000	45		

以上数据客观量化了消费者的购买承受区间，使我们对消费者不仅有感性心理上的洞察，也有了相对理性的尺度把握，但只是一个把控区间，而非准确数据结果。一般而言，购买能力偏低的客户住房支出比例应偏高，反之购买能力较强的客户住房支出比例应偏低。

（3）项目户型面积预估

如项目普通住宅均价按3000元/米²计算，则各类型客户群的面积区间如下表：

▶—— 表5-6 各类型客户群面积需求区间

消费层次	购房总价区间（元）	物业均价	面积区间	比例
中低端	17万~26万		57~87平方米	23%
中端	26万~34万	3000元/米²	86~113平方米	47%
中高端	34万~64万		113~213平方米	30%

我们根据消费者的经济收入及住房消费观念和购买习性，对目标客群的消费层次进行了细分，通过对各阶层消费购买力的判断，对项目产品设计有了较粗略的把握。市场没有定数，但其特性都是通过主流来表现的。因此，我们以上推导过程并非为得出项目户型精准的配比数据，也并非为得出某一类住宅产品的设计配比数据，而在于清晰地理顺项目产品发展的主流脉络，为整体项目产品设计在大势上掌控方向，提供指导。

（4）项目户型面积及比例调整修正

①从项目开发战略角度分析

根据项目的整体开发思路，并期望能实现资金的快速周转，从市场情况来看，应合理地控制户型总价，以避免项目的开发风险。

②从市场价格走势的角度分析

一般而言，购房者收入水平的增长速度将低于房价的增长速度，根据消费者的购买力情况，应有效控制总价，户型面积将呈现趋小化趋势，根据项目的开发周期，建议对中高端产品面积调整幅度应为

15%~20%，同时应尽量将面积控制在140平方米以下。可适当在景观位置最优处规划少量舒适型户型。

③从项目实际情况分析

项目作为纯高层住宅社区，其公摊面积较大，因此，考虑当地消费者居住习惯，应适当增加部分中小户型面积，以确保各功能开间的舒适性与功能性。

（5）项目户型配比总结

综上所述，项目整体户型配比见下表：

表5-7 项目整体户型配比

产品档次	户型	面积区间	比例	总比例
中低端总价产品	一房一厅一卫	约55平方米	约3%	约25%
	两房两厅一卫	80~85平方米	22%	
中端总价产品	紧凑三房	100~110平方米	15%	50%
	两变三房户型	95~100平方米	20%	
	标准三房	约120平方米	15%	
中高端总价产品	舒适三房	125~130平方米	10%	25%
	三变四房户型	约125平方米	10%	
	舒适四房	约160平方米	5%	

二、项目户型设计要点

1. 户型设计要点

入户花园+超大阳台+空中庭院

▶—— 表5-8　户型设计要点

增值点	传统处理方式	创新处理方式	说明
入户花园	多数入户花园面积仅有3~6平方米，事实上已经变成了过道。	增大面积，扩大到8~10平方米，与客厅空间相结合。	形成通透、宽敞、具有花园效果的入户花园或入户庭院。
超大阳台	普通阳台面积为4~6平方米，在功能上也仅仅拥有采光和观景等常规功能。	阳台面积扩大到10平方米以上。在阳台造型上也结合户型空间形成多种变化。	通过阳台封闭、隔断等处理，可以增加一间房，实现"N变N+1"的效果。
空中庭院	传统户型极少考虑做空中庭院，以致很多户型的采光效果较差，而且缺乏空间情趣。	在客厅或餐厅的外缘增设6~8平方米的空中庭院，增强空间的采光性和通透的情景性。	阳光室、娱乐室、书房等多功能情景房，或通过封闭以实现"N变N+1"的效果。

2. 设计其他原则

（1）四大光明和七大分区

厅、卧、厨、厕四大功能空间必须要有明窗采光通风，户型内部必须实现动静分区、公私分区、洁污分区、干湿分区、内外分区、主次分区及卫浴分区。

（2）景观优先

以景观作为重要的设计前提，保证每种户型、每个客厅、每个卧室都有景观。

（3）卧室

在不影响其他功能区域的前提下，优先考虑主卧的尺度，保证主卧大开间、大面积。

（4）客厅

客厅是户型的"脸面"，当地消费者对客厅尤其注重，要求客厅开间大、面积大。

（5）厨房

采用L或U形厨房设计，符合洗、切、煮的流程设计，大面积厨房可做到中、西式厨房的分离。

3.各功能空间参数建议

（1）市场典型楼盘功能空间分析

▶── 表5-9 市场典型楼盘功能间分析

御景生态家园									
户型 功能分区	客厅	主卧	次卧	书房	餐厅	厨房	主卫	客卫	阳台
开间尺寸 （米）	4.2~4.8	3~3.6	3~3.2	2.9~3	3~3.3	2.1~3	1.8~2.3	1.6~2	1.2~4.2
进深尺寸 （米）	4.1~4.5	4.2~4.5	3.3~3.6	3~3.3	4~4.6	1.5~4.5	2.1~4.3	1.7~3.9	1.2~4.3

富友国际花园									
户型 功能分区	客厅	主卧	次卧	书房	餐厅	厨房	主卫	客卫	阳台
开间尺寸 （米）	4.1~4.7	3~3.6	3~3.2	2.9~3	3~3.3	2.1~3	1.8~2.3	1.6~2	1.2~4.2
进深尺寸 （米）	4.1~4.5	4.2~4.5	3.3~3.6	3~3.3	4~4.6	1.5~4.5	2.1~4.3	1.7~3.9	1.2~4.3

西域·君悦海棠									
户型 功能分区	客厅	主卧	次卧	书房	餐厅	厨房	主卫	客卫	阳台
开间尺寸 （米）	4.2~4.8	3.6~3.8	3~3.4	2.5~2.7	3.6~4.8	2.2~2.7	2.1~2.2	1.9~2.1	2.7~4.8
进深尺寸 （米）	3.6~6.6	5.6~6	3.9~4.5	3.4~3.9	2.1~3.4	2.6~3.8	2.1~3.2	3.1~3.4	1.2~3.6

华尔兹音乐城									
户型 功能分区	客厅	主卧	次卧	书房	餐厅	厨房	主卫	客卫	阳台
开间尺寸 （米）	4.2	4.2~4.3	2.7~3.9	——	4.2~4.8	3.5	——	2.1~2.4	3.2~4.2
进深尺寸 （米）	3.3~3.9	3.3~4.2	2.8~4.2	——	2.8~3.9	2.1	——	3.3~3.9	2~2.6

续表

环宇大上海									
户型功能分区	客厅	主卧	次卧	书房	餐厅	厨房	主卫	客卫	阳台
开间尺寸（米）	4.2~4.8	3.0~3.5	2.6~3.3	2.4~2.6	2.7~3	1.9~3	1.9~2.1	1.4~1.8	3.9~4.2
进深尺寸（米）	3.9~4.2	4.5~5.3	4.1~4.3	3.7~3.9	3.9~4.2	1.8~3.7	3.7~4.	2~3.5	1.5~2

从上表可看出，昌吉当地楼盘的各功能空间具体参数如下：

客厅：开间多在4.2米左右；

主卧：开间多在3.6米左右；

次卧：开间多在3米左右；

书房：开间多在2.7~3米；

餐厅：开间多在2.7~3米；

厨房：开间多在2.2米以上；

卫生间：开间多在1.8米。

（2）项目各功能空间建议

通过对市场户型的分析，并结合本项目所规划户型的特征，各类户型功能空间设计建议如下：

▶—— 表5-10 各类户型功能空间设计建议

户型	面积与开间	两房两厅	两变三房户型	紧凑户型	标准三房	舒适三房、三变四房
		80~85	95~100	105	120	125~130
主卧	面积（平方米）	≥15	≥15	≥14	≥23	≥25
	开间（米）	≥3.6	≥3.6	≥3.3	≥3.6	≥3.9
次卧	面积（平方米）	≈10	≈10	≥10	≥12	≥14
	开间（米）	≥3.0	≥3.0	≥3.0	≥3.2	≥3.3
客厅	面积（平方米）	≥16	≥16	≥16	≥25	≥30
	开间（米）	≥4.0	≥4.0	≥3.8	≥4.2	≥4.5
餐厅	面积（平方米）	≥9	≥9	≥8	≥12	≥12
	开间（米）	≥2.1	≥2.1	≥1.8	≥2.3	≥2.5

续表

户型	面积与开间	两房两厅	两变三房户型	紧凑户型	标准三房	舒适三房、三变四房
		80~85	95~100	105	120	125~130
厨房	面积（平方米）	≈5	≈5	≈5	≥7	≥8
	开间（米）	≥2.2	≥2.2	≥2.2	≥2.4	≥2.4
卫生间	面积（平方米）	≈5	≈5	≈5	≈5	≈5
	开间（米）	≈1.8	≈1.8	≈1.8	≈2.5	≈2.8
阳台	面积（平方米）	≈6	≥8	≥3	≥6	≥8
	进深（米）	≥1.5	≥3	≥1.2	≥1.5	≥1.8

（3）户型优化设计要点

①舒适化——户型空间的有效转化
除基本五件套外，主卫、衣帽间、阳光间、小书房等功能空间已逐步进入主卧室的设计范围。

②实用性——灰空间的有效利用
在不过量的面积分配下，一方面使储藏空间细分化，另一方面提升户型产品的实用性。

③功能性——产品综合化

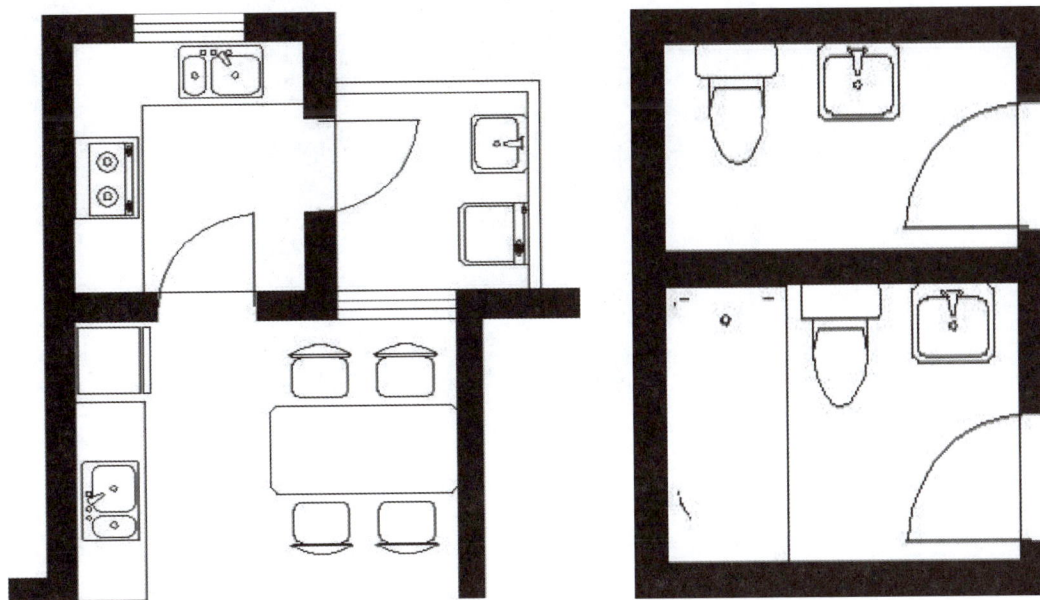

▶ 图5-8 户型功能示意图

将厨房的功能进行拆分，如设置单独的爆炒间，部分橱柜及冰箱移至餐厅，设置服务阳台等。

"半卫"空间可以缓解复杂家庭的使用压力，也可把"半卫"设为储藏室，让简单家庭的户型更灵活、高效。

赠送面积设计建议：

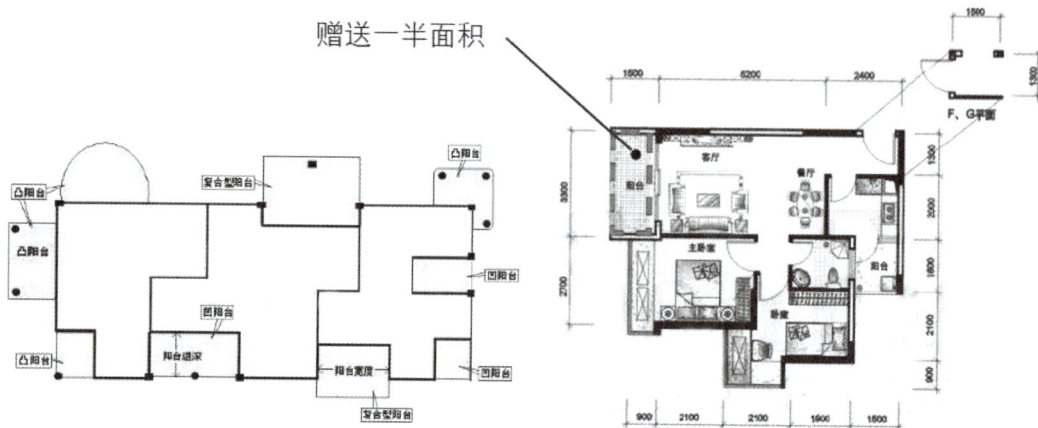

图5-9 赠送面积设计示意图

阳台结合客厅或主卧布置，增加宽敞感，赠送一半面积。

图5-10 内庭院设计示意图

内庭院将室外景观引入室内，创造更私密的半室外空间，也可灵活用于扩大室内空间，赠送面积效率非最高，实用性较强。

▶━━ **图5-11 入户花园设计示意图一**

入户花园提供入口缓冲空间，引入更多室外空间，提高产品舒适度。

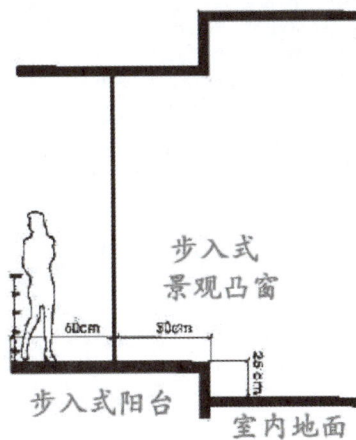

▶━━ **图5-12 入户花园设计示意图二**

三、户型参考

参考户型一：两房两厅一卫，约82平方米

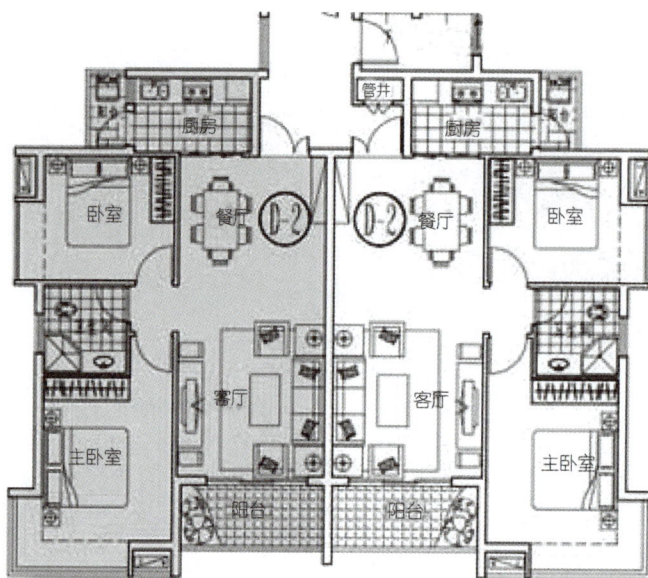

▶── 图5-13 参考户型图一

参考户型二：三房两厅一卫，面积约95平方米

万科金域蓝湾户型设计技巧：0.6米落地凸窗+2.6米进深。

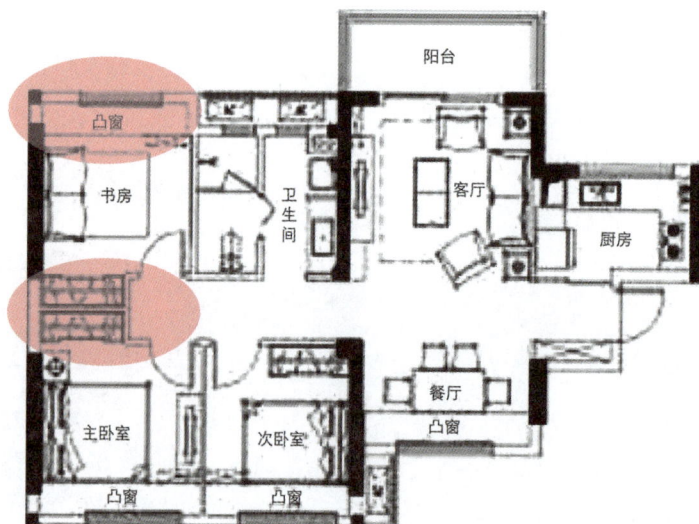

▶── 图5-14 参考户型图二

参考户型三：三房两厅两卫，面积约109平方米

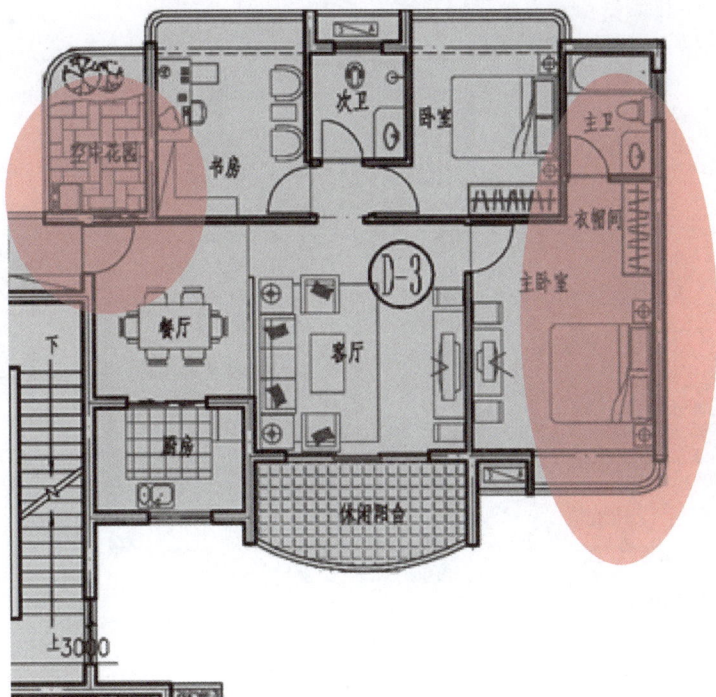

▶── **图5-15 参考户型图三**

参考户型四：两变三户型，面积约95平方米

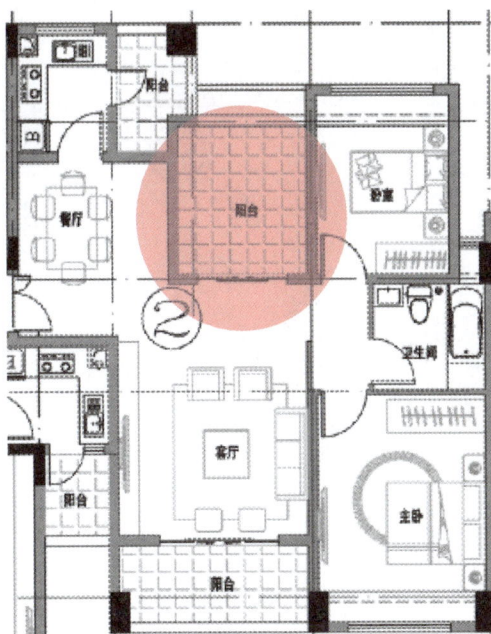

▶── **图5-16 参考户型图四**

参考户型五：三变四户型，面积约129平方米

▶— 图5-17 参考户型图五

参考户型六：舒适四房户型，面积约129平方米

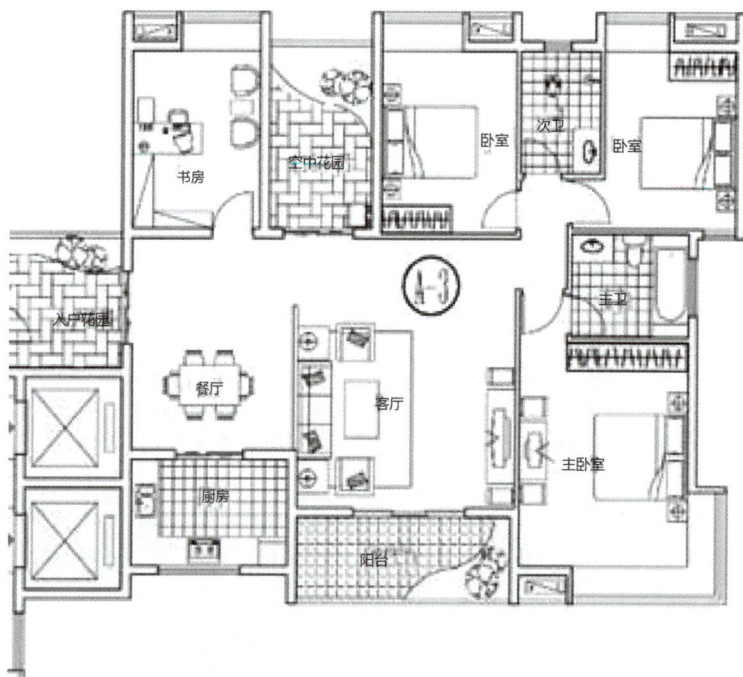

▶— 图5-18 参考户型图六

项目园林概念设计建议

一、项目园林风格定位

1. 市场楼盘园林风格分析

▶—— 表5-11 市场楼盘园林风格

项目名称	园林风格
御景·生态家园	小区园林着力于打造中式皇家庭院。主要景观资源有小区北侧主入口的30米跌水景观，小区中央的8000平方米中央水景主题广场以及中华龙柱、龙壁、假山、瀑布、亭台楼阁与特色植物组团等
富友国际花园小区	中央布置中央水景公园，同时利用小区宽阔的楼间距，设计了多处休憩小游园，宅间绿化种植名贵树木与花卉，满足人们对生态环境、休闲活动和景观文化的要求
西域·君悦海棠	12万平方米的海棠景观大道是整个项目的核心景观，依片区被划分为花、果、树、木、院五重园林主题
华尔兹音乐城	小区主要有两条景观带，分别从小区的两个入口向内延伸，并在小区中央音乐喷泉处进行融合。小区园林主要由八大欧式景观组团构成，配以音乐主题，彰显艺术气质
环宇大上海	景观设计上采用以12 000平方米中心广场为景观核心，130米景观大道为主轴，各楼之间组团绿化的生态景观建设，保证每户享有优质环境带来的生活

分析：

昌吉房地产市场各楼盘在园林的打造上多以大中心景观区为主，且园林大多缺少明确的主题而沦为绿化的概念，本项目在规模不具有优势的前提下，难以通过景观的规模与气势取胜，因此从精致与主题性的角度出发，与其他楼盘形成差异。

在园林主题的选择上，应具有明确的指向性，不能选择目前市场所出现的大而泛的主题，并应以主题为指导，规划各类型景观节点。

2. 本案园林风格定位

（1）目标客户群体与生活方式的联系

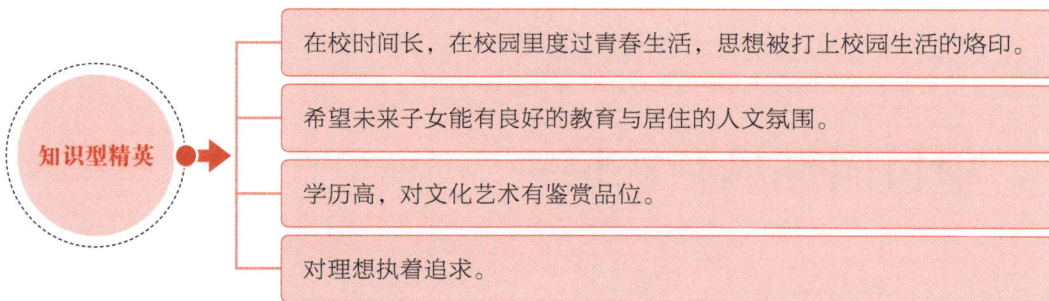

知识型精英 →
- 在校时间长，在校园里度过青春生活，思想被打上校园生活的烙印。
- 希望未来子女能有良好的教育与居住的人文氛围。
- 学历高，对文化艺术有鉴赏品位。
- 对理想执着追求。

对于他们：

人生的最关键阶段是在大学里度过的，最好的朋友是在校园里结交的，人生伴侣是原来的同学，回忆起的最快乐的时光是在学校里；深层精神气质是骨子里的校园文化精神；不会放弃对理想的执着追求，对真诚的崇尚，对平等、公平、公正的坚持；怀有承担使命、责任的渴望。

（2）项目案名与联想

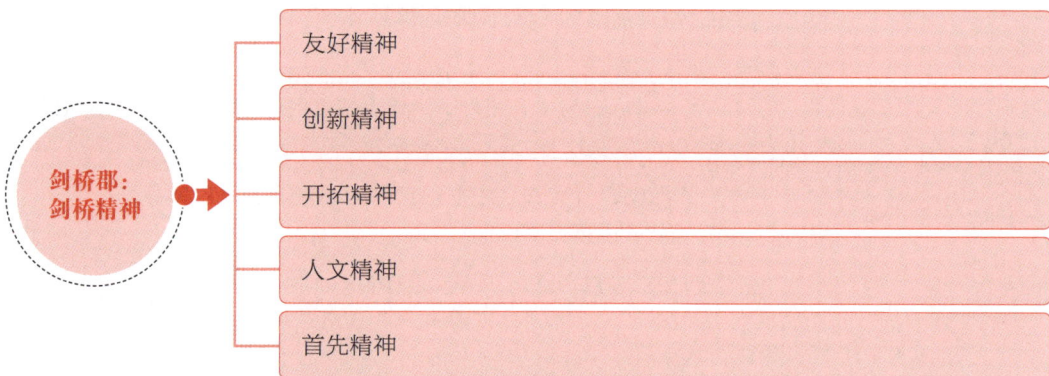

剑桥郡：剑桥精神 →
- 友好精神
- 创新精神
- 开拓精神
- 人文精神
- 首先精神

关于剑桥：

这里是"启蒙之所，知识之源"，在这里精神和肉体、理智和情感、工作和玩乐、建筑和风景、欢笑和严肃、生活和艺术融为一体。智慧与情感携手并行，思索成为一种热情，辩论因痴迷而意味深长。

项目园林风格建议：

英伦人文风情园林

水与桥的意象

阐述：

在园林的打造上具有一定的自由空间和丰富的文化内涵，充分利用地块内部的水资源优势，通过水与桥的意向来打造浓郁的剑桥人文氛围。

水：生命之源，标志着纯洁无瑕的品格，象征着校园生活的单纯、朴实。

桥：融合自然、交汇古今，凌空越阻，连接私属领地与外面的大千世界，使整个项目与周边环境在文化和内蕴上有机结合起来。

桥梁的设计风格尽量与项目整体风格相一致，将项目的独特魅力在第一时间展现出来。

二、园林景观设计

1. 园林景观设计要点

（1）空间组织立意

小区的整体景观规划，在统一园林风格的基调下，又有变换的园林主题，使得整体园林更凸显出丰富性、层次性和主题化，本项目通过不同的景观元素，使整个社区的景观空间更为丰富有趣，把英伦人文风情主题演绎得更生动、更透彻。

（2）注重点线面相结合

环境景观中的点，是整个环境设计中的精彩所在。这些点元素经过相互交织的道路等线性元素连接起来，点线景观元素使得居住区的空间变得有序。在居住区的入口或中心等地区，线与线的交织与碰撞又形成面的概念，从而形成居住区中景观汇集的高潮。

（3）健康生态原则

在社区园林景观的规划中，要充分体现出项目的"健康生态"原则，在公共空间尽可能地多布置一些居民活动场所，力求使社区每一年龄层次的住户都能获得充分的活动空间。

（4）可观赏性、可享受性、可参与性设计

观赏性是园林设计的第一大要点，园林犹如一个社区的衣裳，是直面消费者的第一感官要素，观赏园林对于居住者来说是一次心情愉悦的生活享受。

采用多树少草、避雨遮阳凉亭等设计手法，享受花树的清香，享受林荫小道的慢跑，坐在清爽凉亭下漫谈人生，生活因园林变得更美、更惬意。

可让人参与其中的园林实现了人与自然的融合，让居住者走出房子，走入生活，真正体验到优越生活的享受。

2. 园林景观细部设计

（1）水体系统

新疆缺水，当地消费者对于水景有着天然的向往，本项目地块具有较为丰富的水资源，可充分利

用，使水体系统成为园林景观的重要组成部分，通过对水体系统的规划，提供具有多样性的水空间，还可增加路径的趣味性，展现不同区域的不同风貌。

在水系的规划上，不建议使用大面积的水面，而应通过蜿蜒的水系规划与住宅的结合，来体现自然野趣，塑造使人身心放松的氛围。

（2）绿地系统

绿地系统整体构思

根据本项目地块的条件，绿地系统可分为：生态绿廊、视觉廊道、公园绿地三类。

生态绿廊：主要的绿地为本地居民、外来访客提供接近自然的机会。

视觉廊道：由入口自西向东延伸，是整个基地最重要的视觉通廊，以带状山谷结合水道，强化视觉通道。

公园绿地：供居民和访客休闲、游憩的各种活动空间，包括社区公园、会所公园、邻里公园等。

▶—— **图5-19 绿地系统示意图**

（3）道路景观

园林以营造休闲为主情调，园林步道设计在满足功能的前提下，应曲多于直，宜窄不宜宽。应尽量避免过长的直道，同时可沿水系布置小桥与汀步。

▶━━ 图5-20 园区道路

▶━━ 图5-21 花坛休闲道

▶━━ 图5-22 路面设计充分取材于自然，制造自然情趣

（4）中心景观区

中心景观区不建议使用大型水景，而是通过对场地的改善营造出丰富的空间层次，充分运用风景的开合、空间的对比，采用造景、托景等不同手法，通过硬铺、下沉式广场、绿化等景观把园林有机地分割为不同层次的空间，使园林呈现出立体式、梯度式的高低错落的立体美态。

▶━━ 图5-23 中心景观示意图

（5）入口景观

①东侧入口景观

入口广场：在项目东侧与城市道路联系的广场，形成小型主题景观，以"知识广场"作为主题，在广场中心规划小型钟楼，钟楼四侧基底通过壁画的方式将关于剑桥的格言雕刻其上。

建筑景观：会所、商业及幼儿园均以低层建筑为主，在外立面的材质与造型上注重创意，使建筑成为景观的一部分。

大道景观：通过艺术水坛将车行道设在两侧，中间以艺术灯柱造型呈现，英式特色门卫室升华尊崇的印象，水中树池景致旖旎，树的倒影让水呈映出绿色的清凉，让出入成为一次风景旅行。

②西侧入口景观

结合项目西侧与北京南路之间的空地，在地块的西南角规划气势磅礴的中央广场，通过英式雕塑与人文氛围的营造来体现项目气质。

▶── 图5-24 景观示意图

（6）单元入口景观

通过木桥、玻璃桥廊、质感石桥等与建筑、枯水浅水水系、首层下沉式花园等的组合，与社区景观的融合，制造各单元入口的可识别性，增强业主的专属感，使单元入口自成景观。

▶— 图5-25 小桥流水入户

▶— 图5-26 架空入户

（7）雕塑小品意向

雕塑小品对整个园林景观起到画龙点睛的作用，可以为园林景观增添表现力和感染力，在园林各处设计一些雅致、有意境的小品，增强趣味性，提高品位感。小品的设计既要注意与园林景观整体风格相协调，也要注意自身风格的一致性，不要反差太大，给人凌乱的感觉。本案雕塑小品的选择应立意于英伦人文主题，具有风情感和可教育性。

▶— 图5-27 跌水景观

▶— 图5-28 仿木质花坛

▶— 图5-29 社区休闲场所

▶— 图5-30 风情雕塑

（8）雾化景观

在水系周边安装雾化系统，通过微喷雾使社区园林若隐若现，给业主带来赏心悦目的感觉。

（9）植被选择

从成本及维护的角度考虑，项目园林的植被选择应以乔木与灌木为主，草地面积可适当减少；在树种的选择上，尽量选择适应本地气候的植物；考虑天气因素，应选择形美的植物；站在营销的角度上，可考虑引进1~2株较为名贵或有故事（如从天山深处移栽）的树木，作为镇园之宝。

图5-31 雾化景观示意图

（10）灯光意向

可考虑选择太阳能灯以及相关的节能灯，以降低业主公摊电费。

射灯　　　壁灯　　　埋地灯　　　地灯　　　墙角灯

埋地射灯　　泛光灯　　　发光坐凳　　　路灯

绿化灯光　　　夜景灯　　　壁灯

图5-32 灯光示意图

第六部分

项目配套概念设计建议

项目的配套可分为两大类，包括项目的硬件配套与软件配套，本项目首期产品的主要配套如下：

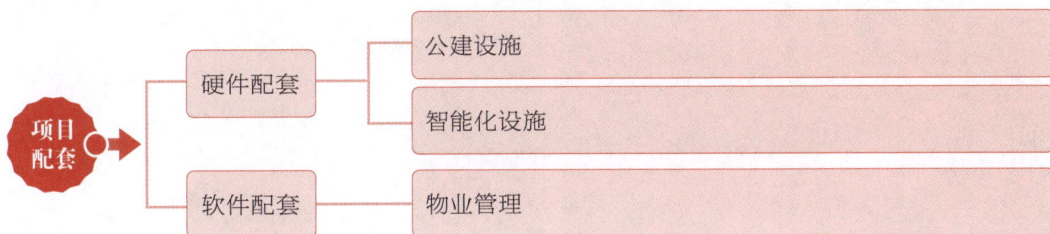

▶— **图5-33 项目配套体系**

一、项目公建配套

1. 会所

（1）基本考虑原则

从目标客户群需求的角度出发，设置合理的功能；

前期可作为项目的售楼部，后期作为会所；

有利于后期经营和维护，减少物业成本和负担；

体现项目的档次与未来的生活氛围，为营销提供支撑点。

综合项目成本和后期经营考虑，项目会所规模不宜过大，而是应以务实的态度，为业主打造人文主题生活会所，建议会所整体规模设置不超过1000平方米。

（2）会所功能建议

①售楼部功能

本项目售楼部除常规销售功能外，还兼顾如下四大体验功能：

创意体验：通过充满想象力的建筑立面与艺术化的空间布局，使售楼部成为昌吉最具建筑特色、兼具视觉和体验双重享受的地产项目销售场所。

人文体验：充分营造室内的人文氛围，可通过图书馆与室内空间的结合进行打造，以小剧场或图书馆的形式将各类图书进行陈列，来访者可以随意阅读，书不再是摆设，而可以与人产生对话。

展示体验：除常规布置外还包括项目三维演示厅，以最具原创概念的地产形象展示空间和现代建筑装饰艺术殿堂，成为昌吉地产趋势风向标。

休闲体验：布置咖啡吧、网吧、读书室多种休闲体验方式，让消费者在休闲的情景空间中进行洽谈。

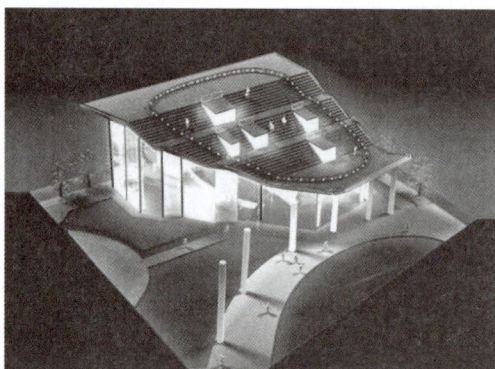

▶—— 图5-34 艺术建筑立面

▶—— 图5-35 人文体验

▶—— 图5-36 展示体验

▶—— 图5-37 休闲体验

②会所功能

知识生活馆：是人文与生活的完美结合，设计简单典雅，可以让人沉浸在休闲、文化与交流的海洋中；是社区业主的交流平台。其主要功能设置如下：

▶—— **表5-12 会所功能设置**

功能区	经营项目类型
人文阅览区	阅览室、图书馆
人文休闲区	亲子乐园、创意吧
人文养生区	喝茶、保健咨询等
人文交流区	作为人文大讲堂场所，包括业主论坛室、多功能厅，定期举办业主讲座，包括子女教育、保健、养生等

2. 泛会所

（1）运动场地

在基地内位置稍差处规划运动场地，如羽毛球场，并注重周边植被的遮挡；在组团及架空层、绿荫步道附近配置健身活动器械，使其融合在社区园林景观中，成为社区景观的一部分。

（2）儿童天地

年轻的购房者较为注重孩子的健康成长，建议在后期高层区域楼宇之间建设儿童游乐园，配备滑梯、吊篮、沙场等；儿童乐园周边需要一定面积的硬质地面供儿童自带游乐玩具玩耍。

（3）读书角与涂鸦墙

建议在社区环境良好且清净的角落，开辟读书角，让孩子与大人有室外读书的空间，同时在幼儿园周边的草地旁设置涂鸦墙，使其独具特色，充分展示孩子们的想象力和创造性。

3. 商业配套

（1）商业定位原则

遵循四大原则：

· 与产品定位和谐统一；

· 满足消费者生活需求；

· 减少商业对住宅干扰；

· 考虑后期管理与经营。

本案不具备有效的临街面，但考虑到目前项目周边的商业氛围不成熟，缺少日常消费商业体系，所以建议本案商业结合地块条件与整体规划，与园林示范区相结合，打造满足业主生活基本需求的商业，商业与会所、入口广场共同构成项目的公共开敞空间和标志性建筑。

（2）商业定位

社区邻里中心：在业态上以日常生活需求、休闲生活需求、餐饮及娱乐为主。社区邻里中心不仅是日常消费场所，更是社区邻里休闲、邻里交往的场所。在空间组合上，形成整个社区休闲、娱乐、购物的中心，通过商业与街道的结合构成一套具有规模的家庭住宅延伸体系。

（3）商业形态

景观式建筑+情景式环境+LOFT高价值空间。

景观式建筑——以更具亲和力的低层建筑为主，在建筑风格上与住宅部分保持统一，同时与钢材、玻璃等现代元素结合，形成艺术美感和视觉冲击；通过几何特征的剥落韵律，赋予场地新的内涵。

情景式环境——利用广场、入口、会所和商业的合理布局，配合小品、植被等打造步行街的景色，使消费者在购物的同时也能够体验到一种休闲与时尚，这种设计可以使商业部分成为项目环境景观之外的另一道人文景观，有利于提升人气，吸引高档次和高品位商业进驻。

▶── **图5-38 商业形态示意图**

LOFT高价值空间——建议商业上采用LOFT商业框架结构，层高5.8米，这种可拆改的灵动空间不但可以为后期的商家提供多样选择，也能够使未来商业街各门市的布局更加灵活，以便于使目前建设的商业能够适应后期各种商业业态对商业物业的最合理要求。

4. 幼儿园

艺术幼儿园——艺术素质教育基地。

考虑到项目的规模以及周边市政配套情况，建议在社区内规划一所面积约1000平方米的幼儿园。在幼儿园的打造上，可：

· 聘请昌吉优秀的幼儿园教师任教，使其师资力量得到大众认可；

· 注重幼儿的素质教育，建议与昌吉艺术学校联合办学，并定期组织艺术学校教师来学校举行有针对性的课题交流，使幼儿园成为精英儿童素质教育基地；

· 整合社区及周边的幼儿资源与教师资源，为业主提供信息平台，由其自主聘请幼儿辅导教师。

二、项目智能化配套

1. 主题定位

引领"全科技"居住时代。

按国家3A（AAA）级商品住宅智能系统设施标准配置智能化设施，全面优化业主生活，让人们在家中能够享受到舒适、方便、安全的生活，能够多元化切实体验到智能化设施对生活的优化。

2. 核心智能化设施

核心智能化：家居智能化控制面板；

特色智能化：直饮水系统。

家居智能化最为重要的是建立家居智能网，一般而言，具有按钮控制、遥控器控制、控制面板控制、电话远程控制、网络远程控制五套控制体系；考虑到昌吉消费者的经济实力与项目开发成本，建议选择造价较低、操作较为简单的控制面板体系，通过集成系统，实现布防与撤防、紧急报警、信息留言等功能。

管道直饮水以现有自来水为水源，通过专门的饮水管网，将经过深度处理的优质饮用水直接送到用户家中，用户打开水龙头就可以直接饮用。

3. 其他智能化设施建议

（1）一卡通管理服务

从各入口进入小区、驾车进入地下车库都可使用IC智能卡刷卡进入，既提高了业主进出小区的便捷度，也能对外来人员形成有效阻隔，确保小区安全。

（2）全天候闭路电视监控系统

在小区内主要通道、车库、入户大堂及周界等处设置前端摄像机，将图像传送到保安中心，对整个小区监控点进行实时监视和记录。

（3）紧急求救系统

安装在主要进出口、主人房。当紧急求救掣被触动，紧急求救掣会立刻传送紧急讯号至24小时保安监察中心求助，当警钟警报系统未运作时，紧急求救掣依然可以运作，不受影响。

（4）燃气报警系统

燃气泄漏时，将发出火警讯号，传送至物业管理中心，避免潜在的人、财、物损失。

（5）红外线监控系统

能保护空旷的室内及室外地方。当非法进入者进入红外线对射系统的感应范围时，警钟警报系统会立刻被触动。

（6）电子巡更系统

电子巡更系统的作用是保证小区保安值班人员能够按照预先随机设定的路线顺序地对小区内各巡更点进行巡视，同时保护巡更人员的安全，并使巡更人员及时处置应急问题。

（7）背景音乐系统

在小区广场、中心绿地、组团绿地、道路交会处等处设置音箱、音柱等放音设备，由管理中心集中控制，可在节假日、每日早晚及特定时间播放音乐，也可通过遍布于小区内的音箱播放一些公共通知、科普知识、娱乐节目等，同时在发生紧急事件时可作为紧急广播强制切入使用。

三、项目物业管理建议

1. 项目物业体系构成

体系构成一：基本服务

①常规服务

主要有所有住宅用户共同享有的维修、保安、清洁、绿化、车管等服务项目，可以满足用户安居乐业的普遍需求，旨在构筑一个安全、整洁、优美、舒适、方便的生活环境和工作环境。

▶── 表5-13 项目物业常规服务

无偿服务	代购飞机票、代发邮件、代订报刊、代办有线电视、代办电话、代办煤气开户、老人特别服务等
有偿服务	洗脸盆、洗菜盆漏水处理，马桶渗、漏水处理，疏通马桶或地漏，疏通上下水主管，疏通下水支管 修理、更换开关、插座，修理、更换灯具、灯管、灯泡，更换电表、水表，电源短路无电检查换线 安装坐厕，安装分体空调，拆空调、热水器、抽油烟机 清洗排风扇、抽油烟机，清洁房屋，常年房屋定期保洁，清洗车辆，洗车上蜡，代送洗衣物……

②辅助服务

辅助服务主要有特殊业主用户无偿享有的救助、捐助、义工、提醒、邮发等服务项目，可以满足那些有特殊困难和临时困难的用户的需要，旨在弘扬一种人们感到久违了的社会道德风尚。

体系构成二：特色服务

提供全方位的服务内容。

▶── 表5-14 项目物业特色服务

家政服务	真情关爱服务：购房者/住户生日祝贺、老人节慰问、子女升学祝贺、伤病慰问 健康保障活动：提供上门医疗保健服务、定期全身体检服务等 方便家政服务：提供烫洗、订购、送餐、家庭宴会、鲜花速递等家政服务
文体服务	促进成长服务：建立素质教育基地，举行青少年思想道德、文化教育活动 文化培养服务：在小区内举行画展、摄影展、艺术欣赏等活动，培养小区氛围 打造社区服务：举行群众性社区活动，从而培养"大家庭"的亲近和睦的温暖感觉
其他的优惠措施	专业家教服务：音乐、文化、美术、心理辅导、语言培训、计算机、数学、电脑等家教代理服务 超值会所服务：购房者/住户可以以优惠的价格使用小区配套及会所
	提供租赁代理专业服务：帮助购房者获得超值的物业投资收益
	24小时提供工程应急维修服务，对停电、停水、马桶堵塞、电梯困人等影响购房者居家生活的急切问题及时解决

2. 社区文化营造

物业管理公司不仅仅是为业主提供日常生活服务，还起着营造良好社区居住氛围的作用，是业主与业主、业主与开发商之间的沟通纽带。因此，建议物业公司定期组织社区活动，营造良好的社区文化，每年都确定该年的社区文化主题，如"2012年——睦邻爱家年"，并制订详细的活动计划。

四、示范区建议

万科总经理郁亮说："消费者并不知道他们所需要的是什么样的产品。"大多数的消费者不是专家，他们对于期房产品的认识需要引导，而最具说服力的就是销售现场。一定程度上可以说现场营销也是一种产品力，与产品一起已经成为产品力的一部分。在产品相同的情况下，谁更具备现场营销力，谁就是王者。因此，本案以"将钱花在看得见的地方"为原则，在营销现场的打造上加大投入，以绝对震撼的销售现场与示范园林区，给消费者留下深刻印象，从而提升项目的产品附加值。

1. 会所（营销中心）——英式红房子

（1）建筑外观参考示意图

▶── 图5-39 线条简洁不失大气

▶── 图5-40 采用典雅的清水红砖

▶── 图5-41 建筑立面的细节处理

（2）室内空间参考示意图——空间挑高，体现气度

▶── **图5-42 室内空间示意图**

（3）功能划分示意图

▶── **图5-43 功能划分示意图**

（4）室内细部设计示意图

▶── 图5-44 室内细部设计示意图

（5）外部细节处理示意图

▶── 图5-45 外部细节处理示意图

2. 现场包装

▶—— 图5-46 现场包装示意图

3. 园林示范区

在项目正式销售前，将地块东侧的入口与景观建设完毕，并强调室内外空间的渗透交流，特别是营销中心与园林示范区的关系处理。项目园林的主题与低层建筑的建筑风格相互映衬，展现多层次的空间环境。

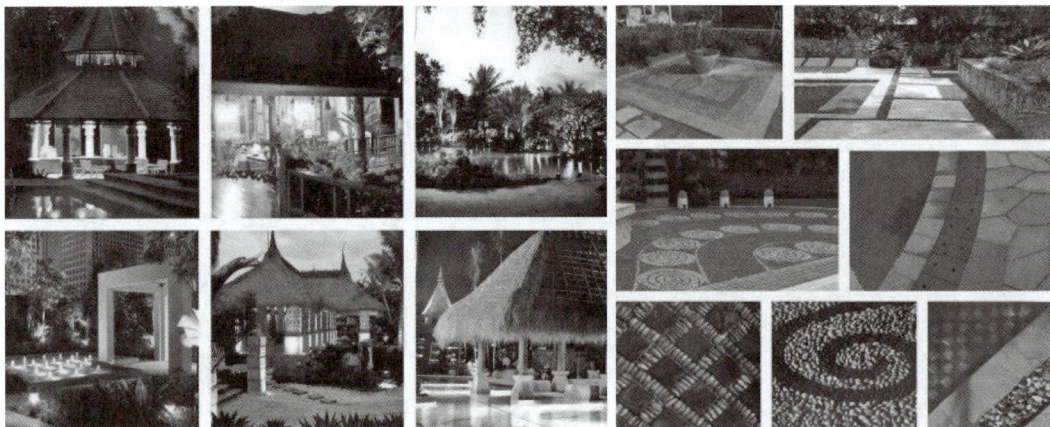

▶━━ **图5-47 园林示意图**

巧妙利用灯光，强调重点景观与植物、石材、卵石、水泥砖不同材质及规格的精心搭配，形成肌理丰富的图案线形，让铺地充满精致的现代情趣。

结束语

产品设计之初就必须从规划中寻找项目的卖点，以此作为产品设计的指导思想，这样设计出来的产品才会是市场上真正需要的，而不是停留在理论的层面，经不起风吹浪打。这就是有的楼盘总是停留在做概念的阶段，却找不到产品卖点而流于空洞的原因。

因此，从产品设计开始先确定产品方向是项目发展的必由之路，并由此枝繁叶茂，独成一体；此次产品建议也尽量延续了前面所述的脉络。

相信凭借开发商的决心与实力，借助外来团队的力量，项目未来将展现一幅令人振奋的图景：

一座创新之城：全新的开发理念和开发模式，引领昌吉房地产开发之风！

一座人文之城：这座城，一草一石、一砖一瓦，所散发出来的是一种适雅的风情！

一座体验之城：这座城，人们将尝试一次全方位的新居住模式体验之旅！

一座形象之城：这座城，将代表昌吉问鼎新疆人居之巅，她将是昌吉城市形象的T形台！

一座地标之城：昌吉从此将拥有自己的全新城市建筑标志和城市焦点符号！

附件1：项目用地扩大财务分析

1. 项目增加用地初步规划

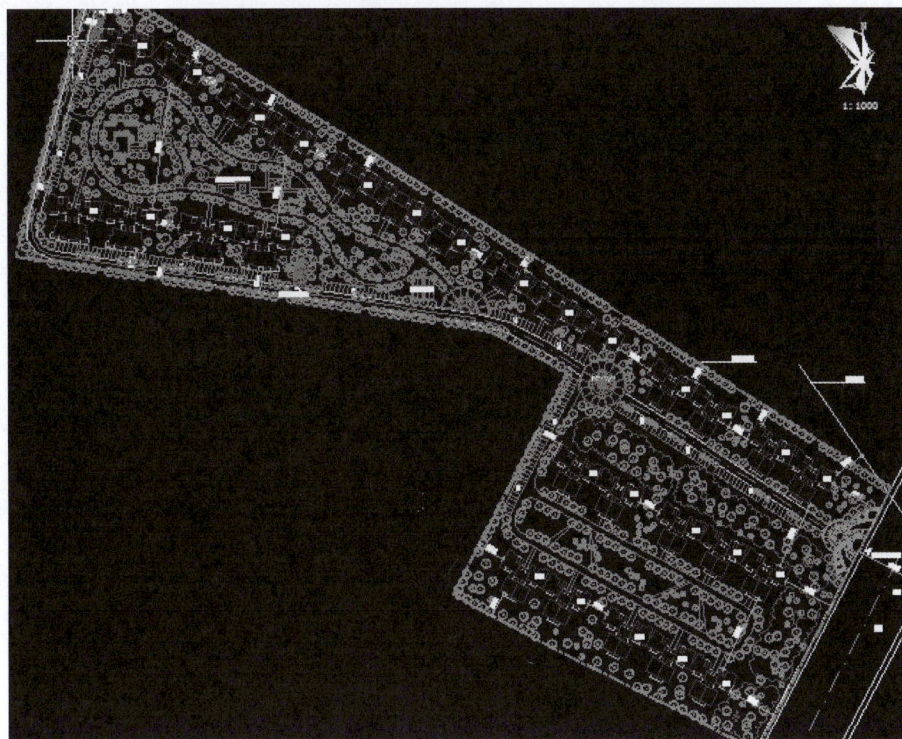

▶── **图5-48 项目规划总平面图**

按初步的布局，项目按2%配置公共建筑面积，则住宅建筑面积为212 594.5平方米，其中置换面积25 871.45平方米，可售面积为186 723.09平方米。按0.6的比例需配备车位1210个。

2. 销售收入

▶── **表5-15 销售收入**

建筑类型	销售面积	销售收入（万元）	备注
住宅	186 723.09（平方米）	66 286.7	平均售价3550元/米²
车库	1210（个）	9680	8万元/个
总计		75 966.7	——

3. 开发总成本

（1）土地成本：6180万元

（2）建安成本：46 104.88万元

▶—— 表5-16　建安成本

项目	计算单位	计算标准	总额（万元）
地上建安成本	216 933.2（平方米）	1770元/米²	38 397.18
地下建安成本	1210（个）	6.37万元/个	7707.70
总计	——	——	46 104.88

（3）前期费用：3601.09万元

▶—— 表5-17　前期费用

项目	计算标准	总额（万元）
报建费	150元/米²	3254.00
设计费	16元/米²	347.09
总计	——	3601.09

注：报建费包括城市基础设施配套费、散装水泥专项资金、新墙体材料发展资金、人防工程易地统建费等费用，约为150元/米²。

（4）不可预见费：994.12万元

（建安工程费+前期工程费）×2%＝994.12万元

（5）开发费用：3919.91万元

▶—— 表5-18　开发费用

项目	计算标准	总额（万元）
不可预见费	（建安+前期）×2%	994.12
销售费用	总销售收入×3%	2279.00
安置费用	——	646.79
总计	——	3919.91

注：安置费用主要包括临时安置补助费（24个月，4元/米²）、搬迁补助费（4元/米²）及二次装修补偿费（150元/米²）等，按250元/米²计算，则需646.79万元。

（6）营业税费：4324.62万元

▶── 表5-19 营业税费

项目	计算标准	总额（万元）
营业税	销售收入×5%	3798.34
城市维护建设税	营业税×7%	265.88
教育费附加	营业税×3%	113.95
印花税	销售收入×0.05%	37.98
其他营业税费	总建筑面积×5元/米²	108.47
总计	——	4324.62

注：其他营业税费包括商品房交易手续费、测量费等。

（7）财务费用：780.53万元

▶── 表5-20 财务费用

项目	计算标准	总额（万元）
贷款利息	2500万元贷款1年	213.53
自筹资金利息	4725万元自有资金投入半年	567
总计	——	780.53

（8）项目利润分析：净利润6414.86万元

▶—— 表5-21 项目利润

项目	金额（万元）	说明
1.总销售收入	75 966.70	——
2.土地成本	6180.00	——
3.建安成本	46 104.88	——
4.前期费用	3601.09	——
5.不可预见费	994.12	——
6.开发费用	3919.91	——
7.营业税费	4324.62	——
8.财务费用	780.53	——
9.毛利润	10 061.55	1-（2+3+4+5+6+7+8）
10.土地增值税	1519.33	按销售收入的2%预缴
11.利润总额	8542.22	9-10
12.所得税	2135.56	利润总额×25%
13.税后利润	6406.66	11-12
14.销售利润率	8.4%	13/1
15.投资利润率	9.7%	13/（2+3+4+5+6+7+8）

附件2：项目团购启动方案

1. 团购意义

实现项目启动时期所需部分资金的回笼；

用团购的优惠政策提前锁定部分消费群体，稳固购买关系；

通过团购活动建立供不应求的现象，吸引市场的关注，形成热销态势；

通过认购客户的口碑，宣传项目优势，拦截客户群向其他项目的分流。

2. 团购对象

昌吉税务局全体职工及领导。

3. 团购原则

户型推出原则：依据市场调查设计昌吉人普遍喜欢的户型，做到有的放矢。

房源控制原则：推出丰富的房源产品线，保证各房源尽可能集中，以保证后期销售的顺利实施。建议推出团购房源数量为昌吉税务局员工数量的1.2倍。

价格制定原则：为保证团购单位购买的积极性，团购价格应控制在合理范围内，建议团购价格低于正常销售价格100元/米²左右。

4. 团购操作思路

制订方案

根据市场调查的结果，分析得出昌吉人普遍青睐的户型。根据分析结果进行户型设计，同时制订团购计划。

联系领导

团购具体产品确定之后，联系税务局的高层领导。向税务局工会领导讲解本次团购方案，争取税务局领导的全力支持。

产品推介

由税务局高层召集全部员工于大会议室内，工会主席或者办公室主任向全体员工进行简单的产品推介，会上宣传本次团购将作为税务局员工的福利。会终，由工会主席或者办公室主任宣布，有意向的员工在10天之内可以到工会处报名。为了增加员工报名的积极性，产品推介当天报名，订金可少1万元。

宣传走访

产品推介会后，利用半个月左右时间对税务局的员工进行走访宣传，在现场派发项目资料，并对有需求的购房员工进行讲解，同时告知该项目产品推介会、选房下订的相关事宜，进一步增强员工对本项目的信心。

选房下订

半个月左右时间宣传走访结束后，在售楼现场举行团购选房下定活动，采取先到先选的方式，选房成功的团购客户，须交纳6万元订金，产品推介会当天报名员工下订交纳5万元订金，并签订《团购协议书》。

图5-49 团购操作思路

5. 操作时间安排

重点可分为三个操作阶段：产品推介期、宣传走访期、选房下订期。大体时间段安排如下：

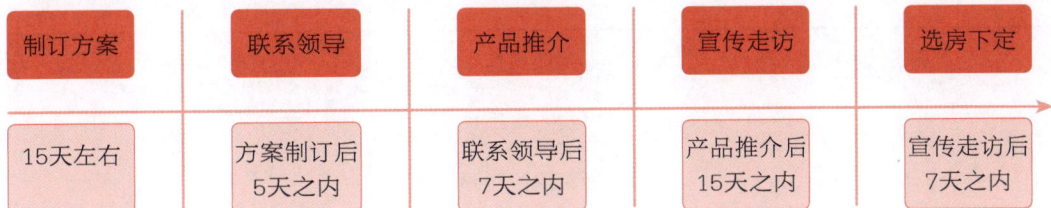

制订方案	联系领导	产品推介	宣传走访	选房下定
15天左右	方案制订后5天之内	联系领导后7天之内	产品推介后15天之内	宣传走访后7天之内

▶—— 图5-50 操作时间安排

6. 团购要点

第一，团购定房当日采取排队形式进行选房，先到先得。

第二，客户选房成功，须一次性交纳团购订金6万元，并签订《团购协议书》。

第三，在正式签订《商品房买卖合同》时，若客户有意解除《团购协议书》而退定的，开发商承诺无条件退还订金，并承诺按已付订金的110%回购。

第四，对非团购单位客户想参与本次团购活动的解决办法：

以团购单位员工名额参与，即客户自己找团购单位关系，以税务局员工的名义参与本次团购活动；

如果无法找到相关关系，同时又想参与团购计划的，则需要满足以下要求：只能选购本次推出的房源，团购价格只低于市场销售价格100元/米^2，同样按先到先得原则进行。

7. 团购实现前提条件及工作准备

▶— 表5-22 团购实现条件及工作准备

进程	完成工作	备注
制订方案阶段	团购方案确定	——
	确定团购房源	——
	团购须知	——
	人员招聘	——
联系领导阶段	获得领导的全力支持	——
产品推介阶段	人员团购培训	——
	确定价格表	——
	产品推介手册确定与印刷	——
	沙盘模型完成	——
	PPT	——
	营销现场布置	——
	项目展架完成	——
	团购申请书	——
宣传走访阶段	对意向客户的拜访	——
选房活动	选房活动方案确定	——
	通知选房	——
	选房现场布置	——
	团购选房活动执行	集中选房
后期跟进	客户服务	通过短信方式定期告知客户项目工程进度等信息

8. 操作方式

（1）产品推介阶段

团购产品展示：与团购单位联系，将团购产品物料（包括户型展板、X展架等）放置在各单位与企业大厅（营业厅）内及入口处，让员工及时知道本次团购活动及相关产品资料。

资料派发：产品推介会上将派3至4名销售人员将团购资料（印刷品）发放在会议桌上。

适当讲解：产品推介会期间，售楼员现场解答客户问题，并要尽可能地留下与会者的联系方式，便于今后开展帮带营销工作。

产品推介会：

时间：（待定）。

地点：（待定）。

邀请对象：税务局全体职工和领导。

内容：

·市场发展形式简述（在新政策下新疆的发展前景等）；项目的特点（专为中产阶级量身打造的特色居住区等）；产品规划说明；产品的升值性等（PPT现场讲解）。

·团购政策说明

可考虑在推介会前，对团购单位客户进行宣传预热。形式：专场电影。

（2）宣传走访阶段

联系税务局领导，获得首肯后，由团购单位安排单位代表带领，对已报名的意向员工，进行"一对一"资料派发及相关讲解。

主要工作：

·派发资料：将项目资料以及团购资料尽量发放至每一位团购员工手上；

·"一对一"讲解及答疑：通过销售人员"一对一"的口头讲解，让意向员工快速了解本项目及本次团购活动优势，增强意向员工信心。

（3）团购选房下定阶段

时间：（待定）。

地点：营销中心（或临时选房处）。

操作要点：先到先选，一次性交纳6万元订金，产品推介会当天报名交纳5万元订金，同时签订《团购协议书》。

06
定价策略

重庆市 XX 项目别墅
及洋房定价决策咨询报告

第一部分

定价依据

一、项目产品成本核算

1. 别墅类产品成本核算单价

A1区+A2区+A3区+B1区=4293元/米^2。

2. 洋房类产品成本核算单价

B2区=3028元/米^2。

3. 小高层产品成本核算单价

B3区=2533元/米^2。

该数据为财务部提供，为保证此次定价的合理性，考虑到目前的通货膨胀率为6.4%，结合传递因素，故所有成本均上浮10%。

▶── 表6-1 项目产品成本核算

产品类别	成本单价（元/米^2）	上浮10%	最终成本（元/米^2）
别墅	4293	429	4722
洋房	3028	303	3331
小高层	2533	253	2786

二、同类物业价格分析

1.主城在售别墅楼盘价格

▶— 表6-2 主城在售别墅楼盘价格

区域	项目名称	均价（元/米²）
南岸区	同景国际城香阁华颂	13 000
	同景国际城郡望	15 000
	南山1号	12 000
渝北区	万科渝园	17 000
	大鼎湖滨印象	11 000
大渡口区	晋愉碧怡林畔二期东岸	13 000
北碚区	鲁商云山原筑	9500
	中安长岛	15 000
沙坪坝区	龙湖东桥郡	13 000
	富力城公园别墅	10 000
江北区	嘉凯城北麓官邸	19 800
	保利江上明珠	12 500
	金科太阳海岸	11 000
北部新区	万科悦府	28 000
	奥山别墅	15 000
	首钢美利山御山别墅	15 000
主城在售别墅楼盘均价		14 362

2. 一小时经济圈别墅楼盘价格

▶── **表6-3 一小时经济圈别墅楼盘价格**

区域	楼盘名称	均价（元/米²）
江津	建宇雍山郡	8000
武隆	汇祥云深处	7500
铜梁	欧鹏兰亭别院	11 000
一小时经济圈别墅楼盘均价		8833

3. 主城在售洋房楼盘价格

▶── **表6-4 主城在售洋房楼盘价格**

区域	楼盘名称	均价（元/米²）
沙坪坝	峻峰香格里拉	8000
南岸区	蓝光十里蓝山	7800
九龙坡区	金科阳光小镇	5600
渝北区	立邦香语湖	7850
北碚区	海宇西湖山水	7300
茶园新区	浅山云景	6500
	中铁山水一色	8500
主城在售洋房楼盘均价		7507

4. 一小时经济圈洋房楼盘价格

▶── **表6-5 一小时经济圈洋房楼盘价格**

区域	楼盘名称	均价（元/米²）
铜梁	泽京普罗旺斯	5200
长寿	维丰蓝湖熙岸	5600

续表

区域	楼盘名称	均价（元/米²）
綦江	德宜信锦绣天台	5300
永川	昕晖香缇漫城	5000
涪陵	金科天湖小镇	6000
一小时经济圈洋房楼盘均价		5420

5. 主城小高层楼盘价格

▶—— 表6-6 主城小高层楼盘价格

区域	楼盘名称	均价（元/米²）
北部新区	复地新成就	8500
渝北区	万科悦峰	8300
高新区	永缘寓乐圈	7800
北碚区	浩博方山境	7300
渝中区	中庚香江美地	8200
巴南区	康利尔风花树	6800
九龙坡区	七彩华府	6600
主城小高层楼盘均价		7643

6. 一小时经济圈小高层楼盘价格

▶—— 表6-7 一小时经济圈小高层楼盘价格

区域	楼盘名称	均价（元/米²）
涪陵	奥海蓝山水岸	4600
长寿	香山美地	5000
江津	祥瑞云鼎阳光	5400
綦江	立立依山郡	4000
永川	金科中央公园城	4400

续表

区域	楼盘名称	均价（元/米²）
合川	千山米兰郡	4100
一小时经济圈小高层楼盘均价		4583

三、项目所在城市其他物业价格分析

▶── 表6-8　南川区在售楼盘一览

序号	楼盘名称	总建筑面积（平方米）	已销售面积（平方米）	待销售面积（平方米）	均价（元/米²）
1	康田熙岸	67 853	56 318.21	11 534.79	4600
2	泽京香格拉西苑	338 590	52 887.6	285 702.4	4500
3	同邦国际城	166 567	53 627	112 940	4700
4	凯撒皇庭	186 747	78 950	107 797	4400
5	中铝泰园	128 342.6	108 742.67	19 599.93	4200
6	坤罡龙都	140 000	21 200	118 800	4200
7	恒安世纪花城	410 000	40 274.55	369 725.45	4300
8	博赛豪庭	150 000	79 500	70 500	4300
9	花山怡园	140 000	135 800	4200	4200
10	伴山雅筑	37 291.5	16 291.5	21 000	4080
11	金山丽苑	358 971	305 079.45	53 891.55	4100
12	合计	2 124 362.1	840 091.31	1 284 270.79	

南川区在售楼盘均价4 325元/米²。

第二部分

定价方法

一、成本导向定价法

成本导向定价法就是在单位产品成本的基础上，加上一定比例的预期利润作为产品的售价。

产品价格=单位产品的成本×（1+加成率），加成率按100%计算。

根据以上公式代入得出：

别墅产品价格=4722×（1+100%）=9444元/米²。

洋房产品价格=3331×（1+100%）=6662元/米²。

小高层产品价格=2786×（1+100%）=5572元/米²。

二、随行就市法

1. 别墅产品价格

计算公式拆分：

（主城别墅楼盘价/一圈城市内别墅楼盘价）=价格倍数比值；

价格倍数比值求和；

得出价格倍数比值平均值；

主城别墅楼价/价格倍数比值平均值=类比楼价。

▶—— 表6-9 别墅产品价格计算

区域	均价（元/米²）	价格倍数比值	平均价格倍数	类比结果
主城别墅楼盘K	14 362			
江津建宇雍山郡	8000	1.79525		
铜梁欧鹏兰亭别院	11 000	1.914933		

续表

区域	均价（元/米²）	价格倍数比值	平均价格倍数	类比结果
武隆汇祥云深处	7500	1.305636		
本项目	X	X	1.67	8600

P=8600元/米²

2. 洋房产品价格

▶— 表6-10 洋房产品价格计算

区域	均价（元/米²）	价格倍数比值	平均价格倍数	类比结果
主城洋房楼盘	7507			
铜梁泽京普罗旺斯	5200	1.443654		
长寿维丰蓝湖熙岸	5600	1.340536		
綦江德宜信锦绣天台	5300	1.4164151		
永川昕晖香缇漫城	5000	1.5014		
涪陵金科天湖小镇	6000	1.251167		
本项目	X	X	1.39	5400

P=5400元/米²

3. 小高层产品价格

▶— 表6-11 小高层产品价格计算

区域	均价（元/米²）	价格倍数比值	平均价格倍数	类比结果
主城小高层楼盘	7643			
涪陵奥海蓝山水岸	4600	1.661522		
长寿香山美地	5000	1.5286		
江津祥瑞云鼎阳光	5400	1.4153704		
綦江立立依山郡	4000	1.91075		
永川金科中央公园城	4400	1.737045		

续表

区域	均价（元/米^2）	价格倍数比值	平均价格倍数	类比结果
合川千山米兰郡	4 100	1.864146		
南川高层楼盘	4 380	1.744977		
本项目	X	X	1.69	4522

P=4522元/米^2

三、市场可比楼盘量化定价法

因项目所在区域内无同等级的可比楼盘，因此别墅、花园洋房无法进行量化处理，故不适用于本次定价。

本项目迷你洋房小高层产品适用于本定价方法。

本项目迷你洋房小高层可比楼盘：康田熙岸、凯撒皇庭、泽京香格里拉西苑。

市场可比楼盘量化定价法：

针对许多楼盘均倾向于定性描述的现状，我们对楼盘进行定量描述。进行量化统计的楼盘应为可比性较强的，地段、价格、功能、用途、档次都相近的现楼、准现楼或楼花。每一楼盘定级因素的具体指标及等级划分只有落实到具体楼盘所在片区才能清楚地描述。我们总共列出19个定级因素，分别为位置、价格、配套、物业管理、建筑质量、交通、城市规划、楼盘规模、朝向、外观、室内装饰、环保、发展商信誉、付款方式、户型设计、销售情况、广告、停车位数量、景观环境。此19个因素共分五个等级，分值为1、2、3、4、5分。分值越大，表示等级越高。

权重是一个因素对楼盘等级高低影响程度的体现。由于影响楼盘的因素很多，不可能都被选择为楼盘定级因素，只有在进行了重要性排序和差异性选择后确定的因素，才能确定为楼盘定级因素。再利用楼盘定级因素的分值，模拟出一元线性回归方程。

权重公式：

$F = \sum[(n+1-i)fi]$;

其中：n为指标数，i为序号，fi为序号i内的频数；

先要逐行计算F，采用矩阵排列法计算权重。得到权重后，利用楼盘定级因素定级公式确定其分值。

楼盘定级因素定级公式：

$P = \sum Wi \times Fi = W1 \times F1 + W2 \times F2 + W3 \times F3 + W4 \times F4 + W5 \times F5 + W6 \times F6 + \cdots + Wn \times Fn$

公式中，P——总分（诸因素在片区内对楼盘优劣的综合反映）；

n——楼盘定级因素的总数；

Wi——权重（某定级因素对楼盘优劣的影响度）；

Fi——分值（某定级因素对片区所表现出的优劣度）。

得到下表：

▶—— 表6-12 可比楼盘综合因素量化统计表

因素	权重	序号	本项目迷你洋房		康田熙岸		香格里拉西苑		凯撒皇庭	
			分值	得分	分值	得分	分值	得分	分值	得分
价格	0.89	1	3	2.67	4	3.56	3	2.67	3	2.67
景观环境	0.86	2	5	4.3	4	3.44	3	2.58	4	3.44
位置	0.82	3	3	2.46	5	4.1	5	4.1	3	2.46
配套	0.82	4	3	2.46	5	4.1	5	4.1	5	4.1
户型设计	0.82	5	4	3.28	3	2.46	4	3.28	4	3.28
物业管理	0.8	6	3	2.4	4	3.2	4	3.2	4	3.2
交通	0.78	7	3	2.34	4	3.12	4	3.12	4	3.12
环保	0.7	8	4	2.8	4	2.8	3	2.1	3	2.1
朝向	0.66	9	3	1.98	4	2.64	4	2.64	4	2.64
外观	0.65	10	5	3.25	4	2.6	3	1.95	4	2.6
发展商信誉	0.61	11	3	1.83	5	3.05	5	3.05	3	1.83
楼盘规模	0.59	12	5	2.95	4	2.36	4	2.36	3	1.77
付款方式	0.57	13	4	2.28	4	2.28	4	2.28	4	2.28
建筑质量	0.55	14	4	2.2	4	2.2	4	2.2	4	2.2
停车位数量	0.54	15	4	2.16	4	2.16	4	2.16	4	2.16
城市规划	0.53	16	3	1.59	4	2.12	4	2.12	4	2.12
室内装饰	0.52	17	4	2.08	4	2.08	4	2.08	4	2.08
销售情况	0.49	18	1	0.49	4	1.96	4	1.96	3	1.47
广告	0.46	19	3	1.38	4	1.84	5	2.3	3	1.38
合计				44.9		52.07		50.25		46.9

根据对上述楼盘得分及其平均售价的计算，模拟出一元线性回归方程。即：

$$Y = a + bx$$

通过公式：

$$r = \frac{n\sum xy - \sum x \sum y}{\sqrt{[n\sum x^2 - (\sum x)^2][n\sum y^2 - (\sum y)^2]}}$$

$$b = \frac{n\sum xy - \sum x \sum y}{n\sum x^2 - (\sum x)^2}$$

$$a = \frac{\sum y - b \cdot \sum x}{n}$$

计算步骤分解

nxy−xy	1551	
nxx−xxnyy−yy	2 475 828	1573.476406
r	0.985715448	

nxy−xy	1551
nxx−xx	41.2638
b	37.5874253

y−bx	7 891.204397
a	2 630.401466

y=a+bx	4 318.076862

利用一元线性回归方程，得到下表：

▶── 表6-13 价格测算

楼盘名称	楼盘得分（X）	楼价（Y）	XX	YY	XY
康田熙岸	52.07	4 600	2 711.2849	21 160 000	239 522
香格里拉西苑	50.25	4 500	2 525.0625	20 250 000	226 125
凯撒皇廷	46.9	4 400	2 199.61	19 360 000	206 360
合计	149.22	13 500.00	7 435.96	60 770 000	672 007

故：

Y=4318元/米²；

r=0.985715448（趋近于1，表明样本指标的合理性）；

经计算，小高层平均售价为4318元/米²。

四、定价结论

▶— 表6-14　定价结论

序号	定价方法	产品类别	均价（元/米²）	权重比值	价格系数
1	成本导向定价法	别墅	9444	20%	1889
		花园洋房	6662	20%	1332
		迷你洋房	5572	20%	1114
2	区域可比楼盘价格倍数定价法	别墅	8600	80%	6880
		花园洋房	5400	80%	4320
		迷你洋房	4522	20%	904
3	可比楼盘量化定价法	迷你洋房	4318	60%	2591

别墅价格=1889+6880=8769元/米²；

洋房价格=1332+4320=5652元/米²；

迷你洋房价格=1114+904+2591=4609元/米²；

为便于计算：别墅均价建议为8800元/米²、洋房均价为5700元/米²、迷你洋房均价为4600元/米²。

第三部分

价格策略

一、推盘节点

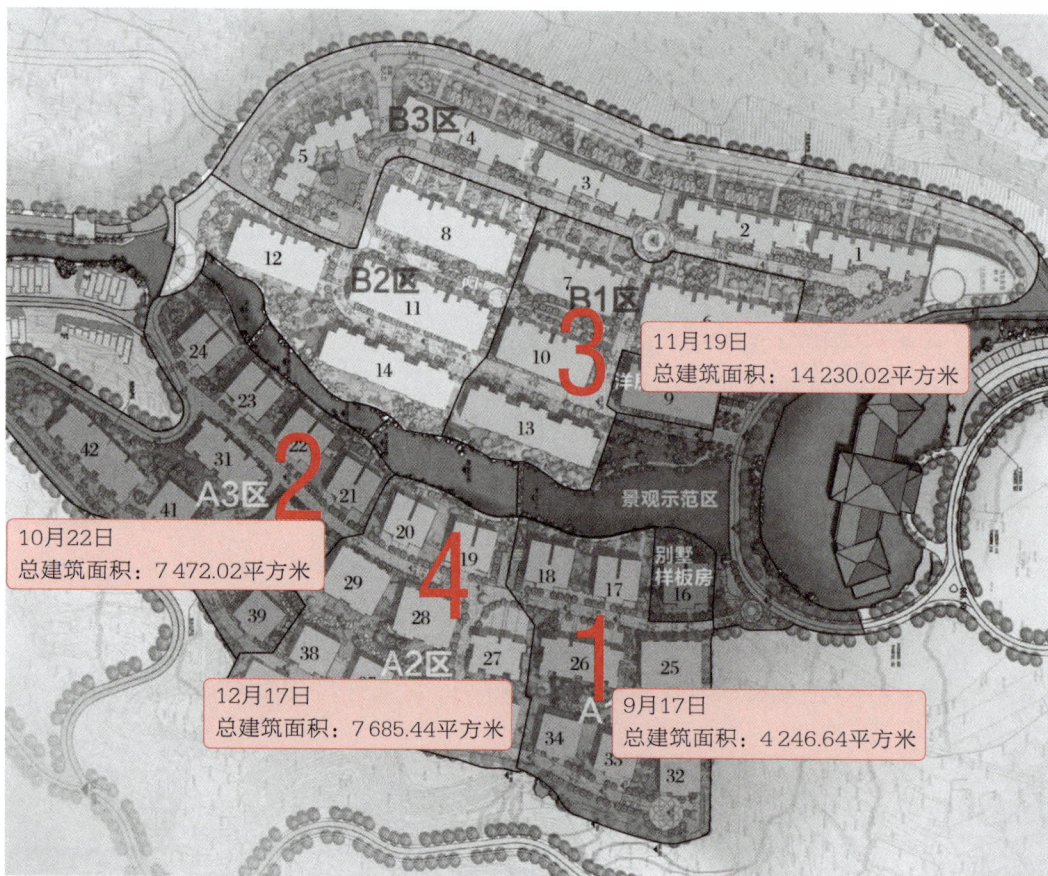

▶── 图6-1 推盘节点

　　如图，该计划按公司半年度总结会议既定计划执行。

预售证获得		预售证获得		预售证获得		预售证获得	
9.5开始日进百金计划	9.17选房开盘	10.1开始第二批次日进百金计划	10.22选房开盘	11.1开始第三批次日进百金计划	11.19选房开盘	12.1开始第四批次日进百金计划	12.17选房开盘

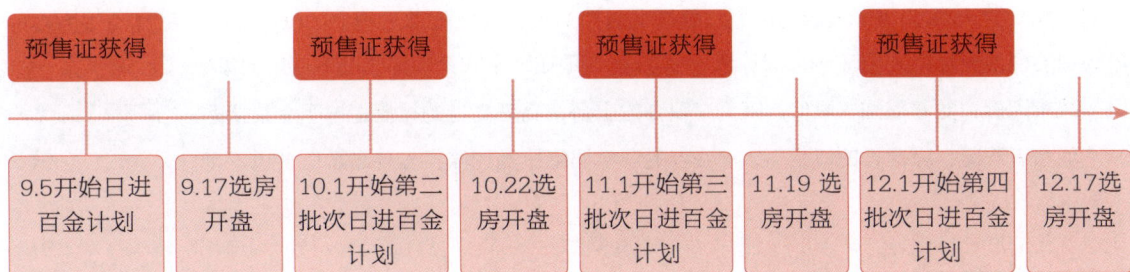

▶━━ **图6-2 项目整体推售节奏**

预售证取得后的操作细则：

价格可在开盘当日公示。

预售证获得后可收取客户诚意金，启动日进百金计划，交得越早优惠越大。

在这之前想法获得由合作银行颁发的AAA级信用企业证书。

二、入市价格策略

1. 总论

楼盘新开盘的价格高低往往决定后期销售走势，在目前市场情况及国家政策情况下，按照六种常用策略进行系统论述。

2. 低开高走

策略概述：楼市火爆时的常用策略，开发商可赚取更多的利润，消费者、投机客也可快速赚取利润。通常的操作方法是第一次价格较低，推出大量较差的房源和少量较好的房源，目的在于吸引市场客户关注，形成抢购潮，较好的房源价格较高，为第二次加推做好市场试探。第二次价格比第一次高，推出大量较好的房源和少量较差的房源，目的是通过广告的形式推出最低价的房源，提升性价比，然后形成新一轮的抢购潮。

政策因素：2011年5月1日，国家发展改革委发布《商品房销售明码标价规定》，专门对商品房销售的明码标价问题做出规定，要求：商品房销售要实行一套一标价，并明确公示代收代办收费和物业服务收费，商品房经营者不得在标价之外加收任何未标明的费用。

涨价成为幻影：在一房一价的政策限制条件下，低开高走似乎不适合现在的形势。

3. 高开高走

策略概述：楼市异常火爆时的常用策略，开发商可赚取更多的利润，消费者、投机客也可快速赚取利润。如2009年海南国际旅游岛成立，价格从最初的8000元/米²飙升至25 000元/米²，凤凰湾作为当地最高端的楼盘更是飙升至100 000元/米²。高开高走是在国家政策利好情况下使用的策略。

政策因素：随着限购、限价、限贷三限令的出台，高开高走的楼盘是被明令禁止的。

消费者观望：在这样的背景下，消费者的观望情绪日益加深，高开高走似乎也不可行。

4. 平开平走

策略概述：该策略适用于两种情况。

第一，楼盘尾期价格的调整，在楼盘最后一次开盘后的尾盘阶段，根据周边可比的楼盘市场价格行情，制定与之平行的价格，通过简短促销的方式，促使楼盘完销。

第二，新开楼盘在市场行情走势不确定的情况下开出，其价格与周边楼盘持平，在政策调整或市场波动情况不大的局面下，随市场行情获取合理的收益。

缺点：不利于快速回笼现金，容易形成滞销的局面，不易制造销售火爆的局面，适用于缓慢开发的小楼盘，如南川伴山雅筑、花山怡园。

5. 高开低走

策略概述：高开低走策略适用于资金短缺且项目属于复合型业态的楼盘，通常先开价值较高的产品，以此支撑项目价格，拔高项目价值。获取现短期收益，有了基本保障后，再开出价值相对较低的产品，以相对高价带动相对低价。

缺点：容易让买方市场形成楼盘跌价的印象，推广频次需密集。

补救措施：须加强推广，让市场明白，所推出的产品价值不一样，故价格不一样，但享受的环境却是一样的。

6. 高价高折

策略概述：高价高折属于在《商品房销售明码标价规定》出台后，为应对该政策所出现的新的价格策略。以较高的价格入市，配上较高的产品形象及高品质的物业服务作为高价格的支撑，再配以较高的折扣，通过折扣逐渐收缩的梯度，迫使客户快速购买，从某种意义上讲属于低开高走的变种策略，即在一定时间内实现项目短期的升值。客户买到了心理上的奢侈和经济上的实惠，有利于促进销售。

缺点：该策略一旦使用，须积累大量的前期客户，若遇市场疲软，折扣再怎么高也无济于事，反而对后期的发售产生不利。

7. 低开平走

策略概述：该策略属于抢现金型，通常用于品质较差、规模较大、开发企业实力不济的楼盘。其操作手法为首次开盘以低价开出，然后逐渐收缩折扣，恢复原价。

特点：以低价入市，楼盘价格一直低于同期周边楼盘，快速完销。

缺点：不利于企业品牌长期建设，适用于在地产业捞一把的企业。

三、2011年度价格走势策略

1. 销售额计算

▶—— 表6-15 销售额计算

开盘时间	开盘区域	开盘面积 （平方米）	销售均价 （元/米²）	销售总额（元）
9月17日	A1区	4 246.64	8827	37 485 091
10月22日	A3区	7 472.02	8827	65 955 521
11月19日	B1区	14 230.02	6662	94 800 393
12月17日	A2区	7 685.44	8827	67 839 379
合计		33 634.12		266 080 384

以上值为理论值，须根据市场动态进行变量调整。

2. 市场反应情况决定开出的价格

《商品房销售明码标价规定》中明确规定一房一价，在当期预售许可的范围内不允许涨价，即当期预售许可价必须公示，且不能涨价，第二次办理预售许可后，价格可略高于前期的价格。

因此价格策略组合将采用以下策略原则：

· 项目整体价格策略采用低开高走，小幅上涨

· 项目预售当期价格采用高价高折，折扣递减

· 项目预售当期销售形势不佳则采用平开平走，小幅折扣，静观其变

别墅整体保住8800元/米²的成交均价，洋房整体保住5700元/米²的成交均价，以此完成公司利润及回款的需要。

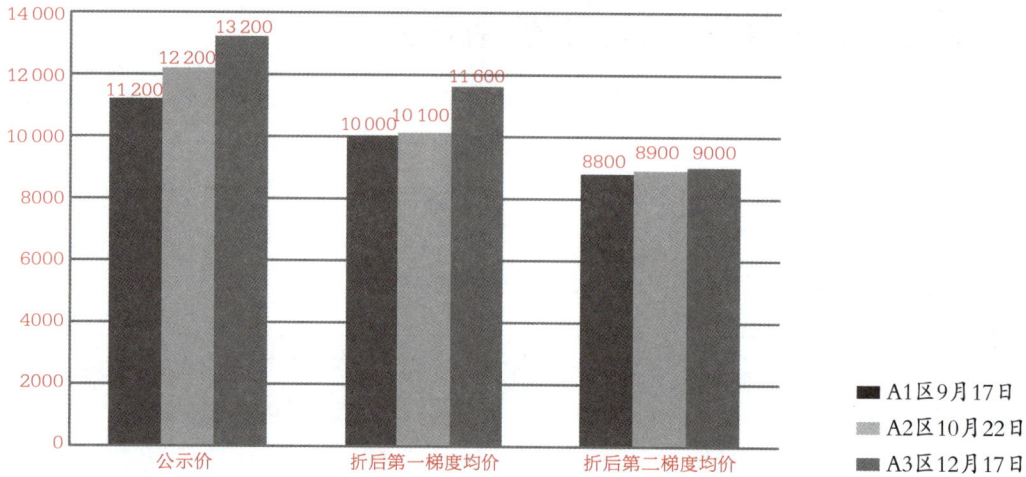

図6-3图例：
- A1区 9月17日
- A2区 10月22日
- A3区 12月17日

图6-3 2011年度别墅产品价格走势

一次性付款8.8折；

分期付款9折；

分期政策：签合同首付合同总房款30%，合同签约后第二个月付30%，第四个月付30%，第五个月付10%；

按揭付款9.5折。

（1）第一批次A1区价格策略走势

表6-16 日进百金计划

（元/米²）

9-5	9-6	9-7	9-8	9-9	9-10	9-11	9-12	9-13	9-14	9-15	9-16	9-17
11 200	11 100	11 000	10 900	10 800	10 700	10 600	10 500	10 400	10 300	10 200	10 100	10 000
	11 200	11 100	11 000	10 900	10 800	10 700	10 600	10 500	10 400	10 300	10 200	10 100
		11 200	11 100	11 000	10 900	10 800	10 700	10 600	10 500	10 400	10 300	10 200
			11 200	11 100	11 000	10 900	10 800	10 700	10 600	10 500	10 400	10 300
				11 200	11 100	11 000	10 900	10 800	10 700	10 600	10 500	10 400
					11 200	11 100	11 000	10 900	10 800	10 700	10 600	10 500
						11 200	11 100	11 000	10 900	10 800	10 700	10 600
							11 200	11 100	11 000	10 900	10 800	10 700
								11 200	11 100	11 000	10 900	10 800
									11 200	11 100	11 000	10 900
										11 200	11 100	11 000
											11 200	11 100
												11 200

▶── 表6-17 一次性付款折扣速算

认购时间	9月17日折扣 （元/米²）	一次性折扣	实际成交均价 （元/米²）
9—5	10 000	0.88	8800
9—6	10 100	0.88	8888
9—7	10 200	0.88	8976
9—8	10 300	0.88	9064
9—9	10 400	0.88	9152
9—10	10 500	0.88	9240
9—11	10 600	0.88	9328
9—12	10 700	0.88	9416
9—13	10 800	0.88	9504
9—14	10 900	0.88	9592
9—15	11 000	0.88	9680
9—16	11 100	0.88	9768
9—17	11 200	0.88	9856

▶── 表6-18 分期折扣速算

认购时间	9月17日折扣 （元/米²）	分期付款	实际成交价 （元/米²）
9—5	10 000	0.9	9000
9—6	10 100	0.9	9090
9—7	10 200	0.9	9180
9—8	10 300	0.9	9270
9—9	10 400	0.9	9360
9—10	10 500	0.9	9450
9—11	10 600	0.9	9540
9—12	10 700	0.9	9630
9—13	10 800	0.9	9720
9—14	10 900	0.9	9810
9—15	11 000	0.9	9900

认购时间	9月17日折扣 （元/米²）	分期付款	实际成交价 （元/米²）
9-16	11 100	0.9	9990
9-17	11 200	0.9	10 080

▶── 表6-19 按揭折扣速算

认购时间	9月17日折扣 （元/米²）	按揭付款	实际成交价 （元/米²）
9-5	10 000	0.95	9500
9-6	10 100	0.95	9595
9-7	10 200	0.95	9690
9-8	10 300	0.95	9785
9-9	10 400	0.95	9880
9-10	10 500	0.95	9975
9-11	10 600	0.95	10 070
9-12	10 700	0.95	10 165
9-13	10 800	0.95	10 260
9-14	10 900	0.95	10 355
9-15	11 000	0.95	10 450
9-16	11 100	0.95	10 545
9-17	11 200	0.95	10 640

（2）第二批次A3区价格策略

说明：第二批次同样采用高价高折的策略实施，相比第一批次价格最小涨幅为100元，最大涨幅为1000元。既保证了价格上涨，迎合客户买涨不买跌的心理，又符合了国家政策条款，同时也从价格上制造了热销的气势，为别墅成为稀缺品、珍藏品打下基础。

（3）第四批次A2区价格策略

说明：2011年最后一批次的A2区别墅应采用价格拉升方式进行。其一，这是南川区最后的别墅，应实现价值最大化，故A2区的价格在公示价折后价上高于A3区价格1500元/米²，以此迎合前期的客户买涨不买跌的心理需求，从而形成口碑传播，示意未来项目别墅产品作为二手房销售还有巨大的上升空间。需根据当时的政策环境作变动调整，若政策好，则折扣少，若政策经济环境恶化，则折扣多。其二，若遇到下半年市场环境恶化，则采取7.7折的大幅折扣，实际成交均价在9000元/米²。

（4）第三批次B1区价格策略

说明：与A1区一样采用高价高折的方式进行。

第四部分

调差系数设定

一、交通方便性调差

▶── 图6-4　交通方便性调差

二、可视景观面调差

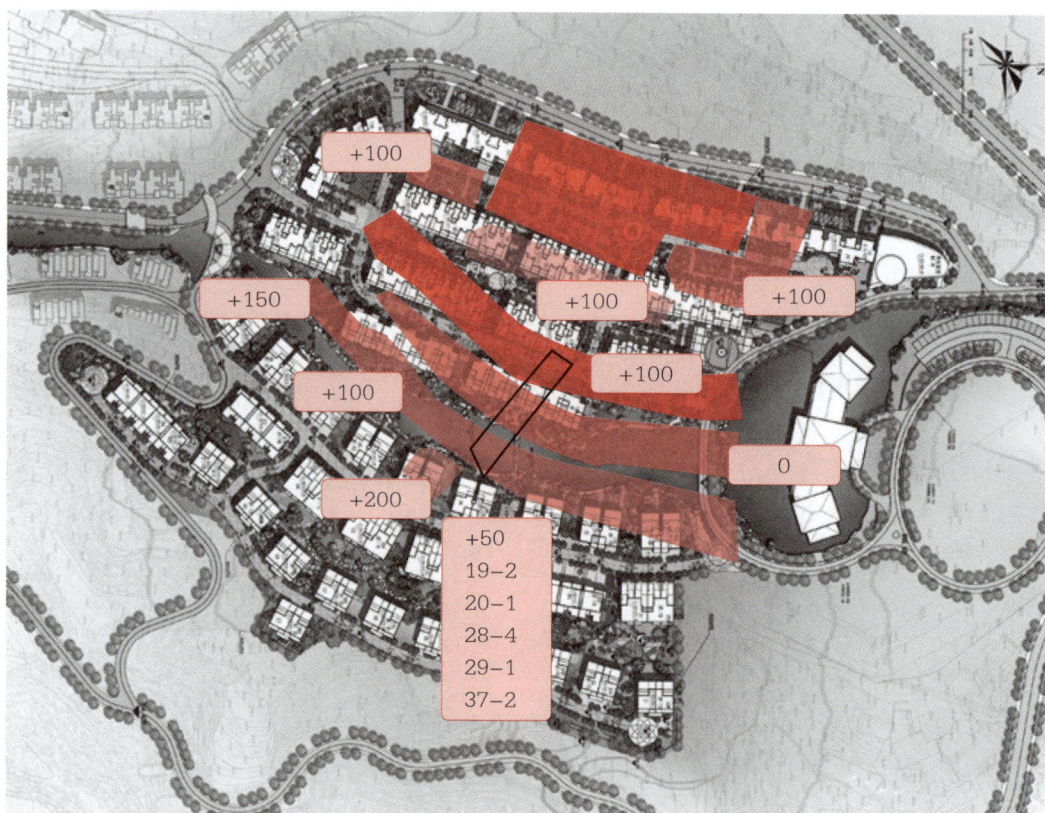

▶── 图6-5 可视景观面调差

三、产品面积调差

1F~2F −50
3F~5F 0
6F +50

+150

+100

−150

+50

−100

▶── 图6-6 产品面积调差

四、赠送建筑面积调差

1. 别墅

▶— 表6-20　别墅赠送建筑面积调差

物业类别	赠送建筑面积（平方米）	调价差（元/米²）
大双拼	234.08	200
小双拼	198.46	200
大联排端头	136.62	150
大联排中间	131.12	150
小联排端头	98.26	100
小联排中间	112.8	150
定制叠拼下拼	75.04	100
定制叠拼上拼	71.03	100
叠拼别墅下拼	69.34	50
叠拼别墅上拼	47.48	50

2. 洋房

▶— 表6-21　洋房赠送建筑面积调差

物业类别	赠送建筑面积（平方米）	调价差（元/米²）
花园洋房一层	87	100
花园洋房二层	86.95	100
花园洋房三层	12.51	0
花园洋房四层	5.94	0
花园洋房五层	17.53	50
花园洋房六层	18.91	50

五、赠送花园面积调差

▶── 表6-22 赠送花园面积调差原则

赠送花园面积区间	基础差价（元/米^2）
84平方米以下	1000
85~132平方米	800
133~174平方米	600
175~200平方米	500

六、自然资源调差

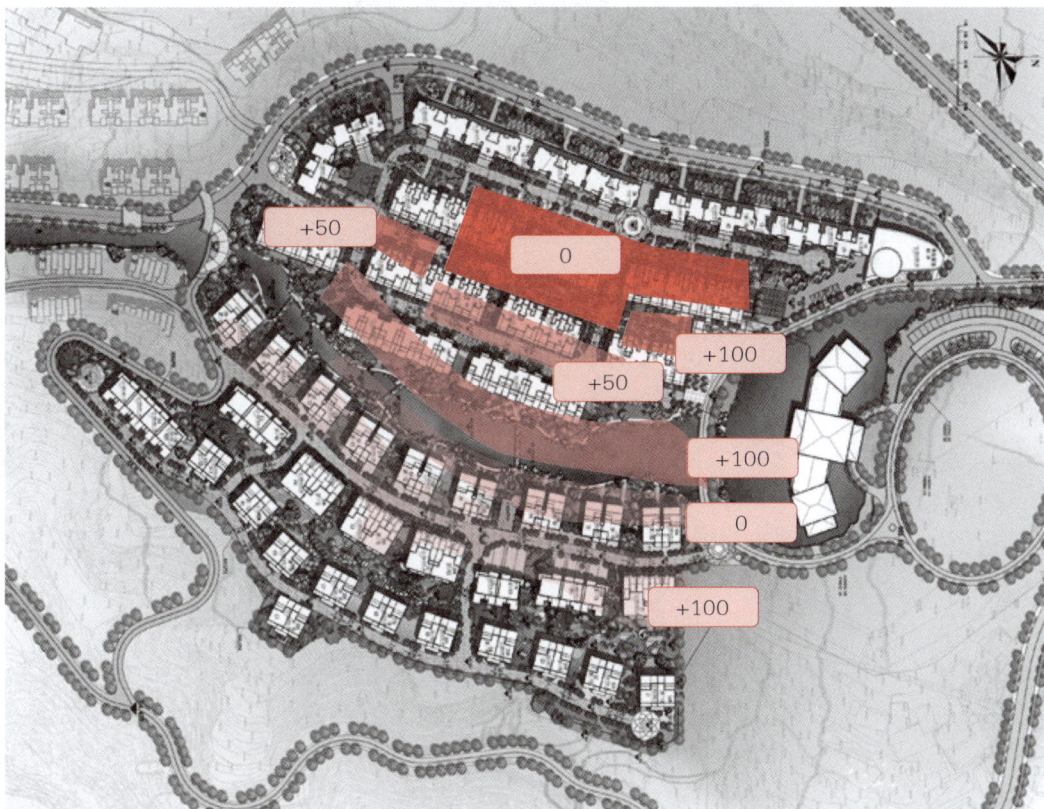

▶── 图6-7 自然资源调差

七、特殊原因调差

Prince
+100
19-2
20-1

+100

+300
King

▶── 图6-8 特殊原因调差

八、洋房垂直调差

▶── **表6-23 洋房垂直调差**

楼层	销售面积（平方米）	赠送面积（平方米）	调差（元/米²）
1F	133.62	87	+200
2F	129.15	86.95	+100
3F	125.52	10.51	−100
4F	120.73	5.94	−200
5F	107.22	17.35	+100
6F	89.77	18.91	+200

九、尾数定价

便宜。标价99.96元的商品和100.06元的商品，虽然仅差0.1元，但前者给消费者的感觉是"还不到100元"，而后者却使人产生"100多元"的想法，因此前者可以使消费者认为商品价格低、便宜，更令人易于接受。

精确。带有尾数的价格会使消费者认为企业定价是非常认真、精确的，连零头都算得清清楚楚，进而会对商家或企业的产品产生一种信任感。

中意。由于民族习惯、社会风俗、文化传统和价值观念的影响，某些特殊数字常常会被赋予一些独特的涵义，企业在定价时如果能加以巧用，其产品就会因之而得到消费者的偏爱。

因此建议：

别墅价格尾数为8；

洋房价格尾数为9；

小高层迷你洋房价格尾数为6。

07
营销策划

滨州市 ZHC 项目
营销策划报告

第一部分

滨州市房地产市场分析

一、市场分析篇

1. 滨州市房地产总体市场现状

滨州是一个新兴的城市，撤地设市十年来，滨州社会经济等各项事业都呈现出前所未有的新局面。国民经济快速、健康、持续发展，GDP增长速度连续位居全省前列，地方财政收入突破百亿元，城区建成区面积迅速扩大，城区城市基础设施基本完善，城市化水平快速提高，房地产的发展水平也逐渐跟上了时代的脚步。

随着国家黄河三角洲及山东半岛蓝色经济区开发战略的实施，滨州作为主战场，将迎来新的发展机遇。产业的聚集，有可能带动滨州率先崛起，支撑滨州房地产业的新一轮跟进发展。

回顾滨州过去以及现在的房地产发展状况，对未来房地产发展有较大影响的，主要有以下几点：

（1）单位集资建房叫停又恢复

集资建房在滨州走过三个阶段：初期为鼓励开发西区，政府带头鼓励有能力的单位，在西区集资建房；达到一定规模后，为鼓励房地产行业市场化发展，又限制单位集资建房，单位集资建房转入暗操作；现在政府考虑单位的利益"平衡"，也有近期国家政策调整因素，政府机关集资建房又变成常态。

在滨州，单位集资建房实际上就是成本价团购，降低成本的措施在于：单位出人组织管理，省管理费、销售费用；职工交纳首付款、贷款，省财务费用；以为职工办事为由，可利用单位的优势，争取优惠政策，少交各种规费；个别单位还可以把小区配套的费用摊到其他项目上。

集资建房成了单位领导给职工谋取福利的最好途径，也是职工评价领导政绩的指标，已经成为一种惯例。

目前滨州新区在建的和正在规划建设的集资建房规模超过100万平方米，对近期的滨州房地产市场影响比较大。集资建房综合品质越来越高，成本价进入市场，给开发商带来很大竞争压力。

（2）物业管理服务水平成为评价楼盘品质的新标尺

政府要求新开发的小区要有完善的物业管理服务，但物业管理服务市场还处于培育阶段，竞争使收费比较低，普通住宅一般不超过0.5元/米^2，多数楼盘规模又小，每个小区往往都存在诸多因素，导致业主交费不及时甚至拒交物业费。因此，物业管理提供的服务非常有限，基本还是维持传统的两大项服务：保安和卫生。

激烈的竞争环境使城区范围内新建楼盘的建造水准提高，基本处于同一水平，物业管理服务水平则成为未来区分小区品质高低的新标尺。

（3）房地产产品形态日益丰富，带来市场的新机会

滨州城区、新区发展初期，土地利用指标相对宽松，但投资能力不足，新建楼盘是清一色的多层住宅，差别在户型大小和楼层高低。政府为加速城市规模的膨胀，制定了大空间、大绿地的规划思路，房地产项目容积率控制在1.0以下，更促成这一局面的形成。

近两年，由于国家土地利用政策的收紧，也是为了提高土地的出让价格，城区出让土地的容积率要求提到3.0，导致高层、小高层住宅成了城区房地产市场供应的主流产品。

土地利用政策发生颠覆性调整，原有的规划条件不再适用，市场竞争加剧，各种新的产品形态必然会导致市场新机会的出现。

（4）存量及在建住宅户型总体偏大

三个主要因素导致滨州存量和在建的住宅户型总体偏大：一是，滨州的历史文化源远流长，人们喜欢大房子；二是，第一波房改单位集资建房滞后于其他城市，建房政策宽松，后续没有真正停止过集资建房；三是，房价长时间处于低价位。

现在市场房价上涨，户型大导致单套房总价位普遍偏高，而目前最需要解决居住问题的阶层购买能力普遍不足，不管是一手房交易还是二手房交易，都是矛盾的。开发商在这种市场及文化背景下运作房地产项目，也是非常矛盾的。

（5）房地产市场以刚性需求为主

滨州房地产市场的存量房屋，主要是单位集资建房建设的，近两年才主要由房地产开发商主导开发，每个项目销售过程或者入住过程都比较漫长，客户多是以改善自身居住条件为目的，或者为子女准备房子，或者进城工作、养老等，虽然有投资的成分，也有期间交易的，但不应属于职业投机炒房行为，多是因为房地产开发项目品质不断提高，导致消费理念发生改变引起的，也是刚性需求的一种。

2. 滨州市房地产市场区域板块分析

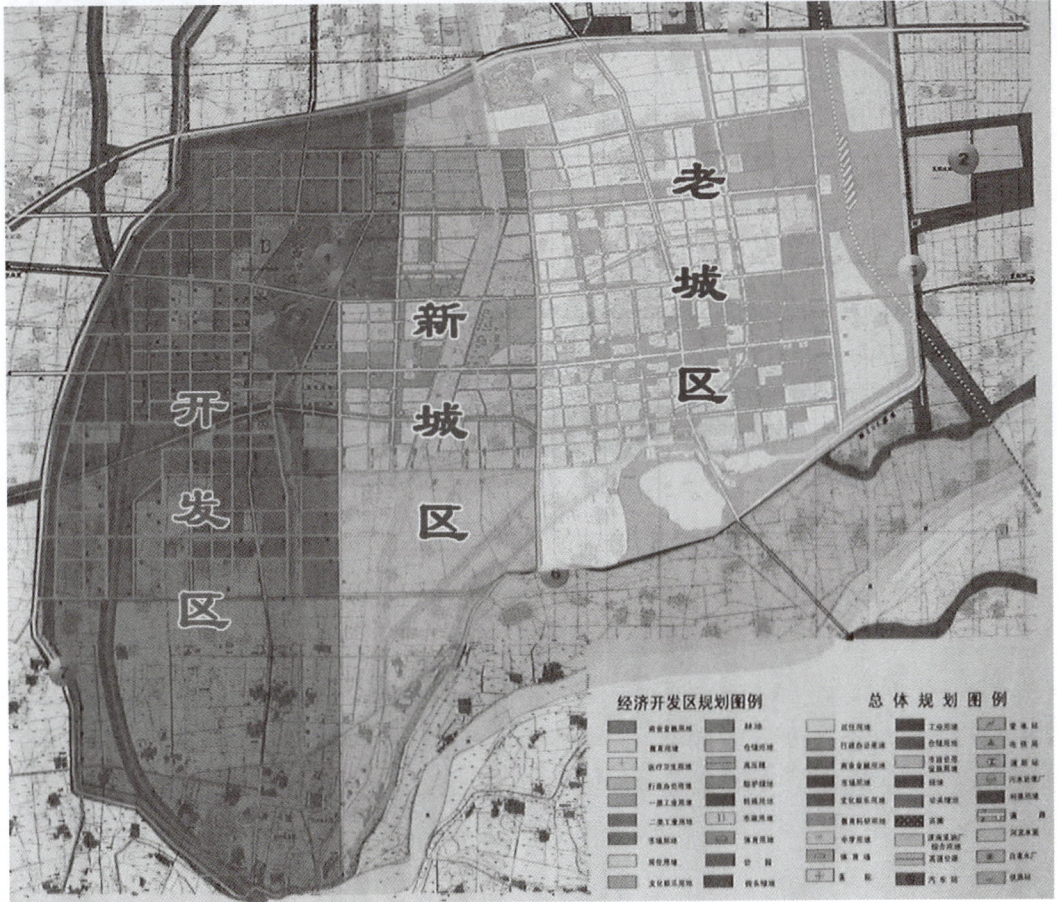

▶── **图7-1 滨江市房地产市场区域板块分布**

老城区：东起205国道，南至南外环路，西到渤海十一路，北至220国道。

新城区：东起渤海十一路，南至南外环路，西到渤海十八路，北至220国道。

经济开发区：东起渤海十八路，南至南外环路，西到西外环路，北至220国道。

> —— 表7-1 各板块优劣势功能对比

区域	优势	劣势
老城区	路网发达，公交便利 滨州核心商业中心 工行、建行、齐鲁证券等金融机构齐全，老北镇中学、市三中、市一小等教育系统完善，滨州医学院附属医院、人民医院等医疗配套完善 市政配套齐全	交通相对拥挤 车流噪音大 绿化环境一般 空气质量较差 人流复杂，治安情况一般 受市政规划影响，原城区政务中心西移，导致居住群落向西转移，尤其是机关单位领导层
新城区	路网发达，交通畅通 北镇中学等名校驻地 滨州市政务中心所在地，治安较好 空气质量好，绿化环境佳	公交线路不完善 社区商业为主，生活配套设施缺乏 缺乏商业网点
经济开发区	经济开发区与新城区相邻，规划要求一致，只是处于规划建设阶段，需要几年的时间完善 高速路入口、新长途汽车总站在此区，对外交流方便	公交线路不完善 商业、饮食业比较缺乏 人流复杂，治安情况一般 教育、医疗、市政配套等不完善

滨州市经济开发区、新城区属于市级新建城区，经过近十年的规划建设，现在基本成型，环境优美，交通便利，建设了很多优质高档楼盘，目前滨州的优质客户大多居住于此区域。

滨州区区政部门向滨州市东城搬迁，滨城区全力向东发展，因此东城区环境开始改善，楼盘品质也大幅度提升，区位优势也将引领老城区比较优质的客户的迁移。

滨州市政府向西发展和滨城区政府向东迁移，使得老城区的居住人群以进城务工的年轻人为主，以购买小户型、二手房或者租房为主。

3. 房地产投资分析

滨州市2002年以前房地产尚处于空白阶段，总投资额不足2亿元，房地产发展起步晚。从近几年的发展趋势来看，整体发展速度较快，特别是2003年来，投资额大幅度增长。历经几年发展，滨州房地产开始步入快速发展阶段，至2011年投资额达80亿元左右，呈现跨越式发展。

受国家调控政策的影响，2011年房地产市场投资趋势放缓，房源投放量大，销售缓慢，价格呈下跌趋势。

4. 住宅土地供应量及成交情况

2011年滨州土地供应量为32宗，最高的住宅土地价格为200万元/亩，最高的商业土地价格为500万元/亩，受国家政策控制的影响土地数量在减少。

5. 房地产需求分析

滨州市户籍人口366.15万，其中滨城区总人口63万，人口增长以自然增长为主，人口总量变化不明显，滨州市家庭成员规模在3.0人左右浮动。2002年以来，家庭户均人口规模呈下降之势，随着社会的进步与生活水平的提高，一些大的家庭逐渐分离，三代同室逐渐向两代同室转变。

滨州市经济总量和财政收入近几年迅速发展提高，滨州市外来流动人口整体呈上升趋势，外来常住人口（跨市流入且离开其户口所在地时间超过半年的外来人口）为33.58万人。随着国家"黄、蓝大开发战略"的实施，包括魏桥高端铝业在内的大项目入驻滨州，滨州市经济发展将有新的加速动力，城市功能将进一步完善，人口集聚效应和带动效应也因此显现，外来人口规模将持续增大，主要以省内和周边县区的流动人口为主力军，这一部分流动人口将带动新增的刚性购房需求。

新增需求将呈现两极化的房地产市场格局：滨州市现有和新进滨州的富裕阶层可利用城市发展初期的机会，以相对低的价位取得高品质的豪宅房屋，享受高品位的居住生活；而低收入阶层和进城谋生的人们也可利用新兴城市初期的低准入门槛机会，改变自己的生存空间，改善生存环境。这将促进滨州市高端市场、低价位商品房市场、二手房市场的发展。

6. 经济发展与房地产市场分析结论

（1）房地产开发业将保持平稳健康发展态势

随着滨州市城市化建设步伐的加快和居民收入的不断提高，居民消费需求将会与日俱增，住房更新换代的步伐将明显加快，加之滨州市企业规模和实力不断增强和安居工程的实施、房地产管理制度的不断完善、棚户区改造力度加大，这些必将为滨州市的房地产开发业注入新的活力。

（2）房地产建设的品质将不断攀升

随着滨州市A级住宅性能认定工作的不断深入及争创国家康居示范工程工作的有力开展，滨州市房地产业将向规模化、品质化、集约化、节能化、人本化、科技化、宜居化的方向逐步迈进，将由原来满足居住的毛坯房向品质化的全装房转变。

（3）市场需求将持续拉动开发投资

滨州作为黄河三角洲高效生态经济区的主战场，加快城市化进程发展已是关键。2009年的市政府城镇化工作会议提出要在2012年实现全市城市化率50%的目标，新增城镇人口近50万，这将有效地拓宽房地产的开发空间，从而拉动滨州市房地产开发投资的持续增长。

（4）商品房价格将保持合理稳定

滨州的房价明显低于同等城市价位，受国家控制政策的影响，销售速度放缓，但受物价上涨等因素的影响，房地产价格不会出现大的波动，将会保持在合理稳定的范围内。

（5）住房供应结构将更加趋于合理

随着国家宏观政策的进一步落实，以及国家关于调整住房供应结构的各项措施的实施，中小户型住房所占比例将会继续上升，住房供应结构将会更加合理，房地产市场将会更加健康快速发展。

（6）房地产企业规模不断扩大、实力不断增强

高素质的房地产企业队伍是滨州市房地产业发展的基础，通过积极引导支持本地企业的兼并重组，促进企业的做大做强，再加上市政府招商引资力度的加大，已经吸引实力雄厚的外地房地产企业陆续进入滨州开发，促进了本地优势企业规模的壮大。

二、政策分析篇

1. 近年房地产宏观调控走势

（1）调控手段不断增多，调控范围不断扩大

从参与宏观调控的国家行政部门的数量不断增加可以看出，全国对房地产行业的宏观调控从原先单一地从土地以及银根上对房地产行业进行调控，过渡至多部门运用多种综合手段对房地产行业进行全范围的调控，且调控范围在不断地扩大。

（2）宏观调控的力度不断增强

国家宏观调控政策不断出台，且调控的力度不断增强，涉及供给结构、税收、信贷甚至住房保障以及行政监管，房地产市场在宏观调控的基调下进行了一场颇具声势的变革。

（3）调控的方向由表及里地转变

从早期的政策制定方式，即针对该年份出现的问题制定相应的解决办法，到后期认识到房地产行业在供应结构上的深层次矛盾以及相关房地产行业在政策的制定上还有所不足的特点，政策的调控方向开始由表向里转变，对房地产行业的调控将长期贯彻。

2. 全方位宏观调控

2011年1月26日，国务院常务会议再度推出八条房地产市场调控措施（下称"新国八条"），要求强化差别化住房信贷政策，对贷款购买第二套住房的家庭，首付款比例不低于60%，贷款利率不低于基准利率的1.1倍。

2010年4月14日滨州市住房和城乡建设局办公室下发《滨州市商品房预售款监督管理规定》，文中规定：房地产开发企业在申请《商品房预售许可证》前，应委托一家商业银行作为商品房预售款监管银行（以下简称预售款监管银行），设立商品房预售款监管专用账户（以下简称预售款监管账户），并与预售款监管部门、预售款监管银行三方签订统一格式的《商品房预售款监管协议书》，明确三方权利、义务。

原则上对已有1套住房的当地户籍居民家庭、能够提供当地一定年限纳税证明或社会保险缴纳证明的

非当地户籍居民家庭，限购1套住房；对已拥有2套及以上住房的当地户籍居民家庭、拥有1套及以上住房的非当地户籍居民家庭、无法提供一定年限当地纳税证明或社会保险缴纳证明的非当地户籍居民家庭，暂停在本行政区域内向其售房。

3. 金融政策调控

贷款购买第二套住房的家庭，首付款比例不低于60%，贷款利率不低于基准利率的1.1倍，第三套住房停止放贷。最大的特点就是"抬高门槛，强化力度"，加强了对投资及投机购房者的控制，特别是第二、三套房贷款。

契税优惠政策调整：小区容积率低于1.0的，客户不是唯一住房的，都不享受90~144平方米1.5%契税优惠，全部执行3%的标准。

4. 土地政策调控

加强土地管理与调控，严把土地"闸门"。

①加大对闲置土地的清理力度，切实制止囤积土地行为，严格执行法律规定，对超过出让合同约定的动工开发日期满1年未动工开发的，征收土地闲置费；满2年未动工开发的，无偿收回土地使用权。

②继续停止别墅类房地产开发项目的土地供应，严格限制低密度、大套型住房土地供应。

③地方各级人民政府主要负责人对本行政区域内耕地保有量和基本农田保护面积、土地利用总体规划和年度计划执行情况负总责。将新增建设用地控制指标纳入土地利用年度计划。

④从2007年起，城市农用地转用和土地征收将从此前的分批次审批，调整为每年由省级政府汇总后一次申报、待国务院批准后由省级政府负责组织实施、城市政府具体实施。

第二部分

竞争区域分析

一、项目所在区域内住宅市场分析

1.普通住宅

元/米²

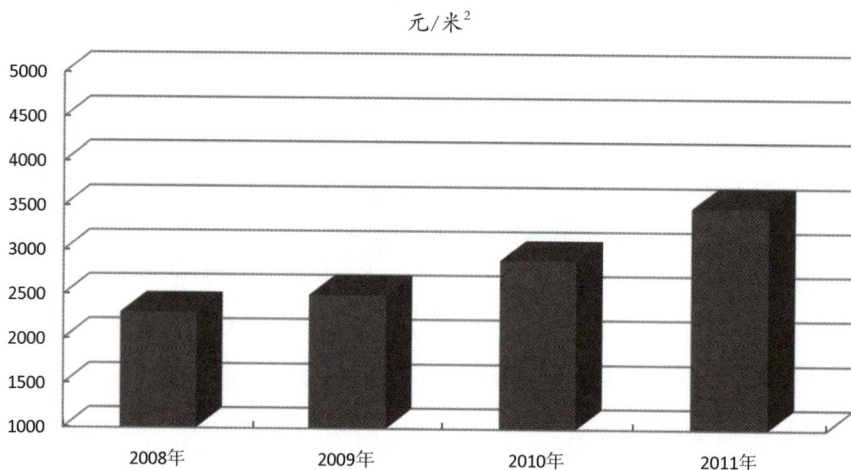

▶—— **图7-2 项目所在区域普通住宅市场均价**

　　随着滨州市经济的发展，房地产开发土地由初期的资源丰富，变成资源紧缺，土地价格也由几万元、几十万元一亩，上涨到现在的200多万一亩。土地的开发强度从容积率不高于1.0提高到不高于3.0，市区内建筑形态以高层建筑为主。

　　2011年的房价受国家政策的影响，为实现年初"破4望5"的预期，房价维持在3300元/米²至3800元/米²之间。

　　滨州市属于相对落后的三线或四线城市，人口结构相对稳定，城市化新增人口规模小，购买力不强，制约了普通住宅房价的上涨。

2. 别墅

元/米²

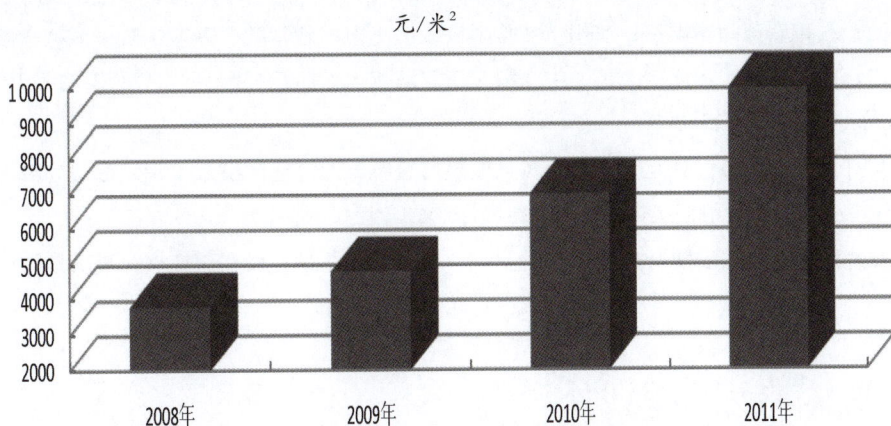

```
10000
9000
8000
7000
6000
5000
4000
3000
2000
       2008年      2009年      2010年      2011年
```

▶── **图7-3 项目所在区域别墅市场均价**

滨州市是新设的地级市，缺少历史文化沉淀，也没有现代大工业项目支撑，早期基本没有别墅开发的概念。别墅开发是近几年城市环境改善后，部分先富起来的人们的需求推动的。早期因土地便宜，建设标准低，别墅产品没有和普通住宅产品拉开价格档次，后又赶上国家政策控制，因此别墅产品开发量少，不成规模。

滨州经济快速发展，现在富起来的人多了，品位也提高了，为地产高端项目运作奠定了市场基础，虽然国家禁止别墅土地供应，政府规划审批也非常严格，但需求导向使别墅项目能通过各种名目出现。面对高端客户的需求，别墅产品的外立面、环境打造、内部结构、配置等越来越精细化、人性化，别墅产品品质紧跟时代的节奏，别墅的稀缺性价值和彰显身份的价值越来越被认同，相对于普通住宅，别墅近几年价格上升幅度比较大。

二、整体环境

1. 总体概况

ZHC项目所处位置属于滨州市经济开发区，城市主景区中海高尔夫公园在正前方，适合开发居住区。

区域有严格的整体规划，经过几年的开发建设，城市道路、绿化、管网等配套逐步完善，周边的旧村庄正在组织改造。目前，该区域开发条件比较好，大型市政工程逐渐投入使用，楼盘数量大量增加，是滨州市房地产优质项目聚集地。

新取得地块属于新城区的中心位置，是滨州政务中心所在地，是成熟区域的稀缺资源。

2. 区域内配套

与该区域相邻的滨州新城区行政配套丰富，滨州市市政府、公路局、税务局、建设局等各大行政单位齐聚于此；教育资源同样丰富，滨州市实验学校、滨州市技术学院、职业学院、滨州学院、北镇中学等分布于内；商业氛围正在逐步改善，中海银座店、滨州大饭店已顺利开业，滨州市世贸中心正在建设，华商国际商场也在招商启动中。

新城区与开发区的环境极其优美，中海风景区是市政府着力打造的市政工程，已成为滨州的一大旅游景点。奥体中心已投入使用，文化中心正在建设，2012年可投入使用。

该区域交通发达，距离滨博高速仅10分钟路程，滨州市新车站已搬迁至西区，极大地方便了人员出行。

3. 区域未来发展规划

政府继续高标准打造ZHC项目外围环境及配套学校等城市基础设施，黄河十二路的生态廊道、西部大型湿地公园、周边村庄搬迁改造、中海小学等正在落实之中，完善定型还需几年的时间。

4. 小结

中海片区有优越的环境优势、便利的行政配套优势，该区域房地产市场发展潜力很大，将成为未来城市居住核心之一。从目前开发的实际状况看，中海片区正在逐步完善成熟，随着未来多个项目的启动、开发和入住，这个区域势必被炒热，吸引大量潜在客户。从长期来看，随着政府投入的加大以及执行力的进一步深入，日后该区域的楼盘必然会因土地的稀缺、配套的完善而升值。但更多项目的开发入住也会带来更加激烈的竞争。

三、产品特点

1. 建筑规模

ZHC及新取得地块总体都处于新区或开发区的中心区位，各种规模的房地产项目很多，代表了滨州房地产的水平，已建成或正在规划建设的主要楼盘简况如表7-2：

● — 表7-2 周边已建成或规划建设的主要楼盘简况

序号	楼盘名称	位置	销售均价（元/米²）	物业	建筑面积（万平方米）	特点
1	望海花园	渤海十八路、黄河十二路	4000	小高层	30	买房后能就读重点学校
2	田园牧歌	渤海十一路、黄河八路	4200	高层	18	定位高，配套好
3	领域尚城	渤海十九路、黄河五路	3500	高层	22	紧邻魏桥集团
4	信达国际花园	渤海二十路、黄河二路	3600	多层	65	汽车总站招商项目
5	城市枫景	渤海十八路、黄河二路	3800	小高层	——	楼盘较小
6	国际大厦	渤海十六路、黄河五路	4400	高层（公寓）	7	户型小好销，大户型抗性大
7	金御园	渤海十六路、黄河二路	未售	高层、小高层	45	在建
8	德坤华府	渤海十二路、黄河五路	4200	高层	27	价格过高，销售不好
9	中海金都别墅	中海北路、中海湖七星岛宾馆西侧	8500	别墅	13.9	位置不正，销售不好
10	祥泰新河湾	新立河东路、黄河八路	6200	别墅	7	位置较好
11	渤海城邦	黄河十三路、渤海十八路	3800	洋房、别墅	30	2011年销售较好，销售额在9000万左右，但回款慢
12	香溪翠庭	长江二路、渤海十九路	7000~8000	联排别墅	6	尚未开盘，已积累意向客户45名左右
13	幸福景城	渤海十八路、长江五路	6600	双拼、叠拼（四联排）	30	2012年5月份推出房源18套，双拼剩余不多
14	美信海公馆	黄河八路、渤海十八路	起价3500	高层、别墅	35	2012年年初开盘，销售140套

2. 建筑类型

已竣工入住的楼盘主要是多层住宅，来源以单位集资建房为主，市场开发为辅。

市区内正在销售或规划建设的楼盘以高层、小高层为主，少见多层，户型大小都有，大户型多。市区边缘地带以旧村改造用房为主，多层较多，少见高层。

新开发的产品品种类型丰富，能与发达城市的一般水平看齐，包括退台洋房、多层电梯公寓、高层大户型（500平方米）平层公寓、复式公寓、各类别墅等，高层小区地下车位配比超过1：1。

3. 容积率

从2010年开始，政府为提高土地的价格，出让土地基本容积率都在2.0以上，规定容积率低于1.0的土地不予供应。

4. 绿化率

目前市场上住宅项目绿化率均在40%左右。

5. 户型分析

滨州人的居住习惯属北方生活习惯，考虑到气候干燥、风多、空气粉尘（粒度很细的黄河土）含量高，现在流行对住房结构有特别要求。

高档住宅：

主卧：朝阳，带有采光卫生间、衣帽间；

辅卧：无特别要求；

客厅：朝阳、窗户落地；面宽要宽，不能有生活阳台功能；

餐厅：没有特别要求；

厨房：单独设置，避免与客厅南北相连；

公共洗手间：面积要具备功能分区条件；

外立面：阳台、露台要求封闭，兼顾晾衣服功能；

其他：喜欢大空间，包括大层高，门窗密封性要好。

普通住宅：

功能尽量齐全，南北必须通透。

6. 社区配套

停车场、健身器材、运动场、会所、幼儿园等。

7. 装修情况

交房以毛坯房为主，部分卫生间、厨房做简装。

精装修房主要是单位集资建房，位于老城区中心，个别楼盘规模比较小。以小户型为主的房子采取精装修出售，效果比较好；大规模楼盘或大户型为主的楼盘采取精装修销售的还没有。

水、电、气、暖一户一表，分户计量，有线、宽带市政统一安装，开户费另缴。

8. 物业管理

目前滨州小区物业整体水平不高，以本地物业为主，知名品牌企业少，特别是对叠拼、别墅等高档住宅的管理缺少经验，管理水平亟待提高。

9.地下室

考虑到地下水位高,为节省成本,早期开发的楼盘都以首层作为储藏室或车位,现在车位不够用,争议比较大。目前城区内新开发的项目普遍采取整体开挖,作为地下车库和部分地下储藏间。

10.社区车位配比

新的规划设计条件要求车位配置要达到户数：车位=1：1。

11. 小结

滨州前期土地资源相对充裕,而资金紧缺,房屋建设以多层为主,户型单一,区别在于户型面积大小,以单位集资建房为多,房价比较低,整体户型设计比较大。

近两年来,政府规划控制容积率都在2.0以上,小高层、高层住宅成为市场主流,车辆大幅增加,新开发的项目多采用整体下挖地下室,满足1：1的车位规划要求。

产品类型丰富了,但受规划、户型结构、成本、房价、购房观念等综合因素的制约,如何做市场最需要的小户型房子是开发商面临的最大课题。

四、客群分析

由于中海片区得天独厚的自然条件和市政配套的着力打造,该区域显示出越来越好的发展前景,靠近行政中心的楼盘以滨州市区域的中高端客群为主,而偏离行政中心的楼盘则以滨城区本地的中低端客群为主。

其群体主要是公务员、企业的中高层管理人员、私企老板、公司职员等。

其购买动机特征如下：

自用住房：喜欢实用性强、性价比高的产品；要求内部配套齐全、生活便捷；关注子女教育。

改善性住房：注重生活品质,要求改善居住环境与品质。

投资性可分两种：纯投资客户、居住兼投资客户,看好区域发展,有保值升值需求；手中资金充裕、支付能力较强。

五、营销分析

1. 推广分析

该区域的推广主流媒介仍以传统媒体为主——报纸、电视、短信、电台等。这其中报纸与短信利用率最高，由于滨州市场人员的分散性，报纸、短信能更直接地传递销售信息；而电视、电台、网络等很少触及，主要是受制于其覆盖范围的局限性。

伴随着越来越多的大房地产开发公司的入驻，新的推广方式也逐步地进入滨州市场，如渤海城邦的产品推介会、田园牧歌的明星代言等，在活动的初期也起到了不小的促进作用。但同时应认识到滨州市场的特殊性，作为建市刚满十年的新兴城市，其对外来观点的接受度值得考究。

2. 销售情况

该区域是滨州市楼盘密度最大的区域，在建楼盘、开售楼盘数量均为滨州市之最。各楼盘销售速度的快慢与楼盘的位置、价格是有必然联系的。靠近行政中心的高档楼盘，由于价位较高，面向客群较窄，总体消化速度一般。而偏离行政中心的中低档楼盘由于配套欠缺、公交未通达、生活不便利，较难吸引滨城区的中低端客群，销售速度相对缓慢。

同时受国家调控政策的影响，自2011年起，销售速度明显下滑，到2012年降至销售的冰点，很多楼盘几乎零成交。

3. 小结

该区域产品同质化严重，花园洋房、联排别墅市场供应量较大，面临激烈的市场竞争。独栋别墅类产品数量较少，竞争压力小，销售较为可观。

该区域户型以大户型为主，销售较为缓慢，中、小户型较少，但销售速度较快，反映出市场对产品的需求。

受国家政策影响，普遍出现了销售低迷、回款速度慢的现象，各楼盘加大了宣传力度，推出了各类优惠政策，但均未涉及降价促销。

六、其他竞争项目

滨州建成区面积约70平方公里，未来控制规划约102平方公里，目前常住和流动人口约63万人，体量比较小，相当于其他二线城市的一个区。

项目所在区域的房地产发展水平代表了滨州市房地产的整体发展水平，前面已进行了相关的分析，周边县市区域的项目情况与滨州没有直接的竞争关系，其他竞争项目不作论述。

第三部分

项目自身状况分析

一、项目概况

1. 项目背景

　　ZHC项目建设用地，是滨州国际会展中心工程款置换土地，规划总用地2300亩，已办理土地出让手续的宗地约1000亩。

　　黄河二路新地块土地，规划用地约89亩，与滨州市福彩中心合作取得，是为解决会展中心工程欠款，与政府协商，通过拿地部分抵顶工程款，解决遗留问题。

2. 项目位置

　　ZHC项目位置：黄河十二路以北、马堡路以东。

　　黄河二路项目位置：黄河二路、渤海十七路交叉处。

3. 项目基本数据

（1）西地块别墅

▶──── 图7-4　西地块别墅

━━ 表7-3 西地块别墅产品概况

总占地	205亩
总建筑面积	26 000平方米
独栋别墅	47栋/47户
双拼别墅	7栋/14户

（2）棕榈湾西区鸟瞰图

━━ 图7-5 棕榈湾西区鸟瞰图

━━ 表7-4 棕榈湾西区项目概况

总占地	193.2亩
总建筑面积	66 789平方米
140#户型户数/总面积	184户/28 221平方米
180#户型户数/总面积	60户/8948平方米
联排、围合别墅户型户数/总面积	101户/28 246平方米

容积率	0.68
绿地率	43.8%
建筑密度	18.6%

（3）商业街鸟瞰图

▶── 图7-6 商业街鸟瞰图

▶── 表7-5 建设工程项目统计一览表——商业街

单位：平方米

序号	楼号	一层面积	二层面积	三层面积	阁楼面积	总合计
1	1号	1141.98	1256.61	1256.61	827.49	4482.69
2	2号	1141.98	1256.61	1256.61	827.49	4482.69
3	3号	1189.41	1189.41	1111.67	435.52	3926.01
4	4号	1913.23	1947.04	1869.28	999.67	6729.22
5	5号	710.24	710.24	689.35	285.9	2395.73

续表

序号	楼号	一层面积	二层面积	三层面积	阁楼面积	总合计
6	6号	1141.98	1256.61	1256.61	827.49	4482.69
7	7号	3919.95	3978.2	2158.92	1274.7	11 331.77
8	门楼	512	512	512	0	1536
总合计		11 670.77	12 106.72	10 111.05	5478.26	39 366.8

（4）黄河二路新地块

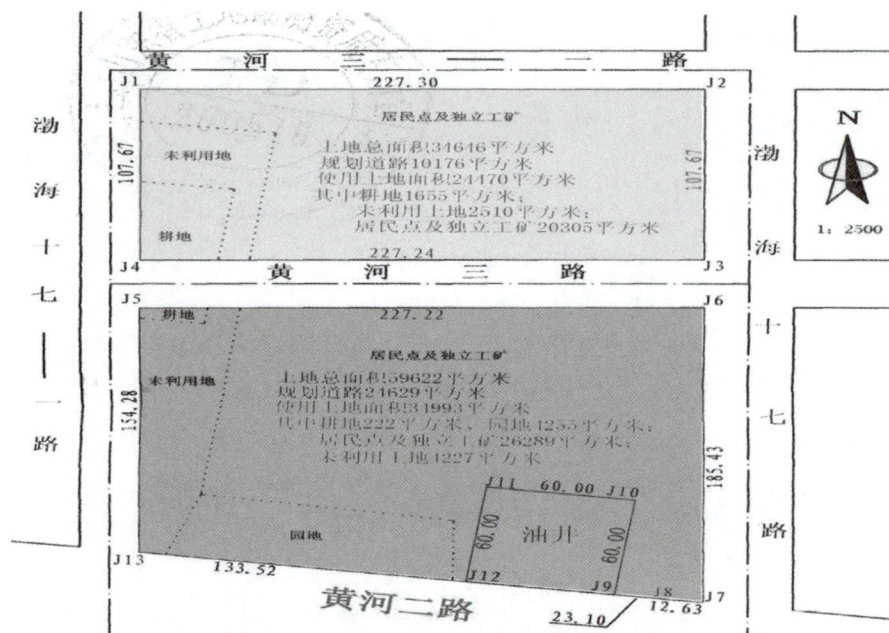

▶—— 图7-7 黄河二路新地块图示

▶—— 表7-6 黄河二路新地块项目概况

		面积	合计
规划总用地面积（公顷）		6.0	
规划用地（公顷）		3.5	
居住面积（平方米）		91 222.1	91 222.1
地上公建面积（平方米）	商业	8340.6	17 000.4
	公寓	4117.2	
	酒店	2400	
	储藏室（架空层，物业）	2142.6	

续表

		面积	合计
地下面积（平方米）	地下车库	28 703.8	44 564.9
	地下储藏室	11 515.3	
	地下设备间	3385.9	
	酒店地下室	959.9	
停车位数（个）	地下停车	865	1000
	地上停车	135	
总建筑面积（平方米）	地上部分	105 552.5	150 117.4
	地下部分	44 564.9	
容积率	3.0		

4.社区配套情况

小区周边配套设施齐全，滨州学院、滨州市技术学院、北镇中学、实验中学、实验幼儿园、银座商城中海店、奥林匹克公园环绕四周，踞市政府约5分钟车程。

小区商业街规划以广场、超市、会所等多种商业配套为主，致力于打造国际化生活标准，为业主提供休闲、娱乐、购物、商务等多种服务。

ZHC西区及西地块项目聘请广州怡景景观施工队伍专业打造，利用中国传统的古典园林工艺，让设计思想变成眼前的现实。

二、项目市场现状

1.工程情况

ZHC西地块别墅主体结构已封顶，完成部分楼栋的外立面粉刷，内部管道、线路铺设还未完成。

ZHC西区花园洋房实现2栋多层封顶，6栋小高层于2012年三四月份实现封顶。

商业街已全部完成施工建设，景观绿化基本完成。

2.现场包装、推广进程

项目销售道具不足，售楼处展示效果不大气，特别是没有别墅样板间可供观赏，无法展示项目高端品质的内涵。（注：别墅样板间的设计已完成，拟请的北京装修公司专业水平比较高，对承接施工的条件要求比较高，认可的装修施工合同不能通过评审，已拖期半年多而未动工。）

现场可见的环境品质提升缓慢，项目主体已基本完工，但与主体结构配合展示的展示区环境建设滞后，不利于销售。（注：展示区景观施工合同由于建造标准控制得比较低而迟迟不能与施工单位达成一致，与施工单位合同无法签署。设计是按600元/米²做的，施工要求按300元/米²左右控制，预计实际景观效果会与业主对高品质环境效果期待有很大落差。）

商业街的亮化工作在2011年基本完成，有效地提升了商业街的商业氛围，2012年须继续完善商业街的绿化、亮化等工作。

黄河二路新地块前期准备工作需要开始筹划，包括售楼处的设计、装修，项目周边围挡、销售资料等。

加强与广告公司合作事宜，确保推广效果。

3. 媒体市场反应

2011年开盘销售，实现销售额1.68亿元，回款额1.3亿元，良好的销售业绩表明客户对ZHC棕榈湾的产品有很高的期望值，但由于现场包装等原因迟迟未能按期实现，这种期望值在下降，关注度在减退，对项目的后期销售会产生消极影响。

三、销售现状

2011年成绩的取得得益于公司对市场态势和棕榈湾产品定位比较准确的把握，得益于ZHC棕榈湾东地块项目所树立的良好社会形象，得益于客户对棕榈湾新推出产品的高品质预期的认可以及对棕榈湾高端产品未来升值前景的信心。

从2011年11月份至今，受国家对整个房地产市场持续打压的大环境影响，棕榈湾目前也处于冰点期，新销售近乎零成交，已成交客户补交欠款意愿低，回款压力大，甚至出现退房现象。

滨州公司2011年销售情况及2012年销售计划如下表所示：

▶—— 表7-7 滨州公司2011年销售情况及2012年销售计划

房型	独栋别墅	双拼别墅	联排别墅	电梯洋房	商业街	总计
总房源数（套）	47	14	101	244	21	427
推出房源数（套）	24	14	30	92	21	181
已售房源数（套）	19	4	3	42	5	73
回收销售额（万元）	7790	900	449	1787	1527	12 453
欠款额（万元）	2523	289	118	846	230	4006

续表

房型	独栋别墅	双拼别墅	联排别墅	电梯洋房	商业街	总计
已开盘未售房源数（套）	5	10	24	50	16	105
未售房源房款额（万元）	2768	2800	5647	3376	0	14 591
未开盘房源数（套）	23	0	81	152	0	256
未开盘面积（平方米）	11 252	0	18 067	21 894	0	51 213
预计估算单价（元/米^2）	10 000	8000	6000	4000	4500	32 500
预估未开盘房源房款额（万元）	11 252	0	10840	8757	0	30 849
项目可回收总额（万元）	16 543	3089	16 605	12 979	15 973	65 189
2012年度任务回款额（万元）	13 000		11 000		8500	32 500
任务额与剩余房款额的比例	66.2%		37.2%		53.2%	——

四．项目SWOT分析

1.项目SWOT分析

（1）西地块别墅产品的SWOT分析

①S/优势

西地块别墅是升级版的ZHC别墅，户型面积比较大，功能设计相对合理，经过东地块的实践，可以保证小区环境自然生态，具备做豪宅的基本条件。一期已开盘的销售成果也显示了市场对产品的高期望值。

已建成入住的ZHC东地块别墅建立了比较好的综合品牌形象，可信度高，为后续项目提供了采用"诚信推广"的条件。

绝版的稀缺资源优势，第一居所的地段位置上风上水，后续别墅规划被国家政策禁止。

②W/劣势

滨州别墅市场不规范，不同区域都出现了别墅、类别墅、小产权别墅、新农村房等，分流了渴望接"地气"的别墅客户，也抑制了别墅价位的大幅度提升。

现在滨州高端客户的资金实力雄厚，视野开阔，居住选择范围广泛，对在滨州购买高价位豪宅的认同度还不足，观念调整也比较难。同时项目本身的产品展示不够大气，别墅样板间、项目景观绿化迟迟不能施工，严重影响了项目品质的提升，损坏了项目前期建立起来的高端形象。

项目周边环境、配套（包括黄河十二路的生态廊道、西部大型湿地公园、周边村庄搬迁改造等）还在打造之中，完善定型还需几年的时间。

③O/机会

滨州经过几年的快速发展，赶上了目前国家"黄、蓝"经济区的开发建设，城市发展有了新机遇，滨州市财政收入超百亿，部分好的公司、企业从投资阶段转到正常经营且盈利的阶段，造就出一批有钱人。

随着魏桥集团把高端铝业投资主战场转到滨州开发区以及相关产业链的延伸，滨州将会有更多的高端人才集聚，各种高端的消费模式、消费需求也将随之而来，对ZHC引领滨州高端消费有促进作用。

国家对低密度房源的控制使得别墅愈发稀缺。

④T/威胁

外部威胁：国家调控政策的不断加剧提高了投资置业门槛，对部分刚需客户又造成伤害，预计未来政策风险还将加剧，总体趋严。

市场容量：滨州外来及流动人口少，市场容量小，项目销售将面临很大压力。

（2）棕榈湾西区产品的SWOT分析

①S/优势

属于ZHC高端产品的延续，设计理念秉承了建筑低密度、环境生态化、居住功能人性化的成熟高端居住理念，与西地块高档别墅产品类型搭配。多种户型的独栋别墅、双拼别墅、联排别墅、多层电梯洋房使ZHC棕榈湾高端产品系列化，可满足滨州几个层次的高端人群改善居住条件的最新需求。

沿街建筑采取围合形式，突出了地块的位置特点，宜商宜住，具备较好的灵活性。

滨州容积率1以下的居住用地原则上不再提供，本项目容积率为0.68，也是今后城区内住宅市场难得的产品。

②W/劣势

本项目与西地块别墅同属高端产品系列，从客户层次来看，在滨州其总价位将是最高的，因此，项目本身的劣势与西地块别墅是一致的。

部分户型未设计车库，对于高端住宅来说，车库是必须配套的附属房，外置车库的概念不易被市场所接受。

产品亮点不足，与周边楼盘同质化较为严重，竞争激烈。

③O/机会

本项目的低密度多层电梯洋房、一楼复式带院落住宅、联排别墅是市场上稀缺的改善居住条件的替代产品，能够满足中等购买力人群的需求。

2012年"满足第一套住房需求"的银行政策能够有力地拉动普通住宅的销售。

④T/威胁

来自于公司内部，能否把高端产品的每个环节真正做好，做到协调一致，这是关键。

（3）商业街产品的SWOT分析

①S/优势

项目的布局是按照ZHC整体规划的社区服务需求考虑的，欧式的建筑风格引人瞩目，与周边的中海风景区、地标性建筑、小区建筑等比较和谐。

项目本身处于滨州最高档的别墅社区，有与周围的五星级滨州大饭店、政府接待中心中海酒店、会展中心、体育中心、文化中心等项目的运营形成业态互补的硬件条件。

交通便捷，周围停车空间大。

周边的市政配套、环境提升的规划建设速度逐渐提速，政府也特别关注，高档的商业氛围和需求也将快速形成。

②W/劣势

未来的两年内，小区入住人少，周边人流稀少，商业项目的有效辐射空间范围比较小。

商业街整体性强，建筑单体面积大，3层的层数、4.5米的层高、7.8米的跨距都比较大，不便于分割销售，最小的投资单元不低于200万元。周边是高端别墅区物业，对商业街的运营要求也是要走高端，制约了商业街招商的客户范围及业态范围。

按照大型连锁超市、连锁酒店、品牌商店等选址要求，棕榈湾商业街位置目前属于陌生区域，还不符合常规商家选址的基本要求。

③O/机会

在滨州市经济开发区乃至整个滨州这样整体规划的商业街数量很少，建成后的影响力会很大。

在中海板块，棕榈湾商业街独树一帜，可成为区域的商业中心。

对于区域的商业市场发展，公司有规划优势，可避免形成恶性的竞争环境。

④T/威胁

公司自己对商业地产的认识及运作能力不足，制定不出适当的商业街运作方案，从而限制了实现项目的利益最大化。

2. 优劣势交叉分析

S/优势

片区价值：经济开发区中轴位置，已在市场上得到较高认同。

品牌价值：已建成入住的ZHC东地块别墅建立了比较好的综合品牌形象，可信度高，为后续项目提供了采用"诚信推广"的条件。

环境优势：绝版的稀缺资源优势，包括上风上水的第一居所的地段位置及黄河十二路生态走廊。

W/劣势

缺乏配套：周边生活配套设施打造尚需时日，滞后于2011年销售的项目。

市场因素：滨州别墅市场不规范，不同区域都出现了别墅、类别墅、小产权别墅、新农村房等，分流了渴望接"地气"的别墅客户，也抑制了别墅价位的大幅度提升。

商业氛围：商业街运营存在不确定性，在一定程度上影响了整个项目的运作进程。

为发挥优势，规避劣势，ZHC棕榈湾做高端产品，满足高端客户对环境、风水、住宅品质的渴望，同时高端客户对生活配套的位置依赖度不高，可部分化解项目的劣势。

工程建设的重点是把住宅建筑产品真正做好，特别是要把样板房展示区做好、把小区景观做好，经得起客户检验。

营销推广的重点是将优势因素展示并宣传出去，把劣势淡化。

3. 核心价值推导

按照前述优劣势分析，ZHC项目核心价值一是坐拥业已形成的中海高尔夫公园良好的大环境，二是ZHC已建成项目和在建项目的低密度高端住宅定位把居住理想变成了现实。

围绕投资收益最大化的目标，把项目的核心价值通过产品完美体现出来。急需通过展示房的设计与施工、景观的设计与施工，进行实物比对，系统思考，进一步研究、优化各种别墅和电梯洋房的使用功能与外立面，使产品尽量完美，不留遗憾，消除客户入住进行二次调改的不利影响，让客户感觉产品设计非常人性化。

第四部分

项目自身定位

一、定位原则

发挥ZHC项目位置的环境优势，淡化生活配套劣势，建立项目高端、诚信品牌，把城市房地产陌生区域做熟，最终取得大盘收益。

二、客群定位

1. 西地块别墅客户定位

大型股份企业高级管理者、民营企业家、经商新富阶层等拥有大量物质财富、追求生活品质、善于享受生活的成功人士。

共同特征：

· 购房动机应是自用为主，年龄段在30到50岁之间，购房信息主要来源于公共媒体、朋友介绍；

· 购房没有区域概念，在异地拥有多处房产，注重生活品质；

· 不事张扬，注重细节，渴望宁静；

· 走南闯北，事业有成，对家乡那方水土有眷恋的情感，要寻找衣锦还乡、叶落归根的感觉；

· "有产阶层"的朋友多，形成小圈子，喜欢与同圈层的朋友聚居，寻找归属感。

2. 棕榈湾西区客群分析

项目定位为滨州市顶级住宅项目，目标客户为滨州市中高收入人群和拥有较多财富的社会群体。

（1）客户分布情况

· 油田单位职工；

· 政府职能部门人员；

· 中、小型私营企业业主；

· 大型企业中高级管理人员；

· 周边乡镇的富裕人群；

· 医院、学校的在职人员（工作5年以上）；

· 银行、通讯、法律、保险、汽车、IT行业的从业人员。

（2）共同特征

拥有2~4处房产，有投资的也有追求休闲享受的，注重生活品位和格调，购房动机多注重居住与生活的舒适性和便利性，资金实力充足，对住宅的环境、安全性和私密性要求较高。

3.商业街客户群体特征分析

（1）核心商户圈：滨城区区域内私营业主（重点客户为小区内别墅业主）

有稳定的经济收入以及租金收入，手头上有闲钱储备，有投资临街商铺的偏好以及选取习惯；

期望资金回报高于银行存款、债券及购买住宅，经营方式比较灵活，对投资回报要求较高；

主要看重投资物业的升值潜力，商铺的总价是影响他们购买的重要因素。

（2）次核心商户圈：滨州周边县区投资客户

对滨州市的商业环境非常熟悉，曾成功地进行过商铺投资，是成熟的投资者；

手头资金相当充裕，投资承受额度较高，希望把事业向城里转移，以扩大视野，又不离开故土已有的人脉关系；

非常关注物业的升值潜力，商铺的单价是影响他们购买的重要因素。

三、市场定位

1.西地块别墅形象定位

· 高尚生活品质，满足滨州最高层次客户需求；

· 生态水岸城市顶级别墅。

2. 棕榈湾西区形象定位

· 高尚生活品质，满足滨州高层次客户需求；

· 城市顶级住宅社区。

3. 商业街形象定位

棕榈湾特色风情商业街。

突出本项目是为满足别墅区住户、高端花园洋房住户等有高端消费需求的住户的奢侈消费习惯要求。本项目通过业态和业种的规划使商业街更具主题性和特色性，是满足消费者娱乐、休闲、餐饮需求的特色风情文化商业街。

第五部分

推广策略

一、推广现状分析

1. 项目现状

ZHC东地块销售，在滨州高端市场上已形成影响力，有好的口碑效应。

ZHC西地块别墅项目：在2011年8月份实现开盘销售，客户来源主要是ZHC一期老客户带来的新客户，客带客效果明显，未做大规模的宣传活动。别墅样板间迟迟未施工装修，严重影响了产品品质的提升。

商业街项目：2011年7月份实现开盘，做过两期报纸广告，效果不明显。2011年的工作重点在于对商业街的亮化、绿化。客户来源多是一期别墅客户，新客户较少。

棕榈湾西区：2011年12月份实现开盘销售，在滨州市交通体育台做了为期一个月的电台广告，效果不明显，销售方式主要是老客户的累积及单位内部团购。

总之，项目现在的推广以消化现有意向客户为主，媒体选择以短信、报纸为主，工作重点多集中在对项目本身的完善上。

2. 竞争市场现状

2011年上半年，渤海城邦项目与深圳黑马合作，广告及文宣做得非常规范，遍布滨州城区，他们是借助ZHC已有的影响力，形成的销售效果也很不错。2011年下半年受市场低迷影响，推广宣传逐渐减少。

相邻的望海花园项目前期推广力度比较大，知名度比较高，现在尾盘销售宣传力度有所减弱，但由于前期树立了项目形象，对项目位置有很强的支撑。

中海南岸美信海公馆属于新建项目，2012年年初开盘，宣传规模较大，电台、户外、报纸广告较多，由于位置优越，销售情况较好，开盘销售140套。

滨州城区范围比较小，市民之间关联性强，客户项目信息来源更多的是直接的感受和亲人、朋友等的推荐。

3. 结论

ZHC棕榈湾现在的客户来源主要是客带客带来的新老客户群体，项目对外宣传较少，受房地产市场低迷的影响，滨州市房地产宣传在2011年年底是个高峰期，但效果都不明显。

2012年ZHC棕榈湾后续项目的推广一方面要立足于做好自身的项目展示，另一方面要继续完善销售推广方案，直达目标客户群体，以达到事半功倍的效果，同时节省推广费用。

二、整体推广思路

1. 形象定位

ZHC棕榈湾是滨州最高端的品牌，有身份的人居住的地方。

2. 整体思路

住宅营销关键点：让目标客户真正感受、认知项目的独栋别墅、联排别墅、电梯洋房等产品的高档品质和稀缺价值。核心手段：售楼场所的展示，展示房的展示。关键的工作：一是售楼场所的标准化、规范化，给客户不一样的高档场所的第一印象；二是做出让目标客户有超乎想象的感觉或梦幻般感受的展示房，给客户留下"有钱"可以"颠覆"原来一般意义上的"家"的第二印象，让客户产生换房的冲动意识。

商业街营销关键点：让经营业者认为商业街适宜经营，了解其商业潜力。核心手段：整体运筹，寻找主力店加盟。关键的工作：一是把商业街业态标识氛围做好；二是围绕商业街的运营要求，把各类配套设施做好；三是配合已购房的业主做好装修、入住工作。

（1）品牌形象

已建成可入住的ZHC棕榈湾东地块别墅建立了比较好的综合品牌形象，开发商的实力、诚信度、产品的环境塑造等给很多客户留下更好的印象，可信度高。

ZHC西地块及西区的销售提高了ZHC的销售热度，引起了广大业主对高品质居住小区的期待，树立了滨州第一高档楼盘的形象。2012年须继续完善莱钢的品牌形象，借助与团购单位的合作关系，扩大影响范围。

（2）景观环境

由于受预算的限制，为节省投资，经过几次反复，东地块别墅景观只能以"生态"为主，实用性比较差。客户入住后需要再投资建设，系统效果不好，整体档次下降了，不具豪宅别墅的小区气质。

公司已聘请GVL怡境景观设计有限公司进行棕榈湾西地块别墅及西区的景观设计和监理。2012年工作重点是按照景观设计的造价标准，选择专业水平高的施工队伍，推进项目展示区景观施工，树立一个真正高品质环境的顶级住宅区形象，做到宣传与实际一致，彰显诚信的企业特质。

（3）产品品质

中海西地块别墅：ZHC西地块别墅已实现现房开盘销售，在滨州的高端住宅市场产生了不小的影响，成为滨州市场的价格风向标。

2012年的工作重点是落实好别墅样板间的施工工作，争取在2月份签订样板房合同，3月份开工装修，在7月份实现样板间的顺利展示，从而配合别墅及棕榈湾其他项目的二次开盘活动。

电梯洋房：展示房一套，位置在该排的东头顶层，180平方米户型，顶层复式总面积300平方米，做出空中别墅的感觉，装修标准拟定3000元/米^2。

联排别墅：展示房一套，做主卧在顶层3层的户型，面积300平方米，展示出大空间的房间效果，装修标准拟定3000元/米^2。

沿街围合住宅：展示房一套，面积330平方米，展示出围合别墅的感觉及敞亮的房间效果，装修标准拟定3000元/米^2。

（4）营销动线设置

▶—— **表7-8 营销动线设置**

客户邀约	通过大量短信并配合少量报纸及户外广告，传递项目信息，邀约客户
客户到达现场	客户到达项目售楼处现场观看：告知项目基本情况
观看项目现场	根据客户的初步购买意向，带领客户现场实际看房
参观展示区	有选择地带领客户观看展示区不同类型的展示房
达成购买意向	客户达成购买意向，验资后选定房源，登记客户信息
开盘成交	开盘后通过促销活动，最终达成销售，完成客户回款

3. 推广周期

2012年2-5月份——持续销售期、品质完善期、蓄水积累期、广告推广期；

2012年6-10月份——二次开盘强销期；

2012年11-12月份——全面销售期。

三、推广策略细分

1. 西地块别墅

▶── 表7-9 西地块别墅推广计划

序号	时间	节点	事项
1	2012年2-3月	项目展示准备	签订落实别墅样板间和景观设计施工合同，并尽快进入现场施工
2	2012年4-6月	蓄水引导期	配合报纸、短信等媒体，进行二期客户的积累，筛选意向客户签订协议
3	2012年7月	区域加热	组织样板间的对外展示 别墅剩余楼盘的开盘热销
4	2012年8-12月	持续销售	延续前期推广及广告效应，进一步深化主题定位，充分利用口碑传播，配合营销活动，积累和消化客户，提升销售

2. 商业街

▶── 表7-10 商业街推广计划

序号	时间段	阶段	目标	备注
1	2012年3-4月	完善期	对商业街进行绿化完善	
2	2012年5-9月	推广期	持续招商、销售	
3	2012年10月	高潮期	组织商业街开街活动	视商业街的销售及入住情况而定

3. 棕榈湾西区

▶── 表7-11 棕榈湾西区推广计划

序号	时间段	阶段	目标	备注
1	2012年2-5月	持续销售期	实现开盘房源销售80% 累积180平方米楼栋客户	
2	2012年6月	开盘推广期	180平方米户型开盘销售	主要是根据累积客户情况而定
3	2012年7月	开盘强销期	加推联排别墅入市销售	

4. 黄河二路新地块

▶── 表7-12 黄河二路新地块推广计划

序号	时间段	阶段	目标	备注
1	2012年4月	启动期	与经信委签订合作协议，并收取2000万元定金	
2	2012年5—9月	蓄水推广期	积累目标客户，开盘发售	准备销售资料、售楼处装修、产品推介会等
3	2012年10月	开盘销售	实现团购合同签订和对外的开盘销售	主要是根据工程节点来进行

第六部分

媒体计划及媒体选择建议

一、媒体应用情况

精准化营销：西地块别墅、棕榈湾西区及商业街项目的目标客户群体集中在滨州市中高收入人群，2011年较多地选择手机短信广告进行逐步"渗透"，同时配合少量报纸广告及户外媒体，市场反应比较有效。没有采用大量的报纸广告、电视广告，节省了推广费用。

二、部分选择媒体介绍

《鲁中晨报》（滨州版）：《鲁中晨报》滨州部即《鲁中晨报·黄河三角洲》是滨州分众传媒旗下媒体，读者的平均年龄为39.35岁，"个人自费订阅"已成为该报读者第一位的读报来源：71.9%个人自费订阅，"单位集体订阅"占25.8%，"公费为个人订阅"占8.1%，在报摊和邮亭零买占17.6%，3.8%借阅阅读，3.8%在图书馆或公告报栏阅读该报。日发行量10万份。

《鲁北晚报》：《鲁北晚报》为周五报，日出版四开16版，每周四出版《视听周刊》四开32版。日发行量约6万份，市区发行约2万份，覆盖滨州市区及各县区城区机关事业单位。

滨州市交通体育台：主要面向有车一族，针对高消费人群定点传播，滨州市交通体育台是滨州覆盖面最广的交通频道，可以有效覆盖整个滨州市及下辖各县。

三、2012 ZHC各阶段推广费用统计表

▶── 表7-13 ZHC西地块及西区推广费用

	形式	主题	数量	单价（元）	总计（元）	月份总计（元）
一月份						
蓄水引导持续销售期						
二月份	报纸广告	ZHC项目销售开启	2个半版	15 000	30 000	42 000
	短信广告		30万条	0.04	12 000	
三月份	报纸广告		2个半版	15 000	30 000	3 282 000
	短信广告	ZHC联排别墅激情开启	30万条	0.04	12 000	
	网络广告				30 000	
	样板间装修	独栋536平方米户型			2 680 000	
	看房车		1辆	60 000	60 000	
	户外高炮	尊享绝版别墅主题	2个	200 000	400 000	
	广告设计费	与广告公司合作			70 000	
四月份	报纸广告	180平方米洋房、独栋别墅开始认筹	3个半版	15 000	45 000	1 452 000
	短信广告		30万条	0.04	12 000	
	网络广告	持续热销，加推认筹在即			60 000	
	杂志		1个半版	5000	5000	
	样板间装修	联排别墅300平方米			900 000	
	项目围挡	高端社区为主题，凸显人性关怀			250 000	
	网站制作	项目网站			90 000	
	DM	项目、户型介绍	20份	1000	20 000	
	广告设计费				70 000	

续表

	形式	主题	数量	单价 （元）	总计 （元）	月份总计 （元）
五月份	报纸广告	180平方米洋房、独栋别墅即将开盘	2个半版	15 000	30 000	3 254 000
	样板间装修	180平方米户型样板间	1间	900 000	900 000	
	房展会			250 000	250 000	
	礼品	用于开盘纪念品	2000份	25	50 000	
	销售物料				120 000	
	围合别墅装修	选定330平方米进行设计装修			990 000	
	道旗	沿黄河十二路，加热ZHC片区销售			300 000	
	广告设计费				70 000	
	业主联谊活动	五一劳动节，体现活力小区			50 000	
	高炮	滨州五县，扩大客户范围			494 000	
开盘热销期						
六月份	报纸广告	180平方米洋房盛大开幕	4版	30 000	120 000	344 000
	短信广告		60万条	0.04	24 000	
	电视广告		15秒		100 000	
	开盘活动	主要用于招待、买气球等			100 000	
七月份	报纸广告	独栋、联排开盘入市	4版	30 000	120 000	312 000
	短信广告		40万条	0.04	16 000	
	电台广告		2个月	20 000	40 000	
	户外	开盘入市			36 000	
	开盘活动	主要用于招待、买气球等			100 000	
持续销售期						
八月份	报纸广告	开盘庆贺及加推房源	2个半版	15 000	30 000	116 000
	杂志	最后的盛宴已开启	2版	8000	16 000	
	广告设计费				70 000	

续表

	形式	主题	数量	单价（元）	总计（元）	月份总计（元）
九月份	报纸广告	恭贺中秋，送大礼	2版	30 000	60 000	130 000
	广告设计费				70 000	
十月份	报纸广告	房源全部推出	3个半版	15 000	45 000	145 000
	冬枣节	拉近与业主的距离			30 000	
	广告设计费				70 000	
十一月份	报纸广告	年底促销信息	2个半版	15 000	30 000	112 000
	短信广告		30万条	0.04	12 000	
	广告设计费				70 000	
十二月份	报纸广告	圣诞送礼	1个半版	15 000	15 000	253 000
		元旦贺新春（答谢）	1个半版	15 000	15 000	
	答谢会	业主酒会			153 000	
	广告设计费				70 000	
总计					9 442 000	

▶— 表7-14 ZHC商业街营销推广费用

	形式	主题	数量	单价（元）	总计（元）	月份总计（元）
一月份						
		持续销售蓄水期				
二月份						
三月份	报纸广告	商业街招商	2版	30 000	60 000	138 000
	户外道旗	招商		60 000	60 000	
	电台广告	招商	3个月	6000	18 000	
四月份	顾问费				40 000	248 000
	短信	震撼免租经营	50万条	0.04	20 000	
	网站费用			8000	8000	
	商业街亮化	根据实际现场进度确定			180 000	

续表

	形式	主题	数量	单价（元）	总计（元）	月份总计（元）
五月份	顾问费	项目形象广告			40 000	121 000
	报纸广告		1个半版	15 000	15 000	
	杂志		2版	8000	16 000	
	活动公关				50 000	
六月份	产品推介会	根据意向客户的数量来确定			150 000	220 000
	顾问费				40 000	
	报纸广告	与入驻的商家合作推广	2个半版	15 000	30 000	
七月份	顾问费				40 000	88 000
	电台广告	维持热度，主题还是以招租为主题	3个月	6000	18 000	
	户外展板				30 000	
八月份	顾问费				40 000	130 000
	业主联谊会	确认意向业主及签约			90 000	
开街加热期						
九月份	顾问费				40 000	181 000
	开街仪式				73 000	
	报纸广告	鸣锣开市	2版	30 000	60 000	
	短信广告		20万条	0.04	8000	
持续销售期						
十至十二月份	报纸广告	与入驻业主配合宣传	4个半版	15 000	60 000	196 000
	杂志		2版	8000	16 000	
	顾问费				120 000	
总计						1 322 000

━ 表7-15 黄河二路新地块项目推广费用

	形式	主题	数量	单价（元）	总计（元）	月份总计（元）
一月份						
二月份						
蓄水引导期						
三月份	项目围挡	品质楼盘，责任地产，拉高档次			150 000	500 000
	租用售楼处				200 000	
	户外广告	十月激情呈现，敬请期待			100 000	
	新项目奠基仪式	根据实际情况举行			50 000	
四月份	报纸广告	热烈庆祝XX单位入驻XX项目	2版	30 000	60 000	60 000
五月份	售楼处装修				400 000	593 000
	物料准备	单页、手提袋、动画等			140 000	
	参加房展	与ZHC共同参展			11 000	
	报纸广告	提升项目形象	2个半版	15 000	30 000	
	短信广告	劳动节问候	30万条	0.04	12 000	
六月份	电台广告	新高都项目十月激情呈现	3个月	8000	24 000	54 000
	定制纪念品	开盘赠送	1500份	20	30 000	
七至八月份	报纸广告	新高都项目已开始接受全城预约登记	2个半版	15 000	30 000	138 000
	短信广告		20万条	0.04	8000	
	公交车广告	101路车体	4个月		100 000	
九月份	产品推介会	敲定意向客户			150 000	150 000

续表

	形式	主题	数量	单价（元）	总计（元）	月份总计（元）
			开盘热销期			
十月份	项目开盘销售	开盘活动			260 000	390 000
	报纸广告	新高都项目盛大开盘	3版	30 000	90 000	
	短信广告		40万条	0.04	16 000	
	杂志		3版	8000	24 000	
			持续销售期			
十一、十二月份	报纸广告	持续加热销售	4个半版	15000	60 000	76 000
	短信广告		40万条	0.04	16 000	
总计					1 961 000	

四、费用合计

1. 住宅营销费用概算

▶ 表7-16 住宅营销费用概算

第一阶段	第二阶段	第三阶段	总合计
8 030 000元	656 000元	756 000元	9 442 000元

2012年的销售形势要比2011年更加严峻，为此要从2月份就开始做好销售推广，避免将销售回款任务积压在下半年。

总销售费用944万元，主要费用集中在样板间的装修上，包括独栋别墅、联排别墅、花园洋房。展示房的计划投资费用547万元，展示房按90%的比例通过销售回收，可冲减销售费用支出492万元，2012年度西地块别墅和棕榈湾西区实际销售费用概算预计为452万元。

2012年度计划支出营销费用比较高，2011年销售展示区都没有按照原有的计划完成施工，面对2012年严峻的销售形势，项目必须更好地做好项目展示，以提高销售利润和回款速度。

作为重要的销售道具，展示区样板间的装修布置投资较高，占总费用比重较大，但投资后，对提升项目品质、增加莱钢品牌的美誉度、建立尊贵的产品品质形象有非常重要的作用，可以拉升销售价格，增加销售利润。

2. 商业街费用概算

▶—— 表7-17 2011年阶段推广项目投资费用预计表

第一阶段	第二阶段	第三阶段	总合计
935 000元	311 000元	76 000元	1 322 000元

商业街项目总销售费用分摊为132万，该费用主要集中在商业街的招商顾问费和开盘活动公关费用上。

3. 黄河二路新地块费用概算

▶—— 表7-18 黄河二路新地块费用概算

第一阶段	第二阶段	第三阶段	总合计
1 109 000元	656 000元	196 000元	1 961 000元

黄河二路新地块作为一个全新的项目地块，需要进行前期宣传，扩大知名度，项目现场需要围挡、户外广告包装。大额销售费用集中在售楼处的装修和开盘的公关活动上。目前黄河二路地块与经信委的合作基本确定，可有效地降低相关的销售费用。

第七部分

销售策略

一、推售计划

2012年总目标：按照40％的销售量，实现销售回款4.05亿元，具体销售任务及回款计划分为四个部分：

西地块别墅：回收资金13 000万元；

商业街部分：回收资金8500万元；

棕榈湾西区：回收资金11 000万元；

新地块：回收资金8000万元。

1.销售期

▶── 表7-19　销售期安排

项目	销售期	二次开盘期
西地块别墅	2012年1—12月	2012年7月
棕榈湾西区	2012年1—12月	2012年6月
商业街	2012年1—12月	2012年9月
新地块	2012年4月团购	2012年10月

2.销售阶段安排

持续期：2012年1月—3月；

预热期：2012年4月—5月；

强销期：2012年6—10月；

持续期：2012年11—12月。

3. 推售计划表

▶ 表7-20 推售计划表

	4月	6月	7月	9月	10月
西地块别墅			15套	8套	
棕榈湾西区		133套			100套
商业街					
新地块	签订团购协议				100套

二、阶段性销售策略

1. 蓄水引导+持续销售期

持续销售主要是基于2011年开盘未售的剩余房源，集中在2-5月份实现去化，面对不明朗的国家调控形势，销售任务大部分要集中在2012年上半年完成。

同时对未售房源进行提前的客户蓄水，可适当地制定灵活的预定房源政策，保证意向客户的成交。

蓄水区域不再局限在滨州市区，而是要扩展到滨州的五县，通过设立销售点的方式积累客户，拉动看房销售。

同时由于现在的客源较少，根据客源意向和公司的价格区间，可借鉴"饥饿式营销"模式，采用提前预约订房的方式收取诚意金，并签订订房协议，以保证成交率。

2. 开盘热销期

多种手法并用，特别是开发样板间，冲击滨州市场原有的豪宅理念，树立"升级版生活概念社区"的目标。

主要方式采用SP活动+新闻炒作+手机短信+媒体广告+售楼处客户积累。

3. 强销期

根据开盘后市场反应情况适时调整销售政策，若开盘效果不佳，则进行项目产品的实质性促销，譬如折扣、赠物等，小范围内开展。

若开盘效果良好，则需要提高销售热度。继续深度挖掘产品的极致卖点，配合各类媒体全面阐述

ZHC·棕榈湾在豪宅坐标下的产品系统价值，并综合评价其现实价值、未来价值以及价格走势，以增强业主对项目的信心。

注：新地块项目

新地块项目主要是以团购方式为主，签订合同后即收取首期房款，推广的主要目标是扩大知名度，进行前期客户的蓄水，根据市场反应及客户数量适时开盘。

三、定价策略

1. 住宅均价厘定

2011年的销售情况已经对项目的定价有所影响，具体分析如下：

（1）西地块别墅销售价格

ZHC西地块独栋别墅销售价格为10 000元/米^2，最高价格为14 000元/米^2，双拼别墅销售价格均价8000元/米^2，价格从7600元/米^{2}至8500元/米^{2}不等。从现有的销售情况看，独栋别墅的销售情况较好，主要是市场对独栋别墅的稀缺性已形成共识，但现在受制于别墅展示区的品质提升速度较慢，后期销售提价的空间受限。双拼别墅实现销售5套，占总房源的35％，每套总价300万元左右，从市场销售情况看，双拼别墅销售是一难点，2012年价格暂不提升或少量提升。

（2）棕榈湾西区产品销售价格

西区联排别墅：联排别墅定价在6000~6500元/米^2，推出30套，预定4套，销售情形不够理想，除了受位置因素的影响外（保留了中心广场附近的好位置楼盘），联排别墅的价格需更加灵活化，对团购别墅可适当按一定比例给予优惠，同时积极地鼓励客带客，对实现客带客签约的客户给予现金奖励1万元。

西区花园洋房：花园洋房的销售以项目内部团购为主，实现6195、6190号楼的全部认购，6187号楼对外销售7户。花园洋房销售均价在4000元/米^{2}左右，销售价格较高，在现有的市场大环境下没有市场竞争力。2012年的价格应以团购的方式作适当下调，3500元/米^{2}左右是现在滨州市场的普遍均价。

（3）商业街销售价格

根据2011年制定的销售方案，商业街以4500元/米^{2}进行对外销售，但除卖出5套外（5套均为一期的老客户），再无任何销售，意向客户也较少，主要受制于商业街单体面积过大和项目入住人口太少，其销售前景不容乐观。

作为ZHC棕榈湾别墅及花园洋房的配套商业项目，随着小区入住人口的增多，商业街项目的商业价值会逐步显现，市场潜力应该很大。预计周边社区成熟后（需要三年），棕榈湾商业街的商业中心地位会自然形成，届时商业街地产价值才能充分体现。

2012年商业街销售仍然以对外销售为主，单价维持不变，按照具体付款方式和商业街体量的大小，给予总价3%~5%的优惠，同时要扩大出租的比例，为提升商业街的商业氛围，可免除优质合作项目的租金，招揽客户。

2. 价格策略

独栋别墅：保持剩余房源价格稳定（10 000~14 000元/米^2），待样板间展示区开启后，最大限度地拉升价格，新开盘房源价格为12 000~16 000元/米^2。

联排别墅：在现有的（6000~6500元/米^2）基础上，根据购买的数量给予不超过3%的优惠赠送，同时对客带客的老客户给予1万元的奖励。

电梯洋房：按照现有的市场价格，4000元/米^{2}的价格相对较高，价格保持在均价3500元/米^{2}左右，对客带客的老客户给予2000元的购物卡。

商业街：销售价格4500元/米^{2}保持不变，给已购商业街的客户以信心，同时对有意租用商业街的客户，可给予最高免租金的优惠待遇。合作细则经协商后报建设公司批复。

注：为充分利用滨州公司的人脉资源，建立与社会各界的良好合作关系，对通过滨州公司领导购买的房源，可再优惠1%。

3. 月度销售计划及回款计划

▶— 表7-21 月度销售计划及回款计划

	1	2	3	4	5	6	7	8	9	10	11	12	总计
西地块别墅													
销售套数			1	3	2	4	10	3	3	2	2	1	31
销售面积（万平方米）			0.05	0.12	0.05	0.1	0.5	0.1	0.11	0.07	0.1	0.05	1.25
回款额（万元）	100	100	300	500	300	500	1000	1400	2200	2000	2300	2300	13 000
西区洋房及联排													
销售套数			7	15	15	20	16	18	22	20	20	24	177
销售面积（万平方米）			0.07	0.1	0.08	0.15	0.08	0.08	0.2	0.33	0.2	0.3	1.59
回款额（万元）	100	100	350	400	500	800	500	1000	1800	1850	2000	1600	11 000

续表

	1	2	3	4	5	6	7	8	9	10	11	12	总计
商业街													
销售套数				2	1	2	1	2	1	2	1	1	13
销售面积（万平方米）				0.6	0.2	0.1	0.3	0.3	0.3	0.4	0.3	0.16	2.66
回款额（万元）	0	0		1250	500	400	900	1000	1000	1050	1000	1400	8500
新地块（暂定）													
销售套数													
销售面积（万平方米）													3.71
回款额（万元）	0	0	0	2000	2000	0	0	0	0	2000	2000	0	8000
总计（万元）	200	200	650	4150	3300	1700	2400	3400	5000	6900	7300	5300	40 500

西地块别墅建筑面积共计26 321平方米，2011年开盘面积为15 013平方米，剩余未开盘面积为11 308平方米，已销售面积为11 407平方米，总计未售面积为14 914平方米。

08
广告策划

武汉市 KME 小镇项目
广告策划报告

一、武汉市房地产市场概况分析

1. 市场情况

（1）商品房供应及销售情况

2010年一季度，全市商品房新增供应套数为23 174套，其中商品住房新增供应套数为21 085套，写字楼新增供应套数为512套，其他为1577套。

商品房实现销售面积360.20万平方米，环比减少10.33%，同比增加67.62%；销售套数为35 488套，环比减少11.04%，同比增加54.23%。

商品住房实现销售面积294.51万平方米，环比减少14.6%，同比增加39.7%；销售套数28 345套，环比减少15.61%，同比增加41.41%。

商品住房按户型结构统计，中小户型销售量较大，90平方米以下和90~120平方米户型共实现销售套数20 200套，占全市总销售套数的71.26%。

▶━ 表8-1　2010年一季度商品住房重点区域不同户型新增供应情况

区域	小于90（平方米）	90~120（平方米）	120~140（平方米）	大于140（平方米）	合计（平方米）
	套数	套数	套数	套数	
江岸	734	447	349	110	1640
江汉	892	861	433	293	2479
桥口	3660	458	0	2	4120
汉阳	398	324	175	104	1001
武昌	345	327	161	227	1060
洪山	4317	2390	871	583	8161
青山	0	0	0	0	0
东西湖	417	421	60	36	934
黄陂	557	352	419	362	1690
合计	11320	5580	2468	1717	21 085

备注：东湖高新区和武汉经济技术开发区分别并入洪山区和汉阳区，下同

商品住房中90平方米以下户型的供应套数所占比重最大，占全市新增供应套数的53.69%；其次为

90~120平方米户型，占全市新增供应套数的26.46%；其他供应套数占全市新增供应套数的19.85%。

▶—— 表8-2　2010年一季度商品住房重点区域不同价位销售情况

区域	3000以下（元/米²）套数	3000~4000（元/米²）套数	4000~5000（元/米²）套数	5000~6000（元/米²）套数	6000以上（元/米²）套数	合计
江岸	1631	43	96	804	1243	3817
江汉	102	9	22	67	1570	1770
桥口	566	8	14	31	828	1447
汉阳	447	142	411	549	844	2393
武昌	668	263	18	61	1484	2494
洪山	402	74	482	1447	4560	6965
青山	16	0	3	27	124	170
东西湖	78	701	1536	615	192	3122
黄陂	1294	2102	186	63	71	3716
江夏	457	1103	819	32	40	2451
合计	5661	4445	3587	3696	10 956	28 345

（2）商品房价格情况

2010年一季度，商品房综合平均价格为5923.28元/米²，环比下降1.84%，同比上涨12.21%。商品房价格指数为2069.47点。

商品住房平均价格为5690.97元/米²，环比上涨2.61%，同比上涨14.15%。其中，多层均价为4737.69元/米²，小高层均价为4130.61元/米²，高层均价为6227.93元/米²。商品住房价格指数为2937.44点。

单位：元/米^2

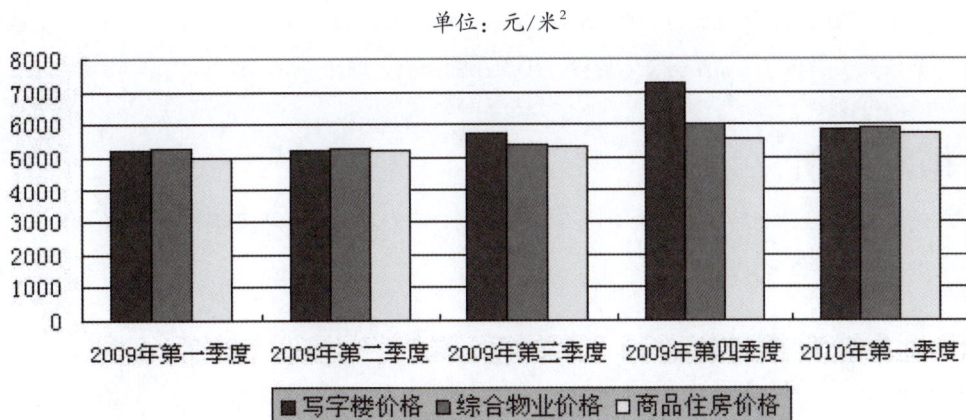

▶— 图8-1 住房、写字楼、综合物业各季度价格走势

（3）存量房交易情况

存量房综合物业交易面积为99.43万平方米，环比减少43.01%，同比增加54.47%；交易套数为9617套，环比减少48.73%，同比增加38.31%。

存量住房交易面积为75.16万平方米，环比减少51.83%，同比增加46.88%；交易套数为8655套，环比减少50.81%，同比增加34.62%。

2.市场特点

（1）住房销售量同比小幅下滑

受到传统销售淡季以及金融政策宏观调控等因素的影响，2010年一季度，我市住房销量出现下滑，商品住房销售面积294.51万平方米，环比减少14.6%；销售套数28 345套，环比减少15.61%。

（2）住房成交价格保持平稳

2010年一季度，商品住房平均价格为5690.97元/米^2，环比上涨2.61%，同比上涨14.15%。从各区域住房成交情况看，价格上涨幅度最大的为江汉区，成交均价为9085.78元/米^2，环比上涨12.24%。

存量住房平均交易价格为4067.32元/米^2，环比下降0.65%。从各区域情况看，东西湖区下降幅度较大，环比下降了8.63%。

（3）90平方米以下商品住房供应量有所增加

开发企业根据市场需求的变化和宏观调控政策的要求，进一步加大了中小户型的供应力度。90平方米以下商品住房供应套数占全市新增供应套数的53.69%，与2009年同期相比，占比增加2个百分点，与上季度相比，占比增加5个百分点。

（4）多层住宅价格上涨幅度较大

从各建筑类型销售情况看，多层和高层商品住房均价均呈现上涨趋势，环比分别上涨6.58%、

4.42%。由于小高层商品住房主要分布在三环线以外，而且2010年一季度小高层经济适用住房成交量占比较大，因此拉低了小高层商品住房整体均价，出现小幅回落，环比下降1.42%。

3. 市场分析

2010年一季度，我市商品住房销量出现小幅下滑，价格较2009年第四季度出现小幅上涨。存量住房销量和成交价格均有所回落，主要原因在于：

（1）住房需求保持平稳

随着国家继续支持居民合理住房消费，特别是要求全面启动城市棚户区（成片危旧房）改造工作，加上我市城市基础设施和重点建设项目进度的加快，拆迁量进一步扩大，市场刚性和合理改善型需求将持续旺盛。同时我市城市圈内的交通、城市基础设施一体化建设逐渐形成，城市化进程不断加快，我市购房的消费群体不断扩大，以家庭小型化为市场主流，特别是2010年3月份，我市住房需求得到进一步释放，商品住房销量接近万套，与2009年3月份10 057套的销量基本持平。

（2）商品住房供应结构进一步得到改善

受房价上扬、居民承受能力有限、住房消费观念的转变以及旧城改造力度加大等因素的影响，中小户型商品住房需求量持续增长。我市认真贯彻落实国家宏观调控政策，进一步调整了住房供应结构，采取有效措施引导合理的住房建设和消费模式，大力发展适应居民承受能力的普通商品房，加大90平方米以下住房的供应力度，适应了市场需求，使得刚性需求在一定范围内得到较好的释放，市场销售量得到拉升，住房供应结构进一步优化。

（3）三环线以外商品住房可售房源消化压力仍然存在

截至2010年3月底，我市商品住房（不含经济适用房）累计可售面积为984.51万平方米，与2009年同期相比下降了18.31%。全市累计可售套数为84 497套（不含经济适用房）。其中，中心城区可供选择的房源有限，供应略显不足，需要加大中心城区的住房供应量。由于偏远城区住房配套设施不完善、交通不便，住房销量不如中心城区旺销，市场消化压力较大。

（4）存量房交易量受国家宏观调控政策影响出现萎缩

2010年一季度，受到国家宏观调控政策的影响，特别是存量房由两年恢复五年的税收政策以及金融贷款利率的调整，我市存量房市场成交量明显回落，价格基本保持平稳。一季度，存量住房交易套数仅有8655套，环比减少50.81%，存量住房平均交易价格为4067.32元/米^2，环比下降0.65%。

综上所述，我市的房地产总体市场还是保持着比较活跃的态势，未来的市场前景依然广阔，特别是一些地段较好、价格较低的地区发展潜力巨大。而地处武汉东湖新技术开发区的KME小镇，综合它的区域、价格、户型、配套、物业管理等方面，在我市的总体楼市中应该处于中上地位，而且目前只完全推出了一期楼盘，且销售良好。根据我市2010年第一季度总体楼市的发展趋势，结合KME小镇自身特点和优势，相信KME小镇的未来是光明的。下面参照武汉楼市的总体宏观环境，结合KME小镇自身的特点进行其广告策划方案的规划制订。

二、项目情况分析

1. 产品分析

（1）区位分析

KME小镇位于光谷核心地带，光谷大道与光谷一路交会处，邻近光谷金融港、藏龙岛大学城、富士康、中芯国际、719所等国际名企和科研单位环绕周边，是当代集团于光谷代表高品质人居的又一力作。

（2）交通

项目紧邻城市主景观道——光谷大道，周边动线丰富，城市三环线近在咫尺，畅行武汉三镇。邻近光谷金融港和中百仓储，近可攻，退可守，是未来光谷发展的核心地带！

（3）区域配套

项目周边自然、人文、商业风云际会，让光谷人的目光聚集于此。藏龙岛中心绿地公园和汤逊湖水域始终不离不弃，原生态自然景观使人轻松享受大自然风光，湖北经济学院隔路相望，高素质人群聚集于此，人文氛围浓厚，中心商业区、科技园是都市精英从容把握事业的疆土。居住在KME小镇，丰富多元的生活成了光谷生活最珍贵的藏品。

（4）规划设计

KME小镇内花园洋房、高层、小高层分布合理，建筑以远高近低的层次方式排布，高低错落，极富层次感，通过空间层次的转变，打破传统建筑的统一和呆板，其节奏、比例堪称完美，给人一种不同的视觉享受。外立面设计着重突出整体的层次感和空间表情。采用西班牙式，在设计中注重异国风情的气氛渲染和亲切宜人尺度的创造，结合平面设计，重点在建筑的顶部和底部进行细部规划，而中间部分则尽量简化，色彩上屋顶采用红瓦，墙面以暖色为主调，用材上以涂料为主，辅以石材，在露台部分平台上布置花架，进一步烘托气氛。KME小镇空中花园露台洋房使每户都拥有一个空中花园，将盎然的绿意延伸到每户的窗前，从而创造了最佳的生活居住环境。

（5）室内空间

室内空间布局在动静分区、干湿分区等方面都经过了细致考虑，同时结合了武汉特殊的气候、地理等因素，真正履行"以人为本"的原则。

（6）户型

70~140平方米的多元户型满足了不同年龄段的选择，独显魅力。年轻人的理想与激情、年长者的沉稳与内涵，通过KME小镇自然地融合，实现了互相影响、相互包容，同时也营造出一种和谐平等的居住氛围，每个户型都拥有"空中花园"，给业主提供了一个情感交流、亲近自然的有利条件。

（7）生活

30万平方米风情住区，尽享生活嘉年华，项目以30万立方米的体量收藏了光谷最珍贵的生活。小镇周边高新科技区与高校环伺，高素质人群聚集于此，人文氛围浓厚，多元的风情街商业街设计，不需远行，亦可享受便利的生活，社区幼儿园让业主不需过多为孩子操心，享受更多悠闲时光。居住在KME小镇，尽享丰富多元生活，品味光谷最珍贵的生活藏品。

（8）社区文化

围合空间和谐人居通过街–巷–院的空间层次上的过渡，在强调私密性和领域性的同时，也为邻里之间提供了充分交流的场所，创造了亲切的生活情趣，并通过各界面微差、局部开放空间界定出各具特色的大小广场，同时赋予不同街区独有的特征。

（9）风情

原味生活异域沉醉KME小镇，将原味的西班牙风情移植到光谷，让光谷人也可以亲临体验，感受那些建筑中透出的艺术与激情。红白的建筑群安静祥和，处处散发出地中海建筑风情，富于欧洲传统小镇的特色，体现了"自然、健康、生态、人性化"特征。

2.消费者分析

（1）客群特征

· 客户年龄在40岁左右，有三代同堂的需要，有传统庭院栖居生活经历；

· 他们热爱自然，追捧文化，崇尚自由恬静的生活；

· 他们的事业已有所成就，注重生活质量；

· 他们拥有一定的消费能力，但从不盲目消费，在消费时是理性的，注重性价比；

· 绝大多数为自住型购房，看重项目产品本身的品质，少数的投资客看重光谷未来的发展。

（2）客群划分

· 光谷附近高新科技企业的私营业主及白领阶层；

· 光谷地区及附近高等院校的教职工；

· 企业高级管理阶层；

· 附近政府部门的机关干部；

· 周边及发达地区的富裕阶层的购房投资者。

（3）客户购买动机研究

· 久居光谷，对所有环境都十分熟悉、适应；

· 工作地点就在附近，需要就近安家；

· 退休以后想找一处环境幽雅并且生活配套齐全的养生之地；

· 亲友已安家在此，并对项目品质非常了解；

· 二次置业，生活内容丰富，偏爱大户房型；

· 希望找到口碑不错的成熟社区，最好即买即住，不用等太久，生活也能尽快步入正轨；

· 喜欢亲近自然和结交更多朋友；

· 对西班牙风情比较感兴趣；

· 以投资为主要目的。

3. 竞争对手分析

　　光谷地区是目前武汉经济发展相对较快的区域，政府的扶植政策、便捷的交通区位、良好的自然生态环境、高校科研院所云集的人文氛围、逐渐成熟和完善的配套设施，都使之成为武汉房地产的一块热土，众多房地产商都云集于此，楼盘项目也日益增多。因而KME小镇所面临的竞争也十分激烈，而想要在竞争激烈、风云变幻的房产大战中站稳脚跟并发展壮大，了解竞争对手并与之相比较分析从而得出更好的竞争对策是十分重要且必要的。放眼整个光谷地区，地处三环线与大学园路交会处的万科城市花园，由于在一些方面与KME小镇有着相同之处，加上它自身的品牌价值和实力，因此成为了KME小镇潜在的最大竞争对手，下面着重分析其各方面特点及KME小镇的竞争对策。

（1）区位

　　武汉万科城市花园地处大武昌光谷科技新城核心区域，北向毗邻城市中环线，西南向紧邻武汉大学科技园区，地处三环线交通枢纽地带，离光谷核心区域光谷广场只有15分钟的车程，交通极为便利，有多条公交车线路可以到达。相对KME小镇，其区位更加靠近光谷核心区域，地段的优势更加明显。KME小镇针对这一情况，应该着重宣传它的优势项目和特色，在广告宣传中尽量避开其相对薄弱的一面。

（2）规划

　　万科选择用"新都市主义"规划理念来梳理城市花园的肌理与脉络，最终形成对外开放、对内宁静优雅的社区构架。在这一构架中，"第五大道"作为城市及交通干道贯穿整个社区，它在引入公交线路的同时，更将社区内包括"集中商业""休闲会所""儿童公园"在内的多种公共建筑进行有机串联，实现新建社区与既有城市的完美融合。相对于万科城市花园的规划理念，KME小镇结合自身的特色主打西班牙风格，整体风格更加统一。相对于万科的对外开放、对内宁静而言，KME小镇更加注重对内的开放，其花园式退台洋房的设计更是体现了人与自然的亲近以及人与人的沟通和交流，主打创造一个人与自然、人与人双和谐的自然人文社区。在广告宣传中，KME小镇可以着力宣传自身的这一特色，并使之成为自己的一大竞争优势。

（3）景观

不同于一般小区景观设计的简单"堆砌"与"雕琢"，万科城市花园的景观设计根植于项目的规划肌理，并与社区内的每一栋建筑、每一种颜色进行有机融合。进入各个居住组团，社区景观的尺度与功能被进一步放大，步步有景、千变万化：花园式缓坡道路、树阵广场、花木组团……各种景观元素的组合，不但强化了组团间私密的庭院氛围和内庭景观感受，同时给邻里间的和谐交流提供了公共的体验空间。万科也素以它的景观布置而闻名，其景观布局和规划在国内的房地产界称得上地位领先。KME小镇作为后起的房地产项目，其景观布局的经验可能没有万科成熟，但是它可以独树一帜，全心全力打造在光谷地区独具特色的西班牙式景观。

（4）建筑

万科城市花园产品类型丰富多样。情景TOWNHOUSE，突破现代都市住宅的局限性，使每一宅都独有一方天地；蚂蚁工房，代表一种个性又时尚的艺术生活，将生活中精致、新锐的一面尽情展现；多层住宅有亲近的温馨；小高层生活则多一份舒畅的收获感。相对于万科的这种多样化风格的建筑体系，KME小镇的建筑风格更加统一。KME小镇的建筑样式虽然没有万科的丰富，但是统一的西班牙风格在整体上更能凸显"小镇"的异国风范，更加让人感觉如同置身于异国风情之中，这也是KME小镇的独特之处，也是它的一大竞争优势。

（5）户型

万科的户型设计也在国内行业中处于领先地位。万科城市花园在户型设计上主打景观阳台的设计，这也是它最大的特色之一，并有适合不同阶层和人群的多种大小户型。而KME小镇立足于它的西班牙特色，其户型设计上最大的特色就是退台式花园阳台，并且最大程度地亲近自然，这也是它的竞争优势之一。

（6）价格

万科城市花园的价格在光谷地区来说是相对较高的，当然这和它的地段、规划、设计、公司品牌以及物业管理是分不开的。相对万科较高的价位，KME小镇的价位就要低些，这一点在突出其他竞争优势的前提下，也能成为另一个竞争优势。

4. SWOT分析

（1）竞争优势

第一，需求旺盛。我国实行住房改革七年来，商品房的销售金额平均年增长速度达到31%，销售面积平均每年增长26.5%。特别是人们对于住宅的稳定、持续、大量的需求将会给这个行业带来不计其数的利润，也将给国家财政带来无数的税收。

近几年来，武汉市外来人口明显增加，投资市场逐渐成熟，市中心尤其是商业中心的房价呈几何形式增长，目前市中心房产项目部分产生了有价无市的情况。然而周边地区房产项目不断增加，并且由于地段相对处于劣势，房价相比商业中心价格相当低廉，随着人民生活水平的提高，有车一族也在不断增长，目前人们都将购房目光向市郊转移。一来是因为房价相对较低；二来是因为部分在郊区购房的消费者自家有私家车，交通方便；三来相对市中心的喧闹而言，郊区环境清幽，适合居住与休养。

第二，地段。KME小镇位于光谷商圈边缘，相对而言，位置并不偏僻，随着光谷商圈的发展，周边配套设施正在逐渐完善。相对其他更加偏僻的房产项目而言，KME小镇拥有着良好的地段优势，所以能够吸引大多数消费者的目光。

第三，价格。就价格而言，KME小镇的房屋均价保持在5600元/米^{2}左右，对于购房者来说，这个价格比较容易接受，并且KME小镇的房价比起市中心的房价便宜了近一半。大多数理性的消费者更容易被价格吸引。再综合上述的地段优势，KME小镇的竞争力比较强大。

第四，环境。抛开地段与价格因素，周边环境也是KME小镇的一大竞争优势。KME小镇周边环境清幽，背靠汤逊湖，偏离市中心，喧闹程度低，适合休养生息，加上光谷商圈的飞速发展，周边的配套设施，如购物广场、医疗机构、教育机构正在逐渐完善聚集，所以未来几年内KME小镇受到光谷商圈的辐射将越来越强。相信未来几年，KME小镇的优势将不断增加。

第五，建筑风格。最后是KME小镇本身的建筑风格，KME小镇的建筑风格也是其一大特色，西班牙风格表现了一种浪漫典雅的贵族气息，目标是吸引宽裕人群，对目前受教育程度越来越高的中年和青年人群有着极大的吸引力。另外由于KME小镇的房价并不是十分昂贵，所以并不是只有宽裕人群才会考虑购买KME小镇的房子。那么也就是说，KME小镇从各个方面面对的都是全人群。这也是KME小镇的竞争优势。

第六，政策支持。政府出台的"国六条"可能会对房地产业造成一定的冲击。可是政策旨在规范房地产市场而不是打击房地产市场，政府会一如既往地支持房地产业的发展，因为房地产现在已经可以说是中国经济的火车头、支柱，不可能，也不敢让房地产业停滞不前。与房地产相关的各种产业和与其有关的法律法规的建立和健全必将使房地产发展更健康、更迅速，比如物业的发展壮大和有关物业的法律的建立健全。

综上所述，KME小镇的竞争优势十分明显，并且在未来几年内只会增加，不会衰减，可以说KME小镇的房子是奇货可居。

（2）竞争劣势

第一，施工进度相对缓慢。目前KME小镇刚刚完成一期工程的施工，二期工程尚未开展，而且目前一期工程中主打的房屋价格相对较高，还未能引起大部分中产阶级消费者的兴趣，而面对中产消费者的商品房都集中在二期工程。随着目前越来越多的房产项目的出现，如果KME小镇不能在其他同类型的房产项目成型之前将二期工程完成，那么关于价格的竞争优势将会成为劣势，所以建议KME小镇能加快工程进度，从而达到将竞争优势扩大的效果。

第二，周边配套设施匮乏。在优势中我们分析到，随着光谷商圈的发展，KME小镇的配套设施将越来越完善，但是这样的等待未免过于被动，虽然光谷商圈发展速度飞快，但是光谷商圈作为一个商业圈的存在不可能为了KME小镇这一个房产项目而规划自己的布局和发展方向，如果政府对光谷商圈做出发展战略调整，那么KME小镇的设施优势将成为致命劣势，周围低级别教育机构的缺乏将导致消费者忽略其价格优势，所以建议KME小镇能考虑兴建小区学校，来满足此处居民子女的初级教育问题。

第三，交通线路缺乏。目前KME小镇周边的交通线路十分匮乏，目前能够出入的公交线路仅有两条，虽然目前考虑在市郊地区买房的人多半都拥有私家车，但是考虑到特殊情况或者部分老年购房者的需求，公交线路也是其竞争劣势之一，所以建议开发商考虑增开小区公交，进行短途运输，这样可以方便无车族和老年消费者的出行需求。

（3）竞争机会

第一，KME小镇风格独特清新，十分吸引人，能够从众多相对传统的开发项目中脱颖而出。

第二，社会配套条件基本具备。近几年与房地产业发展有关的房地产交易市场、房屋租赁制度、中介组织和中介服务市场、住房信贷制度、住房公积金和补贴制度都已建立并逐渐走向规范。

第三，我国已加入WTO，各种条款的逐步实施将促使房地产业按国际准则运作和发展，税收等方面的国民待遇规定实施之后，将会有更多的境外资金进入我国的房地产业。

第四，居民的需求旺盛，这一时期是我国即将进入以住房消费为热点的消费阶段。

（4）竞争威胁

随着大量房产项目的开发，目前光谷商圈周围涌现出一批高端房产项目，比如中建集团的康城、万科集团的魅力城、万科国际花园。这些相对高端的房产项目知名度比较大，而且位置比KME小镇更加优越，虽然价格方面要略高于KME小镇，但是其优越的周边环境和地理位置对KME小镇构成了相对较大的威胁。

现在越来越多的房产项目开始致力于房产风格的开发，类似"西班牙风格"的这类房产项目将会越来越多，所以风格的多样化也会对KME小镇造成竞争威胁。

随着目前房价的上涨，国家也在进行房价的宏观调控，所以就目前KME小镇的低房价而言，如果再受到政策的打压，KME小镇的盈利势必会受到极大影响。

三、广告建议

1. 广告对象分析

（1）主要人群

任何宣传项目都有它特定的重点诉求对象，也就是说要了解我们生产的产品要卖给什么人，什么人有足够的购买力，什么人将会被我们生产的产品所吸引。KME小镇房产项目的主要诉求对象将定位于中层收入阶级，也就是宽裕阶级。这类人群手中握有一定的资金，也就是说他们有足够的购买力，他们在购房的时候考虑更多的是周边环境、房屋风格以及住房舒适程度，而非单一地去考虑价格因素。KME小镇的房子定位于品位与风格的独特与优越特点。价格相对普通经济适用房而言稍高，加上地段相对偏僻，所以购房者多半应该是有车一族，这样可以弥补KME小镇房屋地段偏僻、交通不便的劣势。这类人群对生活品位有一定的要求，而KME小镇的房屋是西班牙风格，整个项目设计新颖独特，风格优美大气，能满足购房者对品质的追求。

（2）次要人群

诉求对象的单一化将会是宣传与销售的一大阻碍，KME小镇一期工程的房屋主要是以120平方米左右的三房两厅为主卖点，这类房屋售价偏高，所以主要针对的是宽裕人群。而二期房屋以80平方米左右的经济适用房为主卖点，所以二期工程的房屋主要针对的是有一定经济基础，并且有一定的教育程度，对生活品质有所追求的人群，这类人群不属于宽裕阶级，所以他们在房屋购买方面受价格因素影响比较多。二期工程所建筑的房屋能满足这类人的购房需求。

例外人群：KME小镇风景优美，但是由于地理位置略显偏僻，所以很多人考虑到交通因素，不会将KME小镇的房屋作为他们主要居住的地方，但是他们会选择在休息日来KME小镇进行休养，这类人群手中有充裕的资金，并且懂得享受生活，KME小镇一期工程中的房屋也能满足这类人群的需求。

投资商：KME小镇巨大的市场潜力也能吸引投资商进行投资。

2. 广告目标

提高KME小镇的知名度和认知度；

加强社会公众对KME小镇及其企业文化的印象；

提高消费者对品牌的指名购买率；

维持和扩大KME小镇的市场占有率；

向社会公众传播KME小镇各种相关信息；

加强新楼盘及西班牙特色的宣传，普及新产品知识，介绍其西班牙风情的独特之处；

纠正社会公众对于企业和品牌的认知偏差，排除销售上的障碍；

提高KME小镇的美誉度，树立楼盘良好的形象；

对于人员推广一时难以达到的目标市场，进行事先广告宣传；

在销售现场进行示范性广告宣传，促使消费者缩短决策过程，产生直接购买行为；

吸引潜在消费者到销售现场或展览宣传场所参观，以提高对产品的认知，增强购买信心；

以广告宣传扩大影响、造就声势，鼓舞企业推销人员的士气，以提高工作的积极性和创造性。

3. 广告主题

西班牙的异国情调，自然、健康、生态、人性化特征的现代居住社区。

在其广告活动主题中应当着重体现出KME小镇所独有的异国风情，这就是KME小镇异于其他楼盘的最大卖点——在西班牙风格的高品质生活住宅区内的别样生活。

为拥有高品质生活追求的你量身打造浓郁的西班牙风格。从红陶筒瓦到手工抹灰墙（STUCCO），从弧形墙到一步阳台，还有铁艺、陶艺挂件等，以及对于小拱券、文化石外墙、红色坡屋顶、圆弧檐口等符号的抽象化利用，都表达出西班牙风格的特征。

取材朴实，产品完全手工化、精细化：西班牙建筑采用的建筑材料一般都会给人斑驳的、手工的、比较旧的感觉，但却非常有视觉感和生态性，像陶瓦、泥土烧制、环保吸水等都可以保持屋内温度。无论是在地形处理还是铁艺、门窗及外墙施工工艺方面，西班牙风格建筑都能体现出手工打造的典型特征。

层级分明的规划设计：西班牙建筑通常以远高近低的层级方式排布，高低错落，符合人的空间尺度感。外立面设计着重突出整体的层次感和空间表情，通过空间层次的转变，打破传统立面的单一和呆板，其节奏、比例、尺度符合数学美。

海湾式布局：西班牙是海洋国家，所以"水"是西班牙风格的灵魂元素之一，一些西班牙项目通常在空间分割中使用水系、绿化带为分隔媒介，使社区与外部自然区分，由社区空间到生活空间，水岸气息散落每个角落，体现了建筑与水、与人的完美和谐。

第一，与心理有关

在广告活动中多次重复"KME小镇的西班牙风格"也是为了加深消费者对楼盘的认识和了解。即在心理上让目标消费者把KME小镇与其他楼盘区分开来。

强调KME小镇能够提升消费者身份地位，并美化消费者形象。

第二，与企业形象有关

突出当代集团在业内的有力销售地位。

宣扬企业一丝不苟、勇于进取的精神。

武汉当代物业发展有限公司是一家从事地产开发与物业管理的地产专业公司，历经15年科学发展，综合实力在武汉地产界名列前茅。

第三，与购买行动相关

推出各类优惠活动，鼓励消费者进行购买尝试。

70~140平方米的多元户型满足了不同年龄段人群的选择。

"空中花园"将西班牙式的优雅与浪漫原味呈现给每一个业主，让居住成为一种艺术体验。

舶来的小镇，原创的生活，层层露台，花园洋房，褪去都市冷漠。

KME小镇，将原味的西班牙风情建筑移植到光谷，让光谷人也可亲临体验，感受那些从建筑中透出的艺术和激情。

KME小镇内以花园洋房为主的建筑分布合理，高低错落，极富层次感，通过空间层次的转变，打破传统建筑的单一和呆板，其节奏、比例都经过艺术的雕琢和洗练，给人一种不同的视觉享受。小镇建筑最大特点是在西班牙建筑中融入了阳光和活力，采取更为质朴温暖的色彩，使建筑外立面色彩明快，既醒目又不过分张扬，且采用柔和的特殊涂料，不产生反射光，不会晃眼，给人以踏实的感觉。

这里的家，重要的不是展现在实体上的创意手法，而是对它的"拥有性"。真正的建筑不仅区分空间，而且组织空间，不仅建造房子，同时还营造生活态度。漫步在小镇之中，独立于思想之上，您可以到最现代的地方去工作，可以到最悠然、最恬静的环境中来生活。

4. 媒体计划

（1）确定媒体目标

·在公众心目中树立楼盘的品牌形象；

·提高发展商在公众心目中的知名度和美誉度；

·力求"KME小镇"销售顺利，并引起销售高潮；

·形成良好的口碑效应。

（2）制订媒介策略

①销售准备期

所有制作类的设计和制作、工地围墙和户外看板等销售工作的准备。

②引导试销期

·以报纸广告为主，预告楼盘进行内部认购的日期及作前期形象宣传；

·邀请报社、电视台、电台的新闻记者发布软性新闻，重点围绕"KME小镇"的定位；

·针对既有的目标客户和潜在客户寄发DM广告。

③公开强销期

·以报纸广告和网络广告为主要媒体，配合电台、DM广告、促销活动和现场广告，形成强烈的宣传攻势，增加与目标客户的接触频次；

·在销售的同时，利用软性广告，用新闻炒作形式即时宣传销售情况，以形成一种新闻热点；

·适当使用户外媒体，以保持宣传的持久性；

·定期检讨既定的媒介策略和组合，根据客户的反映以及竞争对手的做法，及时调整与更换我们的媒介组合。

④销售冲刺期

·根据前期销售情况及客户反馈意见，对广告诉求及表现形式做出调整，继续以报纸广告为主的广告攻势，并对已购买的客户作跟踪服务，挖掘潜在客户；

·媒体新闻炒作作为销售辅助。

（3）具体媒介选择

①《楚天都市报》

是湖北省发行量最大的报纸，能够做到在最大限度内将有效的广告信息传达给目标客户群，以期收到良好的广告效果。

②**武汉市大路牌广告**

因为KME小镇的目标受众为宽裕人群，他们追求的是较高品质的生活，所选的媒体档次也应该与其相匹配。

③**新浪网**

刊登信息发布式广告，将楼盘的信息发布其上，使其浏览者能够迅速地浏览，从而最快地从中获得有效信息。

④**湖北经济广播**

湖北经济广播是覆盖湖北省的以经济类为主的主流广播媒体，收听率较高，有着大量固定的节目听众。

⑤**武汉电视台**

武汉电视台拥有有线电视用户130万，占据全市有线网络份额的90%。无线发射天线高度海拔300米，覆盖半径75公里，武汉全市及周边部分地区均能收到较稳定的电视信号，覆盖人口2000万，占据全省人口的38%，是电视媒体的首选。

⑥**武汉广播电台**

5.广告表现形式

（1）报纸广告

广告文案：

标题：原味的西班牙小镇

正文：西班牙

距武汉有多远？

十二小时的飞机航程

其实，

它，

可以离身在武汉的我们更近

一个小时，

甚至更少的时间即可到达

只要你来到KME小镇

KME小镇，

西班牙式的一步阳台

西班牙式的红陶筒瓦

西班牙式的手工抹灰墙

西班牙式的弧形墙

西班牙风情无处不在

让人尽享品质生活

释放激情梦想

广告语：释放天性里的激情梦想

（2）电视广告

画面描述：清晨，阳光明媚，一位精英男士坐在阳台上的藤椅上，一边喝着咖啡，一边翻动膝上的报纸，一脸满足。阳光在其脸上跳跃，他抬了头，望向不远处的钟楼，窗外也是一派明媚与美好。镜头再推远，一座座具有浓郁西班牙风情的楼群出现。

字幕：原味的西班牙小镇，让您尽享品质生活。

6. 具体广告发布策略

经实地考察后我们得出，KME小镇的一期楼盘已经基本售完，为了延续这种旺盛的态势，为接下来的二、三期楼盘的推广作势，我们拟定了以下具体实施方案：

（1）时间（分为三大时段）

蓄水期：销售准备期+引导试销期（2010年5月至9月）

开盘期：公开强销期（2010年10月至12月）

强销期：销售冲刺期（2011年1月至2月）

（2）具体广告策略及营销活动

①蓄水期：销售准备期+引导试销期（2010年5月至9月）

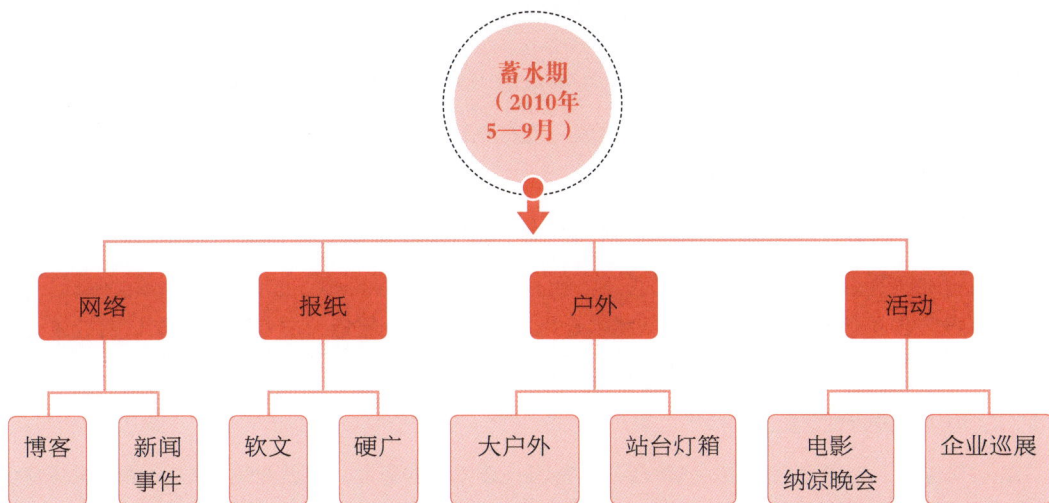

```
                    蓄水期
                  （2010年
                   5—9月）
                      │
        ┌──────────┬──┴──────┬──────────┐
      网络        报纸       户外        活动
     ┌──┴──┐    ┌──┴──┐    ┌──┴──┐    ┌──┴──┐
   博客  新闻   软文  硬广  大户外 站台灯箱 电影   企业巡展
        事件                        纳凉晚会
```

▶── 图8-2 蓄水期广告策略

第一，网络。

方式一：武汉开发商"第一博"。

- 人物：当代高层（最好是董事长）；

事件：在新浪上开设自己的微博，主要内容涉及KME小镇的成长史及背后故事。

操作：

- 通过房产网络新闻和报纸软文抛出"当代集团老总开博客""开发商第一博"等信息，公布博客网址；

- 新闻性言论传递KME小镇的居住理念，通过炒作使其成为新闻头条，集合若干新闻点进行报纸软文报道。

新闻点：

- 武汉房地产市场现状及内幕（引发市场关注、讨论）；

- 老总的心情日记（当代集团坚持的理念、做事态度、KME小镇动态等）；

- 链接KME小镇官方网站。

方式二：在武汉地区各大房地产网站上发布预售信息及项目详情，如亿房网、新浪房地产武汉版块、搜狐房地产武汉版块、武汉房地产网等网站。

第二，报纸。

方式一：在网络上进行炒作，引起部分受众兴趣后进行广告的发布，可以与前期话题相结合，但广告主题要始终围绕西班牙风情的特色来宣传，这是其核心点。报纸媒体前期可选择《楚天都市报》《武汉晚报》，以图片为主的广告发布在其封底版面，可采用整版发布的形式，这样更加显眼，能最大程度地吸引受众的目光，中后期可在其房地产广告的专版发布以软文为主要形式的广告，这样在有了前期读者和潜在消费者的基础上，就有了一定的深度，也能进一步让目标受众更好地了解KME小镇的具体情况，为后面的进一步宣传推广扩大基础。

第三，户外广告。

路牌广告：在武汉市各大商业区附近设置大型路牌广告，主要集中于武昌板块，地点可选在街道口附近、中南商场附近、鲁巷广场附近，特殊地段可设在三环线与光谷大道交会处，这里也是车流、人流的密集区，特别是可以吸引外地来汉的投资者。

灯箱广告：在武汉市的一些人流量大的公交站点设置灯箱广告，地点可选在街道口车站、光谷广场车站等地。

公交车身广告：在武汉途径光谷地区特别是光谷核心地区人流量大的地区的公交车上投放公交广告，如715、728、586、702等公交线路。

第四，公关以及营销活动。

在光谷广场举办电影纳凉晚会，具体放映具有西班牙风情的影片，中途介绍KME小镇的风情特色及实景效果影片，通过此活动来吸引人们的目光和注意，使受众对KME小镇产生兴趣和关注。

企业巡展：深入目标消费群，最大限度曝光预售楼盘信息。

内容形式：充分利用流动售房大巴资源，进入企业、小区巡展，发放售楼资料，收集意向客户信息。

②开盘期：公开强销期（2010年10月至12月）

网络：这一时期的网络推广形式主要是要及时地更新KME小镇的相关动态，让受众及时了解最新的销售信息。

报纸：这一时期的报纸媒体可以适当调整广告的具体发布时间，报纸可以选择商业针对性更强的《长江商报》来进行发布。具体形式如下：

在十一的黄金周期刊上投放有关十一免费看房的宣传广告。时间周期可放在每周五和每周日发布。在开盘的前段时间要进行较高密度的宣传，在报纸的版面上用整版来做广告，这样更能显示KME的气势，增加对受众的吸引。在这一时期的报纸广告中可投放夹报形式的广告，让受众能更好地接受广告信息。

广播广告：广播广告有很大一部分受众来自于都市有车一族，他们一般在上下班开车途中收听广播，在傍晚时段发布广播广告能起到广泛的宣传效果。

户外广告：这一时期的广告目的是尽可能地让受众了解开盘的信息，制造火爆气氛，因而户外广告要以显眼为目的，信息上以"机会不容错过"为主题来宣传。

③强销期：销售冲刺期（2011年1月至2月）

强销期主要手段在于促销活动，报纸广告只是偶尔的辅助手段，网络是传播促销信息的主要方式。

目的：促进销售，形成口碑传播效应

时间：春节黄金周

思路：旅游，目标消费群热衷的消费方式，更是一种生活情结，选择浪漫的丽江旅游线路，正切合KME小镇文化性品牌形象，也符合目标消费群的文化情节，作为促销手段，一定会为销售注入力量。

四、广告预算

就房地产销售而言，广告预算大致应该定在楼盘销售总金额的1%～3%。大的公司因为有充足的资金保证，往往是根据计划来确定预算的。

在销售的筹备期，因为包括接待中心、样品屋在内的大量户外媒体、印刷媒体的设计制作的工作量相当大，再加上其他的准备工作，所以广告费的支出是比较大的，一般约占总预算的30%～50%。到了公开期，报刊媒体的费用开始上升，其他的销售道具因为已全部制作完成，因此很少再产生费用。进入广告强销期，报纸杂志、广播电视的广告密度显著增加，广告费用又陡然上升；另一方面，为了推动销售上台阶，穿插其中的各项促销活动又免不了，因此大量的广告预算是必不可少的。这个时候的广告预算约占总量的40%。接近持续期，广告预算则慢慢趋近于零，销售也开始结束。

▶━━ 表8-3 广告费用表（广告总金额：383万元）

单位：元

项目名称	制作成本	人力成本	设计成本	市场调研费	管理成本	广告制作费	材料费用	合计
报纸广告	20 000	5000	20 000	15 000	300 000	15 000	无	375 000
路牌广告	40 000	5000	25 000	15 000	200 000	50 000	2000	337 000
网络广告	25 000	5000	30 000	10 000	150 000	10 000	无	230 000
电视广告	200 000	80 000	50 000	50 000	1 200 000	1 200 000	无	2 780 000
广播广告	3000	无	2000	无	100 000	5000	无	110 000

▶━━ 表8-4 媒体安排表

阶段时期	时间	媒体	版面	费用（万元）
推广预热期	2009年12月1日—12月28日	《楚天都市报》	整版彩色	20
主题推广期	2010年2月1日—3月15日	《楚天都市报》	彩色半版	25
项目强销期	2010年4月2日—5月15日	《楚天都市报》	彩色半版	80
		武汉电视台经济频道、综合频道	插播	
持续调整期	2010年5月16日—6月15日	《楚天都市报》	1/2版彩色	15
二次强销期	2010年6月16日—7月15日	《楚天都市报》	彩色半版	60
		武汉电视台经济频道	插播30秒	
尾盘冲刺期	2010年7月16日—8月15日	《楚天都市报》	1/4版	20
费用合计				220

五、广告效果评估

KME小镇所推崇的是一种西班牙风情，将欧洲传统小镇的特色带到光谷，想要为大家呈现的是"自然健康生态人性化"风情社区。

所以，我们广告致力于将人们从沉重的生活中带到西班牙独特的地理、人文风格中来，让人们不出国门即可领略异域风光，欣赏建筑与艺术相互辉映，交织出艺术的现代感，这正是风情楼盘大行其道的原因。放眼光谷楼市，以风情为名的楼盘数不胜数，但大抵只停留在表面，当你步入KME小镇，即刻会被浓郁的西班牙风情所吸引、折服。

蓝天之下，身在光谷，却恍如置身激情与梦想的国度西班牙。KME小镇独特的建筑布局和特有的社区文化，赋予了楼盘更深层次的居住内涵，倡导了一种和谐居住的氛围。

如今，人们选择房子不再只是追求其产品品质，对房子的居住价值的要求也越来越高。在此背景下，不同风格的建筑不断涌现，而其中西班牙风格建筑尤其受到人们的青睐。它所象征的激情、浪漫、优雅的生活方式，正符合现代人的口味，代表着现代人居的方向。但在号称"武汉发展引擎"的光谷，以花园洋房为特色的纯正西班牙风情住区却比较少见，这不得不说是个遗憾。

所以我们的广告主要围绕着风格和风情、独特的人文气息，这是我们广告吸引人眼球的主要手段。我们知道现在人们的生活很压抑，需要释放，我们的广告主打的就是"让人们回归自然，体验高品质的欧洲传统的西班牙风情生活，充分发散自己的激情与梦想"，这样客户和潜在客户的数量肯定会随着广告市场投放量的增加而增长。想要高品质生活、追求异国风情的客户，通过我们的广告更加了解和坚定购买的信念；而潜在客户通过广告，可以了解我们与其他房产本质上不同的就是自身的人文气质和体验欧洲艺术生活的生活观点，我们与其他房产不同，有着独树一帜的小镇风情。

第一，广告计划在取得预定的广告目标上是否有效，所获得的广告效果能否用计划外的其他工作来替代；

第二，广告计划在实施过程中是否有超出计划的作用；

第三，广告活动的实施是否最大限度地使用了资源（指人力、物力、财力和时间）；

第四，接触广告信息的目标消费者的数量（即广告的接触率），注意和了解广告信息的受众数量；

第五，接受了广告内容，改变态度、意见、观念的目标消费者的数量；

第六，按照广告导向采取了行动的消费者的数量和重复采取类似行动的消费者数量；

第七，达到预定目标与否等等。

KME小镇在发布广告过后要随市场动态与时俱进，进行广告效果评估调查，可根据其广告的传播效果来测定，主要取决于广告自身，包括广告目标的选择、广告设计制作技巧、媒介选择等诸多方面。

六、营销目标及公关促销等活动

营销目标：当代·KME小镇致力的营销受众是有一定经济实力，并且追求高品质生活的人们，而针对这点我们也为了满足不同年龄层——年轻人的理想激情、年长人的内涵和沉稳，相互融合，相互影响——将西班牙式的优雅和艺术生活呈现给每个业主。

公关活动：我们将推出当代·KME小镇西班牙风情的相亲活动，所想的就是给每位有情人制造一份欧洲风情的烂漫，而给每位单身且需要高品质生活的单身贵族爱和被爱的机会。

活动的主题："体验西班牙，享受欧洲传统风情"。同时展示自己，让更多的受众感受和体验。

第二篇
6 大盈利型住宅
项目核心报告

住宅产品作为特殊的大宗耐用消费品，有其独特的价值和涵义。和其他商品一样，住宅产品发展到一定阶段，就会有产品上的升级换代。房子的基本功能是满足居住需求，但在如今，则要求住宅产品除了满足遮风挡雨的基本要求外，还要使居住者享受更为舒适的生活，所以开发商必须对各种住宅产品类型有一个重新的、更加深入的认识。

09
大盘策划

济南市××项目定位
策划报告

第一部分

项目自身分析

一、项目区域形象分析

1. 项目区域在济南市的位置和城市形象

（1）项目区域在济南市的位置

项目区域位于济南市东南部，二环东路以东，属于东部新城区域。项目附近的市政建设相对落后，配套设施不够完善。但项目区域距离城市繁华区较近，且济南人素有"住东不住西"的传统居住观念，项目区域位置和城市形象较西部和北部好得多，是济南人首选的居住区域，对项目的定位和后期宣传推广会有很大的利好作用。

（2）项目区域在济南市的城市形象

在济南城市规划发展中，济南二环东路以东，太辛河以西区域为济南的东部新城区。项目地处东部新城与主城区交界处，西部邻近以千佛山为首的南部旅游风景区，使济南人对该区域产生了良好的心理定位，符合"住南不住北，住东不住西"的居住习惯。

项目区域在济南城市居住区域中凭借良好的自然环境、便捷的交通和近城市繁华区域的良好区位，成为济南的富人居住区和最适宜居住的区域之一。

2. 项目区域在经十路的位置和城市形象

经十路作为一条整合了交通功能、景观功能、城市经济发展动脉等功能的分段多功能城市主干道，是一扇更新城市环境、代表城市形象的对外窗口，更是一座整合城市功能、提升城市价值的战略桥梁。

项目地处经十东路西端，西近二环东路，作为经十东路的西龙头地位，是外地从东面进入济南城区的咽喉要道，既是济南对外的居住形象工程，也是引领东部新城居住潮流的龙头工程。

3. 项目区域在济南东部的位置和城市形象

项目区域地处济南东部新城，紧邻经十东路和燕山立交、东二环，东部邻近规划中的奥林匹克体育公园。

目前，正逢政府大力发展东部产业带和东部新城，项目处于非常有利的历史时机，面临很好的发展机遇。项目本身处于济南规划中的东部新城区，西北部为繁华的城市核心，周边为千佛山、浆水泉等旅游风景区。

　　项目在经十路的东部龙头位置，处于政府大规模规划发展的区域，在济南经济飞速发展的大好形势下，项目区域尽揽城市繁华，坐拥良好的自然环境，是济南人最为倾向的居住区域之一。

二、项目地块情况

▶—— 表9-1　项目地块概况

序号	项目	内容
1	发展商	山东XX房地产发展有限公司
2	项目四至	项目位于济南二环东路以东，北临经十东路，西临浆水泉路，东南依洪山，东北近季节性排洪沟
3	用地面积	经十东路北部约46亩，南部约451亩，共约497亩
4	用地性质	综合性居住用地
5	地块情况	路南地块自北向南看，呈不规则的"⅃"形，地势南高北低，被规划道路分为南北三块，并有高压线走廊斜穿地块。现地块内待拆迁建筑物较多，拆迁量较大 路北地块近似三角形，地势相对平坦，现有待拆迁建筑物
6	周边情况	项目周边有正大花园、世纪城、华森·碧云天等新兴社区，有万嘉隆超市、省立医院、武警山东总队医院、妇幼保健所、省环保学院、建工学院、审计干部学院、下井庄小学、荆山庄小学等商业、医疗、教育配套，配套设施相对较少，尤其是金融、商业、邮政配套缺乏。南部洪山山体缺乏植被，且堆有大量生活垃圾，环境较差

三、SWOT矩阵分析法

▶—— 表9-2 SWOT分析表

Strength优势分析	Weakness劣势分析
S1. 规模大，大盘开发优势明显； S2. 紧邻经十路和东二环，交通便捷； S3. 先进的开发理念，产品的差异化； S4. 处于市区与东部新城交会处，地理位置优越； S5. 土地取得成本相对较低，成本优势明显； S6. 周边逐渐形成居住氛围，居住环境日益成熟	W1. 地块分裂不利于规划； W2. 地块内高压线影响开发； W3. 地块南部垃圾山的负面影响； W4. 紧邻经十路，噪音干扰大； W5. 经十路沿线不可拆除建筑物及不可开主出入口的影响； W6. 区域内市政配套设施落后，其他配套缺乏
Opportunity机会分析	Threat威胁分析
O1. 周边区域开发带动本项目； O2. 东部新城对本项目有带动作用； O3. 区域概念炒作升温，人气渐旺； O4. 市民居住偏好东部； O5. 项目东部奥林匹克体育公园建设的带动作用； O6. 浆水泉路的规划改造	T1. 市场上多个大规模项目竞争； T2. 区域现有高档盘竞争

四、优势及劣势分析

1. Strength优势分析

S1. 规模大，大盘开发优势明显

项目约500亩的占地规模，近80万平方米的巨大建筑规模，在整个济南市场都是屈指可数的。大盘的优势在于能够充分体现企业实力，强化企业品牌，市场影响力较大，更容易得到消费者的认同。另外，可以对地块进行系统的、综合性的规划，进行综合性集中配套，有利于资源优化，能推动区域内经济效益、交通环境、人文资源总体水平的全面提升。因此，在一定程度上也受到政府的"推波助澜"。

S2. 紧邻经十路和东二环，交通便捷

经十路贯穿整个济南市区，并和城市多条南北交通要道相连，不仅是连接东部新城、东部产业带、

泉城特色风貌带、西部新城的交通枢纽，也是连接城市经济隆起带的中心轴。

本项目紧邻经十东路，西近东二环，可迅速出行到达繁华市中心、济青高速、绕城高速和遥墙国际机场等，交通四通八达，出行便捷。

S3. 先进的开发理念，产品的差异化

我司在南方城市有先进的开发理念、开发经验，我们对市场的把握准确，操盘经验丰富，可进行资源的优化组合。通过对项目进行准确的定位，进行产品差异化的开发，可使本项目独具卖点。

S4. 处于市区与东部新城交汇处，地理位置优越

本项目处于市区与东部新城交汇处，是济南东部新城和繁华市区的交界地带，"坐拥便利交通，尽享都市繁华"，属于济南东拓的重点开发区域，地理位置优越，项目升值潜力巨大。

S5. 土地取得成本相对较低，成本优势明显

2003年9月，经十西路150余万元/亩的高价揭开了济南市土地市场整顿以来的第一拍，从此各区域土地价格和房价一路飙升，尤其是东部区域和南部区域。本项目相对较低的土地取得成本有利于项目的运作，也有利于更多的资金用于项目规划、园林建设、建筑和配套建设上，以此来提高项目的综合品质和综合竞争力。

S6. 周边逐渐形成居住氛围，居住环境日益成熟

随着济南东部新城和产业带的迅速发展，项目所处区域内兴起了中润世纪城、正大城市花园、荷兰庄园、军安和平山庄、三箭平安苑等众多新型社区，有力地带动了区域的发展，逐渐形成了一定的居住氛围，居住环境日益成熟。

2. Weakness劣势分析

W1. 地块分裂不利于规划

项目地块整体形状不规则，且被多条规划路分割为零散的几块，这种分裂给地块的整体规划、外在形象、包装宣传等方面带来很多不利的影响，在和其他连贯整齐、规划统一的楼盘的竞争中处于劣势地位。

W2. 地块内高压线影响开发

除了受规划路分割的影响外，项目地块内还有高压线横贯东西，而整顿时间的不确定，将对项目的整体开发时序和整体规划造成很大困难。

规避高压线问题就成了项目确定开发时序的关键。

W3. 地块南部垃圾山的负面影响

项目地块虽然为山地形态，但项目南面洪山山体缺乏植被覆盖，而且生活垃圾的堆积对周边的自然环境与居住环境产生很大的负面影响。项目建设没有自然景观可用，周边环境相对较差。

W4. 紧邻经十路，噪音干扰大

经十路作为济南的景观大道，同时也是济南的城市交通命脉，交通繁华，车流量大，行车噪音较大。

经十路沿线的住宅项目虽然可以坐享经十路带来的便捷交通，但同时也具有行车噪音干扰的烦恼。项目地处济南市区的窗口位置，是外界自东往西进入济南的交通要道，交通繁华，车水马龙，噪音干扰较大，对项目将来的业主具有一定的影响。

W5. 经十路沿线不可拆除建筑物及不可开主出入口的影响

经十路作为项目的一个主卖点，不但为项目提供了便捷的交通，而且也是项目对外展示形象的窗口，是最值得发挥的地方，对项目的开发意义重大。但由于经十路沿线黄金智业、济南市车管所等建筑物不能拆除，致使项目只有60米左右的两段直接临经十路，可发挥空间受到限制，严重影响项目的整体外观。

受经十路不能左转的硬性限制，经十路沿线不能开主出入口，给业主的出行带来一定不便，对利用社区主出入口展示项目形象的目的也造成了难度。

W6. 区域内市政配套设施落后，其他配套缺乏

项目所处区域属于济南城市郊区位置，城市化进程开始较晚，区域发展相对落后，各种市政配套设施落后，其他如商业、金融、邮政等相关配套缺乏，对于区域的居住环境具有相当大的影响。

五、物业机会及威胁分析

1. Opportunity机会分析

O1. 周边区域开发带动本项目

以二环东路中段为中心的东部区域正在逐步成为发展总部经济最具活力和潜力的区域。发展思路主要是广泛吸引著名跨国公司、国内外金融机构、大企业、大集团来济设立区域总部、研发中心、运营中心，发展总部经济。本项目紧邻此区域，这些总部经济将给本项目带来直接有效的目标客群。

O2. 东部新城对本项目有带动作用

根据济南城市规划，东部新城将至少有4个生活居住组团，人口规模在15万~20万人；东部新城以东的产业带区域人口规模将达到70万~90万人。人口的增长直接带来住房的需求，本项目处在东部产业带和市区之间，是市区与产业带对接发展的结合点，对于本项目的面市将是有利的机会点。

O3. 区域概念炒作升温，人气渐旺

在济南市新的城市总体规划中，"东拓"一马当先。所谓"东拓"，即从济南市区向东沿"胶济产业带"形成未来城市的主要产业发展带。这一规划的出台带动了东部房地产市场迅速升温，房价普遍上涨。本项目正处于经济发展主轴胶济产业发展轴上，其发展前景非常乐观。

O4. 市民居住偏好东部

"住南不住北，住东不住西"是济南市民根深蒂固的置业居住观念。住在东部是身份和地位的一种象征，调研问卷显示，东部和南部是济南人置业的首选区域。本项目可以根据济南市民的这种居住偏好，进一步完善本身的配套，体现东部置业的优势。

O5. 项目东部奥林匹克体育公园建设的带动作用

根据济南城市规划，济南的奥林匹克体育公园就位于项目东部附近的转山一带，体育公园的建设将进一步提升该区域的城市功能和形象。而2005年奥林匹克体育公园准备工作提上日程，进一步加快了东部区域，特别是项目所处区域的发展进程，为该区域的房地产项目的开发带来了巨大的升值空间。

O6. 浆水泉路的规划改造

项目西侧的浆水泉路的规划改造工程已经进入实施阶段，预计到项目动工时可以贯通使用，对项目的交通和形象具有很大的提升作用。

2. Threat威胁分析

T1. 市场上多个大规模项目竞争

据了解，东部浆水泉区域、南二环区域、西部区域和阳光舜城等多个大规模项目计划在近期面市，其产品包含了多层、小高层、别墅、联排别墅等多种物业类型，客群覆盖范围非常广阔，基本覆盖整个济南市区，与项目客群来源范围有很大的重合，直接对项目形成竞争威胁。

T2. 区域现有高档盘竞争

目前，项目所处的东部区域已经面市的中高档楼盘较多，像中润世纪城、悉尼花香、荷兰庄园、军安和平山庄等项目对选择此区域置业的客群造成了分流吸纳。同时，这些项目的二期、三期开发也正在积极酝酿之中，将对项目的销售直接形成竞争威胁。

六、各因素交叉分析

1. 规避项目劣势的交叉分析

（1）"S1+S3+W1"——利用规模优势和先进规划，弱化地块分裂的不利影响

对于楼盘而言，地块分裂会对项目规划和对外形象产生不利影响。

而对于大规模楼盘而言，虽不能避免这种负面影响，但可以利用项目规模大、开发周期长的优势来降低这种影响，并且通过先进的规划理念，根据各个地块的特点规划不同风格的园林景观和产品，分期推出，成为项目一个专有的卖点，变不利为有利，化腐朽为神奇。

（2）"S1+W2"——巧妙利用开发周期，为高压线的迁移争取时间

高压线整顿时间的不确定对项目的规划，特别是项目的开发时序问题影响巨大，且这个问题又是不可回避的。如何在不影响项目以最优地块按时开发的基础上，为高压线的整顿争取尽可能多的时间是制订开发时序前须解决的问题。

我们建议充分利用项目规模大、开发周期长的特点，在比较成熟的地块中选取面积较大、开发周期较长的地块作为首期开发，为高压线的整顿争取时间。

（3）"S2+S3+S4+O4+O5+W3+W4"——强化区域形象，建设内部景观，弱化南部垃圾山的暂时性影响

相对整个项目区域的优势形象而言，无自然景观和南部垃圾山带来的负面影响作用较小，可以通过与政府部门协调、专业的包装、推广来解决这一问题。

项目南部垃圾山对环境的影响属暂时性因素，其存在不是长久的，随着项目区域的城市化进程加快、东部奥林匹克体育公园的兴建、浆水泉路的贯通，南部垃圾山的不利因素将顺利解决，在推广中避免出现这一硬伤，在销售过程中向提起的客户强调其"暂时性"。同时在项目推出时，做好项目工地、围墙、接待中心等处的包装来美化局部环境，利用本项目优越的地理位置、先进的规划设计、占地规模大、园林、发展前景等优势来渲染项目以及项目辐射区域的美丽蓝图，以达到项目"整体美"的效果。

（4）"S3+O6+W5"——北侧高层住宅双立面设计，经十路沿线次出入口精心设计，全方位展示项目形象

由于经十路沿线部分不可拆除建筑物的分割，及不能开主出入口，因此项目对外形象的发挥空间受到限制。

我们建议凭借先进的开发理念，于项目北侧布置超高层建筑，并进行济南都有的双立面设计，丰富项目北立面，树立项目别具一格的形象。另外，在经十路沿线设置次出入口，按照一般项目主出入口的规模和理念进行设计，充分利用经十路这个窗口展示项目形象。

而沿浆水泉路设置的主出入口，由于浆水泉路的拓宽改造，形象有所提升。在项目西立面做文章，丰富项目西立面的同时，尽量使自主出入口开始的景观长廊通透宽敞，使视野从外面深入到项目内部，

全方位展示项目形象。

（5）"S1+S6+O5+W6"——提供完善配套，提供便捷生活

针对本项目周边生活配套不完善的弱点，正好利用本项目的规模优势做好社区生活配套，为业主提供便捷生活服务。

配套设施较少，这就给在这里的居民带来居住、生活上的不便，同时以上内容也是购房客户在选购房产时非常注重的问题之一。应凭借项目自身条件，配备各种社区配套设施，诸如超市、商店、快餐店、洗衣房等服务设施，并且为了显现本项目独有优势，建议在会所内为业主提供高档餐饮、娱乐、文体等方面的服务，让业主真正体会大型社区的舒适，营造出小区生活可以满足业主一切日常生活之所需的效果。

同时，随着项目区域新兴楼盘的增多，区域配套的不断发展，项目区域的各种配套设施也将不断完善，将进一步完善区域的居住环境。

2. 规避项目威胁的交叉分析

"S2+S3+S4+S5+O5+T1+T2"——以产品差异化、推广专业化，形成竞争差异化

本项目作为大规模楼盘，面对的是整个济南市场大型楼盘及周边楼盘的竞争，故我们建议本项目应瞄准市场空白点精确定位，利用项目自身的优势塑造个性化产品，与市场现有项目形成差异化竞争。

在产品上，本项目可以利用地块优势，在园林、智能化、配套设施及硬件上超越其他项目。在结构体系、户型设计、外立面设计等方面做到新颖、独特，从而在产品上与周边项目形成区分。以我们的经验，在市场竞争激烈的情况下，为了在众多项目中脱颖而出，吸引目标客户群，除了在产品上有足够的吸引力外，还须有针对性地推广。

七、分析总结

以上所阐述内容是在市场调查分析的基础上，结合本项目的自身素质，提出有针对性的项目分析，旨在通过SWOT矩阵，最大限度强化本项目的特有优势，消除或转化项目的现存劣势，规避项目的客观威胁，指导项目的市场定位，从整体上提高本项目总体素质和市场竞争力。

第一，综合项目地块的诸多优劣势因素分析，我们认为项目地块区位优势形象明显，具备做中高档产品的基础。

第二，综合市场机会、威胁因素，中高档产品的市场竞争激烈，本项目要想从中脱颖而出，在不具有项目专有卖点的情况下，必须走产品差异化路线。

第三，本项目应充分体现产品个性化，如园林景观、小区智能化、建筑风格、服务配套等，以求形

成市场差异化竞争。

第四，根据未来市场竞争的激烈情况，项目要想迅速切入市场，占据一定市场份额，入市价需要具有很高的性价比。

第五，依据市场情况和项目中高档定位取向须采用专业且创新的推广手法（专业、新颖的现场包装和宣传形象，准确的入市时机，灵活多变的销售手段等），直命目标客户群体，抢占市场份额。

第二部分

项目定位

一、市场定位

市场定位是勾画企业形象和确定所提供的产品价值的行为。它是依据产品的消费对象、消费对象对产品的需求特征及其竞争产品、替代产品的状况而为产品自身设计、塑造的区别于其他产品的个性和形象，它最终要向消费者阐明本产品与其他产品的区别。

1. 市场定位的决定因素

切合实际的市场定位，对于任何物业而言，都是至关重要的。只有对整体市场状况、物业自身特点及同类物业市场情况做出正确分析，确定了物业合理的市场定位，才能为物业的销售工作奠定坚实的基础。一个物业的综合素质、最终市场定位以及由它们所引发的销售业绩，基本上是由如下几个因素确定的：

- 项目的整体现状及规模；
- 项目的地理位置；
- 区域环境及特质条件；
- 发展商及物业管理商的实力及信誉；
- 物业的硬件设施及装修水平；
- 物业配套附属设施；
- 物业推广上市时机。

项目的市场定位将会指导我们完成以下房地产开发前期的具体工作：

- 生产什么样的产品？（即产品的特征和个性，这种个性应具有巨大的吸引力，是其他竞争者无法模仿的）
- 为什么人生产？（即产品所面对的目标客户群）
- 如何生产本产品？（在产品规划设计中，通过寻求利润与成本合理的结合点，实现利润最大化）

应当提醒注意的是，产品的市场定位不是去创造某种新奇或与众不同的事物，而是去整合已经存在的联系。市场定位将通过一系列的营销努力把产品的与众不同之处有效地传达给目标客户群，从而使产品在市场中具有适当的位置。

2. 市场最终定位

项目现状及规模——现状，项目周边无明显特质因素；规模，项目具有500亩之规模，属市场大盘；

项目的地理位置——在市区二环以外，属规划中的东部新城，未来的城市次中心；

区域环境——区域内无明显的行业特点，也无明显的特质氛围；

开发商等硬件品牌——开发商在当地属首次开发，无背景及其他品牌效应；

物业的硬件及装修水平——属未来待定事宜，在定位中不作过多考虑；

物业推广的上市时机——在此方面不具特别优势，未来一年内市场竞争项目较多。

综合项目上述所提因素，定位的可延伸方向主要有：项目规模、区位和项目的综合品质，规模和区位在未来供应的楼盘中属共有优势，综合品质应是项目的最有利机会点，建议项目市场最终定位：

济南首席第五代住宅示范社区；

坚持城市可持续发展方向；

社区生态环境与城市环境的进一步融合；

前瞻性的产品设计理念；

更加完善的社区生活配套；

现代化的物管、高科技的智能化设施。

·第五代住宅的提出

住宅是离人们日常生活最近也是生活中必不可少的一种特殊商品，像其他社会产品一样，随着时代的发展和人民生活水平的提高，住宅也需要更新换代，从最初的仅仅满足人们生存居住的单一功能逐步发展成为集居住、文化为一体的多功能产品。中国建筑大师陈世民曾在深圳召开的"世纪创新论坛"会上就近二十年来我国的住宅发展概况，以最早出现的高层塔楼及相应的社区为主线，将住宅划分为五个时代，并提出了以"环境、空间、文化、效益"为综合设计理念发展第五代住宅的新观点，在国内的房地产业界引起了广泛的关注。

第一代经济节约型——满足起码的功能需求，追求高容积率，不考虑朝向、户间干扰；

第二代适用经济型——在经济节约的基础上，关注景观，避免干扰，注重总体规划，少量增加了公用设施；

第三代发展转变型——改善了采光与通风条件，注重空间的完整性和公用设施的齐全性，由经济节约型户型向舒适型发展，并出现了部分豪华的"包装"，总体趋势在于追求改善，提升居住条件；

第四代景观舒适型——高层塔楼每层户数由8户减至4~6户，并根据朝向和景观分别设置大小不同的户型，户型平均面积增大。大户型厨房面积加大，卫生间数量增加，并设置了贮藏室及工人房；小高层有更大变化与发展，顶层、底层增设复式户型；多层大多变为一梯两户的大户型，有一部分还增加了电梯；小区在基本服务设施基础上，新增了会所、健身中心、大型停车场等更多的配套设施；绿化面积增大，一般都设置颇具特点的中心公用庭院，注重和强调景观设计；增加智能化的通讯、视听及物业管理体系；

第五代生态文化型：这是目前各开发商、建筑设计单位和媒体都在研究和探讨的新一代住宅，这一代住宅的典型特征是以人为本，依据消费者动态需求，创造出舒适的人居环境，将空间、环境、文化、效益四方面有机结合，力争做到人、住宅与自然环境、社会环境之间恰当地融合与共生，因此，这一代住宅既不是简化的节约型，亦不是浮躁包装的豪华型，而是品牌型住宅。具体说来，第五代住宅在环境方面更加注重社区生态环境的塑造，同时加强与区域环境的结合；在产品方面除了考虑健康性的因素之外，在空间布局上更加注重其灵活性和延长其有效使用时间；强调更加完善的生活配套，有现代化的物业管理和智能化设施。

从以上几代住宅的发展演变可以看到，第一代、第二代住宅只是简单地解决基本的居住问题，更多的是追求生存空间的数量，而第三代、第四代住宅已逐渐过渡到追求生活空间的质量和住宅产品的品质，发展到第五代住宅已开始着眼于环境，追求生存空间的生态、文化环境。

当今时代，生态环境的问题已得到高度重视，人们更加渴望回归自然，希望人与自然能够和谐相处，生态文化型住宅在满足人们物质生活的基础上更加关注人们的精神需要。

3. 市场定位的支撑点

（1）总体规划方面

· 充分利用项目的交通、区位等优势，力求在交通路网、社区文化等方面与区域环境形成良好的统一；

· 社区开发与城市发展同步进行；

· 社区配套建设同时完善城市配套；

· 社区所塑造的形象与东部发展形象相符。

（2）社区生态环境的塑造

· 100%超高绿化率概念的提出；

· 社区首层架空，设计分年龄层的交往空间和绿化景观；

· 多重平面、立体景观的塑造；

· 绿树制氧、绿色廊道系统；

· 具有文化氛围的都市庭院（宅间绿化）；

· 完全人车分流的道路交通组织；

· 各主题会所的设立及随处可见的运动场所。

（3）户型产品的健康性

· 满足户型的健康性要求；

· 更加人性化的设计和新空间元素、设计理念的提出；

· 坚持板式小高层，高层不超过一梯四户；

· 注重户型的细节处理，保证良好的私密性。

（4）产品的市场特点

· 按照国家制定的人均居住面积的规定，适应市场需求，户型设计以舒适型为方向；

· 依据市场发展规律，设计符合市场需求的户型结构和户型面积；

· 根据目标客群的家庭结构特点，户型设计时考虑其分割组合的灵活性和延长户型的有效使用时间。

（5）产品功能空间的生态性

·户型功能空间更加合理，降低污染。

（6）更加完善的社区配套

·小区内15 000平方米的商业配套定向招商及20 000多平方米的设施配套，小学、主题会所、双语幼儿园、超市、社区医院等完全满足社区居民的生活需求。

（7）节能环保设施的应用

·社区设置中水处理系统；

·全部采用中空玻璃窗，提高防尘、隔音效果；

·采用新型墙体保温材料，部分非承重墙采用新型墙体材料，提高保温效果和空间利用率。

（8）产品高科技的应用

·三星级智能化标准的提出；

·小区网络化，互联网、小区局域网的设置；

·智能安防系统；

·卫星电视转播，VOD电视点播系统；

·物业管理的网络化，电子布告栏、信息查询、电子邮件等信息的支持。

（9）具时代感的建筑风格

·简约时尚的建筑风格符合目标客群的需求；

·社区的其他建筑都作为建筑小品与景观环境协调统一，且从建筑风格到装饰风格都要求具时代感。

总述：以上从整体产品的塑造、社区氛围的形成、景观环境的营造、配套设施、物业管理、社区智能化等方面营造了整体社区的生态品质，除了对社区环境的营造，还尽可能地加强社区周边区域内环境的改善及与其的衔接，以社区综合品质的形成赢得市场。

住宅产品的发展是时代的象征，同时产品也是项目主要的核心竞争力，所以，项目开发的宗旨是要在产品、居住环境、生活的舒适程度上综合提升。社会生态型社区不仅提升了社区内部的环境质量，还把社区的建设与城市发展的步伐联系在一起。生态型的社区在济南也是首次提出，符合项目长期的发展战略，可以随着时代的发展，不断加入新时代更利于生态、环保等方面的理念和元素，使其内容更加充实，相对市场更具新意。

项目的推广随想：

·以概念入市，以第五代住宅——生态住宅，最优的生活空间，最先进的设计理念、最新颖的景观系统、惊人的绿化概念加上项目的优越区位在市场上引起震撼！

·携手知名建筑设计公司、园林设计公司、物管公司等形成项目的品牌效应，以新闻发布的形式，引爆市场的重型炸弹。

·斥资营造售楼部高雅、尊贵氛围，打造售楼部周边环境，展示公司实力，坚定客户购买的决心。（济南以此取胜的项目屡见不鲜）

二、目标市场（客户）定位

1. 目标市场构成分析

根据项目规模及档次特征，本案的目标市场不再是单纯的片区划分，更多的是吸纳整个济南市区客户。本案的目标市场应以东部和中部城区为主，辐射整个济南市区。

按照区域划分，济南可分为东西南北中五个区域，中部和东部相对其他区域是最具购买力的，人群和行业的分布也属素质较高和科技含量较高的区域，结合项目的总价分布，符合项目购买力的人群在上述区域分布较多，项目在东部区域内，易形成口碑传播、区域传播的效应。

东部和中部是其他项目的主要目标市场，但本案的目标市场应为整个济南市区。在前期的市场调研中，城区居民对项目所在地——市区东部都具有较好的印象。东部象征着希望、未来的繁荣、科学布局的新城中心环境优美、文化浓郁，所以项目只要具有足够的号召力，相信可以得到整个城区居民的青睐。

2. 目标市场需求特征分析

市场的供求关系决定着市场的开发量、销售量，从微观划分，供非所求，需求无供，也可导致市场的怠滞现象，这也正是现今济南市场存在的问题。

上述提到的目标市场应是整个城区的范畴。在此区域中，我们进行以下几个分析：

（1）需求客群分析

随着城市化进程的不断迈进，住房的需求量逐年平稳上升，但队伍壮大较快的应属中档及中低档楼盘的需求者，需求者的年龄也逐渐年轻化，新兴城市白领的队伍逐步壮大，在需求市场中占据越来越多的份额，而城市中产阶层一直是市场购买力的主要组成部分，但他们的壮大速度较慢，且容易受到客观因素的影响，购买较为谨慎。

（2）购买动机分析

一次置业、改变居住环境、投资等基本构成了住宅购买的潜在动机。东部市场的购买动机以改变居住环境和投资为主，2004年的加息政策对市场的投资行为未造成较大影响，各商业银行相对较宽松的信贷政策更有利于按揭购房的投资行为。

（3）价位分析

据市场调查数据分析，2004年末平均市场价格在4197元/米^2，比年初上升了14.4%；在2004年新开盘的项目中，3500元/米^{2}以下的项目占39%，3600~4500元/米^{2}的项目占到52%，开发商越来越注重楼盘品质的塑造，价位当然也有所攀升，但与市场的购买能力相比还是略显偏高。城市经营在城市建设中起到重要作用的今天，拆迁成本及土地价格决定了市场的销售价格不能以市场的购买能力为转移，这也是现今市场中的供求矛盾所在。

（4）户型面积分析

户型的需求主要由需求客群的家庭结构及功能需求决定，受购买能力的限制，二室及110平方米以下的户型在市场上较为紧俏，在同类户型中，舒适型户型较豪华型更受市场欢迎。市场中140平方米以下的户型面积属市场较可接受的面积，销售状况尚可。随着市场的逐渐成熟，客群对产品的理解也逐渐深入，户型设计不合理，得房率低，健康性差，成为产品滞销的主要原因。随着客户群体的逐渐年轻化，主要购买力家庭结构由三代家庭向两代家庭转变，人均居住面积虽然在增加，但单套面积有走小趋势。

总结：目标市场中存在相当大的购买力，但存在供非所求的供求矛盾，市场供应与市场购买力存在一定差异。在主要购买人群家庭结构向两代家庭发展的趋势下，单套面积有走小的趋势。建议本项目以舒适型户型设计为方向，尽量合理利用空间，以满足日常居住功能为出发点，使产品充分得到市场的认可。

3. 目标市场（客户）结论

（1）主力客群定位

鉴于本案（按目前市场标准计算）主力户型总价为40万～66万元，首付能力为12万～20万元，月供能力为1900～3200元的产品特质及目标市场中主流客群的划分，建议本案主力客群定位为：知识中产阶层与城市精英。

本案主力客群的定位具有济南的区域特点，购买客群中，按经济结构划分，占市场份额较大的应是城市的中产阶层，他们具有较强的购买能力，有多年的积蓄，有较为固定的经济收入，有较多的投资经验。我们在这一人群中选择了知识中产阶层，将知识、技术水平较高的一类人作为本案主要的吸纳对象和形象诉求重点，与项目市场定位的文化氛围相切合，拥有较广的客群范围。

城市精英，也可以定义为金领和高级白领，是对购买价格敏感度较低、对产品的性价比要求较高的一类群体，他们在市场中所占的份额不是太大，但他们存在多次购买的可能。他们的购买行为较为理性，不易被说服，对新生事物接受度较高，追求较高的生活品质，最为认同现代的消费方式，所以，生活的舒适程度、社区所推崇的生活方式是他们购买时关注的主要因素。

重度消费客群行为特质分析：

·年龄在25岁到45岁之间，至少具有3年以上工作经历，有一定的积蓄，以改善居住环境为主要购买动机；

·收入相对稳定，首付能力在12万元以上，最低家庭月供能力在1900元以上；

·从事技术知识含量较高的行业；

·家庭人口在2～3人，以两代家庭为主；

·首次或多次置业，注重实用性，注重生活舒适度；

·对物业要求较高，在房型设计、楼层选择、地段位置、内外配套完善等方面都有较多对比考虑，理性置业；

·讲究物业和社区的品质，满足其健康要求和精神层次需求的家居氛围；

·对小区内部景观要求很高；

·对社区人性化服务及物管有较高要求；

·对现代消费形态较为认可,对会所的功能性有较高要求。

(2)目标客群细分

由以上确定的主力客群细分,并加入其他可影响购买客群的层面,做出如下划分:

·大中型企业的中层及中层以上职员;

·小型私企业主;

·行政、事业单位工作人员(项目周边大专院校的师资队伍是后期推广中的重点对象之一);

·自由职业者;

·周边居民;

·投资者。

三、形象定位

形象定位是将物业的优势、外部机会用简单形象的词汇进行概括,将项目的卖点展现完整,并让人产生联想。形象定位直接影响客户对项目的直观感受,所以在形象定位时一定要精炼、准确并有创意。

1. 形象诉求重点

我们从本项目的优势及机会点着手分析,将本项目的形象诉求点归纳为:

(1)优越的地理位置

项目地处济南东部新城,紧邻经十东路、东二环,东部邻近规划中的省政府和奥林匹克体育公园,是经十路的东部龙头位置,处于政府大规模的规划发展区域,尽揽城市繁华,坐拥良好的自然环境,是济南人最为倾向的居家区域之一。

(2)巨大的开发规模

项目占地面积约500亩,总规划建筑面积约80万平方米,在整个济南市都是屈指可数的大盘之一。作为大盘,可以对地块进行系统的、综合性的规划,进行综合性集中配套,有利于资源优化,能推动区域内经济效益、交通环境、人文资源总体水平的全面提升,充分体现项目的大盘优势。

(3)超前的规划设计理念

我们建议整合各方面优势资源,引入超前的规划设计理念,按照可持续发展的开发理念,打造全新的"生态社区",创建一个天蓝、地绿、水清、空气清新、人际关系和谐、居民安居乐业的社区。

（4）世界风情主题园林

根据项目地块各自的特点，建设以不同国家风情为主题的园林景观，一方面与市场上的其他项目形成明显的产品差异，另一方面形成不同组团之间的产品差异，使每个时期都有不同的产品独特卖点，增强项目的市场竞争力。

（5）人性化户型设计

我们建议项目户型采用人性化设计，打破传统小高层、高层住宅的弊病，通过板式设计和科学布局，在保证私密性的前提下，增强采光通风，做到户户观景、户户有景。户型面积多样化，从平层、错层到复式应有尽有，无论是甜蜜自在的二人世界，或是三世同堂的天伦之家均能得到满足。

（6）智能化安防系统

"家不是保险柜，但比它安全"。

作为现代新型社区，社区安防智能化已经是基本要求，但现实中却少有社区能够做到真正的智能化。我们建议本项目的安防系统从围墙的红外线监控、车库的自动控制和远程监控到单元入户门的门禁等安防设施实现真正的智能化，打造一个"比保险柜还安全"的家。

（7）完善的社区配套

作为七八十万平方米规模的大型社区，本案具备一般社区布局的建设大型配套的条件。在周边生活配套设施缺乏的条件下，我们建议充分利用项目的规模优势，建设特色商业街和超市等大型商业设施，除了解决本社区居民的日常生活所需外，为区域内居民提供生活便利，提升区域生活环境，成为项目区别于区域内其他项目的卖点。

（8）组团式尊贵会所

"组团式尊贵会所，享受无处不在"。

由于项目四块分散，考虑到居民生活的便利性，建议采用组团式会所布局，视地块大小情况，于各组团内建设会所或社区服务中心，使各组团的业主能够就近享受到便利的服务，体现项目的人性化和高品质。

（9）先进的教育配套

对于身为父母的业主而言，教育配套也是他们购房置业所关心的重要因素之一。在现在新型社区中，许多项目都建设包括幼儿园、小学甚至中学在内的教育配套，许多项目还凭借双语教学，成为市场的热点。我们建议本项目采用双语教学，虽然不能成为项目的独特卖点，但可以增加项目的竞争力。

通过以上形象诉求点的整理分析，我们认为项目将来在市场上要树立的是一种高品质物业的形象，并充分向客户展现入住项目后的美好生活前景。

2.形象定位及支撑

（1）最终形象定位语

品质，成就东部第一生活高度

（2）形象定位支撑

根据项目SWOT综合分析，本项目的核心竞争力在于产品的差异化。这种差异化不是单纯的产品形式的差异，而是以产品差异为形、产品品质为实的差异化，这种差异化缔造的是项目较高的综合品质。而这种高综合品质缔造的则是健康、舒适、尊贵的现代生活方式，并由此奠定了项目在东部住宅市场中的领头羊地位——"东部第一生活高度"。

整个形象定位不是空虚缥缈的，而是建立在项目产品基础之上的：教育——双语教学的小学、幼儿园；商业配套——大型超市、风情步行商业街；园林——不同国家风格的世界风情主题园林；科技——真正智能化社区、新技术新材料应用；物业服务——医疗、家政、尊贵会所；产品——板塔结合的高品质社区……

3.项目案名建议

一个项目的案名是项目理念的集中表现，也是项目宣传推广中一个区别于其他项目的重要标志。由此，我们建议本项目的命名遵循以下原则：

- 最有力地表现产品的风格与特性
- 符合项目定位，提升项目形象
- 易于读写，方便识别
- 文字浅显，容易理解

基于以上原则，特提供案名如下：

- 领东国际新城
- 领东鉴筑
- 东城领秀
- 东方逸景
- 誉名·天下
- 南丰世家

重点推荐：

领东国际新城

4.案名诠释

领东国际新城

- "领东"——点明项目优越的地理位置，城市中心与东部新城中间位置；奠定项目在东部城区住宅市场的地位——东部住宅市场的"领导"地位；

·"国际新城"——项目运用国际先进开发理念和技术进行开发，全力打造一处现代人向往的国际化居所，引领济南生活方式，同时又能体现项目的规模和档次；

·此案名朗朗上口，容易识记，同时又尊贵大气，颇有领袖风范，从市场中脱颖而出。

东城领秀

·根据地理位置命名。项目地处经十东路，属东部城区，抓住济南人"住东不住西"的置业习惯，在命名上重点突出；

·"领秀"，领袖的谐音。一方面突出项目的园林景观秀丽无比，傲居前列；另一方面强调"领袖身份"，引领东部居住潮流，傲视群雄；

·该案名体现出项目的高品质，强识易记。

东方逸景

·"东方"，点明项目所处区域位置，迎合济南人"住东不住西"的置业习惯，于案名中重点强调突出；

·"逸景"，谐音"一景"。喻示项目社区环境秀美无比，为东部城区一道亮丽的风景。

领东鉴筑

·该案名富有诗意，同时，又颇有领袖风范，寓意引领东部住宅市场的发展潮流。朗朗上口，容易识记；

·"鉴筑"，不言而喻，充分体现出项目产品独特的艺术魅力，不但是居住的场所，而且是能够鉴赏、传世的艺术珍品。

誉名·天下

·谐音"域名"，时尚易记，而且非常容易识别；

·"誉名·天下"暗含美誉满天下之意，揭示出项目的高品质；

·此案名大气磅礴，有谁与争锋的霸气，气势逼人。

南丰世家

·以开发商作为项目案名组成部分，对于树立开发商品牌有极大帮助，宣传项目的同时宣传企业品牌，为公司在山东的长远发展奠定基础；

·"世家"，喻示项目高端的品质和档次，是新时代的传世豪宅；

·案名尊贵大气，有效挖掘高端客户的需求。

四、价格定位

在房地产营销过程中，定价是最敏感、最重要的事，开发商对此也最感兴趣。楼盘能赚多少钱，能达到多少预期的利润，全在定价一举。价格定高了，会被购房者所拒绝而导致滞销；如果定低了，虽然能在很短的时间内抢购一空，但发展商就会少赚很多利润。在具体制定房地产价格的过程中，要考虑诸多因素，确定最恰当的价格，获取最合适的利润目标。

1.定价原则

根据市场研究分析、开发企业经营目标、影响客户置业因素分析，结合中原多年的操盘经验，我们认为本项目定价应该遵循以下几个原则：

（1）市场定位决定物业价格

一般而言，物业定价的高低，取决于其综合市场定位的高低，物业综合素质高，其市场定位高，价格自然高，反之亦然。一个恰当的符合物业市场定位的价格，辅之以行之有效的销售策略，便容易取得良好的销售成绩。反之，违背其真实市场定位所确定的销售价格，便会违反市场规律，极易导致销售工作的失败。项目附近的中润世纪城便因为首期开发入市的价格过高而阻碍了项目的顺利快速销售。

（2）价格制定要符合社会环境

稳定的政治局势、繁荣的经济环境、良好的供给关系以及有利的政治金融政策能促使物业价格一路走强。同样，经济萧条、物业明显供过于求、政治金融政策限制约束行业发展时，物业就要变相降价或者重新定位、包装。

（3）定价要保持一定的竞争性

开发商定价时无论采用何种定价方法，其所制定的价格都应具有一定的市场竞争性。因为价格是房地产销售中令广大客户最为敏感的因素之一，故应保证项目在推广销售时（特别是在推广销售初期）的价格具有一定的竞争力，此举有利于项目在入市之初就吸引客户关注，尽快抢占市场份额，并创造较旺的人气，为后期销售打下较好的基础。

2.定价方法

对于房地产价格的评估，重要的并非过去，而是未来，因为房地产价格是由反映其未来的预期收益所决定的。预期收益越大，房地产价格越高，而预测原则与变动原则是相关联的。变动原则的含义是：房地产价格是多种因素相互作用的结果，随着这些因素的变动，房地产价格也必然随之增减。

房地产价格评估常用的方法有成本加成定价法、市场比较定价法和顾客感受定价法等。

（1）成本加成定价法

将产品的成本加上预期利润（一般为两成左右），具体额度可由发展商自行控制，即为最基本的定价方法。成本加成定价虽然较简单，也可以充分满足开发商对利润的追求，但由于缺乏考虑市场的接受程度，具有一定盲目性。

（2）市场比较定价法

市场比较定价法的适用范围是在邻近地区或同一供需圈内的类似地区中，与类似房地产交易实例相比较，以此决定待估房地产的价格，其特点是结合区域市场的特质，令所制定的房地产价格更加贴近市场。该种定价方法是一般房地产价格评估最常用的一种方法。

（3）顾客感受定价法

即依据购房者对地产项目和开发公司的认可程度和心理价格来制定价格。房地产和其他商品一样，品牌信誉在很大程度上影响着消费者的消费心理。

结合以往定价经验、供需市场状况以及本案的具体特点，我们建议本项目定价采用市场比较定价法，参考顾客感受定价法来厘定项目价格。

对于本项目而言，采用市场比较定价法的问题是区域内可供参考的项目较少。

我们应用改进的市场比较定价法解决这一问题，基本思路：针对整个济南市场选取可比样本，通过综合品质比较确定本项目的价格。先通过对可比样本和本项目进行综合品质评定，比较本项目与样本的综合品质；运用市场比较法，通过综合品质比较计算本项目的整盘估计均价；结合本项目的产品类别，通过物业类型比较计算各形态物业的整盘估计均价。

3. 定价策略

物业的定价策略，是指在物业整体价格确定的前提下，在销售过程中，采取某种策略，根据物业及市场的发展情况，引导价格发展走势的价格方案。在不同的物业中，由于物业自身的各项素质差异很大，加上市场状况不同，每个物业会根据自己的特点采取不同的策略，以引导物业价格的正确发展。

通常，物业的定价策略方式并不是单一的，会出现几种策略共用的情况。也不会在销售工作开展之初一经确定便一成不变，应根据市场变化情况随时予以调整，以争取获得最佳的销售成果。

针对本项目自身状况及当前市场情况，建议本项目采取"低价入市，平稳推进"的定价策略。低价入市有利于在前期推广时吸引客户关注，尽快在前期积累一定数量的客户，聚集"人气"，形成良好的市场氛围，以抢占市场先机。待物业达到一定知名度时，再逐步抬高售价，给客户以本案定能"保值、增值"的信息。同时，利用购置物业"买涨不买落"的心理给迟疑不决的客户造成一定紧迫感，以促使其下决心最终成交。

4. 最终价格定位

（1）住宅物业均价厘定

由于目前济南住宅市场高层住宅物业较少，因此，我们综合考虑物业类型、规模、档次等因素，放大到整个济南市场，针对本项目以小高层、高层为主的特点，选取以小高层住宅为主的物业为比较样本先推算出小高层住宅均价，然后推算出高层物业的均价。

①小高层住宅均价厘定

以下是本项目的综合品质评定和整盘估计均价计算情况，需要特别指出的是，含有多种物业形态的项目综合品质评定已事先刨除其他物业形态的影响因素。本项目的各项得分是考虑了济南市整个市场状况和项目预期形象综合而来的。

▶— 表9-3 选取样本及售价

项目名称	销售均价（元/米²）
中润世纪城	5500
三箭吉祥苑	5500
新世界阳光花园	4500
汇科旺园	4600
伟东新都	4400
阳光100	3800
富翔天地	4300
新东方花园	3800

▶— 表9-4 各要素及权重

地理位置	25%
道路交通	10%
周边环境	10%
规划设计	15%
楼体结构及户型	20%
小区配套	15%
物业管理	5%

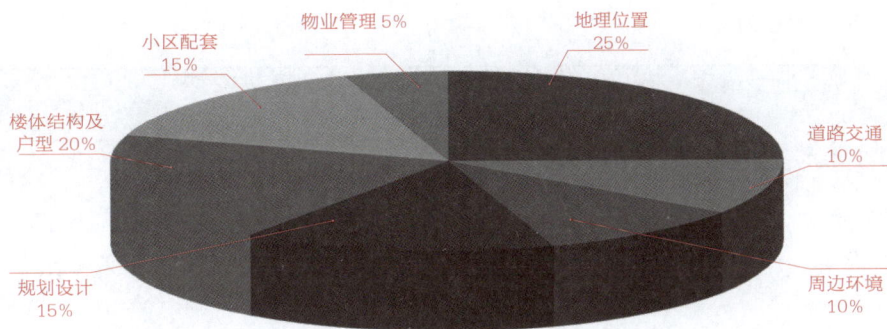

▶—— 图9-1 各权重比例图

▶—— 表9-5 项目综合品质评定

名称	地理位置	道路交通	周边环境	规划设计	楼体结构及户型	小区配套	物业管理	综合品质
中润世纪城	90	90	85	85	85	85	90	87
三箭吉祥苑	95	90	90	85	90	85	85	89
新世界阳光花园	80	95	85	85	80	85	95	86
汇科旺园	90	85	90	90	90	80	85	87
伟东新都	90	85	85	85	90	90	85	87
阳光100	80	80	80	95	95	95	85	87
富翔天地	85	85	90	90	90	85	90	88
新东方花园	90	85	80	80	85	75	80	82
本项目	90	85	75	85	85	90	85	85

根据上表数据，再运用市场分析法，按可比项目价格及综合品质值，可推算本项目小高层住宅的估计均价如下：

假设本项目小高层住宅的评估均价为X，则

X1=（世纪城均价×本项目综合品质）÷世纪城综合品质

X2=（吉祥苑均价×本项目综合品质）÷吉祥苑综合品质

……

── 表9-6 计算值列表

项目名称	代码	项目均价（元/米²）	综合品质	项目计算值（元/米²）
中润世纪城	X1	5500	87	5374
三箭吉祥苑	X2	5500	89	5253
新世界阳光花园	X3	4500	86	4448
汇科旺园	X4	4600	87	4494
伟东新都	X5	4400	87	4299
阳光100	X6	3800	87	3713
富翔天地	X7	4300	88	4153
新东方花园	X8	3800	82	3939

根据上表推算本项目小高层住宅估计均价为：

X=（X1+X2+……+X8）÷8

=（5374+5253+4448+4494+4299+3713+4153+3939）÷8

=35673÷8

≈4459元/米²

综上计算，我们建议本项目的小高层住宅均价为：

4450元/米²

②高层住宅均价厘定

第一，成本比较厘定法

通常情况下，房价由以下部分组成：建安成本、土地成本、税收、配套费、银行利息、管销费用及开发商预期利润。

对于同一个项目内的不同类型产品而言，土地成本、税收、银行利息、管销费用等成本是一致的，不同的最大差距在于建安成本方面。目前，济南市多层住宅的建安成本为700~900元/米²，小高层的建安成本为1100~1300元/米²，高层的建安成本为1500~1600元/米²，超高层的建安成本为1800~1900元/米²。再刨除其他可变成本后，同项目内的小高层与高层住宅的房价差距为50~150元/米²，超高层与之房价差距为150~300元/米²。据此，我们可以推算本项目的高层住宅的销售均价为：

18层高层住宅销售均价约为：4550元/米²

30层高层住宅销售均价约为：4650元/米²

第二，综合因素厘定法

除上述利用构成房价的成本比较厘定不同物业的价格外，我们还可以通过综合考虑市场因素、高层与小高层物业各自的特点等因素来推算出项目高层住宅的销售均价。

对于6层以上住宅而言，楼层越高，往往视野越开阔，景观系数佳，通风采光好，噪音和空气污染较少。而且，随着市场的发展，需求市场对高层物业的接受程度越来越高，居住观念正逐步改变，高层成了业主身份、地位和财富的象征。基于以上两点及成本因素的影响，市场中的小高层和高层物业一般是楼层越高，价格越高。据此，我们可以通过对高层和小高层进行价格比较最终厘定本项目高层住宅的销售均价。

第一步，确定楼座的均价层。

按照业内定价规定，一般选取楼座的中间层为均价层，以均价层为基数，向上按照层差价依次递增，向下按照层差价依次递减，根据实际情况首层和顶层可作特殊处理。奇数层楼取中间层，偶数层楼取中间两层。因此，11层小高层的均价层为6层，18层高层的均价层为9、10两层，30层高层的均价层就为15、16两层。

第二步，确定小高层、高层住宅的层差价。

根据调研显示，目前济南各类型物业的层差价集中在50元/层至100元/层之间，各个项目多人为而定，没有严格的标准。按照行业规定，各类型物业的层差价如下表所示（具体可视项目情况进行微调）。本项目小高层、高层的层差价遵照市场情况参照行业标准。

▶── 表9-7 济南各类物业层差价

	塔楼	板楼/塔楼（13层以上）	板楼（12层以下）
标准楼层差	￥30	￥40	￥50
1~2层	2.5倍	2倍	2倍
2~6层	2倍	1.5倍	2~3层1.5倍
6~10层	1.5倍	1倍	3~6层1倍
10~16层	1倍	10~13层0.5倍	6~10层0.5倍
16~20层	0.5倍	13层以上0.25倍	10层以上0.25倍
20层以上	0.25倍		
顶层	等同顶层向下数第2层	等同顶层向下数第2层	等同顶层向下数第2层

· 1、2层层差价是假设1层没有特别的卖点，如花园及送下跃层；

· 顶层层差价是假设了不是复式、跃层、空中花园、1梯1户等特殊情况。

· 原则：越高层的楼层层差价越低。

第三步，高层与小高层进行价格比较。

首先拿高层11层（含11层）以下楼层与11层的小高层进行比较。综合考虑成本因素、物业差别因素和市场需求特点因素，高层11层（含11层）以下楼层作为高层住宅的下半部分，在视野、景观系数和楼层高度方面都略逊于本身为11层的小高层，因此，同楼层相比价格要稍微低于小高层的价格。根据我们多年的操盘经验，18层左右的高层与之价格差距约为10元/米^2，30层高层与之价格差距约在20元/米^2。因此，有以下推算过程：

· 本项目小高层均价为4450元/米^2，小高层标准楼层差价为50元，均价层为6层，7~10层楼层差价为标准层差的0.5倍，10~11层楼层差价为标准层差的0.25倍，10层楼层系数为+4，则11层价格（不考虑其他影响因素）为：均价+（层差价×楼层系数）=4450+（25×4）+（12.5×1）=4562.5元/米^2。

· 则18层高层的11层价格则为4552.5元/米^2，18层高层标准楼层差价为40元/米^2，均价层为9、10层，10~13层楼层差价为标准层差的0.5倍，11层楼层系数为+1，则9、10层价格（不考虑其他影响因素）为：11层价格−（层差价×楼层系数）=4552.5−（20×1）=4532.5元/米^2。

· 同理可得，30层高层的11层价格为4542.5元/米^2，超高层塔楼标准楼层差价为30元，均价层为15、16层，10~16层楼层差价为标准层差的1倍，11层楼层系数为−4，则15、16层价格（不考虑其他影响因素）为：11层价格−（层差价×楼层系数）=4542.5−[30×（−4）]=4662.5元/米^2。

综上计算，利用综合因素厘定法，本项目高层住宅的价格为：

18层高层住宅销售均价约为：4530元/米^2

30层高层住宅销售均价约为：4660元/米^2

通过以上两种方法推算结果，充分考虑项目推售策略和将来的市场供需变化，建议本项目高层住宅价格为：

18层高层住宅销售均价为：4530元/米^2

30层高层住宅销售均价为：4660元/米^2

住宅物业最后定价

综上几种方法计算，在济南目前市场供需状态下，我们建议项目住宅物业的整盘销售均价为：

小高层住宅：4450元/米^2

18层高层住宅：4530元/米^2

30层高层住宅：4660元/米^2

住宅物业首期入市价格建议

房地产项目的最终入市价格，特别是首期入市价格，主要取决于房地产开发商的自身条件和开发理念以及项目规模和市场的变动因素。

对于本项目而言，我们认为首期入市单位价格主要取决于以下因素：

第一，作为占地近500亩，开发周期8年有余的项目，须走可持续开发、利润与建立品牌双赢的路子。首期入市价格必须具有很高的性价比，具有随其他因素变动的可调性；

第二，项目地块自身特征和周边环境以及大的区域环境决定了项目档次定位为济南竞争最激烈的中高档，客群定位为济南争夺最激烈的中产阶级，市场竞争异常激烈，入市价格将成为项目能否迅速入市立足的关键；

第三，项目自身特点"平庸"，开发初期难以展现大盘优势和项目优美的内部环境、产品品质，致使项目首期入市与市场中其他较成熟在售项目比不具有任何优势；

第四，作为外地开发商开发的项目，要在当地市场树立品牌和形象，为市场所认可接受，具有一定的难度。首期入市必须迅速切入市场，实现"短平快"的销售，奠定市场基础。

因此，我们认为本项目首期入市价格不宜过高，应该定位在济南较具竞争力的价格段中（目前，济南市场同类型物业竞争最激烈的价格集中在4300~4500元/米^2，本项目入市单位价格应该脱离这一价格区间）。由于该区域内高品质的项目较少，因此本项目应该着重提高产品的品质或是做出自身的特色，以较高的性价比来吸引购房者的目光。另外，配合相应的销控手段和推广技巧，实现项目首期推出"短平快"的销售局面，然后通过后期销售价格的上调来最终达到项目的整盘均价。

综上考虑，我们建议项目首期入市单位的均价控制在以下范围：

4000~4200元/米^2

（2）商业物业均价厘定

目前，项目周边区域商业氛围较淡，主要以沿街店铺为主，档次相对较低，且多以租赁为主，区域内缺乏可比性在售项目。据此情况，我们建议本项目商业采用"租金反推售价"的方法厘定价格。

▶—— 表9-8 区域内沿街店铺租金列表

沿街店铺	位置	租金（元/米^2/天）
橱柜专卖	浆水泉路	1.2
发艺店	浆水泉路	1.2
康洁洗衣	浆水泉路	1.6
银座超市	浆水泉路	1.4
中国联通姚家营业厅	浆水泉路	1.3
床上用品专营	经十东路	0.9
星泉装饰	经十东路	1.5
中润世纪城	经十东路	1.1（售价7500元）
平均租金		1.3

由上表可见，周边区域沿街店铺租金多在1.2~1.5元/米^2/天，运用算数平均计算可得区域内沿街店铺租金约1.3元/米^2/天。

由于项目为独立的商业步行街，规模较大，规划设计档次较高，因此，租金水平要高于目前区域市场上的商业租金平均水平，建议本项目商业租金取1.5元/米^2/天，投资回报率取8％。按照"租金反推售价"法，计算本项目商业步行街的价格为：

商业街售价=（租金×360天）÷投资回报率=6750元/米^2

综上计算，本项目的商业步行街的均价为：6750元/米^2。

项目规划设计建议

一个房地产项目的产品是它的核心，尤其现今，在济南房地产市场竞争日益激烈的情况下，我们更应该从产品设计入手，提高项目的内在品质，这已经成为竞争中关键的一环。本建议从规划、景观、建筑外观、户型、配套设施、智能化、车位配置、物业管理等几方面对产品设计进行阐述。

一、整体规划思路

规划设计是一个房地产项目产品的统领，规划思路直接影响项目的后续各个阶段运作的进行，重视总体规划设计是打造一个好产品的基础。建议项目整体规划思路为：

因地制宜、错落有致、人车分流；

世界风情园林主题、组团式居住社区。

二、平面布局建议及原因

1. 整体规划布局

由于项目地块相对零散，我们建议根据规划道路分割及地块面积大小情况将项目划分为五个相对独立的组团（每个组团为一个开发周期），形成组团式社区格局。

在楼体类型布局上，充分考虑项目天际线美观、开发时序合理、推广销售符合市场需求以及将来的日照系数等多重因素，建议结合项目南高北低的地形走势，设计有曲线的顶部结构，并以高度变化营造优美的楼顶曲线，获得动感、浪漫的天际线。按照这一原则，各地块北部布置高层，南部布置小高层。

园林景观建设上，每个组团都具有精心设计的中心花园或带状中心景观，围绕不同的世界园林主题各成特色，楼间绿化保持与组团园林风格一致的重点细部处理。组团中心花园或带状中心景观与楼间绿化有机地联系起来，形成相对通透又相对独立的公共交往空间。

以中心花园为绿色主体的绿洲，空间延伸到住宅区内，由各楼座形成的小岛伸向绿洲，使住宅群体宛如绿洲上的小岛，创造了别具一格的居住环境。同时，各楼座围合间又各自拥有较独立的中心区域。植物和水体是社区绿化环境的载体。楼间绿化、中心花园广场、景观步行道路、车行道绿化构成点、线、面平面绿化系统，又以空中绿化、地面绿化和地下绿化等多层绿化的营造，构成社区的立体景观系统，达到建筑与环境的自然融合。

社区公建配套布局应遵循服务半径最小化的原则，根据各种配套、各自的服务性质和服务人群，选择最佳位置布置。

（1）住宅群体空间组织建议

本项目各组团建筑群体的组合布置建议采取半围合方式。半围合方式即楼座围绕组团中心的园林建筑、公共绿地、水面等景点和公共休闲场所，有规律地布置，从而得到丰富的建筑群体空间。这种形式既有效地保证了私密性，又便于社区的管理，还可节约道路等设施的外线投资，使社区真正体现出其内部环境的魅力。

（2）组团特色建议

居住区在进行各组团设计时，应结合整个社区特点，每个组团可以根据地形适当加以改变。尤其在组团主出入口处要重点处理，以形成各自的特点，突出其空间的个性，建议每组团以不同名称进行命名，增强趣味性和可识别性。

2. 住宅规划设计建议

（1）户型规划布局建议

虽然本项目楼体类型相对单一，但户型面积相差较大，致使单位总价相差也较大，针对的目标客户群不尽相同，建议尽量将总价款相近的户型集中排放，以便相同档次客群聚集居住，这样比较符合客群消费心理。

（2）楼座布局建议

根据地块的形状和地势的高低，建议楼座呈半围合状布局，更好地保护业主的隐私及加强区域内业主之间的良好沟通，也可考虑不同楼型组合排列，产生高低错落感，打破惯常的"行列式"布局，形成错落有秩的现代布局，创造丰富的空间与建筑景观和住户居住环境的均好性。尽量避免楼座倾斜布置，保证住宅正南正北，拥有良好的朝向、采光和通风。

3. 公共建筑规划设计建议

（1）公共设施规划特征

A. 系统化
其规模、项目功能都有特有的服务功能，能够有效满足社区居民的物质与精神生活的多层次需求。

B. 综合化

紧张的生活节奏使人们对闲暇生活寄予更多希望，丰富多彩、多种选择是消费的时尚。因而公共服务设施将购物、饮食、娱乐、文化、健身、休憩等多种功能综合配置，这样不仅方便使用，还能提高设施效率。同时，集中建设可节约用地、减少费用并利于经营管理。

C. 步行化

保证购物环境的安全、舒适，将车行和步行分离，创造宽松的购物环境和氛围，闹中取静。

D. 景观化

在保证使用功能的同时组织局部环境景观，适当配置绿化、铺地、小品等，提高公共设施环境的文化艺术品位，可活跃社区空间，利于展现社区的形象风采。

E. 设备完善化

适应公共活动和购物行为的需要，根据安全、卫生、交通、休息、交往等行为所需，配置相应设施和设备。

（2）公共建设设施规划布置建议

①会所位置建议

由于项目地块分散，我们根据地块位置、大小、形状及建筑规模来布置组团会所，以更好地方便业主使用。

建议C1、C2、B地块各建设一个会所。其中，C1地块内会所位于组团主出入口纵深位置；C2地块内会所位于经十路出入口附近；B地块内会所位于组团主出入口附近。

A地块内设置中型规模社区服务中心，具备小区会所一般功能。

优势：

· 充分展现会所外立面，有利于社区形象的建立；

· 经营效果好，便于交通组织；

· 兼顾其他组团居民使用；

· 在人流量较大的区域，减少对社区内部安全及噪音的影响。

· 销售后期可作为销售中心；

②商业设施位置建议

由于经十路沿线不允许建设商业，项目地块最具商业价值的区域为浆水泉路沿线部分。建议商业设施沿市政主要干道浆水泉路设置，集休闲、购物于一身，既可展示社区形象，又可方便日常生活。（具体形式和业态详见3.5.2）

③教育配套设施位置建议

根据社区规模、地块特点及开发时序，建议分别于C1、B地块内设置一所幼儿园，C2地块内设置一所小学。小学位于C2地块南端，邻近旅游路，既不临城市主干道，交通又相对便利。

④运动休闲设施位置建议

建议每个组团结合园林景观设置简单运动器械和儿童游乐设施，并根据每个组团不同的目标客户的行为喜好设定主题活动场所，如网球场、排球场、篮球场等。

4. 交通组织及停车设施规划建议

（1）停车方式建议

为体现社区整体的秩序感，建议社区停车采用业主半地下停车，访客地上集中临时停车的方式。

半地下车库采用人性化设计，设计了地下车库观光井和通风、采光口，既能保证车库具有良好的通风和采光，还能通过观光井进入社区园林。此外，汽车入库后，业主可直接通过设在车库内的电梯入口到达住所。车库壁画和背景音乐可使业主充分感受半地下车库的舒适，同时有利于车库的销售。

访客临时停车采用地上集中停车的方式。各组团的临时停车位采用集中停车方式，靠近组团主出入口附近建设。访客进入组团后，直接驶入临时停车场，然后通过组团内的景观步行道路，按照道路沿线指示牌到达访问楼座。

优势：

· 节约建设成本。半地下停车库低于地面半层，土方开挖深度浅，节约建设成本。

· 丰富规划平面。本项目地势具有自然高差，而半地下车库可充分利用地势高差，于地势低处设计通风、采光口。楼宇首层与车行道路有一定的高差，在园林绿化与道路的关系上，层次感比较强，可营造高低错落的规划平面。

（2）交通组织规划建议

① 组团出入口建议

从项目地块周边道路的作用看，经十路作为济南市的景观和交通主干道，是项目对外展示形象的最佳和最主要的窗口。而浆水泉路经过拓宽改造后，将成为自经十路到浆水泉公园的主要交通干道，也是项目南部地块对外展示形象的重要窗口。如何利用经十路和浆水泉路的窗口作用来展示项目对外形象，是项目设置出入口时应该考虑的关键问题。

分析经十路和浆水泉路的交通情况可知，项目沿经十东路位置车辆左转向受限，业主去往市里不是十分便利，因此，经十路沿线位置不适合设置主出入口，但可以设置次出入口，成为项目展示对外形象的主要窗口。浆水泉路作为市政次交通道路，车流相对较少，车辆没有转向限制，业主进出都十分便利，因此，建议各组团的主出入口主要设置在浆水泉路上。

设置在浆水泉路上的主出入口由于正对的是楼的西立面，相对单调，建议通过在西立面设计飘窗或阳台或饰板来丰富西立面，增加出入口景观效果。

其中：

· C1、C2地块：建议C1、C2的路网合并使用，减少道路面积，便于社区管理。根据C地块周边交通状况，建议C地块主出入口设于浆水泉路沿线位置中间，C1、C2地块沿经十路各设置一个次出入口，C2地块沿南部规划路设置一个次出入口。

· B地块：建议B地块主出入口设置于浆水泉路沿线中间位置，南北规划路各设一个次出入口。

· A地块：建议A地块只设一个出入口，位于地块北部规划路靠近浆水泉路附近处。

· D地块：建议D地块主出入口设置于浆水泉路与经十路相交处附近。

② 人车行径建议

项目定位的目标客户群私家车的拥有比例较高，故道路系统及交通组织是项目的重点，良好的交通组织会给业主带来切实的体贴和便利。

项目有的地块形状极其不规则，所以实际的道路组织等可能受到很多客观条件的制约，以下只是初步的建议。

第一，人车分流方式

建议项目通过环状道路系统和停车系统相结合的方式，有组织地将人行与车行路线分开，居住区内禁止机动车辆进入，从而为居民提供安全、宁静的居住环境，真正打造安全、宁静的"步行社区"。

各组团业主车辆从主出入口进入组团外围环行车道，直接进入半地下车库，访客则由主出入口直接驶入主出入口附近的地上集中临时停车场。业主汽车入库后，业主可直接通过设在车库内的电梯到达住所，也可以由阳光井直接进入社区园林；访客在临时停车场停车后，可直接通过社区内的景观步行道路，按照社区内指示牌到达访问楼座。居住区内禁止汽车进入，使组团的居民远离了汽车的烦扰，创造组团宁静、清新的环境，给老人和孩子提供了一个温馨、休闲、娱乐的场所，同时也很好地解决了机动和非机动车辆的停放问题。

第二，组团道路系统

各组团道路系统进行分级设置，机动车道作为组团一级道路以环形沿组团外围设置，车库入口沿机动车道布置，车辆不进入居住区域即可驶入半地下车库。居住区内部道路由二级非机动车道和三级步行道路构成，非机动车道作为组团内部交通主干贯穿组团，从组团中心花园向四周散射出一条条景观步行小路，可以便捷地到达每幢单元入口，形成一个从组团内部向组团外围延伸的步行系统。这样，外围机动车道和居住区域步行道路系统构成了各组团的道路交通系统，有效保证了车行与步行系统互不干扰。

③社区公交站点的建议

相对社区的规模，建议向公交公司申请1~2路可直达社区的公交站点，结合经十路部分公交线路，建议在C1地块的经十路沿线处设置一处。另外，建议在浆水泉路B地块的主出入口附近设置一处，此位置的线路可能要考虑旅游路的交通干线。

（3）道路设置要点

第一，组团机动车道主要沿各组团的外围设置，应该通而不畅，并具有良好的景观效果。应在道路两侧种植高大乔木，除遮挡噪音，降低对社区居民的干扰外，还能增加景观效果。

第二，组团内的交通主干道路主要供非机动车使用，采用景观道路的形式，并通过适度弯度变化，实现景观的转换，制造移步易景的社区景观效果。

第三，组团内部主要干道应设立指路牌，指示各楼座和公建配套的走向，既可以反映社区的特色，又可充分体现开发商对业主的关怀。

第四，人行道可采用硬石地面，增加两侧的景观绿化，沿线增设坐椅、花架等休闲设施和小品，增加各种生活趣味。

5. 建筑类别配比

依据土地价格和成本的限制，综合市场可接受因素，建议住宅楼体类型为：

19层以下高层为主

小高层、高层的建筑面积比例为：

小高层：高层＝37％：63％

注：高层住宅中，以19层以下的高层住宅为主，19层以上的高层住宅为辅。

其中，各地块的物业类型建筑面积配比如下：

▶—— 表9-9 各地块物业类型建筑面积配比

物业类型	地块				
	C1地块	C2地块	B地块	A地块	D地块
小高层	47.5%	27%	25%	45%	
高层（13~18层）	50%	44%	34%	50%	
高层（19~30层）		20%	35%		
配套	2.5%	9%	6%	5%	
酒店					30%
商务公寓					35%
写字间					35%

三、建筑外观风格及园林建设建议

1.建筑外观的风格建议

（1）建筑风格对住宅的重大意义

建筑是内容和形式的统一体，它要达到实用和美观两个目的。由于风格总是和形式联系在一起的，因而它成了建筑不可或缺的组成部分。从这个意义上说，风格对住宅开发具有重要意义，这主要表现在三个层面：

·从建筑本身来说，是通过风格来取得两重效果：一是美观，二是可识别性（如同CI设计）。

·从发展商的角度来说，良好的建筑风格对整盘促销是有积极意义的。正因如此，不少发展商都把建筑风格作为楼盘卖点之一。

·对消费者来说，有风格的建筑能获得他们的认同，引起精神上的愉悦。特别是针对特定消费对象的楼盘，更要在风格设定上与目标客户的心理特征相符。

楼盘的外观（一般称外立面）对房价是有影响的，除了楼看起来要好看之外，更重要的是外立面的建筑材料的耐损能力，有的材料新的时候看上去好看，却特别易污、易变色，用不了多久就旧得不成样子，严重影响外立面景观。本项目开发周期较长，所以建议使用优质瓷砖，既美观大方，又容易清洁。

（2）建筑风格的未来趋势

· 从现阶段看，功能型、美观型的建筑立面是市场主流；

· 个性化、艺术化的建筑立面初露端倪；

· 绿色、环保建筑立面是建筑业之发展趋势；

· 智能化建筑立面蓄势待发，将成下一代建筑的市场主流；

· 节能型建筑立面是现阶段建筑业的关注焦点，是下一代建筑的努力方向。

（3）建筑风格建议

本项目建筑风格建议为：

现代简约主义风格

现代简约式的建筑立面是目前房地产界运用最多、适用范围最广的一种建筑模式。主要优点：

A. 明亮、轻快的时代感给人以轻松的生活感受，较为适合小高层、高层建筑。

B. 简单、实用的建筑设计让复杂的生活变得简单。

C. 有品位、时尚的建筑形式受到多数消费者的欢迎。

（4）建筑风格的设计建议

第一，由于项目地块比较分散，各组团的建筑应该力求在风格上和谐统一，在统一的现代简约风格中运用不同的表现手法，塑造组团建筑的不同气质，同时又体现项目的整体气势和形象。

第二，各组团在统一的建筑色彩主基调的基础上，以特定的较为跳跃的少量色彩作为与其他组团加以区分的标志，增强社区的标志感。

第三，社区北立面面向经十路，是项目对外展示形象的主窗口。因此，建议项目引入独特的"双立面"设计，在丰富南立面的同时加强北立面的外观造型设计，利用阳台、凸窗、低窗、错开建筑轴线等手法，丰富建筑北立面，增强立体感，展现项目现代、时尚的建筑风格。

（5）建筑外立面细部建议

①阳台、飘窗——突出细部的不同变化

建议在阳台和飘窗的设计上，加入时尚、实用的设计，如在阳台预留部分的空地上进行绿化，让绿化也成为建筑外立面的一部分；部分外立面的处理略有改变，观感较为丰富；加入弧线造型，使立面更具动感。

②空调外机位

▶── 图9-2 空调外机位示意图

③顶部处理

除了加入飘板等饰物的设计外，根据位置、坡度及布局的不同，建议部分较矮的屋顶做屋顶花园，且可上人，可称为楼座的专属活动空间。

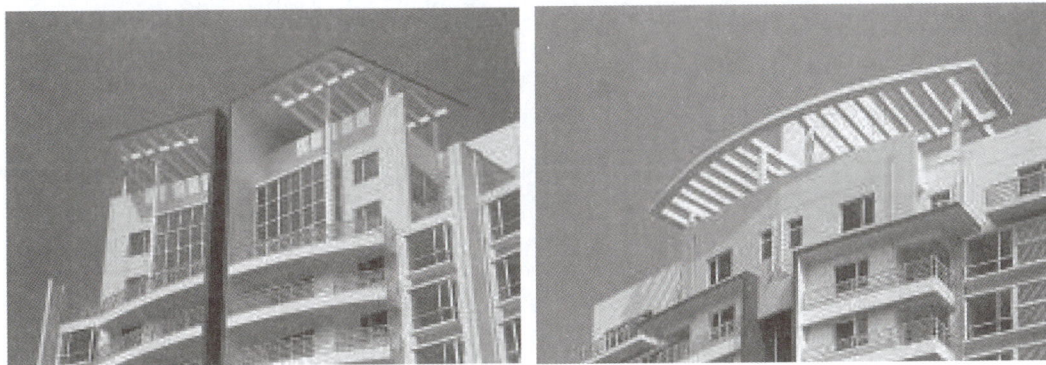

▶── 图9-3 顶部处理示意图

④屋顶花园、露台花园

绿化布满了社区的每一个角落，绿意送每个业主到家门口。

（6）外立面色彩及材质建议

建筑外立面应追求高雅的视觉感受，营造舒适、优雅的家居氛围。结合我们对本项目建筑外观风格的建议，我们建议外立面以暖灰色为主基调，采用分段式立面设计，增加增次感，底部建议采用深灰色、深米色等色彩，给人以扎实、稳重的感觉。材质建议采用较为细腻的石材或仿石材，上部色彩采用灰白、浅灰、米色、淡黄等色。根据济南地域和气候的特点，建议采用面砖，抗污染，易冲刷，局部可采用浅色涂料，如阁楼、复式部分、飘板、饰板构件等，营造分段立面效果。顶部建议采用平顶，飘板装饰，使建筑更显飘逸，整体营造社区典雅不失时尚的风格。

2. 小区园林建设建议

景观设计为富有创造力的发展商提供了极大的施展空间，"一元投入，五元回报"的利润是诱人的。根据本项目的自身特点，制订合理的景观设计方案，并在营销过程中充分兑现最大价值，是我们需要深入讨论的。

（1）现今园林景观的设计不足

第一，过多铺设草坪。广植草坪缺点有三：1.绿化、养护成本高。草坪播种或铺设草皮工程造价在每平方米7元以上，而草坪一年防病治虫、浇水、割草等日常养护费要每年每平方米5至10元，再加上草坪数年后要老化、退化，需重新栽种，费用更甚。如栽植大型乔灌木，虽说早期投入稍高，但后期管理费用较低，甚至为零。2.未能改善空气质量、降低噪声污染。据专家研究得出，每100亩草坪制氧能力还不及1亩乔木的制氧能力，在吸尘、减噪方面草坪也远不及乔木。3.参与性能差，在没有大规模栽植草皮以前，人们可在公园、小区的树荫下自在地聊天、娱乐，但到处种植的草坪却将人拒之门外，只能观赏，而不能融入绿色之中。

第二，未能栽种成片乔木林。城市日趋工业化和现代化，随之而来的是工矿企业不时向空中排放大量工业废气、毒气，严重威胁着城市居民的身心健康。有科学家和园林专家多次提出将森林引入城市的想法，以改善城市日益严重的环境污染。按以人为本的观念，可在社区有限的空间里有规则地设计成片树林，树种无需名贵、珍稀，可种植杨树、槐树、千头椿、梧桐等，让树木起到改良空气质量的作用就可以了，还能使人们在城市森林中尽情郊游、娱乐、休息。

第三，缺乏立体、层次绿化。1959年美国设计出第一座空中花园，一个全新的观念——屋顶绿化从此诞生，并引起全球建筑界的极大关注和推广，它不仅美化了城市，也调节了城市的小气候。我国人口众多，可用土地资源少，在城市中这种情况更为严重，屋顶绿化的出现正好解决了城市人多地少而绿化率必须提高的难题。在城市绿化设计中，可充分利用空间开展绿化。在地面栽种成片高大树林；在建筑物墙面上利用常青藤、薜荔、爬山虎等攀援植物进行墙体垂直绿化；在阳台上设计种植槽，以便用户栽植花草；建筑设计屋顶，栽种矮小灌木、铺设草坪。从而真正全方面、多层次进行社区绿化。

第四，景观设计对人的需要及对人性的关注不够。目前，大多数居住区环境设计简直无视人的需求，为了满足30％的绿地率要求，道路、停车场的用地被压到最低的指标，抠出来的用地扩充为绿地，要么用来满足绿地率的指标，要么被开发商作为"高绿地率"来炫耀自己的实力以期达到其商业目的。而所谓的绿地往往被理解为苗圃而简单地插上树，周边再用高绿篱围一围进而达到防护的目的，至于下一步的养管那更不知道是谁的事情了。档次高一点的小区，看起来绿地是大了，植物配置和环境设计好像是有模有样了，但试问，到哪里去找一块儿童嬉戏玩耍的场地?老年人被迫与一对情侣坐在一排，是退缩回到笼子似的家中还是硬着头皮当一回"灯泡"的角色?

（2）本案园林景观的设计原则建议

本案的景观作为项目的主力卖点和主要市场竞争力，应具有优于其他楼盘的差异化特质，建议在设计中遵循如下原则：

①园林景观主题化

由于项目地块较散，建议根据各地块地势特点，建设主题园林景观，打破市场上园林景观无特色、同质化严重的现象。

②"100%"绿化率

提出超高绿化率的概念，运用楼顶、底层架空、立体绿化等手法充分挖掘项目每一个空间进行绿化，创造项目独特的卖点。

③四季景观

通过分层栽种不同季节、不同花期的植物，随季节不同而逐次呈现丰富的色彩，形成四季见青、三季有花的园林景观。

④景观均好化

根据物业类型特点，项目物业建筑间距较大，极易形成规模景观，建议在建设中心景观的同时，注重利用社区每一个空间进行宅间绿化、景观小品的塑造，将景观"分散"到每幢住宅前、每个院落里，甚至底层每户的窗前，实现户户有景、户户观景。

⑤以人为本，满足住户的不同需求

强化区内半私密空间，合理对待"动态"娱乐与"静态"休憩的结合。环境设计应有针对性，不可单调乏味或盲目模仿，应针对客户需求情况，结合地块特点，建设出富有亲和力、有利于人与人之间和谐相处的优美景致，既要保证有适量的硬质场地和美观适用的公共活动空间，又要保留有一定私密性的安静场所。

⑥多重平面景观结构系统

绿树制氧、绿色廊道、水生态等系统组成社区的平面景观结构。这里将水生态系统单独提出。一、水景景观。水象征着财富和灵动，建议将其作为景观元素贯穿于整个社区内。在社区中营造水景，既可美化环境、陶冶情操，又可使社区的景致产生动感。根据北方气候特点，不建议做大量水面，后期维护费用较大，建议采用多种手法，如结合坡地做叠水、喷泉、小溪、水幕墙等来丰富社区的景观。二、建设中水处理系统，突出社区的环保理念，处理的中水可保证社区的水景水源及景观的浇灌。

绿树制氧、绿色廊道系统：建议社区建设立体绿化，以草坪、灌木、乔木等或簇居或独处制造立体效果，且多种植绿树、林带，制造健康空气，增加绿化面积，尤其是在夏日，可遮阳并带来丝丝凉意。

⑦四重立体空间组合

社区内建筑与景观的结合，景观入室，是生活品质提升和生活质量提高的重要表现，具体采用以下四重空间与景观的结合方式：超大空中景观露台（和屋顶花园）、建筑底部架空层、起伏坡地造景、地下园林景观车库。

（3）园林景观主题的建议

我们建议项目以"世界风情园林"为主题来展开项目园林景观的整体设计，借助世界知名特色园林，打破市场上千篇一律的简易绿化，以丰富多彩的园林景观全面刷新济南消费者对景观园林的认识，将小区园林景观与每位业主"家"的概念紧密结合，家不仅仅是拿钥匙打开门的才是家，社区内的园林、绿地、景观、树木、林荫小道、会所、商店都是构成家的一部分。具体来讲就是在本地文化气氛的基础上，尽量创造一种人与建筑、人与环境、人与文化相互交融的绿色生态家园。

按照社区布局中的划分，将社区划分为五个地块，其中四个地块为住宅物业，分别为：C1、C2、B、A地块。四个地块分别建议世界园林主题为：（其中C1、C2地块为一个地块，为保证其景观的完整性和统一性，建议两地块为一种风格）C1、C2地块为法式景观园林，B地块为意式台地园林，A地块为加拿大休闲园林。

· （C1、C2地块）法式景观园林

早期法国园林受罗马影响，出现了东方精巧的园林情趣。文艺复兴时期，法国园林又受意大利的影响，十七世纪下半叶，勒·诺特尔开创并奠定了法国古典式园林风格。十八世纪中期自然风格产生，从二十世纪初开始，法国园林又回到直线的风格中来，一方面放弃了以大草坪及树丛景观为主的风景式园林，另一方面古典园林作品的修复也博得了人们的喜爱。法式园林的几个要素必不可少：1.花坛；2.小园林或丛林；3.树篱；4.花格墙；5.喷泉；6.雕塑；7.建筑物。法式园林更注重其园艺的人工特征，同时由于面向经十路，可以较好地展示项目高贵、独特的形象。

本地块的景观建议：由主出入口景观区+绿色廊道景观+宅间景观组成，且由主出入口景观和廊道景观连贯成景观轴，逐一引出社区景观的基本点——宅间景观。

主出入口景观区：本地块的主出入口建议设计在浆水泉路上，但由于地块沿路面积较小，建议景观区由一条景观大道缓缓带入，退至较为开阔处，结合会所形成地块的中心景观。建议在主出入口处设计开敞的缓冲铺地广场，形成大气、开阔的感觉。

次出入口景观：本地块较为狭长，沿经十路设置了两个次出入口，主功能均为人行入口，其中，C1地块的次出入口建议以大面积绿化为主，且退后出入口，形成较为开敞的感觉，但又可形成社区高绿化率的观感。

（C2地块的）次出入口景观：此位置属项目的主要展示点，建议由景观大道和景观广场组成。主要的表现手法建议为：出入口花坛形成经十路景观向社区的延伸。景观道不宜过宽，中间为非机动车道，两边高出主道路为人行道，人行道两侧为多层立体绿化，立体模纹后衬多叶乔木，法式的小花篮悬挂在道路两侧，多彩地砖拼成图案铺设社区中心位置的广场。本地块的会所可作为景观的一部分，迎合整体风格设计。建议设计花格墙作为社区出入口的对景，形成视觉点且避免出入口直冲建筑。

景观廊道沿路小品建议

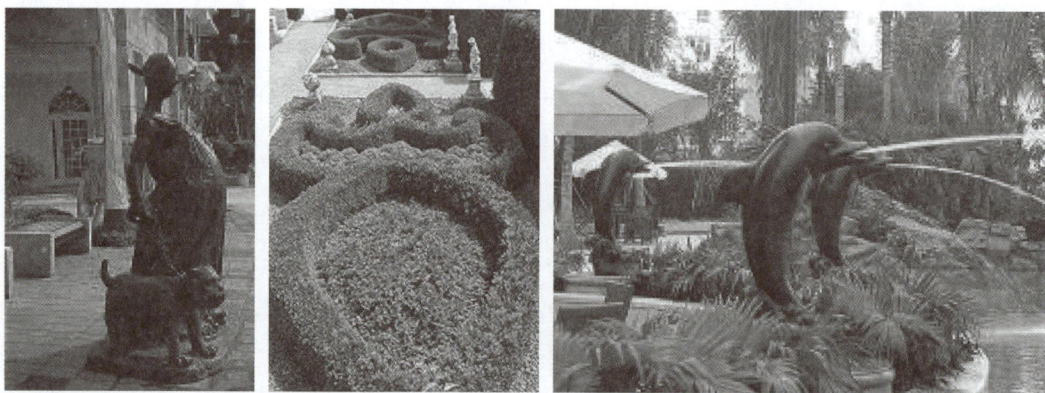

▶━━ 图9-4 景观廊道沿路小品示意图

绿色廊道景观：沿路分层种植行道树木，近人的灌木、法桐等，两出入口景观以法式风情道路相连接，沿路可布置模纹景观、小型喷泉和情趣雕塑等。也可将道路命名为××街，如丁香街、蔷薇街等，做出法式铁艺的街牌列于道路两边，增强社区的导向性，也可从细微小品上体现社区氛围。

本地块东高西低，建议结合地势做连贯的叠水和阶梯绿化，贯穿于地块东西。

宅间景观：多采用些灵活的不规则布局，在绿化中加入鹅卵石小径、花架、雕塑椅凳等丰富景观效果，且可提供亲绿近绿的空间，亦可使宅间绿化成为邻里交流的"会客厅"。

· （B地块）意式台地园林

意大利是一个半岛国家，地势起伏，其建筑多建在山坡上，山坡下种植绿化，多采用方圆结合的几何图案，以中心线划分左右，布局对称。为了达到上面俯视的效果，庭园中将植物排成某种几何图形，并加以人工剪形，将黄杨树剪成矮篱，构成各种花饰，对比强烈，节奏明显。

台地景观的最大特点是由地势形成景观，B地块呈南高北低之势，建议形成大面积的坡地绿化，以绿化作为社区的主要语言。建议本地块主力塑造中心景观区、与商业衔接部分的廊带景观等。建议在出入口中心景观与沿街商业和住宅分隔的部分形成一个景观带，使居住环境与商业环境有效分离，且使居住及购买客户都可享受到优美的景观环境。

建议中心景观区设计成游乐型花园，设计圆形花坛广场，以黄杨篱做图案，其中镶嵌各色花卉。广场内设置花卉、喷泉、雕塑。庭院景观建议设计如织花地毯般的花圃、绿地；园林小径布置部分修剪成拱架的椴树和葡萄架，起遮阳作用，又可表现一种对自然的热爱，到处充满着自然的美丽气息。

各式各样的阶梯，充满了想象力，人类的建筑和自然充分融合在一起。

· （A地块）加拿大休闲园林

加拿大以秀美的自然风光、淳朴的生活方式、闲适的人居文明闻名世界，连续六年被联合国教科文组织评为世界上最适合居住的国家。宽阔的枫林大道如一幅巨大的、立体的、动态的画轴徐徐展开，步入其中，仿佛置身于加拿大自然、明媚的异域风情中。

本地块规模较小，建议以枫林作为本地块景观的塑造元素之一，枫林具有较强的视觉效果，易形成地域景观氛围。用进入式草坪、花卉、铁艺小品、砖砌及原木花架、鹅卵石步行道等手法营造舒适休闲的居住氛围。

（4）景观小品建议

A. 小径：人行小道建议采用形式多样的材质铺地，力求精致优雅；草地中可采用青石等材质铺地；

B. 灯饰：

· 具有品位、能画龙点睛的灯饰；

· 用来点缀草地的草坪灯；

· 造景射灯。

C. 背景音乐：可配置小区广播系统，用背景音乐营造高雅、轻灵的氛围，提高社区档次，并建议音箱设备被巧妙地装饰之后，设置在园区内。

D. 指示牌：社区规模较大，为给业主提供方便，在道路交叉口处设立功能和道路指示牌，指示牌内容要明晰。

E. 休闲椅：休闲椅既要有围合式又要有独立式的，山东人喜欢交朋友，而且在饭后喜欢出来聊天，这样在园林内部多设立休闲椅，尤其于水岸边可设置观景休闲椅，在观赏水景的同时，能进一步拉近业主间的距离，增加社区的亲和力。

四、户型面积选择及组合建议

随着国内经济的持续走强，都市人生活水平的飞速提高，人们对生活的品质有了更深层次的理解，对居住的要求也发生了从量变（单纯对面积的需求）到质变（对生活舒适度的需求）的飞跃。因此，要打造一个成功的房地产项目精品，户型设计显得尤为重要。我们基于对本案所处区域的市场调查、目标客群消费心理分析及房地产市场户型设计的发展趋势的分析，提出针对本项目的户型面积配比及设计建议。

1. 户型设计配比

（1）区域市场样本项目户型配比分析

根据项目规模、物业类型、目标客群等特点，选取了如下十个样本楼盘，作为本项目户型配比的参考。

▶—— 表9-10 样本项目户型配比一览表一

样本楼盘			荷兰庄园	中润世纪城	正大城市花园	永大清华园	富翔天地
一居	一厅	面积	76平方米				
		比例	3.1%				
二居	一厅	面积	86平方米				
		比例	6.3%				
	二厅	面积	133~134平方米	105~115平方米	75~95平方米	103~114平方米	80~110平方米
		比例	22%	15%	40%	20%	30%
三居	二厅	面积	136~163平方米	150~160平方米	115~160平方米	114~160平方米	120~144平方米
		比例	47%	55%	55%	65%	55%

续表

样本楼盘			荷兰庄园	中润世纪城	正大城市花园	永大清华园	富翔天地
四居	二厅	面积		175~190平方米		197平方米	152平方米
		比例		15%		10%	10%
复式		面积	166~246平方米	152~200平方米	248平方米	315平方米	236平方米
		比例	21.6%	15%	5%	5%	5%

◀── 表9-11 样本项目户型配比一览表二

样本楼盘			新东方花园	汇科旺园	伟东新都一期	银丰山庄	三建平安苑
一居	一厅	面积					62平方米
		比例					
二居	一厅	面积					
		比例					
	二厅	面积	103~113平方米	96~122平方米	100~116平方米	80~120平方米	85平方米
		比例		34%	30%	10%	
三居	二厅	面积	135~142平方米	99~160平方米	130~150平方米	130~150平方米	120~125平方米
		比例		63%	40%	40%	
四居	二厅	面积	154~164平方米		143~170平方米	160平方米	200平方米以上
		比例			20%	40%	
复式		面积	180~282平方米	217~330平方米	170平方米以上	300平方米以上	
		比例		3%	10%	10%	

— 表9-12 样本项目户型配比总览

户型	一居	二居	三居	四居	复式
范围（平方米）	62~76	75~134	114~163	143~200	166~330
平均面积（平方米）	69	104.5	138.5	171.5	248
平均比例	5.55%	21.57%	49.54%	17.04%	6.3%

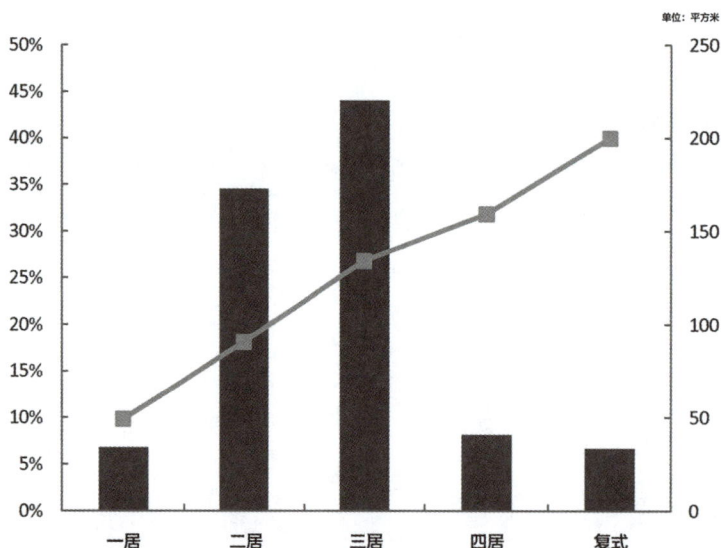

► 图9-5 东部二级城区小高层户型比例分布图

　　本案所在区域市场住宅产品以多层、小高层为主，由以上三个表可以看出，区域市场内两种物业类型的主力户型多以三居为主，比例占平均份额的49.54%；以二居、四居为辅，分别占21.57%、17.04%。据本司对整个东部楼盘的市场调研分析，小高层物业的主力户型也是以三居为主力户型，占总份额的44%，其次为二居，占总份额的35%。

　　在户型面积配比方面，由表得出，主力户型三居的平均面积为138.5平方米，二居的平均面积为104.5平方米。而据市场调研结果得出，东部小高层物业中，三居的平均面积为134平方米，二居的平均面积为91平方米。两组数据基本可以反映出市场主力户型的面积配比情况，项目所定的样本楼盘从规模、品质等方面与本项目较为相近。在二居户型的面积配比设计上，荷兰庄园的设计偏大一些，面积在133平方米左右，其户型设计也没有特殊的功能性划分，市场的认可程度较差，销售状况不佳。

　　结论：本案的区域市场内主力户型以三居为主，二居为辅，其配比比例约在50%∶30%左右，主力面积分别在130~140平方米、90~100平方米，市场接受程度也较高。由于区位因素，一居的户型在本区域内配比较少。在样本楼盘中基本都设计了复式结构的户型，除个别楼盘面积较大外，户型面积设计较为合理。

（2）户型设计配比建议

①项目整体户型配比建议

我们建议立足项目本身，结合本项目所在区域市场特点及未来住宅产业发展方向，进行合理的户型配比设计，具体配比建议如下表：

▶—— **表9-13 项目整体户型配比建议**

户型分类	二居	三居	四居	复式
所占比例	40%	50%	5%	5%

②项目各楼体类型配比细分建议

▶—— **表9-14 项目各楼体类型配比细分建议**

楼体类型	板式小高层						
占整盘比例	37%						
户型	二居		三居			四居	复式
	经济型	舒适型	经济型	舒适型	豪华型		
	二室二厅一卫一阳	二室二厅二卫二阳	三室二厅一卫二阳	三室二厅二卫二阳	三室二厅二卫二阳	四室二厅二卫二阳	
销售面积（平方米）	85~95	95~110	115~125	130~140	140~150	150~160	160~240
所占比例	20%	20%	10%	30%	10%	5%	5%
所占比例	40%		50%			5%	5%

楼体类型	高层					
占整盘比例	63%					
户型	二居		三居		四居	复式
	经济型	舒适型	经济型	豪华型		
	二室二厅一卫一阳	二室二厅二卫二阳	三室二厅一卫二阳	三室二厅二卫二阳	四室二厅二卫二阳	
销售面积（平方米）	85~95	95~110	125~140	140~150	150~160	160~240
所占比例	25%	15%	40%	10%	5%	5%
所占比例	40%		50%		5%	5%

在各楼体类型的户型配比中，依照总配比原则各有侧重，总体呈现出以二室二厅一卫、二室二厅二卫、舒适型的三室二厅二卫为主力的户型结构，在所调研的楼盘中，上述均属热销户型。

2. 户型设计特色建议

随着经济生活水平的提高，客群对生活的舒适度的要求越来越高，在以市场经济为主导的今天，住宅户型的设计都趋于合理化、人性化，更多地考虑健康、环保、实用、便利等方面的因素，使客群在购房时有了越来越多的选择，住宅的个性化设计成为更多地产商关注的因素。

（1）户型设计的新理念

近几年，房地产行业飞速发展，日趋成熟，人们对房地产产品的品质要求也越来越高。日趋激烈的市场竞争使得开发商逐渐认识到户型设计的重要性，愈来愈注重产品与消费者的契合，因此，在很大程度上促进了房地产产品品质的飞跃，使得户型设计出现了许多新颖的理念，详见下表。

▶—— 表9-15 户型设计理念

设计要求	具体技术指标	备注
面积趋向	新布局形式	传统住宅实用率低，功能质量差，受市场冷落。户数较少，多边形的平面布局使得户型设计更趋于合理
	户内实用率	公共走道、室内走道、楼宇边角等公共面积的减少，使得户型使用率比传统住宅高
功能配置	主人房的设计	主人房的功能性逐渐增强，卫生间、进入式衣橱、书房等功能逐渐加入
	工作阳台设置	把家务操作与观景分开，使得使用更加方便、合理
	配套空间	书房、儿童房、健身房、衣帽间的配置使室内生活更加丰富多彩、更舒适
	玄关设计	能增加空间的层次感，使入室更衣换鞋等新风尚成为可能，促进了居家健康
功能分区	空间层次与分区	三大分区理念：动态静态空间划分、工作空间与生活空间划分、公共空间与私密空间划分使得居家使用更加科学合理
	户型设计	利用凸出的边角台阶隐蔽走道等设计进行空间划分，使空间层次感更强，空间变化更大
户型设计更为体贴	厨房设计	在现代家庭居家细节方面设身处地地为住户考虑
	卧室门的朝向	朝向注意避免与其他门相对
	打破单纯外延空间	落地窗、外飘窗、角窗的设计新思路打破单纯以阳台作为居室外延空间的局面

续表

设计要求	具体技术指标	备注
户型设计更为体贴	低窗台设计	可坐可卧，既增加了使用空间，又开阔了视野
	体现个性品位	中小户型采用自由间隔设计，充分展现个性品位
设计观念	朝向观念改革	在追求户户朝阳的同时，景观与朝向变得同样重要
	需求观念改革	购房群体日趋理性与个性化，户型设计呈多样化的特征
	户型设计的重视程度	日趋激烈的市场竞争使得开发商认识到户型设计的重要性，加强了与设计单位的沟通协商

（2）户型个性化的创新

户型是住宅房间的类型、大小、采光、功能、结构、布局、风格、景观等因素的有机集成。随着房地产消费市场的成熟，市场竞争日渐残酷、激烈，产品因此呈现出多元化、精品化，因此，户型设计也应表现出强烈的个性化特色，以满足置业者不断改变的生活需要，展现富有时代色彩的家居理念，从而折射出现代都市人的居住文化。

①居住空间的多元化

空间包括私密性空间、周边生活空间和视觉空间。其中，私密性空间自然是住宅设计中的重要内容。现代住宅不仅具备传统的生活场所的功能，同时要考虑具备工作场所、休闲场所的功能。

建议在部分户型中设计商务功能空间，次卧的开间设计在3.3米以上，考虑放置电脑，可以对坐交流，具备完整的起居功能。

在四居的设计中，空间可考虑同时具有客厅、家庭厅和老人休闲厅的多重功能，在户型产品同质化较为严重的今天，居住空间多元化发展的产品才能脱颖而出。

②"风景入室"的设计

连接模式：可以观景的朝向用隔音玻璃窗代替墙体，抬眼望去，窗外的景色尽收眼底。

入户模式：引入"入室花园"的概念，在室内增加植物种植的空间，既提高了室内环境质量，创造了有氧空间，又使主人的才情得到充分发挥。

结合模式：在深圳、上海等房地产市场较为成熟的城市，绿化跟建筑有了更好的结合，如楼体绿化、部分阳台绿化、电梯大堂的绿化等方式，增大了绿化面积，提高了居住质量，也使楼盘成为同一地区的亮点。

③组合户型的概念

复式、错层、跃层等在户型的设计中已被经常采用，建议考虑将复式与跃层组合成跃复合体户型，使户型产生新意，从而增加产品的利润附加值。

（3）各功能空间的创新

①客厅功能的定位

a. 面积趋势

客厅的面积要大小适中，要考虑实用，并非越大越好，而且要考虑与其他房间（尤其是卧室）的协调，在常规情况下，进深与开间之比不宜超过1.5，避免狭长影响使用。

b. 与阳台的关系

建议阳台能与客厅连接，使阳台与自然直接对接，成为"风景入室"的最佳通道；另一方面，阳台与卧室相连，必然对私密空间形成干扰。建议在背阳面设置次阳台或窗户，以形成"穿堂风"，增加客厅的通透性。

c. 玄关的设置

玄关是入户的过渡空间，对增加住宅的私密性和实用性都十分必要。建议充分考虑玄关的设计，具备换鞋、挂衣、规避开门见厅等功能，也可考虑设置吊柜，节省空间，增加空间变化的情趣。

②主卧功能的强化

主卧是住宅中私密性最强的空间，独立、舒适、宽逸、豪华、典雅、有个性品位的主卧是业主尊贵身份的重要体现。

a. 位置

在位置上，建议尽量远离入户门与客厅，避免直对客厅，避免与洗手间为邻，同时注重朝南与最佳景观。

b. 窗户

可考虑凸窗、天窗、落地窗、转角窗等比较大气高贵的设计，要利于采光、通风与远眺。

c. 辅助功能

建议在部分舒适型户型中设计独立衣帽间、独立梳妆间等功能，也可考虑背景音乐系统的设计。

③阳台功能的多元化

以下几种阳台形式建议可在住宅中应用：

a. 内阳台

将阳台整体纳入室内，使其成为厅的自然延伸，且建议大面积使用落地玻璃，引入充足的阳光，且使视野开阔，较适宜北方地区。

b. 观景阳台

随着社区景观的不断优化，观景阳台也就应运而生了，增加了楼盘的附加价值。建议观景阳台不仅要强调人看景，而且应该做到阳台与景观的交流、对话，把阳台融入景观。

c. 景观阳台

阳台是住宅建筑外立面观感极为重要的因素，因而建议阳台的设计从材质、形状、色彩上都力求创新，如镂花铁艺、不锈钢、钢化玻璃等。

d. 功能阳台

建议在部分与餐厅、厨房相连接的阳台设计水龙头、地漏、电插座等，使功能区相对集中，避免浪费更多的交通面积。

④卫生间空间的改革

a. 通风采光

卫生间最容易出现潮湿阴凉的情况，因而其采光通风特别重要。建议尽量做到宽敞明亮，通风顺畅，上推式窗户是较适合卫生间的。

b. 功能布局

建议在卫生间的空间设计中充分考虑洗浴的空间，长方形卫生间不宜过窄，可考虑推拉门的应用，合理利用空间。

（4）户型设计特色建议

建筑与景观的进一步融合形成了本案的主要特色。住宅户型发展到今天，市场上的产品基本都较为合理，且向更加人性化的方向发展，在竞争中，很难在户型的合理性上做出较大突破，创新成为户型的另外一条出路。上述讲到的发展方面在设计时可作为参照。

当今的居住时代，越来越多的人由关注居住的面积转为关注居住的质量。户型中除了更加注重功能性的考虑和细节的完美之外，建议结合项目的定位，突出景观、绿化与产品的衔接，增强产品的差异化，结合方式建议参照上面所讲的"风景入室"的三种模式。

除了上述特色之外，提出其他几点建议：

第一，结合项目入市时间和地域特点，充分考虑到住宅需求发展，使户型设计具有适当的前瞻性；

第二，根据分期推出的家庭结构特点和总价特点，按不同的生活舒适度来调整整体布局；

第三，充分考虑主卧、客厅两个主要活动空间的舒适性；

第四，在细节上突出生活品位的提升。

3. 户型结构面积

项目的住宅类型分为小高层、高层两种，按照不同楼体类型划分，对本案户型结构面积做出如下建议：

▶── 表9-16　户型结构面积建议

楼体类型	板式小高层						
占整盘比例	37%						
户型	二居		三居			四居	复式
	经济型	舒适型	经济型	舒适型	豪华型		
	二室二厅一卫一阳	二室二厅二卫二阳	三室二厅一卫二阳	三室二厅二卫二阳	三室二厅二卫二阳	四室二厅二卫二阳	
销售面积（平方米）	85~95	95~110	115~125	130~140	140~150	150~160	160~240

续表

楼体类型	高层					
占整盘比例	63%					
户型	二居		三居		四居	复式
	经济型	舒适型	经济型	豪华型		
	二室二厅一卫一阳	二室二厅二卫二阳	三室二厅一卫两阳	三室二厅二卫二阳	四室二厅二卫二阳	
销售面积（平方米）	85~95	95~110	125~140	140~150	150~160	160~240

在本区域内的楼盘中，豪华型的户型设计较多，户型面积偏大，如三室二厅二卫的户型中润世纪城多是在150~160平方米，荷兰庄园的整体户型都设计偏大，这也正是其销售状况不理想的主要原因。本案在面积结构上建议寻找市场的空白点，在不降低生活舒适度的基础上，适当将面积控制好，降低总价，争取市场。

4. 地下室设置建议

据调查资料显示，小高层、高层楼盘中，部分楼盘设计了地下室，设计的数量不多（数量在10~40个居多），销售价格不高，平均在1800元/米²左右。

建议本项目不考虑配置地下室。

五、配套设施规划建议

1. 楼宇配套设施建议

硬件配套设施是衡量一个房地产项目品质和档次的重要硬性指标，硬件配套设施的设计和选用是否合理、适用，在很大程度上影响着客户的购买行为。

（1）住宅部分配套标准

①楼宇基本配套建议

·供水、供电、通信系统等

A. 供水

纯净水入户已成为当前趋势，已有部分竞争楼盘提供此配套服务。因此为保证业主生活健康，建议社区配置三套水系统，城市供水、24小时热水、纯净水入户。

B. 供电系统

供电系统要求负载功率较大，可以适应未来家电发展趋势。建议采用双路供电，每户设独立电表，提供电表容量10A，每户用电负荷10kW以上，照明、插座、空调分设回路。

C. 有线系统

有线电视系统是当今家庭必备，建议预留有线端口。在当今数字电视汹涌而来的情况下，建议统一配置数字机顶盒。

D. 通信系统

建议每个卧室及客厅都预留固定电话接口。

E. 电梯系统

建议配备名牌中外合资电梯。

F. 大堂

地面及墙面花岗岩或大理石

· 两气

A. 供暖系统

采用集中供暖，加入可分户计量装置；

B. 供气系统

采用市政天然气入户的供气系统，户内厨房设燃气泄漏报警系统。

· 供水、供电、供气系统的收费

收费系统建议三表远抄，IC卡缴费。

②交房标准建议

市场上楼盘交房标准：

▶—— 表9-17 市场上楼盘交房标准

分类	项目名称	装修情况
西部二级城区	阳光100国际新城一期	毛坯
	新世界阳光花园	厨卫精装修，带陶瓷洁具
	三箭如意苑	初装修
	世纪佳园	厨卫精装
	实力荣祥	毛坯
	嘉和馨园一期	厨卫精装
	艾菲尔花园	厨房精装，初装修
	齐鲁花园一期	精装修
	泉星小区	初装修
	鲁能康桥	初装修

续表

分类	项目名称	装修情况
西部二级城区	五环花苑	初装修
	舜景花园	初装修
东部二级城区	新东方花园	厨卫精装
	汇科旺园	厨卫精装
	三箭吉祥苑	厨卫装修
	舜怡佳园	初装修
	春天花园	初装修
	鲁艺风景	初装修
	彼岸新都	全装修
	富翔天地二期	初装修
	大舜天成	精装修
	永大清华园	精装修
	新天地	厨卫精装
	中润世纪城一期	初装修
南部二级城区	伟东新都一期	初装修
	齐鲁骏园	精装修
	阳光舜城	厨卫精装
	盈峰翠邸	厨卫精装
	银丰山庄	毛坯

目前市场上流行的交房标准主要有四种：精装修、厨卫精装修、初装修、毛坯。人们越来越喜欢个性化的装修，为了满足这一需求和部分客户希望直接入住的需求，我们建议交房标准为初装修。

厨卫精装修实非必要，因装修档次、材质选用等原因，业主不一定喜欢。

免去厨卫精装，可以使项目在价格上更富有竞争力。

（2）D地块配套建议

·建筑平面示意

根据本项目地块形状、现有条件及规划要求，建议做一二层裙楼，上面布置两只错开的高层单体。裙楼作酒店，其中一栋作酒店的客房和写字楼，另外一栋作酒店式商务公寓。

▶—— **图9-6　平面布置图**

· 建筑立面建议

本项目是紧邻省政府的标志性建筑物，又处于进入济南市的咽喉之地，因此我们建议在建筑形式、立面表现上要有所创新，既富有浓烈的现代感，又在形象上庄重大方，争取成为济南市乃至山东省的标志性建筑物、形象工程。这对于树立开发商的品牌形象贡献巨大。

①酒店部分

根据济南市规划，省政府即将迁移到本项目东侧地块，将使本项目地段成为一个行政中心区域，必将带来大量的人流以及区域内城市的快速发展。因此作为省政府的近邻，本项目酒店部分将占有较大优势。

根据我们对本地块的前景预测，我们建议将本项目酒店定位为：

准五星级涉外商务酒店

· 定位支持

第一，省政府的东迁，必定带动相关行政、事业单位和部分服务单位的迁移，未来此地区预计会形成东部CBD，必将带来大量的商务活动，此酒店有可能成为省政府接待的首选；

第二，项目紧邻经十东路、旅游路，一条是进入济南的景观大道，一条是连接济南旅游景点的重要大道。位置优势明显，将是外地旅游者，尤其是外国旅游者的首选酒店。

第三，酒店良好的服务、配套、档次，将给一些大公司提供与之相配的办公场所。

· 酒店楼宇配套

酒店的布局分成四大部分：

配套设施层、客房层、行政管理层及公共区域。

其中配套设施层包括车库（−1至2层）、餐厅、娱乐、健身场所、多功能厅、会议中心等（1~2层）；

客房层包括各类房间（单人间、标准间、商务间、豪华套间等），面积建议为25~50平方米，总计300套左右，总面积控制在12 000平方米左右（建筑面积），配套：客房=3：7；

行政管理层包括各种管理用房、服务员值班室、休息室等；公共区域包括电梯间、楼道、公共卫生间等。

②写字楼

写字楼定位：

国际化5A智能写字楼

随着本区域作为行政中心地位的逐渐确立、东部经济的快速发展，选择本区域办公的企业将日益增多，档次也越来越高。为迎合这种发展趋势，使建筑符合其档次的产品，我们建议建造济南市最高级别的写字楼，冲击济南市场，树立首席写字楼地位。

写字间面积为150~500平方米，总面积控制在21 000平方米。可供灵活划分，空间既可相连，又能相对独立，为各种规模企业提供多样化的空间解决方案。

写字楼配套

写字楼应有专用大堂，大堂面积300~400平方米，挑高6米以上。公共装修简洁明快，现代商务感十足。采用分户式中央空调，且可以单独计量，节约办公成本。建议使用一流名牌电梯，为业主提供一流的硬件服务。每户按办公面积大小配置不同数量的电话线，并可内接多条分线，办公楼每一房间均能享受数码电视系统，方便商务活动。配置先进的5A智能化系统，为业主提供一流的智能化服务。设自动报警探测器、控制器、自动喷淋系统、消火栓灭火系统等完善的消防系统设备，第一时间确保商务人士安全。供水采用市政管网变频直接供水方式。供电为双回路供电，每户6kW，完全满足商务之需。

③酒店式商务公寓

通过一流的硬件品质、一流的商务服务，为商务人士、中小型企业提供一个巅峰的SOHO空间。

商务公寓的楼宇配套与写字楼配套基本一致，另外商务公寓提供专门为小型企业提供的商务服务。

商务公寓配套：在首层设计独立的电梯大堂。建议拿出一层专门作配套，设立接待大堂和商务配套。

商务配套：

▶━━ 表9-18 酒店式商务公寓服务配套

项目	内容
服务配套	空中花园（二层楼顶全部及公寓顶楼的部分）
	休闲区、运动区、露天茶吧
	健身房、桌球室、棋牌室
	DIY厨房、DIY洗衣房
	商务、票务中心
	商务会议洽谈室

2.项目公共建筑布局

· 会所

建议设置大众型消费且各具特色的不同规模的功能会所。

　　会所在现在的楼盘中越来越引起消费者的重视，会所所提供的服务和设立的服务项目在侧面也显示出一个楼盘的档次。同时，会所的盈利也是我们要关注的问题。在许多楼盘中，虽然设立了会所，但没有良好的经营，处在一个很尴尬的位置上。建议在设置会所的同时，从会所的经营项目实际出发，提供一些大众参与性较强的服务项目。

　　建议在C1、C2、B地块分设不同规模的会所：

　　会所一：运动型会所

　　会所二：商务型会所

　　会所三：休闲型会所

▶── 表9-19 济南项目会所设置及区内配套表

分类	项目名称	区内幼儿园	区内中小学	区内商业设施	小区诊所	中老年活动场所	会所	邮局	银行	商业
西部二级城区	阳光100国际新城一期					√	√	√	√	√
	新世界阳光花园					√			√	√
	三箭如意苑	√		√		√		√	√	√
	世纪佳园	√		√		√		√	√	√
	实力荣祥花园	√		√	√		√		√	√
	嘉和馨园一期	√		√		√	√		√	√
	艾菲尔花园			√	√	√		√	√	√
	齐鲁花园一期	√		√		√	√	√	√	√
	泉星小区	√		√		√	√	√	√	√
	鲁能康桥	√		√	√	√	√	√	√	√
	五环花苑	√		√		√	√	√	√	√
东部二级城区	舜景花园					√	√	√	√	√
	新东方花园					√	√		√	
	汇科旺园			√		√	√	√	√	√
	三箭吉祥苑	√		√	√	√	√	√	√	√
	春天花园	√		√	√	√	√	√	√	√
	鲁艺风景			√	√	√	√	√	√	√

续表

分类	项目名称	区内幼儿园	区内中小学	区内商业设施	小区诊所	中老年活动场所	会所	邮局	银行	商业
东部二级城区	彼岸新都	√			√	√	√	√	√	√
	富翔天地二期			√	√	√	√	√	√	√
	舜怡佳园	√		√		√		√	√	√
	大舜天成	√		√	√	√	√	√	√	√
	永大清华园	√			√	√	√	√	√	√
	新天地	√				√	√	√	√	√
	中润世纪城一期			√	√	√	√	√	√	√
南部二级城区	伟东新都一期			√		√		√	√	√
	齐鲁骏园	√		√	√	√	√	√	√	√
	阳光舜城	√			√	√	√	√	√	√
	盈峰翠邸	√		√		√	√	√	√	√
	银丰山庄			√	√	√	√	√	√	√

以上调研显示，几乎所有的楼盘都具备了会所的功能，可见会所已经成为一个社区品质的象征。

（1）C1地块会所建议

·建筑风格建议

现代感极强的运动型会所

在首期会所的主题上建议以运动为主题，运动主题的可参与性较强，易在业主心理上产生共鸣。在此基础上，引入阳光及生态设计，贯彻健康生态的理念。

·会所面积建议

根据一期业主入住规模及设施所需规模，建议一期会所2000平方米。

·会所主题

体育型会所

·会所配套

①会所大厅

会所大厅的设计要与园林主题相统一，豪华气派又体现法国浪漫风情和浓郁的动感色彩。

大厅里布置球星们的照片和模拟的冠军奖杯，在家具的选择上可以选择足球形的沙发。大厅内设置背投电视，专门播放球赛、精彩镜头。整体布置充满热烈的运动气息和热情。建议大厅面积在300平方米左右。

②康体中心

建议康体中心里设健身房、理疗室、壁球室、室内攀岩、乒乓球室、台球室、室内游泳池（15米×20米）等健身娱乐设施。建议总面积在1300平方米左右。

理疗室可以为运动累了的业主提供理疗服务。

攀岩活动日益受到追捧。建议攀岩区域总面积200平方米，高8米，达到国际攀岩安全标准。选用先进的铝合金岩板，设计5~6条不同难度的路线。

壁球作为高雅运动，加上媒体宣传，在中国得到了很大推广。

台球建议设置14桌国际标准型的球桌，其中包括6桌美式9球、6桌英式司诺克（包括VIP包房二桌），另有三桌障碍球。台球室还要配备看球台和专用的看球椅，能够组织正规比赛。

提供体质检测服务：

Helmas体质检测与健康管理系统，它能综合检测人体的16项体质指标：身高、体重、身体脂肪百分比、血压与心率、吸气最大肺活量等，为业主提供贴心的健康检测服务。

③女士服务配套：spa、瑜伽、加设有氧健身操

有氧健身操是一种以步伐为主，配合一定的上肢和躯干动作进行的有氧练习，能提高人体的有氧代谢能力。馆内配备专业音响、复合地板、跳舞毯、踏板，可容纳50人。

④老年人活动中心

设立专门的老年人活动中心，为老年人的生活提供一个良好的空间。老年人活动中心设置棋牌室、休息室等。

⑤阳光儿童室

为业主的孩子提供一个游乐的室内场所、放心的托管场所。

⑥社区诊所

C1地块居民较多，建议配套较为正规的诊所，并提供出诊和特别看护服务。

（2）C2地块会所建议

·会所风格建议

欧式风情的现代主义风格

本地块人口密度较大，建议会所功能配套较为全面，且体现其商务型的功能。

·会所面积建议：建议C2地块会所面积为3000平方米。

·会所配套

突出商务型会所主题

·通用型会所配套

①会所大厅

会所大厅的氛围要与主题定位相统一，豪华气派，彰显入住业主的尊贵身份及地位。

②康体中心

建议康体中心里设健身房、台球室、乒乓球室、室内游泳池等健身娱乐设施。

室内游泳池：

建议泳池长10米，宽6米，浅水区1.2米，深水区1.8米，可容纳15人左右，四季恒温。

③老年人活动中心

设立专门的老年人活动中心，为老年人的生活提供一个良好的空间。老年人活动中心设置棋牌室、休息室等。

④阳光儿童室

为业主的孩子提供一个游乐的室内场所，放心的托管场所。

⑤社区诊所

项目周边虽然有较发达的医疗配套，但为了满足社区居民的日常就医需求，有必要设立社区诊所。

⑥商务配套设施

营业性的桑拿浴房，既可以服务于社区内业主，又可作为商务配套。

随着省政府动迁及经济发展，将有部分公司选择来此办公，因此为了满足这部分居家办公公司的需要，建议设立社区多功能室和商务会议洽谈室。

⑦另建议配备：spa、瑜伽、美容等女士服务配套

⑧建议配套商务中心、高速网络中心等商务配套

⑨建议配套茶艺、西式餐厅、自助商务餐等，为商务洽谈提供就餐、沟通空间

（3）B地块建议

因项目地处城市边缘区域，休闲娱乐设施比较少，因此建议通过自身的硬件来满足业主的精神生活需要。建议会所在保留瑜伽、spa、老年人活动中心、阳光儿童室的基础上，另外引入心理咨询、桑拿房、社区影院，为工作紧张的现代人提供一个休闲娱乐、放松身心兼提供心理问题咨询的场所。

  ·会所主题：休闲型会所

  ·建筑风格：简约的现代主义风格

  ·建议面积：考虑到B地块与A地块业主共用此会所，建议面积为3000平方米。其部分休闲功能适当放大规模（如影院），做到整个社区共享。

①会所大厅

会所大厅的设计建议通过休闲雅致的布局、悠扬迷人的背景音乐、生意盎然的室内花卉、通透温暖的大面积玻璃幕墙来表现轻松愉悦的格调。

②康体中心

体育设施不多，但基本上能满足需要。建议康体中心里设健身房、壁球室、乒乓球室、棋牌室等健身娱乐设施。

③老年人活动中心

设立专门的老年人活动中心，为老年人的生活提供一个良好的空间。老年人活动中心设置棋牌室、休息室等。

④阳光儿童室

为业主的孩子提供一个游乐的室内场所，放心的托管场所。

⑤社区诊所

本地块居民较多，为了满足社区居民的日常就医需求，建议设立区内诊所。

⑥社区影院

随着电视的普及和网络的流行，人们似乎失去了去电影院的理由。但70年代、80年代独生的一代却想放弃个人生活，回归集体。为迎合这种潮流，并创造项目独特的卖点，建议配备社区影院。

⑦阅览室

随着社会竞争的日益激烈，每个人都感受着生存的危机，所以阅览室是武装他们的重要场所。

⑧心理咨询室

生活压力的增大，需要有人来缓解。我们预见性地提出在社区里提供心理咨询服务，为业主提供超值服务。

（4）A地块会所建议

因A地块面积较小，因此我们建议设立社区服务中心，提供基础的社区服务，如社区诊所、美容美发店、便利店等。

（5）齐全的户外健身配套

作为首期开发地块，C1地块体育配套较为丰富，主要有网球场、全民健身设施等，儿童游乐园是每个社区必备的配套。

C2地块的体育设施主要是排球场、羽毛球场等。

B地块体育设施主要是篮球场、网球场等。

（6）一流的教育条件

幼儿园、小学已成为大盘的招牌之一，也是吸引客户的重要卖点之一，可以很大程度地提升项目附加值。因此我们建议根据社区规模、地块特点及开发时序，分别于C1、B地块内设置一所幼儿园，C2地块内设置一所小学。依据人口规模，建议社区小学面积在12 000平方米左右，可容纳12个班。小学位于C2地块南端，邻近旅游路，既不临城市主干道，交通又相对便利。

建议引入双语幼儿园，满足业主希望孩子教育处于高起点的愿望。同时建议小学同全国知名院校合作，联合办学，提供高附加值的教育服务。

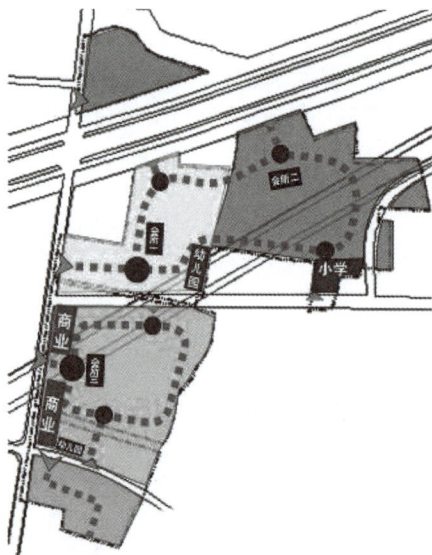

图9-7 地块规划

（7）中水处理系统

中水处理是社区生态环境塑造的重要组成部分。

建议社区处理系统设置在A地块南侧，即项目的下风向。

建议中水处理至可再次利用即可，无需达到饮用条件。本社区的中水处理主要用于社区绿化的浇灌、洗车和社区水景的水源补充。

3. 商业配套建议

由于经十路沿线不允许建设商业，项目地块最具商业价值的区域为浆水泉路沿线部分。建议社区商业采用沿街2层的形式布置在B地块沿浆水泉路部分。调研结果表明，本区域较缺乏大中型商业网点，建议在B地块旅游路与浆水泉路交界处建设面积在5000平方米左右的中型超市，服务于项目居民和周边的区域。

沿街商业建议为单套联体商铺，主体2层，局部3层（超市部分）。建议进深10~12米，开间4.5~6米。建筑外立面建议为统一的欧式现代主义风格立面。

为了保证首期开发的顺利销售，建议沿街商业、超市同一期工程一起开发。建议先期确定超市运营商，让超市运营商参与到超市建设规划中来，避免建筑格局不利于后期经营。

思路：先确定主力商家，让商家参与超市建筑规划，然后将商业街出租，带租约销售。

（1）商业街市场定位

区域商业配套

首先，区域内缺乏大型购物场所和商业配套；其次，项目周边十分钟路程半径内，正大城市花园、中润世纪城加上本项目的业主应有3万~4万人，再加上周边的居民和单位（如武警医院、车管所等），大约有5万~6万的购买人群，因此，15 000平方米的商业体量在此区域内完全有生存和消化的能力。

（2）商业业态建议

作为整个项目的配套，具体的经营业态首先要满足社区居民的购物需求，其次要注重项目整体业态的经营规划，合理搭配业态，既存在同种业态的集聚，又要避免同种业态过多而导致经营惨淡。再次，为了保证整体商业的档次，拒绝脏、乱、差的行业进入商业区，同时排除产生异味的业态，从而保证人流的聚集、经营的持续，实现项目商业利润最大化。建议商业初期根据配套需求，定向招商。

基于上述对项目整体定位之论证，针对细分目标客群，现我们对商业街详细业态分布及比例做出如下阐述，此建议可作为首期商业招商之指导：

▶—— 表9-20 商业业态规划建议

功能	名称	备注
餐饮	品牌餐饮	吸引人流
	西点屋	以服务社区为主
	普通餐饮	
休闲娱乐	数码音像	
	美容美发	
	网吧	满足学生群体的消费，吸引人气
	酒吧、咖啡吧	
市政配套	通讯营业厅	
	银行网点	弥补金融配套的不足
	干洗店	
	服装加工	
百货精品	文体用品	
	内衣	百货精品以流行时尚为主导，既要满足社区生存下去的需要，又要考虑避免业态与超市重叠太多，不利经营
	服装	
	鞋帽、箱包	
	家装饰品	
	化妆品、洗护用品	
	女孩饰品	
	小型超市	

续表

功能	名称	备注
百货精品	精品眼镜店	
其他	诊所等	

六、物业管理

物业管理水平是衡量项目品质的重要软性指标，物业管理得好与坏直接影响物业的品质、产品的价格。随着房地产行业的日趋完善和消费心理的日渐成熟，购房者的注意力已不仅仅停留在实物品质上，他们将更加关注入住后与之长期相伴的物业服务品质。一流的物业、一流的管理、一流的服务不仅能够提升物业的附加值，而且在很大程度上决定着客户的最终消费行为。中国社会调查事务所调查表明：2002年北京、上海、深圳三地新开发的楼盘卖点主要集中在物业管理（97%）、位置（94%）、价格（92.8%）、户型（91.4%）、建筑质量（89%）、环境（84%）、生活质量（83.5%）、物有所值（79%）。此调查显示物业管理成为最大卖点。因此，高品质的物业、高品质的管理已经成为众多开发商吸引目标客户的重要手段之一。物业管理部门的资质和业务专业化程度也是影响项目物业管理水平的主要因素。

1.区域市场物业管理情况

▶—— 表9-21 区域市场物业管理情况

分类	项目名称	物管公司
西部二级城区	阳光100国际新城二期	阳光壹佰
	新世界阳光花园	新加坡CPG集团
	三箭如意苑	三箭物业
	实力荣祥	自管
	世纪佳园	未定
	嘉和馨园	未定
	艾菲尔花园	中房物业
	齐鲁花园二期	未定

分类	项目名称	物管公司
西部二级城区	泉星小区	济发集团
	鲁能康桥小高层	鲁源物业
	舜景花园	第一太平戴维斯
	五环花苑	佳境物业管理公司
东部二级城区	汇科旺园	新加坡狮城怡安
	新东方花园	山东天业物业有限公司
	三箭吉祥苑	三箭物业
	舜怡佳园	一建物管
	春天花园	四建物管
	鲁艺风景	未定
	彼岸新都	未定
	富翔天地二期	深圳万厦
	大舜天成	中海物业
	永大清华园	永大物业
	新天地	山东中房物业管理公司
	中润世纪城一期	深圳开元国际
南部二级城区	伟东新都一期	未定
	齐鲁骏园	新加坡狮城怡安
	阳光舜城	宏泰物业
	盈峰翠邸	山东贵和物业管理有限责任公司
	银丰山庄	未定

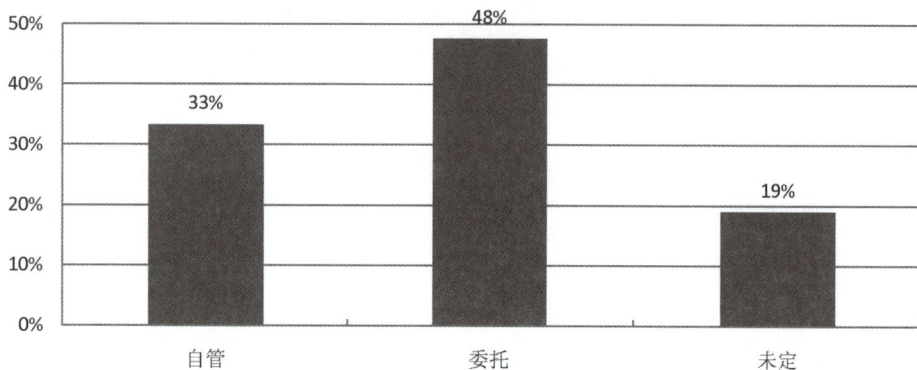

图9-8 不同物管公司的楼盘比例

　　小高层的物管费，一般平均为1.1元/米²/月，由上表可以看出样本楼盘的物业管理公司选择情况，其中自管的楼盘数量占总量的三分之一，委托专业物业管理公司代管的楼盘数量占总量的近一半，物业管理公司尚未确定的楼盘数量占不到二成。

　　随着房地产市场的发展，购置住房不仅是购买房屋本身，更要注重后期服务。一个知名物业管理公司不仅能够给今后的业主带来一流的服务，而且还能够提高物业的附加值，特别是在市场竞争日趋激烈的情况下，物业管理的水平已经成为吸引目标客户的重要手段。目前市场上热销的楼盘，如新世界阳光花园、中润世纪城、汇科旺园等，物业管理聘用沿海发达城市的专业公司，虽然物业管理费用较高，但其对于楼盘品质的提升极为明显。

2. 物业管理建议

　　本项目几个主要竞争对手均采取了聘请知名物业管理公司进行托管的方式，若想在激烈的市场竞争中让项目脱颖而出，成为济南市较有影响力的知名社区，建议将物业管理打造为行业中最具代表性的标志性范本。故建议在物业管理服务上结合市场实际需要，积极探索，大胆创新，按照塑造品牌的高标准、严要求，以创建整洁、文明、高雅、安全、方便、舒适的人居环境为目标，通过严谨、高效的科学管理，倡导"国际级全方位人性化管家式服务"理念，从质量上、档次上与区域竞争楼盘拉开距离。

　　我们提出以下几点建议供贵方参考：

　　A. 建议聘请知名的专业物业管理公司来提供高质的物业管理服务，并运用其实力品牌的知名度及美誉度，为项目在市场中树立良好的品牌形象铺平道路；

　　B. 建议本项目除了提供最基本的物业管理服务外，还提供各种专项服务、代办及代理服务等其他内容更为丰富的服务。根据不同的服务内容分等级，并根据服务等级进行收费。

3. 物业管理服务内容建议

　　物业管理服务一般分为公共性服务、特约性服务和公众代办性服务。具体到本项目，物业管理服务内容建议提供如下服务：

（1）公共性服务

a. 信件报刊收发、分简、递送服务；

b. 公共区域的保洁、保安、绿化；

c. 化粪池清掏；

d. 房屋/楼宇及小区/楼宇周边共用部位共用设施设备的日常运行维护；

e. 小区/楼宇的日常管理。

注：业主必须交纳公共性服务费。

（2）特约性服务

a. 定期室内清洁、绿化养护服务；

b. 室内设施设备（电器、管道、家具）的维修、定期保养服务；

c. 园艺培植及保养、租摆；

d. 信函、电报及报刊速递；

e. 物品搬运服务（特指在社区内）；

f. 订餐及送餐服务；

g. 衣物洗熨；

h. 家政服务；

i. 接送子女上学；

j. 幼儿托管及老人陪伴；

k. 商务服务（包括打字、复印、传真等）。

注：特约性服务费用应由双方协定，实行调节价管理。

（3）代办性服务

物管公司可提供委托代缴水、电、气、有线电视等费用的服务。

（4）特色管家式服务

每个楼座设一名事务管家，全权处理本楼内的相关事宜，负责处理入伙、装修、常规服务和特约服务等一切事务。其背后有一套完整的服务网络，维修、清洁、绿化、保安、家务等部门全程支持，接受管家的调配（如可与沿街商业联合，业主可享受贵宾优惠服务和送货上门的服务），共同完成服务的全过程。服务中心和事务管家都有24小时服务电话，业主可根据需要随时提出各种常规免费服务和特约有偿服务，如订票、安排保姆、提供秘书服务等。

（5）无限商务支持服务内容

关于写字楼及商务公寓，除以上基本物业管理服务外，建议引入无限商务支持服务。

信函电报及报刊速递；

商务服务（包括打字、复印、传真等）；

各种代办及代理服务（如代购商品，预定飞机票、火车票、船票，报刊订阅，电话安装，房屋转让出售、出租并代办手续……）；

豪华轿车租赁。

4. 物业管理费建议

物业管理费是消费者入住后需要长期支付的一笔较大额度的费用，小高层、高层物业的物业管理费是影响目标客户购买行为的重要因素。建议首期以略低于同类物业的市场价格入市，形成相对的市场优势。

▶━━ 表9-22 小高层物业管理费市场调研表

分类	项目名称	物管费（元）
西部二级城区	阳光100国际新城二期	1
	新世界阳光花园	1.6
	三箭如意苑	1.4
	嘉和馨园	1
	艾菲尔花园	1
	齐鲁花园小高层	1.1
	泉星小区	1
	鲁能康桥小高层	1
	龙力天润苑	1.2
东部二级城区	汇科旺园	1.4
	三箭吉祥苑	1.4
	舜怡佳园	1
	永大清华园	1.3
	新天地	1.2
南部二级城区	中润世纪城一期	1.2
	阳光舜城	1.1
	银丰山庄	1.4
	新世界阳光花园	1.6
	鲁能康桥（三期）	1

分类	项目名称	物管费（元）
南部二级城区	汇科旺园	1.4
	三箭吉祥苑	1.4
	大舜天成	1.8
	华森大厦	1
	中润世纪城一期	1.2

根据市场情况及客户的消费水平，我们建议项目：

小高层住宅部分物业管理费：1.1元/米^2/月；

19层以下高层：1.3元/米^2/月；

19层以上高层：1.5元/米^2/月（暂定）；

此价格在市场上较有竞争力，也是为了实现项目首期开发的顺利销售。随着社区业主的入住，物业管理费将根据市场水平有所上涨。

七、项目智能化建议

1. 住宅项目智能化建议

为适应21世纪信息社会的生活方式，提高住宅功能质量，通过采用现代信息传输技术、网络技术和信息集成技术，进行精密设计、优化集成、精心建设，提高住宅高新技术的含量和居住环境水平，以满足居民现代居住生活的需求。

在同质楼盘中，智能化配套都达到了一定的水准，本项目在智能化方面提出市场差异化的口号：3星级智能化标准。

▶—— 表9-24 可比楼盘楼宇智能化配套

分类	项目名称	IC一卡通	红外线报警系统	远程抄表	可视对讲	电子巡更	24小时保安监控系统	消防报警系统	宽带接口	停车场管理系统
西部二级城区	阳光100国际新城一期	√	√		√	√	√	√	√	√
	新世界阳光花园	√	√	√	√	√	√	√	√	√
	世纪佳园		√	√	√	√		√	√	√
	三箭如意苑				√		√	√	√	√
	嘉和馨园一期							√	√	√
	艾菲尔花园			√			√	√	√	√
	齐鲁花园一期				√	√		√	√	√
	泉星小区	√			√				√	
	鲁能康桥		√			√	√	√	√	√
	五环花苑				√	√	√	√	√	√
	舜景花园				√		√	√	√	√
东部二级城区	新东方花园	√			√	√	√	√	√	√
	汇科旺园		√		√		√	√	√	√
	三箭吉祥苑	√	√		√	√	√	√	√	√
	舜怡佳园	√			√	√	√	√	√	√
	大舜天成		√		√	√	√	√	√	√
	永大清华园	√	√		√	√	√	√	√	√
	新天地		√		√	√	√	√	√	√
	中润世纪城一期	√	√	√	√	√	√	√	√	√
	春天花园		√		√	√	√	√	√	√
	鲁艺风景			√	√		√		√	√
	彼岸新都			√	√	√	√		√	√
	富翔天地二期	√		√	√	√	√		√	√

续表

分类	项目名称	IC一卡通	红外线报警系统	远程抄表	可视对讲	电子巡更	24小时保安监控系统	消防报警系统	宽带接口	停车场管理系统
南部二级城区	伟东新都一期				√		√	√	√	√
	齐鲁骏园	√	√	√	√	√	√	√	√	√
	阳光舜城	√	√	√	√	√	√	√	√	√
	盈峰翠邸		√		√					√
	银丰山庄	√			√					

齐全的楼宇配套虽然不能成为促成客户落定的决定条件，但却是吸引客户的必要条件。因此建议按照房地产开发的趋势，配备齐全的智能化配套，满足未来客户的需求。

（1）社区智能化介绍

我们建议提出3星级智能化概念。作为济南市第一个提出3星级智能化的楼盘，本项目定能大幅提升性价比，从而在竞争中处于优势地位。

根据建设部《居住小区智能化系统建设要点与技术导则》，居住小区智能化系统按其硬件配置功能要求、技术含量、经济合理等划分为1星级、2星级、3星级。

（2）智能化具体建议

我们建议：在当前情况下，没有项目能比较完全地实现3星级智能化，因为一方面目前的消费者还没有这方面的需求，另一方面成本较高。所以我们建议提出在3星级标准的选项中部分实现，既能运用概念，又能节约成本。

具体建议如下：

▶— 表9-25 智能化具体建议

功能分类	主要功能
通信功能	互联网、小区局域网
	有线电视接收
	卫星电视接收
	VOD视频点播
安防功能	闭路电视监视
	电子巡更系统
	楼宇可视对讲

续表

功能分类	主要功能
安防功能	家庭自动报警系统
物业管理	紧急按钮
	防火、防煤气泄漏报警
	防灾及应急联动系统
	三表IC卡、远距离自动抄表
	三表集中监控
	给排水、变配电集中监控支持（网络）
	电梯、供暖、车库车辆监控
	空调、空气过滤监控*
	公共区域照明自动控制
	物业管理网络化、电脑化（收费、查询、报修）支持、电子布告栏、信息查询、电子邮件
	网上多功能信息服务
	网上高级信息服务（远程医疗、监护等）*
	家庭电器自动控制和远程电话控制*
	PDS布线、监控及管理中心满足基本四线可扩展性要求

带*的项目建议本项目作为参考项目，在3星级智能化标准的基础上结合项目实际情况具体制定。

2.写字楼及公寓智能化

国际上对智能大厦的普遍描述是：通过建立建筑物的四个基本要素，即结构、系统、服务和管理，以及运行之间的内在联系，以最优化的设计，提供一个投资合理又拥有高效率的环境空间。

建设智能大厦的目标主要体现在三个方面：

· 提供安全、舒适、快捷的优质服务；

· 节省能耗和降低人工成本；

· 建立先进和科学的综合管理机制。

智能化建筑在我国得到迅速发展，智能化在众多项目中将不再是一个卖点，而是实实在在地融入到日常的操作及管理中，配合物业管理，服务业主。建议本案智能化应达到5A标准，其具体内容主要包括：

（BAS）楼宇管理自动化系统

a）楼宇设备监控系统

· 供暖、通风和空气调节系统

· 给排水及中水系统

· 照明设备系统

· 电梯监控系统

b）停车场管理系统

c）广播音响系统（紧急广播疏散）

（SAS）保安自动化系统

· 闭路电视监控系统

· 保安巡更系统

· 出入口管理系统

· 防盗报警系统

（FAS）消防自动化系统

· 消防报警系统

· 喷淋灭火系统

· 通风排烟系统

（OAS）办公自动化系统

· 共享信息系统

· 办公与文件处理流程自动化管理系统

· 物业管理辅助系统

· 电子邮件系统

· 设备共享系统

（CAS）信息自动化系统

a）网络通讯系统

· 内部综合布线系统

· 外部通讯接口

· 72芯光纤接入

· ISDN宽带接入

· DDN节点

· ATM节点

· FR节点

· EI数字中继线

b）电视通信系统

· 有线电视接收系统

・卫星电视系统

c）无线通信系统

・无线寻呼对讲系统

・移动通信信号增强

・卫星通信系统

d）程控电话用户交换系统

・固定电话系统通信

・声讯服务系统

八、项目车位配置建议

1. 产权车位与使用权车位比较

目前，我国还没有系统的建筑物区分所有权法律，对于产权车位和使用权车位，主要以地下车库的建筑面积是否被分摊来进行区分：如果其建筑面积已进行了分摊，此种情况下，车库归该车库所在的整幢房屋的全体业主共有，不具有产权，即使用权车位；如果没有分摊，开发商可以单独取得车库产权，即产权车位。

产权车位与使用权车位的区别：

第一，产权车位能够独立办理产权；使用权车位则不能。

第二，产权车位可以进行自由买卖，并拥有所有权和处理权；使用权车位原则上只能租赁，不能买卖。即使能够买卖，买家也没有所有权和处理权，仅拥有使用权。

第三，产权车位能够单独办理按揭，而使用权车位原则上不能买卖，也就不能办理按揭，即使能够办理按揭，也需要有符合条件的抵押担保物。

第四，基于以上特点，对于开发商而言，使用权车位由于不具有产权，不能办理按揭，不能进行销售，只能租赁，回收成本年限过长；而产权车位可以办理产权和按揭，有利于销售，可以迅速回收资金。

因此，我们建议本项目车位以产权式车位为主，临时停车位为辅。

2. 项目车位配比数量

随着中国汽车时代的逐步到来，私家车拥有量逐年剧增，对车库和停车位的需求日益增加。因此，一个现代化的社区是否拥有充足的停车位逐渐成为衡量其综合品质的重要因素。

我们将根据市场现有项目的车位配比数据分析以及济南市私家车发展趋势做出预测，指导本项目的车位配比情况。

（1）市场具有可比性的样本项目车位配置及价格情况

济南市场具有可比性的样本项目车位配置及价格情况见下表。

▶—— 表9-26 部分样本项目车位配置及价格情况

项目名称	均价（元/米²）	车位配置比例	出租/出售价格
中润世纪城一期	5500	1：1.5	出售：约12万元/个
伟东新都一期	4500	1：0.7	出售：约12万元/个
富翔天地	4200	1：1	出租：未定 出售：约9万元/个
汇科旺园	4600	1：0.7	出租：未定 出售：约15万元/个
永大清华园	5500	1：1	出租：260元/月/个 出售：约12万元/个
银丰山庄	5000	1：1	出售：约13万元/个
荷兰庄园	4900	1：1.4	出售：约10万元/个
三箭平安苑	4600	1：0.5	出租：约450元/月/个 出售：不详
正大城市花园	4200	1：1	出租：约70~80元/月/个 出售：约10万元/个
新东方花园	3600	1：0.5	出租：未定 出售：约10万元/个

通过对市场以上10个具有可比性的项目的车位情况调查分析，发现大多数项目车位配比在1：1以上，以租售均可的形式进行车位处理，但在推售中则往往通过暂不定租价或其他手段来控制车位的出租，只有少数项目的车位是明确只售不租的，如中润世纪城。市场可比项目车位售价平均约为11万元/个。

考虑建设成本和开发商回笼资金的需要，我们建议本项目车位售价为8万~9万元/个。

（2）车位配比建议

考虑到项目自身特征、市场车位需求分析、项目定位、开发成本、未来市场发展状况等诸多因素的影响，加上本案区域市场未来发展前景看好，充足的车位配备是提高市场竞争力的必要手段，故建议：

项目车位配置比例为1：1

注：此车位配置比例包含地上访客临时停车位，地上临时停车位约占总车位数的5％。

（3）项目车位面积大小建议

建议本项目小型车车位面积按每车位5~18平方米计算。

九、项目整体开发策略

作为一个占地面积较大的房地产项目，进行开发时通常需要考虑以下几个因素：

地块开发的成熟性；

地块的位置及对项目入市的影响；

地块的市场价值及未来的升值空间；

未来市场需求的物业类型和地块适宜开发的物业类型、开发周期。

1. 开发时序

建议项目按照"由西往东，由北向南"的整体顺序开发，并根据市场变化和实际情况考虑结合后期部分物业一起开发。

建议项目开发时序为：

1）第一期开发C1地块，预计开发周期为两年。

2）第二期开发C2地块。首先开发高压线以北部分。若开发完时高压线已移走，继续往南开发；若高压线尚未移走，则高压线下部修建绿化带，跨过高压线继续开发以南部分，预计开发周期为三年。

3）第三期开发B地块，开发按照"由西往东"的顺序开发，预计开发周期为三年。

4）第四期开发A地块，预计开发周期为一年。

5）D地块作为远期开发项目，预计周期为一年。

因此，预计总开发周期约为十年。

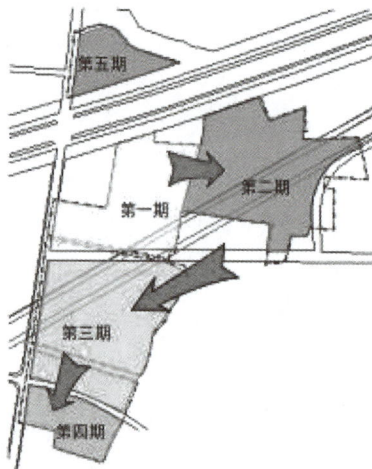

▶—— **图9-9 项目开发时序示意图**

项目如能按计划完成拆迁，建议一期先建设主出入口附近的小高层、入口景观、C1地块的会所和B地块的商业部分。以一个精致的点展示开发商的决心，树立客户的信心。B地块商业的建设对地块内的拆迁形成围挡，有利于树立形象，先期制造商业氛围，利于商业的后期销售。

2. 项目各期开发量建议

根据我们多年的操盘经验，一般项目每年的开发体量以不超过10万平方米为最佳开发量，我们假设项目在2005年下半年入市，结合各期建筑体量和开发周期，以及未来济南市的市场供需情况，我们最终推算出项目各期的每年的开发量（见下表）。

── 表9-27 项目各期每年开发体量

地块	建筑体量（平方米）	开发周期（年）	开发体量（平方米/年）
C1地块	154 102	2	77 051
C2地块	225 981	3	75 327
B地块	255 545	3	127 773
A地块	59 785	1	59 785
D地块	61 932	1	61 932

注：以上建议仅为我们对项目各期开发量的初步建议，实际开发体量将受项目的实际入市时间、市场供需变化及开发准备工作等众多因素的影响，需要进行微调。

10
高端住宅

西双版纳 XX 项目
市场策划报告

·········· 第一部分 ··········

市场篇

一、自然地理状况

1. 地理位置

西双版纳傣族自治州位于云南省南部边缘，地处亚洲大陆向东南亚半岛过渡的地带。地理位置为北纬21°10′~22°40′，东经99°56′~101°50′。辖区总面积19124.5平方公里。西北连接澜沧县，正北面与普洱市思茅区相连，东北连接江城县；东西南三面与老挝和缅甸两国接壤。自治州首府景洪市距省会昆明市直线距离420千米。

2. 地形地貌

西双版纳地处横断山脉的南延部分，怒江、澜沧江、金沙江褶皱系的末端，地势北高南低，两侧高，中间低。东部无量山脉纵贯景洪市东北部和勐腊县，海拔1000~1500米。西部为怒江山脉余脉，分布在勐海县全境。除有少数珠状相串的盆地和低山外，多为切割山峦，山地海拔1500~2000米。中部被澜沧江下游及其支流侵蚀切割成众多的开阔低峡和群山环抱的宽谷盆地，集中在景洪市西部、南部和勐腊县南部，地势相对平缓，海拔为500~1000米。整个地势多为高度被切割的山原地貌。州内最高点在勐海东北部的滑竹梁子，海拔为2429.5米，最低点在澜沧江与南腊河交汇点，海拔470米。

3. 气候特征

西双版纳四季不分明，一年分为干湿两季，通常5~10月份为雨季，其余月份为干季。整个地区水热资源丰富，有利于植物生长。年温差较小，一般在10℃左右，日温差较大，为8℃~14℃，年平均气温18.5℃~20.5℃。全区日照时数1700~2300h，日照时数百分率为40%~50%。常年太阳辐射量为120~135J/cm²。地处南亚静风区，全区年静风率达50%~72%，无明显主导风向，一般情况下，雨季多为偏西风，平均风速0.75m/s。年平均雾日达135d，最多年份达210d，年均相对湿度83.5%，常年平均蒸发量为1384.5mm，常年平均降水量1565mm。

4. 土壤和植被

西双版纳的土壤具有明显的地带性和区域性特点。土壤以朱红壤为主，酸碱度以酸性、强酸性土为主。土壤的土层深厚，有机质含量高，土壤质地均匀，物理性能好，土壤肥力高。

全州林地（含灌木林）面积149.7公顷，森林覆盖率为78.3%。植被类型多样，有热带雨林、热带季雨林、亚热带季风常绿阔叶林、落叶阔叶林、暖性针叶林、竹林、灌木林、草丛和人工植被等9种植被，有13个植被亚型和39个群系。

5. 河流水系

西双版纳境内河流属于澜沧江水系。有大小河流2761条，河网总长达12177千米，河网密度0.633平方公里。全区水资源丰富，总量达145亿立方米。

二、社会发展状况

1. 社会概况

▶━━ 表10-1 社会概况

地区	人口数	2000-2010年平均增长率（%）
西双版纳州	1 133 515	1.33
景洪市	519 935	1.60
勐海县	331 850	0.55
勐腊县	281 730	1.80

西双版纳是以傣族为主的边疆少数民族自治州，有傣、汉、哈尼、拉祜、彝、布朗、苗、瑶、基诺、回、佤、壮、景颇等13种世居民族。2010年末全州常住人口112.5万人，户籍人口94.21万人。在户籍人口中，农业人口65.98万人，占总户籍人口的70.03%；少数民族人口73.02万人，占总户籍人口的77.51%。全年人口自然增长率为6.5‰。全州二县一市的人口同第五次全国人口普查中2000年11月1日零时的993 397人相比，十年共增加了140 118人，增长14.10%。平均每年增加14 012人，年平均增长率为1.33%。

全州二县一市共有家庭户314 020户，家庭户人口为1 087 224人，平均每个家庭户的人口为3.46人，比2000年第五次全国人口普查时的3.73人减少了0.27人。全州二县一市的人口中，男性为587 386人，占总人口的51.82%；女性为546 129人，占总人口的48.18%。总人口性别比（以女性为100，男性对女性的比例）由2000年第五次全国人口普查的108.08下降为107.55。

全州二县一市的人口中，0~14岁的人口为207 690人，占总人口的18.32%；15~59岁的人口为821 191人，占总人口的72.45%；60岁及以上的人口为104 634人，占总人口的9.23%，其中65岁及以上的人口为70 701人，占总人口的6.24%。同2000年第五次全国人口普查相比，0~14岁人口的比重下降了6.71个百分点，15~59岁人口的比重上升了5.36个百分点，60岁及以上人口的比重上升了1.35个百分点，其中65岁及以上人口的比重上升了1.23个百分点。

全州二县一市的人口中，汉族人口为340 431人，占总人口的30.03%。各少数民族人口为793 084人，占总人口的69.97%。其中，傣族人口为316 151人，占总人口的27.89%；哈尼族人口为215 434人，占总人口的19.01%；拉祜族人口为61 504人，占总人口的5.43%；彝族人口为66 731人，占总人口的5.89%；布朗族人口为47 529人，占总人口的4.19%；瑶族人口为22 266人，占总人口的1.96%；基诺族人口为22 124人，占总人口的1.95%；苗族人口为19 055人，占总人口的1.68%。同2000年第五次全国人口普查相比，汉族人口增加了51 250人，增长了17.72%，占总人口的比重上升了0.92个百分点；各少数民族人口增加了88 868人，增长了12.62%，占总人口的比重下降了0.92个百分点。

全州二县一市的人口中，具有大学（指大专以上）文化程度的人口为54 783人；具有高中（含中专）文化程度的人口为83 774人；具有初中文化程度的人口为282 708人；具有小学文化程度的人口为486 515人（以上各种受教育程度的人包括各类学校的毕业生、肄业生和在校生）。

2010年西双版纳州第六次全国人口普查快速汇总的常住人口地区分布如下：

西双版纳州辖区内有一市二县（景洪市、勐海县、勐腊县），三区（西双版纳旅游度假区、磨憨经济开发区、景洪工业园区），共31个乡镇和1个街道办事处，220个村民委员会和22个社区，2141个自然村，驻有10个国营农场、10个橡胶分公司和6个中央、省属科研单位。

景洪市位于西双版纳傣族自治州中部，共有1个街道办事处（允景洪街道办事处）、5个农场管理委员会（景洪农场管委会、东风农场管委会、勐养农场管委会、橄榄坝农场管委会和大渡岗茶场管委会），面积6959平方公里，其中山区面积占总面积的95%。辖5镇（勐龙镇、嘎洒镇、勐罕镇、普文镇、勐养镇）、5乡（勐旺乡、基诺山基诺族乡、景讷乡、景哈哈尼族乡及大渡岗乡），下设99个村（居）委会（不含农场部分）、772个村民小组。市区距省会昆明560千米。2010年，年均气温23.5℃，年均降雨量1450毫米。

2. 交通建设

积极推进综合交通运输体系建设，逐步提升水、陆、空交通等级，形成内联大西南、外通东南亚的更加便捷的水、陆、空立体交通网络。

（1）公路建设

按照"13610"（一横、三纵、六连接、十贯通）公路网布局，以完善路网结构、提高道路等级、改善路面行车条件为目标，不断加快城乡公路建设进程。抓好勐海县佛双桥至打洛、勐海至（澜沧）惠民、勐罕至勐仑等主干线公路的建设。

（2）水运建设

以改善现有通航河段运输条件，完善港区、码头配套服务设施，提高客货集散能力为目标，继续抓好澜沧江五级航道整治工程、关累码头二期工程、勐罕码头、进口成品油专用码头等配套设施的建设。

（3）航空建设

进一步巩固和提升西双版纳机场在云南省和全国口岸枢纽机场中的地位，加快配套保障服务设施建设，强化飞行安全功能，提高综合服务水平。积极争取航空、航油基地的建设，努力增加国际、国内直飞航线，进一步扩大机场客货吞吐量。

（4）铁路建设

积极配合国家、省级有关部门做好泛亚铁路中线景洪至磨憨段铁路建设的前期工作，力争国家立项开工建设；配合省级有关部门做好经景洪至广西百色铁路的前期论证，争取将项目纳入国家、省《中长期铁路网规划》建设盘子。

3. 生态旅游业

优化配置旅游资源，将旅游资源转化为旅游发展项目，全面打造"一个中心""两个区域""三大片区""四个文化旅游基地""五大精品旅游线"。

▶ — 图10-1 旅游资源分布图

▶ — 图10-2 西双版纳新建、续建旅游项目分布图

（1）一个中心

景洪市是全州旅游的主要集散地和旅游目的地，争创"中国最佳旅游城市"，形成完善的旅游目的地体系。

（2）两个区域

积极参与省内滇西南片区和澜沧江—湄公河次区域的旅游合作，把西双版纳打造成为吸引内地游客、连接东南亚的重要旅游客源集散地和旅游目的地。

（3）三大片区

全州划分为景洪综合旅游区、勐海旅游区、勐腊旅游区三大片区。

（4）四个文化旅游基地

实施民族文化开发工程，建设四个文化旅游基地。进一步提升旅游产品的文化含量、科技含量，增加旅游产品的趣味性、参与性、休闲性和吸引力，全力推进四大文化旅游基地的建设。

一是以傣族园和度假区二期为核心，努力打造傣族生产、生活文化展示基地；

二是以勐泐大佛寺为中心，全面打造贝叶文化与宗教文化展示基地；

三是以全州非物质文化遗产为基础，加快建设非物质文化展示基地（博物馆）；

四是以勐巴拉娜西和澜沧江·湄公河篝火晚会为龙头，积极打造晚间民族歌舞剧展示基地。

（5）五大精品旅游线

五大精品旅游线即市区生态旅游线、东环线景观走廊、旅游西环线、澜沧江—湄公河黄金旅游线和上湄公河国际公园四国环线。

市区生态旅游线：以景洪市区为核心区，形成半径30千米的旅游圈，加大傣族园、热带花卉园、曼听公园、原始森林公园和野象谷等景区的提升改造力度，集中展示人与自然和谐发展的生态环境和各少数民族的传统生态观。

东环线景观走廊：围绕景洪、勐罕、勐仑、勐远、勐腊、磨憨口岸、补蚌、易武、象明、基诺山、勐养等旅游节点，优先把景洪、勐罕、勐仑、勐养做成小环线的精品，重点加大植物园、望天树景区、勐远景区、曼旦景区、孔明山景区、基诺山寨等项目的建设力度。保护开发勐远傣寨、南腊河傣寨、曼崩佛塔、磨歇傣寨、磨憨口岸、易武、倚邦古镇及古茶园等项目，集中展示生态文化、民俗文化、边境风情文化、茶文化、宗教文化、科普文化等。

旅游西环线：围绕景洪、勐海、打洛、布朗山、大勐龙等旅游节点，重点加大南糯山古茶园、勐海茶厂、勐景来、茶科技文化园等项目的建设力度。保护开发八角亭、曼阁佛寺、独树成林、布朗山寨、叠水瀑布、曼飞龙白塔、嘎洒温泉等项目，建设集生态、边境风情、布朗民俗、茶文化、宗教建筑、温泉度假为一体的旅游目的地。

澜沧江—湄公河黄金旅游线：加大西双版纳与老挝琅勃拉邦，老、缅、泰金三角等水上旅游线重要旅游目的地的旅游合作和开发力度，打造自然风光优美、民族风情独特的水上跨境精品旅游线。

上湄公河国际公园四国环线：重点加强与老挝南塔、勐赛、琅勃拉邦、万象，泰国廊开、孔敬、彭世洛、素可泰、清迈、清莱，缅甸大其力、景栋、勐拉等地的旅游合作，打造展示不同的民俗风情、自然风光的跨国精品旅游环线。

4.生态工业园建设

全州重点规划建设景洪工业园区、勐海工业园区、磨憨进出口贸易加工园区。2005年启动建设，2010年初具规模，2020年全部建成，形成特色突出、布局合理、功能健全、产业（企业）集群发展的工业园区。全州工业园区初步规划面积40.5平方公里。到2010年实现工业主营业务收入14亿元，工业增加值7亿元，占全州全部工业增加值的30%。工业园区创造的GDP占全州GDP的比重达到20%以上。产业定位：以热区生物资源开发和进出口贸易加工业以及现代物流业为主。产业布局：景洪工业园区按"一园两区"（嘎栋片区和景哈片区）规划建设。产业布局以纺织服装业、绿色食品加工业、生物产业、旅游产品加工业、现代制造业和现代物流业为主。勐海工业园区产业布局以云麻加工业、普洱茶加工业为主。磨憨进出口贸易加工园区产业布局以进出口贸易加工业、现代物流业为主。

5.现代工业物流中心建设

构建两个现代工业物流中心。以中国—东盟自由贸易区逐步建立、澜沧江—湄公河次区域经济合作稳步推进和昆曼国际大通道全面建设为契机，充分利用区位优势，全力打造景洪、磨憨昆曼经济走廊上的两个物流中心，发展沿路、沿江、沿边经济，促进工业发展。依托景洪这一中心城市，加快物流基础设施建设，培育物流市场，整合物流资源，建立社会化、专业化、国际化、多层次的采购、运输、配送、仓储服务网络体系，将景洪物流中心建设成为面向东南亚的物流组织管理和国际物流配送的重要基地，形成现代服务业与现代工业的良性互动格局。依托磨憨国家级口岸和昆曼国际大通道，充分利用国内外两种资源和两个市场，加快与国内外市场的接轨步伐，大力加强一般贸易、加工贸易、经济技术合作，将磨憨建设成为商贸活跃、旅游兴旺、加工仓储业较为发达的，连接中国大市场、辐射大东盟市场的，集生态化、民族化、现代化、国际化为一体的国家级口岸及中国—东盟互补经济的加工平台和贸易流通平台。

三、城市发展规划

1.城市发展指标

（1）城镇化率

云南省的城镇化水平较低，低于全国平均水平，西双版纳州的城镇化率在全省排名第二，2008年城镇化率为36%，但仍然低于全国平均水平。

▶—— 表10-2 云南省各州、市2006—2008年城镇化审批指标对比

地区	常住人口数（万人）			城镇人口数（万人）			城镇化水平（%）		
	2006年	2007年	2008年	2006年	2007年	2008年	2006年	2007年	2008年
全省	4483	4514	4543	1367.3	1426.4	1499.2	30.5	31.6	33
昆明市	615.2	619.3	623.9	362.91	366	375.1	58.99	59.1	60.12
曲靖市	570	572.9	578.2	164.19	176.5	188.5	28.81	30.81	32.6
玉溪市	224.6	226.4	227.6	75.69	78.5	80.8	33.7	34.67	35.5
保山市	244.8	245	246.4	55.08	57	59.1	22.5	23.26	24
昭通市	511.8	525.2	529.5	88.03	92	99	17.2	17.52	18.7
丽江市	121.3	121.6	122.1	30.3	30.4	32.6	25	25	26.7
普洱市	257.3	257.6	258.1	64.33	72.1	74.8	25	28	29
临沧市	236.6	236.8	238.2	62.46	64.2	66.7	26.4	27.11	28
楚雄州	267.2	268.4	269	72.47	76.2	79.6	27.12	28.4	29.6
红河州	434.5	437.3	441.2	136.18	144.3	150	31.34	33	34
文山州	339.1	340.9	343	73.58	83.5	88.2	21.7	24.5	25.7
西双版纳州	105.7	106.5	107	35.96	36.5	38.5	34.02	34.27	36
大理州	348.6	348	349.3	95.4	95.7	101.3	27.37	27.5	29
德宏州	116.5	117.7	118.5	34.32	35.9	37.9	29.5	30.5	32
怒江州	52.6	52.9	53.3	8.89	9.5	10.7	16.9	18	20
迪庆州	37.2	37.5	37.7	8.13	8	8.6	21.85	21.3	22.8

全国城镇化水平：2006年43.9%，2007年44.9%，2008年为45.7%

2. 城市发展大背景

西双版纳州位于我国西南边陲，与缅甸、老挝两国接壤，国境线长966.29千米，具有重要的战略地位。西双版纳州的交通区位优势尤为显著：陆路有昆（明）—曼（谷）国际大通道，向北通往昆明、贵阳、重庆等省会城市和直辖市而直达内地，向南可直接到达老挝、泰国，辐射东南亚各国；水路有澜沧江—湄公河国际航道可通航到老挝、缅甸、泰国、柬埔寨、越南五国；空中有景洪国际机场，航线辐射全国，通达东南亚主要国家。此外，泛亚铁路中线西双版纳段已列入国家建设规划，建成后西双版纳对

国内和东南亚的客货运输能力将会大幅度提高。随着国家继续实施西部大开发战略，中国—东盟自由贸易区建设的深入，澜沧江—湄公河次区域经济合作进程的加快，以及国家和省一批重大基础设施项目的开工建设，西双版纳"桥头堡"的地位进一步显现，为加快发展提供了难得的历史机遇。

3. 西双版纳州大发展目标

（1）发展目标：打造东方水城

东方水城将被打造为休闲度假天堂、金融商务中心、行政文化中心、会展旅游中心、市域公共服务中心、旅游教育与体育休闲中心，建设一座全新的、具有独特魅力的山水园林城、热带雨林城，建设成中国—东盟贸易的"桥头堡"。

（2）城市人居体系发展目标

2010年，城镇化率达38%，人均公共绿地面积15平方米以上，城镇居民人均住房面积28平方米，农村居民人均住房面积30平方米。到2020年，城镇化水平达到55%以上，比2010年提升17%个百分点。

（3）西双版纳州城市发展格局

按照布局合理、特色鲜明、生态环境优美的要求，加快以景洪为核心，勐海、勐腊2个县城为纽带，勐罕、嘎洒、大渡岗、打洛、勐仑、易武6个旅游小镇为支撑，磨憨、普文、勐龙、勐遮、关累、勐捧6个中心镇为基础的"1266"城镇体系建设。到2015年，城镇化率达到46%，城市新增建成区面积26平方公里，城乡建成区绿化覆盖率达到40%。

将西双版纳傣族自治州州府所在地景洪市打造成州域城镇体系一级中心城市，集商贸、加工业和科研旅游为一体的、具有民族风情和亚热带风貌的、面向东盟自由贸易区的边境口岸旅游城市。

4. 西双版纳州城镇发展格局

（1）景洪市

景洪市未来将建成：

热带雨林城、民族特色城、水乡魅力城

休闲度假城、美食文化城、文明和谐城

把景洪市从一个传统的观光旅游城市转型为休闲度假、商务会议、康体疗养、娱乐购物天堂。

景洪市发展格局："两片一带"。城市控制面积达200平方公里，景洪（嘎洒）片区发展到60平方公里，橄榄坝片区30平方公里，沧江一带布置各种旅游设施。至2020年城市居住人口达60万。2010年，总面积127.5平方公里，总人口为18.6万人。远期到2025年，总人口为32.7万人。

（2）曼弄枫板块发展格局

至2020年片区总人口发展为13.2万人，总建设用地规模为30.11平方公里。三片五段：以景洪电站与橄榄坝入口为界将整个新区分为上、中、下三个片区，分别命名为A片区、B片区和C片区。其中：

A片区为区段一（即景洪电站上游区段）。

B片区包括区段二（即景洪城区区段）和区段三（即勐泐大桥至橄榄坝上游区段）。

C片区包括区段四（即勐罕旅游名镇区段）和区段五（即景哈乡区段）。

景洪市的城市新兴活力区规划着重展现"热、傣、水、边"的特色，努力建设一个凸显历史、宗教、民风、水景，设施现代、服务完善、生态优良、文化独特的集观光旅游、休闲度假、养生、疗养体训、会议商务等为一体，"文化品位高、民族风情浓、人居环境佳"的旅游度假区。度假区因其科学的发展规划、优越的区位优势和良好的投资环境，受到国内外众多商家的青睐。

（3）勐腊县城市发展格局

勐腊县是位于中国通往老挝、泰国国际大通道上的国家级口岸城市，以发展绿色经济、旅游业、边贸为主的具有边境民族特色的现代化城市。总面积118平方公里，2010年总人口为4.5万人。远期到2025年，总人口为10万人。

（4）勐海县城市发展格局

勐海县是以麻类、茶叶、蔗糖加工、休闲度假等为主要产业，具有边境民族特色的现代化小城市。总面积为60平方公里。2010年总人口为4万人。远期到2025年，总人口为8万人。

5. 重点控制规划

西双版纳州重点开发区主要分布在沿路、沿边、沿江产业经济带，即"城市经济区""交通干线经济区""沿边经济区"。

重点开发区面积为3876平方公里，占西双版纳州域面积的20.27%。将资源环境承载力较强、经济和人口条件好的中心区、开发区、工业园区、口岸贸易区和重点乡镇列为重点开发区域，使其成为支撑经济发展和人口集聚的重要载体。这部分区域自然条件优越，开发程度高，对区域生态保护的总体要求是提高资源利用效率，以最少的土地承载全州的大部分人口与经济发展。

（1）城市经济区

以景洪市为中心的区域，主要包括景洪市区、勐养镇、嘎洒镇、勐罕镇一市三镇及景洪农场、橄榄坝农场、勐养农场三个县级国有农场，还有热带作物研究所、云南灵长类中心、药用植物研究所等三个科研所，土地总面积为751平方公里，占全州土地总面积的3.9%。这一经济区将作为发展城市经济、带动农村经济的试验区，应通过争取多方投入，加大基础设施建设步伐，加快城市各类配套设施建设，大力发展第二、第三产业，建设高效立体农业开发区，集中力量健全完善城市辐射功能，增强辐射力度，扩大辐射范围。

（2）交通干线经济区

指景洪市的普文镇、大渡岗乡、基诺乡，勐海县的勐海县城、勐海镇、勐满镇、勐遮镇、勐混镇，勐腊县的勐腊县城、易武乡、勐仑镇、勐腊镇两个县城七个镇三个乡和普文农场、东风农场、大渡岗茶场、黎明农场、勐腊农场、勐醒农场六个县级国有农场，还包括一个热带植物园科研所。该区土地总面积为2318平方公里，占全州土地总面积的12.1%。应在大力发展粮、橡胶、糖、茶等传统支柱产业的同时，合理调整粮经结构，健全完善商品市场，形成大宗农特产品集散地和一定规模的交易市场，发展农特产品加工业，实现"路通民富"。

（3）沿边经济区

指位于主要出境通道的与周边国家接壤的乡镇，包括勐海县打洛镇、布朗山乡，景洪市的勐龙镇，勐腊县的关累镇、勐满镇、磨憨镇，共五个镇一个乡。该区土地总面积为807平方公里，占全州土地总面积的4.2%。应加大建设资金的投入，改变口岸基础设施落后的现象，重点发展国际贸易、仓储加工、通道服务、边境旅游等二、三产业，进而推动"口岸活州"战略的实施。

6. 推进基础设施建设，构建完善的城镇格局

以小磨另半幅高速公路、景洪绕城高速、景洪至勐宽高等级公路、泛亚铁路西双版纳段、机场改扩建、港口码头等为重点，着力构建便捷的水陆空立体交通体系。

全面加强磨憨、打洛、景洪港、西双版纳机场4个国家级口岸和重点边境通道基础设施建设，力争勐龙等一批通道升格为国家级口岸，着力打造与"桥头堡"建设相适应的口岸体系。

四、城市经济概况

1. 经济总量：规模较大，稳步增长

2011年全州生产总值1 976 842万元，比上年增长13.6%。分产业看，第一产业增加值569 527万元，增长7.5%；第二产业增加值598 050万元，增长20.5%；第三产业增加值809 265万元，增长12.7%。第一产业增加值占全州生产总值的比重为28.8%，比上年上升1.5个百分点；第二产业增加值比重为30.3%，上升0.5个百分点；第三产业增加值比重为40.9%，下降2个百分点。到2015年，全州生产总值年均增长10%以上，人均达到4000美元，力争比2010年翻一番。

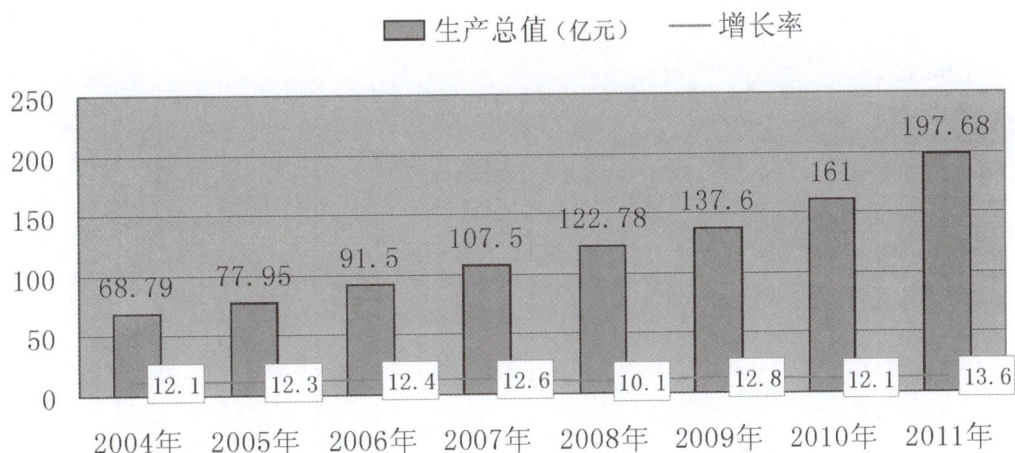

图10-3 2004-2011年生产总值与增长率

生产总值（亿元）　——增长率

年份	生产总值	增长率
2004年	68.79	12.1
2005年	77.95	12.3
2006年	91.5	12.4
2007年	107.5	12.6
2008年	122.78	10.1
2009年	137.6	12.8
2010年	161	12.1
2011年	197.68	13.6

▶━ 图10-3 2004-2011年生产总值与增长率

2.人均收入：稳超1.3万，购买力强

城镇居民人均可支配收入从7874元增加到13 350元，年均增长11.1%。农民人均纯收入从2172元增加到4354元，年均增长14.9%。人口自然增长率控制在6.2‰以内。城镇登记失业率控制在2.9%以内。居民消费价格总水平涨幅控制在3.5%以内。单位生产总值能耗下降13.8%。

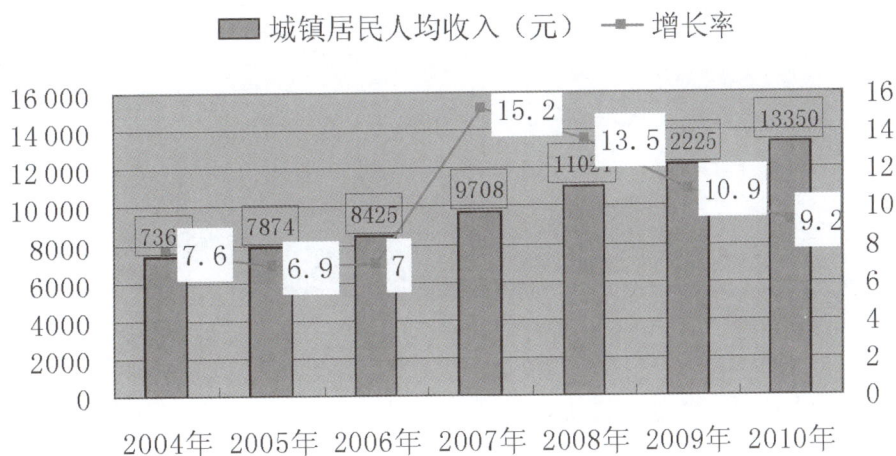

城镇居民人均收入（元）　——增长率

年份	人均收入	增长率
2004年	736?	7.6
2005年	7874	6.9
2006年	8425	7
2007年	9708	15.2
2008年	1102?	13.5
2009年	12225	10.9
2010年	13350	9.2

▶━ 图10-4 2004-2010年城镇居民人均收入与增长率

图10-5 2006-2010年云南省城镇居民人均可支配收入及其增长速度

3. 产业结构: 三产为主, 二产平涨

经济结构进一步优化, 工业在生产总值中的比重达到20%, 比"十五"末提高10个百分点; 非公有制经济在生产总值中的比重达到34%, 比"十五"末提高5个百分点; 金融机构累计新增贷款100亿元, 年均增长26.4%; 三次产业结构由"十五"末的35.8:22.9:41.3调整为2010年的27.6:29.6:42.8。到2015年, 三次产业结构调整为23:32:45。

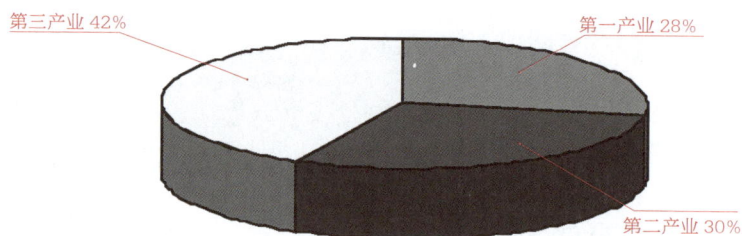

第三产业 42%　　第一产业 28%

第二产业 30%

图10-6 2010年西双版纳产业比重图

4. 消费状况: 平稳增长, 消费强劲

社会消费品零售总额从21.5亿元增加到50.6亿元, 年均增长18.6%。对外经济贸易总额从2.7亿美元增加到10.3亿美元, 年均增长31.3%。在限额以上批发零售业零售额中, 汽车类零售额比上年增长20.2%, 石油及制品类增长21.1%, 家用电器和音像器材类增长34%, 粮油食品饮料烟酒类增长24.9%。全年居民消费价格比上年上涨3.5%, 商品零售价格上涨3.4%, 农业生产资料价格上涨1.2%。到2015年, 社会消费品零售总额达到117亿元, 年均增长18%。

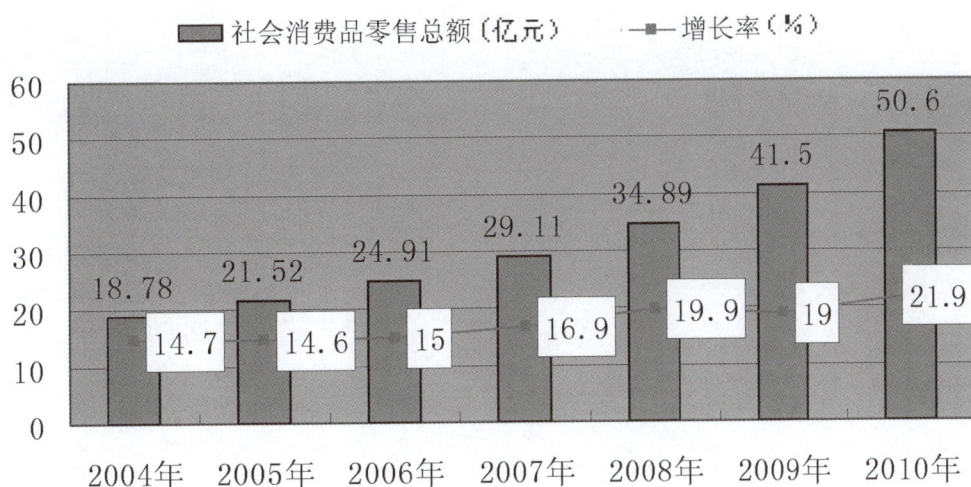

图例：社会消费品零售总额（亿元）　—■—增长率（%）

▶ 图10-7 2004-2010年社会消费情况

5. 固定资产投资：投资增长较快，基础设施逐步完善

2010年，全年全社会固定资产投资1 111 614万元，比上年增长25.1%。分城乡看，城镇投资（含房地产开发）955 975万元，增长25.7%；农村投资155 639万元，增长21.5%。

全年财政总收入191 932万元，比上年增长35.2%。一般预算收入112 586万元，增长30.9%。其中，营业税收入45 296万元，增长18.7%；增值税收入12 590万元，增长29.5%；企业所得税收入4468万元，增长40.5%。全年一般预算支出424 301万元，比上年增长20.7%。其中，一般公共服务支出39 126万元，增长6.9%；教育支出79 638万元，增长24%；社会保障与就业支出56 363万元，增长7.2%。

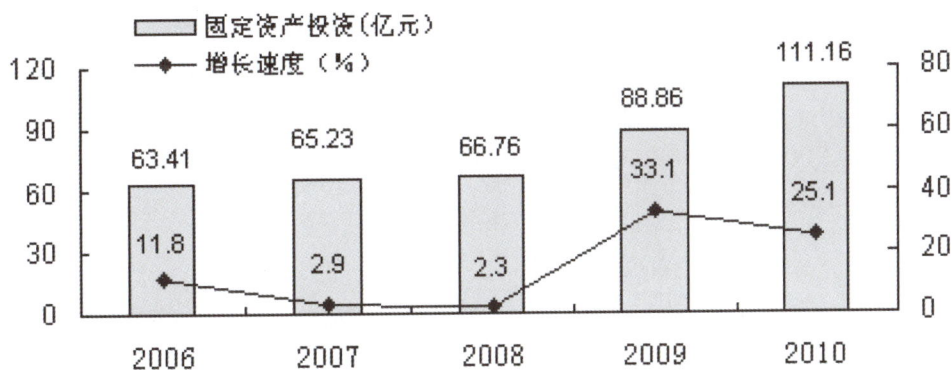

图例：固定资产投资（亿元）　—◆—增长速度（%）

▶ 图10-8 2006-2010年固定资产投资与增长速度

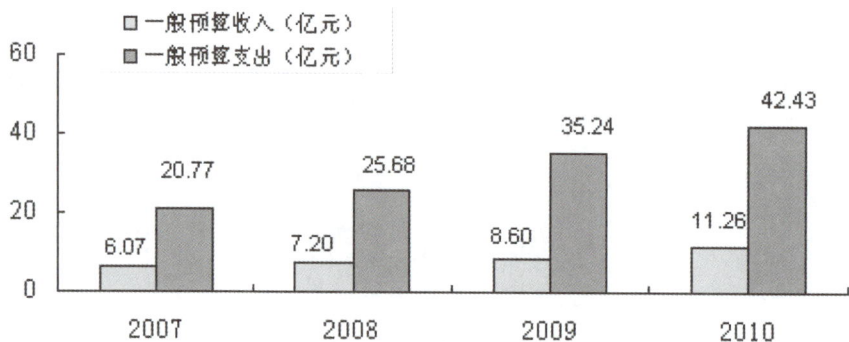

図10-9　2006-2010年一般预算收入与支出

6. 支柱产业：旅游为主导，寻求升级

2011年接待国内外游客1012.65万人次，比上年增长18.7%。其中，海外游客29.44万人次，增长35.9%；国内旅客935.98万人次，增长17.6%；口岸入境一日游游客47.23万人次，增长31.7%。全年旅游综合总收入100.24亿元，增长24.8%。其中，旅游外汇收入12 551万美元，增长45.7%；国内旅游收入92.08亿元，增长23.6%。

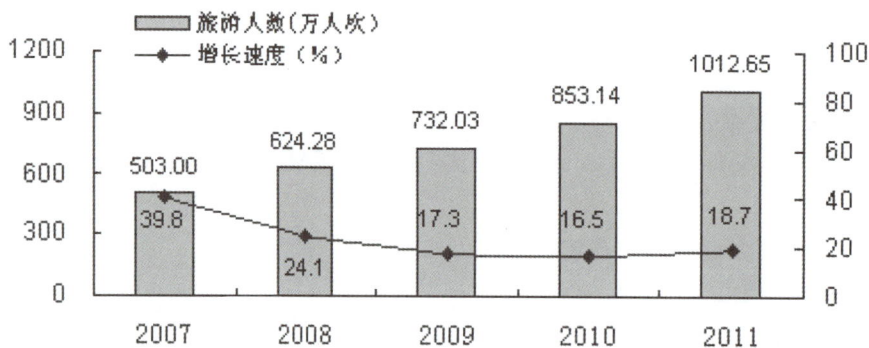

図10-10　2007-2011年旅游人数及增长速度

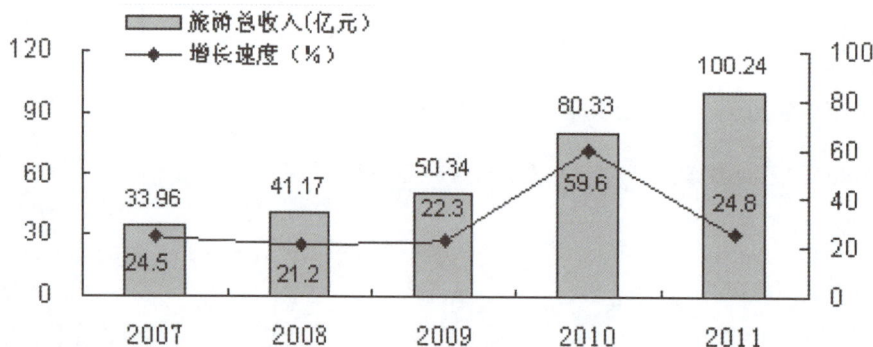

図10-11　2007-2011年旅游总收入及增长速度

7.对外经济贸易：发展极快，边贸口岸占主导

2010年全年对外经济贸易总额103 366万美元，比上年增长34.8%。其中，进出口贸易92 508万美元，增长37.5%。全年实施招商引资项目67项，实际到位资金51.17亿元，实际利用外资350万美元。

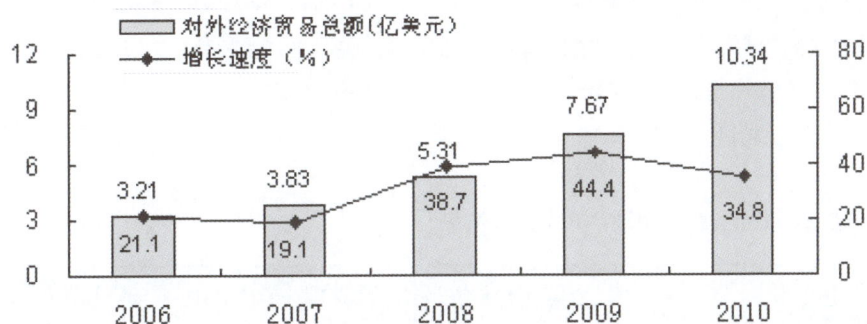

▶── 图10-12 2006-2010年对外经济贸易总额及增长速度

8.存贷金额

2010年末金融机构各项存款余额256.88亿元，比上年末增长27.2%。其中，企业存款62.25亿元，增长26.2%；居民储蓄存款余额149.67亿元，增长27.2%。2010年末金融机构各项贷款余额145.29亿元，比上年末增长20.9%。其中，短期贷款26.97亿元，下降40.9%；中长期贷款118.31亿元，增长59.1%。

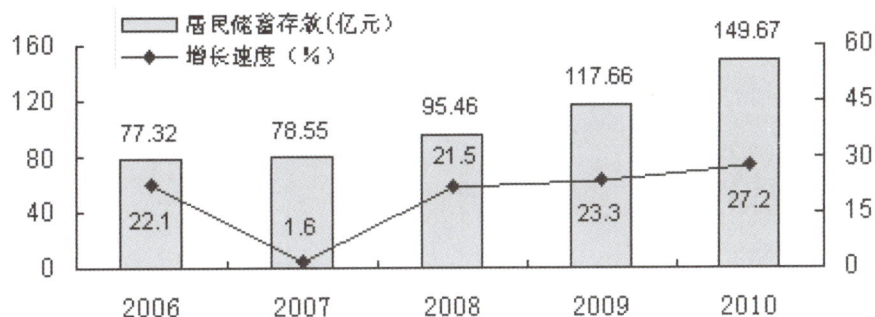

▶── 图10-13 2006-2010年居民储蓄存款余额与增长速度

五、房地产宏观市场

1.2010年房地产投资金额较小，增长速度较慢

2010年西双版纳州房地产开发投资规模居全省第10位，房地产开发投资增速列全省第13位。投资金额占全省的4%。2010年，全州城镇居民人均住房面积达到28平方米，农村居民人均住房面积达到30平方米，分别比"十五"末增长4.87%和13.64%。

▶—— 表10-3 2010年各州市房地产开发投资情况

州市名称	本年完成投资（万元）	比去年增长（%）
昆明市	4 407 541	19.3
曲靖市	1 015 604	24.3
玉溪市	575 447	43.1
保山市	167 415	−5.8
昭通市	175 609	19.4
丽江市	250 601	19.5
思茅市	238 321	26.4
临沧市	207 548	42.8
楚雄州	380 299	33
红河州	599 693	25.6
文山州	235 898	3.4
西双版纳州	216 752	13.4
大理州	324 147	27
德宏州	151 569	49.1
怒江州	20 954	48.4
迪庆州	35 844	−1

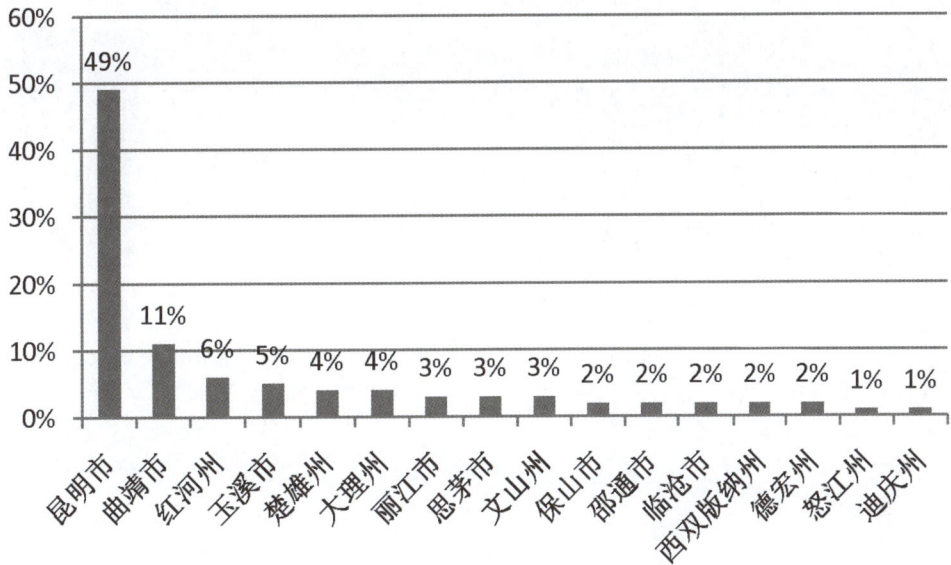

图10-14 2010年各州市房地产投资比例

2.景洪市城镇土地定级与基准地价测算

表10-4 景洪市城镇土地定级与基准地价测算

时间：2002年11月4日

区域	土地级别	基准地价（万元/库存）		土地定级范围分布
景洪市主城区	Ⅰ（70.6公顷）	商业用地	85.7399	景洪北路（孔雀湖街心花园至新华书店）、民族北路（白象湖红绿灯至市运政管理所）、景洪西路（白象湖红绿灯至孔雀湖街心花园）、景洪东路（孔雀湖街心花园至景咏饭店）、景洪南路（孔雀湖街心花园至东亚娱乐城）、景德西路（体育中心至景洪南路口）、景德东路、州人民医院、新闵大酒店、州幼儿园、西双版纳农机厂、市城建局、州物资局、白象湖宾馆、西双版纳客运站等片区
		居住用地	39.7400	
		工业用地	22.9860	
		综合用地	69.1320	
	Ⅱ（249.80公顷）	商业用地	56.7300	景洪北路（新华书店至允景洪农贸市场）、汽车客运站、北路派出所、白象湖开发区、国防宾馆、州职业技术学院、药物研究所、统计局、州环保局、武警边防支队、金象宾馆、纳昆康小区、开发区3号路外30米、州运政管理处、兰江宾馆、开发区6号路、曼景兰美食广场、曼昕路、州气象局、嘎兰南路、州人民医院、嘎兰中路、州宾馆、西双版纳报社、市规划设计所等片区
		居住用地	33.7260	
		工业用地	18.1020	
		综合用地	49.1520	

续表

区域	土地级别	基准地价（万元/库存）		土地定级范围分布
景洪市主城区	Ⅲ（363.60公顷）	商业用地	38.1420	嘎兰中路、市人民医院、景洪北路、景洪停车场、允景洪中学、热带花卉园、市气象局、西双版纳电业局、景洪西路、沧江机械修配厂、景洪农场中学、民族风情园、农林南路、南过境线以外30米、曼听村、市水利水电局等片区
		居住用地	23.9940	
		工业用地	13.9140	
		综合用地	34.3020	
	Ⅳ（721.9公顷）	商业用地	24.0947	市一中、市自来水公司、州看守所、州自然保护局、州砖瓦厂、州物资局仓库、市公安局看守所、大曼么加油站、大曼么、景洪农机装配厂、农科所、总佛寺、开发区10号路、江北建成区等片区
		居住用地	15.5153	
		工业用地	11.4750	
		综合用地	21.4527	
	Ⅴ（431.6公顷）	商业用地	15.7363	定级范围内除Ⅰ、Ⅱ、Ⅲ、Ⅳ以外的片区
		居住用地	11.2257	
		工业用地	9.6050	
		综合用地	14.0467	

3. 景洪市土地成交情况

景洪市区：2011年，景洪市区共成交土地46.3101公顷，合计约695亩，成交金额为61592万元，平均成交价约为88万元/亩。

▶—— 表10-5 景洪市2011年土地成交情况

宗地号 供地编号	项目名称	面积（公顷）	土地用途	供地方式	基准地价（元/米²）	评估地价（元/米²）	土地总价（万元）	土地来源
A-（18）-2-2	山水地产	0.4254	商品住宅	挂牌		1051.49	447.3312	存量
B-（1）-12-1	看守所	6.6599	住宅	拍卖		681.59	4540	存量
A-（19）-47	告庄西双景	2.018	商服用地	挂牌	1210	1214.33	2450.51	2009年三批次
C-（1）-1-6	农场用地开发项目	3.7593	住宅	挂牌		2430	9250.72	存量
C-（1）-1-5	农场用地开发项目	1.6409	住宅	挂牌		2430	3987.44	存量
C-（1）-103	农场修配厂	1.1873	住宅	挂牌		2400	2850	存量

续表

宗地号 供地编号	项目名称	面积 (公顷)	土地用途	供地 方式	基准地价 (元/米²)	评估地价 (元/米²)	土地总价 (万元)	土地 来源
A-（19） -57	告庄西双景	1.4285	住宅用地	挂牌	住宅 Ⅳ级	460.54	657.88	2010年 第三批次 2010- 806
A-（19） -58	告庄西双景	5.9488	住宅用地	挂牌	住宅 Ⅳ级	460	2736.45	2010年 第三批次 2010- 806
A-（19） -45-2	告庄西双景	3.3305	住宅用地	挂牌	住宅 Ⅲ级	725.24	2415.39	2008年 第三批次 2008- 150
C-（50） -111	龙舟广场	1.1793	商服用地	挂牌 出让	商业 Ⅱ级	2700	3184.14	2010年 第三批次 2010- 806
C-（50） -112	龙舟广场	0.8579	商服用地	挂牌 出让	商业 Ⅱ级	2700	2316.39	2010年 第三批次 2010- 806
C-（50） -113	龙舟广场	1.1213	商服用地	挂牌 出让	商业 Ⅱ级	2700	3027.55	2010年 第三批次 2010- 806
C-（34） -68	景兰古城 项目	0.8664	商服用地	挂牌	1764.39	2250	1949.31	2007年 第二批次 2007- 478
C-（34） -69	景兰古城 项目	1.2217	商服用地	挂牌	1764.39	2250	2748.825	2007年 第二批次 2007- 478
C-（34） -71	景兰古城 项目	0.8151	住宅用地	挂牌	925.34	1350	1100.36	2007年 第二批次 2007- 478
C-（34） -72	景兰古城 项目	0.3	住宅用地	挂牌	925.34	1350	405	2007年 第二批次 2007- 478

续表

宗地号 供地编号	项目名称	面积（公顷）	土地用途	供地方式	基准地价（元/米²）	评估地价（元/米²）	土地总价（万元）	土地来源
A-（3）-1-33	粮食储备库搬迁处置	1.5664	住宅	挂牌		1530	2439.073	存量
B-（12）-77-3	原祥和服务中心	0.199	住宅	拍卖		2778.32	553	存量
C-（11）-82-2	原景洪法院用地开发项目	0.2994	住宅	拍卖		4024.89	1205	存量
A-（24）-3-2	凯莱房地产商品房开发项目	2.7228	住宅	挂牌		2400.11	6535	存量
C-（34）-72	曼景兰新村项目	0.3	商品住房	挂牌		1349.99	405.05	2007年二批次
C-（34）-69	曼景兰新村项目	1.2217	商服用地	挂牌		2250	2748.89	2007年二批次
A-（5）-1-1S00202022	——	0.0093	商业	协议		237.2	2.206	存量
A-（5）-1-1S00502011	——	0.0633	商业	协议		237.01	15.003	存量
A-（5）-1-1S00602009	——	0.0379	商业	协议		236.95	8.9804	存量
B-（17）-8-3	——	0.0544	商业	协议		1508.14	82.043	存量
1060102-B2-104	——	0.0908	住宅	协议		110.13	10	存量
B-（2）-1-5	——	1.1522	住宅	协议		22.88	26.36	存量
	江北滨江片区景观护堤项目	1.625	商业	协议		2398.37	73.63	存量
B-（16）-7-2	——	0.153	住宅	协议		784.78	120.0708	存量
B-（9）-28-2	——	0.4472	住宅用地	协议		2400	1073.28	存量

续表

宗地号 供地编号	项目名称	面积(公顷)	土地用途	供地方式	基准地价(元/米^2)	评估地价(元/米^2)	土地总价(万元)	土地来源
1060102 -B2-86-1	——	0.0496	商业用地	协议		779.84	38.68	存量
B-(12) -89	——	0.3344	商业用地	协议		1020.01	341.09	存量
A-(12) -3-2	——	1.1095	住宅	协议		459.01	509.277	存量
合计	——	44.1962					60 253	

4.西双版纳州2010年城镇保障性住房建设计划

▶ 表10-6 西双版纳州2010年城镇保障性住房建设计划

县(市)区	廉租住房租赁补贴		廉租住房			公共租赁住房		
	2010年廉租住房租赁补贴发放基数(户)	新增廉租住房租赁补贴(户)	计划下达数(套)	目标任务数(套)	实际建设数(套)	计划下达数(套)	目标任务数(套)	实际建设数(套)
全州总计	6406	3210	1500	4500	4591	3500	3500	3694
景洪市	833	2660	1035	1903	1915	1515	1515	1564
勐海县	3026	100	415	2060	2115	1165	1165	1110
勐腊县	2547	450	50	487	511	700	700	900
磨憨经济开发区				50	50			
景洪工业园区						120	120	120

全州2011年城镇保障性住房建设项目确保在2011年9月底前开工,12月底完成60%以上投资。

5.投资分析:总量不大,结构合理

总量:稳超70亿

2010年,全年房地产开发投资216 752万元,超额完成年初既定的20亿元的目标任务,比上年增长13.4%。其中,商品住宅投资117 684万元,占房地产开发完成投资的54.3%,增长6.7%;办公楼投资

4856万元,增长506.2%;商业营业用房投资36 120万元,增长48.2%。全年商品房屋销售面积96.54万平方米,增长21%;销售额300 525万元,增长61.5%。

景洪市2011年1—9月房地产开发投资累计完成194 781万元,同比增加51 984万元,同比增长36.4%。2011年1—10月,房地产投资完成24.3亿元,增长37.5%。房地产开发项目共37个,比去年同期减少16个,下降30.2%,但单个项目投资规模的扩大,仍然使景洪市的房地产开发投资规模在不断扩大。

单位:万元

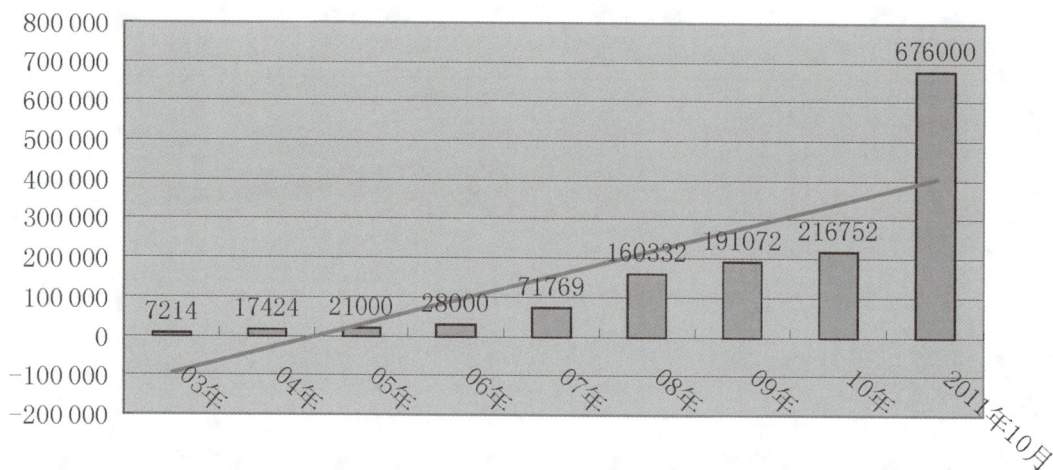

▶── 图10-15 西双版纳房地产开发投资

结构:住宅占据四分之三,商办约为四分之一;酒店式公寓类投资金额较大,90平方米以下占据近一半。

2011年9月,按开发用途分:住房投资完成125 685万元,同比增长57.3%;其中90平方米以下的投资完成51 085万元,同比增长117.2%;140平方米以上的投资完成23 223万元,同比下降24.2%;别墅高档公寓完成投资8395万元,同比下降42.1%;办公楼完成投资1594万元,同比下降54.3%;商业营业用房投资完成43 652万元,同比增长83.3%。

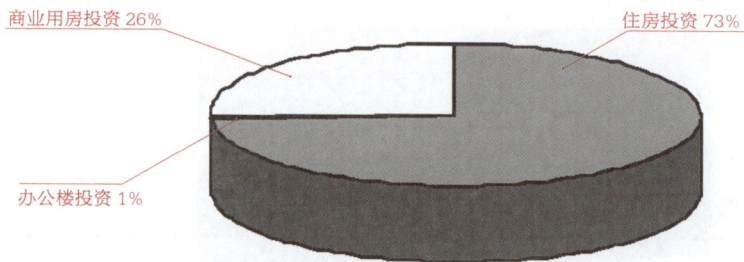

商业用房投资 26%　住房投资 73%　办公楼投资 1%

▶── 图10-16 2011年西双版纳房地产投资比例

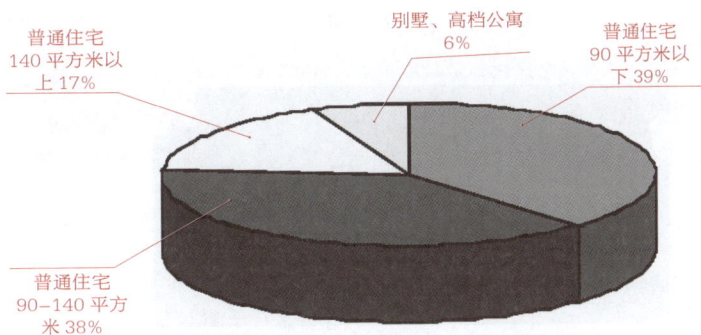

普通住宅
140 平方米以
上 17%

别墅、高档公寓
6%

普通住宅
90 平方米以
下 39%

普通住宅
90-140 平方
米 38%

▶— **图10-17 各类房地产产品投资比例**

6.供需分析：工程进度较慢，供求不平衡，市场需求旺盛

2010年，全州房地产开发施工面积305.75万平方米，同比增长23.9%，其中，新开工面积122.28万平方米，同比增长19.5%。商品房竣工面积51.47万平方米，同比下降10.5%，其中，商品住宅竣工面积41.98万平方米、4039套，分别同比下降19.1%、19.0%。

2011年1—10月，房地产房屋施工面积和销售情况：总施工面积为253.6万平方米，同比下降5.4%；其中，住房施工面积177.2万平方米，同比下降13.5%。竣工房屋面积24.5万平方米，同比下降41%；竣工房屋价值27 170万元，同比下降52.7%。房屋竣工价值1369元/米^2，比去年同期每平方米提高271元。其中住房竣工面积21.5万平方米，同比下降38.7%，商品住房竣工套数1891套，同比减少1770，下降48.4%；商品房竣工价值23 513万元，同比下降49.4%；商品住房造价1917元/米^2，比去年同期的1325元提高592元。

单位：万平方米

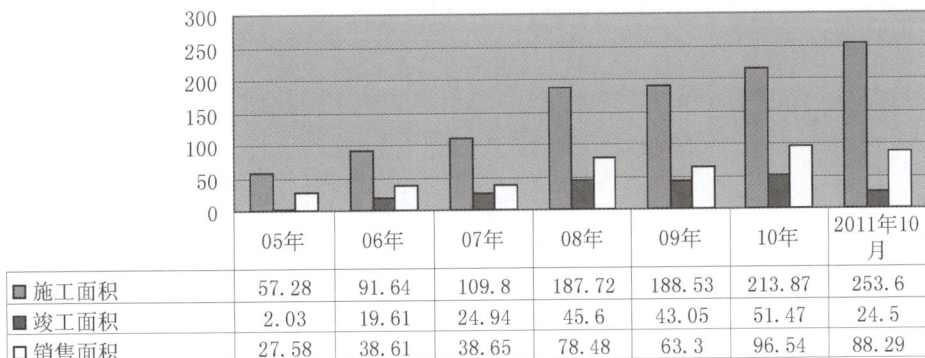

	05年	06年	07年	08年	09年	10年	2011年10月
■施工面积	57.28	91.64	109.8	187.72	188.53	213.87	253.6
■竣工面积	2.03	19.61	24.94	45.6	43.05	51.47	24.5
□销售面积	27.58	38.61	38.65	78.48	63.3	96.54	88.29

▶— **图10-18 2005-2011年10月全州房地产供需分析**

7.房地产销售：销售面积增长较快

2010年，全州共批准商品房预售面积213.87万平方米，同比上升37.6%。商品房销售面积96.54万平

方米，同比增长21.1%。其中，现房销售面积5.79万平方米，同比增长4倍，期房销售面积90.75万平方米，同比增长15.5%，全州商品房销售收入30.05亿元，同比增长61.5%。

2011年1~9月，商品房销售面积65.9万平方米，同比增长22.5%，其中商品住房销售面积40万平方米，同比下降7.8%；商品房销售额达到25.6亿，同比增长42.2%；商品住房销售额达到12.4亿，同比增长16.1%。

◆——— **表10-7 西双版纳州历年房地产销售面积**
单位：平方米，每月累计面积

	2008年	2009年	2010年	2011年
1~2月		41 436	92 297	89 150
3月	242 830	82 644	277 865	257 747
4月	295 078	142 512	301 129	
5月	337 320	187 353	370 784	464 251
6月	362 693	259 763	393 446	
7月	395 820	425 730	432 596	773 282
8月	481 585	451 021	553 620	794 524
9月	494 378	491 386	565 007	818 528
10月	672 455	536 729	629 292	875 563
11月	741 313	633 019	726 309	882 906
12月	784 800	797 500	965 372	1 020 200

单位：平方米

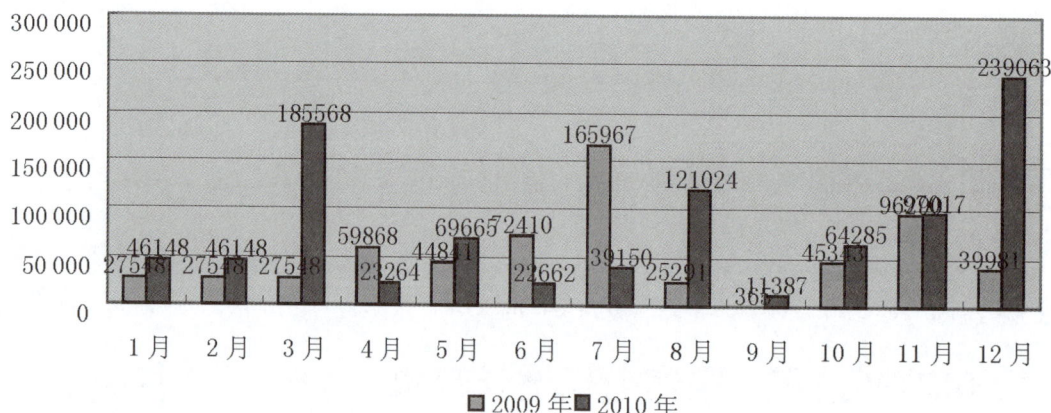

◆——— **图10-19 2009年至2010年各月度成交面积**

8.西双版纳州历年房地产销售金额

▶── 表10-8 西双版纳州历年房地产销售金额

单位：万元，每月累计金额

	2008年	2009年	2010年	2011年
1—2月		9897	30 155	33 818
3月	34 573	20 384	77 634	84 586
4月	42 126	37 374	96 149	
5月	50 419	46 110	114 542	200 551
6月	58 216	60 900	259 763	
7月	68 259	84 816	138 506	276 566
8月	81 484	107 072	186 997	286 683
9月	88 136	120 373	188 681	298 549
10月	123 690	133 732	206 570	316 747
11月	136 281	158 134	234 171	319 258
12月	144 032	186 048	300 525	334 646

　　2011年全年房地产开发投资304 990万元，比上年增长40.7%。其中，商品住宅投资205 599万元，增长74.7%；商业营业用房投资59 215万元，增长63.9%。全年商品房屋销售面积102.02万平方米，增长5.7%；销售额334 646万元，增长11.4%。

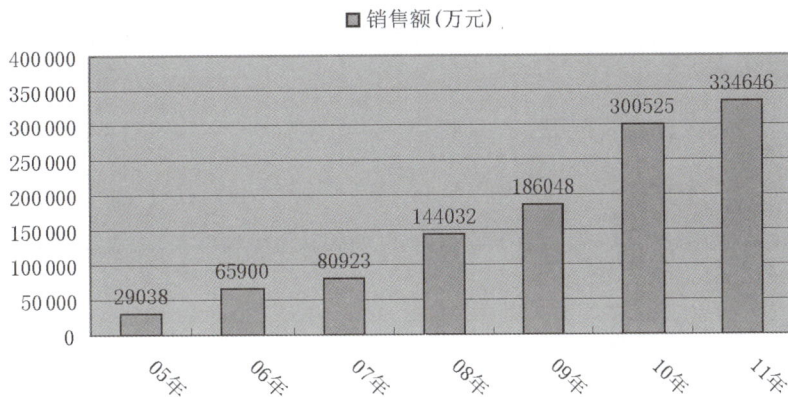

▶── 图10-20 西双版纳州历年房地产销售额

9. 价格分析

受宏观调控的影响，2012年景洪市区的商品住宅平均价格已停止上升，政策变化对景洪市场的影响还是比较明显的。

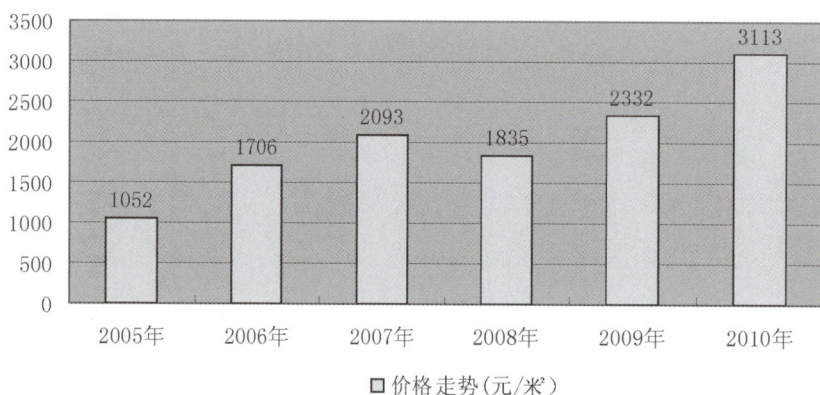

▶── **图10-21 西双版纳州商品房价格走势**

2010年，从全州新开楼盘预售价格分析来看，全州一般商品住宅的预售均价达3200元/米²，同比上涨14.3%，其中小户型预售均价为3700元/米²，同比上涨27.6%；别墅及高档住宅预售均价为4200元/米²，同比上涨35.2%。2011年1~9月，商品住房销售单价为3086元/米²，比去年同期的2453元/米²提高633元。商品住房销售套数4750套，比去年同期增加581套，增长14%。

但到年底，受政策持续影响及市场观望氛围影响，价格保持平稳状态。

▶── **表10-9 2011年销售套数排行**

项目名称	套数
达江苑	1643
览江苑	1303
咏江苑	1061
腾江苑	726
曼侬丽都	648
中景明城	643
福江苑	545
黎明万象	522
丽水景苑二区	374
景蓝银钻	356

（该成交数据为备案后公布数据，与销售实际有出入）

▶—— 表10-10 2011年销售面积排行

项目名称	面积（平方米）
达江苑	219 366.95
览江苑	136 187.94
腾江苑	95 144.81
丽水景苑二区	92 066.91
咏江苑	73 718.66
乾江苑	63 172.12
福江苑	48 134.83
中景明城	41 039.94
冠嘉名城第一期	38 593.79
曼侬丽都	33 970.19

▶—— 表10-11 2011年销售金额排行

项目名称	金额（元）
达江苑	80 978.02
览江苑	49 365.31
乾江苑	48 295.26
腾江苑	36 189.96
曼侬丽都	27 830.69
咏江苑	26 579.44
民族风情街	20 781.59
福江苑	19 647.72
中景明城	17 162.62
丽水景苑二区	16 823.28

2011年，达江苑销售均价为3691元/米^2，览江苑销售均价为3625元/米^2，腾江苑销售均价为3804元/米^2，中景明城销售均价为4182元/米^2。

景洪市中心普通住房价格在3800元/米^{2}左右。

10. 成交套型分析：市场刚性需求表现明显

从2010年至今的商品住房成交套型情况看，在上市的商品住房中，130平方米以下占了总量的近80%，市场刚性需求表现明显。消费者的购房行为更趋理性：一是市场销售主要是自住需求为主，据调查统计，自住型需求比例约为80%；二是投资需求理性选择，进入第三季度，景洪市区投资性需求较强，但增加集中在具有升值潜力地段区域中的楼盘。

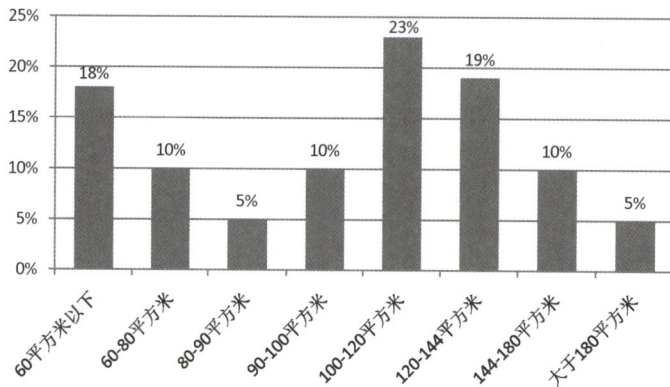

图10-22 2009年至今景洪市区商品住房成交套型比例

六、区域房地产概括

1.景洪地产发展方向

北控：北部用地受到江北山势的阻隔，不作为中心城区来发展，用地以继续完善内部功能、用地开发"填平补齐"为主，适当发展东北区块和城东路沿线地块。

图10-23 景洪地产发展方向

东进：以曼弄枫度假区开发建设为主动力，以勐泐大道为发展轴线，用地向东发展，安排大片居住、公共设施、商业、绿化用地。

南移：以嘎洒新区开发建设为主动力。

西拓：西部以工业园区为中心，安排居住、公共设施用地，并外延安排工业用地。

除了北部区域受地势限制以外，未来整个景洪的房地产发展重心将主要体现为东进、西拓和南移。本地块属于澜沧江中心地带，政府投资近60亿元的沧江新区的规划和建成，将在景洪沿江两岸区域打造一个集旅游、休闲、商务和民俗体验于一体的滨江新经济带。

2.项目周边楼盘概括

▶── 表10-12 项目周边楼盘概况

项目名称	占地面积	建筑面积	容积率	主力户型	均价	位置	销售情况	购房客户群体
九号公馆	20亩	42 000平方米	2.8	50平方米小公寓、106、127、144平方米住宅为主	4000元/米²	江北景亮路9号	已完成90%，剩余部分公寓及跃层	江北客户居多，外地人和乡镇次之
金色佳园	7.3亩	14 070平方米	2.96	97~139平方米	3000元/米²	澜沧江路农业局对面	已完成95%，剩余部分跃层	江北
滨江果园避寒山庄	4000亩	61万平方米	0.22	50~250平方米	4500元/米²	经功大沙坝	销售至4期，剩1000余套	客群以外地客户为主
中景明城	25亩	65 000平方米	3.9	35~53平方米（当前在推）	4200元/米²	原曼景兰水果批发市场	剩余100多套（35~53平方米公寓）	本地人居多，投资型为主
告庄西双景	1200亩	900 000平方米	1.18	100平方米跃层52套、20平方米公寓360套、40平方米公寓180套、60平方米公寓30套	5000元/米²	经功入城大转盘处	剩余100套左右	外地人和本地人
版纳一品	165亩	——	2.5	50~200平方米	3500元/米²	市一中后	——	本地人，项目周边客户居多
傣江南·滨江豪苑	15亩	——	1.8	35平方米100套、55平方米100套、160平方米100套、194平方米100套	5000元/米²	老大桥	——	主要为本地人，投资型较多

续表

项目名称	占地面积	建筑面积	容积率	主力户型	均价	位置	销售情况	购房客户群体
雍玺台	8亩	13 000平方米	2.4	200平方米以上	6500元/米²	造纸厂	——	本地私营业主较多
农垦医院改造	128亩	239 000平方米	2.8	——	待定	农垦医院	——	——
傣泐金湾二期	300亩	130 000平方米	1.62	——	待定	江北	——	——
林语江畔	23亩	75 000平方米	4.42	50~100平方米	3500元/米²	江北	——	——

3. 沿江楼盘个案

（1）林语江畔

项目位于江北片区景洪澜沧江路13号（景洪国家粮食储备库），西临景洪市农机学校，地块东侧和北侧为规划路。项目总用地面积为15 473.93平方米（约23.21亩），总建筑面积7.5万平方米，其中住宅44 747.28平方米、公寓22 850.77平方米、商业1249.28平方米，共三栋795户。

▶—— 表10-13 林语江畔概况

地理位置	澜沧江路	开发商	润丰合创房地产开发有限公司
总占地面积	15 473平方米	建筑面积	75 000平方米
物业类型	高层	住宅总套数	795户
面积区间	50~100平方米	使用率	80%
绿化率	45%	容积率	4.2
建筑密度	23.6%	停车位	239
报价	3500元/米²	入住时间	待定
销售代理	未定	广告策划	成都戴比天扬
物业管理	未定	投资商	润丰合创房地产开发有限公司

■项目设计理念

整体性——从西双版纳整体区域环境出发，充分利用景洪市旅游度假区的地域优势条件，科学定位，精心打造出特色鲜明、配套完善、形象突出的和谐居住家园。

民族性——以多民族文化为底蕴，选取本地最具特色的傣族建筑文化作为设计创作元素，突出地域风格，使之成为独具特色的现代新型居住小区。

生态性——贯彻"尊重自然，融于自然"的思想，以建设环保生态型居住环境为第一规划目标，创造出布局合理、环境优越的舒适型、生态型、环境友好型居住社区。

时代性——力求塑造尊贵、自然、优雅、个性鲜明、富有时代特征的理想人居环境。

■ 建筑平面设计

住宅套型灵活多样：为满足不同人的需求，通过精心组织，整个小区为高层住宅与公寓，尽可能让更多的人住在这里，实现他们的梦想。

创造良好的居住环境：西双版纳夏热冬暖的气候特征使人们一如既往地关注阳光和自然通风，同时表现出接近绿化、融入自然的渴望，因此在户型选择与平面布局时注重考虑通风和空气的对流。不同户型组合搭配布置，低层住宅以庭院式空间成组排列。将绿地延伸至住户内部空间中，形成"集中带状绿地和邻居庭院绿化"的序列空间组织，为居民提供更多的交往空间，同时将人性化的绿色空间引入室内，体现理性与感性的交织，既增加情趣，又有利于小气候的改善。

合理分配户内各功能空间：设计合理紧凑，空间利用极尽其能，动静分区合理，"明厨亮厕"，舒适感强。多退台和多露台的特点让住户享用更多的休闲空间，更好地感受自然和阳光，提升居住品质。

■ 建筑立面设计

民族性：建筑立面造型以傣族建筑文化中特有的形式为母题，充分吸收傣族建筑文化的精髓，采用西双版纳传统地方民居建筑造型（坡屋顶）与现代建造手段相结合的方式，创造出富有地域性、民族性、时代性的高尚人居空间。

和谐性：建筑风格的统一是形成良好的整体环境的关键，本次建筑设计在色调、风格、细部、体量和尺度上采取地方民族式样与现代功能相结合的处理手法，从而产生协调的美感。

层次性：立面在造型上运用了民居建筑形式，顶部虚实结合、错落有致，建筑大阳台的处理使建筑立面层次感丰富。建筑基座采用部分石材，檐口和装饰支撑采用温暖的仿木材质，配以木色铝合金门窗，很好地诠释了传统建筑的精髓，又融合了现代建筑的设计元素和手法，生动而简约。

■ 户型

▶── 表10-14 户型配比分析

户型	面积	比例
一室	33~62平方米	40%
二室二厅一卫	72~79平方米	20%
三室二厅一卫	78~103平方米	10%
三室二厅二卫	117~120平方米	30%

（2）傣江南·滨江豪苑

■ 项目概况

城市核心区位，中心城区一线江景，私享城市完善配套。傣江南·滨江豪苑的三大复合产品线——板式住宅、江景公寓及滨江商业街铺营造出清晰的商业、居住、交通、绿化功能分区。

住房总建筑面积69 048平方米（含地下建筑13 000平方米），其中住宅面积50 048平方米，商铺面积3000平方米，会所面积3000平方米，车位400个；从产品角度看，傣江南·滨江豪苑拥有三大复合产品线组合——板式住宅、江景公寓、滨江商业街铺。其中，板式住宅空间阔绰，南北通透，赠送超大L形观江阳台；江景公寓为36~55平方米的精装公寓，投资自住两相宜。滨江豪苑的滨江商业为联排单体商业，户户入景，赠送超大露台。

▶── 表10-15 傣江南·滨江豪苑项目概况

基本情况	楼盘名称	傣江南·滨江豪苑		建筑面积	69 048平方米
	总户数	公寓288套、大户型144套		层高	3.3米
	交房日期	2013年	开盘日期 2011年8月	车位数	400多
	栋数	3栋	占地面积 31 000平方米	投资商	景洪城投开发有限公司
	容积率	1.8	绿化率 50%	广告推广	古梁机构
	最高楼层	20层	公摊率 10%	管理费用	10层以下9角，以上1.1元
	发展商	景洪城投开发有限公司		建筑设计	北京市市政设计研究总院
	策划顾问	尺度地产		配套商铺数	5栋商铺，临街20间
	物业管理	景宏城投物管		景观设计	银河景观
	物业类型	商住			

户型	一室一厅	23.65平方米	销售单价	4500元/米²
	一室一卫	42.58平方米		
	一室一厨	55.20平方米		
	四室两厅	194.09平方米		

最高价	商铺：20 000元/米² 住房：5000元/米²	最低价	商铺：18 000元/米² 住房：4500元/米²	均价	商铺：18 000~20 000元/米² 住房：4500元
主推	公寓35~55平方米	住宅：160~190平方米		公寓5500元/米²，住宅4500元/米²	

（3）九号公馆

■项目概况

项目位于景洪澜沧江北岸，西靠北岸康城小区，南临景亮路，与"傣渤金湾"隔街相望。据悉，九号公馆由景洪立丰房地产开发有限公司投资建设，项目占地20亩，位于江北景亮路9号，与北岸康城相邻，由10栋11~16层高的小高层建筑围合而成，总建筑面积4万多平方米，共10种户型，464套住宅。

　　该项目采用全框架剪力墙结构，减少对空间的浪费也方便住户进行装修和功能调整。项目定位高端豪华，倡导低碳生活，户型从50平方米到270多平方米不等，可以满足居家办公、投资增值等不同需要。在规划布局上，以突出景观和视野为设计理念，把傣式传统的建筑风格与新古典主义建筑风格相融合，强调以人为本、人与自然亲密结合的特点，力求户户朝南、家家有景可观。工程计划投资6000多万元。

▶── **表10-16 九号公馆项目概况**

地理位置	景亮路	开发商	景洪立丰房地产开发有限公司
总占地面积	20亩	建筑面积	40 000多平方米
容积率	2.8	绿化率	45%
物业类型	小高层	住宅总套数	464户
车位	200个	物业管理	银河物业
开盘时间	2010年9月10日	交房时间	2012年4月
住房面积	97~270平方米	公寓面积	50~90平方米
商铺面积	40~221平方米	促销活动	一次性1个点，按揭无
剩余公寓均价	4000元/米^2	商铺均价	14 000~18 000元/米^2

■ 户型配比

▶── **表10-17 九号公馆户型配比**

编号	面积区间	户型	套数所占比例
A	50平方米	公寓	15%
B	90多平方米、270平方米	跃层公寓、顶跃	10%
C	70~90平方米	两房	15%
D	106~144平方米	三房	60%

（4）金色佳园

■项目概况

金色佳园是西双版纳博誉地产在景洪市江北片区开发建设的以商业和住宅为主的小型综合体项目。项目处于江北片区的澜沧江路边，占地7.3亩，临街物业一二层为商业，目前项目主体工程已经完成，正在进行建筑外观的装饰。项目也是西双版纳博誉地产响应景洪市政府将江北片区打造成景洪次中心及城市宜居片区的政策号召开发的系列项目之一。

▶—— 表10-18 金色佳园项目概况

地理位置	景洪市江北澜沧江路	开发商	博誉地产
总占地面积	7.3亩	建筑面积	14070平方米
容积率	2.96	绿化率	35%
物业类型	小高层	住宅总套数	88户（对外销售）
车位	43个	物业类型	住宅、商铺
开盘时间	2011年6月11日	交房时间	2012年12月
户型配比	3房占多数，少量顶跃	户型面积	100~130平方米和258平方米
住宅均价	3000元/米²	商铺均价	11 000~15 000元/米²

■户型配比

▶—— 表10-19 金色佳园户型配比

编号	面积区间	户型	所占比例
A	97平方米	二室二厅一卫	11%
B	120~127平方米	三室二厅二卫	34%
C	130~139平方米	三室二厅二卫	45%
D	170~270平方米	跃层	10%

（5）告庄西双景

通过"一江两门九塔十二寨"的总体规划，实现文化、休闲、度假、体验、娱乐、旅游、商贸、居住等综合功能。项目依托西双版纳特有的生态资源、民族资源、国际资源，是"以升级传统傣家民族文化为基础、以融合湄公河地区周边国家文化精华为内核"的大型复合型旅游文化商业地产项目。通过"一江两门九塔十二寨"的恢弘规划，将傣泰经典文化与现代潮流元素完美融合，缔造前所未有的"大金三角傣泰文明之心"，打造文化体验之都、休闲度假之都、旅游商贸之都、国际商务之都、傣泰生活之都、时尚繁华之都，体现最国际、最时尚、最现代的综合功能，贯通古今、兼容并蓄，致力于成为代言西双版纳的城市名片。

告庄西双景位于景洪沧江新区核心，占地1200亩，建筑面积90万平方米，绿化率40.2%，容积率1.18。土地年限：住宅70年；商业40年。总投资20亿元。告庄西双景完美融合了傣族文化与东南亚各国风情，以国际休闲旅游文化大盘的形象问世，体量庞大，业态丰富，综合了文化、旅游、休闲、度假、居住、体验、娱乐等。项目分三期开发，有20万平方米的旅游独家综合体、18万平方米的娱乐综合体以及15万平方米的城市综合体，其中包括两大超五星级酒店和傣式风格客栈，更配有大型的购物中心、湄公河流域工艺品卖场、餐厅、国际班车客运站、签证中心。除此之外，国内国际的旅客从西双版纳出境也需要到项目所在地来办理手续。

公寓户型配比：100平方米跃层52套、20平方米公寓360套、40平方米公寓180套、60平方米公寓30套。

（6）傣泐金湾二期（形象期）

傣泐金湾二期位于景洪市的东北部，北临景亮路、西接老大桥、东靠新大桥，澜沧江自西北向东南流经项目。项目临江面水，静享澜沧江的怡人风光。总用地面积约300亩，总建面约13万平方米，容积率1.62，绿化率50.12%，其中一期滨江景观商业总建面约24 000平方米，于2009年3月开工，包括32栋独栋商铺，现已交房。二期为公寓和产权式酒店。

傣泐金湾与繁华的傣江南遥相呼应，在产品上采用独栋庭院式建筑。庭院式商业模式在西双版纳绝无仅有。依托西双版纳民族文化底蕴、滨江稀缺资源，为景洪市民提供一个集日常休闲、娱乐、购物、美食、观景等多功能于一体的市政配套，成为市民纳凉、集会、展现民间民俗的欢庆胜地。

傣泐金湾二期将引入产权式酒店、酒店式公寓，为游客提供度假的绝美休憩之地。依托西双版纳民族文化底蕴、滨江稀缺资源，构筑沿江酒吧、咖啡厅、高档休闲会所、清吧、茶吧、客栈等休闲商业配套，打造国际生态旅游度假胜地。

（7）湄公河畔（形象期）

湄公河畔总用地面积294 108平方米（441.1亩），建筑密度24.1%，绿化率49.4%，建筑面积103万平方米。项目依山而建，物业形态由花园别墅、星级酒店、写字楼、公寓、景观洋房、大型商业街区、休闲娱乐会所等组成。项目分4期进行建设。40万平方米西双版纳特色国际生态城依山傍水、坡地山水、藏风聚气、涵纳天赋灵秀、俯瞰一线浩瀚江景，规划有公寓式全江景房、花园联排别墅、独栋别墅、高层、小高层等等；周边著名旅游景区、高档别墅区聚集，与国际旅游集散中心、湄公河水上游乐中心、休闲体验中心相邻。

4. 江北购房群体

来源：项目周边、市郊地区、外地人

描述：周边城中村居民、市郊进城就业者、个体经营者、一般职员

需求：拆迁、改善居住环境、结婚购房、投资需求

价值取向：比较理性，总价承受能力有限，注重生活，同时关注实惠

面积需求：选择面积以90~130平方米的三房为主

5.沧江新区：江北板块地产发展特征

（1）价格的差异直接导致产品供应结构的差异

主要表现在江南与江北的差异化，由于产品的差异化派生出两种户型结构的产品：一种为大面积住宅产品；另一种为小面积单身公寓。大面积户型主要是125平方米以上的三房、四房户型；小面积主要是30~60平方米的公寓；适中户型在江北极其稀缺。

（2）旅游型和传统型需求并存

片区的旅游休闲、度假呈现逐步上升势头，旅游型物业需求开始增多，但片区又同时存在一般的居住需求，二元结构明显，产品定位需要考虑此因素。

（3）未来居住市场潜在需求有限，客户导入成为关键

潜在需求户型将主要以二房、小三房和少量大户型为主。客户导入成为关键因素，因此，品牌和产品的吸引力成为楼盘开发的关键因素。

（4）各楼盘在推广上特征明显，突出本地文化的楼盘居多

多数楼盘主要以地块特征结合本地文化为主，已经造成客户相对的视觉疲劳，宣传乏力。在宣传上需要更加注重以个性及不同风格来凸出项目。

七、整体房地产总结分析

1.新"国八条"的推出，预示着房地产市场结构性调整的开始

及时调整对策，避免走进政策泥潭。进一步紧缩的货币政策，打击了部分市场刚性需求，增加了购房成本，影响了客户的购房积极性。密集的调控政策主要针对一线指标城市和二、三线房价上涨过快的省会城市，对属于四线城市的景洪市有一定的影响，但刚性需求依然旺盛。

2.房地产开发建设仍将保持平稳快速的增长态势

随着城镇化进程的加快，城市人口数量的不断增加以及城镇居民收入的不断提高和房屋购买支付能力的增强，景洪市房地产市场二次置业、投资、换房等多种需求将进一步显现，房地产将会呈现持续平稳的快速增长的态势。同时土地开发投资、开发面积、购置面积的增长，也反映出开发商对房地产投资信心的进一步增强。

3. 市场供需矛盾仍然存在

房地产开发企业实施项目难度加大，主要原因是目前采取综合开发、杜绝零星建设的原则，土地价格越来越高，且招拍挂土地的总价偏高，那些规模小、实力差的企业就无法顺利取得土地，部分房地产开发企业所实施的项目迟迟不能开工，新区部分项目虽是净地出让，但是周边基础配套设施还不完善，开发进度受到影响，部分项目实施缓慢。尽管因成交量下滑商品房库存逐步增加，但市场供需矛盾仍然存在，受到抑制的部分需求迟早要释放，因此市场未来需求依然旺盛。

从2008年至2011年楼盘销售价格来看，受政策因素影响，当前商品房销售价格处于相对平缓的状态。旅游产业的快速发展，必将带来更多的外来人口，而房价在未来也会保持平稳地缓慢上升。

4. 销售类型以住宅为主，商业逐步放量

商品房销售主要以住宅销售为主，购房者多为首次置业和改善性住房的自住型住户。随着部分大规模商业项目的放量，未来商业的竞争将较为激烈。

5. 住房供应结构将向小面积户型偏移

目前市场上实际销售的商品住宅套型建筑面积大多在100平方米以上，市场上中小套型普通商品住宅供应比例偏小，90平方米以下住宅的新开工面积占商品住宅新开工面积的28.1%，同比下降了5.1%，且大部分还是期房销售，供应量明显不足，而且部分建盖的经济适用型住房面积偏大，中低价位住宅供应比例偏低。因此，市场上大户型房屋多、中小户型少的情况还未得到根本改变。

第二部分
产品篇

一、项目开发策略

1. 土地产品属性

▶━━ 图10-24 项目地块概况图

区位：直接临城市主干道，处在闹中取静的区位，地块拥有天然的私属感，地块周边与傣渤金湾和景洪港相邻，区位形象高尚；

周边配套：位于成熟的江北片区，城市基本配套比较完善，生活配套较齐备；

交通：景亮路、澜沧北路地块进入性较好，与城市主干道有较便捷的交通联系，景亮路与周边低价项目形成天然区隔；

景观资源：直面澜沧江，北面为山景，景观环境很好；

地块内部现状：大致呈梯形，内部地势平坦。

2. 土地属性

中等规模、高容积率的项目，开发强度大、生态环境较好的居住社区。

交通状况和城市配套较好，景观资源和区位条件是本项目的强势资源。

3. 项目优劣势分析

（1）项目的优势和机遇

地块直面澜沧江，便于小区景观视野环境的打造；

周边商业配套完善，交通较通畅，来往片区便捷，生活舒适度逐步提高；

九号公馆、傣渤金湾、告庄西双景提升了片区的整体居住品质，引导了市场高端房地产的消费，市场存在潜在的高端住宅需求；

景洪市近几年经济增长迅速，人均收入增长明显，出现了一批具有相当购买能力的消费者；

澜沧江中心带总体规划——城市核心景观轴，以旅游、休闲、娱乐、民俗风情体验为主的功能定位为江北片区高端定位奠定了基础。

（2）项目的开发挑战

今年是宏观调控持续年，政策影响面广，不确定因素多，市场投资、投机需求被打压，市场刚性需求者观望氛围浓；

项目体量较大，江北片区未来供应量大；

市场直接竞争激烈，同质化产品大量上市；

本案处于江北板块，江北板块与其他板块相比，处于相对弱势的地位，在一定程度上影响了消费者的购买欲望。

机要档案 10: 高端住宅

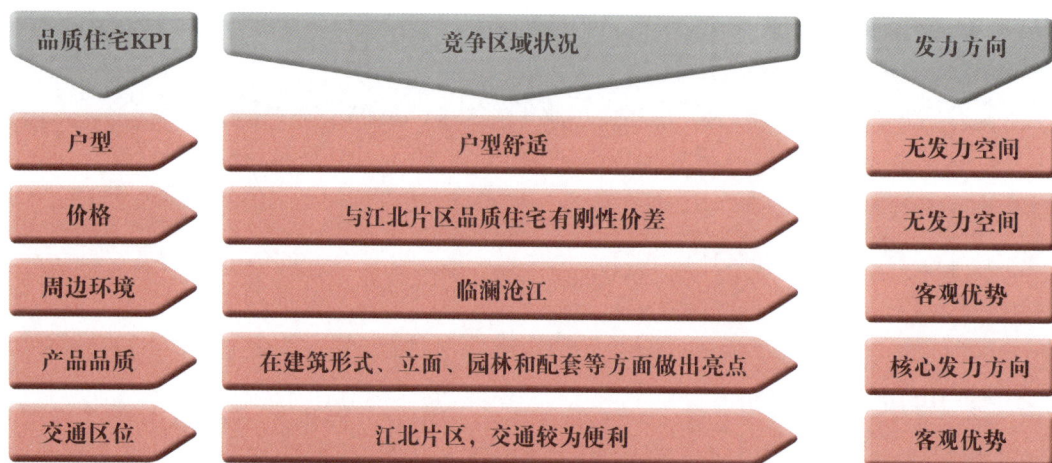

品质住宅KPI	竞争区域状况	发力方向
户型	户型舒适	无发力空间
价格	与江北片区品质住宅有刚性价差	无发力空间
周边环境	临澜沧江	客观优势
产品品质	在建筑形式、立面、园林和配套等方面做出亮点	核心发力方向
交通区位	江北片区，交通较为便利	客观优势

▶── 图10-25 建筑品质、概念定位、文化包装做足亮点

　　区域项目产品雷同性大，跳出区域现状，走高品质、差异化产品竞争的路线是本项目产品定位的最佳出路。

　　竞争区域的部分项目已经在产品上做出亮点：突出性价比优势，加大户型的舒适性，如入户花园、宽景阳台、主卧室套房设计等。仅仅依靠直面澜沧江的优势难以制胜，产品如何突破？

　　本项目的核心竞争力在产品品质上，由于竞争区域的部分项目已经在产品上做出亮点，本项目应当在产品品质上做到极致，实现溢价。通过项目的公建配套标定项目的档次，符合目标客户彰显身份的心理。更重要的是将项目外部的面江优势与小区景观相结合打造优势，将客户易感知的园林规划这一价值点做到极致，在其余价值点上保证无负面影响，实现区域的价格突破和快速销售。

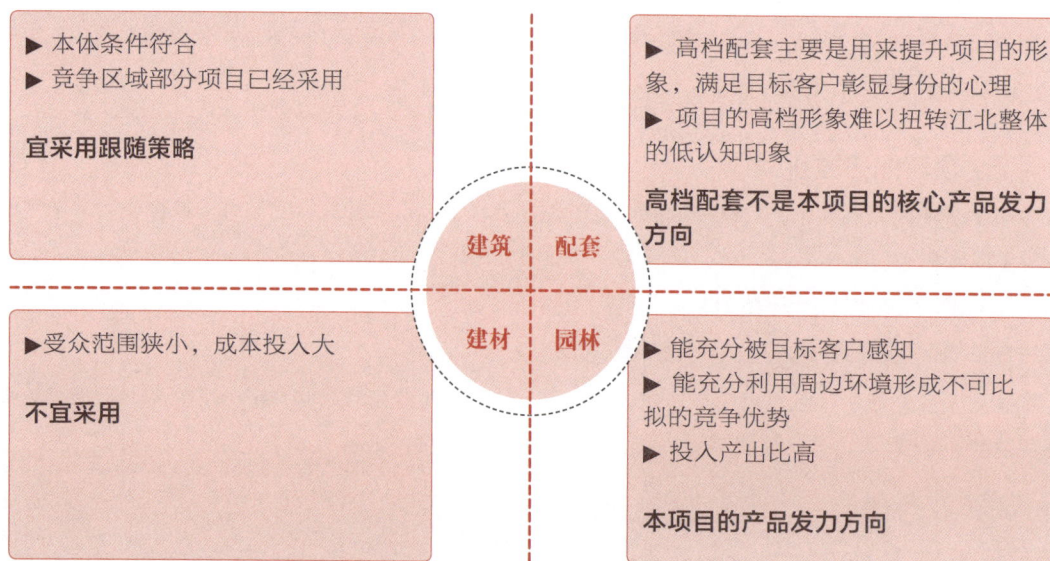

▶ 本体条件符合 ▶ 竞争区域部分项目已经采用 **宜采用跟随策略**	▶ 高档配套主要是用来提升项目的形象，满足目标客户彰显身份的心理 ▶ 项目的高档形象难以扭转江北整体的低认知印象 **高档配套不是本项目的核心产品发力方向**
	建筑 / 配套 / 建材 / 园林	
▶受众范围狭小，成本投入大 **不宜采用**	▶ 能充分被目标客户感知 ▶ 能充分利用周边环境形成不可比拟的竞争优势 ▶ 投入产出比高 **本项目的产品发力方向**

▶── 图10-26 项目选择的产品发力方向

　　跳出同质化竞争圈子，打造富有文化内涵、风格差异化较大并有品位的产品；

　　追求产品景观的卓越，不惜牺牲部分利润；

致力于打造社区园林，以园林带动销售；

客观优势与客户价值感知最大化的选择——水，首先是一种心情，然后是一种生活方式。直面澜沧江与社区水景交相辉映——水既能极尽满足健康生态的居住需求，同时也给客户带来无可匹敌的视觉体验与震撼。

4. 开发档次判定

地块建议：本地块适合发展高档次住宅项目。

▶━━ 表10-20 开发档次判定

因子分析	顶端豪宅	高端产品	中高档产品	中档产品	中低档产品	小户型公寓
对外部景观资源要求	稀缺资源	较好的资源	无优势资源	一般	无	无
对公共效能的依赖	弱	较弱	一般	较强	强	强
环境噪声干扰适应性	弱	较弱	较弱	较强	强	强
对公共交通的依赖	弱	较弱	较弱	较强	强	强
对场地规模的要求	较大规模	较大规模	一般规模	一般	基本无要求	基本无要求
容积率、覆盖率要求	低层、低密度	低覆盖率	较低覆盖率	一般	基本无要求	高容积率
景观配套体系要求	出类拔萃	出类拔萃	较高	一般	基本配套	较低
对成本价格的适应性	强	强	较强	控制成本	较低成本	一般
对销售价格的限制	市场制高点	较高价格	较高价格	一般	低价格	一般
地块匹配情况	资源不支持	符合	基本符合	区位不支持	区位不支持	区位不支持

产品档次目标定位为景洪高端、江北最高端的品质居住社区。

形象上则通过对文化的挖掘、形象的整合与传播，使之成为景洪最具文化性、最吸引眼球、最具有高端形象的品牌文化楼盘。

5. 项目发展策略

基于市场竞争，本项目的核心竞争力为产品+环境（附加值）。

（1）本项目的发展策略

文化搭台，风格唱戏。

（2）项目形象定位

沧江中心、海派建筑、文化典范。

（3）策略基础

第一，开发商为上海一线开发商，多年的开发经验足以打造一个景洪的标杆项目。规划设计为开发商内部设计，开发商多年的规划设计经验，足以把一线城市的规划设计理念带到景洪，从而奠定项目的高端形象。最大化地突出项目的核心价值点及内外景观优势，一举奠定本项目的高端形象，为高价提供强有力的支撑。

第二，通过品牌塑造和市场宣传，拔高项目形象，深挖社区内景，打造特色园林，联动澜沧江，弱化配套不足。以大水景园林的打造形成项目的差异化竞争优势，内景与外景交相辉映，提供极致的滨水居住体验；建筑形态和立面等突出品质感和冲击力，竖向加高楼层来做足容积率，使楼座体现挺拔感，营造气势。同时降低建筑密度使规划大尺度园林成为可能。产品形象比肩城市豪宅，一举超越竞争对手并实现客户截流。

第三，多户型组合，舒适型户型满足换房客户的需求，紧凑户型主要针对首次置业客户；多户型组合入市，扩大目标客户范围，实现热销和资金回流。资源条件好的产品在后期销售，为价格的进一步提升提供产品支持。利用住宅提升区域地块的成熟度，从而带动区域内的购物需求及其他需求。商办类先期的体量需要适度控制，主要为住宅服务（包括人流，同时也兼顾区域形象和后期市场培养的需要）。

目前市场上主力户型同质化严重，都以120~140平方米的三房为主，若本案也坚持此户型，则竞争激烈，房价总价高，去化是个难题，所以建议适量降低大三房比例，提高小三房比例和二房比例，规避竞争风险，使总价得到控制，客户接受度提高，而对于开发商而言，单价会有所提高，利润也会提高。

二、项目规划与建筑设计

1.设计理念及原则

根据市场定位，本项目立足中偏高档楼盘，走大众化但高品质路线，以"舒适水居社区"的开发理念为主导。社区的基本特征是：舒适、雅致、体现现代文明、文化氛围浓郁、生活便利、悠然自得。本项目规划建筑设计贯彻以下要点：

第一，实现项目价值最大化，充分利用地块条件打造更多的商业体量，使滨江商业区的商业发展价值充分发挥；

第二，对海派建筑风格的文化进行充分的挖掘，以文化包装产品，赋予建筑语言及灵魂，提升产品附加值；

第三，基于核心竞争力的原则，最大化发挥景观价值，以突出景观价值为首要原则，以中央水景为核心，楼座形成围合状；

第四，突出产品品质感，做足容积率，拔高楼层，突出挺拔高耸的建筑形象；降低建筑密度，使规划中央大水景成为可能；

第五，在布置大塔楼时，要保证户型的舒适性，将优势资源优先分配给高档次产品；

第六，以规划平面的气势、序列、边界感等来充分体现高尚景观住宅定位和具有文化情趣的可参与性开放空间。

2. 总体布局建议概要

第一，商业体量更大了，但要保证住宅的品质不受影响；建筑同时也是一道亮丽的风景；

第二，以中央水景为核心形成围合，保证各楼座均可观景，水景边界线尽可能长，使楼座尽量靠近水景；

第三，以内部景观和外部景观资源的强弱对资源占有度进行分级（一级为最优），作为户型分布和开发推售顺序的依据；

第四，部分区域外可观澜沧江景，内可观本项目巨大水系，是本项目的楼王位置；

第五，资源价值次优；

第六，可观江景，同时视野较好，景观价值优；

第七，无特殊资源，但高层可观景。

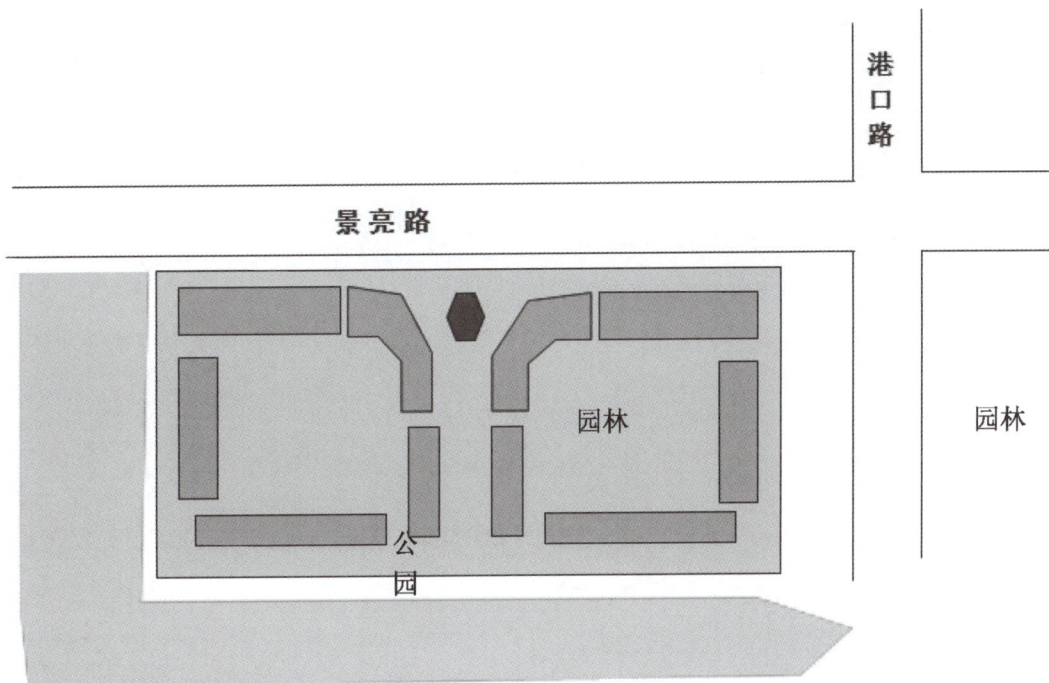

▶── **图10-27 总体布局**

3. 产品布局建议

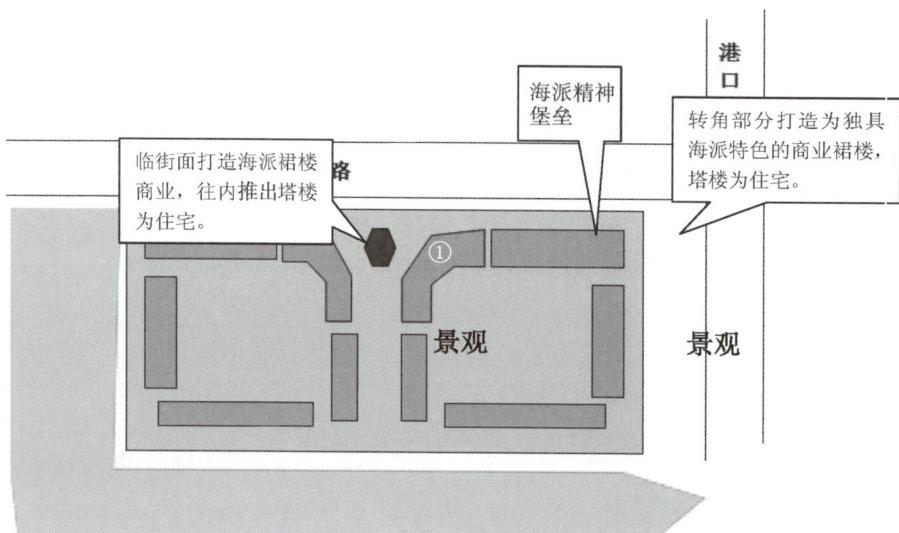

临街面打造海派裙楼商业，往内推出塔楼为住宅。

海派精神堡垒

转角部分打造为独具海派特色的商业裙楼，塔楼为住宅。

港口

路

景观

景观

① 图10-28 产品布局

4. 交通组织建议

目标客户主要通过景亮路进入本项目，为此建议主入口设置在此路段，交通方便。

顺应项目临街车行方向，入口设置在靠怡景湾一侧，进入小区后直接通地下停车库，车库出口则布置在靠景洪港一侧，最大限度地实现人车分流。

商业人流则由商业广场入口进入。

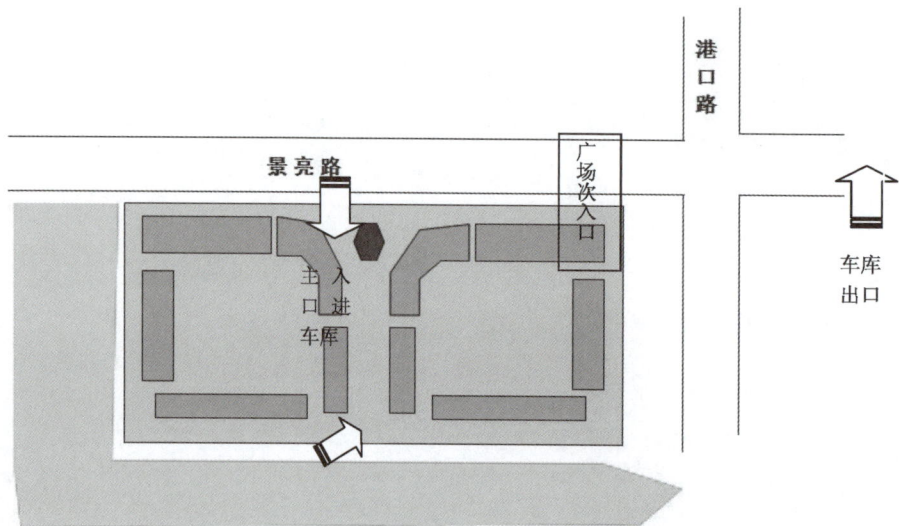

港口路

景亮路

广场次入口

车库出口

主入口进车库

图10-29 交通组织示意图

5. 建筑风格表现

（1）建筑风格

经典海派风格

以清新雅致、简洁大方、线条明快、注重整体效果的现代风格为主，高层体现挺拔的建筑视感。天际线与轮廓线：天际线高低错落，同时，利用檐口、腰线、窗台、阳台、基座的变化丰富外立面的轮廓线。

（2）入口精神堡垒的打造

▶── **图10-30 入口示意图一**

（3）入口海派形象门打造

▶── **图10-31 入口示意图二**

（4）建筑立面构造及用材建议

外围：项目外围裙楼商业部分在风格上可运用老上海石库门元素的骑楼，架出部分外廊，或者可挑出雨篷，塑造海派或西式的休闲商业感觉。

公共部位——外立面：为了体现项目品质及整体风格，增加产品附加价值，外立面采用二段式设计，基座采用红砖或青砖贴面，加以玻璃组合，体现产品的大气、稳重。

建筑细节：细部根据建筑观景特点处理，在观江景位置采用弧形处理，最大限度地增加观景面，阳台处理采用玻璃材料，建筑顶部处理增加造型，且结合灯光做法。

色彩方面：以暖色调同色系组合搭配，体现产品现代、明快的风格。宜选择咖啡色、米色、棕色、赭色等颜色。

（5）商业街建筑示意图

商业立面可参照上海新天地，以红砖、青砖和石料为主要贴面材料，将上海石库门的元素做足。

▶—— 图10-32 商业街示意图

（6）街区风格建议

▶—— 图10-33 街区风格示意图

（7）海派街区元素挖掘

▶— 图10-34 海派街区元素示意图

（8）立面装饰

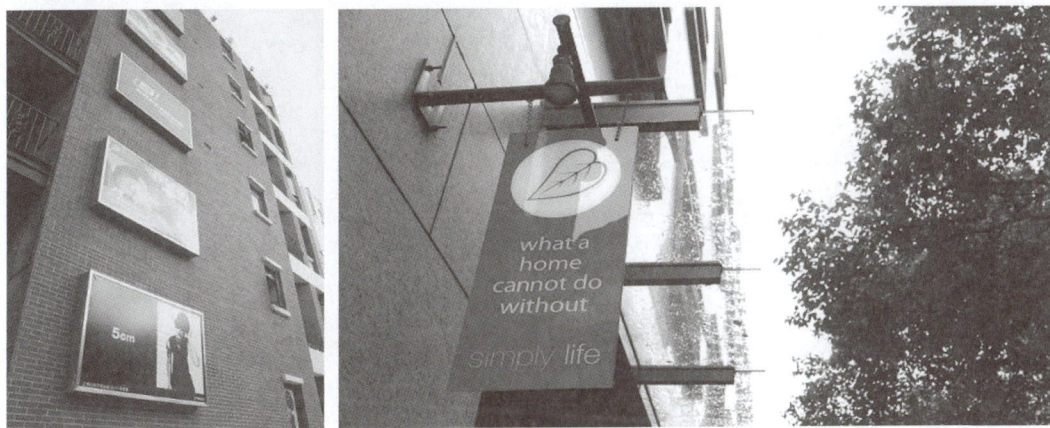

▶— 图10-35 立面装饰示意图

（9）住宅区建筑风格

住宅风格为现代海派风格，结合傣族干栏式建筑及国际建筑风格的元素，尽量放大海派和国际元素。

▶— 图10-36 住宅区建筑风格示意图

6. 景观布局建议

小区外围景观：充分利用西面澜沧江的自然景观及南面、西面绿化带，运用渗透、借景的手法，在景亮路布置高层建筑以便看见澜沧江景，并在设置景观体系时将外部景观因素引入内部。

小区内部景观：建议做适度的大景观公园和广场，要体现均好性，构筑适度的广场花园开敞空间，与组团绿地、庭院绿地形成较好的绿地系统，从而实现景观的丰富性，步移景异。在建筑密度较高处运用部分底层架空和过街通道，形成通透优美的居住环境和邻里交往空间。园林以植被和水为主要元素。

（1）社区园林主题概念

景观上，我们建议以主题性组团景观将整个社区打造成一个世界风情园。

爱琴海景观风情：浪漫、典雅、温馨——爱琴海风情的典型特征和地中海风情相似，但是多了一分文化底蕴。

（2）中央水景+生态水系

▶━━ 图10-37 中央水景示意图

（3）规划建议

可采用空中花园设计，在中间设有空中花园，充分体现项目的水生态特征。

7. 户型

（1）目前主力购房者的敏感点分析

强调赠送面积的最大化VS赠送面积单价折算；

实现面积可控，保证各空间功能最大化VS多功能面积创造价值；

强调面积的紧凑，实现空间功能合理性VS减少总价抗性；

在常规面积前提下，实现功能合理性VS常规；

强调空间变化，引领全新的生活方式VS产品正（增值不多）负（存在风险）价值的影响。

（2）关键词：从住得更大到住得更精细

在功能合理的前提下，强调户型面积控制的下限；

有效保证产品户型各空间功能完整；

户型设计力求同面积前提下多功能，同功能前提下少面积；

强调适当的赠送空间；

重视户型向外的视野开阔性；

在采光通风要求下，卧室采光优于厨房和卫生间采光；

实现产品户型配比的多样化，丰富产品线（以功能齐全三房产品为主，两房、一加一的一房和少量的顶跃、复式相搭配）。

8. 高层住宅户型配比

（1）户型配比建议：户型配比基于住房面积的比例

▶— 表10-21 户型配比建议

户型	面积段	总面积比例
舒适四房	140平方米以上	8%
紧凑四房	120~140平方米	10%
豪华三房	130平方米	5%
舒适三房	110~130平方米	20%
普通三房	100~110平方米	25%
舒适二房	90~100平方米	10
普通二房	70~90平方米	15%
一房一厅	50~60平方米	5%
单身公寓/一房一厅	35~45平方米	2%

市场调研显示，目前市场上主力户型都为130~140平方米的大三房，以改善型和刚性需求为主。但从每个个案来看，同质化现象严重，竞争激烈，总价高，所以建议适量降低大三房比例；同时小户型公寓量也较大，建议公寓产品突出性价比，可在户型空间上做突破，如复式楼，增大附加值。

规避同质化恶性竞争，我们建议设置二房，同时保证大户型景观位置；

在户型功能设置上，入户花园可设置于大户型中，同时加入主卧室套房设计；小户型突出性价比优势，增加赠送面积；

在户型空间布局上，可设置复式楼、顶跃复式、错层等，增加产品卖点，同时也增加产品的附加值；

在舒适性上,凸窗、阳台、露台共同打造空中庭院生活。

（2）户型设计参考

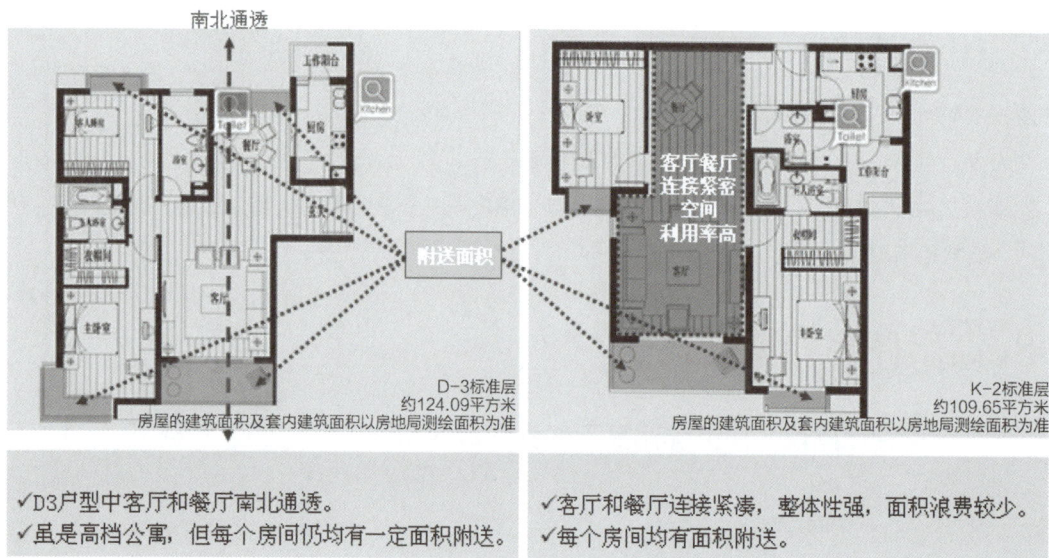

▶—— 图10-38 户型参考

① 四房户型设计要点

结合景洪市场来看,四房的户型主要针对有一定经济实力的客群,设计仅次于大三房和二房,建议本案保持一定的四房比例,来满足这部分客群需求。

基本设置:南向、景观良好、方正实用、南北通透,主卧设置独立衣帽间、工人房或储物间,主卧不小于22平方米,不少于两阳台。

创新方向:设置双套房,设置入户花园,赠送入户花园或阳台,户外面积不小于20平方米,餐厅、主卫、次套房卫生间、厨房景观良好,主卧设置多功能空间,餐厅、厨房整体考虑统一设置。

客厅与卧室以超大观景阳台相连;拐角式大阳台和大飘窗让卧室别具格调;主卧设置独立衣帽间,超大卫生间提供舒适尊贵享受;室内空中花园让居住别具自然格调。

② 二房户型设计要点

景洪市场二房户型仅次于大三房,以刚性需求和部分投资为主,去化率较高。考虑到本案购房群体的演变、高端形象的展现及价格的拉升,投资客群会逐渐增加,刚性需求也会逐渐转移到二房,所以建议提高二房比例。

面积70~90平方米;

通过凸窗、露台等多个点提高二房的舒适性;

客厅可采用横厅设计,结合露台改成一间房,方便使用。

（3）小区泛会所架空层处理建议

▶——— **图10-39 小区泛会所架空层处理建议**

架空层可用作景观空间或健身娱乐空间，同时为解决项目停车位的问题，也可以与外围或靠景洪港一侧的架空层一起用作停车位。

（4）康乐设施：老人、儿童的娱乐休闲环境将是一道重要突破口

▶——— **图10-40 康乐设施建议**

（5）不同风格的标识系统

▶—— 图10-41 标识系统示意图

（6）环境景观系统建议——有情趣的道路绿化系统

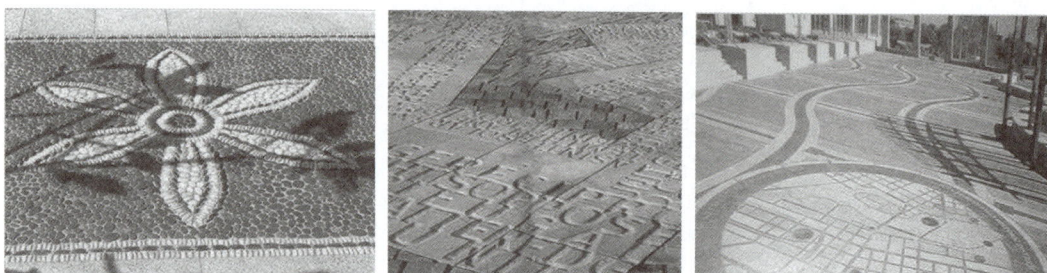

▶—— 图10-42 道路设计示意图

（7）物业服务

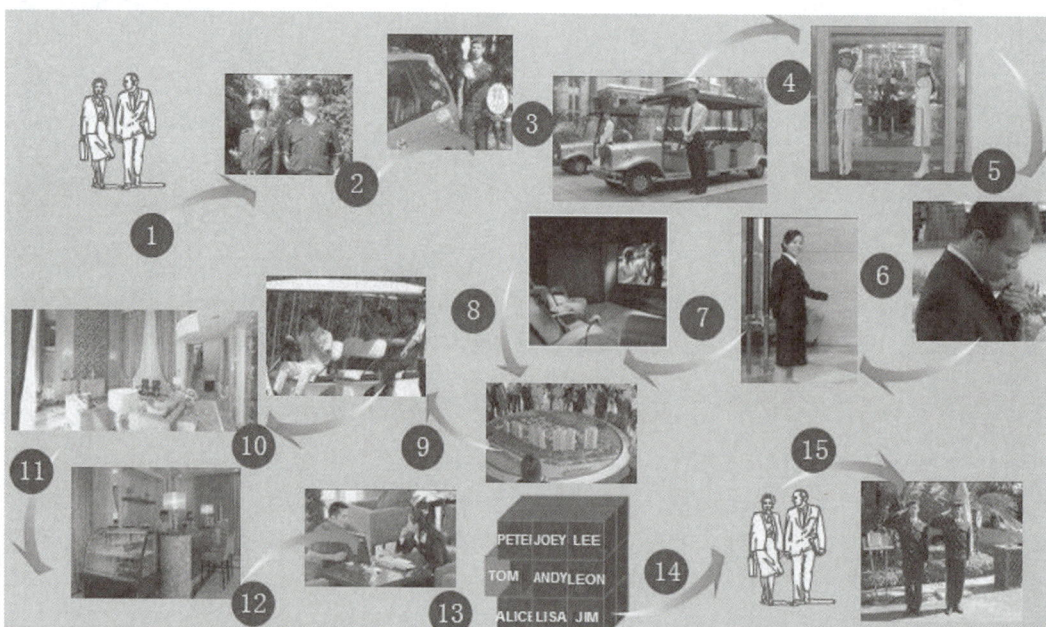

▶—— 图10-43 物业服务示意图

（8）硬件系统

建议增加可视门禁系统、电子钥匙，以提高物业的安全性；安装的服务铃连接到物业，提升项目的服务档次。

三、办公和酒店式公寓

1. 产品设置

▶━━ **表10-22 产品设置**

产品类型		产品功能及特征
公寓产品	SOHO公寓	主打商住两用功能（偏重办公），中小户型为主，自用、投资兼备（稍偏重自用），无酒店式服务功能，价格中端
	酒店式公寓	主打商住两用功能（偏重住），小户型为主，自用（商务居住/度假居住）、投资兼备（偏重投资），有酒店式服务功能，有江景优势，价格高

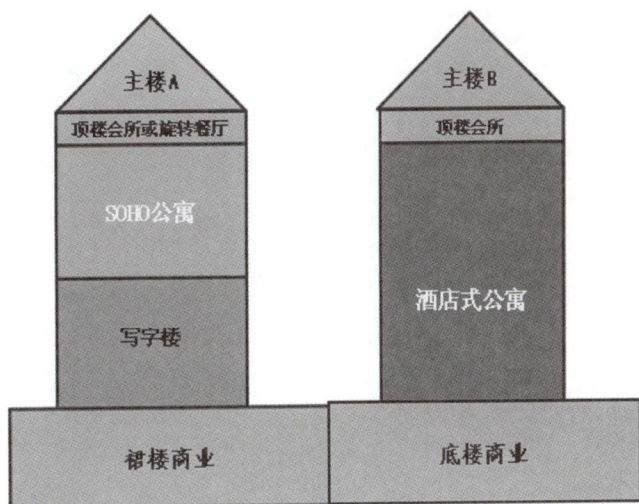

▶━━ **图10-44 产品设计示意图**

（1）写字楼面积分割

建筑形态在追求独立的同时，要求内部空间能灵活分割，要注重内部空间的实用性，适应不同规模的企业发展需求的任意组合。

尽可能设立独立的入口和进出通道，以保证业主之间不会互相干扰。

面积分割可达到70~200平方米。

（2）SOHO公寓

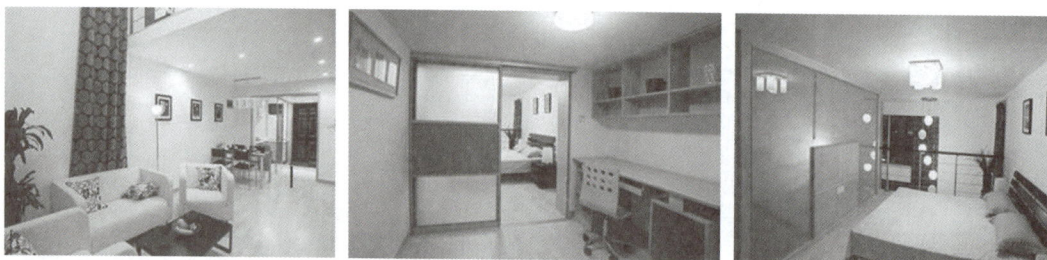

▶—— **图10-45 SOHO公寓室内设计示意图**

挑高小户型设计要点建议：

层高：5.1米

面积：主力户型为85平方米左右；少量在65平方米左右

内部设施：卫生间及厨房

导入复式创新概念，营造更新、更灵活的公寓空间，提升产品竞争力。小户型酒店式公寓不再是简单的模式复制，而是更具情趣的复式创新设计，三重空间概念有效提升产品竞争力。户型特点：传统公寓产品的改良户型，阳台、餐厅、客厅一应俱全。

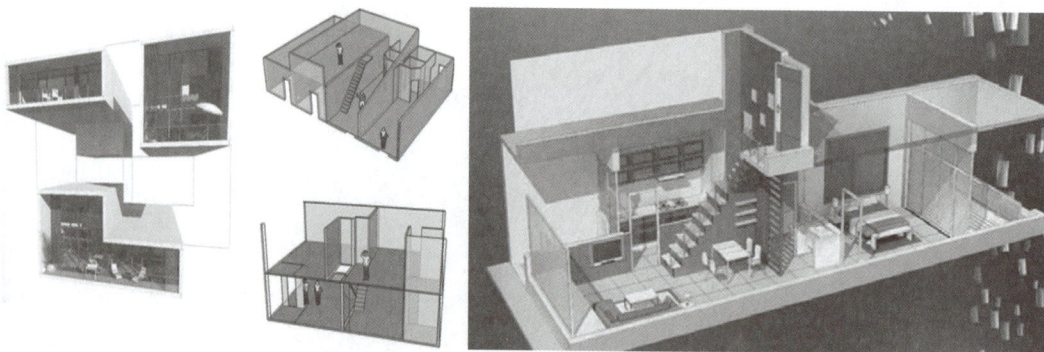

▶—— **图10-46 户型示意图**

配合整体形象，营造经典彩条色彩，表现现代商务社区的张力并达到整体的和谐统一，营造"都市典雅现代主义"的建筑格调。

2. 会所配套

设计一栋办公综合楼。对高端项目而言，会所是进行全层交际的主要场所。但是目前景洪市场对会所的展示功能及以后的服务功能还处于盲区，所以建议本案重视会所的服务配套，将会所打造成本案的重要卖点，支撑项目的高端形象。

3.大堂设计

挑高6~9米；装修风格标准：星级酒店装修标准。地上部分设置接待休息区、电梯厅等，地下部分设置休息、信报投递等区域。

四、商业定位

1.商业面积测算

由项目规划定位来看，商业的投影面积约占整个社区建筑投影面积的一半，由此可判断出商业面积约为：

▶—— 表10-23 商业面积测算

占地面积	27 119.18平方米	总建面积	13万平方米
容积率	小于5.3	建筑密度	小于35%

则：商业面积约为18 900平方米（两层商业）

2.商业定位

海派庭院美食街

景亮路外街搭设遮阳棚，凸显街区风格，进入项目内，内部街区则结合户外搭设桌椅，构建足够海派的休闲餐饮街，中间贯通后连接南部公园及滨江商业街，既实现了项目价值的最大化，同时也与周边配套及业态互相烘托。

策划篇

一、产品卖点陈述

沧江新区核心带，江北正中轴；

沧江外滩，江景一览无余；

海派建筑经典传承，文化韵味极为浓厚；

内有海派风情园林，外有规划公园，景观独树一帜，生活无上舒适；

大面邻近江北主干道景亮路，商业发展前景极为可观；

邻近景洪技校、景洪民中、二小、三小、党校，文化氛围浓厚，距大兴超市、天顺超市一步之遥，生活极其便利；傣泐金湾商业街近在咫尺，娱乐休闲、餐饮美食就在家门口，入则宁静，出则繁华；

户型极为多样，符合不同客群的居住需求。

二、核心卖点提炼

江北中枢　　海派建筑　　一线江景　　书香馥郁　　风情景观

▶── 图10-47　五大核心卖点

三、项目主题及概念定位

1.定位手法：采用塑造+挖掘两大手法实现项目定位

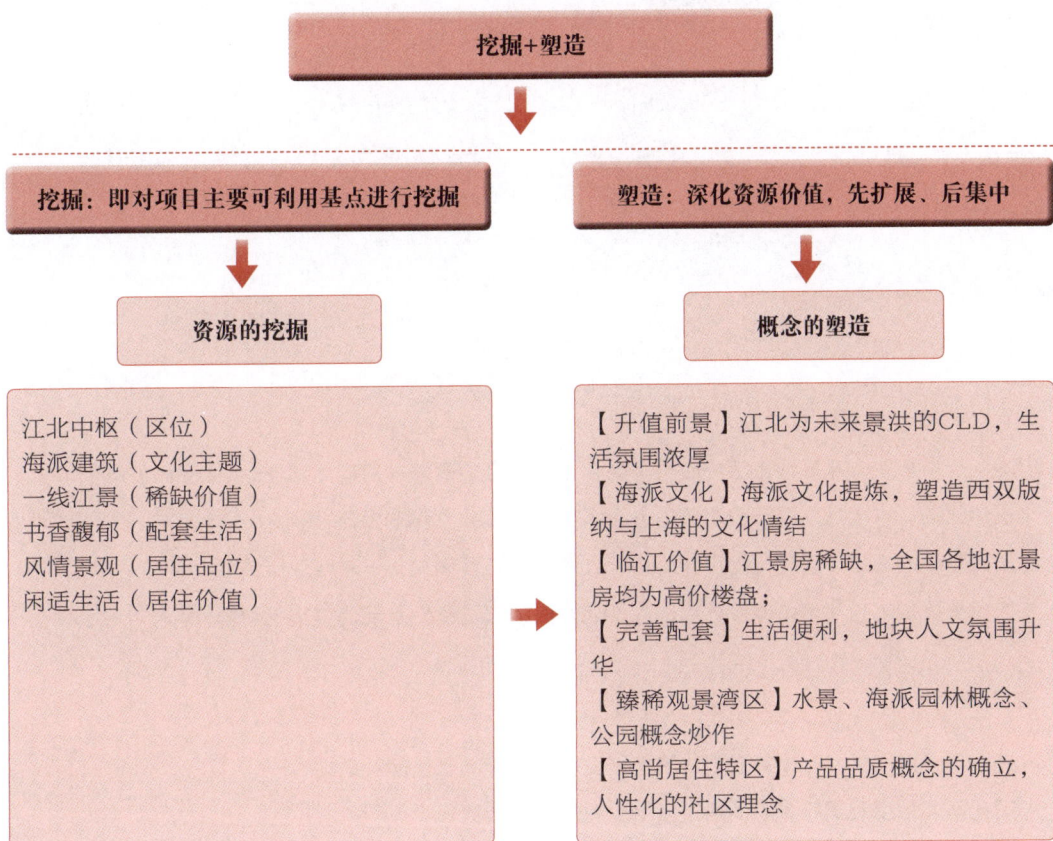

图10-48 项目定位思路

挖掘+塑造

挖掘：即对项目主要可利用基点进行挖掘	塑造：深化资源价值，先扩展、后集中

资源的挖掘	概念的塑造
江北中枢（区位） 海派建筑（文化主题） 一线江景（稀缺价值） 书香馥郁（配套生活） 风情景观（居住品位） 闲适生活（居住价值）	【升值前景】江北为未来景洪的CLD，生活氛围浓厚 【海派文化】海派文化提炼，塑造西双版纳与上海的文化情结 【临江价值】江景房稀缺，全国各地江景房均为高价楼盘； 【完善配套】生活便利，地块人文氛围升华 【臻稀观景湾区】水景、海派园林概念、公园概念炒作 【高尚居住特区】产品品质概念的确立，人性化的社区理念

▶━ **图10-48 项目定位思路**

2.主题概念定位

海派文化钜献，外滩水景宅邸；

以海派文化作为项目的文化精髓，结合地域的特殊性，进行概念诉求。

四、主题概念延展

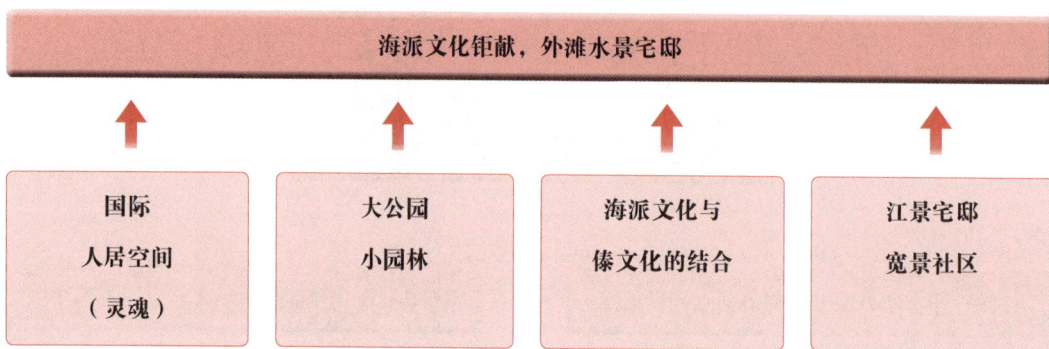

```
┌─────────────────────────────────────────────────────────────────────┐
│                    海派文化钜献，外滩水景宅邸                           │
└─────────────────────────────────────────────────────────────────────┘
        ↑                  ↑                  ↑                  ↑
┌──────────────┐  ┌──────────────┐  ┌──────────────┐  ┌──────────────┐
│    国际      │  │   大公园     │  │  海派文化与   │  │  江景宅邸    │
│  人居空间    │  │   小园林     │  │  傣文化的结合 │  │  宽景社区    │
│  （灵魂）    │  │              │  │              │  │              │
└──────────────┘  └──────────────┘  └──────────────┘  └──────────────┘
```

▶── **图10-49 主题概念**

1.国际人居空间（灵魂）

· 站在区域板块未来高端生活中心的高度，塑造符合中高端客户群体居住生活的高尚社区；

· 在建筑的诉求上展现国际建筑风格、海派文化与傣族文化的融合；

· 从国际化的视野、现代化的设计思路、人性化的开发理念，诉求西双版纳独具特色的居住社区；

· 通过整体规划、建筑单体设计和景观规划方面的表述体现其现代美宅的理念。

2.大公园，小园林

· 描述项目周边关系，以未来板块的规划发展烘托产品居住的舒适性；

· 对社区园林景观进行诉求，描述景洪少有的景观社区理念。

3.海派文化与傣文化的结合

· 通过上海与西双版纳两地文化之间的情缘，宣传产品与文化的融合性；

· 形成对上海等地外来客户的主题吸引，促进外来客群认知。

4.江景宅邸，宽景社区

· 江景房的价值及其稀缺性描述；

· 社区景观与外在景观、视野的融合性；

· 通过产品品质、物业形象等的塑造提升社区整体品位。

五、产品核心竞争力

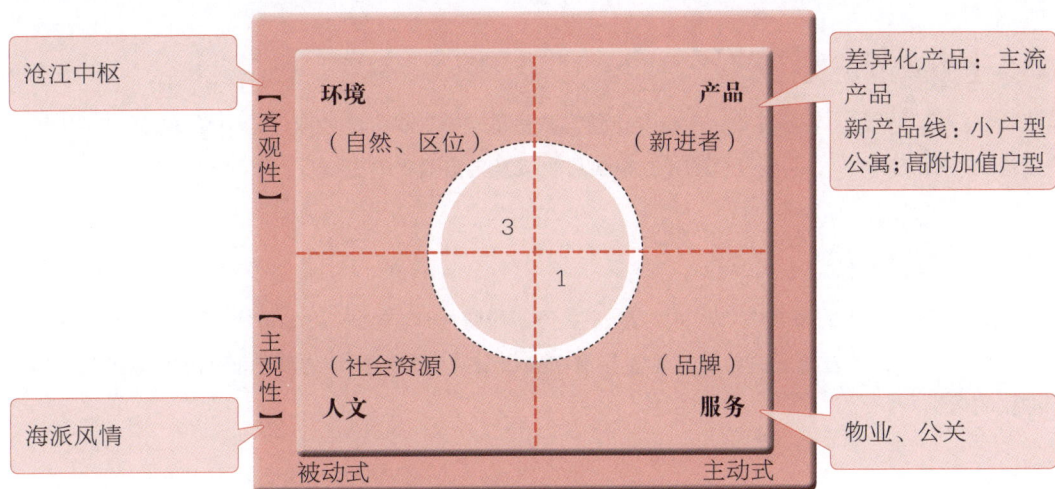

沧江中枢

差异化产品：主流产品
新产品线：小户型公寓；高附加值户型

海派风情

物业、公关

【客观性】
【主观性】

环境
（自然、区位）

产品
（新进者）

3

1

（社会资源）
人文

（品牌）
服务

被动式

主动式

▶── 图10-50 产品竞争力分析

通过文化的包装，社区品质、物业、景观的打造，使项目具有竞争力，并与周边项目以及景洪的项目全面区分开来。

六、项目文化定位

海派国际文化；

售卖上海；

借助西双版纳与上海之间的特殊情结，打上海文化牌，同时吸引两地受众的关注；

海派文化，是植根于中华传统文化，融汇吴越文化等中国地域文化的精华，吸纳消化一些外国的（主要是西方的）文化因素，创立了新的富有个性的文化，其特点是：吸纳百川、善于扬弃、追求卓越、勇于创新。

1. 上海的建筑文化

正是在"海纳百川，兼容并蓄"中造就了中西并存、中外合璧、艺术交融、风格独特的"世界建筑博览会"。

2. 上海的舞台文化

正是在"海纳百川，兼容并蓄"中形成了本乡本土的"申曲"（沪剧）与国剧京戏、越剧、淮剧等地方戏以及来自域外的话剧、芭蕾舞等百花争妍的"大联袂"。

3. 上海的音乐文化

正是在"海纳百川，兼容并蓄"中由乡土气息浓烈的"紫竹调"，吹来了喜气洋洋的"广东音乐"、喧腾激越的"欢庆锣鼓"、回肠荡气的《二泉映月》以及来自欧美的交响乐、铜管乐、管弦乐。

4. 上海的书画文化

正是在"海纳百川，兼容并蓄"中传承、发扬了传统中国书画的风骨，出现了被称为"海派"的"海上画派"，而且使发源于古希腊的雕塑艺术和来自文艺复兴发祥地佛罗伦萨的油画艺术在这里留下了"神秘的微笑"。

七、项目案名及推广语提炼

主推案名：海上邻里，御品江山。

备选案名：御品海尚。

推广语：在景洪外滩偶遇上海。

···················· 第四部分 ····················

推广篇

一、推广总策略

牢牢把握推广核心：

三大刷新，抢占策略制高点。

刷新，除旧迎新。

本次推广的总体策略正是通过"刷新"社会的固有理念和客群，来逐步进行项目推广，建立起项目独一无二的特质。

三大刷新：刷新观念+刷新市场+刷新客群。

[刷新观念]

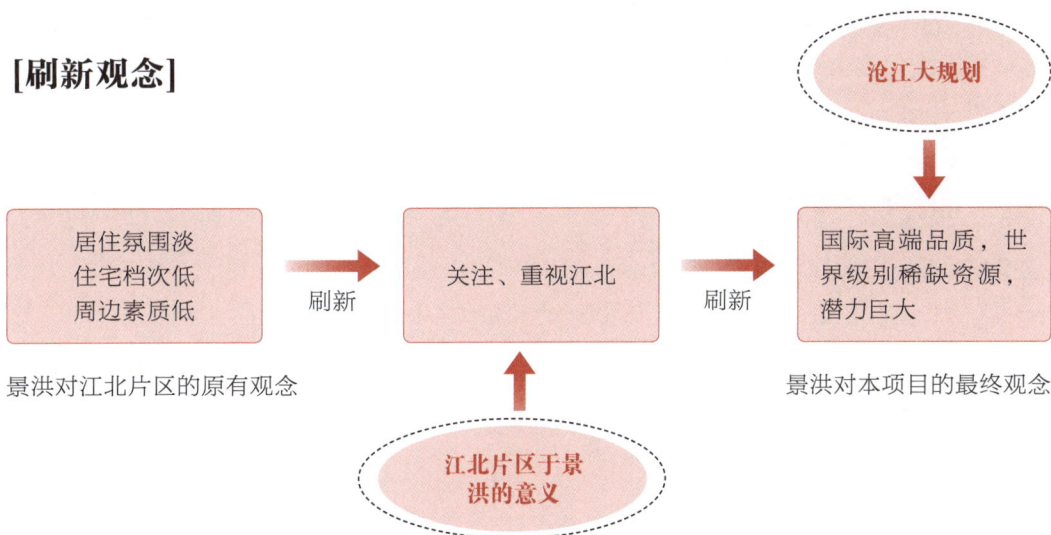

[刷新市场]

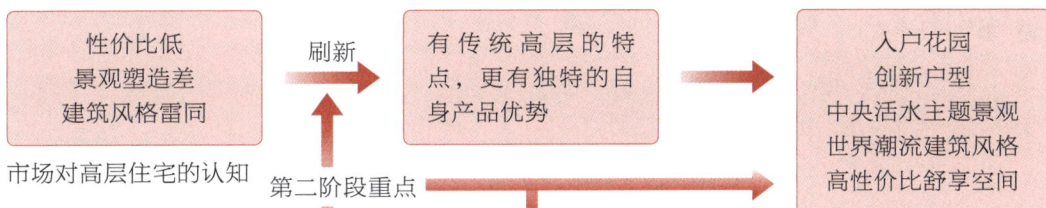

[刷新客群]

▶—— **图10-51 推广总策略**

二、整体推广思路

文化渲染+现场体验+PR活动。

文化渲染：产品文化塑造与延伸、推广中的文化诉求、文化类活动的举办；

现场体验：接待中心文化包装、海派景观样板段、海派文化广场、海派会所；

PR活动：结合项目的产品文化进行活动宣传，提升知名度的同时诉求差异性。

三、全案推广策略细化

第一阶段：强调唯一性定位

沧江新区临江板块的稀缺价值；

整合项目，全力宣传作地段的唯一性，引起社会广泛关注。

第二阶段：概念宣传

"新文化地产"之"海派文化"概念；

产品导入，强力定位产品的文化精髓、市场个性和独特主张。

第三阶段：卖点细分

临江价值与项目景观价值之间的结合；

产品的文化、品质、景观的整合传播。

第四阶段：实品展示

独具海派风情的样板段正式接待参观；

吸引目标客源关注，为现场造人气。

四、全案推广方式

新立体传播；

生活形态营销在新立体传播中的应用；

整体推广计划；广告调性设定；推广通路选择；PR活动策略制定；SP推广活动；参评奖项。

1. 整体推广计划

A. 现场整体包装计划（现场围墙）

B. 现场接待中心

接待中心风格与项目产品相近，既然产品定位为海派文化建筑，那接待中心就建设成一个海派文化的体验场。

接待中心选址：当前项目施工房位置。

C. 创新网站推广计划

▶──── 图10-52 网站推广示意图

2. 媒体运用策略

本项目目标客户定位、楼盘销售的特征决定本项目的媒体选择和户外广告将起着较重要的作用；本地无主流平面媒体，因此我公司建议如下：

（1）本项目的媒体策略

以文化策划（PR活动）为主，户外媒体为辅；

其他媒体补充；

在不同的推广期根据相应的推广策略安排媒体组合。

（2）媒体选择考虑因素

户外类：高炮/看板/道旗/楼体广告（市区必须获得广告位，借助接待中心做拦截式展板）；

现场类：现场售楼处包装/基地围墙包装/DM/楼书/房型单片。

3.PR公关活动

（1）项目奠基仪式

小规模举办，邀请相关领导、相关合作单位等参与，借助对项目动工的宣传，宣告项目正式开建，促进客户信心。

（2）"海派文化体验中心"正式对外开放

接待中心开放剪彩，宣布正式对外开放；

利用海派文化的包装诉求，吸引客户关注，诉求产品的与众不同；

借助礼品盒宣传资料的投放，增加客户对项目的好感。

（3）海派文化艺术展

结合项目的文化定位，举办海派文化展示会，包括海派艺术品、海派服装秀、海派装饰、海派舞台文化（评弹、戏剧等）。

（4）邀请周立波海派清口秀亲临西双版纳现场

利用开发商在上海的资源，与相关文化传媒合办"海派清口秀周立波亲临版纳"活动；

通过项目冠名或阶段性的形象代言，大幅度提升项目的影响力；

借助这一影响省内乃至国内的活动，大大提升项目的知名度，获取更多的外来客户资源。

（5）海派文化产品推介会

确定预售许可证的办理时间后，邀请意向客户和蓄水客户广泛参与，告知销售策略，进行前期认筹；

规划设计单位介绍项目规划，物业管理公司介绍物管服务，销售公司告知销售策略，施工单位介绍工程进度。

（6）2010年度云南"新文化地产"楼盘评选及最佳景观楼盘颁奖

申请楼盘奖，提升楼盘地位，获取更高的关注度。

（7）景观样板段接待参观

项目施工阶段率先打造景观样板段，接待客户参观，以实景促进项目的营销。

五、推广时间节点安排

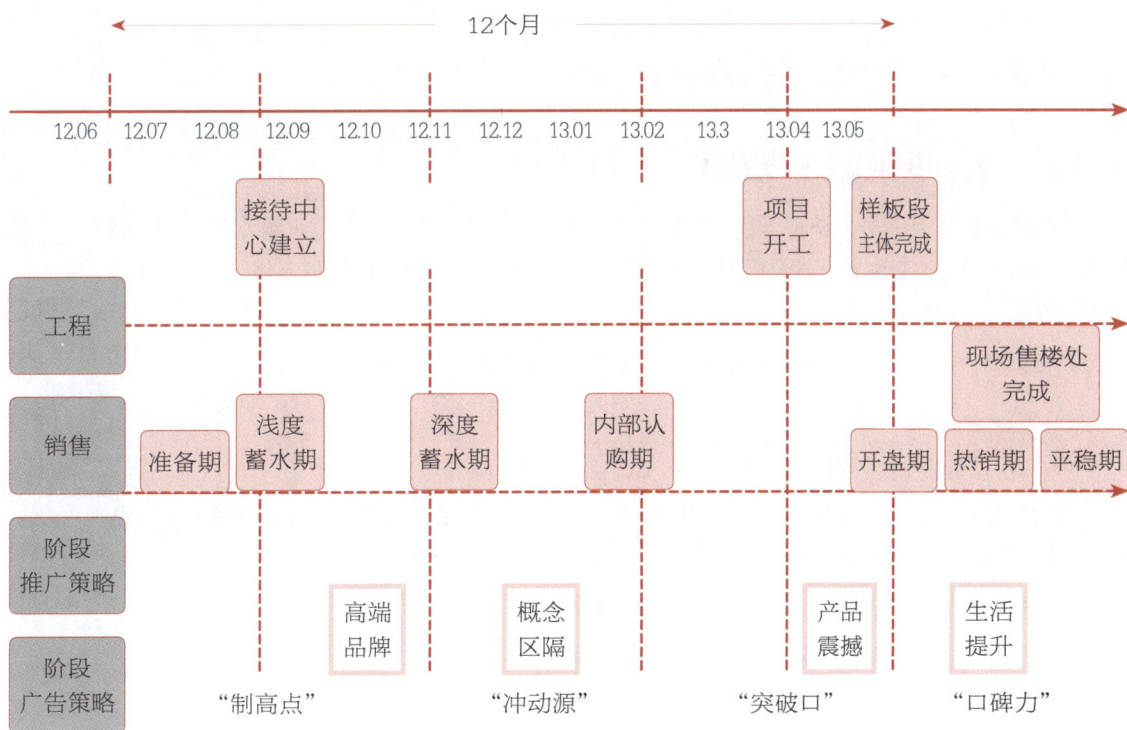

▶— 图10-53 推广计划

六、项目各阶段推广策略

1.引导期策略（暂定7个月，源于项目特殊性）

多种手法并用，树立楼盘形象并提升知名度；引而不发，从舆论上加强推动本案核心形象与理念的广告攻势，引起客户对本案的好奇心，为开盘蓄势。

推介形式：以软性广告为主，硬性广告为辅；以接待中心、销售物料、围墙、重要位置的户外看板配合PR活动。

广告策略：采用新闻传播和概念传播两大手法相结合的方法。

2. 开盘、招商、强销期策略（暂定4个月）

在强销期通过充分的广告轰炸引爆开盘，营造场内外的热烈气氛，制造声势，塑造本案独特形象，快速建立及扩大本案知名度，积聚人气，引发抢购风暴。

推介形式：以硬广告为主，各种宣传手法全面配合。

广告策略：采用新闻和产品共同传播的推广策略。

3. 持续期策略（暂定3个月）

保持销售的良好势头，稳定去化。广告投放量虽有所减小，但仍应保持一定的势头，同时对一些难以去化的房型进行有针对性诉求，吸引目标客群对本案的关注，保证产品稳定去化。

推介形式：软硬广告结合，配合适当的SP活动。

广告策略：建立以产品传播和现场传播为两大主要手段的推广系统策略。

4. 清盘期策略（暂定2个月）

通过少量广告结合针对性极强的SP活动，促进剩余房源的最后去化。建议根据销售实际情况，及时调整销售策略，建立并扩大本案知名度，为推出二期打下良好的市场基础。

推介形式：软硬广告宣传结合，并配合一些SP活动。

广告策略：对一些难以去化的房型进行针对性诉求。

七、媒体计划

▶━━ 表10-24 媒体计划

媒体名称	时间（起止）	完成天数	主要工作内容
户外广告	2012.03.10—2012.06.01	84天	户外媒体寻找和确定
	2012.06.01—2012.06.10	10天	户外大看板设计、发包（形象传播）
	2012.02.19—2012.03.10	21天	围墙广告
	2012.05.10—2012.06.10	32天	霓虹灯广告
销售道具	2012.05.10—2012.06.10	32天	项目沙盘
	2012.05.10—2012.06.10	32天	礼品制作
	2012.06.01—2012.06.10	10天	销售海报设计、印刷
	2012.06.16—2012.06.20	5天	VIP卡设计、印刷
	2012.06.01—2012.09.01	93天	楼书设计、印刷
	2012.03.10—2012.04.10	32天	VI系统延展
	2012.06.01—2012.06.15	15天	销售折页
	2012.06.01—2012.06.10	10天	一期户型单页
	2012.06.16—2012.07.01	16天	巡展所需易拉宝两块
电信媒体	持续	持续	短信群发： 售楼部开放信息、产品说明会信息、内部认购/开盘信息。
PR活动	2012.06.16	1天	接待中心开放仪式 活动内容：宣布项目工程正式启动，接待中心全面对外开放。
	2012.08.16	1天	海派文化艺术展 活动内容：认识海派文化，加深和拔高项目印象，形成圈层公关。
	2013.03.02 （周六）	1天	产品说明会 介绍内容：项目规划主题、项目文化底蕴、建筑设计、产品理念、价格和销售政策公布。

续表

媒体名称	时间（起止）	完成天数	主要工作内容
PR活动	2012.03.16（周六）	1天	开盘活动 现场认购客户抽奖活动、现场文艺表演，消化前期蓄水客户，使意向客户转为成交客户。
室外巡查	2012.08.01—2012.08.15	15天	在景洪各人流集中的商业广场及企事业单位、政府机构进行项目宣传，寻找意向客户，扩充蓄水资源。
	2012.09.01—2012.09.10	10天	在周边农场及乡镇进行项目宣传，寻找意向客户，扩充蓄水资源。
平面媒体昆明《加油周刊》	2012.06.15—2013.03.31	持续	形象概念炒作。
		持续	核心卖点炒作、文化渲染。
平面媒体邮政夹报	2012.06.15—2013.03.31	各阶段	项目形象炒作、各阶段活动、项目各分卖点。
网络媒体	2012.01.01—2012.01.30	30天	项目网站建立。
VCR	2012.05.01—2012.06.15	46天	项目整体形象展示。

第五部分

销售篇

一、营销节点控制

项目预计2012年8月面世，2013年3月一期正式开盘，2013年6月二期推出。

入市时机与货包配比非常关键，需要避开竞争风险。通过精准的销控，能够回避很多风险。

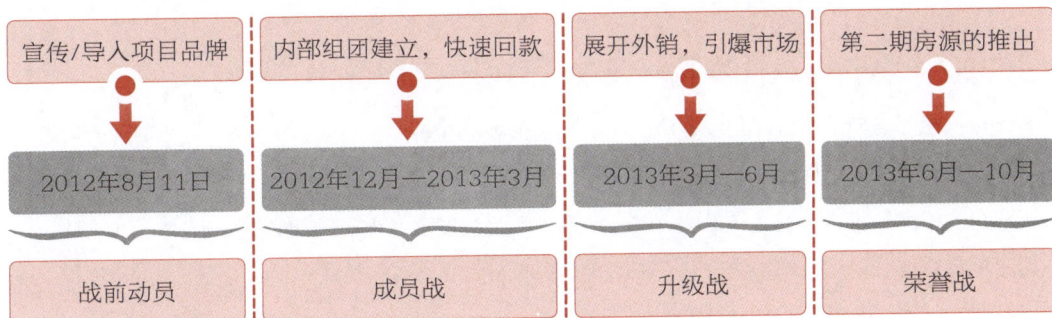

宣传/导入项目品牌	内部组团建立，快速回款	展开外销，引爆市场	第二期房源的推出
↓	↓	↓	↓
2012年8月11日	2012年12月—2013年3月	2013年3月—6月	2013年6月—10月
战前动员	成员战	升级战	荣誉战

▶── **图10-54 销售节点安排**

二、项目营销策略

1. 整盘策略模式

"三先三后"战术的应用；

"三先三后"的战术方针，即：

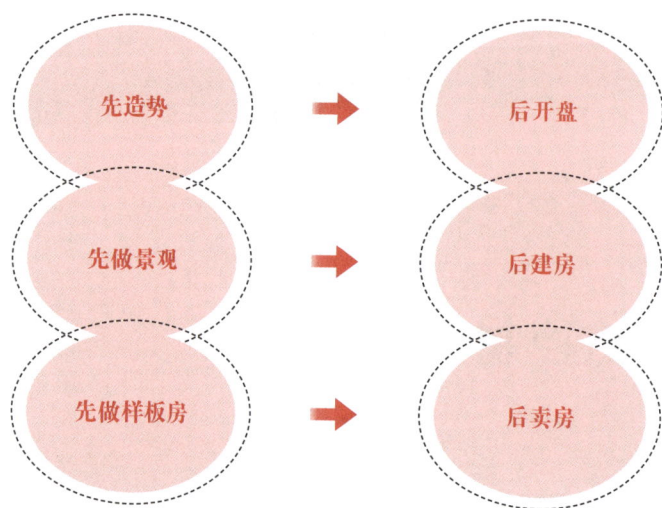

▶── 图10-55 整盘策略模式

2. 项目总体营销步骤

第一步：全面更新项目现场包装，使产品以高端形象亮相；

第二步：大型公关事件活动，强化商业品牌形象和独特个性，树立市场投资与经营信心；

第三步：招商先行，引进龙头品牌商家，助推项目品牌发展并促进销售；

第四步：分批开盘，控制销售节奏，不断创造热销狂潮。

3. 策略细化

策略1：细分市场

①景洪本地市场：实现资金快速回笼

再细分市场：

□城市新贵——居住在景洪的外来高端人群；

□江北客户第一居所需求及改善型的目标人群；

□景洪区域的国企和行政单位、私营企业；

□对休闲度假产品有需求的目标人群；

□有投资需求的富裕阶层人群。

购买行为特征：

□绝对的性价比和眼见为实的现场实景；

□追求产品的保值升值；

□邻近项目，换房及改变生活形态。

②外围市场：实现产品价值的提升

再细分市场：

☐外地有度假、休闲、养老需求的富裕中产阶层；

☐景洪以外的各县城、乡镇中欲跻身景洪生活行列的相对富裕阶层；

☐西双版纳各农场、茶厂、家具厂等消费客群；

☐西双版纳各学校的教师、干部；

☐外地驻景洪的高端商务人士；

☐外地各商会带来的投资、投机人士。

购买行为特征：

☐对稀缺环境的需求；

☐降低生活成本；

☐投资需求。

策略2：启动细分市场的差异化营销

①景洪本地市场启动策略
多渠道联动

☐项目现场设主接待点，在市区寻找酒店或次接待点配合展示；

☐行销与坐销相结合，制定针对西双版纳各县及乡镇的巡展策略；

▲项目未动，形象先立，来访有礼，现场确定。

②外围市场启动策略
主动寻找在当地有社会影响的组织或企业如昆钢（昆钢欲在勐养建物流基地）、黎明农场、东风农场等商谈相互合作（或与当地实力中介代理公司合作，成立分销渠道销售），以整合当地现有的社会资源，进而在当地逐步推广。

合作推进：组织看房团或团购客户（通过昆明媒体组织）。

寻找大客户：需要事先设定良好的拆佣体系和奖励制度。

策略3：拓展方向——渠道行销，圈层"围剿"

①景洪市场
以江北区域为核心，抓住最具实力的增量客层和企业、组织，形成大批量的集团团购。

②县级乡镇市场
拓展县级各乡镇行政单位的主力圈层客户（以行政单位、农场、茶厂领导为主），构架关系链条，多渠道促进团购成交。

③外地市场
以与资源型企业主相关联的圈层拓展为主。

采用搞定圈层的"领头羊"，使拥有产品成为圈层的专属价值和身份识别标杆，形成"羊群效应"。

利用开发公司来自上海的资源优势，在上海进行推广。

策略4：差异化的价格策略

低开高走、大步快跑、占领份额、现金为王。

差异化定价策略：分别构筑不同的价格体系，迎合不同客户的购房心理。

一口价：将若干特定单元定为如66万元/套、88万元/套，简洁明了，吸引市场关注。

毛坯价：部分产品去掉精装修，降低单套总价，令客户感觉实惠。

精装修价：部分资源较好的房源可暂行设定略显较高的带精装修售价，以之作为价格参照，可以促使目标客户购买物美价廉的其他产品。

团购价：最大折扣的实际成交底价，团购活动可以适时委托第三方代为发起并组织（搜房、焦点等），也可在推售物业时按局部若干组团、若干产品组合，作为"价格特区"吸引市场关注。

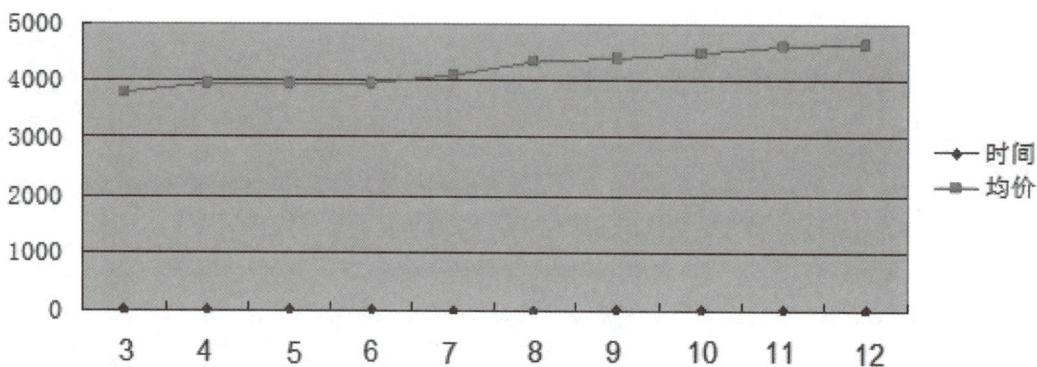

▶—— 图10-56 开盘后价格走势

策略5：解决营销障碍

每个细分市场在营销当中都会遇到不同障碍，建立保障体系，解决营销障碍，共同树立客户信心。

景洪本地客户：

· 价格信心保障：不会降价、不会贬值；

· 工程信心保障：保质保量、如期竣工；

· 退房保障："无理由退房"的承诺；

· 景洪城市发展潜力体系；

· 城市居住环境体系；

· 交通配套保障：现场实景、未来规划，四通八达的交通网络。

外地客户：

· 品质保障：使客户尽早体验到良好的居住品质，强调品质感；

· 升值保障信心体系——树立高性价比的超值投资标杆；

· 区域发展保障：经济成长、社会发展，增速现状与远期规划。

策略6：建立完善的客户服务、研究体系

· 客户会：本案与客户之间的长久的沟通平台；

·促进"以老带新"成交，降低推广成本；

·尊重市场规律，对全年目标进行拆分，以季度或营销阶段为单位，视市场情况和客户情况，迅速调整项目的销售策略和推盘策略；

·坚持"客户说了算"。掌握了客户分析方法，我们就能实时监控客户价值变化，进而迅速调整项目策略，最大限度地消化项目所吸纳的客户资源；

·设立完善的客户档案集中管理中心，进行优质高效的客户管理；

·每日汇总各销售人员的客户资料，进行分类归档，分析各类客户的心理与想法，研究应采取的策略与方法，并监督各销售人员跟踪落实；

·客户档案集中管理中心定期汇总意向客户的区域性、行业类型、关注楼盘要素等，为后期的营销策略调整提供依据；

·登记客户分级：

A级：团体客户；

B级：购买意向非常强的客户；

C级：有购买意向，但处于多个楼盘比较之中；

D级：目前尚无购买意向，但有非常强的经济实力；

E级：无效客户（同行市调人员、无意造访客户等）；

·已购房客户分级：

A级：意见领袖，并已成功介绍多个新客户购买；

B级：忠实客户，并已成功介绍一个新客户购买；

C级：普通客户。

策略7：强化性价比的策略

在目前的经济情况下，只有你的产品具备投资价值，才能让消费者心甘情愿地出手。

在目前宏观形势下，我们的目标是"量"，而不是"价"。

而对于消费者来说，他们买的则是"价"，强调的是投资价值，最为敏感的话题即为"性价比"。

本案最终将为客户提供：

买得起的、最好的、总价高的产品。

对于总价高的：在市场最低迷的时候，就是要投资最有价值的产品，或者以低成本改变生活模式。

对于低总价客户：在项目整体价值的依托下，在最早的时机出手，抓住投资保值升值的机遇。

策略8：多媒体接待中心、现代化销售道具

接待中心内的展示系统采用触屏式多媒体系统，可用三维的形式对楼盘及户型的各个角度进行视觉传达，信息广泛，表现也更为真切。

多媒体销售道具的利用，不但能表现楼盘的专业，也能提升楼盘的形象档次，也是开发公司品牌实力的一大展现。

为售楼人员配备iPad掌上电脑，利用现代化的销售工具展现更专业的销售水平。促进项目销售的同

时，也能增加客户的认同感。

策略9：体验式营销——打造样板段，制造现场体验与感动

· 第一重：动线与交通系统。

城市户外高炮与项目工地现场的视觉系统构建。

· 第二重：现场销售中心。

· 第三重：样板示范区+实楼样板间的精心打造。

· 第四重：服务体验。

包括保安、保洁、工程、物业管家、销售团队的综合性服务体系。

三、营销价格策略

1. 价格的影响因素

（1）自身投入的因素

是投入的体现，而房地产价格是产出的体现。因此，自身投入与房地产价格关系密切，一般来说，自身投入大的房地产价格高，自身投入小的房地产价格低。

（2）品牌、信誉、物业管理等方面因素

品牌、信誉方面的因素主要反映房地产企业的市场竞争力、社会影响和在顾客心目中的地位。

物业管理因素反映物业管理企业对物业的维修、管理、服务质量的高低。

房地产自身的实物和品牌、信誉、物业管理等方面因素反映了房地产的品质，显然房地产品质优的价格高，房地产品质差的价格低。

（3）产品自身因素

物业方面的如权利性质（所有权、使用权、完全产权、不完全产权等）、土地性质、城市规划限制条件（容积率、建筑高度、绿化率、建筑密度等等）都是影响定价的因素。

（4）区位地理因素

区位形成一是先天条件，二是后天人工影响。繁华程度、交通条件、工作生活便利程度、周围环境等等决定项目定价。

（5）市场需求因素

房地产需求是指顾客在某一特定时间内，在某一价格水平，对某种房地产所愿意购买且能够购买的数量。形成需求有两个条件：顾客愿意购买，顾客有购买能力。

另一个市场需求指房屋供应量，若同一时间房地产项目较多，同质产品供应充足，购买力被分散，造成供求关系失衡，就会因竞争而影响定价。

（6）政策因素

由于房地产在国民经济中有着重要地位和作用，所以房地产是政府的重点调控对象。当房地产过热或过冷时，政府就会出台一些法规政策来调控市场。税收政策、金融政策都会影响到地产商和购房者的成本。

2. 房地产定价方法

（1）成本导向法

固定成本导向法：主要从静态出发，立足于房地产销售前与销售中发生的一切成本费用，再加上预期盈利作为销售价格。固定成本加成定价带有明显的卖方市场色彩。

变动成本导向法：单位变动成本与单位产品贡献额之间定位售价，其理论依据是只要达到销售盈亏分界点，贡献额不仅可以弥补固定成本，而且会带来利润，攫取市场份额。

盈亏平衡法和目标利润率法：分别从保本不亏和获得利润率两个层面计算企业所能承受的价格底线。由于它们以预测的销售量为参数，而销售量又是以价格为变量的函数，互动的两种量很难把握，以此制定的价格也难以与顾客的要求相适应。

（2）竞争导向法

竞争导向法是按照企业所处的行业地位和竞争定位而制定价格的一种方法。其具体的定价策略有以下三种：

领导者姿态定价：在区域性市场上处于行业领导者地位的开发商，可借其品牌形象好、市场动员能力强的优势，使价格超过同类物业的价格水平。高价不仅符合其精品市场定位目标，也与可以稳定价格、维持市场形象的定价目标一致。采取该定价策略的条件是需求弹性小。受求新心理驱使，购房者求购心切，愿意出高价，因此可以取得巨大利润，并把握今后的价格主动权。

挑战者姿态定价：具有向领导者挑战的实力但缺乏品牌认知度的企业适宜以更低的价格将看得见的优惠让于买方，这样可以促进销售，扩大市场占有率，提高企业在行业中的声望。该定价策略的前提是市场容量大，需求弹性大，潜在竞争威胁大。在市场被他方抢先占领的情况下，这也是挤入市场的较好办法，待销路打开后，可以适当提高价格。

追随者姿态定价：当物业推出时，也可选择当时市场同类物业的平均价格，虽然这种定价目标缺乏特色，但对于竞争激烈、需求弹性较低的房地产市场来说，不失为一种稳妥的方法，尤其适用于产品特色不强、开发行业地位一般的物业。

（3）项目销售价格定位

竞争产品权重系数比较定价：住宅产品。

▶— 表10-25 竞争产品权重系数比较定价

比较内容	比较因子	权重	类比A：九号公馆		类比B：告庄西双景		类比C：林雨江畔	
			拟合程度	比较系数	拟合程度	比较系数	拟合程度	比较系数
地段资源	市政交通	10%	1	0.1	0.9	0.09	0.9	0.09
	项目周边环境	8%	0.9	0.072	1	0.08	0.7	0.063
	周边市政配套	10%	1	0.1	1.1	0.11	0.8	0.08
	投资价值	4%	1	0.04	1.2	0.048	0.8	0.032
	建筑风格	6%	1	0.06	1.1	0.066	0.9	0.054
	单体户型设计	6%	1	0.06	1	0.06	0.09	0.054
	设备、材质档次	8%	1	0.08	1	0.08	1	0.08
项目可提升价值	建筑规模	6%	0.8	0.048	1.2	0.072	0.7	0.042
	空间布局和环艺设计	5%	0.9	0.05	1.1	0.055	0.7	0.035
	小区配套	6%	0.9	0.054	1.2	0.072	0.7	0.042
	物业管理	8%	1	0.08	1	0.08	1	0.08
	发展商品牌和实力	7%	0.8	0.056	1.1	0.077	0.9	0.063
价值实现的经济因素	区域规划	6%	1	0.06	1	0.06	0.9	0.054
	政策方面	10%	1	0.1	1.1	0.11	1	0.1
合计（元/米²）		100%		0.96		1.06		0.869
当前售价				3700		5000		3500

修正系数＝地块差异修正系数＋项目提升因素修正系数＋外部经济政治环境修正系数

■项目住宅售价

=∑（可比案例成交价格÷修正系数）/N（可比楼盘数）

=（3854+4717+4028）/3≈4200元/米²

（注：当前可售均价）

■商铺价格测算

楼盘周边商铺的可参照性不强，金色佳园及秋实园商铺一层售价13 000元/米²，但客户接受度不高，去化极弱，而九号公馆一层商铺定价16 000元/米²，客户的接受度也较低，当前没有去化。鉴于江北当前接受度较低，建议商铺一二层均价结合傣渤金湾当初的售价来考虑。

商铺一、二层（一拖二）均价8000元/米²。

四、资金回笼计划

▶━━ 表10-26 按产品线推盘回笼资金计划

分期	项目一期 （2012年10月—2013年4月）		项目二期 （2013年5月—2013年12月）	
分期总销	466 463 760元		221 513 040元	
阶段推盘类型	住房	商铺	住房	商铺
阶段总销	375 743 760元	90 720 000元	161 033 040元	60 480 000元
阶段占比	住房70%	商铺60%	住房30%	商铺40%

注：以上资金回笼计划以现有项目经济指标为准，以现有市场数据为准，如经济指标有变动或者其他因素导致的变动，则以上测算将相应变动。最终资金回笼以项目最后实际回笼资金为准，以上资金回笼计划主要作为开发商开发项目的市场参考。

11
产品设计

重庆市 BB 新城中心
项目产品设计报告

第一部分

项目市场定位

一、定位前提及定位说明

1. 项目概况

本项目位于柏树新村1号，原为奥妮厂三工场。从区位来看，本项目地处××地区的南部，为目前重庆市热点开发区域，项目所处大环境良好。但项目地块紧邻石油小区和天然气储气站，周边多数房屋建筑物较为老化，地块周边局部环境较为杂乱，对于地块价值的提升具有一定的抗性。

目前地块周边交通状况相对较差，但在周边支路改造完成后会有较大改观，尤其是规划中的嘉华大桥延伸线的建成将会使地块交通状况和通达程度得到进一步提升。

目前地块周边配套设施较为齐全，离项目地块不远处就有多路公交车到达主城各区。地块离在建的沃尔玛和百安居仅5分钟路程，建成后本项目的配套设施将会更加丰富和完善。同时，菲律宾SM集团的意向性地块距离本项目不远，该项目的开发将会使本项目具备较强的配套设施优势。

本项目占地面积68亩，容积率3.5，总建筑面积约15.8万平方米，整体规模相对较小，是一个适合快速操作回笼资金的项目。根据项目容积率和区位状况，项目的产品形式将主要为高层或小高层产品。

2.市场情况及项目机会点分析

（1）项目市场环境总结

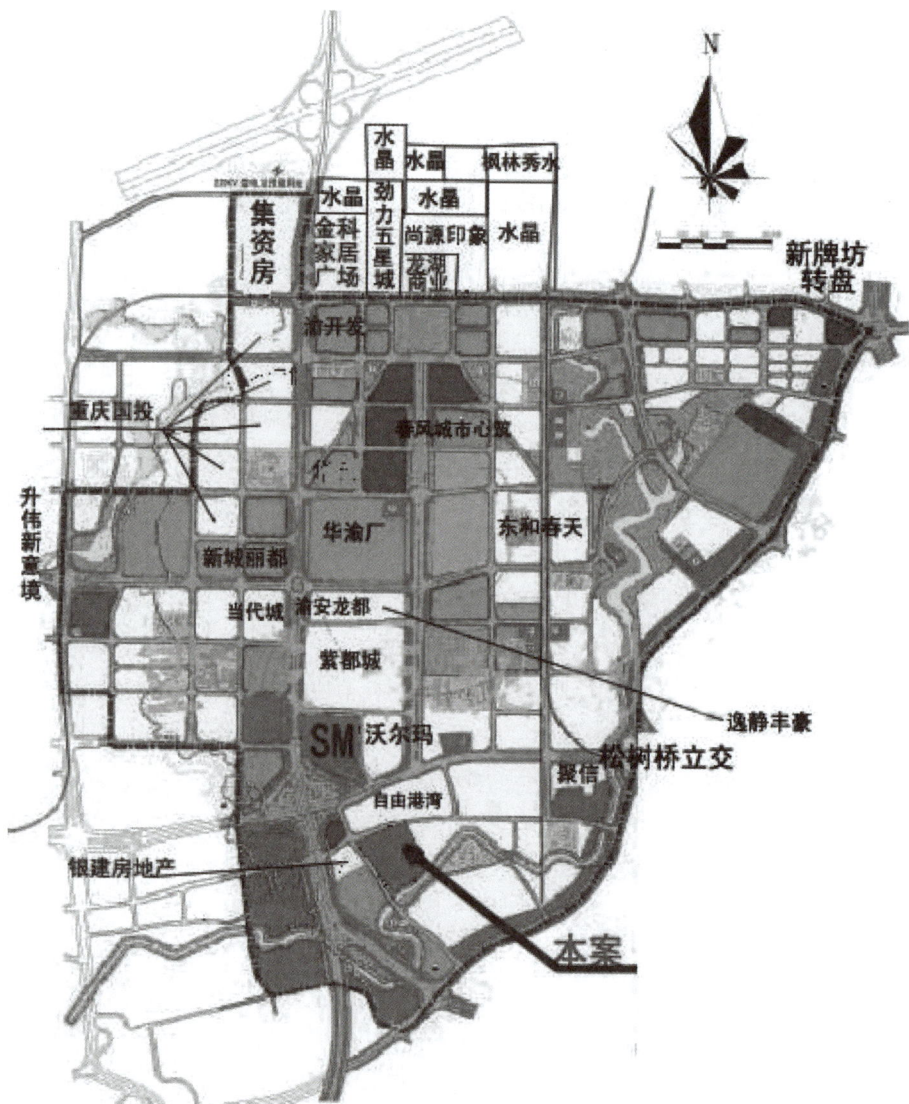

从项目地块条件来看，整体规模有限，地块内部缺乏较为显著的自然和人文景观资源，周边局部环境较为杂乱，加上重庆市天然气储气站紧邻地块，使目标客户产生一定的心理抗性。综合项目地块规模、地块内部景观资源条件、周边环境、天然气储气站负面影响等因素考虑，我们认为本项目开发高总价（就重庆市而言，单套总价40万元及以上）产品是具有较大市场风险的。

从区域发展来看，由于距离主城较近，同时配套设施完善，项目对中青年购房人群的吸引力较大。同时，随着沃尔玛、百安居、紫城天街、菲律宾SM集团购物中心的相继进入，区域商业配套设施的优势将会得以明显体现，对于中青年居家人群的吸引力极强。

从区域房地产市场状况来看，该板块由于自身地理位置和配套设施的优势，受到大量中年主力购房人群，如公务员、企业白领的追捧。区域内产品供应也以紧凑型居家产品为主，尽管各项目存在较强的同质竞争，但由于受众目标客户总量巨大，各项目均取得了不错的销售业绩，这表明紧凑型居家产品的发展方向是符合区域特性和区域发展的。

从各种户型的销售状况来看，整体而言，面积较小的户型消化状况相对较好，其中区域内一房和60~70平方米两房的整体销售状况最好，而大面积三房和四房的整体销售状况较差。我们认为，对于本项目开发而言，有效控制产品总价至关重要。

同时多数项目由于自身规模、产品品质和开发商实力的限制，价格水平还相对较低，多数中小项目价格水平保持在3100~3500元/米^2。如何在现有市场环境、本项目自身资源相对受限的情况下提高产品售价成为制约本项目发展的主要问题。

从竞争项目的产品发展方向来看，现有竞争项目春风城市心筑、劲力五星城、升伟新意境以及潜在竞争项目后期主要发展方向均为紧凑型居家产品，虽各项目存在较强的同质竞争，但由于整个重庆市场已进入以中青年购房为主力的时期，购房基数相对较大，不妨碍本项目在开发过程中对紧凑型居家产品市场进一步细分。

从竞争项目来看，考虑到利润最大化的需要，用材用料、建筑立面及园林设计方面综合品质感相对较差；从本项目目前的主要成本（土地成本）构成来看，具备可以提高项目性价比的条件；同时结合开发商的实力背景和在重庆市场的发展目标，我们认为单个项目利润最大化不是本项目开发的目标，如何打造一个高性价比的优质项目，使开发商在成为优质项目创造者的同时，又能获得一定的合理利润是本项目开发的主要目标。

目标客户学历相对较高，具有较高的审美能力和品位追求，追逐时尚，喜欢品牌消费。本项目在开发过程中树立独特的项目品牌形象，在推广上应注重客户对时尚、品位以及精神层面的诉求；而本项目周边较为杂乱的环境会使得本项目在竞争中处于非常不利的地位，如何在内部景观、产品创新上加以弥补至关重要。

从近期出现的一些小户型项目的营销来看，单一的低总价在未来将难以满足市场需求，注重对中青年群体个性化需求的考虑，已成为未来小户型项目的重要竞争手段，个性化已不能单从营销概念入手，而是在个性化营销概念推出的同时，在产品上要予以配合，才能让目标受众觉得言之有物，才能在市场竞争中立于不败之地。

综上所述，我们认为：

本项目的初步发展方向为中青年紧凑型居家产品，在严格控制产品总价的同时，更要提高项目的综合品质感，提升项目的舒适度。

考虑到项目差异化的竞争和目标客户的心理需要，通过产品的创新来打造项目差异化的个性空间。

通过合理的规划设计和配置标准，降低成本，提升利润率。

（2）项目初步发展方向

大的区域市场环境和项目地块条件决定了项目发展方向为中青年紧凑型居家产品；

本项目在配套设施上与同期竞争项目相比具有一定优势，但配套设施（例如交通、生活配套等）对于目标客户群而言只是一个基础需求，并不是影响购买决策的关键；

目标客户比较追求生活品质和环境，而本项目周边较为杂乱的环境会使本项目在竞争中处于非常不利的地位，如何在内部景观、产品创新上加以弥补至关重要；

目标客户整体较为年轻，首付承受能力较弱但收入水平相对较高，他们关注品质的同时还注重性价比，喜欢在对各个项目进行充分比较后下单，因此本项目在不影响基本使用功能和舒适度的前提下应尽量控制户型面积，使本项目在总价上具备一定的优势。

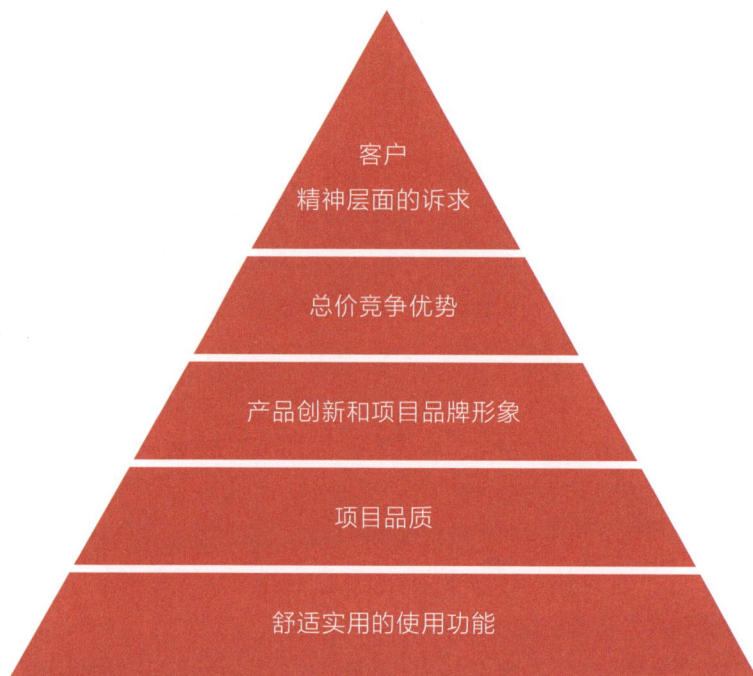

客户
精神层面的诉求

总价竞争优势

产品创新和项目品牌形象

项目品质

舒适实用的使用功能

▶── **图11-2 项目价值体系构建**

· 紧凑型居家产品是本项目的总体发展方向；

· 舒适实用的使用功能是项目基础；

· 项目品质（规划、景观、外立面）是项目应具备的基本要素；

· 独特的产品创新和项目品牌形象是吸引目标客户眼球的有效工具；

· 控制户型面积，保持总价竞争优势是影响目标客户选择购买本项目的重要因素；

· 客户精神层面的诉求是提升项目价格和价值的关键。

二、项目定位基础解析

1. 项目地块条件概要

项目地处重庆市房地产热点开发区域××地板块南部，距离城市中心较近，同时自身配套设施完善，从出台的相关规划来看，××地板块发展前景良好，区域辐射能力和区域价值面临快速提升，项目所处区域环境良好。

同时项目地块内部无显著的自然及人文景观资源，项目周边局部环境较为杂乱，多为年代较为久远的住宅建筑，加上项目地块紧邻重庆市天然气储气站，使目标客户产生一定的心理抗性，使项目价值提升受到一定的限制。

2. 项目SWOT分析

（1）优势

①企业优势——独享优势

项目开发企业具有强大的资金实力、较为丰富的房地产开发经验和一定的品牌优势，已经在中国内地成功开发了北京MDY、沈阳××广场、上海××公寓、厦门PY中心、广州PY大厦等知名物业，开发企业的背景对于本项目产品品质的保证和整体开发具有较强的支撑作用。需要注意的是本项目为××公司在重庆市的第一个房地产项目，目前重庆市消费者对于××公司××品牌的认知度相对较低，在本项目前期推广中应加强对××公司××品牌的异地嫁接。

从市场部分对潜在竞争项目的分析来看，虽然潜在竞争项目数量众多，但真正具有品牌知名度的项目相对较少，而××公司××品牌将有助于本项目与其他非品牌项目差异化，××公司××品牌在进行异地嫁接后完全可以成为本项目的核心优势之一。

②项目优势

共享优势：

项目地处重庆市房地产热点开发区域××地板块南部，板块距离城市中心较近，同时自身配套设施完善，在市场上具有较高的知名度和影响力，对于本项目开发具有较强的支撑作用。

区域内产品供应也以紧凑型居家产品为主，尽管各项目存在较强的同质竞争，但由于受众目标客户总量巨大，各项目均取得了不错的销售业绩，区域内住宅项目对××地、渝北及渝中等客户强大的辐射能力和区域内住宅项目良好的销售状况为本项目开发提供了一个良好的整体市场环境。

独享优势：

结合项目所处的竞争环境来看，本项目将主要面临来自于北岭锦园、聚信建材市场项目、升伟新意境、春风城市心筑等项目的竞争。与上述项目相比，本项目距离沃尔玛、百安居及菲律宾SM商业项目更近，在配套设施上较同类竞争项目而言具有较强的优势，丰富完善的配套设施和居家的便利性将是本项目较为突出的独享优势。

（2）劣势

①项目劣势——可改造劣势

项目内部缺乏比较明显的自然景观资源，但可以在开发过程中通过人工打造形成比较独特和丰富的园林景观。

项目周边局部环境较为恶劣，为年代较为久远的破旧住宅建筑，对项目价值提升会造成较大的影响。在规划中应通过控制建筑朝向、加强地块内部景观氛围的营造以及通过高大浓密植被将小区内部景观和外部较差的环境进行隔离等手段进行规避。

②项目劣势——不可改造劣势

项目周边局部环境较为杂乱，虽然可以通过一定的手法进行规避，但其带给客户的负面心理影响依然存在；另外地块旁的天然气储气站虽不会对本项目造成较大的视觉污染，但其所带给本项目目标客户的心理抗性较大。我们认为，本项目最为突出和不可改造的劣势在于周边杂乱的局部环境和天然气储气站所带给客户的负面心理影响，会对目标客户产生一定的心理抗性。

（3）机会——共享机会

随着永辉超市的开业，红星家居广场、沃尔玛、百安居等知名商家的进入以及菲律宾SM集团的积极介入，区域被重新定位为"北部片区新的商业中心区"，区域价值和对外辐射能力有望在众多知名商业项目的支撑下得到快速提升。

从潜在规划来看，嘉华大桥延伸线的完工将使区域的交通通达程度和对外辐射能力得到很大提升。同时，即将修建的××地广场和景观大道对于提升区域环境和形象具有重要的作用，长远规划的轻轨5、6号及外环线在本区域汇集也将提高消费者对于区域价值的利好预期。

潜在竞争项目数量众多，但整体规模较小，且多数为不知名开发商开发，整体影响力相对较小。这对于提升区域影响力不利，但有助于本项目在区域竞争中保持一定的优势。

随着政府、开发企业以及知名商家对本区域建设的不断推进，区域内项目价值不断得到提升，2005年紫都城和逸静丰豪开盘均价分别为3680元/米^{2}和3000元/米^2，一年之后，其价格分别涨至4000元/米^{2}和3300元/米^2。伴随着区域内众多知名商业项目的开发，在区域辐射能力不断增强的同时，区域内住宅价格有望保持持续攀升的态势。

（4）威胁

目前区域内产品主要以紧凑型居家产品为主，在产品单价、总价及目标客户来源上均存在一定重叠，区域内各项目同质化竞争较为激烈。结合项目自身条件，我们认为激烈的市场竞争并不妨碍本项目在开发过程中对紧凑型居家产品市场进一步细分，在保证基本舒适度的前提下通过适当降低产品总价和增强产品特色创新来提高项目整体竞争力。

3.项目核心竞争力分析

（1）核心竞争力说明

核心竞争力是在众多竞争力中筛选出的区别于竞争对手的独有优势。核心竞争力能够作为主导楼盘对外推广的亮点，而在表述楼盘整体品质方面，核心竞争力可以联合其他竞争点互为补充，经整合后使自身的形象更加丰满。以核心竞争力为主导，辅以其他竞争力的支撑，在推广中有利于迅速提高市场认知度。

（2）本项目核心竞争力提炼

通过对市场供需特征的分析，结合本项目自身特点进行比较分析，我们认为本项目的核心竞争力为××公司高端公寓物业的品牌形象、丰富完善的商业配套设施（居家的便利性）、总价竞争优势（产品性价比）和独特的高性价比创新产品，这些将是本项目有别于竞争对手的明显特征。

三、项目市场定位

1.项目定位原则和定位思路

（1）项目定位原则

①差异性

项目定位应该具有一定的差异性，这种差异性主要针对市场（区域市场或整体市场）目前的整体供应特征，寻找一种与众不同的建筑产品和居住环境，以区别于区域市场或整体市场的其他形象，以免陷入同质化恶性竞争的泥潭。

②适应性

项目的定位应该结合地块的特点、区域市场的特征等其他要素，提出最适合本项目的定位，而并非刻意地寻求创新，只有结合项目的实际情况提出的定位才是最合适的，哪怕这种定位缺乏所谓的"创新"元素。

③独特性

独特性可以表现在具体的产品上，亦可表现在独特的楼盘形象概念上，它是一种具有鲜明特色的形象识别，是一种区分于市场同类产品的有效手段。

（2）项目定位思路

结合对项目初步发展方向的判断，本项目的初步发展方向为中青年紧凑型居家产品，在不影响基本舒适度的前提下通过严格控制产品总价和增强产品特色创新来提高项目的整体竞争力，使项目产品在总价上具有一定的竞争优势，同时在现有市场价格水平下使项目单价水平得到提升，以达到项目价值最大化的目的。

①整体发展方向为中青年紧凑型居家产品

结合前文对项目地块价值和市场环境的分析，我们认为本项目的整体发展方向为中青年紧凑型居家产品。

②合理控制户型面积以增强产品总价竞争力

从区域内在售项目的表现来看，区域内一房和60~70平方米两房的整体销售状况最好，而中大面积两房、三房和四房的整体销售状况较差。本项目在产品设计过程中应在不影响基本舒适度和使用功能的前提下控制户型面积，从而增强产品的总价竞争力。

③增强产品特色创新

这里所指的创新是相对的创新，是相对于竞争项目的整体供应特征而言的。结合目前市场情况及我们的操作经验，我们认为本项目可以借鉴的创新包括：

第一，通过赠送使用面积提高产品性价比。

目前市场上赠送使用面积的通常做法有赠送层高2.2米以下功能空间和赠送阳台性质的使用空间（仅计算半面积），本项目可以通过赠送内阳台使用空间来提高产品性价比，目前劲力五星城在部分两房设计中就采用这一做法，在单价较高的情况下取得了较好的销售状况。我们建议本项目可以在部分两房中采用这种做法，但前提是售价和成本的平衡。

第二，户型空间结构的变化。

目前市场上中小户型的空间结构通常为平层，部分项目在中小户型中采用了错层及跃层设计，取得了相对不错的市场反应，例如尚源印象两房的错层结构和拿铁城一房、两房的跃层结构。改变常规户型空间结构的做法在本项目产品设计中可以加以考虑。

第三，适当提高公共部位的装修及用材标准。

从目前区域内在售项目的产品特征来看，多数项目未设计入户大堂架空层，同时对公共部位装修及项目用材重视程度非常低，本项目在成本可控的情况下可以通过设置入户大堂、提高公共部位装修标准及项目用材（例如电梯、玻璃、门窗）标准等做法来体现项目品质。

第四，对产品诸多细节的合理控制。

包括户型功能空间设置、交通动线、落地窗等细节元素，我们将在产品设计建议部分进行一一分析。

2.项目核心竞争力定位分解

（1）产品力

我们认为，对于房地产开发项目而言，建筑规划、环境景观是房地产项目的第一产品力。对于产品而言，室内空间与室外空间具有相当的价值，功能分区清晰，比普通住宅产品功能更丰富、配套更齐全、使用更舒适、感受更惬意等是项目产品力营建的关键。对于本项目而言，产品力将主要体现在如何在项目面积得到有效控制的前提下最大限度地提高居住舒适度并增强项目的品质感，包括建筑外立面、园林景观、公共部位精装修、用材标准等。项目居住舒适度和品质感将是本项目最为基础和重要的产品力。

（2）品牌力

2003年以前，烂尾楼、开发商携款潜逃的阴影笼罩市场。2003年以后，具有良好企业品牌力的开发商大行其道；此后，房市火爆，品牌力演变成产品品质保障、投资潜力保障。一个优秀的开发企业品牌是赢得项目成功的关键竞争力之一。

本项目开发企业具有强大的资金实力、较为丰富的房地产开发经验和一定的品牌优势，已经在中国内地成功开发了北京MDY、沈阳××广场、上海××公寓、厦门PY中心、广州PY大厦等知名物业，开发企业的品牌力对于本项目的开发具有较强的支撑作用。

需要注意的是本项目为××公司在重庆市的第一个房地产项目，目前重庆市消费者对于××公司××品牌的认知度相对较低，在本项目前期推广中应加强对××公司××品牌的异地嫁接，例如充分展示××公司以往操作项目的品牌形象、通过组织部分准业主到异地考察××公司项目来达到口碑传播的作用。同时，开发企业还可以走强强联合的路线，通过聘请知名合作商来烘托企业和项目的品牌形象，例如聘请知名设计公司、知名建筑承包商、知名咨询公司，并选择知名材料供应商。

（3）价格力

价格力分单价竞争力和总价竞争力两个方面，两者均具优势则价格竞争力最充分，两者均处劣势则会为项目失败埋下伏笔。我们认为，单价竞争力不是简单的价格对比，其实质是产品性价比的竞争力；而总价则直接关系到买方的支付能力，同样是价格竞争力的核心部分。

从市场研究部分可以得知，区域市场的同质化竞争相对较为激烈，因此提高项目价格力对于促进项目销售而言至关重要。从单价来看，尽管我们的价格预期会较周边同类型项目略高，但我们可以通过提升项目品质、赠送附加面积空间的做法提高本项目性价比和单价竞争力。为了提升项目总价竞争力，有效控制户型面积至关重要，同时，如何在有效的面积空间内创造出更为舒适的使用功能将是本项目产品设计中面临的主要问题。

（4）服务力

在房地产行业，大多数企业服务力的营建始于业主入住后，这就是通常的物管服务或叫售后服务。对于本项目而言，物管服务不仅体现出企业的售后服务水平，也是企业品牌美誉度及可持续发展的无形资产的累积。

但服务力不仅仅是物管服务，当竞争从价格竞争、产品竞争延伸到品牌竞争之后，服务力的竞争被摆到重要的位置。如重庆市的棕榈泉国际花园，从驱车进入的一刹那，就会不由自主地感受到强烈的尊崇感，不管是保安还是置业顾问的服务，不管是产品还是配套或一草一木，均会使人感受到与众不同的身份地位。业主所受到的尊重、礼遇，无不展示着未来生活的品质感，对美好生活的憧憬油然而生。这就是服务力，它的营建从项目一开始即已开始，且深入到项目各系统和全程。

我们建议营建全程服务力，这不仅是提高项目核心竞争力的需要，更是项目及公司品牌力打造的至关重要的环节。

（5）创新力

众所周知，创新力是所有产品在激烈的市场竞争中制胜的关键因素之一。本项目作为一个面对中青年群体的中小户型社区，结合我们对该类目标客户的把握和对类似项目的操作经验，我们认为创新力对于重庆市房地产市场的中小户型产品而言至关重要。通常而言，中小户型产品的创新力主要体现在项目产品和项目市场形象上，项目产品创新是市场形象能够创新的基础。结合本项目而言，我们认为提高项目产品创新力和市场形象的差异化将是本项目主要的核心竞争力之一。

3. 项目硬性定位

（1）定位说明

硬性定位主要是从理性角度说明项目所处城市、区域、体量、使用功能等特性，是对项目开发方向的总体说明和对其主要特征的总结。

（2）硬性定位

· 定位关键词

"BB新城中心·享受型个性生活空间"

· 定位解析及依据

对"BB中心"的理解：

首先表明本项目所处区位，即位于重庆市热点开发区域BB新城；

"BB新城中心"来源于××地板块最新的城市功能定位"BB新城中心商业区"，而本项目紧邻由沃尔玛、百安居、紫城天街、菲律宾SM集团商业组成的中心商业区，配套设施和居家便利性优势非常明显，同时，众多商业项目的开发有助于区域价值和本项目价值的提升，从长远来看，本项目具有较强的升值潜力；

"BB新城中心"表明本项目地理位置优越，配套设施非常完善，升值潜力巨大。

4. 项目形象定位

（1）形象定位的原则

形象定位必须是有生命力的，生命力来源于主题理念。形象是能传播的、容易体会的、便于执行的一种精神文化层面的追求点。

①主题观念鲜明、恒久

这一点是强调形象产生的基础是一种观念的认识，也要求我们的观念是永远超前和不容易被对手复制的。所以，对定位需要有理性而深远的思考。

②体现项目优势和内涵

对本项目而言，形象定位应符合目标客户的消费心理需求，同时反映项目产品的优势和内涵，项目形象定位与项目产品本身必须存在联系和共同点，形象定位不能脱离目标客户的需求特征和项目本身的产品特性。

（2）形象定位

①定位关键词

"专属于你的BLOG社区"

说明：对于本项目形象定位，我们认为定位关键词仅为项目核心形象的一种延展，其核心是"个性化的青年社区"。

②定位解析

BLOG为近年来新出现的网络名词，来源于"WebLog（网络日志）"的缩写，意为"网络日志"。一对1977年出生的夫妻，一个无事可做，不甘寂寞写起了网络日志；另一个找不到体面工作，就在家编电脑程序。没想到，他们从自家卧室里捣腾出的小公司竟然引发了网络新兴势力——博客网站的革命。

BLOG所反映的社会本质是什么？

随着网络经济的发展，近年来中国中文博客数量呈爆发式增长。目前中文博客的用户构成多为中高学历的中青年人群，他们热衷于网络等时尚和流行的元素。博客的核心是"个性化的思想表达和交流"，而这也反映出中高学历人群渴望交流、崇尚个性化的心理需求。BLOG不仅仅是网络日志，它所代表的是一个越来越普遍的社会现象，代表的是目前中国中青年人群对于个性化的高度追求，博客已经成为时尚、潮流和个性化的代名词。

BLOG与本项目的联系在哪里？

本项目所面临的主力目标客户为中青年群体，多数具有较高的学历，崇尚时尚、潮流和个性化。针对目标客户的普遍需求，我们认为本项目与BLOG所提供的专属的个性化交流空间是一致的，本项目所提倡的个性化与目标客户的心理需求是相契合的。

BLOG概念的操作性如何？

"专属于你的BLOG社区"实际意为"专属于你的个性化社区"，后期可通过加强产品设计的创新对"个性化"进行充分诠释。

同时BLOG社区的形象有助于本项目在与周边项目的竞争中脱颖而出，因为BLOG已经成为时下中青年人群所热衷的话题，本项目与BLOG具有"个性化"的共性，且与中青年群体有共鸣的地方，BLOG是连接本项目与目标客户的桥梁。在后期推广过程中完全可以通过中文博客大赛、社区网络博客等网络元素对BLOG概念和"个性化"进行充分演绎，以达到引爆市场的目的。

（3）定位依据

综上所述，BLOG所反映的本质"时尚、潮流、个性化"与本项目目标客户的需求是相吻合的，BLOG与目标客户之间存在共同的沟通语言；

BLOG的本质"个性化"与本项目产品创新是紧密相连的，BLOG的形象定位能够更为明确地突出本项目个性化的产品设计和产品创新；

BLOG是连接目标客户需求特征和本项目产品特性的桥梁，使目标客户能够更加充分地理解和认同本项目所提供的产品和服务；

目前BLOG已经成为本项目目标客户人群（即中高学历的中青年人群）之间谈论的热点话题，BLOG的形象定位有利于引起目标客户的共鸣，同时使本项目的市场形象能够在众多同类竞争项目中脱颖而出。

5. 项目物业形态定位

（1）定位说明

物业形态定位是在项目开发建设过程中对建筑产品形态的定位，直接关系到项目开发过程中每一期的建筑类型。

（2）形态定位

①定位关键词

"纯高层社区"

②定位解析

由于本项目规模较小，同时容积率达3.5，为了充分降低建筑密度和楼间距，建议全部采用30层左右的高层建筑形式。

（3）定位依据

由于本项目用地规模较小，约68亩左右，而容积率为3.5，项目地块条件就决定了本项目的产品形式将以高层产品为主；

从区域市场和目标客户需求特征来看，高层产品的产品形式是能够被目标客户所接受的，是符合区域发展方向的。

6. 项目物业功能定位

（1）定位说明

功能定位是对本项目可能存在的物业形态的使用功能的定位，直接关系到项目市场定位和建筑产品设计的细节，同时影响着项目的发展方向和开发策略。

（2）功能定位

①定位关键词

"在较长一段时间内都能满足目标客户需求的紧凑型居家物业"

②定位解析

结合目标客户的需求特征，本项目可能面临的主力目标客户是一群正处于事业上升期的中青年，他们受过良好的教育，较为追求生活和居住品质，因此他们选择的不单是一个短暂居住的过渡空间，他们寻求的是一个总价较低，但具有较高品质，从使用功能来看能够满足其较长一段时间内居住需求的场所。在产品设计思路上应贯彻这一功能定位，明确我们打造的不是一个过渡居住空间，而是一个在较长时间内都能很好地满足目标客户居住需求的社区，在设计中充分考虑目标客户的成长性和未来一段时间内住宅产品的发展趋势。

"居家物业"表明本项目的产品类型将以住宅为主，但可以考虑部分配套型商业，以更好地满足目标客户对生活便利性的要求。建议配套商业应与居住功能区分开，即采用独立建筑体量的商业建筑，避免底商等规划形式所带来的对居住品质的影响。

（3）定位依据

从市场研究部分可知，本项目所处区域××地板块交通便捷、配套设施相对完善，吸引了大量中青年群体到此置业，尤其是企业白领和政府公务员；

区域内产品主要为紧凑型居家产品，且整体销售状况良好，表明在区域交通便捷、配套完善的情况下是非常适合开发中青年居家产品的。

本项目可能面临的目标客户需求特征决定了本项目不是一个提供过渡居住的场所，本项目所提供的是较为舒适的居住品质，是一个能够在较长时间内满足目标客户需求的居住场所。

7. 项目档次定位

（1）定位说明

我们对整个项目档次定位的理解主要是对整个项目形象、功能、物业形态等定位特征及其属性的描述，在对整个项目档次进行定位后，我们可以依据这种档次寻求目标客户并研究其消费产品的品质；档次定位主要作为项目品质建设的指导依据。

（2）档次定位

①定位关键词

"区域内中高档次住宅社区"

②定位解析

为了更加形象地对档次定位进行解析，我们将通过下一图表对项目档次进行进一步细化：

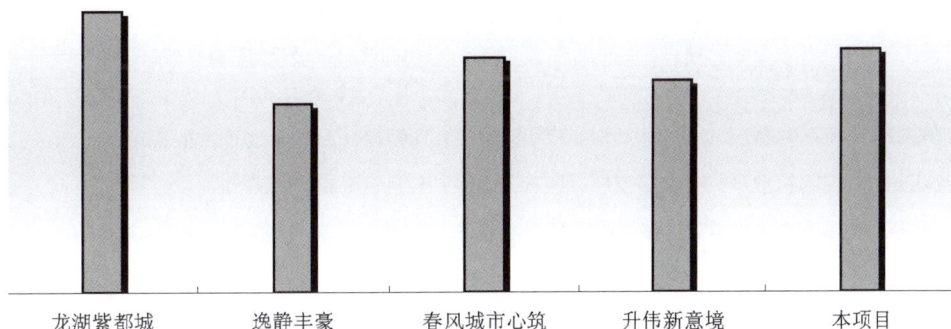

▶━━ **图11-3 本项目档次定位及与周边项目的比较**

从上图可知，本项目档次定位较区域内龙湖紫都城低，而高于区域内逸静丰豪、升伟新意境两个项目，基本与区域内在售项目春风城市心筑档次定位持平，本项目的档次定位在区域内属于中高档次项目。

（3）定位依据

本项目位于重庆市热点开发区域××地，区域内配套交通便捷、配套设施完善，在龙湖紫都城等高档项目的带领下已经形成了较好的区域面貌和市场形象，区域内项目多为中高档次住宅项目。良好的区域环境决定了本项目中高档次的发展方向。

本项目地块内部无显著的自然景观资源，紧邻石油小区等破旧建筑物，周边环境相对较为杂乱，且地块旁的天然气储气站对目标客户心理存在一定的负面影响。项目地块周边局部环境相对较差，对于开发高档次住宅产品而言具有较大的市场风险。

从我们对区域需求市场的研究以及代理的相关类似楼盘成交客户来看，本项目可能面临的目标客户为一群具有较高学历的中青年人群，其中政府公务员、事业单位职员和企业白领占据了较大比重。从该类人群的特征来看，他们处于事业上升期，对未来有良好的预期，比较追求生活品质，在总价承受能力欠佳的情况下仍然热衷于选择品质型社区。因此如果档次过低，很难满足该类人群对于居住品质的要求，本项目中高档次住宅的定位是符合目标客户对于居住品质的要求的，同时也能够符合其低总价、低首付的价格承受能力。

从提高项目价值和塑造开发企业品牌的角度来看，中高档次的市场定位是符合项目价值最大化原则并有利于建立企业中高档次物业品牌的。

8. 项目（总体）目标客户群定位

（1）区域目标客户构成分析

从周边尚源印象、劲力五星城、春风城市心筑、龙湖紫都城、逸静丰豪等同类型项目的客户构成情况分析来看，本项目可能面临的目标客户群体构成如下：

客户来源以××地区为主，其次为渝北区和渝中区，以沙坪坝区客户作为补充；

以上述区域的政府公务员、事业单位职员、企业白领及周边厂矿职工（川东石油局、华渝仪表厂）为主，其中企业白领所占比例略高于其他职业类型所占比例，以周边个体经营者、区域内原有住区居民作为补充；

以自住型客户为主，以投资客户、为子女购买及为父母购买客户作为补充，其中投资客户主要针对项目的一房单位；

以年龄为25~35岁的客户为主，以35~50岁的客户作为有效补充；

以一次置业和二次置业者为绝对主力，其中二次置业比例略高于一次置业比例。

综上所述，本项目可能面临的主力目标客户群体为"年龄为25~35岁的中青年，多为政府公务员、事业单位、房地产、金融等新兴支柱行业的骨干职员或中低层管理干部"。

（2）本项目目标客户群定位

由于重庆市房地产消费者在构成上具有很强的区域性，本项目所处的区域市场环境决定了本项目目标客户群将主要为上述中青年群体。同时，各个项目在自身条件上存在一定的差异，这也会使各项目目标客户群在构成上略有差异。

▶—— 表11-1 区域内不同类型项目自身条件比较

项目类型	代表项目	特征对比分析	目标客户构成
冉北区域中高端项目	春风城市心筑、尚源印象、劲力五星城	区域环境良好；均为中高档品质项目；总价适中但单价较高；配套设施和生活便捷程度相对较差。	××地、渝北和渝中区政府公务员、事业单位职员、企业白领所占比例较大。
冉南板块中高档次项目	龙糊紫都城	区域环境较为良好；项目品牌力极强；项目总价相对较高；配套设施和生活便捷程度较高。	以××地、渝北、渝中及沙平坝区政府公务员、企业白领为主，周边个体经营者和厂矿职工为辅。
冉南板块中档项目	逸静丰豪、渝安龙都、自由港湾	区域环境相对较差；配套设施相对较为完善；项目档次和品质感较差；价格相对较低，在单价及总价上均具有一定竞争优势。	以××地、渝北区企业白领、周边个体经营者、周边厂矿企业职工为主。
本项目		周边局部环境相对较差；周边配套设施相对较为完善；项目预期品质相对较高；项目的价格竞争力主要体现在总价上，通过控制户型面积来达到较高单价和较低总价的目的。	——

从上表我们可以看出：

由于企业白领正处于事业的上升期，其整体经济实力相对有限，虽对于未来有较好的预期，但由于未来的不确定因素，其仍然倾向于选择低总价的产品。从区域各项目的销售情况来看，企业白领整体而言对于住宅品质要求较高，能够承受相对较高的单价，而对于总价相对较为敏感；

从春风城市心筑、尚源印象、劲力五星城及龙湖紫都城等几个项目的销售情况来看，政府公务员和事业单位职员所选择购买的户型多是较为舒适的两室和三室，其更倾向于选择舒适度相对较高的大中户型，同时其对于区域环境和项目品质要求相对较高，多选择区域内品牌项目。整体而言，公务员及事业单位职员经济承受能力较强且收入稳定，对区域环境和项目品质要求相对较高，多选择较为舒适的户型；

从周边项目的目标客户构成来看，周边个体经营者普遍选择中档品质的中低总价房屋，他们正处于事业的奋斗阶段，倾向于将资金投入到自己的事业当中，而对于房屋档次和品质的要求相对较低；

另外，本次调研发现，周边厂矿职工家庭结构相对较为复杂，多为"父母+已成年子女"，传统家庭观念较浓，希望与成年子女住在一起，因此他们在购买房屋时倾向于选择大中户型住宅。从其选择的项目构成来看，他们更倾向于选择在靠近厂区的冉南板块置业，由于经济承受能力和消费观念的差异，他们选择高档品牌物业和中档品牌物业的比例较小。

综上所述，在本项目周边环境较为杂乱、配套设施齐全、预期品质和单价水平相对较高、户型面积较为紧凑及总价相对较低的前提下，我们认为本项目的主力目标客户应为××地、渝北和渝中区的企业白领、政府公务员和事业单位职员，同时以周边企业职工、个体经营者以及投资客户作为有效补充，其中投资客户主要针对项目中小面积的户型。

（3）目标市场定位分解

①目标客户类型

结合区域内项目目标客户构成情况及本项目的实际情况，我们认为本项目的目标客户将以企业白领、政府公务员及事业单位职员为主，同时以周边企业职工、个体经营者和投资客户作为有效补充。

表11-2 目标客户类型分析

客户类型	企业白领	政府公务员及事业单位职员	周边企业职工	周边个体经营者	投资客户
预期比例	50~60%	20%	10%~15%	5%~10%	5%

②来源区域

结合区域内项目目标客户构成情况及本项目的实际情况，我们认为本项目的目标客户将主要来自××地和渝北区，其次为渝中区，同时可以吸纳少量沙平坝区客户作为有效补充。

表11-3 本项目目标客户来源预期

区域来源	××地区	渝北区	渝中区	沙平坝区
预期比例	40%	30%	20%	10%

③年龄

该类客户年龄主要集中在25~35岁，其中30岁左右客户相对更为集中。同时，周边企业职工及个体经营者整体年龄会稍微偏大，其中40~50岁的客户会占据一定比例。

④职业

从我们对类似项目目标客户的分析来看，该类客户的职业主要集中在目前重庆市相对较为热门和整体收入水平相对较高的行业，主要包括政府公务员、事业单位、金融、房地产、通讯等行业，另外由于本项目紧邻川东石油局，石油行业职工整体收入水平较高，他们也将是本项目的有效客户来源之一。

⑤文化阶层

结合区域内项目目标客户构成情况以及我们对类似项目的操作经验，该类目标客户多数受过良好的教育，主要学历构成为中专、大专和大学本科，整体学历相对较高。

⑥收入水平

根据我们对类似项目目标客户的分析来看，该类客户整体收入在同一年龄层中处于较高水平，多数家庭月收入集中在4000~8000元，且正处于不断上升之中，未来发展预期良好。

⑦消费行为和心理特征分析

结合我们对区域内类似项目目标客户构成的调研和对类似代理项目的操作经验来看，本项目主力客户群体为一群富有活力的城市新兴人群，他们正在逐步成长为各支柱行业的中坚力量，在事业上具有较大的上升空间和进取心，他们希望得到社会的认可和尊重。

他们较为追求生活品质，当然不是仅停留在户型面积上的品质上，他们在意住宅的私密性、项目周边环境、小区内部景观、户型结构和功能设置的合理性、项目质感、项目品牌等因素。他们购买的目的不只是寻求一个过渡居所，而是寻求一个在较长时间内都可以满足他们使用功能的住所，因此在决策时会带有一定的前瞻性。

他们的学历相对较高，在追求物质的同时还在意精神的享受，具有较高的审美能力和品位追求。同时，和多数年轻人一样，他们也追逐时尚，喜欢品牌消费，在注重项目品质的同时对楼盘形象具有较高的要求。

尽管有较高的收入和对未来的美好预期，但由于工作时间相对较短，他们在首付承受能力上有所不足，他们喜欢在对各个项目进行充分比较后下单，他们对品质和性价比都非常关注，在不影响其居住使用功能（包括精神层面）的时候倾向于选择总价更低的住宅。

⑧购买类型

就整体而言，本项目目标客户倾向于选择较为紧凑的户型，从各类人群的具体特征来看，我们认为其在购买类型选择上有如表11-4所示的趋势。

▶—— 表11-4 购买客户类型分析

客户类型	企业白领	政府公务员及事业单位职员	周边个体经营者	周边企业职工	投资客户
主力需求户型	一房、两房和紧凑三房（两房选择比例最为集中）	相对舒适的两房及三房	无明显趋势	相对舒适的两房和三房	无明显趋势

第二部分
项目产品设计建议

一、项目总体建筑策划

1.建筑策划前提说明

（1）项目地块条件

①地块区位

本项目位于××地区柏树新村1号，为原奥妮厂三工场。从区位来看，本项目地处××地区的南部，为目前重庆市热点开发区域，项目所处大环境良好。

②地块周边环境

项目周边多为年代较为久远的破旧建筑，整体环境相对较差。同时，地块南侧靠盘溪河处有重庆市天然气储气站，该天然气储气站使本项目目标客户产生一定的心理抗性，应在规划设计中通过户型布局和园林景观予以充分规避。

③地块经济技术指标

项目总用地面积68亩，容积率3.5，总建筑面积约15.8万平方米，项目整体规模相对较小。

④地块物理形态

项目地块原为奥妮厂三工场，地块内部呈三级台地，由北向南依次跌落，项目地块的三级台地地形具有较强特性，在规划设计中应充分加以利用，以形成项目内部较为独特的地表地形。

（2）项目定位

本项目定位为BB新城青年生活示范区，其所面对的目标客户将主要为中青年群体。本项目的发展思路为在不影响产品品质和舒适度的前提下通过有效控制户型面积来控制产品总价，同时通过产品特色创新来增强项目产品竞争力。项目形象定位为"专属于你的BLOG社区"，利用"BLOG"的独特概念为项目产品的个性化特征代言，以更好地将项目产品和目标客户群联系在一起。"专属于你的BLOG社区"实际意为"专属于你的个性化社区"，通过对项目个性化空间的打造来丰富这一市场形象。因此，在本项目的产品设计过程中，应对项目个性化设计进行充分挖掘，"个性化"将是贯穿整个项目的核心设计思路。

2. 建筑策划原则及其说明

（1）项目规划设计的系统性

全面协调规划区域内的各种开发建设活动，将全部开发建设项目纳入总体规划框架内，以生态环境保护和合理利用的原则，合理安排土地使用及功能和空间布局，力求实现人工景观与自然环境的完美结合，创造具有特色和良好生态的高品质居住环境，确保土地资源的永续利用和可持续发展，保证项目在高品质居住类物业中的领先地位和优势。

（2）项目规划设计动态化

要求在项目规划设计过程中，强调开发建设的整体性和系统性，既要保证整个开发区域的环境水准，又要与项目各部分的整体开发相协调，应保持规划结构的弹性原则，以适应和满足不断变化的高品质住宅市场发展需要以及项目分期投资、逐步开发建设的要求。

（3）环境设计特色化、融合性

住宅是住区的主体，环境是住区的基础。高品位住宅小区必须是居住环境好、生态环境优、景观环境美的住宅，能够表现它的文化性、舒适性，能够满足人的生理需求、心理需求、安全要求及健康需求。住区环境对城市有巨大的、直接的影响。住区环境既要有物质方面——"硬环境"，也离不开精神方面——"软环境"，两者必须紧密结合。住区的"硬环境"主要包含能满足人的居住、生活需要的居住空间、交往空间、景观空间、公建设施、文化设施、教育设施、体育娱乐设施、交通设施、商业服务设施等；住区的"软环境"主要是社区精神文明建设及多层次的社区文化活动，较高尚的文化氛围让居民及其子女得到良好的文化教育、高尚的道德陶冶、适宜的体育锻炼、丰富的艺术享受以及优美的景观欣赏。

（4）合理的交通系统

合理安排便捷的交通系统和路网架构，建立区内各组团和功能区域的交通路网联系，围绕项目特点开发休闲化、景观化的交通系统，使区域内道路同时成为最具吸引力和特色的交通路网系统。

（5）智能化系统运用

高品位住宅小区应积极应用新科技，逐步实施智能化建设。根据建设部1999年4月制定的《全国住宅小区智能化技术示范工程建设大纲》对示范小区的要求，优秀小区、高品位小区至少应达到示范工程技术含量的普及型，进而向先进型、领先型发展。普及型的功能要求是：第一，设立计算机自动化管理中心；第二，水、电、气、热等自动计量、收费；第三，住宅小区封闭，实行安全防范系统自动化监控管理；第四，住宅的火灾、有害气体泄漏等实行自动报警；第五，住宅设置紧急呼叫系统；第六，对住宅小区的关键设备、设施实行集中管理，对其运行状态实施远程监控。先进型的功能要求除了要达到普及型的全部功能外，还要做到：小区与城市区域联网；住户通过网络终端实施医疗、文娱、商业等公共服务和费用自动结算；住户通过家庭电脑阅读电子书籍和出版物等。领先型除达到上述要求外还要求：小区开发建设应用HI－CIMS技术，实施小区开发生命周期的现代信息集成系统，达到住宅小区建设提高质量、降低成本、缩短工期、有效管理、改善环境的目标。

（6）建筑设计中的人本位意向

住宅内部平面布局要突出"以人为本"的思想，不让人屈就于建筑，成为建筑的附属，而是让建筑符合人的生活活动规律，具有较好的舒适性、方便性、安全性。

3.项目整体规划布局建议

（1）整体规划理念和目标

①强调均好性、多样性理念

均好性——强调环境资源的均等，环境资源主要包括绿地、花木、水景等景观及配套服务体系。在规划设计上要以均享为原则，让每个住户都能平等地享受资源，都能获得等同的价值回报，要达到均享目的。多样性——应注重小区（社区）服务对象多层次、多方面的需求，力争在建筑风格、户型布局、空间组合、色彩构成等诸方面具有特色。

②价值定位理念

强调价值定位理念，关键在于使项目建设过程中的"景观资源""环境资源"等通过建筑产品的规划布局和产品设计发挥更大的利用价值，以提升项目开发过程中各种产品类型和每个单元的价值。

③融合性设计理念

我们在此提出的融合性建筑规划理念类似于"街区"规划设计思路。总体分为城市街坊和区内街坊两种概念。就本项目而言，一方面应该在规划设计过程中注重整个项目与××地板块之间的街区关系，另一方面应该在小区内部规划设计过程中注重融合性规划理念的演绎。

④建筑与自然环境协调组合的理念

协调性——应注重住宅与历史文脉相协调，与当前时代精神相一致，与未来发展相适应，与周边环境相融合。

⑤交通道路应合理分流，减少对居住的影响

小区的交通道路要以方便居民出入、迁居，满足消防、救护需要，减少对居住的干扰，保证居住的安宁为原则进行布置，以达到通达性、安全性、方便性、一体性、多层次性的要求。住宅区道路系统应分级明显、架构清楚，既要与城市公共系统衔接，又要避免城市公交道路穿过住宅区。

（2）综合规划布局建议

①规划构想

地块整体规模相对较小，总占地面积仅68亩，地块容积率为3.5，这决定了本项目的产品形式为高层。为了有效降低项目建筑密度，同时增大楼间距以达到视野开阔的效果，我们建议本项目在规划布局上采用全高层围合布局，在增加楼间距的同时可以使项目内部景观相对独立，通过形成内部景观氛围在一定程度上规避周边环境带来的不利影响。

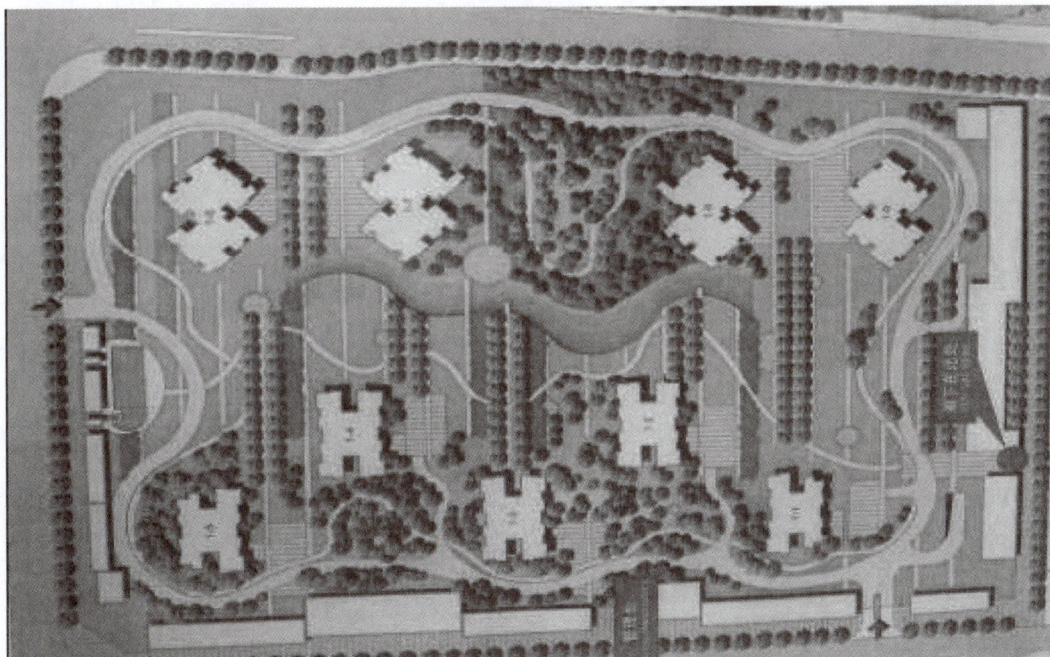

━━ 图11-4 典型项目大围合布局参考（水晶郦城一组团）

②建筑规划布局

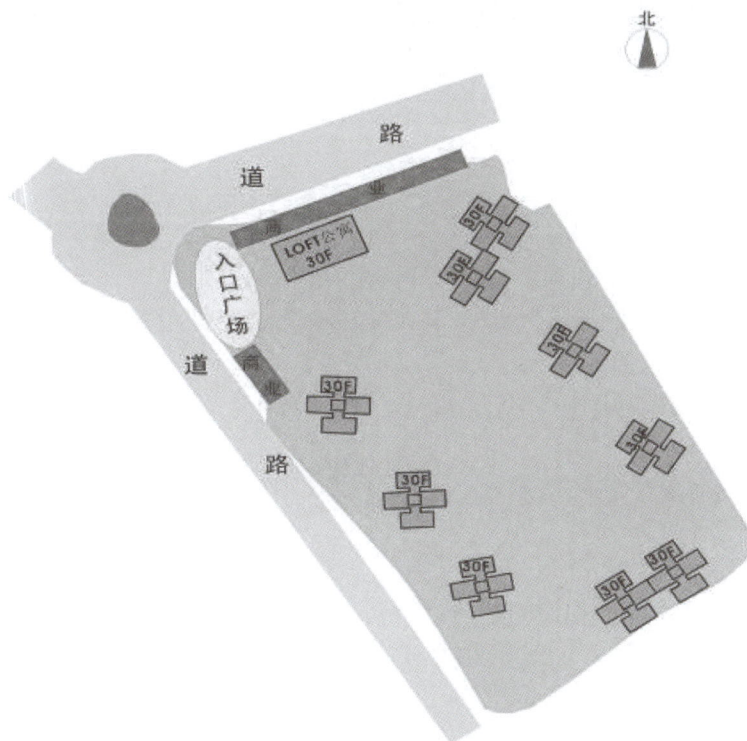

━━ 图11-5 本项目建筑布局示意

第一，建筑物布局方式总体说明

建议在小区入口设置户外广场，可以使项目商业配套、小区主入口、水景、轮滑等极限运动设施与广场相结合，在体现项目品质感的同时突出项目的整体居住氛围；

建议配套商业布置在地块临路部分，主要集中在龙脊支路和小区入口两旁；

建议建筑整体布局采用大围合的布局方式，最大限度地减少高层建筑所带来的压抑感以及由于楼间距过窄导致的对视问题，同时可以使小区内部景观系统相对更为集中和完善；

建议将约180套全跃层一室一厅采用整栋布置的方式，以突出该LOFT公寓在风格上的个性化；

建议将地块南侧两栋楼进行两个单元拼接，可以最大限度地节约用地面积并增加楼间距，同时在这两栋楼内主要布置中小面积的平层一房和紧凑两房，不会对其居住品质产生太大影响。

第二，建筑规划布局时视线错位的考虑

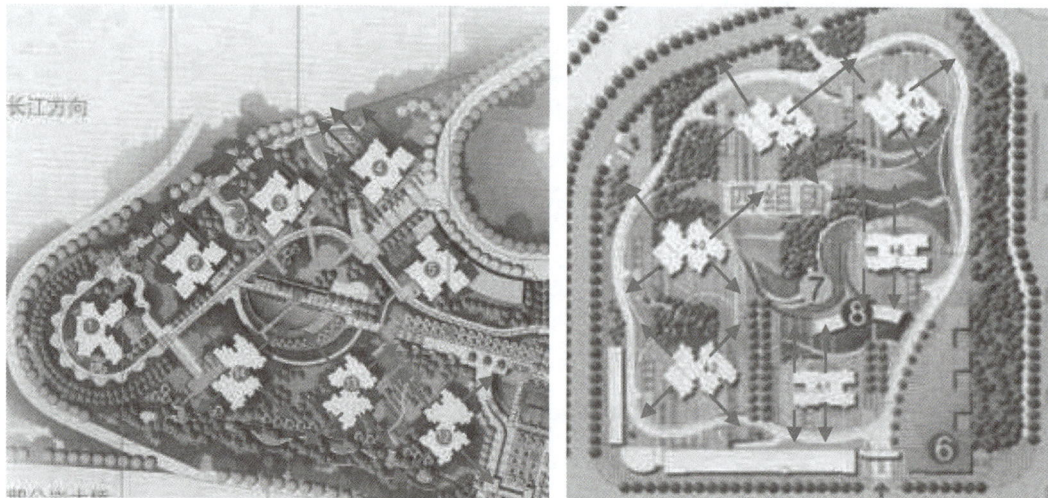

▶── 图11-6 观山水及水晶郦城视线错位参考

图中紫色标注部分各个户型的朝向均不相同，朝向均好性相对较差，但其本身不存在视线干扰和遮挡，因为在规划布局时注意了各栋建筑之间的视线遮挡问题。这种布局方式能够提高整体容积率，在楼间距较小的情况下能够保证视野的开阔程度。可以看到，视线错落式的布局方式在两大高层项目水晶郦城和观山水中得到了充分的演绎。

建议本项目在建筑物布局时应充分考虑楼栋之间的对视问题，通过改变建筑物朝向来达到规避对视的目的（如上图所示）。

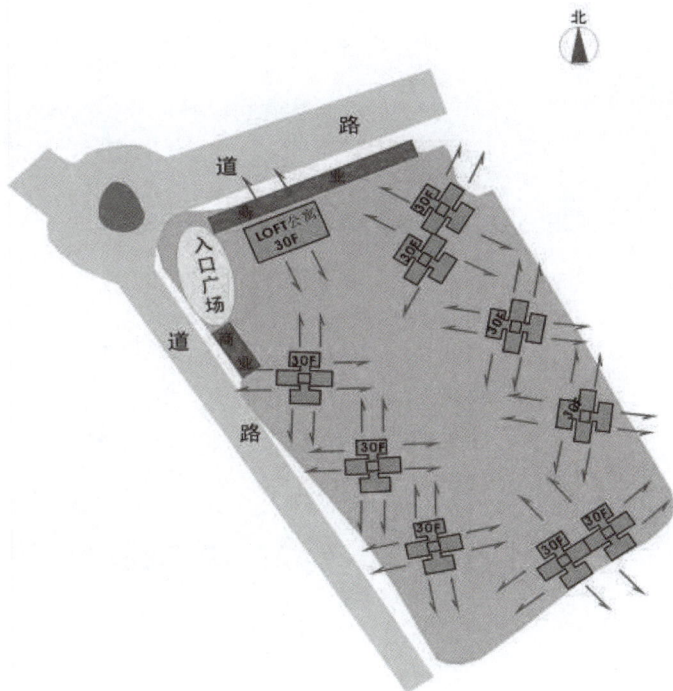

▶—— **图11-7 本项目景观视线分析示意图**

第三，建筑规划布局时对建筑物退线的考虑

本项目地块两面临市政道路，另外两侧局部环境较为杂乱，为减少道路及周边杂乱环境对住宅的噪音污染、粉尘污染及视觉污染，建议在满足控规的基础上加大建筑物退线距离，使临市政道路及周边环境较差的部分住宅景观和环境有较大的提升，同时，这对于增强项目均好性和整体品质也具有重要的作用。

第四，建筑规划布局时对周边杂乱环境及天然气站不利影响的规避

地块周边多为年代较为久远的破旧建筑，对本项目存在一定的视觉污染，同时地块南侧紧邻重庆市最大的天然气储气站，容易对客户造成较大的购买抗性。在规划设计中应充分注意对周边不利环境和天然气站负面影响的规避。建议在地块周边种植高大浓密的乔木以形成一定的视觉屏障，在一定程度上使小区内外视线隔绝，从而形成小区内部较为独立和良好的景观和居住氛围。

③小区入口及入口广场设置建议
第一，小区入口设置建议

为了充分地体现项目以人为本的设计理念，建议将各组团人行入口和车行入口单独设置，这样可以最大限度地减少车流和人流之间的不利影响，同时也使社区安全得到更加充分的保证。

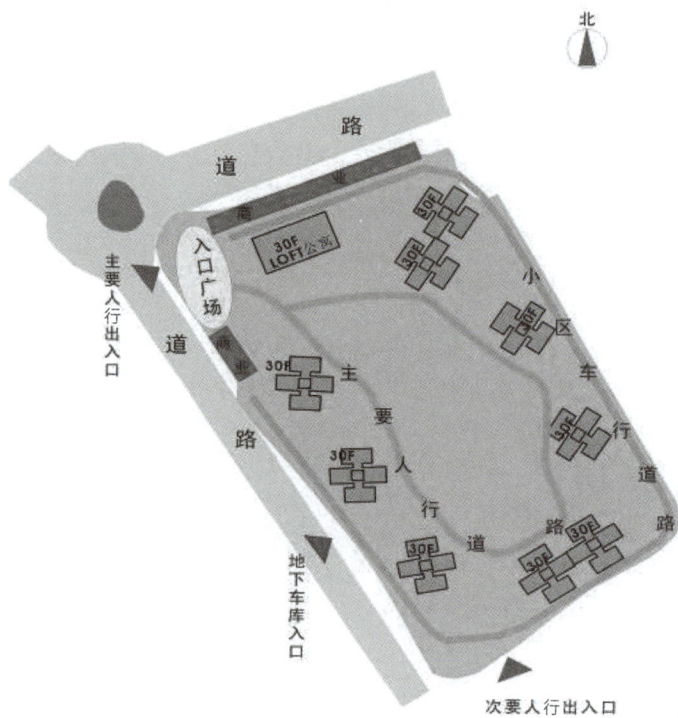

▶━ **图11-8 项目车行及人行出入口设置建议**

结合项目地形条件和初步规划，我们建议将人行入口设置在入口广场处，而车行入口设置在项目地块北侧临龙脊支路处。

第二，小区入口广场设置建议

由于本项目面对的目标客户主要为以企业白领为代表的中青年人群，他们对于项目品质的要求较高，同时崇尚时尚和潮流，因此我们认为一个开阔的入口广场是彰显项目品质最为有利的工具之一。如上图所示，我们建议在图示位置设置一个入口广场，可以用喷泉、水景、商业街区、轮滑极限运动设施等时尚元素加以搭配，突出项目的品质和品位感。

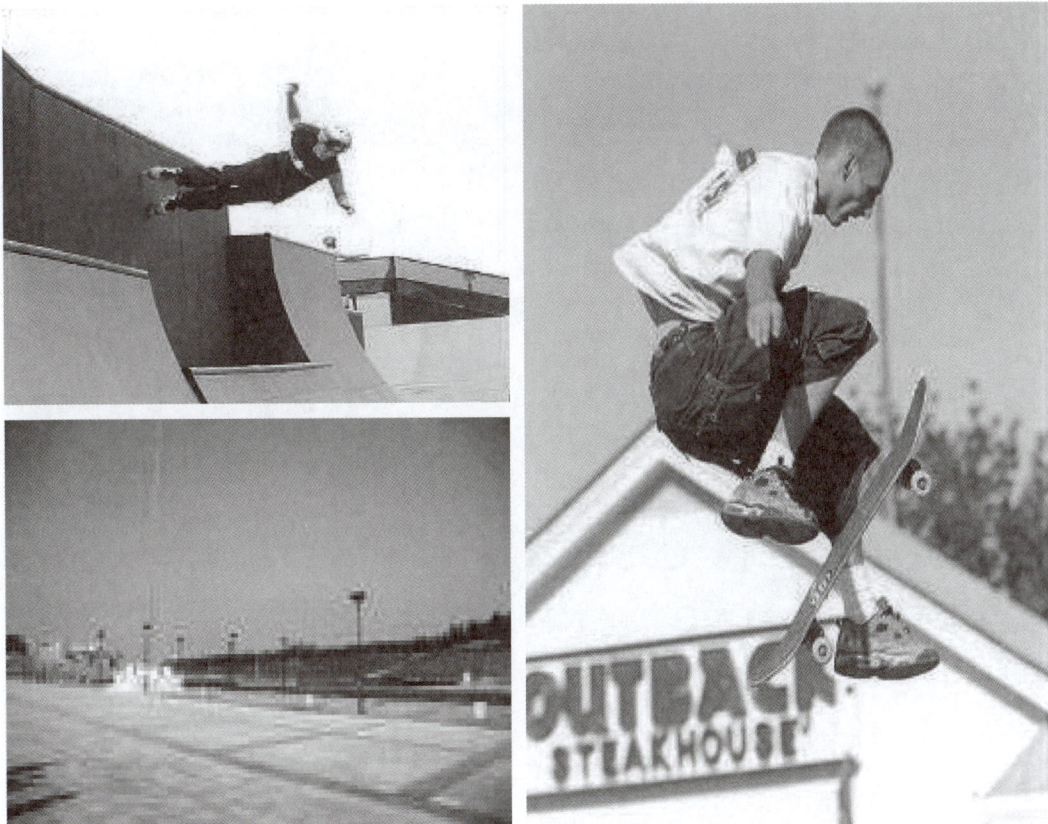

▶━━ **图11-9 项目入口广场设置建议**

④交通系统设计建议

道路分级布置及人车分流

结合项目定位，我们建议本项目在交通系统规划设计中采用局部人车分流的做法，在增加小区安全性的同时进一步体现项目以人为本的设计理念，进一步提高项目产品使用的舒适度。

车行道：基于项目规模和特性，建议在小区内设置一条车行环道即可，在一定程度上实现局部人车分流。在满足小区内行车要求的情况下尽量减小车行道路的路径长度和路面宽度，避免车行道过硬的形象给整体园林景观和小区生活氛围带来不利影响。本次调研发现，目前区域内主要项目的小区车行道路全为沥青路面，因此结合项目定位及沥青路面防噪、防尘等众多优势，建议本项目车行道全部采用沥青路面。

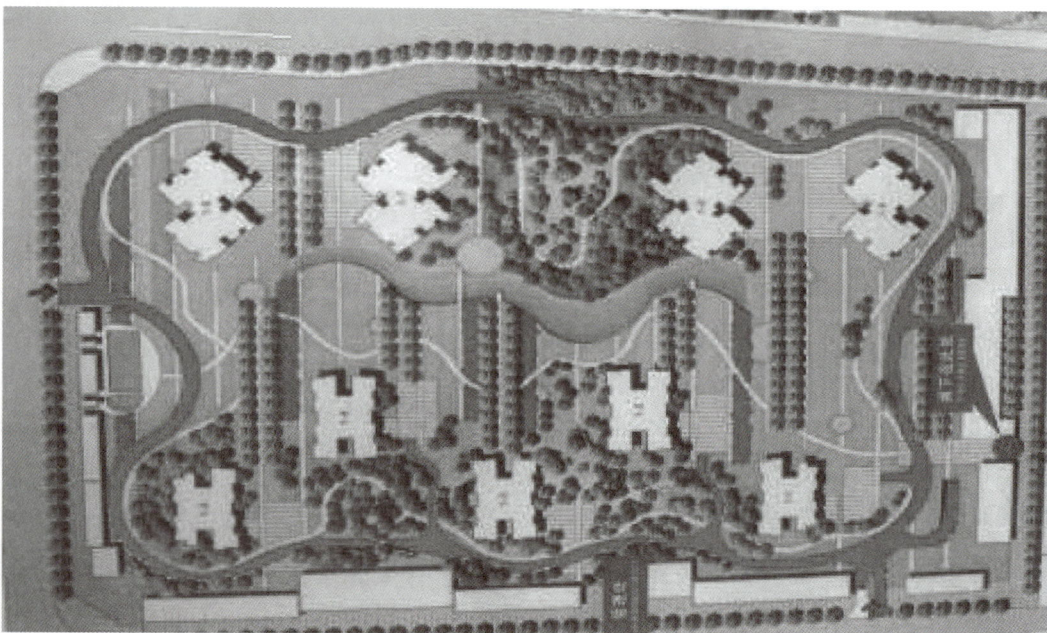

▶━━ **图11-10 环行车行道与局部人车分流的结合参考（水晶郦城一组团）**

消防车道：为了增加小区的居住氛围并优化园林景观，建议将各组团内部的消防车道全部设置为隐性消防车道，即将消防车道全部做成尺度宜人的步行道路或者用草坪等绿化方式加以处理，只需要满足在发生火灾的特殊情况下消防车可以在该步行道路或草坪绿化上行驶即可，这也是目前重庆市多数中高档项目的通用做法。

步行道路：即小区内人行道路，通常采用硬质铺装处理。

无障碍通道：为了充分体现项目以人为本的规划设计理念，设计时要注意采用无障碍的设计，注重老、弱、病、残的需要，在设计时考虑设计盲道、斜坡轮椅道等。

▶━━ **图11-11 无障碍通道示意图**

结合项目定位，为提高居住品质，我们建议本项目主要采用地下集中车库，可考虑设置部分露天车库以满足访客临时停车的需求。结合项目地形，我们建议在地形允许的情况下可考虑部分楼栋采用车库直接入户的做法，进一步体现项目的人文关怀和以人为本的设计理念。结合区域内同类项目的车位设置比例及本项目目标客户的背景特征，我们认为本项目住宅部分车位配比只需要满足重庆市地方政府相关规范即可。

4.建筑风格设计建议

（1）建筑风格

本项目所面对的目标客户主要为中青年群体，他们注重品质，热衷于时尚和潮流。从我们对区域内同类项目客户的访谈以及同类代理项目的销售状况来看，该类客户比较倾向于选择现代简约的外立面风格，本次访谈中有不少客户表示其选择水晶郦城和尚源印象的原因之一在于比较喜欢其现代简约的建筑风格。因此，结合目标客户特征及区域内同类产品的特征来看，我们建议本项目采用现代简约的建筑风格，通过直线条、大幅玻璃等元素来突出项目的现代感、挺拔感和质感。

▶── **图11-12 本项目建筑风格参考图片**

（2）建筑色彩设计提示

①城市建筑色彩说明

由于重庆市为重工业城市，空气污染比较严重，历来有"雾都"之称，一年中有雾的天数较多，城市内主要色彩为雾蒙蒙的灰色，且整体较为浑浊，视觉穿透性较差。

②本项目建筑色彩设计提示

从我们对相关代理项目客户的访谈来看，客户比较倾向于选择清新明快的建筑色彩，例如白色和浅灰色，这在一定程度上和重庆市城市色彩过于暗淡有关。另外，从水晶郦城的销售过程来看，部分客户因为其建筑色彩过于灰暗而放弃了购买，这也在一定程度上表明同类项目目标客户对于浅色系的白色和浅灰较为偏好，而不太喜好过于灰暗的建筑色彩。

现代主义建筑风格最常见的颜色运用有白色和灰色，一般在同一建筑中有多种灰色的运用，通过不同深浅灰色的变化来突出建筑的立体感。对于本项目而言，建议基调色彩以白色和浅灰色系的搭配为主，避免出现灰色过深造成的压抑感，在局部运用富有点缀性的暖色系亮丽色彩来增强建筑的亲和性，例如橙色、浅黄色等。

（3）建筑单体外立面设计提示

现代主义建筑风格的表现手法主要有建筑形体和内部功能的配合、建筑形象的逻辑性、灵活均衡的非对称构图、简洁的处理手法和纯净的体型、在建筑艺术中融入视觉艺术的新成果。立面构件线条流畅，现代感强，外立面考虑大幅玻璃的运用。

（4）其他建筑局部特色设计提示

由于本项目初步规划有一栋单独的LOFT全跃层公寓，为了充分体现项目的个性化以及小户型产品张扬的个性，建议可在项目整体建筑风格的基础上对LOFT公寓加以变化，在外立面上可以更加跳跃和公建化，使其更能满足该类LOFT目标客户"个性化和张扬"的心理需求。

5.园林景观设计建议

（1）园林景观设计的原则

①建筑与自然环境协调组合

我们认为，在住宅项目园林景观设计的过程中，必须把握人文环境与自然环境的协调，同时也应该做到建筑物本身与人文环境、自然环境、城市环境的统一。在这个基础之上，还应注重项目园林景观建设的特色化和差异性。

结合本项目的定位属性和整体建筑风格，我们建议在本项目园林景观设计过程中应该注重项目地形、园林、城市形象的协调统一和相互融合。

②强调环境资源的均好性

我们认为以某种单一的园林景观为主体的集中式布局不符合项目园林景观使用价值最大化的原则。所以坚持均好性原则，就必须对项目园林景观采用多重化处理。

③注重居住环境与人文环境的共享空间

我们认为，任何项目的园林景观设计，其目的都是为了提高人居品质。而人与人之间的沟通是在个人居住品质提高的情况下情感的、生活的进步和升华。所以，在本项目园林景观设计的过程中，一定要通过园林景观细部的处理手法，确保人与人之间的沟通，让园林景观成为人文生态的一座桥梁、一种工具。

④注重景观的延续与协调

坚持多重景观资源的设计手法，就不能采用单一的主体作为项目园林景观设计的理念，必然要发挥园林景观设计的多样化。但是多样化的同时，应该保证园林景观资源之间的共生性、融合性。

⑤合理控制成本

园林景观资源的建设必然耗费大量的经济资源，考虑到本项目整体定位为中高档项目的属性，我们建议在项目园林景观资源建设的过程中适当控制建设成本。

（2）本项目园林景观总体设计建议

根据项目定位，本项目的建筑风格将为现代简约风格，因此在园林景观设计过程中应注意使园林景观风格与现代简约的建筑风格相协调，确保建筑与环境的和谐。

本项目占地面积仅68亩，且周边均为30层左右高层建筑，为避免周围高层建筑在视觉上对中庭产生较强的压迫感，建议本项目园林景观以高大乔木为主，同时辅以少量低矮灌木和草地，以增强小区园林景观的层次感。

从目前重庆市房地产项目园林景观的发展趋势来看，通过将某一树种集中的方式产生强大的视觉冲击感的做法已经越来越受到消费者的认可，例如，不少客户对水晶郦城内的树阵颇为喜爱。我们建议本项目在树种分布时可以将某一树种集中以树阵方式布局，例如"银杏树阵""樱花树阵""榉树树阵"等，通过有张有弛的手法使园林景观的视觉效果能够得以体现。

从我们对相关代理项目客户的访谈来看，尽管重庆市具有较为丰富的水景资源，但消费者对于楼盘水景依然非常热衷。从市场上的在售项目来看，在相同条件下，同一项目中朝向游泳池等水景的户型单位整体售价会高出其他户型单位100~200元/米²。我们认为，本项目在园林景观中设置较大体量的水景是非常必要的。

（3）项目三级台地的景观规划建议

▶—— 图11-13 典型项目台地资源的景观规划（水晶郦城）

结合项目地形资源和项目目标客户需求特征，我们认为本项目三级台地资源可以用水景加以贯穿，同时将水景资源作为本项目园林景观的主题，在后期通过策划手法加以演绎和推广。

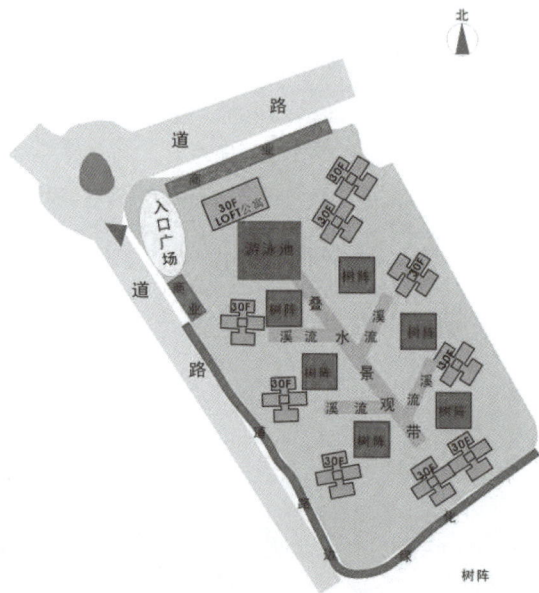

▶—— 图11-14 本项目三级台地资源在园林景观中的规划建议

如上图所示，我们建议将小区游泳池布置在小区内最高一级台地上面，通过依次下落的台地，使游泳池流出的水系向下分散，同时在各级台地上横向扩张，形成中轴线上的集中水景和楼与楼之间小水景的对比和呼应。

从合理利用现有地形地貌出发，在总体的布置上采用景观中轴的处理方式，采用相对规则的几何处理手法，将水体、乔木、灌木、草地以及雕塑小品有机地结合在一起，采用精细的布置，在规则中兼顾自然的手法，营造出多层次的园艺景观。在树木的选择上要考虑选择高大挺拔的乔木，与挺拔的建筑体相对应，同时为了营造园林的丰富性，可以考虑采用不同种类的树种。在溪流的处理上要更多地考虑情趣性，可以考虑增加一些鱼类和植物，水体不宜过大，水岸采用规则的石材处理，体现品质感；布置一些都市化的情趣雕塑和水体及树阵相结合，使之可以和谐搭配。园林的营造要考虑夜间效果，使用一些不同颜色的灯光，营造多彩绚丽的园林效果。

6.项目建筑单体设计建议

（1）建筑形式

①整体布局方式

考虑到本项目地块规模相对较小，同时容积率较高，因此为避免楼栋之间的对视，我们建议本项目采用各种户型不同朝向的布局形式，在规划时可结合考虑建筑单体错位布置的方式来保证各种户型视野的开阔程度。

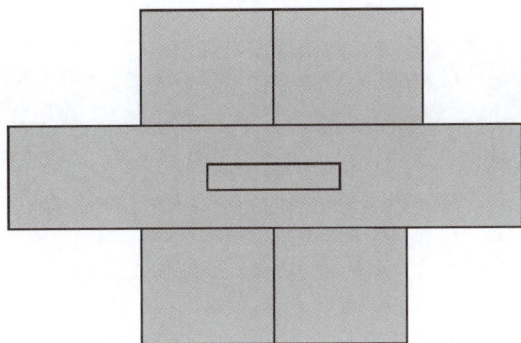

▶── 图11-15 建筑单体布局方式参考（一）

该种布局方式能够提高整体容积率，在楼间距较小的情况下能够保证视野的开阔程度，同时由于楼型较好，便于各种户型的组合，为户型设计提供了良好的基础条件。这种视线错落式的布局方式在××的两大高层项目水晶郦城和观山水中均得到了充分的演绎。

另外，从规划图上可以看出，为了增大楼间距，在地块南侧有两栋楼为两个单元的拼接，主要布置一房及紧凑两房等中小户型。由于上述布局方式不利于多个单元的拼接，因此我们建议有拼接的两栋楼采用"H"形的布局方式。

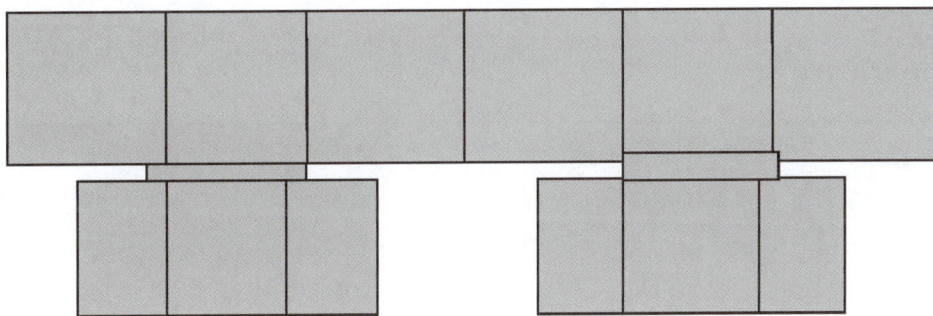

▶── 图11-16 建筑单体布局方式参考（二）

②标准层户数

结合区域内同类竞争项目的产品配备标准、本项目定位及目标客户需求特征，我们认为，该类紧凑型居家产品控制在两梯六户较为适宜，在确保产品品质的同时使项目具有一定的经济性，避免标准层户数过少所带来的开发成本的上升。同时由于全跃层LOFT公寓单套面积过小，因此我们建议该公寓采用三梯12户的标准层布局较为适宜。

（2）户型面积及比例控制建议

结合本项目定位、目标客户需求特征以及我们所代理的同类楼盘中各种户型的销售进程，我们认为本项目户型面积整体方向为在满足基本居住功能和居住舒适度的前提下通过有效控制户型面积来达到提升项目单价和增强项目总价竞争力的目的，具体户型面积及比例控制建议如下表。

▶—— 表11-5　户型配比分析

户型种类	户型面积	比例	户型说明
一室一厅	约35平方米	10%	平层设计，低总价
一室一厅	约45平方米	10%	全部为跃层设计
两室两厅单卫（紧凑型）	55~60平方米	15%	低总价，基本使用功能及舒适度
两室两厅单卫（舒适型）	60~70平方米	35%	低总价，相对较高的舒适度
两室两厅双卫	75~80平方米	15%	通过赠送廊院使其具有三房的使用功能
三室两厅双卫	85~105平方米	15%	紧凑、实用

（3）户型设计要求

①项目户型尺寸控制建议

从我们对区域同类项目目标客户的分析以及对相关同类代理项目成交状况的分析来看，本项目目标客户群体比较在意房间的方正与否和紧凑与否，他们希望能够用较小的户型面积来换取较高的舒适度，因此户型设计应尽量紧凑，避免户型面积的浪费。从我们代理的类似楼盘以及区域内项目的成交状况来看，他们比较倾向于舒适的主卧、客厅和相对紧凑的其他功能空间，例如次卧、厨房、卫生间、阳台等。

▶—— 表11-6　户型设计要求

户型套内面积（平方米）	主要功能空间尺寸				
	客厅开间（米）	主卧面积（平方米）	厨房面积（平方米）	主卫面积（平方米）	次卫面积（平方米）
40~50（一室）	不小于3.6	不小于12	不小于4	不小于4	——
55~60（小两室）	不小于3.6	不小于12	不小于4	不小于4	——
60~70（两室）	不小于3.6	不小于12	不小于5	不小于4	——
75~80（舒适两室）	3.9~4.2	不小于15	不小于6	不小于5	不小于3
85~105（三室）	4.2~4.5	不小于15	不小于6	不小于5	不小于4

②主要户型功能空间设置建议

客厅阳台及生活阳台——客厅阳台和生活阳台是本项目所有户型必须配备的辅助功能空间；

独立书房——结合我们对目标客户的研究，多数客户在需要书房功能的同时又不愿意接受独立的书房，深层次的原因可能是与客户自身收入条件有关，我们建议本项目在舒适两室和三室的户型设计中考虑书房功能，但必须保证其用途改变的灵活性，以便客户在装修时根据自身需求将其改成次卧或书房。

独立衣帽间——由于本项目定位为中青年紧凑型居家产品，其舒适度与较大面积三房和四房相比肯定存在一定差距，结合我们对目标客户的研究，我们认为本项目没有必要设置独立衣帽间。

玄关——由于中小户型（例如一房和紧凑两房）对于玄关功能要求较低，因此我们认为小面积一房和两房没有设置玄关的必要。对于本项目中的大户型而言，完全可以通过入户花园的设计来替代玄关的使用功能，因此我们认为本项目中大户型在采用入户花园设计的前提下没有设置玄关的必要，而对于未设计入户花园的舒适两房和三房而言则有必要设计玄关。

主卧阳台——结合区域市场产品特征及我们对类似项目的操作经验，我们建议可以考虑在舒适两房和三房中设计主卧阳台，具体尺寸不宜过大，其中舒适两房采用一步式阳台即可，三房主卧阳台控制在5~6平方米即可。

③主要户型元素建议

外飘窗——由于外飘窗属于附赠面积，实用性较强，在目前重庆市场上颇为流行，我们建议本项目可以在次卧、主卫等房间加以利用；

转角落地窗——由于转角落地窗具有视野开阔等优势，其在中高档项目中的应用已经越来越普遍，大有替代外飘窗的势头。建议本项目可以在主卧采用转角落地窗，同时可以将落地窗处的层高压低至2.2米以下，通过赠送独立功能空间的方式来增强项目性价比。

主卧及客厅两面开窗——2005年在观山水等中高端项目中出现了客厅及主卧两面开窗的做法，受到市场的好评，结合本项目定位及目标客户的需求特征，我们建议本项目可以考虑在较大面积三房中采用这一两面开窗的做法，但在设计中必须充分地考虑到主卧床的摆位和客厅电视墙布置的便利性，避免两面开窗后对床及电视墙的摆位产生较大影响。

（4）主要户型设计特色及卖点建议

▶—— 表11-7 本项目主要户型设计特色及卖点建议

户型种类	套内面积	主要设计特色及卖点建议
一室一厅	约35平方米	平层设计，超低总价； 享受大社区居住配套和氛围； 生活阳台、客厅阳台一应俱全； 主卧赠送层高2.2米以下个性化享受空间。
一室一厅	约45平方米	全跃层LOFT公寓，特色鲜明； 客厅挑空。
两室两厅单卫（紧凑型）	55~60平方米	户型方正实用； 超低总价，享受两室两厅的功能空间； 主卧赠送层高2.2米以下个性化享受空间。
两室两厅单卫（舒适型）	60~70平方米	入户花园设计； 主卧赠送层高2.2米以下个性化享受空间。

续表

户型种类	套内面积	主要设计特色及卖点建议
两室两厅双卫	75~80平方米	通过赠送廊院个性化空间的做法使两房变三房； 购两房得三房，超值总价和超强性价比； 入户花园设计； 两室双卫进一步提高居住品质； 可考虑在主卧设计一步式阳台； 主卧赠送层高2.2米以下个性化享受空间。
三室两厅双卫	85~105平方米	入户花园设计； 主卧赠送层高2.2米以下个性化享受空间； 可考虑部分中大面积三房客厅及主卧两面开窗的设计方法； 通过奇偶层的变化使主卧拥有挑空6米层高的空中花园，进一步增强项目内部各种户型的个性，同时使主人的私享空间更具情趣性。

主要设计特色说明：

①**全跃层一房设计**

该户型最大的设计创新在于将小面积功能空间立体化，同时由于单层面积较小，如果做传统意义的夹层会有较强的压抑感，因此，为进一步提升居住的舒适度和项目品质感，客厅挑空是必需的，尽管这样做会带来一定的成本增加，但售价水平和销售速度也会得到相应提升。

②**赠送半面积的廊院设计**

空中廊院即半开敞式的功能空间，在销售时仅计算一半的建筑面积。在销售完毕后，客户可以通过其自身的个性化需求将其改装为书房、花园、儿童房或客房，使用功能非常灵活。在两房中采用廊院设计可将其使用功能提升至三房，产品性价比极高，但需要注意的是多数客户有将此空间改为次卧的可能，因此该种户型采用两卫设计是非常必需的。

③**层高2.2米以下个性化赠送空间的设计**

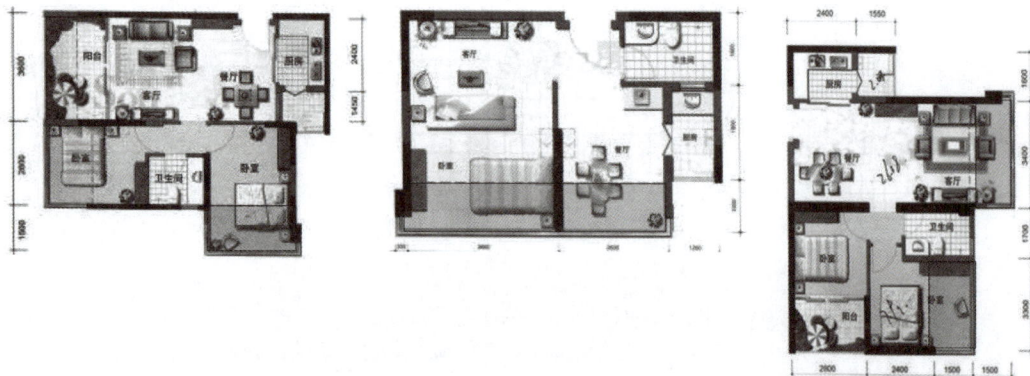

▶— **图11-17　招商城市主场2.2米以下赠送空间的设计**

从上图可以看出，招商城市主场在卧室、餐厅及客厅均赠送了一定面积的层高2.2米以下的使用空间，将两室套内面积紧缩到50平方米以下以控制产品总价。但该项目为公寓住宅，而本项目定位为紧凑型居家产品，本项目定位决定了控制户型面积必须建立在一定舒适度的基础上。因此，我们建议本项目仅需在主卧赠送该使用空间，且面积相对较小，4~5平方米就已足够，如果面积过大或者在客厅及餐厅采用2.2米以下层高设计会使居住空间具有较强的压抑感，从而影响项目品质。

另外，图中赠送空间为条形，不利于使用，建议本项目层高2.2米以下赠送空间采用正方形设计，通过层高的变化使主卧增加一个相对独立的功能空间，可以根据客户喜好进行自由发挥，例如设计成茶室、工作室等。

项目户型设计特色小结：

本项目的主要特色为增加功能空间，改变某些户型惯用的设计方式，同时通过赠送来提升项目的性价比和产品竞争力。本项目的一室跃层空间、廊院空间及赠送的层高2.2米以下功能空间相对于周边竞争项目而言都具有较强的个性，这完全符合本项目个性化的形象定位。在后期营销过程中还可以对上述特色空间加以充分发挥，例如可以将其命名为"BLOG空间"以呼应项目形象定位，可以通过举行"BLOG空间创意设计大赛"来突出项目的个性化特征。

户型布局总体原则：

我们建议LOFT全跃层公寓采用单独一栋布局，以增强项目内部产品的差异化并突出项目的特色；

其余户型根据总价原则进行排布，总价越高的户型就会排布在景观视野越好的朝向上，小面积一房及两房主要布置在景观视野较差的朝向上，例如临路、朝向破旧居民区和天然气站，而中大面积两房和三房主要布置在中庭景观视野较好的朝向上，但同时应注意使大中户型避免西晒。

7. 配套设施建议

（1）教育类配套

结合项目定位，本项目目标客户为中青年人群，家庭结构较为简单，多为"夫妻两人"和"夫妻两人+10岁以下小孩"，根据我们对该类目标客户的长期研究，该类客户对教育配套的整体关注程度较低，而且即使部分客户关注，也集中在幼儿园、小学等配套，而对于中学等教育配套的关注程度较低。结合本项目周边教育配套情况，目标客户对于幼儿园、小学等基础教育配套的需求能够得到较好的满足。从项目经济性的角度出发，我们建议本项目不设置中学、小学等教育配套，在项目成本允许的前提下可以考虑设置规模较小而标准较高的幼儿园，例如双语幼儿园及各种特长兴趣班等。

（2）医疗配套

结合目标客户的需求特征，该类人群对于医疗配套设施的需求并不强烈，我们建议在项目配套中可以考虑在商业部分设置诊所和药房等较小型的医疗配套设施以满足目标客户日常基本的医疗需求。

（3）商业服务类配套

从对项目商业物业开发环境的分析可知，本地块商业价值相对有限，为有效控制开发风险，我们建议本项目商业发展为社区配套型商业，以服务本项目及周边项目的居民。基于对项目地块商业价值的判断，我们认为本项目配套商业体量控制在5000平方米左右较为适宜，主要业态包括社区便利店、餐饮、娱乐和休闲等，在业态规划上应注意避免与紫城天街沃尔玛等商业业态产生冲突，例如大型零售等。

①配套商业规划布置

我们建议项目商业布置在地块北侧临路两侧和入口广场处，可以充分借助人流对项目配套商业的支撑。

②配套商业建筑形式

为了避免商业对住宅的干扰，我们建议商业采用集中商业体的建筑形式，层数控制在2层左右较为适宜，避免层数过高所面临的人流问题。商业经营尤其是餐饮业对建筑物层高具有较为严格的要求，建议商业建筑一层层高控制在4.5米左右，二层层高控制在4.2米左右，各栋之间的部分可采用外廊天桥以及空中观景平台连接，这有利于整体人流的引导和聚集，因此建议各栋建筑物均采用外廊连接的交通方式，在部分节点可考虑休闲的空中露台，以增强商业建筑对外部景观资源的利用。

③配套商业建筑风格

商业建筑风格应与项目整体建筑风格保持一致，即现代主义建筑风格。同时，为了进一步体现项目的个性化，可以在商业建筑风格上适当有所突破，结合商业建筑的特色，增加部分修饰性的色彩或构件与住宅加以区分。

④配套商业车位的考虑

由于商业对于停车位的要求较高，尤其是餐饮业，因此项目商业规划应高度重视商业停车位的设置。结合目前重庆市房地产项目的普遍做法，我们建议本项目商业建筑红线可适当后退，将道路与建筑物之间的距离作为露天停车位使用。

（4）运动类配套

由于本项目主力目标客户为中青年群体，结合我们对类似项目目标客户的研究来看，该类人群对运动类配套有较为强烈的需求，我们建议本项目在运动类配套上可以进行适当强化，使项目运动配套成为吸引目标客户的卖点之一。我们建议本项目可以考虑设置的运动类配套包括室外游泳池、网球场、羽毛球场和篮球场等投入相对较少的常规运动配套设施。

（5）小区会所配套

结合目前重庆市房地产市场的通常做法，出于项目成本及后期运营考虑，我们建议将本项目会所商业化，即"泛会所"概念，取消单独会所设置，在商业中设置以往会所所具有的业态，交由专业商家经营，对商家经营内容加以限制，这样既可以满足业主的需求，同时又可以避免项目成本的过多投入和后续运营的沉重负担。

结合项目入口广场的设置，我们建议将会所类商业业态布置在入口广场上，主要业态为餐饮、休闲、娱乐和健身等，包括健身房、茶餐厅、咖啡厅等经营内容。

（6）交通服务类

结合项目自身条件，目前项目周边公交系统等交通服务类配套已经较为完善，本项目没有必要单独设置业主的直通车等交通服务类配套，但在项目销售阶段，为更好地体现项目的服务质量，建议本项目可在销售阶段设置少量看房直通车以方便客户到现场进行实地查看。

8. 智能化配置建议

（1）综述

本项目定位为中青年紧凑型居家产品，结合目标客户的需求特征及重庆市同类项目的智能化配置标准，我们认为本项目没有必要在智能化上投入太多，只需配备一些常用的实用性强的智能化配置即可。同时由于本项目市场形象定位为"专属于你的BLOG社区"，因此我们建议可以考虑在社区网络智能化配置上进行适当强化，从产品上对项目市场形象进行一定的诠释。

（2）具体建议

▶── 表11-8 智能化配置建议

类别	功能		是否需要配置
物业管理及安全设施	小区管理中心		需要
	小区公共安全防范	闭路电视监控	需要
		电子巡更系统	需要
		防灾及应急联动	不需要
		小区停车场管理	需要
	三表计量（IC卡或远传）		需要
	机电设备监控	给排水、变配电集中监控	不需要
		电梯监控	需要
		区域照明自动控制	需要
	小区电子广告牌		需要
信息通信服务与管理	小区信息服务平台		不需要
	小区综合信息管理		需要
	综合通信网络		不需要
	小区局域网		需要
住宅智能化	家庭保安报警		需要
	火灾报警、煤气泄漏报警		需要
	紧急求助报警		需要
	家庭电器自动化控制	音频	不需要
		视频	不需要
		数据	不需要
	家庭通信总线接口		需要

备注：仅供参考

9. 物业管理建议

（1）建议前提

本项目定位为中高档社区，且目标客户为中青年群体，社区物业管理企业必须提供高质量和具有一定针对性的服务来支撑项目这一定位。

（2）管理方式建议

由于本项目开发企业具有从事物业管理的丰富经验，完全可以由开发企业自己组建物管公司进行管理，在营销推广过程中可以对××公司××的物管品牌进行异地嫁接，让目标客户接受和认同××公司××的物管品牌。另外，××公司××国际下属公司——凯莱国际酒店管理有限公司具有较高的品牌知名度和较好的品牌形象，加上酒店式物业管理符合目标客户的心理需求特征，因此我们建议在条件允许的情况下也可以采用凯莱国际酒店管理有限公司的酒店物管品牌，以进一步衬托高档项目的市场形象。

（3）物业管理服务内容

①物管服务描述

我们倡导在本项目物业管理中提供在国际上极受欢迎的"一站式物业管理"服务，所有的客户服务项目都能够在物业管理处一站办妥，不用业主费心费力。另外物管工作应注意维护和业主的关系，以加强物业管理以及各环节对客户的关怀，例如举办社区文化活动、联谊活动，逢年过节通过赠送礼物进行慰问等，建立社区亲情。

②物业管理内容

第一，基本服务类。公共部位清洁服务（注意对垃圾的分类处理）；社区保安及公共秩序的维持；社区设施、设备的维护及保养。

第二，特色服务内容。提供附设居家服务；协助各业主办理有关各项公共事务的申请手续；提供紧急医疗服务；定期提供免费基本健康检查服务。

第三，特约服务类。钟点工家庭清洁服务；幼儿托管服务；送餐服务；房屋中介服务；提供超市购物代理服务；水电气费等代理缴费服务。

10. 交房标准建议

（1）用材标准

①门窗

结合项目定位、目标客户需求特征及同类项目门窗用材选用标准，由于彩铝门窗较塑钢窗在使用上具有较多优势，在中高档项目中的应用已经日益普遍，因此我们建议本项目采用彩铝门窗，但不必强求品牌，达到中档品质即可，因为普通客户对门窗材料种类具有一定的识别能力，而对于彩铝内部的档次和品牌较为陌生。

②玻璃

结合项目定位和同类项目的用材标准，我们建议本项目可以采用双层玻璃，以进一步增强项目的品质感，在玻璃颜色选择上建议采用透明玻璃。

③入户门

目前重庆市房地产市场上中高档项目普遍采用重庆市本地品牌美心防盗门，美心防盗门在重庆市消费者中具有较高的品牌认知度，因此我们建议本项目可以采用美心防盗门或者与其档次相当的品牌。

④外墙材料

重庆市酸雨现象较为严重，虽然地方政府一直在推动外墙涂料的做法，但由于涂料易被污染和侵蚀，因此消费者对于外墙涂料的认可程度非常低，例如重庆市奥园项目在采用大面积外墙涂料后就受到成交客户的一致反对。同时，由于外墙材料生产技术的进步，最近两年外墙通体砖的价格急剧下降，重庆市房地产市场上越来越多的中高档项目开始采用通体砖，因此我们建议本项目的外墙材料也采用通体外墙砖。

⑤电梯品牌

由于本项目目标客户为中青年群体，该类人群比较注重时尚、潮流，倾向于品牌消费。部分目标客户对于电梯品牌具有一定的认知度，对电梯配备标准较为在意，因此我们建议在项目成本可控的情况下可以考虑选择相对知名的电梯品牌，例如日立、奥的斯、通用、迅达等。

（2）装修标准

结合项目定位及目标客户的需求特征，该类客户对装修房的接受程度很低，普遍希望以清水房来交楼，并且不太希望开发商提供装修菜单。这一现状与目前客户购房的实际成交普遍情况相一致。我们认为，虽说装修房的交房标准可能成为未来的主流，但就当前而言，客户并无这方面的需求，开发商没有必要画蛇添足，但考虑到结合销售推广的需要，可以考虑主办类似于装修讲座的活动，既达到为客户提供增值服务的目的，同时也可以积聚现场人气，促进楼盘销售。

（3）门厅等公共部位装修

结合目前重庆市中高档次高层产品特征，底楼架空已经成为高层住宅中较为普遍的做法之一。架空层的主要作用是作为连接户外空间与户内空间的平台，我们认为除去层高等硬件因素外，更重要的是架空层的利用和氛围的营造。我们建议提高架空层的利用率和整体氛围是本项目在架空层上的重要突破点。

我们建议本项目高层采用局部架空，架空高度分为6米层高和3米层高两个部分，在主要入户空间和门厅相连部分两层架空即6米层高，其余部分采用3米层高。整个架空层包括大厅和室外空间两个部分，大厅主要以休息功能为主，室外空间主要作用是将小区园林景观引入架空层，因此室外空间必须保持较强的通透性，同时可设置部分休闲设施，例如棋牌桌、小型儿童游乐设施、乒乓球台等。

（4）一楼住宅私家花园设置

由于高层局部架空导致部分底楼户型单位保留，通常情况下高层住宅底楼由于视野、采光、通风等原因导致其价值较低。我们建议在高层底楼户型设置较大面积的私家花园以促进高层底楼的销售，例如重庆市××地产开发的所有高层住宅底楼户型均设有私家花园，使底楼户型的价格为同朝向户型最高单价，且保持了较好的销售速度。

11. 关于本项目节能环保措施的建议

由于本项目面对的主力客户为中青年群体，结合我们对类似项目的操作经验，该类客户比较在意项目外在的品质感，而对于项目内在的品质不太关注，对于建筑环保节能概念的整体关注程度较低（同类项目的客户关注点及其关注程度的评价主要源于我们地产在××地区代理的同类项目，如华新项目、百康年项目、城市领地项目等）。

▶—— 表11-9 重庆市典型节能及环保型项目分析

项目名称	项目概况	节能环保处理措施	市场效果评价
同创·米兰天空	该项目位于渝北区龙溪镇，为紧凑型居家产品，曾在推广中对节能概念有所侧重	膨胀聚苯板薄抹灰外墙外保温系统、地板保温隔热防护	该项目整体销售状况较差，销售均价仅3100元/米²，处于区域内中低价格水平。该项目在推广之初曾对节能概念进行强化，但未收到良好的效果。该项目节能环保概念对其销售价格和销售速度的提升未产生较大帮助
建工未来城	该项目位于北部新区，以科技概念作为开发主题，主要产品形态包括经济型联排住宅及花园洋房	中央新风系统、中央除尘系统、生活太阳能、垃圾分类处理、中水处理系统、小区智能化	该项目别墅销售状况良好而洋房销售状况较差，别墅产品畅销的主要原因在于其赠送的空间较多，同时总价较低，性价比极高，节能环保概念未对项目销售产生根本性的促进作用
蓝湖西岸	该项目位于北部新区，为本地开发商××地产开发的纯别墅项目	聚苯板外墙保温、门窗节能处理、双层中空玻璃（国家"3A"级住宅）	该项目的主要卖点为别墅产品特色、产品品质和××品牌，其推广过程中也未对节能环保概念进行大力宣传，节能处理措施对住宅品质提升具有一定促进作用，但未对项目开发和销售产生根本性影响

从重庆市房地产市场上节能环保项目的销售来看，环保节能概念对于客户的吸引程度和对于项目的销售促进作用并不明显，例如距离本项目不远的同创·米兰天空采用节能环保概念后并未能在售价和销售速度上有所提升，客户选择建工未来城项目也并非因其科技节能概念，而在于其高性价比，蓝湖西岸成功的主要因素也并非其节能环保措施。

因此，我们建议本项目没有必要在节能环保概念上加以强化，只需达到重庆市最新的节能规范即可。在本项目高端、高性价比的市场定位的条件下，我们认为本项目不完全适合实施过高配置的环保节能措施。

二、项目市场价格定位

1. 均价计算方法说明

　　选择与本项目类似的同区域两个以上的竞争项目进行比较分析；比较分析内容分为区位因素和个别因素两大部分。区位因素包括区位形象、大环境、交通和配套三部分；个别因素包括开发商品牌、项目规模、自然景观、整体规划、硬件档次、社区配套、建筑外观、物管服务等几个部分。

　　确定上述若干因素后，结合本项目和竞争项目的实际情况对本项目和竞争项目进行逐一打分；对本项目和竞争项目的各项得分进行加权，然后计算一个累计加权得分；根据本项目的加权累计得分和几个竞争项目的均价与加权累计得分，分别得出本项目几个不同的均价；对本项目几个不同的均价再次进行加权，求出本项目最终的均价。

2. 套内均价计算表

▶── 表11-10　套内均价计算表

总项目		参考权重				自选权重	修正权重	本项目评分		逸静丰豪评分		龙湖紫都城评分	
		A	B	C	D	E	F	得分	加权得分	得分	加权得分	得分	加权得分
区位因素修正	区位形象	5%	15%	10%	10%	15%	11%	75	8.25	85	9.35	90	9.9
	大环境	6%	10%	5%	10%	5%	7.2%	75	5.4	85	6.12	90	6.48
	交通	18%	5%	10%	7%	7%	9.4%	80	7.52	85	7.99	85	7.99
	配套	6%	5%	10%	8%	8%	7.4%	85	6.29	85	6.29	90	6.66
合计		35%	35%	35%	35%	35%	35%	——	27.46	——	29.75	——	31.03
个别因素修正	开发商品牌	10%	5%	10%	10%	8%	8.6%	85	7.31	80	6.88	90	7.74
	项目规模	6%	5%	5%	5%	5%	5.2%	80	4.16	80	4.16	85	4.42
	自然景观	7%	10%	5%	10%	5%	7.4%	80	5.92	80	5.92	80	5.92
	整体规划	10%	5%	10%	5%	5%	7%	85	5.95	80	5.6	88	6.16
	户型设计	14%	10%	10%	10%	12%	11.2%	88	9.86	82	9.18	85	9.52
	社区配套	6%	5%	10%	5%	10%	7.2%	80	5.76	85	6.12	88	6.34
	建筑外观	8%	10%	10%	10%	15%	10.6%	88	9.33	80	8.48	88	9.33
	物管服务	4%	10%	5%	10%	5%	6.8%	85	5.78	80	5.44	90	6.12

续表

项目及权重							本项目		逸静丰豪		龙湖紫都城	
总项目	参考权重				自选权重	修正权重	评分		评分		评分	
	A	B	C	D	E	F	得分	加权得分	得分	加权得分	得分	加权得分
合计	65%	60%	65%	65%	65%	64%		54.07		51.78		55.55
区位和个别因素修正合计						99%		81.52		81.53		86.58

综合计算栏

	本项目	逸静丰豪	龙湖紫都城
项目参考权重（元/米²）		0.55	0.45
项目实际售价（元/米²）		3300	4000
修正后的售价（元/米²）		3299.6	3766.67
拟定项目售价（元/米²）		3509.78	

从上表可知，本项目目前的价格均价控制在3500元/米²较为适宜。由于本项目距离销售时间还有一年左右，考虑到未来一年内区域市场的升值效应，我们认为，本项目在2007年开盘销售时均价水平控制在3600~3800元/米²较为适宜。

3.项目平均价格水平

由于本项目开发周期较短，结合同类项目的销售状况来看，本项目销售周期控制在2年左右较为适宜，因此本项目属于短平快项目，后期项目销售过程中的增值潜力相对较小。整体而言，本项目平均销售价格控制在3700元/米²左右较为适宜。

三、项目开发强度及序列

1.开发序列建议

（1）开发周期

从区域市场研究可以看出，区域内项目整体销售状况较好，多数项目销售速度保持在50套/月，个别较为优异的项目销售速度达到80~150套/月，结合本项目自身条件，我们认为在项目操作比较成功的前提下，本项目达到70~80套/月的销售速度是完全可行的。

本项目总建筑面积约15.8万平方米，结合项目户型面积及配比，单套面积约为建筑面积80平方米，扣除商业及公建面积指标后，本项目住宅总套数约1800套，结合区域内项目销售速度，我们认为本项目开发及销售周期控制在两年左右较为适宜。

（2）开发序列

由于本项目总体规模较小，开发周期较短，因此我们建议本项目可以采取分批开盘销售、统一交房的做法，各期推出时尽量保持各种户型比例的协调，同时可根据当期销售状况和客户积累情况对下一次推出盘源进行适当调整。

2. 开发强度

（1）总体量预期

项目总建筑面积约15.8万平方米，结合项目户型面积及配比，单套面积约为建筑面积80平方米，扣除商业及公建面积指标后，本项目住宅总套数约1800套。

（2）一期产品规模预期

结合周边项目销售状况及我们对同类型代理项目的操作经验，我们认为本项目一期产品规模控制在500~600套是较为适宜的。

12

滨江豪宅

三江口 B-2 项目投资分析
可行性研究报告

一、项目基本概况

1. 项目地理位置

南岸B-2项目位于四川省宜宾市南岸三江口下游处，面临长江，旁邻长江大桥，和莱茵河畔居住社区一江相隔。该项目距宜宾第三中学100米左右，距宜宾市第一、第二医院分别为1公里、1.5公里，距莱坝机场19公里，距火车站7.5公里，距叙府商城4.8公里，距南岸沃尔玛、嘉信茂购物广场约2公里，距南岸客运站1.8公里，距高客站9公里，距西门汽车客运站8公里。

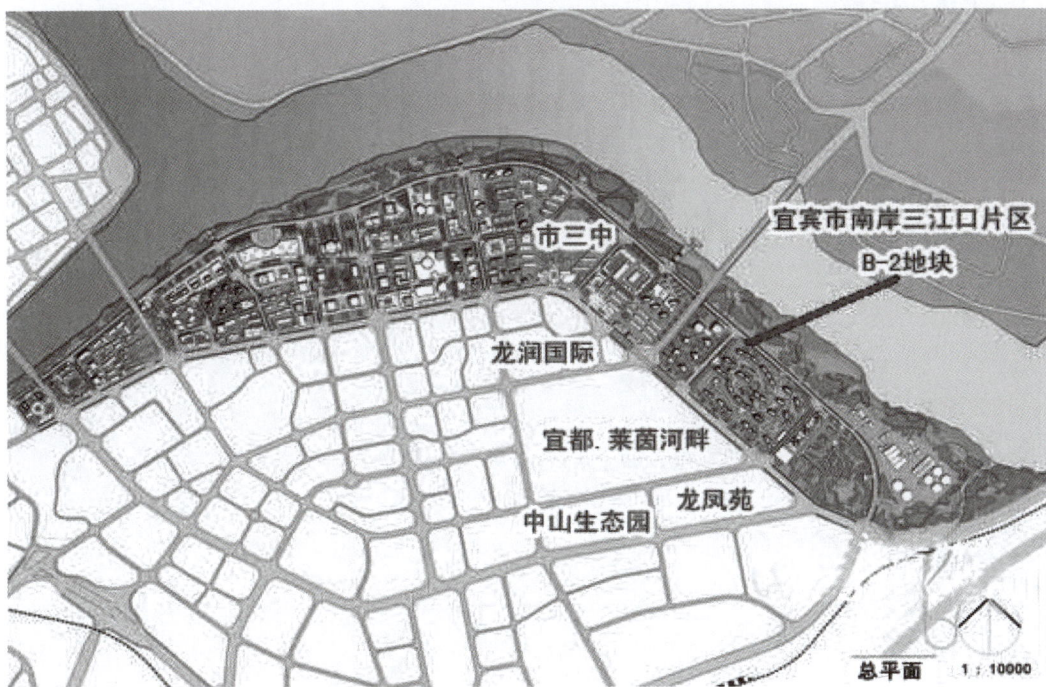

▶━ 图12-1 项目地理位置图

该地块位于宜宾市政府规划总投资近百亿的重点项目——三江口开发片区内，是三江口片区开发的重要组成部分。随着近几年周边莱茵河畔、骏逸江南的连片开发，该区域已形成配套完善、功能齐全、具有浓厚居住氛围的大型居住区。该地块面临长江，景观上佳，必将成为区域首选居住项目之一。

2. 项目所在区域分析

（1）片区概况

南岸东区位于金沙江东南岸、长江西南岸，与宜宾市旧城区隔金沙江相望，与白沙组团隔长江相望，与西区紧邻并因宜珙铁路相隔，北临金沙江，南依七星山，东至大溪口，西到宜珙铁路。

南岸东区开发起步于1992年，宜宾经济技术开发区开始规划建设。2000年，市政府等政府行政机构陆续搬迁到这一片区。2006年之后，各种小区与配套进入如火如荼的建设阶段，梦想和居、宜都花园、莱茵河畔一期、鼎业兴城等小区和体育场、图书馆等相继建成。老居住小区配上新兴的现代社区，文化交融，历史碰撞，让南岸东区以更加现代的姿态站在了宜宾房地产发展的前端，而2010年市政府出台的三江口规划，更是把这一片区推到了城市新核心的位置。

（2）项目周边交通情况

本项目处于城市南岸东区，西北临叙府路东段连长江大桥段，西南临长江大道东段，东南临蜀南大道东段，北望长江，项目所在地交通便捷，经过的公交线路有4路、7路、16路等。南岸汽车站距本地块约800米。

（3）区域配套

①商业配套
嘉信茂广场（沃尔玛超市）、绿源超市、莱茵数码港、苏宁电器、四季青服装城、金发市场、中心市场等。

②教育配套
长江路小学、航天路小学、建国实验小学、六中、新三中等。

③医院配套
宜宾市一医院南岸分院、宜宾市二医院南岸B区、宜宾肿瘤医院、蜀南医院等。

④市政配套
体育场、图书馆、科技馆、游泳馆等。

⑤休闲配套
市政广场、水上乐园、莱茵时代影城等。

二、项目宏观开发环境分析

1. 宜宾市环境分析

（1）宜宾市房地产发展的宏观经济背景

宜宾市的经济一直保持快速增长，2010年全市GDP总量为870亿元，增长率15.6%，全省排名第四。城镇化率达到38.56%，低于全省平均水平。根据宜宾市"十二五"规划纲要，到2015年，全市GDP将达到1750亿元，宜宾城镇化率达到48.5%的规划目标，宜宾将被建设成为集历史精华与现代文明于一体的文化名城和以世界级综合能源服务基地为特色的经济繁荣、社会安定、布局合理、设施完善、环境优美的宜居城市和现代化大城市。

因此，宜宾房地产市场具有良好的发展机遇。

（2）东拓西进，宜宾城市发展的新方向

依据《宜宾市城市总体规划（2008—2020）》，在中心城区确立了"一心八组团"的紧凑型发展规划。

"一心"即三江口核心区，包括老城区、南岸东区、翠屏山公园、东山郊野公园和催科山郊野公园等。三江口核心区主要承担为区域和城市自身提供商贸、商务办公、文化娱乐和旅游服务等职能。三江口核心区是宜宾市公共服务设施集中的区域，是宜宾市的精华所在，同时也是宜宾市城市风貌的重要控制地区。

"八组团"即以中心城区的自然山体、河流、森林公园等绿色空间为自然边界，在三江口核心区外围形成的八组团，分别为旧州组团、中坝及天柏组团、南岸西区及赵场拓展区组团、白沙及志诚港组团、菜坝组团、盐坪坝及南广组团、李庄及罗龙组团和象鼻组团。其中规划期内应严格控制李庄组团沿江用地和李庄古镇周边用地，防止李庄的低水平开发建设，为李庄发展成为宜宾的次中心打下基础。

随着宜宾经济的大发展，宜宾市政府正致力于推进"东拓西进"的城市发展战略。近期城市建设在完善三江口核心区城市功能的基础上，重点发展白沙及志诚港组团、南岸西区及赵场拓展区组团、中坝及天柏组团、象鼻组团，同时启动李庄及罗龙组团的建设。

综观宜宾市现有的四个发展方向，我们已经看到：

◆老城区的发展明显进入了一个停滞期。应按照《宜宾市城市总体规划（2008—2020）》努力形成"一心八组团"的紧凑型组团式城市。根据规划，未来数年间将引导约13万居民从老城区迁出，以缓解老城区的居住环境压力。

◆江北虽然因是五粮液集团所在地，属于利好形势，但是对房地产的影响并不具有现实的意义，且该区域因距离城区较远，再加上居住环境等因素的影响，很难在短时间内形成浓郁的居住氛围。

◆西郊从表面上看是一个成熟的生活聚居区，但其批发市场的定位，使批发市场与居民生活区聚集在一起，所产生的环境矛盾等问题难以解决，因此该区域发展缓慢。

综合起来看，最具发展潜力的、最具现实意义的发展区域无疑就落到了城市的南岸片区。作为城市发展的核心区域和政府大力推进的重点项目，南岸三江口核心区更是成为投资发展的焦点，无论是宜宾市的整体发展态势，还是市场的宠爱，都给该区域的发展注入了强劲的活力。

而这种发展潜力最直观的表现则体现在南岸地区现有的房价发展趋势上。紧靠本项目地块的新落成的楼盘（莱茵河畔、骏逸江南等），目前价格大都在4800~6400元/米^2，这就充分说明了如今宜宾房地产市场对南岸地区的欢迎和重视程度。而且随着越来越多的项目在三江口核心区的建设，再加上临港经济开发区的大开发等因素，三江口核心区的居住氛围今后势必更加成熟。

2. 三江口核心区域环境分析

南岸东区组团与西区以宜珙铁路划分开，规划范围长约4.6公里，宽约2.7公里，总面积约7.3平方公里，规划总人口10.5万人。规划区域中，三江口片区是最重要的部分，处于整个东区组团的核心位置，属于高强度开发区域。

《宜宾市城市总体规划（2008—2020）》将三江口核心区规划为城市商业、商务中心，即城市CBD。通过规划建设使三江口片区成为展现现代文明、具有独特风貌的城市名片。

（1）区域城市规划分析

三江口核心区具有商贸、金融、服务、文体娱乐、居住等综合功能，是城市主要的生活居住组团之一。组团发展目标是人气旺盛、商业繁荣、文化气息浓郁，营造高品质的环境，精心塑造生动和谐的城市建筑群体与开放空间，构筑优美、舒适的绿化和滨水环境，亲切宜人的市民活动场所，配置完善的服务设施，具有浓郁的城市文化气氛。

本项目位于该区域滨江地段，紧邻莱茵香街和市三中，周边配套逐渐健全，根据规划，政府正拟建700亩滨江公园，景色宜人，是不可多得的高尚住宅区。

（2）三江口核心区域房地产价格走势分析

该区域的房地产价格从2007年的2400元/米^2，上升至2008年初的2900元/米^2，到2010年年中突破5000元/米^{2}的大关，而到2011年年初区域的房产价格上升至6000元/米^{2}左右。由此可以看出，该区域的房地产价格呈快速攀升的态势，这与该区域城市规划建设，市政设施和学校、医院、商业等配套的日益完善紧密相关。而且未来的两三年，正是三江口片区开发建设的加速期，该片区房地产价格的上升也将会更加强势。

单位：元

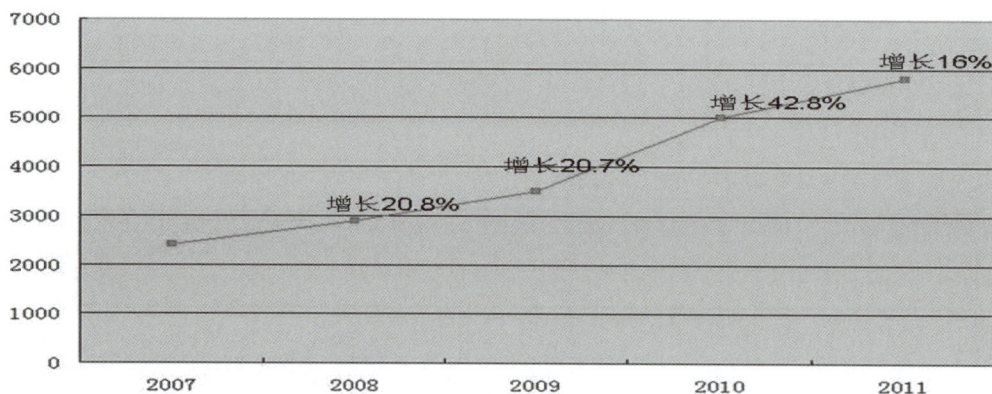

图12-2 三江口区域房地产价格走势图

（3）区域房地产发展格局分析

纵观四年来该区域房地产的发展趋势，该区域的房地产发展呈以下格局：以丽雅置地打造的莱茵河畔为代表的住宅项目，2006年是起步年，2009年是发展年，2010年是突破年，2011年是掀起品质开发的热潮年。而且该区域的房地产发展将与城市功能的建设相结合，促使房地产业迅猛发展。与此同时，从2009年开始，随着莱茵河畔、骏逸江南、鼎业兴城等项目的开发，该区域高端产品初现端倪，高尚住宅区的建设掀开了崭新的一页。

从以上分析可知，该区域发展趋势良好，前景看涨，房地产价值的提升有较大的空间。

三、项目行业环境分析

1. 宜宾市2010年房地产发展简介

2010年全市完成房地产开发投资60.22亿元，同比增长37％，开发量为全省第7位，同比增幅为全省第11位。在完成的开发量中，商品住宅投资44.92亿元，占全部房地产开发投资的74.6％，同比增幅达45.6％。

从施工规模看，2010年，全市（九县一区）房地产开发施工面积986.61万平方米，同比增长30.7％，新开工面积495.37万平方米，增长50.6％，竣工面积178.81万平方米，增长4.6％；其中商品住宅施工面积793.99万平方米，新开工面积412.76万平方米，竣工面积146.65万平方米，分别增长32.6％、61.9％和0.2％。

从销售情况看，2010年全年房地产销售面积269.18万平方米，同比增长35.2％，销售量居全省第7位，比2009年上升3位，实现销售额82.77亿元，同比增长64.8％；其中住宅销售面积241.97万平方米，销售额69.14亿元，分别同比增长32.1％和59.3％。

从销售价格看，全市（九县一区）商品房平均销售价格3075元/米^2，其中现房平均销售价格2587元/米^2，期房平均销售价格3178元/米^2，分别比上年增长29％和20％。

2. 宜宾市2010年房地产市场情况简介

据宜宾市房地产管理局商品房备案数据，宜宾2010年全年成交套数7562套。在7562套成交房源中，临港新区太阳岛、地中海蓝湾、长江国际青年城总计成交4108套，占总成交量一半有余。余下成交量分别为：南岸西区成交1057套；中坝组团成交801套；江北组团成交792套；南岸东区成交705套；旧城区成交95套；天柏片区仅成交4套。

3. 三江口区域房地产市场调查分析结果

从总体供需关系上来看，目前宜宾市场需求略大于供给，主要原因是消费者在持币观望了一年后，在刚性需求的驱动下，急于购房，从目前在售的几个项目来看，部分品质好的项目形成较好的销售态势即是供需关系的一个体现。

少量可供开发的土地以及优越的自然居住环境奠定了高档居住区的基础。周边客户购买力较强，他们目前基本居住在20世纪80年代的住宅产品中，亟待改善居住环境。

从户型面积段来看，目前宜宾市区内供应的产品起始面积为50~90平方米，终端面积也不大，最大达到130~150平方米；主力面积段集中在85~115平方米。

目前区域内住宅项目的销售均价稳定在4800~6400元/米^2，而品质好的住宅销售均价更是达到了5500~6800元/米^2。

四、周边楼盘分析

1.丽雅置地·莱茵河畔

莱茵河畔项目历时五年开发，以城市核心区唯一品质大盘的尊荣，树立了宜宾城市人居典范。作为莱茵河畔最后一个备受期待的精品组团，在建项目——阳光半岛在承袭项目一贯的优秀品质、优雅环境和优质服务的同时，更具备最完善的社区高端配套。

阳光半岛可尽享莱茵河畔一、二期成熟社区商业配套带来的便捷舒适，组团内还有室外健身活动场地、游泳池、下沉式网球场、羽毛球场等运动设施，充分满足业主的健身运动需求，还有幼儿园、多功能主题会所、豪华3D影院、景观特色商业等各种类型的配套，满足城市生活的所有梦想。

截至2011年6月10日，莱茵河畔·丽江湾一期仅1套未备案，莱茵河畔·丽江湾二期5套未备案，阳光半岛已经是尾盘阶段，几乎无房可售。

2.成中·骏逸江南

骏逸江南位于南岸东区宜宾长江大桥旁，正面临江，是展示南岸东区乃至宜宾整体形象的标志性项目，由成中集团投资开发、重庆城市科学发展研究会和广州南方建筑设计研究院进行规划设计。

骏逸江南以39层117米的建筑高度完美诠释"天空之城"的居住梦想，以现代简约朗俊的建筑形象代言三江口滨水建筑群。

骏逸江南目前已是尾盘阶段，几乎无房可售。

五、潜在客户分析

购买客户群分析

（1）周边区县购房人群

目前周边区县置业客户成为宜宾在售楼盘的主力目标客群，一般楼盘的郊县客户比重为30%～40%。

（2）城区客户

由于老城区人口密度过大，居住环境相对比较差，政府规划老城区进行人口疏导，在老城区土地逐渐紧缺以及先天自然资源不足的状态下，老城区客群逐渐向白沙、中坝、南岸片区转移。这类群体在此置业的目的多为改善型居住购房。

本案具有南岸东区的共同特点，即面向三大目标客户群体。但是，我们着重吸引的是改善型需求的较高收入者、都市新锐等；我们的核心客户群主要是首次在宜宾城区置业的城市新锐人群和看准南岸东区三江口优越居住环境的改善型客户群。同时由于本项目靠近宜宾长江大桥，视野开阔，区域北部可以将长江尽收眼底，这使本案具有独特的优势；而且项目与临港经济开发区隔江相望，不管是商业还是住宅都有地理位置优势。

核心客户：中心城区改善型客户群。

重要客户：城市新锐首次置业客户群。

补充客户：区县改善型客户群。

六、项目可能的定位

1. 定位形象关键词

通过对地理位置、目标客户和周围楼盘的分析，我们可以选择以下形象关键词对本项目加以打造：江景、高端、尊享价值综合性项目。

2. 定位基本要求

（1）整体形象

根据我们对目标客户的分析，本项目主要打造的是品质生活、城市新锐、注重便捷性和功能性的总体形象。在周边的楼盘中，莱茵河畔的目标客户与本项目目标客户比较相似，但目前莱茵河畔项目已无房源，在我们这个项目开盘时，它已经不再是我们的竞争对手，反而会形成一个前期效应，吸引我们的目标客户，形成集聚优势。

（2）商住综合体

鉴于该地块独特的地理位置优势及项目拍卖条件通知书的要求，我们建议打造以居住为主附带商业的格局，这样一来不但完善了商业配套，而且使本项目的价值乃至本区域的价值都会有很大的提升。

（3）户型及楼高

根据改善型置业和投资价值来看，我们应当以中大户型为主，根据顾客消费实力的不同，分别有小高层、高层供其选择。

（4）建筑风格

由于周边已经建有欧式建筑、情景洋房、德式建筑等，为了形成我们独特的亮点，建筑风格以artdeco为主，突出高度的规划性，重视产品的质量和功能，使其精美精致，达到与环境的和谐统一。

七、成本收益分析

1. 本项目技术经济指标

总用地面积：85 262平方米；

规划建筑面积：253 257平方米；

建筑容积率：3.5以下。

2. 规划建筑面积及开发成本

（1）项目可售面积

▶— 表12-1 B-2项目可售面积一览表

产品类型	B-2项目
住宅面积（平方米）	210 000
商业（平方米）	50 000
商务公寓（平方米）	5000
商务写字楼（平方米）	6000
车位（个）	2600

（2）项目投资成本预算

▶— 表12-2 项目投资成本预算

序号	项目	单位成本（元/米²）	面积（平方米）	总成本（万元）
1	土地成本	1975	253 000	50 000
2	地上建安成本	1600	253 000	40 500
3	企业管理费用	1700	253 000	43 000
4	代建绿地	700	12 900	900
5	代建景观建筑物	5000	1000	500
6	地下建筑成本	2400	110 000	26 400
总计				161 300万元

企业管理费用中已经包含了管理费用，财务费用，销售费用，营销、广告及税收费用等。

3. 预期利润测算

（1）定价原则和开盘均价测算

价格是营销的核心环节，定价需要考虑的三个主要问题是成本、客户需求和竞争对手的价格。成本是价格的最低点，竞争对手的价格是定价的出发点，客户对产品独有特征的评价是价格的上限。因此，参照项目所在区域的楼盘莱茵河畔、骏逸江南以及鼎业兴城的价格，并考虑政府楼市政策，本案住宅的销售均价为7000元/米²，商务公寓的价格8000元/米²，临街商业底铺的价格为20 000元/米²，二楼店铺价格为10 000元/米²，地下商业价格定为8000元/米²，商务写字楼的价格为8000元/米²，车库的价格定为12万元/个。

（2）销售总收入预计表

▶—— 表12-3 销售总收入

序号	项目名称	销售面积	单价	销售收入
1	住宅面积	210 000平方米	7000元/米²	147 000万元
2	商业底铺	15 000平方米	20 000元/米²	30 000万元
3	商业二楼	15 000平方米	10 000元/米²	15 000万元
4	地下商业	20 000平方米	8000元/米²	16 000万元
5	商务酒店	5000平方米	7000元/米²	3500万元
6	写字楼	6000平方米	8000元/米²	4800万元
7	车位	1560个	120 000元/个	18 720万元
		小计		235 020万元

注：车库销售按照60%去化率计算。

项目税后利润=（235 020—161 300）×0.75=55 290万元

4. 地块利润及现金流情况

（1）项目经济测算指标表

▶── 表12-4 项目经济测算指标表

B-2项目	单位（万元）
经营成本	161 300
经营收入	235 020
税前利润	73 720
毛利率	31.4%
税后利润	55 290
净利润率	23.5%
启动资金	30 000
启动资金回报率	184%
启动资金年收益率（2.66年）	61.1%

（2）现金流预测表

▶── 表12-5 三江口B-2项目现金流预测表

单位：亿元

时间	项目	1 现金流入	1.1 销售 回款收入	1.2 上期 应收款	1.3 股权资本 金流入	2 净现金 流入	3 累计 现金流入
2011	7						
	8	3	0	0	3	0.75	0.75
	9						
	10						
	11	0	0	0	0	−0.5	0.25
	12						

续表

时间＼项目	1 现金流入	1.1 销售 回款收入	1.2 上期 应收款	1.3 股权资本 金流入	2 净现金 流入	3 累计 现金流入
1						
2	0	0	0	0	−0.5	−0.25
3						
4						
5	0.9	0.9	0	0	−2.4	−2.65
6						
2012 7						
8	0.95	0.35	0.6	0	0.49	−2.61
9						
10						
11	2.74	1.84	0.9	0	0.49	−2.61
12						
1						
2	2.72	1.82	0.9	0	1.63	−0.98
3						
4						
5	2.82	1.92	0.9	0	1.67	0.69
6						
2013 7						
8	2.82	1.92	0.9	0	1.47	1.47
9						
10						
11	2.67	1.77	0.9	0	1.47	1.47
12						
1						
2	2.73	1.83	0.9	0	1.53	1.53
3						
2014 4						
5	3.69	1.79	0.9	1	2.19	3.72
6						
合计	25.04	14.14	6.9	4	8.29	0.78

注：1. 本项目于2012年6月首次开盘，从第三个月起每个月银行按揭回款3000万元，从2012年10月起，每月商业销售及回款2500万元。2. 项目完成商业及住宅95%以上整体销售周期预计2.5年；3. 销售在本期收到一半资金计入销售收入，下期收到剩余资金（按揭回款）计入上期应收账款，最后一期则全部收回。

5.项目财务评析

（1）盈亏平衡点计算（静态）

235 020万元 × A ＝ 161 210万元　　　　A ＝ 68.6%

从盈亏平衡点可知，项目销售实现68.6%时，即可实现项目盈亏平衡，项目的抗风险能力较强。

（2）投资回收期（静态）

根据现金流预测表可知，项目在开始24个月后实现累计现金流入为正，故投资回收期为28个月。项目总期限为36个月，在第24个月时实现累计现金流入为正，项目回收资金状况良好。

（3）敏感性分析

▶── 表12-6　敏感性分析

项目	成本部分增加		价格部分降低	
变化幅度	5%	10%	5%	10%
经营成本（万元）	169 365	177 430	161 300	161 300
经营收入（万元）	235 020	235 020	223 269	211 518
税前利润（万元）	65 655	57 590	61 969	50 218
税前利润率	38.77%	32.46%	38.42%	31.13%
税后利润（万元）	49 241	43 193	46 477	37 664
税后利润率	29.07%	24.34%	28.81%	23.35%

如果遇到很消极的情况，成本增加10%的同时，价格下降10%，利润率如下表：

▶── 表12-7　利润率

经营成本	177 430万元
经营收入	211 518万元
税前利润	34 088万元
税前利润率	19.21%

从以上两表的分析可以看出，项目的抗风险能力很强，即使遭遇成本增加10%、售价降低10%的双重冲击，依然可以保持约19.21%的税前利润率。

八、项目第一期投资收益分析

本项目开发拟分为两期，项目一期开发技术经济指标如下：

1．技术经济指标

总用地面积：30 000平方米；

规划建筑面积：地上100 000平方米；地下30 000平方米。

建筑容积率：3.5以下。

2.规划建筑面积及开发成本

（1）项目可售面积

▶── 表12-8 B-2项目一期可售面积一览表

产品类型	B-2项目
住宅面积（平方米）	100 000
地下商业（平方米）	10 000
车位（个）	1000

（2）项目投资成本预算

▶── 表12-9 项目投资成本预算

序号	项目	单位成本（元/米²）	面积（平方米）	总成本（万元）
1	土地成本	1975	100 000	19 800
2	地上建安成本	1600	100 000	16 000
3	企业管理费用	1700	100 000	17 000
4	地下建筑成本	2400	30 000	7200
总计				60 000

3. 预期利润测算

销售总收入预计：约90 000万元。

▶── 表12-10 预期利润测算

序号	项目名称	数量	单价	销售收入
1	住宅面积	100 000平方米	7000元/米²	70 000万元
2	地下商业	10 000平方米	8000元/米²	8000万元
3	车位	1000平方米	120 000元/个	12 000万元
	小计			90 000万元

项目税后利润=（90 000−60 000）×0.75=22 500万元。

4. 地块利润及现金流情况

（1）项目经济测算指标表

▶── 表12-11 项目经济测算指标表

B-2项目	单位（万元）
经营成本	60 000
经营收入	90 000
税前利润	30 000
毛利率	50%
税后利润	22 500
项目资本金	30 000

（2）财务评价

投资利润率：（营业利润÷项目总投资）×100%=（30 000÷60 000）×100%=50%

投资净利润率：（税后利润÷项目总投资）×100%=（22 500÷60 000）×100%=37.5%

销售利润率：（营业利润÷经营收入）×100%=（30 000÷90 000）×100%=33.34%

销售净利润率：（税后利润÷经营收入）×100%=（22 500÷90 000）×100%=25%

资本净利润：（净利润÷资本金）×100%＝（22 500÷30 000）×100%＝75%

本项目的盈利水平高。

（3）现金流量分析

▶—— **表12-12 现金流量表**

单位：万元

项目	建设期	建设期	经营期	合计
	2011年8月	2012年	2013年	
现金流入		30 000	60 000	90 000
1.预售收入		30 000		30 000
2.销售收入			60 000	60 000
现金流出	28 000	22 000	17 500	67 500
1.开发成本	25 000	15 000	3000	43 000
2.企业管理费	3000	7000	7000	17 000
3.所得税			7500	7500
净现金流量	−28 000	8000	42 500	22 500
累计净现金流量	−28 000	−20 000	22 500	
基准折现率10%				
净现值	−25 452	6608	31 917	13 073
累计净现值	−25 452	−18 844	13 073	

经过以上项目现金流量核算，该项目的各项盈利能力指标测算结果如下：

财务净现值（基准折现率10%）：13 073万元；

财务内部收益率：38.31%；

投资回收期（基准折现率10%）：1.9年

本项目预计产生净现金流量22 500万元，财务净现值大于零，该项目可行。

5. 盈亏平衡点计算（静态）

90 000万元 × A = 60 000万元 　　　A = 66.67%

从盈亏平衡点可知，项目销售实现66.67%时，即可实现项目盈亏平衡，项目的抗风险能力较强。

6. 敏感性分析

▶— 表12-13　敏感性分析

项目	成本部分增加		价格部分降低	
变化幅度	5%	10%	5%	10%
经营成本（万元）	63 000	66 000	60 000	60 000
经营收入（万元）	90 000	90 000	85 500	81 000
税前利润（万元）	27 000	24 000	25 500	21 000
税前利润率	42.86%	36.36%	42.50%	35.00%
税后利润（万元）	20 250	18 000	19 125	15 750
税后利润率	32.14%	27.27%	31.88%	26.25%

当遇到很消极的情况，成本增加10%的同时，价格下降10%，利润率如下表：

▶— 表12-14　利润率

经营成本	66 000万元
经营收入	81 000万元
税前利润	25 000万元
税前利润率	37.87%

从以上两表的分析可以看出，项目的抗风险能力很强，即使遭遇成本增加10%、售价降低10%的双重冲击，依然可以保持约37.87%的税前利润率。

九、结论

近年来，宜宾房价一直呈上升趋势，南岸东区区域中几个住宅小区的均价与宜宾市区平均水平相比，处于领先地位。随着城市的扩张，南岸东区商业的发展，加上配套的道路、桥梁等工程的建设，使本项目成为南岸东区三江口较好的项目。根据上述分析测算，本项目社会效益和经济效益较高。从投资敏感性分析，当成本增加10%、售价降低10%时，仍有较高的税前收益率，项目抗风险能力较强。

13

别墅

济南市雪野湖别墅项目前期策划定位报告

第一部分

市场调研与分析

一、宏观市场调研与分析

1. 济南市经济环境概况

（1）济南市经济现状与发展

▶── 表13-1 济南市经济现状与发展

年份	全市GDP总值（亿元）	同比增长率（%）	全社会固定资产投资（亿元）	同比增长率（%）	城市居民人均可支配收入（元）	同比增长率（%）
2007年	2562.8	17.3	1151.7	13.3	18 005.1	17.4
2008年	3017.4	17.7	1415.3	22.9	20 802.2	15.5
2009年	3351.4	12.2	1655.4	20.3	22 721.7	9.2

（2）产业结构情况

2008年济南市产业结构调整取得新进展，三次产业比重分别为5.8、44.1、50.1，一、二产业比重分别较上年减少0.1和1.1个百分点，第三产业增加1.2个百分点。

（3）政府推动经济发展的产业重点

济南市坚持以市场为导向，拉长产业链，开展多元化经营，鼓励企业向房地产、新型建材等产业延伸，强化区域服务功能，突出发展现代服务业，加快建设区域性服务业中心城市。

从上表看，济南市的生产总值增长平稳，全市固定资产投资额度和城市居民人均可支配收入逐年增加。受全球金融危机的影响，2009年济南市的GDP增长率较上年有所降低，但仍高于全国平均增长水平。

2009年，济南市GDP在全国省会城市中排第8位，全社会固定资产投资排第14位，城市居民人均可支配收入排第4位，位居前列。济南市不断调整产业结构，加快发展第三产业，支持并鼓励房地产的健康可持续发展。

2. 济南市城市空间发展战略

济南市为推动城市建设，促进城市经济社会发展，在《济南市城市总体规划（1996年—2010年）》中确定了"东拓、西进、南控、北跨、中疏"的空间战略和"新区开发、老城提升、两翼展开、整体推进"的发展思路。

城市空间布局："一城、一区、一带"。

一城：中部主城区；

一区：西南部长清地区；

一带：东部产业带（章丘）。

3. 济南市房地产市场分析

（1）济南市房地产市场概况

▶—— 表13-2 济南市房地产市场概况

年份	房地产开发投资总额（亿元）	同比增长率（%）	商品房销售面积（万平方米）	同比增长率（%）	商品房销售总额（亿元）	同比增长率（%）	人均住宅使用面积（平方米）	同比增长率（%）
2007年	193.2	20.7	320.2	12.5	120.9	20.5	21	0.9
2008年	274.1	41.9	371.2	15.9	155.1	28.3	21.5	0.5
2009年	332.6	21.3	439.8	18.5	211.2	36.2	–	–

由上表可以得出，济南房地产市场开发投资总额、商品房销售面积和销售总额每年均呈现快速平稳增长趋势。

（2）济南市土地成交情况

2009年济南市全年出让106宗地，较2008年翻了一番，出让面积及折合总建筑面积的涨幅均在150%以上，平均地价为255.7万元/亩，楼面地价为1457.68元/米^2。其中，商业综合用地平均地价460.65万元/亩，平均楼面地价1562.3元/米^2；住宅用地平均地价233.05万元/亩，平均楼面地价1438.84元/米^2。

（3）2009年济南市主城区房地产市场表现状况调研

▶ **表13-3 2009年济南市主城区房地产市场调研**

区位	供应量	建筑形态	主力户型	价格（元/米²）	客户群
市中心	100万平方米	以小高层、高层为主，少量花园洋房及别墅	94~110平方米、130~150平方米	普通住宅：6000~8500 别墅：9000~12 000	市中心的优质客户
历下区	最为密集	以小高层、高层为主，少量花园洋房及别墅	94~110平方米、130~150平方米	6000~10 000	本市及周边城市
历城区	20余万平方米	小高层、高层	以130平方米以上为主	6400~7500	全市各区中高端收入者
天桥区	40余万平方米	以小高层为主，其次是高层，极少量花园洋房和别墅	以140平方米以下为主，花园洋房和别墅面积170~300平方米	5500~6000	青年置业者
槐荫区	35万平方米	多层、小高层、高层俱存	80~140平方米	5600~6500	中端客户群

　　从上表可以看出，主城区内市场主要以小高层为主，别墅的市场主要分布在繁华的市中心和历下区，但这并非传统意义上的纯别墅，而是坐落在繁华市区内的别墅，供应量较少，主力户型在150~300平方米，别墅平均价格在8000~15 000元/米²。2009年，济南市主城区内商品房的平均价格同比涨幅近13%，部分地区涨幅超过20%。市场影响因素分析如下：

　　·由于房地产在本轮经济中的带动作用明显，地方政府大力支持以及货币政策宽松，民众对通货膨胀有预期；

　　·济南市场供应不足，政府推出地块较少；

　　·刚性需求强劲。

（4）济南市住宅市场发展趋势

　　随着城市建设的进行，西部、北部即槐荫区、长清区和天桥区成为较有潜力的片区，土地供应量较大，将成为济南未来几年的发展热点。济南西客站区的建设将继续推动城市的西进步伐，品牌开发商增多，产品升级加速。中海、绿城、绿地、恒达、保利等品牌开发商在济南的房地产市场占有量正逐步增加，高品质住宅供应量的增加将会推动济南房地产市场的品牌和产品层面的竞争。

（5）济南购房消费观

　　2009年12月份的"中国购房者信心指数"调查显示，济南人的购房信心仅次于排名第一的北京人，排名第二。调查内容包括购房意愿、购房实际能力、能否承担当地房价等方面。

●投资群体信心最足

在首次置业群体、改善型需求群体和投资群体中，投资群体购房信心最强。手头富足的投资者们对通胀的担忧催生了保值增值的需求。

●小户型难寻

在投资旺盛的市场需求下，开发商建了较多大面积户型的住房，从成交平均面积来看，普遍超过100平方米，可见投资者需求旺盛。

二、济南别墅市场专项分析

1.济南别墅及高端物业发展及现状概况

（1）1998年—2007年济南别墅项目概况

①自始至终的"淡定"

1998年，济南第一个别墅项目——金宫山庄进入别墅市场，但由于济南市民受儒家传统中庸思想的影响，大多数人有着不外显、不露财的城市性格，市场反应很冷淡。之后南部山区的加州花园、北部的国科国际高尔夫别墅、西部的文昌山庄等别墅项目加入了别墅市场行列，使得济南的高端物业市场不断升温。但在2007年之前，销售却从没"火"起来。

②追求大户型

2007年之前的别墅项目，面积从200平方米至400平方米不等，240平方米以下的户型少之又少，总价达到了200多万元每套，户型配比不够合理。

③类别墅价格远超纯别墅价格

2007年之前，济南存在的纯别墅价格一般在4500~8000元/米^2，这些别墅大都有丰富的自然资源和山水景观，是纯粹意义上的别墅；而济南城区的类别墅项目价格多在8000~15 000元/米^2。这与一线城市别墅现象相反。这与济南人的别墅消费习惯有很大关系，很多人依然把别墅定义为日常居所，资源稀缺和地块本身的价值决定了类别墅不菲的价格。

④有钱难买高品质别墅

一些有别墅消费需求的客户，如企业高层管理者、私营企业主及文艺界名流，对别墅格外挑剔，但济南的别墅市场正处于发展阶段，尚不成熟，在景观设计、户型创意、居住理念等方面尚不完美，所以，济南出现"有钱买不到好别墅"的现象。

（2）2008年—2010年3月份济南别墅项目概况

①一线大鳄进驻

2009年一线品牌开发商的进驻带来了先进的开发理念和成熟的产品，济南别墅产品档次大幅提升，济南的大量潜在客户被挖掘出来，市场出现火爆情况。

②高端市场受宠

济南的高端住宅市场需求不断升温，出现了产品"越高端越受宠"的现象。2009年济南的别墅在建项目有10个，市场总供应量862套，总面积23.9万平方米，其中新增供应量为779套，总面积21.7万平方米，全年共成交702套，总面积19.7万平方米，新推出的别墅基本售罄。2010年济南将会有10个别墅项目，约40万平方米的别墅产品集中推出。

③全方位百花齐放

2007年之前，济南市的别墅市场主要集中在南部千佛山周边，如今分布在东、南、西、北各个方位，呈现百花齐放的局面，反映了济南的别墅市场开始由单纯的"卖资源"向"卖产品"转变。

在售及潜在项目分布地域广阔，涉及济南市区、郊区、下属县市，市区楼盘集中在南部、东部。

东部：瑞境皇冠水岸、齐鲁·涧桥、蟠龙山水、诺贝尔城、中海华创、中海紫御东郡、海尔绿城全运村、燕子山庄、原山9号、黄金99、中齐未来城、东山墅、彩虹水岸；

南部：金宫山庄、鲁能领秀城、中齐他山、外海蝶泉山庄、银丰花园、舜耕名筑、峰景尚院、天泰太阳树、九如山庄；

西部：鲁商御龙湾、康桥圣菲、中建怡水和苑、名门世家、黄金崮云湖高尔夫别墅、海那城；

北部：国科高尔夫别墅、齐鲁温泉水郡、翡翠郡。

2.济南代表性高端物业调研

▶── 表13-4 济南代表性高端物业调研

名称	物业类型	主力户型	售价	地理位置	优劣势
中海紫御东郡	双拼、联排	250~370平方米	200~380万元/套	历下花园路东首，国际会展中心北侧	品牌开发商、品质好、户型好；所在区位缺乏高端品位，与高层混杂
银丰花园	花园洋房	250~400平方米	8300~9800元/米²	市中心阳光舜城南区，龟山	先期口碑好，山体有自然优势；价位偏高，与普通住宅混居
外海蝶泉山庄	联排、叠加	170~340平方米	叠加126万~210万元，联排250万~380万元/套	市中心英雄山路与二环南路交会处	自然资源优越，准现房；社区配套不完善（销售欠佳）
鲁商御龙湾	独栋、联排、双拼、四组院	220~600平方米	预期价格8000~10 000元/米²	长清大学城	自然人文环境优越，产品特色突出，配套不完善
中海奥龙观邸	别墅高层	255~545平方米	15 000~25 000元/米²，一期推出的118席，销5.9亿元，一期售罄	东南二环内，奥体会馆旁	近郊，品牌开发商、品质好、户型好、简装
诺贝尔城（地中海风格）	花园洋房、联排别墅、住宅	82~210平方米	住宅热销274套，当天销售额1.23亿元，销售率99%	二环以外章丘市	自身配套齐全；但偏远，交通收费，业态复杂
御景山墅	联排、叠加	175~240平方米	联排均价：11 000~14 000元/米²叠加：8000~11 000元/米²	燕子山，东二环内	配套较齐全，开发商知名度不够，2008年初开盘，尚有几套尾房
蟠龙山水	独栋、双拼	275~399平方米	180万~280万元独栋均价6500~7000元/米²，TOWNHOUSE均价5000元/米²	东二环外章丘市	配套尚不完善，2008年5月份开盘，还剩5套
名门世家	双拼、联排、叠加	126~350平方米	双拼7400元/米²左右	槐荫区腊山南坡半山	价格优势，配套尚不完善，价格优势，开发品牌较弱

续表

名称	物业类型	主力户型	售价	地理位置	优劣势
瑞境皇冠水岸	独栋、双拼、联排、叠加别墅	177~500平方米	均价5200元/米²左右	东二环外章丘市	价格优势，配套尚不完备，离市区较远，开发商品牌较弱
齐鲁·涧桥	独栋、排屋多层	150~180平方米	独栋200万元以内	东二环外章丘市	价格优势，配套尚不完备，离市区较远，开发商品牌较弱，四期即将开盘
黄金崮云湖高尔夫别墅	别墅、独栋、双拼	260~380平方米	别墅在240万~380万元/套	西二环外长清内	品牌知名度较高，但配套尚不完备
山东高速雪野湖项目	93栋别墅，91座酒店		今年预售	济南与莱芜之间的雪野湖	环境优美，纯独栋打造高端品牌，配套不完善，雪野湖1期项目占地290亩，公司2期项目拿地600亩，后期还将继续拿地1000亩。
雪野山居	以140栋别墅为主，联排	150~280平方米	2500~2800元/米²（已售27套左右）	莱芜雪野湖西侧5公里	价格优势，以成本价对外销售

由上表可以看出，代表性高端物业售价因地域、建筑形态不同而价格差别较大：

联排：4000~10 000元/米²；

独栋：7000~25 000元/米²；

洋房：5000~9800元/米²；

叠加：5000~8000元/米²。

小结：由上表可以得出，济南的高端物业市场联排住宅占有量最大，但受本地消费观念影响，高价格物业主要分布在近郊，即济南的东部产业带（章丘）以西和南部千佛山一带，与发达城市别墅市场分布有所不同。

3. 济南主要别墅及高端物业未来市场供应量

▶── 表13-5 济南主要别墅及高端物业未来市场供应量分析

项目名称	建筑形态	套数
中海华创	联排	120
诺贝尔城	联排	60
	洋房	300
海尔绿城全运村	联排	150
黄金99	花园洋房	180
外海蝶泉山庄	叠加	40
	联排	60
银丰花园	洋房	32
海那城	花园洋房	200
名门世家	叠加	40
	联排	100
鲁商御龙湾	独栋	20
	联排	80
	组院	30
中齐未来城	联排	72
中齐他山	联排	24
康桥圣菲	联排	80
原山9号	联排	60
彩虹水岸	联排	100

由上表可以得出，独栋共计20套；

联排共计906套；

叠加共计80套；

花园洋房共计380套；

洋房共计332套；

组院共计30套。

　　小结：济南未来的高端物业市场上，联排、花园洋房等占总量的88％，而独栋别墅比例仅占市场量的1％，是未来高端市场上的绝对稀缺产品。

　　总结：济南市排屋的占有量较大，较受济南本地人欢迎，价格相对较高，而纯粹的别墅（现在称为独门独院）又是目前较为稀有的产品，越来越奇货可居。据统计，身价在500万元以上的人在济南大概有5万以上，而济南并没有5万套高端产品与之相应，高端住宅产品在济南仍严重缺少，这一市场在济南有着巨大的发展潜力。

第二部分

项目条件分析

一、雪野湖基本概况

1. 观光旅游资源丰富

　　雪野湖素有"山东湖滨休闲度假中心"之称，整个区域分为房干生态景区和雪野湖景区两大板块。雪野湖景区面积为130平方公里，核心景区规划面积60平方公里，总开发面积18平方公里，共分为七个重点区域，即吕祖泉历史长廊、雪野北岸新镇、东部高尔夫社区、水上运动中心、南岸果园社区、左岸水都、马鞍山森林公园。

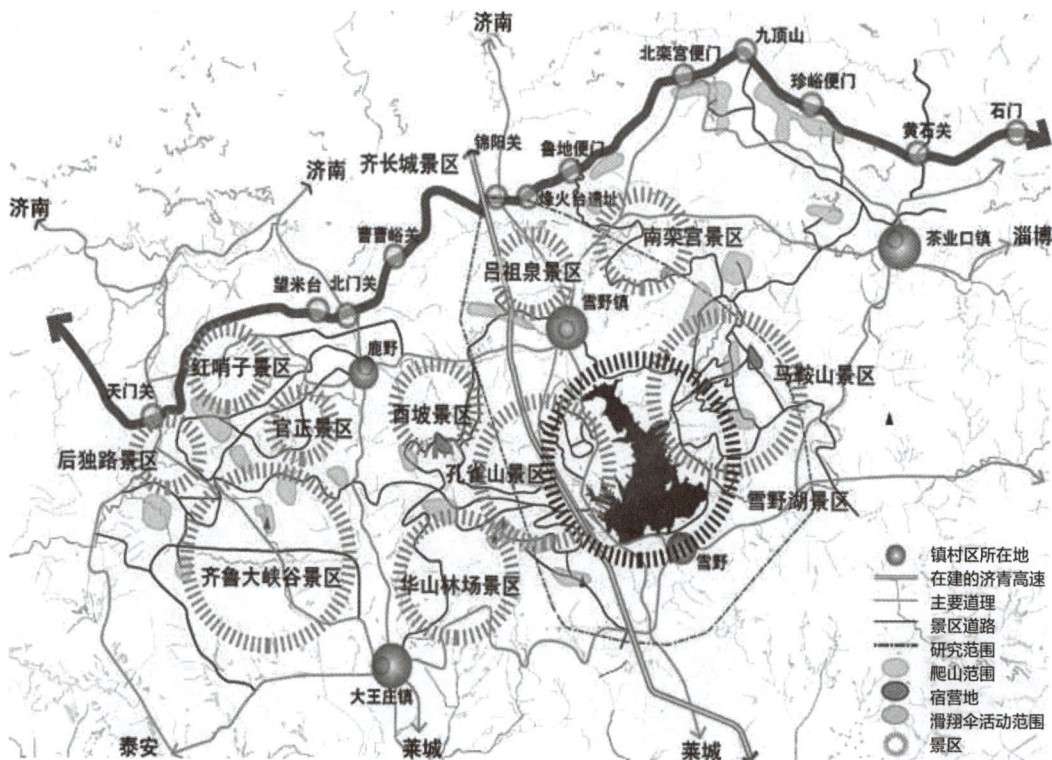

▶──── 图13-1 雪野湖旅游区景区分布图

2. 独特的自然优势

雪野湖为济南50公里圈内最大的水面，湖面面积12平方公里，湖面开阔，岸线曲折，四周群山环抱，森林苍郁，有着太湖烟波浩渺之势、西湖淡妆浓抹之美，进入景区给人以回归大自然的感觉。

3. 交通便利

距莱城20公里，距济南44公里，东与淄博毗邻，西与泰安接壤，踞山东省中心，区内有省道242线、244线、327线和济青高速南线，雪野湖旅游区进入了济南半小时经济圈。

4. 雪野湖旅游区概念规划

雪野湖旅游区整体开发定位为：山东湖滨休闲度假中心，山水运动、会议及疗养基地。发展目标是：中国著名的复合体验型、生态型休闲度假旅游与高端商务旅游胜地，东北亚地区知名的休闲度假目的地。

▶── 图13-2 雪野湖旅游区整体概念规划

▶━━ 图13-3 雪野湖东岸高尔夫社区

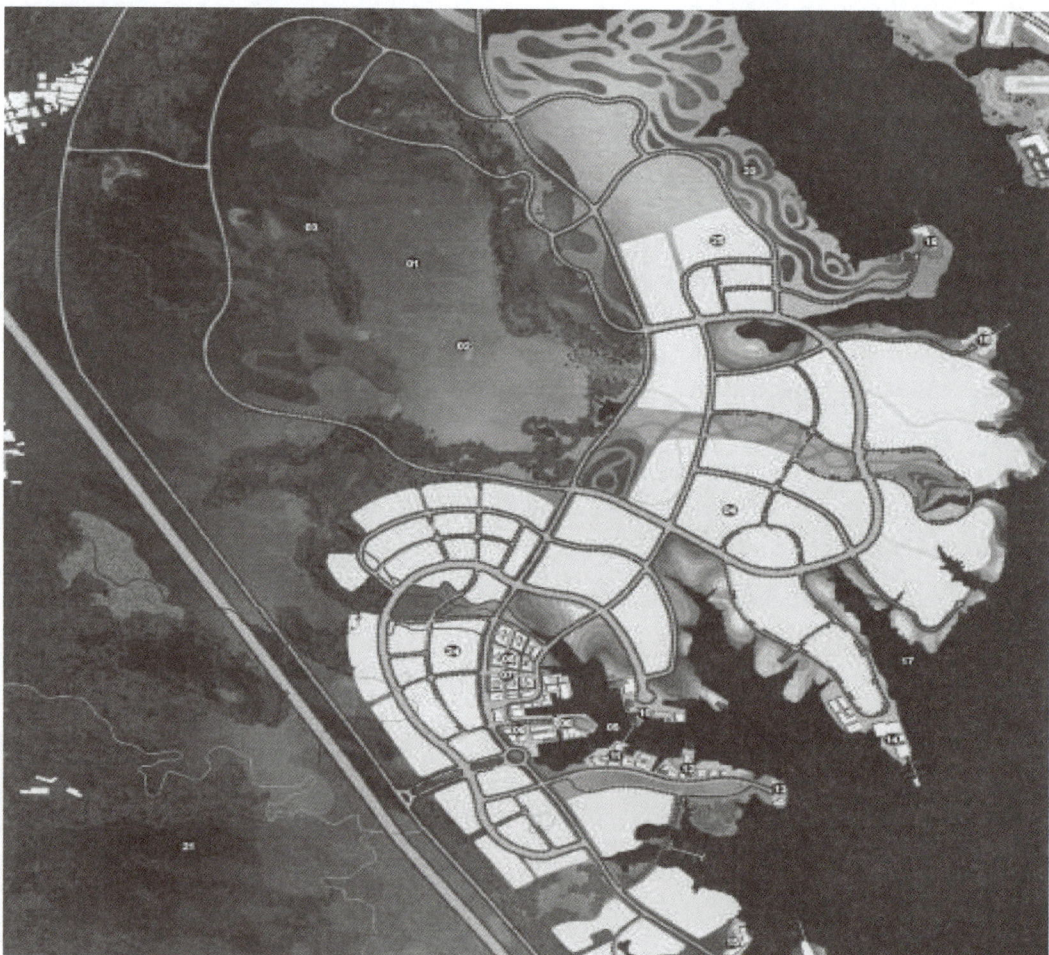

▶━━ 图13-4 雪野湖左岸水都

图13-5 雪野湖水上运动中心

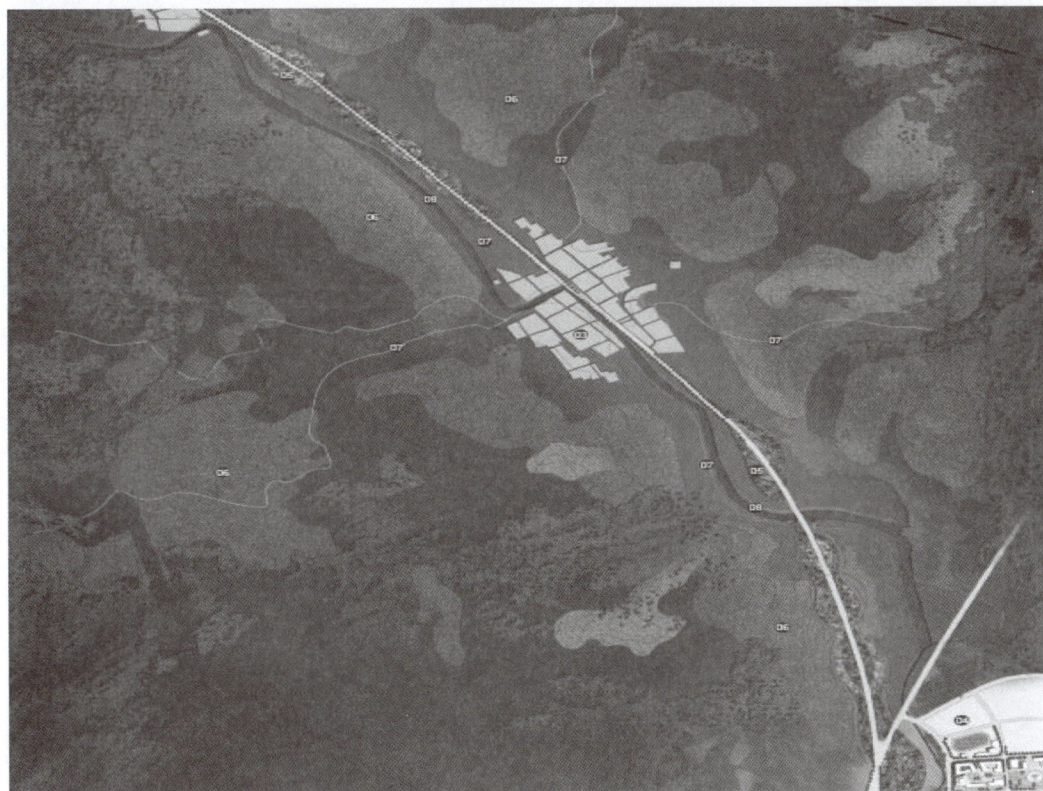

图13-6 雪野湖民俗文化走廊

▶━━ **图13-7 民俗文化走廊示意图**

规划理念

时间的记忆——民俗文化走廊

民俗文化走廊是雪野湖旅游区的北部入口，范围自齐长城锦阳关、娘娘庙村、吕祖泉村至雪野北岸新镇。这一区域的设计主旨在于创造强烈的入口门户形象。

设计主题形象：时间的记忆，穿越时间隧道。

怀旧、追寻记忆的片段也是现代健康休闲时尚的一部分。这一区域的设计旨在使人流、车流从中国最古老的长城出发，穿过明清古村落，进入现代的雪野湖北岸度假新镇。

设计的项目包括：

①长城寻根

沿齐长城的探险体验。

②古道夕阳

修复从娘娘庙村至吕祖泉村的古镇，将两个村庄联系起来。

体验娘娘庙村、吕祖泉村的古村落格局、街道、院落、当地的民俗和传说，如娘娘庙村八景、古河镇在雨天现龙的景象等。

修复娘娘庙，宣传娘娘庙内娘娘与泰山娘娘为同一鼻祖，恢复娘娘庙庙会。

③"穿越时间隧道"大地雕塑

在娘娘庙村、吕祖泉村和雪野北岸新镇之间设置标志性景观雕塑，创造独特的入口景观标志。

通过配置不同色彩的庄稼、花草及矮墙，塑造时间的速度意象，在视觉上加强旅客从古至今的情景体验，达到点题的目的。

驾车的旅客可在汽车的速度中体验"穿越"，走在古道上的步行者可在花丛、田野中徜徉，体验"时间的流逝"。

④霜染柿林

保留长城锦阳关下的古柿林和莱明路两侧山坡上的果园现状，开发为观光采摘果园，与古村落结合起来，展示乡村的风土生活。在秋天的时候，被风霜染红了的柿林将成为这一区域的标志性景观，也为"穿越时间隧道"大地雕塑增添了背景。

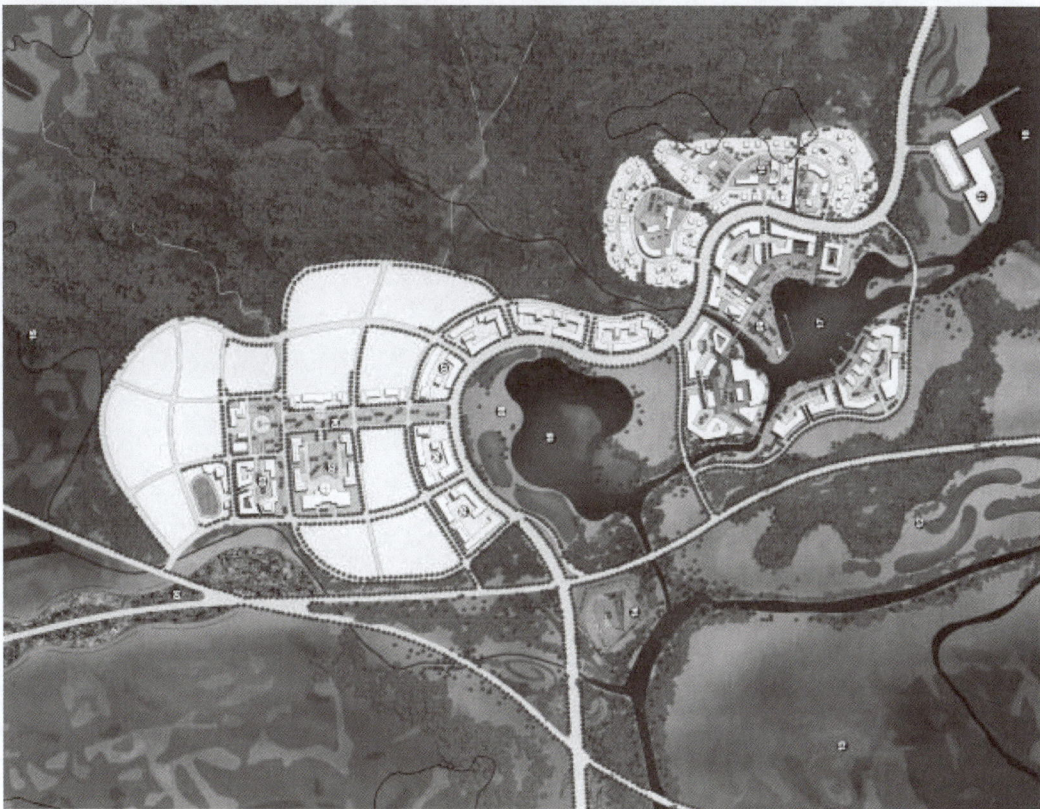

▶── **图13-8 雪野湖北岸新镇**

雪野湖基本概况小结：山东高速国际度假区、雪野现代科技农业园、大鑫游艇俱乐部和莱钢集团五星级酒店等一批旅游大项目已经进驻旅游区，五星级酒店、高尔夫、水上运动、民俗文化走廊、生态示范观光农业等也在区内进行规划。可以说，随着大型项目的完善，这里将是济南市的后花园，莱芜市的前门厅，也是唯一一处有资格、有机会成为济南中央别墅区的风水宝地。

二、项目宗地分析

▶── **图13-9 地块示意图**

　　项目地处莱芜雪野湖风景区通天河北畔，从济南走高速行程约40公里，距莱城约25公里，东与淄博毗邻，西与泰安接壤，交通便利，高速收费往返40元；项目周边著名景点有通天河寨山文昌公园、房干生态旅游区、华山国家森林公园、黑龙潭旅游区等。

　　项目距莱城约25公里，与莱钢与济南距离相当。

三、项目SWOT分析

1. 项目优势

● 项目地处风景区内，周边风景区众多；

● 本项目启动较晚，有利于吸取其他项目失败的教训，借鉴其他项目的优势；

● 项目地势较高，背山面水，东西狭长，景观资源最大化，视野开阔，彰显尊贵；

● 项目成本较低；

● 雪野湖旅游景区配有高档休闲娱乐配套：高尔夫、五星酒店、民俗文化走廊、水上乐园、科技示范农业；

● 风景区内交通便利。

2. 项目劣势

● 距离济南市区较远；

● 走高速往返需要40元过路费；

● 500余户的拆迁户给项目进行带来负担。

3. 项目机会

● 景区内配套日臻完善和成熟；

● 莱芜市政府对雪野湖大力宣传和支持；

● 国家政策支持旅游地产发展。

4. 项目威胁

● 2009年及2010年济南城区以及近郊别墅类产品供应量猛增，市场竞争激烈；

● 济南市居民近郊别墅消费观转变；

● 景区内"东岸高尔夫别墅社区""左岸水都""北岸新镇"等高端物业的出现以及山东高速即将在本区推出93套别墅，使得竞争进一步激化。

第三部分

项目定位

一、目标客户群核心定位

1.客户群构成

● 核心客户群：济南私营企业家、集团企业高管、外企高管为主；

● 辐射客户群：辐射周边县市（莱芜、泰安、淄博等为主）及外省投资者。

2.客户群特征分析

● 从拥有地位到社会认可；

● 从追逐名利到淡泊名利；

● 从苛求地段到苛求环境；

● 从空间功能到空间感受；

● 从注重娱乐到注重交际；

● 从追求物质到追求精神。

这部分客户群体对居所的品质要求甚高，对住宅的各项功能也要求相当齐全，要求住宅的全方位品质要与自身的品位相符。

3.目标客户群抗性分析

● 项目周边较为荒凉，生活配套设施还不够成熟；

● 济南本地居民对市中心高端物业有依赖心理；

● 距离济南市中心较远，实际车程为40~60分钟。

二、产品定位

综合济南高端市场状况以及本项目用地情况、周边环境、交通状况，本着竞争差异化、可实现利润最大化原则，本项目的产品定位为高端稀缺性产品。

1. 总体业态

集排屋、独栋别墅和高级会所为一体的高端稀缺性产品。

▶—— 表13-6 产品类型及目标客户

独栋别墅	注重身份的外企高管，拥有一定社会地位的上市公司、大公司的老总、高层，实力较强的私营企业主
联排	普通私营业主、政府公务员、具有高薪收入的管理人才、高校教师及投资者
高级会所	打造高档、完善的服务，提供最隐蔽的私人社交空间，使之成为令人向往的"贵族乐园"

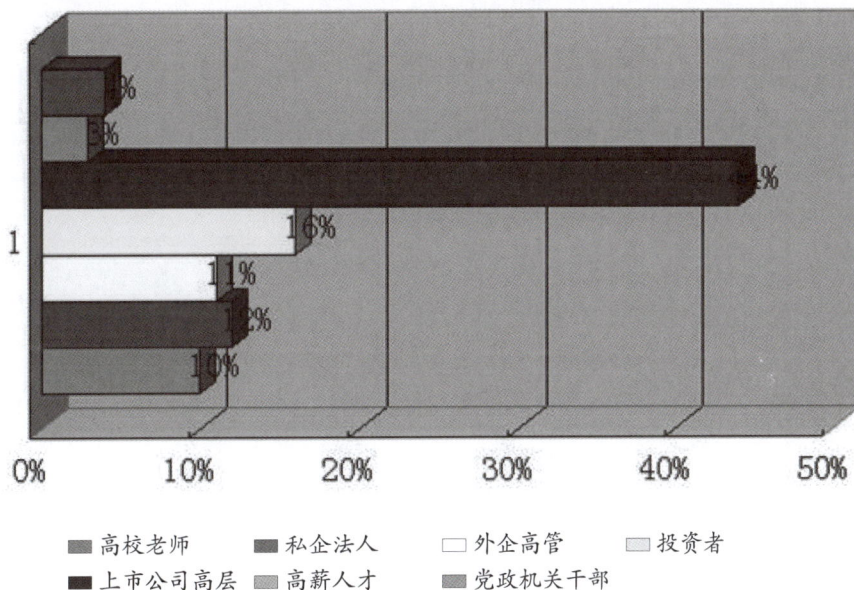

图例：
■ 高校老师　　■ 私企法人　　□ 外企高管　　▨ 投资者
■ 上市公司高层　▨ 高薪人才　　▨ 党政机关干部

▶—— 图13-10 目标客户群分布情况

2. 户型配比

▶—— 表13-7 户型配比

类型	户型面积区间	套数比例
独栋别墅（小面积）	230~260平方米	30%
独栋别墅（中面积）	260~300平方米	40%
独栋别墅（大面积）	400~550平方米	15%
排屋	180~230平方米	15%

3. 价格定位

在比较模型设计上，我们主要考虑景观因素（本案主打自然资源优势与近郊高端代表性楼盘作比较）、区位因素及配套设施三项因素。以本案为基准，设定为1，景观因素相应上浮（±0.2）；同时，区位因素则考虑楼盘与济南市区的距离（±0.2）；关于配套设施，由于中海项目在南二环内，奥体中心旁，故上浮0.1。按目前可比较代表性楼盘、别墅和排屋的成交均价，做出如下表的价格定位。

▶—— 表13-8 价格定位

项目名称	景观	区位系数	配套设施	综合系数	成交均价（元/米²）	权重	对本案指导均价（元/米²）
中海奥龙观邸	0.8	1.0	1.1	0.88	20 000	25%	5682
雪野山居	1.0	0.8	1.0	0.80	2800	50%	1750
外海蝶泉山庄	0.8	0.9	1.0	0.63	10 000	25%	3968
本案指导均价							3800

4. 项目产品方案对比

项目占地面积约221亩，按容积率0.43计算，则总建面积约为63 385平方米，可建别墅栋数约为120栋；按出让地价30万/亩计算，土地款为6630万元，楼面地价约为1046元/米²。价格比重以小面积独栋别墅销售均价为参照标准，独栋别墅及排屋的价差为参照标准价格（3800元/米²）的±10%。

▶── 表13-9 项目产品方案对比

土地面积	221亩			
土地单价	30万元/亩			
楼面均价	1046元/米^2			
产品类型	独栋别墅（小面积）	独栋别墅（中面积）	独栋别墅（大面积）	联排
容积率	0.4	0.4	0.4	0.5
建筑面积	19 015.5平方米	25 354平方米	9507.75平方米	9507.75平方米
平均面积	230~260平方米	260~300平方米	400~550平方米	180~230平方米
平均售价	3860元/米^2	4246元/米^2	4670.6元/米^2	3474元/米^2
成本估算	2700元/米^2	2700元/米^2	2700元/米^2	2700元/米^2
单方利润	1160元/米^2	1546元/米^2	1970.6元/米^2	774元/米^2
各产品利润	2205.8万元	3919.7万元	1873.6万元	735.9万元
利润总额	8735万元			

注：以上只是根据市场基本状况的预期估算

三、总结

　　虽然济南市房地产别墅市场发展态势良好，但市场尚未成熟，尤其是远郊以自然环境为主打的别墅项目更为缺乏。随着市场的发展，高端客户群体对这一产品的需求量相当大。在此契机下，本项目理应进一步锁定高素质、高品质人群，并赋予项目全新的建筑艺术和文化内涵，全面填补目前的市场稀缺性产品的空白。

14
城中村改造

临汾市尧都区 NL 村
城中村改造方案

第一部分

总论

一、NL村地块概况

　　临汾地处黄河中游，整个地区呈不规则的梯形，东倚巍巍太岳，西临滔滔黄河，北与晋中、吕梁市毗邻，南与运城市接壤，地理位置重要，自然风光优美，是中华民族的发祥地之一。《帝王世纪》里的"尧都平阳"，即今临汾。尧王访贤、让位于舜的传说都发生在这里。临汾资源丰富，尤其是矿产资源得天独厚，素称"膏腴之地"和"麦棉之乡"。

1. 地理位置

　　NL村地块位于临汾市河西新区，锣鼓大桥北800米，西临滨河西路，东临环境优美的汾河生态公园。村西与临汾市一中隔路相望，一中北侧是占地2500亩的山西师范大学新校区，汾河生态公园对岸是临汾市委市政府的办公地，河道上有便桥相连。本地块距临汾市高铁火车站3公里，距河西长途汽车站5公里，交通非常便利。北侧高速引线工程即将开工，将使区域地块开发价值得到极大的提升，为区域房地产开发带来空前的契机。

2. 用地现状

　　NL村"城中村"改造项目总用地面积为522.6亩（含代征道路及绿地76.35亩）。其中NL村民宅基地380亩，集体用地142.6亩（由NL村集体出租）。

3. 人口结构

　　NL村地块上人口结构较为简单，NL村中常住人口约1000人（农业人口约900人，非农业人口约100人）。

4. 村民经济来源

　　NL村民的经济来源主要靠私房出租和私营生意。根据相关调查统计，2011年NL村人均收入约为6600元/人/年。

二、改造的必要性和可行性

NL村民宅基地长期缺乏统一的规划和管理，村民住宅混乱无序，村里街窄巷小，占地面积又大，使得村里的土地资源得不到充分、合理、高效的利用。

村民住宅房屋最初都是1~2层。随着一中、滨河西路及汾河生态公园的建设，周边环境及交通道路迅猛发展，村里房屋出租行业兴旺，村民违规加层、搭建，违规改造房屋的现象普遍，危房数量不断增加。

由于临汾市一中开学，学生家长纷纷给孩子租房，各县外来人口流量增大，村内外来人口居住量增大，社会治安状况需要加强，环境卫生脏、乱、差。

村民居住条件各异，加上村里经济能力有限，公用设施、社区配套设施、绿化建设等都无从谈起。

NL村的现状与其他城中村一样，是安全隐患的中心，与临汾市的城市建设极不相称，不仅影响城市形象，而且也阻碍投资环境的改善和区域经济的发展，村民也享受不到城市发展所带来的好处。

目前，临汾市城中村改造开始进入快车道，NL村已被纳入改造村的行列。村民积极响应市政府城中村改造的号召，愿意进行整体城市社区改造建设。

三、改造的主要目标

1.利用有限土地，拓展无限商机，共同构筑和谐社会

NL村改造总体目标：抓住机遇，勇于创新，利用有限土地，拓展无限商机，努力实现四个转变，共同构筑和谐社会。

NL村发展的战略定位：通过改造，以妥善安置村民、提高村民收入为宗旨，实施多元化经营战略，通过为社会提供综合服务，培育新的经济增长点，壮大集体经济，提高村民经济收入。

2.改造后村民收入总体目标要求及展望

按照《临汾市人民政府办公厅印发尧都区城中（郊）村改造暂行办法的通知》的规定，旧村全部拆除，村民搬入新居。人均可支配收入不低于临汾市平均水平。

改造后经济展望：

第一，改造后村民和村集体经济来源。村民收入主要来源分为三部分：一是村民拆迁安置所分配的房屋的出租收入；二是村集体收入，村集体的收入主要来自于为NL村提供的小学、幼儿园等经营或出租的收入、物业管理的收入、其他经营收入；三是劳动力转化后的就业收入。

第二，配合城市整体规划，通过改造建设彻底改变村民居住环境，提升村民的生活品质。

第三，通过改造建设，使NL村成为为社会群体提供综合性服务的城市文明社区，全村实现城市化。

第二部分

NL 村区域环境分析

一、NL村周边配套环境分析

1. 商业环境

NL村虽西临临汾城市主干道滨河西路，但由于地块沿街部分商业配套跟不上，不能形成吸引有效消费人流的大型商业网点，导致地块周边商业氛围不够浓厚。目前，距离本地块较近的大型商业网点是正在建设的保障性住房"漪汾花园"临街商业。

2. 教育

本地块西边紧靠省重点中学临汾一中，区域内还有漪汾花园小学、新华中学等，临汾一中北侧为山西师范大学。

3. 交通环境

本地块距临汾市高铁火车站3公里，距河西长途汽车站5公里，距临汾市新医院3公里，交通非常便利。

4. 景观绿化

NL村东侧为环境优美的汾河公园，地块周边绿化条件较好。

5. 餐饮娱乐

地块周边目前还没有大中型餐饮娱乐场所。

整体来说，项目周边大区域配套相对齐全，但是还都在建设当中，小区域配套欠佳，村民生活、购物等便捷性差，缺少邻近的生活所需配套。

二、地块市政配套分析

目前NL村村民用电来自临汾市河西变电所，村里有变压器；村民生活用水接河西水管站自来水管网；天然气和热力管线目前主管道已经在滨河西路接通，但村民未接入户；村里全是混凝土路面，明沟排水。

目前NL村市政配套整体较差，村民生活配套不方便，生活质量较低，生活环境差，需要进一步提高和改善。随着NL村地块城中村拆迁改造工作的进行，居民生活环境及城市市政配套状况将得到极大的改善。

三、区域房地产市场分析

1. 市场供应

河西新区房地产开发刚刚开始，目前多以周边拥有相对完善的配套设施的区域为主要开发地段。但由于受制于区域环境及公共配套影响，除了亚太房地产开发建设的保障性住房漪汾花园及由临汾市城投金科房地产开发公司开发的河西新城三号地块等项目外，还没有新项目面市，商品房开发还处于起步状态。

2. 区域市场前景分析

河西新城是临汾市发展的重点，房地产市场发展刚刚起步。随着经济的发展，居民收入有所提高，再加上交通和环境的改善，本区的黄金地带将逐渐出现亮点。

NL村位于临汾市一中及山西师范大学的旁边，东临汾河生态公园，河东侧是政府行政办公区，交通便利。经济的发展及环境的改善将为区域房地产市场发展提供巨大空间。

第三部分
改造模式及实施主体

一、改造模式

1. 组建村委会拆迁小组

组建村委会拆迁小组，负责村集团清产核资，核算存量资产，按相关法规可以组建管理公司、制定公司章程、完善董事会及监事会建制，管理村改造后相关办公设施的出租、经营工作，负责城中村改造的村民拆迁安置、经济发展商业房的经营、公司股东分红等工作。

2. 由房地产开发公司出资完成整体改造开发建设

NL村村委会委托邯郸市商誉房地产开发公司作为NL村城中村改造建设独立的实施主体实施改造。

二、实施主体

房地产开发公司全权负责城中村改造项目的建设开发经营工作，村委会拆迁小组予以全力协调、配合，改造资质以开发公司的资质进行，具体的合作方式以双方签订的《NL村改造协议书》为准。

第四部分

土地利用方案

一、地块的SWOT分析

1. 优势（strength）

地块紧邻临汾市一中及山西师范大学，河东侧是临汾市行政办公中心，地理位置优越；

西临宽阔的滨河西路，周边路网即将建设，交通便捷。在人们对时间成本看重的今天，交通成为房产热销的一条标准；

东临汾河生态公园，环境优美，风景宜人，为业主健康生活提供鲜氧；

总规划地块522余亩，是临汾河西新城罕有的规模大盘；

临汾市城中村改造政策刚刚出台，政府对城中村改造将给与大予支持，无疑将对项目的开发建设起到极大的推动作用。

2. 劣势（weakness）

受规划道路限制，地块分布相对凌乱，不利于集中整体规划和开发；

本案所处板块整体生活品质感较差，生活氛围不够浓厚；

目前地块区域消费人群以农民为主，收入水平一般，消费能力有限，需周围配套完善后才能提升。

3. 机会（opportunity）

本地块处于临汾市一中及山西师范大学的商圈核心位置，是振兴教育政策的直接受益者，可对地块教育资源进行深层次的挖掘；

区域市场需求空间较大，处于利好的市场态势；

顺应临汾市城中村改造的大环境，为项目开发提供诸多优惠政策。

4. 威胁（threat）

周边城中村改造项目对本项目客户群的分流；

房地产宏观调控政策的影响；

临汾市对河西新城发展速度的政策影响；

其他不可确定因素。

二、地块核心竞争力

核心竞争力来自对项目价值的凝聚，它遵循两个原则：首先，必须是唯一性的；其次，它能对购房者的购买决策具有足够的影响力。针对NL村地块，可以归结出两大核心价值：

1. 区位价值

城市的功能是把人聚集起来，形成共同的生活、经济、政治中心。越是靠近城市的核心区域，其城市发展也必然越成熟。本地块处于临汾市一中及山西师范大学旁边，西临滨河西路，距临汾市中心——鼓楼仅3公里，属临汾河西新城发展的不可多得的区域。

2. 规模价值

临汾河西新城寸土寸金，总占地达到500亩以上的项目几乎没有。而追求大社区则是购房者的普遍心理，因为社区规模化代表的是优质配套、优质服务以及开发实力和购买信心。能将如此体量和如此地段结合在一起，本项目首屈一指。

三、客户群分析及定位

1. 区域客群的构成

由于本项目位于河西新区，周边生活环境较差，对其他区域消费人群的吸引力较低，只有临汾市一中及山西师范大学能够吸引消费者，以至于本地块区域的客群构成是地缘客户和其他区域客户相结合。

周边村庄：这部分人群目前多居住在周围村庄，物业水平低下，居住环境较差，由于家庭收入有限，多为价格主导型消费者。

市场经营户：此类人群经济收入良好，多租住在周边村庄，其中部分已经置业，对住房的需求为性价比较高的优越产品，多为投资或自住。

周边区域的投资客：目前已有住房，具有较强的投资意识，购房的主要目的为投资升值，对性价比高、升值潜力大的中小户型尤为偏爱，为多次置业者。

周边打工族：此类人群年龄层次较低，收入水平多样化，目前多租房居住，多为第一次置业。

政府及事业单位人群：此类人群收入较为稳定，对项目品质追求较高，具有一定的投资意识，多为二次以上置业者。

陪读人群：孩子在临汾一中或师范大学上学，为方便上学家长投资置业。

2. 目标客群定位

（1）住宅类目标客户群

年龄在25~45岁具有较高收入的地缘消费人群。

此类人群居住或工作在周边区域，收入水平较高，在看重性价比的同时追求项目品质，具有投资意识，多为一次或二次置业者。

（2）底商类客户群

住宅底商的投资回报率高，一般来说，投资住宅的回报率为6%~10%，而投资住宅底商的回报率则高达15%~20%，投资购买商铺大约6至10年即可收回成本。从商人逐利、择邻购买、专业汇集的角度出发，本项目底商类客户可分为以下几大类：

有投资底商经验的投资客；

周边商户迁址更新经营；

专业商业投资运营机构；

大型餐饮、百货、超市连锁物业投资、经营自用。

四、项目定位

1. 开发定位

（1）定位原则

充分尊重地块价值；

拥有足够的潜在客户的支持；

规避激烈的市场竞争。

（2）定位思路

以远郊项目所倡导的品质与档次为项目开发要点，积极挖掘地块本身的教育资源脉络；

立足于地缘客户的需求特征，提供性价比高、总价适中的产品；

积极规避同质化，着力塑造项目个性特征，宣扬产品的独特价值；

摒弃粗放式的产品开发，力求精致、细腻。

综合以上几点，本项目开发定位为：

以城市改造为契机，以景观居住生活功能为主，以社区商业功能为辅，以承接教育商圈为发展趋势，将NL村改造成容纳居住、商业、休闲娱乐等多种功能，配套设施完善，居住环境良好的中高档精品楼盘。

2. 中高档高层住宅定位依据

（1）地段价值依据

此地块西临滨河西路，东临环境优美的汾河生态公园。村西与临汾市一中隔路相望，一中北侧是占地2500亩的山西师范大学新校区，汾河生态公园对岸是临汾市委市政府的办公地，河道上有桥相连。本地块距临汾市高铁火车站3公里，距河西长途汽车站5公里，交通非常便利。谁占有了地段、占有了土地，谁就占有了市场。在这块珍贵的土地上，为最大限度地利用土地价值，住宅容积率势必大幅度提高。因本项目的地段和环境优势凸显，市场前景将十分广阔。

（2）景观价值依据

依据河西新城总体规划，项目东侧紧临汾河生态公园，有大面积城市绿地，此地块绿地率及人均绿地指标将远远高出临汾市的平均水平。从居住的景观价值、生态价值考量，在项目地块内开发中高档住宅定位切合，升值潜力巨大。

从共享稀缺的景观资源来看，高层住宅将可以在上空俯瞰汾河生态公园，充满时尚感和现代感的高层建筑形式既可以满足绿色氧吧式的生态居住条件，同时又能使景观资源发挥最大效益，其视野开阔、采光通风良好、安全品质高等优点，具有充分的需求支撑。

（3）投资收益依据

由于项目属城中村综合改造性质，开发前期所需的拆迁成本十分巨大，从项目投资收益的现实情况出发，只有在政策审批允许的情况下，提高项目开发的总体容积率指标，以中高档住宅来定位项目，最大化地产出单位土地的价值，最大化地实现项目预期的增值空间，才能够保证整个项目开发的盈利。

3. 商业定位依据

（1）社区商业定位依据

社区商业是指以地域内和周边居民为主要服务对象的商业形态，是以一定地域的居住区为载体，以便民、利民为宗旨，以提高居民生活质量、满足居民综合消费为目标，提供日常需要的商品和服务的属地型商业，其业态具有较强的地块人群针对性。

此项目周边目前仍没有出现大型超市、商业广场、娱乐场所组合形成的社区商业中心，难以满足周边学校及居民多种层次的消费需求，从大的社区人群基数考虑，合理布局超市、美容美发店、药店、冲印店、蛋糕店、干洗店等社区商业，使住户从家门步行5分钟即可到达便利店，步行10分钟即可到达超市和餐饮店，15分钟即可到达购物中心，根据现实与潜在的需求来看，商业前景将十分广阔。

（2）社区商业的业态类型

▶— 表14-1 社区商业的业态类型

业态指标	经营面积（平方米）	经营楼层	位置
综合超市	6000~15 000	-1~3层	主干道/主出入口
社区超市	1000~5000	1层/2层	主干道/主出入口
便利超市	100~500	1层	主出入口
餐饮	快餐类：100~500 西餐咖啡：200~800 中式酒楼：1000~3000	1层/2层	偏好社区商业街两端位置，临主干道
美容美发	美发：50~100 美容：200~1000	1层/2层	主力承租面积通常位于二层，具体位置无特殊要求
休闲类	500~1000	1层/2层	主力承租面积通常位于二层，具体位置无特殊要求，但要有一个较好的展示面
便利店	50~200	1层	靠近主出入口，离居住区域较近
饼屋（蛋糕店）	30~60	1层	一般处于社区商业街中间位置，单体购买频率较高
生活家居	100~200	1层/2层	属于新兴社区的过渡业态，位置上要求不高，楼层位于一、二层皆可
地产中介	30~100	1层	新兴社区门店数量较多，有一定过渡业态性质，租金承受能力较高，通常位置较优越
干洗店	10~20	1层	靠近主出入口，离居住区域较近
冲印店	10~20	1层	不要求靠近社区主出入口，虽配套性质明显，但单体购买频率不高
其他	10~40	1层	位置要求不高，可移动，弹性较强

（3）主题商业定位依据

客流决定着人气，人气影响着活力。商圈内车流通畅，交通便捷，并不等于人流顺畅，建立适合本项目区域商业发展的人流导向体系，才是推动本项目商业繁华和活力的核心因素。事实上，山西师范大学及汾河东侧市行政办公中心的建设和完善，将会带动本项目周边环状道路人气的一路飙升。

在本项目区域，以教育（临汾市一中及山西师范大学）和行政办公区为主力的消费群体正在形成，具有年轻化、个性化特征的运动健身、休闲娱乐等消费将成为本项目未来主题消费圈的一大特色。

依据商业"散中有聚、聚中有散、链条扩散"的原则，我们充分考虑电影院线、酒店、品牌餐饮、家电、商业厨房用品等专业街店，使项目主题商业形成有灵魂的、品位较高的、具有良好的品牌知名度的商业业态。

在本项目中合理发展主题性商业，一方面将与我们高尚社区的住宅定位相呼应，有利于塑造良好的整体形象；另一方面项目经营面积以底商形式为主，其经营的面积较大，除了满足社区商业的要求外，为优化分布经营，突出端口位置，也应考虑中型以上商业的设置。

五、规划设计方案

①通过经济核算，本次改造NL村地块的现状指标如下：

地块拆迁改造350户，村民约1000人。

城中村改造总用地面积522.6亩，代征道路及绿地面积约76.35亩。按城中村改造建设用地标准人均133平方米计算，NL村改造建设用地为133 000平方米（合199.5亩），还迁建设用地为80 000平方米（合120亩），城中村改造建设用地标准人均133平方米范围以内的开发用地为79.5亩，城中村改造建设用地标准人均133平方米范围以外的开发用地为323.1亩（包括代征道路及绿地面积约76.35亩）。

拆迁宅基地面积约12万平方米。

②NL村地块规划利用方案

针对NL村地块的现状，结合有关的法律规定和政府的改造精神，按就地整体改造拆迁还迁的原则，分三个建设阶段完成本地块城中村改造任务。

1. 建设原则

坚持以人为本的原则，充分考虑老年人和儿童的需要，保证小区有足够的休息生活空间和充足的日照。

体现为教育服务的商贸街区，各种服务设计布局除了能够方便居民的生活外，还能满足商贸、商户的需求。

中心绿地、楼旁绿地与汾河生态公园有机结合，绿地充足，创造最适宜的居住、商贸空间。

充分考虑到项目日后的可持续发展，采用高标准开发建设，以满足日益提高的市场和社会要求。

适应自然地形地势，合理布局公共设施，提高现有地块的利用效率。

2. 规划利用方案

根据本次改造NL村地块的实际情况，拆迁安置面积达到17万平方米以上，才能保证村民利益、村集体利益、地块内单位的居民利益。限于本地块拆迁安置量大，考虑到村上拆迁安置与开发商双方利益的协调，现就本地块提出以下方案。

NL村地块总面积为522.6亩，扣除代征道路及绿地面积76.35亩，实际净用地面积446.25亩。总规划建筑面积92万平方米，整体容积率为2.66，分三期开发。

━━ 表14-2 技术经济指标一览表

项目	单位	数量	备注
规划总用地面积	公顷	34.84（522.6亩）	
1.代征绿地面积	公顷	3.76	
2.代征道路面积	公顷	1.33	
3.净用地面积	公顷	33.51	含绿化隔离带
居住户（套）数	户（套）	6123	
居住人数	人	21 430	
人口毛密度	人/公顷	615.1	
总建筑面积	平方米	950 897	
1.住宅建筑面积	平方米	748 660	
2.商业建筑面积	平方米	202 237	
总基底面积	平方米	55 566	
1.住宅基底面积	平方米	26 174	
2.公建基底面积	平方米	29 392	
住宅平均层数	层	27.2	
容积率		2.65	
建筑密度	%	16	
绿地率	%	37	

3.NL村项目一期安置工程规划方案

作为NL村地块上原有村民的安置工程，一期开发地块占地面积187.5亩，规划建筑面积34万平方米。其中：还迁占地面积为67亩，还迁建筑面积为17.5万平方米，小学建筑面积为1万平方米。

━━ 表14-3 一号地块技术经济指标一览表

项目	单位	数量	备注
规划总用地面积	公顷	12.05（1875.5亩）	
其中：1.代征绿地面积	平方米	8636	

续表

项目	单位	数量	备注
2.小学占地面积	公顷	1.45	
3.还迁占地面积	公顷	3.02（45亩）	
居住户（套）数	户（套）	2040	
居住人数	人	7140	
人口毛密度	人/公顷	571.2	
总建筑面积	平方米	340 873	
1.住宅建筑面积	平方米	244 795	
其中还迁住宅建筑面积	平方米	174 861	
2.商业建筑面积	平方米	96 079	
总基底面积	平方米	23 496	
1.住宅基底面积	平方米	7852	
2.商业基底面积	平方米	15 644	
住宅平均层数	层	30.8	
容积率		2.73	
建筑密度	%	18.8	
绿地率	%	35	

4. NL村项目二期商品房规划方案

二期开发地块将作为商品房部分进行销售，占地面积125.4亩，规划建筑面积25万平方米。

▶── 表14-4 二号地块技术经济指标一览表

项目	单位	数量	备注
规划总用地面积	公顷	8.36	
1.代征绿地面积	平方米	8828	
居住户（套）数	户（套）	1878	
居住人数	人	6572	
人口毛密度	人/公顷	768.12	

续表

项目	单位	数量	备注
总建筑面积	平方米	250 304	
1.住宅建筑面积	平方米	225 310	
2.商业建筑面积	平方米	24 994	
总基底面积	平方米	14 294	
1.住宅基底面积	平方米	8548	
2.公建基底面积	平方米	5746	
住宅平均层数	层	25.85	
容积率		2.99	
建筑密度	%	17.1	
绿地率	%	35	

5. NL村项目三期商品房规划方案

三期开发地块，开发商将其作为商品房部分进行销售，占地面积177亩，规划建筑面积34万平方米。

▶—— 表14-5 三号地块技术经济指标一览表

项目	单位	数量	备注
规划总用地面积	公顷	11.8	
1.代征绿地面积	平方米	20 102	
居住户（套）数	户（套）	2205	
居住人数	人	7719	
人口毛密度	人/公顷	654.15	
总建筑面积	平方米	339 822	
1.住宅建筑面积	平方米	264 081	
2.商业建筑面积	平方米	75 741	
总基底面积	平方米	21 022	
1.住宅基底面积	平方米	9773	
2.商业基底面积	平方米	11 249	

续表

项目	单位	数量	备注
住宅平均层数	层	25.67	
容积率		2.88	
建筑密度	%	17.82	
绿地率	%	36	

六、城中村改造拆迁安置方案

1. 拆迁安置方案

依据《临汾市人民政府办公厅印发尧都区城中（郊）村改造暂行办法的通知》，结合本村实际情况，特制定本拆迁安置办法，由刘村镇、村委会和开发公司负责组织实施。

2. 方案内容

（1）旧村拆除计划及时间安排

NL村地块采取整体拆迁方案，由刘村镇、村委会和开发公司负责旧村拆迁工作，发放过渡费用由村民自行过渡。项目一期首先进行安置工程建设，保证过渡期届满前完成村民的回迁安置工作。

（2）安置补偿

安置补偿采用产权调换和货币补偿两种方式。

本村村民有合法宅基地的，按合法宅基地面积的150%进行安置补偿；

没有合法宅基地本村村民，经刘村镇政府及村委会按有关规定研究认可后，可按现住宅基地面积的100%进行安置补偿；

村民拆迁补偿方式可采用按一定比例采用部分产权调换和部分货币补偿的办法。

就地安置NL村营业用房包括10 000平方米小学和4000平方米幼儿园各一所，村委会办公楼面积2000平方米，作为NL村集体发展经济的可持续收入来源。

地块内被拆迁的办公用房、仓储用房、旅馆用房均采取货币补偿安置，不进行实物安置。

拆迁未经城市规划行政管理部门批准自建私房或无产权违法建筑，不予补偿、不予安置。

宅基地面积的认定：宅基地面积由刘村镇、村委会和开发公司三方共同认定，然后张榜公布每户拆迁面积。

本项目实行的是先拆迁后安置，开发商前期投入费用包括：一期安置项目的建设成本、过渡费、拆迁综合费、部分房屋的货币安置费和补偿费。这部分资金均由开发商筹措。

（3）成立拆迁工作领导小组

村上要成立拆迁工作领导小组，村主任任组长，村委会委员为成员，也要推选出村民代表参与，组成拆迁工作组，负责动员、宣传并协助进行拆迁工作。在完善与每户签订拆迁协议的同时，还要制定出拆迁制度和办法保证拆迁工作的顺利进行。

七、建设安排及实施计划

1. 建设周期及进度安排

鉴于NL村目前的实际状况，根据建设规划，计划全村改造工程分三期进行：

拆迁期：6个月

一期安置工程：工期30个月

二期商品房开发工程：工期30个月

三期商品房及商业开发工程：工期30个月

初步预计本项目整体改造完成需5年时间。

2. NL村拆迁改造项目的资金筹措

NL村城中村改造项目总投资为310 342.1万元，全部由开发商投资，由开发商开发建设改造。先期拆迁和安置资金由开发商投资解决，以后可以通过销售收入的滚动使用来解决后期部分资金问题。

第五部分

改造中村民利益的保障

一、拆迁安置过渡中村民的生活

根据双方合作协议，在NL村项目拆迁过渡期间由开发商支付村民过渡费约2700万元，由村民自行过渡，以保证村民生活在过渡期不受影响。

二、村民在拆迁安置中得到的隐性收益

拆迁安置中对村民的还迁安置按合法宅基地面积的150%进行安置补偿，而不是按每平方米的评估折价补偿，也可以按一定比例要部分货币补偿，村民们已经可以获得老房折价与新安置房差价的利益，村民入住新房没有经济负担。

三、村集体从开发中获得商业房经营或出租收入

通过合作，在NL村地块拆迁改造中，村集体还可以从开发中获得小学、幼儿园等经济发展用房的永久产权和收益利益，由村委会组建的管理公司经营或出租，保证和扩大了集体经济的收入来源，村民可根据投入的股权比例从中分红，能够为村集体的长远发展奠定坚实的基础，也为增加村民收入创造条件。

四、开拓了村民就业渠道

NL村项目建成后的物业管理公司在人员聘用方面优先考虑原NL村村民。改造后村民不但可以自己经营商业、出租房屋，也可以参与到物业管理等社区的第三产业服务中来。

五、享受政府惠民政策

在改造后的NL村，政府将通过培训、扶持推荐等多种措施优先解决改造村村民的就业问题。

第六部分

项目开发改造投资估算

一、项目投资估算依据

国家发改委、建设部关于颁布《工程勘察设计收费管理规定》的通知（计价[2002]10号）；

国家发改委关于印发《招标代理服务收费管理暂行办法》的通知（计价[2002]1980号）；

临汾市建设委员会关于印发《<临汾市建设项目城建费用统一征收办法>实施细则》的通知；

山西省物价局、山西省财政厅晋价行发[2005]90号《关于临汾市城市基础设施配套费收费标准及有关问题的通知》；

临汾市人民政府关于印发《尧都区城中（郊）村改造暂行办法的通知》的通知；

山西省发改委编制的《山西省建设工程其他费用定额》；

NL村摸底数据汇总表；

NL村城中村改造规划设计方案。

二、项目投资估算

一期工程总占地187.5亩（含代征绿地及道路面积），总建筑面积为340 873平方米，其中住宅建筑面积为238 611平方米，商业建筑面积为92 035平方米，小学建筑面积为10 227平方米，容积率为2.73。

一期还迁房按整个NL村还迁面积考虑，总占地面积为88.8亩，总建筑面积为186 861平方米。其中，还迁住宅建筑面积为174 861平方米（暂按1/3要货币，还迁面积为116 574平方米。为保守计算，剩余建筑面积暂按不销售计算），给NL村委会办公商业建筑面积为2000平方米，给NL村的小学建筑面积为10 000平方米。

一期开发用地为98.7亩，用于商品房开发的建筑面积为146 313平方米，其中住宅建筑面积为62 234平方米，商业建筑面积为84 079平方米，其中按政府要求配建的5%的廉租房（或公租房）建筑面积为7700平方米。

还迁房、给NL村委会的小学及商业以及配建的廉租房（或公租房）不缴纳城市配套费，还迁用地按划拨方式供地，开发用地须缴纳土地出让金。

1. 一期工程投资估算

（1）综合拆迁费

综合拆迁费是指拆迁期间发生的摸底费、拆迁奖励费、动迁劳务费、协调费、拆迁办管理费、拆除劳务及垃圾清运费、拆迁单位管理费、不可预见费等各项费用。NL村城中村拆迁改造的综合拆迁费为1600万元。

（2）过渡费

根据《临汾市城市房屋拆迁管理实施细则》规定，住宅房屋过渡费的支付方式为每月每平方米补助10元；每户按350平方米计算。一期工程计划拆迁180户，过渡期为30个月，合计2118.2万元。

①附属物补偿

制式太阳能拆移费每台200元；有线电视移机费每末端300元；电话移机费每部150元；空调拆装费：壁挂机每台150元，柜式机每台200元。

搬迁费：每户按3500元，计算两次共7000元。

电话移机两次共300元。

空调移机两次：壁挂机300元，柜式机400元。

有线电视：120元

宽带：1440元

热水器：200元

每户合9176元

一期工程180户合计165.2万元

②搬迁补助费

根据《临汾市城市房屋拆迁管理实施办法》第二十七条，拆迁住宅房屋，一次性支付搬迁补助费的标准为：临汾市区每平方米支付搬迁补助费10元，每套房屋最低标准不得低于300元。

计算方式：建筑面积×10元/米²＝搬迁补助费

一期工程搬迁补助费为180户×350平方米×10元/米²＝63万元

③临时安置补助费

根据临汾市城市房屋拆迁管理实施办法第三十七条，被拆迁人自行过渡的，拆迁人应当支付临时安置补助费（过渡费），标准为：临汾市区被拆迁房屋每平方米每月支付临时安置补助费7元，按10元计算。

计算方式：10元/米²/月×建筑面积×30月＝临时安置补助费

一期工程临时安置补助费为180户×350平方米×10元/米²/月×30月＝1890万元。

临时安置补助费按被拆迁房屋的建筑面积乘10元/米²计算，发放至安置用房达到入住条件止，过渡期暂定为30个月。因非被拆迁人原因逾期的：逾期超过一个月但不超过12个月，再增补一年补偿费，但不得超过36个月；如果超过36个月仍未入住，则由责任方在原补偿基础上，一次性再支付三年安置费用，以示补偿。

回迁安置用房达到交付使用及入住要求，因被拆迁人原因不办理入住手续的，停发临时安置补助费。

（3）货币安置补偿金

一期工程计划拆迁180户，按每户宅基地面积324平方米计算，共58 320平方米。按三分之二要房屋还迁，三分之一要货币补偿计算，货币补偿按2000元/米²计算，约3884万元。

以上费用合计：7602.2万元。

（4）安置成本

①前期费用：包括前期工程费和项目报建费，共6189万元

·前期工程费

包括地震勘察费，修建性详细规划费，施工图设计及景观管线设计费，现状勘察测绘费，地质勘测费，图纸审查费，"三通一平"费，规划定位放线费，预算编制及招标代理费，立项所需的可行性研究报告、环评、能评编制费，文物勘探费，城市配套费，散装水泥基金，新型墙体材料专项基金十四项。根据一般行业标准及本项目实际情况估算，地震勘察费约1.5元/米²，修建性详细规划费为15元/米²，施工图设计及景观管线设计费为38元/米²，现状勘察测绘费为0.2元/米²，地质勘测费为3元/米²，图纸审查费为3元/米²，"三通一平"费为10元/米²，规划定位放线费为0.5元/米²，预算编制及招标代理费根据国家发改委关于印发《招标代理服务收费管理办法》的通知（计价[2002]1980号）文件规定的招标代理服务收费标准中工程招标代理服务收费标准计算得出，根据经验，约合10元/米²，立项所需的可行性研究报告、环评、能评编制费约2元/米²，文物勘探费为1元/米²，城市配套费为70元/米²，散装水泥基金为1元/米²，新型墙体材料专项基金为8元/米²。

    A. 地震勘察费：51.1万元

    340 873平方米×1.5元/米²≈51.1万元

    B. 修建性详细规划费：511.3万元

    340 873平方米×15元/米²≈511.3万元

    C. 施工图设计及景观管线设计费：1295.3万元

    340 873平方米×38元/米²≈1295.3万元

    D. 现状勘察测绘费：6.8万元

    340 873平方米×0.2元/米²≈6.8万元

    E. 地质勘测费：102.2万元

    340 873平方米×3元/米²≈102.3万元

    F. 图纸审查费：3元/米²

    340 873平方米×3元/米²≈102.3万元

    G. "三通一平"费：340.9万元

    340 873平方米×10元/米²≈340.9万元

    H. 规划定位放线费：17万元

    340 873平方米×0.5元/米²≈17万元

    J. 预算编制及招标代理费：340.9万元

    340 873平方米×10元/米²≈340.9万元

K. 立项所需的可行性研究报告、环评、能评编制费

340 873平方米×2元/米^2≈68.2万元

L. 文物勘探费

340 873平方米×1元/米^2≈34.1万元

▶—— 表14-6 项目前期费用一览表

项目	取费标准	费用（万元）
地震勘察费	按建筑面积1.5元/米^2	51.1
修建性详细规划费	按建筑面积15元/米^2	511.3
施工图设计及景观管线设计费	按建筑面积38元/米^2	1295.3
现状勘察测绘费	按建筑面积0.2元/米^2	6.8
地质勘测费	按建筑面积3元/米^2	102.3
图纸审查费	按建筑面积3元/米^2	102.3
"三通一平"费	按建筑面积10元/米^2	340.9
规划定位放线费	按建筑面积0.5元/米^2	17
预算编制及招标代理费	按建筑面积10元/米^2	340.9
立项所需的可行性研究报告、环评、能评编制费	按建筑面积2元/米^2	68.2
文物勘探费	按建筑面积1元/米^2	34.1

合计：前期工程费为2870.2万元

· 项目报建费

依据临汾市住建局关于印发的《<临汾市建设项目城建费用统一征收办法>实施细则》的通知、《临汾市城市基础设施配套费征收管理实施细则》及《临汾市城中村改造的实施意见》进行计算。

（注：《临汾市城中村改造的实施意见》第六条第（三）款指出"用于还迁安置的房屋，包括还迁给村集体经济组织的商业、服务及办公设施，涉及各部门收取的有关规费，除按照国家、省有关规定必须收缴的以外，一律免收；有幅度的按下限收取；服务性收费按成本收取"。）

A. 垃圾处置费：25元/米^2；

340 873平方米×25元/米^2≈852.2万元

B. 劳保基金统筹：临汾市建设项目劳保基金统筹按建筑工程合同价款的3.55%收取，其中的90%在主体工程完工后返还给施工单位，抵顶工程款。

34 870.5万元×3.55%≈1237.9万元

C. 消防费：临汾市消防费按5元/米^{2}收取。

146 313平方米（商品房开发部分）×5元/米^2≈73.2万元

D. 城市配套费：70元/米^2

146 313平方米（商品房开发部分）×70元/米^2≈1024.2万元

E. 散装水泥基金1元/米^2。

146 313平方米（商品房开发部分）×1元/米^2≈14.6万元

F. 新型墙体材料专项基金8元/米^2

146 313平方米（商品房开发部分）×8元/米^2≈117.1万元

项目报建费：3319.2万元

计算项目报建费如下表：

━━ 表14-7 城建费用统一征收一览表

项目	取费标准	费用（万元）
城市配套费	按建筑面积70元/米^2	1024.2
垃圾处置费	按建筑面积25元/米^2	852.2
劳保基金统筹	按建安造价的3%	1237.9
散装水泥基金	按建筑面积1元/米^2	14.6
新型墙体材料专项基金	按建筑面积8元/米^2	117.1
消防费	按建筑面积5元/米^2	73.2

合计：项目报建费费用：3319.2万元

前期费用约为6189万元

②建筑安装费

参照临汾市各类工程综合平均造价及临汾市建筑工程造价统计资料基础，结合临汾市类似工程的实际造价以及本项目的实际情况，建筑安装费按1750元/米^{2}计，340 873平方米×1750元/米^2≈59 652.8万元

煤气接口费：61元/米^2，340 873平方米×61元/米^2≈2079.3万元

热力接口费：65元/米^2，340 873平方米×65元/米^2≈2215.7万元

建筑安装费：63 947.8万元

③室外道路管网绿化工程费

按250元/米^{2}计，340 873平方米×250元/米^2≈8521.8万元

④建设监理费

按建筑面积10元/米^{2}计算。

340 873平方米×10元/米^2≈340.9万元

⑤管理费

依据山西省发改委编制的《山西省建设工程其他费用定额》，管理费用以前四项费用为计价基数，按前期费用、建筑安装费、室外道路管网绿化工程费、建设监理费之和结合本项目实际情况，将计费率定为2%。

（6189万元＋63 947.8万元＋8521.8万元＋340.9万元）×2%≈1580万元

⑥不可预见费

依据山西省发改委编制的《山西省建设工程其他费用定额》，不可预见费以前五项费用为计费基数，结合本项目实际情况按前五项费用和的3%计算。

（6189万元＋63 947.8万元＋8521.8万元＋340.9万元＋1580万元）×3%≈2417.4万元

⑦销售费用

本部分项目为NL村城中村改造项目的一期工程，除用作安置外，还有62 234平方米住宅和84 079平方米商业对外销售。住宅按4000元/米²，商业按10 000元/米²计算，销售费用按总销售额的3%提取。

（62 234平方米×4000元/米²＋84 079平方米×10 000元/米²）×3%≈3269.2万元

⑧土地成本

依据《临汾市城中村改造管理办法》相关规定，城中村拆迁改造中用作安置村民的项目地块为政府划拨用地，不缴纳出让金及契税。开发土地按土地评估价的40%缴纳土地出让金及契税。

此地块评估价格按160万元/亩计，应补缴土地出让金为98.7亩×160万元/亩×40%≈6316.8万元

土地契税按土地评估价的3%缴纳。

160万元/亩×98.7亩×3%≈473.8万元

土地成本为：6790.6万元

⑨资金成本

土地费用和前期费用全部，还迁房全部，开发用房按投资的三分之一考虑，年息按18%计，建设周期两年。

（6790.6万元＋6189万元＋7602.2万元＋59 652.8万元×1/3）×18%×2≈14 567.8万元

安置成本合计：115 226.7万元

单位成本：3380元/米²

（5）一期项目销售额

62 234平方米×4000元/米²＋84 079平方米×10 000元/米²≈108 972.6万元

（6）税费

108 972.6万元×5.55%≈6048万元

（7）一期项目利润

108 972.6万元－6048万元－115 226.7万元≈－12 302.1万元

亏损12 302.1万元。

2. 二期工程投资估算

二期工程总占地125.4亩（含代征绿地及道路面积），总建筑面积为250 304平方米，其中住宅建筑面积为225 310平方米，商业建筑面积为20 994平方米，幼儿园建筑面积为4000平方米，容积率为2.99。幼儿园建成后无偿交给NL村村委会。

二期拆迁户约180户，全部安置到一期工程上，全部为商品房开发。

土地成本包括综合拆迁费、过渡费、货币安置补偿金、补缴的土地出让金及土地契税。

①综合拆迁费

综合拆迁费是指拆迁期间发生的摸底费、拆迁奖励费、动迁劳务费、协调费、拆迁办管理费、拆除劳务及垃圾清运费、拆迁单位管理费、不可预见费等各项费用。NL村城中村拆迁改造的综合拆迁费为1600万元。

②过渡费

根据《临汾市城市房屋拆迁管理实施细则》的规定，住宅房屋过渡费的支付方式为每月每平方米补助10元；每户按350平方米计算。二期工程计划拆迁180户，过渡期为30个月，合计2118.2万元。

a. 附属物补偿

制式太阳能拆移费每台200元；有线电视移机费每末端300元；电话移机费每部150元；空调拆装费：壁挂机每台150元，柜式机每台200元。

搬迁费：每户按3500元，计算两次共7000元

电话移机两次共316元

空调移机两次：壁挂机300元，柜式机400元

有线电视：120元

宽带：1440元

热水器：200元

每户合9176元

二期工程180户合165.2万元

b. 搬迁补助费

根据《临汾市城市房屋拆迁管理实施办法》第二十七条，拆迁住宅房屋，一次性支付搬迁补助费的标准为：临汾市区每平方米支付搬迁补助费10元，每套房屋最低标准不得低于300元。

计算方式：建筑面积×10元/米²＝搬迁补助费

二期工程搬迁补助费为180户×350平方米×10元/米²＝63万元

c. 临时安置补助费

根据临汾市城市房屋拆迁管理实施办法第三十七条，被拆迁人自行过渡的，拆迁人应当支付临时安置补助费（过渡费），标准为：临汾市区被拆迁房屋每平方米每月支付临时安置补助费7元，按10元计算。

计算方式：10元/米²/月×建筑面积×30月＝临时安置补助费

二期工程临时安置补助费为180户×350平方米×10元/米²/月×30月＝1890万元

临时安置补助费按被拆迁房屋的建筑面积乘10元/米^{2}计算，发放至安置用房达到入住条件为止，过渡期暂定为30个月。因非被拆迁人原因逾期的：逾期超过一个月但不超过12个月，再增补一年补偿费，但不得超过36个月；如果超过36个月仍未入住，则由责任方在原补偿基础上，一次性再支付三年安置费用，以示补偿。

回迁安置用房达到交付使用及入住条件，因被拆迁人原因不办理入住手续的，停发临时安置补助费。

③货币安置补偿金

二期工程计划拆迁180户，按每户宅基地面积324平方米计算，共58 320平方米。按三分之二要房屋还迁，三分之一要货币补偿计算，货币补偿按2000元/米^{2}计算，约3884万元。

以上费用合计：7602.2万元

④补缴的土地出让金及土地契税

NL村二期工程为商品房开发项目，土地必须通过招拍挂，并向政府补缴土地出让金。二期工程的土地成本由土地出让金、土地契税两项组成。补缴土地出让金地块，评估地价为160万元/亩（暂估），二期工程总用地125.4亩。

a.补缴的土地出让金：按土地评估价的40%缴纳土地出让金。

160万元/亩 × 125.4亩 × 40% ≈ 8025.6万元

b.土地契税：按土地评估价的3%缴纳土地契税。

160万元/亩 × 125.4亩 × 3% ≈ 601.9万元

土地成本约：16 229.72万元

（1）安置成本

①前期费用：包括前期工程费和项目报建费，共7088.9万元。

·前期工程费

包括地震勘察费、修建性详细规划费，施工图设计及景观管线设计费，现状勘察测绘费，地质勘测费，图纸审查费，"三通一平"费，规划定位放线费，预算编制及招标代理费，立项所需的可行性研究报告、环评、能评编制费，文物勘探费，城市配套费，散装水泥基金，新型墙体材料专项基金十四项。根据一般行业标准及本项目实际情况估算，地震勘察费约1.5元/米^2，修建性详细规划费为15元/米^2，施工图设计及景观管线设计费为38元/米^2，现状勘察测绘费为0.2元/米^2，地质勘测费为3元/米^2，图纸审查费为3元/米^2，"三通一平"费为10元/米^2，规划定位放线费为0.5元/米^2，预算编制及招标代理费根据国家发改委关于印发《招标代理服务收费管理办法》的通知（计价[2002]1980号）文件规定的招标代理服务收费标准中工程招标代理服务收费标准计算得出，根据经验，约合10元/米^2，立项所需的可行性研究报告、环评、能评编制费约2元/米^2，文物勘探费为1元/米^2，城市配套费为70元/米^2，散装水泥基金为1元/米^2，新型墙体材料专项基金为8元/米^2。

A. 地震勘察费：37.5万元

250 304平方米 × 1.5元/米^2 ≈ 37.5万元

B. 修建性详细规划费：375.5万元

250 304平方米 × 15元/米^2 ≈ 375.5万元

C. 施工图设计及景观管线设计费：951.2万元

250 304平方米×38元/米^2≈951.2万元

D. 现状勘察测绘费：5.0万元

250 304平方米×0.2元/米^2≈5.0万元

E. 地质勘测费：75.1万元

250 304平方米×3元/米^2≈75.1万元

F. 图纸审查费：75.1万元

250 304平方米×3元/米^2≈75.1万元

G. "三通一平"费：250.3万元

250 304平方米×10元/米^2≈250.3万元

H. 规划定位放线费：12.5万元

250 304平方米×0.5元/米^2≈12.5万元

J. 预算编制及招标代理费：250.3万元

250 304平方米×10元/米^2≈250.3万元

K. 立项所需的可行性研究报告、环评、能评编制费：50.1万元

250 304平方米×2元/米^2≈50.1万元

L. 文物勘探费：25万元

250 304平方米×1元/米^2≈25万元

▶── 表14-8 项目前期费用一览表

项目	取费标准	费用
地震勘察费	按建筑面积1.5元/米^2	37.5
修建性详细规划费	按建筑面积15元/米^2	375.5
施工图设计及景观管线设计费	按建筑面积38元/米^2	951.2
现状勘察测绘费	按建筑面积0.2元/米^2	5.0
地质勘测费	按建筑面积3元/米^2	75.1
图纸审查费	按建筑面积3元/米^2	75.1
"三通一平"费	按建筑面积10元/米^2	250.3
规划定位放线费	按建筑面积0.5元/米^2	12.5
预算编制及招标代理费	按建筑面积10元/米^2	250.3
立项所需的可行性研究报告、环评、能评编制费	按建筑面积2元/米^2	50.1
文物勘探费	按建筑面积1元/米^2	25

合计：前期工程费为2107.6万元

·项目报建费

依据临汾市住建局关于印发《＜临汾市建设项目城建费用统一征收办法＞实施细则》的通知、《临汾市城市基础设施配套费征收管理实施细则》及《临汾市城中村改造的实施意见》进行计算。

A. 垃圾处置费：25元/米^2：

250 304平方米×25元/米^2≈625.8万元

B. 劳保基金统筹：临汾市建设项目劳保基金统筹按建筑工程合同价款的3%收取，其中的90%在主体工程完工后返还给施工单位，抵顶工程款。

75 091万元×3%≈2252.7万元

C. 消防费：临汾市消防费按5元/米^{2}收取。

250 304平方米×5元/米^2≈125.2万元

D. 城市配套费：70元/米^2

250 304平方米×70元/米^2≈1752.1万元

E. 散装水泥专项基金1元/米^2。

250 304平方米×1元/米^2≈25.3万元

F. 新型墙体材料专项基金8元/米^2

250 304平方米×8元/米^2≈200.2万元

项目报建费：4981.3万元

计算项目报建费如下表：

▶—— 表14-9 城建费用统一征收一览表

项目	取费标准	费用（万元）
城市配套费	按建筑面积70元/米^2	1752.1
垃圾处置费	按建筑面积25元/米^2	625.8
劳保基金统筹	按建安造价的3%	2252.7
散装水泥专项基金	按建筑面积1元/米^2	25.3
新型墙体材料专项基金	按建筑面积8元/米^2	200.2
消防费	按建筑面积5元/米^2	125.2

合计：项目报建费费用：4981.3万元

前期费用为7088.9万元

②建筑安装费

参照临汾市各类工程综合平均造价及临汾市建筑工程造价统计资料基础，结合临汾市类似工程的实际造价以及本项目的实际情况，建筑安装费按1750元/米^{2}计，250 304平方米×1750元/米^2=43 803.2万元

煤气接口费：61元/米^2，250 304平方米×61元/米^2≈1526.9万元

热力接口费：65元/米^2，250 304平方米×65元/米^2≈1627万元

建筑安装费：46 957.1万元

③室外道路管网绿化工程

按250元/米^{2}计，250 304平方米×250元/米^2≈6257.6万元

④建设监理费

按建筑面积10元/米^{2}计算。

250 304平方米×10元/米^2≈250.3万元

⑤管理费

依据山西省发改委编制的《山西省建设工程其他费用定额》，管理费用以前四项费用为计价基数，按前期费用、建筑安装费、室外道路管网绿化工程、建设监理费之和结合本项目实际情况，将计费率定为2%。

（7088.9万元＋46 957.1万元＋6257.6万元＋250.3万元）×2%≈1211.1万元

⑥不可预见费

依据山西省发改委编制的《山西省建设工程其他费用定额》，不可预见费以前五项费用为计费基数，结合本项目实际情况按前五项费用和的3%计算。

（7088.9万元＋46 957.1万元＋6257.6万元＋250.3万元＋1211.1万元）×3%≈1852.95万元。

⑦销售费用

本部分项目为NL村城中村改造项目的二期工程，全部对外销售。住宅按4000元/米^2，商业按10 000元/米^{2}计算，销售费用按总销售额的3%提取：

（225 310平方米×4000元/米^2＋20 994平方米×10 000元/米^2）×3%≈3333.54万元

⑧资金成本

土地费用和前期费用全部，开发用房按投资的三分之一考虑，年息按18%计，建设周期两年。

（7088.9万元＋16 229.72万元＋250 304平方米×1750元/米^2×1/3）×18%×2≈13 651.09万元。

安置成本合计：80 602.58万元

单位成本：3220元/米^2

(2)二期项目销售额

225 310平方米×4000元/米^2＋20 994平方米×10 000元/米^2≈111 118万元

(3)税费

111 118万元×5.55%≈6167万元

(4)二期项目利润

111 118万元－6167万元－80 076.1万元≈24 874.9万元

（5）扣除所得税后利润

24 874.9万元×75%≈18 656.2万元

3.三期工程投资估算

三期工程总占地177亩（含代征绿地及道路面积），总建筑面积为339 822平方米，其中住宅建筑面积为264 081平方米，商业建筑面积为75 741平方米，容积率为2.88。

三期集团租赁房屋拆迁按货币补偿，住户拆迁安置到二期工程，全部为商品房开发。

土地成本包括土地综合费用及土地契税。

（1）土地综合费用及土地契税

NL村三期工程为商品房开发项目，土地必须通过招拍挂，并向政府补缴土地出让金。三期工程的土地成本由土地综合费用、土地契税两项组成。评估地价为200万元/亩（暂估），三期工程总用地177亩。

①土地综合费用

200万元/亩×177亩=35 400万元

②土地契税：按土地评估价的3%缴纳土地契税

200万元/亩×177亩×3%=1062万元

土地成本：36 462万元

（2）安置成本

①前期费用：包括前期工程费和项目报建费，共8295.8万元。

·前期工程费

包括地震勘察费，修建性详细规划费，施工图设计及景观管线设计费，现状勘察测绘费，地质勘测费，图纸审查费，"三通一平"费，规划定位放线费，预算编制及招标代理费，立项所需的可行性研究报告、环评、能评编制费，文物勘探费，城市配套费，散装水泥基金，新型墙体材料专项基金十四项。根据一般行业标准及本项目实际情况估算，地震勘察费约1.5元/米^2，修建性详细规划费为15元/米^2，施工图设计及景观管线设计费为38元/米^2，现状勘察测绘费为0.2元/米^2，地质勘测费为3元/米^2，图纸审查费为3元/米^2，"三通一平"费为10元/米^2，规划定位放线费为0.5元/米^2，预算编制及招标代理费根据国家发改委关于印发《招标代理服务收费管理办法》的通知（计价[2002]1980号）文件规定的招标代理服务收费标准中工程招标代理服务收费标准计算得出，根据经验，约合10元/米^2，立项所需的可行性研究报告、环评、能评编制费约2元/米^2，文物勘探费1元/米^2，城市配套费70元/米^2，散装水泥基金1元/米^2，新型墙体材料专项基金8元/米^2。

A. 地震勘察费：50.97万元

339 822平方米×1.5元/米^2≈50.97万元

B. 修建性详细规划费：509.7万元

339 822平方米×15元/米^2≈509.7万元

C. 施工图设计及景观管线设计费：1291.3万元

339 822平方米×38元/米^2≈1291.3万元

D. 现状勘察测绘费：6.8万元

339 822平方米×0.2元/米^2≈6.8万元

E. 地质勘测费：101.9万元

339 822平方米×3元/米^2≈101.9万元

F. 图纸审查费：3元/米^2：101.9万元

339 822平方米×3元/米^2≈101.9万元

G. "三通一平"费：339.8万元

339 822平方米×10元/米^2≈339.8万元

H. 规划定位放线费：17万元

339 822平方米×0.5元/米^2≈17万元

J. 预算编制及招标代理费：339.8万元

339 822平方米×10元/米^2≈339.8万元

K. 立项所需的可行性研究报告、环评、能评编制费：68万元

339 822平方米×2元/米^2≈68万元

L. 文物勘探费：34万元

339 822平方米×1元/米^2≈34万元

▶── **表14-10 项目前期费用一览表**

项目	取费标准	费用（万元）
地震勘察费	按建筑面积1.5元/米^2	50.97
修建性详细规划费	按建筑面积15元/米^2	509.7
施工图设计及景观管线设计费	按建筑面积38元/米^2	1291.3
现状勘察测绘费	按建筑面积0.2元/米^2	6.8
地质勘测费	按建筑面积3元/米^2	101.9
图纸审查费	按建筑面积3元/米^2	101.9
"三通一平"费	按建筑面积10元/米^2	339.8
规划定位放线费	按建筑面积0.5元/米^2	17
预算编制及招标代理费	按建筑面积10元/米^2	339.8
立项所需的可行性研究报告、环评、能评编制费	按建筑面积2元/米^2	68
文物勘探费	按建筑面积1元/米^2	34

合计：前期工程费约为2861.2万元

·项目报建费

依据临汾市住建局关于印发《<临汾市建设项目城建费用统一征收办法>实施细则》的通知、《临汾市城市基础设施配套费征收管理实施细则》及《临汾市城中村改造的实施意见》进行计算。

A. 垃圾处置费：25元/米²：

339 822平方米×25元/米²≈849.6万元

B. 劳保基金统筹：临汾市建设项目劳保基金统筹按建筑工程合同价款的3%收取，其中的90%在主体工程完工后返还给施工单位，抵顶工程款。

59 468.8万元×3%≈1784万元

C. 消防费：临汾市消防费按5元/米²收取。

339 822平方米×5元/米²≈170万元

D. 城市配套费：70元/米²

339 822平方米×70元/米²≈2378.8万元

E. 散装水泥专项基金1元/米²。

339 822平方米×1元/米²≈34万元

F. 新型墙体材料专项基金8元/米²

339 822平方米×8元/米²≈271.9万元

项目报建费：5488.3万元

计算项目报建费如下表：

▶── 表14-11 城建费用统一征收一览表

项目	取费标准	费用（万元）
城市配套费	按建筑面积70元/米²	2378.8
垃圾处置费	按建筑面积25元/米²	849.56
劳保基金统筹	按建安造价的3%	1784
散装水泥专项基金	按建筑面积1元/米²	34
新型墙体材料专项基金	按建筑面积8元/米²	271.9
消防费	按建筑面积5元/米²	170

合计：项目报建费费用：5488.3万元

前期费用为8349.5万元

②建筑安装费

参照临汾市各类工程综合平均造价及临汾市建筑工程造价统计资料基础，结合临汾市类似工程的实际造价以及本项目的实际情况，建筑安装费按1750元/米²计，339 822平方米×1750元/米²≈59 468.9万元

煤气接口费：61元/米^2，339 822平方米×61元/米^2≈2073万元

热力接口费：65元/米^2，339 822平方米×65元/米^2≈2208.8万元

建筑安装费：63 750.7万元

③室外道路管网绿化工程：

按250元/米^{2}计，339 822平方米×250元/米^2≈8495.6万元

④建设监理费

按建筑面积10元/米^{2}计算。

339 822平方米×10元/米^2≈340万元

⑤管理费

依据山西省发改委编制的《山西省建设工程其他费用定额》，管理费用以前四项费用为计价基数，按前期费用、建筑安装费、室外道路管网绿化工程、建设监理费之和结合本项目实际情况，将计费率定为2%。

（8349.5万元＋63 750.7万元＋8495.6万元＋340万元）×2%≈1618.7万元

⑥不可预见费

依据山西省发改委编制的《山西省建设工程其他费用定额》，不可预见费以前五项费用为计费基数，结合本项目实际情况按前五项费用和的3%计算。

（8349.5万元＋63 750.7万元＋8495.6万元＋340万元＋1618.7万元）×3%≈2477万元

⑦销售费用

本部分项目为NL村城中村改造项目的三期工程，全部对外销售。住宅按4000元/米^2，商业按7000元/米^{2}均价计算（其中有写字楼），销售费用按总销售额的3%提取：

（264 081平方米×4000元/米^2＋75 741平方米×7000元/米^2）×3%≈4759.5万元

⑧资金成本

土地费用和前期费用全部，开发用房按投资的三分之一考虑，年息按18%计，建设周期两年。

（36 462万元＋8349.5万元＋339 822平方米×1750元/米^2×1/3）×18%×2≈23 268万元

安置成本合计：110 964.9万元

单位成本：3265元/米^2

（5）三期项目销售额

264 081平方米×4000元/米^2＋75 741平方米×7000元/米^2≈158 651.1万元

（6）税费

158 651.1万元×5.55%≈8805.1万元

（7）三期项目利润

158 651.1万元－8805.1万元－110 964.9万元≈38 881.1万元

（8）扣除所得税后利润

38 881.1万元×75%≈29 160.8万元

4. 项目总投资

NL村城中村改造项目总投资306 267.7万元，其中安置项目投资95 503.5万元，包括综合拆迁费3200万元，过渡费4236.4万元，货币安置补偿金额15 204.4万元，实物安置成本72 862.7万元；商品房开发部分总投资214 838.6万元。

······················· 第七部分 ·······················

经济效益及社会效益分析

一、经济效益分析

1. 基础数据的确定

（1）计算期的确定

NL村城中村改造项目三期工程的总建设周期为5年，每期工程互相搭接。

（2）销售价格及租金的确定

①住宅销售价格

NL村项目商品房开发部分住宅的销售均价暂定4000元/米^2。

②商业及车位销售价格

NL村项目商品房开发部分商业销售均价暂定10 000元/米^2，车位销售价格为15万元/个。

③车位出租价格

本地块地下停车位每月500元/个，地上停车位每月350元/个。

（3）销售税金及附加的确定

商品房销售营业税为销售收入的5%，城市维护建设税为营业税的7%，教育附加费为营业税的3%，土地增值税预征销售收入的1%。

（4）集体出租商业用房面积的确定

改造完成后，NL村集体共享有16 000平方米的商业面积，其中扣除2000平方米的集体管理用房，可出租商业面积为14 000平方米。

2. 销售收入估算

（1）项目一期安置部分销售收入

▶— 表14-12 NL村一期销售收入估算表

序号	项目	数量	单位	数量	单位	销售额（万元）
1	销售收入					108 972.6
	住宅	4000	元/米²	62 234	平方米	24 893.6
	商业	10 000	元/米²	84 079	平方米	84 079
2	销售税金及附加					7083.2
	营业税	5%		108 972.6	万元	5448.6
	城市建设维护费	7.0%		5448.6	万元	381.4
	教育附加费	3.0%		5448.6	万元	163.5
	土地增值税预提	1%		108 972.6	万元	1089.7
3	净销售收入					101 889.4

NL村项目一期安置部分的销售收入为101 889.4万元。

（2）二期商品房开发部分销售收入

▶— 表14-13 NL村二期销售收入估算表

序号	项目	数量	单位	数量	单位	销售额（万元）
1	销售收入					111 118
	住宅	4000	元/米²	225 310	平方米	90 124
	商业	10 000	元/米²	20 994	平方米	20 994
2	销售税金及附加					7222.7
	营业税	5%		111 118	万元	5555.9
	城市建设维护费	7.0%		5555.9	万元	388.9
	教育附加费	3.0%		5555.9	万元	166.7
	土地增值税预提	1%		111 118	万元	1111.2
3	净销售收入					103 895.3

NL村项目二期安置部分可销售收入为103 895.3万元。

（3）三期商品房开发部分销售收入

▶— 表14-14 NL村三期销售收入估算表

序号	项目	数量	单位	数量	单位	销售额（万元）
1	销售收入					158 651.1
	住宅	4000	元/米²	264 081	平方米	105 632.4
	商业	7000	元/米²	75 741	平方米	53 018.7
2	销售税金及附加					10 312.4
	营业税	5%		158 651.1	万元	7932.6
	城市建设维护费	7.0%		7932.6	万元	555.3
	教育附加费	3.0%		7532.6	万元	238
	土地增值税预提	1%		158 651.1	万元	1586.5
3	净销售收入					148 338.7

NL村项目三期安置部分可销售收入为148 338.7万元。

（4）NL村项目销售汇总表

▶— 表14-15 NL村项目销售汇总表

序号	项目	一期	二期	三期	合计
1	销售收入	108 972.6	111 118	158 651.1	378 741.7
2	销售税金及附加	7083.2	7222.7	10 312.4	24 618.3
2.1	营业税	5448.6	5555.9	7932.6	18 937.1
2.2	城市建设维护费	381.4	388.9	555.3	1325.6
2.3	教育附加费	163.5	166.7	238	568.2
2.4	土地增值税预提	1089.7	1111.2	1586.5	3787.4
3	净销售收入	101 889.4	103 895.3	148 338.7	354 123.4

NL村城中村改造项目的总销售收入为378 741.7万元，扣除24 618.3万元的销售税金及附加，项目净销售收入为354 123.4万元。

3.经济效益分析

► 表14-16 NL村城中村改造项目投资利润表

单位：万元

序号	项目	一期	二期	三期	合计
1	销售收入	108 972.6	111 118	158 651.1	378 741.7
2	销售税金及附加	7083.2	7222.7	10 312.4	24 618.3
3	投资总额	115 226.7	80 076.1	110 964.9	306 267.7
4	销售利润	−13 337.2	23 819.2	37 373.8	47 855.8
5	所得税（25％）	0	5954.8	9343.45	15 298.25
6	税后利润	−13 337.2	17864.4	28 030.35	32 557.55
	税前投资利润率：12.64%			税后投资利润率：8.60%	

二、社会效益分析

1.提供就业岗位

（1）商业部分

按照一般成熟商业运营规律，每20平方米需要2名营业员，相当于每10平方米商业面积创造一个就业机会。

NL村项目商业面积为20万平方米，按30％公摊率计算，净商业经营面积为14万平方米。

14万平方米÷10平方米/人＝1.4万人

由此可知，本项目商业面积可以解决约1.4万人的就业问题。

（2）物业管理

根据市场调研，一个完整的物业公司应当具备以下人员：

保安30％，保洁员25％，服务人员（水、电、暖、土建等修理工）30％，管理人员15％。本项目总规划建筑面积近100万平方米，预计至少可以解决100人的就业问题。

2. 提高临汾市税收收入

本项目的开发建设，预计上缴营业税、所得税等3.75亿元。

按照一般成熟商业运营的规律，若要保持商业正常运营，其每月的销售收入额大约应该是商业租金的3倍（其中1/3缴纳租金，1/3缴纳所得税，1/3为毛收入）。NL村项目商业用房总面积为20万平方米，按商业30%公摊率计算，可得本项目净出租面积为14万平方米。预计到项目建成后周围商业租金可达500元/米²/年。

商业每年销售收入额：

14万平方米×500元/米²＝7000万元

鉴于商业类型的不同，营业税税收率大约在5%～10%，综合考虑各项因素，营业税税率取8%，则每年税收为：

7000万元×8%＝560万元

结论：NL村项目建成并在商业经营成熟后，保守估计每年可以为临汾市提供至少560万元的财政税收。

第八部分

结论及建议

一、结论

本方案以维护村民、村集体及地块内居民的合法利益为立足点,将保障村民的生活和提高村民的经济收入,增强村集体经济实力和可持续发展放在首位,以提高村民的生活品质、提升城市品位为目标。

本方案就NL村城中村改造从改造形式、改造方法、操作办法、实施步骤等方面制定了详细规则,就项目改造的安置面积、安置费用、投资状况、经济效益分析等方面作了详细核算及分析。方案内容涵盖了城中村改造项目的各个方面。

通过拆迁改造,NL村村民收入水平得到很大提高。村民、村集体在NL村拆迁改造中得到了良好的经济利益。村民有了更多的就业机会,进一步增加了临汾市的财政税收,同时为政府创造了更多的社会效益(村民养老保险费和医疗保险费的承担比例为:集体和个人承担70%~77%,政府承担23%~30%。改造后的居民委员会每年可从利润中拿出一部分给村民缴纳养老保险金和医疗保险费)。

二、建议

NL村拆迁改造项目投资额巨大、开发周期长,必然存在诸多的投资风险;尤其在拆迁方面存在很大风险,如果拆迁周期长,则资金成本将大大增加,会导致盈利低。为此,根据目前状况进行拆迁安置及项目开发,提出以下建议:

政府成立专门拆迁班子,加强拆迁力度。

寻求政策方面优惠。城中村改造作为2012年临汾市政府的主要工作之一,不仅仅关系到城中村村民的生活改善和收入提高,同时也是建设和谐社会、创建环境卫生城市必不可少的工作。因此,为保证NL村项目的顺利实施,提高开发商的积极性,建议政府就NL村拆迁改造项目给予开发商一定的政策优惠及税费减免。

下

地产开发的
29套机要档案 II

广州颖响图书有限公司　深圳市艺力文化发展有限公司　编著

29 个最具借鉴价值的报告文本
14 大项目开发流程关键节点剖析
15 种主流盈利开发模式的精品个案

大连理工大学出版社

图书在版编目(CIP)数据

地产开发的29套机要档案.2/广州颖响图书有限公司，深圳市艺力文化发展有限公司编著. —大连：大连理工大学出版社，2014.2

ISBN 978-7-5611-8551-3

Ⅰ.①地…　Ⅱ.①广…②深…　Ⅲ.①房地产开发—案例　Ⅳ.①F293.3

中国版本图书馆CIP数据核字(2014)第018866号

出版发行：大连理工大学出版社
　　　　　（地址：大连市软件园路80号　　邮编：116023）
印　　刷：深圳市皇泰印刷有限公司
幅面尺寸：210mm×285mm
印　　张：83.5
出版时间：2014年2月第1版
印刷时间：2014年2月第1次印刷
责任编辑：房　磊
封面设计：阙文芳　王志峰
责任校对：杨宇芳

书　　号：ISBN 978-7-5611-8551-3
定　　价：868.00元（上、下册）

发　行：0411-84708842
传　真：0411-84701466
E-mail：12282980@qq.com
URL：http://www.dutp.cn

颖响图书

颖响房地产策划报告系列丛书

只研究最具价值的房地产策划报告文本

本书四大核心价值

价值❶
最具价值的
报告文本

本书收录29个最具借鉴价值的报告文本,分享经典实战项目的成功经验,专业读者借此可洞察项目成功的关键所在。

价值❷
项目开发
关键节点剖析

通过14大项目开发关键节点的剖析,展示标准房地产住宅项目、商业地产项目全程操作的核心要点。

价值❸
主流开发形态
全程剖析

选取房地产住宅项目、商业地产项目15大主流盈利开发模式的精品个案,从专业的角度细致展现项目策划全程。

价值❹
规范化报告模板

本书提供多类房地产报告模板,涵盖可行性研究、项目定位、营销策划、招商运营等,列明详细包含要素,提供现学现用的规范化模板。

本书分为住宅项目以及商业项目两大版块,每个版块分别从开发关键节点和主流盈利产品个案两大方面出发,选取最新最具价值的策划案例,全面剖析住宅项目以及商业项目的操作方法,为读者提供全程策划解决方案。

第三篇
6 大商业地产开发
操作流程核心报告

15 可行性研究

CONTENTS ▶ 目录

17 市场定位　　　　　　　　　　　　　　　　　　0770
济南市 LA 地块项目市场定位报告

18 设计指引
深圳市 HQC 别墅区商业街设计指引　　0808

CONTENTS ▶ 目录

19 业态规划
0848
长沙县星沙 108 项目业态规划策划方案

CONTENTS ▶ 目录

20 招商运营

北京市宋家庄 C6 商业项目招商运营报告

0880

第四篇
9 大商业地产主流 模式核心报告

CONTENTS ▶ 目录

22 综合体   0990
潍坊市 WH 世贸中心定位报告

23 商业步行街   1028
广宁县商业步行街项目经营策划报告

24 写字楼
成都市 SS 国际（一期）可行性研究报告
1072

CONTENTS ▶ 目录

27 专业市场
镇江市镇江新区农副产品批发市场营销策划报告   **1208**

CONTENTS ▶ 目录

28 旅游地产　　　　　　　　　　　　　　　　　　　　1246
井冈山市旅游地产项目地块可行性分析及定位报告

29 度假酒店　　　　　　　　　　　　　　　　　　　　1276
青岛市 ZX 胶州度假酒店项目策划报告

CONTENTS ▶ 目录

第三篇
6 大商业地产开发
操作流程核心报告

商业地产项目开发具有特定的规律和要求，正确的开发理念和设计、建设模式是整个项目运作极为关键和重要的部分，也是商业运营成功的基础和保证。所以商业地产要求开发商以商业地产开发、建设、经营的客观规律为本进行开发建设，并按照"以商业空间实用为本"的设计理念进行规划设计。

15
可行性研究

沈阳市 ST 大厦
项目可行性研究报告

一、总论

1. 项目概况

（1）项目情况

项目名称：ST大厦。

项目地址：沈阳市大东区。

总建筑面积：19 120平方米。其中公寓及写字间约11 369平方米，商铺约5091平方米，地下停车场及设备用房约2660平方米。

建筑高度：15层（含地下一层）。

（2）建设单位情况

建设单位：沈阳市××房屋开发有限公司。

法人代表：（略）。

资质等级：房地产开发企业资质三级。

公司地址：辽宁省沈阳市沈河区××街××号。

2. 项目建设的必要性

（1）实践大东区"十一五"发展规划的需要

沈阳市大东区"十一五"经济和社会发展规划指出：结合市府大路沿线餐饮业较发达、东陵西路汽车贸易渐成规模和地铁1号线出口处的潜在商业资源优势，规划发展具有商务休闲、金融中介、特色餐饮、购物娱乐、汽车品牌贸易特色的商业功能"东扩轴"。本项目处于地铁1号线出口和内环线交汇口，项目的实施实现了相关规划的建设要求。

（2）协调大东区产业结构的需要

大东区是沈阳民族工业的发祥地，经过近百年的发展，目前已形成以汽车、飞机发动机、机械设计制造、生物制药、仪器仪表和其他机械制造业为主的庞大产业群，是中国著名的航空发动机制造基地、数控机床生产基地、轻型汽车生产基地。但是，大东区产业主要以制造业为主，而经济的发展趋势使第三产业渐成主流，本项目的建设对于协调大东区产业结构具有重要意义。

（3）实现大东区"一带三圈"规划目标的需要

随着沈阳地铁1号线进入大东区，围绕在这里设立的3个站位，大东区将推出"一带三圈"的地铁经济发展框架。其中"一带"指大东区新的经济隆起带。"三圈"指，在地铁1号线津桥站、滂江站、黎明文化宫站站口的周边，半径500~700米的范围内，打造3个经济圈。本项目处于滂江站，依托一环路靠近城市中心区，商业较发达、居民密度较大、收入层次较高和交通便利的优势，重点发展以行政办公、金融保险、信息产业、商务和商贸为主的，具有高科技含量的现代城市集群商业带，拉动和提升城市居民的生活消费水平和消费能级。

3.可行性研究报告编制依据

《投资项目可行性研究指南》，2002，中国电力出版社；

《建设项目经济评价方法与参数（第三版）》，2006，中国计划出版社；

《沈阳市国民经济和社会发展"十一五"计划和远景目标纲要》；

《沈阳市城市总体规划大纲（2000—2020年）》；

国家、辽宁省及沈阳市政府现行有关规定及文件；

《大东区第三产业发展规划（"十五"及2010年）》；

房地产开发机构发布的工程建设方面的标准、规范、定额；

沈阳市及项目周边地区市场调研和现场勘察资料；

投资项目方签定的协议书或意向书；

项目批复文件；

其他有关依据资料。

4.主要技术经济指标与研究结论

▶—— **表15-1 ST大厦项目主要技术经济指标表**

序号	项目	指标	单位
一	建筑类		
1	总建筑面积	19 120	平方米
2	占地面积	6105.3	平方米
二	投资类		
1	项目投入总资金	10 175.08	万元
1.1	土地取得费用	3064.86	万元
1.2	前期费用	210.76	万元
1.3	城市基础设施配套费	283.57	万元
1.4	建筑安装工程费	4897.30	万元
1.5	园区配套费	574.80	万元

续表

序号	项目	指标	单位
1.6	管理费用	135.47	万元
1.7	销售费用	220.60	万元
1.8	财务费用	434.15	万元
1.9	预备费	353.57	万元
2	资金筹措	10 175.08	万元
2.1	项目资本金	4000.00	万元
2.2	银行借款	5194.54	万元
2.3	销售收入投入	964.91	万元
三	财务类		
1	净现值（税后ic=8%）	669.15	万元
2	内部收益率（税后）	14.84%	
3	静态投资回收期（税后）	1.91	年
4	借款偿还期	1.79	年

项目经测算，ST大厦预计总投资为10 175.08万元，预计总销售收入为13 787.685万元，经计算，该项目的盈利水平较高、偿债能力较强，而且销售收入及建设投资等不确定性因素基本处于可控范围之内，因此，项目可行，值得投资。

二、项目选址及建设条件

1. 项目所处区域

（1）沈阳市概况

沈阳是东北地区最大的中心城市，地处东北亚经济圈和环渤海经济圈的中心，具有重要的战略地位。以沈阳为中心，半径150公里的范围内，分布着钢铁基地鞍山、煤炭基地抚顺、化纤基地辽阳、煤铁基地本溪、石油基地盘锦、煤粮基地铁岭、电力基地阜新等7座百万人口以上的大型工业城市，构成了经济联系特别紧密、市场容量巨大的城市群体，不仅可为工业企业提供丰富的矿产资源，而且还是一个购买力极强的产品销售市场。

沈阳市是中国交通最发达的地区之一，也是东北地区最大的交通枢纽。以沈阳为中心，至北京、大连、哈尔滨、抚顺、丹东高速公路网已经建成。距营口港200公里，距大连港400公里，可与世界140多个国家和地区的港口通航。连接山海关、大连、丹东、长春、哈尔滨等地的6条铁路干线汇集于此，并且与朝鲜、蒙古、俄罗斯直接相通。沈阳桃仙国际机场是东北地区最大的枢纽机场，距大东区20公里。沈阳东站坐落在区内，101条铁路专用线构成发达的货运网络。

━━━ 图15-1 沈阳市在辽宁省的位置

（2）大东区概况

大东区位于沈阳市东部，是沈阳市市内五城区之一，面积51.18平方公里，人口63万，是沈阳市内面积最大的城区。

①交通条件

大东区所在地沈阳是中国交通最发达地区之一，也是东北地区最大的交通枢纽，已形成陆海空立体交通网络。

公路：以沈阳为中心，沈阳至北京、大连、哈尔滨、抚顺、丹东一环五射的高速公路网已经形成。

铁路：沈阳作为东北地区最大的铁路枢纽，铁路网密度居全国首位。连接山海关、大连、丹东、长春、哈尔滨等地的6条铁路干线汇集沈阳，并且与朝鲜、蒙古、俄罗斯直接相通。

海运：从沈阳出发，2小时可达营口港，4小时可达大连港，可与世界140多个国家和地区的港口通航。

空运：沈阳桃仙国际机场是东北地区最大的枢纽机场。从沈海现代工业示范区出发，25分钟可抵桃仙国际机场。以桃仙国际机场为基地的北方航空公司，已开通国内外航线70多条，可直达香港特别行政区和国内各主要城市以及朝鲜、俄罗斯、日本、韩国等国家。

货运：沈阳东站坐落在大东区内，101条铁路专用线构成发达的货运网络。沈阳一环路、大二环路横穿全区，沈阳市东西快速干道的1/3在大东区内。

②基础设施

区内基础设施完善、发达。沈海热电厂提供了充足的电力，进行各项投资所需的水、煤气等供应充足。工业用地上的建筑、必要的专用设备在数量和质量上居于沈阳市前列。

③居住条件

大东区是沈阳市最适合居住的城区之一，南北两条运河流经全区，沿岸花团锦簇、树木葱荣、景色优美，适合开发高档住宅区；特别是正在建设的大东广场，是沈阳市最大的广场，广场周边地区适合建设金融、保险、高档写字楼等商贸服务设施。除此之外，区内大片闲置的工业、仓储及生活用地可供开发利用，房地产业发展潜力巨大。

④工业基础

大东区是当前沈阳市最具竞争力的工业区。区内聚集了众多优势企业，如沈阳金杯客车制造有限公司、沈阳黎明航发集团、沈阳华润压缩机有限公司、沈阳三洋空调有限公司、沈阳东芝电梯有限公司、沈阳金杯通用汽车有限公司、沈海热电厂等。同时，大东区还吸引了一大批国外知名企业来此投资，如美国通用公司、德国宝马汽车公司、日本三菱自动车工业株式会社、沃尔玛（中国）有限公司、美国泰克公司、日本丰田通商株式会社、三洋电机有限公司和美国吉列公司等。

大东区是沈阳民族工业的发祥地，经过近百年的发展，目前已形成以汽车、飞机发动机、机械设备制造、生物制药、仪器仪表和其他机械制造业为主的庞大的产业群，是全国最大的机械加工区，其境内所产轻型客车占全国的市场份额的50%以上，航空发动机占全国60%以上。

大东区内可置换的与需重新盘活的工业用地有500万平方米，水、煤、气、电等工业用基础设施完备，有相当丰富的工业资源尚未得到充分利用。区内有一所大学、两个国家级研究所以及众多的工业企业，培养和储备了大量专业技术人才以及一支专业素质高、技术精湛的产业工人大军。

⑤人才资源

大东区的劳动力资源极为丰富，劳动人口近40万，有40多所技工学校、职业学校，每年可培养出可塑性极强的技术工人7000多名。拥有各类专业技术人员11万余人，是沈阳市科技人员最为集中、科技力量最强的园区之一。

2. 项目建设地点

（1）项目位置

东：现状住宅

南：航空西路

西：滂江街

北：107中学

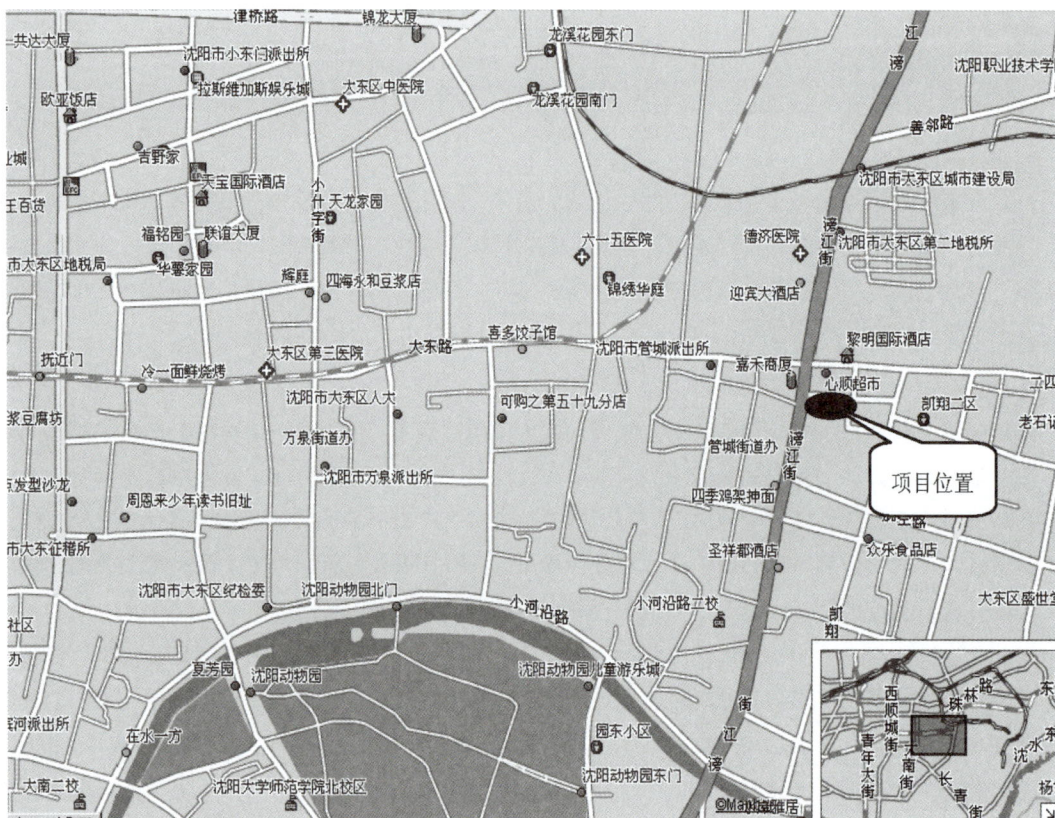

▶── **图15-2 项目在沈阳市大东区的位置**

（2）周边配套设施提高了项目的宜居性

项目地块所在地是城市中心次热点区域，西临城市内环线交通干道的滂江街，北为沈阳市重点初中107中学，正东为辽宁省重点高中沈阳市第一高级中学，周边有以东逸花园为首的高档生活社区，有世纪联华大型商业卖场；西南面为距今已有百年历史的万泉公园，园区内水面面积为5.23公顷，草木繁茂。项目所在地的自然环境优越，区位条件良好。

（3）即将建成的地铁提高了项目未来的发展潜力

项目地块处于滂江街地铁站南延长线上。目前，滂江街附近的星级宾馆只有黎明国际酒店，没有大型的商场和高档的写字楼，而这里将是地铁1号线和地铁5号线的交会点，未来的商流、客流量将十分巨大。大东区将据此打造发展潜力巨大的滂江商贸圈。

（4）沈阳发展规划为项目提供了无限想象空间

根据沈阳市的发展战略，中捷友谊厂、矿山机械厂都将搬迁至铁西新区，这就为地铁滂江站提供了广阔的空间。这里将建设义乌沈阳国际商贸城，义乌的商品将通过这里发往东北各地。同时，在地铁滂江站东部将建设大型的商场、星级的宾馆、高档的写字楼，使这里成为新兴的商贸圈。

3. 建设条件

（1）自然环境条件

大东区位于沈阳城区的东部和东北部，位于北温带亚洲季风气候区的北缘，属于受季风影响的温带半湿润气候。据气象台1951年至1981年累计数据显示，市内年平均最高气温为13.7℃，年平均最低气温为2.6℃，全年平均温度为7.9℃，最高气温32.3℃，最低气温−24.7℃。市内年平均降水量为734.5毫米，最多年降水量1055.3毫米（1953年），最少为445毫米（1965年），降水日数历年平均是92.8天，日最大降水量为215.4毫米（1973年8月21日），霜期开始于10月上旬，结束于4月下旬，平均210天左右，无霜期平均155天左右。其气候主要特征是：冬寒时间较长、少雪，夏季时间较短、多雨，春秋两季气温变化迅速，春季多风，秋季晴朗。

（2）工程地质条件

该地段地处浑河南岸二级冲积阶地，地表为较厚的第四系冲积物，地基承载力较大，地下岩性稳定，季节性冻土层厚度约1.2米。经工程地质初勘，地基岩土稳定，无不良地质现象，适宜工程建设，一般多层、高层均可采用常规桩基础。

（3）基础设施条件

随着道路的改建、扩建和新建，给水、雨水、污水、电力、电讯、集中供热、燃气等多条市政管线已相继敷设至本地段，完全能够满足本项目的建设开发、使用经营需要。

▶── 表15-2 项目建设具备的基础设施条件表

类别	容量或管线直径	备注
电力	10KV和6KV线路	可满足二级要求
集中供热	惠天热电Φ1500供热管线	——
给水	沈阳东部水厂（李巴彦）供水管线	——
电讯	可满足1000中继线	——
燃气	Φ800的中压和Φ500低压管线	——

三、市场分析

1. 沈阳市写字楼市场现状

国家提出了振兴东北老工业基地的口号，沈阳是东北地区的经济中心和物资集散地。对城市的经济活动反应敏感的写字楼市场近几年有了很大的发展。沈阳市建设现代化的区域中心城市的定位是写字楼市场发展的源动力。

（1）写字楼市场的区域特征逐渐形成

沈阳市写字楼现有项目主要分布于三个区域，即太原街商业区周边，如总统大厦、中兴商业大厦写字楼、海润国际等；市府广场周边，如方圆大厦、新基火炬大厦、沈阳财富中心等；三好街及青年大街一带，如华新国际大厦、中润国际、百脑汇资讯广场等。沈阳市也开始出现了一些至少在价格上可以与发达城市高档写字楼物业相当的项目，如总统大厦、方圆大厦等几个沈阳市场上的顶级写字楼，年租金已达到1400元/米^2。而目前深圳市的顶级写字楼华润中心平均租金换算成年租金为1560元/米^2，地标性建筑地王大厦年租金也仅为1200元/米^2。当然，与全国几座发达城市比较，沈阳的写字楼市场还是不成熟的，从与同价位产品的质量比较，所形成的商务中心成熟度的比较，写字楼物业管理水平的差异等方面，都可以看出它与北京、上海、深圳、广州等城市相对成熟的写字楼市场的较大差距。当然这是与沈阳的经济发展水平相对应的。

（2）写字楼开发商大多是本土企业

但是与北京、上海等发达城市中统一业权写字楼物业大多由外资或港资发展商持有不同的是，沈阳市的统一业权写字楼物业基本由本地开发商持有，甚至在沈阳市写字楼市场上，包括高档写字楼市场，外地发展商也较少，除上海昌鑫开发的昌鑫置地广场、新加坡华新国际开发的华新国际大厦等少数的几个外地资本项目，其余均为本地发展商开发，而本地的发展商大多具有工业企业集团资本背景。当然这与沈阳作为老工业基地的历史经济背景联系在一起。但是沈阳作为东北的经济中心和物资流通中心，在国家振兴东北的大背景下，沈阳写字楼市场有很大的发展潜力。随着经济的进一步发展，沈阳作为东北商贸中心的功能将进一步完善，会有越来越多的外地资本进入沈阳的写字楼市场，越来越多的更加专业的商业地产发展商会进入沈阳市场，提供更多高素质的统一产权的写字楼物业。

（3）沈阳市写字楼市场上的产品质量差异较大

从写字楼物业内部的配套水平、装修水平到物业管理水平都存在较大差异，当然相应的价格也存在较大的差异。这样的差异是由于沈阳写字楼市场上存在的写字楼既有近几年上市的引进较先进设计理念的高档写字楼物业，也有大量的由非专业的房地产开发商开发销售或出租的质量参差不齐的中低档写字楼。相应的写字楼物业管理市场水平与发达城市市场也有较大差距。只有极少数的高档写字楼物业由专业的高素质写字楼物业管理公司接手，大部分都是由发展商自己成立的附属物业管理公司或者市场上小规模的物业管理公司进行管理。

（4）统一业权写字楼物业管理主要由开发商自营

可以认为在统一业权形式下，发展商有在商务配套上投入更大成本的动机。而统一业权的写字楼物业管理水平不显著高于分散业权的写字楼物业。实际上，在实地调查中笔者发现，统一业权的写字楼项目的物业大多由发展商自己的物业管理公司接管，如房地产大厦（金厦广场）的金厦物业、玛丽兰总统大厦的玛丽兰物业（仲量联行为合作方）、东北电力开发的光明大厦的东电物业以及世鸿地产的三个统一业权写字楼项目（均由世鸿的鸿运物业接管）。实际上沈阳市写字楼物业管理市场上高质量的专业物业管理公司较少，除了地王国际的凯宾斯基酒店管理、汇宝国际的世邦魏理士以及商贸国际的戴德梁行等少数几个知名的写字楼物业管理公司，其余的都是沈阳市本地的小型物业公司或附属于发展商的物业管理公司，管理水平参差不齐。随着更专业的写字楼开发商进入沈阳市写字楼市场，更多符合现代商务活动要求的写字楼也要求相应的高水平的物业管理，将会有更多的专业写字楼物业管理公司出现。

2. 沈阳市写字楼市场分类研究

（1）酒店连体项目

此类项目依托于较高档次的酒店，酒店的开发商在开发酒店时将部分物业作为商务目的进行招租，并与酒店物业统一管理，此类物业包括四星级酒店高登国际大酒店的写字楼项目以及四星级酒店皇城酒店的写字楼项目。

（2）开发商持有项目

房地产开发商开发并持有的中高档写字楼物业，包括华新国际开发的华新国际大厦、玛丽兰房地产开发公司开发的总统大厦等，另外还包括由世鸿地产开发并统一持有的三个中档写字楼物业鸿洋大厦、东祥大厦、鸿运大厦等。

（3）非专业房地产企事业单位持有项目

这类是由大型非专业房地产企事业单位开发小部分自用、大部分出租的写字楼项目，比较具有代表性的是房产局开发的建筑面积7.3万平方米的房地产大厦（金厦广场）以及东北电力开发的光明大厦。

3. 项目影响因素分析

由于写字楼市场的影响因素多而复杂，因此有必要对其进行归纳和分类。本文主要从影响写字楼需求及价值的范围来分类归纳，划分为一般因素、区域因素和个别因素三类，各类中又有众多不同的次一级的影响因素、因子，这些共同构成了写字楼的需求量影响因素体系。

（1）一般因素

一般因素是指对房地产需求量及其走势有普遍性、一般性和共同性影响的因素。这类影响因素对房地产需求的影响一般是整体性的、全面性的，其覆盖范围可以是一个地区、一个国家乃至全球。显然，这类影响因素对于具体某一宗房地产而言并不直接，但它们往往是决定具体房地产价值及其趋势的基础和关键。一般因素主要有行政因素、经济因素、社会因素、人口因素、心理因素和国际因素等次一级因素。

①行政因素

行政因素是指国家政策、法律、法规和行政法令对房地产市场和房地产需求的影响和干预。行政因素中主要有土地制度、房地产价格政策、税收政策、信贷政策、城市规划与土地利用规划、土地使用权出让方式和行政隶属变更、居民收入与消费水平等因子。

②经济因素

房地产业的兴衰是国家或地区经济情况的直接反映。房地产业是基础产业，产业链长，其发展将直接影响和带动机械、建材、钢铁、水泥、运输、金融、装潢等相关行业的发展；反之，这些相关行业的发展也必将影响房地产业的发展。

经济因素中，主要有经济发展状况、财政收支与金融状况、居民收入与消费水平、物价与利率水平、储蓄与投资水平、社会消费品零售额等因子。

③社会因素

社会因素是指一个国家或地区的社会状况对房地产需求和价值的影响，其影响因子主要有政治安定状况、社会治安程度、城市化水平、商业房地产投机等。

④人口因素

人口因素是一个国家或地区的人口状况对房地产需求和价值的影响，主要有人口数量、人口素质、家庭人口规模等因子。

⑤心理因素

房地产价值是房地产市场上房地产商品供需关系的反映，而价值的形成则是由人这一主体完成的。在这一过程中，人的心理因素对房地产需求和价值的影响是不可忽视的。

影响房地产需求和价值的心理因素主要有购买与出售心态、欣赏趣味、消费时尚、攀比心理、价值观念等因子。

⑥国际因素

房地产市场的发育与完善离不开国际环境的影响。国际政治环境、国际经济状况、地区紧张或军事冲突、贸易关系与竞争状况等，都将明显影响我国的房地产市场需求和房地产价值，随着全球经济一体化，这些影响因素将更直接、更明显。

（2）区域因素

区域因素是指写字楼所在市场和地区的特性对房地产需求量和价值水平的影响因素。相对于一般因素而言，区域因素的影响范围要小，一般影响到一个城市或城市的一部分，也可能影响到多个城市，尤其是影响到大城市周围的卫星城镇。影响写字楼需求和价值的区域因素主要有：商圈规模、商服繁华程度、交通条件等。

①商圈规模

自然形成，市民、商家所公认的商业集中区域，确定为商圈。商圈规模的大小将直接影响商务客流量的大小，进而影响其价值。商圈确定是商业房地产投资中非常重要的一个环节。影响商圈规模的因子有：商圈范围的大小、级别、总体规划、发展历史、商圈内居民的消费水平、人口数量等。

②商服繁华程度

商服繁华程度是指一个城市或地区的商业服务业的集聚程度和对周围环境的影响程度。商服繁华程度与一个城市的城市性质、规模、人口数量、经济发展水平等直接相关，并影响所在城市或地区的物质流、信息流和人流通量，从而影响到所在地区的商业房地产价值。影响商服繁华程度的因子有：商业街的道路类型、所有商店的总营业面积、商店的档次、商店的数量及经营业态、大型购物中心的个数、名牌商店的家数、金融机构的数量、娱乐中心的数量及档次、人口流量、治安状况等。

③交通条件

交通条件是指一个城市或地区的交通通达程度。交通条件将直接影响城市人流、物流的通达性及其交通运输成本（包括交通时间），明显影响人们的出行，从而影响商业房地产需求和价值。影响交通条件的因子有：交通流量、公交站点密度、公交线路数、道路通达程度等。

（3）个别因素

个别因素指具体影响某宗写字楼需求和价值的因素。这类因素对房地产市场的影响程度和影响范围最小，但对具体商业房地产的影响却是最直接、最具体的。影响写字楼需求和价值水平的个别因素包括资源因素和交通便捷度。

①资源因素

资源因素是写字楼宗地本身的条件，包括所处地段、地块位置、地块规模、临街宽度、临街深度、容积率、建筑密度、建筑物面积、层高、层数、停车场状况、基础设施状况等。

②交通便捷度

交通便捷度有别于区域因素中的交通条件，它主要指具体某宗写字楼地产的交通便利程度。影响因子有地块距地铁车站、主要公交站点的距离及便捷程度。

4.项目SWOT分析

（1）SWOT分析简介

SWOT是一种分析方法，用来确定项目本身的优势（strength）、劣势（weakness）、机会（opportunity）和威胁（threat），从而将项目的战略与内部资源、外部环境有机结合。因此，清楚地确定项目的资源优势和缺陷，了解项目所面临的机会和挑战，对于制定公司未来的发展战略有着至关重要的意义。

其中，S、W是内部因素，O、T是外部因素。按照项目竞争战略的完整概念，战略应是一个项目"能够做的"（即组织的强项和弱项）和"可能做的"（即环境的机会和威胁）之间的有机组合。

SWOT分析的步骤：

第一，罗列项目的优势和劣势、可能的机会与威胁。

第二，优势、劣势与机会、威胁相组合，形成SO、ST、WO、WT策略。

第三，对SO、ST、WO、WT策略进行甄别和选择，确定项目目前应该采取的具体战略与策略。

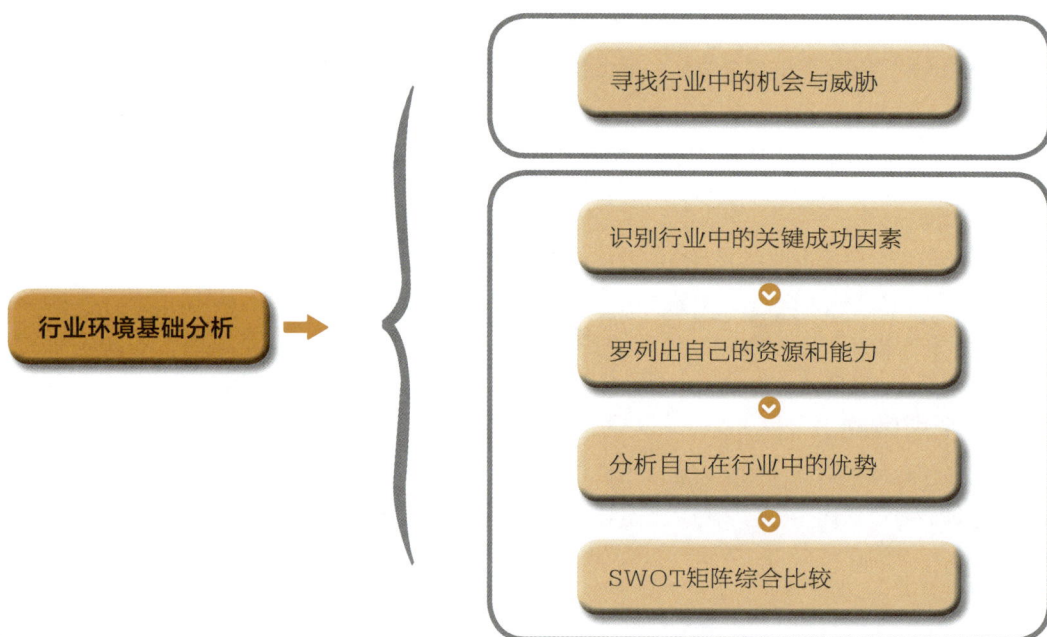

寻找行业中的机会与威胁

行业环境基础分析 →

识别行业中的关键成功因素

罗列出自己的资源和能力

分析自己在行业中的优势

SWOT矩阵综合比较

▶── **图15-3 SWOT分析步骤**

（2）优势

项目地块正处于滂江街地铁站南延长线上。目前，滂江街附近的星级宾馆只有黎明国际酒店，没有大型的商场和高档的写字楼，而这里将是地铁1号线和地铁5号线的交会点，未来的商流、客流量将十分巨大。大东区将据此打造发展潜力巨大的滂江商贸圈。

①地理位置优越

"ST大厦"位于滂江街上，是城市交通内环线的主干道。

该地区处于市中心商业区"中街"的边缘，是城市中心次热点的地理位置，又处于规划中极具发展潜力的滂江街商贸圈的上游，"依繁华存在，享都市宁静"。

②绿化与景观

"ST大厦"地处老生活区，在景观方面似乎没有什么优势，但大厦正处于万泉公园北面，登高远眺，密集而有序的绿化景观便展现在眼前。

③成熟的环境配套

"ST大厦"的周边过去是老城区的传统小商业，经过近几年现代生活区的开发，现代商业已经形成；而这里的文化氛围是形成已久的，有省市的重点学校、专业医院、国家重点研究所等；邮政、银行、商业、宾馆和商务公寓等环境配套逐渐积聚和发展起来。深厚的文化积淀、雄厚的科技实力、完善的基础设施，可满足多方面需求，形成良好的投资创业环境。

④市、区两级政府的战略规划

在未来城市战略规划中，这里是沈阳市东部的新兴商贸圈，是沈阳市的又一个商业集散地。大东区结合地铁建设提出"一带三圈"的规划，滂江街站口的商贸圈将建设大型的商场、星级宾馆、高档写字楼，充分发挥向四周辐射的功能，使这里成为现代商贸圈。"ST大厦"的开发建设必将成为这里的亮点。

⑤**项目的建筑质量和内在环境**

发展商丰富的开发经验、严谨的施工管理、先进的建筑技术、低能耗的功能设计、楼宇智能化的引入、生态环境的构建，是项目的质量保证和内涵所在。

（3）劣势

①**没有形成规模效应**

项目建筑面积不足2万平方米，规模较小。

②**临时停车受到限制**

由于临近一线马路，临时停车量有一定局限。

③**商住氛围不明显**

目前项目区域内未形成成熟的商住氛围，这是销售不可忽略的难点。

④**公交线路较少**

大厦前的公共交通线路仅有两条，而其他公共交通线路距大厦有步行五分钟以上的距离，对商住有一定影响。

（4）机会

①**地理位置具有发展潜力**

"ST大厦"是位于地理位置极具发展潜力和投资升值空间的多功能建筑。

②**项目顺应建筑潮流**

"ST大厦"是具有高品位、高素质、高智能、高质量、低能耗的生态建筑。

③**项目适应办公居住需求**

"ST大厦"在空间划分上的灵活性，即同一楼层中单元格局的处理可按需间隔，可适应不同买家的规模需要；单元内可适应SOHO族的家居"多功能化"，办公、居住、厨、卫可自主分隔和组合。"ST大厦"是"区隔任意，设置随意，功能惬意"的建筑。

④**提出"整合型商务楼"概念**

随着中小企业、创意产业、跨国公司代表处的发展，引入"整合型商务楼"的理念，更具市场竞争优势。写字楼的硬件标准、生活空间的灵活配置、行政商务资源的共享，"三位一体"的"整合型商务楼"概念的首次提出，为"ST大厦"确立了项目的整合优势。

（5）威胁

①**周边有类似销售项目**

项目对面是正在销售中的商务公寓（东逸花园商务公寓）。

②**商住楼有集中趋势**

全市的行政办公楼盘、商务公寓楼盘项目大多处于地理位置优越、保有量丰富的状态。

③**缺乏商务氛围**

区域内没有商务氛围，写字楼、商务公寓的原有量和现有量几乎为零，没有集中商务广场的优势。

④商业贷款政策调整

项目的公建属性，给销售过程中的银行按揭带来局限，不利于销售。

（6）项目SWOT的综合分析

通过以上SWOT分析，得出只要策略处理得当，完全可以转化为对本项目有利的因素。特别在劣势和威胁中，只要控制、引导得当，这些影响不至于成为本项目的硬伤。其他几点只能根据市场及项目实施进行修正。所以从理论上来看，只要方法到位，本项目是完全可以成功的。

▶— 表15-3 SWOT综合分析表

	优势（strength）	劣势（weakness）
	略（参见3.3.2）	略（参见3.3.3）
机会（opportunity）	SO战略	WO战略
略（参见3.3.4）	项目应尽快动工，以赶在2009年前全盘推向市场，以合理利用下一个需求高峰；充分利用交通和区位的优势，宣传以写字楼供应为主，提高项目的知名度。	物业交由仲量联行这一类高质量的专业物业管理公司进行管理；学习、借鉴成功经验，对国际知名品牌的统一招商、管理等；把握机会做好宣传，提高影响，突出该项目楼盘的优势，以降低竞争对手给予写字楼的租售压力。
威胁（threat）	ST战略	WT战略
略（参见3.3.5）	营销和宣传是关键，要把握好尺度，促进租售及资金回笼；做好融资相关工作，保证项目按规定进度进行；尽量提升使用价值；为弱化不确定因素带来的影响，按月进行滚动预算，不断修正项目管理的细部。	注意品质，保证达到甲级写字楼的标准；密切关注写字楼市场的供需、价格等情况；保证资金链的连续性；注意宏微观及区域市场的定期和不定期分析，以降低风险。

综合以上分析，可以得到SWOT综合分析表。

从市场消化能力来看，销售、租赁都会有一定的空间。但从资金回笼的角度看，则应利用好优势，引入新的主题概念和卖点，以缩短销售周期、提高楼盘附加值。

作为城市内环线位置上以价值型商务为主的物业，以发展商公司品牌与项目品牌相结合打造整体形象，在产品品质、资源配置上做实质性投资，以满足客户群对高档写字楼外部形象的要求。

"ST大厦"作为公建立项的产品，前期推广应深入，把握入市时机，力争在各大楼盘销售暂缓期入市，以短平快的方式销售，以规避各大楼盘集中上市的风险。

同时要特别关注地缘甲级写字楼与周边商住客群，关注周边科研单位的购买力，有意识地从区域周边各项目分流买家。

四、营销方案设计

1.项目名称及产品定位

（1）项目名称理念

整体建筑群命名为"ST大厦"。

项目开发主题为"顺应天意、联合创利"。

"ST大厦"定位为"整合型商住楼"，提倡"资源共享，商住空间、SOHO一族"的理念。项目的结构形式同时加入厨、卫功能，兼顾生活所需。在整体设计上充分考虑商住的需求，在楼层面的空间划分上保证分隔和组合的灵活性。

（2）定位阐述

位置、地段和未来升值是商务广场租、售行为的重要因素，"ST大厦"在该方面具有一定的优势，而完美的外观设计在区域内极具视觉冲击力，能够激发购买和入住的冲动。

综合素质高，在建筑期已能通过效果图等资料提前体现，基于项目的先天优势，买家对这方面的利益承诺应有一定的信心。

大厦自身的资源整合、智能管理、生态环境，不仅使得商务形象优越，而且更具个性，能给客户留下良好的观感和深刻的印象，这是定位中的"独特卖点"。

市区两级政府的前景规划，使得保值、升值潜力得以提前体现，这是攻克市场观望心理的唯一出路。

引入"整合型商务楼"经营模式，准确针对目标客户，与目标客户形成广泛有效的沟通，达成发展商与买家双赢的局面。新经营思路（整合型商务楼）的引入更可提高投资者探究的渴求，增强投资信心。保值、升值是楼盘入市的必要条件。

综上所述，本项目定位的目标是结合项目先天后天优势，发掘新亮点；在市场上赢取美誉并得到经济利益回报。

2.目标客户

（1）客户类型分类

①初创业者

有短期及长期发展思路，有一定资金压力，在选择和寻找初创业时机，微有急进心理，既想节省开支，又想有规模，够体面。项目对其具有相当的吸引力。

②一般投资者

偏向于稳重、谨慎；在投资选择时有优选、备选及保底三种计划。投资分析思路经常是"如果……就……，退而求其次也……，再恶劣也……"模式的填空思维。规划的优势便能最终影响其投资决策。

③中小企业主

需要一定的面积，开间要合理，发展成败取决于短期市场成绩，所以，资金的投入会集中在硬件（包括场地）及广告推广、客户服务三方面。

④跨国公司或大型公司代表处

实力强大，在当地已经具备了一定的规模优势，并有长期发展的规划，需要有完整的办公系统和派驻人员生活空间。对于买、租办公楼时会考量长期的运营成本和投资益处，往往选择前者。

⑤风险投资者

一种典型的急需出路的资金持有者，好方案、新思维就值得一试，赌博心理甚重，但对项目出路的分析能力很强。

经分析，"ST大厦"基本能满足这几类客户的需求，而且具有很强的可塑性；可充分迎合目标客户需求。

（2）客户属性分析

①行业属性

取向较为散化，以第三产业、服务业、创意产业的中小型发展公司为主。

A类——传媒机构、文化传播公司、广告发布公司、广告艺术公司、广告设计公司、印刷公司、公关活动公司、图文信息公司、影视文化公司、培训教育机构、图书机构、家具设计公司、杂志社等。

B类——贸易公司、旅游公司、货运代理公司、航空公司、销售（医药、涂料、照明等）公司。

C类——投资管理公司、咨询服务公司、律师事务所、会计事务所、驻沈代表处（办事处）、中介服务公司、顾问公司、环保类公司。

D类——服务行业的品牌公司，如食品、酒业、保健、体育等娱乐行业机构。

E类——电子商务公司、软件高科技公司、通信公司、网络公司。

F类——证券金融系统、商会组织、出国留学组织等。

G类——装修公司、装饰公司及其他。

②职业性

国有、集体及股份制企事业单位法人，私营、民营、三资企业主为主，兼顾少部分外籍服务型公司。

③文化/年龄

大学专科居多，其次是大学本科；28~35岁为主，35~45岁为辅。

④收入水平

公司每月纯利润在5万~80万元，其中以10万~15万元居多。

⑤购房情况

绝大多数为首次购买商务楼，60%以上将在一个月内购买本项目；20%以上1~3个月内决定购买。交通位置是购房的首要因素，第二是物业形象与户型大小合理，第三是价位低（包括首付/月供/物业费），第四是办公环境与配套并重（如停车位/员工餐厅/空调），第五是技术指标（使用率/层高）及物业管理。以上五个因素实际的比例相差甚微，可以作为同层面同时考虑的五大因素。

⑥区域分布

工作区域在大东区将占到50%左右，沈河区占30%左右，其他城区20%。

⑦ **支付能力**

首付10万~30万元将会过半，其中以20余万者居多；且以月还款能力6000~10 000元为主。

⑧ **购房目的**

70%以上为自己办公；另有部分投资客购买后转租或转售。

3. 管理方案设计

（1）商住功能配套

设立24小时行政中心，与大厦内的业主公司共享。主要职能为：

负责发展商公司的行政事务；

负责驻厦机构行政办公代理业务；

负责大中小型会议室、多功能厅的管理和使用调度；

负责共享高值办公设备的使用和管理；

负责大厦整体形象的展示等。

（2）项目24小时全天候的物业管理

物业管理应向业主提供全方位、多层次、有效且经济的服务。

ST物业公司以专业化、人性化、品质化的物业管理模式为业主提供周到、贴心的服务，创造和谐空间，让业主住得"安心、舒心、省心"。

① 整体楼宇的营销推广

面对"ST大厦"的整合型功能，楼宇收益性物业的特性较强，整体物业管理把营销推广作为一项经常性的管理工作内容，为业主提供租赁业务的代租、联络、谈判、签约以及业主与客户间关系的协调。同时对"ST大厦"进行整体形象塑造、宣传推介，保证物业较高的出租率和业主的收益。

② 驻厦业主的整体前台服务

"ST大厦"的前台管理提供：基本的问讯解答、引导服务；报刊、杂志订阅服务；客户电信设备代办、代装服务；成批发放商业信函服务；信件报刊收发、分拣、递送服务；个人行李搬运、寄存服务；出租汽车预约服务；提供旅游活动安排服务；航空机票订购和确认、酒店预定、餐饮预定、文化体育节目票务安排等服务；业主个性化文娱活动安排及组织服务；提供公司、家庭"保姆"服务；设立方便业主的物业报修点。

③ 楼宇的设施设备管理

"ST大厦"公共设备管理、维修与保养，保证驻厦业主的正常商务、生活等活动；驻厦业主自身设备设施的维修。

④ 楼宇的保安与消防管理

建立有效的保安体系，配备专门的保安人员和保安设备（报警装置、闭路电视监控器等），对楼宇内部、外围、停车场等进行严格管理，保证正常的安防秩序。

整体楼宇建立"以防为主，宣传先行，防消结合"的消防工作原则，建立有效的消防体系。

⑤**清洁卫生管理**

保持楼内公共场所的清洁，提供全面的清洁卫生美化服务。

（3）共享管理

①**设备共享**

楼内有共用办公设备，如文件服务器、复印机、投影仪、摄像机、电视机；

②**办公场所共享**

会议室、接待室、演示室、茶水间；

③**部门共享**

秘书、接待员、外勤、行政（共享的部门全天候24小时轮班）；

④**单元生活独立**

满足现代都市生活方式对公务和生活空间的需求，单元内有灵活的住、厨、卫等简单配备。

4. 定价策略

（1）定价原则

应以实现高速销售的目标为确定销售价格的前提。

以全程销售期内具有良好性价比的优势作为市场竞争的重要手段。

以入市形成较好的人气为基准，建立逐步上扬的价格体系。

合理安排不同位置、不同类型、不同朝向物业的价格结构，在一定周期内，确保各类物业的相对均衡出货。

计划将底商类物业销售适当后置，以便在前期接待中积累客户，谋求更大利润。

（2）价格定位

通过区域地缘性项目的价格可接受度调查，确定可行的市场定位价格：

写字间全程均价6150元/米^2；

底商均价12 500元/米^2；

"ST大厦"属小高层商务楼，同一面积区间、同一位置差价不宜过大，楼层差相对减小（建议位置差、楼层差50~80元/米^2）。建议以5800元/米^{2}左右的价格面市，先期以开盘均价控制在6000~6200元/米^2，在销售形势看好、销售速度有保障的前提下，逐渐将价格提升至6500元/米^2；

具体价格方案包括各种户型价差、开盘价格明细及销控、后期价格调整，在户型设计方案确定后再做定案。

（3）价格定位说明

以上定价是在分析了沈阳市类似楼盘的基础上得出的。根据"低开高走"的定价原则，如开盘均价5800元/米^2，经过1个月的客群成交、市场摸底试探，如反馈良好可以飙升200元/米^{2}左右，即均价6000元/米^{2}左右；经过两三个月的热销反馈，再提升至6500元/米^{2}是有可能的。市场预期良好，争取半年左右能够结案，入住前均价将上浮至6800元/米²左右。但认购初期如果卖出项目的最高价，会违背低开高走的原则。

5.销售安排

（1）把握入市时机

市场上公建立项的商务广场，普遍采取短平快的销售策略，首先是因为购买商务广场的客群不同于购买私宅的客群，其选择周期相对较长，一般以租赁为主的客户转为购买客户，存在租房公约的合同时间限制；再者几乎每家公司都要做年度资金投入计划，先期纳入计划就会尽早地批复用以决策。同时同类产品竞争面扩大，能够先入为主就能抢占15%以上的客源。

（2）办公、商铺联动销售

体现办公、商铺的整体联动，而不是割裂开来推广；充分利用这两类物业各自的优势，起到相互促进的作用。

（3）尽量缩短工期

由于建筑工期尚未确定，建议尽量缩短工期，力争在2006年11月进行项目上市前的预热，2007年2月进入内部认购期，2007年3月末正式开盘，避开5月住宅上市的黄金季。

（4）把握销售黄金周

在上市推广一个月后，对销售情况进行分析，把握五一国际劳动节的假期，争取积累更多的准客户。

五、项目建设方案

1.建筑设计方案

（1）建筑面积和内容

①建筑面积

总面积约19 160平方米，其中：公寓及写字间约11 369平方米，商铺约为5091平方米，地下停车场及设备用房约2660平方米。

②建筑高度

共14层。

③建筑群组成

包括：十四层的主体大厦、后四层的附楼、地下一层停车场、主建筑户外停车场及院落。

十四层主体大厦规划为：1~14层为商务公寓，地下一层为停车场。

建筑首层的主要功能为大堂和接待等空间，车辆可以驶入大堂，宾客再通过设于大堂内的前厅、写字间前厅进入各个功能区。首层的可用出租面积全部为商业用房，既供大厦内部使用，也给基地周边提供服务。

（2）总体规划设计

①总体平面布局

作为一个综合的商业项目，平面的布局显得尤为重要。

在总平面的布置上，主出入口设在西面，临潓江街。

塔楼后退大街一段距离，减轻对城市道路的压迫感，迎合了业主的心理要求，也符合建筑审美的需求。

②道路系统的规划与设计

根据整体的规划要求，主出入口设计在西面，保证了人流和物流路线的明确分开，路线清晰。道路等级明确区分，标识性强。

③功能分区设计

广场按入场的入口将整个建筑分为三个部分，利用了道路、水景、树木以及草地营造意趣，又体现出感性的一面。

④景观与视觉设计

园区在西主入口的前方设计了大面积的集中绿化部分，不仅可以形成良好的景观效果，而且可以形成良好的视觉效果，不仅和建筑形成良好的对话关系，并且注重了建筑群体的视觉景观均好性。

（3）建设标准

①大堂装修/门柱

地面及墙面铺砌优质进口大理石、艺术吸顶天花吊顶及艺术灯饰。

柱面为磨光花岗岩踏步板（或不锈钢材料）。

大堂入口处设自动旋转门，两侧设安全门。

②电梯厅/电梯间

商住楼电梯：两组电梯，垂直交通直达地下一层，地下一层设通往地下车库的出入口。

电梯间内地面采用优质花岗岩，墙面采用优质大理石，电梯厅吊顶以不锈钢及玻璃为主，配发光灯槽。

商务楼标准层地面为优质大理石，墙面为高能环保涂料，所有楼层电梯间均采用大理石门套，顶棚造型吊顶。

地下一层电梯厅吊顶为轻钢龙骨石膏板，刷白色乳胶漆。

③楼道/楼梯间

公共部分墙面刷高级乳胶漆，吸音天花吊顶。

标准层楼道地面为石材，高能环保涂料墙面。

楼梯间地下一层采用花岗岩踏步及踢脚，墙面为高级环保涂料。

标准层楼梯间层采用水泥踏步及踢脚，墙面为高级环保涂料。

车库地面为水泥压光，墙面为白色乳胶漆，天花为白色乳胶漆。

④清水房交房标准

地面水泥找平，预留客户自装面层空间，不刷墙、不吊顶。

隔墙为轻钢龙骨双面双层石膏板隔音隔墙。

洁具预留客户自装。

⑤精装房交房标准（待确定后编制交房手册）

隔音天花吊顶，高级木地板，墙面为乳胶漆、艺术照明灯、高级开关（品牌）。

卫生间：配套精装修，墙地面为高级瓷砖、高级卫生洁具（品牌）、高级照明灯、玻璃淋浴间隔断。

厨房：配套精装修，高级炊具（品牌）、高档橱柜、排油烟机。

（4）外观形象

①外立面风格

现代风格，色调整体统一的通透落地玻璃窗，结构凸出部分配饰钢质金属框架；每个单元外立面保证整体风格的统一和谐，突出单元之间的独特性，从而达到相互独立而又整体协调的效果。

②外立面色系

以冷色调、通透感强的玻璃窗为主，辅以浅色（暖色）高档石材墙面，以达到稳重、高档的效果。

③外立面材料

外墙玻璃窗为高档中空双层隔音保温玻璃，辅以金属框料（竖线饰条）。

④静音设计

选用低噪音设备，并采用减震基础，在各类机房墙面均做专业吸音处理；并采用隔声门；采用中空玻璃，外片为反射玻璃，内片为低辐射玻璃，具有良好的热工性能，防止外来噪音干扰及光污染。

（5）楼层功能设计

①商务楼层规划

商务楼首层入口大堂层高4.2米（二层），标准层高为3.15米。主入口设在南面，临航空街；地下停车场入口设于主楼东端。

每层商务楼层面积约为889平方米，标准层使用率在70％以上。

②室内厨、卫功能设置

公寓层每个独立单元预留室内卫生间、通风换气管道及上下水管道，写字间层设置公用卫生间；

公寓层每个独立单元划分出厨房区域，不设煤气管道；

每层的防火通道前厅设为楼层的公共吸烟区。

③主体楼与附楼地下一层的利用

主体楼地下一层设立物业办公室、设备间。

附楼地下一层为地下车库,与主体楼地下一层相通,设三个独立入口,电梯可从地下一层直达顶层。

2.结构设计方案

(1)设计依据

①自然条件

基本风压为0.55kN/m²。

基本雪压为0.50kN/m²。

土壤标准冻结深度(自天然地面下)为1.20米。

沈阳市抗震设防烈度为7度,设计基本加速度为0.1g。本工程按抗震设防烈度7度设计。

地面粗糙度为B类。

体型系数U_s=1.3。

②主要活荷载取值(标准值):

办公室为2.0kN/m²。

住宅卫生间、厨房为2.0kN/m²。

住宅及阳台为2.5kN/m²。

上人屋面为2.0kN/m²。

非上人屋面为0.5kN/m²。

③国家规范、规程

建筑结构荷载规范(GB50009-2001)。

建筑抗震设计规范(GB50011-2001)。

建筑地基基础设计规范(GB50007-2002)。

混凝土结构设计规范(GB50010-2002)。

砌体结构设计规范(GB50003-2001)。

本工程地上主楼采用现浇钢筋砼框架结构体系,框架抗震等级为三级。

结构设计电算软件采用三维建筑结构分析程序:Satwe。

(2)技术措施

①抗震要求

为达到国家抗震规范的要求(即小震不坏、中震可修、大震不倒的原则),体现"强柱弱梁"的设计思想,在构件设计上力争提高构件的延性,采用封闭箍筋,对L0/h<4的柱采用箍筋全长加密,钢筋接头采用焊接。而对框架梁尽量减少高度,力避刚度过大,并加强约束箍筋,柱截面由柱轴压比控制,柱配筋尽量不出现计算配筋。

②**基础选型**

根据地勘报告，基础采用地下箱形基础。

③**主要结构材料选用**

混凝土：C25～C30。

钢筋：Ⅰ（φ）Ⅱ（φ）级HRB400Mpa新Ⅲ级钢（推荐使用）。

焊条：E43型，E50型。

钢板及型钢：A3。

填充墙：多孔砖。

水泥砂浆：M5、M10。

3. 公用设施方案

（1）给水排水

①**编制依据**

建筑、总图、采暖通风等专业提供的条件；

给水排水专业有关的设计规范。

②**生活给水**

在地下室设生活和消防储水池以及消防生活泵房，设高低区消火栓泵各两台（一用一备），自动喷洒泵两台（一用一备），高中低区生活泵各两台（每区一用一备），以备生活及消防的需要。

用水量标准及用水量

公寓：200L/P·d，小时变化系数：2.2；

商业网点：15L/m²，小时变化系数：15；

绿化用水：2.0L/m²，洒水时间按8小时计；

道路、广场用水：25L/m²，洒水时间按8小时计；

未预见用水量：按最高日用水量的10％计；

给水系统均采用微机变频调整供水。

高层公寓：给水分为高、中、低三个区，每区控制压力不超过0.35MPa，超压部分设减压阀。

③**生活排水**

园区内采用雨水、污水分流排水系统。

生活污水系统：排水量按生活用水量的90％计算。园区内各个建筑的生活污水经过化粪池处理后，排入市政污水管网。各建筑内均设专用排水通气管。

雨水系统：设计重视期为1年，设计降雨历时为15min。园区内设单独的雨水管道。高层建筑屋面雨水内排，与道路雨水一同排入区内雨水管网，最后排入市政雨水管网。

（2）供热

①编制依据
建设单位提供的控规指标；

暖通专业提供的热负荷；

《高层民用建筑设计防火规范》《锅炉房设计规范》等有关规范。

②编制内容
在地下一层设供热换热站，供本区及停车场用热，热水温度为60/50℃。

③公寓
本建筑公寓为每户分户供暖，每户供回水支管由分户表箱引入室内，供回水管均安装锁闭阀，供回水支管设置冷热型热计量表。可以分户控制，分户计量收费。

④地下车库
地下车库设置机械送风（兼火灾补风）系统；同时设置机械排风（兼火灾排烟）系统。

地下车库排风（排烟）按6次/h计算风量，按5次/h计算送风（补风）量。

车库排风下部排总风量的2/3，上部排总风量的1/3。

⑤地下设备用房
设置机械循环水平串联式采暖系统。

设备用房机械送、排风系统。按4次/h换气计算风量。

（3）供电

①编制说明
编制内容包括电力变配电系统、电气照明系统、防雷系统、保护接地系统、火灾自动报警及联动系统。

②用电指标
高层：15kW/户

③电源
本工程拟在园区内设置1处20kV开闭所，总容量为5000kVA。电源由该地区66kV市政变电所采用电力电缆埋地引入开闭所。

④变电所的设置
高层公寓的供电采用地下局自维变电所一座，容量为5000kVA。考虑噪声等原因，变电所应设在地下车库，不宜设在高层，网点的供电引自其地下变电所。

⑤设备选型
开闭所及各变电所10kV中压设备采用HXGN型封闭式金属铠装开关柜，交流操作。低压柜采用GGD型开关柜，柜内开关采用框架、朔壳系列断路器。

⑥负荷级别的确定及配电
本工程中，用于消防泵、喷洒泵、排烟机、加压风机、消防中心设备及应急照明装置等负荷为一级负荷；电梯、生活水泵及地下室照明等负荷为二级负荷；公寓的照明及高层建筑的普通动力设备和照明装置等负荷为三级负荷。各级负荷的配电措施均满足《民用建筑电气设计规范》等相关电气专业设计规范。

对于特别重要的负荷则增设柴油发电机组或不间断电源系统作为备用电源。

⑦电气照明系统

网点照明：300~500lx高效节能荧光灯

动力机房：100lx工厂灯

变电所：150lx高效节能荧光灯

楼梯间：50lx白炽灯或节能荧光灯

（4）电讯

①设计依据

沈阳市规划局《沈阳住宅区控详规划条件》以及国家现行有关规范及标准。

②总图外线

建筑通信及宽带网所用线缆视开发先后、功能需求，可先期直接配送，或由端局配出。

引入市有线电视干线，通过通信综合管道引至各需求之单体建筑。

规划区内通信、有线电视及宽带网线缆穿PVC管或双波纹尼龙管，统一敷设在通信综合管道路内。

③系统设置

高层公寓设置电话、宽带网、有线电视、可视对讲、家庭安全技术防范系统，并采取多表远传计量和控制技术。

园区内设置周界防范系统、出入口控制系统、闭路电视监控系统。

（5）煤气

①编制依据

建设单位提供的煤气性质

建设单位提供的控规

《高层民用建筑设计防火规范》《城镇燃气设计规范》等有关规范

②编制内容

建设单位提供的煤气性质为低压、中压天然气，热值为7000~8000kcal/m^3。

③公寓

本工程公寓用气为每单元设一引入管；每户设一块煤气表，采用外入户方式，高层设减压阀，经计算公寓用气量为275m^3/h。

④外网

区内煤气管线采用直埋敷设枝状布置。低压煤气总用气量385m^3/h，总管径DN250；中压煤气总用气量1414m^3/h，总管径DN300。管道材料为室外采用铸铁管，室内采用水、煤气输送镀锌钢管。

六、专篇设计

1. 消防

（1）总平面消防

①区域位置及概况

项目位于大东区滂江街东侧，园区地势平坦，周边道路宽敞通畅，交通便利，周围街路和车行道的宽度均能满足消防车通行及扑救的要求。

②消防车道

在总平面布置中，依据沈阳规划局控详文件和现行消防规范的规定，在满足建筑及防火间距的前提下，结合具体的建筑形式设计消防通道，高层建筑的底边至少有一个长边或周边长度的1/4且不小于一个长边长度，满足扑救面的要求。

③人员疏散

在主入口处均留有相应面积的集散广场，保证人员的及时疏散。

（2）建筑消防

①编制依据

以《高层民用建筑防火规范》和《汽车库、修车库、停车场设计规范》的规定为编制依据。

②建筑分类和耐火等级

本工程公寓为一类高层，耐火等级为一级。地下公共停车场属于II类停车场，停车场耐火等级为一级。

③建筑功能及防火防烟分区

地下停车场设有喷淋灭火系统，所以防火分区的面积地下不大于1000平方米，地上不大于2000平方米。本工程高层建筑与网点之间设有防火墙等防火分隔设施。

④建筑疏散通道、安全出口及防火门设置

本工程地下室设有疏散楼梯，宽度、疏散距离、疏散口宽度均满足现行防火规范及有关规范的要求。

每个防火分区均设有2个或2个以上的安全出口，并有1个或1个以上能直通室外的安全出口。消防控制室、消防水泵房设有直通室外的安全出口。所有设在防火墙上的门均为耐火极限不低于1.2h的甲级防火门或设加密喷淋的防火卷帘（丙级防火门）。

公寓按防火规范要求设置防火分区。

防烟分区的面积不超过500平方米，并且不跨越防火分区。防烟分区用大于等于500毫米高的梁或挡烟垂壁划分。

（3）消防给排水

①室外消防给水

本项目室外消防用水按同一时间内的火灾次数和一次灭火用水量确定，主要道路均设消火栓，消火栓间距为150米。本工程同一时间内的火灾次数为1次，一次灭火用水量为10L/s（本区内高层建筑最大的室外消防用水量为30L/s，故本工程的室外消防用水量按30L/s考虑）。

②消火栓给水系统

消火栓给水系统设于区内高层建筑内。

③高层住宅用水量标准：

室内20L/s；室外15L/s。火灾延续时间2小时。

④供水系统

系统分为高低两个区，顶层分别设有效容积为18立方米的消防水箱，以储备消防初期用水。室内消火栓给水管呈环状布置，消火栓的布置保证两股充实水柱同时到达室内任何部位。消火栓栓口工作压力大于0.5MPa时，采用减压消火栓。高层建筑消防电梯前室设消火栓；顶层设试验及检查用消火栓。为减小上部几层消火栓的工作压力，在顶层水箱间分别设消火栓增压泵（一用一备）和增压罐。每区配消防水泵结合器两组。

⑤自动喷水灭火系统

采用湿式灭火系统，设于地下停车场等。

⑥地下停车场

设计标准：按中危险II级设计，喷水强度8升/分/米^2；作用面积160平方米，火灾延续时间1小时，流量23L/s。

供水系统：系统不分区，设湿式报警阀三组。系统由洒水喷头、水流指示器、报警阀组、压力开关、末端试水装置等组成。采用直立型喷头。当梁、通风管道、桥架等障碍物的宽度大于1.2米时，其下方增设喷头。水流指示器前设信号阀。配消防水泵结合器两组。

⑦灭火器配置

按轻危险级配置，配置基准3A/具（A表示火灾危险级），最大保护面积20米^2/A；均采用手提式磷酸铵盐型灭火器，地下车库按中危险级配置，采用推车式磷酸铵盐型灭火器，每具25千克装。

⑧消防排水

消防电梯的井底设潜水排污泵，排水量大于10L/s，排水井容量大于2立方米。

（4）暖通防火系统

送风（兼补风）系统、排风（兼排烟）系统，出机房总管设防火阀，风道采用镀锌铁皮制作，保温材料采用超细玻璃棉板，内走道按60米^3/米^2/时计算排烟量，地下车库按6次/时计算排烟量，按5次/时计算补风量。

楼梯及合用前室设置机械加压送风系统。

（5）电气消防

①火灾自动报警与联动控制系统组成

由火灾报警控制器、联动控制器、消防专用电话机箱、消防广播机柜及感烟探测器、感温探测器、消火栓报警开关、手动报警开关、编码模块、控制模块、煤气泄漏报警探测器等组成。

园区采用消防控制中心报警系统，在物业管理中心设置消防控制中心。该系统采用总线制报警、总线制联动方式，对于直接参与灭火的消防泵、喷洒泵、加压水泵等重要设备在消防中心设置直接手动控制按钮。

②探测器的设置

地下车库、电气配电室等位置设置感烟、感温探测器，并在主要出入口设置手动报警按钮。

③联动功能

当发生火灾时，感烟探测器、感温探测器、消火栓报警开关、水充批示器、压力开关向消防中心报警，经自动识别确认后，联动系统发生执行预设程序指令。

火灾时，在消防中心手动、自动启动消防泵、喷洒泵灭火。

排烟机、送风机自动启动以保证人员疏散。

应急疏散指示标志灯自动点燃。

加压风机自动开启保证人员疏散安全。

自动迫降电梯至首层，供消防人员待用。

自动降落防火卷帘以防火情蔓延。

当煤气泄露时报警探测器报警，联动关闭煤气阀。

按《火灾自动报警系统设计规范》设置消防电话。

2. 节能

（1）建筑标准

根据《民用建筑节能设计标准》（JGJ26-95），居住建筑节能50%，其中建筑物承担30%，在外墙、屋顶、窗等围护结构的传热系数上严格控制，构造上减少冷桥，加强窗气密性，以利达到节能指标要求。

（2）照明节能措施

在本工程中所有光源主要采用高效节能荧光灯、金属卤化物灯等新型光源。

在满足显色性要求的基础上采用高效光源。

根据视觉工作需要，精选照度水平。

根据灯具光学特性，选用无眩光的高效灯具。

荧光灯选用带补偿电容的电子启动器，将功率因数提高到0.9以上。

（3）生态节能措施

绿色生态办公，缩写EOD，它是一种健康、环保、生态、绿色的具有生命力的新型商务办公模式。

它遵循生态平衡及可持续发展原则，规划建筑内外空间的布置和能源约束，使其在系统内部能够有序地循环转换，从而获得一种高效、低耗、无废物污染的生活和办公方式。

在主楼屋顶、附楼屋顶建造屋顶花园。长满郁郁葱葱植物的屋顶就像一部"天然空调"，在夏季可使室内温度降低3℃左右。

绿色的草坪、绿色的屋顶花园、绿色的大堂中庭、绿色的生活空间……人们一踏入项目便能看到扑面而来的盎然绿意。

（4）建材节能措施

项目通体采用透明玻璃窗，采用透光率高、反射率低的玻璃，减少对周围环境的光污染，降低热辐射通过量，使大厦保温节能。

用水设备均选用国家有关部门推荐使用的节能产品。

（5）设计节能措施

合理的开间设计，享受自然采光。

大厦的平面设计近乎方形，核心筒居中，便于合理利用空间，适当的开间和进深令任何办公空间都会享受到自然采光和别样风景。

（6）采暖节能措施

建筑采用低温热水地面辐射采暖系统。

3. 防雷

（1）防雷级别的确定

高层按二级防雷措施设置。

（2）防雷措施

在建筑物女儿墙上用镀锌圆钢作避雷带，利用建筑物周边构造柱内两根主筋作引下线，利用建筑物桩基作接地装置。为防侧击雷在30米以上每三层设一圈均压环，所有外露的金属构件、金属门窗必须与此均压环焊接。

为防感应过电压，所有进出建筑物的金属管道、电缆的保护管均做总等电位联结。在卫生间或有淋浴池的地方设局部等电位联结。

（3）保护接地系统

低压配电系统接地形式在设有室内变电所的各建筑物内采用TN-S系统，在无室内变电所及采用室外箱式变电站供电的建筑物内采用TN-C-S系统。

（4）接地措施

本工程采用综合接地系统，保护接地与防雷接地共用接地装置，接地电阻要求小于1欧姆，如实测不能满足接地，需打辅助接地极，直至满足要求为止。

（5）负荷计量

公寓、网点采用集中电表箱分户计量，其他公用建筑在自维变电所采取高压端计量。所有电表数据均远传至物业管理中心。

4. 智能配套方案

（1）OA办公自动化

①综合布线系统（POS）

标准层每5平方米提供一个信息点，支持图形、语音、数据传播，并可根据客户需要随时增改信息点的位置及数量。

②通信系统

引入集团用户网，具备公众网和小交换机所具备的一切业务功能，实现全面的电信解决方案。大厦设无线电通信防屏蔽系统，实现整个大楼通信无盲区。

数字光纤通信系统接入，数据通信服务包括：Internet上网、VOD点播、物业管理、商务等方面的服务。

③大厦内引入市话线路

向用户提供市话、国内长途、国际长途通话服务。

④计算机网络系统

大厦东西两侧至少设两个弱电竖井，网络运营商（如中国联通、网通等）提供网络服务，实现宽带入户。智能化网络100兆入楼，10兆桌面。

⑤电讯及弱电系统

大厦内设电话程控站，提供充足的数据接口，综合布线系统由客户根据实际需要布置及安装。

（2）BA楼宇综合布控

①供暖系统

城市供暖体系，暖气供暖。

②供电系统

采用高低压双路供电系统，自动互投，具备自动发动机。

③照明系统

各层正常照明采用环网供电方式供电至各层照明总箱。各层走廊、前室等公共场所设应急照明。在各层走道及出入口设诱导灯和安全出口指示灯（疏散指示灯）。大厦一层设建筑物立面效果泛光照明灯。设24小时不间断的夜景照明系统。

④电视广播系统

接入城市有线电视网；大厦设广播前端室，供大厦播放背景音乐及消防紧急广播；大堂、每层楼道设高档音响系统。

⑤供水系统

大厦供水系统由自动变频水泵供水，行政卫生间提供24小时热水。

⑥远程抄表系统

每户消耗的电、水可远程传输到抄表中心。

（3）SA保安综合布控

①电视监控系统

大厦设安全防范中心，内设监控主机及相关设备，实行24小时监控，大厦各出入口、车库、走道、电梯轿箱等安置摄像头，设置摄像自动切换监控处，采用多画面分割器，可以更多地显示、记录、回放图像；装设中央闭路电视，由专业人员24小时监察并有保安巡视。

②IC卡控制

停车管理及可视对讲系统。

（4）FA消防报警布控

大厦内各公共部分（大堂、走廊、电梯厅等）及商住楼部分均设有喷淋及烟感设备，大厦内设置消防龙头、消防梯、安全疏散通道，并保证中控室实施电脑在线监控。

①自动消防系统

大厦消防报警控制系统采用类比智能式火灾自动报警控制系统，在各楼层办公室、电梯前室、机房等处设置类比智能烟感探测器；大面积公共区域设置智能烟感探测器，各层公共走道设置带电插孔的手动报警器；地下车库、设备用房等处设感温探测器。

②消防用电

消防用电均采用双路互投（24小时不停电）；报警系统为总线地址编码类比控测，消防水泵、消防喷洒水泵、消防稳压水泵、正压送风机、排烟风机等消防设备为多线控制，其他消防设备为总线控制，并通过控测总线返回信号、烟感、自动喷淋系统。

（5）PA停车管理布控

停车管理采用自动化系统，用于停车场的车况监测、车辆的服务管理、场内环境状况监测。

（6）综合管理系统

大厦采用国际化先进的楼宇设备管理系统，将传统分离的楼宇（BA）、消防（FA）、保安（SA）、停车场（PA）、办公自动化（OA）等各个子系统进行综合管理。

七、环境影响评价

1. 项目建设与运营对环境的影响

（1）环境影响范围与影响因素

本项目对周边的环境影响主要表现在社会环境、生活环境和生态环境三个方面。就社会环境而言，主要影响参数为周边的土地资源、建筑物、人文景观等；生活环境影响参数为关系到校区及周围居民生活区的环境空气质量、声环境质量等；生态环境中的主要影响参数为水环境质量、固体废弃物与污水排放处理情况等。

根据本项目的性质、内容及规模，首先识别出工程实施后对区域环境产生影响的因素，这些因素主要体现在项目建设期和运营期两个阶段中。

对于本项目而言，需要从空气环境、声环境、水环境和固体废弃物四个方面加以具体分析。

▶—— 表15-4 环境影响矩阵分析表

环境项目	工程活动	影响因子	工程阶段	
			建设期	运营期
空气环境	施工作业	扬尘	■	
	绿化工程	景观（减少污染）	○	□
声环境	施工作业	施工机械噪声	■	
	空调系统、供排水系统的运作	设备噪声	●	▲
水环境	施工作业	施工排水	▲	
	日常工作	生活排水、综合排水		▲
固体废弃物	施工作业	建筑垃圾	▲	
	日常工作	生活垃圾、综合垃圾		▲

注：□为严重正影响 ○为中等正影响 ■为严重负影响 ●为中等负影响 ▲为轻度负影响

由上表可以看出，项目的建设对环境的影响主要是建设期的扬尘、噪声。

（2）对空气环境影响的分析和评价

①空气环境质量标准

空气环境质量评价执行GB3095-1996《环境空气质量标准》的二级标准。

▶── 表15-5 《环境空气质量标准》（二级标准）

污染物	浓度限值（毫克/米^3）		
	年平均	日平均	1小时平均
TSP	0.20	0.30	—
SO$_2$	0.06	0.15	0.50
CO	—	4.00	10.00
NO$_2$	0.04	0.08	0.12

②空气环境的影响

本项目建设期的主要空气污染来自于土建工程施工引起的扬尘污染。拆迁、场地平整、掘土、地基深层处理及土石方、建筑材料运输等建筑施工行为的扬尘产生情况一般是每个建筑活动月、每4000平方米占地面积排放扬尘1.2吨，工程运输车辆引起的扬尘主要对沿途30米范围内的空气产生影响，并且为线性污染，路边的TSP浓度可达10毫克/米^3，远远超过《环境空气质量标准》，因此，扬尘和粉尘将是影响本项目建设期空气质量的重要因素。

而本项目投入使用后会产生一定量的气体污染物，在运营期会产生空气环境污染。

（3）环境噪声的影响分析和评价

①噪声环境质量标准

项目属于商业为主的建筑，其施工期噪声应遵循GB12523-90《中华人民共和国国家标准建筑施工场界噪声限值》标准。而运营期的声环境应执行GB3096-93《城市区域环境噪声标准》一类标准。

▶── 表15-6 不同施工阶段作业噪声限值

施工阶段	主要噪声源	噪声限值		单位
		昼间	夜间	
土石方	推土机、挖掘机、装载机等	75	55	dB（A）
打桩	各种打桩机等	85	禁止施工	dB（A）
结构	混凝土搅拌机、振捣棒、电锯等	70	55	dB（A）
装修	吊车、升降机等	65	55	dB（A）

▶—— 表15-7 《城市区域环境噪声标准》（一类标准）

类别	噪声限值（dB）	
	昼间	夜间
1	55	45

②噪声影响分析

本项目的环境噪声影响评价包括施工期和运营期两部分评价内容。项目施工期噪声污染来源于推土机、挖掘机、打桩机、空压机、搅拌机、风镐、振捣机、电锯等施工机械产生的机械噪声，施工机械的噪声特点是持续时间长，强度高，其瞬时噪声值可达89~120分贝，这些非稳态噪声对周围环境产生的影响可达到严重负影响程度。

本项目投入使用后，经过建筑墙体隔声及绿化带消声之后，对外部影响较轻；此外还有空调、供排水系统设备运转产生的噪声，该部分噪声规模不大，加之绿化带的消声作用，其影响程度较轻。

（4）对水环境的影响分析和评价

①水环境质量标准

本项目对水环境的影响主要表现为实验用水和日常工作中的污水排放，根据沈阳市污水排放使用有关标准，项目废水排放浓度限值执行GB8978-1996《污水综合排放标准》的一级标准。

▶—— 表15-8 中华人民共和国《污水综合排放标准》一级标准

污染物	悬浮物	化学需氧物	动植物油	元素磷
上限（mg/L）	100	60	20	0.1

②对水环境的影响分析

水环境的影响主要通过对建筑范围内地面水域及功能、工程的施工方案、生活服务区的位置及规模、本项目地表水流方位及现有水污染排放源的调查，取样测试有害成分含量，决定排出污水是否处理，并提出处理措施或建议。

在本项目施工期间，主要发生施工排水和生活排水，由于项目所在地没有邻近的水源和流经的地面水域，且该区域施工排水设施比较完善，故而施工期污水对环境的影响程度较轻。

在运营期间，主要污染源是生活污水排放和综合排水，集中处理后会大大降低对环境的影响。

（5）固体废弃物对环境的影响分析和评价

在项目建设期，固体废弃物主要包括建筑垃圾和生活垃圾。在项目运营期，固体废弃物主要是生活垃圾。这些固体废弃物如果处理不当，将对周边环境产生不良影响，需要通过采取合理的规划和有效的措施加以控制。

2. 环境保护措施

针对本项目的建设期和运营期将对环境可能产生的影响，制定以下措施加以控制。

（1）空气环境保护措施

①建设期

根据沈阳市房屋开发和建设施工环境保护管理的有关规定，建设施工期间采取如下扬尘防治措施：

施工场地周边设置高度在1.8米以上的围挡；土堆、料堆进行遮盖或喷洒覆盖剂；

建筑垃圾的堆放不超出场地围挡范围，施工场地不堆放生活垃圾；严禁高空抛撒建筑垃圾；

建筑材料运输过程中进行遮盖，防止散落，尽可能减少运输中产生的扬尘。

②运营期

有特殊要求的项目要配备通风橱、超净工作台；

放射性废气排放时应确保不污染周围空气，否则应做净化处理。

（2）水环境保护措施

①建设期

对于施工过程中的水环境进行实时监控和保护，对施工填、挖方时堆积的扬土、扬尘等影响水土环境的施工废料及时进行简易的绿化措施，以保持水土状况和绿化环境。

②运营期

在水资源保护方面，一方面是做到雨污分流，雨水通过管线排至污水管中；另一方面是所有生活污水经化粪池处理后排入市政管网，输送至污水处理厂。

（3）声环境保护措施

①建设期

本建设项目的施工是露天施工，具有流动性和间歇性较强的特点，施工过程中优先采用低噪声机械设备，严禁使用明显老化或拟淘汰的设备。同时，对各施工环节中噪声较强的设备采取局部吸声、隔声降噪措施，建设临时隔声屏障以达到降噪效果。对不同阶段的施工噪声将严格遵守中华人民共和国《建筑施工场界噪声限值》（GB12523-90）中的规定标准，将施工噪声对学校正常的教学活动产生的干扰降至最低。

②运营期

通风、空调系统制冷机设备选用低噪声设备，对电机、水泵、风机等设备采取隔声、吸声、减振降噪措施，对噪声较大的环节建设隔声机房。在运营期，将按时组织设备维护保养，检查噪声源，将设备噪声控制在最低水平。

（4）固体废弃物控制措施

①建设期

在项目建设期，及时处理和清运建筑垃圾和生活垃圾，防止污染地下水源；严禁焚烧有毒、有害物质，以避免污染空气；设立达标卫生设施，污水经处理后方可排放。

②运营期

无毒废物按垃圾处理；

能够自然降解的有毒废物，集中深埋处理；

不能自然降解的有毒废物，集中到焚化炉焚烧处理；

放射性固体废物，先集中在专用的废物桶内，再根据具体情况采用放置、焚化等方法处理。

（5）环境保护设施与投资

根据国家有关规定，本项目的建设严格做到"三同时"，将环境保护措施的费用列入工程概算。

①环境保护设施

在室外配套工程建设中，结合规划，重点规划设计并建设环保设施，如化粪池、雨污管井、生活垃圾收集点等等。同时，将绿化与噪声消除、净化空气等环保措施结合起来，通过生态的方式消除噪声，达到净化空气、提高空气质量的目的。绿化景观规划主要是结合周围景观设计，在建筑物两侧布置广场和绿地，树木栽植注意多样性及高低、疏密合理搭配。

②环境保护投资

此外，项目投资估算中有专项资金用于环保配套工程，98.00万元的室外配套工程费用包含了建设阶段围墙、运输车遮盖、雨污分流的管网以及绿化等措施的投资费用，这些方面都可以降低项目建设对环境的影响。

3.环境保护措施实施评价

总之，项目的建设将完全按照《环境空气质量标准》（GB3095–1996）、《污水综合排放标准》（GB8978–1996）、《大气污染物综合排放标准》（GB16297–1996）、《城市区域环境噪声标准》（GB3096–93）等国家相关标准来指导建设工作和日常运营。

项目建设期污染属短期行为，待施工结束后即可消除。在此期间，将采取有效措施，尽量减轻扬尘的产生，采用局部吸声、隔声降噪技术，在隔离体上辅以吸声材料，降低噪声；项目建成运营期对环境的污染主要有废水、噪声和固体废弃物等，各项污染经采取适当措施治理后，均可达到相关的排放标准要求。

由于项目属于非生产性项目，除一般的生活污水和生活垃圾外，其他化学试验物和废弃物都会集中管理和处理，不产生其他严重的环境污染源。通过采取环境保护措施，完全能达到国家环境保护法律法规和技术规范的要求。

因此，从社会、经济、环境等方面综合衡量，通过落实各项污染防治措施，可以最大程度地避免对周边环境的负面影响，并可以保证较好的环境质量，从环境保护的角度分析，该项目的建设是可行的。

八、项目组织机构与进度计划

1. 组织机构与人力资源

（1）组织机构

本项目是既有项目法人项目，因此，不需重新设立项目组织机构，只需在公司成立本项目管理部，负责本项目实施的组织和管理。

为了加强对本建设项目的管理，确保工程质量、工期和控制造价，应按项目管理模式组织工程建设。考虑到国家对建设工程有专门的法律规定，由公司履行项目法人职责，全面负责基础设施项目的规划、筹资、建设管理、协调和决策，具体负责工程项目的规划、设计、招标、施工的组织管理和办理各种建设手续。选调有经验和管理能力强的技术人员承担项目的管理工作，保证工程项目在质量、进度和造价三个方面按预定目标建成投入使用。

（2）项目管理人力资源配置

本项目人力资源配备的主要任务是在项目管理部内配备土建、电气、水暖、造价等方面的专业技术人员从事工程项目管理；项目运行后实行物业管理。

2. 项目招投标管理

（1）招标原则与建设程序

①招投标管理原则

本着"公开、公正、公平"的招标原则，贯彻执行《建筑法》《招标投标法》《合同法》和《建设工程质量管理条例》，对基础设施建设项目采用招标方式，依据沈阳市的有关规定在市交易中心报建、发布信息、开标、评标，通过竞争择优选择承包单位。

对建设项目实行工程监理制，委托监理单位对施工阶段进行全过程质量控制、进度控制和造价控制，确保建筑物安全可靠。全面实行合同管理制，通过加强合同管理，确保工程按照设计文件、规范标准和合同文件有序顺利地进行。

②工程建设组织程序

编制本项目申请报告报送主管部门核准；

进行建筑方案设计、办理工程规划审批手续；

进行设计单位招标或委托，进行本项目详规设计和施工图设计，编制设计概算，报主管部门审批；

进行工程报建和施工招标，办理施工许可；

组织工程全面施工；

组织工程竣工验收，交付使用。

（2）招标实施

①招标方式

本项目实行公开招标。

招标组织形式拟采用委托招标方式，委托具有相应资质的中介机构代理招标。

②招标范围

本项目的招标范围建议为：勘察、设计、施工、监理以及主要设备、材料的采购。招标方式为公开招标，通过公开招标，可以在较广的范围内择优选择信誉良好、技术过硬、具有专业特长及丰富经验的设计单位、监理公司、施工企业和生产供应商，以保证工程的质量和降低工程造价，提高工程项目的社会效益和影响。

③招标程序

申请招标，准备招标，发布招标广告，进行资格预审，确定招标人名单，发售招标文件，组织现场考察，召开标前会议，发送会议记录，接受投标书，公开开标，审查标书，技术答疑，评标比较，评标报告，定标，发出中标通知书，商谈合同，通知未中标人。

▶── 表15-9 本项目招投标的具体要求

	招标组织形式		招标方式		不采用招标方式	招标范围	
	委托招标	自行招标	公开招标	邀请招标		全部招标	部分招标
勘察设计	√		√			√	
建筑工程	√		√			√	
安装工程	√		√			√	
监理	√		√			√	
主要设备	√		√			√	
主要材料	√		√			√	
审批部门核准意见说明： 审批部门盖章： 年 月 日							

━━● **表15-10 招标基本情况表**

	招标组织形式		招标方式		不采用招标方式	招标范围		招标估算金额	投标单位资质要求	拟划分标段
	委托招标	自行招标	公开招标	邀请招标		全部招标	部分招标			
勘察设计	√		√			√			甲级	
建筑工程	√		√			√			甲级	
安装工程	√		√			√			甲级	
监理工程	√		√			√			甲级	
主要设备	√		√			√			甲级	
主要材料	√		√			√			乙级	
情况说明：										

项目单位盖章：
年 月 日

3.项目实施进度安排

（1）建设工期

经过论证，本项目总的周期约为18个月（包括项目的立项申请），自2007年11月起至2009年5月止。其中，建设工期约为10个月。2008年11月竣工并投入使用。

（2）项目实施进度安排

根据建设程序的要求，结合本项目的特点和工程量以及对项目的使用要求，确定本项目实施进度安排如下：

━━● **表15-11 项目进度计划表**

序号	工作名称	持续时间	开始时间	结束时间
1	立项申请与审批	15个工作日	2007年12月3日	2007年12月21日
2	初步设计及审批	40个工作日	2007年12月10日	2008年2月1日
3	施工图设计与审查	40个工作日	2008年1月7日	2008年2月29日
4	施工招投标	35个工作日	2008年1月28日	2008年3月14日

续表

序号	工作名称	持续时间	开始时间	结束时间
5	平整场地	15个工作日	2008年3月10日	2008年3月28日
6	主体施工工程	132个工作日	2008年4月1日	2008年10月1日
7	装修与设备安装工程	55个工作日	2008年8月11日	2008年10月24日
8	室外配套工程	40个工作日	2008年9月22日	2008年11月14日
9	竣工验收交付使用	20个工作日	2008年11月17日	2008年12月12日
10	项目销售与运营	375个工作日	2008年4月25日	2009年10月1日

九、投资估算与资金筹措

1. 投资估算的依据及说明

（1）土地费用

本项目占土地面积共6105.3平方米，土地用途为商业，以出让方式取得，取得土地过程所支付的费用包括土地使用权出让金、动迁及安置补助费、契税及其他费用；按照目前沈阳市土地出让的基本制度及公司实际投入情况，可确定此项费用约为5020元/米^2。

（2）城市基础设施配套费

根据辽财综函〔2003〕133号、沈建委发〔1999〕93号、沈价发〔2002〕44号、沈财综〔2003〕296号等文件的规定，沈阳市建设项目联合收费办公室、区建设局（建委）收取城市基础设施配套费的标准为：公建148元/米^2（包含代收40元/米^{2}的人防易地建设费）。

（3）前期费用

"ST大厦"项目的主要前期工作费用，包括政府收费、社会费用等两大部分，其中政府收费包括工程定额编制测定费、建设工程质量监督费、规划服务费、卫生设施审查费等；社会费用包括勘察规划设计费、工程监理费和建筑工程保险费等，大约为每平方米建筑面积110元。

（4）建筑安装工程及装修费

根据国家建设部、财政部二〇〇三年十月十五日联合发布的关于印发《建筑安装工程费用项目组成》的通知（建标[2003]206号），结合沈阳地区的有关工程、设备及材料等的市场行情，并适当考虑《建设工程工程量清单计价规范》（GB50500-2003）的有关精神，估算得出本项目的建筑安装工程费

（含土建、水电、设备等）及装修费的估算结果，大约为2556元/米²。

（5）园区配套费

包括园区内场地平整、路面、软质环境及硬质环境建设等相关费用，大约为300元/米²。

（6）项目开发费用

"ST大厦"项目的开发费用包括管理费用、销售费用、财务费用等，其主要估算过程如下：

①管理费用

包括管理人员的工资、办公费及差旅费等，预计为（1）~（5）项投资总和的1.5%。

②销售费用

由于沈阳市公建类房地产市场的竞争日趋激烈，"ST大厦"项目也应采取科学的营销策略、有效的营销手段，进而在市场上赢得主动。

因此，本报告将销售费用划分为营销费用（例如，广告宣传、售楼员工薪金等）和其他费用两大部分，大约的费用标准预计为销售收入的1.6%。

③建设期利息

根据金融机构现行1~3年期限的贷款政策，贷款年利率取7.47%。

（7）预备费

包括基本预备费和涨价预备费。基本预备费，又称不可预见费，是指在项目实施中难以预料的支出。它需要事先预留，并主要用于设计变更和施工过程中可能增加的工程量的费用。

涨价预备费是指针对建设期内由于可能的价格上涨引起的投资增加，需要事先预留的费用。

对于"ST大厦"项目及工期而言，上述两项费用根据估算大概为总投资的3.6%。

2. 总投资估算

（1）建筑工程工程量

依据项目初步设计方案，可以得到该建筑工程建筑面积工程量表：

▶━ 表15-12 建筑工程建筑面积工程量表

序号	建设项目	建筑面积（平方米）
1	公寓及写字间	11 369
2	商铺	5091
3	地下停车场及设备用房	2660
	合计	19 120

（2）总投资估算结果

依据投资估算的依据，结合建筑工程的建筑面积工程量，可以得到总投资估算表：

▶— 表15-13 项目总投资估算表

序号	类别	计算基数	技术经济指标	金额（万元）
1	土地取得费用	6105.30平方米	5020元/米^2	3064.86
2	前期费用	19 160.00平方米	110元/米^2	210.76
3	城市基础设施配套费	19 160.00平方米	148元/米^2	283.57
4	建筑安装工程费	19 160.00平方米	2556元/米^2	4897.30
5	园区配套费	19 160.00平方米	300元/米^2	574.80
6	管理费用	9031.28万元	1.50%	135.47
7	销售费用	13 787.69万元	1.60%	220.60
8	财务费用	5811.91万元	7.47%	434.15
9	预备费	9821.51万元	3.60%	353.57
	合计			10 175.08

综上可得项目总投资约为10 175.08万元。

（3）投资计划

依据投资估算的依据及说明与总投资估算结果，结合项目进度计划，可以得到项目投资计划。

3.资金筹措方案

"ST大厦"项目的开发单位沈阳市宏建房屋开发有限公司，将主要依靠自有资金、负债筹资（银行贷款）两种途径获得建设资金，并辅以适量的售房款收入。

项目总投资的具体来源包括：

自有资金：4000万元，第一年全部投入；

银行金融机构贷款：根据项目进展向银行金融机构贷款（年利率7.47%）；

房地产预售。

根据现行银行1~3年期的企业贷款年利率，同时考虑到筹资过程中涉及的承诺费、评估费等筹资费用以及自有资金与贷款的比例等，本报告认定，"ST大厦"项目的综合资金成本率为8%，项目还款能力较强，开发单位资信良好，并配合抵押与保护性条款，银行金融的融资风险很小。因此，初步的融资方案基本可行。

十、经济效益分析

1. 项目销售计划

（1）销售价格的确定

根据"ST大厦"地块周边楼盘的情况分析，结合大东区及沈阳市房地产市场发展的趋势，本报告认定的"ST大厦"各类物业的平均售价为：

写字间6150元/米^2；

商业网点平均售价12 500元/米^2；

车位12万元/个。

（2）销售计划

根据各类房地产产品的面积以及相应的销售均价，将"ST大厦"项目的销售收入情况汇总于下表。

▶—— **表15-14 项目销售计划汇总表**

序号	项目	数量	销售均价	销售收入（万元）
1	写字间	11 369平方米	6150元/米^2	6991.935
2	商业网点	5091平方米	12 500元/米^2	6363.75
3	车位	36个	12万元/个	432
合计				13 787.685

项目按季度销售计划如下表所示：

▶—— **表15-15 项目按季度销售计划**

序号	类别	合计	2008年	2009年		
			四季	一季	二季	三季
1	网点销售百分比	100%	5%	5%	45%	45%
2	商业网点销售额	6363.76万元	318.19万元	318.19万元	2863.69万元	2863.69万元
3	写字间销售百分比	100%	5%	5%	45%	45%
4	写字间销售额	6991.94万元	349.60万元	349.60万元	3146.37万元	3146.37万元
5	车位销售百分比	100%	10%	15%	35%	40%万元

续表

序号	类别	合计	2008年	2009年		
			四季	一季	二季	三季
6	车位销售额	432万元	43.20万元	64.80万元	151.20万元	172.80万元
7	合计	13 787.69万元	710.99万元	732.59万元	6161.26万元	6182.86万元

（3）税金估算

项目缴纳的营业税及附加综合税率为5.55%。

企业预交土地增值税暂定为销售收入的1.5%，待项目清盘后按增值的30%计，多退少补。

企业所得税税率为25%。

2. 盈利能力分析

（1）静态指标

①静态投资利润率

本项目年均利润额为1146.42万元，项目静态投资利润率为11.34%。

②静态投资回收期

项目投资回收期（所得税前）=1.89年

项目投资回收期（所得税后）=1.91年

（2）动态指标

①净现值

根据银行贷款利率及风险因素，本项目采用银行贷款利率加风险调整值合计8%为财务基准收益率。

净现值（所得税前，全部投资，ic=8%）=1158.37万元；

净现值（所得税后，全部投资，ic=8%）=669.15万元；

净现值（所得税后，自有资金，ic=8%）=1463.03万元；

②内部收益率

项目投资财务内部收益率（所得税前，全部投资）=19.51%；

项目投资财务内部收益率（所得税后，全部投资）=14.84%；

项目投资财务内部收益率（所得税后，自有资金）=31.05%。

3.清偿能力分析

依据投资计划与融资方案，可以得到项目借款计划与还本付息表。

4.不确定分析

（1）盈亏平衡分析

盈亏平衡分析又称保本点分析或量本利分析法，是根据产品的业务量（产量或销量）、成本、利润之间的相互制约关系的综合分析，用来预测利润、控制成本、判断经营状况的一种数学分析方法。

经过盈亏平衡分析计算，可以得到以下盈亏平衡分析结论：

盈亏平衡点（房地产销售价格）=73.52%

价格允许下降为原销售价格的73.52%，项目达到盈亏平衡。

盈亏平衡点（建安工程费）=4166元/米^2

建安工程费允许上升到4166元/米^2，项目达到盈亏平衡。

（2）敏感性分析

敏感性分析是指从众多不确定性因素中找出对投资项目经济效益指标有重要影响的敏感性因素，并分析、测算其对项目经济效益指标的影响程度和敏感性程度，进而判断项目承受风险能力的一种不确定性分析方法。

以项目土地价格、建造成本和销售价格为影响因素，进行敏感性分析。经过计算，敏感性分析结果如下表和图所示：

❯── 表15-16 项目敏感性分析

项目	序号	变动幅度	IRR（税后）	NPV（税后）（万元）	投资回收期（税后）（年）
	0	原方案	14.84%	669.15	1.91
土地价格	1.1	土地价格+20%	10.97%	301.58	1.93
	1.2	土地价格+10%	12.88%	492.17	1.92
	1.3	土地价格+5%	13.91%	587.46	1.91
	1.4	土地价格−5%	16.10%	778.05	1.90
	1.5	土地价格−10%	17.27%	873.34	1.89
	1.6	土地价格−20%	19.80%	1063.92	1.88
建造成本	2.1	建造成本+20%	9.38%	125.98	1.94
	2.2	建造成本+10%	12.05%	404.37	1.93
	2.3	建造成本+5%	13.48%	543.56	1.92
	2.4	建造成本−5%	16.54%	821.94	1.90
	2.5	建造成本−10%	18.18%	961.14	1.89
	2.6	建造成本−20%	21.71%	1239.52	1.86

项目	序号	变动幅度	IRR（税后）	NPV（税后）（万元）	投资回收期（税后）（年）
销售价格	3.1	销售价格+20%	26.35%	1833.84	1.84
	3.2	销售价格+10%	20.66%	1258.29	1.87
	3.3	销售价格+5%	17.82%	970.52	1.89
	3.4	销售价格−5%	12.14%	394.98	1.93
	3.5	销售价格−10%	9.30%	107.21	1.94
	3.6	销售价格−20%	3.64%	−468.33	1.98

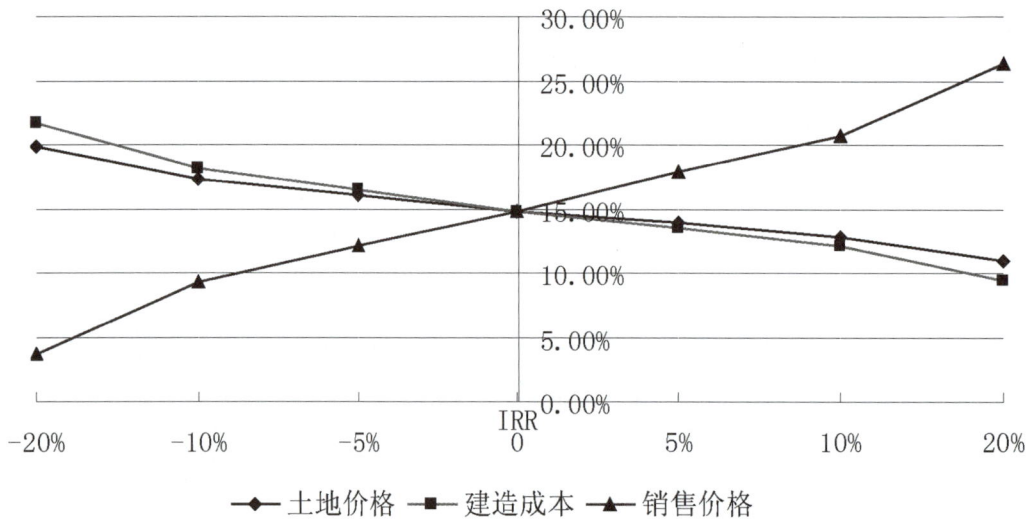

▶── 图15-4 IRR敏感性分析变动幅度图

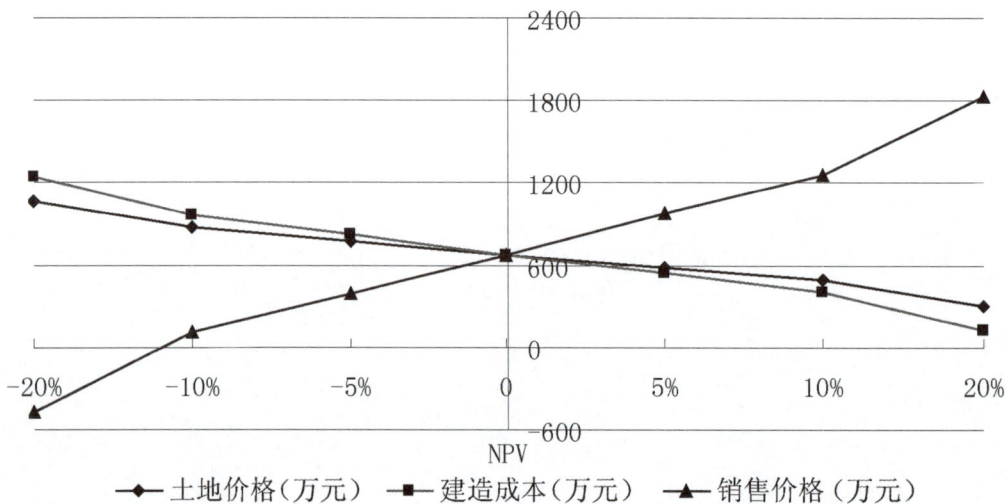

▶── 图15-5 NPV敏感性分析变动幅度图

可以看出：

销售价格为最敏感性因素，在经营过程中需要密切关注，但是当销售价格降低10%时，项目净现值为107.21万元，内部收益率为9.30%，说明该项目抗风险能力比较强。

综上所述，本项目具有良好的抗风险能力。

十一、风险分析及对策

1. 政策风险

（1）政策风险分析

自2008年1月1日起施行的《中华人民共和国企业所得税法》第一条规定：在中华人民共和国境内，企业和其他取得收入的组织（以下统称企业）为企业所得税的纳税人，依照本法的规定缴纳企业所得税。个人独资企业、合伙企业不适用本法。

本项目企业所得税的税率为25%。

《物权法》的颁布对房地产行业也有影响。

（2）政策风险对策

时刻关注政策信号，根据获悉的信号，及时调整投资行为，从而规避风险。

政策的不确定性必然对项目地块的运作产生影响，从目前沈阳市和大东区政府在各领域政策的开放速度看，相应对策表现为能否有效利用新政策，公司将及时与政府沟通，及时地反馈政策信息，紧紧把握目前的历史机遇，在短期内建立全面的竞争优势。

2. 市场风险

（1）市场风险分析

基于沈阳目前的写字楼及商业裙房的供需、国家资本市场开放力度、大东区的发展，该项目的市场风险主要为：

市场中竞争对手，特别是在同时期推上市的楼盘的情况，直接影响到房地产项目收益，而房地产市场变化对房地产投资的商业风险影响很大。

例如，当同期同类型竞争性房地产出现后，整个市场的供需情况及同期同类型地产上市面积等因素，影响到价格、回款速度，最终影响所投资的房地产项目的经营收益。对于竞争性房地产项目是否出现，出现时间的早晚等问题，必须在房地产投资决策之前进行详细研究。

市场风险主要来源于市场对所开发产品尤其是商业部分的接受程度，据目前的市场调查，截至本项目上市前，2008、2009年是新写字楼上市的一个高峰期，而该项目完工于高峰期，所以在该项目上市时的市场接受风险很大，但也有机会。

（2）市场风险对策

在项目前期，把营销推广工作做足，对商业和写字楼部分进行有针对性的特色包装推广，提高预定目标客户群的认同度，加大招商力度，控制好资金投入比例，时刻关注市场供需、价格的变动，以保证项目的顺畅运作。

所有的政策从制定到贯彻执行，乃至取得预期调控效果都有一定的时间间隔，经济学上称之为政策调控时滞。其产生的主要原因一是政策本身有一个传导和完善的过程；二是政策的实施有一个由点到面的推广过程；三是政策手段产生影响也有一个被市场经济主体接受和反应的过程。商业房地产投资者可在获悉政策制定而尚未实施时，抓住时滞留出的一定空间，及时做出符合投资收益原则的进退选择。

3. 经营管理风险

（1）经营管理风险分析

对于商业房地产项目而言，经营管理不善会使经营成本增加，营业收益低于期望值，导致经营失败，因此，经营风险是商业房地产项目面临的最主要风险。项目的经营风险主要体现在决策方面，包括项目定位、项目招商、项目营销推广等，经营风险的规避主要是通过在充分进行市场调研的基础上做好项目定位和整体规划，分步实施，在动态中逐步增加投资，形成良好的资金链，通过招标选择好的施工单位和供应商，控制好建设成本。

（2）经营管理风险对策

项目管理水平的高低，决定了项目收入支出的大小，也就决定了房地产项目抗商业风险的能力。管理水平高的房地产项目，其经营支出低而经营收益高，这样就保证了尽快收回投资，保证了在外部环境变坏的情况下也能维持运营。因此，为了降低商业风险，该项目在投资时必须对经营过程中的管理水平做出准确评价。经营管理风险的规避主要靠不同专业人士组成的项目管理团队。

因为商业房地产单纯依靠经营而获得收益，需要依托于商业地段价值和经营特色，所以商业性更强，对开发商和物业管理的商业经营管理水平要求更高。

4. 财务风险

（1）财务风险分析

①投资估算的风险

对项目进行投资估算时，由于存在较多不确定性，这种估算不可避免地会存在偏差，同时，建设期内相关政策、法律、市场等因素的变化可能会对估算投资产生影响，最终可能影响公司在本项目的收入和盈利能力。

②筹资风险

房地产项目开发50％以上的资金来自银行贷款，在沈阳，银行要求只要项目自有资金达到总投资的35％就可以进行银行融资。本项目投资大，建设周期较长，建设资金预估50％通过银行贷款解决，有可能给本项目的资金筹措带来风险，若因任何不可控或不可预见的因素造成项目建设成本超支、项目建设期延长，将进一步增加资金筹措压力。

③贷款偿还风险

由于项目的开发期为两年，项目开发上市后市场的销售、出租情况存在不确定性，使资金回笼具有不确定性。一旦项目开工，就不能停下，项目的各项开支必须及时偿付，如果资金的筹措渠道不畅，可能造成资金不能有效供给，使后续工程延后直至停工。

（2）财务风险对策

应加大宣传、推广力度，尽可能地增加回款额或是提高回款速度。

准确把握国家宏观经济形势，及时调整有关策略，并与各银行保持良好的合作关系，拓展各种可能的筹资渠道，增强项目本身的抗风险能力。

在进行投资估算时，适当考虑计入一定比例的不可预见费，预算各项资金的到位额，也要留有一定余地。目前企业采用的企业所得税是15%（享受税收优惠后的比例），从2008年起执行两税合并后的25%，对于未来，在实施过程中，应定期对估算投资进行审核验证，如发现对估算投资产生重大影响的变化，应及时对估算进行调整，同时调整融资策略。

加强管理，保证工程能按期完工，加强销售、出租力度，保证或提高现金回流速度。

充分利用开发商资源进行融资，尽可能以多种途径调动和运作资金，减少财务压力，分散风险。

十二、结论与建议

1.结论

经过论证，可以认为本项目将推动大东区经济的快速发展、完善，促进地区产业结构升级，对促进沈阳市乃至东北地区经济的持续快速发展也具有十分重要的现实意义，该项目的建设是十分必要的。

本项目拟定的建设规模和建设方案科学合理，经市场调查和预测分析，本项目的开发与建设符合所在地区的发展目标和方向，同时，由于该项目所处的地理位置优越，因此招商引资的市场前景比较乐观。本项目的各项技术经济指标比较理想。

敏感性分析表明该项目在土地价格、建造成本和销售价格变化时，经济效益指标（IRR和NPV）变化不明显，说明项目具有较强的抗风险能力。

综上所述，可以认定该项目是可行的。

2.建议

本项目的各项经济指标说明项目在经济上是可行的，并且具有较强的抗风险能力。建议严格控制建设期，尽量使各项工程按期完工，以保证项目的整体经济效益。

随着环境保护意识的提高，企业对生态环境的要求也越来越高。因此，项目应尊重法律和法规，提高地区整体的生态意识，营造良好的生态氛围；同时，应该加快区域环境建设步伐，改善投资环境，提高自身的形象和招商吸引力。

综上，本研究报告认为，开发商在总体上应积极采取增长性战略，抓紧落实项目融资和施工单位选择等事宜，以利本项目的尽快全面正式启动，进而在沈阳市房地产市场形势大好的形势下，获得更大的经济与社会效益。

16
经济测算

南京市 WD 项目
经济测算分析

第一部分

序

一、市场分析

　　南京作为长江中下游的一座大型经济中心城市，以其悠久的历史、底蕴深厚的文化、独特的资源、完善的服务吸引了大批中外商家和游客。根据市场调查，南京市宏观经济保持稳定的增长势头，运行良好，城市具有竞争力，南京市常住人口持续稳定增长，人均可支配收入逐年增加，城市消费品零售总额逐年攀升，显示出持续强劲的市场购买力。近年来，南京消费结构逐步升级，极大地促进了南京市消费品市场的繁荣活跃，消费品市场规模不断扩大。

1. 甲级写字楼市场分析

　　南京甲级写字楼市场从2003年开始进入快速发展时期。主要聚集在鼓楼区、白下区和玄武区的大多数的甲级写字楼以小产权的形式出售，纯租赁型的物业稀缺，整体市场的品质距离上海、北京的同类型物业有差距。

　　南京市甲级写字楼现存量为54万平方米，未来3年新增供应量高达86万平方米，每年吸纳量才5万~10万平方米，供求失衡，空置率已达预警状态。根据历史数据预测，从2003年开始至2016年底，南京市甲级写字楼市场预计约有200万平方米的市场存量，但累计的有效吸纳量预计只有约84万平方米，差距巨大。市场处于高风险运行水平，若市场需求未得到有效放大，极可能出现供过于求、严重积压的情况。但有个性化特征、具有国际标准硬件设施和物业管理水平的高档办公物业在市场上仍然比重很少。

2. 优质商业市场

　　南京优质商业市场以新街口为重点，有湖南路、珠江路、总统府四大集聚区，从2000年开始进入发展时期，目前主要以百货商场为主，购物中心、精品商业街在2005年开始出现。南京优质商业整体空置率很低。

　　未来优质商业项目将以购物中心形式为主，大部分的未来供应还是集聚在新街口、河西新城、夫子庙，这些地方将成为新兴的优质商业区域。虽然未来将有大量优质商业供应，但现阶段人均商业面积仅为0.16平方米，市场仍有空间。

3. 南京当前的五星级酒店市场

　　南京市五星级酒店市场在2000年进入了高速发展的时期，目前主要分布在市中心区域的鼓楼区、玄武区和白下区，平均入住率较为平稳，近三年来始终保持在70%以上，但各个酒店之间的恶性价格竞争导致平均房价一直处于较低的水平。

　　未来供应以市中心鼓楼区为主，江宁区、建邺区、下关区和浦口区也将有部分供应。伴随着供应量的加大，高星级酒店未来的市场竞争将更为激烈。凯悦、威斯汀和洲际酒店的入驻将进一步提升南京五星级酒店市场的整体水平。

4. 中高档公寓市场

　　2003年起，中高档公寓新增供应放量，市场正式进入启动阶段。房地产市场形势大好，2003至2007年新增供应集中放量，主要分布在鼓楼区、玄武区、白下区、秦淮区和建邺区。未来供应量将大幅增加，建邺区将成为未来主力成交区域。受土地供应限制，中心城区中高档公寓价格将随着需求的增加而上升。

5. 国际标准服务式公寓市场

　　目前南京服务式公寓主要分布在鼓楼区、白下区和建邺区，市场上缺乏真正意义上的国际标准服务式公寓项目和知名运营商，未来供应较少，2009年共有两个项目合计353间客房的供应，对外经济的良好发展态势使得国际标准服务式公寓未来发展前景向好。

二、项目定位

1. 项目整体定位

　　打造南京地标级的城市综合体。

　　同南京其他项目相比，项目在地理位置和区域规模上所具有的特别优势，使其具备成为城市核心商业中心的条件，非常有望成为南京商业格局更新中的重要一员，进而有可能在未来占据南京的商业主导地位。

　　结合项目自身特点，以商业为核心的驱动力，建设高标准、复合功能、高绿化覆盖的城市综合体，打造南京新地标。

2. 持有型物业与销售型物业规模比例

　　持有型物业是成功打造城市综合体的保障，通过整体规划项目形象，以高档次、高标准打造项目的独特优势，打造城市级地标。持有型商业及办公楼物业可以带来长期、稳定的收益，可持续性发展能力较强。城市综合体的开发是一个周期长、投入大的开发过程，而持有型物业的财务回收是一个长期的过程，在项目较长的开发周期内，销售型物业是维持项目健康财务状况的重要组成部分。

　　考虑到本项目前期发展资金充足，为企业长远利益考虑，要发展较大规模的持有型物业，同时在项目投入期，保证稳定的现金流，发展42%的销售型物业。持有型商业中商业20万平方米，写字楼20万平方米，酒店6.5万平方米，服务式公寓2.5万平方米。销售型物业中商业街5万平方米，SOHO10万平方米，高档公寓20万平方米。

3. 持有型物业定位

城市综合体中的商业是城市综合体的关键组成元素。鉴于庞大的体量以及较好的地理位置，项目商业宜采取城市级购物中心+购物公园（街区）+文化娱乐中心的混合发展模式，打造以市场缺失的中高档购物和生活时尚为商业主题的产品。

其他功能以商业为核心，各综合体组成元素相互支持促进，推动项目资产升值。商业定位不同，综合体其他构成元素配置也不同。写字楼发展为甲级写字楼。酒店和公寓是提升项目形象和品质的重要配套和组成部分，因此项目将引入国际知名酒店和公寓品牌。

4. 销售型物业发展定位

基于项目的自然条件、地理条件、交通条件以及项目周边完整的商业商务配套，高级公寓应发展为此中心城区的高档居住区。结合部分商业现状以及办公现状，SOHO商务楼应以满足中小企业办公需求为主。

三、项目开发建设进度安排

项目计划从2010年1月开始施工，预计建设工期为7年，即项目有望于2016年底竣工。本项目没有太大的资金压力，侧重开发能扩大项目影响力的产品类型，商业早期入市可以为后续开发的产品提供配套，并且在早期就树立项目的品牌形象。酒店和写字楼项目的入市能进一步提升项目的整体形象。从开发中期开始，各种产品租售结合。住宅公寓产品分期开发。

四、投资估算与资金筹措

本项目开发建设的投资总额（含资本化利息）为985 341.37万元，建筑面积为84万平方米，公司总投资约98.5亿元，其中自有资金按国家规定的35%计算，约34.5亿元，剩余65%约64亿元，可利用银行贷款和预售收入结合覆盖。

五、项目的财务评价

　　财务分析结果表明，项目内部收益率达13.22%（税前），税前财务净现值为266 253.58万元，NPV大于0，则未来的现金流足以抵偿原始投资。这说明已满足最低的报酬要求，覆盖了资本成本，能够增加股东财富。投资回收期为15.36年，说明在开发产品计算期内能回收投资，本项目可行。

六、项目风险分析及防范措施

　　建议本项目组合一批既懂地产又懂商业和金融的专家和专业公司，更好地协调、监督和管理商业地产发展。加强与本地政府的协调公关能力，建立良好的内部经营管理的风险及防范措施，建立良好的施工建设过程中的风险及防范措施，有效地控制项目风险。

第二部分

项目总论

一、项目背景

1. 研究工作依据

· 《房地产开发项目经济评价方法》

（建设部：建标[2000]205号）

· 《建设项目经济评价方法与参数》

（国家计委、建设部：计投资[1993]530号）

· 《关于印发经济评估方法的通知》及附件

（中国国际工程咨询公司：咨经[1998]11号）

· 《南京市建设工程价格信息》

2. 项目规划设计要点

项目的规划设计要点见下表：

▶── 表16-1 项目规划设计要点表

序号	名称	单位	数据
1	总占地面积	公顷	39.5
2	总建筑面积	万平方米	84

二、可行性研究结论

1. 市场预测

根据市场调查，南京市宏观经济运行良好，城市具有竞争力，未来虽然有大量商业地产供应，但像本项目这样地处成熟商圈，并与地铁无缝连通的类似项目在南京市区比较缺乏，在同一区域范围内，产品同质化竞争不高。

2. 投资估算和资金筹措

本项目开发建设的投资总额（含资本化利息）为985 341.5万元，建筑面积为84万平方米，其各项成本费用的估算额及单价详见下表。

▶—— 表16-2 项目总投资估算表

序号	分项名称	计算面积（平方米）	单位费用（元/米²）	费用（万元）
1	地价	84 000	3000	252 000
	计容建筑面积	84 000	3000	252 000
2	前期工程费	1 100 000	300	33 000
3	建筑安装工程费	1 100 000	3881.36	426 949.6
	封闭式购物中心	120 000	4200	50 400
	商业街区	80 000	3600	28 800
	商业街	50 000	3200	16 000
	五星酒店	35 000	8500	29 750
	四星酒店	30 000	6200	18 600
	甲级写字楼（A）	80 000	5500	44 000
	甲级写字楼（B）	120 000	4500	54 000
	服务式公寓	25 000	6000	15 000
	SOHO	100 000	3400	34 000
	住宅	200 000	2300	46 000
	地下商业	60 000	4400	26 400

续表

序号	分项名称	计算面积（平方米）	单位费用（元/米²）	费用（万元）
	地下车库	200 000	3200	64 000
4	不可预见费	1 100 000	232.88	25 616.8
5	间接费	1 100 000	203.07	22 337.7
6	营销费用	1 100 000	98.39	10 822.9
7	财务费用	1 100 000	1882.31	207 054.1
8	总开发成本	1 100 000	8957.65	985 341.5

资金筹措

本项目的资金来源主要包括自有资金（资本金）、银行贷款和预售收入等。公司总投资约98.5亿元，其中自有资金按国家规定的35%计算，约为34.5亿元，剩余65%约为64亿元，可利用银行贷款和预售收入结合覆盖。

▶── 表16-3 项目资金筹措表

序号	资金来源	金额（亿元）	用途
1	公司自筹	34.5	支付土地出让金、契税；购置公司固定资产；公司前期开发费用；前期工程费的支付；垫支的流动资金等
2	银行贷款	64	支付建安工程费、基础设施费、公共设施配套费、开发期间费等费用
3	预售开发产品收入		项目竣工后的尾款结算
	合计	98.5	备注：筹资款取整数

3. 项目综合评价结论

本项目属房地产商业开发项目，符合国家城镇商业开发建设产业政策，项目已立项，具备开发条件，建设资金筹措方案已拟定，具备现场建设条件。

本项目选址适宜，定位准确，设计合理，售价适中，符合市场主流需求。财务分析结果表明，项目内部收益率达13.22%（税前），税前财务净现值为266 253.58万元，具有良好的经济效益；此外，本项目具有较强的抗风险能力，且从技术方面看亦充分具备可行性。

项目综合评价结论：本项目具有良好的经济效益、社会效益和环境效益，本项目可行。

······························ 第三部分 ······························

南京市房地产市场分析

一、甲级写字楼市场分析

1.甲级写字楼解析

甲级写字楼缺乏统一的官方定义，本节研究的"甲级写字楼"是指：

· 位于南京河东中心城区，硬件设施达到甲级标准的写字楼物业；

· 甲级写字楼的建筑形态主要为高层；

· 根据甲级写字楼的集聚程度，我们将南京市甲级写字楼的市场主要划分为鼓楼区、玄武区和白下区，而作为新兴发展区域的建邺区将会在"未来供应的市场"部分涉及。

▶── 表16-4 甲级写字楼标准

地理位置	位于南京中信商务金融区
交通条件	方便的公共交通，方便去往机场、港口和邻近的商务金融区
开发商背景	在南京或是其他主要城市有过甲级写字楼经营经验的开发商
外立面设计	现代的设计，有成为区域地标的潜力； 由高质量的玻璃幕墙构成，进口大理石/花岗岩
物业管理	24小时办公室通道； 集中物业管理系统； 24小时中央空调系统
停车设施	足够的地上及地下停车位
租金水平	目前的租金在3~5元/米^2/天
主力租户	世界财富五百强公司和跨国公司
建筑设计	豪华的大堂设计，墙和地板由大理石/花岗岩装饰； 写字楼总建筑面积超过30 000平方米； 得房率超过75%； 结构层高超过3.75米，净高超过2.65米

●续表

辅助设施	中央空调、供暖和排风系统； 至少每平方米30VA的电力负荷并配备后备电源； 自动火警装置； 足够的高速客梯和货梯； 电脑管理系统支持的彩色电视及24小时的安保系统

2. 南京甲级写字楼市场发展概述

甲级写字楼最早出现在1997年，如金鹰国际商城、金陵饭店世贸中心、南京国际贸易中心等一批较早的知名甲级写字楼项目；

和其他的二线城市一样，南京甲级写字楼市场的一个显著特点就是以"散卖"为主，纯租赁项目很少；

近两年，南京甲级写字楼市场表现较为活跃，一批具有特色的已竣工和在建甲级写字楼项目为南京的甲级写字楼市场添加了亮点。

3. 南京甲级写字楼市场当前供应状况

截至2007年底，南京市共有约54万平方米的甲级写字楼；2003年至2007年的年均增长率为8%左右；

2005—2006年是南京甲级写字楼供应最为集中的年份，而且绝大部分集中在鼓楼区，白下区和玄武区供应体量相近；

经历了2006年较为集中的供应高峰后，2007年的供应量呈现了减缓的趋势。

4. 南京甲级写字楼分布

▶—— 表16-5 南京甲级写字楼分布

区域	现有存货	租户产业特征	区域优势	区域劣势
鼓楼区	167 019平方米	贸易、制造业，外企办事处较多	传统的写字楼聚集区，地理位置优越，大量的政府办公机关位于本区域内	老城区相应的基础设施建设和景观的改造有待加强
白下区	270 060平方米	金融服务类居多	区域内金融服务企业众多，借助区域内新街口核心商务区的发展建设，进一步打造金融服务区	相应区域内的配套设施的档次需要提高
玄武区	107 596平方米	IT、科技类企业居多	毗邻新街口商贸商务区，集明清和民国文化于一体的长江路文化街、与中关村齐名的珠江路科技一条街是区域内最大的亮点	商务气氛相对于鼓楼区和白下区来说较差，有待加强

5. 南京甲级写字楼市场需求状况及空置率

南京甲级写字楼市场的销售在2003—2005年保持了较高的水平，当年的吸纳量均超过了当年新增供应量，主要消化之前的市场存量。

2006年起，由于当年的新增供应量较大，达到139 662平方米，导致2006年和2007年的销售放缓，2006年和2007年的销售率分别为39.33%和29.59%。

南京市甲级写字楼市场的空置率近几年来起伏较大，从2003年的19.1%至2005年的9.9%，下降了9.2%左右，主要是由强劲的市场租赁需求所致。

至2006年起，新增供应量的增大使得2006年当年的空置率为19.8%，而2007年的空置率为15.1%，较上年稍有改善，当年的市场新增供应较少也是主要原因之一。

尽管世茂中心、置地广场等位处核心地段的写字楼项目基本能保持85%~90%的出租率，但楼宇品质明显低于上海和北京的同类型物业，部分跨国公司进驻南京无法找到合适的办公楼，导致甲级写字楼市场无法得到进一步升级。

6. 南京甲级写字楼市场租金及售价

在房地产市场高速发展的影响下，自2004年起，租金呈现稳步上升的趋势，2004—2005年的租金年均增长率保持在7%左右。自2006年起至2007年，租金大幅提升，年均租金增长率达到了16%和12%；

2003年至2007年，南京甲级写字楼租金的年均复合增长率约为11%；

南京地区甲级写字楼的租金约为3~5元/米²/天，市中心区域的部分优质甲级写字楼租金，如世贸中心（金陵饭店西楼）和置地广场的租金可以达到4.3~5元/米²/天。

南京市甲级写字楼的平均售价当前约为人民币14 417元/米²；

自2004年起，南京市甲级写字楼售价呈现上升的趋势，但是由于2006年的供应量较大，2006年和2007年的平均售价涨幅仅为14%和12%，相比于2004年和2005年23%和30%的年平均增幅，增幅明显减缓；

2003年至2007年甲级写字楼售价年均复合增长率约为20%，伴随着土地升值和建造成本的增加，售价保持着较为稳定的增长势头。

7. 南京甲级写字楼市场未来供应状况

一批高质量写字楼将会陆续上市，如紫峰大厦、南京国际广场、金陵饭店二期等，这些优质项目必将提升甲级写字楼市场的整体品质和租售价格水平。

8. 南京甲级写字楼市场小结

（1）南京当前甲级写字楼市场

南京甲级写字楼市场从2003年开始进入快速发展时期；

南京甲级写字楼主要聚集在鼓楼区、白下区和玄武区；

整体市场的品质距离上海、北京的同类型物业有差距；

大多数的甲级写字楼以小产权的形式出售，纯租赁型的物业稀缺。

（2）南京未来甲级写字楼市场

紫峰大厦、南京国际广场等高品质、地标性的项目将有助于市场整体品质的提升；

未来写字楼市场供应激增；

市场吸收能力有限，存在供过于求、严重积压的情况。

二、优质商业市场分析

1. 优质商业定义

本节研究的"优质商业"是指：

位于南京中心城区，有国际一线品牌及国际二线品牌入驻、具有一定规模（建筑面积在5000平方米以上）的商业；

优质商业的形态包括百货商店、购物中心以及精品商业街；

根据优质商业的集聚程度，我们将南京市优质商业主要划分为新街口、湖南路、总统府商业街、珠江路四个区域。

2. 南京优质商业发展概述

南京市的优质商业发展历史悠久，可以追溯到19世纪50年代；

当前的商业形式以百货形态为主；

近几年，南京的优质商业市场正由垄断的百货形态向购物中心、精品商业街等形式过渡。

3. 南京优质商业市场当前供应状况

在最近的几年，商业市场开业量最大的是2010年；并且该年也首次出现了新的商业形式，即购物中心与精品商业街。

4. 南京现有优质商业分布

▶── 表16-6 南京现有优质商业分布

区域	定位	区域优势	区域劣势
新街口	高端+中端	位于市级CBD区域内，人流量大；交通便利，拥有地铁出口和大量公交线路，整体商业形象已经确立；LV、Salvatore Ferragamo、Burberry、Montblanc等国际一线品牌的入驻更进一步提升了商业形象	交通拥堵，停车位有限
湖南路	中端	以街铺形式为主；大量办公楼、大学集聚，带来潜在消费群；紧邻玄武湖，具有自然景观优势；距地铁15~20分钟步行时间	已有的商业设施定位较低端
总统府商业街	中高端	精品购物街形式，Mestyle主题	规模较小，无法形成市级商业中心
珠江路	中端	以街铺形式为主；主题为电子产品一条街，兼有两家百货	业态较为单一

5. 南京优质商业市场需求及空置率

百货形态的商业设施入驻率都为100%；

购物中心形态与精品商业街形态的优质商业物业设施入驻情况也较为理想；"德基广场"的入驻率为98%，"1912"的入驻率为97.5%。

6. 南京优质商业市场租金

南京市优质商业设施的首层平均租金当前为人民币22.2元/米^2/天，年均增长率3.75%；

南京市优质商业的租金支付形式有两种：一种是纯租金方式，即没有支付固定数额的租金；一种是扣率（营业额提成），即按单店销售额的固定比例支付租金；

由于南京现有优质商业多为百货形态，因此扣率的租金形式居主导地位；

精品商业街采用固定租金的形式："1912"当前租金的范围为5~8元/米^2/天。

7. 南京优质商业市场未来供应状况及发展趋势

未来三年，南京每年优质商业的上市量基本持平，平均每年为26万平方米左右；

未来三年内，新街口区域将集中37%的未来优质商业供应；2010年末，新街口仍然是优质商业最集聚的区域，但其集聚程度将从现在的65%降到49%；

河西新城与夫子庙将发展成为新兴的优质商业区域，特别是河西新城，随着CBD开发的推进，大量优质商业物业上市，将占到未来供应总量的29%；

越来越多的购物中心形式的商业逐渐出现。

8. 南京优质商业市场小结

（1）南京当前优质商业市场

南京优质商业市场从2000年开始进入发展期，目前主要以百货商场为主；

南京优质商业形成以新街口为重点，它与湖南路、珠江路、总统府商业街一起，构成了四大商业集聚区；

购物中心、精品商业街在2005年开始出现；

由于以百货形式为主，南京优质商业整体空置率很低。

（2）南京未来优质商业市场

未来优质商业项目以购物中心形式为主；

大部分的优质商业未来供应还是集聚在新街口；

河西新城、夫子庙将成为新兴的优质商业区域；

虽然未来将有大量优质商业供应，但现阶段人均商业面积仅为0.16平方米，市场仍有空间。

三、五星级酒店市场分析

1. 南京五星级酒店市场发展概述

南京市的老五星级酒店主要为20世纪80年代后期新建的部分酒店，20世纪90年代与21世纪初大量五星级酒店的发展使五星级酒店市场供应步入了高峰期；

1983年开业的位于鼓楼区的金陵饭店成为南京市第一家五星级酒店；

进入2000年，南京酒店业进入了快速发展的阶段，外资不断进入，五星级酒店越发受到青睐。

2. 南京五星级酒店市场当前的供应状况

截至2007年底，南京市五星级酒店数量约为16家，总客房数约4839间；

2003年后，南京五星级酒店市场的供应较为平稳，之后在2004年和2006年供应量激增，共增加客房数1235间，其中仅2006年就有四家五星级酒店开业：索菲特钟山高尔夫酒店、索菲特银河大酒店、金陵滨江会议中心和紫金山庄，总供应客房数约867间；

目前市场主要以国内酒店管理公司为主，如国内知名的金陵酒店管理公司；国际品牌的五星级酒店仅有四家，仅占总量的25%（约1200间），增长速度缓慢。

3. 南京五星级酒店分布

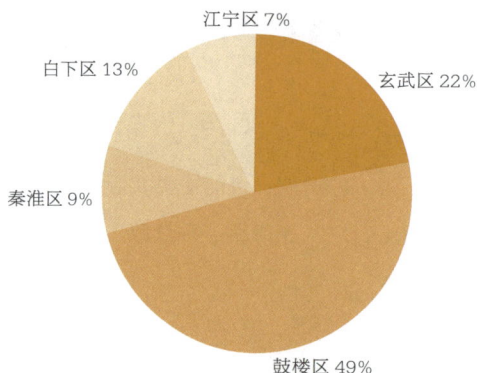

江宁区 7%
白下区 13%
玄武区 22%
秦淮区 9%
鼓楼区 49%

▶── 图16-1 南京市五星级酒店市场供应量分布

南京市五星级酒店主要分布在玄武区、鼓楼区、秦淮区、白下区和江宁区;

南京市的五星级酒店主要分布在市中心区域,其中鼓楼区和玄武区五星级酒店客房数分别占到总供应量的49%和22%,合计约3424间客房;白下区和秦淮区紧随其后,约占总数的13%和9%;江宁区仅仅占总量的7%;

五星级酒店主要集中在客源较为集中的市中心商业区。随着江宁经济技术开发区的发展,区域内也有一定量的供应,以满足与日俱增的消费需求。

4. 南京五星级酒店需求状况及入住率

南京市的五星级酒店一直保持较为稳定的入住率。2005年至2007年,年平均入住率从71.9%上升至73.6%,增幅较小。这主要是由于2006年五星级酒店供应量较大,使得五星级酒店的市场需求量在一定程度上得到了缓解。

相比于苏州、杭州等周边城市五星级酒店年均70%以上的入住率,南京市的五星级酒店入住率保持着较高的水准,市场需求充足。

5. 南京五星级酒店平均房价

与南京五星酒店稳定的较高入住率形成对比的是其相对较低的房价,2005年和2006年的平均房价仅为500元/间/天和504元/间/天。2010年,平均房价较上年有了大幅的提升,增长幅度达到7.57%,2010年平均房价达到了540元/间/天。

造成五星级酒店房价偏低的原因主要是价格战。各大五星级酒店普遍采取"恶性价格战"的策略招揽客源,对于市场的房价水平产生了不良的影响,目前市中心类似于侨鸿皇冠假日酒店、金陵饭店这样的知名五星级饭店的平均房价仅在600元/间/天左右。

6. 南京五星级酒店未来供应状况及发展趋势

未来,诸多五星级酒店尤其是国际品牌的五星级酒店供应量的增加将对老酒店提出较为严峻的挑战,促使老酒店在软硬件设施、服务质量等条件上进行升级。

7. 南京五星级酒店市场小结

（1）南京当前五星级酒店市场

南京市五星级酒店市场在2000年进入了高速发展的时期；

目前五星级酒店主要分布在市中心区域的鼓楼区、玄武区和白下区；

五星级酒店的年平均入住率较为平稳，近三年来始终保持在70%以上；

各个酒店之间的恶性价格竞争导致平均房价一直处于较低的水平。

（2）南京未来五星级酒店市场

未来供应以市中心鼓楼区为主，江宁区、建邺区、下关区和浦口区也将有部分供应；

伴随着供应量的加大，高星级酒店市场未来的竞争将更为激烈；

凯悦、威斯汀和洲际酒店的入驻将进一步提升南京五星级酒店市场的整体水平。

四、中高档公寓市场分析

1. 中高档公寓定义

本节主要研究南京的中高档公寓市场（不包括别墅），主要指位于市中心区域（鼓楼区、玄武区、白下区、秦淮区和建邺区）、目前销售均价在8000元/米²以上的公寓项目。

2. 南京中高档公寓市场发展概述

南京中高档公寓市场起步于2001年，代表项目有金鹰国际花园等；

2003年起，中高档公寓供应出现放量，年均新增面积超过100万平方米，其中2004年达到197万平方米的近年峰值；

各区中，鼓楼、建邺两区发展迅速，2002至2010年累计上市面积均达到400万平方米左右，分别位列全市首位和次席。

3. 南京中高档公寓市场当前供应状况

2003至2007年，南京中高档公寓累计供应稳定增长，年复合增长率达到47.8%，至2007年，市场累计供应量达到730万平方米；

2005年起，受土地供应限制及宏观调控的影响，新增供应逐年回落，2010年仅为109万平方米，成为2003年以来的最低值。

4. 南京中高档公寓市场分布

2002至2007年中高档公寓供应集中在中心五城区；

鼓楼区中高档公寓累计新增227万平方米；

主导因素是中心城区的地段优势。

5. 南京中高档公寓市场售价趋势

2010年，南京中高端公寓平均售价为9139元/米^2，较2003年累计上涨98.3％，涨幅较大。

6. 南京中高档公寓市场未来供应状况

未来三年内，南京全市中高档公寓供应仍将保持较高水平，不过供应量有逐年减少的趋势；

受中心城区可用土地减少的影响，未来南京中高档公寓供应主要集中在建邺区。

7. 南京中高档公寓市场小结

（1）南京当前的中高档公寓市场

2003年起，中高档公寓新增供应放量，市场正式进入启动阶段；

伴随房地产市场形势大好，2003至2007年新增供应集中放量；

中高档公寓市场主要分布在鼓楼区、玄武区、白下区、秦淮区和建邺区；

随着河西CBD的打造，建邺区逐渐成为中高档公寓的主要供应区域之一。

（2）南京未来的中高档公寓市场

未来供应量将大幅增加；

中心城区销售将保持较高水平，建邺区将成为未来主力成交区域；

受土地供应限制，中心城区中高档公寓价格将得到需求的有效支持。

五、国际标准服务式公寓市场分析

1. 国际标准服务式公寓的定义

根据南京的市场实际状况，本节研究的"国际标准服务式公寓"是指：

高品质的建设标准：拥有很高的设计、建筑标准，在外立面、内部硬件设施方面大幅高于普通高档公寓，部分项目成为地标性建筑；

配套设施：拥有丰富、高质量的生活配套设施，相当于4~5星级酒店标准，均提供健身房、室内游泳池、网球场以及相关的豪华会所服务；

物业管理：由国际知名酒店管理集团或相应级别的物业管理公司管理，提供完整、便捷的物业服务；

家居装修：豪华的室内装修，采用国际家具、厨卫品牌及知名家电品牌，提供舒适的生活环境。

南京目前市场上的国际标准服务式公寓主要集中在几所五星级酒店；南京仁恒辉盛阁国际公寓将成为南京第一所真正意义上的国际标准服务式公寓。

2. 南京国际标准服务式公寓发展概述

2001年后，南京国际标准服务式公寓的发展一直停滞不前，直至2010年南京仁恒辉盛阁国际公寓的开业，标志着真正意义上的国际知名服务式公寓品牌进入南京，为未来市场发展带来良好的契机。

3. 南京国际标准服务式公寓当前供应状况

至2007年底，南京市国际标准服务式公寓数量为5家，总客房数约425间；

2000年前，南京仅有一家国际标准服务式公寓功能的酒店（南京金丝利喜来登酒店），而客房数仅仅有21间；

直至2001年，新增供应骤然激增，苏宁环球套房酒店、侨鸿皇冠假日酒店和丁山花园大酒店公寓楼的开业为市场新增了约194间客房的供应；

2001年后，南京服务式公寓缺乏新增供应；2007年，拥有210间客房的南京仁恒辉盛阁国际公寓开业，当年的新增供应几乎相当于之前的历史供应总和。

4. 南京国际标准服务式公寓需求状况及出租率

南京市的服务式公寓的年平均出租率近两年来呈现下降的趋势，2005年全市年平均出租率为92%，2006年的平均出租率较2005年降低了8%，当年平均出租率维持在84%，主要是由于占当时全市供应总量56%的丁山花园大酒店的公寓楼出租率骤降20%。主要原因是租户中大量的外籍管理人员和工程师在项目结束后归国而导致市场规模较小，经营较易受单一事件的影响，整体经营风险较大。

2007年全市的服务式公寓的平均入住率仅为48%，主要是由于建邺区的仁恒辉盛阁国际公寓在当年11月入市，当年激增的供应量和20%的出租率和丁山花园大酒店公寓楼的年平均出租率持续走低至60%是导致整体市场平均出租率走低的直接原因。

5. 南京国际标准服务式公寓平均租金趋势

南京市服务式公寓的租金水平基本保持平稳上升的态势，2005年的平均租金为251元/米^2/月，2006至2007年的租金水平保持不变，基本维持在255元/米^2/月的水平。

跨国公司加大进驻南京的力度和外籍人士数量的增加，尤其是高端商务人士数量的增加对于服务式公寓租金的增长起了一定的推动作用。

由于建邺区仁恒盛辉阁国际公寓在2007年开业，地理位置的劣势在一定程度上体现在其相对较低的租金水平上，它的租金仅为210元/米²/月，对比上海目前的国际标准甲级服务式公寓平均租金270元/米²/月，未来还有很大的发展空间。

6.南京国际标准服务式公寓未来供应状况

▶── **表16-7 南京国际标准服务式公寓未来供应状况**

项目名称（2008—2010）	德基广场	南京国际广场	合计
区域	鼓楼区	鼓楼区	—
位置	中山路18号	中央路201号	—
总套数	150	203	353
开业时间	2009	2009	—
目前状况	在建	在建	—
管理公司	未知	置茂行	—
开发商	南京德基房地产发展有限公司	南京国际集团/摩根士丹利	—

2008至2010年间，目前所知的仅有两个国际标准服务式公寓项目将于2009年上市，且两个项目均位于市中心的鼓楼区，其中最引人注目的是位于南京国际广场的服务式公寓项目，此项目已被摩根士丹利收购，并交由其全资拥有的物业管理公司置茂行进行管理。

7.南京国际标准服务式公寓市场小结

（1）南京当前国际标准服务式公寓市场

目前南京服务式公寓主要分布在鼓楼区、白下区和建邺区；

市场上缺乏纯正意义上的服务式公寓项目和知名运营商；

主要客群为长期居住和工作的中高端外籍商务人士；

受市场新增供应和客源市场等客观因素影响，近年来的出租率呈下降趋势。

（2）南京未来国际标准服务式公寓市场

未来供应较少，2009年共有两个项目合计353间客房的供应；

大力引进国际知名服务式公寓运营商品牌，打造纯正的国际标准服务式公寓；

加强硬件设施的更新换代，加强市场竞争力，提升租金水平；

对外经济良好的发展态势使得服务式公寓未来发展的前景向好。

⋯⋯⋯⋯⋯⋯ 第四部分 ⋯⋯⋯⋯⋯⋯
项目分析与定位规划

一、地块解析

1. 地理位置

项目位于南京市中心区域，距新街口仅一步之遥，占地面积39.5万平方米。

项目地块北临中山东路，南靠瑞金路，西临龙蟠中路，东临解放路。

距离新街口2公里，距离南京市火车站5.5公里（自九华山越湖隧道直达），出行较为便利。

中山东路代表民国轴线的主干路，瑞金路是体现城市生活气息的重要次干路。

随着新街口地区向东发展，新街口中心区的功能逐步沿中山东路向以东地区辐射，这必将影响到项目的价值与功能布局。

2. 周边交通分析

项目毗邻多条主干道，但是由于快速干道和瑞金路较为狭窄，通行条件一般。

地块西面为南北双向12车道的龙蟠中路（城市快速干道共6车道，地下穿过龙蟠中路和瑞金路）；龙蟠中路为城市快速路（隧道）加主干路形式，双向共12个车道。道路两侧开口共计10个，均为右进右出形式。

中山东路为城市主干路，本段为双向5车道。两侧有进出开口7个，路段中设置红绿灯1处，设置公交站台1对，均位于军区总院附近。

解放路为城市次干路，双向4车道，两侧开口共计17个，道路中间无隔离栏控制，路段中无信号灯控制，公交站台2处。

瑞金路为城市次干路，为双向5车道，其中由东至西为2个车道。道路两侧开口共计12个，路中设置红绿灯2处，公交站台3处。

根据现状和未来规划，地块未来公共交通设施较为完善，出行较为便利。

项目周边有多个公交站点，区内公共交通较为便捷。

2010年开通的地铁2号线逸仙桥站位于地块北面，而明故宫站也毗邻地块的东北面。

远期规划中的地铁3号线（预计将于2015年建成）在项目附近也会有两个出口，具体位置有待确定（明故宫站、瑞金路站）。

3.项目周边设施及景观资源分布

项目周边旅游资源丰富，主要景点均位于步行范围内，对于项目本身未来的商业、高星级酒店等相关物业市场的针对客源市场起到有益的补充作用。

历史积淀深厚，邻近明故宫遗址、西华门公园。

隔河西望大行宫总统府、梅园新村等，反映民国时期的建筑风貌。

教育科研机构集中，周边有南航、五十五所、通信工程学院、江苏软件园。

文化休闲设施丰富，有中国第二历史档案馆、南京博物院、梅园新村等旅游设施，1912街区等。

4.地块基地分析

目前整个地块内的建筑以老旧的厂房设施为主，对本地块的未来开发物业类型来说，利用价值不大。除了必须保留的建筑物，建议保留少部分厂房，将其改造成具有特色的精品酒店、零售商业设施，其他建筑建议不再保留。

目前项目地块周边的配套设施较为健全，超市、医院、银行、学校（高中和大学）、商业和餐饮设施一应俱全，基本可以满足生活需求，但是整体的档次一般。

项目地块内有大量的绿化空间，在未来地块的综合开发过程中，可以加以利用，以美化项目区域内的环境。

项目地块形状较为方正，便于整体布局、规划。

地块北面、东面不沿街，地块南面部分不沿街，这极大地减少了地块的商业利用价值，影响了地块的可观性，限制了地块整体布局。

地块西面中部的在建办公楼减少了临街面，影响了地块的可观性。

二、项目分析（SWOT分析）

1.优势（Strength）

（1）区位优势

本项目距离南京市级中心新街口和南京城东生活区约2公里。新街口商圈在南京商业发展中有着非常重要的地位，对南京消费者和周边城市都有吸引力，其辐射范围包括全南京市乃至周边地区。但是新街口商圈在未来较长时间内改造的可能性小，改造的难度也大。

随着新街口地区向东的联合发展，新街口中心区的功能逐步沿中山东路向以东地区辐射，这必将影响到项目的价值。本项目在规划上可以改变商业以往陈旧低档的面貌，塑造一处新的商业商务地标，改变南京城市商业商务的格局。

（2）交通优势

交通枢纽规格影响商业形态。优越的交通条件可以为项目带来巨大的人流，为项目的成功奠定基础。地块拥有便利的交通条件，中山东路是代表民国风情的主干路，瑞金路是体现城市生活气息的重要次干路，两条道路可以迅速把项目融入南京整体城市文化与生活氛围中。

2010年地铁2号线将在项目北侧设置两个出入口，可以将远处的消费者带到此地，扩大了项目的辐射力和影响力，地铁的开通运营可以为项目带来更多人流。

（3）规模优势

整个项目占地39.5万平方米，总建筑面积达到近百万平方米。项目旨在塑造一座完整的城中城，将城市中的商业、办公、居住、酒店、展览、餐饮、会议、文娱、交通等各项功能在空间上进行组合。商业、办公、居住、餐饮、休闲等功能相互依存、相互补益，从而形成一个多功能、高效率、复杂而统一的城市综合体。通过多种功能的聚合，综合体实现了对城市生活多方面消费需求的全面满足，最大限度地提升了物业的整体价值和收益，提升了项目的竞争力。

城市综合体的复合效应与整合能力不仅有效地提升了物业的商业价值，同时也为都市带来了全新的面貌，改变了人们的生活方式，并提高了社会运行效率。

（4）项目本身优势

地块位于老城核心地区，为南京老城稀有的土地资源，有较为完整的产权，利于整体开发。项目由集团统一建设及经营管理，业权统一，降低了在城市升级改造实施过程中的难度。

地块具有浓郁的历史文化氛围，周边有明代宫廷的象征——明故宫以及中山东路沿线一系列民国时期的文化建筑。项目现状环境优良，可利用的要素较多。可以保留部分工业建筑，使其成为本基地开发的特色，同时也减小拆迁压力。地块内别具特色的近代建筑点缀其中，还有大量的绿化景观资源，有利于项目的持续发展建设，形成项目的独特亮点。

2. 劣势（Weakness）

（1）周边商业商务氛围不足

项目部分区域尤其是西侧和北侧，沿街面被遮挡，将会影响项目未来的开发。

周边区域整体的商业环境较差，业态档次偏低，亟待改善。

（2）项目西侧交通压力大

项目西侧地块中部和项目地块南部区域通达性较差，由于受到城东快速干道的影响，由北向南沿龙蟠中路行驶的车辆必须在四岔路口（龙蟠中路和瑞金路）才可左转至由南向北的车道，进入地块的中部。

常府街、瑞金路和龙蟠中路口的交通还是较为拥堵的，尤其是在上下班的高峰时段，瑞金路狭窄的4车道使得地块南面的通行状况不容乐观。瑞金路高峰时的交通状况及城市快速干道对于进入地块的西面中部也造成了一定的影响。

未来地块建设量的增加带来了交通量的增长，开发规模的巨大也为项目周边带来巨大的交通压力。

（3）解决办法和建议

开发本项目前要充分分析项目开发时序，通过项目自身开发，提升项目商业氛围，改变项目基地在区域内的形象；

交通方面，加强开发前技术层面的研究分析，与国内外知名交通顾问合作，配合建筑设计，解决存在的交通问题。

3. 机会（Opportunity）

（1）集团支持力度大

项目是中航集团航空工业和地产业务相结合的先河力作，是集团重点打造的明星项目，集团给予了足够的资金和相关支持，因此，项目具有良好的发展背景，为项目的进一步发展提供了机会。

（2）经验丰富的合作伙伴

为保证项目高起点、高标准地运行，公司将通过与国际一流的商业策划顾问公司和设计公司的共同合作，整合国内外最优质的资源，为项目的顺利执行提供有效保证。

（3）现有区域的不足之处也为项目发展提供了良好的机会

现有区域内商业业态结构单一，档次不高，为项目发展提供了良好的机会，项目有更进一步的调整与发展空间；项目周边尚无规模能与之媲美的项目，项目具有独一无二的竞争优势。

4. 威胁（Threat）

南京市在未来几年将有大量商业和甲级写字楼集中上市，这些供应中存在项目的竞争对手，项目要在这些竞争中脱颖而出，需要：

准确把握定位：通过与专业顾问公司的合作，准确把握市场状况，了解真正的主流消费者及其需求，有助于项目定位的准确以及其后招商经营和营销工作的有效进行。

合理规划：包括总体规划、配套环境规划、经营规划等，在规划方案上强调其功能性，以赢得消费者的青睐。

三、项目评价

项目将成为南京新地标。

项目同南京其他区域的项目相比，在地理位置和区域规模上所具有的特别优势，使其具备成为城市核心商业中心的条件，非常有望成为南京商业格局更新中的重要一员，进而有可能在未来占据南京的商业主导地位。

结合项目自身特点，以商业为核心的驱动力，建设高标准、复合功能、高绿化覆盖的城市综合体，打造南京新地标。

第五部分

项目定位与规划

一、项目定位

1. 项目整体定位

项目的定位是打造南京地标级的城市综合体，完善城市功能。

跟随城市发展步伐而发展的城市综合体项目增强了用地的集约性，为土地资源日益紧张的地区带来新的发展契机。综合体项目集成多种业态，自身内部配套齐全，减轻配套设施投入压力。综合体辐射区域较大，影响力强，对城市发展有着积极作用。

本项目通过城市综合体的打造，完善区域内交通及配套设施，为区域内产业可持续发展提供基础；满足项目区域及周边对商业、高档办公物业的需求；促使片区产业多元发展。改变区域内商业的商务形象，通过改造进一步提升区域的竞争力。

同时，作为中航集团在地产业务领域发展的新里程碑，项目的成功将成为中航集团的项目标杆，提高企业在房地产市场的知名度，树立专业形象。

本项目位于南京中心地带，拥有"高密度聚集"的综合资源，因而具备"高强度抗衰"的特性，给企业的长远发展带来机会。综合体项目统一的管理使整体功能高效化，有利于整个项目保持顶尖的运行状态，获得突出的经济效益，提高整体物业的价值。持有型商业及办公楼物业可以带来长期、稳定的收益，可持续性发展能力较强。

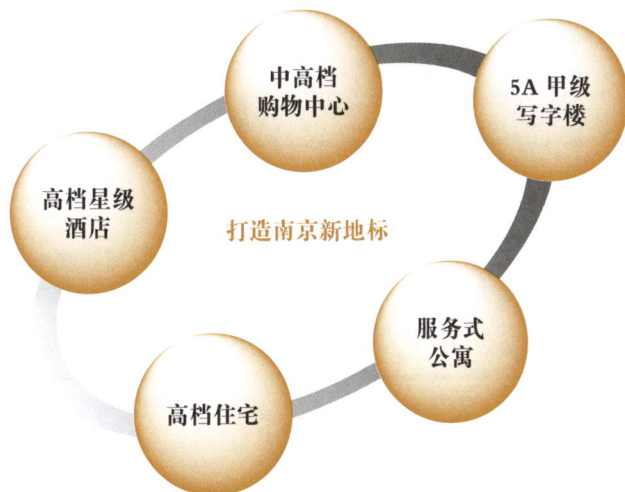

▶—— 图16-2 项目整体定位

2. 商业是城市综合体的核心驱动力

城市综合体是都市商业、娱乐、商务及居住功能的合理定位和有机组合，能够创造更有效率的社会运行模式并营造更具现代都市风格的生活方式，已经成为城市规划和发展的重要形式。

▶── 表16-8 城市综合体组成元素

	商业	写字楼	酒店	公寓	住宅
角色	核心标志	重要支持	重要支持	支持	重要支持
配套	必选	可选	可选	可选	可选
价值	市场识别、差异化标志； 扩展商圈； 资产增值发动机	固定人流带动者； 开发资金提供者； 资产增值推动器	项目形象树立者； 流动人流带动者； 资产增值推动者	固定人流提供者； 开发资金提供者	固定人流提供者； 开发滚动资金提供者

城市综合体中包括商业、写字楼、酒店、公寓、住宅等功能，其中商业是城市综合体的关键组成元素，它为整个项目定位确定了市场基调，是体现综合体定位并决定其成功与否的核心元素，同时也为项目树立鲜明的个性。

其他功能以商业为核心，各综合体组成元素相互支持促进，推动项目资产升值。

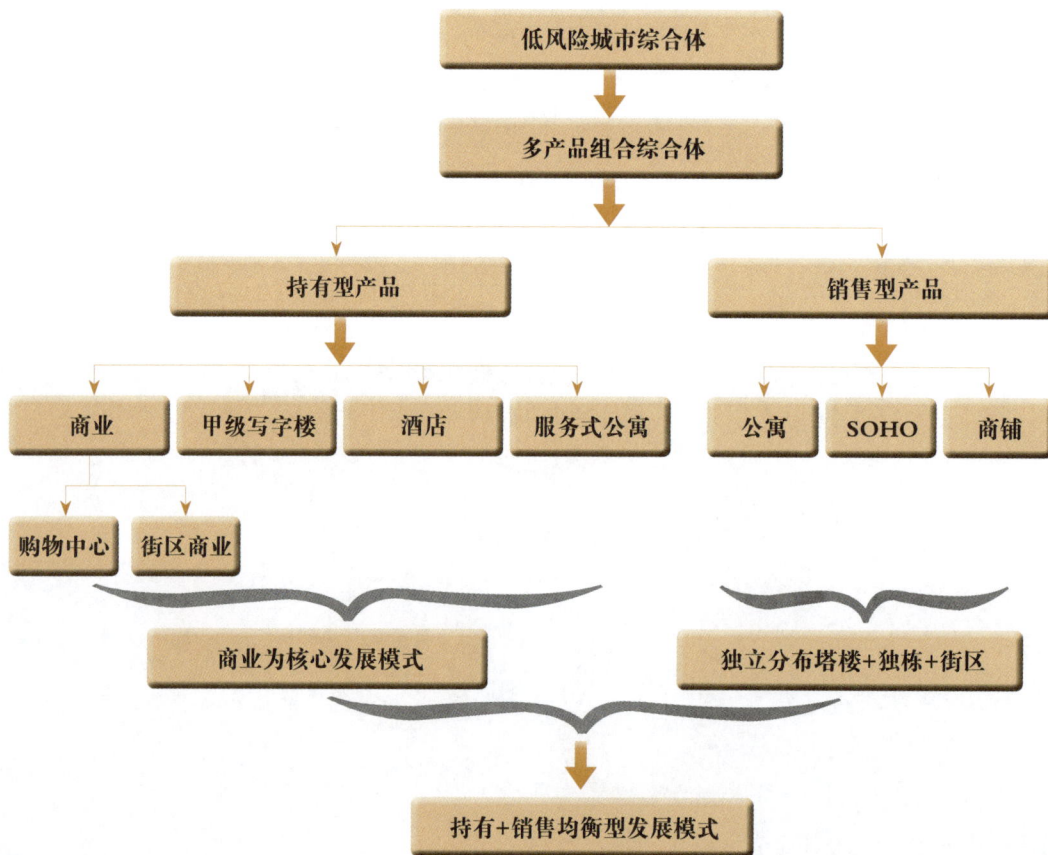

▶── 图16-3 低风险城市综合体模型

表16-9 本项目功能配置

类型		配置	总体量
商业	城市购物中心	必选	
	购物公园（街区）	必选	
	商业街	可选	
写字楼	甲级写字楼	必选	
酒店	五星级酒店	必选	80万~85万平方米
	四星级酒店	可选	
	精品酒店	可选	
公寓	服务式公寓	可选	
住宅	中高档住宅	必选	
	商务楼	可选	

3.持有型物业与销售型物业的关系

持有型物业是打造成功的城市综合体的保障，通过整体规划项目形象，以高档次高标准打造项目的独特优势，打造城市级地标。同时顺利开业后，持有型物业统一管理运营，实现整体功能高效化，有利于保持顶尖的运行状态，获得突出的经济效益，提高整体物业的价值。持有型商业及办公楼物业可以带来长期、稳定的收益，可持续性发展能力较强。

城市综合体的开发是一个周期长、投入大的过程，而持有型物业的财务回收是一个长期的过程，在项目较长的开发周期内，销售型物业是维持项目健康财务状况的重要组成部分。

同时，销售型物业借助持有型物业的高起点、高定位，能实现较高的销售价值。

表16-10 持有型物业与销售型物业占比

物业类型		持有/销售	建筑面积（万平方米）	所占比例
商业	街区式商业	持有	8	9.5%
	购物中心	持有	12	14.3%
	商业街	销售	5	6.0%
商业汇总			25	29.8%
写字楼	甲级写字楼	持有	20	23.8%
	SOHO	销售	10	11.9%
写字楼汇总			30	35.7%

续表

物业类型		持有/销售	建筑面积（万平方米）	所占比例
酒店	五星级酒店	持有	3.5	4.1%
	四星或超五星	持有	3	3.6%
	酒店汇总		6.5	7.7%
公寓	服务式公寓	持有	2.5	3.0%
	配套公寓	销售	20	23.8%
	公寓汇总		22.5	26.8%
汇总			84	100%
持有型物业汇总			49	58.3%
销售型物业汇总			35	41.7%

　　考虑到本项目前期发展资金充足，为企业长远利益考虑，建议发展较大规模的持有型物业，同时在项目投入期，保证稳定的现金流，发展42%的销售型物业。

二、城市综合体各元素初步定位

1. 项目商业定位方向研判

▶—— 图16-4　项目商业定位思路

经过多年发展，南京市多中心商业格局目前正在形成。南京商业市场发达，商圈众多，尤以新街口闻名远近，众多的特色商业街区进一步丰富了商业市场，使之更趋层次化、专业化。但几大商圈都或多或少存在整体业态配比结构失调，百货过多，而餐饮、娱乐相对比重较低的问题，以新街口最为突出。

除河西外，几大商圈交通都过于集中，导致商圈拥堵状况严重。没有任何一个项目能有效地扩大目标消费者范围，把游客、城市中产阶层、城市小资白领阶层都列入其中。而本项目的体量规模和低容积率的特征提供了相应的机遇。

由于项目庞大的体量以及较好的地理位置，在所有可能的选择中，南京项目宜采取混合模式发展：

城市级购物中心+购物公园（街区）+文化娱乐中心

这种组合有效地将目标消费群体的范围扩展到城市中产+城市白领+游客，有效地扩大了项目消费半径，提升项目生存能力及影响力，丰富的产品类型为持有型产品和销售型产品提供了操作空间。

档次方面：

以市场缺失的中高档购物和生活时尚为商业主题的产品。

2. 其他功能的初步定位

▶━ 表16-11 项目其他功能初步定位

模式	中高档综合性	生活时尚中心
分布区域	城市中心 规划新城市中心	城市中心
商业	城市购物中心 区域购物中心 购物公园	生活时尚中心
写字楼	甲级	甲级
酒店	四星级 五星级	四星级 五星级 精品酒店
住宅	当地高档住宅	当地高档住宅
公寓	普通公寓 酒店式公寓	普通公寓 酒店式公寓

根据商业定位的不同，综合体其他构成元素配置不同。

三、各功能板块发展概念

1. 商业

持有型商业发展概念：城市级购物中心是打造档次的核心，街区式商业融合了文化、艺术、娱乐、休闲等功能，提升了商业整体品质。持有型商业分两期开发，第一期开发购物公园式街区商业；第二期开发城市级一站式购物中心。

购物公园式街区商业以环境的打造和文化氛围为第一要务，是文化、艺术、娱乐、休闲的最佳结合；

具有强烈的创新意识，采用混合业态发展模式，发展"泛商业"体系；

以休闲娱乐为主导，注入特色餐饮功能、文化艺术展示功能、教育功能、娱乐功能。

城市级一站式购物中心具有强烈的都市商业印象，以高端消费为主，以购物为主导，商品以高档为主，辅以中高档，囊括众多国际一线品牌，实现跨越式发展，回避市场中档和中高档的发展主流。

整体环境优雅而不失时尚，有品位而不失商业。

2. 甲级写字楼

甲级写字楼是标志性的建筑。摩天大楼的建筑文化就是标志性的外立面形象。

甲级写字楼要有先进的硬件设施，包括物业的外观、内外装修标准、自动化系统、通讯系统、保安系统、消防系统以及电梯、空调等方面。甲级写字楼追求科技与创新，所使用的技术较酒店更先进，对建筑设计和建筑功能创新的要求更高。

甲级写字楼要有高品质软件服务，一方面要有高效的物业管理，另一方面要有对入驻企业的专业化商务服务，例如卫星会议、活动策划、会展中心等服务。

3. 酒店及服务式公寓

酒店和服务式公寓是提升项目形象和品质的重要配套和组成部分，项目将引入国际知名酒店和服务式公寓品牌。

4. 销售型物业发展定位

（1）高级公寓

基于项目的自然条件、地理条件、交通以及项目周边完整的商业商务配套，项目定位为此区域内的高档居住区。

项目的规划理念及目标应充分挖掘和利用优势，在规划设计中强调住区与商业街区的互动，强调高档居住环境和氛围，强调住区的个性特征与私密性，同时兼顾与商业街区的关联。

（2）SOHO商务楼

项目结合部分商业现状及办公现状，规划部分SOHO商务楼，满足中小企业的办公需求。

采用开放式街区的形式，实现商业规模最大化，实现可销售面积最大化。

（3）商业街

项目结合SOHO的建设，发展部分商业街，可以实现较高的商业价值。

四、项目经营管理

项目启用优秀的商业经营管理团队与建筑设计顾问公司。

为保障本商业项目可以一举成功，商业定位保障市场在后期经营管理方面可以在南京居于同行业前列，在商业规划设计中采用最趋合理并显现特色商业气氛的建筑设计，使项目具有独特的建筑风格。为使项目发展最优化，中航集团从集团公司与中航地产抽调优秀的管理人员与专业人士，这些人才集聚南京，组建了优秀的商业地产项目团队。同时，中航集团将委托中国香港地区、日本及美国的一流专业商业顾问公司与建筑设计公司参与项目的开发，为项目的顺利开发做足准备工作。

第六部分

项目开发建设进度安排

一、项目整体开发建设的原则

1.项目整体开发目标

（1）规避风险

从目前的宏观经济形式和房地产开发的现状来看，市场上还存在着很多不确定因素，因此所开发的产品必须保证较高的市场接受程度。

集团目前的财务状况良好，但综合体项目开发周期长且投资巨大，因此项目本身开发的良好现金流是重要的保证。

（2）品牌提升

项目占据着南京非常稀缺的土地资源，项目的成功将作为集团地产板块开发的示范项目，其影响力将在全国范围内扩张，利于打造企业和项目的品牌。

先期入市的产品需要营造项目整体形象。

（3）良好的财务指标

复合型产品，容积率小，为规划销售型物业奠定了基础。

项目开发前期资金充裕，但由于投资巨大，从经济的角度考虑，必须有一定规模的产品快速销售才能保证有良好的现金流。

（4）价值最大化

长期持有型物业是高品质的优质物业，未来租金升值潜力巨大且存在国际资本运作的空间。

部分高价值含量的物业可在开发后期进行高价销售。

2.项目开发时序原则

正确的开发时序对于实现综合体物业价值的最大化有着极为重要的意义，各物业功能和性质的不同决定了入市时机的差异。关注各物业类型的特点，把控各产品推出市场的时机和期望达到的效果，销售型物业与持有型物业相结合，控制市场风险，将财力、人力、物力等各种因素综合考虑。

前期没有太大的资金压力，侧重开发能扩大项目影响力的产品类型。

本项目在新街口商圈外延区域内，地处城市中心，商业氛围较好。商业早期入市可以为后续开发产品提供配套，并且早期树立项目品牌形象，对后续产品的价值提升有非常大的帮助。

酒店和写字楼项目入市进一步提升项目的整体形象。

从开发中期开始，各种产品租售结合，有利于资金回现，也有利于人力资源的调配。

住宅公寓产品分期开发，享受项目形象提升积累的价值体现，并由成熟的配套带动产品销售。

销售型商铺待项目整体价值高峰期时推出市场，可获取高价值回报。

保证综合体物业价值的最大化包含两个方面的含义：最大限度地实现各个物业自身的价值；避免各物业之间的负面影响。

二、项目开发规划

本项目规模为总建筑面积84万平方米，按照政府部门的规划条件、顾问公司的初步策划方案和开发公司的实际情况，本项目各阶段的进度安排如下：

项目计划从2013年1月开始施工。由于本项目规模较大，并且工程要求高，因此预计整体开发时期为7年，即项目可望于2019年年底全部竣工。

2012年5月至2012年12月为策划决策阶段。

2013年

首先开工建设的是街区商业和购物中心。

2014年

年底街区商业的开业将为综合体项目拉开恢弘的序幕。

依托西华门历史遗址的文化气息，独具特色的街区商业将展现项目的独特魅力，在市场上产生巨大的影响力，提升周边土地和物业的价值。

同时一期住宅、SOHO、甲级写字楼及五星级酒店将开始动工。

2015年

年底购物中心的试营业与第一期住宅的销售将带来项目的又一个高潮。

持有型的商业部分将带来持续增长的经营收入。

住宅的销售将为项目的持续开发带来稳定的现金流。

2016年

五星级酒店的开业将进一步提高物业的整体形象和档次，为项目带来高端的国际客户，也将促进二期住宅和一期SOHO的销售。

2017年

地标性建筑的国际甲级写字楼将推出市场，包含商业、酒店、写字楼的综合体项目已初具规模。项目的高端商务和商业形象将提升整个片区的档次，打造市级的核心商圈。

2018年

酒店式服务公寓即将面世，作为综合体项目的配套，将进一步提升物业的整体价值。

甲级写字楼将全面竣工，为市场供应高质素的办公物业。

第一期商铺也将推出市场，在比较成熟的商业和商务氛围内，必将以较高的售价为项目的持续发展提供稳定的现金流。

2019年

第二个持有型酒店将华丽登场。随着项目前期的成功运作，或将打造一个超五星酒店（而非四星级）。

至2019年年底，占地近40万平方米、总建筑面积逾80万平方米的大型城市综合体项目将全面展现它高贵的气质和独特的魅力。

第七部分

项目的财务评价

一、评价的基本假设

▶ 表16-12 南京项目技术经济指标表

序号	项目	总用地规划指标
1	用地面积（平方米）	395 000.00
2	容积率	2.13
3	总建筑面积（平方米）	1 100 000.00
4	计容积率面积（平方米）	840 000.00
4.1	封闭式购物中心（平方米）	120 000.00
4.2	商业街区（平方米）	80 000.00
4.3	商业街（平方米）	50 000.00
4.4	五星酒店（平方米）	35 000.00
4.5	四星酒店（平方米）	30 000.00
4.6	200米甲级写字楼（平方米）	80 000.00
4.7	100米甲级写字楼（平方米）	120 000.00
4.8	SOHO（平方米）	100 000.00
4.9	服务式公寓（平方米）	25 000.00
4.10	住宅（平方米）	2 000 00.00
5	不计容积率面积（平方米）	260 000.00
6	机动车停车位（个）	6500.00

假设在确定项目的现金流量时，只考虑全部投资的运动情况，而不具体区分自有资金和借入资金的具体形式；

现金流量在期初或期末产生；

各类营业收入均能够收现，无坏账；

测算的各类成本均为付现成本；

税负按现行税收政策计算。

二、财务分析结果

1.编制现金流量表

本报告数据来源于上述的基本测算。

项目期间的划分：

根据财务分析的基本假设之一——现金流量在期初或者期末产生，来设计本项目的期间划分。

本项目计算期为17年，其中，建设期7年，经营期根据产品类型的实际情况假设。

▶── 表16-13 项目简要经济分析表　　　　　单位：万元

序号	项目	合计	2013年	2014年	2015年	2016年	2017年	2018年	2019年	2020年	2021年	2022	2023年
1	现金流出	—	—	—	—	—	—	—	—	—	—	—	—
1.1	土地获得成本	259 560	259 560	—	—	—	—	—	—	—	—	—	—
1.2	前期工程费	33 000	16 500	16 500	—	—	—	—	—	—	—	—	—
1.3	建安工程费	426 950	95 950.54	100 231.31	64 198.4	67 952.94	55 556.81	29 611.43	13 448.57	—	—	—	—
	封闭式购物中心	50 400	18 327.27	18 327.27	13 745.46	—	—	—	—	—	—	—	—
	商业街区	28 800	16 457.14	12 342.86	—	—	—	—	—	—	—	—	—
	商业街	16 000	—	—	—	—	6400	4800	4800	—	—	—	—
	五星酒店	29 750	—	11 900	11 900	5950	—	—	—	—	—	—	—
	四星酒店	18 600	—	—	—	—	7440	7440	3720	—	—	—	—
	甲级写字楼200米	44 000	10 352.94	10 352.94	10 352.94	10 352.94	2588.24	—	—	—	—	—	—
	甲级写字楼100米	54 000	—	—	—	21 600	21 600	10 800	—	—	—	—	—
	服务式公寓	15 000	—	—	—	7500	7500	—	—	—	—	—	—
	SOHO	34 000	—	5950	11 900	11 050	5100	—	—	—	—	—	—
	住宅	46 000	—	6571.43	11 500	11 500	4928.57	6571.43	4928.57	—	—	—	—
	地下商业	26 400	11 428.57	10 171.43	4800	—	—	—	—	—	—	—	—
	地下车库	64 000	39 384.62	24 615.38	—	—	—	—	—	—	—	—	—
1.4	不可预见费	25 617	8757.03	6013.88	3851.9	4077.18	333.41	1776.69	806.91	—	—	—	—

续表

序号	项目	合计	2013年	2014年	2015年	2016年	2017年	2018年	2019年	2020年	2021年	2022	2023年
1.5	开发间接费	22 337.5	3436.54	3436.54	3436.54	3436.54	3436.54	3436.54	1718.26	—	—	—	—
1.6	营销费用	10 823.24	1665.11	1665.11	1665.11	1665.11	1665.11	1665.11	832.58	—	—	—	—
2	现金流入	—	—	—	—	—	—	—	—	—	—	—	—
2.1	商业租金收入	282 369.14	—	1800	12 480	26 760	29 640	31 122	32 678.1	34 312.01	36 027.61	37 828.99	39 720.43
2.2	酒店租金收入	84 146.77	—	—	—	2281.25	7847.5	7847.5	9553.17	13 533.08	13 939.07	14 357.24	14 787.96
2.3	写字楼租金收入	97 929.7	—	—	—	—	3456	9600	15 360	16 128	16 934.4	17781.12	18 670.18
2.4	公寓租金收入	32 990.34	—	—	—	—	—	2737.5	5475	5748.75	6036.19	6338	6654.9
2.5	SOHO销售收入	160 000	—	—	—	56 000	56000	48 000	—	—	—	—	—
2.6	商业街销售收入	125 000	—	—	—	—	—	62 500	62 500	—	—	—	—
2.7	住宅销售收入	300 000	—	—	75 000	75 000	75000	—	75 000	—	—	—	—
2.8	车位租金收入	20 950	—	1200	1200	1200	2200	2725	2725	2725	2725	2725	2725
减：	出租经营税金及附加	29 029.61	100.8	766.08	1693.51	2416.04	3025.79	3684.31	4057.02	4237.09	4425.7	4623.27	—
	出租运营成本	138 461.39	4273.43	5164.43	7604.15	11 494.13	13 474.21	16 415.07	19 120.03	19 696.8	20 296.81	20 922.33	—
	预征土地增值税	11 700	1500	2620	2620	2210	2750	—	—	—	—	—	—
	销售税金及附加	32 760	—	4200	7336	7336	6188	7700	—	—	—	—	—

续 表

序号	项目	合计	2013年	2014年	2015年	2016年	2017年	2018年	2019年	2020年	2021年	2022年	2023年
	加：资产末期价值	858 539.58	—	—	—	—	—	—	—	—	—	—	—
	现金流入合计	1 749 974.53	—	—	—	—	—	—	—	—	—	—	—
3	净现金流量	—	382 859.23	130 421.08	3897.53	64 855.79	86 285.45	103 144.23	155 935.68	49 269.78	51 728.68	54 307.73	57 012.85
4	累计净现金流量	—	382 859.23	513 290.31	509 392.77	444 536.99	358 251.53	25 5107.29	99 171.71	49 901.94	1826.74	66 134.48	11314'734
5	净现金流量现值	—	354 508.55	111 815.05	3093.99	47 670.94	58 724.44	54 998.36	90 985.91	26 518.93	25877.22	26 154.99	24451.84
6	累计净现金流量现值	—	354 508.55	466 323.6	463 229.61	415 558.67	356 834.24	291 835.87	200 848.96	174 23003	148 35281	123 197.85	98 745.99

▶— 表16-14 南京项目物业租金及售价

类型	物业类型	可租面积/可售面积（平方米）	租金/售价	单位	年租赁收入/销售总收入（万元）
持有型物业	商业	200 000.00	100.00	元/米²/月	34 312.01
	甲级写字楼	200 000.00	80.00	元/米²/月	16 128.00
	酒店	650 000.00	450~650	元/间/日	13 533.08
	服务式公寓	25 000.00	7.50	元/米²/日	5748.75
	停车位	6500.00	2000~6000	元/个/年	2725.00
销售型物业	商业街	50 000.00	25 000.00	元/米²	125 000.00
	SOHO	100 000.00	16 000.00	元/米²	160 000.00
	住宅	200 000.00	15 000.00	元/米²	300 000.00

1.商业部分第一年出租率为60%，第二年出租率为80%，第三年达到稳定出租率95%，达到稳定期后租金按照每年5%递增。

2.五星酒店第一年出租率为50%，第二年达到稳定出租率86%，四星酒店第一年出租率为45%，第二年达到稳定出租率75%，酒店经营达到稳定后的租金每年按3%递增。

3.写字楼第一年出租率为60%，第二年达到稳定出租率80%，稳定后每年租金按5%递增。

4.停车位按照商管中心提供的租金水平来计算，未计增长。

5.酒店运营成本按照酒店租金收入的60%计算。

6.服务式公寓的运营成本按照辉盛提供的方案以租金收入的50%计算。

7.以上项目的开发周期、销售和开业节点均由商管中心提供。

2.财务指标

▶— 表16-15 结果指标

税前财务内部收益率	13.22%
税前财务净现值	266 253.58万元
总投资现值	655 233.99万元
动态回收期	15.36年
净现值比率	0.41
投资回报率	277.11%

投资人最低的报酬要求为9%。

最低的报酬要求参照了银行对房地产行业中长期贷款现行利率水平[7.47%（1+20%）]。

税前财务净现值——NPV

NPV＝266 253.58（万元）

税前财务内部收益率——IRR

令：NPV＝0

则：IRR＝13.22%

动态投资回收期

动态回收期＝15.36（年）

约15年零4个月

3. 敏感度分析

▶━━ **表16-16 敏感性分析表**

因素变化情况		敏感性因素			敏感性分析结果			
		销售收入（万元）	经营收入（万元）	总投资（万元）	税前净现值（万元）	税前内部收益率	总投资现值（万元）	净现值比率
基本方案		585 000	1 097 816	985 342	266 253.6	13.22%	655 234	0.41%
销售收入变化	销售收入增加10%	643 500	1 097 815.7	985 341.5	302 737.33	14.06%	655 233.99	0.46%
	销售收入减少10%	526 500	1 097 815.7	985 341.5	229 769.77	12.41%	655 233.99	0.35%
经营收入变化	经营收入增加10%	585 000	1 203 867.3	985 341.5	324 344.85	14.11%	655 233.99	0.50%
	经营收入减少10%	585 000	991 764.14	985 341.5	208 162.3	12.26%	655 233.99	0.32%
工程成本变化	工程成本增加10%	585 000	1 097 815.7	1 009 405	246 012.78	12.73%	674 338.99	0.36%
	工程成本减少10%	585 000	1 097 815.7	961 278.4	286 494.38	13.73%	636 129	0.45%
底价变化	100万元/亩	585 000	1 097 815.7	782 715.6	463 039.76	20.96%	468 011.96	0.99%
	200万元/亩	585 000	1 097 815.7	842 660.5	404 822.47	17.97%	523 399.8	0.77%
	300万元/亩	585 000	1 097 815.7	902 605.4	346 605.17	15.68%	578 787.63	0.60%

续表

因素变化情况		敏感性因素			敏感性分析结果			
		销售收入（万元）	经营收入（万元）	总投资（万元）	税前净现值（万元）	税前内部收益率	总投资现值（万元）	净现值比率
底价变化	500万元/亩	585 000	1 097 815.7	1 022 101	230 553.09	12.31%	689 199.37	0.33%

三、财务评价

1.可行性

根据以上3个财务指标的计算结果来看，净现值=266 253.58万元，说明NPV＞0，则未来的现金流足以抵偿原始投资；整个项目的内部收益率IRR=13.22%，已满足最低的报酬要求，覆盖了资本成本，能够增加股东财富；投资回收期为15.36年，说明在开发产品计算期内能收回投资；以上几组财务评价指标均充分说明该项目有着较强的盈利性，因此，本项目在财务上完全可行。

2.偿债能力评价

结合现金流量表分析判断，公司在2018年便具备良好的清偿能力。

第八部分

项目风险分析及防范措施

风险防范意识是投资商在投资任何一个项目时都必须深入研究和探讨的重要问题,任何项目都不例外。本报告将就下述方面进行简述。

一、国家宏观调控政策分析及相应措施

近年来,宏观调控是房地产政策的主旋律,2006年开始,中央以及地方针对过快增长的房价,对房地产的各环节出台了一系列的调控政策,包括对土地、金融、税收以及社会保障体系结构、产品供应结构的重大调整。

但这些措施基本上是针对住宅类产品,对商业地产等经营性物业的影响较少。这些政策主要针对炒房客。短期看,这些措施可能会刺激市场,使可售房源减少,并使房价上涨,但从长远看,投机性购房被彻底踢出市场是对市场的健康发展乃至房价稳定的有力保障。同时二手房售房者很少存在资金链紧张的情况,所以售房者会选择加价或者"捂房"由售转租,购房者也很有可能因为房价的上涨而暂时转到租赁市场或商品房市场中去。

无论在发达国家或地区还是在发展中国家或地区,对住房市场进行调控是解决居民住房问题不可缺少的措施。住房价格是住房市场的核心,是住房市场健康的"晴雨表"。

1.稳定房价不等于降低房产的绝对价位

房产绝对价位高低不能说明其合理与否,由市场决定的价格总水平也只是说明了其价格现状,并非合理的价格。评判房价合理与否,不能仅仅看其价位的高低,只有把房价与居民的收入比较、与其价值核心比较、与其动态变化比较、与其房价的内涵比较、与住房的质量以及环境比较,在比较中方能鉴别。随着人们生活水平的提高,人们对居住环境质量的要求越来越高,买房者不仅仅考虑住房的价格,更加向往人文环境良好的居住社区。住房建设也正从生存型向舒适型转变。住房本身就是与区位相结合的,离开了区位谈房价是没有意义的。可见,从某种程度上说,房价的可比性比较差,近年来住房成本的上涨也是房价上涨的原因之一,因为由供求关系决定的房价不可能低于住房的成本价。

2. 房价调控不等于短期内降低房价上涨的速度

按照目前房地产开发商及各地方政府的理解，国内房价的稳定就是房价的上涨保持在一定的幅度内，而不是房价的下落。稳定房价就是稳定房价上涨的幅度。但是房价调控政策具有一定的滞后性，这也是近年来政策短暂性所导致的结果。

3. 宏观调控不影响行业的长期向好

宏观调控对房地产而言可以说影响巨大，但并非绝对的利空效应。实际上宏观调控对优质地产而言可能是机会大于风险。

一方面是加息后贷款利率水平的提高，肯定会给房地产企业带来一定的经营压力，但部分优质房地产公司拥有较多的融资渠道，完全可以化解此压力。值得关注的是，自2005年7月开始，中国适时进行了汇率改革，开始实行以市场供求为基础、参考一揽子货币进行调节、有管理地浮动汇率制度。种种迹象表明，目前人民币已经进入升值的实质性周期。中国外汇储备超过1.4万亿美元，成为全球最大外汇储备国。国家外汇储备不断飙升，可能迫使管理层将加快人民币升值步伐作为防止外汇储备持续快速增长的对冲措施。因此人民币长期升值的趋势难以改变。房地产板块是获取人民币升值收益的有效载体之一。人民币升值无疑利好地产企业，其中优质地产企业潜力更加明显。

与此同时，目前我国正处在城市化的快速发展期。大规模城市化使城市人口增加、城市建设加速，这显然会带动对房地产的旺盛需求。从政策调控的导向来看，政府对房地产行业持续调控的目的并不是打压房地产行业和房地产板块的走势，而是促使房地产市场健康稳定的发展，真正实现社会的和谐，对于行业长期投资十分有利。

4. 商业地产前景广阔，商业地产是未来重要的投资方向

从长远来看，宏观调控有利于整个房地产行业长期稳健的发展；从近期来看，宏观调控接二连三剑指房地产，重点却是居住房产，商业地产受影响的程度小得多。商业地产不是国家宏观调控的主要目标，公司可从商业地产的实际运作规律出发，把风险点转换成运营管理机制。

5. 相应措施

控制行业管理缺位。

商业地产的管理一直以来就比较混乱。建设部门主管建筑，商务部门主管零售业，一些行业协会也充当着各种管理角色。但各种管理角色要么只懂商业不懂地产，要么只懂地产不懂商业，既懂商业又懂地产还懂金融的管理角色甚少。

这就需要建构非常清晰的项目开发战略：组合一批既懂地产又懂商业和金融的专家和专业公司，组合成三者兼备的公司、机构和人才，更好地协调、监督和管理商业地产，也就是说将商业、地产和金融的要素联合成立一个全新的开发模式和管理组织，更好地引导和协调商业地产的发展和进步。

控制资金的缺位。

由于房地产属于资金密集型行业，作为单一进行房产开发的房企，随着项目的开发，其现金流易出现节奏性波动。

建议项目采用租售并举的模式，租金收益具备相对平稳持续的特征，从而提高公司稳定获利的能力，规避现金流短缺的风险。

控制市场的缺位。

市场的缺位不是指商品缺位也不是指消费缺位，而是指市场的同质化、竞争恶性化和结构的混乱化，从而导致商业地产总量饱和但结构缺失。

建议延长半径，借助规划、商业等系列专业机构和自身的不断成熟，转变为商业地产全程的专业商业运营商，让商业成为主体，使地产价值最大化。

二、政府行政管理行为对项目的影响及相应措施

项目具有极好的地理位置和庞大的规模，最大的与众不同之处就是，项目是以城市综合体的形态示人的，而这几方面是相辅相成、互相促进的，其一：城市综合体的形态形成了整个项目商业、商务、旅游、居住、文化艺术等多种功能之间的有机联系，为未来整个商圈注入了庞大的人流互补体系；其二：项目的商业功能可以同时满足广大市民及游客吃喝玩乐的多种消费欲望，并且为其提供了便利的交通体系，而这些理念也是南京市区各级政府开发城市综合体之初衷。项目如此重要的作用也使其成为南京市重点的开发项目，成为城市的名片。

相应措施

建议项目加强与本地政府的协调公关能力，和市区各级政府形成战略统一的合作意识。为了保障项目的顺利运行，建议和项目所在地区政府成立专门的"项目领导小组"，由主管城建的常务副区长亲自挂帅，携同区属主要职能部门的单位领导，为项目开发出谋划策。

三、施工建设过程中的风险及防范措施

安全问题是贯穿于任何一个项目施工全过程的问题，施工中的安全问题包括以下各个环节：

1. 管线迁移工程的施工安全

管线迁移工程是项目建设的先行工程。

2. 支护工程施工过程中周边建筑物的安全问题

支护施工是项目施工过程中最为重要的环节，因为它直接关系到项目周边的建筑物的安全。因此，在支护形式的选型过程中，要对各类支护形式的位移参数、刚度、防水性能指标等方面进行全面比较；另外，在施工管理过程中，严格执行有关技术操作规程和相关技术标准，辅以位移动态监控测量，并根据观测数据及时调整相关的技术措施，确保位移控制在技术指标内，在施工过程中严防安全风险的发生。

3. 降水过程中的安全风险防范

由于南京地区地下水位比较高，水位标高约＋1.0米，所以，对由降水引起的变形的控制尤为重要，因此，需要做好相应的工程处理，来控制周边地区的下沉位移。

4. 施工期间人身安全风险的防范

在整个施工过程中，人身安全风险的防范是不可忽视的问题之一，无论是施工人员的伤亡还是周边行人或居民的伤亡，都将给工程建设带来经济损失和不良的社会影响，并严重影响建设的进度，所以，建议采取经常性的安全生产教育、制定安全生产管理制度、不间断地检查生产安全，杜绝此类事故的发生，保证项目建设的顺利进行。

5. 选择优秀的施工单位是防范施工过程中风险发生的基础

选择优秀的施工队伍来承建项目工程是防范建设施工过程中风险发生的关键因素，因此，建议对施工单位的资质、公司资产状况、市场信誉、行业排名、企业贯标、技术实力、设备配备、施工现场组织管理水平、类似工程施工案例、具有影响力的工程施建案例、项目经理的实践经验和技术水平、建设工程评比获奖情况、安全施工比赛获奖情况、工人的技术水平和素质等方面进行全面考核，通过科学的评分系统，确定施工单位的预审资格，以确保参与投标的施工单位都具有相应的实力。

6. 选择优秀的监理公司是施工质量的保障

工程监理是保证工程质量、降低施工成本和防范施工安全风险的重要环节，因此，在选择工程监理公司时，建议对现场总监、监理人员的工作责任心、技术能力、监督力度、成功案例、类似工程监理案例、实践经验、基本素质等方面进行全方位考评，以保证其切实起到现场施工监督管理的作用。

7. 施工单位投保建设工程一切险和安装工程一切险

为了增强风险意识，实现有效的风险转嫁，建议要求各施工单位分别在具有赔偿能力的保险公司投保建设工程一切险和安装工程一切险，以确保在工程发生意外风险事件时将经济损失转嫁给投保的保险公司，避免公司承担由此造成的经济损失。

四、市场风险及防范措施

1. 南京商业地产前景较好

商业地产正在不断规范，同时各大城市商业网点规划的实施为城市商业发展提供了有效的政策保障。商业地产利好形势的前提是巨大的市场空间。

目前流通业占国民经济的比重比建筑业和运输业还要大，这为商业地产的发展提供了深厚的消费基础。政府营造的商业投资环境逐步规范，商业网点规划即将实施，这将使我国的商业网点布局更加合理，这将非常有利于商业地产的开发。

根据《南京市商业网点规划2004—2010年》的规定，到2007年，南京市商业网点的配置基本实现与小康社会相适应的商业服务水平。年社会消费品零售总额达1000亿元，总营业面积816万平方米，人均营业面积1.2平方米，连锁企业年销售额700亿元，占社会消费品零售总额比重的70％，中小商业网点占全市商业网点营业面积比重的35％。

到2010年，南京市商业网点的配置达到西方中等发达国家2000年的水平，市场繁荣、生活便利。年社会消费品零售总额1500亿元，总营业面积920万平方米，人均营业面积1.3平方米，连锁企业年销售额1088亿元，占社会消费品零售总额比重的75％，中小型商业网点占全市商业网点营业面积比重的40％。

作为未来南京商业的副中心，本项目会发展为各类业态齐全、兼顾服务本市居民和外来人口的综合性商业中心。规划发展空间会沿新街口向本项目纵深发展，整体商圈范围将逐步扩大。

2. 控制市场风险措施

虽然市场前景非常好，但市场风险是不能忽视的，需通过严谨的市场调研（包括市场消费者调研、人流量分布的调研、商业物业需求的调研、各类零售商的调研）、符合市场需求的商业定位及超前的规划设计，为南京市民打造一个具有全新业态组合和舒适购物环境的新城市空间，与商圈内部的其他设施互补，有效地控制风险。具体途径如下：

（1）科学严谨的市场研究，准确把握定位

委托专业的市场调研公司多角度对市场进行摸底，反复论证，针对国内外的类似项目进行考察。通过与专业顾问公司的合作，准确把握市场状况，了解真正的主流消费者及其需求，从而有助于项目定位的准确以及其后招商经营和营销工作的有效进行。

（2）合理规划

从南京市地方特性出发，整合城市的元素、街区的元素、商业的元素、地铁站点对接元素，融合有创意的主题，并将这些规划理念体现在总体规划、配套环境规划、经营规划中，从规划方案上强调其功能性来赢得消费者的青睐。

（3）创新的营销理念

用崭新的营销理念精心策划，结合项目营销期的重大事件，借势组织大型的推广宣传活动，增强项目的知名度和美誉度，用体验式的营销现场来触动投资者的兴奋点。另外，在营销渠道上形成有序的网络化营销，并利用重点客户点对点的方式、外地区域商会组织推介会的方式，完成整个营销网的架构，从而大大降低市场风险。

五、内部经营管理的风险及防范措施

一个综合型商业地产项目运作的成功与否除了要充分重视上述各方面的风险防范和控制以外，内部管理环节也是不可忽视的重要方面，因为它直接关系到项目运作的决策正确与否，成本控制目标是否具有市场竞争力，项目质量的优劣、项目定位目标是否与市场需求相吻合，项目运作是否能实现利益最大化。所以，制定一系列项目规范化管理的规章制度非常重要：

1. 科学的决策管理程序

有关项目运作环节中关系到合作伙伴的选择、技术方法的选择、项目定位、成本控制、工作目标、效益目标等方面的决策，必须通过公司决策委员会集体决策，以追求客观务实，规避主观盲目的决策给项目运作带来不良后果和损失。

2. 严格的工作流程制度和审批程序制度

通过工作流程制度规范公司的办事程序，达到使公司的项目运作科学有序的目的，避免工作流程紊乱和忙中出错给公司造成经济损失和给项目运作带来风险；通过严密的各类审批程序，包括财务审批程序、工程签证审批程序、采购审批程序、预决算审批程序、资金调度审批程序、付款审批程序、结算审批程序等，做到责任到人、层层把关，以避免产生不必要的损失和财务风险的发生。

3. 公正的招投标管理制度

通过招投标管理制度的实施，包括工程、监理、采购等招投标管理制度，实现对投标单位的选择、技术性评标和定标、经济性评标和定标、材料选择等有效控制，达到实事求是、择优录用、降低项目成本的目标，规避由于营私舞弊而给公司和项目运作造成的经济损失。

4. 施工管理制度

通过严格的施工管理制度，实现对设计变更、施工现场签证、各类（专业技术、扩初及施工、分项及分部）图纸会审、材料供应、工程款支付、施工现场质量、施工安全等的有效控制，杜绝由此而产生的各种风险。

5. 严密的财务管理制度

通过严格执行公司财务管理制度，实现对公司财务人员工作行为、职责范围、账务处理、资金管理、印鉴管理的有效控制，以防范人为因素产生的财务风险；

通过编制年度财务计划、定期出具财务状况分析报告、年终财务决算报告，实现对各类费用、动态财务状况的有效控制和对年度财务计划执行的考核，以利于及时调整经营策略，使财务状况始终保持良性运行和稳定状态，杜绝财务风险的产生；

通过及时研究国家的财税政策、关注国家财税政策的变化，提出本公司的财务对策，及时调整经营策略，有效地降低项目成本，以利于争取项目利益最大化，避免财务风险的发生。

6. 营销及招商管理制度

通过执行营销及招商管理制度，增强营销人员、招商人员行为的规范，提高营销人员和招商人员的工作责任心和职业道德，并通过营销和招商实务的控制程序，规避因职业道德、工作责任心因素而产生的风险和给公司带来的经济利益损失；

通过营销和招商方案和计划的制订及动态跟踪计划执行情况，及时分析和调整营销和招商方案和策略，以利于实现投资回收和利益最大化的目标，杜绝因盲目执行计划而完不成投资回收目标或引起利益损失的风险发生。

17
市场定位

济南市 LA 地块项目
市场定位报告

第一部分

项目资源分析

一、地块位置

项目位于济南奥体中心核心区域，北侧靠近经十东路，南侧为LA北路，东侧为玉顶山。除LA大厦、奥体中心外，省立医院、省高院、省国资委、省军区及省博物馆、档案馆等城市优势资源遍布周边，区域被规划为济南东部新城的核心，也是济南未来的城市行政中心所在地，具有较大的发展潜力。

二、规划经济技术指标

项目用地性质为商业金融用地，总占地23 875平方米，可规划建筑面积143 250平方米。该项目具体经济技术指标如下：

▶── 表17-1 项目经济技术指标

总规划用地（平方米）	23 875
折合（亩）	35.81
地上规划建筑容积率	6
地下规划容积率	2.4
地上可规划建筑面积（平方米）	143 250
地下可规划建筑面积（平方米）	57 300
规划建筑密度	40.00%
规划绿化率	25.00%

三、地块现状分析

1. 地表现状

　　项目紧邻LA北路，地块整体比较方正平整，东西面宽256米，南北进深90米，场地内没有任何建筑物，具备快速开工的条件。

▶━━ 图17-1　项目现状图

▶━━ 图17-2　项目区位图

2.周边环境

地块东北侧为公交总公司的立体停车场，地上4层，目前修建至主体3层。后期将不可避免地给项目造成噪音污染，同时公交总站带来的人流也为本项目商业的繁荣奠定基础。地块东侧为玉顶山公墓，目前济南市民政局已禁止该公墓扩大规模，后期计划在公墓周边种植速生林，对其进行有效遮挡或将其改造为山体公园。地块南侧为区域高端项目中海奥龙官邸，目前一期正处于热销中，西侧为正在建设中的山东才高置业写字楼项目。

3.交通

项目北侧的经十路是济南最重要的东西向交通干线；南侧紧临LA北路和旅游路，其中LA北路连接地块和LA大厦、奥体场馆以及喜来登酒店，旅游路则向东西延伸。项目东西两侧的奥体东路和舜华南路经过项目将经十路和旅游路连接起来。整体而言，区域交通非常便利，目前已经开通BRT5和BRT6号两条快速公交线路。

4.生活配套

地块周边市政、文化、体育、医疗设施齐全，LA大厦、奥体中心、省档案馆、博物馆、省立医院等优势资源均在本项目周边2公里范围内。全运村内配建的中小学已经开工建设。后期项目南侧地块内还将分别配建中小学各一所，教育配套设施逐步完善。虽然目前项目周边商业生活配套暂不完善，但奥体中心底层商铺已经开始对外出租，后期鲁商国奥城、黄金时代广场内都将配建大型购物中心。

四、地块周边的发展规划

本项目所处的奥体片区是济南市为迎接第十一届全运会集中打造的"三大亮点"区域之一。在"一体两翼"的城市发展规划导向下，片区定位为城市东部副中心的核心组团，与软件园研发中心共同构筑济南东部副中心，成为济南市乃至山东省的高端服务中心、高端消费商贸集聚区和金融保险业副中心。

随着奥体中心、LA大厦、全运村、喜来登酒店等重点项目的建成及投入使用，奥体片区已经成为东部新城的核心。先期启动及区域发展重点工程有新政务中心、奥体中心、省博物馆新馆和档案馆新馆、省立医院东院区、省高院、武警总队、奥体酒店、鲁商国奥城、全运村等，当前阶段区域发展的主力为政府、企事业单位的入驻以及中海、绿城等一线企业住宅项目的开发。

▶━━ 图17-3 奥体中心区域重点项目分布图

▶━━ 图17-4 奥体中心区域规划鸟瞰图

五、项目发展目标

　　本项目地处奥体核心区域，具备得天独厚的奥体人文资源，尤其是随着大型企事业单位的陆续东迁及区域高端人口的不断聚集，区域商务价值和居住价值越来越高，并且项目地上建筑面积14.3万平方米，在奥体片区属于中等规模体量，具备打造城市综合体的潜质。作为济南奥体中心区域的大体量开发项目，本项目具有极强的示范效应，项目的成功开发可以进一步提升企业品牌，确立企业在行业中的地位。建议将本项目打造成区域地标性小型综合体项目。

第二部分

市场分析

    从2009年开始，济南房价与地价的不断刷新，迫使政府出手抑制过快增长可能产生的经济风险。4月出台的新"国十条"标志着新一轮地产调控的开始。从紧随其后各个城市出台的调控政策来看，主要是依靠金融信贷政策和税收政策来打压不合理需求。在供给层面，虽然济南市等地方政府也提出了加大保障性住房建设投资的计划，但并未落到实处。从政策执行后市场的反应来看，多次置业者贷款变得困难，住宅领域的投机性投资行为受到严重打压，市场呈现价涨量跌的态势。在需求依然旺盛而供应不足的市场条件下，只依靠不断的行政手段强行干预，住宅市场下滑的趋势不会长久，原因有三：一是后续调控政策依然会沿着鼓励自住、打击投资的方向进行；二是济南的城市化进程正处于初期阶段和快速的推进阶段，农村人口的转移、大学毕业生的就地发展、人才的自由流动、婚龄青年的购房等，必将产生庞大的刚性需求；三是济南2010年保障性住房仅有228亩廉租房计划，对商品房冲击较大的经济适用房项目并未提及，并且济南市2009年土地出让金收入达到财政收入的87%，政务未必有足够的动力完成保障住房的建设。

    在新政频出打击了住宅项目的投机性投资行为后，从住宅市场撤出的热钱反倒为写字楼、公寓等经营性物业投资带来发展的机遇。海尔绿城玉兰公寓开盘热销也证明了这点，该项目开盘成交客户中投资客的比重占到了70%。

一、区域土地市场分析

    项目位于济南奥体中心核心区域，从区域用地规划图来看，LA北路以北以及经十路沿线主要为商业金融用地。借助政府东迁、全运经济等大势，东部区域成了新的济南权力中心，该区域也一直是济南土地市场的热点区域，土地价格一直位于高位，其中LA6号地块与本项目相距不足200米，成交价格达到1082万元/亩。从2008年至今共成交五宗商业用地，明细详见下表。

▶━━ 表17-2 2008—2010年周边土地成交情况一览表

编号	2008-G052	2009-G042	2009-G091	2010-G039	2010-G064
土地位置	龙奥8号地块	龙奥14号地块	历下区经十东路	龙奥6号地块	龙奥9号地块
土地面积（平方米）	20 406	17 563	13 728	32 022	23 875

续表

编号	2008－G052	2009－G042	2009－G091	2010－G039	2010－G064
用途	商业金融	商业金融	商业金融	商业金融	商业金融
容积率	地上≤4.0 地下≤1.3	地上≤4.2 地下≤1.3	地上≤4.0 地下≤1.2	地上≤5.0 地下≤2.0	地上≤6.0 地下≤2.4
建筑密度	≤35%	≤30%	≤30%	≤30%	≤40%
绿化率	≥30%	≥35%	≥35%	≥30%	≥25%
竞得单位	山东才高置业有限公司	山东大城投资、大伟工程设计公司	山东省三名投资有限公司	山东永安房地产开发有限公司	济南海信置业有限公司
成交价格（万元）	9183	7902	25 875	52 000	18 612
单价（万元/亩）	300.01	299.95	1256.56	1082.59	519.71
楼面地价（元/米²）	1125.037	1071.25	4712.08	3247.77	1299.27
成交日期	2008.12	2009.8	2009.12	2010.4	2010.6

二、写字楼市场分析

1. 济南写字楼概况

济南的写字楼市场长时间处于相对低迷的状态，直到中润世纪广场等多个写字楼项目的高调上市，让人们看到了济南写字楼市场的潜力。现在市场上大量存在的写字楼产品主要还是一些机关单位、银行、商场自己修建的，且一般都是以自用为主、部分出租，整体规模小，比较分散，但济南市市场上以中润世纪广场、万达广场、黄金时代广场为代表的真正专业化写字楼正在慢慢出现。重点写字楼的路段聚集情况大致可划分为泺源大街板块、山大路板块和东部区域板块。

（1）泺源大街板块

泺源大街板块是济南城市最初的发源地，是济南城市干道系统的核心，板块内的写字楼多为济南市的中高档写字楼，济南中心城区齐全的配套、优越的地理位置、便利的交通条件使该区域写字楼备受省内外大中型企业及外资企业的关注。目前区域内65%左右的写字楼里入驻的大多为银行、证券、保险等省内金融机构的总部或管理机构，电信、电力等省内行业巨头，像中银大厦、中信实业银行、中国人寿。济南本地企业只占35%左右，并且以从事金融保险、房产、法律、会计顾问等盈利水平高的行业为主。

　　泺源大街板块这一片区无论从地段、交通路况和楼盘本身素质来看，都是无与伦比的。综合分析这一地段的写字楼市场会发现，它是比较成熟的，这里的写字楼管理比较严格，保安巡视系统完善，智能化系统水平比较高，户型面积大，可吸引一些大企业入驻，也可为有实力的中小企业自由分割。济南市"中疏"计划的施行，尤其是奥体片区新一代写字楼的出现，对泺源大街板块内的写字楼施加了强大的竞争压力，目前银行、保险等金融企业已经开始了东迁的步伐。但是在短时间内，这里的人气指数还是比较高的，因为这里毕竟是济南最繁华的区域。

图17-5 济南重点写字楼项目分布图

表17-3 济南存量重点写字楼情况一览表

项目名称	项目区域	建筑面积（万平方米）	主力户型面积（平方米）	价格（元/米²·天）	租售率	物管费（元/米²·每月）	楼宇配套	车位	典型入住企业
中信广场	泺源大街板块	4.5	170~200	4	95%	含在租金中	智能化系统、中央空调、6部奥迪斯电梯	地下150个、地上90多个	IBM、中原物业公司、康桥律师事务所、通用电气公司、中信实业银行
中银大厦		4.3	40~50、170、200，一般为600	3.5	97%	2	智能化系统、中央空调、5部奥迪斯电梯	100个左右	华夏证券、中信建投、山东大地房地产
金龙大厦		12	主楼大开间200	2.3（含水电、空调）	主楼70%东楼90%	含在租金中	智能化系统、中央LG电梯6部、电梯1部	中下150~200个、地下地上共400个	民生银行、人寿保险、摩托罗拉、业之峰等
齐鲁国际大厦		8.5	200	2	95%	含在租金中	3部电梯	—	山东旅游公司、上海树诚智能科技公司、济南东润商贸有限公司
银座数码大厦	山大路板块	7.3	300~500	2.2	95%	6.5	6部瑞士迅达电梯、中央空调、5A系统	地下两层240个	道克图文、金超人科技公司、三友广告、华硕电脑
数码港大厦		9	200~300	1.7	90%	1.3	三表远传、宽带、可视对讲、2部电梯、中央空调	300个	恒大科技、医案信息科技、筑建地产顾问等
三庆·世纪财富中心	东部区域板块	15	A、B座为150到800	1.38	80%	1.8	不带空调、暖气，A、B每栋3部立、C、D每栋3部三菱、大堂挑空5.6米	A、B两栋150个车位	中建八局、东方世纪贸易、兴国广告、大方工贸
齐鲁软件园		16	整层自由分割	1.25	85%	1	每单元两部高速电梯		软件园入园企业、海尔绿城房地产

（2）山大路板块

随着山大路商圈的不断成熟，百脑汇、赛博数码广场的加入使科技市场的规模不断扩大，现已成为一个辐射整个华北地区的电子科技市场。成熟的山大路商圈汇集了大量的人流和物流，商务氛围日益浓厚，山大路板块的写字楼市场也日趋活跃，以山大路为轴心形成了济南市写字楼市场的山大路区域板块。

山大路是高科技的聚集地，有着非常成熟的办公背景，而且山大路商业密集、信息产业公司密集、大学及科研机构分布较多，这些都是一个科技商务中心区的必备要素，也是山大路得天独厚的优势所在。依托山大路特有的IT产业，该板块内的电子科技类企业占了大多数，约有80%的份额，其他少数进驻公司为工程公司、广告公司和装饰公司。

（3）东部区域板块

目前东部区域已使用的写字楼仍以齐鲁软件园、三庆·世纪财富中心、济南高新技术创业服务中心等低档写字楼为主，客户主要为从事科研的智力密集型企业。这些企业多处于成长期，它们对办公成本较为敏感，需要较弱的商务聚集度和较好的交通条件。区域以其良好的自然环境、便捷的交通网络和高新区的优惠政策吸引了很多发展中的中小型研发企业，该种类型的企业占到总数的80%以上。

随着济南老城区改造步伐的推进，借东拓发展、政府东迁、全运经济等大势，东部区域形成了新的济南权力中心。权力中心的转移为写字楼市场的繁荣创造了条件。除去已使用的写字楼，目前该区域内在售、在建的写字楼项目中润世纪广场、黄金时代广场、鲁商国奥城、鲁邦国际广场、海尔绿城写字楼项目代表了济南写字楼的最高水准，目标客户直指金融、保险、各大企业在济总部，对以该类客户为主的泺源大街板块写字楼市场形成较大的冲击。2010年金融保险企业总部东迁愈演愈烈，高新、奥体板块总部聚集效应日趋明显，目前建设银行、太平洋保险等金融机构已经开始向该区域搬迁。

2. 区域供应量分析

目前奥体片区在售写字楼有限，仅有中润世纪广场在售，自2007年开盘销售以来，目前仅剩1号楼在售，存量在1万平方米左右。虽然在售项目不多，但定位为济南东部新商务中心的奥体中心区域潜在供应量较大，区域可预见写字楼供应量高达100万平方米。其中片区内最大的商务办公综合体黄金时代广场有4栋写字楼，除1栋约4万平方米被国资委团购外，剩余约13万平方米已开始接受客户咨询，预计2010年10月将对外销售；鲁商国奥城除1号楼被国家电网团购外，剩余约11万平方米的写字楼也将在本年对外销售；区域内鲁邦国际广场、大卫奥体项目、天业奥体项目等后期都将是区域的潜在竞争项目。同时该区域写字楼还面临着高新板块中铁会展国际、丁豪会展项目以及高新区总部基地等项目的竞争，而且写字楼的供应高潮将会持续比较长的一段时间。

—— 表17-4 区域写字楼项目概况一览表

项目名称	上市时间	建筑面积（万平方米）	存量（万平方米）	预计推出时间	客户特征
中润世纪广场	2007.1	15	1	在售	中石化、平安保险、太平洋保险等高端大客户
中铁会展国际	2010.5	15	14		贤文庄投资、外贸、科技等公司，多为整层购买的客户，投资占30%，自用70%
黄金时代广场	——	17	13	2010年10月	国资委团购1栋高层
鲁商国奥城	——	15	10.5	2010年下半年	国电团购1栋高层
鲁邦国际广场	——	6.8	6.8	2010年下半年	
海尔绿城	——	15	10	2010年下半年	整栋出售给山东高速
鲁班奥体西苑	——	25	25	2011年年底	
才高奥体8#地块	——	9	9	2011年下半年	
天业奥体项目	——	6	6	2011年下半年	
大卫奥体项目	——	7.4	7.4	2011年下半年	

3. 区域销售价格分析

本项目所处的奥体中心区域，正是济南着力打造的商务集中区域，随着济南市政府的东迁，商务区整体呈现向东部转移的趋势。2009年底，济南写字楼的整体均价在11 300元/米^{2}左右，奥体中心区域的新建写字楼项目多以城市综合体定位，无论是配套设施还是建设标准都较其他区域高。目前区域在售的中润世纪广场价格在12 500元/米^{2}以上，高于全市平均价格。区域内黄金时代广场、鲁商国奥城等即将入市销售的高端写字楼项目预计价格也在13 000元/米^{2}左右。

▶ **表17-5 在售写字楼项目价格情况一览表**

区域	项目名称	销售价格（元/米²）
其他区域代表写字楼项目	济南万达广场	均价12 000
	天业国际	均价13 500
	明湖湾开元广场	均价14 500
	鲁商广场	均价15 000
	正大时代广场	均价9600
区域竞争写字楼项目	中润世纪广场	均价12 500
	名士杰座	均价8600
	黄金时代广场	对外报价13 800，预计下半年开始销售
	鲁商国奥城	价格未定，预计下半年开始销售
	中铁汇展国际	5月16日首次开盘，整体均价约9000

4. 写字楼市场总结

从市场供应量来看，虽然在售项目不多，但区域可预见写字楼供应量高达100万平方米，后期市场必定竞争激烈。从销售方式来看，区域项目写字楼开发主要以定向开发和大客户整层出售为主，这种开发模式虽然风险小，但周期长，价格低。目前区域对外散售的写字楼虽然价格高，但除中润世纪广场外，其他项目并未真正经历市场考验。

三、公寓市场分析

1. 济南公寓市场概况

济南公寓市场自2009年6月以来，成交量大幅攀升，除2010年2月成交低迷外，其余月份成交量保持在600套左右。尤其是在新政频出打击了住宅项目的投机性投资行为后，从住宅市场撤出的热钱反倒为写字楼、公寓等经营性物业投资带来发展的机遇。

月份	09.01	09.02	09.03	09.04	09.05	09.06	09.07	09.08	09.09	09.10	9.11	9.12	10.01	10.02	10.03	10.04	10.05
■成交套数	31	64	200	206	409	754	688	769	712	759	789	492	646	120	674	564	394

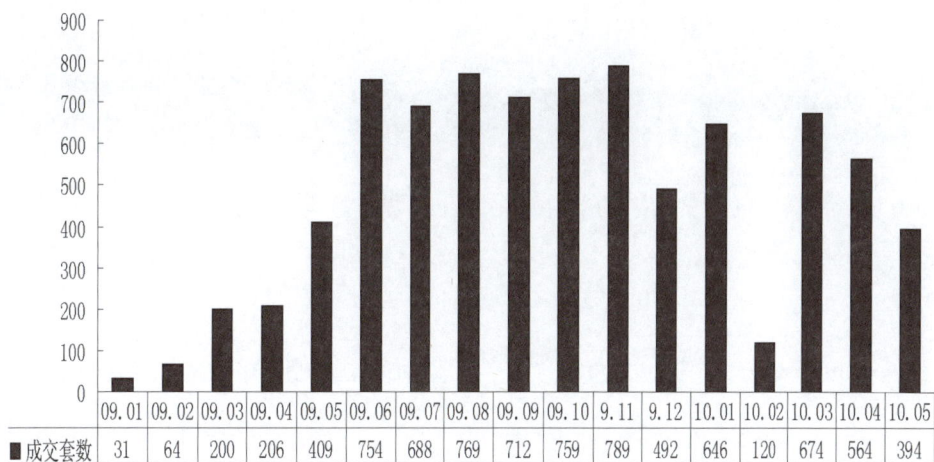

▶── 图17-6 2009—2010年公寓成交量走势图

　　济南公寓市场一般依托于综合体、写字楼、普通住宅等，仅少量项目作为一个项目的主体。客户群体大多为刚踏入社会不久的青年自住客户以及投资客户。自住客户来自济南本地和山东省内各市县，这些人没有太多积蓄，又有在济南安家的想法，大多为首次置业，将公寓用作过渡房。投资客多为个体私营企业主、企事业单位高收入者。

　　多数楼盘为精装出售，精装费用报价集中在600~1000元/米^2，在贷款年限上没有统一的规定，根据开发企业同按揭银行之间签订的合作协议情况，多数公寓项目均可按照住宅贷款政策办理。万达达人界这样针对特定中高端人群以满足投资需求为目的的高端产品的入市，不但拉高了公寓产品的市场均价，而且促进了济南整体公寓市场的发展，预计后期济南新供应的产品会向精装、中高端方向演进。

▶── 表17-6 济南代表性公寓项目一览表

名称	其他区域代表项目				区域内竞争公寓项目		
	银座中心	万豪国际	诚基中心	万达达人界	名士MINI公馆	海尔绿城玉兰公寓	未来城
总面积（万平方米）	2.2	2	6	2	2.6	5	3.9
主力户型	2、3室为主，20~120平方米不等	单层面积30~75平方米	60平方米套一	40平方米套一、60平方米套二	40~53平方米	70~200平方米	一室（43~53平方米）
价格区间（元/米^2）	11 000~14 000	15 000~21 000 均价18 000	均价20 000	11 000（精装1000）	9000（精装600）	13 500（精装4000）	8200（精装600）
产权年限（年）	40	40	40	40	40	40	40

续表

名称	其他区域代表项目				区域内竞争公寓项目		
	银座中心	万豪国际	诚基中心	万达达人界	名士MINI公馆	海尔绿城玉兰公寓	未来城
结构形式（米）	LOFT，层高4.95	LOFT，层高5.4	LOFT，层高5.2、5.4	平层	平层+LOFT	平层	平层
首付比例	——	30%	30%	50%	50%	50%	20%
贷款方式	——	贷款年限最多30年，利率85折	银行提供正常按揭贷款	贷款年限最多10年	贷款年限最多20年	贷款年限最多10年	工行按揭，按照住宅首套办理
销售状态	认筹登记	在售	在售	售罄，二手房约13000元/米²	在售	在售	在售

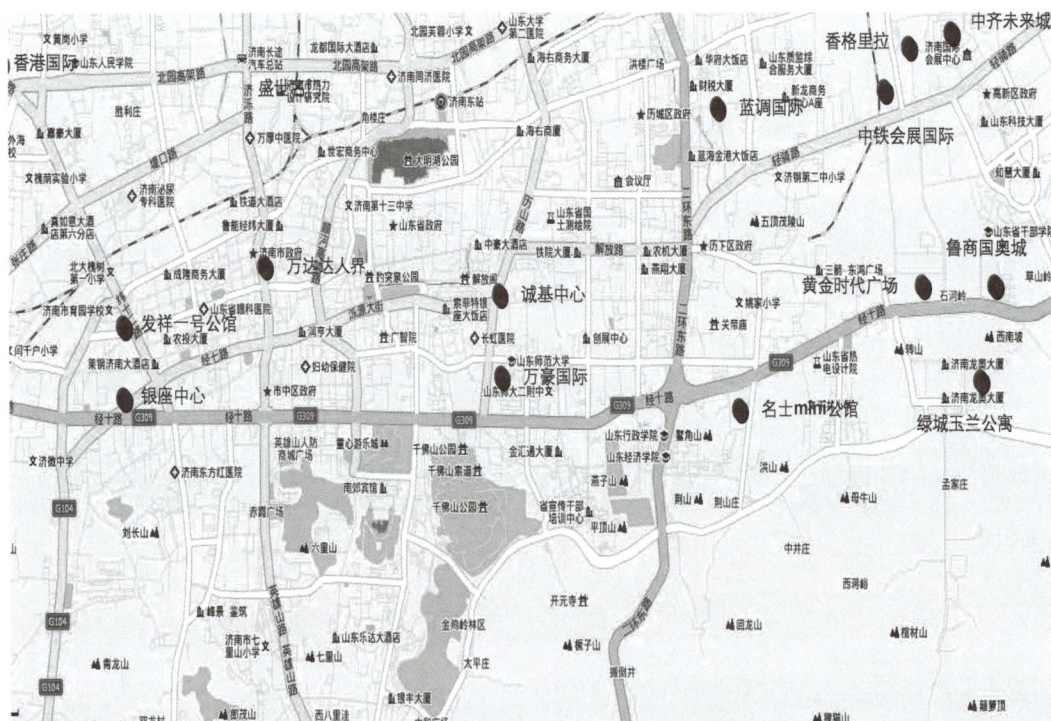

▶━ 图17-7 济南重点公寓项目分布图

2. 区域供应量及价格分析

目前区域内在售的公寓项目主要有名士MINI公馆和海尔绿城玉兰公寓，名士MINI公馆和玉兰公寓两项目存量在4万平方米左右，但随着区域商业金融配套的完善，公寓市场具备较大的潜力，后续的鲁商国奥城、黄金时代广场、天业奥体项目都将推出高端公寓项目，预计未来3年内区域高端公寓的潜在供应量在34万平方米左右，相对写字楼而言竞争压力较小。

▶── 表17-7 区域内公寓项目潜在供应量一览表

项目名称	上市时间	建筑面积（万平方米）	存量（万平方米）	预计推出时间	备注
名士 MINI 公馆	2010.4	2.6	1	在售	精装
玉兰公寓	2010.5	10	8	剩余两栋预计2011年下半年推出	配全套家具、家电
黄金时代广场	——	12	12	2010 年 10 月	
鲁商国奥城	——	3	3	2010 年下半年	
天业奥体项目		10	10	2011 年下半年	

两个项目依托于热销住宅项目名士豪庭和海尔绿城全运村，开盘即受到客户的认同，其中海尔绿城玉兰公寓为济南首家全精装，配全套品牌家电、家具的公寓项目，并且部品均采用TOTO、三菱、海尔、亚细亚、顶固、摩恩、西门子、凯特曼等一线品牌，开盘均价在13 000元/米²左右（含4000元/米²精装），开盘当天推出房源消化率在90%左右，目前均价上涨到14 000元/米²左右。名士MINI公馆价格相对较低，客户以年轻白领和企事业单位中高层为主，目前平层均价在9000元/米²左右。

3. 公寓市场总结

从市场供应量来看，区域在售项目不多，后期可预见公寓供应量在34万平方米左右，相对于写字楼市场供应而言，竞争压力较小，并且随着区域写字楼办公的兴起，公寓物业的需求量将持续增大。从产品来看，目前济南市场公寓产品多为40、50年产权，集中在30~40平方米、50~60平方米的一房及少量的80~90平方米的两房。从价格来看，目前在售公寓毛坯交房占7成，价格集中在6500~9000元/米²，精装修交房装修标准为600~1000元/米²，但随着万达达人界项目的热销，预计后期济南新供应的产品会向精装、中高端方向演进。从置业客户来看，首次置业、投资客户占主体，约占7成，其中自住客户主要是购买南向"小户型"作为过渡房，购房者多在25~35岁；投资客多为30~45岁的个体私营企业主，具有一定的经济实力。

第三部分

周边竞争与可比项目分析

一、写字楼竞争与可比项目分析

随着济南老城区改造步伐的推进，借东拓发展、政府东迁、全运经济等大势，东部区域形成了新的济南权力中心。权力中心的转移为写字楼和公寓市场的繁荣创造了条件。目前区域内具有代表性的写字楼公寓项目中润世纪广场、黄金时代广场、鲁商国奥城等均由品牌开发商开发，档次和品质定位较高。

▶── 表17-8 区域竞争写字楼项目概况一览表

项目名称	万达广场	中润世纪广场	鲁邦国际广场	黄金时代广场	鲁商国奥城	中铁汇展国际
外立面	LOW-E玻璃幕墙，高级面砖贴面	LOW-E玻璃幕墙与石材贴面	玻璃幕墙	天然石材，玻璃幕墙	LOW-E玻璃幕墙与石材贴面	铝板、花岗岩、双层中空玻璃
电梯数量及品牌	8部三菱电梯	3~5部三菱电梯	14部	6部爱登堡电梯	6部奥蒂斯电梯	3部爱登堡电梯
卫生洁具	杜拉维特	TOTO	——	阿波罗	TOTO	——
大堂设计	挑高10米酒店大堂，400余平方米	大堂面积约1200平方米，3层挑高空间，层高9~16米	——	挑高13.2米，约500平方米	挑高10.8米，约300平方米	大堂挑空
单层面积（平方米）	2050	1000~1100	约2700	1300~1500	——	700~800
层高（米）	3.8	3.9		3.9	4.2	3.5
车位	每100平方米配建1个车位	约2000个	——	3069个	约2100个	1070个
其他	——	约克中央空调	——	集中式中央空调	——	中央空调

1.竞争项目个案分析

（1）万达广场

项目概况：济南万达广场位于市中区，经二路以南，经四路以北，顺河高架以西，纬一路以东，是城市中心的黄金区域。项目总用地面积345亩，建筑面积约100万平方米，是由城市高尚社区、5A级写字楼、超五星级酒店和大型购物中心组成的城市综合体项目，5栋写字楼共计17.5万平方米。

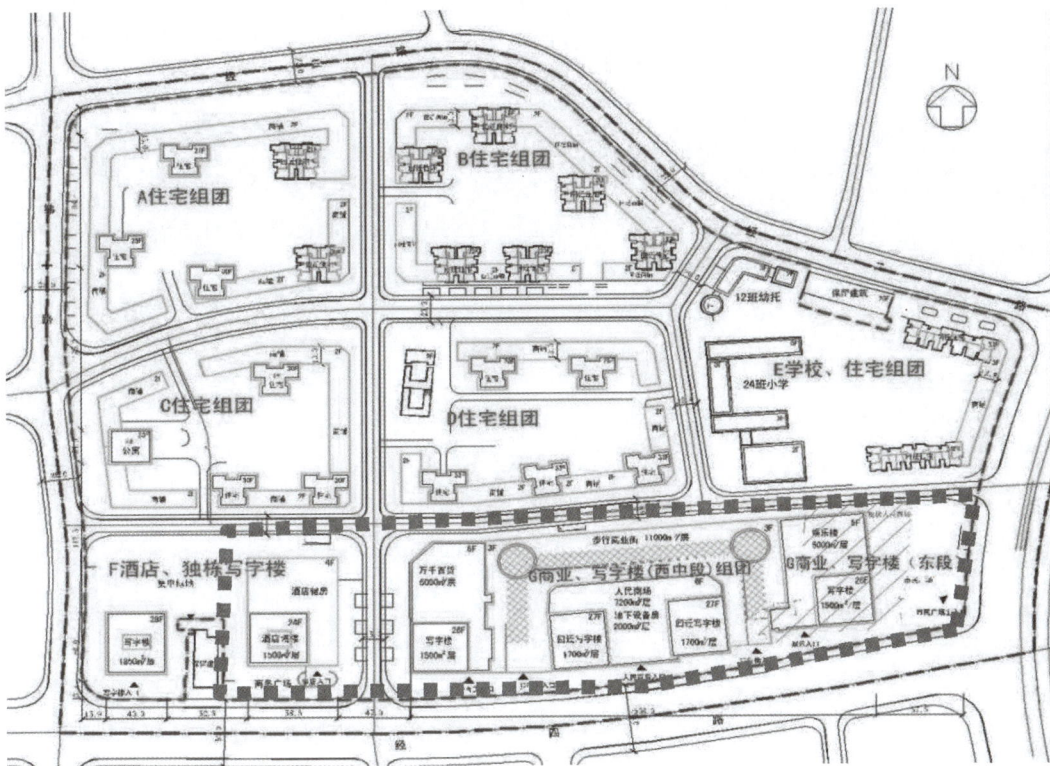

▶━━ **图17-8 万达广场总平面图**

项目特色：项目位于济南传统的商业核心区，位置、商业氛围都非常好。项目定位高端，外立面采用LOW-E玻璃幕墙和高级面砖贴面，大气高档。加上推广手法使用较多，营销费用投入大、气势足，万达广场已成为济南最炙手可热的项目。前期推出A栋和B栋面积从70平方米到200平方米不等，总价相对较低，深受投资客户和中小企业青睐。

目标客群：目前万达广场推出的写字楼面积偏小，并且项目推广主要突出投资价值，客户主要为成长型企业和投资客户。

本项目可借鉴之处：规模合理、档次偏高的写字楼，与公寓、商业、酒店等产品融为一体，成为中心城区的综合体性质建筑，可以有效提升项目档次、分散项目风险。同时高端的写字楼定位具备更大的市场空间。

（2）中润世纪广场

项目概况：项目位于新老城区交界处，区域位置较好，临近燕山立交，交通便捷。项目写字楼部分由4栋高层和3栋小高层组成，总建筑面积15万平方米，供给体量较大，是济南第一个真正意义上的高档写字楼项目。项目具有较强的竞争力。

项目特色：项目位于济南老城与东部新城的交界处，项目定位为济南总部级商务集群，外立面采用LOW-E玻璃幕墙和高级面砖贴面，是济南真正意义上的高端写字楼项目。项目采用定制化和大客户销售模式，吸引了最早一批随政府东迁的高端客户。

目标客群：项目主要以整体销售为主，客户以中石化、太平洋保险等高端大客户为主，主要客户构成详见下表：

▶—— 表17-9 中润世纪广场目标客户一览表

楼号	业态	面积（万平方米）	客户
A1	高层	3	平安保险整购
A2	高层	2.7	中石化整购
A3	高层	3	散售
A4	高层	2.5	2~14层寻找大客户
			15层以上中润集团留作自用
A5	小高层	1	太平洋保险整购
A6	小高层	1	
A7	小高层	1	散售。三星、三菱等公司以整层或半层的方式购买。

本项目可借鉴之处：项目产品定位高端，容易得到高端客户的认同；针对大客户的营销开展较好，销售状况良好，整层以上购买客户占40%以上，尤其是中石化、平安保险、太平洋保险等高端客户的引进不但快速去化产品，降低风险，而且吸引众多依附大企业的中小企业入驻。

（3）鲁商国奥城&黄金时代广场

鲁商国奥城和黄金时代广场均位于奥体片区核心区域，正对济南市政务中心和奥体中心，地理位置非常优越，是集甲级写字楼、公寓、商业步行街于一体的大型综合标志性城市建筑组群。

从产品档次来看，两个项目均定位为区域高端综合体，鲁商国奥城外立面采用LOW-E玻璃幕墙与石材贴面，黄金时代广场则全方位应用天然石材干挂，立面现代感十足。两项目大堂都采用酒店式10米以上的挑空设计，大堂面积在300平方米以上，兼具商务、休憩等多种功能。层高都在3.9米以上，其中鲁商国奥城更是达到4.2米，是目前济南写字楼中层高最高的。从销售来看，两项目分别对国资委、国家电网等政府职能部门进行定向销售，虽然价格较低，但快速回收了成本，降低经营风险。

在中润世纪广场进入尾盘销售、海尔绿城写字楼还未动工之际，两个项目未来将是区域最高端、也是对本案最具竞争力的项目。两个项目优越的地理位置、高端的定位、完善的综合性配套使本项目难以与之直接抗衡。本项目在业态、目标客户群需要方面与之有所差异，但产品档次需要与之相当，这样方可具备较强的竞争力。

2.写字楼竞争项目小结

区域内具有代表性的写字楼项目均由品牌开发商开发，档次和品质定位较高。在硬件配置上，外立面以玻璃幕墙及干挂石材为主，并且多数采用造价较高的LOW-E中空玻璃，3.9米以上的层高、酒店式挑空大堂、高速进口电梯已成为区域写字楼的基本配置。在规模上，区域写字楼项目建筑面积都在20万平方米以上，除扼守黄金地段、占据先发优势的中润世纪广场外，其余写字楼项目均拥有强大的综合配套，形成一个集商务、休闲娱乐及购物中心于一体的综合体。在服务上，除万达广场外，其余项目开发商均没有专业成熟的写字楼物业服务经验，如项目能聘请专业的写字楼服务机构负责物业服务，势必成为核心竞争优势。

二、公寓竞争与可比项目分析

济南公寓市场已经逐渐成熟，比较具有代表性的公寓项目有万达达人界、诚基中心、银座中心以及区域内直接竞争项目名士MINI公馆和海尔绿城玉兰公寓。

━ 表17-10 竞争公寓项目基本配置一览表

项目名称	外立面	大堂设计	单层面积（平方米）	单层户数（户）	电梯数量及品牌	层高（米）	车位配比	是否通煤气	其他
万达达人界	涂料	约50平方米大堂，层高4.5米，装修后4.0米	1194	24	5部，三菱	3.1	与C组团豪宅共416个车位（公寓624套、豪宅224套）	是	精装（800），地暖
诚基中心	玻璃幕墙	挑空、精装	760	16	2部，克虏伯森帝	5.2/5.4	1：0.8	是	公共部分精装，室内毛坯
万豪中心	玻璃幕墙	挑空、精装	360		2部，克虏伯森帝	5.4	1：0.8	是	公共部分精装，室内毛坯
银座中心	玻璃幕墙	挑空、精装	745	12	3部，品牌未定	4.95	2000	不通	暂定毛坯

续表

项目名称	外立面	大堂设计	单层面积（平方米）	单层户数（户）	电梯数量及品牌	层高（米）	车位配比	是否通煤气	其他
鲁商国奥城	玻璃幕墙石材	挑空、精装	1000~1400	17	4部，品牌未定	3.3	2100	未定	公共部分精装，室内毛坯
黄金时代广场	石材玻璃幕墙	挑空、精装	规划调整	规划调整	3部，品牌未定	3.4	3069	是	装修标准未定，有新风系统
名士MINI公馆	涂料、石材真石漆	挑空、精装	1000	20	4部，富士达	标准层3.3 LOFT4.9	1：0.5	不通	平层精装修（600），配新风系统
海尔绿城玉兰公寓	干挂花岗岩+幕墙	挑空、精装	1844	19	4部，三菱	3.6	1：0.5	200平方米以上通天然气	全精装，配全套品牌家具、家电

1.竞争项目个案分析

（1）万达达人界

济南万达广场位于市中区，经二路以南，经四路以北，顺河高架以西，纬一路以东，是城市中心的黄金区域。项目总用地面积345亩，建筑面积约100万平方米，是城市高尚社区、5A级写字楼、超五星级酒店和大型购物中心组成的城市综合体项目。其中的公寓项目万达达人界为一栋建筑面积约3万平方米的26层高层，共624套，户型面积为45~65平方米。达人界在推广上进行了大胆的突破，以个性的表现吸引了市场关注。

项目特色：作为万达第三代产品HOPSCA的城市商业形态，济南万达广场集公寓、酒店、写字楼、公共空间、购物中心、文化娱乐休闲设施等于一体。项目自身配套充足，对公寓客户吸引力较大。项目以40~50平方米户型为主力，并且一改济南公寓纯蜗居式零居室的传统，采用可称为"缩小版住宅"的有生活情景的舒适型设计（厨房全明），得到自住和投资客户的双重认同。

▶—— 表17-11 万达达人界户型配比

户型	面积（平方米）	户型特征	数量（套）	比例户数	消化比例
A	45	一室两厅一卫一厨	156	25%	100%
B	50	一室两厅一卫一厨	312	50%	100%
C	61	两室一厅一卫一厨	52	8.3%	100%
D	64	一室两厅一卫一厨	52	8.3%	100%

续表

户型	面积（平方米）	户型特征	数量（套）	比例户数	消化比例
E	46	一室两厅一卫一厨	52	8.3%	100%

目标客群：达人界目标客群主要为周边办公或居住的金融、电力行业的高收入人群，其中65%以上的客户以投资为主，自住客户仅占1/3。项目优越的地理位置、较大的升值潜力、完善的配套和万达品牌是客户购买的主要因素，从其销售速度来看，45平方米左右的中小户型消化速度明显快于60平方米左右的户型。

本项目可借鉴之处：高端精装公寓存在较大的市场空间，公寓客户主要来自项目所在的区域，投资客户看重区位、升值潜力和品牌，40~50平方米小户型因其总价低受到客户欢迎。本项目后期可借鉴万达达人界的成功之处，户型面积以40平方米的套一、60平方米的套二为主，布局采用厨房独立、全明的有生活情景的舒适型设计，采用客户接受度较高的精装交付标准。

（2）银座中心

项目概况：银座中心位于济南市槐荫区振兴街片区，由经十路、经七路、纬十二路三条城市主干道围合而成，项目占地9万平方米，总建筑面积55万平方米。规划有12万平方米购物中心、大型商业街区、2栋150米超高甲级写字楼、2栋独栋办公楼、2栋商务公寓及四星级酒店。公寓部分20层，1~5层为商业，3梯12户，面积42~72平方米。

项目特色：项目商业配套齐全，2栋16层公寓共384套，全部采用层高4.95米、40~70平方米LOFT户型，与平层公寓相比，虽然4.95米的层高舒适性不足，但性价比高，代表着自由、现代的生活方式，深受年轻客户的喜爱。

▶—— 表17-12 银座中心户型配比

户型	面积（平方米）	户型特征	数量（套）	比例户数	消化比例
A	42	一室一厅一卫一厨	15	8%	100%
B	55	一室一厅一卫一厨	60	33%	92%
C	67	两室一厅两卫一厨	30	17%	83%
D	72	两室一厅两卫一厨	75	42%	65%

目标客群：银座中心开盘当天推出180套房源，其中有4层共48套房源被团购，零售部分房源共132套，优惠后12 000元/米^2，成交比例80%。据了解，成交客户中自住、投资、办公用房各占1/3的比例。其中40~50平方米小户型最受客户欢迎，70平方米以上户型客户接受程度较低。

本项目可借鉴之处：性价比高的LOFT公寓深受客户偏爱；40~50平方米小户型基本功能完备，并且采用外廊式布局，实现户户朝南，最受客户欢迎。本项目后期可进行外廊式设计，引入50平方米LOFT户型，吸引区域白领客户和投资客户，快速去化产品，也可凭借LOFT公寓适当拉升项目档次。

（3）名士MINI公馆

项目概况：名士MINI公馆为热销项目名士豪庭的5#楼公建项目，总建筑面积约2.6万平方米，共24层，3~24层为酒店式公寓，共434套房源（包含4套样板房）。其中3~19层为平层公寓，20~24层为LOFT公寓。

项目特色：名士MINI公馆采用平层与LOFT相结合的户型设置，6米挑空酒店式精装大堂，提供酒店式门童服务、商务服务、家政服务和代办式服务。

▶—— 表17-13 MINI公馆户型配比

户型	面积（平方米）	户型特征	数量（套）	比例户数	消化比例
3~19层平层	36~57	一室一厅一卫一厨	339	78%	38%
20~24层LOFT	42~55	一室一厅一卫一厨	95	22%	21%

目标客群：MINI公馆面积区间为40~56平方米，总价区间为40万~60万元，总价相对较低，客户以年轻白领和企事业单位中高层为主，且自住比例较高。

本项目可借鉴之处：采用平层与LOFT公寓相结合的户型设置，增加客户受众群；酒店式大堂装修有助于提升项目整体档次，并且提供少量酒店式物业服务，满足不同客群需求。本项目后期可借鉴名士MINI公馆的成功之处，引入LOFT户型，采取精装酒店式大堂设计，提升项目形象，引进专业的物业管理公司，提供少量酒店式有偿服务，满足高端客户需求。

（4）海尔绿城玉兰公寓

项目概况：海尔绿城玉兰公寓位于奥体中心南侧，总建筑面积3.8万平方米。该公寓为25层，每层19户，1~4层为裙楼商业。海尔绿城玉兰公寓面积区间为73~208平方米，总价区间为90万~300万元，全精装带家电交付，是济南目前最高端的公寓产品。

项目特色：海尔绿城玉兰公寓紧邻喜来登酒店，采用玻璃幕墙同石材相结合的立面处理方式，高档大气。项目为济南首家全精装带家电交付的公寓项目，精装部品全部采用TOTO（洁具）、三菱（电梯）、海尔（家电）、亚细亚（瓷砖）、顶固（衣柜）、摩恩（五金）、西门子（电器元件）、凯特曼（入户门）等一线品牌，并且提供酒店式管理服务，深受财富阶层的青睐。开盘当天推出5、9、10、11、21层，共95套房源，均价13 500元/米^2，起价12 300元/米^2，实行50%的首付及1.1倍的利率。

▶—— 表17-14 玉兰公寓户型配比图

户型	面积（平方米）	户型	数量（套）	比例
A	88.30	一室两厅一卫一厨	42	11%
B	73.91	一室两厅一卫一厨	231	57%
C	111.20	两室两厅一卫一厨	42	11%

续表

户型	面积（平方米）	户型	数量（套）	比例
D	138.81	两室两厅两卫一厨	42	11%
E	146.69	两室两厅两卫一厨	21	5%
F	208.43	三室两厅两卫一厨	21	5%

▶━━ **表17-15 开盘当天成交情况表**

面积（平方米）	户型	推出套数数（套）	成交套数（套）	成交比例
73、88	一室两厅一卫	65	52	80%
111、138、146	两室两厅两卫	25	24	96%
208	三室两厅两卫	5	4	80%

目标客群：海尔绿城玉兰公寓豪华大气的装修、全套的名牌家具家电配备将济南公寓产品的高端品质演绎至极点，面积区间为73~208平方米，总价区间为90万~300万元，属于济南高端顶级公寓。高性价比的产品、具有广阔发展前景的地段、房地产投资保值的特有属性是海尔绿城玉兰公寓逆势强销、开盘走红的主要原因。客户多为财富阶层，私营企业主占到50%，并且成交客户中有30%是绿城的老业主，老业主对绿城品牌的忠诚度由此可见一斑，另外成交客户中投资客的比重占到了70%。

本项目可借鉴之处：海尔绿城玉兰公寓采取高端路线，无论户型设计、精装标准还是酒店式服务都针对高端客群。本项目后期可借鉴海尔绿城玉兰公寓的成功之处，将1栋位置最好的公寓设定为较高的精装标准，满足高端投资客户需求。

（5）丁豪蓝调国际

项目概况及特色：丁豪蓝调国际占地2.4万平方米，地上建筑面积8.7万平方米，整个地块为综合用地，项目性质与本项目较为相似。项目由4栋22~28层的高层组成，其中2栋公寓、2栋办公（部分5.8米层高LOFT），项目以城市青年居住办公社区为主题，利用超过35%的绿地、10 000平方米水韵风情园林，打造特色水景特色景观。

物业类型与配比：项目在物业类型配比上，公寓和办公占绝对的主导，占到整个建筑面积的98%，商业配套仅占2%。项目配套形式采用底商形式，且经营模式目前暂定为整体出租管理，预计未来会引进品牌便利店。

户型配比及销售情况：项目定位为年轻居住办公社区，在户型设计上针对年轻客户的特点，以40平方米左右的1居和80平方米左右的2居为主力户型，兼顾投资与自主客户的双重需求。

▶── **表17-16　丁豪蓝调国际公寓户型配比图**

户型	面积（平方米）	户型	数量（套）	比例	消化比例
A	40	一室一厅一卫	288	35%	100%
B	57	一室一厅一卫	48	6%	100%
C	72	两室两厅一卫	48	6%	90%
D	82	两室两厅两卫	439	53%	74%

备注：公寓目前已基本消化完，此销售比例为2009年12月其热销时的销售情况。

　　本项目可借鉴之处：丁豪蓝调国际市场定位瞄准首次置业的青年，户型以中小面积为主，设置针对性较强。绝大部分户型总价控制在50万元左右，市场接受度较高。但其公寓产品采用简单装修，对于有拎包入住需求的客户而言，档次稍低，并且目前济南公寓精装交付已经成为趋势。

（6）中齐未来城

　　项目概况及特色：中齐未来城公寓部分为两栋板楼，其中1#楼17层，建筑面积约1.6万平方米，已基本售罄；2#楼18层，建筑面积约1.8万平方米，目前主要销售该楼。项目总建筑体量大，涵盖住宅、公寓、写字楼、商业等多种物业形态，项目自身配套较完善。项目在产品档次上远高于区域现有产品，对年轻客户具有较强的吸引力。

　　物业类型与配比：中齐未来城公寓部分仅占项目总建筑面积的20%，与丁豪蓝调国际等纯公寓项目相比，其依靠项目自身的商业和写字楼即可满足日常生活需要和商务需要，在项目自身和周边配套上具备较强的优势。

　　户型配比及销售情况：项目定位为年轻居住社区，在户型设计上仍是以40~50平方米小户型为主，整体户型较为紧凑。从消化速度来看，50平方米左右的户型兼顾居住与投资需求，最受客户欢迎。

▶── **表17-17　中齐未来城公寓户型配比图**

户型	面积（平方米）	户型特征	数量（套）	比例户数	消化比例
A	43	一室一厅一卫一厨	195	30%	65%
B	48	一室一厅一卫一厨	261	40%	70%
C	54	一室一厅一卫一厨	130	20%	65%
D	90	两室一厅两卫一厨	65	10%	55%

　　本项目可借鉴之处：中齐未来城户型以中小面积为主，设置针对性较强，但产品类型较为单一。本项目可增加户型和产品种类，提供更为多元化的产品。同时，无论投资客户还是自住客户都对低总价公寓产品较为认同，本项目可有针对性地开发该类产品，以满足市场需求。

2. 公寓竞争项目总结

从对济南比较具有代表性的公寓项目万达达人界、诚基中心、银座中心以及区域内直接竞争项目名士MINI公馆和海尔绿城玉兰公寓的分析来看，热销公寓项目具备以下特征：公寓客户主要来自项目所在的区域，投资客户看重区位、升值潜力和品牌；公建化外立面、酒店式挑空大堂、3.3米左右的层高已成为济南公寓的主流配置；户型上具有生活情景的"缩小版住宅"的小户型设计和LOFT公寓深受客户的喜爱；精装修的交付标准对客户具有较大吸引力。

三、商业竞争与可比项目分析

1. 区域商业概况

目前项目周边5公里内现存商业以底商为主，主要分布在不临主干道的居住区内，为生活服务类商业。未来两年内，工业南路以及奥体片区将至少出现4个体量在3万平方米以上的大型集中商业，商业面积在27万平方米以上，并且有银座等大型商业入驻本区域，后期商业竞争压力较大。

▶—— 表17-18 项目周边商业供应量一览表

项目名称	建筑面积（万平方米）	与本项目距离（米）
奥体中心商业	10	800
全运村	6	2000
鲁商国奥城	7	2500
黄金时代广场	1	2800
草山岭旧村商业	3	500
总计	27	8600

2. 典型商业竞争项目

▶── 表17-19 项目周边商业情况一览表

项目名称	位置	开盘时间	项目定位	商业建筑面积（万平方米）	业态规划
奥体中心商业	奥体场馆周边	正在招商，目前已出售70%左右	涵盖商业、大众餐饮和娱乐健身的城市综合体	10	西片区商业将以汽车、餐饮、体育装备等为主；中间的平台吸引大型超市、咨询机构入驻；东三馆则利用现有资源以各类健身俱乐部为主
全运村商业	旅游路以南，龙洞隧道以西	2011年	集写字楼、商务公寓、大型商业于一体的商务综合体	6	初步定位为购物中心
黄金时代广场	经十路奥体中心对面	2010年底	涵盖甲级写字楼、高级公寓和商业物业等多种物业形态的商务办公综合体和地标性建筑集群	1	商业、大众餐饮等服务性底商
草山岭旧村改造项目	经十路奥体中心对面	2010年底	集商务公寓、大型商业于一体的商务综合体	3	商业、大众餐饮等服务性底商
鲁商国奥城	经十路奥体中心对面	2010年底	集甲级写字楼、星级酒店、商业步行街、休闲、娱乐及银座商城于一体的大型综合体标志性城市建筑集群	7	银座商场将进驻

3. 小结

　　短期来看，区域目前的商业氛围较差，预计销售速度较慢，不能实现快速回款。商业物业市场供应量大，竞争较为激烈，尤其是银座等大型专业购物广场的入驻，区域内难以产生与之抗衡的同类物业。从长远来看，本区域必定成为济南新的政治商业金融中心。奥龙官邸、东拓舜华路项目以及公务员宿舍区的交付使用会增加对配套设施的需求并刺激商业网点的销售，预计后期商业网点将有较大的空间。

第四部分

项目 SWOT 分析

一、优势（S）

项目位于奥体中心核心区域，在"一体两翼"城市发展规划导向下，片区定位为城市东部副中心的核心组团，后期发展潜力较大；

项目区域范围内聚集了中海奥龙官邸、海尔绿城全运村等济南最高档楼盘，大量的社会精英人士汇聚于此，为高端写字楼、公寓项目的发展奠定了客群基础；

项目周边预留地块均为商业金融用地，容易形成集聚效应；

项目地块方正平整，面宽达到270米，利于商业规划。

二、劣势（W）

本项目位于整个商业地块的南侧，与城市景观大道经十路之间有其他项目遮挡，可观性和通达性较差；

项目东侧为玉顶山公墓，北侧为公交公司立体停车场（经咨询公交公司，该停车场只用于停放BRT车。公交公司方面称是否设置站点目前还未确定，不过根据以往经验，停车场附近一般会设置始发站点），预计对项目后期销售极为不利。

三、机会（O）

经过为举办全运会的大规模建设，奥体片区基础配套设施已经逐步完善，省市级单位的陆续进驻将为该区域带来整个城市的优势资源，区域价值将在短期内得到较大的提升；

历下区目前正在推进项目周边洪山、转山的绿化建设，后期玉顶山公墓也有建成山体公园的可能。负责片区熟化的城投负责人在2年前已经向济南市民政局发函要求停止公墓扩容。后期计划将其打造成山体公园；

北侧公交总站能够带来大量的人流，有助于商业的销售。

四、威胁（T）

无论是写字楼还是公寓，区域供应量都非常大，并且竞争项目鲁班国际广场、鲁商国奥城、黄金时代广场等项目主体已经完工，并展开了大规模的宣传推广，占得市场先机，本项目后期竞争压力较大。

地块周边尚有较大面积的可供应土地，存在较大的潜在供应。

北京市建委发文禁止酒店类项目分层、分单元销售，之后还将陆续出台有关商业、综合用地项目改住宅将被禁售的规定。济南虽然不在重点调控城市之列，但市场后续也存在类似的政策风险。

五、劣势及威胁应对策略

针对紧邻玉顶山公墓的劣势，可采用以下方式来化解：一是在产品布局上将小面积公寓或者将受公墓影响较小的写字楼布置在东侧；二是协调地块熟化人城投公司，投少量资金用于玉顶山西侧速生林的种植，对公墓形成有效遮挡。

第五部分

项目市场定位

一、项目业态定位

　　根据地块自身属性和区域市场特征，项目可能的业态组合有以下三种：公寓+商业、公寓+写字楼+商业、写字楼+商业。

　　从地块本身属性来看，项目位于整个商业地块的南侧，与城市景观大道经十路之间有其他项目遮挡，如以写字楼物业为主，可观性和通达性较差。如以公寓为主，远离城市主干道意味着远离喧嚣，居住品质将得到提升。

　　从区域发展的进程来看，依靠全运会举办的契机，在政府机关搬迁及相关利益部门联动的带动之下，整个奥体中心区域价值开始提升，随着其城市副中心地位的逐步实现，预计后期公寓、商铺等商业物业市场价值将会得到稳步提升。

　　从市场供需关系来看，区域在售项目不多，但可预见写字楼供应量高达100万平方米，后期市场必定竞争激烈。周边竞争项目大多将目标锁定为大型团购客户，而大型写字楼的客户主要是金融单位、实力国企及政府机关，但它们大都已建或已购，意向客户屈指可数，竞争将进入白热化。高端写字楼客户更加青睐经十路沿线项目，低端客户出于成本考虑，更愿意选择价格低廉的会展片区或者软件园配套写字楼项目。

　　济南住宅市场整体呈现供不应求的态势，各大开发商出于成本考虑，热衷于开发大户型房源。虽然有90/70的政策限制，但市场上90平方米以下的住宅产品多集中在80~89平方米，40~80平方米的住宅产品可谓凤毛麟角，项目所在的奥体中心区域更是如此。项目北侧多为商业金融用地，南侧已开发的住宅项目多以奥龙官邸、全运村等顶级产品为主，户型均在90平方米以上。剩余住宅用地主要用于建设济南市公务员宿舍，后期不会入市销售，预计整个区域后期难以出现40~80平方米的住宅产品。区域中心的逐渐成熟，政府、事业单位的进驻，总部经济的形成，将会吸引大量的办公人群。其中的年轻白领没有太多积蓄，又有在济南安家的想法。住宅虽然在首付比例、产权年限上占有绝对优势，但由于面积大，总价高，该类客户难以承受。公寓凭借较低的总价可以作为过渡房。同时，与住宅相比，公寓总价低、不受贷款政策限制的优势又更容易受企事业单位管理人员、高新技术人才等投资客户的青睐。

　　从以上分析来看，写字楼不是最优的选择，为实现快速回款、降低项目风险，本项目最适合的物业形态为公寓+商业。

二、项目整体形象定位

本项目地处奥体核心区域，具备得天独厚的奥体人文资源，尤其是随着大型企事业单位的陆续东迁及区域高端人口的不断聚集，区域商业地产价值越来越高。项目地上建筑面积14.3万平方米，可打造成区域地标性居住综合体项目，建议项目对外宣传形象定位：

奥体东·劲中产·锐意生活新典范。

三、公寓定位

1. 目标客户群定位

来源：根据对周边竞争项目及济南市代表公寓项目的分析可知，本项目目标客群主要来自以下群体：周边单位白领、周边企业中高层管理者、高级技术人员、政府公务员、济南市其他区域年轻置业者、首次置业者、未来将要在周边写字楼工作的白领客户以及购买周边项目的投资客户及周边县市的投资客户。

购房动机：年轻白领客户以自住性需求为主，他们在周边区域工作，以公寓作为过渡性住房。以保值升值为出发点的投资客户主要是看好奥体中心区域的发展潜力，两类客户预计各占项目目标客群的50%。

2. 公寓产品定位

产品类别：鉴于项目客户群自住需求和投资需求各占半壁，本项目公寓产品根据济南公寓市场需求，可规划为三类：一是普通居住中小户型公寓，凭借较低的总价吸引普通年轻自住客户及投资客户，该类产品能够快速走量，迅速回笼资金，是本项目的主力产品，预计体量在8.1万平方米；二是LOFT公寓，针对经济实力较强的年轻白领客户和少量改善需求客户，并依靠LOFT产品拉升产品价值，预计体量在1.8万平方米左右；三是在地块西侧最好的位置建造宜商宜居的SOHO商务公寓，主要针对财富阶层，预计体量在3.6万平方米左右，由于区域尚不成熟，商业面积不宜过大，控制在5%左右，即0.75万平方米左右。

表17-20 各物业配比建议表

物业类型	调整后方案	
	面积（平方米）	比例
SOHO商务公寓1#	36 168	25.25%
LOFT公寓2#	18 562	12.96%
点式平层公寓3#	30 000	20.94%
板式平层公寓4#	31 000	21.64%
板式平层公寓5#	20 000	13.96%
底商	7520	5.25%
合计	143 250	100%

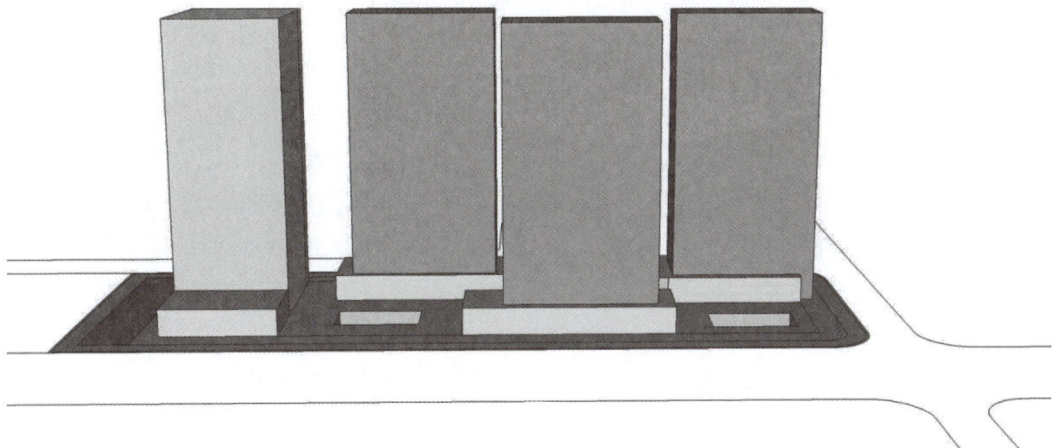

图17-9 项目平面图

建筑风格：根据挂牌文件要求，本项目建筑以现代风格为主。万达广场的火爆销售则反映出客户对都市化建筑的青睐和渴望，就地块所处的片区而言，国际现代风格接受度非常高。

产品立面：产品立面均采用公建化外立面设计，体现现代感和时尚感。其中普通公寓和LOFT公寓外立面采用普通玻璃幕墙和石材相结合的立面形式，同时考虑空调室外机同立面的协调统一。SOHO商务公寓采用LOW-E玻璃幕墙+石材贴面，以提升项目整体档次。

▶━━ **图17-10 公寓立面示意图**

层高：考虑成本和公摊因素，在满足使用功能的前提下，平层公寓层高为3.15米，SOHO商务公寓层高参照玉兰公寓，层高3.6米；LOFT公寓层高4.95米（根据济南市相关规定，层高5米以下按投影面积计算，5~6米按照投影面积1.5倍计算）。

户型：平层公寓层户型主要针对首次置业客户和投资客户，从竞争项目的销售情况来看，小户型公寓更受市场青睐。为控制总价，建议以40平方米套一和60平方米套二为主，其中套一户型占总户数的55%，要求户型面积紧凑，功能齐备，并具备一定的拓展空间。60平方米以上的户型尽量考虑燃气入户，采用通风封闭式厨房，提升居住品质，建议参考万达公寓系列和万科蚂蚁工房系列，其中外廊公寓济南仅银座中心采用，市场反响较好。

LOFT公寓主要针对经济实力较强的首次置业的年轻客户和改善型客户，户型以50平方米套一（可改套二）和70平方米套二（可改套三）为主，从名寓的销售情况来看，50平方米左右的中小户型消化速度更快，建议50平方米套一占总户数的75%，尽量采用通风封闭式厨房。SOHO商务公寓可由大空间分割而成，建议参照玉兰公寓的成功经验，以60~70平方米套一为主。

▶━━ **表17-21 竞争项目户型配比及消化情况一览表**

户型	面积（平方米）	户型特征	数量（套）	比例户数	消化比例
A	45	一室两厅一卫一厨	156	27.3%	100%
B	50	一室两厅一卫一厨	312	54.5%	100%
C	61	两室一厅一卫一厨	52	9.1%	100%
D	64	一室两厅一卫一厨	52	9.1%	100%

◖—— 表17-22 银座名寓户型配比（LOFT）

户型	面积（平方米）	户型特征	数量（套）	比例户数	消化比例
A	42	一室一厅一卫一厨	15	8%	100%
B	55	一室一厅一卫一厨	60	33%	92%
C	67	两室一厅两卫一厨	30	17%	83%
D	72	两室一厅两卫一厨	75	42%	65%

◖—— 表17-23 蓝调国际户型配比

户型	面积（平方米）	户型特征	数量（套）	比例户数	消化比例
A	40	一室一厅一卫	288	35%	100%
B	57	一室一厅一卫	48	6%	100%
C	72	两室两厅一卫	48	6%	90%
D	82	两室两厅一卫	439	53%	74%

◖—— 表17-24 未来城户型配比

户型	面积（平方米）	户型特征	数量（套）	比例户数	消化比例
A	43	一室一厅一卫一厨	195	30%	65%
B	48	一室一厅一卫一厨	261	40%	70%
C	54	一室一厅一卫一厨	130	20%	65%
D	90	两室一厅两卫一厨	65	10%	55%

◖—— 表17-25 玉兰公寓户型配比

户型	面积（平方米）	户型特征	数量（套）	比例户数
A	88.3	一室两厅一卫一厨	42	11%
B	73.91	一室两厅一卫一厨	231	57%
C	111.2	两室两厅一卫一厨	42	11%
D	138.81	两室两厅两卫一厨	42	11%
F	146.69	两室两厅两卫一厨	21	5%
G	208.43	三室两厅两卫一厨	21	5%

▶—— 表17-26 玉兰公寓开盘消化情况

面积（平方米）	户型	推出套数	成交套数	成交比例	消化比例
73、88	一室两厅一卫	65	52	80%	65%
111、138、146	两室两厅一卫	25	24	96%	——
208	三室两厅两卫	5	4	80%	55%

▶—— 表17-27 公寓户型配比表

物业类型	面积（平方米）	户型特征	户数	同类物业中所占比例（套数）	所有物业中所占比例（套数）	面积（平方米）	所有物业中所占比例（面积）
SOHO商务公寓1#	70~74	一室	287	70%	13%	20 799	15%
	110~120	两室	61	15%	3%	7070	5%
	130~140	三室	61	15%	3%	8299	6%
LOFT公寓2#	45~50	一室	259	75%	11%	12 303	9%
	70~75	两室	86	25%	4%	6359	5%
点式公寓3#	40	一室	433	70%	19%	18 402	14%
	60~65	两室	186	30%	8%	11 598	9%
板式平层公寓4#	40~45	一室	489	75%	22%	20 803	15%
	60~65	两室	163	25%	7%	10 197	8%
板式平层公寓5#	45~50	一室	59	25%	3%	2815	2%
	85~90	两室	119	50%	5%	10 370	8%
	110~120	三室	59	25%	3%	6815	5%

▶── 表17-28 户型配比

户型区间（平方米）	调整规划方案后	
	户数百分比	面积百分比
40~50（含LOFT）	55%	40%
60~65	15%	16%
70~75（含LOFT）	16%	20%
85~90	5%	8%
110~120	5%	10%
130~140	4%	6%
合计	2263户	

公共大堂：普通居住小户型公寓和LOFT公寓采用酒店式挑空大堂，挑空高度6~8米，具备会客交际和休憩功能；电梯间需要高标准装修，带给业主尊贵的身份感。SOHO商务公寓大堂按照写字楼要求，有10米左右的挑空高度，大堂面积在200平方米左右，拥有较强的商务功能。

交付标准：目前济南公寓项目已经向精装交付方向发展，建议平层公寓采取800~1000元/米²的精装标准交付，LOFT公寓由于改造空间较大，建议只对公共部位进行精装，房间内部毛坯交付。

电梯品牌：目前济南高端公寓电梯主要采用三菱，就客户认知度而言，客户也更加青睐三菱，并且客户对电梯的关注度较高，建议电梯选用三菱，为控制成本选择上海三菱即可。

暖气形式：公寓户型偏小，建议采暖方式采用地暖。

新风系统和空调：内廊式公寓由于通风效果差，建议配置新风系统。出于成本考虑，平层公寓建议采用普通分户式空调即可，包含在精装项内，空调机位在外立面设计时提前考虑，SOHO公寓定位高端，采用中央空调。

其他配套：光纤到小区，宽带入户，预留网络接口；会所及大堂可无线上网。保安监控系统，主动式红外线防盗系统、巡更自动管理系统，各户均有可视对讲系统及紧急报警按钮。

3. 价格定位

目前区域内在售公寓项目有限，名士豪庭精装公寓项目MINI公馆平层价格在9000元/米²左右（精装成本600元/米²）；玉兰公寓含家电家具价格在14 000元/米²左右（精装4000元/米²）；高新区内竞争项目未来城精装公寓均价8200元/米²左右（含600元/米²精装成本）。区域内MINI公馆、玉兰公寓两项目扣除精装，毛坯价格为8400~10 000元/米²，与两项目相比，本项目在地段、品牌美誉度上均有一定的差距，但采用以上配置后产品档次远高于MINI公馆，预计本项目公寓部分售价为10 000元/米²（精装成本800~1000元/米²）。

四、商业定位

1. 商业业态定位

项目所处的奥体片区将在未来两年内至少出现4个体量在3万平方米以上的大型集中商业，商业面积在27万平方米以上，并且银座等大型商业将入驻本区域，后期商业竞争压力较大。并且本项目不临近经十路等主干线，不适合做购物型的集中商业。项目南侧即为大型居住区，对与生活配套相关的商业存在较大的需求，本项目可做抗风险性强、销售速度快的商铺，经营范围主要为餐饮、娱乐、购物等与居家相关、存活能力强的业态。

2. 商业位置分布及规模

地块东西面宽256米，南北进深90米，并且四面临路，南侧为大型居住区，北侧为商业金融预留用地，西侧与烟草公司办公楼紧邻，北侧为公交停车场（经咨询公交公司，该停车场主要用于停放BRT车。公交公司方面称是否设置站点目前还未确定，不过根据以往经验，停车场附近一般设置始发站点）。

商业规模：考虑周边商业的竞争压力，商业规模控制在7000平方米左右，占总建筑面积的5%左右。

商业布局：商业主要沿南侧LA北路分布，以一层商铺为主，局部采用两层，商铺进深控制在12~15米，采用框架结构，有利于分割改造。

经营范围：商业经营范围主要为餐饮、娱乐、购物等与居家相关、存活能力强的业态，并可设置自助洗衣机、自助银行、缴费、自助购物机等设施。

3. 商业价格定位

目前区域内除全运村外暂无商业销售，全运村商铺价格在24 000元/米²左右，预计本项目商业价格在20 000元/米²左右。如能从长远的升值空间考虑，改变公司商铺销售策略，前期统一规划，依靠低价招租的形式引进精品商铺，待人气形成后再对外销售，预计商业价值将得到更大的体现。

五、公共配套设施定位

1. 车库

按照规划要求，每百平方米建筑面积须配建不少于1个停车位，本项目目标客群主要为首次置业的年轻客户和投资客户，对车位的需求较小，并且片区车位价格在10万/个左右，高昂的价格势必阻碍车位的销售。建议地上、地下车位尽量按照2∶8的比例设置，地下停车位统一按照立体停车位设计。可在出售合同中明确约定，如后期地下平层车位可满足要求，可按平层停车位施工。后期确有需要可追加改造为立体停车位。

2. 会所

济南公寓市场一般依托于综合体、写字楼、普通住宅存在，商业配套主要依赖与周边配套和为整个项目服务的配套设施。由于公寓面积偏小，其交流活动主要集中在室外。项目周边商业配套尚不成熟，建议设置以咖啡厅、休闲餐吧、休闲棋牌室、健身中心等娱乐休闲为主要功能的精致时尚会所，增添项目卖点，前期作为营销中心使用。

会所规模：建议会所地上两层，地下一层，其中地上面积控制在700平方米左右，地下部分尽量满足后期使用的采光和通透性要求。

会所布局：考虑营销中心的便利性和通达性，会所与商业部分协同考虑布置在项目南侧，紧邻LA北路。尽量采用大跨度的框架结构，便于后期改造。

会所前期功能：会所前期作为项目营销中心使用，要求满足以下功能：一楼主要为谈判区，除了沙盘区（区域沙盘和项目沙盘）和谈客区外，考虑设置VIP区、水吧、银行按揭区和儿童活动区；二楼主要为办公区：包括办公室5间、会议室1间、更衣室1间、档案室1间。

会所后期功能：会所后期主要功能考虑为小区业主提供一个交流和会客空间，拟引进的业态有咖啡厅、休闲餐吧、休闲棋牌室、美容、健身中心等。

六、项目分期开发建议

项目地上建筑面积14.3万平方米，总户数在2300户左右，为降低市场风险，建议将项目分两期开发。其中地下部分统一建设，达到正负零后，先开发建设项目东侧两栋楼，西侧暂不施工，根据东侧两栋楼的销售情况决定后续楼座的施工计划。

18
设计指引

深圳市 HQC 别墅区商业街
设计指引

一、项目回顾

1. 市场调研部分

（1）对驱车时间的敏感度分析

▶— 表18-1 对驱车时间的敏感度分析

商业业态	驱车时间敏感度分析
特色商品	对驱车时间的敏感度较弱； 愿意耗时30分钟的达到42%； 愿意耗时一小时或更长时间的达到43%； 要求耗时在30分钟以下的为15%
特色休闲、运动	对驱车时间的敏感度弱； 愿意耗时30分钟的达到29%； 愿意耗时一小时或更长时间的达到59%； 要求耗时在30分钟以下的仅为12%
特色餐饮	对驱车时间的敏感度较强； 20分钟左右车程为临界点； 51%的受访者表示会经常去； 39%的受访者会考虑去
酒店式公寓	对驱车时间的敏感度较强； 20分钟车程为临界点； 67%的客户期望在20分钟以内； 二十分钟以上明显减少
社区配套商业	对时间的敏感度非常强； 一般为五分钟车程； 10~20分钟的步行时程

从对驱车时间的敏感度分析来看，驱车时间对本项目各业态的影响（由弱到强）：

特色休闲、运动≤特色商品≤特色餐饮≤酒店式公寓≤社区配套商业。

（2）在20~60分钟的车程时间内对各商业业态的影响程度分析

▶— 表18-2 在20~60分钟的车程时间内对各商业业态的影响程度分析

商业业态	驱车时间敏感度分析
特色商品	选择此时间段的受访者达到60%，市场潜在参与度较高
特色休闲、运动	选择此时间段受访者达到57%，市场潜在参与度较高
特色餐饮	选择此时间段受访者达到90%，市场潜在参与度非常高
酒店式公寓	选择20分钟以上仅为33%； 选择10~20分钟的为50%；项目市场潜在参与度高，但市场消费者分布范围受到限制
社区配套商业	选择20分钟以上车程者少

从20~60分钟车程的时间段来看，各商业业态的市场影响程度（或潜在参与系数）从高到低为：

特色餐饮≥特色商品≥特色休闲、运动≥酒店式公寓≥社区配套商业；

20~60分钟车程消费者主要为深圳市内的消费者，另外为享受特色休闲、运动可承受更长时间车程的消费者也有较大比例，而酒店式公寓在10分钟车程左右有近50%的选择比例。

建议休闲、运动加大对深圳以外市场（如香港）的推广力度，而酒店式公寓则重点突击项目周边的宝安市场。

二、商业项目定位

1.项目SWOT分析

▶ 表18-3 SWOT分析

优势	劣势
自然景观：尖岗山拥有丰富的山地景观和自然地貌； 交通：紧邻广深高速出口、西乡大道； 独立性：周边开发强度弱，项目可规划性强； 资源稀缺性：高端物业	隔绝性：远离城市中心区，远离主体客户群，增加消费成本； 商业氛围：周边缺少城市商业气氛和消费环境； 项目矛盾：别墅区的私密性、排他性与商业项目公众性、开放性相排斥
机会	威胁
项目自身机会：本项目为超大体量的高端别墅，客户群体拥有强大的高档消费能力； 项目配套机会：本社区完善配套以及价值链的整合也将为商业带来生机和活力； 片区机会：区域开发成熟将为项目带来巨大的发展机会	项目面临着商业生存和发展的几个问题： 人流 主题 模式

2.项目定位

本项目商业有两大功能：一是为社区提供配套的商业；二是增添商业街区商业主题和特色商业；

因此项目整体定位目标如下：

项目商业定位目标首先必须与别墅社区的整体发展目标相一致。别墅社区的发展目标是开发低密度生态社区，因此在商业项目的整体定位上首先必须体现出整个社区的"高档"和"山地特色"两大主题。

围绕"高档"和"山地特色"两大主题，本项目定位目标是要形成参与性的、情景式的国际化商业街区，成为深圳独一无二的山地目的性消费场所。

项目定位：

（1）围绕服务主题，形成环状的商业结构

本项目商业两大功能之一为社区配套商业，主要围绕社区服务，以社区生活超市为中心，配备其他社区生活配套商业，形成环状的社区服务结构，以肩负社区中心的功能职责，提升社区服务的水平；

除社区配套商业以外，其他商业更多的是承担对外服务的功能，围绕"山地特色"和"体验消费"做文章。在功能定位上选择特色购物、特色餐饮、休闲娱乐等商业形式，各板块商业形成共生系统和新

型竞合关系，共同打造山地国际街区。

（2）围绕核心商业，形成珍珠链状的商业布局

本项目主题是山地特色国际商业街区，以餐饮、运动休闲娱乐为核心商业，也是相对比较聚集人气的商业业态。其他补充型商业业态与街区特色相吻合，由商业主题将其串成一条"珍珠链"，与整个街区经营气氛和特色相呼应。

（3）依托山地资源，发挥山地特色，凸显国际型街区的休闲生活和山地情怀

与其说我们是在建造一个商业圈或者是一条商业街，不如说我们是在营造一个任何人都想要来的地方。这里没有城市的人声鼎沸，也没有嘈杂叫卖的环境。任何人来到这里，都是为了寻求一种自然、闲逸的环境与悠闲、欢乐的心情。

别墅社区拥有丰富的山地资源，建筑风格尽可能挖掘山地建筑错落变化的情趣、曲折跌宕的核心意境。

三、商业主题定位

HOLA！难忘的山谷生活

（打造一个崭新的商业品牌）

诠注：

HOLA是西班牙语中表示热情、奔放、欢快的语气词，一般可以用来喝彩和欢呼。双音节发音，简单精炼，双元音发音饱满悦耳，易于口头传播和快速记忆。生活这个中性词蕴含着非常丰富的含义。不同的人有着对"生活"的不同理解。

我们不想把商业简单地理解为一种单纯的盈利经营行为，而是想把商业做成丰富多彩生活中的一个亮点、一个环节、一个过程。我们想弱化商业的功利性感觉，而强化自发性和主动性消费生活的概念。

我们的商业不同于传统商圈的商业模式，我们是一个新型的郊区商业项目。我们商业项目最大的瓶颈就是人流的问题。因此，我们不能陷入传统商业模式需要靠强大的人流来支撑的陷阱里面。

我们的商业项目希望能够通过传统和新生业态的完美组合，导入文化主题商业营销的模式，使商业街区散发出独特的魅力，吸引顾客前往街区进行目的性消费。因此，我们商业街区的每一个细节，从业态的选择组合到建筑外立面的设计，都是为了培养场所感和另一种新型生活方式。因此我们的商业街区情景，不是车水马龙和不绝于耳的嘈杂叫卖声，而是到处弥漫着轻松悠闲的氛围，飘浮着浪漫欢快的声音，浓缩了欧洲街区休闲安逸的生活场景。

商业形态也一改传统的进攻型、强迫灌输式的模式，促进自发性、娱乐自我性消费。我们希望我们商业街区的商业环境和氛围能够褪去商业功利性的元素，还原生活娱乐轻松的本质。其实商业行为是生活的一个部分、一个环节、一个过程，它可以演变成一种艺术，关键在于发展商和商家如何去演绎，如何去定位，如何去整体营销执行。

四、商业项目市场定位

分成两个层面：针对消费者，针对商家。

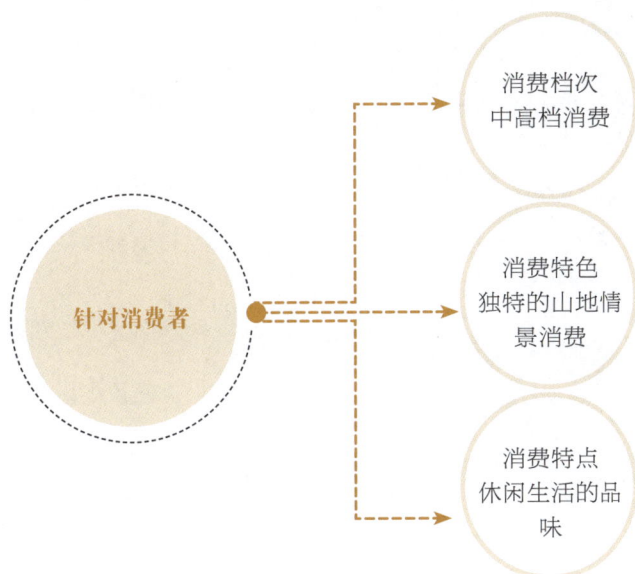

图18-1 项目针对消费者的市场定位

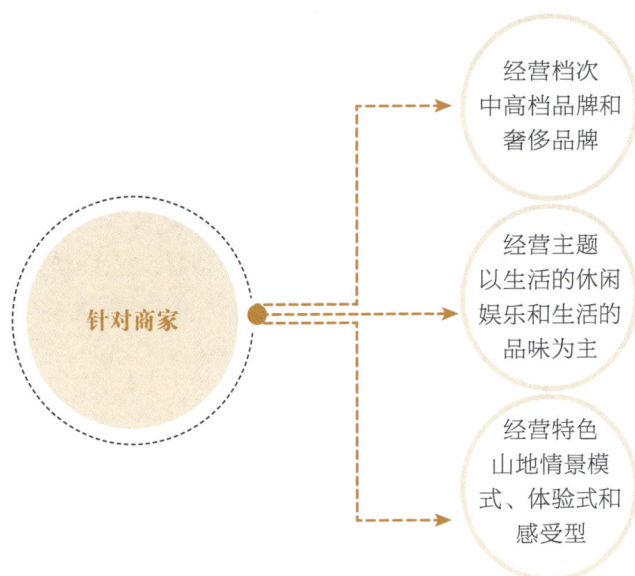

图18-2 项目针对商家的市场定位

五、商业建筑形态

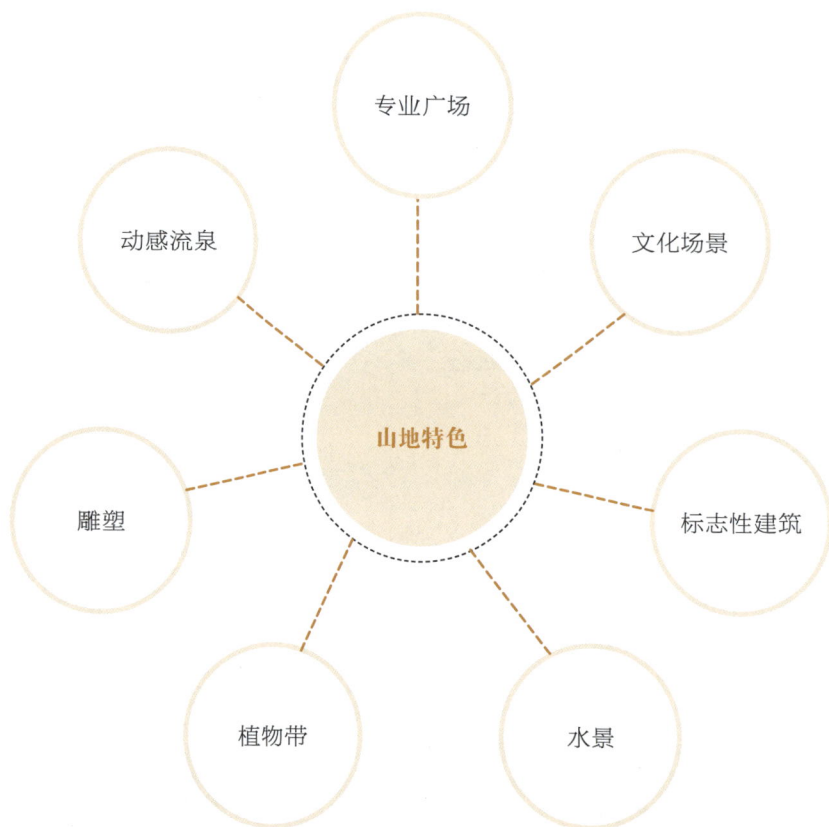

▶——— 图18-3 建筑形态元素

围绕山地特色这个核心的主题，在建筑形态方面，我们从每个细节来突现山地特色。总的说来，我们希望在整体规划和建筑布局方面以"曲折的、情趣的、层次的"风格为主。

曲折的：曲线化的街道鼓励人们去探索，它会给老顾客以惊喜，走过角落，他们会发现一个广场、草木茂盛的花园和水池。整个街区由曲折的街道连成一个整体，引领着顾客穿越全部商业版块。此外，我们还要强调各个建筑面的呼应关系、店面与相邻店面的呼应关系、店面与对面建筑物的呼应关系、店面和街区景观以及小品的呼应关系，让顾客觉得每个店面和街景都不是孤立存在的，是有关联的、互动的。因此我们建议，街区的走道不用太宽敞。

情趣的：建筑物、小品和整体线路的布局在这里已经成为一种情绪化的载体，能够带给顾客惊喜和乐趣，甚至带有一点游戏的味道。

层次的：山地特色最大的卖点就是有山体的坡度，建筑物立于上面可以有层次错落的变化，使建筑物多了不同角度的展示立面。此外，视线和角度也有了平面视觉所没有的效果。此外，拱廊、石梯和缓坡等山地建筑元素丰富了山地建筑的构成。

我们希望通过设计创造独特的场所感和独一无二的体验，带来强烈的山地品牌识别性，把街区打造成一个具有山地特色的商业品牌。

下面，我们针对不同的景观设置进行描述：

1. 艺术广场

▶── 图18-4 韦斯特莱克漫步区

　　这是位于加利福尼亚的名叫韦斯特莱克的漫步区。主要零售区前铺了饰以五颜六色的图案的混凝土和天然的石材，相互呼应并且强化了不同店面的独特性。保护桩、树木、石罐以及传统的灯柱都被加入到这一环境组合中来，此外，还有马车和售货亭来增加沿线的零售气氛和乐趣。

　　广场具备天然的集聚人气、呼应主题商业的价值功能。因此，在景观方面，一定要设计一个可供游人交流、休憩、玩耍、互动的公共空间。

2. 流泉和水景

　　水是流动的生命。建筑物因为有了水的流动和穿梭而有了灵性。此外，水景和流泉在景观上的应用，将制造多个小型片区中心以及隔断空间。

3. 雕塑和街头小品

　　雕塑和小品的设置将软化商业中心的外观，增加购物环境的地方特征和真实性。

4. 植物小品景观

　　本商业街区内的植物绿化希望能够有更多的点缀效果，而且不要给顾客一种工业化、人造的感觉，希望能够有一些古朴幽静、浑然天成的随意感。

5. 标志性建筑

标志性建筑一般是一个社区的灵魂所在。我们希望能够在商业街区里面设置一个非盈利性的艺术场所——艺术馆。我们希望这个艺术馆能够请到世界著名的艺术大师或者设计大师来亲自设计，并且也希望这个艺术馆能真正拥有独特的艺术气质和艺术魅力，成为文化主题商业里面的核心。这个建筑物的建筑外观一定要独特，让人过目不忘，具备地标性定义一个区位的强大功能。

6. 文化场景再现

我们的商业街区将会呈现出不同的文化气质。比如说，我们将在街区进行欧洲文化场景再造，如节庆出游的马车和群众、街头随兴的国际象棋比赛、真人行为艺术、街头音乐和美术等不同表现形式的表演。

这种文化场景的再造，将为游客带来视觉和触觉的多重体验，相信会给大众带来一种全新的商业感受。独特的场景和氛围必将吸引更多的消费者前来观赏消费，因此，这种文化主题营销将再生目的性消费人流。

此外，在建筑细节上还有以下几点需要注意：

第一，建筑入口：开放型的商业街区的入口外观风格和界面将决定顾客购物的消费心理，调动消费者的购物意愿和情绪。入口应该具有显著的设计特色。可以通过改变材料或屋顶高度，延伸墙面或采用锯齿状墙面来突出入口。这一变化可以通过地面铺砖、墙面装饰、色彩和屋顶处理来实现。例如：古罗马广场商业区就是一个主题购物区，购物者在走过古典风格的柱廊时，就可以感受到古罗马市场的气氛。

第二，天篷：对开敞式的商业街区来说，柱廊和拱廊是为顾客遮阳和保护商店立面的传统方式。带篷的街道除了可以营造欧式的街区氛围，还可以保护在恶劣的天气条件下购物的行人。天篷可以从建筑墙面悬挑出去，也可以由独立的柱子来支撑，其宽度和高度由适合建筑风格的比例关系来决定。

第三，夜间照明：因为很大一部分的零售商在晚上营业，室外的夜间照明就成为一项重要的安全特征和设计特征。在保护公众安全的同时，它能够用来创造购物中心的形象和特征。有效的照明系统包括了对光源、安装高度、空间和灯光的控制。综合照明系统最重要的计划包括设置建筑立面和入口的照明、建筑特征和景观的聚光灯、橱窗和标志的高光灯，限定人行道、车道和停车场，创造墙面和人行道上的光影。

第四，建筑立面：尽可能选择高档石材立面进行建筑外体的装饰，在形态方面多一些变化和造型。

第五，特色购物街按照情景式商业街的模式，其主体建筑的设计方案，做成标准产品，如单一铺面统一进深与面宽，同时，又便于自由间隔；主题餐饮、娱乐与休闲、影院等建筑产品的设计建议与未来的合作者、意向商家进行沟通，并在产品设计中考虑特殊业态对建筑产品的特殊要求，同时，要保证产品设计在未来调整中的灵活度。

六、商业业态组合

为了做好商业项目的前期调研和市场定位，我们采用了问卷调查、高端客户访谈以及专家和商家研讨会的形式进行了采样和数据收集。

1. 客户是否愿意去一个距离城市20分钟车程的山地特色餐饮地：（有效问卷135份）

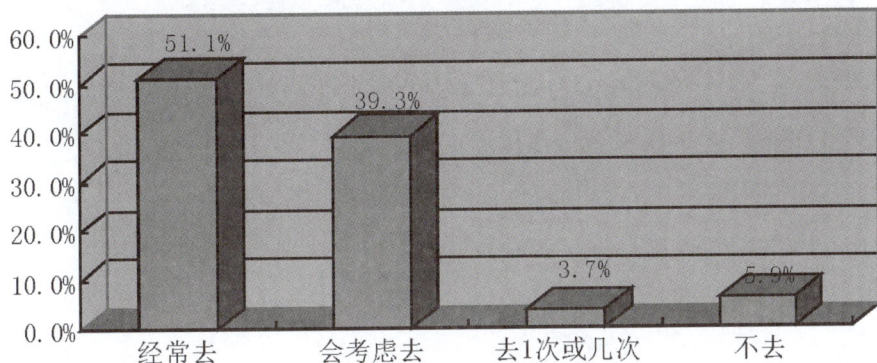

▶— 图18-5 关于距离城市20分钟车程的山地特色餐饮地的调查表

调查数据显示，超过50%的客户愿意去一个距离城市20分钟车程的山地特色餐饮地，有39.3%的客户表示会根据特色餐饮地的具体情况考虑是否去消费，只有9.6%的客户表示只去1次或几次甚至不去。

2. 客户参与特色休闲与运动活动时愿意花的车程：（有效问卷134份）

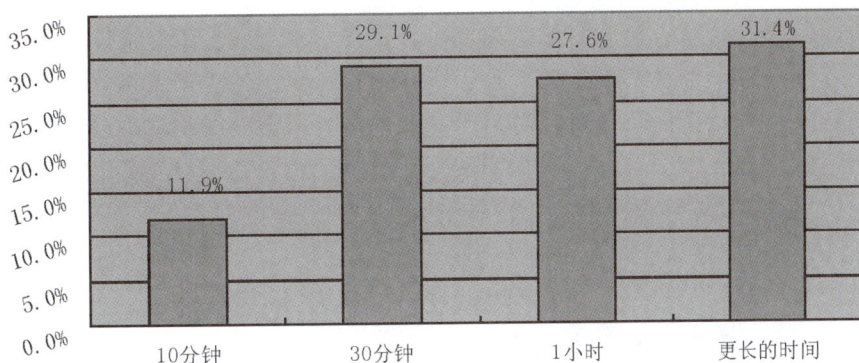

▶— 图18-6 客户参与特色休闲与运动活动时愿意花的车程

对于参加特色休闲与运动活动，愿意花30分钟、1个小时以及更长时间车程的客户分别达到了29.1%、27.6%和31.4%，只有11.9%的客户表示只愿意花10分钟左右的车程。

3. 客户购买特殊商品时愿意花的车程：（有效问卷134份）

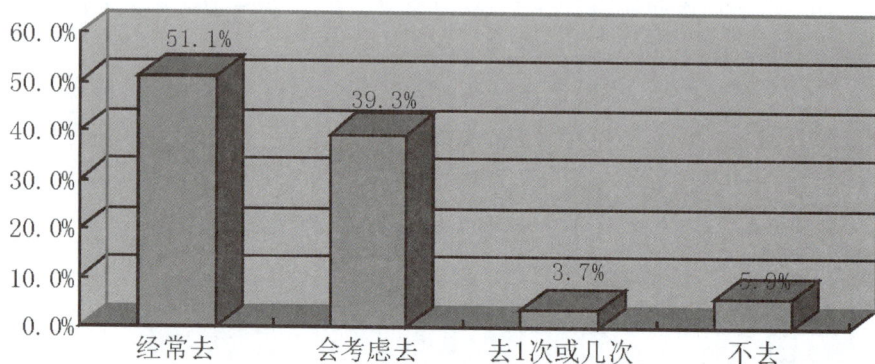

▶──── 图18-7 客户购买特殊商品时愿意花的车程

调查中，41.8%的客户表示愿意花30分钟的车程去购买某一特殊商品，有43.3%的客户表示愿意花1小时甚至更长时间的车程去购买特殊商品，只有14.9%的客户表示只愿意接受10分钟的车程。

因此，我们在综合各个业态的特性后，把商业业态的重点定位在特色餐饮、休闲和娱乐，而把特色购物作为强有力的补充。

业态：超市、便利店、其他配套、个人服务、特色购物、休闲、娱乐。

七、商业业态面积配比

1. 项目整体商业业态面积分布

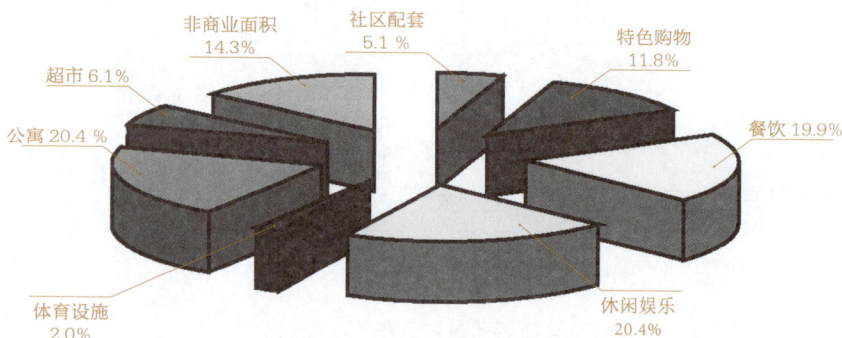

▶──── 图18-8 商业业态面积分布比例图

——— 表18-4 各类商业业态面积分布

商业业态	面积（平方米）	比例
超市	3000	6.1%
配套服务	2490	5.1%
特色购物	5760	11.8%
餐饮	9750	19.9%
休闲娱乐	10 000	20.4%
体育设施（管理用房+室内运动）	1000	2.0%
公寓	10 000	20.4%
商业面积共计	42 000	85.7%
会所	2000	4.1%
幼儿园	3900	8.0%
公交车站	100	0.2%
艺术馆	1000	2.0%
非商业面积共计	7000	14.3%
总计	49 000	100.0%

2.特色购物商业业态面积分布

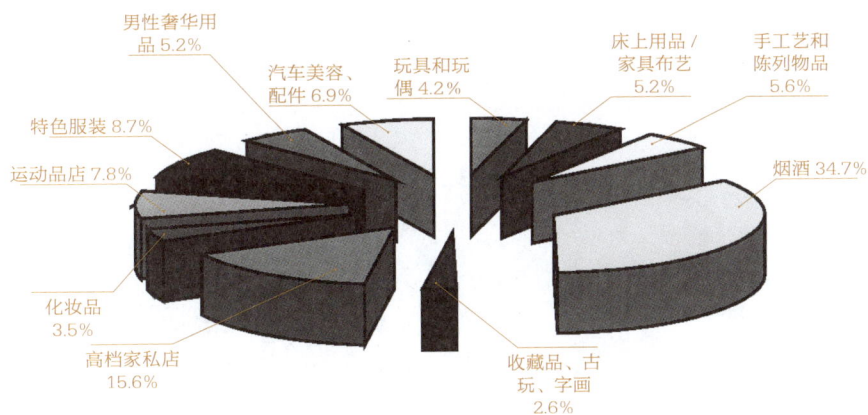

——— 图18-9 特色购物业态面积分布比例图

▶── 表18-5 特色购物业态面积分布

特色购物业态	商业面积（平方米）	比例
酒品和烟（雪茄）	2000	34.7%
床上用品/家居布艺	300	5.2%
手工艺和陈列物品	320	5.6%
玩具和玩偶	240	4.2%
收藏品、古玩、字画	150	2.6%
高档家私店	900	15.6%
运动品店	450	7.8%
特色服装	500	8.7%
化妆品	200	3.5%
男性奢华用品	300	5.2%
汽车配件、美容	400	6.9%
总计	5760	100.0%

说明：以上为特色购物业态的细分类别，每个小类别里面的面积可以按招商实际情况以及市场情况来调整。比如说运动品店面积总共是450平方米，如果我们可以引入一家大的运动品商家，如龙浩，我们给这个品牌的面积可能达到300平方米，另外再引入三家小运动品牌商家作为一个产品金字塔的补充。

3. 餐饮业态面积分布

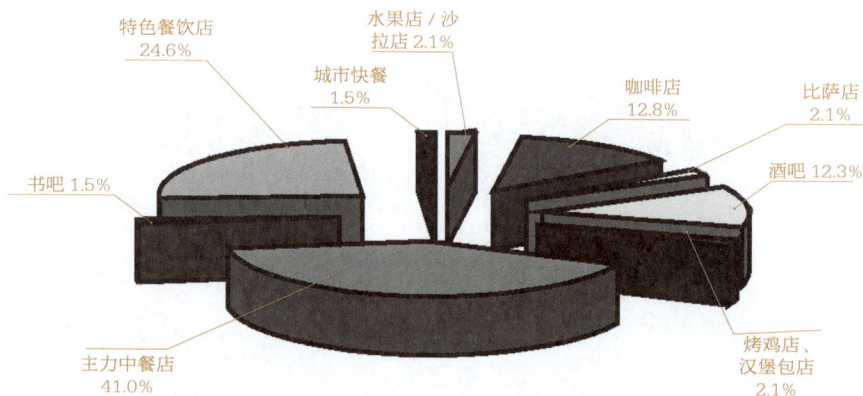

▶── 图18-10 餐饮面积分布比例图

── 表18-6 餐饮面积分布

餐饮业态	商业面积（平方米）	比例
水果店/沙拉店	200	2.1%
比萨店	200	2.1%
烤鸡店、汉堡包店	200	2.1%
咖啡店	1250	12.8%
酒吧	1200	12.3%
主力中餐店	4000	41.0%
特色餐饮店	2400	24.6%
书吧	150	1.5%
城市快餐	150	1.5%
总计	9750	100.0%

说明：对于餐饮业态来说，我们希望能够在充分利用建筑面积的基础上，多利用户外的面积，比如说像街区的走道、湖景、宽大的退台以及小型广场的一些公共面积。一方面可以为餐饮提供更多的营业面积，以解决商业面积不足的困境；另一方面，可以丰富整个街区的情景，营造一种休闲、雅致的商业气氛。

八、商业项目收益模式

1. 项目收益模式建议

（1）选择收益模式

· 方案一：全部出租经营，获取长期租赁收入；

· 方案二：部分销售，回笼部分建设资金，保留部分营业面积出租；

· 方案三：在方案二的基础上，公寓全部销售，获取短期的投资回报。

（2）项目可选择赢利模式的优劣势比较

▶—— 表18-7 项目可选择赢利模式的优劣势比较

项目	回收期限	整体管理难度	建设资金筹集
方案一	长	容易，且各业态之间能形成相互烘托的效应	难度较大
方案二	一般	可以保证项目主体部分的经营统一性	能筹集一定的建设资金
方案三	短	公寓统一管理难度不大	能筹集到比较多的建设资金

建议：从整体经营角度考虑，建议项目采取全部租赁或者租赁部分项目合作经营的模式；如果项目资金筹集确实有一定的难度，则建议对项目主体影响较小的业态进行销售，以回笼部分资金。

（3）赢利模式建议

建议开发商持有全部物业进行经营，部分特殊项目，如休闲娱乐，为了控制其发展方向以及获取较高的利润回报，可以采用引入合作方共担风险、合作经营的模式。

2.项目收入测算

方案一：全部出租收入测算

▶— 表18-8 部分业态租金测算

商业种类	商业业态	店面个数	单位面积（平方米）	业态面积分布（平方米）	培育期（3年）			稳定增长期	
					入市租金（万元）	租赁率	年收入（万元）	经营租金（万元）	年收入（万元）
一、超市＋生活百货		1	3000	3000	50	80%	129.60	80	288.0
二、配套及服务	1.药店	1	150	150	80	100%	12.96	100	18
	2.综合医疗服务	1	100	100	80	100%	8.64	80	9.6
	3.照片冲印	1	50	50	80	100%	4.32	80	4.8
	4.花店	3	50	150	100	100%	16.20	120	21.6
	5.洗衣店	1	30	30	60	100%	1.94	80	2.9
	6.家庭服务	1	50	50	60	100%	3.24	80	4.8
	7.家居装饰品店	1	70	70	70	100%	5.29	100	8.4
	8.美容美发	2	200	400	100	100%	43.20	150	72.0
	9.面包房	3	50	150	120	100%	19.44	150	27.0
	10.音像制品和书店（报刊店）	2	50	100	60	100%	6.48	80	9.6
	11.邮政	1	80	80	30	100%	2.59	30	2.9
	12.金融、银行	3	300	900	30	100%	29.16	30	32.4
	13.旅行社	1	60	60	40	100%	2.59	40	2.9
	14.彩票（考虑与银行放在一起）	0	0	0	0	0	0	0	0
	15.地产中介（4~5家）	4	50	200	100	100%	21.60	100	24.0

续表

商业种类	商业业态	店面个数	单位面积（平方米）	业态面积分布（平方米）	培育期（3年）			稳定增长期	
					入市租金（万元）	租赁率	年收入（万元）	经营租金（万元）	年收入（万元）
三、特色购物	1.酒品和烟（雪茄）	4	500	2000	100	100%	216	180	432
	2.床上用品/家居布艺	2	150	300	120	100%	38.9	160	57.6
	3.手工艺品和陈列物品	4	80	320	120	100%	41.5	160	61.4
	4.玩具和玩偶	3	80	240	120	100%	31.1	160	46.1
	5.收藏品、古玩、字画	1	150	150	60	60%	5.8	60	10.8
	6.高档家私店	3	300	900	60	100%	58.3	100	108
	7.运动品店	3	150	450	80	100%	38.9	100	54
	8.特色服装	5	100	500	120	60%	38.9	180	108
	9.化妆品	2	100	200	150	80%	25.9	200	48
	10.男性奢华用品	3	100	300	150	80%	38.9	200	72
	11.汽车配件、美容	1	400	400	80	100%	34.6	100	48
四、餐饮	1.水果店/沙拉店	2	100	200	100	100%	21.6	120	28.8
	2.比萨店	1	200	200	80	100%	17.3	100	24
	3.烤鸡店、汉堡包店	1	200	200	60	100%	13.0	60	14.4
	4.咖啡店	5	250	1250	80	100%	108.0	100	150
	5.酒吧	4	300	1200	100	100%	129.6	120	172.8
	6.主力中餐店	2	2000	4000	60	100%	259.2	100	480
	7.特色餐饮食店	3	800	2400	120	100%	311.0	150	432
	8.书吧	1	150	150	50	100%	8.1	60	10.8
	9.城市快餐	1	150	150	50	100%	8.1	60	10.8
五、休闲	1.SPA水疗	1	7000	7000	60	100%	453.6	80	672
六、娱乐	1.特色影院及儿童乐园	1	3000	3000	50	100%	162.0	50	180

续表

商业种类	商业业态	店面个数	单位面积（平方米）	业态面积分布（平方米）	培育期（3年）			稳定增长期	
					入市租金（万元）	租赁率	年收入（万元）	经营租金（万元）	年收入（万元）
七、体育设施	1.草地网球场	1	200	200	80	100%	17.28	100	24
	2.羽毛球馆	1	800	800	40	100%	34.56	50	48
八、公共空间	1.广场	0	0	0			0		0
	2.艺术馆或者艺术长廊	0	0	0			0		0
	3.儿童游乐区或者培训区	0	0	0			0		0
九、公寓	1.酒店式公寓	1	10 000	10 000	100	85%	1080	120	1440
年租金收益							3499.29		5262.4

小结：预测项目入市后，在市场培育期每年能够取得租金收入3499.29万元；

培育期一般为三年，以后为稳定增长期，进入稳定增长期初期后预计每年取得租金5262.4万元，预计市场租金每三年增加5%。

方案二：租售结合租金收入测算

▶— 表18-9 租售结合租金收入测算

商业种类	商业业态	店面个数	单位面积（平方米）	业态面积分布（平方米）	销售面积（平方米）	出租面积（平方米）	培育期（3年）			稳定增长期	
							入市租金（万元）	租赁率	年收入（万元）	经营租金（万元）	年收入（万元）
一、超市+生活百货		1	3000	3000	500	2500	50	80%	120	80	240
二、配套及服务	1.药店	1	150	150	150	0	80	100%	0	100	0
	2.综合医疗服务	1	100	100	0	100	80	100%	9.6	80	9.6
	3.照片冲印	1	50	50	50	0	80	100%	0	80	0
	4.花店	3	50	150	150	0	100	100%	0	120	0
	5.洗衣店	1	30	30	0	30	60	100%	2.16	80	2.88

续表

商业种类	商业业态	店面个数	单位面积（平方米）	业态面积分布（平方米）	销售面积（平方米）	出租面积（平方米）	培育期（3年）		稳定增长期	
							入市租金（万元）	租赁率	年收入（万元）	经营租金（万元）	年收入（万元）
二、配套及服务	6.家庭服务	1	50	50	0	50	60	100%	3.60	80	4.8
	7.家居装饰品店	1	70	70	70	0	70	100%	0	100	0
	8.美容美发	2	200	400	400	0	100	100%	0	150	0
	9.面包房	3	50	150	150	0	120	100%	0	150	0
	10.音像制品和书店（报刊店）	2	50	100	100	0	60	100%	0	80	0
	11.邮政	1	80	80	0	80	30	100%	2.88	30	2.9
	12.金融、银行	3	300	900	0	900	30	100%	32.40	30	32.4
	13.旅行社	1	60	60	0	60	40	100%	2.88	40	2.9
	14.彩票（考虑与银行放在一起）	0	0	0	0	0	0		0	0	0
	15.地产中介（4~5家）	4	50	200	0	200	100	100%	24.00	100	24.0
三、特色购物	1.酒品和烟（雪茄）	4	500	2000	0	2000	100	100%	240.00	180	432.0
	2.床上用品/家居布艺	2	150	300	300	0	120	100%	0	160	0
	3.手工艺品和陈列物品	4	80	320	320	0	120	100%	0	160	0
	4.玩具和玩偶	3	80	240	240	0	120	100%	0	160	0
	5.收藏品、古玩、字画	1	150	150	0	150	60	60%	6.48	60	10.8
	6.高档家私店	3	300	900	300	600	60	100%	43.20	100	72.0
	7.运动品店	3	150	450	0	450	80	100%	43.20	100	54.0
	8.特色服装	5	100	500	500	0	120	60%	0	180	0
	9.化妆品	2	100	200	200	0	150	80%	0	200	0
	10.男性奢华用品	3	100	300	0	300	150	80%	43.20	200	72.0
	11.汽车配件、美容	1	400	400	0	400	80	100%	38.40	100	48.0

续表

商业种类	商业业态	店面个数	单位面积（平方米）	业态面积分布（平方米）	销售面积（平方米）	出租面积（平方米）	培育期（3年）		稳定增长期	
							入市租金（万元）	租赁率	年收入（万元）	经营租金（万元）	年收入（万元）
四、餐饮	1.水果店/沙拉店	2	100	200	200	0	100	100%	0	120	0
	2.比萨店	1	200	200	0	200	80	100%	19.2	100	24
	3.烤鸡店、汉堡包店	1	200	200	0	200	60	100%	14.4	60	14.4
	4.咖啡店	5	250	1250	1250	0	80	100%	0	100	0
	5.酒吧	4	300	1200	1200	0	100	100%	0	120	0
	6.主力中餐店	2	2000	4000	2000	2000	60	100%	144	100	240
	7.特色餐饮食店	3	800	2400	2400	0	120	100%	0	150	0
	8.书吧	1	150	150	0	150	50	100%	9	60	10.8
	9.城市快餐	1	150	150	150	0	50	100%	0	60	0
五、休闲	1.SPA水疗	1	7000	7000		7000	60	100%	504	80	672
六、娱乐	1.特色影院及儿童乐园	1	3000	3000	0	3000	50	100%	180	50	180
七、体育设施	1.草地网球场	1	200	200		200	80	100%	19.2	100	24
	2.羽毛球馆	1	800	800	0	800	40	100%	38.4	50	48
八、公共空间	1.广场	0	0	0	0	0			0	0	0
	2.艺术馆或者是艺术长廊	0	0	0	0	0			0	0	0
	3.儿童游乐区或者培训区	0	0	0	0	0			0	0	0
九、公寓	1.酒店式公寓	1	10 000	10 000	6000	4000	100	85%	408	120	576
年租金收益				42 000	16 630	25 370			1948.2	0	2797.5

小结：项目租赁物业面积为25 370平方米；

预计项目入市后，在市场培育期能够每年取得租赁收入1948.2万元；培育期一般为三年，以后为稳定增长期，预计市场租金每三年增加5%；

本项目销售物业分为两部分：

公寓部分销售6000平方米，在项目开发的第一年以及第二年销售；

商业部门销售10 630平方米，在项目入市之初不进入销售市场，待商业项目发展成熟后入市销售，预计在项目开发的第四年开始销售。

方案三：商业销售同方案二，公寓全销售

▶── 表18-10 方案三收入测算

商业种类	商业业态	店面个数	单位面积（平方米）	业态面积分布（平方米）	销售面积（平方米）	出租面积（平方米）	培育期（3年）			稳定增长期	
							入市租金（万元）	租赁率	年收入（万元）	经营租金（万元）	年收入（万元）
一、超市+生活百货	——	1	3000	3000	500	2500	50	80%	120	80	240
二、配套及服务	1.药店	1	150	150	150	0	80	100%	0	100	0
	2.综合医疗服务	1	100	100	0	100	80	100%	9.60	80	9.6
	3.照片冲印	1	50	50	50	0	80	100%	0	80	0
	4.花店	3	50	150	150	0	100	100%	0	120	0
	5.洗衣店	1	30	30	0	30	60	100%	2.16	80	2.88
	6.家庭服务	1	50	50	0	50	60	100%	3.60	80	4.8
	7.家居装饰品店	1	70	70	70	0	70	100%	0	100	0
	8.美容美发	2	200	400	400	0	100	100%	0	150	0
	9.面包房	3	50	150	150	0	120	100%	0	150	0
	10.音像制品和书店（报刊店）	2	50	100	100	0	60	100%	0	80	0
	11.邮政	1	80	80	0	80	30	100%	2.88	30	2.88
	12.金融、银行	3	300	900	0	900	30	100%	32.40	30	32.4
	13.旅行社	1	60	60	0	60	40	100%	2.88	40	2.88
	14.彩票（考虑与银行放在一起）	0	0	0	0	0	0		0	0	0

续表

商业种类	商业业态	店面个数	单位面积（平方米）	业态面积分布（平方米）	销售面积（平方米）	出租面积（平方米）	培育期（3年）			稳定增长期	
							入市租金（万元）	租赁率	年收入（万元）	经营租金（万元）	年收入（万元）
二、配套及服务	15.地产中介（4~5家）	4	50	200	0	200	100	100%	24	100	24
三、特色购物	1.酒品和烟（雪茄）	4	500	2000	0	2000	100	100%	240	180	432
	2.床上用品/家居布艺	2	150	300	300	0	120	100%	0	160	0
	3.手工艺品和陈列物品	4	80	320	320	0	120	100%	0	160	0
	4.玩具和玩偶	3	80	240	240	0	120	100%	0	160	0
	5.收藏品、古玩、字画	1	150	150	0	150	60	60%	6.48	60	10.8
	6.高档家私店	3	300	900	300	600	60	100%	43.20	100	72
	7.运动品店	3	150	450	0	450	80	100%	43.20	100	54
	8.特色服装	5	100	500	500	0	120	60%	0	180	0
	9.化妆品	2	100	200	200	0	150	80%	0	200	0
	10.男性奢华用品	3	100	300	0	300	150	80%	43.20	200	72
	11.汽车配件、美容	1	400	400	0	400	80	100%	38.40	100	48
四、餐饮	1.水果店/沙拉店	2	100	200	200	0	100	100%	0	120	0
	2.比萨店	1	200	200	0	200	80	100%	19.20	100	24
	3.烤鸡店、汉堡包店	1	200	200	0	200	60	100%	14.40	60	14.4
	4.咖啡店	5	250	1250	1250	0	80	100%	0	100	0
	5.酒吧	4	300	1200	1200	0	100	100%	0	120	0

续表

商业种类	商业业态	店面个数	单位面积（平方米）	业态面积分布（平方米）	销售面积（平方米）	出租面积（平方米）	培育期（3年）			稳定增长期	
							入市租金（万元）	租赁率	年收入（万元）	经营租金（万元）	年收入（万元）
四、餐饮	6.主力中餐店	2	2000	4000	2000	2000	60	100%	144	100	240
	7.特色餐饮食店	3	800	2400	2400	0	120	100%	0	150	0
	8.书吧	1	150	150	0	150	50	100%	9	60	10.8
	9.城市快餐	1	150	150	150	0	50	100%	0	60	0
五、休闲	1.SPA水疗	1	7000	7000		7000	60	100%	504	80	672
六、娱乐	特色影院及儿童乐园										
七、体育设施	1.草地网球场	1	3000	3000	0	3000	50	100%	180	50	180
	2.羽毛球馆	1	200	200	0	200	80	100%	19.20	100	24
八、公共空间	1.广场	1	800	800	0	800	40	100%	38.40	50	48
	2.艺术馆或者艺术长廊	0	0	0	0	0			0	0	0
	3.儿童游乐区或者培训区	0	0	0	0	0			0	0	0
九、公寓	1.酒店式公寓	0	0	0	0	0			0	0	0
年租金收益		1	10 000	10 000	10 000	0	100	85%	0	120	0
合计				42 000					1540.20	0	2221.44

3. 项目现金流量测算

方案一：现金流量指标

▶── 表18-11 评价指标

财务净现值（IC=6%）	10 285
财务内部收益率	7.0%
投资回收期（年）	33.6

方案二：现金流量指标

▶── 表18-12 评价指标

财务净现值（IC=6%）	3563
财务内部收益率	6.5%
投资回收期（年）	38.1

方案三：现金流量指标

▶── 表18-13 评价指标

财务净现值（IC=6%）	−69
财务内部收益率	5.99%
投资回收期（年）	——

小结：从现金流量指标可以看出，本项目全部租赁将来能够有较好的现金流量保障，投资回收期也将比租售结合短 一些；

租售结合能够在项目初期回收部分资金，但对未来的预期收入损失比较大。

▶━━ 表18-14 租金收入测算表（纯出租）

年限	1	2	3	4	5	6	7	8	9	10	11	12	13
租金收入	0	3499	3499	3499	5262	5262	5262	5525	5525	5525	5802	5802	5802
经营成本	0	350	350	350	526	526	526	553	553	553	580	580	580
租金净收入	0	3149	3149	3149	4736	4736	4736	4973	4973	4973	5222	5222	5222
年限	14	15	16	17	18	19	20	21	22	23	24	25	26
租金收入	6092	6092	6092	6396	6396	6396	6716	6716	6716	7052	7052	7052	7405
经营成本	609	609	609	640	640	640	672	672	672	705	705	705	740
租金净收入	5483	5483	5483	5757	5757	5757	6045	6045	6045	6347	6347	6347	6664
年限	27	28	29	30	31	32	33	34	35	36	37	38	39
租金收入	7405	7405	7775	7775	7775	8164	8164	8164	8572	8572	8572	9000	9000
经营成本	740	740	777	777	777	816	816	816	857	857	857	900	900
租金净收入	6664	6664	6997	6997	6997	7347	7347	7347	7715	7715	7715	8100	8100
年限	40	41	42	43	44	45	46	47	48	49	50		
租金收入	9000	9450	9450	9450	9923	9923	9923	10 419	10 419	10 419	10 419		
经营成本	900	945	945	945	992	992	992	1042	1042	1042	1042		
租金净收入	8100	8505	8505	8505	8931	8931	8931	9377	9377	9377	9377		

▶━━ 表18-15 租金收入测算表（租售结合）

年限	1	2	3	4	5	6	7	8	9	10	11	12	13
租金收入	0	1948	1948	1948	2797	2797	2797	2937	2937	2937	3084	3084	3084
经营成本	0	195	195	195	280	280	280	294	294	294	308	308	308
租金净收入	0	1753	1753	1753	2518	2518	2518	2644	2644	2644	2776	2776	2776
销售收入	5760	3840		15 945	10 630								
销售税金	290	194		804	536								
销售净收入	5470	3646		15 141	10 094								
经营净收入	5470	5400	1753	16 895	12 612	2518	2518	2644	2644	2644	2776	2776	2776

续表

年限	14	15	16	17	18	19	20	21	22	23	24	25	26
租金收入	3238	3238	3238	3400	3400	3400	3570	3570	3570	3749	3749	3749	3936
经营成本	324	324	324	340	340	340	357	357	357	375	375	375	394
租金净收入	2915	2915	2915	3060	3060	3060	3213	3213	3213	3374	3374	3374	3543
经营净收入	2915	2915	2915	3060	3060	3060	3213	3213	3213	3374	3374	3374	3543
年限	27	28	29	30	31	32	33	34	35	36	37	38	39
租金收入	3936	3936	4133	4133	4133	4340	4340	4340	4557	4557	4557	4785	4785
经营成本	394	394	413	413	413	434	434	434	456	456	456	478	478
租金净收入	3543	3543	3720	3720	3720	3906	3906	3906	4101	4101	4101	4306	4306
经营净收入	3543	3543	3720	3720	3720	3906	3906	3906	4101	4101	4101	4306	4306
年限	40	41	42	43	44	45	46	47	48	49	50		
租金收入	4785	5024	5024	5024	5275	5275	5275	5539	5539	5539	5539		
经营成本	478	502	502	502	527	527	527	554	554	554	554		
租金净收入	4306	4521	4521	4521	4747	4747	4747	4985	4985	4985	4985		
经营净收入	4306	4521	4521	4521	4747	4747	4747	4985	4985	4985	4985		

▶── 表18-16 租金收入测算表（公寓全售）

年限	1	2	3	4	5	6	7	8	9	10	11	12	13
租金收入	0	1540	1540	1540	2221	2221	2221	2333	2333	2333	2449	2449	2449
经营成本	0	154	154	154	222	222	222	233	233	233	245	245	245
租金净收入	0	1386	1386	1386	1999	1999	1999	2099	2099	2099	2204	2204	2204
销售收入	9600	6400		15 945	10 630								
销售税金	484	323		804	536								
销售净收入	9116	6077		15 141	10 094								
经营净收入	9116	7464	1386	16 528	12 094	1999	1999	2099	2099	2099	2204	2204	2204

续表

年限	14	15	16	17	18	19	20	21	22	23	24	25	26
租金收入	2572	2572	2572	2700	2700	2700	2835	2835	2835	2977	2977	2977	3126
经营成本	257	257	257	270	270	270	284	284	284	298	298	298	313
租金净收入	2314	2314	2314	2430	2430	2430	2552	2552	2552	2679	2679	2679	2813
经营净收入	2314	2314	2314	2430	2430	2430	2552	2552	2552	2679	2679	2679	2813

年限	27	28	29	30	31	32	33	34	35	36	37	38	39
租金收入	3126	3126	3282	3282	3282	3446	3446	3446	3618	3618	3618	3799	3799
经营成本	313	313	328	328	328	345	345	345	362	362	362	380	380
租金净收入	2813	2813	2954	2954	2954	3102	3102	3102	3257	3257	3257	3419	3419
经营净收入	2813	2813	2954	2954	2954	3102	3102	3102	3257	3257	3257	3419	3419

年限	40	41	42	43	44	45	46	47	48	49	50		
租金收入	3799	3989	3989	3989	4189	4189	4189	4398	4398	4398	4398		
经营成本	380	399	399	399	419	419	419	440	440	440	440		
租金净收入	3419	3590	3590	3590	3770	3770	3770	3958	3958	3958	3958		
经营净收入	3419	3590	3590	3590	3770	3770	3770	3958	3958	3958	3958		

▶—— 表18-17 现金流量表（纯出租）

年限	1	2	3	4	5	6	7	8	9	10	11	12	13
1.现金流入	0	3499	3499	3499	5262	5262	5262	5525	5525	5525	5802	5802	5802
1.1经营收入	0	3499	3499	3499	5262	5262	5262	5525	5525	5525	5802	5802	5802
2.现金流出	64573	3921	350	350	526	526	526	553	553	553	580	580	580
2.1项目总成本费用	64573	3921	350	350	526	526	526	553	553	553	580	580	580
2.2所得税	0	0	0	0	0	0	0	0	0	0	0	0	0
净现金流量	−64 573	−422	3149	3149	4736	4736	4736	4973	4973	4973	5222	5222	5222
累计净现金流量	−64 573	−64 994	−61 845	−58 696	−53 960	−49 223	−44 487	−39 514	−34 541	−29 569	−24 347	−19 125	−13 904
折现净现金流量	−60918	−375	2644	2495	3539	3339	3150	3120	2943	2777	2751	2595	2448

续表

年限	1	2	3	4	5	6	7	8	9	10	11	12	13
累计折现净现金流量	−60 918	−61 293	−58 649	−56 154	−52 615	−4 9276	−46 126	−43 006	−40 063	−3 7286	−34 535	−3 1940	−29 492

年限	14	15	16	17	18	19	20	21	22	23	24	25	26
1.现金流入	6092	6092	6092	6396	6396	6396	6716	6716	6716	7052	7052	7052	7405
1.1经营收入	6092	6092	6092	6396	6396	6396	6716	6716	6716	7052	7052	7052	7405
2.现金流出	609	168	1432	1503	1503	1503	1578	1578	1578	1657	1657	1657	1740
2.1项目总成本费用	609	609	609	640	640	640	672	672	672	705	705	705	740
2.2所得税	0	−441	822	864	864	864	907	907	907	952	952	952	1000
净现金流量	5483	5923	4660	4893	4893	4893	5138	5138	5138	5395	5395	5395	5665
累计净现金流量	−8421	−2498	2163	7056	11949	16842	21980	27118	32256	37651	43046	48441	54105
折现净现金流量	2425	2472	1834	1817	1714	1617	1602	1511	1426	1412	1332	1257	1245
累计折现净现金流量	−27 067	−24 596	−22 761	−20 944	−19 230	−17 612	−16 010	−14 499	−13 073	−11 661	−10 328	−9072	−7826

年限	27	28	29	30	31	32	33	34	35	36	37	38	39
1.现金流入	7405	7405	7775	7775	7775	8164	8164	8164	8572	8572	8572	9000	9000
1.1经营收入	7405	7405	7775	7775	7775	8164	8164	8164	8572	8572	8572	9000	9000
2.现金流出	1740	1740	1827	1827	1827	1918	1918	1918	2014	2014	2014	2115	2115
2.1项目总成本费用	740	740	777	777	777	816	816	816	857	857	857	900	900
2.2所得税	1000	1000	1050	1050	1050	1102	1102	1102	1157	1157	1157	1215	1215
净现金流量	5665	5665	5948	5948	5948	6245	6245	6245	6557	6557	6557	6885	6885
累计净现金流量	59 770	65 434	71 382	77 330	83 278	89 523	95 768	102 013	108 571	115 128	121 686	128 571	135 456
折现净现金流量	1175	1108	1098	1036	977	968	913	861	853	805	759	752	710
累计折现净现金流量	−6652	−5544	−4446	−3410	−2433	−1466	−553	309	1162	1967	2726	3478	4188

续 表

年限	40	41	42	43	44	45	46	47	48	49	50	
1.现金流入	9000	9450	9450	9450	9923	9923	9923	10 419	10 419	10 419	10 419	
1.1经营收入	9000	9450	9450	9450	9923	9923	9923	10 419	10 419	10 419	10 419	
2.现金流出	2115	2221	2221	2221	2332	2332	2332	2448	2448	2448	2448	
2.1项目总成本费用	900	945	945	945	992	992	992	1042	1042	1042	1042	
2.2所得税	1215	1276	1276	1276	1340	1340	1340	1407	1407	1407	1407	
净现金流量	6885	7230	7230	7230	7591	7591	7591	7971	7971	7971	7971	
累计净现金流量	142 342	149 571	156 801	164 030	171 621	179 213	186 804	194 774	202 745	210 715	218 686	
折现净现金流量	669	663	626	590	585	551	520	515	486	459	433	
累计折现净现金流量	4857	5520	6146	6736	7320	7872	8392	8908	9394	9852	10 285	

▶── 表18-18 现金流量表（租售结合）

年限	1	2	3	4	5	6	7	8	9	10	11	12	13
1.现金流入	5760	5788	1948	17 893	13 427	2797	2797	2937	2937	2937	3084	3084	3084
1.1经营收入	5760	5788	1948	17 893	13 427	2797	2797	2937	2937	2937	3084	3084	3084
2.现金流出	65 036	4075	195	673	599	280	280	294	294	294	308	308	308
2.1项目总成本费用	65 036	4075	195	673	599	280	280	294	294	294	308	308	308
2.2所得税	0	0	0	0	0	0	0	0	0	0	0	0	0
净现金流量	−59 276	1714	1753	17 220	12 829	2518	2518	2644	2644	2644	2776	2776	2776
累计净现金流量	−59 276	−57 562	−55 809	−38 589	−25 760	−23 242	−20 725	−18 081	−15 438	−12 794	−10 018	−7242	−4467
折现净现金流量	−55 921	1525	1472	13 640	9586	1775	1674	1659	1565	1476	1462	1379	1301
累计折现净现金流量	−55 921	−54 396	−52 923	−39 284	−29 697	−27 922	−26 248	−24 589	−23 024	−21 548	−20 086	−18 707	−17 405

续表

年限	14	15	16	17	18	19	20	21	22	23	24	25	26
1.现金流入	3238	3238	3238	3400	3400	3400	3570	3570	3570	3749	3749	3749	3936
1.1经营收入	3238	3238	3238	3400	3400	3400	3570	3570	3570	3749	3749	3749	3936
2.现金流出	91	761	761	799	799	799	839	839	839	881	881	881	925
2.1项目总成本费用	324	324	324	340	340	340	357	357	357	375	375	375	394
2.2所得税	−233	437	437	459	459	459	482	482	482	506	506	506	531
净现金流量	3147	2477	2477	2601	2601	2601	2731	2731	2731	2868	2868	2868	3011
累计净现金流量	−1319	1158	3635	6237	8838	11 439	14 170	16 902	19 633	22 501	25 369	28 237	31 248
折现净现金流量	1392	1034	975	966	911	860	852	803	758	751	708	668	662
累计折现净现金流量	−16 013	−14 979	−14 004	−13 038	−12 127	−11 267	−10 416	−9612	−8854	−8103	−7395	−6727	−6065

年限	27	28	29	30	31	32	33	34	35	36	37	38	39
1.现金流入	3936	3936	4133	4133	4133	4340	4340	4340	4557	4557	4557	4785	4785
1.1经营收入	3936	3936	4133	4133	4133	4340	4340	4340	4557	4557	4557	4785	4785
2.现金流出	925	925	971	971	971	1020	1020	1020	1071	1071	1071	1124	1124
2.1项目总成本费用	394	394	413	413	413	434	434	434	456	456	456	478	478
2.2所得税	531	531	558	558	558	586	586	586	615	615	615	646	646
净现金流量	3011	3011	3162	3162	3162	3320	3320	3320	3486	3486	3486	3660	3660
累计净现金流量	34 259	37 270	40 432	43 594	46 756	50 076	53 396	56 716	60 201	63 687	67 173	70 833	74 494
折现净现金流量	624	589	584	551	519	514	485	458	454	428	404	400	377
累计折现净现金流量	−5440	−4851	−4268	−3717	−3198	−2684	−2198	−1740	−1287	−859	−455	−56	322

年限	40	41	42	43	44	45	46	47	48	49	50
1.现金流入	4785	5024	5024	5024	5275	5275	5275	5539	5539	5539	5539
1.1经营收入	4785	5024	5024	5024	5275	5275	5275	5539	5539	5539	5539
2.现金流出	1124	1181	1181	1181	1240	1240	1240	1302	1302	1302	1302

续表

年限	40	41	42	43	44	45	46	47	48	49	50
2.1项目总成本费用	478	502	502	502	527	527	527	554	554	554	554
2.2所得税	646	678	678	678	712	712	712	748	748	748	748
净现金流量	3660	3843	3843	3843	4035	4035	4035	4237	4237	4237	4237
累计净现金流量	78 154	81 997	85 840	89 683	93 719	97 754	101 790	106 027	110 264	114 501	118 738
折现净现金流量	356	352	333	314	311	293	277	274	258	244	230
累计折现净现金流量	678	1030	1363	1676	1987	2280	2557	2831	3089	3333	3563

▶── 表18-19 现金流量表（公寓全售）

年限	1	2	3	4	5	6	7	8	9	10	11	12	13
1.现金流入	9600	7940	1540	17 485	12 851	2221	2221	2333	2333	2333	2449	2449	2449
1.1经营收入	9600	7940	1540	17 485	12 851	2221	2221	2333	2333	2333	2449	2449	2449
2.现金流出	65 345	4240	154	1436	1077	222	222	233	233	233	245	245	245
2.1项目总成本费用	65 345	4240	154	1436	1077	222	222	233	233	233	245	245	245
2.2所得税	0	0	0	0	0	0	0	0	0	0	0	0	0
净现金流量	−55 745	3701	1386	16049	11775	1999	1999	2099	2099	2099	2204	2204	2204
累计净现金流量	−55 745	−52 044	−50 658	−34 609	−22 834	−20 835	−18 835	−16 736	−14 637	−12 538	−10 333	−8129	−5925
折现净现金流量	−52 589	3294	1164	12712	8799	1409	1330	1317	1243	1172	1161	1095	1033
累计折现净现金流量	−52 589	−49 296	−48 132	−35 419	−26 621	−25 211	−23 882	−22 565	−21 322	−20 150	−18 989	−17 893	−16 860
年限	14	15	16	17	18	19	20	21	22	23	24	25	26
1.现金流入	2572	2572	2572	2700	2700	2700	2835	2835	2835	2977	2977	2977	3126
1.1经营收入	2572	2572	2572	2700	2700	2700	2835	2835	2835	2977	2977	2977	3126
2.现金流出	257	257	410	635	635	635	666	666	666	700	700	700	735
2.1项目总成本费用	257	257	257	270	270	270	284	284	284	298	298	298	313

续表

2.2所得税	0	0	153	365	365	365	383	383	383	402	402	402	422
净现金流量	2314	2314	2162	2066	2066	2066	2169	2169	2169	2277	2277	2277	2391
累计净现金流量	-3611	-1296	866	2931	4997	7062	9231	11400	13569	15847	18124	20401	22793
折现净现金流量	1024	966	851	767	724	683	676	638	602	596	562	531	526
累计折现净现金流量	-15836	-14870	-14019	-13252	-12529	-11846	-11170	-10532	-9930	-9334	-8771	-8241	-7715

年限	27	28	29	30	31	32	33	34	35	36	37	38	39
1.现金流入	3126	3126	3282	3282	3282	3446	3446	3446	3618	3618	3618	3799	3799
1.1经营收入	3126	3126	3282	3282	3282	3446	3446	3446	3618	3618	3618	3799	3799
2.现金流出	735	735	771	771	771	810	810	810	850	850	850	893	893
2.1项目总成本费用	313	313	328	328	328	345	345	345	362	362	362	380	380
2.2所得税	422	422	443	443	443	465	465	465	488	488	488	513	513
净现金流量	2391	2391	2511	2511	2511	2636	2636	2636	2768	2768	2768	2907	2907
累计净现金流量	25184	27575	30086	32597	35107	37744	40380	43016	45784	48553	51321	54227	57134
折现净现金流量	496	468	463	437	412	409	385	364	360	340	321	318	300
累计折现净现金流量	-7219	-6751	-6288	-5851	-5438	-5030	-4644	-4281	-3921	-3581	-3260	-2943	-2643

年限	40	41	42	43	44	45	46	47	48	49	50
1.现金流入	3799	3989	3989	3989	4189	4189	4189	4398	4398	4398	4398
1.1经营收入	3799	3989	3989	3989	4189	4189	4189	4398	4398	4398	4398
2.现金流出	893	938	938	938	984	984	984	1034	1034	1034	1034
2.1项目总成本费用	380	399	399	399	419	419	419	440	440	440	440
2.2所得税	513	539	539	539	565	565	565	594	594	594	594
净现金流量	2907	3052	3052	3052	3204	3204	3204	3365	3365	3365	3365
累计净现金流量	60040	63092	66144	69196	72401	75605	78809	82174	85539	88904	92268

续表

年限	40	41	42	43	44	45	46	47	48	49	50	
折现净现金流量	283	280	264	249	247	233	220	218	205	194	183	
累计折现净现金流量	−2361	−2081	−1817	−1568	−1321	−1088	−868	−651	−446	−252	−69	

九、平面布局以及交通组织

1. 平面布局建议

（1）平面布局原则

将两个地块（A122-0297与A012-071）统一规划，营造统一的商业空间，并突出商业中心的整合效应，避免波托菲洛商业规划中的无商业中心或多商业中心的弊端；

协调各业态对景观的要求；

人流活动密集的商业形态集中在整个商业区的门户位置；

社区配套的商业尽量向社区靠拢；

利用山地的起伏，塑造主要景观带与各标志性建筑，使各主要建筑形态在视觉效果上相互呼应；

满足地块规划指标要求。

（2）平面布局建议

在商业街的入口设置文化主题建筑，使之成为项目的景观建筑；

利用山地的落差，设计从山顶到项目低地势的跌水瀑布，跌水瀑布尽量体现山地瀑布的自然特色，并在山腰及山底形成贯穿商业区的廊桥与水景；

在两个地块的地理中央设计中心广场，山地低层建筑物主要景观面都面向中心广场；

受地块容积率的限制，A122-0297地块应尽量布置低容积率的商业形态，如别墅式公寓、餐饮、运动场所，而A012-071地块则布置容积率相对较高的商业物业；

社区配套商业布置在A012-071地块靠近住宅区的位置；

建议将草坪网球场、羽毛球馆布置在A122-0297的东部，并与运动场所用房连接在一起，成为社区中心会所的一部分；

特色购物街布置在中央，并尽量与中心广场连接；

休闲娱乐、影院与儿童乐园等建筑物尽量在靠近A012-071地块的两侧布置，但在视觉通道中与中心广场相连。

方案一：

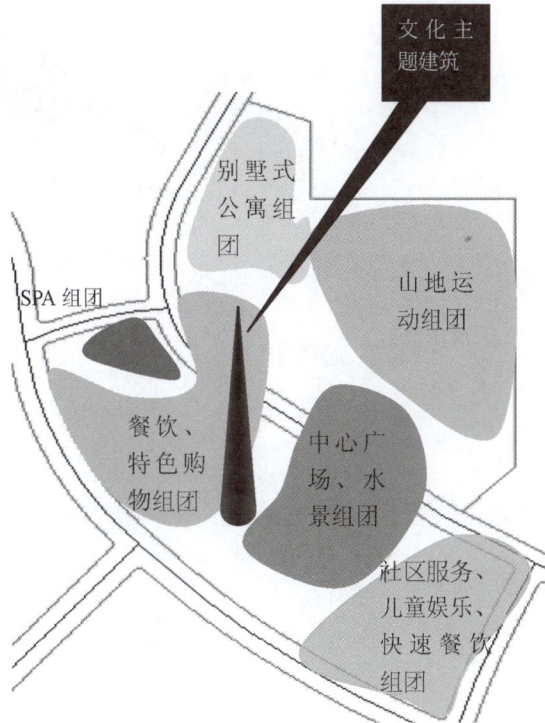

▶── **图18-11 平面布局图**

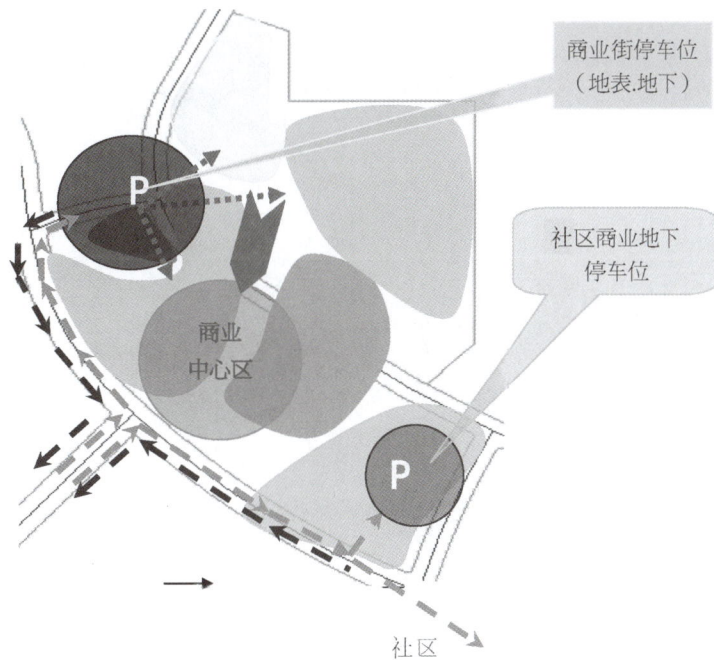

▶── **图18-12 交通组织图**

方案二：

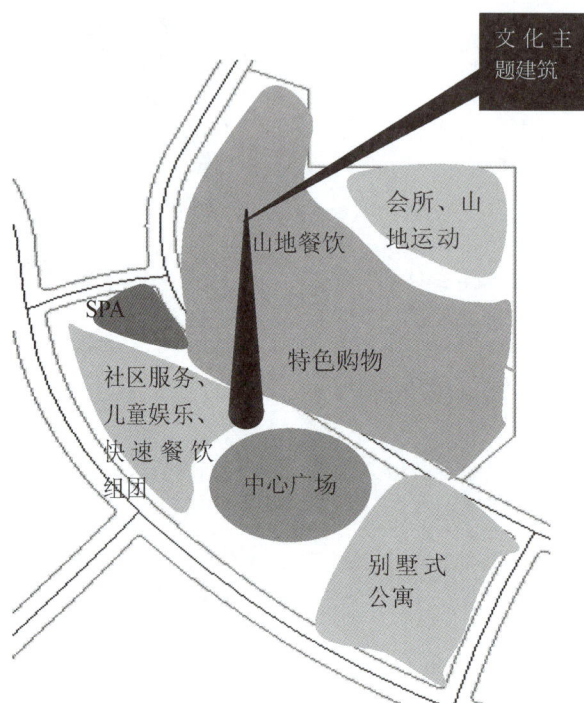

图18-13 平面布局图

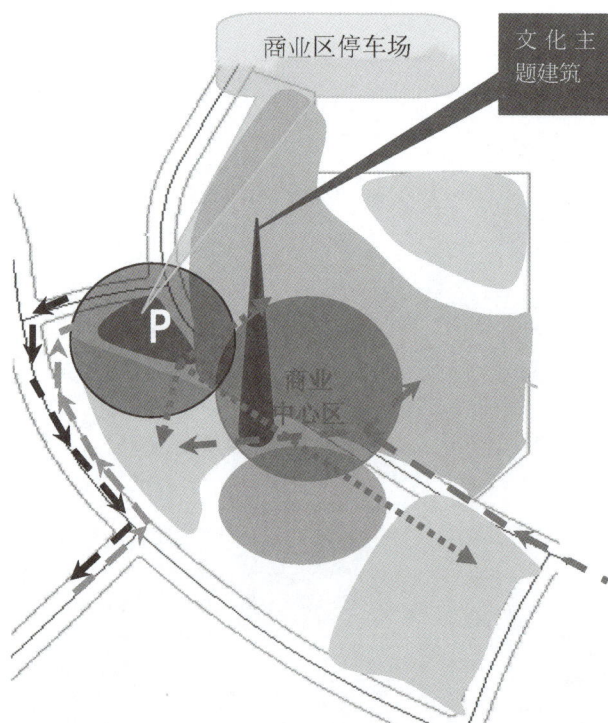

图18-14 交通组织图

2.面积分配建议

方案一

各业态占地面积：

根据各业态对楼层的要求，本项目各业态占地面积的分配为：

● ── 表18-20 各业态占地面积分配

项目	建筑面积（平方米）	占地面积（平方米）
酒店式公寓	10 000	4000
会所（含运动及2000平方米龙头餐饮）	5000	2000
餐饮（A）	600	400
超市+生活百货+社区服务配套	5490	1830
高档购物商业	4760	2380
餐饮（B）	7150	3250
休闲娱乐业	7000	2000
幼儿园	3900	3900
儿童娱乐（影院）	3000	1200
艺术馆	2000	500
公交车站	100	100
合计	49 000	21 560

（注：运动场所和儿童娱乐的面积为建筑物面积，不包括室外运动场地面积）

两地块的商业形态分布：

根据两个地块的建筑容积率与覆盖率要求，建议本项目两地块的商业面积的形态分布为：

A122-0297地块（用地面积36 085.82平方米）

● ── 表18-21 A122-0297地块商业形态分布

项目	建筑面积（平方米）	平均层数	占地面积（平方米）
酒店式公寓	10 000	2.5	4000
会所（含运动及2000平方米龙头餐饮）	5000	2.5	2000
餐饮（A）	600	1.5	400

续 表

项目	建筑面积（平方米）	平均层数	占地面积（平方米）
合计	15 600		6400
容积率		0.43	
覆盖率		17.7%	

A012-071地块：

▶━ 表18-22 A012-071地块商业形态分布

项目	建筑面积（平方米）	平均层数	占地面积（平方米）
超市+生活百货+社区服务配套	5490	3	1830
高档购物商业	4760	2	2380
餐饮（B）	7150	2	3250
休闲娱乐业	7000	3.5	2000
幼儿园	3900	1	3900
儿童娱乐（影院）	3000	2.5	1200
艺术馆	2000	4	500
公交车站	100	1	100
合计	33 400		15 160
容积率		1.03	
覆盖率		0.40	

方案二

各业态占地面积：

根据各业态对楼层的要求，本项目各业态占地面积的分配为：

▶━ 表18-23 各业态占地面积分配

项目	建筑面积（平方米）	平均层数	占地面积（平方米）
会所（含运动及2000平方米龙头餐饮）	5000	2.5	2000
餐饮	7750	2.5	3100
购物	2850	2	1425

续表

项目	建筑面积（平方米）	平均层数	占地面积（平方米）
超市+生活百货+社区服务配套	5490	3	1830
高档购物商业	1910	2	955
公寓	10 000	4	2500
休闲娱乐业	7000	3.5	2000
幼儿园	3900	1	3900
儿童娱乐（影院）	3000	2.5	1200
艺术馆	2000	4	500
公交车站	100	1	100
合计	49 000		19 510

A122-0297地块（用地面积36 085.82平方米）：

▶── 表18-24 A122-0297地块商业形态分布

项目	建筑面积（平方米）	平均层数	占地面积（平方米）
会所（含运动及2000平方米龙头餐饮）	5000	2.5	2000
餐饮	7750	2.5	3100
购物	2850	2	1425
合计	15 600		6525
容积率		0.43	
覆盖率		18%	

A012-071地块（用地面积32 538.47平方米）：

▶── 表18-25 A012-071地块商业形态分布

项目	建筑面积（平方米）	平均层数	占地面积（平方米）
超市+生活百货+社区服务配套	5490	3	1830
高档购物商业	1910	2	955
公寓	10 000	4	2500
休闲娱乐业	7000	3.5	2000

续表

项目	建筑面积（平方米）	平均层数	占地面积（平方米）
幼儿园	3900	1	3900
儿童娱乐（影院）	3000	2.5	1200
艺术馆	2000	4	500
公交车站	100	1	100
合计	33 400		12 985
容积率		1.03	
合计覆盖率		0.40	

十、商业项目的经营理念

1. 街区营业时间

一般情况下10：00—24：00；

某些业态6：30—24：00；

个别商业24小时营业，如便利店、医疗诊所等。

2. 经营管理模式

我们将打破以往业主方单纯招商、收租管理的被动模式，成立专业的商业营销策划执行团队，并借鉴国外的商业管理，成立商会或市场推广基金，整体推广营销，统一管理。

3. 经营理念和思路

在营销方面，我们有以下思路可供参考，也请设计部在规划时能够提供这些活动的场地和设施功能，以方便将来的营销推广和经营。

（1）单一建筑成为地标性建筑，定义区位，并且引领整个商业主题

我们希望能够请到国际知名建筑大师或者艺术大家，亲自设计一座艺术馆。这座建筑物在高速公路上就可以望得见，它能够成为整个商业街区的文化主题的承载者，并肩负着定义区位的使命，增加目的性吸引。此外，我们还可以适当考虑做一个瞭望台，一座可以让游客上去俯视整个片区风景的建筑。这样的设置可以增添情趣和参与感。

（2）家庭娱乐中心

目前深圳还没有一个真正意义上的家庭娱乐中心，没有一个商业区适合男女老少共同出游。我们希望能够把我们的商业街区营造成一个家庭周末度假、休闲的同乐场所。为了营造一个家庭同乐的场所，我们在业态上增添了以下设施：

影院：选择引入一个特色影院。它能够吸引大批理想的观众群，因为这些观众也会对商业街区其他一些活动感兴趣，如购物和餐饮。此外，影院的存在还能够创造早、中、晚的人流，以充实整个时段的商业人流。它就像一个额外的核心租户和弹性租户。

儿童街或者儿童专业场所：如果能够吸引儿童和留住儿童，我们的商业街区就可以说成功了一半。我们在街区里面设置了一个专门针对儿童的特色游乐园，提供电脑游戏、自制动画、技巧游戏、道具服装、三层的爬梯以及其他活动项目。专业的儿童街区可以设置一些与儿童用品相关的业态。在营销方面，我们可以利用儿童街区做一些儿童交换集市，儿童兴趣、艺术修养的培训，相信这是另一个利润诱人的市场。这种留住孩子的方式同样也可以留住家长，带动其他餐饮、成人娱乐以及酒店消费。

主题公园化的文化商业：整个商业街区弱化商业氛围，以强化艺术、悠闲与轻松的气质。一个重要的市场营销策略就是提供一流的免费娱乐活动。我们可以利用股东在旅游主题方面的资源，在整个街区设置中心舞台，定期举办不同形式的表演。

19
业态规划

长沙县星沙 108 项目
业态规划策划方案

第一部分

长沙县经济与社会发展环境分析

一、长沙县概况

1. 优越的地理区位

长沙县位于长沙市中东部，与长沙市一脉相连，从东、南、北三面环绕长沙市区，处于长株潭两型社会综合配套改革试验区的核心地带，下辖20个乡镇、228个行政村，面积约1997平方公里，总人口约78万。

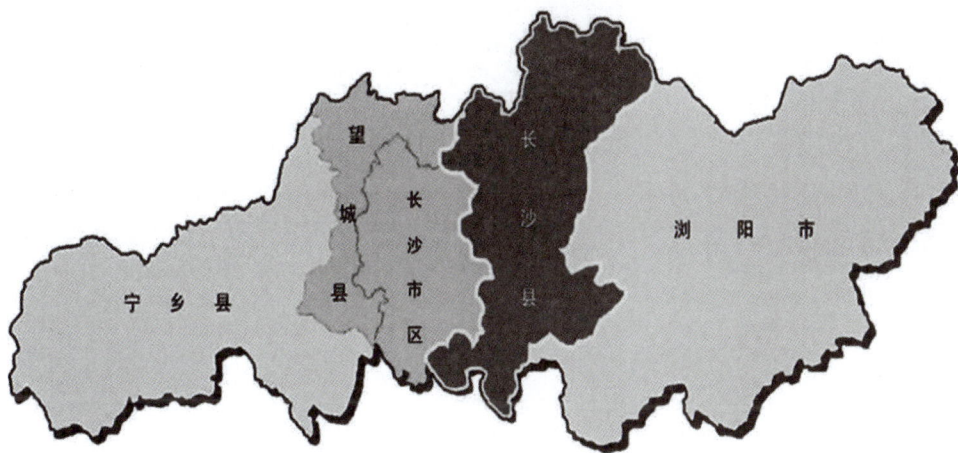

▶—— 图19-1 长沙县区位

2. 发达的交通

长沙县已构筑水、陆、空交互的立体化交通网络。星沙县城距长沙火车站、黄花国际机场、霞凝新港均约8公里。京广铁路、武广高速铁路贯穿县境，107国道、319国道穿行其中，京珠高速、长永高速、机场高速、绕城高速纵横交错。已规划的地铁2号线延长至星沙镇县城；全县"三纵九横"的骨干道路网架全面拉通，星沙县城已实现与长沙市区的全面对接，以星沙为中心的"十分钟经济圈""三十分钟经济圈"已经形成。

武广高速铁路的开通，使珠三角、长株潭、大武汉相串联，长沙县将凭借地缘优势获得更多的人流、物流、信息流、资金流，这些使长沙县迎来新的发展机遇。

而地铁2号延长线的规划，将进一步拉近长沙县与长沙市的空间距离，推动长沙县的融城进程。

3.城市化建设

1992年长沙经济技术开发区创建，同年长沙县选址星沙镇，开始在尚未开垦的处女地上创建新县城。1996年元月，县治从长沙市内迁至星沙镇。十多年来，在区、县的合力推动下，城乡经济特别是工业经济得以快速发展，城市功能不断完善，城市化率不断提高，城镇化水平也从1992年的13.6%提高到2009年的48.2%。县城规划面积达68平方公里，建成区面积38平方公里，星沙新城概念规划拓展到300平方公里。

2009年12月26日，长沙县撤销镇建制，取而代之的是街道办事处，这标志着长沙县正在向长沙市"第六区"的目标迈进。

在城市化建设进程中，长沙县先后荣获"全国文明县城""全国卫生城镇""全国生态示范县""全国'两基'教育先进县""中国最佳人居环境范例奖""国家级生态示范区""省级园林城市"等荣誉称号。在2009年度全国县域经济基本竞争力和全国中小城市科学发展百强评比中，长沙县分别位居第34位和第48位。此外，长沙县跻身"中国十佳两型中小城市"行列，获得首批县级"中国最具幸福感城市"殊荣，被评为"2009中国改革年度十佳县"。

小结：优越的地理区位、发达的交通、日新月异的城市化建设等众多优势条件的叠加，将促进产业交流与发展，进一步加速长沙县的城市化发展进程，使城市化建设充满想象空间。

二、长沙县经济发展状况分析

1.经济总量持续快速增长

2009年全年实现地区生产总值514.9亿元，增长17.1%，自2004年来连续六年保持17%以上的高位运行，其中第一产业增加值39.8亿元，增长7%，第二产业增加值352.9亿元，增长17.4%，第三产业增加值122.2亿元，增长16.5%。按常住人口计算，全县人均GDP达到64 019元（按年均汇率折算为9415美元），人均比上年增加9798元，增长15.1%。

单位：亿元

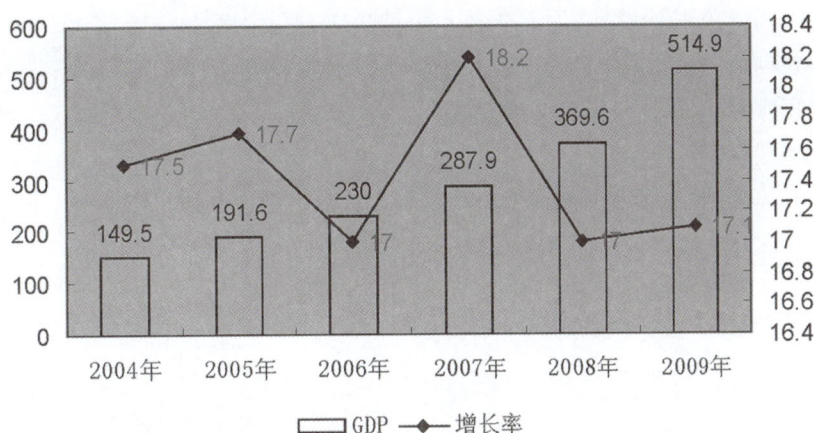

▶━━ 图19-2 长沙县2004—2009年GDP

2. 工业经济占主导地位，第三产业发展不稳定

2009年，三大产业结构由上年的10.2：67.9：21.9调整为7.7：68.5：23.8。第一产业下降2.5个百分点，第二、三产业分别提高0.6、1.9个百分点，三大产业对GDP的贡献率分别为2.5%、73.8%、23.7%，分别拉动GDP增长0.4、12、6.4个百分点。

综合长沙县2005—2009年的产业结构发现，长沙县产业结构不平衡特征明显，第一产业连年下降，而第二产业连年增长，第三产业增长处于不稳定状态，缺乏可持续的增长动力。

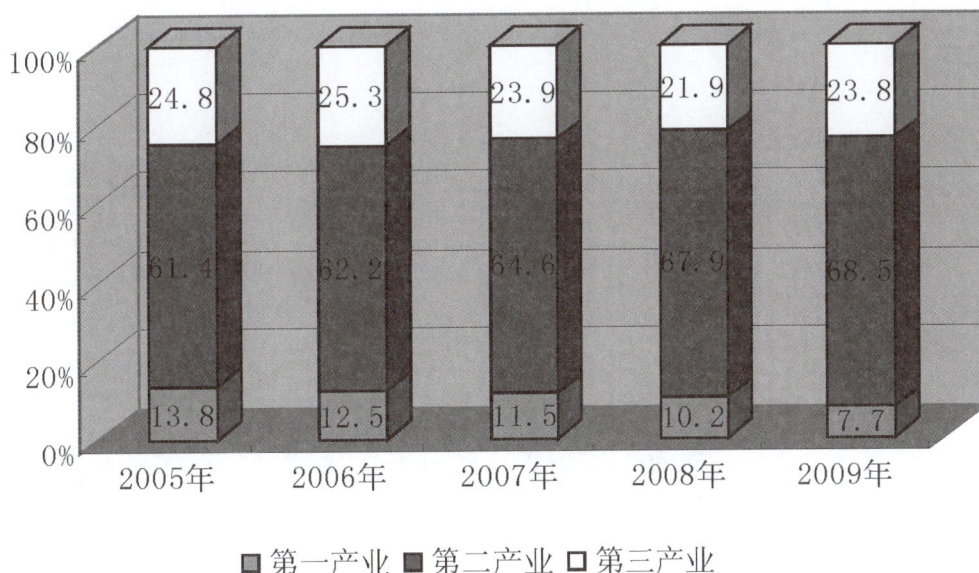

▶━━ 图19-3 长沙县近五年的产业结构示意图

3. 固定资产投资大幅增长，房地产业发展迅猛

据统计显示，2009年长沙县全年共完成全社会固定资产投资总额234.3亿元，增长35.2%，增幅同比提高3.6个百分点。全年完成房地产投资66.1亿元，增长32.7%，其中，住宅投资完成55.3亿元，增长28.9%；办公楼完成0.2亿元，下降85%；商业营业用房和其他附属设施投资分别完成4.5亿元和6亿元，同比分别增长50%和27.6%。

从近几年的数据的比较来看，长沙县社会固定资产投资力度连年加强，且房地产开发投资比较大，房地产开发增长迅速。

▶—— 表19-1　固定资产投资增长分析

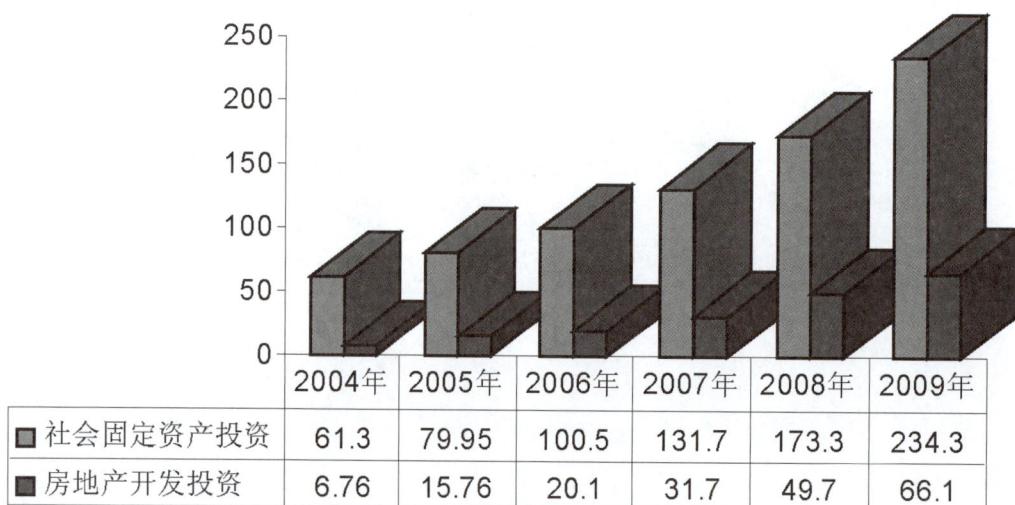

	社会固定资产投资		房地产开发投资		房地产开发投资占固定资产投资的比例
	数量（亿元）	同期增幅	数量（亿元）	同期增幅	
2004年	61.3	35.40%	6.76	22.10%	11%
2005年	79.95	30.40%	15.76	54.60%	19.70%
2006年	100.5	25.80%	20.1	27.30%	20%
2007年	131.7	30.90%	31.7	58%	24%
2008年	173.3	31.60%	49.7	56.90%	28.70%
2009年	234.3	35.20%	66.1	32.70%	28.25%

单位：亿元

	2004年	2005年	2006年	2007年	2008年	2009年
社会固定资产投资	61.3	79.95	100.5	131.7	173.3	234.3
房地产开发投资	6.76	15.76	20.1	31.7	49.7	66.1

■ 社会固定资产投资　■ 房地产开发投资

▶—— 图19-4　社会固定资产投资及房地产开发投资概况

4.城市居民可支配收入呈阶梯式递增，消费力较强

　　长沙县城镇居民可支配收入连续增长，至2009年城镇居民人均可支配收入为18 575元，增长10%。其中，工资性收入为12 268元，增长14.6%。城镇居民人均消费支出为14 607元，增长19.6%。其中食品支出为4164元，增长14.4%。城镇居民恩格尔系数为28.5%。

　　长沙县消费性支出占可支配收入比重大，且消费性支出增长率远大于收入增长率，消费型城市特征突出。

单位：元

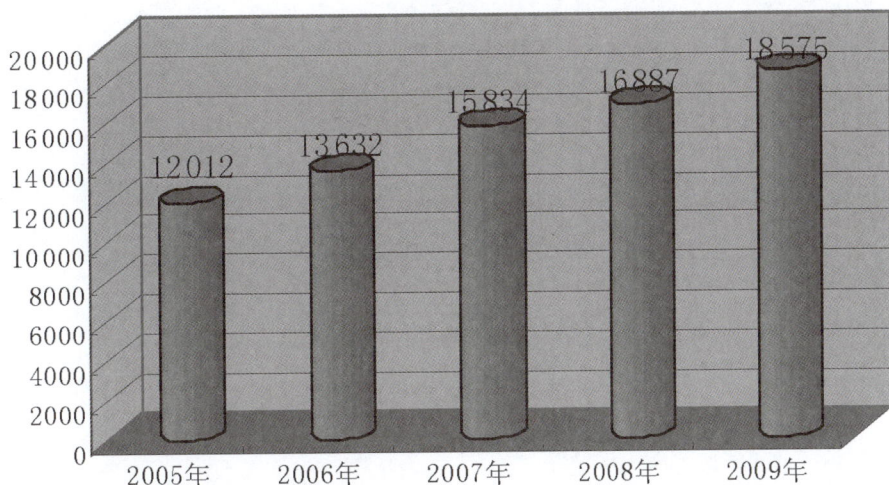

▶—— 图19-5 2005—2009年城镇居民可支配收入

　　小结：工业经济的发展、城市建设力度的加强，将进一步促进商业的壮大与发展。居民收入水平的快速增长，为商业的繁荣提供了消费支撑。

三、长沙县城市规划发展状况

1.长株潭一体化，加快星沙与长沙市主城区的融合

　　长、株、潭三市通过一体化途径，以长沙、株洲和湘潭三个大城市为核心，与包括星沙在内的三市周边县市和一批中心集镇共同组成现代化、生态化网状城市群，成为湖南省发展水平最高、经济最活跃、投资效益最好的地区。

　　2007年3月的政府工作报告指出，未来将突出推进区域性中心城市建设，增强城市集聚、辐射、带动能力，以城乡一体化规划和交通融合为纽带，认真做好城乡结合部和长株潭结合部控制性详规的编制工作，加速长沙县、望城县与主城区的融合，加快浏阳市、宁乡县与大城区的对接。

2. 长沙县已成为长沙市"一主两次四组团"城市规划蓝图中的副中心之一

《长沙市城市总体规划（2003—2020）》已明确提出了"一主两次四组团"的城市空间结构。

"一主"指中心城区，"两次"指河西新城和星马新城，"四组团"分别为暮云、捞霞、高星、含浦四个组团。形成以长沙为中心，行车一小时左右的范围包括8个地级市、39个县级城市，总人口近4000万的一个极具潜力的市场。

商业发展规划提出了"1个市级商业中心（五一广场）、2个市级商业副中心（星沙和滨湾镇）、10个区域性商业中心、30个社区级商业中心"的规划发展构想。

3. 长沙县"一心三园区"的城市空间结构

据2007年编制的《长沙县城乡一体化规划（2005—2020）》，形成"一心三园区、双龙捧珠"的城市空间结构。

"一心"指长沙县全县的政治、经济文化中心，占地约14平方公里，集行政办公、商业金融、文化娱乐、科研教育于一体。

"三园区"即长沙经济技术开发区、松雅河生态休闲园和政务中心区。

"双龙捧珠"即将县城南北两条自然水系浏阳河和捞刀河有机结合起来，利用地形中的自然冲沟，形成曲折的自然景观林带，将自然生态因素导入城市中心。

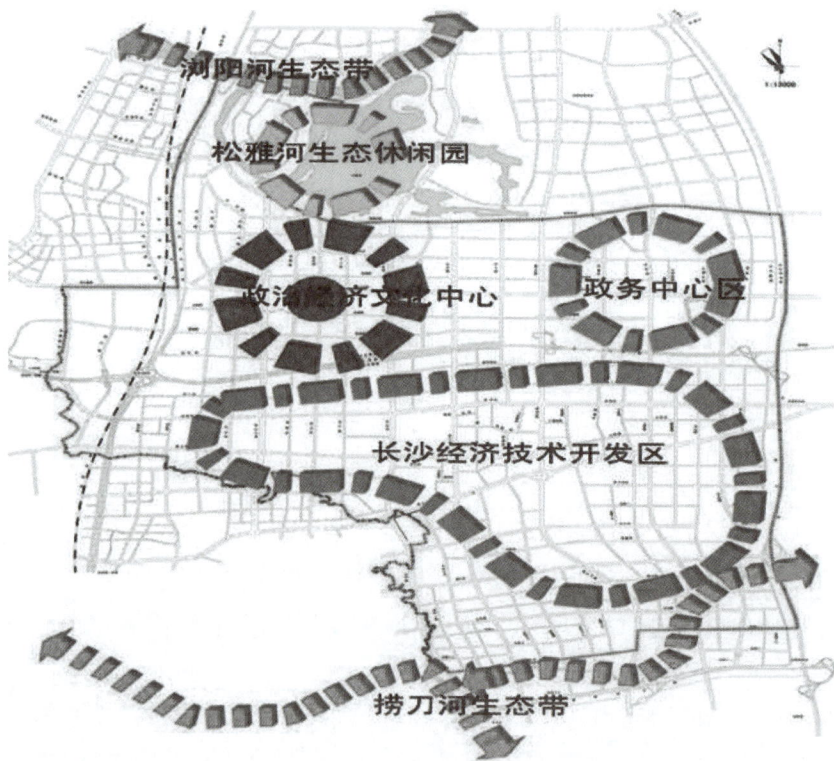

▶── 图19-6 县城空间结构规划

4. 长沙星沙新城功能布局

2009年新修订的《长沙星沙新城概念规划》进一步明晰了城市空间功能，提出了九大功能发展区的规划，这九大功能发展区包括：以县城区域为主的生态宜居新城区、毛塘铺综合发展区、现状优化提升区、工程机械工业园区、综合创新发展区、空港发展区、汽车工业园区、CBD发展区、临空先进制造业园区。

新的发展规划进一步强调了县城区域的生态性、宜居性，为区域城市的发展指出了明确的方向。

5. 人口远景规划

到2020年，规划中心城市（县城）1个、中心镇3个（星沙除外）、一般建制镇16个（含核心区6组团）、一般集镇20个、中心村43个、基层村96个。城镇人口125万人，农村地区总人口约30万人，城镇化水平达到78%。

长沙县县城人口规模至2020年为50万人，建设用地60平方公里，其中长沙经济技术开发区人口为20万人，用地30平方公里。

2009年深圳新摩尔商业管理公司系统策划了长沙经开区和长沙县共同的CBD，积极发展现代服务业，圆满通过了长沙经开区的高层次论证，得到了主要领导的认可和赞同。新摩尔公司与长沙经开区领导就CBD从总体策划到规划设计的具体思路进行了深入沟通，配合长沙经开区规划局拟定了规划设计思路。2010年长沙市规划设计院中标本项目，2011年9月正式通过了控制性规划设计方案。

占地108亩的新长海广场是星沙CBD建设的第一个综合体项目和第一个购物中心，对于推动星沙CBD的启动具有重大意义。

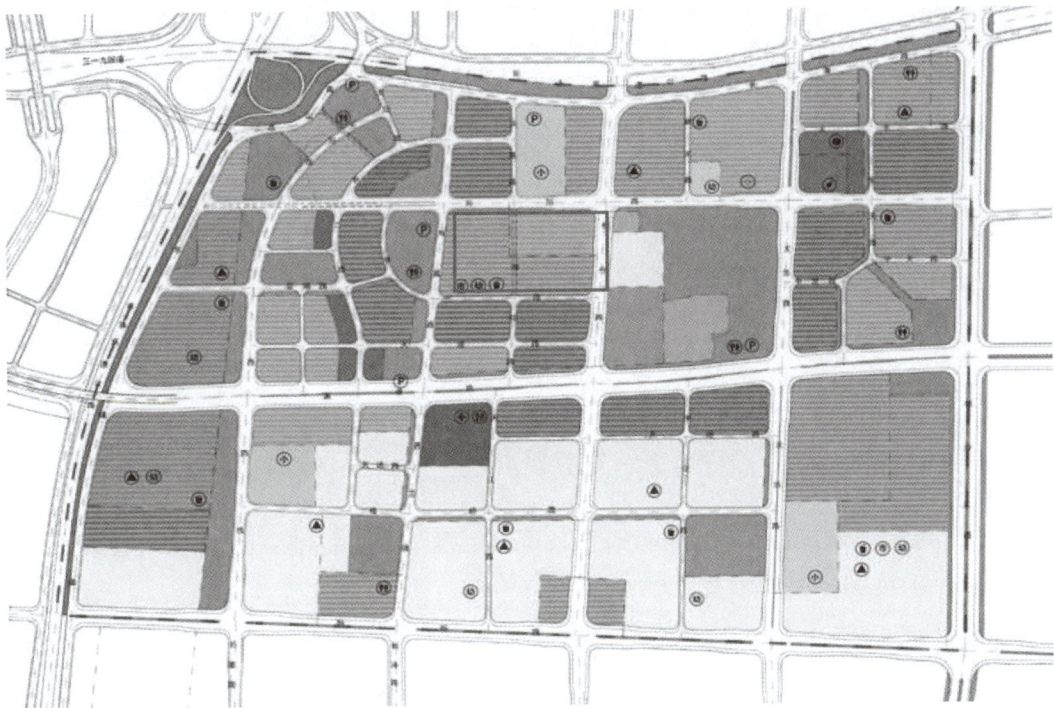

▶━━ 图19-7 星沙CBD土地利用规划（蓝线框架内是新长海广场项目）

▶── 图19-8 星沙CBD控制性规划总平面图

▶── 图19-9 星沙CBD控制性规划效果

　　小结：长株潭一体化、星沙商业副中心规划发展定位、长沙机场和高铁南站均在长沙东城区，因此，充分利用现有交通基础设施，建设长沙东城CBD是符合城市发展规律的，会给长沙县和长沙经开区社会经济的发展带来历史性机遇，机械人口的快速增长使消费需求不断加强。

第二部分

长沙县商业市场分析

一、长沙县商业发展现状

1. 商业发展总体状况

经过最近几年的培育，长沙县商贸流通业得到一定发展，通程商业广场、中南汽配市场成为两大重点商贸流通区域。作为长沙市商业副中心的星沙商圈目前主要以通程商业广场为中心，向东、向南扩散，商圈内商业除易初莲花、新一佳、步步高、苏宁电器、国美电器等规模性超市、百货、电器卖场外，仍以传统的沿街商业为主，其整体发展水平较低、业态结构较为单一、商品档次不高、商业集中度不高、规模效应缺少、商圈辐射范围小，因此可以说星沙商圈尚处于发展启动阶段，商圈成熟度不够，长沙商业副中心的商业地位尚未形成。

国内外知名企业的聚集、旅游业的发展，已大大促进了当地酒店、餐饮业的发展，目前当地已拥有明城国际大酒店、开源新城大酒店、碧桂园威尼斯等五星级酒店及天成酒店、明城大酒店、开元大酒店、紫鑫大酒店等三星或四星级酒店，另外还拥有华天之星、星期天连锁酒店及一百多家中小型酒店、宾馆。在餐饮业方面，除具有本土特色的土菜馆、湘菜馆外，肯德基、麦当劳、德克士等西式快餐已进入，老树咖啡、上岛咖啡、蒙娜丽莎、锦宏阁等休闲咖啡、茶餐厅已得到快速发展。

休闲娱乐业发达，据粗略统计，各种洗浴、休闲按摩、KTV、茶座、纤体、美容等场所大约200家，星沙1-5区是休闲娱乐业的集中区域。

酒店、餐饮、健康休闲业发展兴旺，星级酒店的开房率大多达到75%以上，部分有特色、高档次的餐饮生意火爆。但从总体来看，档次不够，大多以中低档为主，且没有形成品牌知名度，其消费环境、基础设施等均有待进一步提高，特别缺乏健身、SPA美容养生、文化体育等有益于身心健康的休闲消费场所。

2. 消费品零售额

官方统计数据显示，长沙县2009年全年实现社会消费品零售总额105.7亿元，同比增长33.8%。零售额按行业分，批发行业2.7亿元，增长12.2%；零售行业93.1亿元，增长37.2%；住宿和餐饮行业9.3亿元，增长11.6%；其他行业0.6亿元，增长48.9%。按地区分，城镇完成零售额71.4亿元，增长43%；农村完成零售额34.3亿元，增长18.1%。

作为中部第一县，长沙县商贸流通业相对繁荣，但作为长沙市的"两翼"之一，无论在社会消费品零售总额还是人均社会消费品零售数额方面，长沙县与长沙市相比较仍存在很大差距。长沙市2009年社会消费品零售总额为1524.9亿元，按常住人口计算，人均社会消费品零售额为22 958元，而长沙县人均社会消费品零售额只有13 551元，为长沙市人均数的59％；而实际上长沙县的人均GDP（64 019元）为长沙市人均GDP（56 620元）的1.13倍，长沙县城镇居民人均消费性支出（14 607元）为长沙市的城镇居民人均消费性支出（15 020元）的97.3％，消费支出并没有太大差距，这充分反映出长沙县商业发展与长沙市的差距，同时也说明长沙县城镇居民消费外流现象明显。

3. 商业地产投资

2009年度，长沙县82个楼盘全年完成房地产投资66.1亿元，增长32.7％，其中，住宅投资完成55.3亿元，增长28.9％；办公楼完成0.2亿元，下降85％；商业营业用房和其他附属设施分别完成投资4.5亿元和6亿元，同比分别增长50％和27.6％。

4. 主要商业业态及其分布

长沙县主要商业活动集中于板仓中路、开元中路，基本上呈"丁"字形分布，整个商业布局大致可分为四大板块：开元中路板块、板仓中路板块、星沙1–5区、中南汽车市场板块。

板仓中路汇聚超市、电器、建材、酒店、数码通讯、便利店、小百货、服装专卖等业态，是星沙早期形成的商业街；

开元中路主要以规模商业为主，主要业态有超市大卖场、百货、酒店、休闲中西餐饮等，为星沙中后期新兴的商业区域；

星沙1–5区为星沙镇主要居住区，也是星沙自发形成的以餐饮、休闲娱乐、宾馆住宿、社区超市等为主的商业集中区，商业经营面积（含酒店、宾馆）规模估计达到50万平方米以上，其中2–3区聚集了星沙约70％的宾馆、休闲娱乐业态；

中南汽车市场板块为专业市场区，主要以汽车交易、汽车零配件、建材、刺绣、工艺品为主。

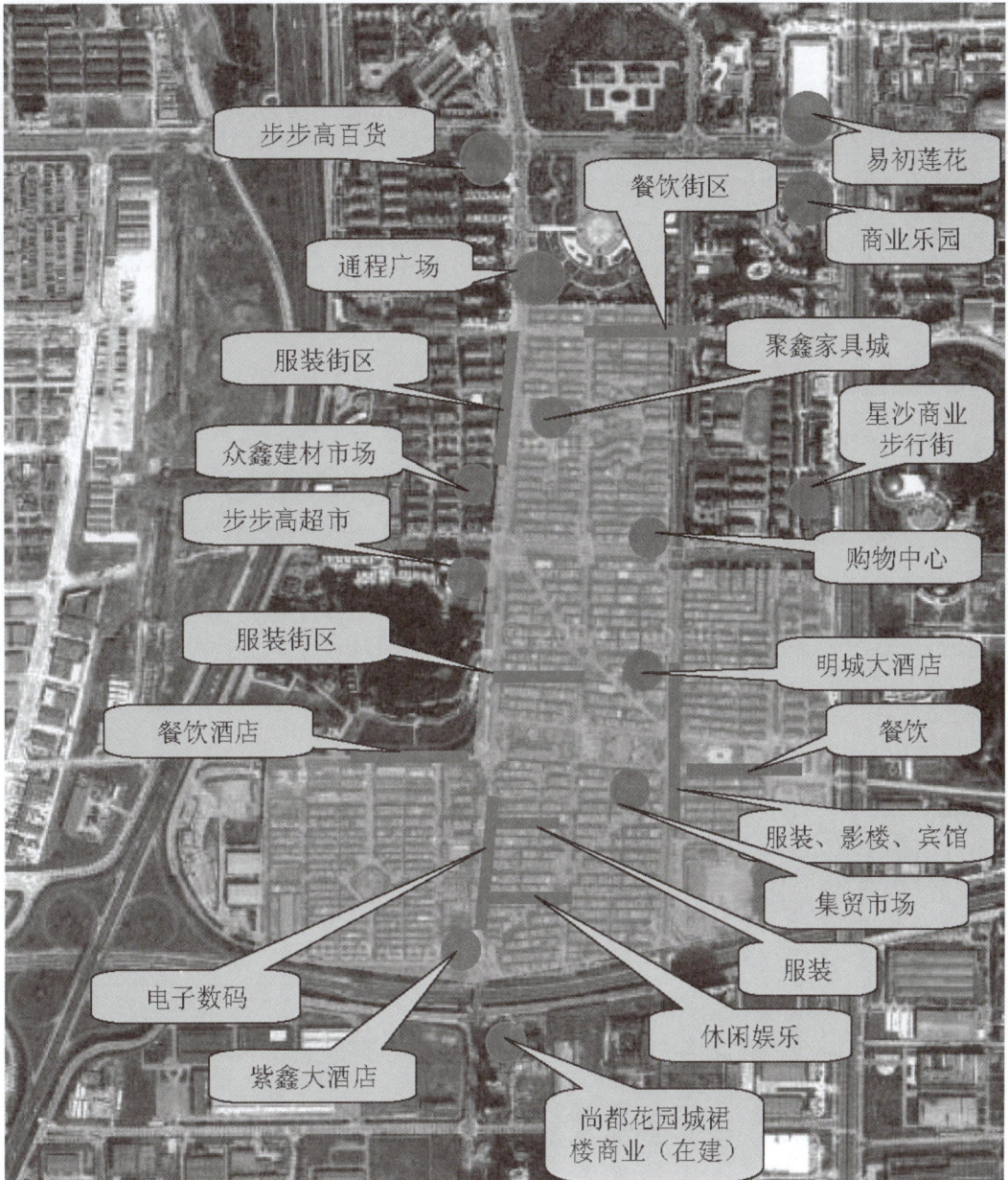

▶── 图19-10 星沙商业分布现状

·板仓中路主要业态与业种

从数量上看，板仓中路商业业态以服装、数码通讯、酒店、便利店为主，分别占17%、13%、10%、10%，其他业态数量比例均在10%以下。具体统计图表显示如下页。

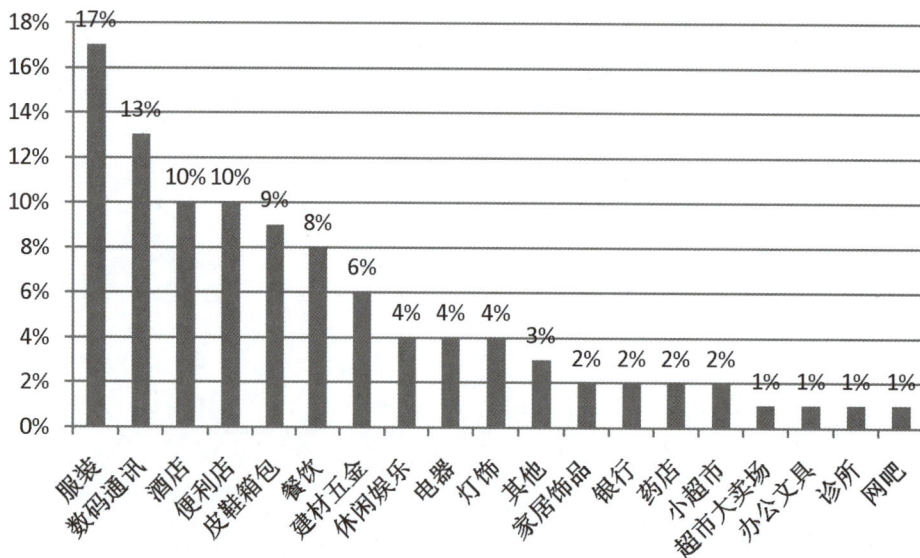

▶━ 图19-11 板仓路业态结构

· 星沙1–5区主要业态与业种

1–5区以休闲娱乐、宾馆住宿、餐饮、服装店为主，其数量比分别为13.3%、12.3%、11.4%、11%，是星沙休闲、餐饮、宾馆住宿的聚集地。具体统计图表显示如下：

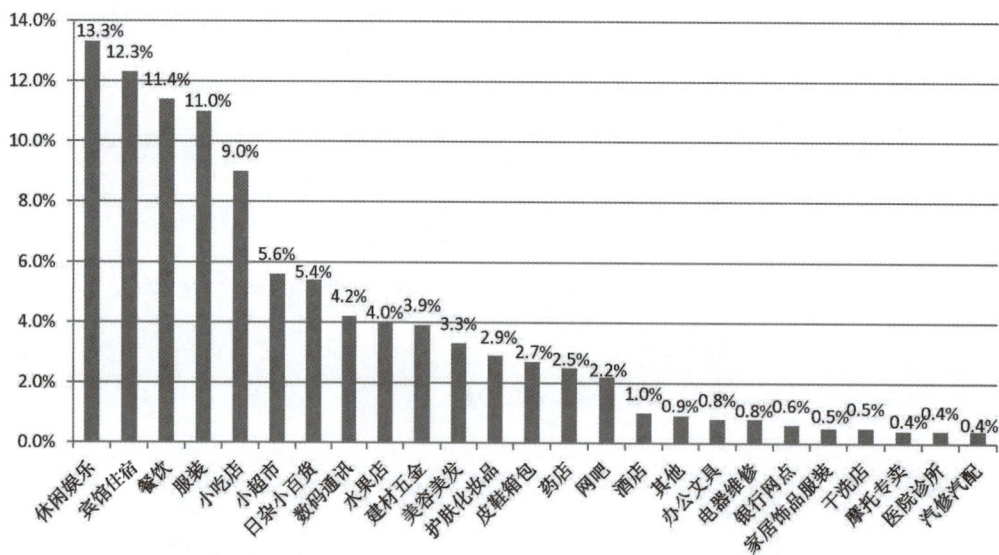

▶━ 图19-12 1-5区业态结构

5. 重点商业项目（不含专业市场）

目前星沙有一定规模（2000平方米以上）的商业营业面积已突破10万平方米（不含专业市场），其中超市约25 000平方米，占25%。见表19-2。

▶—— 表19-2 项目周边重点商业项目概况

项目名称	区位	规模（平方米）	业态
通程商业广场	板仓路	25 000	超市、电器、餐饮、服饰专卖店等
步步高百货	开元中路	13 000	百货、超市
步步高超市	三一路	3600	超市卖场
新一佳超市	通程广场内	5000	超市卖场
易初莲花	开元中路	24 000	2F超市（9800平方米）、服饰卖场、餐饮
通程电器	通程广场内	3000	电器
苏宁电器	板仓中路	2500	电器
国美电器	板仓中路	2000	电器
商业乐园	星沙大道	18 000	餐饮、服饰、家居家私
商业步行街	星沙大道	13 000	服饰、餐饮、社区配套
星沙购物中心	天华中路	2000	超市卖场

从现有重点商业项目的业态构成来看，主要以超市、电器为主，中高档百货、综合性一站式购物中心存在很大的市场机会。

6. 商业市场发展特征

以板仓路、开元路、星沙大道为框架形成星沙主要商业区。

业态由超市、电器、家居、手机数码、服饰、汽车配件、建材、酒店宾馆、休闲娱乐、餐饮等组成。

以传统沿街商业为主，缺乏新兴商业形态如现代百货、购物中心，与星沙商业副中心发展定位存在很大差距。

购物消费环境、商品品质与档次有待提升，目前进驻商品主要以价格相对低廉的中低端国内品牌为主，这也导致本土中高端消费群体的外溢。

餐饮、休闲娱乐业比较发达，但没形成规模及品牌，以中低档消费为主，且竞争激烈；与中低档餐饮消费形成对比的是特色餐饮、中高档餐饮、环境优雅的休闲咖啡厅生意兴隆，这说明当地消费群体追求休闲、舒适及面子消费的特征明显。

二、商业发展规划

根据《长沙县商业网点规划（2009—2020）》，长沙县商业将在规划期内建设通程、黄兴和黄花国际空港三个县级商业中心，滨湖、黄花、暮云、黄土岭等5个区域商业中心，松雅、金鹰、灰埠等42个社区商业中心，星沙步行街和长永商业街等5条特色商业街，中南汽车市场、星沙旅游产品市场、星沙服饰市场等9个专业市场，黄花国际空港物流园等3个物流园区。

通程商业中心：该商业中心围绕通程广场，在东二线、板仓路、凉塘路和望仙路所围合的区域规划建设，占地面积约300公顷。定位为辐射长沙市、功能齐全、国际化特色鲜明、引领消费时尚、展示长沙形象的市级商业副中心，分近期和远期两个阶段建设。近期主要以通程电器、苏宁电器、国美电器、易初莲花、新一佳、步步高等主要商业网点为基础，重点改造商业乐园，使之成为以欧、美、日、韩商品及国际餐饮服务为主要特色的国际风情街，建设华润凤凰城大型购物中心，将星沙步行街打造成国内外知名品牌汇集的服饰精品街。

黄兴商业中心：依托在建的武广高速铁路黎托客运站，在黄兴大桥以东、光达大道南北约2公里的区域范围内规划建设。该商业中心作为核心商业中心，主要定位为服务长株潭城市群的中央商务区。

黄花国际空港商业中心：以黄花国际机场为依托，在黄花国际机场航站楼西北区域半径约2公里范围内规划建设。该商业中心定位为服务黄花国际航空城居民及国际空港商务旅客、具有国际特色的县域核心商业中心。

三、商业发展预期

1.整体发展预测——市场前景看好

根据城市发展规划，星沙已逐步向长沙市商业副中心目标迈进；人口的增长、商业地产投资力度的加大、居民生活水平的提高均将促进区域商业市场的快速发展。

2.政策预测——商业地产将成为新的开发热点

新一轮地产"新政"，将使投资者的目光转向商业地产，商业地产将迎来新的黄金发展期。

3.消费需求预测——消费群体快速增长，消费行为向档次化、个性化方向发展

随着长沙县融城步伐的推进，长沙"第六区"将成为必然；交通的完善进一步缩小了城市的空间距离；房地产价格"洼地"及优越的人居环境已吸引大量长沙市年轻白领投资置业；星沙东城CBD规划促

进高端商务业的发展，将使高端商务人群聚集。年轻白领的聚增将引领长沙县消费向档次化、个性化方向发展。

4.商业发展格局预测——主城区呈多中心发展格局

随着松雅湖、星沙新城CBD、长永高速等发展规划的实施，星沙主城区域范围内商业格局将由老城核心区向南北方向发展，形成以松雅湖、通程商业广场、新城CBD为核心的三个主要商业中心区。

四、分析结论

交通的完善、长沙市副中心规划建设的推进、人口的增加以及政策的推动，使长沙县商业有了强大的发展后劲及市场发展增长空间。

目前的商业具有一定的基础与氛围，但与长沙市区相比仍然存在较大差距，业态结构不合理、中高档消费场所缺失、商品品类有限、购物环境不佳等问题突出，商业环境及商业业态升级势在必行。

随着城市化建设进程的加快及城市区域功能规划的出台，大型综合性购物中心及特色商业街区将成为未来发展的主流，北部松雅湖区域及南部CBD区域将成为中高档商业消费中心。

第三部分

项目地块发展价值分析

一、项目地块发展价值要素

1. 地块概况

区位：项目地块位于板仓南路，属星沙东城CBD商业中心区域。

四至界限：东到板仓南路，北至向阳路，西至寿昌路，南面为全兴工业公司。

规模：用地面积为71 980平方米。

用地性质：商住用地（东北角30多亩为工业用地）。

地块现状：地面无建筑符着物、地块平整，南北存在5~6米的高差。

▶━━ 图19-13 地块示意图

2. 交通条件

地块周围分布着板仓路、漓湘路、向阳路、寿昌路等城市主次干道，同时北面为长永高速、西面为京珠高速，有127、501、701、703等公交车通往长沙市及长沙县各区域，交通易达性强。

3. 周边资源与配套

地块东侧为明城国际大酒店（五星级）以及公园绿地。因地块所处区域原为长沙经济技术开发区，周边主要为工厂及相关生产或服务企业，其他生活配套处在不断完善的过程中，目前主要配套分布于长永高速以北的老城区。

根据CBD发展规划，项目地块北侧将配置大型休闲广场、公共文化设施、书城等。

4. 区域发展规划

一是地块位于CBD中心位置，为CBD区域的商业中心区，地块具有较好的发展机会与价值；二是长永高速盖板工程规划，将使星沙南北界限消除，长永商业街区将成为CBD区域商业发展的重要内容之一；三是星沙旧城改造提上议事日程，在推动旧城区形象及商业升级的同时，也会形成对本地块项目的市场竞争。

5. 周边人口分布

目前地块1.5公里半径范围内人口主要分布于长永高速以北的老城区，大约为3万人；在近三年内新建或在建项目假设全入住的情况下，将带动人口新增约4.5万人，加上工作人口及流动人口，区域内总人口数最多为10万人，短期内在有效服务半径内的人口总量不足。

但随着CBD建设步伐的加快，区域内居家人口与工作人口均将增加，按照初步规划思路，人口总量将达到10万~15万人。

▶── 表19-3　1.5公里半径范围内近3年来新增楼盘人口估算

楼盘名称	总户数	人口预计（按3.2人/户估算）	备注
香槟小镇	700	2240	已交房
明城公寓	1171	37 472	已交房
荣鑫家园	450	1440	已交房
蝴蝶谷	3500	11 200	2012年竣工
楚天馨苑	770	2464	已交房
楚天中苑	520	1664	已竣工
楚天世纪城	2900	9280	2012年竣工
尚都花园城	1574	5036	三期在建
时代星城	2700	8640	2011年竣工
合计	14 285	79 436	

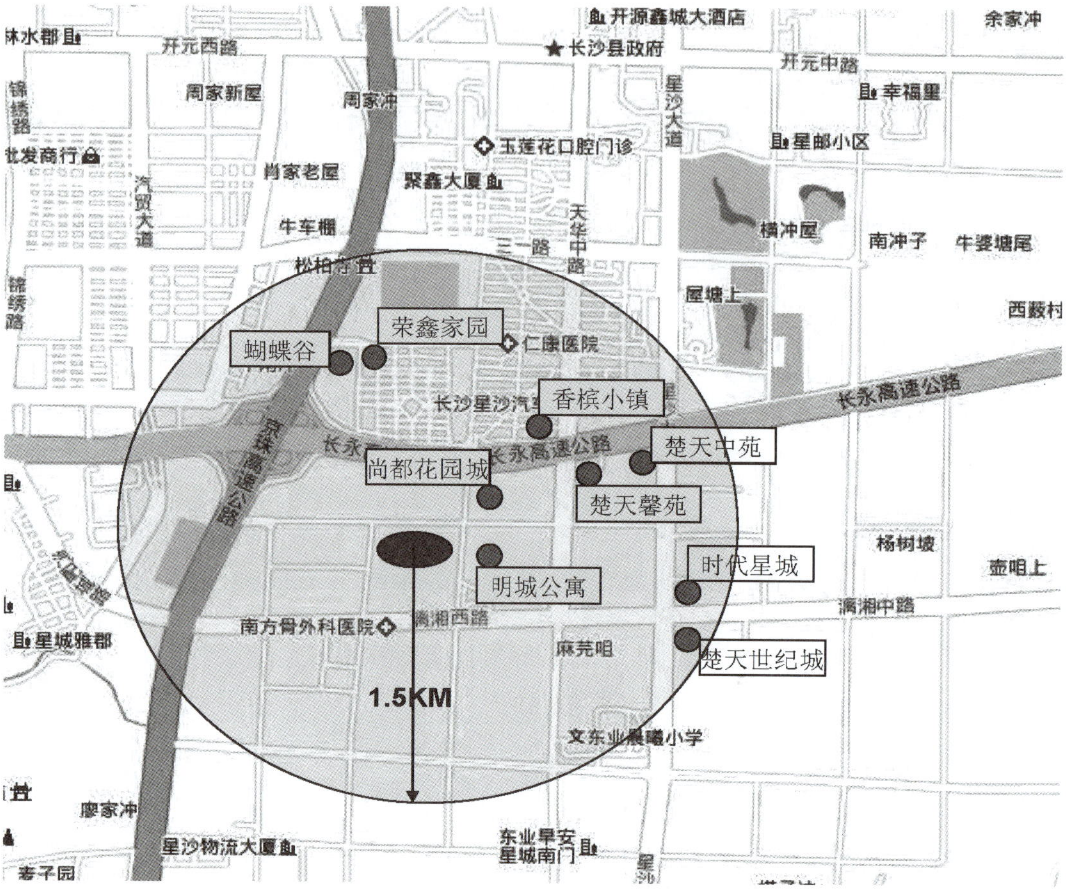

图19-14 新长海广场项目周边房地产项目分布图

二、项目地块SWOT分析

1.优势（S）

（1）未来CBD商业中心位置

项目区域为未来CBD商业中心区，坐拥CBD核心，未来高端消费群聚集，区域发展潜力巨大。

（2）交通发达，易达性强

项目周边城市主次干道、高速公路纵横交错，商圈辐射范围增大。

（3）坡地、公园及休闲广场资源

项目地块存在南北高差，在商业物业规划设计中易形成亮点；东侧公园绿地及北面文化广场、长永盖板休闲广场的规划，将形成集购物、休闲于一体的人气聚集区。

（4）项目规模

项目目前占地约108亩，后续若增加全兴地块则达200多亩，加之已建成的尚都花园城商业，形成联动效果，能产生规模效应。

（5）企业品牌与实力

开发商具有多年开发房地产的经验，实力强劲，具备打造高品质项目的能力。

核心优势——地段、交通。

2. 劣势（W）

（1）区域商业处于发展起步阶段，缺乏商业氛围与人气

项目区域为新规划的CBD，目前区域居住人口有限、商业氛围缺乏，其商业、商务氛围及人气的形成需要较长时间。

（2）部分用地为工业用地

用地性质不统一，部分为工业用地，对物业的资金转化能力有一定影响，且存在一定的政策性风险。

（3）交通压力较大

现有主干道板仓路为两车道，路面面宽小，随着小汽车的普及，未来交通压力将越来越大。

（4）轨道交通线路偏离

目前长沙市轨道交通线路偏离整个星沙东城CBD，无论对CBD还是本项目来说都是一种缺陷。

核心劣势——商业氛围、人气、交通压力。

3. 机会（O）

（1）大长沙规划的实施

在大长沙概念规划下，星沙已定位为长沙商业副中心，随着融城计划的推进，长沙县成为长沙市"第六区"指日可待。

（2）东城CBD的规划

东城CBD规划构想给本项目带来了最为直接、最具想象空间的发展机会。

（3）星沙商业升级先机

星沙现有商业形态较为传统、业态档次偏低、综合性大型购物中心缺失，这给本项目的发展带来了市场机会。

（4）房地产"新政"

2010年出台的提高住宅首付比例及二套以上房贷的控制政策，使住宅与商用物业的投资置业门槛同等化，而涨幅相对平稳且投资回报高的商用物业将吸引大量投资者，这将进一步推动商业地产的发展。

核心机会——大长沙的规划实施、东城CBD规划、市场机会。

4. 威胁（T）

本项目的威胁主要来自于各区域商业板块的客群分流及未来CBD区域内新开发项目之间的市场竞争，对于现有存在的商业项目，不应视为本项目的竞争对手，因本项目在战略上应是市场"引领者"，而不是市场的"追随者"。

以通程商业广场为中心的现有老城核心商业区域会分流南部CBD的普通客群。就目前商业分布格局来看，以通程商业广场为中心的星沙中心区商圈内拥有新一佳、步步高、易初莲花、通程电器、苏宁、国美等零售品牌，其辐射范围覆盖整个星沙及周边下属乡镇。在核心商圈的客源争夺上，通程广场商圈及未来的CBD商圈主要存在对旧城区客群的争夺。

▶── 图19-15 核心商圈辐射示意图

松雅湖的商业规划将对本项目高端客群形成分流。

旧城改造区域及CBD区域内后续同类项目开发所带来的正面竞争。

核心威胁——客户分流、同一区域内后建同类项目的直接竞争。

结论：

如何把握城市发展机遇，抓住市场先机，发挥自身优势条件，打造星沙商业标杆，以满足未来中高收入阶层的消费需求，是本项目定位及成功的关键所在。

第四部分

项目定位思路

一、项目总体定位

初步建议项目定位为星沙首个城市综合体购物中心（含面向中等收入顾客的购物中心）；长沙市东部新城首家集购物、休闲游览、演艺娱乐、餐饮美食、酒吧、休闲文化等多元功能为一体的体验式购物公园与东部新城CBD的城市客厅；长沙市东部新城商业地标。

二、功能定位

1. 整体功能定位及目标

高档次城市商务综合建筑体，项目的商业、酒店、公寓、写字楼几个主要功能之间，应形成运转良好的互动作用，整体以商业为主要功能，利用高星级酒店带动，公寓配合写字楼作为对二者功能的补充和完善，同时借助新长海广场强大的品牌效应，形成1+1大于2的合力效应，最终能够以较强的综合实力参与市场竞争，成为长沙经开区独特的高品质综合性地标项目。

2. 商业

以一站式购物中心为基本形态，融合超市、特色品牌、电器专业店、运动主题体验店、餐饮、娱乐业态，主力店通过步行街相连，抢占长沙县和经开区商业核心制高点，为区域内基本的政府高收入群体、企业白领家庭提供全方位服务，逐步扩大长沙东城CBD商圈的影响力。

3. 公寓

顺应长沙经开区CBD未来发展趋势，结合未来五星级酒店集中分布的可能性，以满足白领需求为主开发中小户型服务公寓或白金国际公寓，与其他高层住宅产品形成丰富的产品线。

4. 办公物业

顺应长沙经开区CBD商务功能的发展需求及产品线档次和人群，兼顾大中型企业与社会时尚一族、自由工作者和小型个体单位的需求，形成甲级写字楼与SOHO产品的组合，同时也为自身购物中心增加中高端消费人群。

三、物业功能配比

考虑到酒店的市场竞争性及较长的回报周期，而目前写字楼市场需求有限，主要着眼于CBD的未来发展，因此对酒店、写字楼的开发应适当控制，前期在108亩地块内暂不配置星级酒店，整个项目着重于以商业（含餐饮、休闲娱乐）作为驱动，以居住型公寓与办公物业提升人气，因此应适当加大商业和公寓（满足居住、投资市场需求，资金回收需求）的比例，降低项目市场风险，形成以下基本方案：

▶━ **表19-4 用地指标**

指标分类	指标值（平方米）	拟定容积率	建筑面积（平方米）	备注
占地面积	72 000			
实际用地	68 000			退红线
其中：				
商业用地	33 000	5.0	165 000	建议增加至50亩
住宅用地	35 000	5.5	192 500	
合计			357 500	

注：容积率指标以实批为准。

▶━ **表19-5 物业配比方案**

物业类型	面积（平方米）	项目整体配比	商业综合体配比	备注
高层住宅	192 500	53.8%		含幼儿园、物管用房、向阳路及寿昌路沿街底商
商业综合体	165 000			按增加至50亩计算
其中：商业	66 000	18.2%	40%	不含地下
公寓	59 400	16.8%	36%	
写字楼	39 600	11.2%	24%	
合计			357 500平方米	

第五部分

商业业态规划

一、商业功能结构

- ·购物功能；
- ·休闲娱乐功能；
- ·餐饮功能；
- ·文化旅游功能；
- ·商务办公功能。

二、业态组合原则

- ·经营种类的相似性；
- ·经营种类的互补性；
- ·同类商品价格的相近与差异；
- ·主流商品定位的明确性。

三、商业业态规划

1. 业态组合类型

（1）大型综合超市

功能：满足基本生活类消费。

大型综合超市对人流的带动作用极为明显，可以为购物中心带来人流。

代表商家：沃尔玛、家乐福、大润发等。

（2）主题百货

功能：增强项目吸引力和竞争力，体现项目差异化。

根据市场需求，建议引入中高档品牌百货，如王府井、平和堂等。

（3）品牌专卖街区

功能：满足中高端人群的品牌消费需求。

提升项目总体形象，形成主力店业态的补充。

（4）数码影院

功能：增强体验性消费，填补市场空白，提升项目文化消费内涵。

（5）特色餐饮

功能：增强项目的聚客能力，增强消费体验，突出档次和私密需求。

建议突出餐饮的层次，考虑以本地湘菜、中式酒楼、美食广场为主。

（6）健身中心、SPA生活馆、儿童娱乐城

功能：满足日常运动健身需求，增强体验，突出主题文化，同时以儿童消费带动家庭消费。

2. 业态组合比例

规划地下1万平方米商业，地上5.5万平方米，合计6.5万平方米。

▶── 表19-6 业态组合比例分析

业态分类	面积（平方米）	比例	备注
购物中心品牌或百货主力店	25 000	33%	
超市	8000	11%	地下
品牌专卖街区	13 000	17%	女性时尚品牌专卖10 000平方米，男性品牌专卖3000平方米
地下时尚精品街区	2000	3%	
餐饮美食	5000	20%	中餐、西餐、休闲美食、咖啡厅组合
休闲娱乐	10 000	13%	电玩2000平方米，影院4000平方米，健身及SPA4000平方米
商业配套	2000	3%	金融网点
合计	65 000	100%	

3. 业态平面布局

▶— 表19-7 2010年初步思考的业态设计方案

楼层	业态分类	业态细分
-1F	超市大卖场、时尚精品街区	
1F	主题百货	化妆品、珠宝首饰、皮鞋
	品牌旗舰店、奢侈品专卖、西餐、商业配套	
2F	主题百货	女装、女性箱包
	餐饮、品牌专卖	
3F	主题百货	女装、女性内衣
	餐饮、品牌专卖	
4F	主题百货	男装、运动休闲
	主题商场、休闲娱乐	特力屋、健身、美容SPA
5F	主题百货	儿童服饰、儿童用品
	休闲娱乐	电玩、影院
RF	空中花园	

▶— 表19-8 2012年深化的业态设计方案

楼层	业态分类	业态细分
板仓路东南角购物中心、娱乐中心		
5F	电影院1500平方米+咖啡厅+主题餐厅, 总计3000平方米	
4F	电影院1500平方米+餐饮美食广场2500平方米=4000平方米	
3F	儿童服饰+玩具+运动区+游乐区=5000平方米	健身中心+SPA
2F	南侧男装区+快餐	文艺活动中心+KTV
1F	淑女装区+化妆品+快餐+银行网点+1000平方米名品	网吧+电玩
-1F	皮鞋皮具+少女装+内衣区+金银珠宝+银行网点	
-2F	超市+外店（茶叶、药店+礼品店）	

业态优点：

第一，有利于聚集人气，形成下面超市具有人流、上面电影院汇集人流的效果，有利于形成消费目的地，有利于滚动开发。

第二，充分利用现有明城五星酒店的优势，利用长沙经开区规划设计的特点，逐步聚集高端品牌，实现综合体销售和经营的可持续发展。

第三，有利于和县政府广场下面的大型超市业态商业形成差异，填补长沙县和经开区的业态空白。

第六部分

建筑策划要点

一、建筑形态布局

商业综合体与住宅区形成相对独立的单元，商业综合体沿板仓路布局，东北角规划大型主入口前广场，进行退台式设计，以形成购物中心良好的主入口展示面并积聚人流。

参考日本难波城设计，沿板仓路分布写字楼，地块南侧分布公寓，写字楼与公寓被打造成区域性、地标性建筑，取消原规划方案中的北侧写字楼，增加商业物业顶层花园空间，以提升物业品质感，同时减少因写字楼分布过密对商业空间结构的影响。

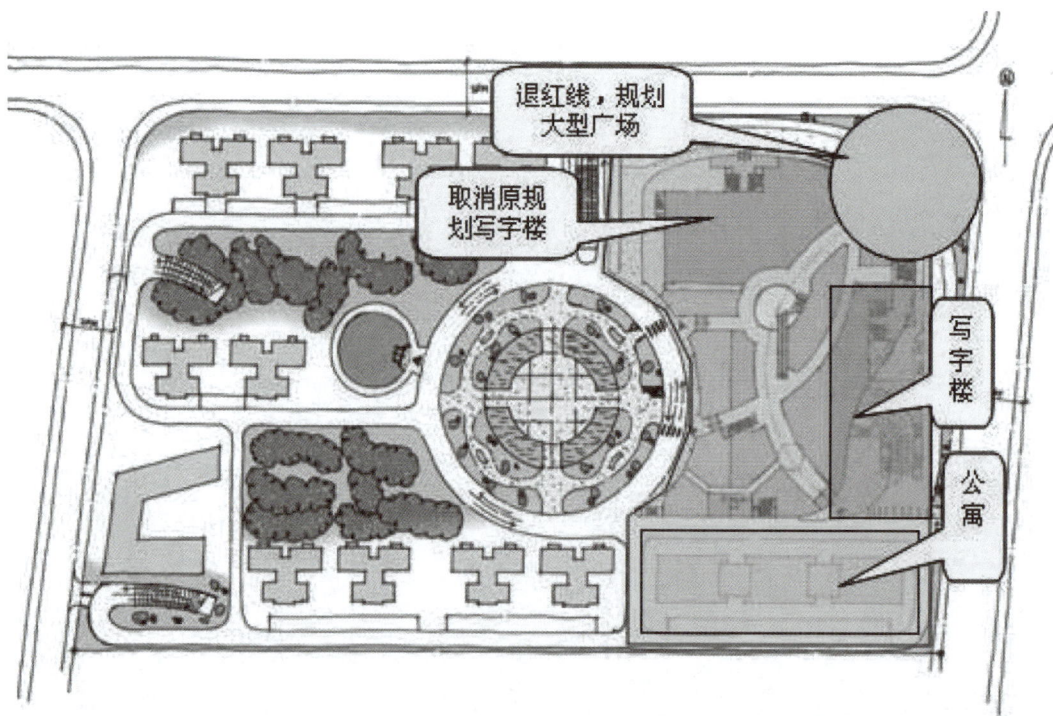

▶── 图19-16 项目建筑布局

二、建筑空间建议

采用室内大空间与室内步行街区相结合的空间布局，规划中庭与连廊式步行空间，通过中庭与步行空间达到各功能区的衔接与转换的目的，同时增强室内空间感觉与建筑美感。

1. 中庭

建筑以中庭为中心，用中庭将步行街与各层平面组织联系起来，使购物广场空间融会贯通，产生强烈的空间对比效果，这既为商家创造出一种共荣共生的环境，也使顾客获得了一个带有自然光的休闲空间，满足了顾客对休闲功能的要求。中庭的设计可以增强文化艺术内涵，从而提高了整个购物广场的艺术品位，增强了其空间的艺术魅力和文化氛围。

2. 室内步行街

步行街是一种线状的建筑空间，更利于消费者的购物、休闲、交流、娱乐，更能感受到繁荣的商业氛围，也利于项目的经营管理，因此，步行街购物中心是最受欢迎的空间形式。

3. 空中走廊

本项目与尚都花园城、人防地块统一考虑，导入双首层概念，通过二层空中走廊，把三个项目有机连为一体，形成共享客流，减少地面交通压力。

▶━━ 图19-17 空中走廊示意图

4. 空间的节奏

处理内街的各个节点和节点间的关系，创造有抑有扬、有张有弛的空间序列。

5. 穿插和流动

打破直上直下的开洞方式，丰富多层空间的融合，保证视线的舒适角度，良好的通达性和心理感受的连贯、延续，并考虑游历过程的时间因素。

6. 向上引导

打破购物者不愿上楼的行为习惯，通过空间动线的艺术处理及电梯（如室内观光电梯）的合理设置引导客流向纵深方向流动。

三、建筑风格建议

采用现代简约建筑风格，体现时尚、现代、科技、低碳特征，与未来CBD的现代气息相融合。

四、交通组织

通过退让红线，扩大板仓路面宽，使车流畅通，另外确保项目区域内公交站点上的落客有充足的空间。

规划地下两层停车空间，以满足项目大量居住、商务办公及购物停车的需要，同时与长永高速牛角冲段停车场相连通。设置充足的停车位，满足中高收入家庭的消费需要。

充分考虑自行车及摩托车停靠及摆放点。

在向阳路段预留出租车的上下客区域，方便消费者搭乘出租车。

五、内部动线及人流组织

动线规划方案在总体上考虑了商业业态的平衡，使通过所有承租户的人流通行量达到最大，使本项目的整体人气平衡。

以主力店引导人流。一般将主力店的出入口安排在动线终端，尽可能地延长购物中心的人流通过线；

以局部的造景、中庭引导人流；

以餐饮休闲娱乐区引导人流；

以出入口数量和位置的设置调节人流量；

无障碍设计为使用轮椅的人提供便利。

制定整个商场的规划布局的基础，是如何有效设置商家、消费者的场内行走路线，以让客流能够最大限度地平均分布。因此在横向上，规划各区之间，两两相通、相互兼顾，人流通道相接，合理布局公共洗手间的位置；纵向上利用梯道功能划分，将客流进行有效引导贯穿，形成一条客流"黄金流动线"，使项目内交通更为通畅、便捷。

六、建筑概念模型示意图

▶—— 图19-18 建筑概念模型示意图

20
招商运营

北京市宋家庄 C6 商业项目
招商运营报告

一、市场综合评估

1. 宋家庄项目介绍

本项目地处北京南部区域，距离南三环有一定距离，同时距方庄和大红门地区也有两公里以上的距离。但现今项目与地铁5号线宋家庄站直接相连，未来地铁10号线二期以及亦庄线都会与本项目相连。根据北京市目前的地铁规划，有三条地铁交汇的换乘站仅有三处，宋家庄站是其中一处。大量的地铁客流将由此产生；宋家庄附近已兴建并存在大量经济适用房项目，如顶秀欣园、政馨家园、世纪风景、石榴庄小区等等，加上周围鑫兆雅园、嘉和人家等高密度商品房小区，该区域原有居住人口已经达到十几万，正在建设的两限房、经济适用房、扑满山三个项目，总建筑规模达60万平方米，固定消费人群约有20万。周边两公里居民小区密集，有诸如世华水岸、建邦华府、万科红狮、中海城、文成建筑等十二个知名楼盘。居住氛围比较浓厚，因此消费群体比较稳定，可为本项目发展商业带来良好机遇。由于中低档住宅供应量相对较大，人口相对密集，区域内大规模的商业中心供应不足，多以社区小规模购物中心、社区邻里型商业为主。故本项目体量虽然不是特别大，仍能与之区别开来，发展趋势是相当良好的。

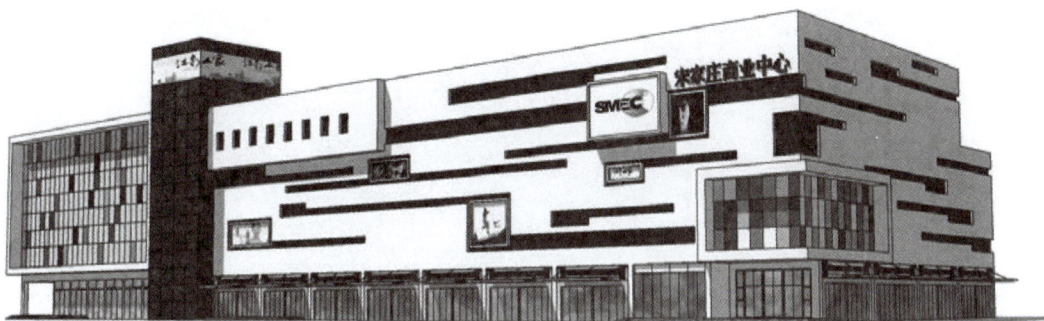

▶── **图20-1 项目效果图**

根据既定的规划方案，C6项目为独立商业，南北向宽约为40米，东西向长约为130米，地上建筑面积12 608平方米，地下建筑面积17 712平方米。项目所处地块呈长方形，形状比较规则，东南方向考虑到交通红线以及疏散人流的关系，预留了一个转弯半径的空间。项目各层面积如下表：

▶── **表20-1 项目各层面积**

	商业面积（平方米）	地铁面积（平方米）	人防面积（平方米）	车库面积（平方米）	合计（平方米）
地上4层	2000				2000
地上3层	3817				3817
地上2层	3642				3642

续表

	商业面积（平方米）	地铁面积（平方米）	人防面积（平方米）	车库面积（平方米）	合计（平方米）
地上1层	4528	162	42		4732
地下1层	8157	336	38		8531
地下2层		299	3691	5191	9181
合计	22 144	797	3771	5191	31 903

其中，地下2层有约2000平方米的机房，这部分的面积根据规划要求是固定且不能更改的，剩余约7200平方米的面积既可以用作商业用途也可以用作车库，目前暂按地下2层全部为设备用房和车库来考虑。

2.宋家庄主要商业业态现状及分析

（1）正华商城

正华商城由开发商自主招商，业态主要为品牌餐饮娱乐，共分为三层：地下一层——影院（自营）目前在装修阶段；一层——品牌餐饮、银行；二层——品牌餐饮、咖啡厅、茶楼、美容院、美发店等。总面积近15 000平方米，为集正华影院、电玩、视听场馆等娱乐、知名品牌餐饮于一体的综合性商业项目。

定位及模式：集休闲、娱乐、餐饮于一体的综合性商业项目。

体量：总面积近15 000平方米。

物业结构：共分为三层，地下一层，地上一层、二层。

年销售额：未营业。

▶—— 表20-2 业态分布

楼层	业态分布	品牌罗列	经营方式	价格（使用面积）元/天/米²
B1	娱乐	正华影院（自营）	租赁	6~7
F1	品牌餐饮、银行	一茶一坐、一品三笑	租赁	7~8
F2	品牌餐饮、咖啡厅、茶楼、美容院、美发店等	招商中	租赁	7

（2）扑满山商业

定位及模式：7栋楼及2组商业裙房，北区8栋楼及2组商业裙房。

体量：商业建筑面积为16 963.4平方米。

物业结构：地下一层至地上三层。

年销售额：未营业。

● 表20-3 业态分布

楼层	业态分布	品牌罗列	经营方式	价格（使用面积）元/天米²
B1	娱乐和餐饮	健身、网吧、大型餐饮	租赁	6~7
F1	品牌餐饮、银行	麦当劳、好利来、农业银行、农村信用社	租赁	7~8
F2	餐饮	招商中	租赁	7

分析：宋家庄目前商业项目非常少，从上述两个项目可以看出，这些项目基本属于住宅项目的配套，多为建筑裙楼，作为底商。体量也很小，业态分布倾向于基本的生活配套需求、餐饮、娱乐等。涵盖购物功能的商业基本没有，更别说综合商业项目了。

3.区域消费整体评估

（1）消费能力

宋家庄区域现有居住人口已超过十几万，未来估计会在三十万以上，消费群体巨大。从现有几个经济适用房集聚区的消费水平和消费能力来看，消费力较强。

（2）消费心理

此类居住区人群消费主要表现为日常生活需求品购买力比较强，平时生活服务型商业应该比较旺盛，应该说是消费的中低点均在周边配套商业解决。但消费的高点仍不在本区域内，这个问题应予以重视。

（3）消费行为

消费行为表现为日常的餐饮、娱乐，超市生活购物等活动集中在本区域内，消费品购物的重心仍不在本区域内，这个或许跟本区域内没有优质的购物场所有关。

二、项目定位分析

1.项目属性定位

集购物、休闲、娱乐、美食为一体的区域购物中心。

2.项目产品定位

（1）物业形态定位

一个集流行百货、大型超市、娱乐、美食等为一体的中型地铁购物中心。

（2）产品功能定位

集购物、休闲、娱乐、美食为一体。满足宋家庄社区及周边住宅区居民生活、购物需求。满足地铁中转站人流及宋家庄交通枢纽人流购物需求。

（3）产品经营定位

经营定位：百货、超市、娱乐、美食；

档次定位：中档为主、高档为辅。

（4）业态分布规划

根据区域市场情况、消费习惯，结合本项目建筑特点得出以下业态功能占比：

本项目的规划、特点及位置决定了购物功能是本项目运营的核心功能，购物功能组合规划的面积约为19 504平方米，占本项目整体面积的86.67%。

娱乐功能作为本项目的配套功能之一，主要服务于社区居住人群。业态考虑如儿童乐园类别，面积约为700平方米，占本项目整体面积的3.11%。

美食功能作为购物功能的补充和延伸，让顾客充分体验购物的便利与乐趣，也意在为乘坐地铁的人流——白领上班族打造一个享受美食名吃的便捷场所。美食功能组合规划面积约为2300平方米，占本项目整体面积的10.22%。

（5）业态分布方案

▶— 表20-4 业态分布方案一

楼层区域		业态功能展现	经营业态及所占比例
B2		地下停车场	作为配套功能展现，不作经营使用
B1	A区	流行时尚靓丽淑女	熟女装、少女装、少淑装、时尚内衣、儿童服饰等
	B区	男装	男装、运动休闲服饰
	C区	社区配套娱乐	儿童乐园
	D区	品牌快餐	肯德基、好伦哥
	E区	美食名吃	地下美食街：呷哺呷哺、风味小吃
F1	A区	大型超市	家乐福

楼层区域		业态功能展现	经营业态及所占比例
F1	B区	百货	精品专营店、珠宝饰品、钟表眼镜、化妆品、皮鞋、皮具、小家电等
	C区	银行	农业银行、工商银行、建设银行
F2		大型超市	家乐福
F3		大型超市	家乐福
F4		配套办公区	家乐福配套办公区

平面规划图如下：

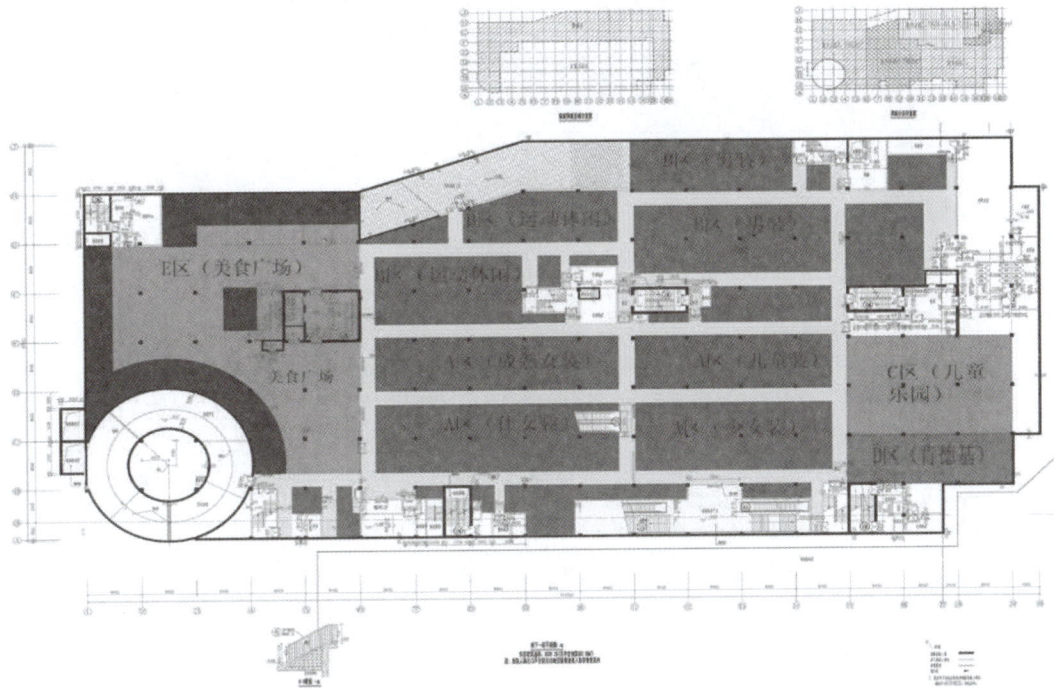

▶── 图20-2 一层平面规划图

▶── 表20-5 业态分布方案二

楼层区域		业态功能展现	经营业态及所占比例
B2		地下停车场	作为配套功能展现，不作经营使用
B1	A区	折扣店	上品折扣
	B区	社区配套娱乐	儿童乐园
	C区	品牌快餐	肯德基、好伦哥

续表

楼层区域		业态功能展现	经营业态及所占比例
B1	D区	美食名吃	地下美食街：呷哺呷哺、风味小吃
	E区	大型超市	家乐福
F1	A区	百货	精品专营店、珠宝饰品、钟表眼镜、化妆品、皮鞋、皮具、小家电等
	B区	银行	农业银行、工商银行、建设银行
	C区	银行	农业银行、工商银行、建设银行
F2		大型超市	家乐福
F3		大型超市	家乐福
F4		配套办公区	家乐福配套办公区

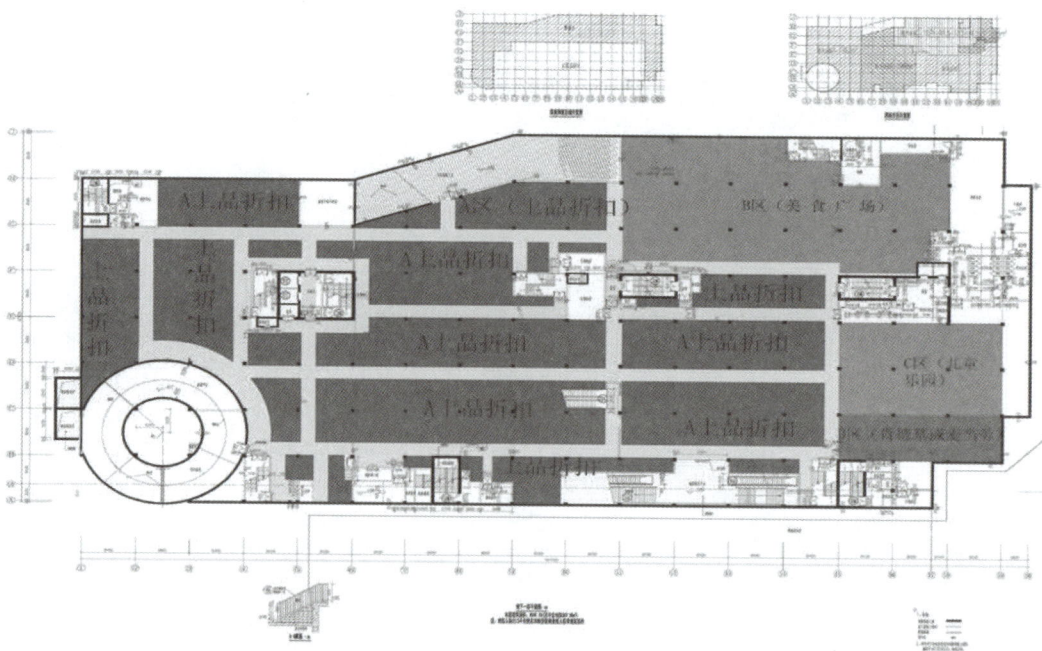

图20-3 一层平面规划图

——➤ 图20-4 地上一层平面规划图

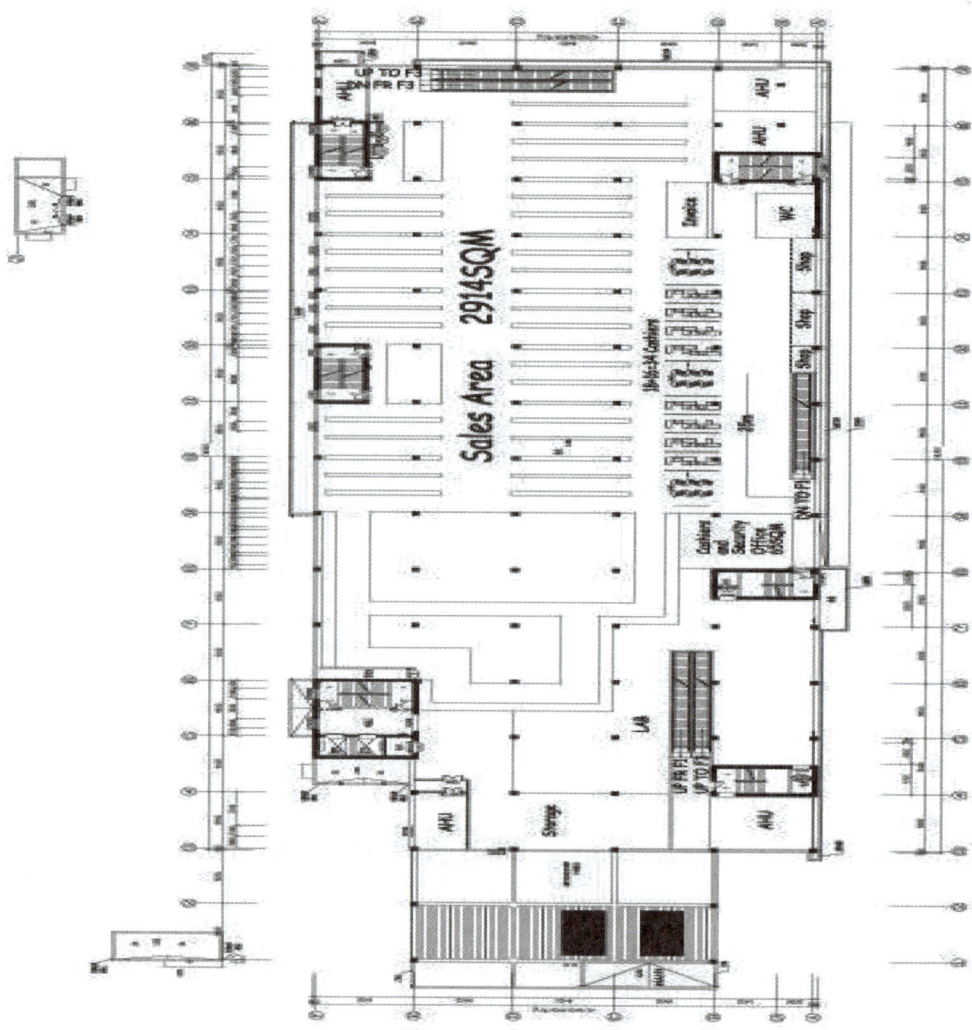

图20-5 地上二层平面规划图

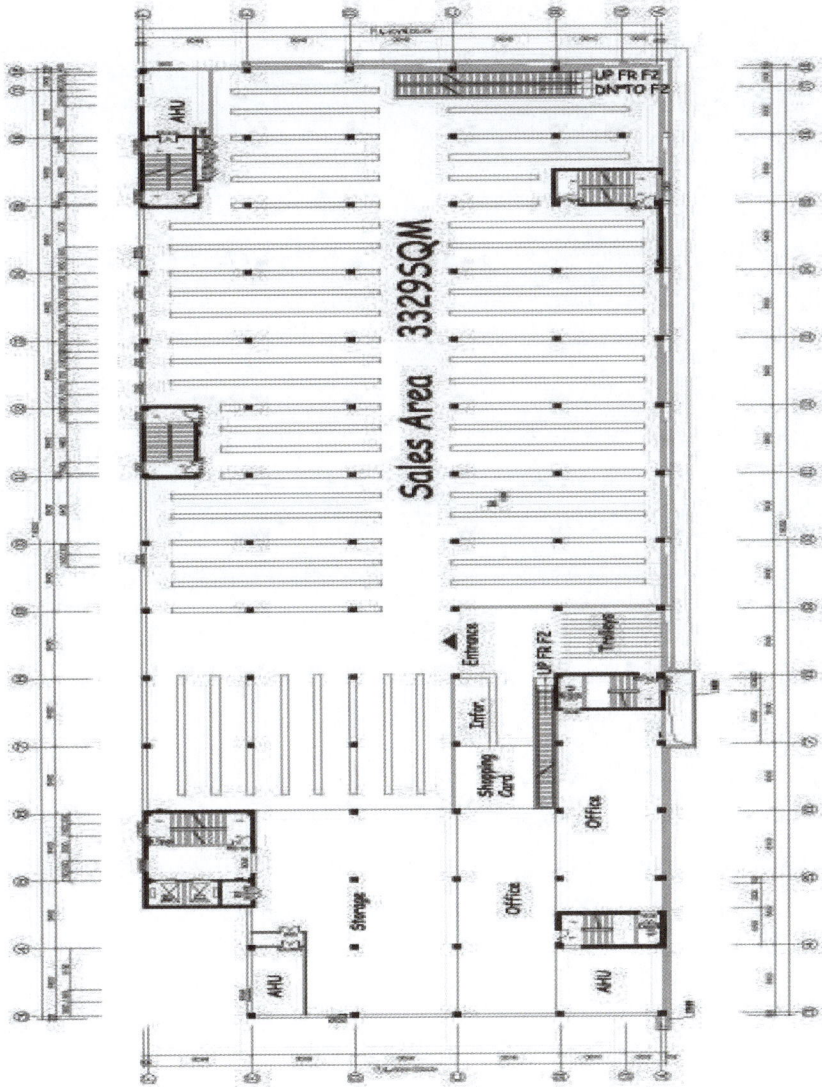

▶── **图20-6 地上三层平面规划图**

地上四层拟为外资超市企业配套办公区，图略。

三、项目招商SWOT分析

1. Strength（优势分析）

S1.开发商经济实力雄厚，拥有良好的社会资源；

S2.项目作为政府大型经济适用房居住区之一，拥有政府的支持，外围环境良好；

S3.作为未来宋家庄商业圈的核心地段，地理优势有目共睹；

S4.与宋家庄地铁枢纽站直通，交通便利，人流巨大；

S5.符合商业趋势定位，填补市场空白点，抢先建立宋家庄大型居住社区服务型购物中心；

S6.相比周边现有商业项目来说体量较大，为3万多平方米；有条件抢先吸引大型外资超市品牌入驻，为未来宋家庄商圈集聚人气和人流打下良好基础；

S7.先规划，后施工，后经营，使物业环境和商业空间设计有利于商业经营；

S8.开发商作为经济适用房总开发商，成立专业商业管理公司来管理和运营商业项目，无论在总体战略布局和具体工作协调，还是经营管理方面都有先天优势。

2. Weakness（劣势分析）

W1.南城片区属于北京市发展格局偏弱的区域，偏离历史形成的商业中心；

W2.因为商铺自己持有而产生的资金回笼压力，可能导致招商运营难以有长远的战略规划；

W3.项目规模不属于大型商业中心，整体定位为地区级商业中心，引进大型国际品牌的超市占用面积较大，租金收益较低，剩余面积太少，导致其他业态价格调高，招商操作难度系数增大；

W4.地下二层停车场，车位不足，地上停车位较少；

W5.宋家庄周边为不成熟居住地，投资及经营业户的资源有限，需纵深挖掘和向外围延伸，或许致使招商推广成本增加不少；

W6.项目周边市区现有消费人口数量虽不少，但从习惯上来看，消费高的地点不在本区，运营方面需加强引导，因此提高了时间成本及资金成本。

3. Opportunity（机遇分析）

O1.宋家庄属于未来南城地铁交通枢纽以及未来中低人群居住集聚地，消费力的发展空间比较大；

O2.周边商业设施一般，竞争力薄弱，商品品位及品质、服务不能充分满足市场消费需求；

O3.当地商业设施市场细分不明确，商业经营水平低下，缺乏一个定位明确的，集时尚、休闲、娱乐、购物、餐饮为一体的综合购物中心；

O4.城市的改造建设进程加速，使商圈不断扩大。所在地段将通过发展在未来形成城市区域的新商圈，本项目处于新商圈核心地段，位置较好。

4. Threat（威胁分析）

T1.如今商业项目的开发及商业竞争日趋激烈，对投资者市场、经营性资源构成竞争城市；

T2.本区域已在经营的商业项目较少，并且分布区域较散乱，综合竞争力不足以与现有的商圈相抗衡，新的商圈的形成需要较长的市场培育和发展期；

T3.现在北京的地铁项目在不同程度上都存在有人流、没客流的问题；

T4.需要好的推广方式，利用运营的特色和质量来提高项目及开发商的品牌度；

T5.经营者缺乏发展眼光与追逐短期利益等特点导致期望值与初始阶段收益不符；

T6.开发商及商业运营公司因项目地段及发展前景好而在经营上急功近利。

对策（放大优势，抓住机遇，减弱劣势，规避威胁）

突出项目的规模环境，初期以"社区居家政策服务项目"来争取周边社区居民，消费稳定之后再做地铁及交通人流的消费动向设计。不能不分主次，不分阶段。

在工商、税务等方面尽可能多地争取政府更多的支持，形成政府、商家、开发商共同服务于居民，居民便捷购物不出远门，多方共赢的局面；

先行抢占宋家庄商圈，迅速占领市场份额；

在易达性上做文章，多开通几条公交线路，增设人性化服务；协同家乐福多开通几条购物免费搭车线路；

合理的业态定位和经营分区；

制订快速吸引供应商的招商优惠政策和招商策略，消除客户疑虑，达到快速招商的目的；

制订能确保市场兴旺、持续经营的市场经营措施。

四、项目供应商定位

1. 供应商招商区域定位

据目前的发展状况来看，宋家庄还没有达到较远的辐射能力，其零售市场表现出来的为区域性特点，结合前期市场调研、类似商业项目的经验判断以及本项目供应商群体的特点，对项目商家做以下建议：

主力店以国内中高档一、二线品牌为主，区域为全市；

供应商为本区域内现有经营的供应商、本地投资经营者；

招商区域应立足宋家庄周边10公里半径内的现有经营商家，辅以南城现有经营商家；

结合本项目经济适用房居住区特点，本着大型社区商业购物中心的定位，可从北京市其他成熟经济适用房居住区商业圈的现有商家中挑选有实力、有经验、社区商业经营能力强的商家；

结合本项目地铁商业的一些商业特点，可从其他地铁商业项目中挑选商家进行招商。

2. 具体区域及招商对象

▶── 表20-6 招商需求表

招商区域	目标供应商	目标业态	招商方式
宋家庄周边10公里商场	现有经营成熟商家	休闲鞋、运动鞋、童鞋、男女皮具、箱包、男正装、商务装、女正装、职业装、青春装、少女装、淑女装、运动装、休闲装、牛仔装、童装、家居饰品、针织内衣、女士内衣、体育用品、小家电、数码产品、儿童用品、儿童乐园、美食、娱乐、婚纱摄影、美容沙龙	电话传真地铁广告目标市场走访其他媒体计划
其他经适房居住区商业	现有经营成熟商家		
其他地铁商业	现有经营成熟商家		

3. 项目各区域供应商合作模式定位

▶── 表20-7 项目各区域供应商合作模式定位

物业形态或业态	位置	合作模式	招商时机	合作要求
快餐、美食、时尚服饰、儿童乐园	地下一层	经营者自营	业主自营、与商场同步开业	商家自行独立经营美食部分，或与我公司联营共同抽成
流行百货区	地上一层	供应商租赁自主经营	先行招商	供应商自营统一业态规划、统一招商、统一推广、统一管理
大型超市（家乐福）	地上一层部分、地上二层及地上三层	自营	先定	自管

4. 供应商选择

在选择供应商时，需考虑以下内容：

主力品牌——国内外一、二线品牌，符合项目定位要求；

销售价格——符合宋家庄消费档次；

商品质量——商品质量要稳定，并严格执行消费者委员会之"三包"规定法；

服务质量——能及时退换货品及对顾客的投诉进行及时处理；

商品销售——必须畅销，且不存在缺货断货现象；

促销配合——必须配合项目后期运营的整体推广及促销；

经营理念——与我公司的经营理念吻合，服从我公司的统一管理；

供应商实力——资金、运营能力强，抗击打能力强，能有信心和恒心与我公司共同培育这个市场。

五、招商实施

1.招商总体战略、手法、时间、计划及目标

（1）招商总体战略

战略一：先大后小、先主后次、先优后劣的原则，外资品牌超市先定下来，外资快餐（肯德基）随后定下来，美食广场和主力店随后同时洽谈，最后是品牌店和其他零售店。

以大型外资超市带动外资快餐，同时带动主力店和美食广场，同时拉动品牌店和其他零售店。

战略二：制订一套灵活的招商政策和招商策略，全力争取具有较强经营实力的各业种的代表，以吸引更多的供应商加入经营行列，并造成一股热潮，以求获得最优的经营组合。

战略三：实施"点、线、面"策略，前期主动打"点"，有针对性地走出去，将重点商家请进来，重点引鱼；中期局部放"线"，吸引各类品牌代表商家，放线钓鱼；后期全"面"撒网，针对各类业态大、中、小商家，全面捕鱼。

战略四：实现快速招商，迅速传播市场知名度。在立足现场招商的同时，招商人员还要融入市场，对一些具有市场号召力的商家、品牌、代理商、加盟商等进行邀请，并预先准备一些合适的品牌资源，以便提供给无经商经验的意向加盟者，供他们选择，促使其加盟，使招商速度更快，品牌组成结构更好，提升项目综合实力，为未来经营奠定基础。

（2）招商手法

方式1：确定宋家庄中心购物广场的市场定位、经营主题和准备好招商推广所应准备的主要招商物料，在项目招商推广的初期，将市场的业态规划、发展前景、经营方式、主力商家家乐福进驻等通过走访供应商、直接推广的形式向目标商家发出信息，再以媒体宣传、地铁广告进行配合，使项目引起有兴趣的经营者、消费者及更多社会人士的关注。

方式2：由于本项目是一个新项目，部分经营商家不敢贸然加入，部分有兴趣参与经营的供应商可能会因无法评估未来的经营业绩、担心经营风险而踌躇不前，为达到招商目的，建议可用优惠的条件引进一些有影响力的供应商，增强市场的名气和集客力，这对项目进行全面招商有着强大的推动作用，因此需采取灵活的项目优惠政策吸引目标供应商。

方式3：锁定目标客户，选择有效途径，重点各个击破。前期主动出击，有针对性地走出去，将重点商家请进来。

方式4：向供应商宣传本项目的优势位置及消费群体，灌输本项目先进的经营管理理念，开发商的后续开发项目都由同一公司进行商业项目的统一运营管理，灌输与商业公司共同发展、捆绑前进、连锁经营的理念。倡导对后期经营进行长期的多项目统一管理以及统一优惠等一系列有效的保障，从而提高招商效果和质量，同时实现长期战略合作。

方式5：充分利用本项目是政府重点保障房项目的政策性支持，利用经适房业主的自发宣传作用，达到一定的招商效果。

（3）招商时间、计划及目标

在正式启动招商之前的项目销售阶段，通过口碑宣传及大量的媒体传播来树立旺地旺铺及商场品牌的形象，并初步接触主力商家，达成意向；在正式招商阶段，针对各类业态进行分类招商，同时利用前期积累意向客户的入驻来促进其他供应商入驻。

▶ **表20-8 招商时间、计划及目标**

招商阶段	工作要素	日期	招商方式	目标
招商咨询期	主力店邀约洽谈	2010年12月31日前	现场接受咨询登记，重点供应商洽谈	力争与主力店和品牌店达成意向
招商启动期	有效商家积累	2011年3月1日前	主动邀请，深入洽谈，其他媒体计划配合	客户累计达到150家
招商强势期	集中签约	2011年7月31日前	主动邀请，深入洽谈，其他媒体计划配合	招商率达75%
招商扫尾期	商家二次装修	2011年10月31日前	对持有观望态度且我公司想引进的客户要主动邀请	招商率达95%以上

注：工作的目标达成情况会随项目工程进度进行调整。

2. 阶段性招商工作安排

第一阶段：招商咨询期

▶ **表20-9 招商咨询期工作安排**

时 间	2010年8月1日—2010年12月31日
预期目标	走访市场，并接受意向商家登记，预热市场，积累部分重要商家和品牌，力争与主力店和品牌店达成意向。其中，外资超市基本议定，肯德基等外资快餐基本议定
营销特征	以电话接受咨询、现场接收登记为主； 由于现场物业形象有限，招商物料不充分，招商推广工作多以描绘为主； 与主力商家和大供应商洽谈，尽量达成共识

续 表

工作重点	工程进度能按计划进行； 铺位划分、业态划分、平面规划布局等落实； 制定招商条件、招商政策； 后期经营管理模式落实； 招商物料制作； 现场尽量安排一处接待办公场所； 招商团队成立、培训； 项目形象宣传； 与主力商家和大供应商的洽谈
招商对象	麦当劳、KFC、必胜客、呼哺呼哺等知名餐饮，休闲、娱乐以及各业种的知名品牌
工作成果	所有招商物料、招商条件、招商政策制定完成； 商业管理公司成立并配合招商工作的展开； 核心主力商家招商完毕，与大供应商和部分知名品牌达成合作意向

第二阶段：招商启动期

▶── 表20-10 招商启动期工作安排

时 间	2011年01月1日—2011年02月28日
预期目标	有效客户积累150家左右
营销特征	招商物料齐全，主力商家已入驻，项目已具备正式招商条件； 营销重点由项目销售转为项目招商工作，招商工作全方位展开； 以主动上门拜访客户和通过营销推广吸引商家上门洽谈相结合； 充分利用招商手册、折页等招商物料及媒体进行招商推广
工作重点	完善招商物料及相关招商应用合同； 统计并分析成交客户资料，对市场进行再论证，弥补招商工作的不足； 对项目业态布局等进行不断的调整完善； 与前期积累意向商家进行实质性谈判，利用品牌商家招商成果促进其他商家的招商工作； 通过报纸、电视、户外广告牌等媒介计划的实施； 做好重点意向客户的跟踪招商工作
招商对象	前期积累登记供应商以及知名品牌供应商
工作成果	商业管理公司的成立及人员架构的组配； 具有一套完善的招商物料及适用的合同条约； 前期积累的重点意向商家有实质性进展； 通过有效的媒体计划，进一步积累商家资源

第三阶段：招商强势期

▶━ 表20-11 招商强势期工作安排

时 间	2011年3月1日—2011年7月31日
预期目标	招商率达75%
营销特征	招商工作大张旗鼓地全面展开； 由强势推广过渡到口碑宣传； 供应商洽谈工作全面深入地展开
工作重点	对市场进行再论证，弥补招商工作的不足； 对项目业态布局等进行不断的调整完善； 与前期积累意向商家进行实质性谈判，利用成交商家成果促进其他商家招商进展； 加强各种媒体计划的实施； 针对不同的客户组织不同的招商活动； 做好重点意向客户的跟踪和后期服务工作
招商对象	所有符合本项目经营定位的商家和品牌
工作成果	商业管理公司后期经营管理部门开始介入实质性工作 进一步落实目标供应商的招商工作 进一步积累有效的商家和品牌资源

第四阶段：招商扫尾期

▶━ 表20-12 招商扫尾期工作安排

时 间	2011年8月1日—2011年10月31日
预期目标	招商率达95%以上
营销特征	招商持续展开； 由强势推广过渡到口碑宣传； 工程进度、工程形象成为供应商关注的焦点； 用已入驻商家的二次装修引起市民及观望供应商的关注，以达成剩余铺位的签约工作
工作重点	通过报纸、电视、户外等媒体计划发布招商成果信息； 加强未成交目标供应商的招商力度； 做好重点意向客户跟踪和后期服务工作； 供应商铺位装修陆续展开； 做好后期开业准备工作； 项目开业的宣传造势
招商对象	针对还未成交供应商进行进一步的深入招商洽谈

续 表

工作成果	商业管理公司完成项目开业的最后准备工作； 基本完成项目整体招商工作

3. 招商前期准备工作

招商前期准备工作内容主要包括：施工现场包装，接待中心现场包装，成立招商小组，招商范围、招商对象、招商条件、优惠政策的确定，业态划分、招商物料、招商宣传推广方案的准备及招商组织管理等工作。

施工现场包装：现场围墙包装及广告牌突出项目招商信息及经营前景。

接待中心现场包装：现场包装突出商业氛围和经营前景。

招商小组成立：招聘专业招商人员，成立精干招商队伍。

制定招商政策：正式招商前确定如联营扣点、租金、物业管理费用等招商政策。

制定优惠条件：为引进重要商家，制定一系列优惠政策。

招商物料准备：准备齐全一套有效实用的招商资料（招商手册等）。

招商宣传推广方案：制定科学有效的招商宣传推广方案。

4. 招商架构

本项目采用项目总监负责制，在项目组内各专业人员的共同配合下，进行项目的招商工作，同时向商业管理公司负责，向投资方汇报。

根据项目招商的面积、业态规划、招商进度及专业技能等要求，除去招商总监及招商经理外，还需对各个品项招商人员进行实质性的分工：

项目除去家乐福10 500平方米左右的面积外，待招商面积还有12 000平方米左右。

餐饮：为2300平方米，所需招商专员1名。

流行百货：招商面积为9000平方米，所需招商专员2名（同时兼顾娱乐面积700平方米）。

根据项目、运营管理公司的特点及公司总体工作安排，建议采用"一套班子两步走"的原则，建议后期吸纳6名有招商经验的招商专员步入实质性的工作，招商结束可以直接转到后期运营工作当中。招商专员直接对招商总监负责。

提成标准：根据所下达的工作计划，按照计划完成情况，招商提成为（ ）元/米^2（待议）。

5.工作流程

（1）宋家庄购物中心供应商进场流程

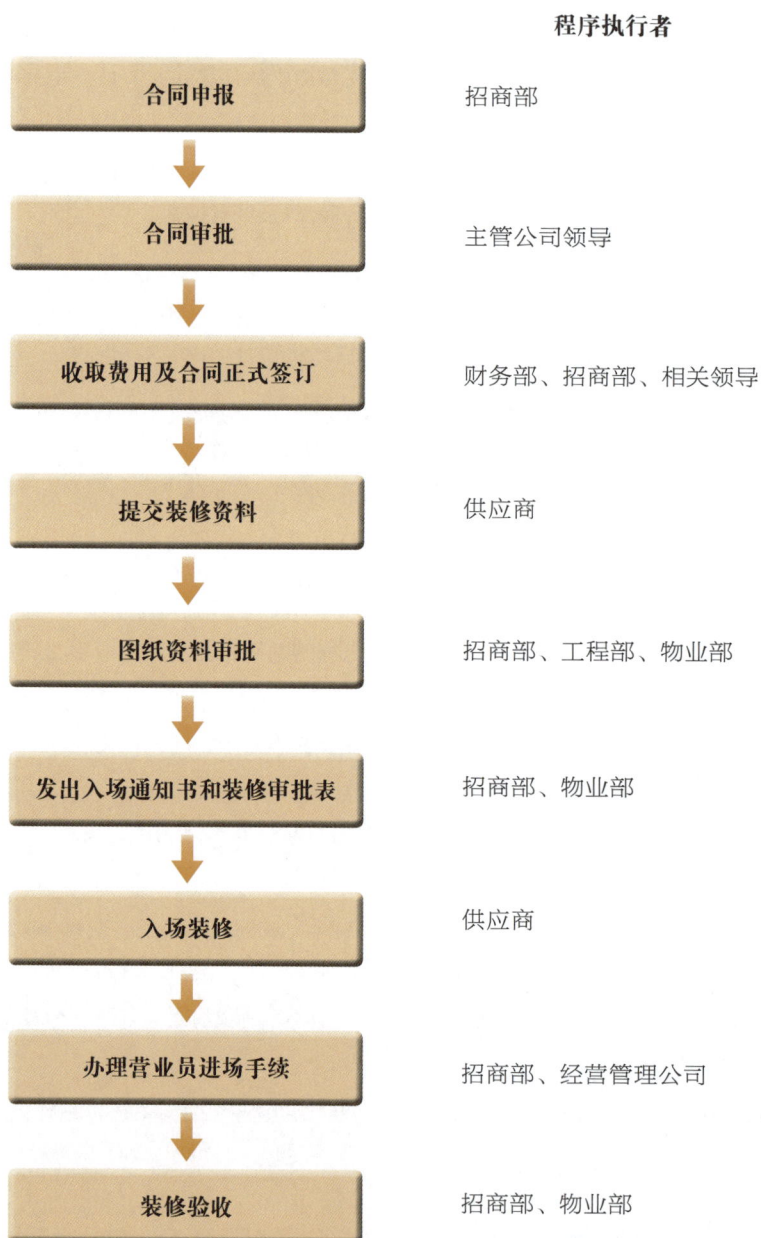

程序执行者

流程	程序执行者
合同申报	招商部
合同审批	主管公司领导
收取费用及合同正式签订	财务部、招商部、相关领导
提交装修资料	供应商
图纸资料审批	招商部、工程部、物业部
发出入场通知书和装修审批表	招商部、物业部
入场装修	供应商
办理营业员进场手续	招商部、经营管理公司
装修验收	招商部、物业部

图20-7 宋家庄购物中心供应商进场流程

（2）购物中心合同审批流程

程序执行者

招商部成员与供应商洽谈达成意向　　招商部

↓

《合同申报表》逐级申报、审定　　相关部门

↓

拟定正式合同　　招商部

↓

供应商签字、缴费，财务部确认　　供应商、财务部

↓

招商总监复核　　招商部

↓

相关领导签字、公司盖章　　对接部门

↓

招商部签收、传递、跟踪　　招商部

↓

供应商1份 ┃ 招商部（商业管理公司）自留存档1份 ┃ 财务部1份

▶── 图20-8 购物中心合同审批流程

6. 招商现场管理与控制

招商专员经培训合格后正式分配责任，做好招商前期的准备工作；

每日部门例会，对当天工作进行小结，解决业务中存在的问题和不足，安排下一步工作计划；

每周项目例会，向公司汇报每周招商情况及当前需要解决的问题；

定期向项目总监提交招商周（月）计划与总结；

定期与招商人员沟通，及时分析市场变化，调整相应招商策略。

六、招商条件及优惠政策制定

1.经营方式

流行时尚百货为敞开式专柜经营，自主经营，统一业态规划，统一招商管理；美食广场公司与商家联营，统一经营，统一管理，统一收银，统一服务管理。

2.合作形式及内容

由于该项目是地区级商业购物中心，业态组合以服务于地区居民、地铁时尚人流为主，为了既能有效地引进各品牌供应商，又能最大程度保证商场的收益，特制定如下两种合作形式：

（1）纯租赁

本项目为新开发项目，前期招商需有一定的让利以吸引商家，需采取低开高走的招商价格策略，根据周边竞争项目的参考租金及其他商圈租金标准，特制定本项目的模拟租金标准（以下租金标准均按建筑面积计算）：

▶── 表20-13 模拟租金标准

楼层	业态	面积（平方米）	租金（元/日/米²）
地下一层（8157）	肯德基	423	4
	儿童乐园	846	4
	流行百货	5088	4.5
	美食	1800	联营
一层（4528）	家乐福	1500	1.5
	肯德基	423	4
	流行百货	2605	5
二层（3642）	家乐福	3642	1.5
三层（3817）	家乐福	3817	1.5
四层（2000）	家乐福	2000	1.5
合计		22 144	

（2）联合经营

此种合作方式是为了吸引人流、增加人气和服务于社区居民及地铁上班人流所指定的美食广场的经营方式，由于区域内几乎没有此类商业形式，故参考其他商业项目中美食类的扣点范围，结合本项目的位置及特点，建议参考扣点范围35%~40%；收益待测定。

▶— 表20-14 联合经营业态

楼层	业态	面积（平方米）	租金（元/日/米²）
地下一层	美食、小吃	联营，扣点范围35%~40%（参考）	待定

3.合作期限

合作期限基本定为1年。对本商场而言，对一般供应商可给予较短的合作期，此举可使商场根据经营需要灵活更换供应商；

4.经营管理费

在后期的运营管理中会产生相关费用，如员工培训费、入职押金、工装费、管理费等，此类费用会根据市场情况而定。

5.优惠措施

由于本项目是一个新开发项目，很多经营商家不敢贸然加入，部分有兴趣参与经营的供应商可能会因无法评估未来的经营业绩、担心经营风险而踌躇不前，为达到招商效果，建议可采取一些优惠措施以吸引供应商入驻：

商家可享受1个月免租期（从开业之日算起）；

所有入驻供应商在初次合同期内可免收进场费、店庆和年庆费；

所有入驻流行时尚百货的商家在首次合同期内可免费享受商场提供的商场外立面广告位一年。

6.招商细则

供应商意向保证金：10 000元/户；

经营保证金：a联营：20 000元/户；b租赁：押1付3；

专柜二次照明均由供应商根据每月实际用电量自行承担；

合同期以商场开业日起计；

租金收取以开业日到减免期完结之日起计；

供应商签订合同时，一次性交清经营保证金20 000元或3个月租金。

七、招商营销推广

1.项目命名建议

项目命名建议：新宋商城

命名诠释：

"新宋商城"地域标志；

"新宋商城"蕴含未来新发展，宋家庄全新面貌；

"新宋商城"概括新宋家庄商圈为本项目核心之一；

"新宋商城"代表宋家庄商圈之先。

2.推广命名建议

推广命名建议：宋家庄城乡购物中心

命名诠释：表明宋家庄为南城城乡结合部的新核心地段，与公主坟、万泉庄等发展历程类似，均为城乡一体化发展过程中过渡时期的重心以及发展以后的核心，为将来可持续发展定下格调。宋家庄未来成为连接北京市核心商业区（王府井、西单）、核心国际经济区（国贸）、核心科技发展区（中关村）、核心国际工业区（亦庄）等地的中心区域以及城乡结合部的中心区域，未来发展不可限量，与公主坟商圈相比有更大的发展前景。本项目位置虽好，但是毕竟体量还不算大，规模还不算大，宋家庄城乡购物中心的格调，定的是北京市的大格局下宋家庄商圈自己的位置。如将来发展和政府的规划、市场的走向预测相符，那么，本项目的格调并不是单纯的区域商业那么简单。为开发公司提前定下城乡购物中心的格调，有利于将来实现品牌的影响力，实现可持续发展。

3.招商宣传推广

（1）时间安排

·2010年10月1日—2010年12月1日（62天）。

（2）招商推广目的

·向外界传播招商信息，引起市场关注；

·建立项目的主题形象；

·为项目正式对外招商累积意向客户；

·试探市场反应，指导项目，及时调整招商策略。

（3）推广策略

·空中媒体以南城为主，扩大至周边区域，覆盖全市；

·地面以南城三环至四环之间的本区域，扩大至其他经适房集聚区和其他城铁枢纽站商业区。

（4）推广方式

①现场包装

施工现场外围广告；

楼体条幅：协调住宅楼悬挂条幅，宣传项目招商信息；

现场彩旗：渲染气氛。

②招商资料

招商手册：开发商介绍、项目介绍、业态定位、业态布局、运营管理、项目优势、招商项目、业态布局平面图；

DM单页：招商主题、部分招商手册内容。

③电视广告

北京电视台：新闻报道，宋家庄利民配套商业项目终于动工，居民以后的日常生活终于获得便利。

④户外广告

广告牌：将项目主题形象对外宣传；地段在宋家庄周边区域主要路口；

路灯旗：招商广告，渲染项目气氛；地段在宋家庄周边主要繁华路段和项目周围路段；

地铁平面广告：推广项目主题，发布招商广告；线路为地铁5号线、地铁10号线。

4. 经营收益模拟测算

（1）价格区间参考

▶── 表20-15 东边正华商城

楼层	业态分布	品牌罗列	经营方式	价格（实用面积）元/天
B1	娱乐	正华影院（自营）	租赁	6~7
F1	品牌餐饮、银行	一茶一坐、一品三笑	租赁	7~8
F2	品牌餐饮、咖啡厅、茶楼、美容院、美发店等	招商中	租赁	7

▶── 表20-16 扑满山商业价格

楼层	业态分布	品牌罗列	经营方式	价格（实用面积）元/天
B1	娱乐和餐饮	健身、网吧、大型餐饮	租赁	5.5
F1	品牌餐饮、银行	麦当劳、好利来、农业银行、农村信用社	租赁	5.5
F2	餐饮	招商中	租赁	5.5

如果使用率按照50%计算、租赁价格为4~6元/天的话，实用面积换算：8~12元/天。故本项目建议签约价格区间定为：4.5~6.0元/天；具体位置不同价格也有差异；根据鑫兆雅园的定价，本项目均价定位5元/天是可以接受的。本项目使用率应该比其他两个项目低一些，对外报价建议为6~10元/天。

（2）地上二层、三层及四层租金收益测算

▶── 表20-17 地上二层、三层及四层租金收益测算

楼层	面积（平方米）	租金（日/米²）	合计（元/年收益）
二层	3642	1.5	1 993 995
三层	3817	1.5	2 089 807
四层	2000	1.5	1 086 000
合计	9459		5 169 802

（3）地上一层租金收益测算

▶── 表20-18 地上一层租金收益测算

楼层	业态	面积（平方米）	租金（元/日/米²）	合计（元/年收益）
一层	家乐福	1500	1.5	821 250
	零售	2605	5	4 754 125
	肯德基	423	4	617 580
合计		4528		6 192 955

家乐福占用建筑面积1500平方米，作为收银区、超市入口、超市出口等用。实用面积750平方米，一层如果给家乐福太多或全部都给的话，对项目的租金收益影响很大。

（4）地下一层收益测算

▶── 表20-19 地下一层收益测算

楼层	业态	面积（平方米）	租金（元/日/米²）	合计（元/年收益）
地下一层	肯德基	423	4	617 580
	娱乐（儿童乐园）	846	4	1 235 160
	流行百货	5088	4.5	8 357 040
	美食	1800	联营	待测算
合计		8157		10 409 780

根据每层的测算，得出总体租金收益如下表：

▶── 表20-20 总体租金收益测算

楼层	业态	面积（平方米）	租金（元/日/米²）	合计（元/年收益）
地下一层（8157）	流行百货	5088	4.5	8 357 040
	肯德基	423	4	617 580
	娱乐（儿童乐园）	846	4	1 235 160
	地下美食	1800	联营	待测算
一层（4528）	家乐福	1500	1.5	821 250
	肯德基	423	4	617 580
	流行百货	2605	5	4 754 125
二层（3642）	家乐福	3642	1.5	1 993 995
三层（3817）	家乐福	3817	1.5	2 089 807
四层（2000）	家乐福	2000	1.5	1 086 000
合计		22 144		21 572 537

▶—— **表20-21 家乐福总体租金收益测算**

楼层	面积（平方米）	租金（元/日/米²）	合计（元/年收益）
一层	1500	1.5	821 250
二层	3642	1.5	1 993 995
三层	3817	1.5	2 089 807
四层	2000	1.5	1 086 000
合计	10 959		5 991 052

根据目前和上品折扣的洽谈情况来看，有一种方案，就是把流行百货区域全部租给上品折扣，具体测算如下：

▶—— **表20-22 流行百货区域出租给上品折扣的收益测算**

楼层	业态	面积（平方米）	租金（元/日/米²）	合计（元/年收益）
地下一层（8157）	上品折扣	5088	3	5 899 860
	肯德基	423	4	617 580
	娱乐（儿童乐园）	846	4	1 235 160
	地下美食	1800	联营	待测算
一层（4528）	家乐福	1500	1.5	821 250
	肯德基	423	4	617 580
	上品折扣	2605	3	2 852 475
二层（3642）	家乐福	3642	1.5	1 993 995
三层（3817）	家乐福	3817	1.5	2 089 807
四层（2000）	家乐福	2000	1.5	1 086 000
合计		22 144		17 213 707

▶—— 表20-23 以上两种组合对比

方式	面积（平方米）	租金（元/日/米²）	元/年收益	合计（元）	项目总收益（元）
自营流行百货	7693	地下一层4.5	8 357 040	13 111 165	21 473 987
		地上一层5	4 754 125		
上品折扣经营流行百货	7993	地上一层3	2 852 475	8 752 335	17 115 157
		地下一层3	5 899 860		
收益差距	300	1.5	3 938 340	22 283 980	

　　商业地产项目都存在租金递增的状况，原因是商业项目是一个由时间和经营来培育、繁荣、旺盛甚至火热市场的项目，随着时间的推移，周边大的经济环境在变化、发展，人均收入也在变化、发展，商业氛围也在逐渐形成、逐渐变得浓厚，商业活动也在变化、发展，商家和商业项目的共同收益也在发展，所以，租金在一定时间之后会有增幅，而这个增幅应该是每年以一个相对科学的比例来划定的。

　　一般情况下，大中型商家的递增率应该在3%~5%；对于一般的零售业态，递增比例相对而言可以高一点，一般不能超过10%。具体的递增方法要看区域商业的繁华程度，租赁商家品牌、知名度、发展潜力、对于自身商业品牌的提升帮助等等，这些都是需要全面衡量的，更重要的一点就是要结合本地市场的情况，符合本土化特点。商业是一个长期的过程，不能一开始把自身定位得过高，应该本着扶植商家、双方共赢的想法进行招商、制定递增率，这样才会使市场保持稳定繁荣的景象。

　　一般情况下，商业地产项目的租金在开业两年之内不予递增，第三年开始在原有租金的基础上开始递增，根据项目的自身情况，有每两年一次递增的，有每一年一次递增的。根据本项目的自身特点，建议从第三年开始，每一年一次递增，大商家（如家乐福）的递增率暂定为5%；其他零售业态递增率暂定为8%，每两年对递增率进行考评、测算、修改。

　　递增收益模拟表：

▶—— 表20-24 （自营零售方案）第三年租金模拟测算表

楼层	业态	面积（平方米）	租金（元/日/米²）	递增率	递增租金（元/日/米²）	递增租金年收益（元）	初始租金年收益（元）
地下一层（8157）	流行百货	5088	4.5	8%	0.36	668 563.2	8 357 040
	肯德基	423	4	8%	0.32	49 406.4	617 580
	娱乐	846	4	8%	0.32	98 812.8	1 235 160
	地下美食	1800	联营				待测算

续表

楼层	业态	面积 (平方米)	租金 (元/日/米²)	递增率	递增租金 (元/日/米²)	递增租金 年收益 (元)	初始租金 年收益 (元)
一层 (4528)	家乐福	1500	1.5	5%	0.075	41 062.5	821 250
	肯德基	423	4	8%	0.32	49 406.4	617 580
	流行百货	2605	5	8%	0.4	380 330	4 754 125
二层 (3642)	家乐福	3642	1.5	5%	0.075	99 699.75	1 993 995
三层 (3817)	家乐福	3817	1.5	5%	0.075	104 490.375	2 089 807
四层 (2000)	家乐福	2000	1.5	5%	0.075	54 750	1 086 000
合计		22 144				1 546 521.425	21 572 537
总租金合计						23 119 058	

依据上表，在商业面积满租的情况下，开业第三年，大商家租金递增5%，零售商家租金递增8%，按租金递增之后实施，则商业租金部分年收益比开业初增加约1 546 521元。

▶── 表20-25 （折扣店方案）第三年租金模拟测算表

楼层	业态	面积 (平方米)	租金 (元/日/米²)	递增率	递增租金 (元/日/米²)	递增租金 年收益 (元)	初始租金 年收益 (元)
地下一层 (8157)	上品折扣	5088	3	8%	0.24	445 708.8	5 899 860
	肯德基	423	4	8%	0.32	49 406.4	617 580
	娱乐	846	4	8%	0.32	98 812.8	1 235 160
	地下美食	1800	联营				待测算
一层（4528）	家乐福	1500	1.5	5%	0.075	41 062.5	821 250
	肯德基	423	4	8%	0.32	49 406.4	617 580
	上品折扣	2605	3	8%	0.24	228 198	2 852 475
二层（3642）	家乐福	3642	1.5	5%	0.075	996 99.75	1 993 995
三层（3817）	家乐福	3817	1.5	5%	0.075	104 490.375	2 089 807
四层（2000）	家乐福	2000	1.5	5%	0.075	54 750	1 086 000

续表

楼层	业态	面积（平方米）	租金（元/日/米²）	递增率	递增租金（元/日/米²）	递增租金年收益（元）	初始租金年收益（元）
合计		22 144				1 171 535.025	17 213 707
总租金合计						18 385 242	

依据上表，在商业面积满租的情况下，开业第三年，大商家租金递增5％，零售商家租金递增8％，按租金递增之后实施，则商业租金部分年收益比开业初增加约1 171 535元；

递增收益模拟表：

━ 表20-26 （自营零售方案）第四年租金模拟测算表

楼层	业态	面积（平方米）	租金（元/日/米²）	递增率	递增租金（元/日/米²）	递增租金年收益（元）	初始租金年收益（元）
地下一层（8157）	流行百货	5088	4.5	8％	0.3888	722 048.256	8 357 040
	肯德基	423	4	8％	0.3456	53 358.912	617 580
	娱乐	846	4	8％	0.3456	106 717.824	1 235 160
	地下美食	1800	联营		0	0	待测算
一层（4528）	家乐福	1500	1.5	5％	0.07875	43 115.625	821 250
	肯德基	423	4	8％	0.3456	53 358.912	617 580
	流行百货	2605	5	8％	0.432	410 756.4	4 754 125
二层（3642）	家乐福	3642	1.5	5％	0.07875	104 684.738	1 993 995
三层（3817）	家乐福	3817	1.5	5％	0.07875	109 714.894	2 089 807
四层（2000）	家乐福	2000	1.5	5％	0.07875	57 487.5	1 086 000
合计		22 144				1 661 243.06	21 572 537
总租金合计						23 233 780.06	

依据上表，在商业面积满租的情况下，开业第四年，大商家租金递增5％，零售商家租金递增8％，按租金递增之后实施，则商业租金部分年收益比开业初增加1 661 243.06元。

递增收益模拟表：

▶━ 表20-27 （折扣店方案）第四年租金模拟测算表

楼层	业态	面积（平方米）	租金（元/日/米²）	递增率	递增租金（元/日/米²）	递增租金年收益（元）	初始租金年收益（元）
地下一层（8157）	上品折扣	5088	3	8%	0.2688	499 193.856	5 899 860
	肯德基	423	4	8%	0.3456	53 358.912	617 580
	娱乐	846	4	8%	0.3456	106 717.824	1 235 160
地下一层（8157）	地下美食	1800	联营		0	0	待测算
一层（4528）	家乐福	1500	1.5	5%	0.07875	43 115.625	821 250
	肯德基	423	4	8%	0.3456	53 358.912	617 580
	上品折扣	2605	3	8%	0.272	258 624.4	2 852 475
二层（3642）	家乐福	3642	1.5	5%	0.07875	104 684.738	1 993 995
三层（3817）	家乐福	3817	1.5	5%	0.07875	109 714.894	2 089 807
四层（2000）	家乐福	2000	1.5	5%	0.07875	57 487.5	1 086 000
合计		22 144				1 286 256.66	17 213 707
总租金合计						18 499 963.66	

依据上表，在商业面积满租的情况下，开业第四年，大商家租金递增5%，零售商家租金递增8%，按租金递增之后实施，则商业租金部分年收益比开业初增加1 286 256.66元。

以上收益测算均没有包括美食广场的联营扣点经营性收益和广告位出租收益，此两项收益有待进一步进行调查、取例、模拟测算。

第四篇
9 大商业地产主流
模式核心报告

商业地产的形式多样，主要包括购物中心、百货、超市、商业街、主题商场、专业市场、写字楼、酒店等。商业地产之所以成为投资热点，除了楼市新政影响以及商业地产本身的升值潜力之外，更在于商圈的带动。商圈拥有巨大的人气集聚效应，由商圈来带动商业地产销售与升值，已经成为商业地产的一大运作模式。

21 购物中心

株洲市苏宁购物中心商业全程策划报告

────── 第一部分 ──────

株洲商铺销售市场调查分析

一、概述

　　2008年至2009年度是株洲商铺市场异常繁荣的一年，同时也是商业地产竞争最残酷的一年，众多的地产开发商纷纷转向商业地产的开发行列，导致株洲商铺市场严重供大于求。

　　据不完全统计，株洲目前在售商铺约12个，在售建筑面积66万多平方米，总值近20亿元。业态涉及服装批发市场、汽车及其零配件专业市场、数码电子、超市百货零售业态等，其中：

- 服装批发市场楼盘6个
- 零售楼盘4个
- 汽车城1个
- 数码电子1个

　　具体情况如下：

▶── 表21-1　株洲在售商铺情况

楼盘	建筑面积（平方米）	经营定位
中南国际服装交易广场	200 000	服装批发市场
天雅国际服装大厦	25 758	女性休闲装批发市场
银谷服饰广场	53 280	服装批发市场
华丽三期	56 000	服装批发市场
中国城服装市场	50 000	服装批发市场
嘉诚数码广场	12 000	数码、电子市场
长泰商业广场	20 000	服装及布料批发市场
株洲国家汽车城	450 000	汽车及零配件市场
瑞和购物中心	70 000	超市
女人街	30 000	女性主题商城
苏宁农贸超市	18 000	农贸超市

续表

楼盘	建筑面积（平方米）	经营定位
滨江商业休闲广场	53 000	休闲、娱乐、零售等
合计	716 038	

二、株洲市在售商铺情况调查

1. 中国城服装市场

地理位置：株洲市人民路及市府路交界处。

市场规模：主体5层，地下1层，地上4层，占地面积10 000平方米，单层面积10 000平方米，总建筑面积50 000平方米左右；2000平方米的服装展示厅，总投资额约2亿元；

铺位数：单层铺位54间左右，一至五层共有铺位270~300间；

主力铺位：15~20平方米（使用面积）；

经营定位及售价如下（以使用面积计算）：

▶── 表21-2 中国城服装市场概况

楼层	经营定位	均价（万元/米²）		
B1F	童装	A类1.68	B类1.58	——
1F	品牌时装	A类2.68	B类2.48	C类2.38
2F	品牌女装	A类1.78	B类1.58	C类1.48
3F	品牌男女休闲装	A类1.38	B类1.28	C类1.18
4F	品牌男装	A类1.18	B类1.08	C类0.98

租赁方案：买断十年经营权价格表（提供5年银行按揭贷款）：

▶── 表21-3 中国城服装市场租赁方案

楼层	A类（万元/米²）	B类（万元/米²）	C类（万元/米²）
B1F	1.08	0.98	——
1F	1.68	1.48	1.38

续表

楼层	A类（万元/米²）	B类（万元/米²）	C类（万元/米²）
2F	1.28	1.18	1.08
3F	0.98	0.88	——
4F	0.78	0.68	——

硬件配套：18台自动扶梯，客货梯各4台，2部观光梯，统一中央空调；

工程状况：2010年8月到10月开业。目前工地旁设立了临时售楼处，针对全国品牌服饰进行招商。

销售现状及客源：

中国城目前的销售情况一般，整体销售50%~70%，单个铺位面积较大，导致总值较高，减少了投资者层面，所以整体销售情况一般。投资群体主要以长株潭区域为主体，部分外来投资者主要来自于温州区域。

招商情况：

中国城招商情况不佳，由于其经营定位基本为品牌服饰，因此对于商户的要求较高，导致绝大部分的经营者无法进驻，致使其前期招商情况一般，其招商工作从2010年8月份开始，至今招商率已基本达到60%~70%，商户主要为株洲芦淞区市场群的品牌商户。

2. 银谷服饰广场

（1）项目基本概况

银谷服饰广场位于市府路和人民南路交界处，占地面积5000多平方米，共10层，总建筑面积53 280平方米，已完成4层，预计2010年9月完工，各层面积及经营定位如下：

▶—— 表21-4 银谷服饰广场概况

楼层	经营定位	铺位数
B1F	童装	108
1F	精品针织毛纺/时装	194
2F	女装（休闲装/时装）	205
3F	裤装（休闲装/西裤）	168
4F	男装（休闲装/西装）	128
5F	品牌服饰	92
6F~7F	品牌服饰	23
8F~9F	仓库	15

（2）销售方式及售价

产权式商铺，产权40年，为独立式门面，银行提供5成10年按揭，无论先后次序，均采取抽签方式选铺。

▶── 表21-5 银谷服饰广场售价

楼层	A类（万元/米²）	B类（万元/米²）
B1F	1.48	1.38
市府路临街门面	3.48	——
商场北临街门面	2.68	——
1F	2.38	2.328
2F	1.48	1.428
3F	1.18	1.128
4F	0.98	0.928
5F	0.68	——
6F	0.58	——
7F	0.48	——
8F	0.38	——
9F	0.38	——

（3）租赁方案（买断10年经营权）

▶── 表21-6 银谷服饰广场租赁方案

楼层	A类（万元/米²）	B类（万元/米²）
1F	0.98	0.88
2F	1.08	1.028
3F	0.88	0.828
4F	0.68	0.628

管理费：前三年不超过同类市场的80%。水电费照实收取。公共部分水电费分摊。

（4）购铺流程

个人支付分预定、封顶后一月、开业三期付清，具体如下：

▶—— **表21-7 银谷服饰广场购铺流程**

楼层	预定金（万）	二期（封顶后一个月）	三期（开业前）
B1F	4		
1F	10		
2F	4	付清个人支付的80%（含预定金）	全部付清
3F	4		
4F	4		
5F及以上	总款项的20%		

销售现状及客源：

已售完负一层至三层，主要以芦淞现有的商户为主，对于一般的投资者主要是四层及以上的楼层。

招商情况：一至三层为芦淞现有的商户。

3. 华丽三期

（1）项目基本概况

华丽三期位于人民路旁，占地面积8000多平方米，共7层。已出地面，三月份开始销售，预计2010年9月份完工。

（2）销售策略/方式/售价

一、二层产权出售，三到七层只租不卖。

售价如下：

▶—— **表21-8 华丽三期售价**

楼层	单价（元/米²）	使用面积（平方米）	总价（万元）	保证金（万元）
1F	30 769	13	40	5
2F	26 923	13	35	5

拐角处加收总价5%的楼款

（3）租赁方案：1~4层租赁方案（保证金含报名费）

▶—— 表21-9 华丽三期1~4层租赁方案

楼层	使用面积（平方米）	保证金（万元）	三年租金（万元）	合计（万元）
1F			6.9	14.9
2F	14~36	8（含报名费3万元）	6	14
3F			5	13
4F			5.4	13.4

（4）5~7层租赁方案

▶—— 表21-10 华丽三期5~7层租赁方案

楼层	使用面积（平方米）	十年租金（万元）	报名费（万元）	合计（万元）
5F	22	22		27
	40	28.8		33.8
6F	22	20	5	25
	40	26.5		31.5
7F	22	18		23
	40	24.5		29.5

超过14平方米的铺位每月租金加收50元/米²
拐角处租金多加总价5%的金额

（5）相关费用

▶—— 表21-11 华丽三期相关费用

费用类别	费用（元/月）	
管理费		15元/米²/月
空调费	小于12平方米的铺位	390元/月
	大于12平方米的铺位	450元/月
	大于25平方米的铺位	550元/月

平时不需空调时，改为收取通风费，按空调费的一半收取。

4. 天雅国际服装大厦

地理位置：株洲市人民南路93号。

市场规模：地下2层，地上19层，占地面积1万平方米，单层面积1800~2000平方米，总建筑面积25 758平方米左右；其中在商场19层设有700平方米左右的T形展示舞台，总投资额约1.2亿元。

铺位数：单层铺位54间左右，一至五层共有铺位270~300间。

主力铺位：休闲女装部分25~100平方米（使用面积）。

写字楼部分：300平方米左右（使用面积）。

经营定位及售价如下（以使用面积计算）：

▶—— 表21-12 天雅国际服装大厦经营定位及售价

楼层	经营定位	均价（元/米^2）	租金水平（元/米^2·月）
B1F	停车场	不售	
1~5F	休闲女装	一层：20 000 二层：17 000 三层：15 000 四层：12 000 五层：10 000	25
6F及以上	写字楼	均价约5000	5

管理费：8元/米^2/月（含空调、卫生费等），水电费按表另计。

注：此价格仅针对目前在白马服装批发市场经营的商户，对外发售时间预计为2009年3月份左右，价格将另行制定。

硬件配套：8台自动扶梯，客货梯各2台，统一中央空调。

付款方式：分为一次性付款、银行按揭、分期付款三种方式。

开发商提供：5成15年银行贷款（商铺部分），5成15年或6成10年银行贷款（写字楼部分）。

工程状况：预计2010年3月份工程启动，2011年初开业。

目前在一楼设立了临时售楼处，针对商场内正在经营的商户进行内部订购，并给予合适的价格优惠。

5. 瑞和购物中心

（1）项目基本概况

瑞和购物中心位于响石广场西北面，建设北路与响田路交界处。项目分三期，一期为瑞和购物中心，二期为五星级酒店，三期为商业步行街及商住楼。一期占地面积2万平方米，建筑面积7万平方米，共分5层（地下2层、地上3层），各层面积及经营定位如下页表21-13：

▶—— 表21-13 瑞和购物中心概况

楼层	经营定位	
负一层（地下二层）	停车场，共500个车位	
首层（地下一层）	超市	生活用品（1.2万平方米）
		家电用品（0.8万平方米）
一层	百货中心	品牌服饰/鞋帽/床上用品/化妆品/珠宝首饰/皮具/健身器材/摄影器材/通信器材，共2万平方米
二层	百货中心	品牌服饰/鞋帽/内衣/床上用品/针织用品/童装及玩具，共2万平方米
三层	餐饮/娱乐/休闲	1万平方米

（2）建筑工程进度及交付时间

地下二层已完成，正在建设地下一层，预计2010年5月完工，同年10月开业。

（3）销售策略/方式/售价

产权式商铺，产权40年。为开放式摊位。首层是15年承包经营，每年10%的回报率。

一层及二层开发商承诺2年包租，以2000元/月（10平方米）的回报为最低回报，开业后按月付。三层层高6米，业主可隔为两层。

为促销，开发商拿出200个铺位用于抽奖，中奖者免首付款。

（4）购铺流程

签订定铺协议书；

交定金（5800元/铺）买号；

按买号顺序选铺；

签订购房合同（需银行按揭的交首付款，一次性付款的付清全部款项）；

办理银行按揭（5成10年按揭）；

办理产权证。

续表

（5）各楼层售价情况

▶── 表21-14 瑞和购物中心各楼层售价情况

楼层	首层	一层	二层
单价（元/米²）	4280	10 800	7680
建筑面积（平方米）	10	10	10
总价（万元）	4.28	10.8	7.68
5成10年按揭实际首付（万元）	2.14	5.4	3.84
5成10年月供（元/月）	217	546	389

管理费：按当月营业额的2%收取。

（6）销售现状及客源

首层由两大超市承包，承包期为15年。三层据说全部留给温州客户（不列入本报告讨论），一、二层已销售40%，客户主要以本地客户为主。

（7）招商情况

首层由两大超市承包经营15年，一、二层项目整体由广州天河摩登百货集团统一经营管理，包租2年，租金以2000元/月为底线（10平方米小间），在此基础上和租客洽谈。

6. 女人街

（1）项目基本概况

女人街位于响石广场东北面，占地面积8000平方米，共3层，建筑面积30 000平方米，临街门面使用率80%以上，其他使用率56%，主力铺位13~20平方米，各层面积及经营定位如下：

▶── 表21-15 女人街各层面积及经营定位

楼层	经营定位	面积（平方米）
一层	珠宝首饰/品牌女装/眼镜钟表/鞋类/特色餐厅	10 000
二层	美容美体/少女装/成熟女装	5000
三层	床上用品/健身用品/儿童用品	3000

（2）建筑工程进度及交付时间

现完成工程的60%，原定2009年3月开业，现预计2010年5月开业。

（3）销售策略/方式/售价

产权式商铺，产权40年。除一层部分临街铺位外，其余全为开放式摊位。一层及二层开发商承诺头三年每年8%的返租，开业后按月付。无抽奖促销活动。

（4）购铺流程

▶━ 表21-16　女人街购铺流程

付款方式	第一次付款（签订协议时）	第二次付款（签订协议之后的七天内）	第三次付款	优惠政策
一次性付款	1万元或2万元定金（根据总价来定，20万元以下的交1万元，20元万以上的交2万元）	全额付清	——	95折
分期付款		付清总额的40%以上（含定金）	余额在商铺交付时付清	无折扣
银行按揭		首付占总额的40%以上（含定金）	实行最长十年按揭	97折

▶━ 表21-17　女人街售价

楼层	首层	一层	二层
单价（元/米²）	10 000（均价）	5000（均价）	3000（均价）
建筑面积（平方米）	13	13	13
总价（万元）	13	6.5	3.9
5成10年按揭实际首付（万元）	5.2	2.6	1.56
5成10年月供（元/月）	857	428	366

（5）销售现状及客源

销售情况一般，约50%左右，临街门面已销售完毕，客户以本地客户为主。

7. 长泰商业广场

（1）项目基本概况

长泰商业广场位于铁东路和合泰大街交界处，占地面积10 000多平方米，共2层，总建筑面积20 000

平方米，各层面积及经营定位如下：

▶—— 表21-18 长泰商业广场各层面积及经营定位

楼层	经营定位	铺位数
1F	服装及布料辅料	623
2F	——	845

（2）建筑工程进度及交付时间

现房，预计5月开业。

（3）销售方式及售价

产权式商铺，产权60年。主力铺位为5~36平方米（建筑面积），独立式门面。银行提供5成10年按揭贷款。采取先到先得、直接选铺的方式定购。全部销售完毕抽奖，中奖者2名，奖品为2辆10万元的别克赛欧。有返租，期限为5到10年，开业后按季度8%返还。

（4）售价

▶—— 表21-19 长泰商业广场售价

楼层	单价（元/米^2）
1F	12 000~13 500
2F	5000（均价）

折扣：一次性付款：93折；银行按揭：95折；分期付款：96折

8. 株洲国家汽车城

（1）项目基本概况

株洲国家汽车城位于红港路和红旗路交界处，由国家国内贸易局商业网点建设开发中心与株洲市人民政府合作开发建设。项目分2期，占地880亩，总建筑面积45万平方米，一期440亩，共77栋。4S品牌专卖店区占总面积的60％。分四个经营区，具体如表21-20：

经营定位	面积
厂家汽配区	27万平方米，共44栋
代理汽配店	约8万平方米，16栋
餐饮娱乐配套区	10万平方米，17栋
一、二层为门面，上三层为住宅	

（2）建筑工程进度及交付时间

代理汽配店主体已完工、餐饮娱乐配套区主体已完工，4S品牌专卖店区30%已完成主体，30%基本出正负零，剩余部分还未动工。预计2010年底完工。

（3）销售策略/方式/售价

产权式商铺，产权40年。为独立式门面。4S品牌专卖店区、厂家汽配区整体向厂家出售，已有奇瑞、日产、一汽大众等6家厂商入驻4S品牌专卖店区。厂家汽配区、代理汽配店买门面送二层商铺。代理汽配店有2年包租，租金以35元/米^2/月计算，开业后按月付。

（4）购铺流程

━━ 表21-21 株洲国家汽车城购铺流程

付款方式	一次性付款	分期付款	银行按揭
第一次付款（签订认购协议时）	1万元	——	——
第二次付款（签订协议之后的十天内，并签订合同）	全额付清	付清总额的30%以上（含定金）	首付占总额的50%以上（含定金）
第三次付款	——	主体封顶交清总额的80%，交房前付清总额的95%以上，交房时付清余额。	实行最长5成10年按揭
优惠政策	98折	签订认购协议时付付清总额50%以上的，可享受99折	无折扣（2010年1月4日—6日99折）

（5）售价：主力铺位15平方米左右，使用率90%左右。

▶ **表21-22 株洲国家汽车城售价**

明细	代理汽配店	餐饮娱乐配套区
单价（元/米²）	6500（均价）	
建筑面积（平方米）	15.35	
总价（元）	99 775	
5成10年按揭实际首付（元）	58 777	
5成10年月供（元/月）	440	

注：4S品牌专卖店区、厂家汽配区不对一般投资者出售。

（6）相关费用

管理费：1元/米²/月；

免契税；

需交纳公共维护基金，为总房款的2%（按成交价计算）；

房产证费用，总房款的1%；

土地证费用，2100元/套。

（7）销售现状及客户源

4S品牌专卖店区、厂家汽配区不对一般投资者出售。总体已销售70%。客户以厂家为主，株洲市东区大坪路原汽配城整体搬迁（株洲市政府行为）。

（8）招商情况

已有奇瑞、日产、一汽大众等6家厂商入驻4S品牌专卖店区。原汽配城的经营者整体搬迁。

9.中南国际服装交易广场

（1）项目基本概况

中南国际服装交易广场位于石峰区建设北路，主体九层，单层面积2.3万平方米左右，总建筑面积20万平方米，为株洲最大的专业服装批发市场，各层面积及经营定位如表21-23：

▶━ **表21-23 中南国际服装交易广场各层面积及经营定位**

楼层	经营定位
地下一层	布料批发市场、服装配件及布艺等
首至二层	各类时装
三至四层	品牌展贸中心
五层	行业协会驻点、服装媒体记者站、网络营运机构、服装培训机构等相关功能配套
六层	展览厅
七层	餐饮配套等

（2）建筑工程进度及交付时间

局部封顶，预计2010年10月1日开业。

（3）销售方式及售价

产权式商铺，产权40年。主力铺位为15~30平方米（建筑面积），独立式门面。银行提供5成10年按揭，一次性返租，2至5年，年回报率8%。

售价如下：

▶━ **表21-24 中南国际服装交易广场售价**

楼层	均价（元/米²）
地下首层	12 000
一层	9600
二层	7680
三层	6150
四层	4915
五层以上功能配套，不销售	

10.嘉诚数码广场

地理位置：建设南路电脑大市场南行300米；

总规模：商业部分主体二层，单层面积6000平方米，总建筑面积12 000平方米。

各楼层经营定位及售价如下：

▶—— 表21-25 嘉诚数码广场各层经营定位及售价

楼层	经营定位	售价（均价元/米²）
一层	数码、手机等	14 000
二层	小家电、电脑及其配件	12 000

主力铺位：主力铺位建筑面积8~30平方米，使用率50%左右。

销售模式：采取返租销售模式，一次性返租3~4年，年回报率8%。

销售情况：由于毗邻电脑及手机市场，其数码电子的定位得到了部分投资者的认同，销售率在50%左右。

11. 苏宁农贸超市

地理位置：芦淞路与沿港路交汇处。

总规模：主体八层，地下一层，单层面积2250平方米左右，总建筑面积18 000平方米左右；其中商场三层，住宅五层。

各楼层经营定位及售价如下：

▶—— 表21-26 苏宁农贸超市各层经营定位及售价

楼层	经营定位	售价（元/米²）
一至三层	农产品、蔬菜、肉制品、腊制品等	7500左右
五至八层	住宅	1200

主力铺位：单个铺位9~21平方米（使用面积），开间3米，进深3~7米。

销售模式：采取返租销售的模式，一次性返租2年，年回报率7%；

销售情况：项目位于株洲的人口聚集区芦淞区，该区域为株洲人口最为密集的区域，农贸超市的定位得到投资者的普遍认同，因此销售情况良好，目前已销售一空。

12. 滨江商业休闲广场

地理位置：位于株洲一大桥河西桥头两侧，距新一佳百货100米左右。

市场规模：总占地面积为70 072.7平方米，总建筑面积约53 000平方米，主体共分两层。项目一期，商铺61间，建筑面积3900平方米。项目二期，为独立式临街商铺，建筑面积4000平方米。南北对称的大型超市和大型家具广场，建筑面积之和为42 000平方米。总投资约为2.8亿元。

商铺大小：小9×9=81平方米，大9×18=162平方米。

经营定位及售价如表21-27（以建筑面积计算）：

▶── **表21-27 滨江商业休闲广场经营定位及售价**

楼层	经营定位	均价（元/米²）	商铺形式	使用率
项目一期	卡拉OK一条街	8200左右	独立街铺	85%左右
项目二期街铺	歌厅、舞厅、酒吧、茶馆、网吧、足浴、按摩	以拍卖的形式销售	独立街铺	85%左右
项目二期内铺	大型超市和大型家具广场	不卖，正在招商	开放式铺位	

注：二期街铺的拍卖于3月10日—4月29日接受登记。登记须交纳保证金，"小型"铺位保证金为5万元，"大型"铺位保证金为10万元。交纳保证金者将有千元礼包相赠。

付款方式：分为一次性付款、银行按揭两种方式。

开发商提供：6成10年按揭（中国银行）。

工程状况和销售状况：

预计于2010年5月完工，2010年10月整体开业。工程进度很快，大桥南北两边地下室部分已基本做好，正准备进行二层的建设。

销售状况：一期已全部售完，二期还没有开始认购。

三、株洲在售商铺售价情况分析

株洲目前在售的商铺分为两种类型：一种是专业市场，一种是零售商城。各类业态商铺具体售价情况如下表所示：

▶── **表21-28 株洲在售商铺售价情况**

楼盘名称	楼层	定价（元/米²）		
		A类	B类	C类
中国城服装市场	B1F	16 800	15 800	——
	1F	26 800	24 800	23 800
	2F	17 800	15 800	14 800
	3F	13 800	12 800	11 800
	4F	11 800	10 800	9800

续表

楼盘名称	楼层	定价（元/米²）		
		A类	B类	C类
银谷服饰广场	B1F	14 800	13 800	——
	市府路临街门面	34 800	——	——
	商场北临街门面	26 800	——	——
	1F	23 800	23 280	——
	2F	14 800	14 280	——
	3F	11 800	11 280	——
	4F	9800	9280	——
	5F	6800	——	——
	6F	5800	——	——
	7F	4800	——	——
	8F	3800	——	——
	9F	3800	——	——
华丽三期	1F	30 769	——	——
	2F	26 923	——	——
天雅国际服装大厦	1F	20 000	此价格仅为针对现有经营商户的价格，具体对外售价需要等待推出时具体制定	
	2F	17 000		
	3F	15 000		
天雅国际服装大厦	4F	12 000		
	5F	10 000		
	6F及以上	5000		
长泰商业广场	1F	12 000~13 500	——	——
	2F	5000	——	——
株洲国家汽车城	街铺	6500	——	——
中南国际服装交易广场	地下首层	12 000	——	——
	一层	9600	——	——
	二层	7680	——	——
	三层	6150	——	——
	四层	4915	——	——

楼盘名称	楼层	定价（元/米²）		
		A类	B类	C类
嘉诚数码广场	一层	14 000	——	——
	二层	12 000	——	——
瑞和购物中心	地下首层	4280	——	——
	一层	10 800	——	——
	二层	7680	——	——
女人街	一层	10 000	——	——
	二层	5000	——	——
	三层	3000	——	——
苏宁农贸超市	一至三层 备注：五至八层为住宅不在讨论范围	7500	——	——
滨江商业休闲广场	一期	8200	——	——
	二期街铺	以拍卖的形式销售	——	——
	二期内铺	只租不售	——	——

整体情况分析：通过对株洲目前在售商业物业具体销售价格的分析可知，其业态、地理位置、项目自身的素质等诸多的差异性，导致了售价之间存在着差距。

从售价的角度分析：专业市场售价普遍为零售市场售价的3倍左右；

从销售情况分析：由于株洲优越的地理位置、便利的交通条件，投资者对专业市场的认同度普遍较高，销售情况较好。零售市场由于受到整体消费力的限制，认同度较低，销售情况较差。

专业批发市场物业售价：专业批发市场辐射范围广，结合株洲服装市场的历史优势，服装批发市场基础雄厚，知名度高，专业服装批发市场整体售价较高，一层售价基本集中在15 000~34 000元/米²（以实用面积计算），主要原因如下：

· 专业批发市场辐射范围广，消费群层面大，商业价值较零售业态要高。

· 服装批发市场整体经营状况好，市场基础雄厚，租金水平坚挺，投资者投资信心大，认同度高。

· 在售服装批发市场均是在现有服装批发市场的基础上，在经营档次、硬件配套上有所提升。

零售业态物业售价：零售业态物业的售价受辐射力、地理位置的影响较大，株洲目前在售的零售业态主要集中在石峰区，售价基本在3000~10 000元/米²（以实用面积计算），主要原因如下：

· 区域零售物业的整体租金水平较低，投资回报率较低，若售价高，投资者难以认同。

· 受到物业的地理位置、交通及周边消费力的制约。

· 物业的整体建筑规划、功能规划特点不突出，未能形成独具特色的卖点，附加值低。

· 受投资者对物业业态定位、地段、环境规划、建筑特点的认同度和投资信心等综合因素的影响。

第二部分

销售形势分析及必要条件

一、株洲商铺销售形势分析

1. 服装批发专业市场容量占据70%，售价普遍高企

纵观株洲目前在售的商业物业销售情况及售价，服装批发市场总规模达71万平方米，销售总金额近20亿元，且售价普遍为零售业态物业售价的近3倍。

但是，由于专业批发市场的供应量大，导致投资者严重分流，增加了各在售物业本区域的销售压力，同时对本项目的销售也将产生一定的影响。

2. 零售物业无独特卖点，售价低迷

在售的零售商业物业，基本以主题商城、超市百货等独立业态为主，由于在售项目基本集中在石峰区，受到地段及周边消费力等综合因素的影响，项目无独特的卖点，因此投资者认同度较低，整体销售情况一般，且售价较低。

3. 商铺供应量猛增，市场销售压力巨大

商业地产由于具有更高的利润率，吸引了众多的地产开发商从单纯的住宅开发转向商业地产的开发，从株洲目前的商铺开发情况来看，不但株洲本土的开发商涉足商业地产的开发，而且长沙、浙江等外来开发商也企图瓜分株洲商业地产版图，导致在2003—2010年度，出现了在售商业项目有12个之多、总规模71万多平方米、销售总值20亿元的疯狂局面。

面对如此大的商铺供应量，株洲这个市区人口仅80多万、整体平均收入偏低的二级城市，市场销售压力巨大成为必然。

4. 商业涉及专业市场、零售商城等众多业态，纷繁复杂

株洲目前在售商铺不但供应量巨大，而且商业涉及的业态也纷繁复杂，有专业市场，有零售商城，有服装批发专业市场，有汽车及零配件专业市场，有以百货超市为主体的零售商城，有女性主题商城等等。

业态的繁杂令投资者眼花缭乱，报纸等媒体今天报道某某旺铺狂销，明天报道某某明星亲临现场与市民互动，使得投资者找不到方向，无所适从，导致了投资者非理性的冲动型投资。

5.推广方式单调泛滥，形不散神散

从株洲目前商业地产的推广方式来看，自从中南（国际）服装交易广场刮起了6000元低门槛创富飓风以后，各楼盘不管合不合适，纷纷采取"拿来主义"，纷纷效仿，均打起了投入与产出的算盘，算起了低首期的一笔账，以低门槛、高回报为单一卖点，忽视了对商业价值及商业规律的推广，表面功夫做得有声有色，但对商业价值的核心点以及商业规律的挖掘深度不够，从而导致对潜在投资群体的挖掘不足，不利于销售的顺利进行，形成了恶性重复竞争的局面。

二、项目销售形势分析

1.株洲首个超大规模的主题商业步行街，一站式购物天堂

项目总规划40万平方米，首期"神农步行街"规模近10万平方米，是株洲首个超大规模的商业步行街项目，也是集购物、休闲、娱乐于一体的综合商业项目，业态涉及超市、大品牌商家、电器、女人世界、服装、钟表、眼镜、珠宝、皮具箱包、餐饮、茶吧、酒吧等，让消费者在购物中休闲，在休闲中购物，开创"休闲娱乐一站式"的全新消费理念。

2.特色建筑、生态环境规划及再现神农华夏历史文化沉淀

·株洲首个独具特色的"炎帝神农华夏文化"主题式商业步行街；
·环境规划以广场为点，以水系为线，缔造现代购物新方向；

项目在建筑规划上突出从古到今、从中国古典到现代建筑的过渡和演变的特点，景观规模以"炎帝神农华夏文化"为主线贯穿始终，配合现代的园林、设施，成为未来株洲的商业名片和代名词。

同时项目所在地作为株洲城市的起源和商业的发源地，具有悠久的历史文化沉淀，徐家桥、解放街已经成为株洲市民心中株洲的代名词，同时炎帝神农氏更使项目历史文化氛围得到了全面的提升。

（1）建筑规划

项目将建成为株洲首个独具特色的"炎帝神农华夏文化"主题式商业步行街，将中国传统的"炎帝神农华夏文化"与现代建筑风格完美结合，成为株洲商业的新方向和新坐标。

项目整体的建筑风格以现代为主，以标志性建筑形成项目整体建筑的亮点，吸引眼球，同时在株洲"炎帝神农华夏文化"的基础上进行深层次的挖掘，在建筑局部风格上体现"炎帝神农华夏文化"的精髓。

（2）环境规划

项目采取"点""线"结合的方式进行整体的环境规划：

· 五大主题广场聚集旺盛人流

"点"主要体现在项目的广场上，如：

· 临芦淞路的市民广场

· 建设路的音乐喷泉广场

· 商铺一、商铺二的美食休闲广场

· 超市入口的中心广场

· 苏宁大厦前的财富广场

通过广场的设置有效地聚集人气，在商业街环境、景观规划布局、河道与步行街走廊的衬托下，结合各部分的商业经营定位，形成购物、休闲融为一体的商业环境组合，创造现代商业的典范。

· 以"炎帝神农华夏文化"为主题，表现形式多种多样，融合与经营定位相符的景观系统

"炎帝神农华夏文化"主题贯穿商业步行街始终，对于"炎帝神农华夏文化"主题的表现形式可以多种多样，同时与现代的商业景观设施相结合并互为呼应，融购物、休闲、娱乐于一体。

"线"主要体现在水系统的环境系统、9米步行道的环境系统中，且以步行道为主展示点，水系统为背景，通过步行道的景点向水系过渡，并与商业的经营品种相结合，塑造相应景点，形成对人流的有效引导，聚集人气，制造兴奋点。如：

· 女性时尚精品区景观系统：将步行道设计为情侣大道，水系为情侣岛等

· 在商业街中设置各种风格的休闲椅等

3. 消费力优势

· 作为株洲人口密度最高的区域，商业消费基础雄厚

项目周边居住人口众多，据不完全统计已达22.62万人（未含流动人口），消费基础雄厚，每年近14亿元零售消费大市场。

▶── 表21-29 株洲市区人口数量、出生率和死亡率以及自然增长率明细

区域	人口数量	出生率（‰）	死亡率（‰）	自然增长率（‰）
荷塘区	26.08万人	9.37	3.45	5.92
芦淞区	22.62万人	9.23	3.52	5.71
石峰区	27.22万人	10.82	4.35	6.47
天元区	12.08万人	10.23	4.31	5.92

全市城区人口密度为每平方公里1624人。其中芦淞区为3391人，是其他区的两倍以上，荷塘区1641人，石峰区1691人，天元区805人。在株洲市芦淞区为人口最密集、消费力最强劲的区。

立足株洲市88万消费人口，抢占每年55亿元的大市场。

（1）株洲市消费力分析

株洲市市区内总人口据第五次全国人口普查统计，荷塘区26.08万人，芦淞区22.62万人，石峰区27.22万人，天元区12.08万人，总人口约88万人。

· 消费力预算：（人均消费以2008年1—10月份平均水平6252元/人计算）

88万人×6252元/人=55 0176万元

· 抢滩第一辐射圈每年14亿元的零售奶酪

（2）项目第一辐射圈内消费力分析

项目第一辐射圈芦淞区总人口约22.62万人

· 消费力预算：（人均消费以2008年1—10月份平均水平6252元/人计算）

22.62万人×6252元/人=141 420.24万元

4. 地理、交通优势

（1）株洲城市的起源和商业发源地

项目所在地徐家桥、解放街区域为株洲城市的起源、株洲商业的发源地，株洲就是在该区域的基础上逐渐发展起来的。

该区域商业目前主要以通信、电子、副食、烟酒、五金等业态为主体，在株洲市民心中，它们已经成为株洲商业的代名词，具有极强的号召力和认知度。

（2）株洲的交通枢纽和动脉

建设路为株洲的交通枢纽和动脉，贯穿株洲南北，连接106、320国道以及京珠高速公路和上瑞高速公路，同时市政公交系统多条线路交汇，如20路、24路、36路、39路等，交通优势极强。

▶—— 表21-30 株洲交通枢纽分析

线路	起止站点	单程距离（公里）	营运时间
1	火车站—化校	9.2	5：20—次日1：00
24	南站—化校	11.4	6：00—20：20
20	四三〇—化校	16	6：00—21：00
33	电脑市场—中南蔬菜市场	5.7	5：50—19：40
28	炎帝广场—三三一医院	11.9	5：50—21：00
104	市一医院—三三一医院	7	6：30—21：30
105	市一医院—三三一医院	7	5：40—23：00

续 表

线路	起止站点	单程距离（公里）	营运时间
45	炎帝广场—响石广场	9.7	6：00—18：30
36 路	太阳村—庆云山庄	6.9	（冬）6：20—20：30 （夏）6：00—20：30
39 路	化校—白马垅	5	7：00—17：30

三、项目销售的必要条件

目前株洲商铺市场的供应量猛增，这给项目的销售带来了一定的压力，因此项目的销售必须具备一定的条件，否则推出市场之后无法形成良好的认同度，第一炮打不响，将会影响到项目后期的整体推广和项目的二期开发。

必要条件一：项目必须要在销售前进行局部改造

项目目前整体环境状况较差，给投资者留下了不好的印象，影响了投资者的投资信心，虽然项目后期进行整改，但若在销售初期不进行局部改造的话，投资者一方面担忧是否如承诺的一样将进行改造，另一方面也无法感受到最终的改造效果。若在销售时进行了局部的改造，一方面增强了投资者的投资信心，另一方面也能够让投资者真切地感受到改造的效果，毕竟事实胜于雄辩。

必要条件二：建筑设计及环境规划必须确定，同时出具相应的整体效果图

项目作为株洲首个超大规模的商业步行街项目，作为株洲未来的商业名片及商业代名词，不仅仅体现在项目经营定位上，还体现在建筑及环境规划对项目附加值的提升中。

而在项目销售时，工程雏形还未显现，因此，在销售时对于建筑设计及环境规划必须要确定，同时出具相应的整体效果图，对项目未来的建筑风格、环境规划进行全方位的展示。一方面突出项目在建筑及环境上的特点和优势，让投资者感受到项目是在打造株洲乃至湖南省首个最具特色的商业步行街，找到对应的价值支撑点；另一方面通过建筑、环境景观系统的全面展示，增强投资者的信心，从而促进项目销售。

必要条件三：项目所有建筑平面图及面积表的确定

项目建筑平面图的绘制完成以及对应的面积表的预测，是项目进行投入与产出资金流量预测的基础，同时也是项目进行销售的最重要的前提条件。

只有确定及绘制完成建筑平面图，才能够对各对应的面积表进行预测，只有面积表预测完成，才能够以此为依据，进行项目资金流量的预算，同时才可以进行内部认购及正式开盘销售。此外，由于合同对于销售面积与实际面积只能存在3%以内的误差规定，因此保证预测面积的准确性相当重要。

必要条件四：项目道路拓宽改造及工程启动

由于项目各建筑单体的施工时间存在先后，因此，在销售时项目一定要局部或主体部分已经动工，并全面启动解放街等项目周边道路的改造工程。

由于项目受到汛期的影响，箱涵区域的覆盖相对滞后，因此对于步行街主体建筑及道路等不受汛期影响的工程若销售前仍不启动，一方面投资者对于项目所承诺的开业时间会存在疑问，另一方面投资者看不到项目工程的启动，在一定程度上将影响投资者的投资欲望，同时对投资者的信心也将产生一定的影响。

············ 第三部分 ············

商城销售平面图分割

一、商城销售平面图分割

1. 分割原则

以墙、柱为基准，以主通道为人流导向，合理设置通道走向与宽度。保持商场的通畅且美化商场整体布局；

充分兼顾销售与经营的关系，铺位分割做到可分可合——"分小易售，合大好用"；

与销售价格综合考虑，合理设置铺位总值，利于销售；

考虑主、辅通道，人流导向对铺位推广的影响；

考虑单铺进深、面宽比例对铺位推广的影响；

回避带4编号铺位的销售。

2. 具体分割说明

项目一期在建筑结构上以步行街为主，各单体建筑主要形成以街铺为主体的商业建筑结构，因此，除了主题商城需要进行内部的分割外，其他部分铺位仅做小幅调整，适合经营及销售即可，不需要进行大幅的铺位分割。

街铺的划分：街铺的主力铺位使用面积控制在30~40平方米，既能保证可销售性，同时又能保证后续实际经营的需要。

主题商城的划分：项目涉及具体细部划分的主要为影视广场区域，同时由于引进大商家，进行具体分割的集中在女人世界和超市辅营区。

女人世界和超市辅营区：根据女人世界和超市辅营区的经营定位，结合项目商业价值的最大化要求，将负一层的女人世界和超市辅营区规划为"室内步行街"，在主通道中设置休闲景观区，两侧形成独立铺位，一方面提升女人世界和超市辅营区的商业价值，另一方面与项目商业步行街的特色相呼应。

3. 分割图

主通道：4.2米，辅通道：2.5米；

主力铺位：开间2~2.5米，进深3~4米，单个主力铺位使用面积为10平方米左右。

二、商场铺位平面分割与销售的相关联系

通过平面分割将铺位分成各种面积的单位，根据价格等相关条件，将铺位总值合理控制在市场可接受范围内。同时，降低置业门槛，扩大客户层面。

通过铺位分割合理布置主、辅通道，人流通道，卖场，布局，休闲空间，为铺位今后升值奠定硬件基础，也为销售创造了有利条件。

合理设置单铺进深、面宽比例。

回避带4编号铺位的销售。

三、项目各建筑具体平面分割

项目主要以街铺的形式存在，除个别单体需要进行内部详细规划外，其他单体建筑基本以划分街铺为主。

在坚持上述原则的基础上，结合项目各单体建筑的特点，对项目各组成建筑单体进行平面分割，主要说明如下（详细分割待设计院出具相应建筑平面图后再提交分割方案）：

1. 影视广场平面分割

影视广场是项目需要进行内部规划的单体建筑，且影视广场的规划以品牌大商家+女人世界+超市辅营区为主体，其平面分割主要分为以下三种形式：

形式一：室内步行街

主要规划在负一层的女人世界和超市辅营区，通过环境景观规划与室外步行街相融合，吸引并更有效地引导人流，具体规划参数如下：

通道控制在4.2米左右：其中1.2米设置双排休闲椅，休闲椅两侧各为1.5米宽的通道，铺位规划为独立式铺位。

铺位面积控制在10平方米左右（使用面积）：室内步行街以独立铺位为主，单个铺位开间控制在2.5~3米，进深控制在3~4米。

形式二：柜台+敞开式铺位组合

主要规划在品牌超市进驻区域，若资金运作不存在问题，品牌大商家进驻部分原则上建议不进行销售，但划分时依然为后期可能销售做准备。依据大商家整体承租的经营特点，划分原则上尽量划小利于销售，并辅以长期返租策略。具体规划参数如下：

主通道：2米，辅通道1.8米；

柜台开间：2米左右；

柜台进深：1.5米左右，整体使用面积3平方米左右；

敞开式铺位：开间2~2.5米，进深2~2.5米，整体使用面积4~8平方米。

形式三：柜台+独立铺位组合

主要规划在女人世界的一、二层，综合考虑可售性及女人世界实际经营的需要，柜台主要以经营小饰品、化妆品等为主，独立式铺位主要以经营服装、皮具、鞋类、箱包为主，兼顾销售及经营的双重性。具体参数如下：

主通道：2米，辅通道1.8米；

柜台开间：2米左右；

柜台进深：1.5米左右，整体使用面积3平方米左右；

独立式铺位：开间2~2.5米，进深2~3米，整体使用面积4~8平方米。

2. 空中街市平面分割

空中街市依据其经营定位的特点，兼顾销售及后期经营的双重性，对各楼层进行划分，具体划分如下：

（1）一层街铺的划分

一层主要依据空中街市现有的柱网结构进行划分，单个铺位的使用面积基本控制在24~40平方米，街铺开间4米，进深依据建筑固有特点设定在6~10米，同时在单个铺位内设置洗手间。

空中街市的街铺临沿港路与步行街，是整个项目最为核心的区域，因此24~40平方米的使用面积一方面能够保证经营的需要，另一方面整体销售价值也因环境、景观规划而得到有效提升，保证投资者能够寻求到相应的价值支撑点。

（2）二、三、四层铺位的分割

将空中街市二、三、四层当作复式铺位处理，经营定位以休闲、娱乐为主，业态以茶吧、酒吧、足浴等为主体，以业态经营的面积需求为依据，将二、三、四层划分为使用面积为56~72平方米的单个铺位，单个铺位开间8米左右，进深7~10米，一方面保证可售性，另一方面兼顾业态经营的面积需求。同时二层保证连廊的环通性。空中街市三层北向内廊全部取消，划分为三层铺位的内阳台，同时三层消防梯取消。

空中街市紧依步行街主体区域，主打环境及品位，能够最直接地欣赏到项目的环境景观系统，在空中街市现有二、三层复式铺位的分割基础上，在三层增设至四层天台的楼梯间，充分将四层的现有平台利用为二、三层铺位的花园天台，四层各铺位之间以栅栏间隔。

四层因为是平台，可以在平台上设置空中花园，辅以绿化，与其外立面形成立体的景观系统组合。该改动一是使商户在未来的经营中可以在空中花园中设置休闲茶座，提升经营的品位和商业经营价值；二是通过三层观景阳台及四层空中观景天台，制造空中街市的立体环境景观系统，进一步促进空中街市二、三层复式铺位的销售。

3. 商铺一、商铺二平面分割

商铺一、商铺二由于其地段相对远离步行街的核心区域，在人流导向上存在着一定的困难，因此为提升商铺一、商铺二的商业价值，对商铺一、商铺二进行平面分割如下：

（1）商铺一、商铺二一层平面布置

商铺一由于进深太深，开间和进深不合理，因此需要进行调整，将进深控制在12米左右，其余部分在销售过程中作为厨房的功能配套赠送，增加可售性。

商铺二沿1~16轴方向进行竖向划分，形成朝五金市场和商铺一双向开门的街铺（朝五金市场若开间不够设置单门，则朝商铺一设置双门），单个铺位面积48平方米左右（开间4米，进深12米），保证了经营定位的可实现性。

同时将洗手间设置在商铺二的北侧。

商铺一一层街铺：开间4.2米，进深15.7米，单个铺位使用面积65.94平方米。

商铺二一层街铺：开间4米，进深12米，单个铺位使用面积48平方米。

（2）商铺一、商铺二二层平面布置

①西侧连廊修改

商铺一、商铺二西侧衔接处的门楼因为消防的原因被除去，同时为保证环通，商铺一、商铺二西侧的连廊直接设置楼梯下至一层。

②出入口以及住宅楼梯的更改

由于西侧的门楼因为消防原因被除去，为保证整个二层的环通，提升商业价值，将主入口设置在与东侧的门楼衔接处。

同时原住宅的消防楼梯从临解放街区域通往高楼层，影响了街铺的完整性，同时降低了街铺的商业价值，因此，现将原住宅的消防楼梯对解放街设置出入口，统一将出入口设置在内廊上下。

③增设旋转楼梯

为满足消防的要求，在商铺一、商铺二的内廊中间区域设置旋转楼梯直接下至一层。

旋转楼梯的设置一方面满足了消防车道的要求，另一方面根据广场的景点、小品进行设置，形成有机整体。

鉴于目前商铺二与商铺一的处理方式，后期的销售压力仍然较大，因此，为降低商铺二的操作风险，建议商铺二的二、三层不作复式铺位处理，以休闲、娱乐为经营定位，作为公司的长期收益，不考虑销售。

二、三层均为大开间，不进行详细的分割，未来根据商户的需要进行分割，二、三层预留洗手间位置。同时将二层东端的一个铺位作为扶梯，作为二层与三层之间的连接通道。

4. 苏宁大厦平面分割

苏宁大厦一至三层为商铺，四层以上为酒店或写字楼，由于酒店或写字楼对开间、进深均有要求，因此苏宁大厦的柱网结构需要全面调整，以符合标准酒店客房对开间和进深的要求，因此，结合苏宁大

厦的经营定位，对其平面分割如下：

（1）苏宁大厦一层街铺铺位分割

苏宁大厦一层街铺，根据柱网结构调整后，沿解放街和步行街区域的进深等分，划分为一排沿解放街的街铺、一排沿步行街的街铺；开间依据柱网调整后的开间，保证在3~5米。

（2）苏宁大厦二、三层铺位分割

苏宁大厦二、三层经营定位为整体承租给中西餐饮大商家，作为酒店式写字楼的商务配套，因此，对于苏宁大厦的二、三层不作铺位分割，保持现有的框架结构。

（3）产权式酒店或写字楼分割

苏宁大厦的写字楼主要集中在五至十六层，同时建筑结构上存在着圆弧形的造型，考虑到写字楼与酒店标准客房的双重经营定位，铺位划分分为两个部分进行：

第一部分：规则区域的铺位划分
规则区域的铺位单间的开间为4米左右，进深6.8~7.1米，通道2.4米，独立单间预留卫生间位置。

第二部分：圆弧形区域的铺位划分
圆弧形区域的铺位划分以柱网结构为基础，同时兼顾开间大小，形成开间4.1~5米、进深7.1米的单间，以及开间3~3.8米、进深6.8米的单间，通道2.4米，独立单间预留卫生间位置。

5. 商铺三平面分割

商铺三也主要以街铺形式进行分割，为兼顾销售及经营，主要分割如下：

（1）一层临建设南路消防梯更改为铺位

考虑到临建设南路为本建筑人流最集中、最旺的区域，而目前现有的建筑平面布置上设置了消防楼梯，降低了可售面积及整体收益，因此，将20轴至21轴之间的消防楼梯挪至18轴至20轴之间，将20轴至21轴之间划分为铺位，增加整体收益。

（2）圆弧形区域的铺位分割

圆弧形区域面积较大，可售性低，因此将其等分为四个铺位，增加可售性。
同时将二、三层设计成复式铺位。

（3）商铺三柱网结构的调整

通过综合考虑商铺三的柱网结构，二、三层铺位的面积大小及可售性，建议将商铺三的柱网结构由目前的柱间距8米，调整为柱间距6米。

通过上述调整后，商铺三的平面分割如下：

商铺三一层平面分割：一层的单个铺位开间3米，进深5~8米，单个铺位15平方米至24平方米，能够有效兼顾可售性及经营性。

商铺三二、三层平面分割：二层的单个铺位开间6米，进深10~13米，单个铺位60平方米至78平方米，同时二、三层作为复式铺位处理，能够兼顾可售及经营的双重性。

6. 解放街一至五号楼平面分割

（1）一号楼平面分割

解放街一号楼一、二层作为复式铺位处理，单个铺位开间4.5米，进深8.6~9.6米，铺位使用面积为38.7~43.2平方米；同时从经营的角度考虑，在每个铺位都设置独立的洗手间。

（2）二号楼平面分割

解放街二号楼由于地块的限制，设计时一、二层作为复式铺位处理，局部地区一至三层复式铺位，铺位开间基本在3.6~4.2米，但是铺位进深则在8.1~14.7米，单个铺位的开间和进深比例不协调，由于受到地块条件的限制，因此建议对解放街二号楼局部三层的区域，只做到二层，将一、二层作为复式铺位处理，原三层区域作为住宅的空中花园，提升住宅的价值。

（3）三号楼平面分割

解放街三号楼街铺为二层，一、二层作为复式铺位处理，单个铺位划分开间3.8~4.2米，进深11.7米，单个铺位使用面积44.46~49.14平方米，在每个铺位都设置单独的洗手间。

（4）四号楼平面分割

解放街四号楼街铺为二层，一、二层作为复式铺位处理，具体划分如下：

一层街铺：划分为南北两排街铺，单个铺位开间4.2米左右，进深6.9~10米，北侧街铺与二层作为复式铺位处理，南侧铺位为独立街铺。

二层：北侧一层街铺作为复式铺位处理，单个铺位开间4.2米，进深近20米。

（5）五号楼平面分割

解放街五号楼地块长度为18米左右，由于绸布店需要建在此处，占地100平方米左右，长度为10米左右，因此解放街五号楼仅剩下了8米左右的开间长度，所以在进行划分时，将其一分为二，形成两个街铺，单个铺位开间4米，进深11米左右，单个铺位使用面积44平方米左右，一、二层作为复式铺位处理。

·············· 第四部分 ··············

目标投资客分析

一、目标投资客地域分析

2010年株洲商业地产供应量巨大，达到令人恐怖的100多万平方米，株洲平均每人近2平方米，2010年株洲商业地产进入了群雄逐鹿的残酷境地；

本项目规模为株洲历史上最大规模的商业步行街，纯商业面积达90 000余平方米，总值近5亿元，在2010年株洲商业地产残酷的竞争环境中，如何跳出株洲投资圈，拓展株洲之外的投资渠道及投资群体是项目成功销售的关键，也是项目销售价值的关键。

因此，本项目的投资群体应以长、株、潭为基础，同时积极拓展全省其他二级城市的投资渠道，并对全国在外投资的热点区域温州及广东区域进行重点定点推广，以达到快速销售本项目的目的。

1. 长、株、潭一体化区域约占总投资客的45%

（1）长沙和湘潭投资者投资心理分析

长、株、潭经济的一体化形成了金三角组合，长沙和湘潭区域的投资者对于在株洲投资的认同度加强，同时从目前株洲在售的项目客户区域来源分析，长沙和湘潭的投资者已有大批在株洲进行投资。长沙和湘潭的投资者一方面对长、株、潭经济一体化的巨大发展空间认同度较高，另一方面对于株洲优越的地理位置及交通优势比较认可，同时项目在建筑及环境规划上具有独特性，充分挖掘了"炎帝神农华夏文化"，必将提升投资者的认同度，沸腾他们的投资热情。

（2）株洲区域投资者投资心理分析

株洲区域的投资者对项目周边的商业氛围、地理位置的优势，株洲城市的起源和商业的发源地等利好信息了解得非常详细，以及对项目未来的整体规划、开发商的整体实力比较有信心，同时距离较近，看得见摸得着，对其投资信心也起到了非常大的促进作用。但由于整体投资实力的原因，投资意向可能集中在总值相对较低的主题商城部分，部分实力雄厚的投资者将考虑街铺。

2. 全国其他区域投资者约占总投资客的35%

全国范围内在外地投资的投资者，目前主要集中在浙江的温州及珠三角区域的广州、深圳区域，该类区域的投资者投资实力强劲，投资意识强烈，且基本已经有过或亲眼目睹过周围投资人士成功的经验，对在外地投资有着强烈的冲动。同时对于株洲目前在售商铺客户区域来源的分析表明，该类区域的投资者已经逐渐成为株洲投资市场的一支生力军。

（1）温州投资者投资心理分析

株洲已经拥有许多温州人投资成功的案例，这对温州人在株洲进行投资具有极大的促进作用。温州人一方面对株洲在中南地区优越的地理位置非常认同，另一方面手头上拥有众多的闲散资金，需要为资金找到更多的投资渠道，温州人绝不会让钱安静地躺在银行里。

因此，当项目的建筑、环境景观系统规划、株洲城市的起源和商业的发源地等众多利好信息及诉求点传达至温州区域时，全国首个"炎帝神农华夏文化"主题商业步行街的横空出世，必将吸引众多温州人的眼球，对温州投资者产生强大的吸引力。

温州看楼团目前在全国范围内的炒房现象虽然引起不少的争议，其矛盾点最主要集中在温州看楼团的短期炒房行为，扰乱了当地原有房地产的价值系统，但是本项目采用短期包租的销售方式，即前二至三年的物业所有权为开发商所有，因此在根本上杜绝了短期炒家的炒作行为。

（2）广州、深圳等珠三角区域投资者的投资心理分析

广州、深圳等珠三角区域的投资者投资实力也较为强劲，投资意识也较强，该类投资者对于在株洲投资热情度较高，主要原因集中在以下两个方面：

一方面是对株洲优越的地理位置及交通优势的认同，同时珠三角区域与株洲之间的铁路、公路以及航空交通非常便利，且往返时间短，也是珠三角区域投资者热衷于投资株洲商铺市场的重要因素之一；

另一方面珠三角区域聚集了大批外来人口，其中包含许多湖南籍的成功人士及白领一族，投资株洲就是投资家乡，也能够弱化投资距离问题的影响，增强投资者的投资信心。

3.湖南省内其他区域约占总投资客的20%

岳阳、衡阳、常德、邵阳、攸县等区域的投资者近年来热衷于株洲商铺市场的投资，主要原因集中在以下两个方面：

一方面这些区域与株洲之间的距离较近，长期以来与株洲保持着密切的联系，投资者对于投资距离所造成的风险观念较为淡薄，同时本区域内由于地段、商业发展程度、市场基础等诸多条件的限制，投资空间和升值潜力狭小，无法激发投资的欲望和冲动。

另一方面对株洲优越的地理位置、交通优势拥有亲身的感受。目前株洲在售商业的客户区域来源分析结果显示出湖南省内其他区域的投资者对于株洲投资市场的认同度较高，逐渐成为株洲市场的一匹"黑马"。

因此，项目通过对这些区域的定点推广，将项目的环境规划、建筑规划、地段等众多利好信息发布出去，使项目在目前株洲众多在售楼盘中独树一帜，必将吸引投资者眼球，对湖南省内其他区域的投资者产生强大的吸引力。

长、株、潭45%
湖南省内其他区域20%
珠三角、江浙区域35%

▶ 图21-1 项目投资群体区域比例示意图

二、目标投资客类型分析

依据我们多年操作商铺的实践经验，并结合项目地域性的特点，预计目标投资客将会以以下几种类型为主：

1. 从客户身份看

（1）政府公务员、金融行业从业人员、企业白领，有较高收入，且相对固定

此类客户整体收入水平较高，且相对稳定，手中积聚了大量闲散资金，并且没有太多的投资渠道，急需为资金寻找出路，此类客户为本项目的重点投资群体，同时此类客户由于对项目的发展潜力、周边环境、地段相当了解，因此认同度很高。

（2）生意人士，此类人士将会是较大单位的投资主体

此类投资者经营中小企业，出于各方面的原因，自身的企业发展的空间和潜力较小，发展的难度较大，因此寄希望于将闲散资金进行物业投资，以期获得增值，同时也可以作为固定资产进行抵押。

（3）附近居住人士

此类投资者对项目周边的商业发展及历史较为熟悉，对项目的认同度高，但由于整体投资实力的原因，所以是项目总值相对较小的主题商城消化群体之一。

2. 从投资经历看

本项目铺位总值相对较高，因此大部分投资客都具备一定的投资经历，在选择铺位时考虑因素较多；部分为初次投资人士，将会选择总值较小的铺位来投资，用于尝试。

第五部分

项目各部分定价及销售策略

株洲目前在售的商业物业，从地段、经营业态、建筑环境、周边消费力、升值空间和潜力等诸多方面，均与项目存在着较大的差距，不具备可比性；

同时专业市场由于业态的差异性，其售价也难以此作为参照。

因此项目各部分的定价建立在对与项目处在同等地段的商业情况的综合分析上，将同等商业区域中等偏上的租金水平作为参照体系，结合项目独有的建筑、环境景观、地段、交通、周边消费力以及经营定位等因素，并充分考虑开发商的预期收益，作为本项目的价值体系参照，来制定项目各部分的销售价格。

步行街主体部分：空中街市、影视广场的定价参照系：

本项目在株洲在售物业中无明显参照点，步行街系统以株洲核心商圈株百的经营租金为参照，考虑株洲商圈形成的历史周期，项目空中街市及影视广场街铺租金水平以株百现有租金的80%折算，定价以通常租金年回报率的8%折算，来确定步行街主体部分的销售价格。

解放街一至五号楼及商铺一、二的定价参照系：

解放街以南一至五号楼及商铺一、二因偏离步行街及主要环境系统，销售价值较弱，但整体项目的规划对其价值有一定的提升和带动作用，所以基本以株洲现有其他区域步行街售价的120%计算。

一、项目整体概述

苏宁购物中心一期工程位于株洲市芦淞区，属于株洲市的商业起源区域，东临京广线，西临湘江，南向以解放街为界，北止于沿港路。

项目为株洲市旧城改造项目苏宁休闲购物中心第一期工程，总占地面积50 743平方米，总建筑面积110 580.8平方米。

━━ **表21-31 项目整体建筑分布情况一览表**

工程项目	建筑面积	建筑层高	商业面积
空中街市	21 528平方米	主体4层，其中一层街铺，二、三层复合式铺位，四层独立隔间	21 528平方米
苏宁大厦	17 284平方米	主体16层，其中一至三层商业	3564平方米
影视广场	35 911平方米	·临沿港路4层 ·环形区域6层 ·临建设南路6层 单层面积约7182.2平方米	30 953平方米
商铺一	10 475平方米	主体2层，商业2层（1944平方米）+地下层（869平方米）	4757平方米
商铺二	2247平方米	主体3层，单层面积749平方米	2247平方米
商铺三	3210平方米	主体3层，单层面积1070平方米	3210平方米
一号楼	290平方米左右	主体2层，单层面积145平方米	290平方米
二号楼	11 520平方米左右	主体6层，商业2层，单层面积约1920平方米	3840平方米
三号楼	5106平方米	主体6层，商业2层，单层面积约1141平方米	2282平方米
四号楼	2614.8平方米	主体6层，商业2层，单层面积约591.4平方米	1183平方米
五号楼	396平方米	主体2层，单层面积约198平方米	396平方米

二、项目定价原则

项目定价以项目所处地段的整体商业发展情况、株洲目前在售商业售价、升值空间、建筑、环境规划等因素为依据，同时综合了开发商的预期收益。

商业整体发展状况的主导性原则；

株洲同类商业物业最佳商圈的租金现状，参考价格原则；

建筑、环境规划的附加值原则；

投资者的投资潜力及价值认同度原则。

三、项目各单体建筑销售价格定位

1.各部分定价及依据

▶ 表21-32 各部分定价及依据

工程项目	商业面积（平方米）	可售面积（平方米）	定价（元/米²）	定价依据
空中街市	21 528	7037	街铺：22 500	1.以株洲百货周边商业现有租金的中等偏上水平约150元/米²/月为标准，以年回报8%进行折算。 2.空中街市位于项目最为核心的区域，是项目环境景观系统的集中展示区域，人流旺盛，同时也是项目商业价值最高的区域。 3.空中街市的街铺使用面积为24~40平方米，开间和进深比例协调，与经营定位相吻合，销售总值在54万~90万。 4.空中街市街铺的经营定位以中档品牌店为主，该类业态经营状况较好，租金坚挺。
		7008	二层：9000 （买二层送三层、四层）	1.依据其休闲娱乐定位，以株洲目前休闲娱乐（集中区域如七一路）同类业态现有租金中等偏上水平约60元/米²/月（二楼40元/米²/月，三楼20元/米²/月）为标准，以年回报率8%进行折算。 2.空中街市紧邻商业街景观，环境规划最为核心的区域，以KTV、酒吧、茶吧为经营定位，环境对经营的促动性较大，在一定程度上提升了空中街市二层的价值。 3.由于休闲、娱乐定位的业态，经营所需的面积较大，在56~72平方米，综合上述因素，以9000元/米²的定价进行销售，符合业态的经营现状，销售总值在50万~65万，同时二、三层作为复式铺位处理，提高投资者的认同度，找到对应的价值支撑点。
苏宁大厦	3564	1400	街铺：12 000	1.苏宁大厦沿步行街区域设置街铺，位于步行街主入口区域，建筑、景观环境规划对商业价值产生提升作用。同时铺位开间和进深合理，适合经营，但是地块各存在着高差等导致其商业价值受到了影响。因此其定价以株洲现有步行街租金水平60~70元/米²/月的120%左右为标准，以年回报8%进行折算，约12 000元/米²，铺位销售总值在50万~60万。 2.苏宁大厦沿解放街区域设置街铺，相对背离步行街主体，但步行街离商步行街整体的建筑、环境景观规划对其价值有带动作用，同时铺位使用面积大小合适，开间和进深比例协调，以株洲现有步行街租金水平60~70元/米²/月的120%左右为标准，环境景观规划对其价值有带动作用，以年回报8%进行折算，约12 000元/米²。

续表

工程项目	商业面积（平方米）	可售面积（平方米）	定价（元/米²）	定价依据
		街铺 666	街铺：22 000	1. 以株洲百货周边商业现有租金的中等偏上水平约150元/米²/月为标准，以年回报8%进行折算。 2. 影视广场位于项目最为核心的区域，同时也是项目商业价值最高的区域。 3. 影视广场的街铺使用面积为35~40平方米，开间和进深比例协调，与经营定位相吻合。 4. 影视广场街铺的经营定位以中档品牌店为主，该类业态经营状况较好，租金坚挺。
		内铺 1728	内铺：12 000	影视广场内铺相对背离步行街主体，但步行街整体的建筑、环境景观规划以及室内步行街系统对其价有带动作用。同时铺位使用面积大小合适，开间和进深比例协调。因此其定价以株洲现有步行街租金水平60~70元/米²/月的120%左右为标准，以年回报8%进行折算，约12 000元/米²。
影视广场	30 953	主题商城 666	街铺：20 000	1. 以株洲百货周边商业现有租金的中等偏上水平约150元/米²/月为标准，以年回报8%进行折算。 2. 影视广场位于项目最为核心的区域，同时也是项目商业价值最高的区域。 3. 主题商城的街铺使用面积为35~40平方米，开间和进深比例协调，与经营定位相吻合。 4. 主题商城街铺的经营定位以中档品牌服装为主，该类业态经营状况较好，租金坚挺。
		内铺 1728	内铺：12 000	主题商城内铺相对背离步行街主体，但步行街整体的建筑、环境景观规划以及室内步行街系统对其价有带动作用。同时铺位使用面积大小合适，开间和进深比例协调。女性主题商城定位填补主题商城的空白点，吸引旺盛人流，因此其定价以株洲现有步行街租金水平60~70元/米²/月的120%左右为标准，以年回报8%进行折算，约12 000元/米²。

续表

工程项目	商业面积（平方米）	可售面积（平方米）	定价（元/米²）	定价依据
影视广场	主题商城	2394	一层均价：8600	1. 主题商城的经营定位吸引旺盛人流，同时品牌超市大商家也为主题商城带来了旺盛的人气。 2. 由于本项目地块存在着高差，二层沿解放街区域也相当于一层，因此其定价将介于传统的二层之间，为一层定价的70%左右。 3. 主题商城的二层定位为女性饰品、化妆品、箱包皮具等，铺位形式多样，有柜台和内铺组合，增加了可售性。
商铺一	4757	1944	街铺均价：12 000	1. 解放街沿线街铺相对背离行街主体，但步行街整体的建筑、环境景观规划对其价值有带动作用，同时铺位使用面积大小合适，开间和进深比例协调。因此其定价以株洲现有步行街租金水平60~70元/米²/月的120%左右为标准，以年回报8%进行折算，约12 000元/米²。 2. 毗邻芦淞路，人气旺盛，周边居民聚集，吸引并积聚旺盛人流。
		869	地下层均价：5000	1. 美食广场的定位，以独特的经营特色吸引并聚集旺盛人流。 2. 地下层进深达15米，导致单个铺位面积较大，总值较高，若定价较高，则销售压力大，投资者找不到商业价值支撑点，因此其价值相对街铺损失了50%左右，价格定位在6000元/米²。
商铺二	2247	749	一层均价：6500	1. 商铺二不但背离行街主体部分，同时还背离芦淞路出入口，人气较差，对其商业价值产生影响，仅能达到解放街铺价值的60%~70%。 2. 美食广场以独特的经营特色吸引并聚集旺盛人流，同时定位业态经营状况较好，具有一定的租金承受能力。 3. 单个铺位使用面积24~30平方米，开间进深比例协调，适合经营。
商铺三	3210	1070	街铺均价：15 000	1. 与作为步行街主体的建设南路相隔，未能形成一个有机的整体，在一定程度上影响了商业价值，由于毗邻建设北路，比解放街铺沿线铺位价值高，因此其定价为15 000元/米²。 2. 经营定位以周边居民日常生活消费、中档品牌店为主体，街铺开间和进深协调，居住人口众多，人气旺，经营有保障，投资者认同度较高，同时能够找到相对应的价值支撑点。
		1070	二层均价：8000	二层与三层作复式铺位处理，由于楼层的原因，其价值较一层低，同时其经营定位为休闲娱乐类业态，对经营面积有所要求，因此其定价参照为一层的50%~60%。

续表

工程项目	商业面积（平方米）	可售面积（平方米）	定价（元/米²）	定价依据
一号楼	290	145	12 000	1.一号楼、二号楼的临解放街区域街铺，相对背离步行街主体，但步行街整体的建筑、环境景观规划对其价值有带动作用。 2.在影视广场对面，虽然面积过大，但是通过买一层送一层及与株洲现有影视街铺拉开差价，应可找到对应的价值支撑点，因此其定价以年回报8%进行折算，月租金水平60~70元/米²/月的120%左右为标准，约12 000元/米²。
二号楼	3840	1920	12 000	1.一号楼、二号楼的临解放街区域街铺，相对背离步行街主体，但步行街整体的建筑、环境景观规划对其价值有带动作用。 2.铺位面积大，进深近20米，开间和进深比例不协调，同时总价较高，因此对其商业价值形成了一定的售压力，二号楼的价值为一号楼的15%~16%，均价10 000元/米²；
三号楼	2282	1141	10 000	1.一号楼、二号楼的临解放街区域街铺，相对背离步行街主体，但步行街整体的建筑、环境景观规划对其价值有带动作用。 2.铺位面积大，进深近20米，门前地势高低不平不利于人流通畅，因此对其商业价值形成了一定的影响，其价值为一号楼，二号楼的价值为一号楼的15%~16%，均价10 000元/米²；
四号楼	1183	591	10 000	
五号楼	396	198	12 000	五号楼的临解放街区域街铺，相对背离步行街主体，但步行街整体的建筑、环境景观规划对其价值有带动作用。整体面积虽然较小，但属于项目边沿，其价值比四号楼稍高，其价值有绸布店及历史文物店，二号楼保持同等价值。

注：以上价格为初步预测，其价值将受最终平面规划及面积的影响。

2.关于销售部分的说明

▶— 表21-33 关于销售部分的说明

工程项目	销售面积（平方米）		定价（元/米²）	销售部分说明
空中街市	7037		22 500	二、三层复式铺位
	7008		9000	
苏宁大厦	1400		12 000	商业部分二、三层不售
影视广场	街铺	666	22 000	·商业部分只售负一层、一层街铺及内铺
	内铺	1728	12 000	
	主题商城	666	20 000	·二、三、四层及大商家部分只租不售，作为项目的长期租金收入及信用保证
		1728	12 000	
		2394	8600	
商铺一	1944		12 000	二层整体承租给大商家
	869		5000	
商铺二	749		6500	二、三层整体承租给休闲娱乐大商家
商铺三	1070		15 000	买一层送一层
	1070		8000	
一号楼	145		12 000	买一层送一层
二号楼	1920		12 000	买一层送一层
三号楼	1141		10 000	买一层送一层
四号楼	591		10 000	买一层送一层
五号楼	198		12 000	买一层送一层

四、资金流量预算

　　本资金流量预算以设计院前期出具的总规图面积为依据，同时以项目各单体建筑在项目建筑、环境景观等各方面条件均具备的前提下、预期能够实现的均价为预算的基础，进行以下资金流量预算，具体资金流量需要待设计院出具各单体详细的面积表后，再进行测算。

第一项：项目铺位可销售总值

▶━ 表21-34　项目铺位可销售总值

工程项目	销售面积（平方米）		定价（元/米）	销售总值（万元）
空中街市	7037		22 500	15 833
	7008		9000	6307
苏宁大厦	1400		12 000	1680
影视广场	街铺	666	22 000	1465
	内铺	1728	12 000	2074
	主题商城	666	20 000	1332
		1728	12 000	2074
		2394	8600	2059
商铺一	1944		12 000	2333
	869		5000	435
商铺二	749		6500	487
商铺三	1070		15 000	1605
	1070		8000	856
一号楼	145		12 000	174
二号楼	1920		12 000	2304
三号楼	1141		10 000	1141
四号楼	591		10 000	591
五号楼	198		12 000	238
合计				42 988

销售总额：42 988万元。

第二项：销售去除返租金的即时收益

▶— 表21-35 项目即时收益

工程项目	销售总值（万元）	返租率（%）	返租金额（万元）	实收款（万元）
空中街市	15 833	0.16	2533	13 300
	6307	0.24	1514	4793
苏宁大厦	1680	0.16	269	1411
	1465	0.16	234	1231
影视广场	2074	0.16	332	1742
	1332	0.16	213	1119
	2074	0.16	332	1742
	2059	0.16	329	1730
商铺一	2333	0.16	373	1960
	435	0.16	70	365
商铺二	487	0.16	78	409
商铺三	1605	0.16	257	1348
	856	0.16	137	719
一号楼	174	0.16	28	146
二号楼	2304	0.16	369	1935
三号楼	1141	0.16	183	958
四号楼	591	0.16	95	496
五号楼	238	0.16	38	200
合计	42 988	——	7384	35 604

销售去除返租后即时实收款：35 604万元。

第三项：返租期内租金收益（以免租金半年折算）

▶—— 表21-36 返租期内租金收益

工程项目	销售面积（平方米）		定价（元/米²）	租金（元/米²/月）	月租金收入（万元）
空中街市	7037		22 500	150	106
	7008		9000	60	42
苏宁大厦	1400		12 000	80	11
影视广场	街铺	666	22 000	147	10
	内铺	1728	12 000	80	14
	主题商城	666	20 000	133	9
		1728	12 000	80	14
		2394	8600	57	14
商铺一	1944		12 000	80	16
	869		5000	33	3
商铺二	749		6500	43	3
商铺三	1070		15 000	100	11
	1070		8000	53	6
一号楼	145		12 000	80	1
二号楼	1920		12 000	80	15
三号楼	1141		10 000	67	8
四号楼	591		10 000	67	4
五号楼	198		12 000	80	2
合计					289

返租期内租金收益（以免租半年计算）：

289万元/月×6个月=1734万元。

━── **表21-37 收益情况一览表**

收益情况	数据来源	总值（万元）	销售率90%折算（万元）
一期铺位销售总值	第一项	42 988	38 689.2
一期项目即时收益	第二项	35 604	32 043.6
一期项目返租期内的租金收益	第三项	1 734	1 560.6
一期项目总收益	第二项+第三项	37 338	33 604.2

关于自留物业只租不售的说明

本项目属于超大型商业物业项目，一方面是出于其中一些高楼层物业受项目内部的地段及经营业态影响而造成的单个铺位面积较大等原因，如果推向市场销售较难达到理想的售价；还有一部分物业引进主力品牌商家，通常大商家的承租年限长达十五至三十年，如果将其销售，则必须采取长期委托租赁的销售策略，由于大商家的租金远远低于市场租金价，该部分物业的年租金补贴将成为本项目的一种长期负担。

另一方面，如果对本项目所有商业物业都进行销售，会在投资者中造成开发商将物业全部售完、把钱挣完后就不管商业街的后续经营的不良影响，如果开发商保留一部分物业，让投资者了解到开发商始终为本项目的最大股东，与投资者的利益捆绑在一起，从而增强投资者信心，综上两点因素建议高楼层物业只租不售，作为开发商的自有资产以获取长期收益。

关于超市百货租赁情况的说明

超市百货区域面积约7182平方米，以平均租金20元/米²/月折算。

年租金收益：$7182 \times 20 \times 12 = 172$万元。

项目只租不售部分租金收益情况的说明

只租不售部分收益（由于基本为较高楼层，平均租金以15元/米²/月折算）：

项目只租不售部分主要为：苏宁大厦的二、三层，商铺二的二、三层，商铺一的二层，影视广场的四层等，初步预算总面积约14 224平方米。

━── **表21-38 项目只租不售部分租金收益**

面积（平方米）	租金水平（元/米²·月）	年租金收益（万元）
14 224	15	256

注：此租金收益为估算值，因为大部分为针对经营面积较大的商家定点招商，最终收益将以与商家洽谈的结果为准。

五、步行街销售价格策略

1. 低开高走、小幅快跑的定价策略

项目根据市场制定一个相对合理的价格，利用投资者早买早赚的投资心态，迅速提升项目人气，在制造项目旺销的局面后，立即提价；采取"小幅快跑"的策略，一方面可利用早期投资者追求投资利润最大化的心态，另一方面在本项目价格不断上涨的局面下，造成投资者追涨的心态，最终达到低开高走的目的，保证顺利销售，同时实现价值的最大化。

2. 高售价、低门槛的价值最大化策略

项目基本以街铺为主体，总值较高，因此在一定程度上减小了投资层面，所以短期委托租赁在扩大投资层面方面将发挥重要的作用。

委托租赁有利于降低投资者的首期款，降低置业门槛，扩大投资层面，前几年投资者不用考虑经营，有利于增强投资者的信心，同时开发商收回了一定年限的经营权，通过统一招商、统一管理，利于商业街的启动及做旺，为项目二期的旺销奠定坚实的基础。

本项目空中街市的二层以休闲娱乐为经营定位，业态对铺位的面积需求较大，为兼顾招商与销售的统一性，单个铺位分割面积较大，总值较高，因此建议空中街市的二层委托租赁三年，项目其他各部分委托租赁二年，年回报率8％。

▶── 表21-39 具体各部分委托租赁年限及比例一览表

工程项目	楼层	一次性委托租赁年限
空中街市	一层	2年16%
	二层	3年24%
苏宁大厦		2年16%
影视广场		2年16%
商铺一		2年16%
商铺二		2年16%
商铺三		2年16%
一号楼		2年16%
二号楼		2年16%
三号楼		2年16%
四号楼		2年16%
五号楼		2年16%

第六部分

项目阶段性销售策略

以项目工程进度为依据，综合我司商业操作的经验，将本项目的销售划分为以下几个阶段：内部认购期、正式开盘期、尾盘消化期。

在不同的阶段结合该阶段的独特性，销售方式也将采取不同的销售手段和销售策略。

▶── 表21-40 阶段性销售策略

阶段	时间	销售目标	备注
内部认购期	2010年6月中旬—8月初	25%~35%	正式开盘由预售许可证下达时间及项目工程进度、形象决定；各阶段的推广手法主要集中在：定点推广和结合各阶段特点的活动推广
正式开盘期	2010年8月初—11月中旬	45%~65%	
尾盘消化期	2010年11月中旬—开业	5%~30%	

一、内部认购期（2010年6月中旬—8月初）

起始时间：2010年6月中旬—8月初

内部认购期基本控制在一个月以内（一般从预售许可证下达时截至内部认购期），通过对项目的预热，首先进行内部认购，吸引对项目信心强烈的投资者。

投资群体：

对项目周边商业情况熟悉的株洲本区域投资者；

对项目意向强烈的长沙投资者（一般为较有投资眼光和经验的投资者）。

销售目标：完成项目整体销售目标的25%~35%，吸引首批意向投资者抢先登陆。

主要推广街区：利用与步行街的价格差，优先消化解放街沿线的难点铺位。

销售方式：利用销售控制，直接推出本项目，并让投资客直接确定购入具体的商铺号，并按要求交纳相应款项（详见认购程序）。

阶段性推广手段：

1. 报纸广告

（1）报纸推广的主题

前期预热：以"千年华夏文化，百年历史旺铺——株洲首个超大规模步行商业街横空出世""株洲地产龙头苏宁公司全力打造株洲金商圈""株洲城市的起源和商业发源地""炎帝神农华夏文化"项目整体建筑及环境规划等为切入点进行预热，吸引投资者眼球，为项目的推出打下坚实的基础。

信息发布：设计平面海报，发布项目内部认购信息，对项目的卖点进行详细阐述，结合平面效果图形成强劲冲击力，促动首批意向投资者的内部认购。

（2）报纸媒体的选择

主要集中在湖南省内的报纸媒体，如《株洲日报》《株洲晚报》《三湘都市报》《潇湘晨报》《长沙晚报》等。

2. 三维动画片

本项目工程由于内部认购期处于刚启动阶段，投资者无法感受到本项目的建筑、环境等规划优势，因此通过三维动画片将本项目落成后的景象直观地展示给投资者，从而达到提升项目销售价值及认同度的目的。

实施步骤：

世方公司推荐三维动画制作公司。

苏宁公司综合考评，并确定最终三维动画制作公司，根据项目需要制作相应的动画。

世方公司、苏宁公司从利于项目推广的角度进行审核并确定。

实施单位：世方公司、苏宁公司、三维动画制作公司。

3. 电视广告

（1）电视宣传的主题

内部认购期主要以新闻配合为基调，通过电视体现政府及相关部门对本项目的重视与支持的态度，增强投资者信心；以"株洲最大的旧城改造项目"等为主题制作专题片，从市区两级政府、交通规划部门相关领导对项目启动的支持度，体现出政府对项目的政策支持，增强投资者信心。

（2）电视媒体的选择

主要集中在湖南省内的电视媒体，如株洲电视台、湖南卫视、湖南经视等。

4. 活动推广

本阶段的活动推广主推思路为：

低折扣、好位置、早到早得、早到早赚。

抢饮株洲零售巨无霸头啖汤。

（1）折扣优惠活动

一般采取折扣优惠的方式，给予内部认购期内的投资者更多的折扣，吸引首批意向投资者抢先投资。

具体实施细则：

内部认购期以半个月为一个销售阶段。

给予一次性付款、按揭贷款的客户不同的优惠折扣比例。

▶── 表21-41 优惠活动计划

时间段	优惠折扣
6月15日—6月30日	一次性付款88折，按揭93折
7月1日—7月15日	一次性付款90折，按揭93折
7月16日—7月31日	一次性付款91折，按揭95折

（2）株洲市场城市环境与零售商业研讨会暨苏宁购物中心正式启动发布会

活动目的：通过政府各级部门对旧城改造的决心，体现出市、区两级政府领导对项目的大力支持，增强投资者信心。同时通过对株洲未来的零售业发展趋势进行研讨，从零售业发展的诸多方面推介项目，吸引眼球，促进投资者对项目优势的全面了解，寻求认同度，促进销售。

活动时间安排：7月10日左右

实施步骤：

世方公司提交新闻发布会流程及内容；

苏宁公司向各级相关部门领导、各主流媒体发送邀请函，并协同广告公司准备相应的会场布置工作；

参加及邀请人员：株洲市市长、书记，芦淞区书记、区长，株洲市城市规划局领导，龙头商家代表，居民代表，建筑设计院、环境设计院、开发商代表，代理公司代表。

5. 夹报派单

派单推广是一种有效的针对目标群体的推广方式，派单的形式可以多种多样，可以与报纸媒体联合，在报纸内设计夹页，将项目主要的信息点和利好因素诉诸潜在投资者，最大化地提高潜在投资者对项目信息的接触几率，促进项目销售。

实施步骤：

世方公司与相应媒体联系，索取夹报派单的报价及要求；

根据相应媒体的要求，世方公司综合项目推广的节奏及特点，出具夹报派单方案，报苏宁公司审批；

苏宁公司进行审核并确定；

实施单位：世方公司、苏宁公司、相应媒体；

媒体选择：《三湘都市报》《株洲日报》《潇湘晨报》等。

二、正式开盘期（2010年8月初—11月中旬）

起始时间：2010年8月初—11月中旬。

正式开盘发售在内部认购一个月左右之后启动，一直延续到封顶前夕，属于销售的平稳期，若前期投资者认同度较高，一般正式销售不会持续到工程封顶，短时间内就可以达到较为理想的销售率，但对于观望的投资者来说，需要有项目工程进展、建筑设计、环境规划等利好信息来增强其信心，因此整个销售过程也将是一个延续和持续的过程。

投资群体：

本区域的投资者；

长沙以及湖南省内其他区域的投资者；

全国其他区域如温州、义乌、重庆、武汉、珠三角区域的投资者。

销售目标：基本完成销售工作的45%~65%，并开始启动整体招商。

阶段性推广手段：

1. 报纸广告

（1）推广主题

主要是通过报纸广告推广项目的各项优势（环境、建筑、消费力、升值潜力、株洲城市的起源和商业的发源地、株洲首个超大规模主题商业步行街等），形成一个广告推广的系统方案，有条理、有步骤地推出，通过平面和文字的阐述，对项目的优势进行充分地挖掘和发挥，最终达到理想的销售效果。

━━ 表21-42 主题推广计划

推广时间	推广主题	备注
8月份	株洲首个超大规模主题商业步行街横空出世 株洲城市的起源、商业的发源地——政府全力再现古建宁商业盛况	以本区域媒体为主，着重体现政府的支持
9月份	88万平方米的株洲购物休闲天堂，55亿元零售额的超级奶酪 "华夏步行商业街"八大主题亲密接触 中国古典到现代的建筑时空贯穿，中国古典建筑与欧风现代建筑的完美结合 "华夏步行商业街"环境系统议案展示	仍以本区域为主，着重体现项目的独特魅力 同时开拓湖南省内其他区域市场
10—11月份	××家龙头品牌商家聚首"华夏步行商业街"，打造株洲第一钻石商圈 本区域推广+异地推广组合出击，推广主题，对项目的卖点进行重新整合 以品牌大商家的进驻为卖点进行宣传	在稳定本区域销售情况的同时，开拓全国其他区域市场

（2）媒体选择

该阶段主要媒体的推广分为两个阶段：

第一阶段：本区域推广以本区域为主体，媒体主要有：《株洲日报》《三湘都市报》《潇湘晨报》《株洲晚报》、株洲电视台、湖南卫视、湖南经视等。

第二阶段：在全国其他区域推广，媒体以各区域主流媒体为主，如《深圳特区报》《南方都市报》《温州商报》《温州晚报》《温州日报》等。

2.定点推广

由于项目体量大，本区域的投资者难以消化，所以必将有一个全国投资的过程，必将在全国范围内掀起抢铺投资狂潮，因此项目的销售推广将涉及全国各地的定点推广，主要涉及区域包括：

深圳、广州等珠三角区域；

温州区域；

长沙以及湖南省内其他区域。

主要通过与当地媒体合作、参加楼盘展销会、设立办事处等多种方式，将项目的信息进行有效的传达，吸引异地投资者抢滩株洲首个主题式商业步行街。

实施步骤：

根据项目销售情况，世方公司出具异地推广计划，报苏宁公司审批；

世方公司策划人员、销售人员在全国定点推广区域设立办事处，进行项目的异地推广工作；

世方公司与各区域主流媒体联系，索取相应报价，制订推广计划及设立办事处方案，报苏宁公司审批；

在各主流媒体上进行广告宣传，开始异地销售工作。

实施单位：

世方公司、苏宁公司、各区域主流媒体。

3. 活动推广

以工程进度和知名品牌大商家的进驻为契机，举行一系列的销售优惠活动，通过工程形象和大商家的品牌效应，不断地增加投资者的信心，加快销售的步伐。

▶━ 表21-43 活动推广计划

名称	主题	涉及单位	步骤
开盘仪式	正式开盘销售，营造销售气氛	世方公司，苏宁公司，礼仪公司，市区两级政府领导，交通、规划部门领导，媒体等	礼仪公司提交开盘活动的整体方案苏宁公司确认，并安排实施，同时给各相关单位发送邀请函
大商家进驻新闻发布会	×××零售巨头，齐聚株洲第一商业步行街	世方公司、苏宁公司、政府相关部门领导、大商家、各媒体	世方公司就大商家进驻提交新闻发布会整体方案苏宁公司确认，并向各有关部门领导、媒体发送邀请函
开盘限期折扣活动	为庆祝开盘，在规定的时间内给予投资者一定的折扣优惠	世方公司、苏宁公司	世方公司提交活动具体方案苏宁公司确认在报纸媒体上发布活动信息
开盘利是	在限定的时间内认购，给予投资者一定的现金利是封	世方公司、苏宁公司	世方公司提交活动具体方案苏宁公司确认在报纸媒体上发布活动信息
温州投资说明会	突出项目优势，吸引温州投资者的目光，针对温州区域定点推广	世方公司、苏宁公司、广告公司	世方公司温州办事处联系酒店租用多功能厅，并提交具体活动方案广告公司制作报纸，发布投资说明会举办的时间和地点苏宁公司、世方公司相应领导出席并召开投资说明会
深圳投资说明会	突出项目优势，吸引深圳投资者的目光，针对深圳区域定点推广	世方公司、苏宁公司、广告公司	世方公司联系《深圳特区报》的多功能厅作为投资说明会的地点，并提交具体活动方案广告公司制作报纸广告，发布投资说明会举办时间和地点苏宁公司、世方公司相应领导出席并召开投资说明会
现场演出活动	通过演唱会活动吸引眼球，为项目的销售积聚人气	世方公司、苏宁公司、演出公司	演出公司提交活动方案及费用苏宁公司确认演出公司在规定的时间内进行表演活动

三、尾盘消化期（2010年11月中旬—开业）

起始时间：2010年11月中旬—开业

由于项目已经处于封顶阶段，项目的建筑风格、环境规划、品牌大商家已经基本就位，即将面临全面装修，因此对投资者具有很大的促动性，是项目销售的第二波高潮期。

投资群体：

该阶段基本属于尾盘消化期，投资群体基本侧重于本区域对项目有兴趣，但仍在观望的部分投资者。

销售目标：完成项目整体销售目标的5%~30%，基本完成销售工作。

阶段性推广手段：

1. 报纸广告

（1）推广主题

该阶段报纸广告宣传处于次要地位，经过长时间的销售积累，到了工程封顶阶段，项目的销售基本已经接近尾声，即使有报纸广告宣传，主要也是以发布尾盘销售的优惠信息为主。

（2）媒体选择

以本区域媒体为主，如《株洲日报》《三湘都市报》《潇湘晨报》《株洲晚报》等。

2. 条幅广告

此阶段由于项目面临开业，销售工作已经接近尾声，因此，该阶段可借助于条幅广告，为项目的品牌大商家、各业态的知名品牌制作相应的条幅进行悬挂，一方面增加整体的氛围，促进销售和招商工作的顺利进行，另一方面可以节约推广费用。

具体实施步骤：

根据大商家及知名品牌的进驻情况，广告公司制作相应的条幅；

苏宁公司确认内容，并由广告公司进行悬挂。

实施单位：广告公司、苏宁公司。

3. 活动推广

以工程封顶和知名品牌大商家的进驻为契机，举行一系列的销售优惠活动，通过工程形象和大商家的品牌效应，加快销售的步伐，对仍在观望的投资者造成强大的冲击和震撼。

例如可采用"以老带新"活动，通过老客户带动新客户，给予老客户一定的优惠和奖励。

▶—— 表21-44 活动推广内容

名称	主题	涉及单位	步骤
优惠活动	推出更多的折扣优惠，达到迅速消化尾盘的目的	世方公司、苏宁公司、相应媒体	世方公司就优惠活动的折扣比例提交方案；苏宁公司确认，并在实际销售过程中实施；在相应媒体上发布相应优惠活动信息
尾盘期抽奖活动	可举办如"香港三日游"等活动，吸引投资者眼球并促进尾盘消化	旅行社、苏宁公司、相应媒体	旅行社出具具体线路活动的费用预算；苏宁公司确认；在相应媒体上发布相应的优惠活动信息
以老带新活动	充分挖掘客户的潜在资源，促进项目尾盘的消化	世方公司、苏宁公司	世方公司就活动的奖励比例提交方案；苏宁公司确认，并在实际销售过程中实施

四、项目推广时间安排表

▶—— 表21-45 项目推广时间安排表

时间	推广工作安排	实施单位
6月15日—28日	报纸广告（以"株洲城市的起源和商业发源地""全国最大的炎帝神农华夏文化"主题购物中心等为主题） 电视广告（以"株洲最大的旧城改造项目"为主题） 户外广告（株洲市各主要道路沿线，如建设南路、芦淞路、高速公路出入口等） 围墙广告（项目简介及卖点主题语） 活动推广（折扣优惠活动）	世方公司、苏宁公司、三卓广告、开盘广告
6月29日—7月5日	报纸广告（"炎帝神农华夏文化"；苏宁购物中心建筑特色及环境规划） 旧城改造新闻发布会 活动推广（折扣优惠活动）	世方公司、苏宁公司、三卓广告、开盘广告
7月6日—19日	报纸广告（株洲商铺还能火多久？株洲呼唤着零售商业再起）	世方公司、苏宁公司、三卓广告、开盘广告

续表

时间	推广工作安排	实施单位
7月20日—8月2日	报纸广告（株洲商业大洗牌；苏宁再挥大手笔，零售市场曙光惊现） 活动推广（折扣优惠活动）	世方公司、苏宁公司、三卓广告、开盘广告
8月3日—16日	报纸广告（株洲首个超大规模主题商业步行街横空出世；株洲城市的起源、商业的发源地——政府全力再现古建宁商业盛况） 定点推广（温州、珠三角区域，主要以本地报纸广告推广为主体） 活动推广（开盘仪式） 条幅广告	世方公司、苏宁公司、三卓广告、开盘广告
8月17日—30日	报纸广告（株洲首个超大规模主题商业步行街横空出世；株洲城市的起源、商业的发源地——政府全力再现古建宁商业盛况） 定点推广（温州、珠三角区域，主要以本地报纸广告推广为主体） 活动推广（开盘仪式、开盘限期折扣活动、开盘利是活动）	世方公司、苏宁公司、三卓广告、开盘广告
8月31日—9月13日	报纸广告（88万株洲人的购物休闲天堂，55亿元零售额的超级奶酪；"华夏步行商业街"八大主题亲密接触） 定点推广（湖南省内其他区域、温州、珠三角区域，以本地报纸广告推广为主体） 活动推广（抽奖活动）	世方公司、苏宁公司、三卓广告、开盘广告
9月14日—27日	报纸广告（中国古典到现代的建筑时空贯穿，中国古典建筑与欧风现代建筑的完美结合；华夏步行商业街环境系统议案展示） 定点推广（湖南省内其他区域、温州、珠三角区域，以本地报纸广告推广为主体） 新闻发布会（品牌大商家进驻新闻发布会） 活动推广（抽奖活动）	世方公司、苏宁公司、三卓广告、开盘广告
9月28日—10月11日	报纸广告（×××家龙头品牌商家聚首华夏步行商业街，打造株洲第一钻石商圈，大商家抢滩苏宁购物中心） 定点推广（湖南省内其他区域、温州、珠三角区域，以本地报纸广告推广为主体） 活动推广（抽奖活动、演唱会、表演活动等） 条幅广告（大商家进驻情况及品牌商家进驻情况）	世方公司、苏宁公司、三卓广告、开盘广告
10月12日—25日	报纸广告（以品牌大商家的进驻为卖点进行宣传，对异地投资者的抢铺情况进行宣传，百年老街传奇再起） 定点推广（湖南省内其他区域、温州、珠三角区域，以本地报纸广告推广为主体） 活动推广（抽奖活动、演唱会、表演活动等） 条幅广告（大商家进驻情况及品牌商家进驻情况）	世方公司、苏宁公司、三卓广告、开盘广告

续表

时间	推广工作安排	实施单位
10月26日—11月15日	报纸广告（苏宁购物中心投资价值再析；购物中心芙蓉出水，投资用实力见证；百年老街新装迎客；投资时不我待；炎帝文化节再添一景，眼光投资未来） 定点推广（湖南省内其他区域、温州、珠三角区域，以本地报纸广告推广为主体） 活动推广（抽奖活动、演唱会、表演活动、炎帝文化节等）	世方公司、苏宁公司、三卓广告、开盘广告
11月16日—开业	报纸广告（以优惠信息发布为主） 定点推广（湖南省内其他区域、温州、珠三角区域，以本地报纸广告推广为主体） 条幅广告（大商家进驻情况及品牌商家进驻情况） 活动推广（抽奖活动、优惠活动、表演活动、新老业主联谊活动等）	世方公司、苏宁公司、三卓广告、开盘广告

注：各阶段具体时间安排可根据工程进度再进行调整。同时由于温州相关的展会信息，需要在开展一个月前才详细公布，因此对于温州的定点推广手段，将根据实际情况，由世方公司出具定向推广方案报开发商审批。

销售整合推广策略

一、项目包装策略

1.项目命名及主题推广语

主题推广语：

华夏步行商业街

千年华夏文化·百年历史旺铺

项目命名中带有"华夏"，一是以株洲的"炎帝神农华夏文化"为重要元素；二是项目庞大必将面对外地推广，取名"华夏"，大气且吻合项目环境。而主题推广语一是强调株洲的华夏文化，二是通过百年历史旺铺直接表达本项目的地段优势及未来的旺盛景象。

2.项目包装

项目的包装以吸引眼球、塑造品牌效应为目的，包装策略采取点、线结合的方式，提升覆盖面的人气指数，达到吸引眼球，最终促进项目的销售和招商的目的。

点：售楼中心及广场、株洲主要交通入口的广告牌。

（1）售楼中心广告牌

作用：在售楼处顶部设置广告牌，一方面能够增加客户的接触概率，另一方面能够衬托销售中心的氛围，同时使销售中心在周边众多的建筑物中醒目突出。

内容：项目主打广告语（如"湖南最大主题商业步行街——神农步行街、株洲零售商业航母启航"等）以及项目的投资信息等。

（2）株洲市各主要广场广告牌

作用：广场是人流较为密集的场所，在其周边发布广告，一方面较报纸广告具有持久性，同时表现的空间和展示面更为广阔；另一方面能够增加客户的接触概率，促进销售，同时树立项目良好的形象，提高知名度，为项目后期的经营打下坚实的基础。

内容：项目主打广告语（如"湖南最大主题商业步行街——神农步行街、株洲零售商业航母启航"等）以及项目的投资信息、地理位置等。

（3）株洲各主要交通出入口广告牌

作用：株洲市各主要交通出入口是车辆流通量最大的地方，也是项目潜在投资群体接触频率最高的区域，因此在各主要交通出入口设立广告牌不但能够提高项目潜在投资群体的接触频率，而且能够树立良好的项目形象，为经营打下坚实基础。

内容：项目主打广告语（如"湖南最大主题商业步行街——神农步行街、株洲零售商业航母启航"等）以及投资信息、地理位置等。

（4）路牌广告线：市内各主要交通干道如建设南路、芦淞路等路牌广告

作用：在市内各主要交通干道如建设南路、芦淞路发布路牌广告，不但能提高项目的知名度，在株洲众多的商业地产中脱颖而出，同时也能最大化地提高项目在潜在投资群体中的信息传播概率，促进销售。

路牌广告形式：路牌广告一般以灯箱广告的形式发布，具体形式需要与相关媒体联系，依据实际路牌现有的情况进行洽谈，路牌广告的设计形式可以多种多样。

3. 现场包装

（1）楼体包装

目的：渲染售楼处整体氛围，促进销售。

单位：开发商、世方公司、广告公司、条幅制作公司。

实施：楼体中间部分布置形象喷绘；楼体左边部分布置招商信息条幅，每有一个品牌商家入驻就增加一块条幅；楼体右边部分布置销售信息条幅。

（2）广场包装

目的：营造售楼处销售氛围，展示项目形象。

单位：开发商、礼仪公司、世方公司。

实施：

· 广场旗，设于广场四周，营造热烈气氛；

· 广场拱门，设于广场正对芦淞路的位置，作为形象门户；

· 广场舞台，设于正门入口广场处，用于开盘、签约仪式及系列促销活动。

4. 售楼处包装

目的：营造销售氛围，突出项目卖点，促进销售。

单位：开发商、广告公司、世方公司。

实施：售楼处面积约200平方米，小面积利于积聚人气；售楼处内布置形象背景板，左右布置喷绘。

关于选址：售楼处的选址主要考虑人流、交通、地块面积、与项目距离等因素，在综合考虑后，项目售楼处选在芦淞路、沿港路交会处。一方面毗邻项目最为核心的地段，另一方面能够最大限度地满足

人流、交通等因素的要求。

▶— 表21-46 售楼处基本技术参数

类别	参数
占地面积	12米×18米
建筑面积	250~300平方米
楼层	主要部分在一层,局部在二层,根据工程部门塑造售楼处立面的需要综合考虑
建筑材料	主要以塑钢材料为主,以玻璃材料为辅

(1) 售楼处功能规划原则

· 功能齐备,满足销售和招商工作需要的原则;

· 规划合理,满足销售和招商对交通、人气的要求原则。

(2) 外部规划

售楼处的外部规划为满足实施销售及招商工作的需要主要体现在以下三个方面:

停车场:满足客户停车的需要。两个区域,一个区域在售楼处南侧,一个区域在售楼处北侧。

表演活动广场:满足项目定点活动推广的需要,举办诸如开盘仪式、大商家签约仪式、促销活动、抽奖活动等活动。表演活动的广场设置在箱涵覆盖区域上,与售楼处相连。

局部环境:体现售楼处的气势和商业街未来的环境规划特点。在售楼处及表演活动的广场四周布置相应的环境系统,局部体现项目未来整个商业街的景观系统。

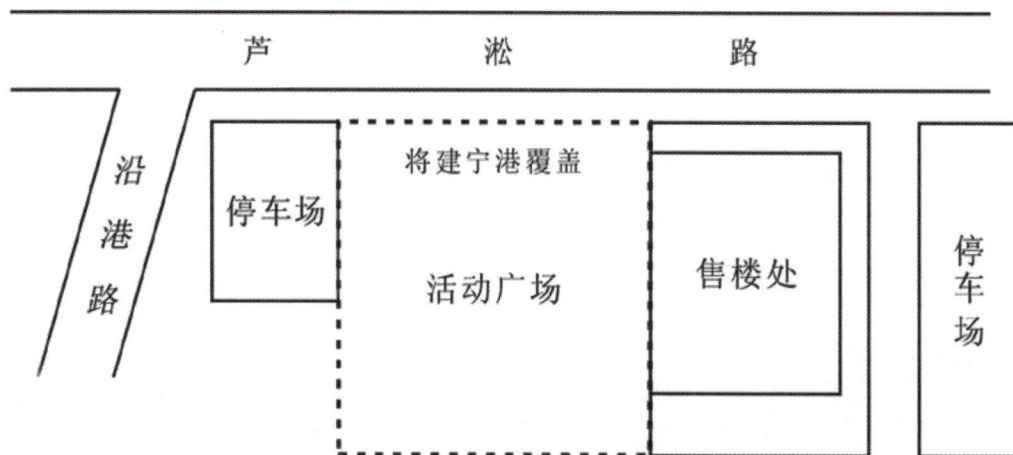

说明:

1.将芦淞路旁的桥栏杆去掉

2.与市供水部门联系,降低桥边的市供水管

▶— 图21-2 售楼处外部规划方案

（3）售楼处内部规划

售楼处内部规划从功能分区的角度，将划分为七个功能区：

展示区（项目销售卖点的展示及投资分析等）；

接待区（接受客户咨询区域）；

接待前台（业务员接听电话区域）；

签约区（办理相关手续的区域）；

各相关单位办公区（代理公司、营销中心办公室、资料室、财务室）；

卫生区（包括洗手间、垃圾桶等）；

员工更衣区、饮食区（满足员工更换工作服，吃午、晚餐的场地需要）。

5. 路灯旗、广告牌的选择

（1）路灯旗

目的：展现项目整体形象，并引导商户实地考察，达到引导和宣传的双重效应。

单位：广告公司、开发商、世方公司。

实施：

步骤一：联系相应广告公司，索取路段特点信息及路灯旗报价，开发商确认路段及价格；

步骤二：制作并发布。

（2）大型路牌广告

目的：在株洲市中心区域如火车站、株洲百货等区域设立大型路牌广告，提高项目知名度，增加投资者的信息了解渠道，既是现行招商销售的需要，又是今后商业街经营运作的良好辅助方式。

单位：开发商、世方公司、广告公司。

实施：

步骤一：联系相应的广告公司，索取广告报价及具体尺寸；

步骤二：设计制作喷绘画面，并安装。

二、销售画册、新闻推广及广告推广

1. 策划设计"华厦商业步行街"销售画册

将项目的"株洲首个超大规模主题式商业步行街"、地段优势、建筑及环境特点、主力商家的品牌知名度对周边商业的带动性、周边强大的消费潜力等众多利好信息制作成销售画册，突出项目的卖点，促进项目的销售。

销售画册（楼书）的形式：

页数：40页左右

纸张：铜版纸为主

印数：10 000份左右

单价：4~5元/本

印刷费用预算：40 000~50 000元

楼书的初步规划内容主要为：

·项目主题推广语：

千年华夏文化，百年历史旺铺

地脉篇：南北通衢，一、二总港，昔日的黄金码头，今日的黄金商业街

文脉篇：只有文化的才是有生命力的，只有历史的才是恒久的，百年老街，历史的财富，历史的延续，财富的延续

人脉篇：22万固定消费群，辐射88万城市消费群，340万株洲人的购物中心

商脉篇：古是黄金码头商贾云集，今为万商荟萃，年均40亿元的大市场

财脉篇：近看株百商圈，租金一路看涨；远比全国步行街旺铺，日进斗金

项目基本情况篇：各街区基本情况及经营定位

项目招商信息等。

2. 新闻、广告推广

新闻、广告推广以平面媒体为主，影视户外为辅。

（1）报纸、电视广告

目的：在株洲以及湖南主流报纸、影视媒体上发布销售广告，增大目标客户接触率。

媒体选择：

报纸媒体：《株洲晚报》《三湘都市报》《潇湘晨报》《长沙晚报》《株洲日报》等。

影视媒体：株洲电视台、湖南卫视、湖南经视等。

实施：

步骤一：联系各相关主流媒体，索取相关报价，综合考虑相关媒体的受众群体、传播层面等因素，结合项目目标购房群体定位，选择合适的传播媒介；

步骤二：发布项目基本情况、销售信息，增加目标群体的接触率，引起投资者的关注，并促进成交。

（2）新闻造势

配合广告宣传，以新闻造势，并将项目背景及潜力说透，对项目的地段优势、建筑及环境规划思路进行详细阐述，提升项目附加值及投资者的认同度，增强说服力。

同时可就具有重大意义的事件举办新闻发布会，如"炎帝神农华夏文化"主题购物环境设计新闻发布会、各建筑单体征名新闻发布会等，制造兴奋点，吸引眼球。

3. 广告投放比例及节奏

第一阶段：认购期（6月中—8月初）

预热市场，导入商城品牌，推出开发商品牌。

①广告目标

造势入市，引起轰动；

树立项目的品牌形象，建立品牌知名度，提升开发商品牌形象，实现在开盘前认购率达30％的目标。

②推广主题

项目形象诉求与开发商实力诉求。

③推广战术组合

报纸软文铺路，户外广告建立堡垒，全面覆盖株洲全城主入口和几个商业旺区，同时利用车体流动广告宣扬项目的形象，从而提升消费者的认知度，建立美誉度。

· 户外广告布局、公交广告（品牌渲染）

· 报纸软文：

我们要在前期将项目的品牌形象做足，通过前期品牌形象推广，提高客户的认知度，为下一步的招商、销售作铺垫，因此报纸的软文炒作也是极为重要的手段之一。具体如下：

▶— 表21-47 第一阶段报纸新闻推广安排

时间	新闻标题（暂定）	主要内容
6月中旬	株洲商铺还能火多久？	株洲商铺放盘量过大，市场混战，危机四伏
7月上旬	株洲商业大洗牌	全国商业正在升级换代，株洲专业市场多，零售商场少，地区商业格局不平衡，必然面临重组
7月中旬	株洲呼唤着零售商业再起	株洲百姓购买力增强，消费需求增长，零售商业现状已不能满足，苏宁购物中心应运而生
7月下旬	苏宁再挥大手笔，零售市场曙光惊现	苏宁公司实力雄厚，以更新商业面貌为己任，顺应时代需要，耗巨资改造旧商业区

· 事件营销：

商业步行街新闻发布会；

景点、建筑组团公开征名活动；

解放街老照片征集活动。

第二阶段：开盘热销期（8月初—10月中旬）

引爆热销，树立商城品牌，巩固开发商品牌。

①广告目标

树立品牌形象，实现销售50%。

②推广主题

投资价值（地段价值、商业步行街价值、低门槛、业态优势、文化商业价值）；

创富风暴（由有文化内涵的商业项目、有品牌运作的商城与开发商品牌实力造就的大众价值认同，新型商业引发抢铺狂潮）。

③推广战术组合

报纸集中轰炸，DM直邮定点进攻，户外广告、车体广告发布，单张派发，组成立体交叉火力，全面出击。

④媒体策略

由于这一阶段是开盘热销期，主要针对本地客户和大投资者，所以从报纸媒体投放的频率来说是最密集的一个阶段，在版面上应以整版广告为主。

> —— 表21-48 第二阶段广告推广媒体选择及发布频率计划

媒体名称		规格	频率	周期	备注
报纸广告	《潇湘晨报》	整版	6次	1个月	——
	《株洲日报》	整版	4次		
	《三湘都市报》	整版	2次		
DM			1次		

· 报纸新闻：本阶段的新闻造势主要是配合硬广告，对项目和商业步行街进行宣传，具体安排见下表：

> —— 表21-49 第二阶段报纸新闻推广安排

时间	新闻标题（暂定）	主要内容
8月中旬	文化商业横空出世，株洲亮出新名片	项目定位与规划建设意义，株洲人的消费趋势，株洲城市化步伐
8月下旬	百年老街传奇再起	千年古城，百年老街，文化积淀与商业历史，苏宁购物中心顺应时代，更新商业旺地
9月	没文化的商业没有生命力	挑战传统零售业，品牌效应为投资经营保驾护航
10月	商业地产大升级，苏宁亮出文化商业牌	全国零售市场升级换代大势所趋，苏宁公司实力品牌，打造商业品牌的举措及其深远影响

·事件营销：

开盘剪彩活动；

端午节龙舟赛；

彩票节。

第三阶段：强销期（10月下旬—11月中旬）

促动销售，巩固项目品牌，延伸开发商品牌。

①广告目标

巩固项目品牌地位，延伸开发商品牌形象，实现销售达90%以上的目标；

根据项目工程进展，在条件具备的情况下，启动招商。

②推广主题

跟大商家一起赚钱，是一种保证；

以抢铺狂潮为主诉求；

开发商为实力品牌，投资收益更有保障。

③推广战术组合

以活动刺激、吸引人气，媒体扩大覆盖范围，发送第二次DM定点进攻，在有条件的情况下可设展点派发单张。

④媒体策略

报纸广告可调整为半版广告+半版新闻的形式，适当降低广告强度与频率。但建议开始进行湖南省内其他区域和温州、珠三角区域的推广，扩大覆盖范围至周边市、县，启动江浙和珠三角地区。

▶—— 表21-50 第三阶段广告推广媒体选择及发布频率计划

媒体名称		规格	频率	周期	备注
报纸广告	《潇湘晨报》	整版	4次	1个月	——
	《株洲日报》	半版	2次		
	《温州都市报》	整版	2次		
DM			1次		

·报纸新闻：本阶段的新闻是挖掘销售过程中的亮点，通过新闻纪实的宣传，刺激投资者的投资欲望，具体安排见下表：

时间	新闻标题（暂定）	主要内容
10月下旬	为什么苏宁购物中心出现抢铺狂潮	抢铺现象大扫描，百年老街呈现新的发展势头，成为投资的一个新的增长点
11月上旬	苏宁购物中心投资价值再析	从多方面论证本项目的投资价值，增强投资信心，促进成交
11月中旬	大商家抢滩苏宁购物中心	大商家所带来的租金稳定性，对整个购物中心的带旺作用，增强投资影响力

·事件营销

每周举行一次抽奖活动；

联合大型厂家举办集体买铺优惠活动；

举办相关的文化活动。

第四阶段：清盘期（11月中旬—开业）

清盘，延伸项目品牌，强化开发商品牌，为下一个项目做铺垫。

①广告目标
延伸项目品牌形象，强化开发商品牌形象，实现销售率达95%以上的目标，力争完成大满贯。

②推广主题
·即将开业，实力见证；

·业主说法（赚钱的滋味）；

·隆重开业，少量黄金旺铺推出。

③推广战略组合
以活动刺激人气，利用新闻造势来增强信心，媒体扩大覆盖范围，发送第三次DM定点进攻，在有条件的情况下可设展点派发单张。

④媒体策略
主要针对本地中小投资者及少量周边市、县，以及江浙和珠三角地区的投资人士。

▶— 表21-52 第四阶段广告推广媒体选择及发布频率计划

媒体名称		规格	频率	周期	备注
报纸广告	《潇湘晨报》	整版	2次	1个月	——
	《温州都市报》	半版	2次		
	《南方都市报》	整版	2次		
DM			1次	——	——

·报纸新闻：这一阶段我们通常称之为"攻坚期"，由于前期的消化，剩下的铺位相对不是很好，如何一鼓作气将全部铺位消化掉？通过新闻说理，对投资者进行说教诱导是本阶段的重点。

◗— 表21-53 第四阶段报纸新闻推广安排

时间	新闻标题（暂定）	主要内容
7月下旬	购物中心芙蓉出水，投资用实力见证	工程按照预期完成，开发商在株洲的一号实力，以信心促进销售
8月上旬	百年老街新装迎客，投资时不我待	借开业制造新闻，形成紧迫感，以事实推动销售
8月中旬	炎帝文化节再添一景，眼光投资未来	购物中心已成为实际意义上的株洲城市名片，投资经营收益更长久

·事件营销

继续举行每周一次的抽奖活动；

定期举办新老业主联谊活动，鼓励老客户带新客户，促进销售；

举办炎帝文化节、大祭祀活动。

注：各阶段具体时间安排可根据工程进度再作调整。

三、销售推广策略

1. 降低置业门槛，短期委托租赁策略

短期委托租赁有利于降低投资者的首期款，降低置业门槛，扩大投资层面，前几年投资者不用考虑经营，有利于增强投资者的信心，同时开发商收回了一定年限的经营权，通过统一招商、统一管理，利于商业街的启动及做旺，为项目二期的旺销售奠定坚实的基础。

委托租赁年限及比例：一次性委托租赁2~3年，年回报率8%。

2. 投资群体的针对性推广策略

项目由于是以商业街的形式出现，单个铺位面积较大，因此总价较高，导致投资群体范围较小，需要针对有不同投资意向的群体进行推广。

（1）投资回报稳定，与株洲第一商业街共同升值

主要推广针对人群：政府公务员、金融行业从业人员、企业白领。

此类客户整体收入水平较高，且相对稳定，手中积聚了大量闲散资金，需要为资金寻找出路，同时此类客户由于对项目的发展潜力、周边环境、地段相当了解，认同度高，因此其投资最为关注的是投资的回报，其对项目的周边环境、地段信心较足，部分投资者可能对投资不是很熟悉，因此需要对投资的稳定回报加以详细阐述，必能增加其投资信心，促使其投资。

（2）株洲城市的标志，商业的名片，可以永续经营并拥有无限的升值空间

主要针对推广人群：生意人士、个体私营企业老板。

此类投资者一般从事经营业态的相关行业，对行业经营模式和形态较为熟悉，进行投资的主要目的是为闲散资金寻求更稳定的投资回报，部分投资者将会集投资与经营于一体。因此，对于投资的物业存在自己经营的打算，因此将项目的规模、经营优势、株洲未来的黄金钻石商圈等概念加以渲染，打好"永续经营和无限升值空间"这张牌，能够得到该类投资者的广泛认同。

（3）低投入，高回报，历史旺铺成就铺王之王

主要针对推广人群：本区域居住人士。

此类投资者对项目周边的商业发展及历史较为熟悉，对项目的认同度高，但由于整体投资实力的原因，所以能承受的项目总值较小，是主题商城消化群体之一。

因此，低投资对其具有强劲的吸引力，同时稳定、长期的投资回报，看得见、摸得着，苏宁港、徐家桥的百年历史成就了铺王之王，再加上开发商雄厚的实力、政府的大力支持等一系列卖点，对本区域投资者进行"轰炸"，迅速提升项目高度且迅速聚集现场人气，达到快速销售的目的。

3. 充分挖掘项目的价值和投资潜力

项目集众多利好信息于一身，应对项目的优势进行充分挖掘，最大化地提升项目的价值和投资潜力，增强投资者的投资信心。项目可充分挖掘的优势如下：

- ·抢滩株洲每年100亿元的消费大市场；
- ·株洲首个40万平方米商业步行街"超级巨无霸"；
- ·立足株洲市区88万人口，抢占每年100亿元的消费大市场制高点；
- ·株洲城市的起源和商业的发源地；
- ·千年华夏文化，百年历史旺铺；
- ·主题商城与步行街相互促进，共同打造株洲第一金商圈。

4. 打通本地、异地销售渠道，掀起全国抢铺狂潮

项目体量大，单个铺位总额高，因此，不仅会打通本区域的销售通道，也势必打通全国通道，在全国掀起投资热潮。

本地销售通道区域：长、株、潭区域，湖南省内其他区域如常德、攸县、邵阳、衡阳等地。

打通本地销售渠道的手段：本区域的报纸媒体、电视媒体、楼体广告、路牌广告、活动推广等。

异地销售通道区域：广州、深圳等珠三角区域，温州、义乌等区域。

打通异地销售通道的手段：

· 与当地媒体联合举行新闻发布会；

· 在当地媒体上发布广告；

· 参加当地的楼盘展销会，并刊登广告；

· 在定点推广区域设立展销点和直销处，并组织看楼团。

5. 活动推广

（1）铺王专车

目的：便于投资客来售楼处了解具体情况，促进成交。

人员：开发商、世方公司。

实施：

步骤一：制作车体喷绘，成为项目的活体广告，展示项目整体形象，尽可能提高投资者对项目信息的接触率；

步骤二：结合广告、展销会，定期在长沙、湖南省内其他区域城市设立铺王专车，准点发车。

（2）具体的活动推广（将结合销售的各个阶段进行有针对性的活动）

结合项目的销售进度，安排相应的活动推广方式如开盘仪式、活动促销、文艺演出等，一方面积聚人气，制造旺销气氛；另一方面提升项目的知名度，树立良好的项目形象，最终促进销售（具体活动根据实际的销售情况进行综合考虑，世方公司出具方案，由开发商确认并实施）。

6. 项目销售难点问题及解决方案

项目销售的关键在于难点铺位的销售问题，通过对项目整个地块及平面图的深入研究，项目销售难点问题主要体现在以下三个方面：

（1）解放街一至五号楼，尤其是二至四号楼

· 从地段的角度：该区域毗邻解放街，从整个商业步行街的位置来看，地段较差。

· 从人流的角度：商业步行街的主要人流将会被引导并聚集在项目最为核心的区域及广场，而解放街由于其地块的特点，不利于人流导向。

· 从铺位面积的角度：解放街一至五号楼，单个铺位的面积较大，总值较高。

（2）商铺一、商铺二一层铺位

销售难点分析：

· 从地段的角度：该区域地块相对独立，远离商业街的核心区域，且周边已有的建筑无论从建筑风格还是商业氛围方面均对其形成了重大的影响，投资者难以找到投资的理由和信心。

（3）空中街市的二、三层

销售难点分析：

·从铺位面积的角度：空中街市的二、三层单个铺位面积较大，总值较高，且又在二层，投资者的信心更弱。

·从经营定位的角度：该区域的整体经营定位以休闲娱乐为主体，该类业态的单个经营面积较大，因此空中街市的二、三层销售存在着销售与经营难以统一的矛盾。

关于销售难点铺位的解决方案：

从项目整体情况来看，这里存在一些销售难点，如解放街区域的一至五号楼，尤其是二至四号楼，商铺一、商铺二的内铺、空中街市的二、三层等，因此针对此种情况，在整个推广过程中，将采取局部销售控制的方式，利用价差优先消化较差的铺位。

关于一至五号楼价差优先消化方案：

通过局部销售控制后，解放街区域均价为12 000元/米^2，局部较差的铺位均价以10 000元/米^{2}左右的价格进行先期销售。

▶── 表21-54　一至五号楼价差优先消化方案

铺位面积	64平方米
售价	10 000元/米^2
总值	640 000元
首期5成	320 000元
一次性委托租赁（2年16%）	102 400元
首期实付款	217 600元
银行按揭（5成10年）	320 000元
月供款	3514.24元

──关于商铺一、商铺二价差优先消化方案：

商铺一、商铺二的难点铺位主要集中在商铺一、商铺二一层的铺位，基本均价为5000~6500元/米^2。

── 表21-55 商铺一、商铺二价差优先消化方案

铺位面积	65.94平方米
售价	6500元/米^2
总值	428 610元
首期5成	214 610元
一次性委托租赁（2年16%）	68 578元
首期实付款	146 032元
银行按揭（5成10年）	214 610元
月供款	2350.148元

──关于空中街市二、三层价差优先消化方案：

项目空中街市的销售难点主要集中在二、三层，在实际销售过程中，将空中街市横向一分为二，二、三层作为复式铺位处理，基本均价为9000元/米^2。

── 表21-56 空中街市二、三层价差优先消化方案

铺位面积	56平方米（使用面积）
售价	9000元/米^2
总值	504 000元
首期5成	252 000元
一次性委托租赁（2年16%）	80 640元
首期实付款	131 040元
银行按揭（5成10年）	252 000元
月供款	2767.464元

······· 第八部分 ·······

经营管理建议

一、经营管理公司人员架构

由于项目为商业步行街，业态形成以主题商城、品牌大商家为主体，大商家有其专门经营管理队伍，因此整个商业街未来的经营管理团队，以经营主题商城为主，同时进行整体商业街其他业态的管理和整体经营推广。

· 总经理：步行街决策者，下设经营部、物管部、办公室、财务部等。

· 经营部：

总监一名：负责步行街的日常经营管理及商场推广策划；

物业租赁一名：负责步行街空置铺位租赁；

商场经营策划2名：负责步行街的各项推广活动的策划、实施；

商场管理员2名：负责步行街的商户沟通与日常经营管理。

· 物业部：负责步行街的日常保安、清洁、物业维护工作，可外包给专业管理公司。

步行街经营管理公司的关键部门是经营部，是步行街开业后期商场经营好坏的关键部门，经营总监必须是专业市场经营专才，有丰富的市场经营经验，使步行街的经营得到保证。

二、管理费及其他相关收费

步行街管理及相关费用根据经营定位分为两个部分：一是主题商城部分，一是街铺部分，根据经营定位的不同，管理及相关费用也存在着不同。

1. 主题商城部分

· 管理费

主题商城综合管理费一般在20~30元/米^2，包括中央空调费、清洁保安费、设备维护费、公共水电费用等，即除商户自用水电外全包。

·水电费

独立铺位由商场安装电表，如需用水的商户安装水表，按表计费。

2. 街铺部分

·管理费

街铺的管理费用不包括中央空调的费用，一般只包括清洁、管理等，综合株洲现有步行街管理费用，建议2~5元/米²/月。

·水电费

独立铺位独立安装电表、水表，按表计费。

3. 广告位安排及收费

（1）广告位安排

户外广告位：商业街户外广告分为两个部分：

·主题商城户外广告；

·步行街环境系统及骑楼连廊柱户外广告，尺寸需要实地测量之后才能最终确定。

室内广告位：在商场内扶梯两侧及商场主要通道立柱上做广告位，尺寸需要实地测量。

（2）收费

外墙广告牌可参照一般品牌的商场广告位价格；

具体收益待尺寸确定后计算；

在开业初期如有未出租的广告牌，可作为商场形象宣传用。

三、经营推广建议

·长期推广：吸引眼球、增强气氛、吸引人流、聚集人气，打响整个商业街和品牌知名度，使之成为株洲零售商业的代名词和城市商业的名片。

·广告推广：广告推广可以与大商家的整体推广结合在一起，在《株洲日报》《株洲晚报》上发布商城信息，包括优惠活动、演出表演活动安排等等。

·设计"华夏步行商业街"宣传单张：将各种信息和广告刊登出来，形成华夏步行商业街独特的商业文化，一方面有利于步行街知名度的提升，另一方面有利于步行街各种活动信息和购物消费信息能更有效地传达出去，同时有助于形成步行街固定的消费群和忠实的消费者。

1. 五大广场活动推广

各广场各种活动推广：项目拥有"五大广场"，与其周边商业的经营定位相适应，可以以此为契机，举办与定位相吻合的活动，一方面有利于吸引人流、聚集人气，另一方面也有利于提高步行街的知名度。如：

·商铺一、商铺二区域的美食广场可以进行每年一度的"美食文化节"；

·超市入口的文化广场可以利用周末及节假日与品牌大商家、主题商城联合举办演唱、歌舞比赛，以及"株洲购物节"促销活动，同时也可以以某类业态的大商家为主体，举办销售推广活动等。

项目步行街区域有的广场以市民休闲、活动为主，因此可以以此为依托，打造株洲市民的心灵家园，一方面提升步行街的知名度，成为株洲商业的名片和代名词，成为市民心目中耳熟能详的地标性区域；另一方面为步行街带来旺盛人流，促进步行街商业的发展。如临芦淞路的市民广场和建设路的音乐喷泉广场。

项目周边是株洲原始居民最为集中的区域，也是株洲最大的核心商业区，在市民广场中安排一系列的休闲设施和运动场地，将沿芦淞路、建设路步行街两大主出入口的广场打造成为周边居民日常休闲、聚会、活动的场所，乃至整个株洲市市民心中的家园，成为株洲市民节假日必逛的区域。一方面有利于将全市各地的人流吸引至步行街，从而带动整个商业的发展；另一方面，吸引外地来株洲的旅游人士、商务人士的目光，为步行街的发展带来源源不断的生意机会。

2. 主题活动

卡拉OK比赛：可定期举办商场卡拉OK比赛，增强消费者的参与性，在聚集人气的同时进一步提高步行街的知名度。

健康宝宝比赛：可定期与儿童用品品牌专卖店和经营户联合举办与儿童主题相关的活动，如漂亮宝宝评比活动、聪明宝宝竞选等等，让株洲的母亲与宝宝同时参与。在消费者参与的同时，增强了步行街的凝聚力和亲和力，提升了步行街的商业文化，提高了知名度。同时还为商户带来购买力强劲的消费者，增加生意机会。

情人节天长地久接吻大赛：针对特定的节日和特定的消费群，制造兴奋点，可定期于每年的2月14日（情人节）举办连续性的"情人节天长地久接吻大赛"，吸引青年消费群体的眼球，提高参与性，积聚旺盛人气，增加生意机会。

炎帝神农主题活动：项目在环境规划上以"炎帝神农华夏文化"为主题，因此可以与"炎帝神农华夏文化"以及湖南本土的人文、传统习俗相结合，举办相应的文化主题类活动。如：

·解放街老照片征集活动；

·炎帝华夏文化节、大祭祀活动等等。

一方面提升整个步行街的核心凝聚力，另一方面保证步行街的永续经营。

3. 促销活动

节假日礼品赠送活动：如"三八妇女节""五一劳动节""六一儿童节""十一国庆节""圣诞节""元旦""春节"等节日，与节日相吻合，举办主题促销活动，购物即送小礼品一份。

········· 第九部分 ·········

营销成本费用明细

　　项目整体营销成本总体费用预算原则为总销售额的2％，项目总销售额约5亿元，所以整体营销费用约为1000万元。

一、营销成本分配比例

1. 按类分配

报纸广告：占总广告费45％；

电台广告：占总广告费3％；

电视广告：占总广告费9％；

户外广告：占总广告费15％；

现场包装：占总广告费4％；

事件营销：占总广告费15％；

销售资料：占总广告费6％；

DM：占总广告费3％。

2. 按阶段分配

第一阶段：20％；

第二阶段：35％；

第三阶段：30％；

第四阶段：15％。

二、营销成本主要部分明细分析

营销成本明细分析，主要针对宣传资料、新闻软文、媒体推广以及全国其他区域的定点推广中可预见费用进行明细分析，其他不可预见费用未在预算之内，最终营销成本支出以实际支出为准，总营销成本整体控制在总销售额的2%之内。

1. 宣传资料

· 销售画册：初期以10 000份预测，约40 000~50 000元。

· 宣传单张：初期以10 000份预算，约10 000元。

合计：50 000~60 000元（具体印刷数量最终根据实际需要确定，费用也将进行相应调整）。

2. 广告推广费用

项目广告推广以新闻软文推广+平面报纸推广为主，其中新闻软文推广贯穿整个推广进程的始终，平面组合推广主要在正式开盘以后全面启动。

（1）新闻推广费用

新闻软文推广基本以1篇1000元左右计算，各媒体每周基本发布新闻软文广告1次，每月发布新闻软文广告4次左右（最终费用预算以实际使用费用为准）。

▶—— 表21-57 新闻推广费用

时间阶段	发布媒体	次数	费用
第一阶段（6月中—7月下）	《株洲日报》《三湘都市报》《潇湘晨报》《温州晚报》《温州都市报》	各发布软文广告8次，合计共40次	40 000元
第二阶段（8月初—10月初）	《株洲日报》《三湘都市报》《潇湘晨报》《温州晚报》《温州都市报》	各发布软文广告12次，合计共60次	60 000元
第三阶段（10月中—11月中）	《株洲日报》《三湘都市报》《潇湘晨报》《温州晚报》《温州都市报》	各发布软文广告4次，合计共20次	20 000元
第四阶段（11月中—开业）	《株洲日报》《三湘都市报》《潇湘晨报》《温州晚报》《温州都市报》	各发布软文广告12次，合计共60次	60 000元
总计			18万元左右

注：此为估算，在实际操作过程中，可要求广告代理公司联系，由相应媒体赠送，以节约软文费用开支。

（2）主要媒体平面报纸广告推广

预算以省内主要媒体为主，辅以定点推广区域的主流媒体，如《温州都市报》（温州区域）、《南方都市报》（珠三角区域），同时以媒体报价的6折优惠折算，具体由媒体发布公司操作，同时湖南省内其他区域的推广将根据项目操作的具体情况，世方公司提交区域定位推广方案及计划，报请开发商审批，并将总营销成本控制在合理范围内。

▶—— 表21-58 主要媒体平面报纸广告推广费用

推广周期	媒体名称	规格	费用（元）	频率	月次	总费用（元）
第二阶段（8月中—10月初），共约2个月	《潇湘晨报》	整版	109 440	6	3	1 969 920
	《株洲日报》	整版	49 920	4	3	599 040
	《三湘都市报》	整版	78 000	2	3	468 000
第三阶段（10月中—11月中），共约1个月	《潇湘晨报》	整版	109 440	4	1	437 760
	《株洲日报》	半版	24 960	2	1	49 920
	《温州都市报》	整版	90 000	2	1	180 000
第四阶段（11月中—开业），共3个月	《潇湘晨报》	整版	109 440	2	3	656 640
	《温州都市报》	半版	48 000	2	3	288 000
	《南方都市报》	整版	152 960	2	3	917 760
合计						5 567 040

3.定点销售费用

（1）办公及接待处费用

第一项：场地费用

A.展厅租赁费用：

根据我司在温州推广的经验，项目在温州的推广将是一个较为长期的过程，因此需要租赁长期的展厅，以保证项目在温州推广活动的顺利进行，促进销售。

通过综合比较，建议在温州房地产交易中心租赁展厅，具体费用为：3500~4000元/月。

B.办公用品费用：

· 接待桌：140元/张×2张=280元左右；

· 接待椅：50元/张×6张=300元左右；

- 接待点饮水机：70元左右；
- 电话传真机：1100元左右；
- 办公桌：300元；

合计：2050元。

C.展厅布置费用：

- 安装两部电话机：300元左右/月×3个月=900元；
- 接待点租赁布展铁架：2元/米²/天；

根据接待点的布展尺寸需要租赁的铁架约30米；

- 租赁铁架：30米×2元/米/天×31天=1860元/月；

1860元/月×3个月=5580元。

- 喷绘：25元/米²；写真：35元/米²（具体根据布展尺寸大小确认总值）；

估计喷绘大小20平方米左右；

25元/米²×20平方米=500元；

合计：6980元。

D.房租费用：

三房一厅：租金：1800~3000元/月，押金：约两个月标准租金

- 费用预算：
- 房租：2600元/月×3个月=7800元；
- 水、电、气、管理费400元/月×3个月=1200元；

租房费用预算总计：（14 000元，其中含押金5000元可退）

合计：9000元+5000元=14 000元；

第一项总计：A（4000元）+B（2050元）+C（6980元）+D（14 000元）=27 030元。

第二项：电器设备费用：

- 电视机：2500元左右；
- DVD：600~800元；
- 洗衣机：900元左右；
- 空调：三台4800元左右（1600元/台×3台）；

合计：8900元左右。

第一项+第二项=27 030元+8900元=35 930元。

（2）媒体推广费用

温州定点推广时间预计从7月初开始，12月初结束，其中：

- 前两个月为强势推广期，平均每周在《温州商报》《温州都市报》刊登2.5次整版广告，费用预算

如下：2个月×4周×2.5×9万元/整版=180万元。

·后三个月根据实际情况，推广频率可控制在每周2次半版广告，费用预算如下：

3个月×4周×2×4.8万/半版=115.2万元。

合计：180万元+115.2万元=295.2万元。

（3）展会推广费用

温州定点推广活动费用还包括参加温州房展会的费用，由于近期未公布温州下半年的展会安排，因此该部分费用现阶段无法预测，因此，最终将根据实际情况确定是否参加，并根据具体参加情况进行预算。

温州推广费用总计：办公及接待处费用+推广费用=3.593万元+295.2万元=298.793万元（不含展会推广费用）。

22
综合体

潍坊市 WH
世贸中心定位报告

一、项目所在地——潍坊概况

1. 潍坊地理位置

潍坊ＷＨ·世贸中心位于潍坊市潍城区南关街道颜家庄村，潍坊市地处山东半岛中部，地跨北纬35° 41′~37° 26′，东经108° 10′~120° 01′。直线距离西至省会济南183公里，西北至首都北京410公里。南依沂山，北濒渤海，东连海港名城青岛、烟台，西接工矿重镇淄博、东营，南连临沂、日照。扼山东内陆腹地通往山东半岛地区的咽喉，胶济铁路横贯市境东西。

▶── **图22-1 潍坊扼山东内陆腹地通往山东半岛地区的咽喉**

2. 潍坊行政规划

潍坊市辖奎文、潍城、寒亭、坊子4区，青州、诸城、寿光、高密、安丘、昌邑6市，昌乐、临朐2县，全市总面积1.61万平方公里。至2011年2月，据公安部门统计，全市户籍总人口868万人。据人口变动和劳动力调查资料推算，年末常住人口将达889.54万人。全市有汉、满、回等民族。中心市区建成区面积128平方公里，人口108万。

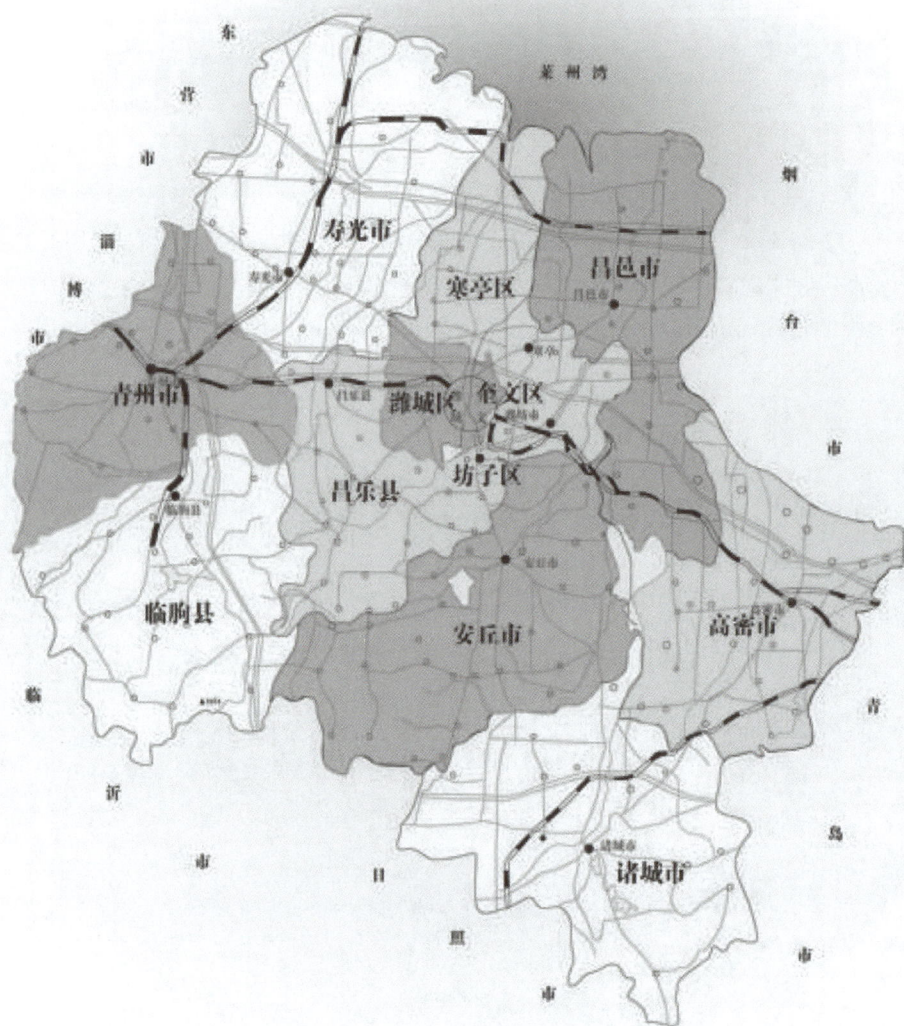

▶── 图22-2 潍坊行政规划

3. 潍坊城市职能结构

潍坊有4个市辖区、6个县级市、2个县。

市辖区：潍城区、奎文区、寒亭区、坊子区；县级市：寿光市、诸城市、青州市、安丘市、高密市、昌邑市；县：昌乐县、临朐县。

城市发展战略："一体两翼""东扩西延、南控北展"。

4. 潍坊城市经济指标

（1）城市GDP

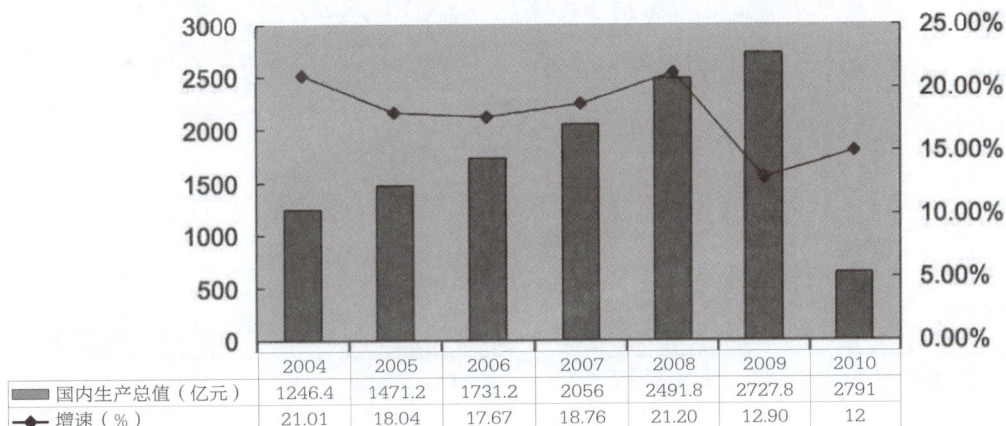

	2004	2005	2006	2007	2008	2009	2010
■ 国内生产总值（亿元）	1246.4	1471.2	1731.2	2056	2491.8	2727.8	2791
◆ 增速（%）	21.01	18.04	17.67	18.76	21.20	12.90	12

▶── **图22-3 潍坊市历年国内生产总值增加变化图**

▶── **表22-1 宏观经济增长与房地产业发展状况**

宏观经济增长	房地产业发展状况
小于4%	萎缩
4%~5%	停滞
5%~8%	稳定发展
大于8%	高速发展

　　2010年潍坊市GDP达到2791亿元，比上年增长12%，增幅持续上涨；自2004年以来，GDP增长率一直保持在较高水平，表现出强劲的增长势头；潍坊GDP增长率始终保持在12%以上，根据国民经济增长与房地产经济的关系，潍坊市的房地产经济处于高速发展期。

（2）人均GDP

	2004	2005	2006	2007	2008	2009	2010
国内生产总值（亿元）	14 678	17 279	19 677	23 349	28 106	30 568	35 610
增速（%）	16.7	16.8	16.2	15	12.4	12.2	16.45

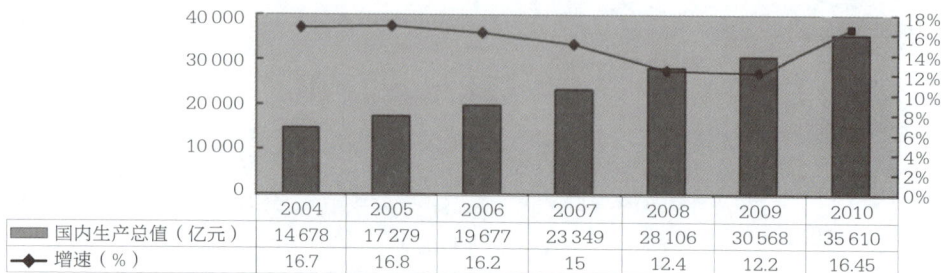

▶── 图22-4 潍坊市历年人均GDP变化表

0-800US$	800-4000US$	4000-8000US$	8000-20 000US$
启动期	快速发展期	平稳发展期	减缓发展期

▶── 图22-5 人均GDP与房地产发展的关系

近年来潍坊人均GDP持续高速上升，人均GDP约5561美元，按照人均GDP与房地产发展水平之间的关系，潍坊房地产市场正处于平稳发展期。

（3）消费能力

2010年，潍坊地区生产总值由2005年的1461亿元增加到2010年的3091亿元，年均增长14.2%，人均GDP突破5000美元。地方财政收入由70.7亿元增加到202.4亿元，年均增长23.4%。2010年实现社会消费品零售总额1151.1亿元，年均增长18.5%。金融机构各项存、贷款余额分别达到3307.7亿元、2570.8亿元，是2005年末的2.6倍和3倍。城镇居民人均可支配收入达到19 675元，农民人均纯收入8872元，分别比2005年增加9357元和3855元。居民工资收入稳步增长；购买力相对较强；居住性支出大幅度上涨。

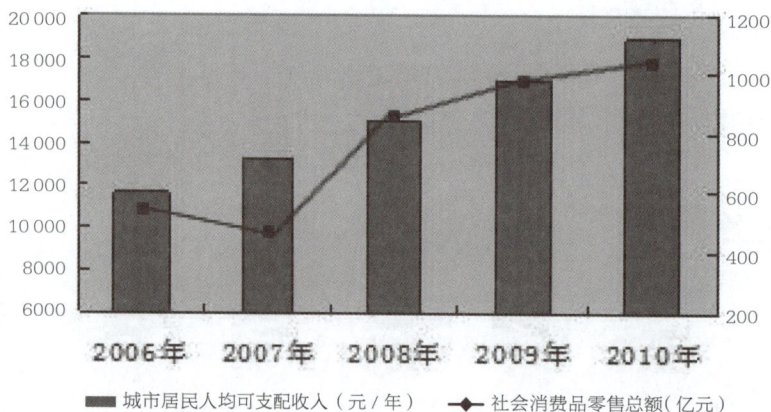

城市居民人均可支配收入（元／年）　　社会消费品零售总额（亿元）

▶── 图22-6 潍坊市民消费能力分析

单位：元

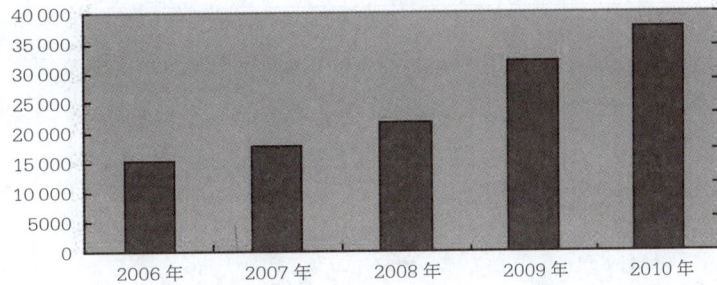

图中纵轴刻度（单位：元）：40 000、35 000、30 000、25 000、20 000、15 000、10 000、5 000、0

横轴：2006年、2007年、2008年、2009年、2010年

▶━━ **图22-7 潍坊市人均工资走势**

（4）居民恩格尔系数

潍坊的恩格尔系数：1999年为43%。截止到2005年末为34.8%，农村恩格尔系数为38.5%。城镇居民恩格尔系数逐年降低，城镇居民生活水平正在向富裕型迈进，对其他商品的购买力正在不断增强，为商贸业的发展奠定了一定的消费基础。

▶━━ **表22-2 居民恩格尔系数**

生活水平	恩格尔系数（%）
温饱型	55%~59%
	50%~55%
小康型	45%~50%
	40%~45%
富裕型	40%以下

5. 城市化进程

潍坊市是人口大市，人口总量居全省第三。截止到2010年末，全市常住人口已达到908.62万人。自2003年以来城市化率增长迅速，到2009年为49.2%。按照城市化发展的一般规律，人口城市化率在30%～70%为加速发展阶段。展望潍坊未来的城市化发展道路，仍将保持较快的增长速度，预计到2020年前后有望达到63%，实现高度城市化。城市化率的提升将促进房地产快速发展。

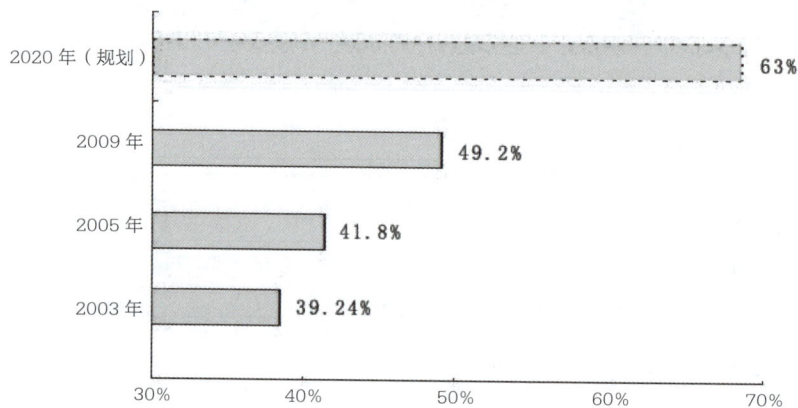

▶—— **图22-8 潍坊城市化率目标**

6. 总结

· 潍坊经济发展稳定，房地产进入平稳发展阶段；

· 随着城市化进程的加快，人们对住房的刚性需求有所增加；

· 恩格尔系数不断降低，居民工资增长明显，为商贸业的发展奠定了一定的消费基础。

二、项目概况

1. 项目区位

→ **图22-9 项目区位图**

本项目位于山东省潍坊市潍城区南关街道颜家庄村，火车站南广场（待建）以南区域，春鸢路（现路名）以东，胥山路（待建）南北两侧，南关街道颜家村地界内。紧邻国家级"4A级公园区"白浪河湿地公园；北距火车站南广场直线距离1公里左右，是火车站南广场的核心商务区，与规划中的鸢都湖商业休闲娱乐景观商业街区遥相呼应；地处潍坊市中心城区的西南部，距离城市主商圈仅2至3公里，也是潍坊市最有潜力的城市区域之一。

2. 项目现状

本项目用地面积99 227平方米，总建筑面积约54万平方米，其中商业建筑面积约28万平方米，当地居民安置房、住宅、公寓、写字楼、五星级酒店、车库合计建筑面积26万平方米。按照市政府规划要求被分割成4个地块，分别为1号、2号、3号、4号，各地块之间由规划支路相连。

3.项目强规

对外营业的商业建筑退月河路（春鸢路）道路绿线不少于15米，侧向退道路绿线不少于6米；对外营业的建筑物退胥山街道路红线不少于20米，其他建筑后退不少于15米。对外营业的建筑物退规划支路不少于10米，侧向不少于7米。

边界退让：高层建筑东、西向退让用地界限不小于6.5米；多层建筑东、西侧退让用地界限不小于3米。建筑退让南侧用地界限不小于规定间距的1/3，退让北侧用地界限不少于规定间距的2/3。

用地范围内绿地率≥30%，且集中的公共绿地不少于净用地面积的8%。

多层住宅楼南北朝向建筑应满足1∶1.5H要求，高层住宅楼间的距离满足大寒日2小时满窗日照要求（进行日照阴影分析）。

沿街建筑面宽：多层不宜超过80米，高层不宜超过50米，鼓励建设塔式高层建筑。

停车要求：居民汽车停车率不应小于10%，地面停车率大于6%且不宜超过10%。商业建筑用地满足每100平方米1个车位。

按规范设置物业管理、社区卫生、警卫室、四点半小学、幼儿园等公共服务设施和配套设施。

其他依据国家、省市有关规划设计规范要求执行。

规划地块应考虑在由同一规划道路（主、次、支）围合的零星土地上统筹规划；需与火车站南广场规划衔接，该区域应考虑飞机飞行的净空要求。

三、市场分析

1.潍坊市住宅市场分析

▶—— 表22-3 潍坊市住宅市场分析

辖区	潍城区	奎文区	寒亭区	坊子区	经济开发区	高新区
现状	老城区、崛起中	中心城区、趋于饱和	发展中	发展中	有潜力	潜力大
均价（元/米²）	4000~5500（住宅）	4500~6000（住宅）	3000~4000（住宅）	3500~4000（住宅）	3500~4500（住宅）	4000~5000（住宅）
板块	中心城区板块	中心城区板块	城北板块	城南板块	城西板块	城东板块
建筑形态	多层为主，兼小高层、高层	多层、小高层	多层为主、少量高层	多层为主，兼高层、少量别墅	多层、小高层、高层	多层、小高层、高层

续表

代表楼盘	五道庙商业街 香颂湾 新天地购物城	阳光100城市广场 潍美国际中心 丹桂里	祥和花园 恒信首府 滨海北美枫情	凤凰太阳城 恒信领海国际 龙凤花园	新华怡景苑 博悦世家 逸景和公馆	麒麟公馆 玉苑小区 辰隆理想国际
主要特点	老城区,虽项目总量较多,但房价居中,空间和潜力巨大,近期正逐步崛起。	中心城区,配套相对成熟,在潍坊各县市区中领跑,但目前土地配置趋于饱和。	发展较缓慢,但正处在稳步发展中。	发展较缓慢,但正处在稳步发展中。	离市中心较远,配套有待完善。	发展迅速,有赶超奎文之势。

(1)潍坊市房价概况

▶ 表22-4 潍坊市房价概况

项目名称	产品类型	推出时间	体量(万平方米)	主力户型(平方米)	价格(元/米²)	区位
五道庙商业街	住宅、商铺、公寓	2011年7月	70(商业40)	51~108	4800均(住宅) 18 000均(商铺)	潍城区
阳光100城市广场	住宅、商业、写字楼、酒店	2011年6月	120(地上)	58~137	7000(住宅) 11 500(LOFT\精装)	奎文区
麒麟公馆	住宅、别墅	2011年4月	23	147~248	6000起(毛坯) 11 000起(精装)	高新区
潍美国际中心	住宅、酒店	2011年10月	22	27~92	8000均(精装)	奎文区
丹桂里	住宅、公寓	2011年10月	21	94~158	7300均	奎文区
荣观华府	住宅	2011年10月	14	70~150	6300起	奎文区
中建大观天下	住宅	2011年11月	208	85~142	6200均	高新区
香颂湾	住宅、别墅	2010年12月	11	80~120	6000均	潍城区
金都南苑	住宅	2010年8月	12	48~120	5600均	潍城区

（2）地块所在地——潍城区在售房地产项目概况

⊙北方茶都

▶— 表22-5 北方茶都项目概况

项目位置	潍城青年路铁路桥以北（东临火车站）
总建筑面积	18万平方米（商业6万多平方米）
物业类型	住宅、商铺
容积率	1.32
绿化率	20%
开发商	潍坊城市三维空间投资有限公司
销售均价	外街商铺：18 000元/米²； 内街商铺：12 405元/米²
开盘日期	2011年9月1日
主力户型	住宅为54平方米

　　本项目商业分为四条内街、两条外街。可同时容纳400多家商户经营，通过茶文化体验使消费者进行茶叶消费和感受茶文化，带动茶叶批发、零售，茶艺，茶具，茶叶包装等业态的发展，使其成为一个博大精深的中国茶文化展示中心、体验中心、学习中心、观光旅游以及茶叶交易中心。配套特色餐饮、仓储物流、怡家客房商务酒店、7天连锁酒店、四星级酒店、高尚公寓、办公等多种物业形态。另有两个大型文化广场，一个是位于主入口的乐客广场，广场上将设置主题雕塑"华夏第一壶"的水景小品；另一个是位于项目中心的茶圣广场，将设置茶圣陆羽雕塑和水系等。项目配备1000多个停车位，商家可在自己门前就近停车，即走即停。

　　购房三年物业费、运营费、公共电费全免！

⊙中华茶博城

▶— 表22-6 中华茶博城项目概况

项目位置	潍城青年路南段（老茶叶市场旁）
总建筑面积	3.7万平方米
物业类型	商铺、公寓、住宅
容积率	2.5
绿化率	20%
开发商	潍坊市家福置业有限公司

续 表

销售均价	商铺：一层16 000元/米²、二层9000元/米²；LOFT公寓：4600元/米²
开盘日期	2011年5月21日
主力户型	商铺：一层35平方米，二层29平方米、30平方米；住宅：28~52平方米

该项目集"品牌展贸、产品交易、会议展览、物流配送、商务办公、产业服务、酒店餐饮、配套公寓、高尚住宅"等功能于一体，旨在打造潍坊最大规模、服务功能最完善的"一站式"茶文化博览交易中心。中华茶博城一期产品交易区建筑面积约10万平方米，为两层纯街铺布局。交易区内主通道宽约20米，次通道宽9~12米，户户通车，铺铺临街。项目铺位采用挑高层高设计，一层层高5.6米，二层层高5.4米，均可设置隔层。

办理贵宾卡，凭卡选房，开盘时享99折优惠！

⊙香颂湾

▶── **表22-7　香颂湾项目概况**

项目位置	潍城宝通西街902号
总建筑面积	11万平方米
物业类型	住宅、别墅
容积率	1.2
绿化率	36%
开发商	潍坊市宁建发展投资有限公司
销售均价	6000元/米²
开盘日期	2010年12月25日
主力户型	80~120平方米

项目总占地面积165亩，总建筑面积约11万平方米，产品包括精品多层住宅、别墅、商业三部分。万亩湿地公园和鸢都湖公园在这里交汇，白浪河万亩湿地作为白浪河改造工程中最重要的工程，目前在绵延6.7公里、占地1万多亩的湿地上，新栽植了25万株苗木。

全款98折，按揭99折，多层洋房2万抵3万！

⊙ 新天地购物城

▶— 表22-8 新天地购物城项目概况

项目位置	潍城和平路4201号（胜利街与和平路交叉口南100米路西）
总建筑面积	18万平方米（住宅11万平方米）
物业类型	住宅、商铺
容积率	2.7
绿化率	30%
开发商	潍坊兴霖置业有限公司
销售均价	住宅：4200元/米^2；商铺：12 000元/米^{2}起
开盘日期	2009年9月19日
主力户型	45~145平方米

项目为集时尚、经济于一体的首席中央商住综合体。新天地购物城总建筑面积18万平方米，地下车库2.25万平方米，1至3层为5万平方米旗舰商业、11万多平方米住宅，8栋20至24层高层住宅为45至145平方米中小主力户型。

全款购房98折，按揭99折！

⊙ 金源大厦

▶— 表22-9 金源大厦项目概况

项目位置	潍城民生街与青年路交汇处西北
总建筑面积	5.6万平方米
物业类型	住宅
容积率	6.23
绿化率	——
开发商	潍坊嘉榕置业有限公司
销售均价	5000元/米^2
开盘日期	2011年10月15日
主力户型	100~120平方米

项目由两座25层的ARTDECO风格现代双子建筑组成，1至5层裙楼为大型商业，6至25层商住空间

可商可住。70年产权的居家办公室新型财智综合体配套完善，采用星级酒店式物业管理、国际先进的智能化系统以及现代居家办公新商务模式。

全款96折，按揭99折，2万抵3万优惠！

◎**中经世界城**

▶—— 表22-10 中经世界城项目概况

项目位置	潍城健康西街192号
总建筑面积	36万平方米
物业类型	住宅、公寓、商铺
容积率	3.6
绿化率	35%
开发商	山东中经置业投资有限公司
销售均价	4980元/米^2
开盘日期	2011年6月5日
主力户型	84~105平方米

项目分为南北两区，预计分两期开发，为整体涵盖公寓、住宅、商业等多种业态的综合体项目。精装公寓1万抵2万优惠！

◎**冠宇国际中心**

▶—— 表22-11 冠宇国际中心项目概况

项目位置	潍城青年路1299号
总建筑面积	4.5万平方米
物业类型	住宅、写字楼
容积率	4.0
绿化率	31%
开发商	潍坊金恒吉置业有限公司
销售均价	住宅：4900元/米^{2}起；写字楼：4500元/米^2
开盘日期	2009年9月27日
主力户型	58~157平方米

项目总建筑面积42 069平方米，其中商业网点面积5256平方米，商务写字楼面积28 461平方米，公寓建筑面积8352平方米，主体属于框架结构，可以自由隔断，30~1000平方米满足不同面积的需要，拥有停车位数百个。

⊙中金国际

▶— 表22-12 中金国际项目概况

项目位置	潍城健康街166号（火车站广场东北角）
总建筑面积	30万平方米
物业类型	住宅、商铺、写字楼
容积率	4.54
绿化率	21%
开发商	潍坊中金房地产开发有限公司
销售均价	4800元/米^2
开盘日期	2010年6月17日
主力户型	120~123平方米

本项目开发商以30万平方米打造集居住、商务、商业、旅游为一体的大型复合地产项目，属潍坊市政府重点招商引资项目。A区：6万平方米商业规划；B区：600套一房至三房各户型，满足多层次需求；C区：10万平方米纯金商务写字间。

全款购房享150元/米^{2}优惠；老客户介绍新客户成交1套住宅房源，老客户可获赠1年物业费。购酒店式精装公寓，赠1个月房租，全款购房赠2个月房租。

⊙宝中亚商贸城

▶— 表22-13 宝中亚商贸城项目概况

项目位置	潍城健康西街与向阳路交叉口西南角
总建筑面积	13万平方米
物业类型	住宅、商铺、公寓
容积率	1.05
绿化率	——
开发商	潍坊中亚房地产发展有限公司

销售均价	住宅：4300元/米²；公寓：4800元/米²； 商铺：沿街30 000元/米²，内街：15 000元/米²
开盘日期	2007年11月5日
主力户型	60~255平方米

　　项目定位为集商业物流中心、酒店、写字楼、SOHO城市公寓综合楼为一体的大型商务中心。一期开发面积13万平方米，其中商业面积6万多平方米，酒店式公寓建筑面积9000多平方米，小户型写字楼建筑面积9000多平方米，SOHO公寓建筑面积27 000多平方米，地下建筑面积2万多平方米，地下停车位约600个。建筑含地上十八层公寓两座，十层办公楼一座，十层酒店一座，商铺地上三层，地下一层（含停车位）。户型信息：小户型为60~70平方米。商铺户型选择有：81~255平方米。

⊙ 茂华紫苑公馆

▶── 表22-14　茂华紫苑公馆项目概况

项目位置	潍城东风西街3518号
总建筑面积	28万平方米
物业类型	住宅、商务楼
容积率	2.5
绿化率	75%
开发商	潍坊茂华置业有限公司
销售均价	4200元/米²
开盘日期	2011年9月3日
主力户型	110~220平方米

　　项目由20栋高层板楼组成，其中8栋27层、2栋26层，10栋18层，分三期开发；目前已代表潍坊角逐联合国环境规划署主导下的"全球国际花园城市与国际花园社区"，这也是潍坊首次有项目入选。

　　交1万抵1.5万，全款购房95折，按揭96折！

（3）潍城区在售物业小结

· 潍城区住宅开发处于稳速发展阶段，发展趋向成熟，房地产发展空间较大；

· 目前市场楼盘开发以住宅为主，大盘逐渐涌现；

· 楼盘规划、营销水平、建筑质量等逐步提升；

· 目前潍城区楼盘销售均价大幅度提升，为3400~6000元/米^2；

· 目前在售楼盘公寓主力面积30~50平方米，住宅主力面积80~130平方米；

· 潍城区楼盘销售对象以刚需客户为主，投资客数量增多；

· 大型商业物业发展开始起步，销售状况良好。

2. 潍坊商业市场分析

（1）商业市场概况

⊙潍坊商业分布主要中心城区分为城东商圈、城中商圈、城西商圈三大主块。

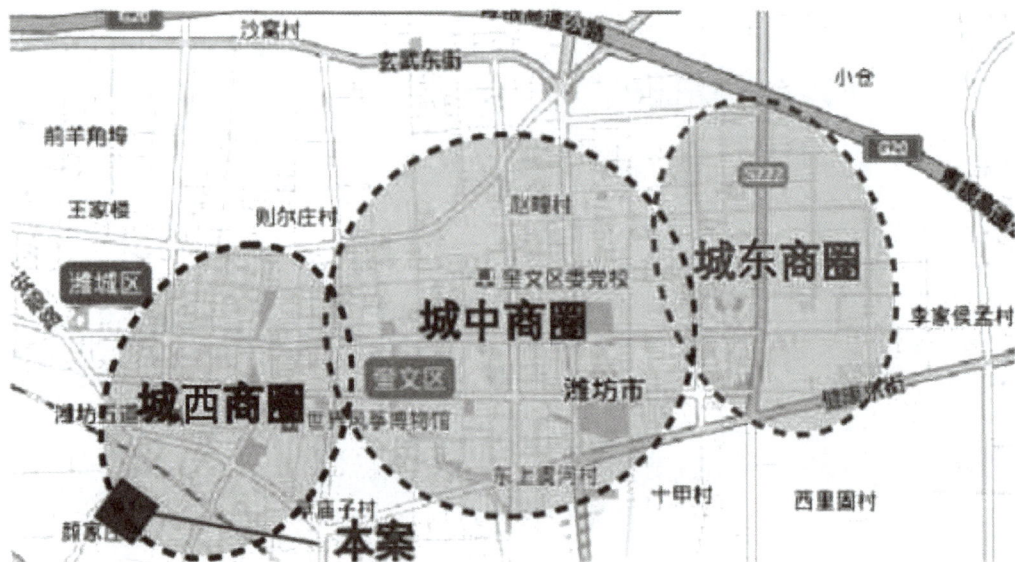

▶━━ 图22-10 潍坊中心城区商圈分布

我们按自东向西的方位顺序来浅析一下潍坊市中心区域的商圈现状。

首先，城东商圈地处高新区，现在驻扎着中百益家园、中百佳乐家（上东店）以及正在兴建的世贸中心。现正快速地发展成潍坊城东的成熟商圈。

其次，城中商圈地处奎文区，以新华路和福寿街为代表，分别驻扎着中百大厦、中百佳乐家（新华店、福寿店）、东盛广场、利群、沃尔玛、亿丰时代广场等商超百货业态。今年通过各方积极的努力，无论从发展规模和消费人气上，该区都呈现出良好的发展态势，渐渐形成了适合自身发展的特色商圈。

而城西商圈介于奎文区与潍城区之间，现有潍坊百货大楼、世纪泰华、银座商城、乐购超市、金沙城市广场、人民街小商品城等知名商超、百货业态（V1购物广场、大润发、烟台振华商厦正在筹备中）。由于先天的地理环境优势和历史等原因，这里自然也成了潍坊最早形成的成熟商圈。它以白浪河为主轴，也逐渐完成了由东向西的衔接，并延伸到火车站形成的火车站商圈。

随着潍坊城市现代化建设日新月异、蓬勃发展以及火车站南站的建立等诸多城市整体规划和建设，火车站商圈势必会成为潍坊最具影响力的商圈之一。

（2）潍城区商业市场分析

·潍城区商业分布：白浪河以西的中心商业区（城西商圈）、新城区商业（火车站商圈），其他较为零散，且有待完善。

·中心商业区：城西商圈，是购物、休闲娱乐最集中的区域，分布有百货大楼、世纪泰华、银座商城、乐购超市、金沙城市广场、人民街小商品城等知名商超、百货场所，是潍城区居民主要的消费场所。

·新城区商业：新潍坊火车站广场日前建成开放后，吸引着众多市民和游客前来这里游玩，已成为代表潍坊城市档次和品位的新地标。而火车站周边的地产商圈将因此受益良多。各商业地产、复合型地产也迅速进场，在火车站商圈的直接辐射之下，随着城市的进一步发展以及房地产开发力度的进一步加大，潍城区商业逐步向南发展，一个新的火车站地产商圈即将形成。

·专业市场：潍城区较缺乏专业市场业态，且位置比较分散，主要集中在白浪河以西、火车站以北，火车站南相对较少，潍城区附近也分布了专业市场。

▶━━ 图22-11 潍城区商业项目分布图

（3）潍城区商业市场小结

商业体系发展缓慢，业态发展不平衡；

已具备商业步行街、百货、专业市场及各类专卖店等业态，但真正意义的城市综合体、SHOPPING MALL尚待完善；

商业网点分布过于集中；

在城西商圈，中百大厦、新天地、潍坊百货、V1购物广场、金沙城市广场彼此相隔较近，同质经营严重；

商业街发展滞后，缺乏品牌和大型优质商家；

潍城区的崛起不能满足各类型消费缺乏的需求，导致消费群体只能到其他区域购物；

区内各商业街普遍面临缺乏统一规划、环境较差、急需升级或改造的局面；

产权式商铺成为投资新宠。

3.结论

根据本项目所在地总体规划、目前该地块及周边市场现况，本项目适合做以大型商业为主，中小户型住宅、公寓为辅，酒店为配套的城市综合体。

四、SWOT分析

1.优势（S）

城市立体交通南移——建设潍坊市火车站南广场是潍坊市政府的重大决策，即在潍坊市火车站南侧新建一个规模更大、档次更高、功能更多的新城市核心枢纽，也以此来弥补原北广场诸多种功能的不足，并带动身为城市腹地的火车站南部片区的开发建设和功能提升。

项目后续发展潜力强劲——南广场建成后将成为潍坊多条新建和待建的城市轻轨和城际轻轨的始发地，各类交通客运、货运的集散地。建成后将是潍坊市城区最旺盛的人流、车流、物流、商流的心脏位置。项目优势总结如下：

地处潍坊火车站附近，作为城市入口和南大门，形象突出，标志性强，人流量大，将充满无限的活力；

本项目距离南广场仅一公里左右，将成为火车站新兴商圈的核心位置；

政府3年内要打造好火车站南广场，对本项目的发展形成了空前的利好条件；

三站合一于此，将是本项目区域发展的有利因素；

区域内交通基础条件优越，利于南广场控制规划和快速推进区域发展；

目前该区域多为老居住区，无大型商业，商业较为零散，有极大的发展空间；

紧邻火车站，人流充沛，为项目后续经营提供了人气保证；

政府"十二五"重点规划项目，是城市中心区的重要组成部分。

2.劣势（W）

项目邻近火车站，人、车繁多、嘈杂，周边环境有待改善；

本项目体量较大、开发周期较长，有一定的市场培育期；

附近有物流园区，大型车辆较多，将会对本项目的交通集散有一定的影响。

3. 机会（O）

精准的定位将为项目的建设和发展提供方向并起到助推作用；

通过硬件建设、软件配套来提高本项目的形象和品质，有利于打造潍坊地标性商业；

周边区域大型楼盘较少，区域客户分流竞争压力较小；

随着潍坊高铁的建成，潍坊将成为环渤海蓝色经济圈的明珠，这为本项目发展提供了先决条件。

4. 威胁（T）

虽然政府明确表态，要在3年内完成南广场的建设，但具体实施的时间表尚未明确；

新车站及南广场新区配套的建设与实施的时间还需明确。

五、项目定位

1. 市场切入点

·开发现状为以底商+住宅、配套商业铺面模式为主，主题商场有很大的市场切入契机；

·经营以街铺自营独斗模式为主，大型综合业态专业市场、综合体商业有很大的市场切入契机；

·业态以松散分布为主，全业态商业项目有很大的市场切入契机；

·投资渠道较为狭窄，产权式带租约商铺有很大的市场切入契机；

·零星商业为主，大型超市有很大的市场切入契机；

·小户型公寓稀缺有很大的市场切入契机；

·休憩娱乐档次落后有很大的市场提升与切入契机；

·县城中心星级酒店缺乏有很大的市场切入契机；

·进城群体加速市中心刚性居住需求有很大的市场切入契机。

2. 定位

集购物、娱乐、休闲、观光、餐饮、影视、教育、酒店、办公、居住为一体；

大型室内主题景观步行商业广场——"城市综合体"。

六、产品设计

1. 开发思路

以"夹饼式""多首层式""主题式"这三大最新型商业为开发手段及产品形态，凸显项目开发的最大价值与效益。以小户型住宅、公寓及沿街商铺为辅助，酒店为配套的开发来连接资金链，规避南广场商业培育期的可变性风险。

2. 开发手段及产品形态

（1）"夹饼式"

从业态布置上，我们将负一层、四层定位于主业态布置。负一层大面积连接，形成大型的购物超市；四层将三分之二的区域用于休闲娱乐、餐饮、影院等业态的开发；负二层设为地下停车场。通过以上"夹饼式"的格局在业态上充分拉动人、车动线，满足全方位购物娱乐休闲餐饮的需求，从而提高中间层的价值。

（2）"多首层式"

利用三纵一横，将项目区分为"四大块""八小块"，并设立一个"沉降式"广场，将两块分离的商业区域有机地结合。将购物广场沉降，使负一层、一层都成为首层；并增设两大旋转式商车步道，将四层顶面设为屋顶停车场，那么四层也具备了首层概念。这样就会形成一种"上天入地式"的物业形态，使负一层、一层、三层、四层都形成便捷、利于流动的首层，从而大大提高物业价值。

（3）"主题式"

现代商业不仅仅是人们购物的场所，除了满足消费者全方位购物娱乐休闲餐饮的需求之外，其实质上更是一座区域商业体。那么，如何使商业体最大程度地吸引全城消费者的眼球与脚步，使之有着核心商圈商业体的放射功能呢？这就是赋予项目一大主题灵魂！所以我们要赋予项目一大主题灵魂，让其动起来！为商业综合体注入灵性，从而大大提升物业价值，缩短旺场培育期。

我们需要的商业不仅仅要满足区域性还要吸引全市性的消费。这就需要有能秒杀全市人群的一大主题灵魂。

我们需要的商业要能快速地聚拢人气，这就需要设立有号召力的主力超市、极具震撼力的青少年流行商城及不夜城三大主题。

我们需要的商业要能满足销售物业的目的，这就需要铺铺临街、店店面路的三层黄金街铺。

我们需要的商业要能确保经营者获利、投资者获利、消费者获利，这就需要人气、商气、财气的汇集。

我们需要的商业要让开发商获得令人心跳的高额利润，政府有着优秀的政绩及税源，投资者有着稳定的高额回报，经营者能源源不断地将利润放入口袋，消费者能愉快地在此消费而流连往返……

①主题研判

用什么样的主题来吸引潍坊的广大消费群体？

我们查阅了众多关于潍坊的历史资料，做了诸多访问、调查等，终于找到了主题——"风筝"。

风筝，古名"纸鸢"，又名"鹞子"，是普及于山东各地的一种玩具，尤以潍坊为盛。

中国古代著名的哲学家墨翟（公元前468~376年）居鲁山（今山东潍坊青州西南部一带）时曾"斫木为鹞，三年而成，飞一日而败"。这就是世界最早的风筝，距今已有2300多年历史。后来，墨翟把制造木鹞的方法传给他的学生公输班（又称鲁般、鲁班），公输班又加以改进，其原材料是极薄的木片或竹片。汉朝以后，由于纸的发明和应用，在制作风筝时，逐渐以纸代木，称为"纸鸢"。

五代时，又在纸鸢上系竹哨，风吹竹哨，声如筝鸣，故以后称"风筝"。随着历史的不断演变，风筝在明清时代达到鼎盛。

潍坊风筝作为潍坊市的象征，更加受到当地人民的珍爱和重视。从1984年起，潍坊市连续成功地举办了国际风筝节；1988年，潍坊市被国内外风筝界选为"世界风筝都"。潍坊风筝走向了世界，真正达到了它的鼎盛期。

个性是艺术成功的标志。国家非常重视非物质文化遗产的保护，2006年5月20日，潍坊风筝制作技艺经国务院批准列入第一批国家级非物质文化遗产名录。

这里不仅是商业综合体，更是一座风筝历史文化的教育展览基地！

②主力探讨

将"风筝"作为本案主题灵魂！将风筝元素融入室外广场、景观、路面、墙面、室内景观步行街、中庭、地、墙、顶面等室内外装饰建设，除通过对以上主题元素的挖掘外，更为重要的是要增设两大主题：招进一家"主力超市+地下超级震撼商城"！让消费人群疯涌入地！上层设潍坊不夜城，让消费人群狂疯上天！上天入地式，积聚人气，把中间层商业烘焙出铺铺进宝旺铺、店店招财之源！

365天的客流量将快速拉动区域商业旺场。主题灵魂与商业的结合更能吸引本区域消费者的眼球，从而爆增人气，目前如"河北沧州的武术主题""山东诸城市的龙文化""安徽省淮北市的戏曲文化"等等，都与商业综合体得以有机的结合，并为打造全新的主题式商业广场奠定了更扎实的物业形态基础。

3. 辅助型住宅定位

从调查可以看出，中小户型住宅及公寓在潍城区的房地产项目开发中比重正逐步扩大，这主要是由于这类小面积的房源非常受欢迎。我们认为：

随着潍坊市经济的发展，越来越多的外来进城者需靠租房安身。

从我们市调结果来看，潍坊市楼盘的小户型比例较少，特别是潍城区更是紧缺。

据市场分析及本案的主题商业景观步行街这一特性，我们建议：以中小户型住宅为市场定位，除满足按安置要求设计外，以80平方米左右的两室一厅一卫一厨一阳台为主打户型（占40%）；100平方米左右的三室两厅一卫一厨一阳台为辅助户型（20%）。60平方米以内的公寓总面积约6万平方米，要求户型紧凑合理且符合年轻人的前卫、时尚意识。另设计一栋高层标志性建筑、产权式酒店及酒店式商务公寓。产权式酒店面积约1.5万平方米。

七、产品解析

1. 产品立体展示

（1）总平面图

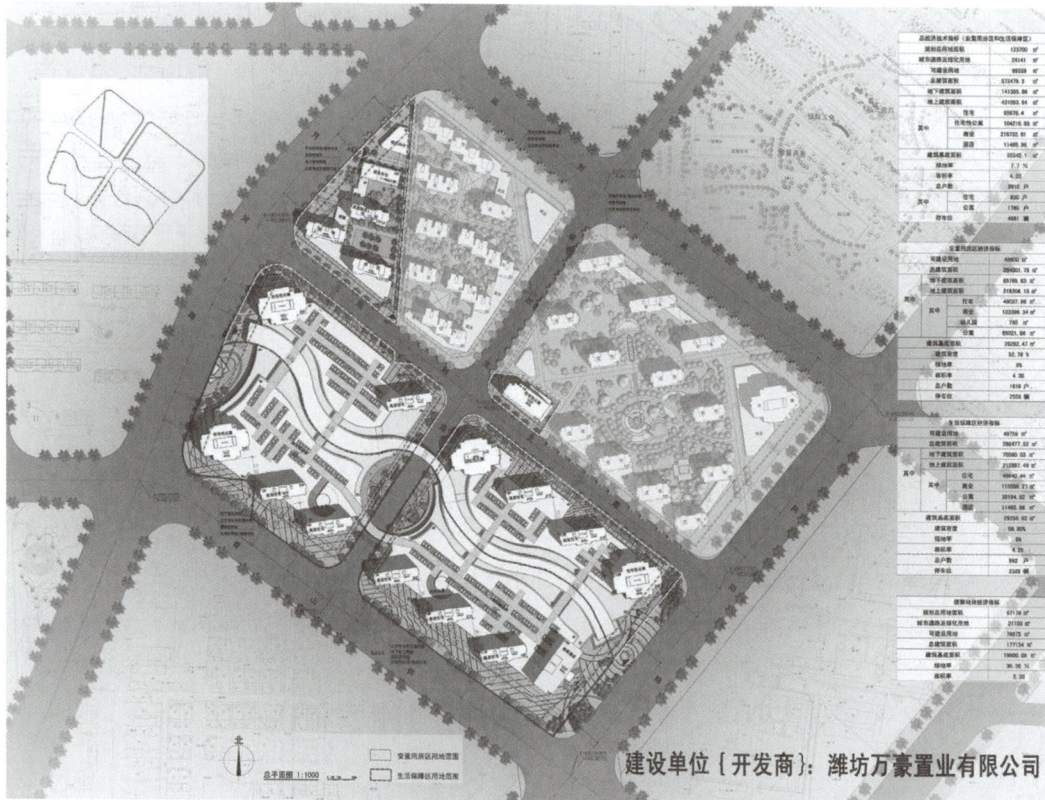

建设单位〔开发商〕：潍坊万豪置业有限公司

▶— 图22-12 项目总平面图

（2）总体鸟瞰图

▶—— 图22-13 项目总体鸟瞰图

（3）局部效果图

▶—— 图22-14 项目局部效果图

2. 产品经济技术指标分析

（1）总经济技术指标（安置用地和生活保障区）

▶—— 表22-15　总经济技术指标

规划总用地面积		123 700平方米
城市道路及绿化用地		24 141平方米
可建设用地		99 559平方米
总建筑面积		572 479.3平方米
地下建筑面积		141 385.66平方米
地上建筑面积		431 093.64平方米
其中 地上	住宅	95 678.4平方米
	住宅性公寓	104 216.68平方米
	商业	219 732.61平方米
	酒店	11 465.96平方米
建筑基底面积		55 542.1平方米
绿地率		7.7%
容积率		4.33
总户数		2610户
其中	住宅	830户
	公寓	1780户
停车位		4881辆

（2）安置用房区经济指标

▶—— 表22-16 安置用房区经济指标

可建设用地			49 800平方米
总建筑面积			284 001.78平方米
其中	地下建筑面积		65 795.63平方米
	地上建筑面积		218 206.15平方米
	其中地上	住宅	49 037.96平方米
		商业	103 396.34平方米
		幼儿园	750平方米
		公寓	65 021.86平方米
建筑基底面积			26 282.47平方米
建筑密度			52.78%
绿地率			8%
容积率			4.38
总户数			1618户
停车位			2556辆

（3）生活保障区经济指标

▶━ 表22-17 生活保障区经济指标

可建设用地				49 759平方米
总建筑面积				288 477.52平方米
其中	地下建筑面积			75 590.03平方米
	地上建筑面积			212 887.49平方米
	其中地上	住宅		46 640.44平方米
		商业		115 586.27平方米
		公寓		39 194.82平方米
		酒店		11 465.96平方米
建筑基底面积				22 259.63平方米
建筑密度				58.80%
绿地率				5%
容积率				4.28
总户数				992户
停车位				2325辆

（4）统筹地块经济指标

▶━ 表22-18 统筹地块经济指标

规划总用地面积	97 178平方米
城市道路及绿化用地	21 103平方米
可建设用地	76 075平方米
总建筑面积	177 154平方米
建筑基地面积	19 800.08平方米
绿地率	30.30%
容积率	2.33

（5）安置需求与可售面积数据分析

▶—— 表22-19 安置需求与可售面积数据分析

物业形态	总面积	安置需求面积	剩余可售面积
住宅	95 678.4平方米	42 400平方米	53 278.4平方米
公寓	104 216.68平方米	——	104 216.68平方米
商业	219 732.61平方米	6600平方米	213 132.61平方米
酒店	11 465.96平方米	——	11 465.96平方米
幼儿园	750平方米	750平方米	——
停车位	4881辆	——	——

3. 项目投入及利润概算

（1）投入表

▶—— 表22-20 项目投入表

项目		征缴部门	基数	参数	金额（元）
1.立项阶段费用	可行性研究费	策划公司	572 479.3平方米	5	286.2万
	土地测绘费	测绘院			
	规划设计费	规划设计			
2.土地使用权取得费用	土地出让费	国土局	149.5亩	1 000 000 × 0.07	1046.5万
	土地契税	财政局	——	——	——
3.前期开发费用	建筑工程设计费	三通一平费	供电、供水、施工		
	——	地质钻探勘察费	勘察测绘院及设计院	572 479.3平方米	450	2.576亿
	——	建筑工程设计费	设计院		
	审图费	建委审图办			

续表

	项目	征缴部门	基数	参数	金额（元）
3.前期开发费用	建筑工程招标管理费	招标办、代理公司			
	代理费	——			
	建筑安全监督管理费	安监站			
	实心黏土限制使用费	计经委			
	墙体建筑材料节能费	计经委			
	散装水泥专项资金	计经委	——	——	——
	城市基础设施配套费	城建局			
4.建筑工程费	土建、水、电建安费	施工单位	572 479.3 平方米	2200	12.59亿
	消防设施施工费	施工单位			
	设备工程施工费	施工单位			
	景观/装修配套费	施工单位			
	建设工程监理费	监理公司			
	供电配套费（包括变压费）	供电局/施工单位			
	供水配套接口费	自来水公司			
	供气配套接口费	燃气公司			
5.开发管理、营销推广费	开发管理费	开发商费用	572 479.3 平方米	200	1.145亿
	推广费	广告、策划			
	营销、招商费	策划、代理			
	测绘费	测绘公司			
	产权登记管理费	房管局			
6.财务费	10 000×10%×2	开发商费用	——	——	2000万
7.税收	营业税及附加、土地增值税、其他综合	税务局	28.716亿	0.115	3.3亿

续表

项目		征缴部门	基数	参数	金额（元）
8.商运、物业管理费	前期物业管理启动费	物业公司	——	——	1000万
	前期商运管理费	营运公司			
	旺场推广费	营运公司			
9.不可预见费	以上总投的2%		20亿	0.02	0.4亿
总计	20+0.4=20.4亿				

（2）利润表

▶—— 表22-21 项目利润表

项目总投资（元）		20.4亿	
税金（元）		3.3亿	
建设成本（元）		15.3亿	
销售成本（元）		1.445亿	
不可预见成本（元）		0.4亿	0.4亿
住宅销售均价（元）	3800	住宅销售额（元）	2亿
公寓销售均价（元）	4500	公寓销售额（元）	4.69亿
商业销售均价（元）	10 000	商业销售额（元）	21.3亿
酒店销售均价（元）	4500	酒店销售额（元）	0.516亿
车位销售均价（元）	——	车位销售额（元）	——
总销售额（元）		28.716亿	
利润额（元）		8.316亿	
利润率（%）		35	

4. 开发周期

综合考虑本项目实际情况、开发背景及所在地环境，建议分四期进行开发建设。

开发节奏：

1期：2012月10月1日（开工）—2014年1月1日（竣工）；

2期：2014月5月1日（开工）—2016月10月1日（竣工）；

3期：2015月10月1日（开工）—2017月1月1日（竣工）；

4期：2016月10月1日（开工）—2018月1月1日（竣工）。

5.价格定位

（1）价格定位基础

价格是很敏感的杠杆：我们的项目到底能达到一个什么样的尺度？

根据本项目市场竞争态势，本案采用随行就市的定价基础，即按照行业中同类物业的现行平均价格水平为基础来定价。

（2）价格定位原则

随行就市定价法，首先应对本案进行项目价值判断，即选择若干与本项目在物业类型和档次上相类似的楼盘，进行价值实现要素的对比分析，判断本项目在当前市场形势下可实现的价值。本案就"舒适""便利""地段""景观""品牌""物业管理"等各项决定物业价值的要素与竞争楼盘对比分析，得出本案的基准价。

▶— **表22-22 项目价值要素综合评价表**

对比项目	住宅（元/米²）	公寓（元/米²）	商铺（元/米²）	品牌	地段	舒适	配套	景观	物业	实现度
泰华金泰广场	3900	4500	——	=	—	=	=	=	=	=
中华茶博城	3650起	——	16 000	=	=	=	=	—	=	=
中经世界城	4600	4900	——	=	+	+	+	—	=	=
"+"为高于对比项目；"="为相当于对比项目；"—"为低于对比项目。										

由于地段要素和配套要素对于地产来说所占的比重要大于其他要素，经过综合对比分析认为本案的综合素质：高于泰华金泰广场，低于中经世界城，相当于中华茶博城；因此，结合本项目实际情况，住宅可实现价值为3800元/米²，公寓为4500元/米²，商铺定位10 000元。将会有比较适合的回报率与回报周期。目前潍城区市场的产权式酒店尚未成形，参照住宅结合本案的实际情况建议酒店定价：4500元／米²（含简装）。

（3）价格策略

开盘价至结顶到交付采取稳走快跑逼定法策略：结顶时要上浮15％的价格，交付时再上浮15％的价格！且这30％上调分多次，小步快跑！

A、总体原则

低价入市原则：首次公开认购阶段，采用低价策略，一则保证初期销售率，加速开发商资金回笼，也更使首期买家市场获得较好升值空间，后续反应较好。

带租约销售的价格策略：商场铺位（沿街店面除外）实行返租五年：前三年一次结算从房价中扣除；后两年按购得总价的7%作为固定回报。

阶段提升策略：根据入市产品和前期销售率，逐步提高商业产品价格，稳步提升，工程进度和卖点逐步兑现，如工程建设推进、招商进度、项目形象推广、环境改造等，为价格稳步提高提供有力的物质基础。

本项目采用小幅快涨的方式，目的在于为前期投资者提供信心；"小幅快涨"的操作关键是要通过各种途径和手段让意向客户理解到"涨价过程是项目价值回归的过程；越早购买就说明越有眼光，就能获得越高的升值空间"。

B、差异定价策略

根据产品的区位、总量、结构等多元特质，采用差异定价方式（一房一价或一铺一价）；

根据付款方式不同，享受折扣也不同。加速现金回笼；

另制作名仕卡，持卡者享受特惠价；

差异定价的目的在于使综合价值较低的产品先行售出，价值较高的产品随着工程进度和卖点兑现、招商进度等，在价值稳步提升的基础上售出，以获得更好的商业利益；并且突出持有名仕卡与一次性付款的优越性。

C、分级价格控制策略

采用表格价（公开价格表）和实收价双级控制。

D、初步价格

一期开盘价以住宅3600元/米^2、公寓4000元/米^2、四层大型商业均价8000元/米^{2}为起点，节点是上浮5%，交付后再上浮5%。

八、营销推广

1.推广策略

想象力比什么都重要！

没有既定的规则，我们自己制定规则；

没有既定的标准，我们自己制定标准。

不怕我们想得过高，就怕我们想象力不够。

执行上要以行销为主！

策略上要高举高打，高档高调！

推广上要铿锵有力，掷地有声！

2. 形象推广

（1）案名建议

WH·世贸中心；

本案位于新生区域，主题是潍坊的民俗，除传承和发扬一座城市的民俗文化之外，亦将成为这座城市的贸易中心。

（2）广告定位语建议

WH·世贸中心；

传承千古文脉·演绎财富传奇；

将深厚的历史内涵与现代商业紧密嫁接民俗主题商业室内步行街这一财富传奇，必将造就无数个百万和千万富翁！广告主语对仗工整，且对应贴切。

（3）媒介展现

一条龙整合媒体，有节奏地实施推广；

以户外、媒体、电台、电视、短信等组合模式，提高全市认知度、认同度，从而提高认购率。

（4）案场展现

一座主题售楼部/一圈项目围挡；

吸引潍坊市眼球：300平方米的售楼部、1000米的6米高围挡表达出潍坊民俗文化灵魂，展示出主题商业室内步行街的旺场之梦！让人过目不忘，广为传播。

（5）视觉展现

一部三维动画宣传片，倾述出WH·世贸中心的未来。

（6）公关展现

一系列主力店进驻活动；

大力增强目标群体信心，从而加快认购进驻。

（7）流动展现

一组流动展示咨询车；

到重点县乡展示，扩大售楼中心定位，快速抢占客户。

3. 营销策略

本案采取三权分离的方式，实现销售、招商、旺场三大块齐头并进。投资者的产权、经营户的经营权、营运者的管理权相分离。这样能够有效地大规模扩大投资群体与经营者群体，同时聘用专业营运团队来把握旺场！

（1）营销总体策略

项目运作主向：突出主题、推广先行、招商引路、强势销售、旺场清盘。

本项目销售重点：一册一卡，笔记本楼书、名仕金卡。

项目操作原则：做足民俗主题造势，造梦旺场，树立信心，低开稳走制定价格，主力进驻增强保障，把握销控争创效益。本案运用实操手段和形式，一册一卡贯穿全程。

（2）营销主线

行销：

要把顾客分类，找顾客的需求点，定位产品的卖点。

品牌营销：

项目包装→WH名仕会→社会公益性活动→商业开盘→会员活动→年终千人晚宴。

顾客营销：

WH名仕会→客户带客户奖励活动→团购户服务专职机构。

（3）入市时机

建议本案于2012年10月面市，因分四期的开发节奏，所以销售周期预计在5~6年；

（4）营销节奏

1期：2012年年底开盘至两个月，目标销售达到30%；

节点后2个月，目标销售达到60%；

交付竣工时，目标销售达到75%；

开业后6个月，目标销售达到100%；

2期、3期、4期根据当时实际情况界定。

4. 产品招商策略定位

（1）业态定位

1期：小商品；2期：数码科技；3期：品牌服饰；4期：百货。

其中4期负一层为主力超市，各期四层局部均为电影院、电玩、滑冰场、网吧、餐饮等休闲娱乐业态。

（2）经营风格定位

①品牌化、时尚化、个性化、特色化

品牌百货、品牌生活超市、品牌休闲娱乐店、品牌餐饮店、品牌专业店、品牌专卖店以及各业态区品牌专柜共同构成项目的品牌经营特色。将品牌融入各层卖场。对引进品牌进行合理分类，科学布局，有效管理，不仅坚持每个业态区、每个功能区都经营品牌商品，而且让整个项目成为本地知名的商业品牌（负一、一、二、三、四层装修要简约大方，公共区域宽敞明亮，专卖店精致典雅、特色明朗）。

②展示时尚个性、特色、娱乐

突出时尚消费的新颖性、时效性及周期性特点。在项目运营中，紧紧围绕目标市场的消费特征，环境、商品、服务各个经营因素都要求新颖，遵循时尚变化的规律，引导消费的流行，以流行度较高的业态为主体业态，以一、二线城市流行的消费业态为主力店，以国内、国际著名品牌和连锁公司为吸引人流的主体商户。追求现代消费品位，着力突出时尚、流行、经典、开放这一经营原则。重点是地下商城！要将流行、时尚、个性、特色、娱乐融为一体！旗帜鲜明地打造青少年主题商城。

（3）招商目标策略定位

①同业差异

简单地说就是市场有一定承受力，不能盲目地同时招同一类型的店。譬如同是经营食品和日用品业态的核心主力店就不要招来两家。

②异业互补

就是要满足顾客消费的选择权，并能让顾客亲身体验消费变化，提高其消费兴趣。譬如：百货、超市因为经营品项不同可以互补；让顾客逛购疲劳的零售店与让顾客休息放松的餐饮店可以互补等等。

③招商顺序

核心主力店先行招商，辅助店随后招商，品牌店紧随。非主力零售商尽量以租赁为主，以减少本项目的整体控制成本。

④特殊商户招商优惠

特殊商户是指具有较高文化、艺术、科技含量的经营单位，对它们给予优惠政策，邀请其入场，能够起到增强文化氛围、活跃商业气氛的作用。例如深圳华侨城MALL购物中心就专门邀请三百砚斋来展示中国的砚文化。特殊商户的经营范围要与商业的经营主题及品牌形象相吻合。

（4）主力店招商策略

①有关重要性

一家大型连锁综合超市的入驻，常常能带动整个"WH·世贸中心"的顺利招商及后期经营以及商铺售卖；进驻的核心主力店要求是全国零售100强以内的前50强品牌零售集团公司；重视核心主力店的规划设计和场内动线布局，在项目的条件下按核心主力店的要求进行设计，在其土建工程完工前完成其规划设计要求，尽量少改规划和物业结构。

②主力店招商步骤

按拟定的市场定位和业态定位初步确定主力店条件。通过相关网站、展览会、各地商会、招商局、研讨会等各种渠道接触、了解符合条件的零售商，并掌握其拓展新店的计划，最后确定主力店目标名单，并将其设立成梯队目标，目的是招到与本案相对应的主力店。

召开主力店招商洽谈会，邀请前期已掌握的相关目标群的所有客户参加，洽谈会的内容主要是征求他们对项目主力店合作条件、可能性及其他方面的建议，而这些建议均可用于制定合理的招商条件和政策。召开洽谈会时，可邀请当地政府相关领导或职能部门的领导参加，并邀请他们在会上介绍当地的投资情况和表示支持的态度。当然，最好能邀请当地有影响的媒体派记者参加洽谈会。视招商洽谈会的情况，在会后逐个向不同层次的目标群进一步介绍项目情况及合作条件，采用每隔2~5天沟通一次的跟踪办法专人跟进。而且，要重点与第一层目标群的各个管理层进行充分的沟通，加快其投资决策的步伐。

5. 产品运营管理策略定位

A、经营管理模式

坚定不移地选择"五统一"的运营管理模式：

统一业态规划→一次定位，逐步调整；

统一品牌形象→体现戏曲的主题，打造流行第一；

统一招商管理→优胜劣汰，扶助旺场；

统一营销推广→节日活动，推销促销，做旺人气；

统一服务监督→售前培训，售后服务，设施保障，打造口碑。

B、三种基本经营方式：

自营→自持自营；

联营→与厂方合作；

租赁→返租回后对外统一带品牌租赁。

九、项目操盘重点

▶━ 表22-23 项目操盘

	日期	内容	日期	内容
节点掌控	2011年11月30号前	总平通过规划确认	2012年6月15号前	完成施工图图审办理报建手续
	2011年12月10号前	总体概论性方案上报规划	2012年7月15号前	完成营销招商中心并进驻团队
	2011年12月20号前	总体概论性方案通过规划及专家论证	2012年7月30号前	完成施工报建手续并进入施工单位招投标程序
	2012年1月30号前	总体概论性方案通过规委会确认，开始方案公示	2012年8月20号前	完成施工单位招投标程序并取得施工许可证
	2012年2月15号前	确定第一期施工图设计	2012年8月30号前	完成三通一平

续表

	日期	内容	日期	内容
	2012年3月15号前	开始拆迁	2012年9月30号前	完成图纸交底会审及一切施工准备工作
	2012年3月30号前	完成土地挂牌，取得土地使用证、建设用地规划许可证	——	——
	2012年10月1号	开工典礼	——	——
	2012年4月1号前	开始地质钻探	2012年12月15号	完成正负零工程量并开始售卡
	2012年5月1号前	开始建售楼部及第一期施工场地包装	2013年1月15号	沿街商铺开盘
	2012年6月1号前	完成施工图设计并报图审，取得建设用地建设许可证	2013年3月15号	全面开盘

整合各专业优势，有节奏操盘；

深入把握市场细度分析——领导潍坊商业地产；

高品质产品设计深度打造——高起点，适当超前；

牢牢把握一个主题灵魂——展示深厚的民俗文化底蕴；

千方百计招引主力商家——汇集八方人气，提升财气；

高调包装项目秒杀眼球——快速获取项目的全市认知度；

立体营销抢占目标客群——营销为王，客户至上；

低开稳走高收的价格策略——确保资金链后争创最佳效益；

满场旺场是根本——倾力提升物业升值空间。

总的来说归纳为4个字：

"准"——产品准确切入市场；

"狠"——快速秒杀目标群体；

"实"——步步为营，实效营销；

"稳"——创造亮点，有节有奏。

十、总结

我们有信心与WH人一道再创两个第一！那就是：

创潍坊商业项目销售百分比第一！

创潍坊投资回报率第一！

以上开发战略基础要素的提出，是我们历经多年经验以及对行业发展的长期性研究、结合目前国内市场状况与项目实际情况得出的。贵方须对自身状况和目标进行整合后得出最终结果。待本方案各要素以及同我方下一步行动条件正式确定后，再提出相关的招商策划报告、营销策划报告、销售营运及管理方案等具体执行方案，进行磋商和确定。

然而，我们深知，创第一的道路永运是那么的曲折艰难，那么的不易！我们懂得，只有付出比常人高出数倍的努力才有第一的曙光，才有第一的喜悦！我们如何去创造第一？

这需要各兵种的整合与努力，请牢记项目运作主向：

突出主题、推广先行、招商引路、强势销售、旺场清盘。

莫忘记项目的操作原则：

旺场造梦树信心，低开稳走定价格，主力进驻是保障，把握销控创效益。

23

商业步行街

广宁县商业步行街
项目经营策划报告

第一部分

广宁县商业市场的宏观调查

一、广宁宏观经济分析

1. 广宁概况

（1）地理位置

"广宁"是"广泛安宁"的意思。广宁县位于广东省中部偏西北地区，地处北江支流绥江中游的谷地，四周群山环抱，是"中国十大竹子之乡"之一。广宁的东南部与四会市接壤，西南部与德庆县、高要市相连，北部与怀集县紧连，东部与清远市的清新县为邻。

（2）城镇交通

广宁县虽然是山区县，但交通条件并不落后，境内有高速公路与省道横贯，是广东与广西的交通要道，与广州、肇庆、清远的交通联系十分便利，广宁距广州130公里、距肇庆90公里。

高速公路：二（连浩特）广（州）高速公路（G55）贯穿广宁境内，设有广宁出入口；通过二广高速可以通达广州、深圳等珠三角各地与广西贺州、桂林。

公路：全县通车公路里程近1500公里，其中省道230公里、县道190公里，省道S263、S350直达珠三角，是沟通广东大西南的重要通道之一，县城至广州车程仅两小时，至肇庆车程仅一个多小时。

铁道是广宁的交通缺陷，目前广宁县境内没有铁路线，距离广宁最近的火车站是肇庆火车站。兴建中的贵（州）广（州）高铁将在怀集设站点，将极大地提高邻近地区交通出行的便利性。

（3）广宁人口

广宁县是隶属肇庆管辖的一个县，广宁全县面积2458平方公里，下辖南街、赤坑、北市、江屯、联和、潭布、排沙、石涧、宾亨、横山、五和、木格、洲仔、古水、坑口、螺岗、石咀共17个镇，县城设于南街镇。

根据广宁县统计局公布的数据：2010年全县户籍人口为56.76万人，常住人口为42.46万人。在全县常住人口中共有家庭户12.3万户，15~64岁人口为29万人，占68.34%。县城南街镇总人口11.8万人，其中农业人口5.8万人，城镇人口6万人。

从肇庆地区的四个山区县的人口数据比较中看出，怀集人口最多，广宁次之；广宁常住人口中

15~64岁人口超过总人口的三分之二，达到29万多人，这部分人口也称"红利人口"，是商业消费的主力军，显示广宁县拥有可观的消费潜力。

▶── **表23-1 2009年、2010年肇庆各山区县户籍人口**

地名	总户数（万户）		户籍人口（万人）		增长幅度%		增长率%	
	2009年	2010年	2009年	2010年	2009年	2010年	2009年	2010年
怀集	22.36	22.93	101.69	105.08	1.06	3.38	1.1	3.3
广宁	17.17	17.42	56.01	56.76	0.64	0.75	1.2	1.3
德庆	11.68	11.90	37.39	37.99	0.18	0.60	0.5	1.6
封开	12.69	12.91	48.96	49.91	0.29	0.95	0.6	1.9

▶── **表23-2 2009年、2010年肇庆各山区县常住人口**

地名	常住人口（万人）		增长幅度%		增长率%	
	2009年	2010年	2009年	2010年	2009年	2010年
怀集	81.21	81.54	−0.88	0.33	−1.17	0.41
广宁	47.22	42.46	−3.63	−4.76	−7.13	−10.06
德庆	34.54	34.16	−0.57	−0.38	−1.62	−1.10
封开	42.25	39.87	−2.20	−2.38	−4.95	−5.63

　　从"2009年、2010年肇庆各山区县户籍人口"表中，我们看出广宁的户籍人口增长率很低，近两年增长率只有1.2%~1.3%，这基本就是原有人口的一个自然增长率，说明广宁地区的本地人口没有大规模的增长；

　　常住人口增减速率和经济发展速率基本是相同的趋势，"2009年、2010年肇庆各山区县常住人口"表显示，广宁常住人口为负增长，近几年来更有明显的下降趋势，2010年常住人口数量下降幅度更达到了10%，显示广宁本地经济发展相对缓慢，造成了常住人口的不断迁出，流向经济发达地区；然而，广宁的户籍人口数量在同期并没有下降，反而有小幅增长，说明广宁外出务工的人数增多，但他们基本上没有在外地安家落户。

2. 广宁宏观经济分析

（1）支柱产业

近年来，广宁县的经济取得了长足发展，形成制浆、造纸、竹木加工、油墨、医药、服装、建材、水电等支柱产业。其中尤以纸业和竹业的优势明显，初步形成了纸业和竹业两大特色经济的产业集群，工业经济成为广宁的主体经济。

广宁县拥有规模以上纸业企业16家，是全国最大的高级竹木混合浆生产基地（年产10万吨浆板），是广东省首个"造纸产业基地"，纸业年产值11.2亿元，创税利超亿元；广宁县盛产青皮竹，是全国著名的"竹子之乡"，竹子种植面积达108万亩，是全省唯一一个国家级竹海森林公园，全县竹业企业300多家，品种500多种，年产值达6亿元。

（2）国内生产总值

①GDP水平稳健提升，但增长率仍低于山区县的平均水平

广宁县2009年实现GDP 58.09亿元，2010年实现GDP 82.24亿元，2010年增长速度高达41.6%，2011年广宁县实现地方生产总值86.75亿元，其中上半年实现地方生产总值42.02亿元，比去年同期增长了14.5%，表明广宁县经济仍然处于高速发展阶段。

从下表中可知，2010年肇庆市的各个山区县的GDP均有较大的增长速度，广宁县GDP水平处于四个山区县的下游水平，比封开县略强，比德庆、怀集两县稍逊一筹，广宁县的GDP增长速率为33.6%，低于山区县40.1%的平均增速，显示广宁县的总体经济与其他山区县相比，仍有较大的发展空间。

▶—— 表23-3 2010年肇庆各山区县生产总值

地名	2010年（亿元）	增长幅度（亿元）	增长率%	广宁县生产总值与其他山区县对比
怀集	92.28	34.89	51.8	是怀集的64.9%
广宁	82.24	24.15	33.6	——
德庆	107.65	36.07	42.0	是德庆的80%
封开	64.76	18.84	33.1	是封开的101.5%
合计	346.93	113.95	40.125（平均值）	——

②人均生产总值较低

虽然广宁县每年经济均达到双位数的发展速度，但由于山区县域经济基础薄弱，国内生产总值基数较低，因此造成年人均生产总值水平较低的现象。

2010年各县的人均生产总值均有较大幅度的增长，按户籍人口计算广宁人生产总值均落后于德庆、

封开两县，但稍强于怀集，低于山区县的平均水平，与全市水平或中心区水平仍存在巨大差距。人均生产总值水平低下必然制约人均收入水平的提高，对当地商贸业的发展速度也会产生明显的阻碍作用。

▶━ 表23-4 2010年肇庆市及山区县人均生产总值

	按户籍人口计算		按常住人口计算	
	绝对数（元）	比上年增长%	绝对数（元）	比上年增长%
全市	25 975	15.8	27 987	15.7
中心区	44 423	18.1	40 013	15.2
山区县	13 227	14.9	16 494	17.5
怀集	11 517	14.8	14 712	17.0
广宁	12 596	12.4	16 507	16.5
德庆	17 489	17.8	19 350	19.0
封开	14 273	15.5	17 657	18.1

注：中心区包括端州、鼎湖、高新区三城区及四分、高要两市。

（3）产业结构

自2009年以来，广宁县委县政府紧跟珠三角经济发展步伐，提出以工业发展为主导，以产业优化升级来增强县域经济发展竞争力，积极推动政、银、企合作，先后出台一系列促进企业平稳较快发展的措施，着力打造"三大工业产业升级示范区"：林浆纸一体化产业升级示范区、再生资源产业升级示范区、金属加工与化工产业升级示范区，推动工业经济稳步发展。

县委提出"加快六个对接，主动融入珠三角"的发展理念，即加快思想观念对接，做到敢于先行先试、敢闯敢干；加快产业对接，打造"三大工业产业升级示范区"；加快交通对接，融入珠三角发达地区1小时经济圈；加快城市对接，打造"宜居宜业之城"；加快人才对接，打造"双转移"培训基地；加快体制机制对接，增强加快发展动力。自2009年起，广宁县实施产业结构优化调整战略，在不断优化、升级工业产业结构的同时，积极推进服务业的发展，近两年，商贸、旅游、房地产开发等行业已成为广宁经济增长的新亮点。

▶── 表23-5 肇庆各山区产业构成

	第一产业（%）		第二产业（%）		第三产业（%）	
	2010	2011	2010	2011	2010	2011
怀集	32.22	——	22.49	——	45.29	——
广宁	26.22	25.54	27.06	28.52	46.72	45.94
德庆	25.24	——	31.63	——	43.13	——
封开	34.28	——	26.40	——	39.32	——

2011年上半年广宁县GDP稳步增长，第一产业增加值10.72亿元，同比增长6.9%，第二产业增加值11.68亿元，同比增长25.4%，第三产业增加值19.62亿元，同比增长12.9%。

肇庆市各山区县经济的发展很明显是以农村经济为主，虽然大力发展工业与服务业，但相对周边地区的第二、三产业所占的比值仍然较低。

2010年广宁县农业产值所占比例为26.22%，低于四个山区县的平均水平；工业产值所占比例27.06%，在四个山区县中仅次于德庆，高于怀集与封开，显示广宁县的工业经济发展已具有一定的基础，但与工业经济发达地区约50%的比值仍有一段差距；

广宁县2010年服务业产值所占比例为46.72%，接近总产值的二分之一，是四个山区县的最高水平，预示包括商业、旅游业、房地产业等行业的第三产业在四个山区县中发展得最为平稳，说明广宁县的商业仍有较大的发展空间。

（4）广宁社会消费总额

①居民人均可支配收入额

根据县统计局的资料显示，广宁县2009年城镇居民人均可支配收入额为12 598元，2010年、2011年两年增长幅度均超过8%。

②社会消费品零售总额

随着城镇经济的发展，近年来广宁县社会消费品零售总额逐步提高，广宁的社会消费品零售总额正处在一个稳定的增长区间，2010年广宁县社会消费品零售总额增速为20%，达到近年的发展高峰。

━━► **表23-6 肇庆市山区县社会消费品零售总额表**

| | 社会消费品零售总额（亿元） | | 比上年增长速度 | | | |
| | | | 绝对数（亿元） | | 百分比（%） | |
	2009	2010	2009	2010	2009	2010
怀集	31.91	33.20	4.33	5.80	15.70	21.10
广宁	22.38	25.50	3.16	4.40	16.40	20.70
德庆	18.80	21.70	2.72	3.70	16.90	20.70
封开	14.61	17.60	1.99	3.00	15.70	20.80

　　根据县统计局数据分析，进入2011年，受宏观经济增长放缓、物价上涨、社会消费意愿下降等因素影响，广宁县的消费市场发展相对缓慢，在社会消费品零售总额稳步增长的情况下，增长速度开始回落，2011年社会消费品零售总额为26.93亿元，其中，上半年广宁县批发零售贸易业累计实现商品销售额14.98亿元，同比增长18.30%，增长幅度在四个山区县排名第一，但增速仅比去年同期上升了0.7个百分点，其中批发业总额为0.85亿元，同比增长54.80%；零售业总额为14.13亿元，同比增长16.60%，预计2011年社会消费品零售总额增速将比去年下降3至5个百分点。

　　从行业分组的零售额看，2011年广宁的批发业和餐饮业开始发力提速，在各行业中增长速度最大，仅上半年住宿餐饮业就实现营业额1.27亿元，与去年同期相比增长23%，其中住宿业2047万元，同比增长24.5%；餐饮业10 696万元，同比增长22.7%。

【小结】

　　无论从GDP总量还是居民收入等方面看，广宁近几年的经济发展明显加快，但与肇庆市其他发展较好的市县相比，仍有较大差距，在四个山区县中属中等水平；

　　三次产业结构调整优化、房地产投资的大幅度增长成为新的经济增长点，预示广宁经济，特别是第三产业的零售商业、餐饮业、房地产产业即将进入一个黄金发展时期；

　　虽然经济发展迅速，居民收入水平有所提高，但广宁的常住人口有不断下降的趋势，居民的人均可支配收入在省内仍处于较低水平，与珠三角或肇庆其他地区居民的人均收入水平差距较大，这些问题会制约商业及房地产业的发展速度。

二、广宁县城商圈分析

1. 广宁县商业宏观分析

（1）南街镇商业发展历程

广宁县传统的商业中心位置是以新宁路与中华路交会的"十字街"为中心，沿新宁路与五一东路发展，广宁的商业市场经多年积累自发而成。传统商业区的沿街建筑多为民房，底层商铺、二层以上为住宅。随着南街城镇向东发展的趋势，广宁商业中心也在逐渐向东发展，特别是环城东路沿线，即城东广场附近，已开发并先后投入运营的广宁商业步行街与百花广场等大型综合商住物业，广宁县正在形成以广宁商业步行街为中心的现代商业中心。

南街镇是新兴的县级城市，商业还在发展起步阶段，而广宁商业步行街的投入运营，改写了广宁县的商业格局，大大推动了广宁商业市场的发展进程，从发展的历程来看，环城东路将成为未来核心商圈的中心地带。

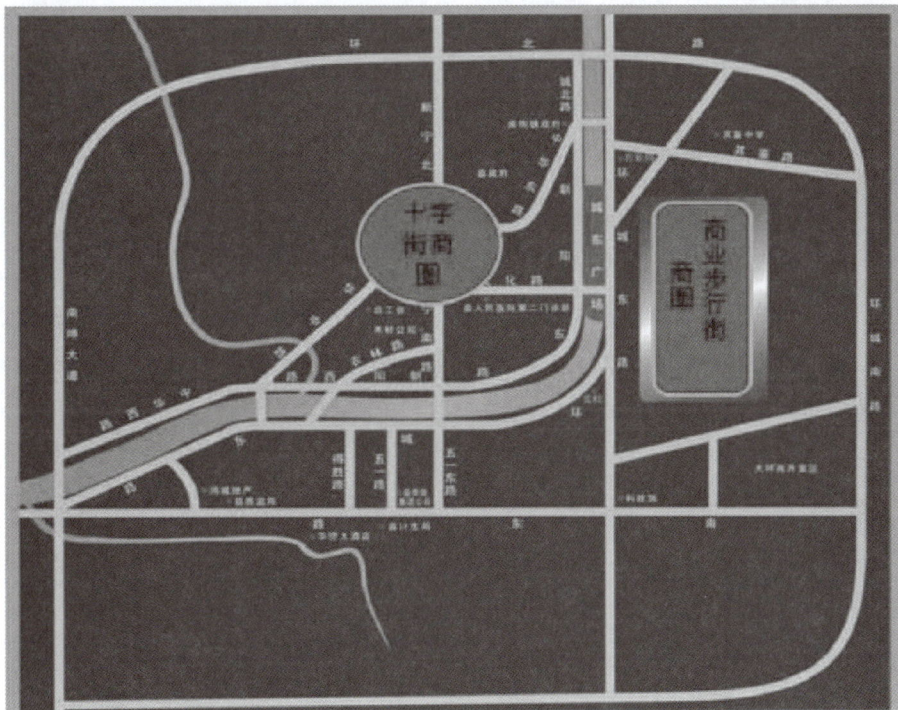

▶━━ 图23-1 南街镇商圈分布图

（2）广宁县商业发展规划

《广宁县国民经济和社会发展第十一个五年规划纲要》将加快第三产业发展作为广宁县经济发展的重点，加快旅游业、房地产业、商贸物流业、金融服务业、信息化服务业和文化产业等第三产业的发展，形成旅游业、物流业、房地产业相互推动、共同发展的格局。

"十一五规划"将"商务服务业"列为广宁发展的重点，广宁县政府将积极发展购物中心、仓储式商场、专业店、专卖店、连锁店等现代零售业，建设具有广宁特色的现代购物中心、商业街、大型商店，进一步提升广宁县商务服务业层次。

从"十一五规划"的发展重点来看，环城东路是发展购物中心现代零售业的核心区域，作为广宁县经营规模最大、消费环境最好、经营档次最高的广宁商业步行街，具有较大的发展潜力，将成为引领广宁县全新消费理念的现代商业中心。

2.广宁县商圈分析

目前，广宁县主要商圈有十字街商圈与城东商圈。

广宁其他上规模的商业区域包括：南东一路（位于广玉路延伸的主干路，包括银行、旅游业、餐饮业等主要业态）、环城西路（位于街心公园对面，以五金、建材为主，附带日常生活配套商业及餐饮等）。

（1）十字街商圈

①商圈发展状况

十字街商圈包括新宁北路、新宁南路、五一东路、中华东路、中华中路一带，这一带是广宁历史最悠久的商业区域。

广宁商业网点分布相对集中，十字街商圈已形成集约化的集中式商圈，十字街商圈包括南园商场、时代购物城、文化商贸中心、金嗓子电器等主要商业设施，虽然商业业态单一，街区环境落后，但目前仍为广宁民众习惯成自然的消费目的地，无可否认，现阶段十字街商圈在广宁县商业市场仍处于领导地位。

然而，由于商圈由传统商业逐渐积聚而形成，商业物业多为旧式建筑物，建筑规划严重滞后，已经满足不了现代商业发展的要求及城市商业向东发展的趋势，因此该商圈整体上处于衰落的状态。

● 南园商场

· 地理位置：中华中路；

· 物业现状：中小型的商场布置，搭建铁皮盖顶，装修陈旧；

· 业态：低端服装、鞋、音像及小商品百货等；

· 出租率：100%；

· 租金：39~80元/米²，B3铺20平方米，780元/月，转手费2.1万元；

· 点评：位置好，适合城乡大众消费；业态品牌档次低，经营者占道经营。

●时代购物城

·地理位置：中华中路；

·物业状况：外观形象在当地较为时尚；

·业态：成人服装、童装、鞋帽皮具等；

·出租率：95%；

·租金：首层50~70元/米^2，二层30~40元/米^2；

·点评：外观形象较时尚，有初级经营管理体系；缺乏品牌商户进驻。

●文化商贸中心

·地理位置：新宁南路；

·物业现状：蓝色玻璃外立面，外观较为过时，缺乏时尚气息；

·业态：首层——服装、鞋帽、音像、干货及小百货；二层——成人服装、童装、床上用品、鞋帽、皮具、饰品及小百货等；

·出租率：100%；

·租金：首层90~100元/米^2，二层70~80元/米^2；

·点评：处于十字街核心位置；外观形象较差，内部装修残旧，没任何商业装饰气氛。

②**商圈业态与品牌**

十字街商圈是广宁传统商圈，以低档次服装、皮具、鞋类、家用电器、普通日用品、小百货等为主要零售业态，零售业品牌极少有国内外知名品牌，以国内二、三线品牌为主，商圈以国内品牌占主导，如以纯、柒牌、富贵鸟、卡丹路、意尔康、蜘蛛王等服装鞋业品牌；

商圈内的电子/数码/IT产品业态多为零散经营，无法成行成市，经营品种单一，形象不够专业，较难吸引一些国际顶尖品牌的长期进驻；

十字街商圈是广宁人主要的休闲消费场所，但这一区域的休闲娱乐氛围并不浓厚，除了档次、形象均较为落后的广宁电影院外，其他休闲、康体、娱乐、餐饮等业态均较少，更缺乏具特色、档次、异国风情的餐饮业态；其市场的辐射力相对比较低，仅能满足当地市民日常消费的基本需求，较难形成足够的休闲主题吸引力，而未能有效覆盖周边镇区、甚至更远的区域目标客户群体；

从目前县城内经营中的主要商业场所看，主要商业场所的业态与商家组合大部分都较为散乱，多存在缺乏鲜明的主题定位、商场档次不高、消费环境较差、市场辐射力不强等问题。

（2）城东商圈

①**商圈发展状况**

城东商圈位于环城东路，商圈以广宁商业步行街为核心，包括城东广场、广宁商业步行街、百花广场等场所，是广宁拥有全新商业理念的新商圈，是休闲购物消费的首选。

城东商圈与十字街商圈最大的区别在于，十字街商圈是经过多年商业沉淀逐步发展而成的，而城东商圈则是由政府主导规划、由企业按照现代商业中心理念开发建设而形成的，城东商圈无论是商业建筑、商业设施、商业环境，还是经营业态、商户品牌、经营理念和消费理念等方面，均是广宁商业划时代发展的里程碑，将成为广宁县民众全新的、名副其实的购物中心、休闲中心、娱乐中心，正在逐步取代十字街商圈的商业地位，成为广宁县的商业核心。

②广宁商业步行街概况

广宁商业步行街位于南街镇城东区环城东路北段，与城东广场隔路相望，是"御景国际"房地产项目的首期工程，是广宁县城镇化进程的重点发展项目。

广宁商业步行街被誉为"广宁人的北京路"，是广宁第一条集购物、休闲、餐饮、娱乐、旅游于一体，按现代购物中心理念开发，拥有一站式消费功能的商业街，于2010年11月29日正式开业，项目占地面积19 800平方米，商业部分总建筑面积近6万平方米，其中酒店2.6万平方米，商业街3.3万平方米。

商业街分成超市购物中心与步行街两大部分，购物中心一、二层引进全球五百强沃尔玛超市；步行街共三层，首层业态以品牌服饰为主，二层以上以电器及休闲类业态为主，三层待招商。项目在定位上集购物、餐饮、休闲娱乐于一体，三大业态板块分别引进了沃尔玛、苏宁电器、中华影业、肯德基等国际知名品牌作为龙头商户，成为广宁消费档次最高、购物环境最佳的消费场所。

然而从业态布局上未能充分体现步行街的休闲性与娱乐性，整体上仍以购物功能为主，购物类业态经营比例高达90%，而休闲娱乐及餐饮类业态经营比例不足10%，导致步行街与十字街无法形成差异化的竞争，极易给广宁民众造成一种错觉：步行街与十字街都是购物一条街，只不过步行街是消费档次较高的商业街，步行街消费缺乏性价比优势。

③百花广场概况

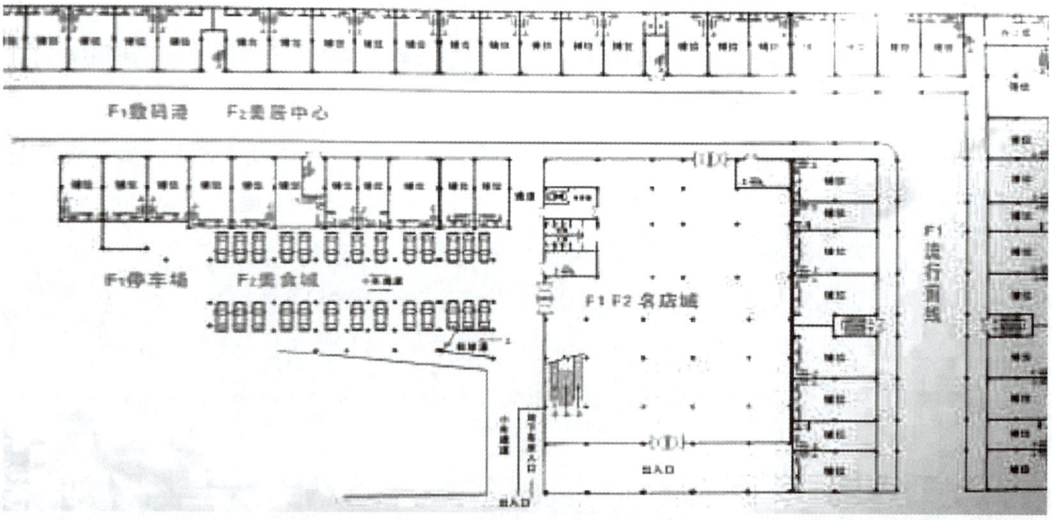

► **图23-2 百花广场平面图**

百花广场位于环城东路以东的鸣翠花园B区，紧邻广宁商业步行街，是鸣翠花园的配套商业物业，与鸣翠花园沿街底商形成城东商圈另一个较大规模的商业街区。

百花广场定位为"广宁首个室内时尚魅力街区"。开发商鸿城地产公司致力于打造一个集购物、餐饮、休闲、娱乐于一体的一站式购物中心，将项目打造成"广宁首席生活品位流行橱窗"。

百花广场采用购物广场与室内步行街相结合的建筑形式，其特色街区采用岭南建筑风格作为步行街骑楼的设计风格，既有室内的街区通道，也有采光的中庭，中庭采用天幕式自然采光，街区通道沿途设置多部自动扶梯，可将人流均匀地引导到二层。

经营面积：1.3万平方米；

停车场：地下停车场与地面停车场；

主力商户：国美电器区（面积约3000平方米）、屈臣氏；

业态特点：增加餐饮业，重点是特色餐馆，如小肥羊、比萨饼、西餐厅、日韩料理等；

租赁政策：免租一年，管理费35元/米^2。

步行街经营定位建议

一、项目经营定位调整建议

1. 步行街的核心定位

我们研究本案的定位调整，有必要进一步了解商业步行街这一商业环境的演变。

（1）何为步行街

商业步行街又称徒步街或徒步商业街，是指设置在城市中心区域的行人专用商业街。步行街是行人优先的活动区域，步行街原则上禁止机动车进入，停车场设在街外；步行街从以往以购物为目的的商业街，逐步发展成为以购物与购买多样性服务相结合的功能复合型商业街，成了以休闲性消费为特色的场所。

步行街既有露天步行街，也有室内步行街，无论室内或室外，步行街都注重城市中心的城市景观与都市环境的营造，往往在步行街上设立绿地、彩色路面、街头雕塑、坐椅、休憩空间等，形成亲切、宜人的氛围，使进入步行街的人们在购物消费之余，仍愿意留在步行街中进行其他社会活动。

（2）步行街的发展历程

国际商业步行街的发展经历了三个发展阶段：

第一代步行街：仅仅为了吸引顾客，是纯粹以满足购物需求为目的的商业步行街；

第二代步行街：在以购物为主要目的的同时，步行街的规划设计还体现了对步行者的关怀，关注环境的人性化建设，在纯粹的购物街中为目标受众增添休憩情景与空间；

第三代步行街：购物已经不是商业街目标受众的唯一目的，步行街融合了购物、娱乐、餐饮、休憩、观光、交际等丰富的消费与城市服务功能，成为所在城市的大众社会活动中心。第三代步行街往往集多种功能于一身，购物不再是唯一的主题，可为目标受众提供一处宜人的休闲、娱乐消费环境，人们在这样的步行街中往往可以充分感受到交往、娱乐的乐趣。

（3）步行街的核心定位

①步行街定位的演变

综上所述，现代商业步行街具有两个显著特点：一是徒步性，步行街对机动车辆具有排他性；二是复合性，步行街已从单一的购物功能向多功能复合型转变，融合了更多样、更注重满足人们精神层面需求的功能。

```
┌─────────────────────────────────────┐
│   传统步行街：购物一条街（购物步行街）   │
└─────────────────────────────────────┘
                    ⇣
┌─────────────────────────────────────┐
│  现代步行街：休闲消费一条街（休闲步行街）  │
└─────────────────────────────────────┘
```

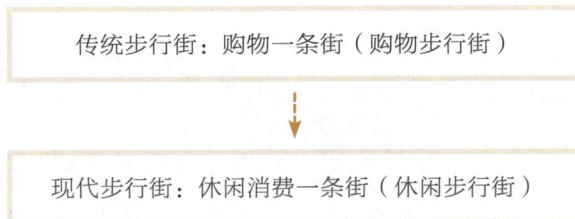

▶── **图23-3 步行街定位演变**

②步行街的休闲性如何体现

休闲步行街位于城市繁华地段，通常只允许人们徒步行进，具备明显的休闲活动方式，能够聚集人群并为之提供休闲游憩的空间或街区，且对市民大众来说具有丰富多彩的休闲消费吸引力，是城市休闲活动中心。休闲步行街的特点基本体现如下：

第一，休闲步行街宜处于城市的繁华地段，有足够的配合其特色吸引力发挥的场地和规模空间，能够为聚集的人群提供充足的空间，因此步行街应配套城市休闲广场或公共活动场地。

第二，作为步行街，休闲步行街在营业时间内不准机动车辆进入或通行，只许人们步行进入通道或街区，以便消费者徒步置身其中，能充分享受漫不经心、漫无目的的"逛街"乐趣。

第三，休闲步行街的环境必须有"情景"特色，形成一定的可以聚集人群的休闲消费吸引力，是一种具有情景交融、休闲体验性的商业消费场所；"情景"商业空间为消费者创造一种"很商业、很休闲、很放松、很便捷、很特色"的感觉或心理暗示，不但向顾客提供商业消费服务，还提供精神的放松、心情的愉悦。

第四，休闲步行街除了购物功能外，更是一个多功能、多业种、多业态的集合体，其丰富业态除满足来客的购物需求之外，还能够为来客提供休闲游憩、身心舒畅的放松体验。

③步行街的消费模式：非目的性消费

消费行为可分为目的性消费与非目的性消费。从消费模式的角度去分析，逛商店与逛街是不同的消费模式和消费群体，逛商店的人是"目的性消费"，没有购物需求他们一般不去逛商店，这类顾客通常购物目标明确，进入商场会直奔主题，是为了完成购物目的而去消费；而逛步行街的人则是"非目的性消费"，他们去逛街与逛公园类似，逛商业步行街的人对于休闲性或娱乐性的要求多于购物性，这类顾客通常没有消费目标，只是对在哪里逛有强烈的想法，却对逛到哪里并无实质要求，非目的性消费群体更注重过程的娱乐性、休闲性或趣味性，他们的消费往往随意性很强，如看见有新款服装符合自己的审美观点就会购买，看见有趣的或可以讨男女朋友欢心的物品就会购买，逛累了会购买饮料，逛饿了会到餐馆就餐，看见有新电影上映会去购票。

通过对步行街顾客的消费行为分析可知，非目的性顾客的消费额往往比目的性顾客的消费额更大。因为目的性明确的顾客完成购物目标后就会离开商场，而非目的性顾客正是因为漫不经心、漫无目标而延长在商场的停留时间，反而增加了更多的购物消费机会。

2.本案定位的调整建议

（1）本案规划定位

一站式商业步行街。

广宁商业步行街引入国际购物中心SHOPPING MALL的规划理念，构筑广宁集购物、休闲、娱乐、餐饮和商务活动于一体的城市综合体，借此提升整个广宁的商业形态和模式。

（2）本案现阶段经营定位

购物主题商业街

根据目前商户进驻情况统计分析，现阶段本案的购物类商户占了商业街总面积的近九成，休闲娱乐类与餐饮类商户不足10%，本案的经营主题特色仍逃脱不了"购物"的局限，根本上本案仍然是以"shopping"为核心，目标群体前往本案的最终目的仍然是满足"购物"的需求，项目集多功能于一体的规划定位优势并未能得到有效的体现，特别是步行街的休闲性未有充分体现。

造成本案规划定位与实际经营定位差异的原因主要来自：

业态种类组合失调。以沃尔玛及一众服装品牌领衔的实体商品购物类业态占绝对多数，沃尔玛更是典型的目的性消费模式商户，到沃尔玛超市的消费者具有明显的购物针对性，非目的性消费模式的休闲类服务业态仅占10%，步行街明显欠缺非目的性消费模式与休闲性，难以在短期内颠覆广宁的消费模式。

▶—— **表23-7 广宁商业步行街目前业态比例表**

业态类型	经营面积（平方米）	比例（%）	备注
购物类	29 789	89.79	含未租面积
休闲娱乐类	2320	6.99	中华电影、翔龙游艺、智乐乐园
餐饮类	1069	3.22	KFC、渔乐圣司、百品堂、大卡司
合计	33 178	100	——

商业环境缺少品位。本案是广宁商业资源最丰富、经营规模最大、购物环境最现代、消费档次最高的步行街，广宁人民对其开业充满了期待。然而，步行街经过一年的营运，宣传上虽为消费档次最高的步行街，却与其展现给消费者的购物环境有较大的差距，主要表现为街内环境脏乱、缺乏统一的导视等，破坏了广宁人民心目中步行街的休闲环境形象。

（3）本案定位方向

就项目开发本身，广宁商业步行街无疑是一个成功的商业地产项目，而本案前期只是实现了销售旺、招商旺，在开业后并未实现经营旺，因此从商业经营的角度来看，说本案成功为时尚早。功能定位重叠，导致本案无法与十字街传统商业街形成差异化竞争，目前，十字街倚仗具有惯性消费群体的优势，继续领先广宁商业市场，如果本案在短期内不能重新树立鲜明的形象，则难以对十字街形成有效的竞争力。

因此，我们建议：

还原步行街的休闲消费定位，让顾客更为舒适地消费，打造广宁的"城市客厅"。

城东商圈中城东广场、本案本身都具有强烈的休闲特性，城东广场已成为市民的活动场所；步行街是非常关注消费者消费心理的敞开式购物中心，其发展趋势只能是逐步提高休闲活动在其业态中的比重，才能达到"让顾客更为舒适地消费"的目的。

如果说我们把上班的地方称为"办公室"，把家称为"卧室"，广宁商业步行街则希望能为广宁人民提供一个"城市客厅"，是供人们社交、休闲、娱乐的地方，能满足多种需求、涵盖多种业态的步行街，对于区域发展、提高居民生活品质都会产生巨大的促进作用。

（4）目标客户群定位

广宁商业步行街的目标消费群体将定为16~40岁偏年轻化的消费群体，这类群体的消费行为更具"非目的性"，他们最喜欢参与不同类型的休闲活动，项目的商业功能定位、业态组合必须能满足目标消费群体的消费行为习惯。

二、经营业态规划调整建议

1. 其他项目业态组合分析

（1）一线城市业态比例

通常一线城市步行街或SHOPPING MALL的购物业态与其他消费经营业态所占比例约为6：4，则60%的商业面积用于零售购物业态，40%的商业面积用于休闲娱乐及餐饮等其他业态。目前这个比例正在发生变化，休闲与餐饮等服务业态的比例有逐步加大的趋势。

（2）百花广场业态比例

百花广场定位为广宁首个室内步行街项目，商业面积仅1万余平方米，项目预计2012年年中开业，功能规划有意与广宁商业步行街拉开差距。据调查，百花广场的业态组合以国美、屈臣氏为主力店，业态组合规划比例为零售购物类业态占70%，休闲与餐馆类业态占30%，百花广场欲以较大比例的休闲、餐饮业态为特色，打造广宁龙头的休闲消费场所。

2. 本案业态组合建议

（1）本案业态经营比例

考虑到广宁县的商业特点与竞争态势，建议零售购物与休闲娱乐、饮食的消费比例以"3：1"的结构为佳，整体业态比例与百花广场基本持平，通过增加休闲娱乐、餐饮类业态的比例，在广宁商业市场突出项目"休闲娱乐"的步行街商业特色。

本案商业面积约为3.3万平方米，作为商场，无论其经营主题、经营特色或环境风格是什么，购物仍将是人们进入广宁商业步行街的最主要原因。随着生活水平的不断提高，商场的娱乐和饮食消费的业态比例正在逐步提高，后期的招商工作要相应根据消费比例的变化来调整商户组合，逐步增加休闲消费类商户。

各类业态经营面积约为：

━━ 表23-8 广宁商业步行街业态比例市调表

业态类型	原比例（%）	调整后比例（%）	调整经营面积（平方米）
购物类	89.79	75	24 000
休闲娱乐类	6.99	25	9178
餐饮类	3.22		
合计	100	100	33 178

（2）本案业态调整的重点

无论如何调整，本案购物业态的经营面积仍占项目总商业面积的绝大多数，零售购物场所以沃尔玛超市、苏宁电器两大主力为龙头，增加休闲娱乐、餐饮业态的经营面积，有助于项目突出休闲消费的步行街特色，与十字街商圈进行差异化经营。

未出租的商铺，应优先引进休闲娱乐、餐饮类业态商户。步行街首层仅余少量商铺，二层现已有沃尔玛、苏宁、中华影业、智乐儿童乐园等休闲娱乐类商户，按广宁消费习惯与消费群体来看，当地年轻人向往国内外品牌与休闲娱乐生活方式，二层与首层尚未出租的面积应以引进时尚百货店、特色休闲娱乐餐饮等商户为主，此业态规划较符合二层的业态组合，有利于步行街未来的健康发展。

时尚百货店：规划位置为二层中庭自动扶梯与沃尔玛之间的位置，可与沃尔玛名店街自然相连，弱化了沃尔玛坡度梯的出口功能，能顺畅地将沃尔玛部分客流吸引并分流到二层其他区域。

休闲娱乐、餐饮类商户：包括美食广场、特色餐厅（西餐厅、火锅、湘川菜馆等）、茶餐厅、KTV、沐足城、棋牌馆、网吧等商户。各商户适合位置如下：

━━ 表23-9 业态分布建议

商户	茶餐厅	美食广场特色餐厅	KTV、棋牌馆	沐足城	网吧
适合位置	一层街铺	二层、三层	三层	二层	一层街铺（沃尔玛坡度梯底）

招商优惠政策：将经营规模较大或休闲娱乐类和餐饮类商户视为重点引进商户，针对重点商户继续实施减租的"放水养鱼"措施，二、三层的商铺租金适当给予免租期与减租期，以吸引重点商户进驻。

三、商场人流动线设计

1. 商场人流动线设计方式

商业步行街是一种线状的建筑空间，能更利于消费者购物、休闲、交流、娱乐，更能让受众感受到城市繁荣的商业氛围，也利于商场的经营管理。步行街并不是一条简单的线状空间，也需要从内部布局方面考虑人流动线设计是否合理，总体商业业态比例是否均衡，才能使通过所有商户的人流通行量达到最大，使步行街各个区域实现人气整体平衡，避免产生绝对的死角（死铺）。

商场人流动线的设计，通常包括了业态配比、主力店安置、商场景观、中庭、人车进出通道、各类电梯步梯、灯光设计、橱窗与灯箱广告、导视系统、服务系统等元素。商场人流动线设计常用手法有：

（1）以主力店引导人流

一般大型购物中心、商业街都会引进主力店来吸引人流，并对人流起到引导作用。通常会将主力店安排在整个人流动线体系的终端，即尽量靠里，尽可能地延长购物中心的人流通过路线；例如将大卖场设置在相对比较靠里的位置，人流进入大卖场必须经过较长的一条通道，通道两边通常布置专卖店；或者将大卖场设置在二楼，让消费者必须从二楼经过。

（2）以局部的造景、中庭聚集人流

景观、中庭是现代商业中心的必要元素，不论你是哪种形式的商业，景观和中庭都是必不可少的，它已经不仅仅是购物环境、消费档次的符号。景观和中庭在商业建筑中起到的是疏散和聚集人流的双重作用。一方面景观和中庭使人流集中、停留；另一方面，通过通透、宽敞的视觉可见性，消费者非常容易寻觅到自己的消费目的地。景观和中庭可以迅速而有针对性地引导人流。

（3）以休闲娱乐餐饮区引导人流

休闲业态已被验证为是最能够吸引人流、聚集人气的商业业态。不管是综合性商场、休闲步行街还是社区商业，休闲业态都应该作为主力业态而占有相当大的比例。经过我们成功的项目验证，休闲商户特别是餐饮业对项目整体具有突出的带动作用，尤其是在经营初期，餐饮是众多业态中相对来讲经营成功率较高的业态。

（4）出入口数量和位置的设置调节人流量

出入口是吸引人流的关键所在，但并非入口越多越好。过多的出入口也会导致人流的流失以及商业动线的混乱。商业街是线状、开放式的商业，人流不断在走动，要对商业街的出入口进行适当的控制，出入口过多容易造成人流量流失。

（5）规划广场

大型商业场所通常都要规划广场，广场包括户外大型市政广场与室内中庭广场。广场能够起到良好的聚客作用，是室内商业空间的有益延伸，既可以作为顾客休闲、休息的场所，也可为作为经营者开展经营活动的平台。

2. 本案人流动线主要的症结所在

人流动线系统是一个商业项目经营成功的基础条件，失败的人流动线规划就会造成动线混乱、人流行走不畅、商业死角（死铺）等现象，直接影响商业经营业绩。

据我们观察，目前每日前往步行街的人流量较少，是因为人流即使来到步行街也是匆匆而来又匆匆而去，说到底，是人流来到了，但人流没有进入步行街，更没有在步行街内停留。步行街人流动线主要的症结在于：

（1）商场人流动线被割断

沃尔玛坡度梯流失人流量。目前沃尔玛超市是整个步行街人流量最大、最集中的区域，然而也是人流量流失最严重的区域。造成这种尴尬的现象的主要原因是沃尔玛的客流多是目的性消费群体，同时，沃尔玛的出口坡度梯直接将客流送到步行街的出口，在沃尔玛完成购物的顾客，自然就无法进入步行街内街了。

二层时尚百货区空缺，空荡荡的空间无法吸引人流量。二层时尚百货区域本与沃尔玛出口直接连通，可将沃尔玛客流分流到二层商场里，再通过中庭电梯使人流进入步行街内街，由于目前二层尚未开业，空荡荡的商场显然无法将沃尔玛客流吸引过来，造成客流被截流。

（2）主出入口呈半封闭状态，客流进入不顺畅

步行街的出入口有三个，包括南北两个主入口、中部一个次出入口。北部出入口为沃尔玛超市门前的广场，基本上被沃尔玛的购物车、摩托车堵塞，阻碍了沃尔玛客流进入步行街；南部出入口为大型户外广场，被停车场、喷泉围绕，广场白天都甚少有人流进入，更不用说通过广场进入步行街内街了。

（3）主力店无法起到拉动人流的作用

步行街四大主力店沃尔玛、苏宁、中华影业、肯德基的分布思路其实很符合购物中心的业态布局规划，只是四大主力店基本上是"自成一派"，相互之间联系的通路没有被打通，无法将各自庞大的客流量互相汇聚成为步行街的有效人流。

（4）商场内无导视系统，缺少人流导向

商场导视系统是顾客人流与商场空间、环境交流的一种媒介，作为一种企业文化或企业文化的一部分，在商场里它不但有着引导、说明、指示等功能，也是商业环境布局的重要环节，还是营造商业氛围、经营特色风格、塑造商业文化的重要组成部分。缺少导视系统如同缺少导游，顾客会觉得乏味而无聊。

（5）商业环境营造缺陷

主要表现在步行街的整体环境管理工作不到位，降低了消费环境档次，令消费人流难以或不太愿意在街区内停留。如沃尔玛广场是十分适宜布局特色餐馆来拉动人流的，但坡度梯底布局低档的路边小食，非但没有拉动人流，更是由于缺乏有效的卫生管理而造成区域商业环境的破坏，这个区域现已基本成为"死角"。

3. 本案人流动线整改建议

（1）增加休闲餐饮业态

这是经过很多经验证明的非常有效的策略，我们可以看到香港大多数购物中心都具有极强的餐饮功能，广州正佳广场是亚洲最大的商场，2005年1月正式开业，开业首日营业商铺不足10%，之后一直在挣扎中经营，经过六年的不断调整，正佳广场将餐饮业作为商场的经营特色而获得成功，现在餐饮业已经成为它最亮丽的名片之一，很多顾客都是因为受到正佳广场餐饮的吸引而来到正佳广场的。

（2）通过光影效果的设计亮化内街

通常不会有人喜欢进入昏暗的街道，过去我们只需要"有光"，从来不会去讲究光线的质量和美观度，现在我们已不仅仅满足于"有亮就行"。光线可以营造出商业气氛，配合艺术的光线造型和搭配，可以给人以震撼、极具视觉冲击的光影效果。

无论是白天或黑夜，步行街内街的光亮度均与高品位的商业街有很大的差距，建议通过灯光、光影效果的设计亮化内街，在设计光影效果时，既要突出商场的美态，也要尽量选择节能灯具。

（3）加强环境管理，提升步行环境品位

着重加强环境卫生与园林绿化两个方面的管理，制订完善的清洁工作流程，及时清理街上垃圾与污渍；做好花坛树木的维护，按照不同季节及时更换花草，营造整洁、清新、怡人的步行街环境。

增加趣味性的艺术雕塑小品，这不但是为了步行街的美观，而且让人感觉步行街有很高的商业品位、文化底蕴与环境档次。

在中庭位置附近常年增设婚纱摄影、艺术摄影类展示区，以低租金邀请三四家婚纱摄影、艺术摄影商户进驻步行街，形成广宁极具影响力的婚纱摄影中心，为步行街增添艺术品位。

建议：将"儿童游乐园"从中庭广场往北迁移到第一个连廊下，一方面为中庭预留推广活动空间，另一方面可吸引人流往北流动，增加内街北区人流量。

（4）出入口调整或包装

①沃尔玛广场入口包装
目前作为购物车、摩托车停车场，行人难以从此处进入步行街，促使从电梯下来的沃尔玛客流直接离开。首先，将摩托车停车场取消，引导摩托车停放至步行街外街停车场；然后，通过增加灯光，将电梯、通道作时尚门楼设计包装，将广场包装成步行街入口的效果，争取引导沃尔玛客流回流到步行街。

▶── 图23-4 调整前

▶── 图23-5 包装后

②机动车出入口调整

"人车分流"已成为大家乐于接受的规划方式,商业步行街最大的特色是消费者徒步置身其中,能充分享受"逛街"的乐趣。机动车辆的管理建议:一方面,根据广宁的生活习惯,现在确实很难立即杜绝摩托车进入步行街,唯有尽可能地劝喻商户不要将摩托车停放在内街,以免影响其生意;另一方面,外街的机动车出入口共有五个之多,容易造成人流量流失,建议减少其中两个出入口,可封口作停车位使用(调整后车辆进入线路如下图);第三,建议将广场喷泉池改为"旱地喷泉",拆除喷泉池基,为广场使其打开进入之路;第四,与酒店协调,缩小广场停车场一半的规模,还原广场的本身功能,通过广场活动使其成为步行街人流的"蓄水池",让"悦福珠宝"门面直接面对广场从而避开停车场的干扰。

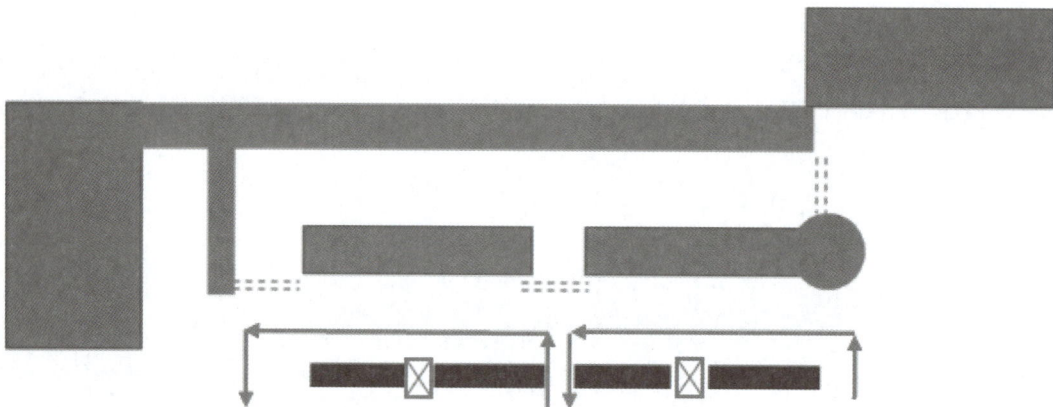

▶── 图23-6 调整后车辆进入线路

(5)增加电梯

悦景公司计划在内街增加两部扶梯,建议安装位置如图23-7(蓝色区域),两部电梯设定一上一落,靠近沃尔玛的电梯设定为落梯,争取吸引沃尔玛部分客流量乘这部电梯离开,然后进入步行街;靠近电影院的电梯设定为上梯。

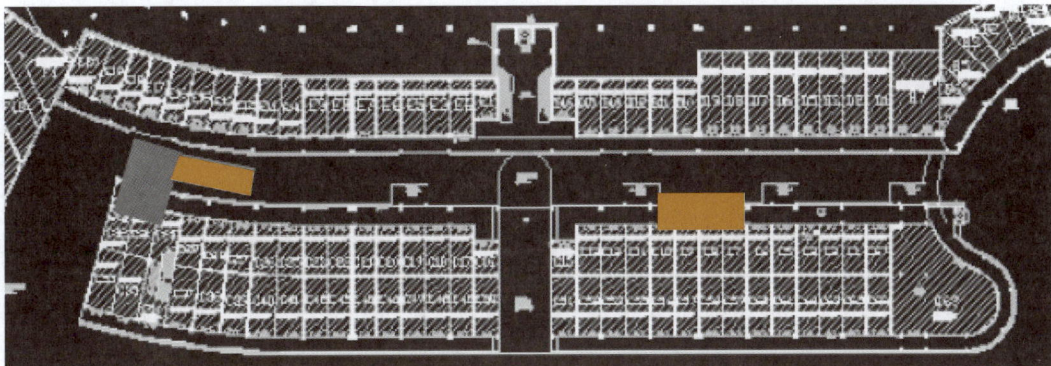

图23-7　电梯建议安装位置

（6）完善步行街导视系统

导视系统是一种整体层面上的识别符号，是结合环境与人之间的关系的信息界面系统。它注重人的心理感受和生理感受以及设计对象的整体性营造，会使人产生一种由衷的亲切感，而且会形成设计对象的整体性可识别意向。导视不再是孤立的单体设计或简单的标牌，而是整合品牌形象、建筑景观、交通节点、信息功能甚至媒体界面的系统化设计。本案导视系统内容包括：

表23-10　导视系统概况

导视系统	内容
户外导视系统	整个街区平面图、街道名称、营业时间、保持清洁、步行街功能区域分布指示（方向）、步行街区域及功能标志、电梯/楼梯位置指示、重点商户指示
室内导视系统	楼层平面图、楼层指引、通道指示牌、中庭/楼层导购落地索引牌（灯箱）、功能区域分布指示牌（方向）、区域功能标志、重点商户指示、自动扶梯楼层购物引牌、电梯/楼梯位置指示、手扶梯警示牌（"小心碰头""请勿嬉戏""请牵好您的小孩"等）、轿厢电梯楼层购物引牌
服务类导视系统	服务台背景墙、工作人员胸卡、管理服务中心指示、服务空间指示牌（服务台、休闲区、卫生间、温馨提示灯）、停车场位置指示、停车场方向指示、停车场出入口指示、停车责任告示、禁止停车区域指示、消防逃生通道平面警示牌

（7）人流导向示意图

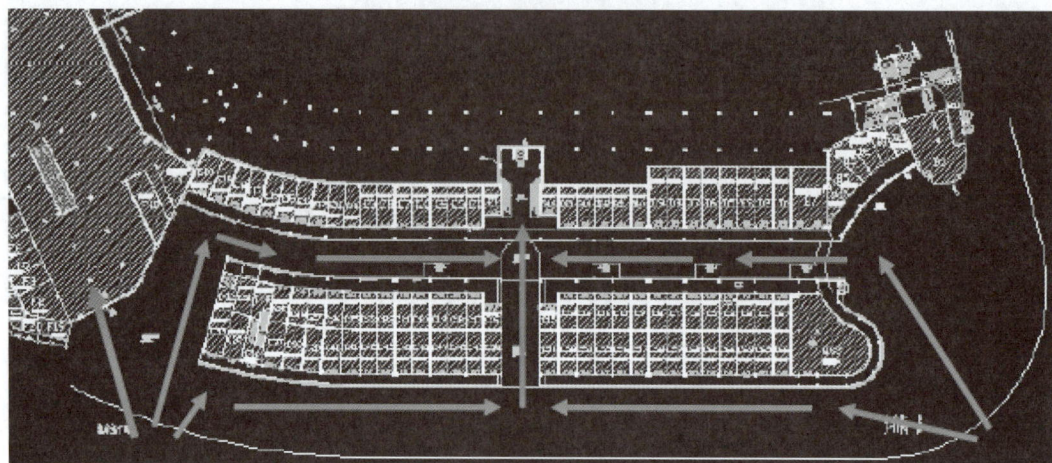

▶── 图23-8 首层人流导向示意图

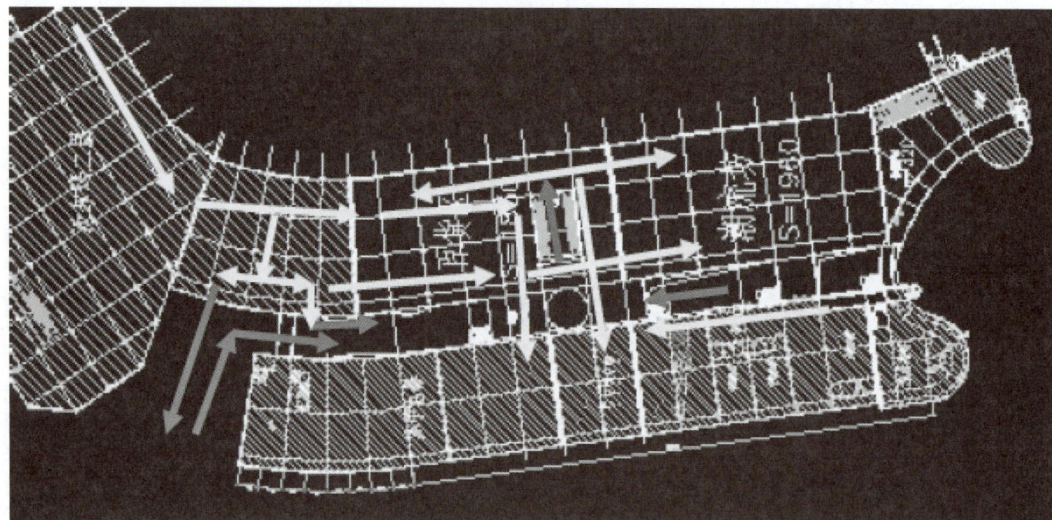

注：红线为首层动线或与一、二层联系的扶梯动线；黄色为二层动线。

▶── 图23-9 二层人流导向示意图

第三部分

步行街经营管理策略

一、经营管理策略

1.步行街商户调研分析

我们进入本案后，为了了解步行街商户的经营状况与经营特色，即对部分商户展开拜会、访谈与调查，这一阶段调查因时间紧迫，我们只完成了对17家商户的调查，调查的商户包括百品堂、悦福珠宝、浪漫春天、彩婷内衣、班尼路、李宁、劲霸男装、香港老爷车、增致牛仔、三枪内衣、0.39服饰、靓典鞋店、皮具总汇、365牛仔、都市丽人等。现对第一阶段商户调查结果分析如下：

第一，步行街在广宁县属中高端消费水平，主力消费群为20到45岁的顾客，这部分顾客在追求品牌的同时喜爱性价比较高的商品；

第二，调查的商户在广宁多为独此一家，李宁与皮具总汇在广宁还有其他店铺，李宁步行街店营业额比其他店好；

第三，绝大多数被调查的商户认为节日期间生意较为理想，平时较淡，在17户抽查商户中，营业额最高为百品堂的月均20余万元，其次是李宁约15万元，其余店铺1万至数万元不等，最低的店月均营业额仅2000元；

第四，被调查的商户都反映导致营业额提升困难的主要原因是步行街人气不足，多家商户反映目前经营困难；

第五，被调查的商户基本都开展过促销活动，主要促销手法以折扣优惠和赠品为主，其中营业额最差的宜家精品店没有促销活动；

第六，商户一致认为步行街要多组织推广活动，其中表演类活动较为吸引人气，仅李宁、香港老爷车与皮具总汇三家认为抽奖活动对营业额有帮助，其余商户认为抽奖活动的影响不大；

第七，商户普遍认为步行街的管理服务未能规范化，主要是环境管理与乱停车问题，严重影响顾客购物环境；

第八，多间商铺不开门营业，内街多间商铺未能正常经营，对购物消费环境有负面影响。

2.经营管理基本策略

经营管理是商业地产开发的核心，是商业地产收益和物业价值提升的源泉，也是投资者利益得到最大体现的保障。在商业地产项目进入开业阶段以后，经营管理机构需要把多样的商业业态和松散的经营商户，统一到一个经营主题上，把各种资源优化配置，良好的经营管理能促使项目迅速成熟起来，从而保障开发商、投资者和经营者的"三赢"。

广宁商业步行街作为广宁县规模最大的综合型购物消费场所，后续的经营管理与前期的规划设计同等重要，我们在研究广宁县的消费习惯、经营习惯与生活习惯之后，认为广宁商业步行街的持续经营管理及旺场的基本策略应为：

（1）建立忠诚客户的服务平台

一个成功的商场一定要拥有一个忠诚度高的消费群体，目前本案亟待吸引一批忠实的"粉丝"，成为步行街惯性的主力消费群体。因此，管理机构必须打造一个客户综合服务平台，为忠诚顾客提供优质服务。

①在步行街设置"服务台"

服务台是商场热心为顾客服务的最外层表现，它虽然不像售卖商品一样产生营业利润，但服务周到的服务台可以让顾客舒心购物，是赢得回头客的有效手段。服务台的设置在于为顾客提供消费便利，应设在步行街最方便顾客咨询和要求帮助的位置，顾客进入步行街就可以看到，建议服务台设置于中庭耐克店铺后面的转角处。

服务台的工作人员必须以友好、耐心的态度服务顾客，服务台主要功能包括：导购、咨询、受理投诉、提供特色服务（如借雨伞、便民药箱、手机充电、寻人广播、针线包等）、失物招领、缺货登记、会员卡申办、登记消费积分或积分查询（以后执行）等。

②建立"广宁商业步行街会员"制

会员制服务是现在流行的一种商业服务客户管理模式，它可以提高顾客对企业的忠诚度，提高顾客的回头率，发行会员卡还能起到吸引新顾客、留住老顾客、增强顾客忠诚度的作用，还能实现打折、客户管理、推广宣传等功能。

会员卡申请条件：一、顾客在步行街任何店铺消费后，可凭消费小票到服务台办理申请手续，会员卡实施初期可不论消费额大小，日后随着会员的增多，可逐步提高入会消费标准；二、交费申请，顾客交工本费10元可申请为会员。

会员卡待遇：购物消费优惠，不同的店铺提供相应优惠待遇；购物消费免费停车（以后执行）；第一时间收到步行街最新主题活动与商户优惠信息；定期收到步行街的最新资讯；免费享受服务台特色服务等。

（2）不断调整步行街的商业定位

商业定位工作包括：经营主题定位、商场档次定位、经营业态定位、经营品项定位、目标群体定位、人流动线布局设计等方面。通常商场在开业前，招商工作多少带有试探性，只有在开业后，经过一段时间的运营，才能了解商户对项目与消费者的适应性，步行街开业后仍需要根据市场需求状况，不断调整商业定位，以最优的业态组合与最佳的商户品牌吸引目标消费者。

项目的商业功能定位必须能满足目标消费群体的消费行为习惯，才能将来到步行街的客流尽可能地留在步行街或商场内，而不是去了其他商业项目。现阶段，步行街的定位应着重打造"休闲消费"主题，才能与十字街商圈形成差异竞争格局。

（3）明确步行街的目标消费人群

我们在第二部分研究步行街目标消费者的消费特性，将"非目的性消费"的消费群体确定为本案的目标消费群体。

现在商业项目的一个普遍现象就是同质化严重，这也是诸多商场管理者急于突破的，如何吸引客户、塑造不同的商业气氛是很多经营管理方都在探求的。打折优惠、特价促销等价格手段确实可以在一定程度上提高销售额，但是也存在一些限制，因为相比而言，价格手段仅对目的性消费群体存在吸引力，对于非目的性消费群体，则需要创造更多满足文化、情感需求的机会来引发、调动顾客的消费积极性。

（4）通过推广活动吸引人群

通过举办多姿多彩的推广活动，将目标群体吸引到步行街，并培养他们对步行街的忠诚度，逐渐打破十字街商圈的消费惯性；

商业地产项目的开业经营，通常都有"试业——火爆开业——冷场经营——暖场推广——逐渐旺场"的过程，特别是在火爆开业后，部分开发商以为开发任务已经完成，项目推广可以松一口气，暂停了"暖场保温"阶段的宣传推广工作，结果商场在开业后的3至6个月内，即显现出经营的劣势，人流量与经营状况日渐转差。

到十字街购物消费成为广宁城乡消费者的惯例，要打破消费者对十字街的惯性，开业后，仍必须不断地针对目标消费群体进行有的放矢的推广活动，通常推广宣传丰富多彩的营销活动，让市场与目标消费群体对项目保持一定的关注热度，而不是将步行街作为旅游景点仅"到此一游"。

（5）目标群体来到步行街，还要设法延长人流停留在步行街的时间

通过对顾客的消费行为分析可知，非目的性顾客的消费额往往比目的性顾客的消费额更大。因为目的性明确的顾客完成购物目标后就会离开商场，而非目的性顾客正是因为漫不经心、漫无目标而延长在商场停留的时间，反而增加了更多的购物消费机会。

因此，在项目开业后，有必要对步行街与商场内的人流导向进行考察与检讨，进行合理的、科学的设计调整，并实施有效的引导措施，力求让被沃尔玛、苏宁或光大电影城吸引来的消费者，更多地停留在步行街的其他区域。更要结合商场硬件规划设计合理的人流导向系统，在步行街内营造更休闲、更舒适的消费、娱乐环境，营造逛街、逛商场的乐趣，让目标群体尽量在步行街内消磨时间，从而增加消费机会。此外，设置休闲类经营项目如饮食、咖啡等和休闲设施的设置是增加顾客停留时间的有效措施。

（6）通过有效的措施来引导、激发消费者的购买欲

商业地产项目的经营规划决定着商户组合，商户组合决定着货品或服务的组合，而货品或服务的组合则关乎商场的整体吸引力，也是商场能否旺场的一个关键因素。在商场开业后，应根据商场的整体规划状况、商品或服务的规划及经营状况逐步调整经营品类组合，逐步让步行街形成一个具有吸引力且比例合理的品类组合状态。

在实际操作中，鉴于步行街与商场规模较大，广宁地区的招商难度较大以及最佳的经营品类组合的形成需要一定的培养期，在商场前期招商时，可适当降低对经营品类组合的要求限制，但在待"填满"商铺开业后，则必须再行调整，并采取有效的促销措施，与购物氛围相结合，才能最大限度地将吸引过

来的人流转化为消费力。

（7）尽力保持商场持续的吸引力、竞争力

商业经营管理的目标是保持项目人流量与经营效果持续增长。保持商场持续的吸引与竞争力，需要进行长期而有效的宣传推广，并建立与维护商场统一的主题形象和品牌形象，形成极具吸引力的、合理的经营品类（包括商品与服务）组合，在先进的经营管理理念、合理而科学的人流导向规划、不定期的持续推广活动与优秀的物业管理等方面合力，使步行街具有强大的竞争能力。

在经营管理工作当中，不同环节的工作都是环环相扣、互为影响的，"牵一发而动全身"，不能孤立。

（8）加强与商户的联系，与商户建立良好关系

商业经营管理人员的心态要摆正，加强与商户的沟通是经营管理人员的重要工作。商户是商场获得租金收入与管理费收入的来源，是我们的客户，是商场的基础，他们的经营状况与商场的旺场更是息息相关，租户与商场是唇齿相依、互为依存的利益共同体。因此商业经营管理人员应摆正心态，树立以客户为本的思想，树立良好的服务意识，加强与商户的沟通，与商户建立良好的关系，增加彼此的信任度、支持度，在他们经营困难时，应尽量给他们提供适当的帮助与支持，共度时艰，培养和建立与商户之间的深厚感情，也只有这样，在商场需要他们支持配合或商场遭遇市场困境的时候，才能获得他们的帮助，商场才能尽量留住好的商户。

3. 经营管理活动思路

一般来说商场或步行街开业后普遍会面临三个重要的阶段：即开业后的头三个月、半年、一年。

商场或步行街开业后，第一年能否"站稳"非常关键，而头三个月、半年、一年则是三个非常重要的经营阶段"门槛"。在这三个阶段，无论是大型购物中心还是步行街都将面临诸多的问题和压力，如商家生意难做、商场人气下滑、经营不善的商户拖欠租金或管理费、商场面临销售淡季、个别商户撤场等等。

针对这三个阶段，经营管理公司应提前做好充足的准备，在经营计划、问题预见、应对措施、推广方案等方面应及早安排好预防措施。一般来说，顺利渡过了这三个"关卡"，步行街也将逐步进入相对稳定的正常经营轨道。

我们在考察了广宁商业步行街后，对项目的现状与面临的困难有了进一步的认识，我们认为，经营管理活动实施的策略应为：

（1）商业项目运营活动重在商业文化塑造

不同的企业有不同的企业文化，同理，不同的商场也有不同的商业文化。为步行街建立独特的商业文化氛围，塑造有品位的商业环境，通过活动给项目包装以文化气质，可为市民、游客提供广宁文化的展示窗口，为目标群体营造轻松、愉悦的购物环境，可让目标客户在文化体验过程中产生消费。商业文化对商业发展是一种良性循环，步行街的运营活动一定要在广宁塑造独特的商业文化形象。

（2）与大商户合作共同开展经营活动

广宁商业步行街成功引进了沃尔玛、苏宁电器、光大电影城、肯德基等大型知名商户，这些大型商户的进驻无疑将为步行街带来巨大而稳定的人流量。步行街开业后，应设法与大型商户的经营产生互动，与大型商户进行合作，共同开展经营活动，最大限度利用其带来的人气和人流，如凭其购物小票可在商场指定位置的业态或商户参加抽奖或获得相应的消费折扣优惠等，而此"指定位置"的商户便可成为人流导向的重要途径。

（3）进行跨界营销

目前，潮流兴跨界，营销也跨界。步行街内包括了购物零售、休闲餐饮、娱乐消费三大类业态，各类业态都吸引了各自独特的目标消费群体，实行跨界营销，由不同业态共同开展营销活动，既能达到不同业态互相促进的作用，还可以在市场上构建步行街经营业态丰富的时尚形象。

（4）举办行业促销活动

不定期地进行相同行业的联合促销活动，可以在不同时期吸引不同的消费群体，不断营造营销热点话题。

例如，运动休闲服装联合促销、品牌服饰联展、精品鞋类优惠月、秋冬时装周、数码电器升级月、娱乐休闲乐翻天等。

（5）举办广宁购物节

作为引领广宁县现代城市生活时尚的广宁商业步行街，应通过一系列的购物节的举办，努力在广宁地区打造和树立本地城市"时尚坐标""资讯坐标"的形象定位，并通过与政府合作举办购物节，提升本案的商业领先地位。

购物节是最能吸引人流的营销活动，可定期针对不同季节，举办季节性较强的购物节、文化节、美食节、娱乐节等活动。

二、经营推广策略

推广并不是简单等同于广告，广告只是推广手段之一。推广工作包括两个方面，一是步行街品牌与商业文化推广，二是经营活动推广。作为一个综合性休闲娱乐商业场所，推广宣传是传播本案商业信息、吸引目标群体、迅速扩充人气指数、培育商业市场、建立商业文化品位的重要工作。广宁商业步行街的推广策略为：

1. 每月有推广，每季有活动，每年有嘉年华

人气即商气，人气旺则商气旺，市场火则竞争力强。提升人气，做"火"生意是解决步行街经营

管理过程中的主要矛盾的根本办法，这也是提升步行街影响力、稳定经营商户与客户群体、提升步行街综合竞争力的根本办法。本案在推广上应打破常规，每月实施主题推广，每季举办大型促销活动，每年举办大型文化嘉年华活动，让推广工作成为经营管理的主线，贯穿全年各个阶段，制造多个城中热点话题。

2. 与政府部门或公共机构合作，借力推广

本案的推广主体肯定是开发商悦景公司与管理公司恒富公司无疑，如果不断依靠大量广告来推广项目，这只不过是蛮干，推广的效果会大打折扣。大型推广活动应主动、积极与广宁相关政府部门或媒体机构共同主办，既可将步行街的活动上升到较高的层面，成为政府主办的活动，在广宁县大造声势，更可借助外力，与广宁县合力发展，实现共赢，以较小的代价取得更大的推广效果。

3. 每次活动都有突出的推广主题

主题推广策略在企业经营发展中特别是品牌传播中特别重要，在商场推广活动中的作用也不例外，一个鲜明的推广主题能直接反映商场的经营管理的定位是什么，活动的宗旨是什么，突出的推广主题对建立步行街的商业文化与品牌有直接的促进作用。

另外，主题策略还将随着项目的进行、管理的进展、经营的发展，在不同阶段进行细化，每一个阶段都有明确的推广主题。在不违背原来商业定位的基础上，换一种传播思路，可达到消除消费者视觉疲劳的目的。

4. 媒体进行报道，舆论配合炒作

组织推广活动必然要进行广告宣传，但纯粹的广告发布很多时候的宣传效果并不高，特别是像广宁商业步行街、悦景国际这样的广告量大、曝光率高的项目，目标受众容易对其广告麻木。建议活动推广实施硬广告与软报道相结合，广宁主要的媒体是广宁电台、电视台，在媒体发布广告的同时，由媒体对活动进行专题报道或访谈，并由不同媒体从不同角度进行新闻追踪，通过媒体的反复报道，促使主题活动在广宁成为大众关注的热点。

5. 现场包装以消费者的心理需求为设计灵感

在现代商场的激烈竞争中，独具特色的包装设计以其出众的视觉识别力所形成的感官享受获得了消费者的高度赞扬，经过完美包装的商场能有效地从众多同类竞争商场中脱颖而出，使消费者留意、关注、停顿、观察、赞赏，最终产生购买消费行为，这是每个商场所追求的最理想化的包装设计。

每一个大型活动都要根据活动主题进行包装设计，并在下次活动前及时更换。很多情况下，如果没有主题或主题不鲜明，或没有切合消费者心理需求，现场包装就达不到预期的展示效果。其次，商场包装对商场的定位起到了一定的巩固或保护作用，完美的包装设计还可以使本案区别于竞争对手。

三、年度经营推广活动计划

2012年是广宁商业步行街重新启动推广活动的一年，全年推广活动以阶段性的大型活动和短期性的节日活动相互配合的方式，在广宁商业市场形成一浪接一浪的推广高潮。

1. 2012年大型活动计划

▶── 表23-11 大型活动计划

	节日	大型推广活动	举办时间
1	妇女节	春夏时装潮流秀	3月8日—18日
2	劳动节/青年节	广宁青年狂欢节	4月28日—5月15日
3	儿童节	玩转步行街，寻宝乐翻天	6月1日—17日
4	暑假	街头篮球争霸赛	7月21日—8月19日共四周
5	国庆节	广宁第一届金秋旅游购物节	9月29日—10月14日
6	感恩节	感恩广宁	11月17日—24日
7	圣诞节/元旦	休闲购物嘉年华	12月15日—2013年1月6日

2012年是步行街非常关键的一年，因为商户经过近一年的开业与市场培育，从原来的免租期逐步开始进入交租期，商户的经营负担加重了，如果其经营仍不能实现明显的增长，将会打击商户在步行街的经营信心。

关于2012年步行街的经营推广活动计划，我们拟在全年组织七个大型推广活动，重点是营造步行街的休闲消费模式，不断吸引非目的性消费群体的关注力，逐步将目标群体到步行街购物培养成为一种"惯性"。具体计划如下：

（1）春夏时装潮流秀

活动时间：3月8日—18日

活动背景：服装是步行街最大规模的经营业态，服装商户的经营情况直接影响步行街的经营信心，推广活动应优先考虑吸引服装商户的参与；3月份是商业经营的淡季，3月8日是妇女节，在这期间组织经营推广活动，旨在在淡季中以高雅、时尚的潮流时装秀制造市场热点，吸引广大民众来到步行街看秀、逛街。

活动主题：时尚广宁·霓裳盛典——步行街春夏时装潮流秀

活动要点：

· 一场精彩的时装表演节目就是一套完美的精品文化套餐，由模特演绎活力四射的Fashion Show分别于3月8日、3月11日、3月18日上演；

· 发动商户参与活动的各个环节，由商户分担活动费用；

· 时装秀地点设于中庭广场，在中庭广场安装T台，以吸引人流往街内流动；

· 每场时装秀都包括若干个品牌及珠宝的表演展示，不同的时装穿着在模特儿身上，仪态优美，珠光宝气，让广宁人醉眼于如梦如幻的时装T台上；

· 时装秀亮点：泳装秀、内衣秀；

· 高雅的歌舞表演穿插于时装秀中；

· 在每场秀中都进行现场抽奖，抽出10位幸运儿，每位获赠"步行街购物券"若干元，"步行街购物券"规定用于购买服装、鞋与珠宝类商品；

· 参与的商户同时配合举办"新品上市特惠"促销活动，以较大的折扣吸引消费者。

商户配合：

· 邀请5至10家品牌服装商户及悦福珠宝参与活动（如果报名参与的商户较多，则分成两三个专题时装秀）；

· 参加活动的商户除提供时装表演的服装外，也可提供商品作抽奖奖品；

· "步行街购物券"由悦景公司负责向商户回收，商户须承诺只按面值的5～6折结算（具体折扣与商户协商确定）。

（2）广宁青年狂欢节暨"广宁青年广场"揭幕

活动时间：4月28日—5月15日

活动背景：步行街二楼将于5月1日开业，4月29日—5月1日是劳动节假期，5月4日是青年节。青年群体是广宁商业步行街的主要目标消费群体，通过狂欢节活动，吸引目标群体光临步行街，增进他们对步行街的认知度，提高步行街的美誉度。

活动主题：魅力广宁·热力绽放——广宁青年狂欢节

活动要点：

· 与广宁县共青团委合作，将步行街广场命名为"广宁青年广场"，作为广宁县共青团委与广宁青年的活动中心；

· 于4月28日在广场举办"广宁青年狂欢节晚会——暨步行街二楼开业仪式"，拉开广宁青年狂欢节序幕；

· 狂欢节活动：向广宁青年广发"英雄帖"，于4月29日—5月1日三天在步行街举办多场街头青年狂欢活动，如街舞表演、拉拉队表演、青年才艺表演、极限自行车表演、花式滑板滑轮表演；

· 每天狂欢节活动加插特邀节目，如艺术彩绘、空姐秀等吸引人气的节目。

商户配合：

· 邀请商户赞助，向所有参加街头狂欢节的团队提供礼品；

· 二楼商户新开张特价。

（3）玩转步行街，寻宝乐翻天

活动时间：6月1日—17日

活动背景：6月1日是儿童节，6月17日是父亲节，组织亲子休闲活动，强化步行街的休闲娱乐属性。通过活动的开展让顾客在短时间内对步行街各区域、各楼层（特别是二楼于5月份全新开业后）进行深入了解。

活动主题：幸福广宁·亲情同乐——玩转步行街，寻宝乐翻天

活动要点：

·寻宝活动类似定向越野比赛，在步行街内若干个商铺或地点设置寻宝标志；

·凡在步行街消费的顾客均有机会参与，顾客在规定时间内找到指定商铺或地点，集齐规定数量的寻宝印花，则可获得由商户提供的若干面值的"现金消费券"（10～100元，根据寻宝时间长短而定，耗时越短奖值越大）。

商户配合：

·选定若干个商户作为寻宝点，以提升这些商户的人流量与知名度；

·邀请休闲娱乐类商户参与活动，并提供小面值"现金消费券"作为奖品。

（4）街头篮球争霸赛

活动时间：7月21日—8月19日

活动背景：青年学生是步行街的主力消费群，7、8月是学生暑假，通过活动将众多目标消费群吸引到步行街，增强目标群体人流量。

活动主题：活力广宁·时尚球星——广宁街头篮球争霸赛

活动要点：

·街头篮球赛为3人篮球赛，活动将争取广宁县共青团委和体育局等部门的支持，共同组织；

·比赛共分五周举行，前四周每周六、日举行比赛，每周决出冠亚军，进军第五周的总决赛；

·比赛争取运动服装或其他商户的参与和支持，每周冠军杯由赞助奖品的商户冠名，如第一周叫"李宁杯"、第二周叫"安踏杯"；

·每周冠亚季军奖品为冠名商户提供的"现金消费券"，总冠军的奖品由悦景公司提供"步行街购物券"，可在步行内指定商户当作现金消费。

商户配合：

·邀请运动类商户为比赛冠名；

·邀请运动类、休闲类服饰商户参与，向所有参赛的球队提供参赛奖品（若干面值"现金消费券"）。

（5）广宁第一届金秋旅游购物节

活动时间：9月29日—10月14日

活动背景：9月30日—10月7日是中秋、国庆假期，这个阶段是旅游旺季，很多珠三角自驾游爱好者都会到广宁旅游，通过活动的举办既可扩大广宁商业步行街的影响力，更可提升广宁县的商业形象与整体竞争力。

活动主题：和谐广宁·金秋盛典——2012广宁金秋旅游购物节

活动要点：

·由广宁商业步行街牵头,联合县委县政府共同策划组织"广宁第一届金秋旅游购物节",将活动上升到政府层面,以争取领导和媒体支持,力争将"广宁第一届金秋旅游购物节"办成广宁每年一届的大型购物节活动,成为广宁推动第三产业与商业服务业发展的新动力;

·9月29日晚,举办"广宁第一届金秋旅游购物节启动——暨贺中秋迎国庆晚会",邀请县主要领导参与"广宁第一届金秋旅游购物节"启动仪式;

·购物节期间,在步行街适时举办多场不同业种的专题营销节,如服装节、数码电器节、美食节、商品特价拍卖会;

·出版《广宁第一届金秋旅游购物节快讯》,将所有商户的促销信息集中发布。

商户配合:

·商户配合活动,将新货推向市场;

·统一参与步行街组织的促销活动,如买满200送100(优惠标准另定);

·由参与的"商品特价拍卖会"商户各自选取两三件有代表性的商品,以"2折起拍"作为号召力,按照拍卖模式价高者得,吸引广大受众参与;

·参与《广宁第一届金秋旅游购物节快讯》,分摊其印刷费。

(6)感恩广宁

活动时间:11月17日—24日

活动背景:11月22日是感恩节,11月29日是步行街开业周年之日,11月是感恩的季节,广宁商业步行街感恩广宁、感恩广宁人民,回馈广宁人民的厚爱。

活动主题:温情广宁·携手同心——步行街感恩广宁

活动要点:

·感恩广宁优惠促销,购物满100元的顾客凭销售小票由悦景公司送出20元"步行街购物券",满200送40,如此类推多买多送;

·感恩广宁实行跨界优惠促销,让不同业态相互促销,共同做旺,"步行街购物券"可在指定商户使用;

·联合"心连心慈善会",在步行街内开展募捐活动。

商户配合:参与"步行街购物券"活动的商户,须承诺只按面值的5~6折结算(具体折扣与商户协商确定)。

(7)休闲购物嘉年华

活动时间:12月15日—2013年1月6日

活动背景:"广宁竹子节"每年在12月中旬举行,"竹子节"期间将有大量游客光临广宁;2012年春节期间已举办过"步行街新春购物嘉年华"活动,"购物嘉年华"可办成步行街每年一次的重要促销活动,在"竹子节"前后举办"购物嘉年华"将跨12月24日平安夜、12月25日圣诞节和1月1日元旦等消费群体活动频繁的节假日,可有效提升步行街的人流量。

活动主题:人文广宁·欢乐新年——广宁休闲购物嘉年华

活动要点：

·购物嘉年华抽奖：奖品为5～1000元面额不等的"步行街购物券"，"步行街购物券"可在指定商户使用；

·在12月24日晚，在广场举办"浪漫派对平安夜晚会"，制造"人工飘雪"，首次让广宁人过一个白色圣诞节，在25日零时前1分钟，进行充满激情的"圣诞倒数"，并敲响圣诞钟声；

·在12月25日、元旦，在广场及步行街内街举办各类游艺活动、综艺表演。

商户配合：

·嘉年华是欢乐的节日，要求休闲娱乐、餐饮类业态商户实施吸引力强的优惠促销措施；

·各商户根据各自情况制定嘉年华促销措施。

2. 节日活动计划

▶—— 表23-12 节日活动计划

	节日	大型推广活动	举办时间
1	母亲节	送给母亲的礼物	5月12日—20日
2	端午节	步行街夏日特卖会	6月22日—24日
3	建军节	步行街拥军优属特惠专场	7月28日—8月5日
4	七夕节	在步行街留下爱的宣言	8月1日—23日
5	教师节	步行街尊师重教特惠专场	9月1日—10日
6	重阳节	步行街敬老特惠专场	10月20日—28日
7	光棍节	一起到步行街"脱光"	11月11日

推广活动的计划具有连贯性，每季有大型活动，每月有专项活动。

力争在各类不同的节日或假期，不断在广宁创造商业热点。除大型推广活动计划外，建议在具有独特意义的节日，针对节日的特性开展短期的推广活动：

（1）母亲节：送给母亲的礼物

活动背景：5月13日（星期日）是西方母亲节，母亲节现已成为我国一个重要的商业节日。广宁商业步行街通过活动，既在青少年中弘扬中华传统的孝道，也在广宁树立亲切友好的大众品牌形象，更配合商户进行营销活动；

活动时间：5月12日—20日；

活动要点：

·悦景公司设计制作精美母亲节贺卡，每张贺卡均印有若干个商户的促销优惠措施或赠送商品，如果参与商户众多，则母亲节贺卡可设计多个版本，每个版本都有不同的商户信息；

·悦景公司取得广宁县教育局支持，组织每所中小学校优秀学生（如各学期的三好学生、先进学生、班干部等）寄一张母亲节贺卡给妈妈；

·活动应于四月下旬提前启动，以便能及时组织学生送出贺卡。

（2）端午节：步行街夏日特卖会

活动背景：6月23日（五月初五，星期六）是端午节，端午节是我国重要的民间节日，6月22—24日放假三天，是小黄金周；

活动时间：6月22—24日；

活动要点：6月份是商品换季销售期，距离大型促销活动仍有一段时间，组织商户进行连续三天的"步行街夏日特卖会"，将广宁人的目光都吸引到步行街。

（3）建军节：步行街拥军优属特惠专场

活动背景：8月1日（星期三）是建军节，是全社会向军人、军属表达敬意的节日；

活动时间：7月28日—8月5日；

活动要点：在活动期间每天的17：00—20：00，在步行街设"拥军优属特惠专场"，给予军人、武警及军属等顾客购物消费特别优惠政策。设定特定时间是希望将客流集中在某些时段，营造步行街人流量大的效果。

（4）七夕节：在步行街留下爱的宣言

活动背景：农历七月七日是我国的传统节日——"七夕节"，民间亦称"乞巧日"。传说在每年的七夕夜晚，牛郎织女将从鹊桥渡天河相会，七夕节是我国传统节日中最具浪漫色彩的一个节日，由于牛郎织女的故事感天动地，现代人更把这一天与正月十五元宵节一并当作"中国情人节"；

活动时间：8月1—23日，23日（星期四）是七夕节；

活动要点：

·在二层中庭位置设立"爱的宣言"留言板，通过留言板吸引广大年轻群体光临步行街；

·让人们将各自对朋友、对爱侣、对暗恋对象要说的话写在彩纸上，并贴在留言板上，供众人参观；活动提前至8月初启动，以便让人们提前贴出"爱的宣言"；

·评出3个最有创意的"爱的宣言"，于七夕节晚上当众公布，分别给予每人1000元"步行街购物券"。

（5）教师节：步行街尊师重教特惠专场

活动背景：9月10日（星期一）是教师节，是向老师致敬的日子；

活动时间：9月1—10日；

活动要点：

·在活动期间每天的12：00—18：00，在步行街设"尊师重教特惠专场"，给予老师及学校职工等顾客购物消费特别优惠政策；

· 并根据其从事教育工作时间的长短给予不同的优惠折扣，例如：5年以内，9折；6~15年，8折；16年以上，7折。

（6）重阳节：步行街敬老特惠专场

活动背景：10月23日（九月初九、星期二）是重阳节，也是我国的敬老节；

活动时间：10月20—28日；

活动要点：

· 在活动期间每天的10：00—12：00，在步行街设"敬老特惠专场"，给予60岁以上顾客购物消费特别优惠政策；

· 并根据其年龄的长短给予不同的优惠折扣，例如：65岁以内，9折；66~70岁，8折；71岁以上，7折。

（7）光棍节：一起到步行街"脱光"

活动背景：11月11日（星期日）是光棍节，光棍节是一种流行于年轻人当中的娱乐性节日，以庆祝自己仍是单身一族，光棍节又名"光光节"，寓意饭吃光、酒喝光、钱花光，购物要买光棍商品，近年来每年的这一天，都成为年轻人尽情狂欢的节日；

活动时间：11月11日；

活动要点：

· 邀请广宁青年到步行街参加活动，在广场举办"一起到步行街'脱光'"DISCO劲歌热舞会，让年轻人过一个疯狂的光棍节；

· 当晚店铺各自推出优惠政策吸引光棍消费者。

3. 推广活动费用预算

计划在2012年，步行街将上演7台大型推广活动大戏与7场节日推广活动，经与"黑将红印·逸和公关传播机构"初步沟通，预计2012年推广活动费用总预算约为343万元。

▶—— 表23-13 推广活动费用预算

	节日	推广活动	活动预算（万元）
1	圣诞节/元旦	春夏时装潮流秀	52
2	劳动节	广宁青年狂欢节	40
3	儿童节	玩转步行街，寻宝乐翻天	25
4	暑假	街头篮球争霸赛	28
5	国庆节	广宁第一届金秋旅游购物节	80
6	感恩节	感恩广宁	35

续表

	节日	推广活动	活动预算（万元）
7	圣诞节/元旦	休闲购物嘉年华	55
	小计		315
8	母亲节	送给母亲的礼物	5
9	端午节	步行街夏日特卖会	3
10	建军节	步行街拥军优属特惠专场	3
11	七夕节	在步行街留下爱的宣言	5
12	教师节	步行街尊师重教特惠专场	3
13	重阳节	步行街敬老特惠专场	3
14	光棍节	一起到步行街"脱光"	6
	小计		28
	合计		343

备注：

上述年度费用预算包括各类广告制作及发布费用、宣传资料、现场氛围包装制作费用、表演活动组织与活动抽奖购物券费用。

在落实每一个活动执行计划时，都应将活动推广与执行机构配合，再根据具体安排做出准确的费用预算。

第四部分

步行街物业管理策略

一、步行街管理架构

1. 商场管理的两大范畴

商业物业的销售与招商工作只是资金运作的一环，开发商的最重要收益是日后商场的租赁与经营收益及物业的增值。开发商悦景公司作为整个步行街区最大的业主，必须介入商业物业的后期经营管理规划工作中，这将直接决定开发商未来收益的增减。所以，这就要求开发商成立专业、独立的经营管理公司进行商业物业的管理，保证商业物业的旺场与持续经营。

商业物业管理与住宅物业管理有着本质的区别，商业项目除了物业管理服务外，管理机构还需提供专业的商业经营管理服务。概括起来，商业物业项目管理的两大管理范畴功能分别是：

（1）物业管理

物业管理主要是针对商场的硬件服务，为商场经营者和消费者创造舒适的经营环境和购物消费环境。商场物业管理的目的是为经营户和消费者提供一个良好的经营环境及服务平台，与商业经营管理构成完整的商场运营管理。

商场物业管理的主要职能包括六项：商业建筑物与商场装修的维护、商场配套设备设施的维护、商场消防与公共安全的管理、商场环境与商场清洁卫生的管理、项目交通及进出车辆的管理以及商场紧急事件的处理。

（2）商业经营管理

物业管理是商场开业后营运顺畅的重要保证，但绝对不能将物业管理等同于商业经营管理，二者的职能有着本质的区别。商业经营管理主要是针对商场的软件服务，为经营者提供良好的经营条件。

商业经营管理的实质就是以商场商户的利益为前提，制定出相应的经营规则，让全体商户共同执行和遵守，以限制和规范商户的经营行为，最终达到吸引更多顾客前来消费的目的。商业管理主要有七大职能：商场招商代理、统一开业计划、规范经营方向、组织各类活动、建立和维护商场品牌、协调商户关系与维持商业秩序、杜绝假冒伪劣商品。

在以上两大部分内容中，商业经营管理是核心，物业管理是围绕着商业经营管理来服务的，从功能配置上从属于商业经营管理。

2. 管理公司架构设置

商铺经营管理除了住宅物业管理的保安、清洁等基本的工作外，更重要的是商场整体的经营推广，包括商场整体品牌形象的建立和宣传、经营分区的管理、商场经营推广计划的制订和执行、节假日促销活动的组织、商户经营品质的监管、商家的退租与转让、商家的重新招租、租户售后服务的监督等。

广宁县恒富物业经营管理有限公司是广宁商业步行街与悦景国际两个项目的管理公司，由于两个项目分属两个不同类型物业，管理服务工作内容与要求大不相同。因此，建议恒富公司专门成立两个管理事业部：步行街物业经营管理事业部与悦景国际物业管理事业部。两个事业部职责相对独立，事业部主管负责人到位，基层办事人员灵活调动，重大工作事项互相支援，从而达到以最有效的成本控制产生多元化功能的效果。

步行街物业经营管理机构必须有一个健全的组织架构，各个职能的职责必须清楚，否则就会造成两个项目的管理工作交叉、分工不清、责任不明的情况，导致工作效率极端低下。步行街物业经营管理事业部下设两大骨干专业部门：物业管理部与经营管理部，分别负责物业管理与物业经营方面的工作。

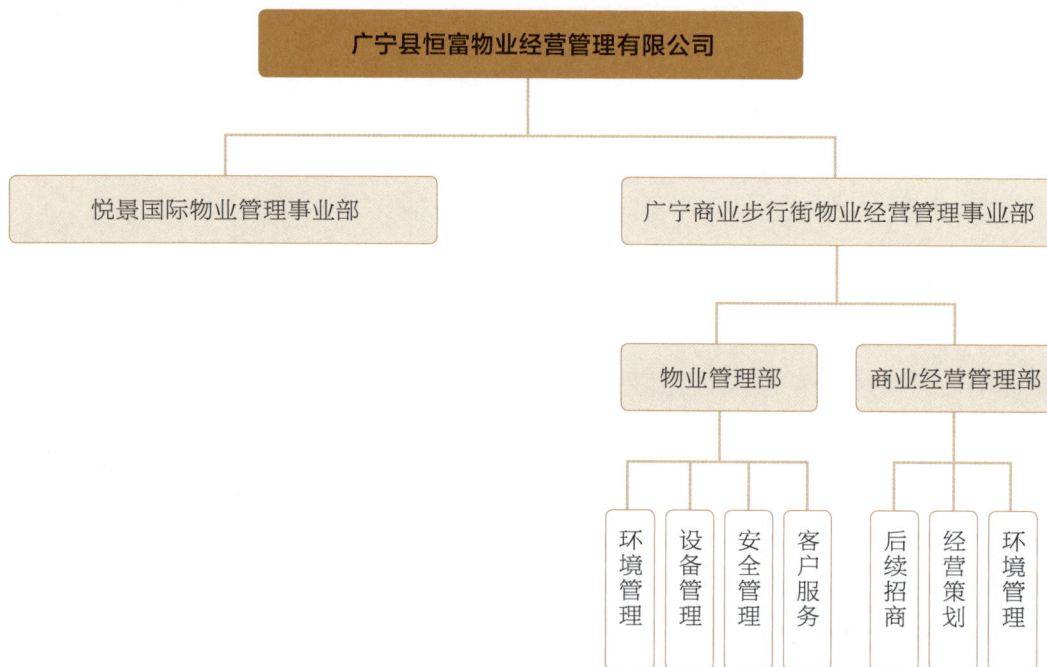

▶— 图23-10　管理公司架构

二、步行街物业管理策略

由于商业物业具有受众层面多、需求多样性的特点，给商场物业管理工作提出了较高的要求，物业管理虽然不是商业物业的直接经营方，而是商业场所的服务机构，但物业管理的职能就是要通过良好的服务帮助经营方（商户）去创造或提高收入，简而言之，就是通过物业管理的努力，提高每一平方米商业面积的赚钱能力。

物业管理必须以市场竞争态势、市场发展为导向，以满足终端消费者需求、扶助商户开展经营为服务宗旨；以消费者与经营者的需求为关注焦点，以持续提升客户的满意度为服务目标；以塑造步行街商业品牌、实现物业保值增值为服务目标；以建立完善管理体系、打造高效物业管理团队为管理目标，实现项目的开发商、投资者、经营者与消费者四方"共赢"的效果。

1. 物业管理总体策略

（1）提高物业管理队伍的专业素质，打造广宁最优购物消费环境

物业管理应进行多功能、全方位的管理和服务，为物业产权人和使用人提供高效、周到的服务，以提高物业的经济和使用价值，创造一个良好的商业环境与购物环境。要完成这一目标，物业管理机构建立一支高素质的专业队伍是必备的条件。

步行街环境是否优美、整洁，不仅会给目标群体留下深刻的印象，直接影响到顾客的购物消费欲望和在街区内的逗留时间，也会影响步行街的社会形象和商业竞争力。要在广宁商业市场竞争中立于不败之地，必须做好步行街周边环境的绿化、保洁工作，创造整洁优美、和谐宜人的商业氛围，给广宁人民提供一处最舒适、最轻松、最愉悦的购物消费环境。

（2）明确步行街休闲商业经营定位，提升广宁人民的消费品位

大型购物中心作为商业市场竞争的主体，要始终维护商场的统一主题形象和统一品牌形象。本案是一个多业态组合的商业组织模式，但它绝不是一个无序的大杂烩，而是拥有鲜明的休闲消费主题。

管理公司应落实员工的岗位责任制，加强监督的力度，做到勤检查、勤巡视、勤管理，管理公司须加强对步行街经营秩序的监督管理，坚持执行"日巡"制度，每日对整个步行街巡查若干次，由分管步行街事业部的负责人带队，客服、安全、设备、环境各部门均派人员参加巡查工作。通过物业管理人员的不懈努力，为广宁人民创造良好的消费环境，给广宁带来全新的消费观念，从而提升广宁人民的生活品位、消费品位。

（3）树立先进的物业管理理念，在广宁商业市场塑造领先、时尚的品牌形象

优秀的物业管理工作，应树立先进的管理与服务理念，工作人员必须正确树立全心全意为客户服务的思想，维护公司与步行街的形象，在提供管理服务的过程中，帮助步行街塑造独特的品牌形象，为商户和商场自身创造出价值增值。

作为引领广宁现代城市生活时尚的大型休闲商业步行街，物业管理机构通过自身服务，努力打造和树立本地城市"时尚坐标""资讯坐标"的休闲形象定位，维护步行街持久的竞争力。只有这样，才能保持步行街持久的市场领先地位和对消费者长久的吸引力，才能谈得上持续旺场的经营。

2. 服务理念

（1）服务宗旨

以人为本、规范管理、追求创新、至诚服务。

急商户之所急、想商户之所想、全心全意为商户服务。

（2）管理目标

运用持续发展的战略，推出完善的管理服务，为步行街创造环境效益，打造步行街休闲商业品牌，确保步行街物业的保值与升值。

（3）管理要点

①三个重点

第一，统一管理，分散经营

对步行街商铺进行"统一管理、分散经营"是商业地产是核心特点。"统一管理"是受全体业主或商户的委托，由恒富公司统一管理服务，没有统一管理的商铺是难以经受激烈的零售业市场竞争的考验的。

"分散经营"则是商户经营者为顾客提供交易的优质平台或场所，恒富公司没有直接进行商业经营，而是在商户经营者与顾客之间搭建桥梁，进行服务管理。

第二，安全管理为第一，环境管理责任到个人

为确保商户与顾客的生命、财产的安全，必须根据实际情况进行科学的岗位分布，以完善的安防系统（含消防系统）为技术，建立一支强有力、多用途的复合式管理人才队伍，进行安全管理全面防范。并紧密联系政府职能部门做到齐抓共管，使步行街在安全的条件下为商户与顾客服务。实行24小时全天专人值班，负责所辖商业的安全管理工作，严格管理，防止易燃易爆等危险品进入步行街，制定出与其相适应的应急处理安全操作程序，防患于未然。

商业场所的环境管理（保洁与绿化）极为重要，能否为商户与顾客创造一个良好、舒适的经营、休闲购物环境，是我们非常重视的问题。环境管理工作应责任到人，督导检查，落实到位，从而保证步行街的环境、卫生达到最佳状态。

第三，各项设备设施正常运行

针对本案现有的设备设施的实际情况，为商户与顾客提供方便快捷的维修服务。为了确保商业经营活动不间断地安全运行，应加强对设备设施的巡检、养护，对各项操作的及时性、准确性进行规范，严格执行安全的操作流程，监督与杜绝不当的操作。

②四项措施

第一，强有力的目标计划管理

按商业物业管理特点制定的各项管理指标，要做到广宁县最优的物业管理项目。为此，各职能部门及管理人员须明确责任，将目标实施的情况、存在问题及时用图表和文字表达出来，实现目标动态控制，以目标成果来评价，建立完整的计划体系。

具体措施为：目标与措施相结合，计划与检查考核相结合，强调员工培训和人性化管理，全员重视

计划管理。

第二，全面的质量管理

建立一整套行之有效、具有商业特色的管理服务体系，全面推行质量管理，其有效方法是：建立"计划—实施—检查—处理"的质量管理循环，把质量目标落实到各部门、各环节、个人，并通过品质管理处监督检查，使工作质量不断提高。

第三，全面的督导管理

商业物业广泛使用的督导管理方式：

经济管理，通过定岗、定员，制定员工岗位和工作成绩挂钩的工资制度，调动员工积极性；

制度管理，制定一套完整的规章制度和工作程序，以此规范员工言行，提高工作质量和工作效率；

宣传教育管理，通过各种宣传教育手段培养员工的敬业精神、职业道德；加强员工培训，不断提高员工自身素质和工作水平；

第四，量化管理与标准化运作

量化管理：

A）根据全面质量管理方针，确定年度质量目标，对商户满意度、环境卫生标准、设备动作完好率、消防隐患处理率等做出量化要求；

B）实行目标管理服务责任制，对管理目标进行细化和量化，做出具体要求；

C）对全体员工培训指标进行量化，确定培训课程、内容及时间。

标准化运作：

A）建立恒富公司企业文化，包括企业精神、经营管理理念和发展目标；

B）规范公司员工的行为，提倡以专业、规范、文明为行为表率；

C）发挥恒富公司管理系统的作用，提高物业管理工作效率；

D）实施恒富公司企业形象系统。

三、步行街现状问题与对策

根据我们近期对步行街的巡查观察，针对影响步行街消费环境与整体形象的现象，提出我们的建议对策：

1. 经营环境方面

现象1：步行街整体营业时间不统一，每天商户开门营业时间都不一致，造成步行街经营时间混乱的感觉；

对策：统一制定步行街的营业时间，例如：10∶00－22∶00，向商户发出"温馨提示"，说明统一开门营业时间的意义；对于服务类商户（电影、餐饮、发廊等）或个别商户的营业时间有需要根据各自的经营特点确定的，须经步行街管理处批准并通报后执行。

对于未经批准不按规定开门营业（延迟开门或提早关门）的商户，应及时发出"警示通知"，如果屡次违反规定则做出处罚。

现象2：内街摩托车乱停乱放现象严重，甚至阻碍了消费者顺畅地进入商店，对街内的行人特别是小童构成了安全隐患，并且削弱了步行街的休闲性。

对策：摩托车随便停放或许是广宁人的生活习惯，要首先改变商户及其工作人员的习惯，进而再影响顾客的停车习惯。向商户发出"温馨提示"，说明摩托车在商铺前乱停乱放对商户生意造成的影响。

现象3：部分未出租营业的商铺（沃尔玛出口扶梯下）有的拉上铁闸，也有的打开铁闸，步行街广场入口处电影院售票处的玻璃屋可看到室内杂物，这些情况对步行街的整体经营状况都造成了负面影响。

对策：电影院售票处的玻璃屋可以用电影广告或海报进行封闭或张贴。未出租营业的商铺有两种方法可以改善门面形象：一是制作渲染喷画或某些品牌商户广告，二是做成橱窗以凸显商业氛围。

现象4：内街的光线不足，即使是白天有时也会显得阴暗，让人觉得步行街的商业环境很暗淡。

对策：一是增加光源，特别是二层连廊底下区域是重点改善位置；二是增加广告灯箱，既可增光也可创收。

现象5：现场氛围装饰物、广告过时或损毁没有及时清理，在内街步梯上二层的梯级广告喷画部分脱落或损毁，没有及时处理。

对策：可将"每次推广活动或节日之后的装饰物或广告在五内天清理"列入工作规程，督导人员须督促工作人员及时清理。

现象6：部分店铺的广告牌、易拉宝随意摆放在店门口通道上，中国电信将空置的活动帐篷放置在通道多日，影响顾客购物动线。

对策：督导人员应口头劝喻商户，摆放的广告牌不得影响顾客行进。这些现象必须及时制止，不能让其成为习惯，否则各店铺今日摆放广告牌，明日或会堆放商品，步行街的通道将变得不顺畅。

现象7：升降工程车、手推工作车及清洁工具随意摆放不整齐。

对策：制定工作规范，要求所有工具用具都摆放在规定的位置，并整齐有序，除大型工具设备（升降工程车）外的工具用具应放置在工作间或工具房，不可随便放置在步行街内，以免有碍观瞻。

2. 环境卫生方面

现象8：本案的整体环境卫生情况存在较多待改善之处，两个卫生黑点：一是每天早上KFC附近垃圾清理不及时，KFC门前广场（观光梯前）露天休闲座位区域污水横流、垃圾堆积成山；二是沃尔玛出口扶梯下的小食档餐厨垃圾较多，污水污迹未及时清除，垃圾桶有碍整体形象。另外，内街多处地面有红砖头；苏宁招牌位置装修垃圾、尘土多，长期没有打扫；苏宁旁的逃生楼梯多日没有打扫卫生。

对策：制定步行街环境卫生工作规程与质量标准，督促清洁工作人员严格执行；对污染环境卫生或没有做好环境清洁工作的商户进行通报处罚。

现象9：清洁工通常每天早上10时前已完成整个街区大扫除，但到中午时分人流增多的时候，街面上就增加了不少垃圾，清理得并不及时。

对策：一、制定步行街环境卫生工作规程与质量标准，清洁工作定编定员定岗；二、规定早上全面大扫除应于步行街营业前的半小时（即9：30之前）完成任务，先清外街，后扫内街，先清南北两个出入口，再扫中庭；三、规定在9：30后，清洁工每小时应全面巡查一次所负责的街面，发现垃圾马上处理，不让垃圾在街面上停留较长时间。

现象10：多个花基、花坛的花苗已坏死，没有得到及时更换。

对策：一、制定步行街环境绿化工作规程与质量标准，环境工作（园丁）定编定员定岗；二、规定环境工作人员每日应全面巡查一次步行街的花草树木，发现花草坏死须及时更换。

3. 安防方面

现象11：扶梯、厢梯缺安全告示，个别电箱未上锁（啄木鸟店铺前楼梯下的电箱），悦美店铺前花基位置水龙头漏水，密思店铺前消防栓封条陈旧且不注明封条日期，机电、水电设施存在安全使用隐患。

对策：商业步行街是人流众多的公共场所，青少年是主要客户群体，机电、水电设施管理不当容易出现安全事故。一、制定步行街机电设备设施管理工作规程与质量标准；二、督导人员认真巡查，发现隐患及时整改；三、应在电梯等机电设备设施上放置安全使用警示，完善安全使用的告知责任。

现象12：部分店铺未配备灭火器、杂物或货物阻拦灭火器或灭火器不摆在店铺的明显位置。

对策：一、制定步行街消防设施管理工作规程与质量标准；二、向商户发出"温馨提示"，说明消防设施的管理要求；三、督导人员认真巡查，发现没有按管理规范执行的责令其及时整改；四、为提高商户对消防设施使用的认识，促使商户重视消防安全工作，每年若干次邀请消防队警官到场培训消防知识并进行消防演习，要求全体商户派员参加培训与演习。

现象13：步行街的安防管理员人数严重不足，巡查流于形式，如果发现意外事件难以做出有效应对。

对策：一、步行街须设立专责的安防队（保安队），安防队定编定员，制定明确的工作规程与质量标准；二、每天9：00开始是商户进货、开门营业的时间，至晚上最后一家店铺（如电影院）结束营业的时间（约24：00），须在步行街常设安防队员不少于两人，每小时交叉巡查步行街整个街区、各个楼层，切实监察步行街的治安、消防、停车、商户与顾客的安全秩序。

24
写字楼

成都市 SS 国际（一期）
可行性研究报告

第一部分

项目总论

一、项目背景

1. 项目所在区域发展情况

本项目位于成都市武侯区人民南路46号，人南科技商务圈核心地段。该商务区核心区域以人民南路（武侯段）为主轴，面积1.22平方公里，配套区域包括科华路、浆洗街、玉林路等多个街区，总面积10平方公里。目前，区域内已建成威斯顿联邦大厦、汇通大厦、数码科技大厦、丰德国际广场、首座、凯宾斯基酒店、力宝大厦等数十座高端商务楼及五星级酒店，引入了汇日央扩、宝利集团、万豪酒店、AMD、法国安盟等世界五百强企业和一大批国际国内知名企业。

根据成都市人民政府《关于大手笔打造人民南路商务区的意见与建议》，人南科技商务区是成都市中心城区现代服务业聚集区"两轴四片"的重要一轴，是连接成都市中央商务区（CBD）和南部新区的重要纽带。2008年3月制订的人民南路科技商务区发展规划提出，打造以甲级写字楼、高档酒店为主要业态的西部高端商务办公区域，到2010年基本形成商务、商贸、居住相配套的现代服务体系，重点服务国内外各类品牌企业、跨国企业、世界五百强等企业的管理总部或营运总部，金融保险、信息咨询等公司的地区总部和营运管理中心。不远的将来，人民南路，这条成都市的中轴线，将变身为"西部国际门户"、成都与世界牵手的"第一商务大道"。

本项目位于人南科技商务区的核心区域，该区域是成都市重点打造的"SBD"，该区域将被打造为"西部国际门户"和"第一商务大道"。可以预见在不远的将来，该区域将是高档写字楼、高档酒店林立的商务核心区域，这将为项目的发展提供巨大的机遇。同时该项目所处区域是成都传统"富人区"——桐梓林片区，该片区内高档住宅小区林立，是不少成都本土富裕人士、外来大型企业高管、外企高层、外籍人士居住的核心区域，这部分人群购买力十分强劲，为项目开发商务和商业提供强力支撑。

2. 项目投资的必要性

成都市是我国西南地区特大中心城市，是西南地区科技、商贸、金融中心和交通、通信枢纽。近几年，在宏观经济环境稳定的前提下，成都市通过加大基础设施建设力度、扩大内需的经济政策，充分挖掘地方经济潜力，维持国民经济的高速增长。

房地产作为拉动国民经济的强大动力，对成都地方经济的作用是很明显的。

SS国际项目作为成都市重点建设项目，对人南科技商务区的形成以及地方经济作用明显。该项目位于成都人民南路天府立交处，地处成都规划的天府新城的核心区域。该项目的开发建设对该区域经济、商业开发、商务环境等的提升作用是非常明显的。

二、项目概况

1. 项目说明

项目名称：SS国际（一期）（暂定名称）

项目地点：成都市二环路天府立交出入口处

项目性质：新建

项目类别：超甲写字楼、地铁商业

2. 项目地块位置及周边现状

（1）地块位置

项目位于成都市武侯区人民南路46号，天府立交处。项目临城市主干道，与火车南站距离约500米，到双流国际机场约10分钟车程。

（2）宗地现状

①项目四至

项目北临桐梓林北路，南临桐梓林中路，东临城市主干道人民南路，西靠高档住宅小区——锦绣花园。

②地面现状

目前项目地面为地铁1号线桐梓林站口施工。

③地面现有建筑情况

目前本项目地面上无建筑物，仅为地铁施工及材料堆放。

（3）项目周边（2000米范围内）的社区配套

①交通系统

· 公共交通：本项目周边共有3个公交站，即公交人民南路南四四段站、公交航空港路站、桐梓林东路南站。共有十余条公交线路，包括501路、118路、504路、 16路、99路、102路、115路、60路、300路、7路、6路，93路、153路等。

· 地铁规划：整个项目是在地铁1号线桐梓林站口上，且项目负1层商业与地铁出站口相连。

②教育配套

项目周边有三所学校，分别是桐梓林小学、棕北联合中学、四川省旅游学校。

③医院配套

项目周边有四所医院，即四川肿瘤医院、华西普济医院、华西博爱医院、成都锦华医院。

④其他配套

· 银行配套：农业银行、建设银行、中信银行、中国银行、招商银行等多家银行机构，银行配套完善。

· 公园配套：老成都民俗公园、神仙树公园。

总之，本项目地块形状规整，临城市主干道，且整个项目建筑在即将通车的地铁1号线桐梓林站口上，交通优势明显。同时周边高档小区云集，项目周边学校、医院、公共交通等配套完善。良好的周边区位条件为项目发展打下了坚实的基础。

3. 项目情况描述

本项目共占地12.88亩，土地性质为商业金融用地。项目被锦绣花园分为南、北两个地块，其中南地块面积4.61亩，北地块为8.27亩。

项目建设方案为国内多家知名设计机构和专家倾力打造，以纽约帝国大厦建筑风格为参考模型，采用新古典主义风格（专业称为装饰艺术风格——ArtDeco），在设计中充分考量东西方艺术结合、人性化与机械化结合，外墙大量使用天然石材，与玻璃幕墙相互辉映，着重表现材料的质感与光泽。

项目规划由一栋高近百米的5A智能写字楼、一座综合商业楼组成。5A智能写字楼将配备智能式双层玻璃幕墙、架空地板、智能节能照明系统、隐蔽式外窗遮阳百叶等先进商务建筑配套，每层还配备40平方米的绿色空中花园，安装有13部等候时间在30秒内的国际知名品牌高速电梯。

项目分两期开发，一期开发商业综合楼。商业综合楼（一期）共7632平方米，其中商业面积6287平方米，车位面积1345平方米。

三、可行性研究报告编制依据

1. 研究范围

包括该项目建设的必要性、市场前景、建设条件、建设内容和规模、建筑方案、投资估算和资金筹措、财务经济效益等，在此基础上考察该项目建设的可行性和经济合理性，为项目决策提供依据。

2. 主要编制依据

成都市国土局成国用（2009）出让合同第405号和成国用（2009）出让合同第406号《国有土地使用权出让合同》；

成都市规划管理局成规建地（2006）257号《建设项目选址意见书》；

成都市规划管理局成规建地（2006）447号《建设用地规划许可证》；

公司《营业执照》《组织机构代码证》;

其他相关附件、附图。

四、可行性研究结论及建议

1. 市场研究

(1) 投资环境

宏观经济的良好运行为房产市场提供了好的发展环境。根据目前宏观经济运行形势和商品房市场的发展现状分析,整个2009年房地产市场处于高速发展的阶段,虽然在2010年4月15日"国十条"出台后,整个房地产市场进入观望期,但是根据中国宏观经济在金融危机后的持续恢复、房地产整体发展阶段来看,目前的观望市场是暂时的,预计在2011年房地产市场会逐渐得到恢复。

(2) 各类物业市场

通过对写字楼物业市场、商业物业市场进行分析,我们认为成都市房地产写字楼物业市场随着成都市产业结构不断优化、第三产业不断发展壮大,需求会越来越旺盛;从整个成都市商业发展情况来看,到2009年商业供不应求,尤其是地段优越的商业,不仅供不应求,而且商业价值不断攀高。

(3) 区域市场

从区域市场现状来看,目前商务开发量还不足以满足市场上对区域商务的需求,同时再加上人南科技商务区的规划,未来商务需求将会更大。另外项目位于成都传统的富人区——桐梓林,该区域内集聚本土富裕人士、大型企业高管、外籍人士,购买力十分强劲,这无疑为项目商业物业发展提供了强劲的支撑。

2. 开发方案

(1) 项目价值

项目不仅区域价值明显,项目自身价值也十分明显。项目位于人南科技商务区,商务氛围浓厚;地处成都市CBD、武侯区SBD核心区域,是成都市商务科技和国际金融核心地带,也是成都空港进出、地铁站点、成都快速通道必经之地,交通便捷,配套完善,是成都咽喉所在。

(2) 项目建设进度

项目于2010年开建,预计2012年竣工验收完毕。

（3）销售计划

项目预计在2012年6月开始发售，主要是考虑将商业价值最大化。从成都商业物业情况来看，一般是在商业物业即将呈现时，商业价值最大，结合项目工程建设进度（预计在2012年竣工），选择在临近工程完工时发售，能使商业价值最大。

3.研究结论与建议

在顺应宏观经济的大背景下，通过市场调查，项目的需求市场旺盛，加之项目的自身优势，具有较强的竞争能力，项目的技术指标合理，财务经济指标可行，社会综合评价良好，我们可以得出本项目在技术、经济、财务、社会影响等各方面都是可行的。

4.主要技术经济指标表

▶— 表24-1 主要技术经济指标表

序号	项目名称	总投资（万元）	估算说明
1.1	土地费用	1250.00	——
1.2	前期工程费用	182.62	按建筑面积200元/米^{2}计算
1.3	基础设施建设费	730.48	按建筑面积800元/米^{2}计算
1.4	建筑安装工程费用	3195.85	结构为框架，按建筑面积3000元/米^{2}估算
1.5	设备安装费用	1780.55	按建筑面积1950元/米^{2}计算
1.6	装饰装修费用	2282.75	按建筑面积3000元/米^{2}计算
1.7	管理费用	408.61	按前期工程费用、建安工程费用、基础设施建设费、设备安装费、装饰装修费用的5%计算
1.8	销售费用	2000.00	——
1.9	财务费用	1134.00	按3年期基准利率5.40%，贷款金额7000万元计算
1.10	报建费用	164.36	按建筑面积180元/米^{2}计算
1.11	其他费用	296.38	按1.2~1.10项合计的3%测算
1.12	开发间接费用	257.60	——
1.13	不可预见费用	365.27	按1.2~1.11项合计的3%测算
	项目总投资	14 048.47	——

市场研究

一、成都市宏观环境分析

成都市是四川省省会，中国中西部地区特大中心城市，西南地区的科技、商贸、金融中心以及交通、通信枢纽。现辖9区4市6县，面积12 390平方公里，其中中心城区面积为283.86平方公里。

1. 成都市生产总值与人均GDP

整体来看，近几年成都市生产总值呈持续上升态势，但各年下半年GDP明显高于上半年。2009年，成都地区全年生产总值预计达到4380亿元，较去年同比增长12.3%。城镇居民人均可支配收入增加至18 650元，较去年环比增长10.1%。国民经济的持续快速发展和居民人均收入的持续增长，均为房地产业的发展提供了坚实的经济基础。

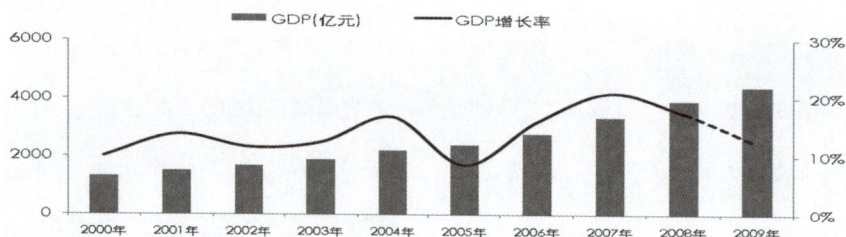

数据来源：成都市统计年鉴

▶── 图24-1 成都市2000—2009年生产总值

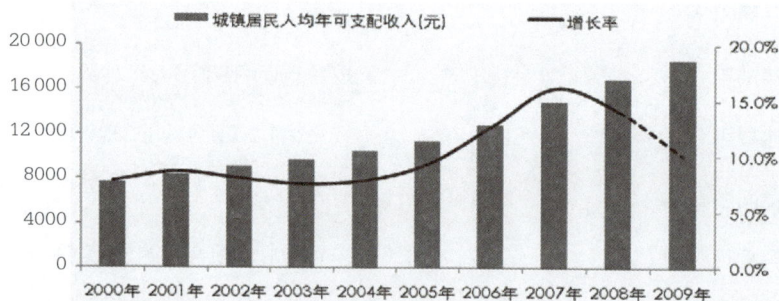

数据来源：成都市统计局

▶── 图24-2 成都市2000—2009年城镇居民人均年可支配收入

2. 成都市第三产业比例

在经济结构中第三产业产值所占比重最大，同时第三产业的投资比重进一步扩大，各大行业仍然保持较快的增长速度，地震或者宏观调控对大部分产业的影响不大。第三产业在经济结构中的比重持续增加、第三产业的投资比重进一步扩大，表明成都市商务需求进一步增加，这为项目发展写字楼物业提供了坚实的经济基础。

从产业结构上看，第一产业产值267.8亿元，增长3.7%；第二产业产值2001.8亿元，增长17.7%；第三产业产值2233亿元，增长13.4%。

从各产业投资上看，分产业看，第一产业完成投资110.9亿元，增长118.7%；第二产业完成投资1284.3亿元，增长33.3%，其中工业投资1254.1亿元，增长32.9%；第三产业完成投资2630.7亿元，增长32.2%。

从各产业投资上看，分行业看，制造业完成投资1204.0亿元，增长31.1%；电力、燃气及水的生产和供应业完成投资45.6亿元，增长96.0%；交通、运输、仓储、邮政、通信业完成投资268.5亿元，增长93.4%；水利、环境、公共设施管理业完成投资827.2亿元，增长30.3%；信息传输、计算机服务、软件业完成投资36.7亿元，增长17.4%。

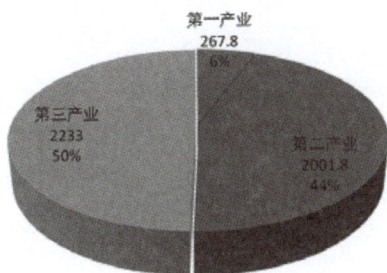

▶── 图24-3 成都市2009年各产业产值比重

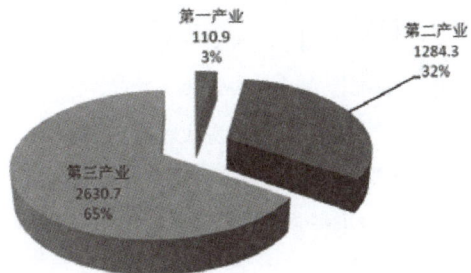

▶── 图24-4 成都市2009年各产业投资比重

3. 固定资产投资与房地产投资额

2009年1月至11月，全市固定资产投资累计完成3560.71亿元，比2008年同期（下同）增长36.5%。基建投资是拉动固定资产投资增长的主动力，房地产开发投资降幅趋缓，接近去年同期水平。1月至11月，基建完成投资1835.81亿元，增长62.6%；房地产开发完成投资795.15亿元，下降4.1%，下降幅度在10月减缓3.8个百分点的基础上又减缓2.5个百分点。

2008年房地产市场的低迷造成商品房销售速度减缓，大量产品积压在开发商手中，资金回款不顺畅，造成土地市场低迷、商品房开工/竣工面积大幅萎缩的连锁反应，是2008年房地产投资下降的主要原因。2009年上半年，开发商对市场预期的不确定性导致房地产投资额继续处在低位，新增供应减少，市场以消化存量为主。随着市场回暖，商品房存量持续快速消化，市场火热的行情逐渐确定，开发商开始加大投资力度，包括拿地和加快已购得宗地的开发进度。到2009年11月，房地产开发投资金额下降幅度逐渐减缓，已与2008年同期投资额接近。

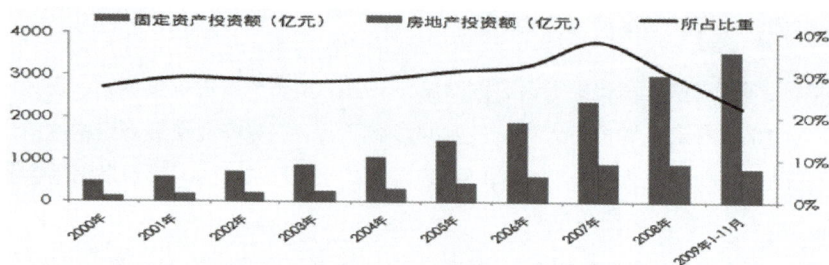

图24-5 成都市固定资产投资及房地产投资概况

二、政策研究

1. 2009年政策回顾

2009年，成都地方性政策较少，政策内容也主要是响应国务院的精神指定的政策执行细则。回顾整个2009年，房地产金融信贷、税收等对房地产市场的直接性调控政策较少，只是在年中和年末两次集中发布。这类政策虽对商品房买卖双方的心理预期产生一定影响，但对楼市的影响却并不明显。贯穿2009年始终的更多的是规范房地产行业和完善住房保障体系的相关政策，在楼市回暖的同时使行业更加健康地发展。

表24-2 2009年主要政策列表

政策名称	颁布日期	实施日期	颁布单位
关于进一步规范房地产广告的通知	1月20日	颁布之日起	成都市工商局
成都进一步规范房地产广告通知的补充	1月22日	颁布之日起	成都市工商局
关于自律规范做好存量房贷利率调整相关工作的提示	2月26日	——	中国银行协会
今年中央投入330亿元建设廉租房	3月10日	——	住房和城乡建设部
四川2009年增建3万套廉租房	3月12日	——	四川省建设厅
关于促进农业稳定发展、农民持续增收、推动城乡统筹发展的若干意见	3月20日	——	国土资源部
《国家住房建设制度（2010—2050）（建议稿）》	4月3日	——	住房和城乡建设部

续表

政策名称	颁布日期	实施日期	颁布单位
工商总局将研究、制订和推广《土地承包经营权流转合同》示范文本	4月7日	——	工商总局
对土地有偿使用费征收等进行调整	5月4日	——	财政部
三措施治房产违规开发	5月4日	——	住房和城乡建设部、监察部
关于切实落实保障性安居工程用地的通知	5月13日	——	国土资源部
廉租房三年保障规划出炉	6月2日	——	住房和城乡建设部、发改委、财政部
成都市房产管理局关于进一步规范郊区（市）县城市房屋拆迁工作的指导意见	6月10日	——	成都市房管局
成都二套房贷首付4成利率在基准率上上浮10%	9月7日	颁布之日起	成都各银行
成都市房产管理局关于进一步加强成都市房地产经纪咨询机构备案管理的通知	9月10日	颁布之日起	成都市房产管理局
关于利用住房公积金贷款支持保障性住房建设试点工作的实施意见	10月16日	——	住房和城乡建设部、财政部、发改委、人民银行、监察部、审计署、银监会七部门
国资委开展工程建设领域突出问题专项治理工作实施方案	10月28日	颁布之日起	国资委
经济适用住房售后管理有关问题的通知	11月6日	——	成都市房管局
关于试行社会保险基金预算的意见	12月9日	2010年1月1日	国务院
发展与改革委工作会议：土地出让金收益的10%建保障廉租房	12月10日	——	发改委
遏制部分城市房价过快上涨势头	12月14日	——	国务院
成都市商品房预售方案管理暂行规定	12月30日	2010年2月1日	成都房管局
成都市商品房预售网上签约暂行规定	12月30日	2010年2月1日	成都房管局

（1）进一步对房地产及相关行业进行规范

2009年房地产相关部门将工作重点放在了规范房地产开发及相关行业的政策制定上，几乎每个月都有规范性政策出台。

①规范房地产广告

2009年1月，房管局和工商局联合颁布政策，房地产广告宣传词语随便使用要受到处罚；特价房必须注明房源限量；位置示意图应当比例适当；未经许可不得发布申领优惠卡。另外对销售价格应当表述清楚，售价应为实际销售价格，或用均价来表述所售房产全部面积的平均价；房地产项目位置的表述应以该项目与参照物现有交通干道的实际距离为准，不得以所需车程、时间进行表述。

②加强土地监管制度

2009年3月国土资源部发文规定在城镇工矿建设规模范围外，除宅基地、集体公益事业建设用地，凡符合土地利用总体规划、依法取得并已经确认为经营性的集体建设用地，可采用出让、转让等多种方式有偿使用和流转。各地要充分依托已有的国有土地市场，加快城乡统一的土地市场建设，促进集体建设用地进场交易，规范流转。

③规范农村土地承包经营权流转合同条款

2009年4月工商总局发文规范农村土地承包经营权流转的合同示相关条款，重点规范，明确土地承包经营权流转合同的标的、期限、价款、付款方式及时间、土地交付时间、双方权利和义务、违约责任等内容，确保农村土地承包经营权流转不得改变土地的农业用途。

④规范土地使用权报批和出让行为

2009年国资委在《国资委开展工程建设领域突出问题专项治理工作实施方案》中强调对土地使用权报批和出让行为的规范。方案着重解决非法用地、低价出让土地、擅自改变土地用途、违规征地拆迁、违法违规报批和出让探矿权以及采矿权等问题；检查项目涉及是否符合政府有关规划，着重纠正违反法定权限和程序、违反城乡规划、改变土地用途等问题。

⑤规范银行房贷相关工作

银行在办理存量房贷利率调整业务中，一律不准强制搭售银行理财产品，或其他金融产品。各家银行及分支机构，对符合7折利率条件的客户申请，要简化办理流程。

⑥完善住房保障相关工作的开展

成都市房管局于2009年6月颁布了《关于进一步规范郊区（市）县城市房屋拆迁工作的指导意见》，《意见》中强调了加强房屋拆迁管理、统一拆迁补偿项目、坚持实施阳光拆迁、依法处理拆迁纠纷等工作的重要性并予以严格执行。

⑦加强经适房的流通监管

成都市房管局于2009年11月6日出台了《关于经济适用住房售后管理的相关通知》，对经济适用房出售后的管理做出若干规定。一方面，不仅对经济适用房申请购买人的资质做出了明确的审查流程，还对中介机构、物业公司做出了要求，将代理未取得完全产权的房屋视为违规操作，而中介机构和物业管理公司未履行政策或不尽职把关的，将受到相关规定处罚；另一方面，不仅再次强调经济适用房上市买卖的5年大限，还针对未取得完全产权房屋上市租赁的问题采取相关措施。

⑧规范商品房销售

成都市房管局2009年12月30日出台了关于《成都市商品房预售方案管理暂行规定》和《成都市商品房预售网上签约暂行规定》的通知，其中第七条至十六条关于对网上签约销售的房地产市场销售的规范更为严格，进一步规范了房地产市场的销售行为，提高商品房销售的透明度，一方面促进房地产市场健康发展，另一方面也增加了开发商在项目销售上的难度。

政策解读：由于2009年成都楼市迅速回暖，商品房成交量价迅速攀升，土地交易量与交易价格也随之回升，在市场利好的背景下，房地产及相关行业再次出现一些不规范的现象，因此政府及时出台针对性政策进行调控。政策监管对象包括开发企业、银行、地方政府等相关权力部门，以规范房地产行业的运行，通过各环节来保护购房者的相关权益，保证房地产行业的健康发展，特别是网签规定的出台，对房地产行业的约束较大。另一方面，这也反映出政府对房地产行业动态的重视与高度敏感。

（2）加大力度落实住房保障体系相关工作

①加大投入廉租房建设

住房和城乡建设部于2009年3月宣布，中央加大对财政困难地区廉租住房制度建设的资金投入，用于各地廉租住房制度建设的资金投入将达330亿元。四川省建设厅立即响应，为确保完成省政府下达的购买、新建5万套廉租住房的任务，租赁补贴户数达到18万户，改造棚户区及危旧房3万户；四川省力争完成房地产投资2000亿元。其中，房地产开发投资超过1400亿元。

②廉租房三年保障规划出炉

将三年747万户的廉租住房保障任务分解至各地。其中2009年新增廉租住房房源177万套，新增发放租赁补贴83万户；2010年新增廉租住房房源180万套，新增发放租赁补贴65万户；而到2011年，将新增廉租住房房源161万套，新增发放租赁补贴43万户。此外，住房公积金增值净收益要全部用于廉租住房建设。要采取有效措施，保证土地出让净收益用于廉租住房保障的比例不低于10%。

③开展利用住房公积金贷款来支持保障性住房建设试点工作

在优先保证职工提取和个人住房贷款、留足备付准备金的前提下，可将50%以内的住房公积金结余资金贷款来支持保障性住房建设，贷款利率按照五年期以上个人住房公积金贷款利率上浮10%执行，严格控制贷款规模，禁止无偿调拨使用。试点不改变缴存职工住房公积金的所有权，不影响提取归还个人住房贷款。同时，利用住房公积金贷款建设保障性住房，必须严格控制供应对象，面向城镇中低收入住房困难家庭。完善申请、审核、轮候、复核等制度，加强动态管理。在同等条件下，缴存住房公积金的中低收入住房困难职工，可优先购买或租赁。

④政府明确将土地出让金收益用于廉租房建设

2009年12月，国家发改委明确2010年会拿出全国土地出让金净收益的10%来建保障廉租房，增加中低价房供应，抑制投机性购房。粗略计算，用于建设保障廉租房的金额将超过300亿元。

政策解读：住房保障体系的细化与落实是2009年政府调控房地产行业，挤压可能存在泡沫的另一只手。与以往不同，2009年住房保障工作更多的是针对廉租房建设的，廉租房在住房保障体系中的地位明显提升。具体措施里不乏创新之举，如将闲置公积金、土地出让金收益用于廉租房的建设。如果政策能执行到位，这些庞大的资金便能流动起来，更有效解决中低收入者的居住问题，创造更多的社会价值。另外，住房保障体系的完善，也是解决住房需求的最有效途径，更是打压过高房价的最有效手段之一。

（3）金融、出让金、税金政策适时调整市场预期

2009年，调整各渠道资金流通壁垒的政策与2007、2008年相比较少，调控力度也不如往年强。

①成都各银行收紧二套房贷

2009年7月，成都各银行联合发布信息，二套房贷政策变更为首付4成，利率在基准利率基础上上浮10%，房贷申请以家庭为单位，第一套房贷已结清的同样计算在内。为了全面执行央行对二套房贷政策的规定，成都大多数银行都采取"一刀切"的方式，即只要家庭成员通过银行贷款买过房的，再次买房

都属于二套房。

②营业税免税时限"变2为5"

2009年12月9日，原国务院总理温家宝主持召开国务院常务会议，《关于试行社会保险基金预算的意见》中通过个人住房转让营业税征免时限由2年恢复到5年，以此打击楼市中存在的投机购房行为。

③"国四条"遏制部分城市房价过快上涨

2009年12月14日，国务院会议指出为保持房地产市场的平稳健康发展，会议要求，按照稳定完善政策、增加有效供给、加强市场监管、完善相关制度的原则，继续综合运用土地、金融、税收等手段，加强和改善对房地产市场的调控。重点是在保持政策连续性和稳定性的同时，加快保障性住房建设，加强市场监管，稳定市场预期，遏制部分城市房价过快上涨的势头。一要增加普通商品住房的有效供给；二要继续支持居民自住和改善型住房消费，抑制投资投机性购房；三要加强市场监管；四要继续大规模推进保障性安居工程建设。

④五部委发文加强土地出让收支管理

2009年12月17日，财政部、国土部等五部委发布《关于进一步加强土地出让收支管理的通知》，其中规定，在今后土地出让中，首付款缴纳比例不得低于全部土地出让价款的50%，分期缴纳全部价款的期限原则上不超过1年，并将土地出让收支全额纳入地方基金预算管理。

政策解读：2009年房地产政策可分为两个阶段。而这两个阶段都是与资金壁垒型政策的出台或预期有关，这主要是因为这类政策不仅体现了房地产宏观政策的预调性，其对楼市的影响也更快更直接。2009年年初房地产政策继续2008年政府力图稳定市场、使房地产行业回暖的主题，与房地产紧密相关的货币政策、信贷政策相对放松。7月，针对成都房贷工作出现的问题，成都各银行发文将加强对置业者信贷资质的监管，严格执行二套房贷制度。在2009年最后一个季度，2010年房地产将收紧预期的政策刺激了购房者，成为年末强势行情的催化剂。直到12月，国务院及其他政府部门才陆续颁布房地产新政，而这些新政调控对象多针对投机购房者，对成都这种以刚性和改善型需求为主的城市，影响并不明显。

2. 2010年政策影响分析及预测

▶── 表24-3 2010年上半年已出台政策

政策名称	颁布日期	实施日期	颁布单位
国务院出台"国十一条"	01月10日	颁布之日	国务院
发布《国土资源部关于改进报国务院批准城市建设用地申报与实施工作的通知》	01月21日	——	国土资源部
发布《关于加强房地产用地供应和监管有关问题的通知》	03月10日	——	国土资源部
国土资源部将于2010年3月至7月在全国开展对房地产用地突出问题的专项检查	03月12日	——	国土资源部
国土资源部会议提出，将严格控制土地市场	03月22日	——	国土资源部

续表

政策名称	颁布日期	实施日期	颁布单位
要求78户不以房地产为主业的中央企业退出房地产市场，并在15个工作日内制订有序退出的方案	03 月 23 日	——	国土资源部
财政部下发通知，明确首次购买90平方米及以下普通住房的购买契税优惠政策	04 月 02 日	——	财政部
国家发改委发布2010年经济社会发展工作重点，要进一步加强房地产市场调控	04 月 07 日	——	国家发改委
中国银监会主席刘明康表示，银监会要求所有银行在6月底之前提交贷款情况的评估报告，严控炒房行为	04 月 11 日	——	银监会
国务院常务会议指出，坚决抑制住房价格过快上涨，并将加快研究制定合理引导个人住房消费的税收政策	04 月 14 日	——	国务院
国务院出台"新国四条"	04 月 15 日	——	国务院
国土资源部公布2010年住房供地计划	04 月 15 日	——	国土资源部
国务院发布通知，暂停发放涨幅过快地区的三套房以上的住房贷款	04 月 18 日	——	国务院

（1）"国十一条"

主要内容：增加保障性住房和普通商品住房的有效供给；合理引导住房消费，抑制投资投机性购房需求；加强风险防范和市场监管；加快推进保障性安居工程建设；落实地方各级人民政府责任。

政策解读：该政策是中央政府2010年出台的第一个针对房地产行业的政策，也是在一个月内中央政府第四次出台房地产相关政策，该政策涵盖范围较广，涉及土地、信贷、供应、保障住房等各方面内容的政策。这些均显示出新年伊始，中央政府调控房地产市场、防止部分城市房价过快上涨、令市场稳定发展的决心。总体而言该政策从土地、信贷、保障住房、商品房供需等各方面着手，全面调整房地产市场，是自2009年以来首次全面地进行宏观调控，且首次将保障性住房的建设指定由各级人民政府负责。在近几年的历次房地产调控中，对于房地产这个既关乎民生同时又具备投资性的市场，中央政府一直头痛不已，此次加大力度推动保障性住房建设，应该是希望把政府应该做的保障性工作真正落到实处，更好地调控面向中高端人群的商品房市场，从而令关乎国计民生的房地产市场健康稳定发展而不是大起大落。

（2）"新国四条"

主要内容：更为严格地差别化房贷政策，增加住房供应，加强市场监管；增加住房有效供给；加快保障性安居工程建设；加强市场监管。

政策解读：本次颁布实施的"新国四条"，可以看作是历次调控中下手最狠的一次，预计一些措施确实能够在抑制投机性和投资性购房者、规范开发商市场行为等方面起到积极的作用，但同时也存在一些值得商榷的地方，在抑制投资性和投机性需求的同时，可能也"错杀"了一部分真正的市场需求。近期政府加大对房价调控的执行力度很明显，政策一步一步收紧。如果效果不显著，组合政策还会继续推出。

3.2010年政策小结及下半年预测

2010年年初，楼市持续高涨，房价大幅上涨，3月份全国房价环比上涨约11%。房价再一次成为全国人民关注的热点。国务院为遏制房价过快上涨，出台了一系列针对房地产行业的政策，尤其是加大了对投资性购房的打压，新政出台后各地楼市成交量都大幅萎缩，成都楼市也受到了较为严重的影响。

从2010年年初的政策走向不难看出，房地产政策有从严从紧的倾向。政策目前主要还是对市场中存在的不规范现象以及住房保障制度进行完善，金融信贷政策中关于二套房的贷款利率问题却迟迟没有给出执行标准。就目前市场反应来看，一线城市二手住宅成交量明显回落，一手住宅成交量也存在萎缩趋势，但"不差钱"的开发商短期内降价的可能性较小，目前成交价格仍比较坚挺。而政策的后市走向跟全国房地产市场的走向关系紧密，如果市场就此企稳，政策的出台频率及力度或将减缓减弱；但如果目前的调控措施达不到稳定楼市的目的，更加严格的信贷政策随时可能出台。

从对本项目的影响来看，本次宏观调控主要是调控商品住宅房价过快上涨，而对写字楼物业和商业物业并未做过多限制。从另一方面来看，本次宏观调控将投资住宅物业的资金挤出，在目前中国投资渠道匮乏的情况下，投资房产仍然是目前资金最好的保值增值方式，因此这部分资金流向商业、写字楼的可能性加大。

三、成都市各物业市场分析

1.成都市商业物业市场分析

（1）成都市历年商业市场供需情况

2009年商业地产市场供应较之2008年降幅明显，降幅为21%。随着大型开发企业特别是商业地产开发企业进入成都，越来越多的商业项目成为开发企业的长期持有资产，上市销售项目越来越少。另一方面，2009年宏观经济有所好转，成都宏观经济增长了12.3%，也使得成都商业成交量较大，商业地产整体需求较2008年增长93%。

单位：万平方米

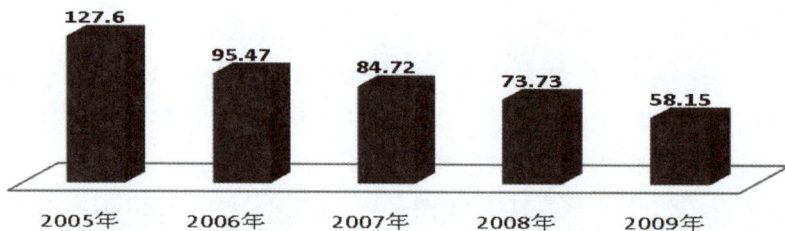

▶—— 图24-6 成都市历年商业物业供应情况表

单位：万平方米

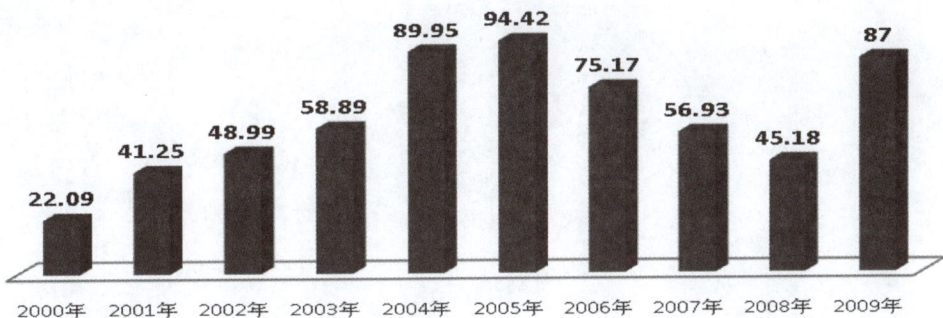

▶——— 图24-7 成都市历年商业物业需求量

（2）成都市历年商业市场成交价格情况

2000年至2009年，成都市商业物业价格呈稳步上升态势，尤其是进入2004年以后，价格上涨速度加快，至2008年，成交价格已经上升至11 007元/米²。2009年成交价格为9500元/米²，相比2008年有14%的降幅。虽然2009年商业整体价格相比2008年有所下降，这主要是由目前商业发展的不均衡所致。传统的商圈，比如春熙路商圈、人民南路商圈由于可供开发的土地日益稀缺，开发量逐渐减小，这部分区域内商业物业价值在逐渐上涨，但是由于新兴商圈商业供应量大，价格相对较低，而将整个成都市商业物业整体均价下拉。本项目位于人民南路上，该区域内可供开发的土地日益减小，商业供应量小，可以预见本项目商业价值十分可观。

单位：元/米²

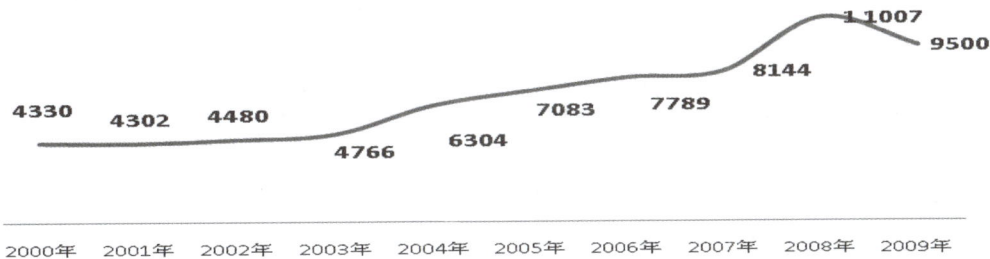

▶——— 图24-8 成都市历年商业物业成交价格情况表

（3）成都市主要商圈分布及情况简析

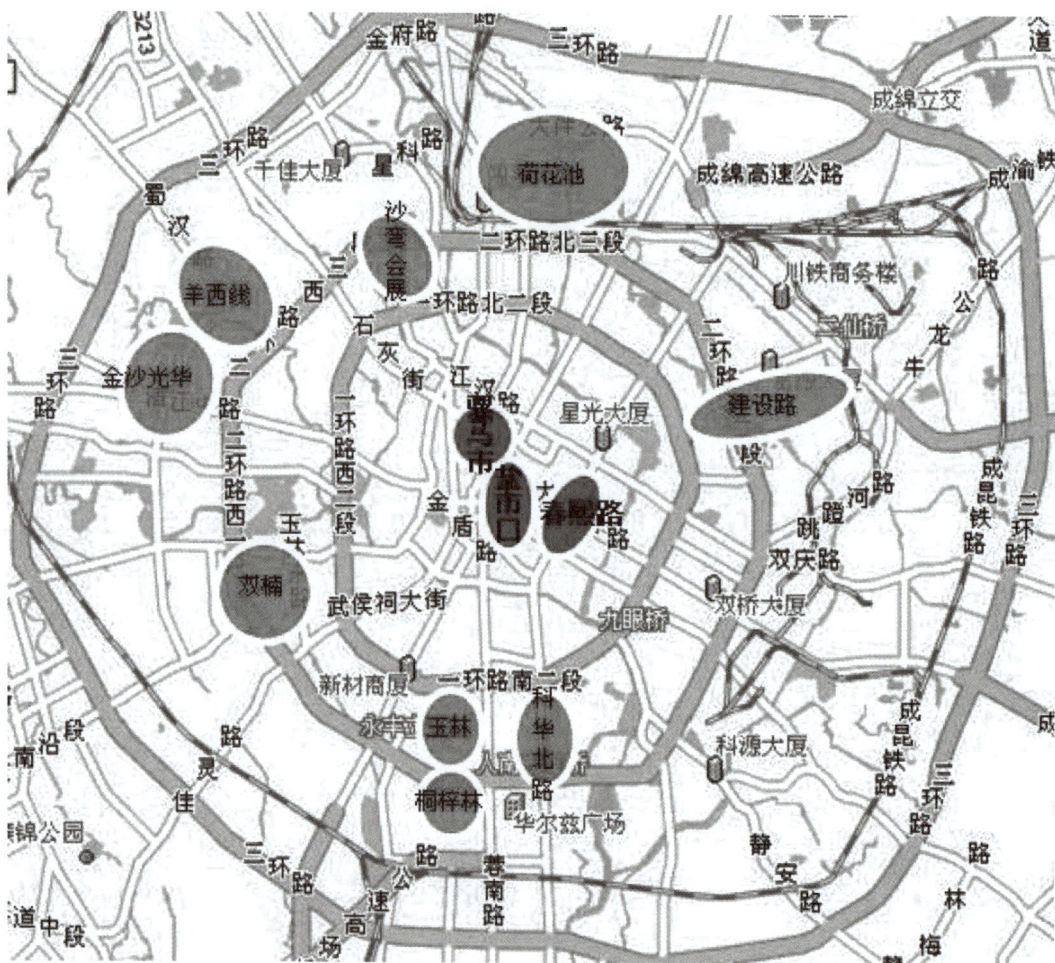

▶—— **图24-9 成都市主要商圈分布情况**

目前成都市共有三大核心商圈，春熙路商圈、盐市口商圈、骡马市商圈，三大核心商圈分布在成都市中心。另外还有九大次级商圈，即玉林商圈、桐梓林商圈、科华北路商圈、双楠商圈、金沙–光华商圈、羊西线商圈、沙湾–会展商圈、荷花池商圈、建设路商圈。本项目位于桐梓林商圈内，该商圈高档物业聚集，为项目开发商业提供了良好的商圈氛围。

▶━ 表24-4 三大核心商圈

名称	春熙路商圈	盐市口商圈	骡马市商圈
范围	属于锦江区，以春熙路步行街为核心，北至总府路、南达上东大街、西靠北新街、东接红星路三段	以盐市口为核心，北至人民东路，南达新光华街，西靠人民南路一段，东临青石桥街、青年路，围合成的多边形区域	属于青羊区，是以骡马市为核心、人民中路二段为轴的两侧区域
规模	总面积约300亩，营业面积约22万平方米，商家大小共300多家，其中品牌商家超过30家	总面积220亩，营业面积约26万平方米，商家约400家	总面积约860亩，营业面积13万平方米，商家约150家
主要品牌	王府井、太平洋、伊藤洋华堂、西武、伊仕丹、耐克、Adidas、劲浪、同仁堂、海盗船、美特斯邦威、良木缘、巴西烤肉、龙抄手等	成都百货大楼、人民商场、新世界、家乐福、北京华联、欧洲之星商场、好又多、九龙服装广场、泰华服装批发城、北京华联、锦城艺术宫、西南影都、太平洋影城、四川书市等	新城市广场、永乐电器、创美家具、五星电器、家乐福、太平洋、劲浪
主要消费群	16~40岁的本地都市人，其中16~30岁的年轻人占大多数，另10%左右为外地人	16~40岁的本地都市人，其中25~40岁的占大多数；另加部分外地人，客源构成比春熙路复杂	20~40岁的本地都市人
商圈范围	辐射整个成都市，乃至整个大西南，日人流量30~50万人/天	辐射整个成都，日均人流量为20万人/天	辐射城西和骡马市范围，日均人流量为10万人/天
平均消费额	50~300元/人	100~250元/人	50~200元/人
月租	600~3000元/米^2	500~2000元/米^2	250~1000元/米^2
售价	3~10万元/米^2（一层）	2~6万元/米^2（一层）	2~4万元/米^2（一层）

2. 成都市写字楼物业市场分析

（1）成都市历年写字楼供需概况

2009年成都市写字楼供应面积达到105.29万平方米，同比增长36.6%，供应量创历史新高。与此同时，写字楼成交量达到79.54万平方米，同比增长103.6%，供需比由2008年的1.97下调到1.32，考虑到约有19.64万平方米项目在取得预售许可后采取只租不售或推迟入市策略没有实质销售，市场供需基本平衡。市场需求终于在经过长达一年的压抑后强劲反弹，整个市场呈现供需两旺的良好局面。

单位：万平方米

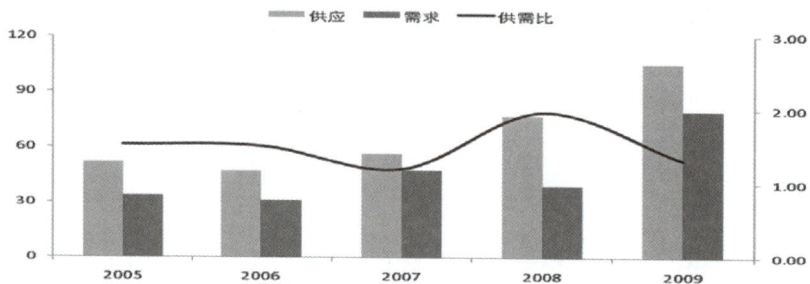

▶── **图24-10 成都市写字楼市场供需情况**

（2）成都市历年写字楼销售价格情况

2009年写字楼销售价格达到8104元/米^2，同比上涨3.5%，上涨幅度较小。主要原因在于大量的商务公寓入市拉低了市场销售均价。商务公寓多分布在二至三环，价格与普通住宅相当甚至略低于普通住宅价格，售价集中在5000~6000元/米^2，销售情况较好，市场整体价格因此被拉低。主要商务区的写字楼销售价格基本集中在8000~13000元/米^2，档次不同，差异较大。下半年以来，市场升温，多个项目纷纷上调价格，从几百元至几千元不等。即便如此，与同区域住宅价格相比，"商住倒挂"现象还是比较明显。

单位：元/米^2

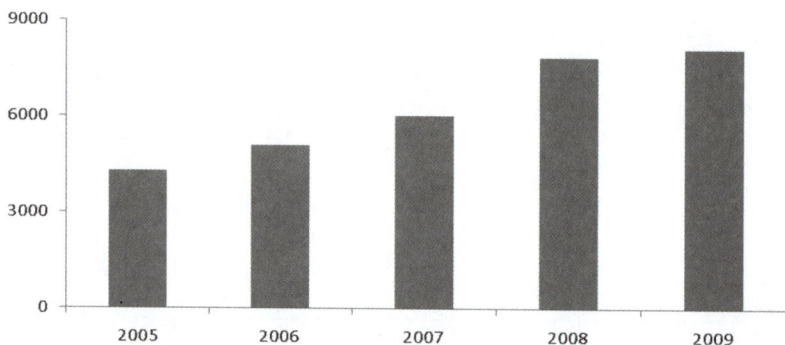

▶── **图24-11 成都市历年写字楼销售价格情况**

（3）成都市历年写字楼租金及空置率情况

通过知名市场调查公司——中原地产，对租赁市场的甲乙级写字楼市场进行监测，全年优质写字楼租金为79元/米^2/月，较2008年出现小幅上涨，依旧保持了良好的租金水平。原有项目租金稳定，变化幅度较小。新交付使用的项目主要为乙级写字楼，由于硬件配置普遍较高，地处核心商务区域，因而维持了较高的租金水平。整体租金水平出现小幅上扬。

2009年，多个新项目的交付使用导致整体空置率上升至26%，较2008年上升2%。投入使用2年以上的项目入驻率普遍在85%以上。2009年，各个区域均有项目交付使用，推动写字楼市场整体空置率上升。由于成都写字楼市场正处于快速上升的周期，短期内空置率较高属于正常现象。随着新项目的陆续投入使用，空置率将会出现进一步上升的趋势。

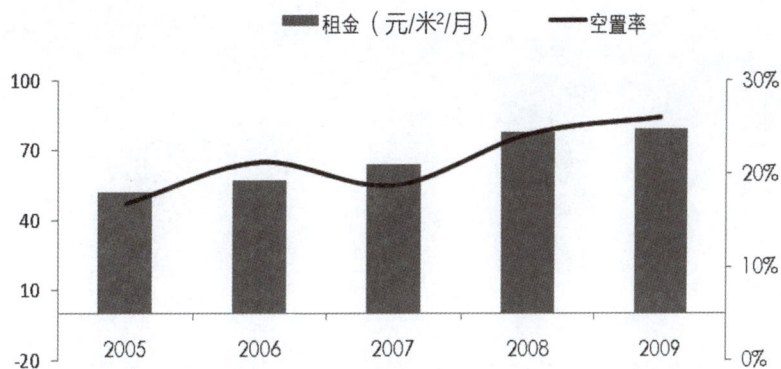

■ 租金（元/米²/月）　— 空置率

▶━━ **图24-12　成都市写字楼整体租金及空置率**

（4）区域写字楼市场情况

　　本项目位于人民南路片区内。人民南路作为城市中轴线连接市中心及天府新城，该区域商务、生活配套十分成熟，为成都的门户。2009年改造完毕的人民南路交通顺畅，为商务办公提供了极其有利的条件。该板块内汇聚着众多高端项目，是目前甲级写字楼最集中的区域。区域内办公需求较为旺盛，但由于该板块写字楼项目较少，档次较高，中小型企业选择在住宅楼内办公的现象较为普遍。该板块市场发展较为平稳，2009年在租及在售的写字楼项目市场存量达到45.46万平方米。

单位：万平方米

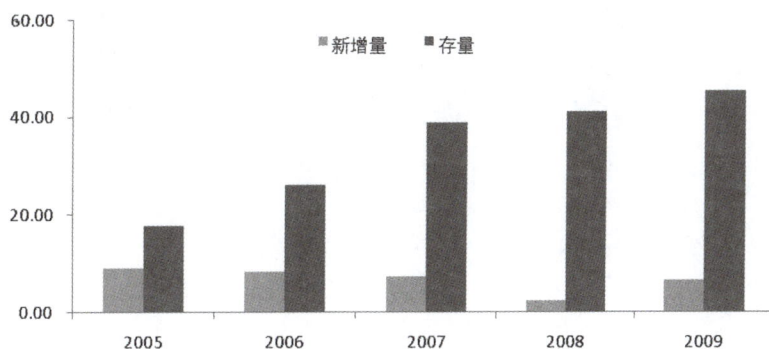

▶━━ **图24-13　区域市场（人民南路）写字楼市场存量变化**

　　2009年新增供应面积约6.57万平方米，成交面积为6.05万平方米，供应略大于需求。由于项目售价普遍集中在12 000~13 000元/米²，价格较高，户型面积较大，对销售速度产生了一定的影响。2009年新增项目仅有新希望大厦，售价高达12 000~15 000元/米²，成为成都市售价最高的写字楼。

单位：万平方米

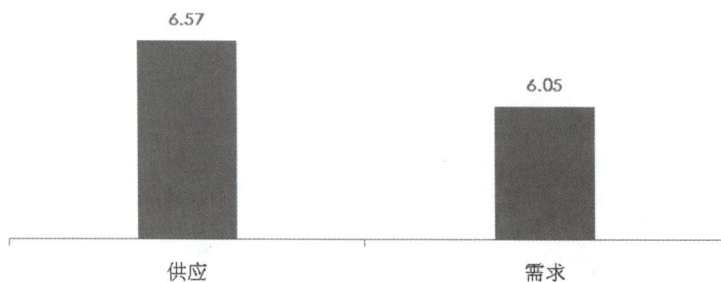

▶—— 图24-14 2009年区域新增写字楼供需情况

由于项目档次普遍较高，租金水平也较高，2009年平均租金为84元/米²/月，成为成都目前租金最高的板块。由于该板块内力宝大厦、国航世纪中心、科华天成等项目交付时间不长，导致该板块写字楼空置率相对较高，2009年平均空置率达到28%。

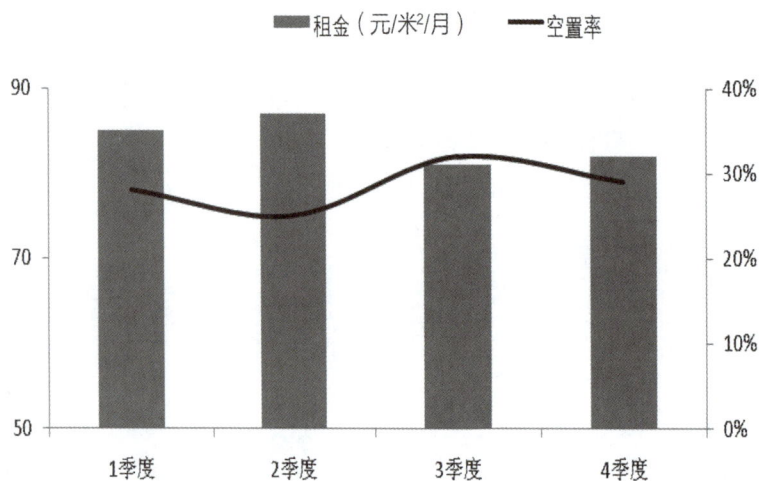

▶—— 图24-15 2009年人民南路SBD写字楼租金及空置率

小结：通过对成都市商业物业市场和写字楼物业市场的调查，项目拟开发商业和写字楼物业方案从市场角度上看是可行的。第一，成都商业物业整体上呈上涨趋势，出现供不应求的局面；本项目位于人民南路，该区域商业供应日益稀少，在供需决定价值的基本经济规律下，本项目商业销售前景和价格看好。另外项目商业与地铁1号线桐梓林站出口相连，属于典型的地铁商业，商业发展前景优越。第二，本案所处的区域是成都传统高档写字楼集中区域，再加上政府对人民南路的总体规划为高档商务办公区，使得该区域的写字楼无论是售价还是租金都是成都最高的区域。同时，地铁1号线将于2010年10月开始营运，这都为本案的写字楼发展提供了强劲的支撑。

四、项目所在区域规划分析

本项目位于人南科技商务区，该区域为成都市中心城区现代服务业聚集区"两轴四片"的重要一轴，连接成都市中央商业区（CBD）和南部新区的重要纽带，项目区域优势十分明显。

1. 人南商务区总体定位

人南科技商务区总体定位为城市SBD（科技商务中心），为高科技企业等提供商务、科技、文化、金融、居住等高端服务。

人南科技商务区一直是高端商业人士汇集的地方，地位独特，这个区域五星级酒店密集，是科研院所、领事馆、商务人士聚集的高端消费地带，其他城市驻成都办事处也多集中于此。不少专家认为，把这个区域定位为科技商务区是该区域本身具有的优势所决定的。

2. 人南商务区功能定位

人南科技商务区是目前成都市重点打造的商务科技区，以软件及服务外包产业发展为主。大量服务功能聚集形成了一种产业配套的隐性网络关系，它直接决定着软件及服务外包产业的发展成败。

▶── 图24-16 人南商务区功能定位

3. 人南商务区"国际城南"定位

人南科技商务区规划有国际性的医院、社区、购物中心、会展中心等。

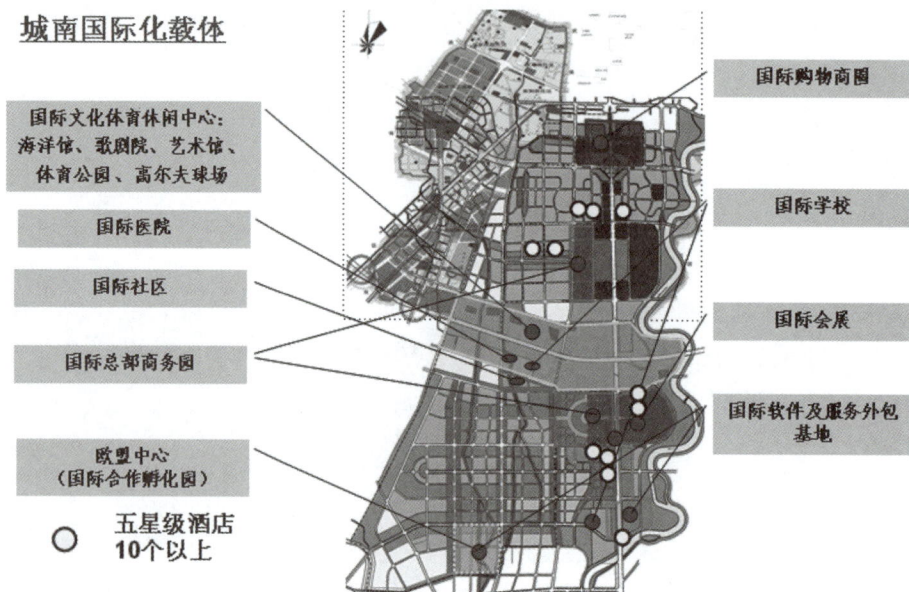

▶━━ 图24-17 人南商务区"国际城南"定位

4. 人南商务区交通规划

在人南沿线上规划有地铁1号线，2010年即将建成通车。本项目与位于地铁1号线的桐梓林站出口相连，交通优势明显。

区域交通规划的主要特点是：

· 路网联系紧密，通达性好，机动车交通承载力强，预计机动车用量50万辆；

· 交通立体化发展，交通纵横交错，通过下穿道路和立交桥来避免拥堵；

· 交通多样性，地铁1号线、5号线（规划中，站点未公布）与高速公路、公共交通线路相融合，创造了快捷的交通条件；

· 公共交通的便捷性：根据最新的公共汽车站点设计规划及地铁站点规划，区域未来的公共交通体系较为完善；

· 交通条件优势为区域内项目的开发提供了良好的支持条件。

五、项目拟定位方案

1. 项目SWOT分析

（1）地块优势（S）

①位于城市中心，区位优势明显

本项目位于成都市规划的人南科技商务区内，商务氛围浓厚；地处成都市中央商务区（CBD）、武侯区科技商务区（SBD）核心区域，是成都市商务科技和国际金融的核心地带，系成都空港进出、地铁站点、成都快速通道必经之地，交通便捷，配套完善，是成都咽喉所在。

人民南路是成都市中轴线，最重要的城市主干道，是连接市中心中央商务区（CBD）与城南行政新区的纽带，是未来地铁1号线的主轴。将人民南路打造成集商务、科技、文化、商业金融服务等功能于一体的甲级商务经济带和标志性景观大道，不仅是构建西部商贸中心城市的有效措施，也是成都加快实现"三最"宏伟目

图24-18 区域交通规划的主要特点

标的重要举措，对增强成都市综合竞争力具有重要意义。

②交通方便，公交线网相对密集

项目临城市主干道，即人民南路，该路为双向8车道。同时项目周边有3个公交站点、数十条公交线路，公交十分便捷。项目负一层商业与2010年通车的地铁1号线桐梓林出站口相通。

③地上原有基础设施齐备充足，可减少基础设施的建设投入

项目位于人民南路四段上，该地段是成都核心区域，基础设施齐备充足，项目可减少基础设施配套的建设投入。

④拆迁对象单一，动迁难度较小

项目地面上目前无建筑物，不涉及拆迁问题。

⑤项目周边星级酒店、顶级写字楼、高档住宅区成群

项目周边有数十家五星级酒店，包括城市名人酒店、凯宾斯基饭店、索菲特万达酒店、锦江宾馆等。周边高档住宅小区林立，有紫檀、首座、锦绣花园、中华园、凯莱帝景等坐落于此，建立起人民南路高尚生活片区。在人民南路沿线上汇集了多家银行总部，其中SS国际项目百米半径之内拥有工商银行、华夏银行、渣打银行、成都银行、招商银行等8家银行区域总部。人民南路周边除了早已闻名的磨

子桥IT商圈、全球最大的电脑显示器主控芯片和液晶电视控制芯片研发和制造企业晨星半导体有限公司外，其射频识别技术RFID的全球研发和销售总部也已落户丰德国际广场。继晨星半导体有限公司扎根于人民南路科技商务区，一批国际知名IT企业也相继落户。

⑥**将通地铁**

项目负一层商业与即将通车的地铁1号线桐梓林站口相通，地铁将给本项目带来巨大的人流和商流，商业发展潜力看好。

（2）地块劣势（W）

项目地块面积较小，不利于大体量开发；

受规划条件的限制，项目不能往上发展。地块航空限高100米，因此不能修建更高层的建筑。

（3）发展机遇（O）

项目位于成都市重点发展的人民南路沿线，具备发展机遇；

项目周边商业氛围浓厚，利于项目商业发展；

项目周边高档小区林立，为项目发展高档物业提供支撑；

项目位于政府规划的人南商务区沿线，为发展写字楼提供可能。

（4）挑战（T）

项目周边高档写字楼、商业较多，竞争激烈。

2.项目SWOT分析总结

通过SWOT理论对项目的分析可以看到，本项目的明显优势如下：

（1）人民南路沿线的区位优势

人民南路是成都市的中轴线，是最重要的城市主干道，也是连接市中心中央商务区（CBD）与城南行政新区的纽带，是未来地铁1号线的主轴。将人民南路打造成集商务、科技、文化、商业金融服务等功能于一体的甲级商务经济带和标志性景观大道，不仅是构建西部商贸的中心城市，也是成都加快实现"三最"宏伟目标的重要举措，对增强成都市综合竞争力具有重要作用。

（2）项目周边优势

项目周边有星级酒店群、科技商务群、高档住宅群、金融服务群等，项目周边的商务氛围十分浓厚，这为该项目的发展提供了坚实基础。

（3）项目交通优势

本项目临城市主干道，周边公共交通发达，地块可达性好。同时于2010年通车的地铁1号线桐梓林站口与项目负一层商业相通。

（4）项目自身优势

项目规划为超甲级写字楼、时尚精品商业等综合体，同时项目建设方案为国内多家知名设计机构和专家倾力打造，以纽约帝国大厦建筑风格为参考模型，采用新古典主义风格，具备优势。

但是本项目也存在着很多的风险，面对国家的进一步宏观调控、物价的持续上涨、竞争的逐渐激烈，开发商机遇和挑战并存，所以拥有良好的管理体制、独特的营销理念、充分的风险意识，把握市场，提高自身产品质量，是房地产公司在行业里安身立命的法宝。

3. 项目定位方案

根据市场调查的数据和结果，我们对未来成都市的房地产市场和项目所处区域进行分析，从而得到"SS国际"项目的初步定位如下：

（1）形象定位

根据人南科技商务区的建设规划思路，同时为了使"SS国际"房地产开发项目符合人南科技商务区规划发展的要求，我们的最终目标是将"SS国际"打造成为成都市武侯区人民南路沿线上最新颖、最独特、最现代、最前卫、最高档的综合体。其中写字楼部分初步定位为超甲级写字楼，将配备各种高档、先进、智能的设施；商业部分定位为地铁出口的时尚高档精品商场。

（2）功能定位

根据市场调查的结果，我们分析得出：国际、国内大中型企业对写字楼不仅有区域上的要求，同时对写字楼功能要求也比较高。因此项目将引进更广泛、更先进的服务配套设施，增加娱乐、休闲、运动场地，提高绿化等。

（3）目标市场定位

按照成都市人民南路科技商务区规划，该区域将被打造成集商务、科技、文化、商业金融服务等功能于一体的甲级商务经济带和标志性景观大道。届时该区域将吸引众多的国际、国内知名大型企业入驻。国际、国内知名大公司对写字楼各方面要求较高，包括写字区域以及自身软硬件配套等，另外周边高档小区住户群体素质、品位都比较高，且拥有很强的购买能力，此外，项目还由时尚精品商业提供经济支撑。因此，"SS国际"项目将开发适合这些客户群体的写字楼以及商业物业。

（4）价格定位

综合考虑项目的区域、形象、功能等优势都高于同行业水平，但是按照保守估价原则我们最终将"SS国际"项目的价格定位为与行业平均价格相当。

我们选取周边部分商圈商业的销售价格作为参考，考虑到本项目商业直接与地铁出站口相通，商业价值较大，我们将商业部分价格定位为：30 000元/米^2。

▶— 表24-5 项目周边区域商业价格情况

商圈名称	商业定位	销售均价
科华路商圈	中档商业	25 000元/米^2
建设路商圈	大型商业，中档餐饮	23 000元/米^2
人民南路数码广场段	电脑、IT等	28 000元/米^2
紫荆商圈	高档餐饮，时尚店	40 000元/米^2
本项目（SS国际）	地铁商业	30 000元/米^2

第三部分

项目开发方案

一、项目建设规划方案

经成都市规划管理局审定，本项目建设方案如下：

宗地面积约12.88亩（分为南北两地块），土地用途为商业金融用地。锦绣花园别墅小区的主要出入口将本工程分为南、北两块用地。其中北地块占地8.27亩，拟建设商业、办公综合楼。南地块占地4.61亩，拟建商业综合楼。项目分两期开发，一期开发南地块，本报告主要针对南地块（商业综合楼）。

图24-19 建筑规划示意图

该项目总体上功能布局合理，与周围环境有机协调，与周边道路衔接顺畅；适应地方气候；造型富有创意。充分满足商业、办公功能的要求，解决好周边城市人流与本项目人流的疏导与集散。优美协调的外部环境设计，建筑形态服从城市设计的整体要求，兼顾临城市主干道的沿街效果。

建筑规划项目建设方案为国内多家知名设计机构和专家倾力打造，以纽约帝国大厦建筑风格为参考模型，采用新古典主义风格（专业称为装饰艺术风格——ArtDeco），在设计中充分考量东西方艺术结合、人性化与机械化结合的技术，外墙大量使用天然石材，与玻璃幕墙相互辉映，着重表现材料的质感与光泽。

项目商业综合楼（一期）共7632平方米，其中商业面积6287平方米，车位面积1345平方米。商业综合楼共5层，其中1层层高达到6米，满足大型商业经营条件；楼上4层为内街式商业。

二、项目工程进度安排

项目分两期建设，目前首期启动南地块商业部分建设。项目一期建设时间从2010年2月至2012年10月，共建设近3年。项目计划在2010年2月至4月开挖土方工程；在2010年6月至10月开建基础工程；在2010年12月至2011年6月开建主体工程（1~25层）；在2010年12月至2011年10月开始安装工程；在2010年12月至2012年2月开始外装饰工程；2012年1月至10月进行设备调试运行，进入竣工验收阶段。

▶—— 表24-6 项目工程进度计划表

序号	形象进度	分项工程	2010年2月—12月						2011年1月—12月						2012年1月—12月					
			2	4	6	8	10	12	2	4	6	8	10	12	2	4	6	8	10	12
1	土方工程	基坑护壁	■	■																
		土方开挖		■																
2	基础工程	挖孔桩			■	■														
		地下室				■	■													
3	主体工程	1~25层						■	■	■	■	■								
4	安装工程	预埋						■	■											
		暖通							■	■	■	■	■							
		消防							■	■	■	■	■							
5	外装饰工程	预埋						■	■	■										
		幕墙									■	■	■	■						
6	设备调试运行														■	■	■	■	■	
7	竣工验收																		■	■
8	综合验收																			■

三、销售计划

根据项目一期工程建设计划，项目一期于2012年10月竣工验收。按照商业价值最大化原则和商业销售常规方案（在商业基本呈现时销售），项目一期预计在2012年6月开始发售，到2014年9月完成销售，销售周期约为2.25年。

▶━ 表24-7 SS国际（一期）销售进度计划

产品		商业			车位		
项目		销售百分比（累计）	回款百分比（累计）	回款额（累计万元）	销售百分比（累计）	回款百分比（累计）	回款额（累计万元）
2012	6月	10%	6%	1131.66	——	——	——
	7月	13%	10%	1886.10	——	——	——
	8月	15%	12%	2263.32	——	——	——
	9月	17%	13%	2451.93	——	——	——
	10月	22%	15%	2829.15	——	——	——
	11月	24%	20%	3772.20	——	——	——
	12月	26%	22%	4149.42	——	——	——
2013	1月	28%	25%	4715.25	——	——	——
	2月	33%	29%	5469.69	——	——	——
	3月	38%	31%	5846.91	——	——	——
	4月	43%	35%	6601.35	——	——	——
	5月	48%	42%	7921.62	10%	10%	134.5
	6月	50%	45%	8487.45	20%	20%	269.0
	7月	51%	48%	9053.28	30%	30%	403.5
	8月	56%	50%	9430.50	40%	40%	538.0
	9月	61%	55%	10 373.55	50%	50%	672.5
	10月	66%	59%	11 127.99	60%	60%	807.0
	11月	71%	66%	12 448.26	70%	70%	941.5
	12月	74%	69%	13 014.09	80%	80%	1076.0

续表

产品		商业			车位		
项目		销售百分比（累计）	回款百分比（累计）	回款额（累计万元）	销售百分比（累计）	回款百分比（累计）	回款额（累计万元）
2014	1月	77%	72%	13 579.92	85%	85%	1143.3
	2月	82%	75%	14 145.75	90%	90%	1210.5
	3月	87%	80%	15 088.80	95%	95%	1277.8
	4月	90%	83%	15 654.63	100%	100%	1345.0
	5月	93%	87%	16 409.07	——	——	——
	6月	95%	90%	16 974.90	——	——	——
	7月	97%	95%	17 917.95	——	——	——
	8月	98%	97%	18 295.17	——	——	——
	9月	100%	100%	18 861.00	——	——	——

······ 第四部分 ······

投资估算与融资方案

一、投资估算

1. 投资估算相关说明

项目投资估算本着实事求是的原则，尽可能地反映出市场的真实情况。投资估算还要本着节约的原则，合理预算。

2. 分项成本估算

（1）土地费用

土地使用权出让金、土地征用及拆迁安置补偿及前期三通一平的工程费用、各种税费，共计投入资金1250万元人民币。

（2）建安工程、设备安装工程、装饰装修费用

建筑安装工程费是指建造房屋建筑物所发生的建筑工程费用、设备采购费用、安装工程费用和室内装饰家具费用等。

本项目建安工程费用3195.85万元，设备安装工程费用1780.55万元，装饰装修费用2282.75万元。

（3）前期工程费用

房地产项目前期工程费用主要包括：开发项目前期规划、设计、可行性研究，水文、地质勘测以及"三通一平"等阶段的费用支出。

本项目前期工程费用为：182.62万元。

（4）基础设施建设费

基础设施建设费是指建筑物2米以外和项目用地规划红线以内的各种管线和道路等工程的费用，主要包括供水、供电、供气、排污、绿化、道路、路灯、环卫设施的建设费用，以及各项设施与市政设施干线、干管、干道的接口费用。

本项目基础设施建设费用为：730.48万元。

（5）开发期间税费（报建费用）

开发期间税费是指项目所负担的与房地产投资有关的各种税金和地方政府或有关部门征收的费用。按照成都市政府相关部门的收费标准，房地产开发前期应缴纳的税费合计约180元/米^2，按建筑面积计算。

则开发期间税费为：建筑面积×180元/米^2=164.36万元。

（6）开发间接费用

开发间接费用是指房地产开发企业所属独立核算单位在开发现场组织管理所发生的各项费用。主要包括：工资、福利费、折旧费、修理费、办公费、水电费、劳动保护费、周转房摊销和其他费用等。

则本项目开发间接费用为：257.6万元。

（7）财务费用

财务费用是指房地产开发企业为筹集资金而发生的各项费用。主要包括借款和债券的利息、金融机构手续费、融资代理费、外汇汇兑净损失以及企业筹资发生的其他财务费用。本项目财务费用按3年期基准利率5.4%计算，项目总贷款额为7000万元。

则本项目财务费用为：1134万元。

（8）管理费用

管理费用是指房地产开发企业的管理部门为组织和管理房地产项目的开发经营活动而发生的各项费用。管理费用按照土地取得费用、前期工程费用、建安费用、设备安装费用、基础设施配套费用总和的3%计算。

则本项目管理费用为：408.61万元。

（9）其他费用

其他费用为：296.38万元。

（10）不可预见费用

不可预见费用按照1%合计，则不可预见费用为：365.27万元。

3. 总成本估算

本项目总成本估算为：14 048.47万元。各项目分摊情况具体见表24-1。

4. 销售收入估算

▶── **表24-8 销售收入估算**

楼栋	产品形态	建筑面积	均价（元/米²）	预计销售额（元）
SS国际一期	商业	6287	30 000	188 610 000
	车库	1345	10 000	13 450 000
小计	——	7632	——	202 060 000

5. 税务分析

（1）营业税及附加

营业税金及附加按国家规定计算，房产销售缴纳营业税，营业税率为5%，城市维护建设税、教育费附加、地方教育费附加分别是营业税的7%、3%、1%。

①营业税=20 206万元×5%=1010.3万元。

②城市维护建设税=营业税×7%=1010.3万元×7%=70.721万元。

③教育费附加=营业税×3%=1010.3万元×3%=30.309万元。

④地方教育费附加=营业税×1%=1010.3万元×1%=10.1万元。

（2）土地增值税

项目土地增值税估算为1755.28万元，具体计算过程见下表：

▶── **表24-9 项目土地增值税计算**

1.销售房地产总收入	——	20 206万元
2.扣除项目	2.1~2.5项合计	14 355.24万元
2.1取得土地费用	——	1250万元
2.2开发成本	2.2.1~2.2.4项合计	8429.85万元
2.2.1前期工程费用	——	182.62万元
2.2.2基础设施建设费	——	730.48万元
2.2.3建筑安装工程费用	——	7259.15万元
2.2.4开发间接费用	——	257.60万元
2.3开发费用	2.3.1~2.3.2项合计	1617.99万元

续表

2.3.1财务费用	按照估算财务费用计算	1134.00万元
2.3.2其他费用	按照2.1+2.2项的5%计算	483.99万元
2.4与转让房产有关税金	2.4.1~2.4.4项合计	1121.43万元
2.4.1营业税	——	1010.30万元
2.4.2城市维护建设税	——	70.72万元
2.4.3教育费附加	——	30.31万元
2.4.4地方教育费附加	营业税1%	10.10万元
2.5规定的其他扣除项目	（2.1+2.2）×20%	1935.97万元
3.增值额	第1项减去第2项	5850.76万元
4.增值率	第3项与第2项的比值	40.76%
5.适用增值税率	增值额未超过20%	不计征土地增值税
	增值额超过30%，小于50%	增值额×30%
	增值额超过50%，小于100%	增值额×40%−扣除项目×5%
	增值额超过100%，小于200%	增值额×50%−扣除项目×15%
	增值额超过200%	增值额×60%−扣除项目×35%
6.土地增值税	——	1755.28万元

二、融资方案

1.项目资金来源

本项目开发的资金来源有三个渠道：一是自有资金，二是银行贷款，三是销售收入再投入部分。其中总成本预计共投入14 048.47万元，其中自由资金4916.96万元，占总投资比例的35.00%；银行借款7000万元，占项目总投资的49.83%；预销售收入再投入2131.5万元，占项目总成本的15.17%。

◆—— 表24-10 项目资金来源

资金来源	金额（万元）	比例
总投资	14 048.47	——
自有资金	4916.96	35.00%
银行借款	7000.00	49.83%
预销售收入	2131.50	15.17%

2. 借款偿还计划

　　项目共借款7000万元，3年期，按照当前利率计算，预计项目贷款利息为1134万元。项目预计在2011年偿还贷款，每年偿还利息，在2011年以自有资金偿还利息；到2012年项目开售时以销售收入偿还本金和利息，预计到2013年偿还所有贷款。

◆—— 表24-11 项目开发贷款还本付息表

序号	项目	合计	2011年	2012年	2013年
1	开发贷款偿还（万元）	8134	378	2378	5378
1.1	本金（万元）	7000	——	2000	5000
1.2	利息（万元）	1134	378	378	378
2	还款资金来源	——	——	——	——
2.1	预计销售收入（万元）	14 090.09	——	4149.42	9940.67
2.1.1	用于还款	7756	——	2378	5378
2.1.2	销售收入（万元）	——	——	——	——
2.2	自由资金（万元）	378	378	——	——

3. 借款还款能力分析

　　根据借款还款计划，本报告着重分析项目在还款期内是否能达到还款金额，以此评价借款还款能力。

　　按照还款计划，项目于2011年开始还款，到2013年还清。在本报告中通过分析每年还款的能力来总体评价借款还款能力。

（1）2011年借款还款能力分析

　　按照还款计划，项目于2011年以自有资金偿还利息378万元。本年度还款占自有资金比例的

10.03%，在项目自有资金优先安排还款的情况下，本年度具备还款能力，风险较小。

（2）2012年借款还款能力分析

按照还款计划，项目于2012年以销售收入还本付息2378万元。本年度还款占销售收入的57.31%。本年度还款能力通过保本点分析来评价其销售收入是否能保证还款。

假设在商业价格保持不变的情况下，完成2378万元还款需销售面积792.67平方米，占总面积的12.61%，占2012年预计销售面积的48.49%。即在2012年，按照销售计划，只需完成计划销售面积的48.49%即能保证借款偿还。

假设在销售面积按照2012年销售计划完成的情况下，完成2378万元还款，商业价格达到14 547元/米^2，仅为原计划商业价格的48.49%，即能保证借款偿还。

从保本销售率和销售价格的分析来看，项目在本年度具备还款能力，市场风险较小。

（3）2013年借款还款能力分析

按照还款计划，项目于2013年以销售收入还本付息5378万元。本年度还款占销售收入54.11%。本年度还款能力通过保本点分析来评价其销售收入是否能保证还款。

假设在商业价格保持不变的情况下，完成5378万元还款需销售面积1792.67平方米，占总面积的28.51%，占2012年预计销售面积的59.40%。即在2012年，按照销售计划，只需完成计划销售面积的59.40%即能保证借款偿还。

假设在销售面积在完成2012年销售计划的情况下，完成2378万元还款，商业价格达到17 821元/米^2，仅为原计划商业价格的59.40%，即能保证借款偿还。

仅从商业部分保本销售率和保本销售价格分析，再加上项目在本年度开始销售车位，预计回款额为1076万元，如将这部分资金全部作为还款，还款能力将进一步增强。本项目在本年度具备清偿能力，市场风险较小。

小结：从成都整个商业的发展态势和项目所处区域来看，该区域内商业供应逐渐减小，但是市场需求一直保持旺盛，随着地铁1号线的开通，市场需求将进一步增加。在供需决定市场走势、价格的基本经济规律下，本项目商业前景十分看好，具备还款能力，市场风险较小。

· · · · · · · · · · · 第五部分 · · · · · · · · · · ·

财务评价

一、财务评价基础数据与参数选取

　　根据目前的行业平均水平，并综合考虑到资金成本和资金的机会成本、投资的风险、通货膨胀、资金限制等相关因素，最终本项目的社会折现率定为10%。

二、财务评价

1. 财务盈利能力分析

营业总利润（税前）=销售总收入−总成本费用

=20 207万元−14048.47万元−1121.40万元−1755.228万元=3281.902万元

营业总利润（税后）=3281.902万元−所得税

=3281.902万元−（销售总收入−总成本费用）×25%=2461.682万元

2. 静态获利分析

税前全部投资利润率=3281.902万元/16 925.118万元=19.4%

税后全部投资利润率=4369.482万元/16 925.118万元=25.82%

第六部分

不确定性分析及结论

一、影响项目财务经济评价的主要变量因子

本项目由于开发经营周期较长，其可能的变量因子较多，主要包括两类因子：

1. 成本类变量因子

这类因子有土地费用、建安成本、贷款利息、环境费用、开发费用、销售费用等。其估计的准确程度直接影响到成本的高低。

2. 收入类变量因子

这类因子包括售价及其增长、销售进度等。其估计的准确程度直接影响到销售收入的高低。

二、敏感性分析

第一种情况：收入不变，成本费用变化

考虑到项目工期较长，影响成本变化的因子较多且不确定，假设成本费用分别上下变化5%或10%。则其盈利情况变化如下：

▶—— 表24-12 敏感性分析（一）

成本变化幅度	−10%	−5%	0%	5%	10%
总成本费用（万元）	15 232.609	16 078.865	16 925.121	17 771.377	18 617.633
总利润（万元）	4973.391	4127.135	3280.879	2434.623	1588.367
税前投资收益率	32.65%	25.67%	19.38%	13.70%	8.53%

续表

| 税后投资收益率 | 24.49% | 19.25% | 14.54% | 10.27% | 6.40% |

第二种情况：成本费用不变，收入变化

考虑到项目工期较长，影响房价变化的因子较多且不确定，假设楼价分别上下变化5%或10%。则其盈利情况变化如下：

▶—— 表24-13 敏感性分析（二）

楼价变化幅度	−10%	−5%	0%	5%	10%
总销售收入（万元）	18 185.4	19 195.7	20 206.0	21 216.3	22 226.6
总利润（万元）	1260.279	2270.579	3280.879	4291.179	5301.479
税前投资收益率	7.45%	13.42%	19.38%	25.35%	31.32%
税后投资收益率	5.58%	10.06%	14.54%	19.02%	23.49%

三、研究结论

在顺应宏观经济的大背景下，通过市场调查，项目的需求市场旺盛，加之项目的自身优势，具有较强的竞争能力，项目的技术指标合理、财务经济指标可行、社会综合评价良好，我们可以得出本项目在技术、经济、财务、社会影响等各方面都是可行的。具体如下：

具有良好的宏观经济背景；

需求市场旺盛；

项目拥有突出的自身优势，并且设计规划方案与同行业相比较为突出；

将营销理念贯穿于项目的始终，强调市场营销的重要性；

财务评价客观合理，评价指标具备可行性。

25
社区商业

北京市 YYSS 西区
商业市场定位报告

一、西区整体概述

1. 西区物业初步现状

YYSS西区规划住户9025户，人口预计可达25 270人，可供停车约为4513辆（地上3160辆、地下1353辆），教育、医疗、文化体育、金融、社区便利服务及商业配套服务等社区公共配套设施较为齐全。

YYSS西区住宅面积约110万平方米，社区商业配套约5.3万平方米，分布在五个不同区域，我司初步定为A、B、C、D、E，各区域商业物业现状如下：

A区22 000平方米，地处西北方向，共三层，紧邻鲁谷路与鲁谷西路交汇处，双面临街；物业性质为住宅底商与独体配套楼。

B区9700平方米，地处正北，共两层，紧邻A区，位于鲁谷路南侧，物业呈带状条形，长220米，宽25米，进深最大28米，最小23米；物业性质为住宅底商。

C区8155平方米，地处东北方向，共两层，紧邻鲁谷路与玉泉西路（规划中）交汇处，双面临街；物业性质为住宅底商与独体配套楼。

D区10 653平方米，地处正东，共两层，面向玉泉西路及京西奥园小区（待建）；物业性质为住宅底商与独体配套楼。

E区2625平方米，地处西南方向，共两层，紧邻鲁谷西路及西便门豁口外路（快速路），虽双面临街，但物业价值不高；物业性质为独体商业楼。

2. 西区物业规划价值分析

对于房地产物业（商业物业）而言，成功的市场定位将主导物业自身的价值及企业发展的整体方向。制定适合于本项目的定位，使本项目在市场竞争中发挥自身特点及抗风险能力，形成区域市场完全垄断的地位，从而最大限度提升本物业的商业价值，此既为我司工作的重点，也同样为贵司发展的核心。

商业物业总体规划布局将直接影响市场定位的方向并为其奠定基础。通过对本项目西区商业物业现状的深入分析，我司认为现状西区总体规划及区位分布相对较为理想，具体依据如下分析：

（1）位置

本项目区域分割充分考虑到在人流、车流上的有效性与引导性，A区、B区、C区、D区全部邻近交通要道，且B区、C区、D区另外紧靠本项目两个社区主入口；同时A区、C区双面临街且都为交通主干道，这完全体现了人流、车流的有效性与引导性原则，充分肯定了区域位置划分的合理性，从而决定了本项目商业物业价值基数相对较高，此种布局分布将为本项目物业发展、物业价值的最大化提供可能。

（2）布局

通过地块分析发现，本项目商业物业布局相当合理，各部分物业均匀分布于本项目社区的西北、北部、东北、中部向东及社区西南角落。此种物业布局从整体分布来讲，相对较为分散，每一板块的物业价值都将得到充分发挥并避免物业过于集中产生竞争与干扰；就区域商业消费需求而言，邻近鲁谷路的物业将满足区域外部消费者的需求，而分散型的整体布局，包括西南角落的物业、中部向东的物业，将与北部邻近鲁谷路的物业相互呼应，使得社区内部消费者进行消费活动相对便捷。

（3）性质

由于社区底商的经营业态具有一定局限性，因此将为本项目业态分布带来较大阻力。但是，本项目物业总体规划在每一位置阶段均安排了一定比例的独体商业楼，此种物业分布为后期业态设置提供了较大的活动空间和灵活变动的余地，从而带活了社区整体物业规划方案，此种物业性质的组合虽较为勉强，但现阶段此种规划将完全可以设置出较为合理的业态分布方案。

综上所述，本项目西区商业物业在物业位置安排、整体分布布局、物业性质搭配等方面总体规划设计考虑较为周到，相对较为理想。综合分析，此种总体规划原则将基本满足本项目社区商业发展的要求。

二、项目SWOT分析

进行项目优势、机会分析（Strength and Opportunity），目的在于在策划前期充分认识到项目的优势并且有效地利用，以最大的限度体现项目独一无二的优势，并把优势穿插到项目整体策划和营销中。

而对项目自身的不足（Weakness）和将要面临的竞争和威胁（Threat）进行的分析，主要目的在于改进、减少和弱化项目的缺陷，使项目素质得到本质的提升，使市场竞争力得以增强。

下面我司将以市场调研报告和项目分析为依据，对本项目的优势、机会、劣势以及威胁进行逐一分析。

▶── 表25-1 SWOT分析

项目优势分析（S）	项目机会分析（O）
1.整体规模较大，规模效应显著，容易形成较好的商业氛围 2.本项目西区商业部分业态布局均匀合理，对商业总体发展有一定的促进作用 3.本项目自身及周边大量的消费人群将会给西区商业部分提供足够的支持 4.便利的交通将促进西区商业部分的发展	1.区域内规划中的鲁谷科技园产业带将为本项目东区商业中心的发展提供良好的保障 2.区域周边奥运会体育设施场所带来的消费力较强的人群将成为本项目东区商业的有力支持
项目劣势分析（W）	**项目威胁分析（T）**
1.西区商业物业大都以底商的形式出现，对业态合理分布造成一定的阻力 2.受地理区位特殊因素的影响，商业氛围不浓 3.西区周边居住人群的消费能力较差，对本项目西区商业物业的影响较大 4.项目地块分为间隔式的两块，给本项目商业物业的整体发挥造成较大难度	1.世纪城68万平方米的大型Shopping Mall对本项目东区商业的影响 2.公主坟商圈及石景山沃尔玛对本项目东区商业中心的影响

1. 本项目优势分析（Strength）

正确、合理地发挥商业项目自身的优势，是项目提高自身竞争力的重要途径之一。因此，我司将重点分析本项目西区商业物业的优势。

（1）整体规模较大，规模效应显著，容易形成较好的商业氛围

随着北京市商业物业近年的发展成熟，商业市场逐步呈现出规模化、大盘化商业物业的发展趋势。大盘化的商业物业在市场上产生的规模效应对于其自身的发展起主导作用。开发规模较大的商业物业的开发商需要具备较为强劲的实力，从消费市场的反应角度讲，对商业物业品牌化的认知度较高，其影响力较强，使其项目自身价值明显高于其他一般项目。

本项目商业物业的体量比其他商业物业的规模大，其自身的规模效应产生的影响力辐射范围较广，容易被消费者密切关注，使其消费人群的消费张力大大增强，从而促使本项目商业对自身及周边人群的吸纳能力进一步加强，同时也会吸引众多投资商户的共同注意，对本项目商业物业较快地产生旺地价值的认可度，容易加强投资者对本项目商业物业的投资信心，对本项目商业部分的后期招商具有一定的促进作用，为其商业氛围的营造奠定较为良好的基础。

因此，本项目的商业物业规模巨大将成为增强其市场竞争力的重要因素之一，为其商业物业的可持续发展起到较为积极的作用。

（2）本项目西区商业部分业态布局均匀合理，对商业总体发展有一定的促进作用

本项目西区以住宅项目为主，分为南北两部分，项目自身跨度较大。其商业部分的分布划分为五大区域。其中：

本项目的主题商业中心区紧邻十字路口及鲁谷路，主要以外来消费者为主，更好地吸引周边消费人群，提升本项目商业区的人气，加强商业氛围的营造。

商业配套区及生活配套区位于本项目的东北侧，紧邻鲁谷路，是项目的主题商业中心区的辅助性配套，可满足本项目内、外消费人群的多样化生活需求，从而达到商业配套的完整性。

主力社区配套区位于本项目的东侧中部，紧邻项目东入口及东侧道路。其功能主要服务于社区内部消费人群，满足社区东、西部消费者的基本生活需求。

辅助社区配套区位于本项目的西南侧，由于项目自身体量较大，西南部居住人群消费相对乏力，加之紧邻的学校存在大量的学生消费力，因此其配套主要服务于此部分消费人群的生活需求。

上述本项目西区商业部分均匀合理的分布对本项目内、外功能的合理划分起到明显的加强作用，对西区整体配套的完整性及外部商业区的互动性有着较大的促进作用。依靠西区商业部分的整体布局将大大提升本项目西区的商业形象，使其经营业态错位式发展并互相贯通连带，以形成项目西区商业圈之势，从而创造良好的商业环境。同时，为本项目的东区商业物业开盘后迅速旺场起到了一定的前期烘托市场的作用，保证本项目商业物业以良好的发展态势向前迈进。

（3）本项目自身及周边存在大量的消费人群将会给西区商业部分提供足够的支持

由于北京市房地产市场的整体规划，许多房地产开发商在四环与五环之间圈地筑楼，使得大量消费人群被植入四环和五环区域，该区域的消费力度明显增强。未来本项目的落成同样会使区域内消费人群大幅度增加，将使得本项目所在区域的潜在消费系数接连上升。

本项目西区以住宅为主，拥有大量的消费人群。从本项目物业档次方面考虑，本案为中高档住宅项目，其西区所居住人群的消费能力较强，具备较为强劲的市场消费拓力，存在着巨大的消费潜力，是本项目西区商业的支持客源之一。西区周边现有众多的住宅小区（永乐小区、鲁谷小区、鲁谷新居等），尽管居住人群的消费能力十分有限，但其消费存量较为可观，也是西区商业部分的有力消费支持者。加之未来在本区域周边开发的大型住宅楼盘为本区域内提供了更为有效的消费人群，将成为本项目西区商业的重点吸纳对象之一。住宅项目品质的差异性使区域内消费人群的消费档次有所差别，这将为本项目西区不同档次、不同类型的业态提供不同的支持，从而使各个业态都能比较平稳地向前发展。

本项目西区周边消费人群收入水平较高且稳定，注重消费场所及商品的品质，这将极大地为西区高档商业物业提供足够的支持。

项目西区自身、周边住宅的消费人群为西区商业物业提供了强有力的支撑，成为本项目西区商业发展的中流砥柱，根据其各自不同的消费需求倾向，促进西区各种类型、档次的业态充分体现其自身价值。

（4）便利的交通将促进西区商业部分的发展

对于商业物业来说，交通的便利程度将直接影响到其商业本身的未来发展，是决定商业物业能否旺盛的重要因素之一。

针对本项目西区商业物业而言，除具备以上优势外，在区域交通方面同样存在较大的优势。本项目西区距长安街主干线三百米左右；西区北侧商业区紧邻的鲁谷路与长安街互相平行，鲁谷路东端通过玉泉路连接长安街，西侧相交鲁谷西路而连接长安街；西区西侧紧邻鲁谷西路；其中玉泉路、鲁谷路以及鲁谷西路的道路相对较宽、较平整，从而使本项目西区的商业物业与长安街主干线形成一条有效的环形流动线路，为消费人群在西区商业提供了良好的交通环境，吸引大量区域外人流，同时为西区商业物业的外部疏通、引导人流提供了较好的先决条件，以保证西区商业的正常发展。

本项目西区商业物业同样处于地铁沿线，距离八宝山地铁站较近，其地铁人流量较大，可以为本项目西区商业提供大量的客源，使西区商业消费市场的容量大大提升。

本项目西区商业物业周边未来的公交车总站所处的位置与西区商业物业隔首相望，同样为引来巨大的人流提供了较为优越的交通条件，从而更多地增加消费人流的消费机会。

因此，本项目西区商业物业良好的交通优势对于吸引区域外消费人群来说具有较强的牵引力，为西区商业人气的有效提升起到了较为积极的促进作用，为保证其商业物业整体档次的合理提升及综合发展铺上了奠基石。

2. 本项目劣势分析（Weakness）

对于项目而言，或多或少都会存在劣势因素，能否准确合理地分析项目劣势并实施一定的有效措施，是项目在竞争市场中避免或减少排斥点的关键所在。因此，下面将针对本项目西区商业物业之劣势进行逐一分析并提出具体应对措施。

（1）西区商业物业大都以底商的形式出现，对业态合理分布造成一定的阻力

本项目西区商业物业大部分是以底商的物业形式出现的（除个别商业之外），而住宅底商对于餐饮业、娱乐业等多种重要业态的限制较大，这将对西区商业物业的正常发展产生一定的阻力。

针对本项目西区内部及周边消费人群的消费需求而言，西区商业物业应以业态多样化的形式出现，以满足人群的需求。但由于底商对西区商业物业的业态选择局限性较大，加之底商店铺的格局合理程度较差，这将严重影响西区商业业态组合及分布的正常化、合理化安排，甚至对西区局部商业的业态分割造成较大的困难，这将对西区商业规划的总体布局造成较大的阻碍。同时将会给西区商业物业整体形象主题的打造带来较高的难度，使针对消费人群需求状况的把握控制程度极大降低，这将加大西区商业物业的经营运作风险，从而对我司与贵司成功操作本项目提出了更高的要求。

应对措施：目前本项目西区商业物业的建筑结构已确定，因此我司就此基础上，针对各个商业物业不同的位置特点切合实际地与周边可利用资源相互结合，对商业物业进行细致、合理的功能分区，依据功能区的主轴思想对底商及独体商业楼的格局进行划分，并实施对业态的组合、分布。

根据不同的功能区对底商店铺进行合理分割组合，力求针对功能区特点而形成较为合理的有效商铺空间，尽量满足各种业态组合的商铺格局预计要求，以便能够最大限度地展现业态的特点优势，从而为充分体现其商业价值提供多方面发挥的空间环境。

结合主题功能区的服务特点，利用不同商户的有效组合搭配，使周边业态相互联系、相互促进，以错位式经营及同业态共衬的发展模式出现，形成较为有利的资源共享效果。首先从单一功能区商业氛围的营造特点出发，逐步扩展到五个特色功能区共营的商圈效应，最终成功塑造西区商业物业的整体商业氛围及主题特色。

（2）受地理区位特殊因素的影响，商业氛围不浓

本项目位于石景山区、海淀区、丰台区的三区交界处，项目地理区位受到一些特殊因素的影响。因此，本项目所在区域的发展状况一直滞后，影响了区域整体环境。

本项目的地理位置属上述三区边缘交界带，但其区位离三个城区的中心发展区较远。三区以前的发展规划在本项目所在区域涉及的内容相对较少，本项目区域经济状况相对较差，人文环境相对落后且人口密度较低，诸多因素影响，导致本区域的商业环境相对较差。对本项目商业形象的树立造成较大的困难，因而本项目后期招商将会面临较大的阻力。

本项目区位与八宝山公墓较近，在一定程度上讲，限制了许多商户的投资信心（众多商户在对商铺的选择上十分挑剔，除具有较高的商业价值外，还十分重视商铺的风水），这将严重制约本项目西区商业物业的发展态势。同样将对本项目西区商业物业招商带来更大的难度。

针对上述两点不利因素，我司将系统分析此劣势的融汇点，尽可能化解劣势，将之转化为优势，为后期的招商做好铺垫。

应对措施：在本项目西区商业物业的前期开发中就存在诸多不利因素，因此要重点考虑本项目西区商业物业的前期推广，加之进一步深化行销策略，从而提升西区商业物业的整体形象。

随着本项目西区商业物业工作的逐步深化，应着重加强对西区商业物业的推广手段，充分使其自身的特点得到一定的升华，将西区商业物业的经营主题、物业形象向广大消费者推广，产生规模效应。有效地结合西区的住宅项目与商业物业，使二者相互促进，对广大消费者形成较大的市场影响力，进一步建立品牌形象，从而为本项目西区住宅及商业前期人气的拢络打下坚实的基础。

随着本项目西区商业形象初显雏形，针对目标商户的投资者及经营者进行有效的行销策略推进（具体行销推广策略将会在后期的招商推广报告中详细体现），使本项目西区商业物业的商业价值在目标商户面前充分体现，打破其原有的对本项目区域的旧观念、旧认识，增加目标商户对西区商业物业的信任程度及信心支持。为本项目西区商业氛围的营造提供有利的发展条件，同时也为本项目东区商业物业的总体形象做了一个良好的铺垫。

（3）西区周边居住人群的消费能力较差，对本项目西区商业物业的影响较大

本项目周边居住的消费人群较多，但其消费能力较差且消费档次较低，就西区的商业部分而言，将会给本商业物业的经营带来较大难度，同时产生一定的压力。因此，针对本项目西区周边消费人群进行常住人口、外来流动人口分析。

本项目西区商业周边常住人口主要分布在西区西侧的永乐小区、鲁谷新居、鲁谷小区等中低档住宅项目中。由于住宅物业档次相对较低，其物业内居住人群数量较多，消费人群的收入水平不高，消费能力较弱。而本项目西区对外商业中心区的物业档次相对较高，与周边常住消费人群的需求档次明显不符，这将使本项目西区商业部分的消费客源支持不足，给西区商业部分的经营状况带来较大的压力，对其商业未来发展较为不利。

本项目西区周边的流动人口状况也相对较为特殊，其流动人口大部分以外地人为主，此部分人群以该区域为初步落脚点，收入水平较低，生活档次较低，与本项目西区的商业档次更是完全不符。在一定程度上，给西区商业物业的消费市场带来了较大的不利因素，严重影响了西区商业发展的正常进行，同时使本项目西区商业物业的提升存在较大的阻力。

应对措施：由于本项目西区商业物业档次与周边消费人群的消费能力存在差异，因此，在业态组合及分割方面应加大力度，仔细分析周边消费人群的消费能力及需求状况。

根据周边常住及流动消费人群的需求状况，针对其消费水平较低的现状进行系统的分析、研究，准确找出市场的切入点，充分挖掘此部分人群的消费潜力，合理划分中低档的多种生活配套，塑造出符合此部分消费人群的生活需求的多个业态支撑点，有效带动这些人群的消费倾向，通过中低档特色经营业态来引导周边消费人群的多样化消费，从而使西区中低档的经营业态得以充分发挥。与中高档商业共同结合促进整个西区商业项目的整体发展，达到合理经营、与市场状况相吻合的目的。

（4）项目地块分为间隔式的两块，给本项目商业物业的整体发挥造成较大难度

本项目总体规模较大，但项目自身被分为间隔式的两块，中间加隔"京西澳园"，对本项目商业物业的完整性产生一定的影响，而且给本项目商业物业的整体发挥造成较大难度。

本项目的整体建筑规模较大，更加需要项目自身的完整性，这样才能使一个商业物业整体得到充分、全面的发挥。但是，本项目商业物业分为东区、西区两块，使项目的整体性受到较大的影响，加之开发期存在较大的差别，对商业物业总体的连贯性、规模性等都产生了一定的阻力。对于本项目前期开发的西区商业物业与后期开发的东区商业物业达到东西呼应、效应共赢的目标造成较大的困难，在一定程度上给项目西区商业为东区烘托商业市场氛围带来各种障碍。这将成为本项目东、西区未来总体发展最大的困难之一。

应对措施：针对本项目分为东、西区商业物业，合理准确地分析周边区域的人流走向，结合本项目西区商业物业的功能主题与未来开发的东区商业物业的规划主题，从市场的角度出发，同样在本项目东区拟定最大中心支撑点，与西区商业物业相辅相成。东、西区商业物业依靠其自身固有的经营特色，从而产生具有较大规模的东、西区链接效应。

本项目西区商业是以西区内部及周边住宅的消费人群为主的综合性商业配套群楼建筑设施，主要以项目西南角主题商业中心为主轴思想，从八宝山地铁站吸引大量消费人群。本项目东区是以周边以及玉泉路地铁站的消费人群为主的独栋商业设施，其主轴思想是以购物、休闲、娱乐、餐饮等于一体的购物中心。

本项目东、西区商业依靠自身的主题经营特色，大量吸引玉泉路地铁站、八宝山地铁站以及近两段的长安街沿线的消费人群，从而达到本项目东、西区域的有效的消费人群截流，使本项目未来总体规模共同发展，以保证本项目的利润最大化。

3. 本项目机会分析（Opportunity）

机会点对于项目而言起着至关重要的作用，合理准确地把握市场机会点直接影响着项目未来的发展。因此，针对本项目西区商业物业存在市场的机会点加以进一步的深化分析。

（1）区域内规划中的鲁谷科技园产业带将为本项目东区商业中心发展提供良好的保障

根据市场调研表明，随着石景山区总体规划的发展，本项目所在的鲁谷区域将根据总体规划发展成为"鲁谷科技园产业带"。这一科技产业带的建立对本区域的总体发展有较大促进，同时对本项目西区商业物业的良性发展将起到一定的推动作用，为本项目西区商业物业建立起品牌物业形象奠定良好的基础。

未来鲁谷科技园产业带的成功建立，必将带动本区域总体商业水平的长足发展。大量的高新科技产业涌入本区域，将会使得本区域落后的整体形象得到较大幅度的改观，区域的商业市场氛围同样得到较大的调节，这将为本项目东区商业中心提供较为良好的发展基础，在一定程度上讲，对于本项目东区商业中心总体形象的提升起到了较为积极的催化作用。未来区域科技园区的高新产业日趋聚集，对区域内的整体完善将提出较高的要求，而相对本区域缺少大型中高档商业物业的状况，本项目东区商业中心区的建立将弥补这一空缺，这将为本项目东区商业中心区的可行性发展提供有效的保障。

随着区域科技园的日趋成熟，本区域的经济水平将摆脱原来水平较低的状况，向高水平迅速迈进，区域内的消费人群收入水平将得到较大程度的改善，其消费水平也随之有了较大程度的提高；加之高科技产业所带来的大量消费人群，其收入水平较高且消费能力较强，将对区域内中高档的商业中心存在较大的需求，这将使得本项目东区高档商业中心得到强有力的支持，为本项目东区商业物业的成功经营提供较为有力的保证。在一定程度上，为关注本项目东区的众多商家在商业物业中的投资提供了较大的信心支持作用，以使本项目东区商业物业的后期招商能顺利地展开。

未来科技园区的重点规划发展对于本项目东区对外开放性较强的商业中心起着较为重要的作用，能否抓住这一发展契机并有效地与之相吻合将成为本项目未来发展的关键，因此，东区商业中心应重点考虑分析区域内科技园区的发展方向，与之有机地结合起来，互相营造出良好的商业市场氛围。

（2）区域周边奥运会体育设施场所带来的消费人群将成为本项目东区商业的有力支持

在本项目东区商业中心区域周边规划发展建设的奥运会体育场馆设施必将成为东区商业部分有效的商业发展契机。

本项目东区商业中心周边的奥运会体育场馆设施主要沿长安街分布，东至五棵松，西达石景山八角，均距本项目东区商业中心区较近，尤其是石景山八角地区的奥运会体育场馆，到达此场馆必须经过本项目所在区域，这将为本项目东区商业中心截取有效人流提供良好的机会。未来，两个奥运会体育场馆将会吸引大量的观众及国内外各界人士，此部分人群均具有较强的消费能力且消费档次较高，这将与本项目东区商业物业档次相互吻合，成为本项目东区综合商业部分及酒店有效运营的重要的客源支持因素；加之在这两处奥运会体育场馆设施的周边目前尚不存在大型综合性商业中心及高档酒店物业，商业市场供应相对较为匮乏，这将为本项目东区对外商业中心及高档酒店提供优越的发展机会，同时对于本项目东区商业物业的成功塑造及占取较大市场份额起到了较为积极的促进作用。

在奥运会体育场馆设施在本项目周边的设立等诸多利好因素的带动下，本项目东区商业中心将得到众多热衷于奥运的商家的共同关注与信心支持。本项目东区较为优越的地理位置将成为一块良好的投资热铺，未来各界商家对于东区商铺较高的认可度与信任度将使本项目东区商业物业具有的商业投资价值及发展潜力得以升华。同时，为东区的物业档次及整体形象的全面提升增加了有效的成功筹码。其自身的商业物业市场竞争力也将得到较大的增强，以保证本项目东区商铺的顺利招商及商业中心的成功经营，从而达到品牌物业的效应。

4. 本项目威胁分析（Threat）

项目在市场中存在的威胁将直接影响到项目未来的正常发展，正确地分析对项目存在的威胁，充分运用合理有效的应对措施，使威胁得到全面的控制，尽可能转化成为其自身的有利因素，这将使项目市场竞争力得到大幅度增强，从而保证项目在市场竞争中顺利发展，以达到项目预期的效应。

（1）世纪城68万平方米的大型Shopping Mall对本项目东区商业的影响

本项目东区商业部分应属于大型中高档综合性商业中心，区域内与本项目东区商业中心相互竞争的中高档商业物业相对较少，但本区域周边的大型中高档商业物业同样会对本项目东区商业中心产生较大影响。地处海淀区的世纪城68万平方米的大型Shopping Mall相对本项目东区商业物业而言仍存在较大的威胁。因此，我司将针对世纪城的Shopping Mall，结合区域商业市场分布现状具体分析其对本项目东区商业的影响，并提出合理应对措施。

世纪城的金源时代购物中心是世界上最大的单体建筑和北京城最具规模的巨型购物场所，总占地18.2公顷，规划总建筑面积为68万平方米，其中一期总建筑面积为55万平方米的单体建筑东西横跨600米，南北跨度为120米，地上5层，地下2层，设有大型室内停车场，其中车位共6800个，开车可达各个楼层。它凭借巨大的规模体量，在北京整个消费市场已经产生较为巨大的影响力，辐射区域非常广泛。本项目东区商业中心与之同处于北京城西部区域，双方的实力对比差距较大，并且东区商业中心实属于其较大的辐射范围内。未来将对于本项目东区商业中心在区域内成功发展产生较大的冲击，同时对本项目在城西区域建立较大规模的商业形象造成较大阻碍。

由于世纪城购物中心的体量较大，各个业态规模十分全面，其中规划有5到6家主力店、20余家半主力店、600余家专卖店、100余家主题餐厅、10余家休闲娱乐场所。其商业物业的完善性较强，物业设施条件十分优厚，其物业风格及档次均在同领域中充当着领跑人的角色，从某种意义上讲，对本项目东区商业顺利引入实力较强的商家产生了阻力。此项目经营业态种类众多及各种功能齐全，将使其具有强大的市场竞争力，未来这将对本项目东区商业物业造成较大的排斥性。而对于消费人群的吸引力而言，本项目东区商业同样会受到较大的威胁，世纪城购物中心具备浓厚的商业市场氛围及业态种类多样化的特点，城西区域的消费人群将极有可能被大量分流到这里，被其抢占市场份额，从而不再具备占领城西消费市场的优势，这将给本项目东区商业中心成功地吸引有效消费人流带来较为严重的不利因素，在一定程度上，对于本项目东区商业成功塑造良好的商业氛围起到了制约的作用。

应对措施：针对世纪城大型购物中心对本项目东区发展的影响采取有效的防范措施，以避免未来出现尴尬局面。

由于此项目即将上市，这将给本项目东区商业物业提供良好的调研机会，充分系统地分析研究其主力店和非主力店的经营特色及组合模式，揣摩其各个功能业态区间之间的相互连带关系，并根据各个商户的经营状况来挖掘潜在的商业价值，为本项目东区商业尽可能创造有效的商业契机且吸取其不利的物业经营经验，以确保本项目东区商业物业未来发展的稳定性。

顾及其购物中心的体量巨大及业态种类较多且物业、业态品质较高的特点，本项目东区商业物业实力较之相对较弱，因此，重点考虑其物业经营的主题思路及各业态风格特色，使本项目东区商业物业与之进行错位经营、错业经营发展，以避免与其形成正面的商业竞争，在区域内形成独有的商业特色，从而保证东区商业物业的正常发展。

对于在城西区域内吸引有效人流方面，本项目东区应加大自身宣传力度，建立起良好的项目商业形象，充分利用优越的地理位置及便利的交通条件等特点，通过本项目东区商业塑造自身独有的规模特色，结合区域内消费人群的消费习惯，削弱世纪城购物中心对本区域内人流的吸引力度，为其自身有效地聚集大量的消费人流，从而使本项目东区商业中心得到足够的客源支持，为东区商业中心的发展奠定坚实的基础，最终为本项目打造著名的品牌物业创造有利的必要条件。

（2）公主坟商圈及石景山沃尔玛对本项目东区商业中心的影响

本项目东区向东方向的公主坟商圈及向西方向的石景山沃尔玛在各自的区域已经建立了自身的品牌形象，形成了良好的商业氛围，在各自的消费市场中均占有较大的市场份额。这两个商业物业与本项目东区商业中心距离较近，必将对本项目东区中高档商业物业正常发展造成不利影响。因此，将着重分析公主坟商圈及石景山沃尔玛对于本项目东区商业中心产生的影响并提出合理有效的应对措施。

公主坟商圈是北京城西较有影响力的商业中心区，其各种功能业态较为齐全，而且形成了以通信产品为特色的专业市场。凭借其城西交通枢纽的优越地理位置，成为城西招牌式商业中心区，辐射的范围较为广泛，拥有大量较为稳定的目标消费群体，其商业区内的大中型商业物业及临街商铺存在较大的商业价值。而石景山的沃尔玛山姆会员店尽管面市时间较短，但凭借其自身国际化水平的品牌物业，很快得到城西众多消费人群的认可，在石景山区域内迅速建立自身的物业形象，并且有效占据消费市场较大的份额。

从公主坟商圈、本项目东区商业中心及石景山沃尔玛的区位角度考虑，三者区位分布共同处于长安街主干道的沿线，几乎为一条直线。本项目东区商业中心分布在两者的区位之间，对本项目东区商业中心而言，未来将受到东、西方向商业物业夹击的影响，给本项目东区商业中心在城西区域形成较大的规模影响力及建立起品牌商业物业带来较大发展阻力，也对东区商业中心大量截取城西长安街沿线的有效消费人群造成极大难度。针对本项目东区商业业态来说，公主坟商圈内较为完善的业态分布状况，加之石景山沃尔玛的国际化特色大卖场，将使本项目东区商业物业业态分割及功能分区受到限制，东区商业主力店的选择范围将会缩小，以至于较难发挥东区特色主力业态组合的经营特点。从某种意义上说，众多不利因素将会导致本项目东区商业物业潜在价值的降低，动摇众多投资者及经营商户对东区商业物业的进驻信心，从而将会给本项目东区后期的招商带来一定的压力。

应对措施：重点分析本项目东区商业物业与公主坟商圈及石景山沃尔玛形成的线性商业格局，深入了解公主坟商圈及石景山沃尔玛对东区商业物业的排斥性，结合本区域的环境特点，充分利用本项目东区商业自身优势及经营特色，从而减小对东区商业物业的不利影响。

针对本项目区位受到公主坟商圈与石景山沃尔玛夹击的形式，应重点分析三者之间的线性商业格局，利用公主坟商圈与石景山沃尔玛间隔距离较远的特点，挖掘二者间隔区域存在的潜在商业价值，结合区域内的分流消费特征，力图将二者间隔区域内的消费人群进行有效的截取，使本项目东区商业中心聚集大量的消费人群并得到足够的客源支持，以达到提升东区商业市场人气的目的。

针对本项目东区业态组合受到较大限制的问题，应对公主坟商圈的各种业态及石景山沃尔玛超市的经营特点进行系统的了解分析，根据其主力商户及非主力商户的经营组合特色，结合公主坟商圈商业物业档次中等的特点，对本项目东区商业业态进行错位经营，以主力店的业态来带动辅助业态，合理利用东区商业物业的建筑格局，进行有效的业态分割组合及区位分布，使本项目东区商业中心形成良好的业态经营特色，从而保证本项目东区商业中心达到较好的经营效果。这将提高本项目东区商业物业的潜在商业价值，以保证招商的顺利展开。

关于本项目东区商业物业的后期招商工作，对东区商业物业的整体形象进行有效的宣传推广，并根据本项目东区招商的实际困难，制定合理的优惠租售策略，使目标商户对东区物业产生浓厚的兴趣，从而顺利进驻本项目东区，最终实现东区商业物业的开发价值。

三、西区物业规模论证

1. 商圈反推法

（1）论证原理

根据商业市场现状，一般将商业物业（具有一定规模）的商圈划分为三个层次，即主要商圈、次要商圈、边际商圈。主要商圈（primary）是指最接近商业物业并拥有高密度顾客群的区域，商业物业的客流量有50%~70%来自于主要商圈；次要商圈（secondary）位于主要商圈之外，顾客光顾率适中，一般这一区域的顾客占此商业物业客流量的15%~30%；边际商圈位于次要商圈外围，属于商业物业的边缘辐射范围，此商圈范围内顾客购物比率相对较低，一般商业物业10%左右的目标消费者来自于边际商圈。

区域潜在消费水平、有效消费能力是决定商业物业项目成功与否的最重要元素，最终决定商业项目发展规模和市场生命力，而通过商圈分析将充分认识区域市场环境并使得潜在消费水平、有效消费能力得到科学表现并为项目规模确定提供充分的支持和依据。因此，我司将运用"商圈反推法"，根据本项目周边成熟消费人群及消费特点进行研究，发掘本项目商业物业的消费力支撑，以此得出本项目商业物业的合理发展规模。

本项目地块位于西四环与西五环之间，考虑到西部地区商业现状、大型居住社区居民消费特征等因素，本项目商圈划分将以YYSS西区为主要研究范围，并以其为中心，依次以1公里、1.5公里、2.5公里为半径的相应围合区域划分为本项目主要商圈、次要商圈、辐射商圈（本项目实际商圈为不规则的椭圆形区域，在符合项目所在地实际状况的前提下考虑计算和推算的便利性，确定本项目商圈为以本项目为圆心的同心圆区域）。本项目商业物业规模可行性分析将以本商圈划分为基础进行研究和论证。

（2）推算过程

商圈消费比例：根据本项目商圈辐射范围及特点，结合本社区商圈划分、商圈内人口结构、消费能力、消费习惯、商业发展状况等诸多影响因素考虑，我司确定，本项目主要商圈内到达本案的消费人数占该商圈总人数的60%，次要商圈为30%，辐射商圈为10%。

人均商业面积：据国家统计局信息中心资料显示，北京市2010年人均占有商业面积计划将达到R=1平方米/人，下面将以此数据进行计算。

人口密度：本项目研究区域占地面积为19.63平方公里，人口约为24万人，则该地区人口密度p=人口数量/占地面积=1.2万人/平方公里。

▶ 表25-2 本项目商业物业规模推算表

参数	数据			
	计算公式	主要商圈	次要商圈	辐射商圈
面积（平方公里）	$S=\pi r^2$	3.14	7.07	19.63
人口数量（万人）	$P=Sp$	3.77	4.71	18.85
消费机率（%）	C	60%	30%	10%
有效消费人群（万人）	$P'=PC$	2.26	1.41	1.89
商业规模（万平方米）	$M=P'R$	2.26	1.41	1.89
总规模（万平方米）	本项目商业物业规模：2.26+1.41+1.89=5.56万平方米			

（3）推算结果

商业物业区域有效消费能力是决定商业项目开发规模的决定因素，根据本项目所在区域商圈范围内消费水平分析，可以得出相对较为准确、符合市场需求的物业发展规模。通过上述"商圈反推法"论证本项目商业物业的最佳发展规模为5.56万平方米，本项目最终规模将结合"标准比例比较法"进行综合评定。

2. 标准比例比较法

社区商业是以一定地域的居住区为载体，以便民利民为宗旨，以提高居民生活质量、满足居民综合消费为目标，提供日常生活需要的商品和服务类型的商业。社区商业既是经济发展和城市建设到一定阶段的必然产物，同时也促进了经济发展和城市繁荣。北京要努力建设现代化的国际大都市，不仅需要有繁华的市级、区级商业中心，还要有能够为广大居民日常生活提供高质量商品和高水平服务的社区级商业网点。社区商业的服务对象主要是社区内居民，设有先进的商业形态、完善的商业业态和优美的商业环境，在满足社区居民日常生活需求的同时，更注重提供文化娱乐、休闲服务等多样化、个性化的综合性消费。

因此，社区商业的开发必须依附于社区本身，量身定做。除个别项目、特殊环境外，大多数社区商业并不具备广泛的商业影响力和号召力，故在建设之初必须以项目自身消费资源作为主要参考要素，依据实际情况可以适当延展，做到商业规模与项目规模相互吻合。根据北京市地方商业分级设置规范以及发展较为成熟的社区商业模式，"社区商业的开发规模一般为其所在社区总规模的5%，根据社区档次及所处区域不同，还应与公共服务设施数量和居住人口密度相适应"。社区的规模及居住人口须达到一定程度，才能对其商业物业具有一定的消费力支撑，若盲目开发社区商业，则购买力显得过于单薄，社区商业成市状况较差，商铺价值降低，将不可避免地为项目带来巨大的风险。

另一方面，我司对北京市现阶段社区商业规模的调研结果显示（如下图所示），各区域虽然地理位置、交通状况及周边配套等存在较大差异，但其社区商业规模与社区总规模的比例也基本维持在5%左右。

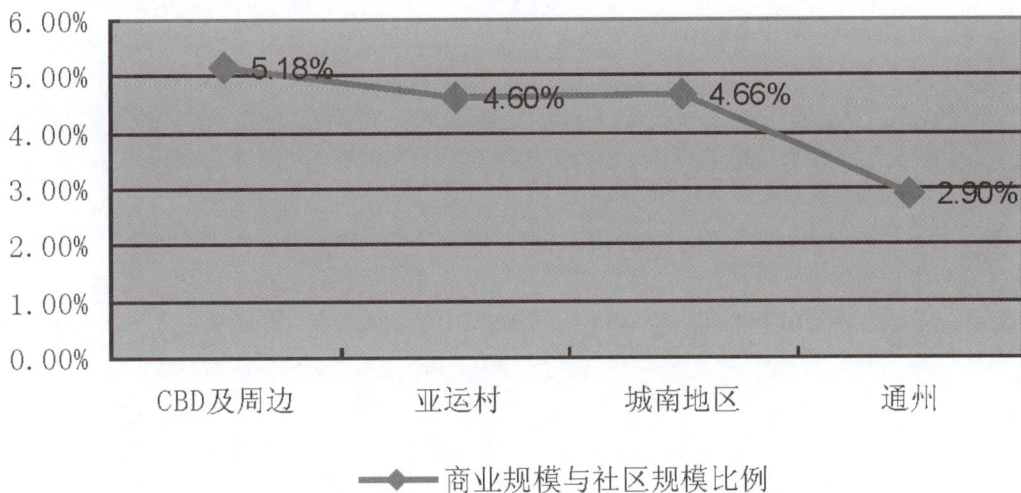

▶── **图25-1 各样本区域社区商业规模**

根据上述分析可见，对于本项目西区而言，社区总建筑面积为110万平方米，按5%的社区商业开发比例，其规模应为5.5万平方米。与"商圈反推法"所得结论基本吻合，客观反映了本项目所在区域商业物业市场需求状况。

3. 小结

根据上述分析可以发现，利用"商圈反推法"与"标准比例比较法"推算的本项目社区商业物业面积基本吻合，均为5.5万平方米左右。本项目西区现规划商业物业规模约为5.3万平方米，符合我司的推论结果，同时也适应当前北京社区商业市场总体发展趋势，我司认为本项目商业物业规模基本合理。

同时应该看到，本规模为本项目西区的总体商业的需求面积，而鲁谷路北侧的绿化带商业物业将对本项目商业物业发展产生一定的压力，若将其计算在西区商业物业范围之内，则西区商业物业总体规模将明显过大，因此对于北部绿化带商业物业的开发，贵方应予以慎重考虑。

四、社区商业业态比例分析

社区商业为有别于城市区域商业中心、Shopping Mall（大型购物中心）、传统商业步行街、专业市场等形式的商业形态，其整体业态分布、经营组合方式、目标客户群体具有较强的区域个性。随着北京市商业物业的不断发展，社区商业已经摆脱传统住宅底商的初始阶段，逐渐成为一种相对独立的商业经济形态，并与商业中心形成互补，成为城市商业市场的重要组成部分，因此，现阶段社区商业的功能、业态等方式已开始发生明显变化。单从社区商业的业态组成分析，由于北京市社区商业发展相对较为滞后，因此总体来讲社区商业市场表现出了较为凌乱的现状，但是根据我司针对社区商业业态供应进行的调研分析，仍可发现目前社区商业市场的相应规律。我司将以北京市社区商业市场现状为基础、结合其未来发展趋势对本项目的商业物业业态比例进行针对性分析与研究。

1. 社区商业业态分布特点

根据调研分析发现，现阶段北京市社区商业主要表现为两种发展现状，即"单一型"主题商业街、"综合型"社区商业中心。在业态分布方面，"单一型"主题商业街以某种业态为重点发展方向，配以部分配套商业设施，形成相应业态的集中供应中心并依据规模形成特色。相对而言，此种社区商业经营业态较为单一，就目前市场现状来看，一般以餐饮、娱乐、休闲等主题的特色商业街为多，具体状况如下表所示：

►— 表25-3 特色主题社区商业街现状表

社区名称	社区档次	面积（平方米）	风格特征	经营主题
SOHO	高	20 000	美食街	餐饮为主
建外SOHO	高	80 000	新天地商业街	餐饮、休闲
万泉新新家园	高	5000	欧洲风情	休闲、餐饮
第五大道	中高	36 000	商业街	餐饮、休闲
欧陆经典	中高	20 000	欧洲风情	休闲、购物
世纪城	中	30 000	地下不夜城	娱乐为主（酒吧、迪厅、KTV）

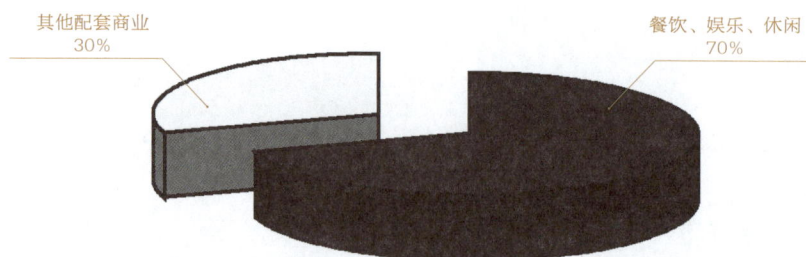

其他配套商业 30%

餐饮、娱乐、休闲 70%

►— 图25-2 主题商业街经营业态比例图

根据上述图表可以看出，"单一型"商业街均以餐饮、娱乐、休闲等业态为经营主题，相对社区档次一般以中高档、高档为主，且社区总体商业物业供应量在2万~3万平方米；同时，此种商业街一般存在于项目周边整体商业氛围较浓、商业配套较为齐全、消费潜力较大的区域，以弥补其业态单一的缺陷。

上述商业街的定位生命力较强，符合现代新型住宅社区的相应消费要求，但由于本项目存在社区商业物业供应量接近6万平方米，规模相对较大，项目周边商业配套设施明显不足，大量底商物业限制了餐饮、娱乐等业态发展等原因，并不十分适宜打造以此类业态为主题的特色商业街；而以其他业态类型为主题的商业街一般不具备汇集大量人流、容易形成浓厚商业氛围的优势，物业最高价值不易得到充分体现。综上所述，本项目物业不适合建设以某种业态占据重要比例的特色主题商业街。

相对而言，"综合型"社区商业中心具备的业态较为丰富，如社区商业配套、餐饮、娱乐、休闲、购物等业态均存在于其中，并且可根据其特点选取适量规模适当发展某种业态作为主力业态以形成特色，互相搭配，相辅相成。考虑本项目物业特性、区域环境现状，本项目社区商业物业应以"综合型"社区商业中心为主要发展方向，以完善社区整体的商业功能。

"综合型"社区商业中心的经营业态比例将于以下章节进行详细论述。

2. "综合型"社区商业业态分布比例分析

根据上述论证表明，本项目社区商业应以"综合型"社区商业中心为主要发展方向，现就"综合型"社区商业业态分布状况进行分析。

根据社区规模、位置、档次、周边商业环境、潜在消费支撑等因素综合考虑，"综合型"社区商业中心应分为两种组合形式，其一为面对社区内部消费人群的"内部综合型"社区商业服务中心；其二为以社区内部消费为基础、逐渐发散面对社区周边的"区域综合型"社区商业服务中心。

（1）"内部综合型"社区商业服务中心的业态组合比例分析

市场调研表明，"内部综合型"社区商业服务中心一般存在于社区规模较小、周边消费力支撑尚不充沛、社区商业比例较小的项目，此类型社区商业的主要功能为服务于社区内部业主的日常消费，通过社区商业配套设施完善其社区整体功能需要。

此类社区商业经营业态以便利店、超市、各种类型的商业配套如眼镜店、口腔诊所、音像店、药店等日常生活消费配套为主，经营范围较为狭小，档次亦不高，区域商业氛围较差，商业影响范围相对有限，基本满足于社区内部消费者及部分周边消费者的日常消费需求。此类型物业业态分布比例为5：3：2，即餐饮和娱乐约占50%，社区配套、服务业约占30%，购物消费约占20%。

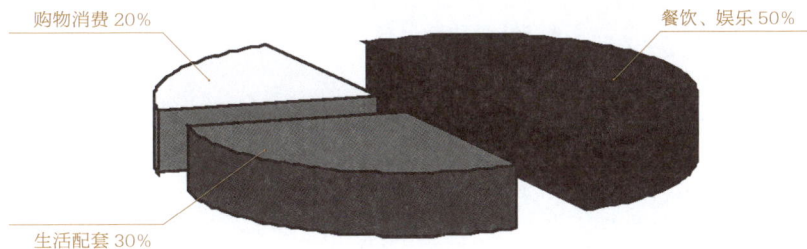

购物消费 20%　　　　　　　　　　　　　　餐饮、娱乐 50%

生活配套 30%

▶━━ 图25-3　"内部综合型"社区商业业态比例图

（2）"区域综合型"社区商业服务中心的业态组合比例分析

由于商业性质不同，"区域综合型"社区商业服务中心的规划对于区域商业环境相对要求较高。首先，项目自身规模将成为能否建设"区域综合型"商业中心的市场基础，一般此类型商业物业的规模相对较大，若无足够庞大的社区内部居民消费支持，将无法保证物业的成功运作；其次，"区域综合型"社区商业中心对于项目周边的商业环境要求较高，区域商业氛围浓厚、消费水平较高将为此类型社区商业中心提供支撑。同时，若项目周边商业发展落后，商业市场存在较大空白，同样将为此类型商业物业的发展提供可能；第三，"区域综合型"商业中心对于项目附近自然、交通等环境因素同样存在较高要求，由于此类型商业物业规模较大，经营业态相对较为丰富，整体档次也会相应得到提升，因此其商业影响力将有所放大，只有拥有良好的交通状况、优越的地理位置等先天优势才能催生其快速、稳定、长期的发展。总体来讲，"区域综合型"社区商业服务中心将不仅满足于社区内部消费者的日常消费需求，同时也将兼顾区域周边、甚至更广大区域的商业消费需求，逐渐成为其商业影响范围内中等规模的商业中心。

此类型社区商业物业的经营除超市、便利店、各种社区配套等社区居民日常消费业态外，将同时具备大中型餐饮、娱乐业、以购物为主的专业专卖店或中等规模商场等经营主题。根据我司的相关资料，此类型物业经营业态比例如下：

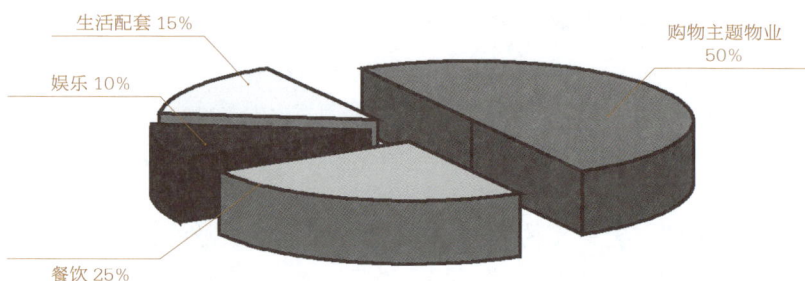

生活配套 15%
娱乐 10%
餐饮 25%
购物主题物业 50%

▶── 图25-4 "区域综合型"社区商业业态比例图

3. 本项目业态分布比例分析

综上所述，我司对社区商业业态的分布比例进行了较为详细的论证分析，从上述分析可以看出目前市场上不同性质的社区商业业态分布现状。在上述分析的基础上，我司将结合社区商业业态分布现状及较为成熟的社区商业业态分布比例，针对本项目进行比较分析。

（1）商业发展条件分析

通过对地块等技术指标分析，本项目西区的商业物业发展具备作为"区域综合型"社区商业中心的宏观条件，具体依据如下：

本项目西区总体商业物业供应量约5万平方米，且此部分物业均占据商业价值较高的地段，整体规模加位置条件将为本项目商业物业的发展奠定良好基础。

本项目西区总建筑面积约110万平方米，将为商业物业提供近2万的社区消费者，良好的消费支撑将为商业物业发展提供保障。

根据市场调研结果，本项目周边商业市场发展相对较为落后，餐饮、娱乐、购物等商业经营活动相对较少，区域商业市场存在较大空白，外部商业环境现状要求此区域应出现一定规模、一定品质的商业物业。

本项目周边交通状况良好，将为本项目与外界的连通提供便利，符合区域商业集聚中心的条件；同时，区域周边企事业机构、医院、学校、酒店等配套物业分布较多，此部分配套将为本项目提供具有一定消费能力的消费者。

（2）本项目业态分布比例分析

根据我司针对本项目西区商业物业的深入分析与研究，业态分布比例如下图所示：

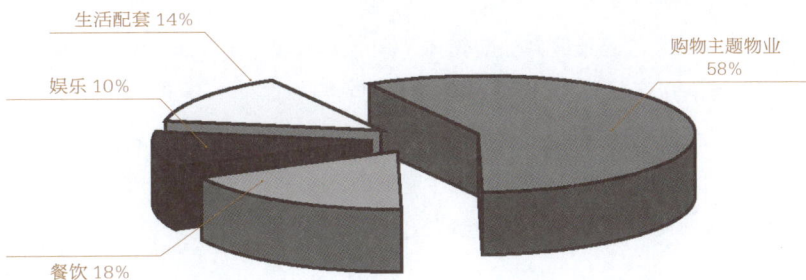

▶── 图25-5 本项目业态分布比例图

（3）对比分析

根据上述我司制定的业态分布，结合"区域综合型"社区商业中心的业态分布比例进行对比分析，具体分析过程如下：

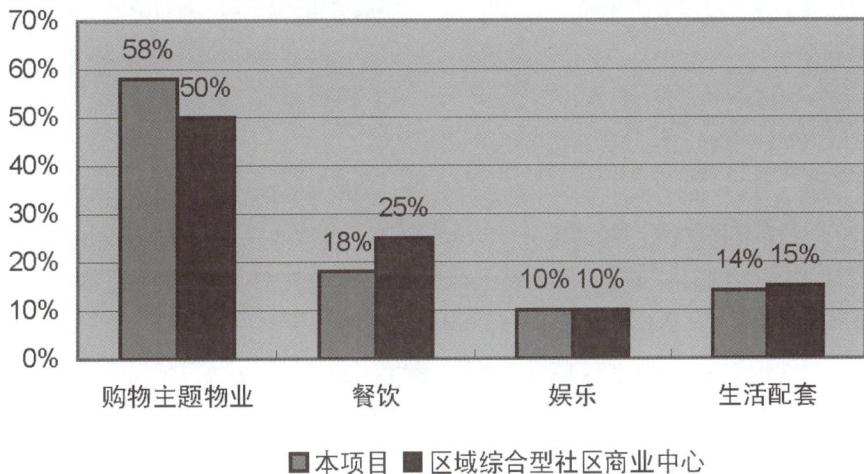

■本项目 ■区域综合型社区商业中心

▶── 图25-6 对比分析示意图

购物主题物业：通过上述图表可以发现，与"区域综合型"社区商业中心相比，本项目西区商业物业购物主题的比例略高，但符合本项目社区发展的总体要求。本项目将设置中等规模的品牌百货商场、品牌超市及特色购物商业街，以烘托本项目的商业氛围，并通过商业氛围的营造制造项目亮点，提升社区整体品质，从而通过商业物业开发带动社区整体物业进展；同时本项目周边大中型商业物业严重缺乏，本项目的相应规划存在较大市场需求。

餐饮：从图中可以看出，本项目西区的餐饮物业少于一般状况下"区域综合型"社区商业中心的比例，主要原因为本项目商业物业受底商的限制较大，餐饮物业的发展受到一定的影响。我司根据本项目西区商业物业特点，因地制宜合理规划出多个板块的餐饮物业，满足相关规定并可实现社区餐饮物业的最高价值及分布均衡性，餐饮物业的比例对于本项目西区物业而言较为理想。

娱乐：本项目娱乐物业与"区域综合型"社区商业中心的比例相同，本项目规划的娱乐物业可基本满足西区商业物业业态总体规划要求。

生活配套：可以看出，本项目社区商业配套与"区域综合型"社区商业配套比例基本相同，根据本项目的实际状况，将完全可以满足社区居民的商业生活配套要求。

综上所述，我司对本项目西区的业态比例进行了深入的分析与研究，并基本确定本项目西区商业业态的比例关系。通过与"区域综合型"社区商业中心业态比例的对比分析发现，本项目商业物业业态分布较为合理，能够满足本项目消费者及商业影响范围内的消费者的共同需求。

五、项目定位

对于房地产物业而言，项目定位就是在针对项目区域市场环境调研和项目自身分析研究的基础上，通过制定适合项目的发展方向及有效措施，使项目在市场竞争中充分发挥其自身特点，形成其他项目无法代替的优势竞争地位，从而最大限度提升物业的商业价值。在商业项目市场定位中应该明确如下基本要素：

本项目应该为何种产品，本项目所面对的目标客户范围。

本产品与竞争产品的不同之处，这种不同之处应当对消费者（投资者、经营者、最终消费者）具有巨大的吸引力，而且建立其他竞争者在短期内无法复制的本产品在消费者心理上与众不同的地位。

通过分析，充分利用项目的特质，并通过一系列的营销策略努力把产品的与众不同之处有效地传达给目标客户群，从而可以令产品在市场上占据最为有利的位置。

同时，商业物业的运作过程不仅仅是简单的物业营销，而且是在销售一种经营模式、投资方式，甚至是一种消费方式。因此，商业物业市场定位关键是要抓住消费者所关心的利益点，确定消费者的心理特点，在充分满足消费群体的利益需求（主要是投资者和经营者）的基础上，保证项目开发取得真正成功。

1.内部协调原则

就本项目西区而言，商业面积接近6万平方米，住宅社区面积约110万平方米，因此对现有商业物业面积进行合理分配，以满足整体社区需求，这一点至关重要。

通过对西区区域状况的深入分析，我司将充分调度西区涉及的各种商业经营元素：社区商业配套相应业态，如便利店、超市、眼镜店、美容美发、康体娱乐、宠物医院、口腔诊所、音像店、书店及各类零散服务业态均衡分布于西区整体社区的每个角落，从而达到满足社区居民日常消费便利、快捷的目的；对于所占面积比例较大的餐饮如家常菜馆、各种特色菜系饭店、中小型西餐厅、酒吧、茶社等业态，将在最大限度减少互相竞争与干扰、最高程度满足消费者便利要求的情况下，均匀、合理分布，并将充分利用现有物业租金水平、物业性质等因素的实际价值；其余所涉及的价值较高的商业经营业态如服装服饰及各类承受租金较高的业态规划于自身商业价值较高、邻近鲁谷路的区域，一方面，上述客户经营活动频繁，容易营造商业氛围，另一方面，此部分价值最高的商铺将可达到较高的租售水平。

通过上述规划，西区6万平方米商业面积将可形成较为理想的分布格局，在满足社区便利的同时亦可实现较高商业回报的开发目的，我司将按照此原则进行社区内部各种物业与业态的相应安排。

2. 业态丰富、周全原则

由于西区商业以内部消费为基础、兼顾辐射周边区域的总体指导思想，业态安排是否合理将决定本区域商业物业的功能定位状况是否良好。

社区配套方面，我司将规划各种社区服务业态（同时也是社区底商出现频率最高的业态），如中型社区品牌超市、眼镜店、口腔诊所、冲洗店、美容美发、便利店、洗浴足疗、花店、宠物医院、音像店、洗衣店、水站等，以满足社区居民及部分外部消费者的日常消费需求，功能业态齐全，足以支撑社区需求；餐饮娱乐方面，安排接近1万平方米的物业面积，以满足项目一期、二期及周边消费者如现状小区、京西奥园等小区居民的需求，面积有大有小、档次不一、菜系不一、类型不一（中西餐饮、咖啡、茶社、酒吧等），从而形成较完善的餐饮体系；消费购物方面，我司根据市场需求状况，规划家居、家饰、服装、服饰专卖店等，用以丰富整体物业的购物功能；金融证券方面，我司预留相应的面积用于银行分理处、储蓄所及证券交易所等，进一步完善社区金融配套服务功能；其余业态如活动中心、娱乐等也将得到体现，考虑经营难度在满足便利的前提下将被安排在物业价值较低的位置。

综上所述，我司将根据社区及周边消费需求，依据全面、丰富的原则对业态组合进行相应规划，通过齐全的业态形式提升商业物业及本项目住宅物业的价值。

3. 因地制宜原则

本项目西区物业面积约6万平方米，相对社区底商供应规模略显过量，加之受到底商业态的限制、规划布局的影响，业态分布安排局限性较大，因此对社区整体物业功能组织提出了较大挑战。

通过对本区域物业产品性质的深入研究，我司将充分利用现有物业特征，因地制宜地合理分布各种业态组合。由于餐饮、娱乐、洗浴等业态不能置于住宅底部，我司根据本项目物业特点，合理利用商业独体楼的作用，将上述业态安排其中，并符合区域消费要求；对于大进深、小面宽、形状较为凌乱的物业，则采取灵活分割的方式规划给对此部分要求相应较低的客户；对于物业价值较低，租、售困难较大的二楼物业，部分采取打造空中商业街的方式以形成特色，或部分分割给可以接受此部分物业的客户，从而灵活消化；此外，对于商业价值极低、不适合各种业态进驻的物业，采取建议开发商自主经营的方式予以消化（此种物业面积十分有限）。

同时，在安排物业组合的过程中，我司根据各个板块物业的不同性质，配以符合其特点的相应业态，并充分考虑物业租售价值及商业氛围的营造，以期为物业的可持续经营奠定良好的基础。

综上所述，在本项目西区的市场定位和业态分布中，我司将遵循上述原则进行总体控制协调，所制定的各项业态分布均依据其相应市场的支撑条件、物业支持条件、业态自身需求条件、总体规划要求等环节展开，从而达到业态充分符合社区商业发展要求的目的。

六、区域业态定位

1. A、B区域业态分布建议

（1）板块现状

本板块为YYSS西区北部自西北角向东延伸近300米的临街商业物业，由A、B两个区域组成。总建筑面积3.4万平方米，其中A区为一栋三层独体商业楼，B区为地上两层住宅底商。

A区位于鲁谷路和鲁谷西路交汇处的十字路口东南角，双向临街，地上总建筑面积1.65万平方米，共三层；地下总建筑面积1.24万平方米，共二层。该物业地上有1.2万平方米为还建商业，其余4500平方米为社区商业配套。

B区位于鲁谷路南侧，西侧紧邻A区，中间以一入口相隔，由两栋住宅楼底商连通而成。从整体来看为一条长220米的带状临街物业。为住宅底商形式，共两层，该底商物业连通处为长22米、宽17米，单层面积约350平方米的方形区域，东西两段形态相同，均为长100米的带状物业。

综上可见，该板块商业物业处于项目西北角，双面临街，展示效果优越，住宅底商和独体商业楼两种不同形态的商业物业有机结合，使本区位商业物业价值得到最大化体现。

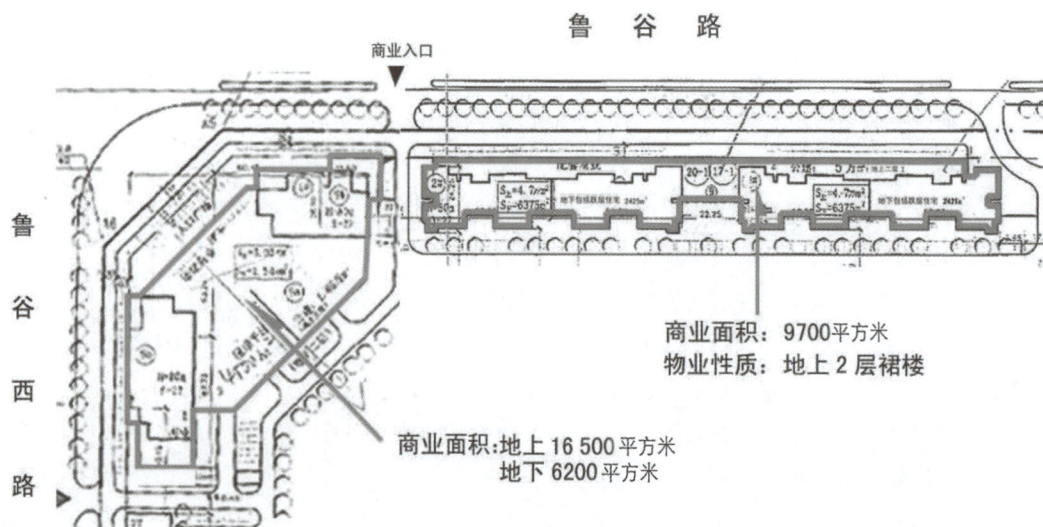

▶── 图25-7 项目现状图

（2）交通状况

本板块位于项目西区西北部，周边路网发达、交通便利。距西四环八宝山地铁站仅500米，除一号线地铁外，周边还分布着近17条公交线路，距本板块东部1000米处还有公交车始发站。由此构成四通八达的交通网络，为项目未来入住居民的出行提供了快速、充分、便捷的条件。

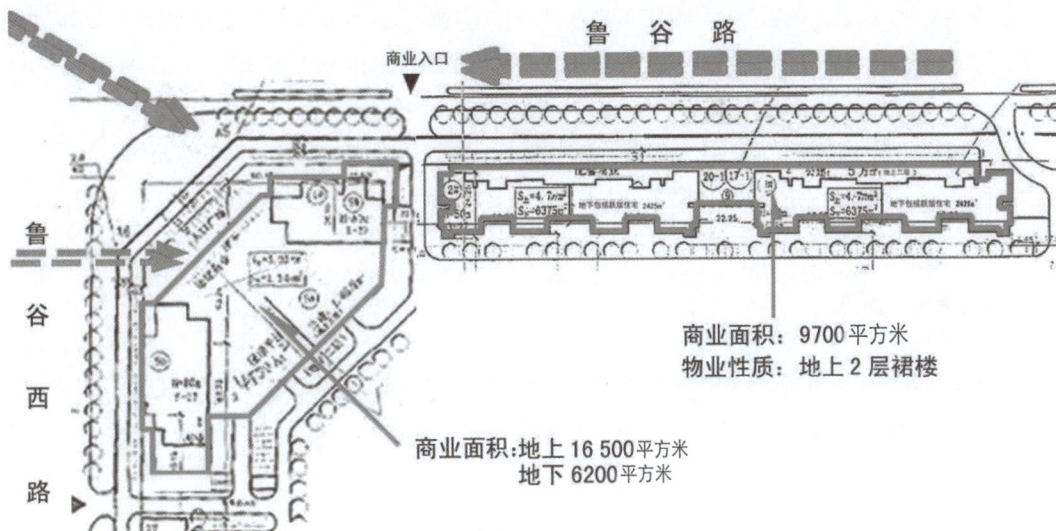

商业面积：9700平方米
物业性质：地上 2 层裙楼

商业面积：地上 16 500平方米
　　　　　地下 6200平方米

▶── **图25-8　交通人流组织图**

（3）目标客群

通过项目前期调研发现，本项目西部区域（鲁谷西路以西）分布大量现状住宅小区，如鲁谷小区、永乐小区等，居住人口较多，但商业设施严重缺乏，迫使居民外出购物必须向东行，而本板块的商业物业是该区域商业项目中距离西部各小区最近的一处物业，加之便利的交通网络，使得居民搭乘地铁、公交车、自行车，甚至步行到达都十分方便。而对于项目东部的住宅小区居民来说，其外出购物的可选余地较大，即使与东西两侧物业距离相等，其东部较浓的商业气氛和日常购物的习惯都会降低其选择本物业的几率。

故本板块的目标客群主要以本项目社区内居民及项目西部众多住宅小区居民为主，本案商业物业80%的消费群体来自于此；其余20%来自于项目东部区域居民及周边较远辐射范围内的人群。

通过前期调研结论可知：该区域20~50岁年龄的人群占50%以上，表明本区域以青年、中年消费者为主要客群，同样也是购买力最强的消费群体，此部分人群将成为本案最为有效的消费力支撑。同时，由于20岁以下年龄层的人群占总人数的17.7%，在未来几年消费市场中，此年龄段的人口也将具有较强的消费潜力。

（4）业态组合倾向

根据上述对目标客群年龄结构的分析可见，该区域消费人群的年龄偏轻，该部分人群的消费特点是消费需求旺盛，冲动性购买较多且购买多样化。故该区域商业物业的业态设置应丰富多样且内容时尚新颖。结合我司对项目周边调研发现的市场空白，建议在本板块设置如下主力业态：餐饮、服装服饰、家居饰品。但就居民收入水平来看，分布不均匀，月收入在2000元以下的人群占总体的比重较大，表明中低收入水平占据本区域的主导地位，消费能力较低决定了本案商业物业的档次不宜过高。

（5）板块定位

①定位出发点

本板块占据YYSS社区的重要区位，西侧存在众多住宅物业，结合本板块商业物业规模，本区位具备开发商业物业的先天优势。但由于部分物业建筑形式不太理想，也存在限制餐饮、娱乐等行业发展的影响因素。

故在该板块市场定位中，我司认为本物业提供的功能除立足于满足本社区消费人群外，还应紧密结合周边市场环境，有效利用周边消费人群和优势资源，最大限度挖掘项目的商业价值，并适当通过特色商业街的营造，不断完善和扩大本板块的商业功能。

②A区商业业态定位

A区位于鲁谷路和鲁谷西路交汇路口东南角，物业由一栋独体商业楼和两侧住宅底商组成，地上三层，总建筑面积1.65万平方米，地下两层，共1.24万平方米。考虑到该物业中存在还建商业，且还建商业是否为"大中电器城"还未确定，故就该区域商业业态布局，我司建议如下两套方案：

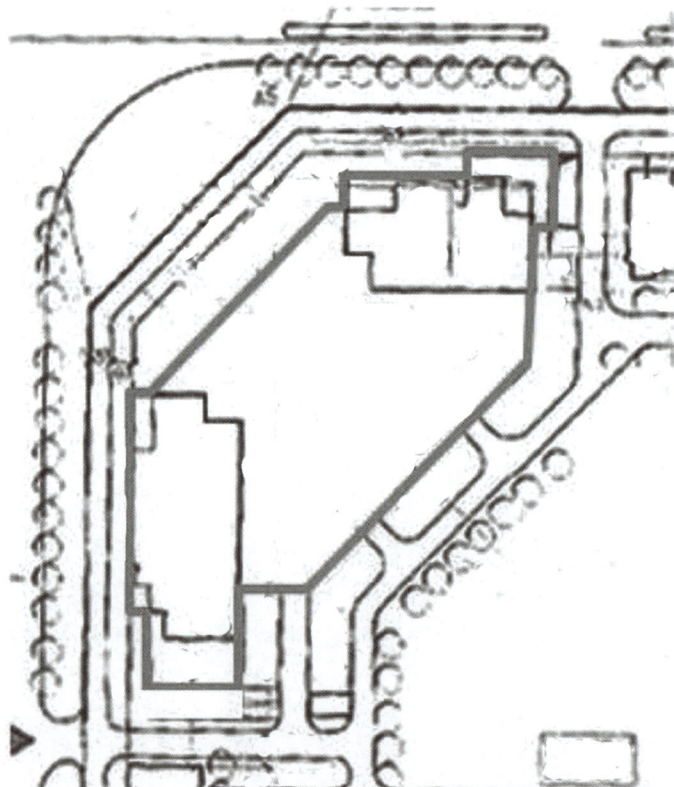

▶—— 图25-9 项目现状图

A.还建商业暂定为"大中电器城"

❯ **表25-4 业态布局及规模**

楼层	业态布局	规模（平方米）
地下一层	超市、停车场	6200
地下二层	停车场（商业专用）、设备区	6200
地上一层	大中电器	12 000
地上二层		
地上三层	餐饮	4500

超市：该板块为YYSS项目一期工程，考虑未来入住居民的基本生活需求，超市的引入必不可少。因还建商业占据地上一、二层的位置，为方便超市商品的采购运输，超市设置在地下一层比较合理。

餐饮：本板块周边餐饮设施十分缺乏，随着社区大量居民的入住，就餐困难的问题将更加明显，故在此设立餐饮业态十分必要，不仅可填补市场空白，同时在一定程度上还将对本项目起到吸引人流的作用。但根据北京市政府规定，住宅底商不能从事餐饮活动，故考虑将餐饮放置在独体商业楼三层。结合项目周边消费需求及经营商户开店策略，我司建议引入5~6家符合周边消费层次的中档餐饮商户，其中包括2~3家风格不同的大型餐饮商户（如家常菜、东北菜、川菜、火锅等）和其他小型餐饮商户（如大娘水饺、马兰拉面、永和豆浆等）。

此方案中，大中电器所在楼层为商业价值最高区域，虽然能吸引人流，但同时存在众多弊端：

该物业为电器专业店，经营种类针对性强且单一，居民综合性购物的需求难以得到满足；该物业的经营性质又决定了其外立面的建造及装修不能突出商业物业应有的浓厚氛围；经营商品多为大件物品，且进出、搬运活动频繁，在入口处极易造成交通拥堵、混乱的状况，影响物业形象，降低物业品质。

综上所述，还建商业为"大中电器城"，限制了该物业商业内涵的充分展现，项目一期商业的成败将直接影响本案住宅销售及后期物业开发，故对该处业态的功能及布局应慎重对待，我司建议不采用此方案，并就此提出第二套方案。

B.还建商业不为"大中电器城"

通过项目前期调研发现，在本项目西部区域（鲁谷西路以西）分布大量现状住宅小区，如鲁谷新区、永乐小区、七星园等，居住人口较多，但商业设施严重缺乏，到达距此最近的商业区——公主坟商圈也有近5公里的路程，使居民外出购物极不方便。

而此地块位于鲁谷路和鲁谷西路交汇处，物业双向临街，展示效果优越。周边路网发达、交通便利。距西四环地铁八宝山站仅500米，除一号线地铁外，周边还分布着近17条公交线路，由此构成四通八达的交通网络，为周边人群的出行提供了快速、充分、便捷的条件。

结合上述该区域特点可见，此处物业的功能应为以购物为主、在满足本社区居民的同时辐射周边消费者的综合性商业物业。根据其物业形式，我司建议商业业态布局如下：

▶—— **表25-5 业态布局及规模**

楼层	业态布局		规模（平方米）
地下一层	超市		6200
地下二层	停车场（商业专用）、设备区		6200
地上一层	百货	化妆品、皮具、钟表等	11 996
地上二层		男女服装、服饰	
地上三层		儿童用品、运动休闲用品、餐饮	4504

此方案的业态组合与方案A相比，商业供应量明显增加，业态更加丰富，形象也因此得到提升，商业物业价值得到最大化的体现，其具体表现可以从价格看出：

▶—— **表25-6 两种方案的价格对比**

方案A		方案B	
楼层	价格（元/天·米²）	楼层	价格（元/天·米²）
地上一层	2	地上一层	6~8
地上二层	2	地上二层	3~4
地上三层	1.5~2	地上三层	2
年租金收入约：1154万		年租金收入约：2509万	

综上所述，就租金来看，方案B的租金回报比方案A高出一倍还多，其物业自身商业价值及利润均将得到最大化体现；再者，百货商场比专业市场更易聚集人气、渲染商业气氛，其经营的火爆程度将对项目后期的运作起到直接的促进作用。综合以上几点原因，我司更倾向于方案B。

③B区商业业态定位

B区位于鲁谷路南侧，西侧紧邻A区，中间以一入口相隔，由两栋住宅楼底商连通而成。从整体来看为一条长220米（宽度未定）的带状临街物业。底商共设地上两层。

其初步定位为：

以购物为主题，以休闲为烘托；

辅以生活配套设施的中高档商业物业。

对于B区住宅底商物业，其商业价值在西区所有商业物业中最高，为充分体现其自身价值，满足更多消费者多方位需求，并以此带动其他区位的商业氛围，我司认为应打破以往多种商品聚集，虽种类齐全，但小而杂、档次低的常规做法。将该物业打造成有主题、有形象的特色商业物业，确立运动休闲、时尚潮流、儿童天地三大主题。主题突出的商业更有利于提升项目整体物业形象，促进商铺销售。

▶── 表25-7 B区商业物业功能布局

分布位置	业态功能及设置		面积		
			单体面积（平方米）	数量	总面积（平方米）
B区西段	运动休闲	运动装	200	2	400
			100	2	200
		休闲装	60	4	240
		户外运动用品	100	3	300
		运动器材店	100	3	300
	时尚潮流	流行服装	100~120	4	400~480
		服饰	50~100	4	200~400
		鞋帽	50	3	150
		箱包皮具	50~100	3	150~300
		发饰	50	2	100
	儿童天地	童装	50	5	250
		儿童玩具	50	2	100
		童车、童床	120	2	240
		婴儿用品	100~200	3	300~600
		儿童摄影	200	1	200
B区东段	社区便利	干洗店	100~120	2	200~240
		冲印店	80~100	2	160~200
		美容美发	120	1	120
		音像制品	120	1	120
		药店	200	1	200
		西点屋	100	1	100
		冷饮、水吧	100	3	300
		眼镜店	100	2	200
		皮鞋美容	50	1	50

续表

分布位置	业态功能及设置		面积		
			单体面积（平方米）	数量	总面积（平方米）
B区东段	社区便利	通讯器材店	200	1	200
		鲜花礼品	50	1	50

（6）商铺分割建议

根据本项目3#、4#楼建筑调整状况最终确定，A区底商物业首层、二层均不退后，商铺进深为12~15米，面宽为8~10米，因此每一复式单元面积均不超过300平方米。

上述店铺分割方案基本符合经营业态需求、投资者投资需求等方面的要求，且楼层分布、进深、面宽等设计使本部分底商物业具备了较高品质，为后期商户经营、投资者选择商铺奠定了较好的基础。同时，此种分割方案仅满足于物业建设初步阶段的工程要求，对于后期各种经营商户的开店要求还需要进行更加细化的划分，待项目招商工作正式开始，我司将根据具体商户的要求制定相应的店铺分割细化方案。

▶—— 表25-8 店铺分割统计表

分割阶段	技术指标	店铺分割现状
初步阶段	楼层数量	1
	进深	12~15米
	面宽	8~10米
	复式店铺面积	200~300平方米
细化阶段	进深	12~15米不变
	面宽	根据具体业态分布、商户要求，面宽将控制在4~10米，原来的8~10米面宽将可能划分为2个店面，最小店面面宽控制在4米以上
	店铺面积	细分后将出现300、150及70~150平方米的店铺，根据业态需求及整体规划分配

（7）目标商户

▶—— 表25-9 目标商户

业态	目标商户
餐饮	郭林、太熟悉、东北虎、金山城、福华、大娘水饺、马兰拉面、永和豆浆及各式风味小吃

续表

业态	目标商户
购物	窗帘布艺、餐饮用具、玻璃器皿、浴室用品、地毯、挂毯等
运动休闲	李宁、康威、百事、圣玛田、伊韵儿、百世吉、S&K、蜂鸟、三夫等运动品牌，球拍、渔具、泳具、滑雪用具等体育用品
时尚服饰	百图、红英、班尼路、真维斯、佐丹奴、罗宾汉、海盗船、星空、百草堂、优妮、百思图、双星、兴洁、永乐、中沪
儿童用品	哈哈、红三角、美联、麦菱、新乐、申新、贝亲
社区便利	荣昌、福奈特、柯达、富士、柯尼卡、乐凯、欧莱雅、柏安、四海、四星、华人、金象、德威治、京卫、一元堂、好利来、优力、金凤成祥、乐百氏、娃哈哈、燕京、雀巢、大明、雪亮、雅视

2. C区商业业态建议

（1）板块现状

①初期状况

由下图可以看到本项目板块现在所处位置的基本条件。板块位于本案总体项目规划的东北方向，双面临街，北面临鲁谷村路，东面临玉泉西路（规划中），其中北面的鲁谷村路在我司的项目总体规划中为主体商业街。面积为8155平方米，东西直线距离为185.03平方米，南北进深不等，分别为24米、45米、25米，楼层分布分别为：西面是一座独体商业配套建筑，楼层一层；中部为住宅底商，楼层二层；临玉泉西路有一座独体商业配套楼，楼层二层。

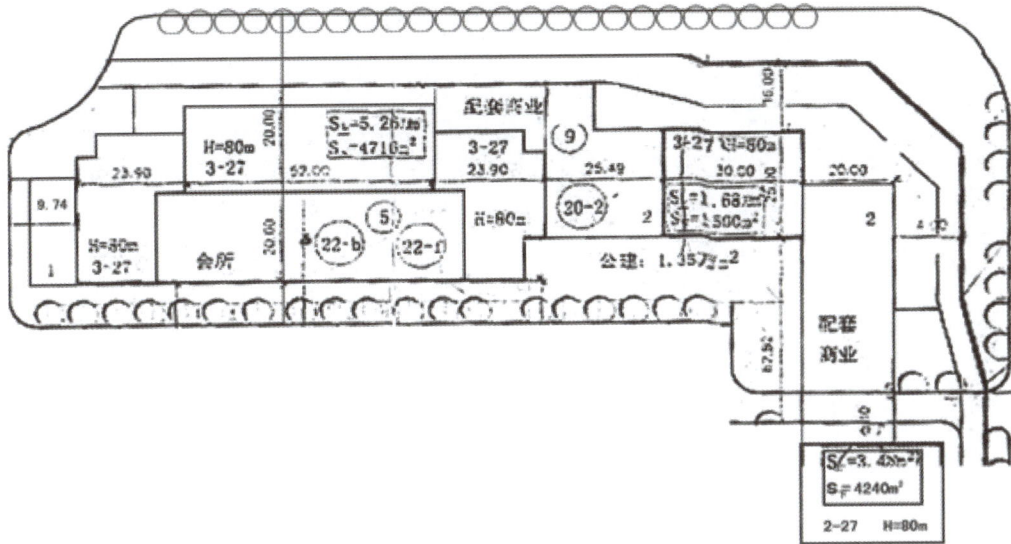

▶── 图25-10 项目现状图

②性质

根据项目介绍，本板块性质为住宅底商与独体商业配套楼相结合，住宅底商面积为5762平方米，独体商业配套楼面积为2393平方米。住宅底商紧邻社区会所，环绕中央，长度为155.29米，进深最大为45米，最小为24米。独体商业配套楼处于板块两端，面积分别为233平方米和2160平方米。其中需要说明的是东面配套楼一层与二层南北长度不等，一层为62.82米，二层为74.92米，东西进深为20米。

③组合状态

从以上图片及板块介绍上不难看出，本板块分为两部分——住宅底商和独体商业配套楼，二者之间的关系为住宅底商在正中央，两边分别为独体商业配套楼，东面独体商业配套楼的建筑格局为朝东坐西，其余全部都为朝北坐南。

（2）板块环境分析

①交通分析

对于任何物业而言，便利的公共交通都是商业物业生存发展的必备条件，也是经营成败的重要因素之一。本案作为一个多功能住宅小区，人流是商业宝贵的资产，是否可以有效地利用，将决定商业经营的命运。因此我司会进行充分考虑，将大部分人流转化成为对商业直接有效的市场支撑。根据以上图中所示，本板块有多条公交线路可以到达，212路（夜班车前门——玉泉路）、308路（白云路——鲁谷——衙门口）、831路（辛庄——鲁谷东口——张仪村）、621路（玉泉路——四海公园）、354路（丰台马场——鲁谷——石景山）、373路（北京西客站——玉泉路）、338路（玉泉路——丰台路）、389路（玉泉路——八宝山——八大处）、728路（老古城——玉泉路——通州东关）、817路（国防大学——玉泉路）、地铁1号线（苹果园——八宝山——玉泉路——四惠东）。分别从东西方向到达本项目板块，我司也会有效地利用起这些资源，实现其商业价值。

②定向消费人群

本项目所在区域有常住人口28万人，外来人口4.1万人，区域内共计居民家庭100 232户。周边有多个住宅小区，如鲁谷小区、永乐小区、鲁谷新居、泰达小区、京西奥园（待建）。此周边新老小区将成为本项目板块的主力消费人群，二级消费人群为公交路过人群及项目周边较远辐射区。

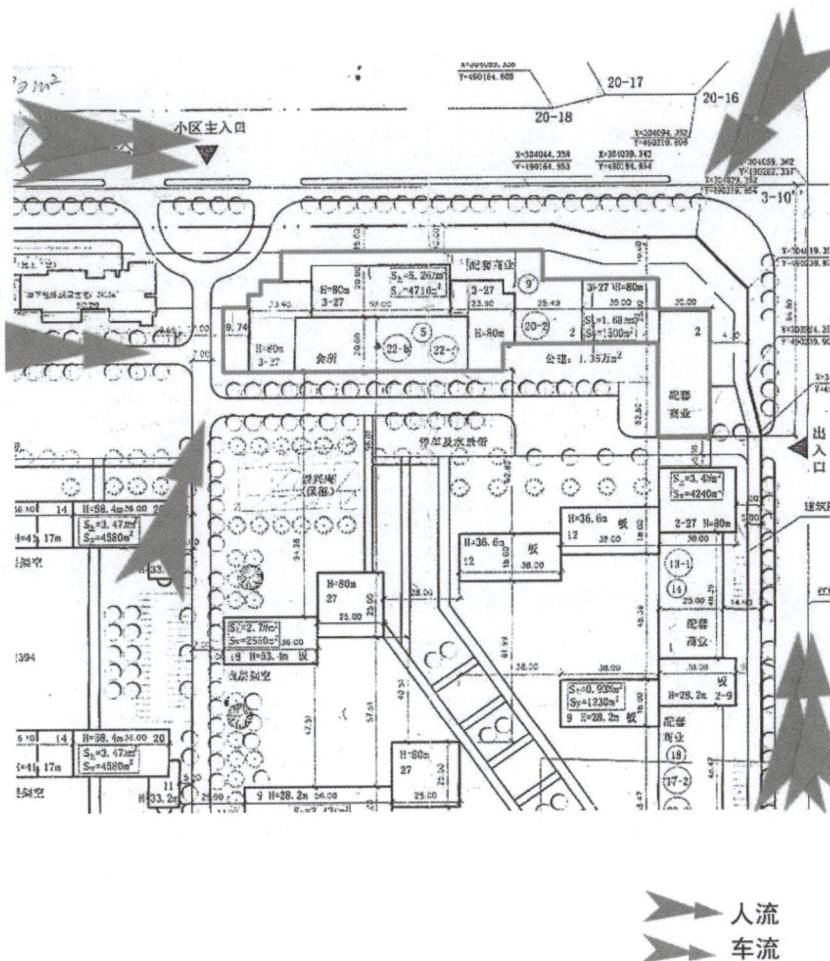

▶ 人流
▶ 车流

▶—— 图25-11 区域消费车流、人流图示

③业态组合倾向

由于本区域内所处位置为石景山区，以北京各区域的商业划分来说，本区域商业氛围较为淡薄，但这并不影响我司对本项目的最初整体规划，因为石景山区从公主坟向西没有具备一定规模的商业区，所以我司在项目的整体定位及业态组合上有意在本区域打造一条具有一定特色的商业步行街。从以上消费人群档次及人流方向来讲，打造商业街的前提条件是以社区便利服务及便利休闲购物为主题，内部购建齐全，但每一种业态都不会太大，基本上以100平方米至200平方米的店铺为主，符合消费人群心理，以休闲、便利、开心为主题，力争打造西部第一商业街，进而提高YYSS商业物业价值，实现利润最大化。

（3）板块定位

①定位主题

结合我司对贵司前期提出的市场调研报告及本案自身环境条件对本板块商业配套方面进行市场定位，最终定位于"社区综合商业服务街"，即以金融业、便利店、餐饮等为主体的社区商业服务设施及以会所健身、休闲、娱乐为辅的配套设施。

机要档案 25：社区商业

②主题诠释

我司会依据产品定位的三层次原理来具体阐述：第一层是"核心价值"，它指的是产品存在的理由，加上产品所具有的基本功能、所服务的业态。第二层是"有形价值"，这包括直接与产品相关的所有部件，如品牌、包装、质量及功能，同时它们也是产品的重要组成部分。第三层是"增加价值"，这其中包括间接的或者有意添加的各种性能及服务。因此在市场定位中我司会结合各种环境来确定业态。

③总体诠释

通过定位确定了本板块的经营主题，以金融业、便利店、餐饮等为主体的社区商业服务设施及以会所健身、休闲、娱乐为辅的配套设施，其档次为中档，面对月收入3000元~4000元的中档消费群体，以及居民月消费能力在1000元~2000元的周边住宅。

④业态细化诠释

金融业（银行、证券交易所）

根据本板块所处地理位置及主题定位，我司考虑在此选择以金融业为主体的社区配套服务，原因有三点：第一点为本板块主题需要，突出以金融业为主的特色；第二点从本项目总体区域环境来考虑，周边较为缺乏银行与证券交易所，市场需求可提供有效支撑，尤其以证券交易所为例，可带动两间银行，其业态组合为互补关系；第三点从本项目来考虑，由于本项目为新建小区，项目庞大，因此其内部各业态组合应非常齐全。

便利店（小型超市）

在本案总体项目定位中共有两个社区便利店及一个大型超市，本案东西长600米，南北长720米，属于大跨度社区，因此在社区主要便利服务中我司从住户的角度来考虑，主要体现在到达的方便性上。分别在西南区及东北区留有社区便利店，在玉泉西路中部留有大型超市，这样既可以满足本社区住户需求，同时也可辐射至周边住宅小区。

餐饮、咖啡休闲吧、茶艺馆

在任何一条具有商业氛围的街道，餐饮都是必不可少的一项，原因有三点：第一点是在我司的定位中明确提出打造商业步行街，餐饮是首选，并且选址在双面临街的东北向，门前有充足的停车位，与西北向餐饮遥相呼应，形成战略格局；第二点是由于在市政府的规定中有说明，住宅底商不允许开设餐饮、娱乐、网吧等商业设施，因此本板块也以此为首选条件之一；第三点是从本板块来考虑，由咖啡休闲吧、茶艺馆及社区会所，以及证券交易所、银行带来的人流构成了餐饮业的主力消费群体。

西式餐厅（好伦哥、仙踪林、西饼屋）

从本板块的各项业态来考虑，板块中多以中式文化为主，为体现本项目的整体综合性及各板块之间的差异性，我司会依据市场及租金的承受能力选择适合本区域的西式餐厅，初步定位于以上三家。由于我司考虑到本业态的特殊性，因此在其经营上还是以中档为主，完全依据整体项目综合业态及住户消费能力来定位此板块。

宠物医院、冲印、打字复印、洗浴中心、地铺、音像店、眼镜店、美容美体中心、口腔医院、干洗店等服务设施等多项业态在我司的定位中主要体现在社区便民服务上，从本板块的建筑格局及面积分布来考虑，首先是本板块最为适合以上多种业态相互组合，易于构建商业氛围；其次也符合本板块最初的定位初衷，由于作为本项目配套之一的会所也处在本板块之中，因此在项目的最初规划中就已影响了本地段的经营业态，其相互之间的关系为优劣势互补。

▶━━ 表25-10 业态细化分布表

业态 要求	面积（平方米）	数量	目标客户
银行	200	2	工商银行、建设银行等商业银行
证券交易所	1200	1	华夏证券、北京证券、湘财证券
便利店	238	1	华联、小货郎超市、快客
眼镜店	100	1	雪亮、大明、锋豪、宝岛
餐饮	2160	4	太熟悉、大鸭梨、郭林、小肥羊
口腔医院	200	1	永康口腔诊所、佳美门诊
干洗店及水站	100	1	荣昌、福奈特
咖啡休闲吧	200	1	个人经营
茶艺馆	200	1	茗人、五福、香园
冲印、打字复印	100	1	柯达、富士
宠物医院	300	1	博爱
地铺	50	1	中原房地产经纪有限公司
音像店	200	1	华人音像、四星音像
洗浴中心	1500	1	待定
西式餐厅	300	3	好伦哥、仙踪林、西饼屋
美容美体中心	1200	1	雪丹、凤仪轩
会所	4800	1	社区配套

（4）业态组合建议

根据我司对本区的定位及图中所列各项业态，确定本板块最终定位于"社区综合商业服务街"。其业态内部具体由西至东分布如下：

社区便利超市分布在本板块最西边的独体商业配套中，门面向西，面积238平方米，进深9.74米，面宽24.4米，楼层为一层。

茶艺馆、休闲吧、干洗店、水站主要位置紧邻会所西侧，门面向南，面积约为320平方米，进深20米，面宽约为16米，楼层为二层，其性质为住宅底商。分割建议沿会所东西向直线划分，内部配备楼梯、卫生间。

银行、眼镜店、音像书店、冲印店、打字社、咖啡吧、艺术影楼等业态位于本板块会所左上方，门面向北，面积约为1000平方米，本段建筑格局较为复杂，进深不一，分别为25米、15米，面宽23.9米，楼层为二层，其性质为住宅底商并有一部分独体商业配套。分割建议沿会所正前方垂直升到顶端，内部配备楼梯、卫生间。由于此段格局比较杂乱，因此我司建议通过合理的划分并整合以上各项业态，以弥补建筑格局的不合理性。

西式餐厅位于会所正上方，门面向北，面积约为1300平方米，进深约25米，面宽52米，楼层为二层，其性质为住宅底商并有一部分独体商业配套。由于此段为本板块黄金地段，以上业态的租金承受能力较高，并且业态组合有其一定的特殊性，因此我司在此段业态的分割上较为谨慎，建议沿会所正前方垂直升到顶端，建筑格局呈矩形，分布较为明确，整体布局不混乱，并配备楼梯、卫生间。

口腔医院、美容美体中心、宠物医院沿此向东划分，以上业态位于会所东面，门面向北，面积约为2000平方米，本段建筑格局也同样较为复杂，但其业态也同样可以弥补其不合理性，进深不一，分别为45米、25米、35米，面宽23.9米，楼层为二层，其性质为住宅底商并有一部分独体商业配套。分割建议沿会所右方垂直升到顶端，内部配备楼梯、卫生间。

洗浴中心位于本板块东部，门面向北，面积约为1500平方米，进深为25米，面宽约为25.49米，楼层为二层，其性质为独体商业配套楼，因此在其业态组合及经营上不会受到政府条文的约束。分割建议沿会所右方垂直升到顶端，内部配备楼梯、卫生间。

银行、证券交易所、地铺等业态位于会所最东侧，门面向北或向东，面积为1300平方米，进深25米，面宽30米，楼层为二层，其性质为住宅底商。业态分割以证券交易所为主，银行为辅，二者形成互补关系，配以中原公司商业地铺。内部配备楼梯、卫生间。

餐饮位于本板块最东面，门面向东，面积约为2160平方米，进深20米，面宽62.82米，二层，其性质为独体商业配套楼，一层南面建筑格局为挑空至二层，门前有进深14米的空地作为停车场，业态以家常菜为主，分割方式为一层、二层对齐，均匀分为4块，每块均配备楼梯、卫生间及货物进出口。

（5）补充说明

因小区会所处于本板块中，现就会所与其他商业配套设施的功能区分作如下补充说明。

根据我司对北京市部分会所消费者的调研发现，人们对于会所功能的需求主要有以下几个方面：

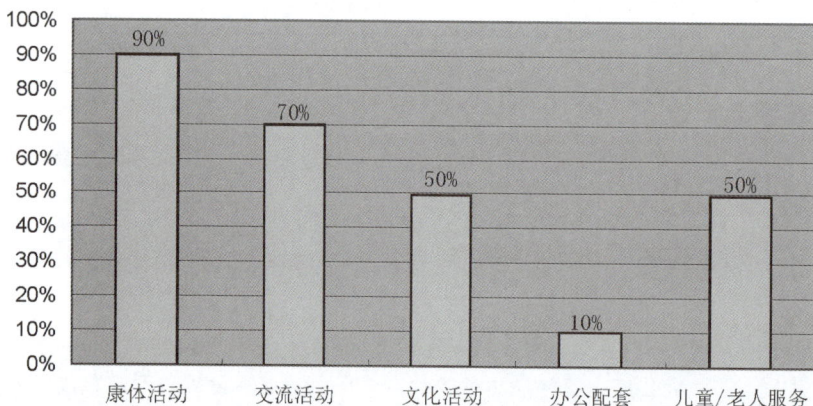

▶── 图25-12 消费者对会所功能的需求

康体活动即本会所的主要功能，会所配备齐全的健身设施，包括游泳池、跳操大厅、健身器材等，供人们到此进行健身、器械锻炼。与本区域设置的美容美体中心有较大差别，后者主要指概念性较强的服务，如SPA、舍宾、仪器塑身等；

交流活动主要指咖啡厅、茶社、酒吧等休闲场所，供人们聊天聚会及商务会谈，在本案的B区、C区中有所涉及；

文化活动主要指类似于图书馆、展览厅、画廊等文化气息浓厚、以休闲性观赏或交流探讨为主的场所，但考虑到本社区居民的消费习惯及消费水平，在本案中未涉及；

办公配套主要指会所经营人员的办公空间设置；

儿童/老人服务是针对儿童及老人的需求开设的特殊服务，如儿童智力开发、老年技能培训等服务；

本物业会所处于C区，总建筑面积4800平方米，基本功能以康体活动为主，因其经营面积、经营方式等影响因素，会所内无法兼顾其他消费者需求的功能，故我司在西区业态定位时也给予了充分考虑，特别是咖啡厅、茶社、酒吧及美容美体中心等，并在其业态布局上结合会所合理设置，使各业态及会所既能有效融合，形成整体效应，又能互相补充，各展其能。

3.D区域业态分布建议

（1）板块现状

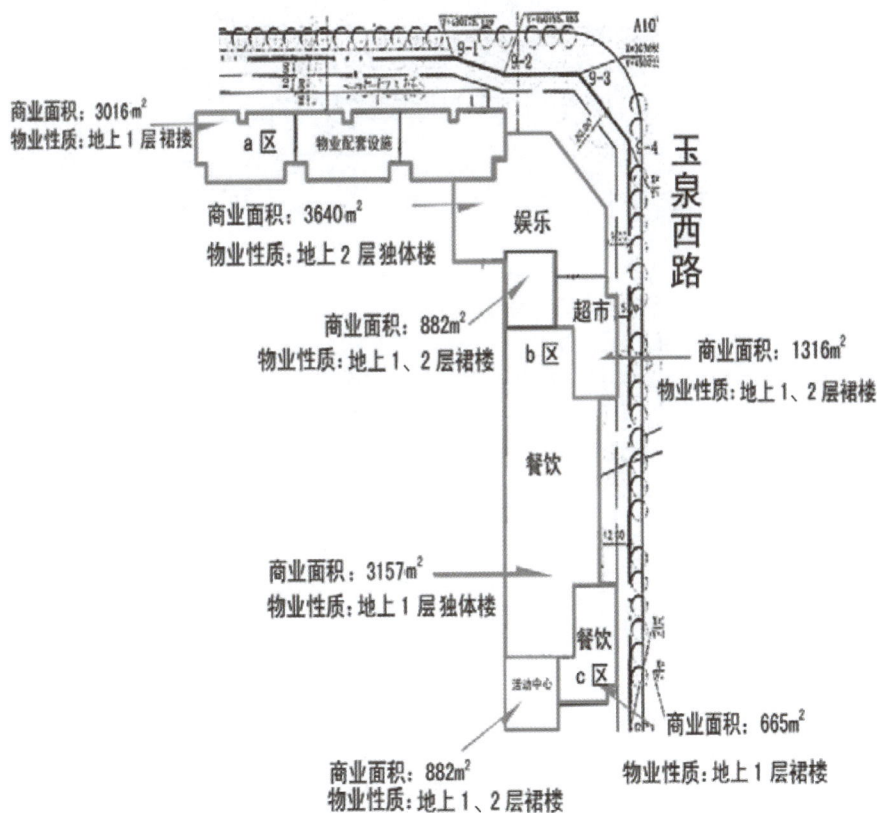

商业面积：3016㎡
物业性质：地上1层裙楼

商业面积：3640㎡
物业性质：地上2层独体楼

商业面积：882㎡
物业性质：地上1、2层裙楼

商业面积：1316㎡
物业性质：地上1、2层裙楼

商业面积：3157㎡
物业性质：地上1层独体楼

商业面积：665㎡
物业性质：地上1层裙楼

商业面积：882㎡
物业性质：地上1、2层裙楼

▶—— 图25-13 项目现状图

板块D位于YYSS西区中部东侧角，呈"╕"形分布，双向临街，由a、b、c三个区域组成。总建筑面积为1.36万平方米，其中商业面积为10 653平方米（社区配套面积为2947平方米）。

·a区位于双女坟北路南侧，该建筑为三栋两层住宅底商，最大进深为20米，东西长度为126米，总体商业面积为3016平方米。东南侧与b区相连。

·b区位于双女坟路与玉泉西路交叉路口西南角，由一栋二层独体商业楼及两栋二层住宅底商组成，双向临街，呈蝶形分布，总体商业面积为5838平方米。B区西北侧与南侧分别与a区、c区相连。

·c区位于玉泉西路西侧，南北长度为117米，最大进深为44.6米，由一栋独体商业楼和两栋二层住宅底商组成，总体商业面积为4704平方米，北侧与b区相连。

综上可见，该板块商业物业处于项目中部东侧，双向临街，展示效果优越，住宅底商和独体商业楼两种不同形态的商业有机结合，使本区商业物业价值得到最大化体现。

（2）板块环境分析

①交通状况

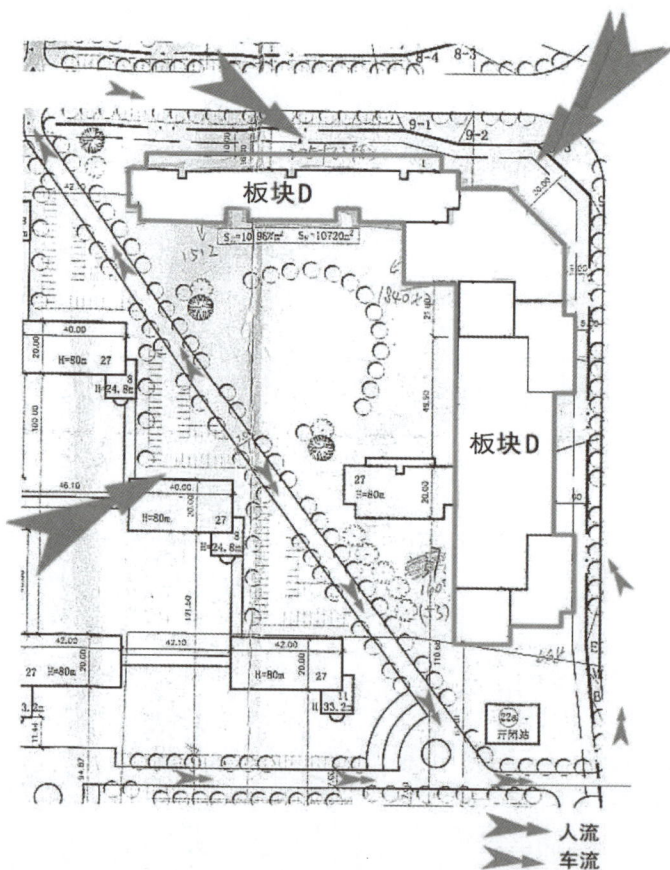

▶── 图25-14 交通人流组织图

板块D呈"╕"形分布，其北、东两侧分别紧邻双女坟北路、玉泉西路，前者东西贯穿项目西区，与玉泉西路、鲁谷西路相交；后者紧邻项目西区东侧，南北贯穿鲁谷路、西便门豁口外路。由此可见，根据项目未来发展，以上两条道路将主要承担连接项目东西区对内对外交通的功能，从而形成项目内部次级交通枢纽，聚集大量人流车流由此进出项目东西区。

由上图分析可知，本板块人流车流主要来自两个方面：

· 双女坟北路未来随项目建设发展将会贯穿YYSS项目东西区，为本板块带来项目西区东部、南部的消费人群以及东区的消费人群。

· 玉泉西路作为横贯西区南北、连接外部交通的主要道路，会在南北方向上为本板块带来途经鲁谷路与西便门豁口外路的消费人群，更重要的是其作为连接京西奥园与本项目西区的南北通道，会在很大程度上将未来居住在此的居民引导至板块D进行购物消费。

②定向消费人群分析

通过以上对于途经板块D的人流车流方向的分析，我司认为此处商业物业的主要消费人群还是集中于本项目西区、东区及京西奥园社区，同时会吸引一部分途经鲁谷路、生活在本项目东西侧社区的消费人群。故板块D的目标客群以本项目及周边社区内居民为主，通过前期调研可知本项目住宅部分目标客户年龄为25~45岁，以中青年消费者为主要客群，这部分人群同时也是社会主要消费人群，项目周边大型社区如永乐小区、鲁谷新区等多为老式住宅，因此在居民年龄结构上跨度较大。

③业态组合倾向

通过以上对板块D地理位置、商业规模、交通状况、人流车流量估测、目标消费人群以及周边定向消费人群的消费倾向的综合分析，我司认为该地区商业业态可以包含以下几个方面：

餐饮、娱乐、社区活动中心、超市、便民服务设施、金融机构。

（3）板块定位

以中高档品牌社区娱乐为核心，以南翼中等规模特色餐饮为支撑，以西点、茶社、美容等小型配套为补充的社区商业积聚中心。

①总体诠释

板块D处于内部交通次级枢纽位置，此地的交通流量状况会导致人流、车流的相对集中。在此区域设立可以满足西区南、北两部分居民日常生活需求的超市、餐饮，提供丰富多样的日常用品，可以为小区居民带来更多的便利，抬高项目评价指标，提升周边物业的自身价值。

②业态细化诠释

板块D作为社区生活配套设施，由于这里特别为项目西区所有社区居民，包括玉泉西路东侧规划建设中的京西奥园社区居民提供生活便利服务，总体需求量较大，因此根据该板块商业规模及物业性质的总体情况，我司建议对板块D的经营业态做以下细分：

娱乐

通过对本项目前期的调研分析得知，本项目及周边地区娱乐设施稀缺，而此地区未来巨大的人口居住量对此种业态拥有很大的潜在需求，无疑为在本项目中建立此种业态提供了有力的支持。板块D所处的地理位置及人流状况都符合该种业态的建设标准，并通过此处娱乐业态的建立来增强该地区商业氛围，提升周边物业价值。

社区活动中心

本项目社区规模较大，总体人口数量多，根据居民日常生活、活动的需要，应适当安排日常培训，包括各种语言培训、技能培训等，日常活动，包括各个年龄层次的消费者（老年、儿童等）及本项目社区会所未涉及的各种中小型康体、健身、休闲活动，从而配合本项目的健身会所、幼儿园、学校等功能物业，形成互相补充、互相协调的状态。此外，定位为活动中心的物业位于玉泉西路最南端，且位置较为靠后，可视性差，其物业性质对于各种商业经营均存在较大障碍，物业商业价值较低，将其规划为社区活动、培训中心可合理利用其物业特性并完善社区总体功能部署。

超市

对于建筑面积约110万平方米、总人口约3万人的大型居住社区而言，社区超市将形成消费者需求、经营客户资源两旺的局面。社区超市的存在将为本项目居民及周边范围内部分消费者提供日常购物消费的便利，并以此带动提升本板块的商业气息及物业价值，并通过超市的设置，完善本项目的总体商业功能，对于社区整体品质的提高将产生巨大的推动作用。

餐饮

成功的餐饮业对于商业氛围的塑造有决定性的作用。C区中的一栋独体商业楼是板块D中唯一能经营餐饮的场所。由于项目周边缺乏餐饮场所，且本项目住宅体量较大，因此潜在需求巨大，板块D的位置优势及超市对人流的吸引将给予C区餐饮消费一个强有力的支撑，由此可知该区域具备建立大型餐饮场所的基础。

（4）业态组合建议

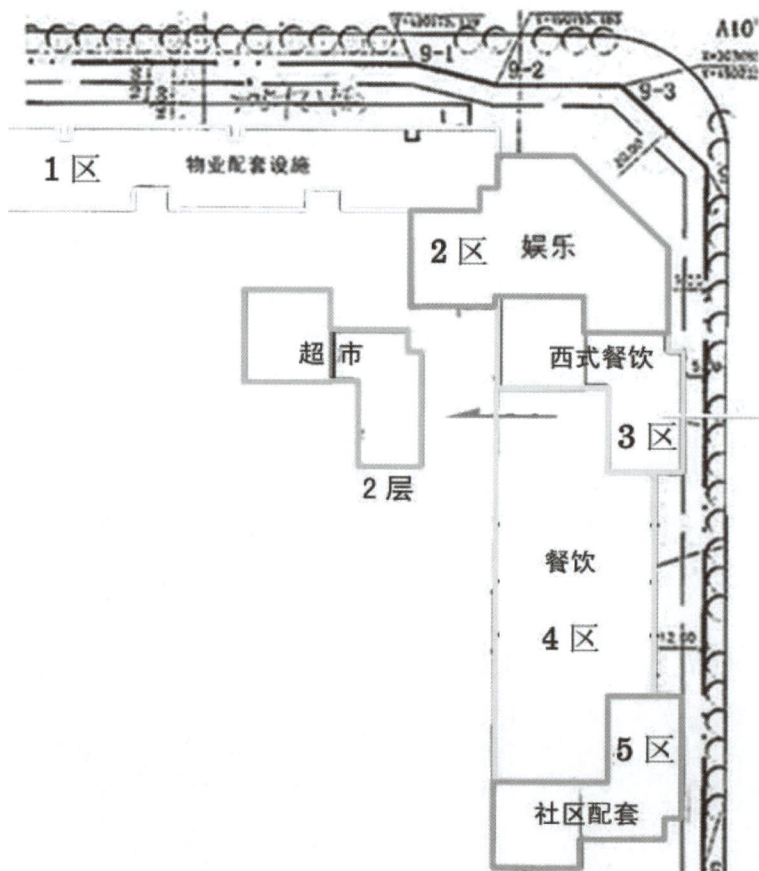

▶—— 图25-15 地上1层业态组合

▶── **表25-11 D区业态细分表**

位置标记	商业业态	数量	总面积（平方米）
1区	物业配套设施	7	3016
2区	娱乐	1	3640
3区	西式餐饮（1层）	2	800
3区	茶社（1层）	1	150
3区	咖啡厅（1层）	1	150
3区	超市（2层）	1	1100
4区	中式餐饮	4	3157
5区	饮品屋	1	50
5区	西点店	1	150
5区	美容美发	1	150
5区	送水站	1	50
5区	便利店	1	150
5区	药店	1	250
5区	音像店	1	150

板块D中的超市设在b区临街一栋两层住宅底商的一层，总面积为658平方米。此处超市的选址及其相应规模主要基于两点考虑：第一，板块D处于项目西区中部，所临道路为连接社区内外交通的主要道路，来往于社区内外部的人流密集，符合超市选址的要求且目标需求客户充足；第二，考虑到板块A物业价值较高，其商业物业除满足社区内部需求外同时辐射周边地区，供应量大大高于板块D；同时结合项目西区对该种业态的总体需求，将此处超市作为板块A区超市的补充。

1区由三栋一层底商组成，此区域主要集中了板块D所有的公共服务设施配套建设，此区域内所有商业物业开口均朝向北侧，方便项目西区南北部居民使用。另外1区除所有公共服务设施配套外还余有100多平方米的面积。由于此区域内单一的服务业态造成商业氛围较差，不利于其他商业业态进入，我司建议将此处剩余商业面积平分至现有公共服务设施配套建设内，不再另做他用。

2区中含一栋独立二层商业楼，为本项目西区中部唯一可以设置娱乐业态的场所。此处地处双女坟北路与玉泉西路交叉路口西南角，具有良好的展示效果，可吸引东西方向的项目内部人流与南北方向上进出本项目的人流前来此处进行消费，通过上文我司对本项目及周边未来居住人群总体需求的测算，特别是此处娱乐业态的建设对项目东侧未来规划的京西奥园社区居民的吸引，我司建议在此处设置单一娱乐业态，总体面积为3640平方米。并与本板块东侧餐饮业态相互呼应，形成对此处商业氛围的烘托。

3、4区中含一栋独立商业楼，是此区域内唯一可以经营餐饮行业的场所，面对该地区对餐饮需求较大的状况，要求充分利用该独立楼的商业面积。有鉴于此，我司将此区域原有公共服务设施配套全部迁移至1区，增大此处餐饮业态体量以满足供应。此处餐饮开口朝向东侧以便起到良好的展示效果，各餐饮业态自北向南依次分割，由于南北两端内部空间较大，因此要求开间大于中间店铺，以达到其内部空间与展示效果相和谐的效果。

另外，本板块5区南端与北端各有一栋两层住宅底商，地理位置十分相似，皆为周边临街物业所包围，使其在南侧方向开口，失去了临街优势，因此物业价值较低，又因其住宅底商的物业性质对经营业态的限制，使之无法与周边物业统一规划建设而处于尴尬的境地。鉴于以上情况，我司提出了以下两种建议作为参考：第一，对这两处物业进行重新规划，以实现与周边商业物业的融合。第二，在规划设计无法变通的情况下，将这两处建设成为社区活动中心，以丰富板块D的生活配套功能。此种业态对物业本身及所处位置均要求不高，但商业价值较低。

（5）目标商户

▶—— 表25-12　目标商户

业态	目标商户
大型中式正餐	郭林家常菜、渝乡人家
中型中式正餐	太熟悉、大鸭梨
茶社	天福茗茶、吴裕泰
西点屋	好利来、汇力发、味多美
咖啡屋	个体经营
娱乐中心	开心100、星牌台球
超市	小白羊、超市发、京客隆、万客隆
美容美发	欧莱雅、审美、漂亮宝贝

4.E区域业态分布建议

（1）板块现状

板块E位于项目西区西南角，建筑面积为0.31万平方米，其中商业面积为2625平方米（社区配套面积为486平方米）。该建筑为两层独体楼，单层面积为1550平方米，东西最大宽度为35米，南北最大长度为59米。该商业板块西北与东南两侧各与一栋27层住宅塔楼紧邻。

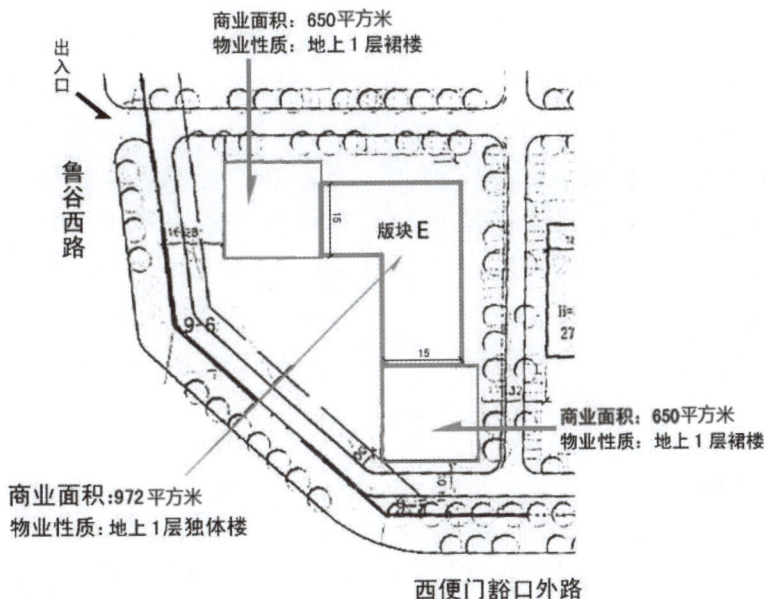

商业面积：650平方米
物业性质：地上1层裙楼

出入口

鲁谷西路

版块E

商业面积：650平方米
物业性质：地上1层裙楼

商业面积：972平方米
物业性质：地上1层独体楼

西便门豁口外路

▶── 图25-16 板块现状

（2）板块环境分析

① 交通分析

由于板块E位于本项目西区内部，所临道路主要用于解决社区内部交通，所形成的人流和车流主要为该社区内部居民服务。道路a和道路c连通社区南部的东西出入口，所以人流量比较大，板块E北部的九年制中小学的存在使得该地区的人流量随学校的作息时间发生变化，并在早晨、晚上出现两次人流高峰，同时东北部的地下车库将会加大道路a在东西方向上的车流量。

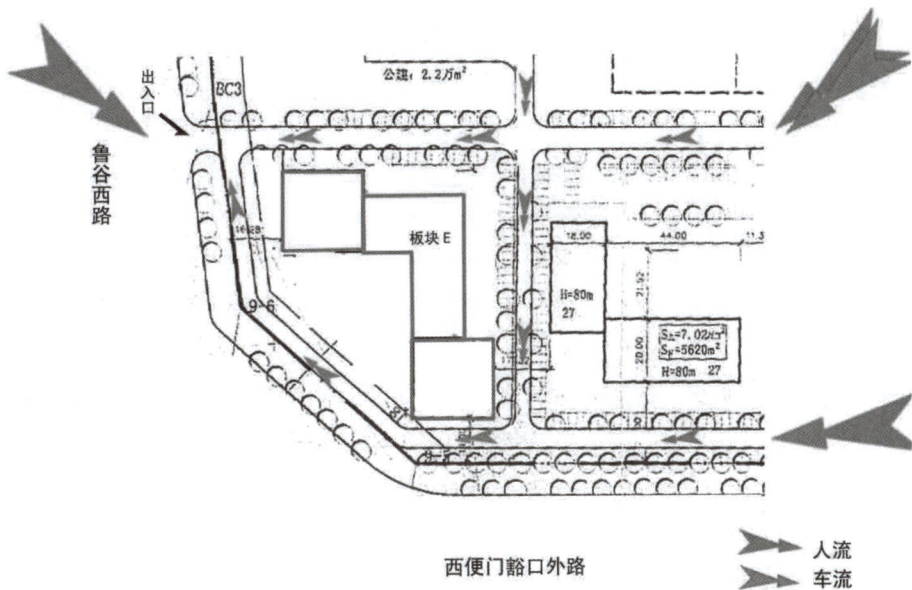

公建：2.2万m²

出入口

鲁谷西路

板块E

西便门豁口外路

人流
车流

▶── 图25-17 交通人流组织图

②定向消费人群分析

板块E的地理位置决定了此处商业主要针对社区内部，其主要的消费人群分为两个部分：

·中小学校内学生。学生虽然在数量上占绝对优势，但他们个体消费能力较低，多在家长带领下进行目的性消费，且消费内容比较单一，主要集中在餐饮、书籍、文具、娱乐等方面。

·项目西区西南部居民和学校教职员工。本项目住宅建成后的目标客户主要针对25~40岁的中档收入人群，他们将成为社区内商业物业的主要消费人群。除对社区配套设施有要求外，由于他们的消费能力较强，所以对消费内容和档次也有一定的要求。

③业态组合倾向

根据以上对板块E周边定向消费人群消费倾向的分析，我司认为该地区商业业态应包含以下几个方面：餐饮、社区配套、便民服务设施、休闲娱乐设施。

（3）板块定位

通过以上分析，我司建议该地区商业定位为：便民服务站。

①总体诠释

板块E处在整个项目西区的西南角，与长安街沿线距离较远，缺乏交通优势，加之东侧紧邻永中路（规划中的高速路），商业氛围较差，所以它的目标消费人群为社区内部居民。由于项目西区总体住宅规模体量较大，板块E作为社区生活配套不仅满足了社区内西南部居民的日常购物需求，也与板块E形成呼应，使整个西区西南部生活格局配套趋于合理。

通过以上对板块E地理位置、商业规模、交通状况、人流车流量估测、目标消费人群的综合分析，我司认为此处物业价值明显低于其他板块，因而租金承受能力较低，中档偏低的定位才能保证其未来良好的经营，同时这种档次的定位也与提供社区便民服务的功能相吻合。

②业态细化诠释

板块E作为社区生活配套设施，其主要功能是为项目西区西南部社区居民提供生活便利服务，根据该板块商业规模，因此在业态需求上要求小而全，我司建议对板块E的经营业态做以下细分：

·生活配套设施

由于本项目住宅体量较大，其他板块中的商业物业很难满足西区西南部居民正常生活的基本消费需求。此项设施的主要功能是为本项目西区西南部居民提供生活便利，其业态细分沿用成熟社区的生活配套格局（业态详见表25-13）。同时为避免与西区内其他商业物业出现供应冲突，结合板块E自身商业规模，我司规划此处着重体现小而全的经营格局。菜市场由于在价格上的优势对社区居民有很大吸引力，同时可以吸引西侧永乐小区的居民前来消费，这一设施将为周边居民提供极大的便利，同时此处较低的物业价值也具备规划菜市场的基础。

·餐饮

针对项目西区东侧5000多平方米的餐饮供应面积，此处餐饮业在规模上以中小型餐饮为主，在经营业态上以中式快餐为主，体现方便快捷的经营特点。

▶── 表25-13 业态细化分布表

业态		数量	总面积
餐饮	中式快餐	3	300平方米
	中式正餐	2	300平方米
	小吃	1	100平方米
	西饼店	2	50平方米
	饮品屋	1	50平方米
生活配套设施	文化用品店	1	150平方米
	便利店	2	150平方米
	洗衣店	2	100平方米
	药店	2	200平方米
	理发店	2	50平方米
	饮水站	1	50平方米

（4）业态组合建议

生活配套设施：饮水站、便利店、干洗店等便民服务设施主要针对社区内部居民，因此在位置朝向上均向东边一侧开口，文化用品店开口朝向北，针对目标客户为板块E北侧的学校。

餐饮：在业态分割上将餐饮集中分布在板块E1层西侧，朝向北侧的学校，主要吸引学生前来就餐，预计他们对于早餐和午餐的需求会成为此处餐饮业一个有力的支撑，同时由于其地理位置紧邻鲁谷西路，也会起到很好的展示效果，吸引本社区以外的人群。

同时，建筑外形的改变不仅解决了进深过大带来的业态分割不便的难题，而且在一定程度上提升了该地区的物业价值，平衡了西区社区商业的总体供应量。

（5）目标客户

▶ **表25-14 目标客户列表**

业态		意向客户
餐饮	中式快餐	马兰拉面、一碗香、老家肉饼
	中式正餐	东北菜、川菜火锅
	小吃	成都小吃
	西饼店	金凤呈祥、优力
	饮品屋	三元乳品
生活配套设施	文化用品店	书店、音像店、文具店
	便利店	快客、超市
	洗衣店	三洋干洗、快洁捷干洗
	药店	嘉士堂药店、同仁堂药店
	理发店	个体经营
	饮水站	个体经营

（6）E区规模调整建议的论述

根据我司前期对本项目西区商业业态的建议，现对E区独立商业楼的单层设置提案做如下论述：

① 从商业规模上看

商业规模的大小与其目标消费人群的数量成正比，交通状况及地理位置又制约着商业项目的辐射范围，从而最终确定目标消费人群的多少。E区地处本项目西区西南部边缘，所临街道皆为连接社区内部交通的道路，因此其主要消费人群应为来自于北部及东部的社区居民。由于E区北侧为一所学校，学生流动性较强，同时还受学校作息时间的制约，因而无法形成稳定的消费。东部住宅楼数量较少，而东北部居民距离D区近于E区，因而E区社区内部人流相对较少。E区所临道路位于项目西区交通的尽头，人流较少，西侧鲁谷西路人流多向北流动，南侧西便门豁口外路为高速路，人流稀少，加之与之平行的铁路干线对由南向北人流的阻截，使E区对于社区以外人流的吸引力明显不足。同时对于E区独体商业楼的功能定位是社区服务，而此种业态在本项目西区中东部地区都存在一定的规模，E区此种业态规模过大将影响社区总体供需的平衡。基于以上对于社区内外部消费人群数量的分析及供应量的分析，我司认为E区目前商业规模过大，考虑到该物业的未来发展，建议将两层独体商业楼改为一层，以缩小其商业体量。

② 从建筑布局上看

目前E区商业独体楼在外形上呈"中"字形，整个物业中部南北最大长度为59米，这种进深过大的建筑布局对店铺的分割及商业业态的分布造成了极大的困难，从而降低了物业整体商业价值。该物业两侧紧邻住宅塔楼一层，由于住宅底商物业价值远高于一层住宅的物业价值，所以我司建议将两侧住宅一层改为底商并与独体商业楼连通。鉴于该独体楼一层即可满足西南地区居民对餐饮业的需求，将抵消北京市政建设规定给底商经营业态带来的不利因素，因此该地区底商的物业价值同样高于独体商业楼的二层，加之E区商业规模的限制，我司建议将独体商业楼减为单层，同时建议将其外形改为"┐"形，这样便减少由进深过大带来的负面影响，同时加大北侧（正对学校一侧）与东侧（正对社区东部一侧）的开间宽度，加上合理的进深，从而在店铺分割与业态分布上达到合理化。

③从收益回报上看

由于缩小了E区独体商业楼的商业规模，使其在供需平衡和业态功能分布上趋于合理，所以避免了由开发商自营部分商业业态（比如：菜市场）来弥补其在建筑格局上的缺陷的局面，从而有效地提高该物业的整体商业价值，减小了投资风险。因此我司建议对E区商业物业部分分割出售，以谋取最大利润。

七、项目发展规划总结

通过上述针对本项目西部区域商业环境的区域概况分析、地块性质及功能分析、商圈等各个因素及项目商业环境SWOT的具体分析论证，我司为本项目商业物业的发展可行性提供了充分必要的理论支持。本项目西区商业主要以社区商业为主，共分为5个区域，分布于西区北侧、东侧与西南角，总体规模约为5.6万平方米，其中商业购物、餐饮、社区配套、休闲娱乐的比例约为5：3：1：1。

根据区域内商业市场环境的实际状况，结合区域市场内的商业总体供需特点及物业租售价格现状，为本项目西区商业物业在物业形式及功能定位上寻找较为有利的市场支撑点及商业发展契机，西区主要以社区商业为主要功能，满足周边住宅居民的日常消费需要，在培育周边商业市场氛围的同时，进一步对周边消费人群进行辐射，提供包括餐饮、休闲、娱乐、购物在内的多种消费形式。

同时，对本项目整体商业物业各部分区位进行合理的划分及有效的功能分区，为商业物业发展规模、物业形态、规划位置及经营档次等提供具有实际意义的指导思想。基于本项目综合物业的完整性，着重针对西区的功能分布、经营业态的分割特点、经营状况进行较为详细的调研分析，以达到在YYSS总体物业之间相互促进的经营效果，保证本项目物业潜在的商业价值得到全面的体现。

26
创意产业园

福州市 CB 文化创意产业园
可行性分析

······ 第一部分 ······

文化创意产业发展状况

文化创意产业是指依靠创意人的智慧、技能和天赋，借助于高科技对文化资源进行创造与提升，通过知识产权的开发和运用生出高附加值产品，具有创造财富和就业潜力的产业。联合国教科文组织认为文化创意产业包含文化产品、文化服务与智能产权三项内容。

文化创意产业（Cultural and Creative Industry）各国定义不同，国际知名的文化创意产业推广组织——君友会，将文化创意产业分别称为文化创意产业、创意产业和创新科技。当今世界推动文化创意产业发展较有影响的国家，有英国、韩国、美国、日本、芬兰、法国、德国、意大利、澳洲、新西兰、丹麦、瑞典、荷兰、比利时、瑞士等国。

一、我国文化创意产业的分类和发展现状

1. 我国文化创意产业的分类

借鉴世界各国文化创意产业分类，根据我国的行业划分标准，可以将我国文化创意产业分为四大类，即：

第一，文化艺术，包括表演艺术、视觉艺术、音乐创作等；

第二，创意设计，包括服装设计、广告设计、建筑设计等；

第三，传媒产业，包括出版、电影及录像带、电视与广播等；

第四，软件及计算机服务。

文化创意产业要从三个层面去理解：第一，必须要有很深的文化做基础；第二，必须有好的创新思维，不能再用一个很传统的思考逻辑去运作；第三是产业，它跟各行各业的产业链可以链接在一起。

所以由此可见这个产业未来的经济产值非常大，就英国来讲，除了金融业以外，文化创意产业在英国已经位居第二大产业链了。

2. 中国文化创意产业发展现状

截至2011年底，中国的文化创意产业机构已达30.2万家。文化创意产业日益成为满足人民精神文化需求的重要途径，文化创意产业对国民经济增长的贡献也在不断上升。

国民经济的快速增长和国民收入水平的不断提高，开拓出文化创意产业新的发展空间；新闻出版媒体"整体上市"，标志着文化体制改革的进一步深化；技术进步酝酿突破，广电和电信产业的融合稳步推进；促进文化创意产业发展的政策逐步成型，所有这些与产业发展密切相关的宏观形势都较为乐观。

在金融危机从美国发端并蔓延全球之际，到2008年年底，中国文化创意产业已在一定程度上受到了影响。与反应最明显的制造业特别是出口外向型企业相比，危机对文化企业带来的影响并不严重，对于一些坚持创新的文化企业来说，虽然潜藏风险，但更蕴含机遇。

这次金融危机也使中国下决心进行经济结构的转型，加速文化创意产业转型的步伐。国家拉动内需、拉动消费、减少收入差别程度等政策的实施，以及教育、卫生、文化等领域的改革，都会直接推动文化消费，直接推动文化创意产业的发展。

"十一五"规划已经把文化创意产业作为调整经济结构的重要举措，从中央到地方出台了一系列鼓励文化创意产业发展的政策措施。文化部明确提出在五年内文化创意产业要实现年均15％的增长。北京、上海、浙江、广东、云南、重庆、四川、河南、山西等诸多省、市提出建设文化大省（都市）、文化强省的目标，在规划中都提出文化创意产业要高于GDP的增长速度。

当代社会各种产业利润主要靠领先的自主创新和技术进步来实现，而文化创意产业正是自主创造和技术含量高的一个门类。加上政策因素和市场因素的作用，文化创意产业的资本盈利率比较高，文化创意产业方面投资热将会长期存在。最后从消费角度看，文化产品也是与日俱增的消费热点。

二、中国文化创意产业宏观战略

中国国家发改委副秘书长杨伟民在"十二五"规划的编制工作中指出"十二五"规划的五条思路，其中，结构调整为首要目标，社会建设则摆在更加突出的位置。

2010年在中央经济工作会议中指出调整结构的主要方式为：

第一，产业结构全面发展，重点发挥第三产业即现代服务业的作用；

第二，发挥消费对经济的拉动作用；

第三，经济增长方式依靠技术进步和创新能力；

第四，政府投资转向战略性新兴产业；

第五，由关注外向经济转向内向经济，扩大内需，促进消费。

在未来的"十二五"期间，我国会继续加大经济结构调整力度，将发展重点放在现代服务业、新兴产业（如新能源、新材料、生命科学、生物医药、信息网络）以及自主创新上来。积极发展并利用高新技术、培育创新能力，同时扩大内需。

重点城市发展政策：

北京：在北京"十二五"发展规划若干建议中指出，"十二五"规划重点关注金融市场、文化创意产业、房地产、交通、收入、非公经济等方面的内容。

上海：在上海"十二五"前期重大问题研究指南中指出：突破体制机制和政策障碍，加快发展现代服务业和培育服务业新的增长点，在新形势下使上海加快发展先进制造业，提高自主创新能力，加快发展高技术产业，为上海经济振兴和发展转型注入新的动力。

天津：鼓励天津滨海新区进行金融改革和创新。建设成为我国北方对外开放的门户、高水平的现代制造业和研发转化基地、北方国际航运中心和国际物流中心，逐步成为经济繁荣、社会和谐、环境优美的宜居生态型新城区。

重庆：城乡统筹先行区、先进制造业和现代服务业基地、长江上游金融和创新中心。目前，重庆在正编制的"十二五"规划中，重点围绕新兴产业规划编制。

广州："十二五"规划更加注重经济结构调整，更加注重增强自主创新能力，更加注重体制机制创新，更加注重完善枢纽型基础设施体系，更加注重促进绿色发展，更加注重统筹城乡发展，更加注重区域合作，更加注重改善民生福利。

纵观主要城市"十二五"规划重点编制内容，未来几年我国城市发展方向主要由生产主导型的增长方式逐步向服务、消费主导型的增长方式转变。福州应在提高自主创新能力和科技进步的基础上，大力发展新兴产业，培育新经济增长点。

三、我国政府对文化创意产业的态度

1. 政府的积极推动

政府是推动文化创意产业发展的重要力量，并有责任营造一个适宜产业发展和企业公平竞争的外部环境。英国政府成立的文化创意产业专门小组，负责跟踪国际文化创意产业发展的最新趋势，规划英国文化创意产业的发展方向，制定吸引文化创意产业投资的税收优惠条款，实施帮助创意产品和创意企业走向世界的国家整体营销和品牌战略，并且大力引进国际资本和创意企业共同发展英国文化创意产业。

据统计，1990—1998年中国文化系统文化创意产业的增加值增长6倍，文化创意产业结构增长35%，从业人员增长46%。但是，我国文化创意产业的发展水平仍然低于一般的发展中国家水平。1998年，全国文化创意产业增加值仅占国内生产总值的0.75%，文化创意产业所吸纳的就业人员仅占总就业人数的0.4%左右。

遵循世界经济的发展趋势，中国应当把文化创意产业提升到国家战略产业的高度，制定有针对性的产业政策，制定促进文化创意产业发展的战略规划和行动计划，引导文化创意产业实现持续、快速、协调、健康的发展。政府首先要从法律和制度方面营造有利于文化创意产业发展的产业环境，从某种意义上说，知识产权是文化创意产业的核心资产，是文化创意产业生存和发展的关键。还需给予投身文化创意产业的企业财税政策方面的倾斜，吸引更多的企业加入到文化创意产品的生产中，形成产业集聚的效应，同时，采取一系列措施，多渠道筹措文化创意产业发展资金，按照"集中与选择"的原则，有目的、有重点地实施资金支持，在经费上确保产业的发展。在人才培养方面，政府要有意加强院校中专门创意人才的培养，利用网络及其他教育机构进行专业资格培训，加强与外国人才的交流与合作，为文化创意产业的发展提供强大的人力支撑。在实际发展中，政府既是文化创意产业最大的投资者和消费者，也是文化创意产品最大的需求者，政府应该不断扩大政府采购的份额，从市场上采购各种公共创意产品和服务。

2. 产业部门的系统划分

英国文化创意产业的基础环境成熟、运作机制得宜、产业上中下游结构完整，并且所选定的产业都是英国发展较成熟的产业，所以各个产业部门都能够相互支撑，互为供给，构成一条完整的产业链。

我国的文化创意产业政策习惯于从个别的文化工作者、团体或是机构、部门的角度去讨论文化创意产业，但是文化创意产业是一个庞大的体系，由环环相扣的产业活动所构成，某个环节出问题，就会严重影响整个产业的发展。文化创意产业是一个融合很多产业内容的综合性产业，中国有很多原来现成的产业形态，但是需要在融合的基础上重新整合，重新进行专业化分工，形成新的产业链的生态环境。文化创意产业清晰的部门划分，是在推动文化创意产业时所面临的重要问题。如果没有事先建立一套明确的整体产业分类系统，详列出文化创意产业包括哪些实际的产业活动，政府将无法清楚推断产业规模、结构条件、发展趋势等，更谈不到如何制订政策的规划与计划了。文化创意产业所包含的内容，往往随发展地区不同而有所不同，任何文化创意产业分类都应保留弹性，可以随时依环境变化纳入新兴的产业项目。但是要将文化创意产业看成一个体系，这个体系指的不仅是上中下游的制造生产体系，更是从创作、生产、流通到消费部门的完整产业体系。

3. 文化创意产业对区域发展的意义

产业的发展，有一个共同的特色是都会有聚集于某一地区的现象。产业的地理集聚现象已经成为区域经济发展的重要研究课题。在文化创意产业的发展中同样表现出这一特征。在英国最为典型的是伦敦。2003年2月，伦敦市长提出伦敦市文化战略的目标是维护和增强伦敦作为"世界卓越的创意和文化中心"的声誉，成为世界级文化城市。文化创意产业是伦敦主要的经济支柱，所创造的财富仅次于金融服务产业，同时也是第三大容纳就业人口的产业领域，是增长最快的产业。据《伦敦市长文化战略草案》的数据显示，伦敦的文化创意产业年产值为250~290亿英镑，从业人员达到52.5万。而且，伦敦创意产业人均产值也远远超过全英国的水平，2000年伦敦创意产业人均产值为2500英镑左右，几乎是全英国创意产业人均产值1300英镑的两倍。

高科技产业园可以促进地方的经济发展，文化创意产业园可以起到同样的作用。例如韩国发展文化创意产业生产经营的总体战略是，自2001年至2010年的十年期间，在韩国全国建设十多个文化创意产业园区、十个传统文化创意产业园区、一至两个综合文化创意产业园区，形成全国的文化创意产业链，旨在优化资源组合，发展集约经营，形成规模优势，提升研发生产能力和文化创意产业的整体实力。文化创意产业园区是产、官、学、研的联合协作成果，是对文化创意产业进行研究开发、技术训练、信息交流、生产制作的"集合体"。建设方针一般是以地方政府为主，中央政府支持，动员民间参与。

中国作为一个具有悠久历史的国家，拥有众多的文化资源和遗产。国内许多地区都有自己历史传统深厚的特色产业，如以刺绣闻名的苏州、以瓷器知名的景德镇等地，文化创意产业在区域经济发展中大有可为。除了对经济发展的巨大作用，文化创意产业对区域发展所能够发挥的作用还包括：美化与活化区域环境、提供就业、吸引居民与观光、提高房地产价值、吸引高端人才等。文化创意产业与其他产业的结合，可以提高产品的附加价值，提升产品利润，促进区域竞争力。区域竞争优势的形成，往往根植于特色，在特色之下，自然会有产业集群化的显现。各地发展文化创意产业，应对自身的优势、劣势有清醒的客观认识，克服急功近利、浮躁的心态。地方政府应该就其地区的人文、自然、产业等资源做出全盘性的调查，再由地方政府统一对外宣传。地方政府在对资源与特色有清醒认识的基础上，可以从宏观上对文化创意产业的发展战略、区域竞争比较优势、综合效益和可持续发展等方面做出规划和计划。

四、福建省文化创意产业发展概况及启示

1. 福建省文化创意产业发展的主要特点

（1）文化艺术成果丰硕

一是优秀作品不断涌现。福建省以精品战略为导向，精心规划和组织各项艺术活动，促进文化艺术的全面繁荣。2006年8月份，福建省歌仔戏《邵江海》获戏剧文学最高奖——曹禺剧本奖；10月份，福建省选送的越剧《唐琬》获"2006中国越剧艺术节"金奖；5月份，漳州木偶剧团凭《大名府》《卖马闹府》《人偶同台》三个节目在第13届苏博蒂察国际儿童戏剧节上夺得优秀表演奖。

二是基层文化事业稳步发展。基层文化建设力度不断加大，阵地建设得到加强，队伍素质逐渐提高，农村文化生活日趋丰富，从城市到乡镇、从社区到农村，形式活跃的基层文化活动、多姿多彩的群众文化生活，让广大群众真正成为先进文化的受益者。全省共有各类艺术表演团体93个，剧场、影剧院69个，群众艺术馆10个，文化馆80个，公共图书馆86个，博物馆85个，文化系统各类艺术表演团体艺术演出1.26万场，观众1156.20万人次，剧场、影剧院演（映）出1.72万场次，全省以公共图书馆、文化（群艺）馆以及文化站等"二馆一站"为主体展开的社会文化网络基本成形。

三是戏剧事业带来新机遇。福建省号称戏剧大省、戏剧强省，是南戏发源地之一，剧种多达32种。在公布的首批国家级非物质文化遗产名录中，福建省有11项戏剧类项目入选，包括了福建省五大剧种的闽剧、莆仙戏、梨园戏、高甲戏、歌仔戏，以及永安大腔戏、四平戏、泰宁梅林戏、闽西汉剧、寿宁北路戏、木偶戏等。全省有专业剧团93个，民间剧团765个。众多戏剧类项目入选"国遗"，将极大地推动福建省戏剧事业的发展步伐。

四是现代信息网络技术得到有效应用。全省启动了面向广大城乡的"福建文化信息网"工程建设，以省图书馆网络资源服务平台为基础建立全省文化信息网站，通过整合全省丰富的文化资源，利用宽带网和卫星通讯传送技术，将文字、图像、影视等多媒体信息传输到城市社区和农村乡镇的基层文化站点，向广大城乡群众提供文化、教育、科技、娱乐等各方面的信息服务。

（2）新闻出版发展良好

一是图书质量继续提高，品种大幅增加。据不完全统计，2011年有130种图书在省级以上各类图书

评选中获166个奖项，比上年多19种44个奖项。其中《民国时期社会调查丛编》获"首届中华优秀出版物（图书）奖"，《分子创伤学》获"首届中华优秀出版物（图书）奖"提名奖。全年图书出版3002种，比上年增加59种。既出版了《海峡西岸的崛起》《中学生社会主义荣辱观读本》等一批为经济发展和改革开放服务的图书，也出版了近百种研究"三农"问题和农民"买得起、看得懂、用得上"的读物。如："新农民新农村"丛书、"农民工学技能"丛书等。既出版了《福建新童谣》《让高尚成为自然——爱国主义教育成果研究》等反映未成年人思想道德建设、心理健康教育和爱国主义教育的图书，又关注市场，掌握读者需求，出版了众多文化品位高、市场潜力大、读者反映好的畅销或常销品种。如《古文字构形学》《编年体鲁迅著作全集》等。闽版图书的影响力有所扩大，市场占有率有所提高。

二是报纸出版的各类指标增长较快。福建省报纸出版紧紧把握舆论导向，既弘扬了社会主义主旋律，又突出服务性、知识性、娱乐性，各类指标平稳增长。福建省报纸出版种数达59种，2011年报纸出版总印数9.7亿份、总印张34.55亿印张，分别比上年增长10.2%和6.1%。

三是期刊出版各类指标呈恢复性增长。福建省有174种期刊，2011年出版2902万册、总印张为1.27亿印张，平均每种期刊印数为16.68万册，分别比上年增加61万册、290.2万印张、0.35万册。

四是音像电子出版物高速增长。2011年全省9家音像出版社出版盒式音带63种、54.27万盒，分别比上年增长10.5%和21.0%，出版激光视盘606种、2151.90万张，分别比上年增长106.83%和511.35%；全省4家电子出版社共出版电子出版物43种、18.08万张，分别比上年增长230.8%和112.0%。

（3）广播电视实力增强

一是"村村通"工程取得新成效，网络覆盖面继续扩大。2011年全省广播电视综合人口覆盖率分别达到97.0%和98.1%，分别比上年提高0.04和0.03个百分点，高于全国平均水平。

二是节目套数日益多元化。2011年全省广播节目有85套，电视节目有36套，与上年基本持平。

三是有线电视联网取得新突破，全省有线广播电视传输干线网络总长超过13万公里，全省有线电视用户数量突破450万户。

四是广电行业的经济实力和竞争力将有新跃升。

2. 福建省文化创意产业发展综述

在推进福建改革开放的进程中，福建省委省政府高度重视文化创意产业的发展，省委常委会议和省政府常务会议多次专题研究部署。省政府制定的《福建文化强省建设纲要》和《"十一五"文化发展规划》为加快文化创意产业发展指明了方向，推动了福建省文化创意产业的持续健康发展。

2011年，福建全省文化创意产业的经济总量继续增加，结构更加合理；当年实现增加值240.63亿元，占地区生产总值的比重为2.6%。全年文化创意产业增加值比上年增长13.6%。截至2010年年底，福建省文化创意产业拥有总资产1238.74亿元。

福建省充分发挥"五缘"优势，加强闽台文化创意产业对接，闽台两地文化创意产业合作交流渠道不断拓展。通过举办海峡两岸广播影视文化节、"妈祖之光"大型电视综艺晚会、海峡两岸民间艺术节等重大活动，打造文化交流合作品牌；通过设立闽南文化生态保护区，促进歌仔戏、高甲戏、南音等闽台特色文化项目频繁交流，推进闽南文化、客家文化、船政文化、妈祖文化等特色文化创意产业的发展。

（1）报刊业

福建省目前已形成一支实力雄厚的以党报为骨干的报业团队，党报类报纸有：《福建日报》《福州日报》《厦门日报》《泉州晚报》《闽南日报》《湄洲日报》《闽北日报》《三明日报》《闽西日报》《闽东日报》；都市生活类报纸有：《海峡都市报》《福建画报》《福州晚报》《东南快报》《海峡导报》《厦门晚报》《海峡生活报》等；专业及其他类报纸有：《福建广播电视报》《福建科技报》《福建卫生报》《福建老年报》《通信信息报》《环境与发展报》《海峡财经导报》《海峡摄影时报》等。

福建日报报业集团目前是全省唯一一家报业集团，以《福建日报》为龙头，发行量逾25万份，《海峡都市报》《海峡导报》发行量分别突破50万、23万份，位居全省同类报纸前列，集团共有10报3刊及其电子版、手机报等，并拥有海都资讯网、台海网两个新闻网站。

仅2011年全省报业总收入就为16.530亿元，其中广告经营收入为9.626亿元。目前，全省报刊业从业人员5112人，其中采编2042人，经营1093人，行政后勤683人，印刷1294人。

（2）出版发行印刷业

福建省大力开发网络、电子游戏、动漫等出版领域，实现出版业向多媒体化、网络化转型。加快连锁经营、信息网络和配送体系建设，建成覆盖全省的出版物现代流通体系。优化印刷资源配置，加快产业技术升级、促进规模化、集约化经营，推进出版、印刷、发行联合，做大做强福建出版、印刷、发行业。

在印刷、发行领域，已经呈现出以国有企业为主体，集体、民营、外资等多种所有制企业有序竞争、和谐发展的局面。

福建省出版发行印刷业深化体制改革，走产业化道路，取得了较好的经济效益和社会效益。图书质量继续提高，品种大幅增加，全省有152种图书在省级以上各类图书评选中获奖。海峡西岸印刷产业基地建设进展明显。

（3）广电行业

①广电行业的经济实力稳中有升

2011年福建省广电行业全年总创收收入33.14亿元，增幅26.17%，在全国仍排在第11位，但与第10位的差距有较大幅度缩小。其中：广告收入16.78亿元，网络收入12.06亿元。全行业实现增加值17.01亿元，增幅14.17%；全行业固定资产投资额5.99亿元。

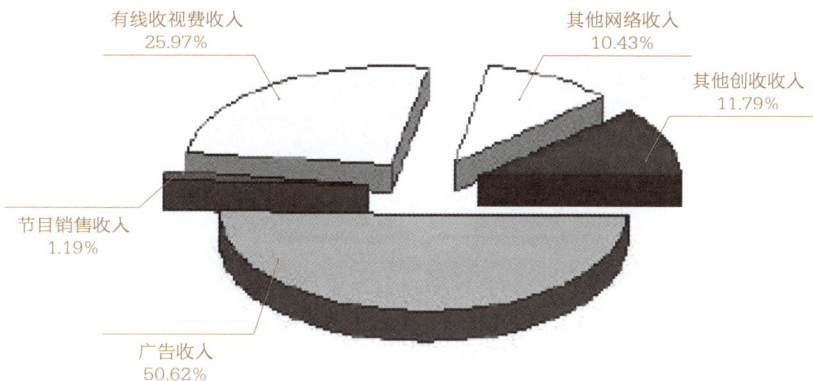

有线收视费收入 25.97%

其他网络收入 10.43%

其他创收收入 11.79%

节目销售收入 1.19%

广告收入 50.62%

数据来源：福建省广播电影电视局

▶━━ **图26-1 2011年福建省广播电视收入结构图**

▶── 表26-1 2011年广电总局直属单位及全国各省（区、市）广电行业实际创收收入排序

单位：亿元

省（区、市）	2011年	2010年
广电总局直属	183.97	156.08
上海市	104.34	89.49
广东省	101.63	94.71
浙江省	86.71	73.44
江苏省	84.96	68.56
北京市	65.03	51.87
山东省	54.57	45.70
湖南省	51.70	38.52
四川省	34.29	29.04
辽宁省	34.12	30.15
湖北省	33.94	25.83
福建省	32.25	23.47

数据来源：福建省广播电影电视局

②**广电系统创收收入的地区差距仍然较大**

2011年，福建省广电系统内创收收入达32.25亿元，较上年增加5.93亿元，增幅26.97%（其中广告收入13.79亿元；有线网络传输及收视费收入10.78亿元）。但地区之间的差距仍然很大，莆田、漳州、龙岩、三明、南平、宁德等6个区市级广电媒体的实际创收均在亿元以下，且总和为2.48亿元，不及厦门或福州市级广电媒体的实际创收。

▶── 表26-2 2011年福建省广电集团和各市级和区市级广电媒体创收收入情况

单位：亿元

各级单位	实际总创收	其中	
		广告	网络
省集团	8.55	8.11	——
厦门	5.71	2.87	1.20
福州	3.19	0.78	1.81

续 表

各级单位	实际总创收	其中	
		广告	网络
泉州	1.76	1.15	0.50
莆田	0.74	0.15	0.57
漳州	0.64	0.33	0.24
龙岩	0.41	0.11	0.25
三明	0.28	0.11	0.11
南平	0.23	0.06	0.14
宁德	0.18	0.08	0.06

数据来源：福建省广播电影电视局

③政府财政投入和固定资产投资增长较快

在省级和福州、厦门等局与电台、电视台等机构分设后，原有电台、电视台创收收入中统筹事业建设资金的比例大幅度减少，事业建设资金转由财政资金投入。2011年福建省广电行政事业单位的财政补助投入继续保持较快增长，全年投入5.69亿元，位列四川（9.09）、内蒙古（7.98）、新疆（7.66）、浙江（6.86）、吉林（6.14）、辽宁（5.88）、广东（5.83）之后；固定资产投资总额3.92亿元，固定资产总值达52.70亿元。

单位：亿元

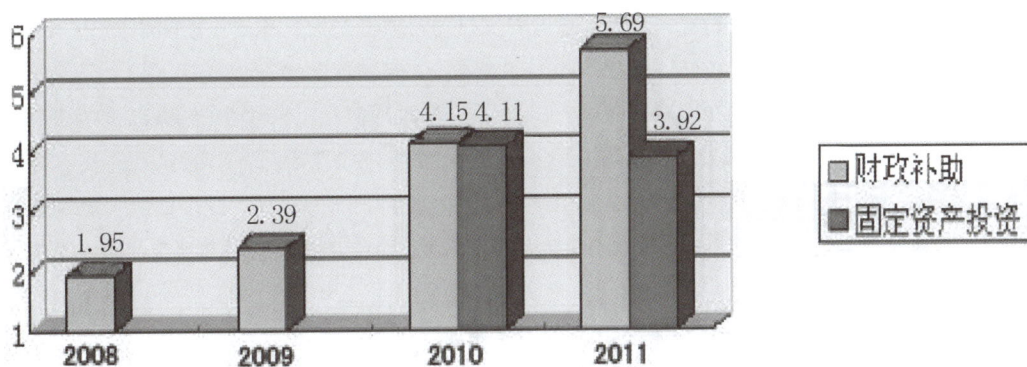

▶── 图26-2 2011年福建省广电系统财政投入增长情况

④社会投资继续快速增长

2011年全年共投拍10部193集电视剧，制作广播剧10部1664集，在数量、质量和效益上均比上年有所突破。福建省全年新增影视制作企业9家，全省社会广播电视节目制作和经营机构增至38个，鼓励非公有经济投入广播电视业呈现良好发展势头。社会广播电视节目制作经营机构经济总量明显提高，2011年创收收入1.33亿元，较上年增长1.78倍；全年实现增加值4815.24万元，较上年增长3.65倍，资产总额达5.19亿元。福建省沿海市、县加快新媒体产业发展，网络广播、网络电视的开办主体不断增加。经总局批准，福州、厦门成为开展移动多媒体广播试验试点城市。厦门市已大范围发展移动车载电视和楼宇电视终端，实现了较好的创收业绩。

（4）演艺娱乐业

福建是戏剧大省，通过加强演出团体间的协作、联合，发挥名人、名团、名剧的品牌效应，积极引进国内外演出团体，活跃演出市场，实现了资源共享、优势互补，推动了演出产业发展。

近年来，福建演艺产业日益繁荣，福建省梨园戏实验剧团、厦门小白鹭民间舞团、厦门市金莲升高甲剧团、厦门翔安民间戏曲学校、泉州市木偶剧团、漳州市芗剧团在保留传统剧目的同时，积极创新，创作出了众多优秀剧目。梨园戏作为我国"口头和非物质文化遗产"的典型代表，被亚太文化中心列入传统民间表演艺术数据库，被国家文化部列入第一批国家非物质文化遗产名录。

近年来，福建与台湾民间剧团互动越来越密切，多次组团前往台湾交流演出，极大促进了海峡两岸的民间文化交流。

福建省的演艺娱乐业在推进产业化上有了长足发展，创作出一批在全国有一定影响力的艺术和社会文化精品，得到社会和群众的积极响应。2011年福建省艺术表演团体上演剧目748个，演出20 700场次，演出收入4855万元，实现增加值1.78亿元，为历年最好。场馆建设有了新突破。近年来福建省福建大剧院、莆仙大剧院等一批重点文化项目的建成，有力提升了福建省的文化艺术服务水平。

（5）文化旅游业

"海峡旅游"是福建旅游最突出的主题，"山海一体，闽台同根，民俗奇异，宗教多元"是福建旅游最鲜明的特色。迷人的武夷仙境、浪漫的鼓浪琴岛、奇特的水上丹霞、神奇的客家土楼、动人的惠女风采、神圣的妈祖朝觐、光辉的古田会址、壮美的滨海火山、古老的县石山文化、神秘的白水洋构成了福建独具特色的十大旅游品牌。其中，武夷山是世界文化与自然遗产地，福建土楼属世界文化遗产，泰宁为世界地质公园。目前，福建共有4座国家历史文化名城、7座中国优秀旅游城市、13个国家级风景名胜区、12个国家级自然保护区、21个国家森林公园、8个国家地质公园、85个全国重点文物保护单位、2家国家5A级旅游景区和27家国家4A级旅游景区，全省还有9个高尔夫球场。

立足福建特殊区位，福建文化旅游业将充分把握"抓住机遇、优势互补、逐步推进、实现双赢"的合作思路，突出"海峡旅游"主题，全方位拓展区域合作领域，全面提升与台港澳地区的合作水平。

（6）数字内容和动漫游戏业

2007年，通过举办海峡两岸动漫游戏产业对接与发展论坛、海峡两岸动漫展、软件设计大赛等系列主题活动，福州和厦门动漫游戏公共平台建设与运作大力推进，闽台动漫游戏产业的交流合作升温，台湾动漫知名企业西基动画、草莓资讯、大拇哥动漫、普洛尔科技等落户福建。目前，福建省动漫游戏企业共有92家，2011年实现收入19.5亿元，同比增长338%，为历年来最高。

在动漫领域，厦门大拇哥动漫股份有限公司和厦门青鸟动画分别以其优秀的动画作品和不俗的销售业绩在业界崭露头角。在游戏领域，网龙公司2011年销售收入达13亿元，其中游戏出口授权和运营分成实现收入1800万美元，在网游原创开发领域位于国内第一梯队，自主开发的《魔域》等网络动漫游戏产品在海内外市场齐头并进，同时在线人数已达60万，海外市场拓展到美国、日本等国家，获2006年数码互动娱乐产业年会最佳出口产品奖和最佳原创作品奖，2007年11月在香港证交所创业板成功上市，是福建省首家上市的动漫游戏企业。厦门吉比特公司首款网络游戏产品《问道》推出后便迅速跃居全国同类产品三甲之列，实现年产值近2亿元。

（7）文化会展业

福建省的文化会展业发展迅速，福建拥有发展文化经济的优势基础，具备做强文化会展的资源条件。

近年来，福建成功举办了一批具有福建特色的精品文化展会，如海峡两岸图书交易会、鼓浪屿钢琴节、厦门中秋博饼节等正在进一步专业化、品牌化。厦门海峡两岸民俗文化节、泉州海上丝绸之路文化节、福州两马闹元宵、体博会、茶博会等文化创意产业交易博览会层出不穷，兼具贸易、交流、品牌推广、形象展示等多种功能。

中国闽台缘博物馆2006年建馆以来，共接待游客140多万人次，其中台胞12.30万人次，闽台交流窗口平台作用进一步凸显。

福建加强与国际会展组织的合作与交流，广泛吸引国外知名会展企业和机构来闽举办文化展会。充分发挥会展中心、艺术中心、博物馆、美术馆等标志性文化设施的展陈功能，拓展会展经营业务，提高综合效益，推进展馆建设。

（8）广告业

福建广告业快速成长，广告队伍不断壮大，广告经营总额大幅增长，广告服务质量大大提高，整体实力明显增强，已经具备了为福建经济建设和社会进步提供全方位、多层次、高质量服务的水平。

"十五"期间，全省广告总额突破150亿元，居全国第7位。2000年以来，近30家广告公司年广告营业额突破亿元，有10多家公司先后进入全国百强广告企业行列。福建广告业初具规模，现在全省广告公司3000多家，行业经营理念不断创新，整体水平迅速上升，广告行业科技含量日益提高，广告制作水平不断提高，广告专业化水平快速提升。广告业加强交流与合作，实现快速发展，为福建实施名牌企业战略做出了积极的贡献。

（9）工艺美术业

福建工艺美术历史悠久、风格鲜明、品种繁多、技艺精湛，积淀丰富，在国内外享有盛誉。

目前，业界拥有一大批高水平的艺人和能工巧匠，中国工艺美术大师28位，省工艺美术大师68位，民间艺人数以万计。福建工艺品品种齐全，其中寿山石雕、脱胎漆器，厦门漆线雕，惠安石雕，德化白瓷，莆田木雕，仙游古典家具，泉州树脂、刻纸花灯、木偶头，漳州木偶头、剪纸、棉花画等都是世界独有或闻名遐迩的品种。

近几年，福建工艺美术产业增长率持续保持在20％左右，呈现良好的发展态势。全省已形成数个富有特色的产业集群，福州寿山石，厦门乌石浦油画村、莆田油画村的油画产业，德化瓷器，惠安石雕，莆田木雕和仙游古典家具，泉州树脂工艺品等产业集群，在国内外已有较大影响。

目前全省共有工艺美术生产企业近万家，年产值超过300亿元，从业人员有几十万人。福建已成为我国工艺美术重要产区和出口基地，在全国工艺美术行业中占有显著的地位。

（10）文化用品业

福建的文化用品、音乐器材、玩具、游艺器材、信息产品制造、体育用品等行业快速发展。2011年，文化用品、设备器材等文化产品的生产和销售企业资产总计为620.45亿元，增加值达到163.91亿元，特别是以运动服装和运动鞋为主的体育用品业，更是在全国同行业名列前茅，2011年总产值为287亿元，约占全国总量的三分之一。晋江市已成为全国第三个体育用品生产基地，也是唯一一个县级国家体育用品生产基地。

用创意知识培养出来的福建文化用品行业，必将是一个全新的行业，一个突破传统文化用品概念的行业。

3. 福建省文化创意产业发展思路

2008年10月底，在文化部主办的第六届"中国国际网络文化博览会"上，总部位于福州的网龙网络有限公司力压群雄，成为年度"经济贡献奖"唯一获得者。这标志着网龙在网络游戏自主研发和全球化推广运营方面获得了高度认可。

网龙的成长，是福建省文化创意产业从小做起、逐步发展壮大的一个缩影。

近年来，福建省出台了《福建省文化强省建设纲要》等一系列扶持政策，并通过政府民间合力互动，推动文化创意产业蓬勃发展。同时，持续运作，打造出一批文化品牌，有力提升了海西的影响力；文化创意产业化的效应也不断显现，为海西发展提供强劲助力。

首届海峡两岸（厦门）文化创意产业博览交易会在厦门隆重开幕，这是唯一冠名"海峡两岸"并由两岸共同举办的综合性文化创意产业博览交易会。它以闽台为主体，立足海西、辐射东部、面向全国，将整体展现海西文化建设的最新成就和台湾地区发展文化创意产业的最新成果。其成功举办将有力提升海峡两岸文化创意产业的发展层次，也将成为福建省文化创意产业大发展的助推器。

（1）政府民间合力，海西文化创意产业蓬勃发展

近年来，随着海西战略的强势推进，有着厚重文化底蕴的福建越来越认识到，文化是海西建设的支撑，也是海西建设的重要内涵，大力培育和发展文化创意产业渐渐成为共识。省文化厅评选确认福州和声钢琴有限公司、厦门海沧油画街等15家文化单位为第三批福建省文化创意产业示范基地。2008年10月，厦门优必德工贸有限公司被文化部命名为第三批国家级文化创意产业示范基地。至此，福建省已拥有网龙公司、厦门乌石浦油画村、厦门优必德三家国家级文化创意产业示范基地和30家省级文化创意产业示范基地。

建立示范基地，助推文化创意产业发展，这是福建省出台的《福建省"十一五"文化发展专项规划》推出的有力举措之一。

2007年，出台了《关于加快福建省创意产业发展指导意见》和《关于推动福建省动漫产业发展的若干意见》等文化创意产业发展配套政策。2008年6月，又出台《福建省非公有资本进入文化创意产业的若干意见》，鼓励、引导、规范非公有资本进入文化创意产业。

同时，福建省还积极组织文化企事业单位参加"五一八"深圳文博会、"六一八"项目成果交易会、"九八"投洽会等，为文化企业搭建一个个项目与资本、产品与市场对接的平台。此外，还设立文化创意产业示范基地等，鼓励民营资本进入。

政策扶持、项目带动、资金投入，加上已有的丰厚文化积淀，福建省文化创意产业日渐兴盛。

目前，福建省已打造起新闻出版业、广播影视业、文艺演出业、文化旅游业等传统文化创意产业，以及网络服务业、广告会展业、文化创意、动漫游戏业等新兴文化创意产业。

新兴产业异军突起。如福州、厦门的动漫游戏产业，来自台湾的动漫龙头企业西基公司等12家动漫企业入驻福州软件园，网龙公司则成为我国网络游戏开发和运营的领头羊之一，福厦有望成为东南沿海的"动漫之都""创意之城"。

（2）持续运作打造品牌文化，提升海西影响力

第二届茶博会开幕第二天，北京奥运会后首度开工的著名导演张艺谋率《印象大红袍》总导演组，专程到武夷山实地考察。这标志着山水实景演出作品——《印象大红袍》正式启动。

《印象大红袍》是武夷山为丰富夜间旅游而倾力打造的文化旅游项目，将大红袍文化融入武夷山水、民俗旅游，用艺术形式予以再现。福建省又一文化品牌将传扬天下。像运作《印象大红袍》一样，近年来，有着丰厚文化资源和积淀的福建省，持续通过硬件建设、载体推动、品牌带动来促进文化创意产业化发展，由此提升海西文化的影响力。在充分发掘文化资源的同时，不断大手笔投入锻造标志性文化设施，如中国闽台缘博物馆、福建大剧院等。闽台缘博物馆开馆以来已接待境内外游客144万人次，其中台胞12.6万人次，已成为海峡两岸文化交流的重要品牌。

同时，福建省还通过举办茶博会、妈祖文化节、开漳圣王文化节等一系列节会，提升民间民俗文化为品牌文化。如漳州通过举办开漳圣王文化节、关帝文化节、三平祖师文化节等活动，已形成了独特的对台祖地品牌文化。

整合、推广福建省独特的妈祖文化、闽南文化、客家文化、朱子文化等，将之融合到旅游产业，打造富有海西特色的文化之旅，文化旅游产业齐头并进。

将一些还在萌芽的弱小文化项目，通过产业化推动，不断壮大为强势的文化品牌。厦门湖里区江头街道乌石浦村，原本是个郊区农村，近年来通过画家们的自发推动、政府部门的帮扶，已发展成为著名的油画村。成为全球三大商品油画产地之一，油画产业也一举成为厦门新兴的文化创意产业之一。

（3）"文化效应"渐显，产业化实效助推发展

近年来，通过持续运作，福建省文化创意产业焕发出蓬勃生机，并以实效助推了发展。

2008年5月，在第四届深圳文博会世纪工艺品文化广场分会场开幕当天，来自福建德化的高温红釉瓷"富贵红"博得头彩——与德国茵莱陶瓷公司签下了6000万美元的意向性合约。

"富贵红"是由德化年轻陶瓷艺人徐少东研制的、具有科技含量和时尚元素的现代瓷器，2005年至2007年连续三届成为世界模特小姐大赛唯一指定的奖品和贵宾礼品。

"富贵红"的成功不是个例。在这届展会上，福建省的陶瓷、漆线雕等工艺美术作品吸引了众多关注目光。福建省代表团共签约6个项目，涉及金额7.88亿元。

作为工艺美术大省的福建省，2011年规模以上工艺美术企业总产值达351.6亿元，出口交货值248.91亿元。福州寿山石雕、德化白瓷、惠安石雕等都闻名于世。德化更成为我国最大的西洋工艺瓷生产和出口基地。

这当中，莆田的工艺美术产业发展尤为引人注目。11月初落幕的第三届中国（莆田）海峡工艺品博览

会实现工艺品成交额9570万元，签订合同金额1.45亿元，比上一届分别增长10%以上。短短几年间，这个博览会就由一个地方性的活动上升为国家级的专业展会，显示了该市工艺美术产业的迅猛发展态势。

像莆田一样，福建省各地充分发挥当地文化资源优势，打造出区域特色明显的文化创意产业。厦门已形成初具规模的图书发行业、印刷复制业、文化旅游业、网游动漫业等文化创意产业，2011年其文化及相关产业总增加值达118.48亿元，占厦门市GDP的7.48%。

此外，福州的歌舞娱乐业、网游动漫业，泉州的惠安石雕、德化陶瓷、丰泽树脂工业、漳州的水仙花雕刻、漳浦剪纸、南平的武夷山文化旅游业等，也各展风采，在产业化发展上取得很大成功和效益。

4. 福建省文化创意产业发展启示

从目前文化创意产业发展现状来看，文化创意产业主要有如下五种特性：

一是创新性。创意无法复制，文化创意产业的生命力在于不断创新，为社会提供新的创意产品和服务。

二是高附加值性。创意文化产品以满足消费者多样化和特殊化的需求为目标，其文化附加值比例明显高于普通产品和服务。

三是强融合性。创意产业是多知识、多学科和多文化的交叉和多学科人才的融合，这种融合性强于其他产业。

四是渗透性和辐射性。文化创意产业不仅拉动区域经济发展，而且还渗透到生产、生活各个领域，进而改变人们的思维方式和消费观念，并在推动产业结构调整和社会变革中发挥重要作用。

五是持久赢利性。创意贵在创新，在知识产权制度日益完善的环境下，一种新的创意产品一旦占有市场，同类产品将很难进入。创意企业通过对其创意的不断复制而不断获利。文化创意产业尤其重视对强势品牌的塑造，从而产生市场需求的独特性与消费者对品牌的忠诚性，确保创意的持久赢利。

五、福州市文化创意产业实现跨越式发展的基础与现状

1. 现状

福州市文化创意产业经历了萌芽起步、酝酿探索、加速发展三个阶段。目前，福州市文化创意产业已进入一个加速发展的阶段，特别是新兴文化创意产业的规模正逐渐超过传统文化创意产业部门，对整个文化产经济发展起到了明显的带动作用。

（1）文化创意产业初显规模

近几年，随着福州市社会综合经济实力不断提升，特别是海峡西岸文化中心定位在福州，极大地提

升了福州城市文化品牌的影响力。为福州市文化创意产业的发展打下了坚实的基础。2011年福州市文化创意产业单位数量有7987个，从事文化创意产业的人员19万人，拥有固定资产价值为394.11亿元，完成主营业务收入340.61亿元，实现增加值66.03亿元，占GDP的比重达到3.3%。

（2）文化创意产业发展步伐加快

随着经济和社会的快速发展，人民群众对精神文化的需求不断增加，福州市文化创意产业在总体规模不断扩大的同时，发展步伐明显加快。2011年，福州市文化创意产业增加值66.03亿元，比2008年的24.7亿元增长1.7倍，年平均增速为38.8%，高出同期全市GDP增速，也比同期全省文化创意产业增加值增速快3.3个百分点。

（3）文化主体产业地位突出

近几年来，福州市文化创意产业通过大胆改革与创新，以组建产业集团为契机，不断打造产业"航母"，涌现出了福州市出版集团、广电集团等一批主业明确、核心突出的龙头骨干企业集团。2011年，在全市文化创意产业中，直接从事文化活动的"文化服务"业占43%，实现文化创意产业增加值28.3亿元。一些核心品牌的文化创意产业在不断诞生和壮大中，如日立数字映像（中国）有限公司、福州市和声钢琴有限公司、福建金德利集团等。

（4）产业层次分明，增速不一

从文化创意产业的三个层次看，"核心层"中以新闻、出版、广播影视、文化艺术为主的传统意义上的文化创意产业创造的增加值达到18.6亿元，占全部文化创意产业增加值的28.2%，比上年增长28.2%，在核心层中占比重最大的类别是出版发行，实现增加值10.52亿元，占全部文化创意产业增加值比重达到15.2%，比上年增长27.3%；"外围层"则是以网络、休闲娱乐、经纪代理、广告会展等新兴文化服务业为代表的文化创意产业，创造的增加值为9.7亿元，占全部文化创意产业增加值的比重为14.7%，比上年增长37.7%；"相关层"是以文化用品、设备及相关文化产品的生产、销售为主的文化创意产业，创造的增加值达到37.8亿元，占全部文化创意产业增加值的比重达到57.1%，比上年增长38.0%。核心层、外围层、相关层增加值之比为28.2：14.7：57.3，相关层的分量明显突出。

（5）新兴文化行业发展迅猛

文化创意产业作为潜力巨大的优质产业，其对经济的拉动作用正日益彰显。截至2011年底，福州市上网总户数为203万，互联网这一新兴产业的影响正逐步渗透到人们的生产、生活、工作等各个领域；而以经营娱乐元素为主的新兴行业，如演艺、游戏、旅游等也正逐渐成为文化创意产业中最活跃的力量，能容纳二千多名观众的福州市榕城歌剧院，场场爆满，吸引国内众多大牌影星、歌星等登台献艺；特别是以数字化内容为主的文化创意产业更是异军突起，锐不可当。2011年，福州市网络文化服务业产值是2009年的12倍。在文化创意产业的九大类中，增速位居前三位的分别是网络文化服务、文化休闲娱乐服务、文化用品设备及相关文化产品的销售，其增加值增长速度分别为39.7%、38.5%和38.5%。

2. 福州市文化创意产业发展中存在的问题

（1）文化创意产业总体偏小，在经济总量中的比重偏低

福州市与其他副省级城市相比，文化创意产业规模明显偏小，处于中游水平，与福州经济发展水平不匹配。例如，2010年长沙、昆明文化创意产业增加值分别实现171.56亿元和84.4亿元，占GDP的比重分别是9.5%和6.1%。从文化创意产业总量看，2011年，福州市文化创意产业增加值66.03亿元，只相当于2010年长沙市的38.4%，不及2010年昆明市文化创意产业的绝对量；从文化创意产业所占比重看，福州市文化创意产业占GDP的比重为3.3%，分别比长沙市和昆明市低6.2个和2.8个百分点。因此，不论是从产业规模还是从经济总量中的相对比重来看，福州市文化创意产业发展均尚显不足。

（2）产业结构不尽合理，产业内部结构有待调整

2011年，福州市文化创意产业中"核心层""外围层""相关层"实现的增加值之比为28.2：14.7：57.3，"核心层"和"外围层"所占的比重明显偏低。这与2010年全国文化创意产业"核心层""外围层""相关层"增加值之比42：18：40相比差别较大。从全国各地的文化创意产业结构看大多以核心层为主，这一点与福州有较大区别，由此可见，福州市文化创意产业增加值结构仍需调整，要尽快采取措施，并在人力和财力等生产要素的配置上进一步调整，加快福州市文化创意产业核心层的发展。

（3）文化创意产业对国民经济贡献份额偏小，文化创意产业人均增加值偏低

近年来，福州市文化创意产业对国民经济增长的促进作用虽呈日益增强之势，但由于文化企业单体规模较小，导致文化创意产业总量水平不高，整体竞争力不强。2010年，福州市文化创意产业增加值占GDP的比重为3.3%，低于全省平均水平0.43个百分点，这与福州市经济发展地位明显不相符。2011年，全市文化创意产业人均增加值为3.3万元，尽管比上年增长了3.1%，但仍低于全国平均水平。福州市文化创意产业人均增加值行业发展水平也不平衡，最高行业人均增加值（广播电影电视服务）达到6.50万元，是最低行业人均增加值（文化用品、设备及相关文化产品的生产）的四倍多。

（4）文化创意产业定位不明确，优势难以凸显

文化创意产业的发展和壮大与每一个城市对文化创意产业的定位密切相关。从我国上海、北京、深圳、广州四个特大型城市文化创意产业发展历程来看，它们也大都借助各自在政治、经济、文化资源上的优势，结合各自城市特点，确立发展文化创意产业的方式和长期战略目标，激励和支持了各个城市在文化创意产业体制、机制和发展思路方面的创新和发展。例如北京市在1996年就出台了《关于加快北京文化发展的若干意见》提出"要充分利用北京丰富的文化资源和人才资源，大力发展文化创意产业，使其成为北京的支柱产业"；广州在前几年提出"四地"即"岭南文化中心地""海上丝绸之路发祥地""现代革命策源地""改革开放前沿地"的基础上，这两年又提出"大都市以文化论输赢"，强调文化创意产业在现代化都市建设中的地位；深圳最近几年来在大力实现"文化立市"的战略基础上，形成了传媒业、印刷业、文化旅游等一批文化教育产业，2006年提出"两城一都"战略；上海在20世纪90年代就确立了"文化创意产业发展之路"的观念，主要在文化建设领域引进市场机制，取得巨大的成功。相对这四个城市的成功经验，福州市存在文化创意产业定位模糊的现象，福州特色文化难以显现。

（5）基层文化建设薄弱，农村居民文化消费不足

福州市基层文化建设总体上仍然滞后于经济建设。特别是农村文化生活仍然比较贫乏。部分农村地区由于缺少健康向上、生动活泼的业余文化活动，因而一些封建迷信和"黄、赌、毒"等现象屡禁不止。农村居民的文化消费与城镇居民高速增长的文化消费相比，存在较大的差异性。2011年福州市农村居民人均文化教育娱乐用品及服务支出仅为413元，占农村居民消费支出15.4%，低于城镇居民24个百分点。

3. 进一步提升文化创意产业在福州经济中的地位

随着社会发展、时代进步，当今世界文化和经济日趋一体化，经济中有文化，文化中又有经济，文化力和经济力相互交融，形成一种全新的推动社会经济发展的力量。正因如此，今天福州在经济发展和文化建设中要高度重视和积极发挥文化力作用，以文化力促进福州经济发展，提升福州经济发展的文化含量，形成福州经济增长的新亮点。

（1）要加大福州文化创意产业发展步伐，使之成为福州第三产业的一大支柱产业

按照产业的划分，文化艺术、新闻出版、文物保护、图书馆、博物馆、群众文化、广播电视、电影等文化部门，本身就属于第三产业部门，是第三产业的重要组成部分，它们的活动是一种以为社会生产各种实物形式和服务形式的文化产品为主的经济活动，它们创造使用价值和服务增加值，直接推动国民生产总值的增长。发达国家第三产业占国民经济的比重已高达60%~70%，其中相当大的部分都是文化创意产业的贡献。正因如此，福州在经济发展过程中要大力发展文化创意产业，不断提升文化创意产业对福州经济发展的贡献率。

当前，要根据国内外文化创意产业发展趋势和福州文化创意产业发展现状来制定切实可行的短、中、长期福州文化创意产业发展规划，有计划、有系统、有目标、有策略地发展福州文化创意产业；要充分挖掘福州文化资源，对福州物质文化遗产和非物质文化遗产应在保护和传承的基础上，开发利用其经济价值，使它们成为发展福州文化创意产业的重要资源；要动员各文化部门发挥自身优势生产出具有竞争力的文化产品，以及提供优质的文化服务，形成发展福州文化创意产业的整体力量；要整合各方力量，组建有规模、有实力的文化创意产业集团，打造出特色化、品牌化的文化产品，不断提升福州文化创意产业的竞争力和影响力；要发挥福州对台区位优势，建立海峡两岸文化创意产业合作福州基地，积极引进台资文化企业、文化创意产业集团、文化创意产业项目，开展多层次、多范围合作，壮大福州文化创意产业，并对国内文化创意产业发展产生影响、辐射作用；要培养和引进文化创意产业人才，建立一支高素质、复合型的文化创意产业人才队伍，因为他们是文化力中的第一要素，是推动文化创意产业发展的第一生产力。

（2）要促进文化创意相关产业的发展，产生规模效应和互动效应

文化产品的生产、交换、分配和消费，不是孤立运作的，是一项系统活动，它将带动其上游产业、下游产业和横向产业及其经济力的发展。例如工艺品带动工艺制造业、工艺美术品批发业发展；音像制品带动音像制造业、图书报刊零售业发展；文艺演出带动交通、餐饮、旅店业的发展；旅游业带动旅店业、游览业、市政工程管理业、建筑业、园林绿化业、观光农业的发展；电视动画片带动玩具业、食品业、游戏业、漫画业、电影业的发展等。基于此，福州在大力发展文化创意产业的同时要积极带动和促

进其相关产业的发展。

具体地说，就是福州在发展某一项文化创意产业时要重视对其上游产业、下游产业和横向产业的调查研究，并在政策、资金上支持这些相关产业的发展，使它们形成规模效应，产生联动作用。比如，在开发三坊七巷文化创意产业时，应重视对福州鼓楼区的市政工程业、旅馆业、餐饮业、工艺品零售业以及福州古建筑修复业等的调查研究，并在此基础上制定出有关政策来促进这些相关产业的发展；再比如，在开发寿山石文化创意产业时要对福州晋安区的工艺美术品制造业、观光农业、游览业、自然保护区管理业等的调查研究，同样也应在此基础上制定出有关政策来促进这些相关产业的发展。总之，由文化创意产业发展所带动的与其相关产业的发展不仅扩大了当地就业机会和市场，同时也提高了当地经济增长总量。

（3）提高农业、工业和服务业三大产业的文化含量

例如，在农业上用科学技术可提高生产效率和质量；在工业上各类企业开展企业文化建设，可增强企业凝聚力，另外提高产品的文化附加值，可形成产品品牌影响力；在服务业上，采用文化产品可提高摄影业、娱乐业、广告业的档次，运用文化产品可提高美容业、旅行社服务水平等。

具体来说，福州在新农村建设中要不断用文化知识来培养新型的知识农民，用科技信息产品来提升乡村经济发展档次，因为随着农村城镇化的步伐加快和现代农业的高速发展，农村对劳动力的素质要求是越来越高，对经济发展越来越需要规模经营；在培育、发展工业产业集群中要使各产业集群拥有自己的品牌企业、龙头企业，要通过建设有特色的企业文化来构筑自己企业的内涵、品质和风格，要拥有各产业集群的品牌产品就要增加产品的文化含量，加强产品的文化附加值；在促进服务业成为福州城市综合竞争力和现代化水平的重要标志上，要加大文化要素对服务业的渗透，形成具有福州城市文化特点的服务业，使福州成为具有魅力的现代城市，同时要加大服务业中的知识产权保护，提升福州服务业的竞争力，因为服务业是知识密集型的产业。

（4）拉动福州民众对文化产品的广泛消费，扩大福州文化产品消费市场

人们对文化产品的消费既是文化行为又是经济行为：一方面人们对高水平、多样化文化产品的消费可增强自我实现的满足程度，提高生活质量，扩大文化视野，提升精神境界；另一方面人们对高品质文化产品的消费又进一步促进了文化产品的生产和流通，并对其提出更高的要求和标准，从而形成规模化的区域文化经济，提高了区域的经济竞争力和吸引力，为区域经济发展做出积极贡献。

正因如此，福州要采取措施不断提高城乡居民文化消费水平，要积极培养人们主动花钱消费文化的观念，要把人们潜在的精神文化需求转化为现实购买力。这首先要为民众营造出良好的文化环境和社会文化意识，进而为民众提供高品质、多样化的文化产品，让民众在消费文化产品时从心理和用钱上都感到"物有所值"；其次要增强民众消费文化的观念，让民众认识到对高水平的文化产品的消费是人格自我完善的一个标志和体现自己文化水平高低的一个重要标准；再次要创造条件让民众有机会接触到高水平的文化产品，这关键是要加大公益性文化产品的投入、保障和供给，要做大、做好、做强公益性文化，同时对于商业性文化活动，政府要用政策杠杆来调整与前者之间的关系，使两者处于良性互动中，从而使民众对文化产品的消费能适应其消费能力和水准。

············ 第二部分 ············

CB 文化创意产业园规划分析

一、CB创意产业园项目基本情况

1. 项目规划背景分析

（1）大福州格局

空间结构规划——一区两翼、双轴多极

以福州中心城区为中心，以沿海、沿江两条国家发展轴带为骨架，以环罗源湾经济区、福清湾经济区为两翼，以永泰城区、平潭城区等经济增长极为重点，依托京台、温福、福厦、福台等交通通道，不断强化中心城市之间、城镇之间、城乡之间的紧密联系，不断推进各类生产要素自由流动，积极打造培育福州大中心城区，最终构建"一区两翼、双轴多极"网络化的城乡空间发展格局。

（2）福州市城市总体规划（2009—2020年）

城市性质：

福建省省会，海峡西岸经济区的中心城市，国家历史文化名城。

城市职能：

省会，先进制造业基地，现代服务业中心（交通物流中心、商务商贸中心、科技创新中心、文化教育中心、旅游会展中心）。

城市规模：

人口规模：福州中心城区城镇人口预计2015年为346万人，2020年为410万人。

用地规模：福州中心城区建设用地规模：预计2015年为300平方公里， 2020年为378平方公里。近期到2015年，福州市中心城区人均建设用地标准为87平方米，远期到2020年，福州市中心城区人均建设用地标准为92平方米。

城市发展方向：

城市重点发展方向为"东扩南进"。南进：南部地区是福州市近期城市拓展的主要方向。基地位于福州市区南部约30公里，位于近期拓展方向上。

（3）创意产业与福州

《福州市加快文化创意产业发展的意见》

发展目标：到2012年，文化创意产业增加值以年均25%以上的速度递增，文化创意产业增加值占地区生产总值的比重超过8%，成为海西省会城市的支柱产业之一；到2020年，形成产业特色鲜明、创新能力强大、专业人才集聚、公共服务完善的文化创意产业集群，把福州打造成为引领海西、辐射全国的文化创意产业中心。

重点发展行业：现代传媒业、动漫游戏业、设计创意业、工艺美术业、文化休闲旅游业、文化会展业、广告创意业。

规划目标：科学规划文化创意产业布局、建设一批园区基地、建设一批文化创意产业专业市场、培育一批骨干企业。

政策支持：返还部分所得税、鼓励盘活存量房地产资源用于文化创意产业经营、完善中小企业融资担保机制等。

福州市大力推动动漫等新兴文化业态发展，掀起文化创意产业新一轮扩张浪潮：

· 动画企业不断壮大，动画制作产业基地形成规模；

· 原创动画产量快速增长，动画精品不断涌现；

· 举办海峡两岸动漫产业活动，动画产业影响力不断增强；

· 动画与旅游文化资源结合紧密，地域文化特色鲜明。

创意产业正在成为福州新的经济增长点。

启示：福州应抓住文化部扶持文化创意产业发展的有利契机，提高福州在原创能力、人才培养、技术开发、产业链整合等方面的能力，使动漫产业成为福州新一轮发展的高效发动机。

2.区域的背景与概况

（1）历史沿革

永泰，建县于唐永泰二年（公元766年），雅称永阳。因境内广植樟树，简称樟。北宋崇宁元年（1102年），因避哲宗陵讳，改称永福。民国三年（1914年），因与广西永福县重名，恢复永泰县名。1949年8月11日永泰解放。建国初期属闽侯专署，1957年至1959年属晋江专署，1960年又归属闽侯专署，1971年至1983年属莆田地区，1983年4月起改属福州市。

（2）地理位置

县域位于东经118°23′至119°12′，北纬25°39′至26°05′之间，总面积2241平方公里，约占福州市辖区的五分之一。东邻闽侯、福清，西界德化、尤溪，南连莆田、仙游，北接闽清。县城至省会福州62公里。

（3）辖区人口

据考古，在四五千年前的新石器时代，永泰境内就有人类活动，从此繁衍生息。现全县辖21个乡镇，254个行政村、10个社区委员会，总人口35.4万人。多为汉族，还有畲、蒙、回等12个少数民族，人口6000多人。

（4）气候特点

温和湿润，雨量充足，属典型的亚热带季风气候区。年均气温 14.6~26℃，年降雨量在1400~2000毫米，年均无霜期近300天，年日照时数为1445~2193小时。大洋、同安等6个高山乡镇，昼夜温差大，立体气候明显，人称"一山分四季，十里不同天"，适宜种植茶叶和反季节蔬菜等。

（5）地貌特征

永泰地质属浙闽粤火山活动带，位于闽东火山活动亚带内，受火山作用强烈，又受后期喜山运动新构造升降和震荡影响，境内群山林立、沟谷深切、溪流纵横。全县地理概貌为"八山一水一分田"。地势高峻，层峦叠嶂，大部分地区海拔在500米以上。全县海拔1000米以上的山峰有77座，最高山峰为嵩口东湖尖，海拔1681.9米；地势最低的为塘前官烈，海拔仅10米。发源于德化境内戴云山的大樟溪，全长234公里，其中永泰境内长121公里，自西向东横贯全县9个乡镇53个村，两岸形成长廊式谷地。53条支流呈网络状遍布全县，形成众多峡谷和串珠状小回廊谷地。

（6）物产资源

水能蕴藏量和人均占有地表水居全省之冠。水电开发潜力巨大，可开发水电装机容量51万千瓦，其中大樟溪干流已规划7级，装机容量27万千瓦。地热水异常面积达2.8平方公里，水温高、水质好，自冒水温多在30~70℃，最高达83℃，日出水量可达3000多吨。有"中国温泉之乡"之称。已发现或初步探明储量的金属矿和非金属矿有金、银、钼、锌、紫砂土、高岭土等10多种。山场广阔，山地面积272万亩；耕地面积31.39万亩，人均耕地0.89亩；茶果林竹等种植已具相当规模，现有果树面积25万亩，以李果、青梅、柿子、板栗、柑橘等为主，常年水果产量逾8万吨，其中李果种植面积、产量均居全国首位，素有"李果之乡"称誉，2001年被国家林业总局授予"中国李乡"荣誉称号。"永泰芙蓉李"为福州市首个也是目前唯一的国家地理标志证明商标。

（7）特色产品

永泰特产主要有李果、青梅、柿子、板栗、西甜瓜等水果及其产品，此外香菇、绿茶、茶油、地瓜烧酒、加饭酒及竹草编、软木画等也极具特色。永泰蜜饯闻名遐迩，主要产品有李干、化核嘉应子、蜜李饼、盐水梅、酸梅露等。其中芙蓉李·李干曾获"福建省名牌农产品"，化核嘉应子果脯系列获全国保护消费者基金会授予的"95首都市场消费者认可的生活用品"等荣誉称号。精品茶叶有牡丹银针、曲茗针、白毛猴、龙豪、白雪豪等，其中牡丹银针和龙豪分获2000年杭州国际名茶博览会金奖和优质奖。茶油精制品主要有"秀岩、青龙溪、丰和、山里香"等品牌茶油。境内同安等乡镇村民很早有种草加工草席的传统，近年来，一些乡镇又引进日本蔺草和织席机，生产高质量的蔺草系列草席制品，产品主要销往福州、上海、天津等城市。

（8）文化积淀

地灵人杰，名人辈出。张肩孟（北宋）"父子六进士五子同朝"，萧国梁、郑侨、黄定（南宋1166—1172年）七年蝉联三状元，黄龟年（南宋）冒死四劾秦桧，张元干（南宋）首开爱国词风，王偁（明）总裁《永乐大典》，十砚翁黄任（清）妙笔著诗，黄展云铁心跟随孙中山，历来为世人所称颂。文学和学术创作相当丰富，著名的有宋张元干的《芦川归来集》，元林泉生的《觉是集》，明王偁的《虚舟集》，清黄任的《秋江集》《香草斋集》。建国后有郑庭椿的《叔本华评传》，檀仁梅翻译的《丘吉尔回忆录》《韦氏大词典》等。永泰是盛行于华南大地、港澳台地区及东南亚一带张圣君（法主公）道教信仰文化的发源地。"名山室"为全国第六批重点文物保护单位，其中保存完好的元代民间道教白莲菜莲社七祖雕像为全国仅有，极具考古价值；"郑侨墓""凤凰寺"等为省级文物保护单位，还有一批县级文物保护单位。永泰还是南拳虎尊的发源地，当地群众习武成风，1994年被国家体委命名为"全国武术之乡"。虎尊拳于清末传到日本，形成了实力雄厚的"上地流空手道"，为中日文化交流做出了贡献。

（9）旅游胜地

因地质构造影响，境内峰奇石异，峡深谷幽，触目皆景，素以"真山真水"著称，有福州"花园""天然氧吧"之誉。史书上记载有游览价值的景点就达116处之多。青云山为国家重点风景名胜区、国家4A级旅游区，被确定为国家生态旅游精品线路；天门山为国家水利风景区、全国农业旅游示范点；姬岩为省级风景名胜区；青云山御温泉目前为福州市温泉游新热点。CB景区正在申报国家4A级旅游区。正在开发建设的还有大樟溪休闲娱乐中心、百漈沟、龙村景区等。旅游业取得突破性发展，2011年全县接待游客量75.1万人次，有力地带动了第三产业的发展。

（10）项目区位

位于永泰县葛岭镇，1999年4月经福建省人民政府批准设立，是福州市目前唯一的旅游经济开发区。开发区总面积为6平方公里。该区离福州40公里，距长乐国际机场86公里，到马尾港80公里。区内交通便利，水电充足，通信便捷，基础设施配套和生活设施日臻完善，基本符合开发需要。开发区充分利用省政府赋予的优惠政策，切实做好整体规划和区内生态环境的保护工作，以旅游项目为先导，滚动发展，逐步建成一个管理先进、体制灵活、环境优美、效益显著的旅游经济开发区。

3. 永泰县相关规划

（1）永泰县总体规划（2007—2020年）

永泰CB创意山水园位于福州市中心城区规划控制范围内，地处国家级风景名胜区青云山的东面，距离福州中心城区约35km，距永泰县城约18公里，距福州科技城组团约15公里，距福州大学城组团约23公里，距福州汽车城组团约26公里。优越的区位为本区的发展提供了雄厚的基础，使之成为福州市中心城区规划控制范围内发展创意产业最具发展潜力的组团之一。

发展战略：发展以绿色产业为主的生态旅游县，是福州都市区的重要生态保障。

县域经济分区及产业发展方向：全县划分为四个经济区：中部经济区；东部经济区；西部经济区；中北部经济区。

东部经济区：由东部的葛岭、塘前和丹云乡镇组成，其中心镇为葛岭镇，以发展加工业、休闲度假旅游业为主。

城镇空间布局结构：一心两轴四重点。

一心：县域中心——县城。

两轴：主轴：以大樟溪干流和203省道沿线综合开发为发展主轴。在主轴线上重点建设三个城镇组团。

东部为以葛岭镇为中心，以旅游、电力工业与水果加工业为主的城镇组团。

（2）永泰县旅游发展总体规划

永泰旅游资源丰富，低山地貌，森林覆盖率在77%以上，大樟溪横贯西东，素以"真山真水"著称，有福州"后花园""天然氧吧"之誉。主要景点包括：青云山、天门山、方广岩等。

温泉、捷运、生态：

永泰县发展旅游业立足于三个基点：一是基于永泰温泉、青云山等国家级旅游资源来塑造形象和品牌；二是基于区域交通区位优势，作为区域旅游目的地这一定位来发展旅游产业；三是基于区域居民户外休闲游憩需求，创造生态旅游品牌，重塑郊野山水公园。

旅游规划总体布局：一带、一城、两轴、五区

一带：大樟溪山水风光旅游带；

一城：永泰山水生态旅游城；

两轴：大樟溪生态旅游发展轴、城关—青云山旅游发展轴；

五区：东南西北中——青云峡谷温泉旅游区、东部山水风情旅游区、同安森林生态旅游区、北部宗教文化旅游区、西部民俗文化旅游区。

永泰旅游形象定位：

（1）永泰县旅游总体形象：永福永泰、青云直上；

（2）旅游的整体形象口号：奇峡灵泉青云山，真山真水真永泰。

（3）永泰县葛岭镇总体规划（2009—2020年）

葛岭镇位于福州市永泰县东部，东邻塘前乡，西连城峰镇，南与岭路、莆田、福清交界，北与丹云、闽侯南屿镇接壤，距福州37公里，县城19公里。

发展定位：永泰东大门、福州后花园

产业分区：形成城镇产业经济区、旅游产业经济区和农林产业经济区三种产业经济区

空间布局：重点发展旅游、文化创意、工业、现代农业，形成"两心、一轴、多点"的空间布局结构：

"两心"为镇区—溪南综合服务中心和台口—东星工业中心；

"一轴"为大樟溪特色产业轴，体现良好的生态环境，打造山水风光旅游风情带；

"多点"为6个旅游服务中心、2个文化创意产业基地和6个现代农业基地。

温泉保护区：划定葛岭—九老、汤埋2处温泉保护区，在严格保护的前提下，科学、合理、适度地对温泉资源进行开发利用，要与旅游的发展相结合，将温泉当作旅游开发的重要内容和核心产品之一。

4. 项目基地现状分析

（1）现状概貌

基地北侧紧靠大樟溪，并有一条公路可进入基地；周边群山环抱，基地内部东西两片分别有两条水体。规划范围总用地为217公顷，合3255亩。

（2）现状土地利用

本次规划范围北临大樟溪，其余方向被山体环抱，总用地217公顷。规划区内东片为双洞溪，是大樟溪的支流，西片有一条小河沟，沿这两条水体两侧较平坦地区有部分农田耕地与村庄；其余大部分为林地；紧邻大樟溪北侧有简易修建的公路，基地北侧入口有一条道路自北向南穿越基地。

（3）现状土地试用性评价

建设难度较大区域：防护林+地形坡度大于25%，约占总用地面积的15%。

采取工程措施建设区域：地形坡度为15%~25%的用地，约占总用地面积的45%。

适宜建设区域：以上两类用地之外的用地（除去河流），约占总用地面积的40%。

二、CB创意产业园的规划定位分析

1. 福州发展文化创意产业的原因

（1）福州发展文化创意产业的原因

原因一：发展需求

国家层面：《文化创意产业振兴规划》

关键词：文化创意产业上升成为国家战略产业

福建层面：《福州市加快文化创意产业发展的意见》

关键词：福州定位：引领海西、辐射全国的文化创意产业中心

海峡两岸层面：《海峡两岸经济合作框架协议（ECFA）》《国务院关于支持福建省加快建设海峡西岸经济区的若干意见》

关键词：知识产权保护、两岸文化交流的重要基地

文化创意产业是发达国家经济转型过程中的重要产物。由于附加值高、发展可持续，这一新兴产业越来越为各国所重视，对中国来说，发展文化创意产业已成为"后危机"时代经济转型的新增长点。

2009年，文化创意产业继续逆势上扬，仅1~5月，我国文化创意产业平均增幅就达17%，高于GDP

增长速度，成为经济寒冬中的一股暖流。

文化创意产业的发展正以其逆势上扬的态势、空前的高速度影响着中国的未来，预示着中国从全球的加工厂到文化消费大国的转变。

原因二：三无劣势

工业基础薄弱。工业企业规模小，布局较分散，结构偏轻型化，竞争力较弱，以工业为主导的产业受到制约。

土地资源稀缺。福州地处河口盆地，四面环山，土地外延式粗放发展受到制约。

经济总量偏低。福州GDP偏低，仅位列全国省会城市第12名，有"沿海病夫"之称，缺少快速拉动GDP的产业。

原因三：三有优势

文化底蕴深厚。福州历史悠久，拥有众多的文化和地质古迹，可为文化创意产业的发展提供重要的灵感来源。

智慧资源丰富。福州拥有众多知名高校，可为文化创意产业的发展提供重要的智慧资源支持。

相关政策支持。福州作为省会城市，优先享有省内的基础设施资源和相关政策扶持，可为创意产业的发展提供重要的物质保障。

（2）福州发展文化创意产业的相关政策

①国家中长期人才发展规划纲要（2010—2020年）

人才是指具有一定的专业知识或专门技能，进行创造性劳动并对社会做出贡献的人，是人力资源中能力和素质较高的劳动者。人才是我国经济社会发展的第一资源。

2010年6月6日，《国家中长期人才发展规划纲要（2010—2020年）》（以下简称"《规划》"）正式颁布，提出了到2020年我国人才发展的战略目标、指导方针、总体部署和重大举措。《规划》是新中国成立以来第一个中长期人才发展规划，是我国昂首迈进世界人才强国行列的行动纲领。

战略目标：培养和造就规模宏大、结构优化、布局合理、素质优良的人才队伍，确立国家人才竞争比较优势，进入世界人才强国行列，为在本世纪中叶基本实现社会主义现代化奠定人才基础。

重大亮点：

财税金融扶持——激励人才创业投资。《规划》突出促进知识产权质押融资、创业贷款等业务的规范发展，完善支持人才创业的金融政策。加大税收优惠、财政贴息力度，支持创办科技型企业，继续加大对创业孵化器等基础设施的投入，为人才创业提供服务。

实施产学研合作——培养创新人才。《规划》指出要建立以企业为主体、市场为导向、多种形式的产学研战略联盟，在实践中积极培养创新人才。对企业等用人单位接纳高等院校、职业学校学生实习等实行财税优惠。

改善生活条件——鼓励人才潜心研究。《规划》强调要鼓励和支持科技人员在创新实践中成就事业并享有相应的社会地位和经济待遇。改善青年科技人才的生活条件，有条件的城市可在国家保障性住房建设中优先解决住房问题。

②福建省人民政府关于加快我省创意产业发展指导意见（2007年）

加快重点区域创意产业发展。支持福州、厦门、泉州、潭州、莆田等地区创意产业的率先发展。福州应重点推进动漫娱乐、软件设计、信息传媒、工业设计发展。

积极推动创意产业园区建设。引导分散的资源和项目向园区集中，加大对集聚区建设的资金支持力度。

吸引知名创意企业落户集聚区。在创意园区新办的创意企业，凡被认定为国家重点扶持的高新技术企业，均可享受相关税收优惠政策。

积极支持有潜力的中小企业做大做强。适当降低初创小企业注册资金门槛，允许注册资金分期到位，多渠道为创意中小企业和个人提供支持创意产业发展的资金。

设立创意产业发展专项资金。

完善多元化投融资机制和融资担保体系。完善政银企合作机制，积极向银行推介重点项目，引导银行加大对创意产业的信贷投入。

鼓励增加研发投入。允许企业将开发新技术、新工艺时发生的研发费在计算应纳税所得额时加计扣除。

发挥"六一八"平台作用。利用"六一八"项目成果交易会平台，向社会广泛征集各种创意成果和企业创意要求，鼓励创意成果项目对接，重点推介我省创意成果。

拓宽销售渠道，积极培育创意产业市场，扩大对创意产品的政府采购范围。鼓励和支持创意产品进出口业务。加大政策与资金扶持力度，扩大具有自主知识产权和自主品牌的创意产品的出口。

加强知识产权保护，切实维护创意成果。

加强行业管理，构筑创意产业服务体系。

加快人才集聚，强化创意产业智力支撑。

加强组织领导，推动创意产业加快发展。

③福州市人民政府关于福州市加快文化创意产业发展的意见

加强产业规划，明确发展目标

加快制定文化创意产业发展规划。编制《福州市"十二五"文化创意产业发展规划》。

明确文化创意产业的发展目标。到2012年，文化创意产业增加值以年均25%以上的速度递增，成为海西地区省会城市的支柱产业之一；到2020年，形成产业特色鲜明、创新能力强大、知名品牌众多、公共服务完善的文化创意产业集群，把福州打造成为引领海西、辐射全国的文化创意产业中心。

推进文化创意产业发展。充分把握文化创意产业发展趋势，紧密结合福州在海西建设中独特的自然和文化资源条件，确定现代传媒业、动漫游戏业、设计创意业、工艺美术业、文化休闲旅游业、文化会展业、广告创意业等七大行业作为加速福州文化创意产业发展的重点领域。

优化资源配，推动产业升级

科学规划文化创意产业布局，加快建设一批园区基地，建设一批文化创意产业专业市场。

加强政策扶持，拓宽融资渠道

设立福州市文化创意产业发展专项资金。主要用于资助、奖励政府重点支持的文化创意产业项目。有条件的县（市）区也要设立文化创意产业发展专项资金。

对市文化创意产业示范企业和市级文化创意产业园区（基地）实行认定制度。从2010年起，每两年认定一批。积极支持文化创意企业申报国家、省级示范基地并予以奖励。

凡新开办的符合鼓励发展范畴的文化创意企业，自开办之日起一年内实际缴纳的营业税和企业所得税税额中地方留成部分予以全额返还。凡被认定为市文化创意产业示范企业的，自被认定之日起三年内，以该企业上一年度实际缴纳的营业税和企业所得税税额为基数，新增的地方留成部分予以全额返还。

完善中小企业融资担保机制。支持和引导担保机构为本市中小文化创意企业的融资提供担保，并鼓励金融机构开展文化创意企业知识产权权利质押试点业务。

④永泰县关于促进创意产业发展的暂行办法

充分发挥我县生态环保优势和福永高速公路建成后形成的区位优势，主动融入全省创意产业发展空间布局，创造良好环境，促进创意产业大发展。

企业资金扶持：

对在我县注册登记的创意企业，注册资本可分期注入。

全面落实国家、省、市促进创意产业发展的各项税收优惠政策。新办的影视企业，三年内企业所得税县级财政收入部分予以全额奖励。县级财政贡献达到25万元以上的，两年内按照其对县级财政贡献额的50%再给予奖励。

县设立创意产业发展专项基金，对在县内发展的创意企业采用奖励、匹配、补贴、资助等方式，给予资金扶持。

创意园区建设：

永泰县选址在交通便利、环境优美的地段科学规划建设海峡西岸创意园区，为创意企业入驻发展提供良好条件和环境。鼓励新办或新迁入企业进入创意园区发展：

重点支持类创意企业，在园区内购买办公用房的，追加奖励30万元；属自建的，土地价格予以优惠；符合条件的可报批减免房产税，土地使用税经报上级批准后给予解决。

园区内的创意企业个人收入所得税，五年内按其当年度纳税总额县级收入部分80%予以奖励，应用于在县内购买住宅。

创意园区建成后，按照园区企业对县级财政的贡献，对每年给予10万元的奖励，主要用于在园区内与企业共同搭建创意产业发展公共服务平台。

启示：各级政府高度重视推动创意产业的发展，福州作为重点发展地区，拥有一定的技术、人才、基础优势。主动结合各级政府施行的资金、税收、工作、平台等方面的鼓励政策，抓住发展机遇，推动CB文化创意产业园的建设。

2. 永泰葛岭发展创意产业的优势

优势一：区位交通

永泰位于福州西南，是与市区关系最紧密的郊县，近年来随着区域交通的提升，其区位优势得到了凸显，迎来了难得的发展机遇。

经沈海高速复线永泰段与福州、厦门相连，到福州市中心半个小时车程（30公里），交通区位条件较优越，南至厦门仅2个小时，东至机场也在一个小时之内（56公里）。在区域交通上，从永泰火车站到北京只需12小时，到上海只需5小时。永泰CB享受着与市区同样的时间距离。

福永高速公路是海西高速公路主骨架网"二纵"沈海复线的重要组成部分，经永泰落岭镇，至福州市区用时缩短至半小时以下，至机场一个小时之内。

向蒲铁路的建设使永泰融入高铁经济圈，从永泰火车站到北京只需12小时，到上海只需5小时。

优势二：地租优势

随着内外交通的升级和海西建设的政策支持，已经有许多企业把产业转移到福建，比如闽商回归投资项目，作为省会福州，办公场所的价格一路飚升，目前市中心正规写字楼租金已经超过90元，市区平均价格接近60元。

据了解，新兴创意产业对租金的承受力普遍在50元以下，其办公要求与大型办公楼模式也有一定的差距。

同时，与市区具有同样时间距离的永泰CB地区，其办公成本却要低得多，加上地方政策的补贴，将成为众多文化创意企业的方向。

优势三：环境优势

永泰风光秀丽，旅游资源丰富，森林覆盖率在77%以上，大樟溪横贯东西，素以"真山真水"著称，有福州"后花园""天然氧吧"之誉。主要景点包括：青云山、天门山、方广岩等。

从景点类型上来看，永泰600余景点中主要包括文化古迹、地质景观以及休闲娱乐等。

项目位于永泰CB景区，大樟溪畔，山水秀美，树木苍翠，是修身养性、激发创意的好地方。

3. 创意产业园的功能

（1）创意产业的特点

创意产业有三个基点：一是它与文化、艺术、设计、体育和传媒行业相关；二是它是新创业的文化创意的企业；三是从事创意工作的雇员超过先前同类行业的10%。

从经济学角度进行研究，凯夫斯在其《创意产业》中，为创意产业归纳了七个特点：

第一，创意产品具有需求的不确定性；

第二，创意产业的创意者十分关注自己的产品；

第三，创意产品不是单一要素的产品，其完成需要多种技能；

第四，创意产品特别关注自身的独特性和差异性；

第五，创意产品注重纵向区分的技巧；

第六，时间因素对于一个创意产品的传播销售具有重大意义；

第七，创意产品的存续具有持久性与赢利的长期性。

发达国家创意产业可以定义为具有自主知识产权的创意性内容密集型产业，它有以下三方面含义：

第一，创意产业来自创造力和智力财产，因此又称作智力财产产业；

第二，创意产业来自技术、经济和文化的接触，因此创意产业又称为内容密集型产业；

第三，创意产业为创意人群发展创造力提供了根本的文化环境，因此又往往与文化创意产业概念交互使用。

创意产业园区：产业园区最初从支持和孵化新建高新技术企业而兴起，是一种介于政府、市场与企业之间的新型社会经济组织和企业发展平台，通过提供一系列创新企业发展所需的管理支持和资源网络，来帮助初创阶段或刚成立的相对弱小的创新企业，使其能够独立运作并健康成长。基于文化创意产业的发展趋势和特点，提供一系列新创企业发展所需的借力支持和资源网络，以支持和孵化新建高新技术企业为主要功能的产业园区和孵化器，完全可以成为发展文化创意产业的新模式。

启示：创意产业结合了技术、文化与经济，突出智力创造的核心价值，具有其自身突出的特点；同时也注定了创意产业从业人员的特殊性，其对空间环境、功能活动、公共服务等也提出了要求。

（2）创意产业从业者的生活特点

根据香港相关机构的跟踪调查，创意产业从业人员呈现出自身的鲜明特点，性别上男性居多，占66%；年龄结构上年轻人占了绝大多数，44%为18~26岁的人员；同时拥有较高的教育背景。

融合——创意、工作、生活三位一体。

创意来源于生活，创意工作者注重从生活中吸取灵感，随时进行工作，同时工作成为生活的一部分。

开放——自由、随机应变的时间安排。

由于创意工作的特殊性及其成果的不确定性、工作方式的便捷和高智力，工作者可能随时随地开展工作。

交流——创意思想的碰撞激发。

思想需要交锋，交流碰撞才能激发创意，提升业务，提供思想开放的平台和交流场所。

个性——性格鲜明的生活方式。

由于工作的独创性，创意产业从业人员通常具有鲜明的个性和前卫的思维，体现在生活工作的各个方面，在工作环境的软硬件方面都将有所体现。

（3）成熟创意产业园的功能构成分析

文化创意产业基地作为承载新兴经济的孵化器，呼唤新型的社区形态和发展模式：工作、休闲、娱乐、居住一体化的园区功能模式。

文化创意产业园区有三方面的支撑要素：创意空间（即文化创意产业的发生场所空间要素）+环境激发（即创意要素）+服务支持（即生活休闲环境等其他功能）。

功能可细分为八个方面：设计办公、培训教育、研发制作、产业孵化、会展接待、生态游憩、商业服务、居住配套。

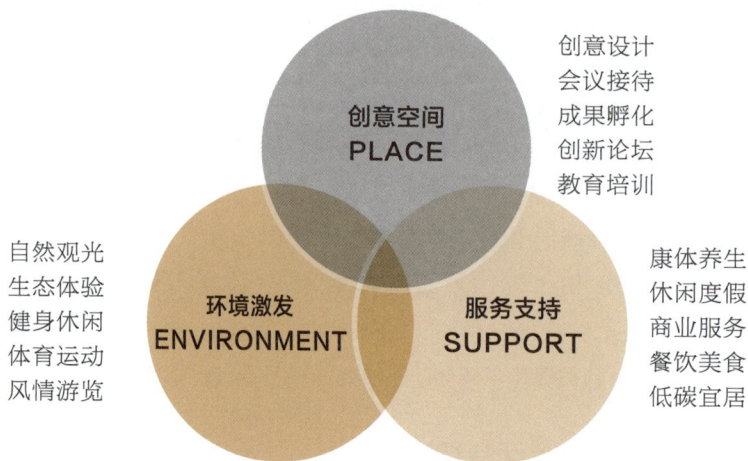

创意设计
会议接待
成果孵化
创新论坛
教育培训

创意空间
PLACE

自然观光
生态体验
健身休闲
体育运动
风情游览

环境激发
ENVIRONMENT

服务支持
SUPPORT

康体养生
休闲度假
商业服务
餐饮美食
低碳宜居

▶━━ 图26-3 成熟创意产业园功能构成分析图

三、CB创意产业园的业态分析与构成

1. 创意产业园规划综述

（1）优势整合

①政策优势：发展创意产业，推动经济转型

在"调结构、促转型"的大背景下，福建省、福州市强调根据自身的特点，重点推动发展文化创意产业，作为未来的支柱产业之一，省、市、县各级均发布了较为明确的扶持政策，永泰CB文化创意产业园区将成为福州创意产业发展的新亮点，对于福州市产业提升、经济转型的发展都有重要的意义。

②生态优势：保护山水环境，突出生态价值

基地位于永泰著名的大樟溪生态景观廊道，临近CB景区，山水秀丽，生态环境优势显著，在建设发展中，应注重原生态的保护与修复，打好环境牌，突出生态价值。

③资源优势：整合特色资源，提升地区活力

基地周边拥有丰富的旅游资源，北部的温泉度假，南部的山水旅游均具有一定的地区影响，葛岭产业、环境、社会等要素也将成为项目的重要支撑，规划须整合地区特色资源，以提升地区活力。

④交通优势：基础设施完善，交通条件提升

随着福州基础设施的完善，沈海高速的加快建设，永泰的交通区位得到了空前的提升，成为发展的极佳优势，应充分利用和强化这一优势，落实永泰作为地区增长极的定位，构筑产业发展，促进经济联动。

（2）规划原则

复合化与多元化——灵活的组团生长模式与单元功能组成的多元与混合。

创造性与交叉性——布局的创新性与渗透性，灵活的路网体系与空间环境。

生态化与现代化——注重高品质生态环境的营造，体现现代化的技术与艺术特征。

文化性与人文性——尊重和挖掘地域文化与企业文化，营造适合人才发展的人文氛围。

超前性与操作性——在超前性思维的基础上，考虑项目的可操作性及可持续发展。

（3）策划目标

规划整合本项目的禀赋要素，融入创新要素，提出本项目发展的三元互动机制，同时通过对区域发展的整体研判，提出本项目的目标定位：以环境为依托，以创意为先导，以配套为支撑，集聚省内外创意精英、科研成果、民营资本及风投基金，形成集创意设计、文化交流、研发孵化、成果交易、教育培训、商业休闲、生活配套等多功能于一体，多元复合、生态共融、国内一流的生态型文化创意产业园区。

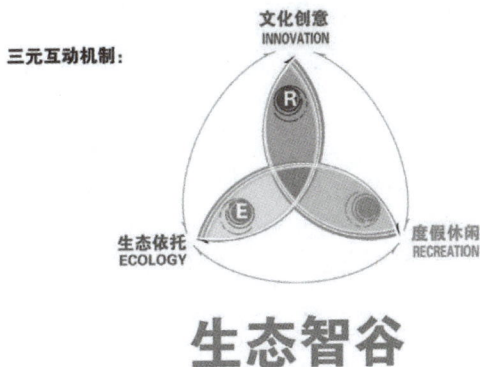

▶—— **图26-4 三元互动机制示意图**

生态创意谷——财智要素汇集，交流发展创新的动力之谷；

文化休闲谷——现代休闲集群，功能多元复合的魅力之谷；

宜居宜业谷——山水交融共生，生态持续发展的活力之谷。

（4）功能构思

主导功能：创意设计、创意总部、教育培训、创新论坛、会议接待；

辅助功能：文化体验、康体保健、温泉疗养、旅游休闲、低碳社区。

（5）概念结构

依山傍水，融入自然胜景；

一心三谷，多元交融共生。

（6）规划结构

核心引领、撇捺起笔、创新主导、三元互动、群组相生、有机聚合。

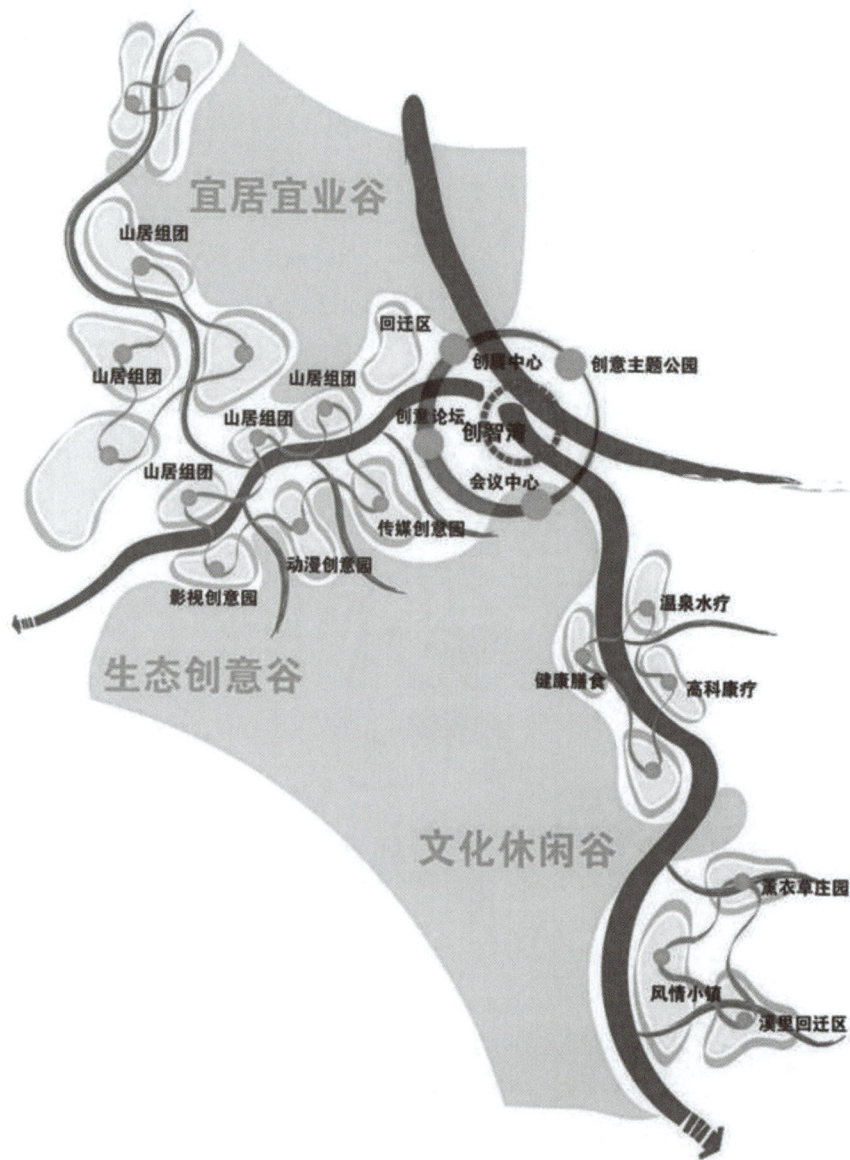

宜居宜业谷

山居组团

山居组团

回迁区

创展中心   创意主题公园

山居组团

创意论坛

山居组团   创智湾

会议中心

山居组团

传媒创意园

动漫创意园

温泉水疗

影视创意园

健康膳食   高科康疗

生态创意谷

文化休闲谷

薰衣草庄园

风情小镇

溪里回迁区

▶── **图26-5 规划示意图**

2. 创意产业园的分区设计

（1）创智湾

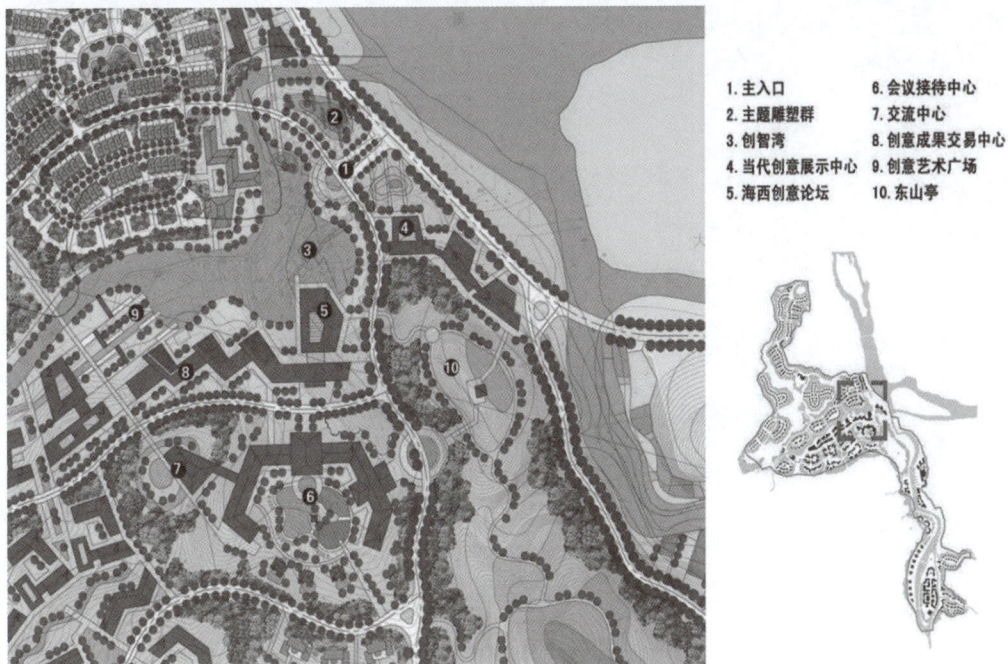

图例：
1. 主入口
2. 主题雕塑群
3. 创智湾
4. 当代创意展示中心
5. 海西创意论坛
6. 会议接待中心
7. 交流中心
8. 创意成果交易中心
9. 创意艺术广场
10. 东山亭

▶—— **图26-6 创智湾功能布局示意图**

　　精心规划创意园区入口片区，结合现状地势水文，形成开阔大气的入口景观，突出山水概念，环湾布局重要的园区公共建筑：包括会议中心、成果交易中心、知识产权中心、创意社区服务、海西创意论坛等，并树立创展中心和主题雕塑，强化入口形象。

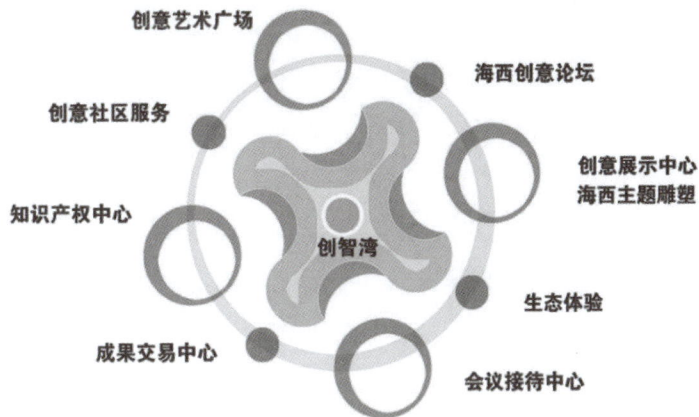

▶—— **图26-7 创智湾规划示意图**

（2）创意街市

1. 文创俱乐部
2. 艺术展览馆
3. 艺术家村（名家工作室）
4. 商业休闲中心
5. 创意前岸街区
6. 原创影剧院
7. 公共艺术广场
8. 国际培训交流中心
9. 亲水平台

▶ **图26-8 创意街市功能布局示意图（一）**

①功能布局结构

规划中部活力服务带，结合滨水景观的塑造，集聚创意服务各项功能，突出公共交流空间的丰富性，打造海西创意街市带。

创意街市以低层富于个性化的建筑构成，包括艺术工坊、艺术家村、商业休闲中心、创意街市、国际艺术培训交流中心、影剧院等，共同围合形成创意走廊空间。

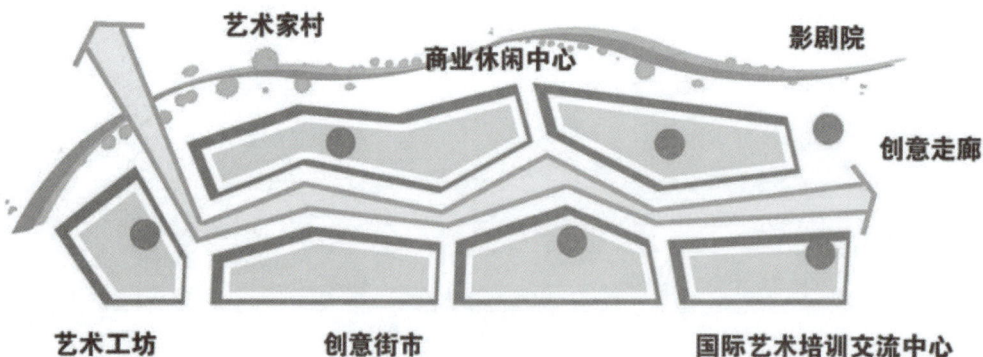

▶ **图26-9 创意街市功能布局示意图（二）**

集群设计：

"集群设计"即集合建筑师群体参与建筑创作的实践活动。建筑界的"集群设计"现象源于现代主义早期示范性实验建筑展，其进入中国始于2000年启动的"长城脚下的公社"，反响热烈，从而掀起了建筑集群设计"现象"。

在飞速城市建设时代，重复与单一构成了不安全感，而集结差异、激发更多可能性和潜在活力成为诉求，是中国集群设计的背景，策略采用化整为零的方式，集思广益激发更多对城市空间的思考，呈现更接近于自然本质的复杂性与多样性。

中国集群设计特征：

中国当代集群设计有其自身的特征，从运作角度看，多由政府或开发企业通过委托方式进行组织邀请，以政府背景的项目为主，侧重于可操作性强的小型公共建筑，而房产企业则多为商业、旅游性质的项目。参与项目的作者多为当前活跃在建筑设计一线的年轻建筑师、艺术家，具有独特的文化、社会思考，为项目注入更多的活力。而最吸引设计者的往往正是集群设计自由、开放的设计环境。

集群设计的价值与意义：

学术价值——集群设计相对宽松的条件和业主的支持以及自身的源起，客观上为建筑创作与学术研究提供了土壤。在一定程度上找回了对建筑本体探求的可能，"设计所表现出来的创作思想往往集中反映了这一时期世界建筑的某一趋向"。

商业价值——长城脚下的公社的投资人表示"商业是建筑艺术最有效的推动手段"。集群设计的文化战略往往是商业的一部分，文化的高附加值可能让土地迅速增值。

社会意义——集群设计不仅仅是建筑师的秀场，大众媒体的宣传介入也使建筑师进入了社会大圈子，提高了建筑师的社会知名度，藉此获得更大的创作空间，同时展现了社会文化的包容与生命力。

集群设计作为公众事件，对项目及所在地的知名度与品牌塑造将有积极作用。

集群设计模式：

明星建筑师的品牌附加效应；

区域特色的快速形成；

较快提高知名度和影响力。

② 设计概念

设计意向：福州老城街巷空间。

福州拥有深厚的历史底蕴，老城区现存大量传统民居片区，其街巷空间极具特色。由于传统片区建筑自发生长，体现出小尺度、灵活、非线性正交的特点，形成了复杂的拓扑关系，使街巷空间避直取曲，出现意想不到的模糊空间，介于通过性与围合性之间。

创意场所也具备这样的特点，创意不是刻意为之，而是在行进中的惊现，漫步中适时停留与交流，我们借用老城街巷的空间意向创造出具有海西特色的创意街市空间。

（3）创意产业谷

1. 影视创意园
2. 影视创意总部
3. 动漫创意园
4. 动漫创意总部
5. 出版媒体创意园
6. 出版媒体创意总部
7. 休闲步道
8. 绿色廊道

▶──── 图26-10 创意产业谷功能布局示意图

规划中部地块为创意产业园区的主体，突出创意产业的特点，选择合适的建筑体量与规模，采用组团式布局方式，在组团之间引入自然绿楔形成贯通的廊道，组团内部围合景观绿地形成公共活动场所，通过步行系统进行串联。

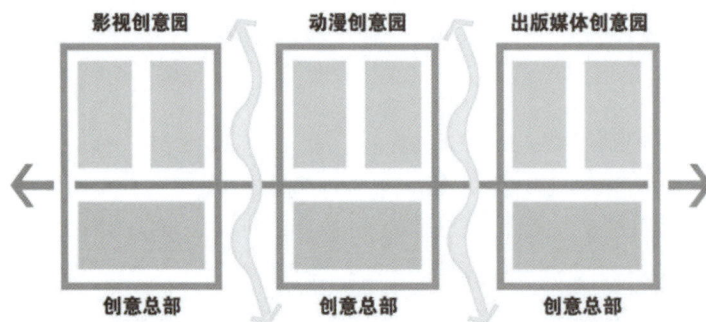

▶──── 图26-11 功能布局结构图

（4）宜居宜业谷

该区规划建设联排别墅及公寓产品。

▶── 图26-12 宜居宜业谷平面效果图

（5）高科技养疗中心

1. 温泉水疗中心　　7. 康乐广场
2. 运动休闲区　　　8. 私家田园
3. 喷泉广场　　　　9. 登山健身区
4. 养生会所
5. 高科技诊疗中心
6. 健康膳食中心

▶── 图26-13 高科技养疗中心功能布局示意图

①康疗主题功能

体检诊疗：为高端客户提供全面的、高水平的身体检查、诊断理疗等服务。

康复养身：为体检诊疗提供后续的康疗服务，包括温泉理疗、中医推拿、气功瑜伽等。

健康教育：结合高科技养疗中心的一流设备和医师，开办健康研习讲座等形式的活动。

药膳中心：弘扬民族医学精华，结合接待、养疗中心，推出药膳美食理念。

▶── 图26-14 康疗主题功能示意图

②私家田园──归园田居、四季田园、锄禾之乐、乡野真趣

　　如何实现项目用地范围内农田的保护利用与项目的开发利用有机的整合是本次规划重点研究的问题之一，规划在严格保护农田的基础上，通过功能的合理布局和建筑空间的组织，使农田的利用成为本项目重要特色之一。四季更替的田园风光，在丰富空间景观特色的同时满足现代人对自然古朴的生活状态的追求，达成养心养生的项目诉求。

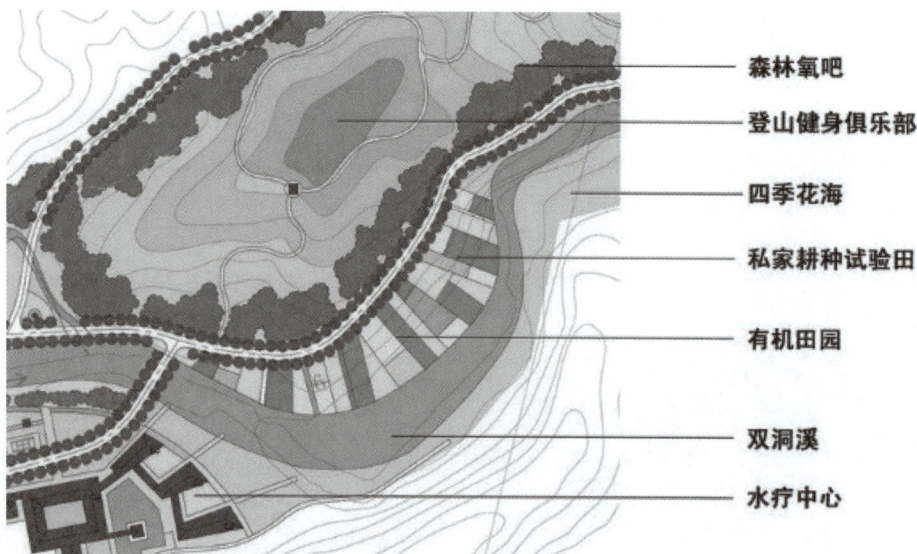

▶── 图26-15 私家田园功能示意图

（6）创意风情镇

1. 花洲彩田　　　9. 香草体验园
2. 花神广场雕塑　10. 手工香料工坊
3. 峡湾演艺广场　11. 创意产品加工
4. 喷泉林荫道　　12. 企业会所区
5. 传统工艺展示区 13. 人工闸
6. 演绎舞台　　　15. 溪里公共服务中心
8. 娱乐休闲水街　16. 薰衣草山庄

▶—— 图26-16 创意风情镇功能布局结构图

基地内原有地势背山面水，平行展开，通过地形的处理，一方面获得与地形相结合的建筑空间，另一方面形成私密围合的园林空间，建筑独倚其间，不仅增加了功能和空间的合理性，同时更使其富有趣味性。

四、创意产业园的系统布局

1. 用地规划

本次规划用地根据其使用性质的不同划分为十二类用地，包括住宅用地、安置用地、研发设计用地、文化娱乐用地、旅游接待用地、配套商业用地、道路用地、广场用地、公共绿地、绿化山体用地、防护林用地和水域。

2. 道路系统

本次规划道路交通规划主要考虑现有地形地势，在尽可能保持原有地形地势的基础上设计交通道路线型。各组团在保持内部道路交通的相对独立的同时，也强化了组团之间的道路交通联系。

本次规划的主要内部道路为8米，局部可以根据景观和地形的要求放宽成为两块板形式的道路。组团道路为5米。

规划在考虑机动车交通道路系统的同时，结合山体内部与沿河两岸设置步行道路系统。

3. 绿化景观

本次绿化景观系统规划充分利用现有良好的山水景观资源，根据规划结构，形成"撇捺两带延展、山水景观渗透"的绿化景观系统。

规划在中部与南部片区利用水体结合周边布置的研发设计基地、度假酒店、企业总部、度假接待与风情街区，共同构成景观带。其延伸出一撇一捺两条山水脉络，串联内部各个功能组团，同时利用自然山水景观渗透到组团当中，达到景观渗透共享的目的。

4. 建设时序

本次规划将项目的开发建设按照三个开发阶段进行系统性布置。预计在七年时间内完成本项目。

一期建设（启动阶段）（2011年—2013年）

一期建设主要集中在基地的中部，是本项目建设的关键。预计利用三年的时间完成。其建设的主要项目包括研发设计基地、度假酒店、风情休闲街与度假养生公寓等。

二期建设（拓展阶段）（2014年—2015年）

二期建设集中在基地东侧进行。向南拓进，依托原有发展基础，进一步完善旅游度假与配套类项目。

三期建设（完善阶段）（2016年—2017年）

三期建设集中在基地北侧，启动建设基地北部住宅类项目。

▶—— 表26-3 分期建设情况一览表

开发阶段	开放规模（公顷）	主要建设项目
第一阶段	66.6	研发设计基地、度假酒店、风情休闲街、度假养生公寓等
第二阶段	72.6	度假公寓、企业会所、康疗中心、风情小镇等
第三阶段	77.1	度假公寓

第三部分

CB 文化创意产业园商业模式与营销策略

一、品牌阶段性经营发展步骤

1. 从资源到产品，从产品到品牌，再到产业

历史文化资源奠定永泰旅游品牌发展的基石。我国现有101座历史文化名城，大致分成6种类型，而福州保存了多个朝代的文化遗存，宛如一座"没有围墙的博物馆"。本案选址包括了山水景观等众多人文景观，风景处处可见。

永泰的发展也经历了从保护、修复、发展、复活到现代转换等过程，通过资源整合、产品打造、品牌培育、放大弃小逐渐成长为城市的核心品牌、国家4A级品牌，最终能够成为具有国际知名度的品牌。

2. 从景点到景区：永泰生态模式

原生景区具有重大的生态价值、艺术价值和科学价值。在利用景观的同时，发展文化商业旅游产业，然后赋予整个旅游产业以独特的风格。最终形成地方特色，塑造风景名胜及周边环境保护与利用的成功模式。原汁原味的生态景观、老房子新空间的纪念馆、博物馆、传统风格的名居维修、风貌协调的街区氛围，尤其是对原生景观的保护和利用，可形成独特的"永泰生态模式"，成为创意人文生态商业旅游的一个典范。

3. 从观光游览到文化休闲商务游

保护城市自然景观资源，发展城市旅游，已成为业态发展的必然趋势。创意产业园必须沿着从资源到商品、从产品到品牌、从品牌到产业、从景点到景区的发展轨迹，有机整合资源及产业要素，努力实现从旅游城市到城市旅游的历史性跨越。

4. 实施品牌服务，打响"休闲旅游到永泰"的口号

从城市旅游的角度来说，永泰是一个整体，因此，创意产业园的发展必须与永泰甚至福州其他的资源进行整合，形成有机完整的联动体系，才能形成点、面、片和谐相融的城市品牌。

二、品牌发展策略与实践

1. 创新营销理念和方式

原则：政府引导、企业参与、多方联动、市场化运作调动产业要素，精心策划促销活动，全面实施"走出去"与"请进来"相结合的促销策略，借助海内外强势媒体的"注意力经济"效应，实现永泰旅游在全球范围内的推广和传播。

2. 争取各类殊荣桂冠

品牌的发展过程，就是不断强化宣传促销、认真开展申报工作、提升知名度、不断获得各类荣誉称号和桂冠的过程。云南丽江、香格里拉的发展就是比较突出的例证。

必须积极参加5A级景区、世界文化遗产名录、世界自然遗产名录、优秀旅游城市、文明风景旅游区、魅力城市、人居环境最佳城市等各类评选活动，重视城市形象的包装和增值，力争获得荣誉。

3. 建立友好合作城市关系，加强区域合作

努力提高在国际和国内的知名度和美誉度，加强与旅游客源地之间的经济合作与文化艺术交流。

与国内主要客源地省市如北京、上海、深圳、浙江、广州等建立区域旅游合作关系；与港澳台地区、海外国家和地区建立友好合作城市关系。

与国际知名酒店、商业品牌等合作，以全新的经营理念和开发模式经营地产、独家休闲旅游等项目，进一步增强市场竞争力和品牌吸引力。

开设目标对象办事处，是推广宣传切实有效的方式。

在上海、广州、深圳、北京、西安等地开设永泰旅游办事处，进一步开拓长江三角洲、泛珠三角区等沿海发达城市的旅游客源市场。

建设旅游散客接待暨咨询服务中心，以此全面实现旅游宣传促销网络化和人性化。

4. 开展文化经济交流活动

参加国家旅游局主办的国际国内旅游交易会、经贸洽谈会、世界休闲博览会等各类旅游商务会展活动。

到世界各地进行文化艺术展演交流活动，弘扬文化、推广城市、吸引游客。可以借鉴的例证：丽江通过对纳西族东巴文化艺术的推广，掀起了国际纳西学研究的热潮，取得了非常好的宣传效果。

因此，永泰旅游亦可循路径而行，而行此径最需要创意产业园这样的平台。

三、商业模式

1. 商业链条，产业延伸

CB文化创意产业园的综合开发，必然延伸形成绵长而完整的产业链。

根据园区的业态经营内容，可以明确CB文化创意产业园开发主要将包含商业地产开发、商业街经营管理、酒店管理、餐饮、文博会展和旅游开发等重要产业门类，构筑完整的企业化经营产业链条，支撑整个街区的可持续发展。

同时，随着园区商务环境的进一步完善，必将激发更多的市场化力量，衍生出更复杂的价值创造环节，如古建文物设计建设、创意策划与设计、营销广告、手工艺品、物业管理、物流仓储、网络电子商务、影视文化策划、出版印务和其他商业服务支撑体系。尤其是在文化创意产业方面潜力无限，必将成为福州的产业增长点，带动城市的产业升级发展。

2. 资产盘活，资本经营

CB文化创意产业园资产总体规模异常庞大。CB文化创意产业园巨额资产的保值增值与经营绩效联系密切。规模如此巨大的资产保值、增值前景完全取决于资产的盘活模式及其经营绩效，只有开发方式成功，商业前景一片光明，才有可盘活的资产，实现历史文化传统在当代的创造性复活，融入城市市民生活，否则，则可能再一次陷入失败的境地，背上财政包袱，甚至留下不可弥补的历史遗憾。成功的园区商业模式的打造和盘活，需要各个环节的配合，形成产业链条，必然对城市核心区域的产业结构和空间功能分布都带来积极的影响。

项目资产规模巨大，同时也意味着需要持续的资金投入，融资压力巨大。如何合理有效地进行项目资本运作，也是需要妥善处理的难题。

从政府业主的角度考虑，必然以资产经营为主，包含资本经营、事业经营、文化经营等内容。

3. 滚动开发，持续发展

CB文化创意产业园规模庞大，投入回收周期较长，因此滚动开发、持续发展是必经之路。

滚动开发模式要求选择恰当的基点，尤其是对于这个规模庞大的项目，选择恰当的出发点和立足点，显得尤为重要。从项目的改造开发历史和目前进展情况来看，尽快盘活景区无形的资产，做活永泰产业经营管理，实现项目的现金流，树立品牌，造成示范效应，是该项目的基点。

4. 租售结合，控制节点

为了保障整个项目的顺利实施，根据客观条件采取不同的招商模式，租售结合是不可避免的。在此过程中，首先要做好财务预算规划，保证一定的现金流；同时在重要的地块必须控制关键节点，保证业态的可调整性。这可以通过与业态经营业主签订的商业合约中的强制性控制条款来规模解决。

5. 模式创新，规范运作

CB文化创意产业园滚动开发的特点，使得永泰旅游、CB文化创意产业园和周边地区的业态构成需要具备可调整、可持续发展的可能。因此目前的开发、管理模式需要加强政府主导态势，并以保护规划为指导，以市场机制为活动准则，考虑创新经营管理模式。

四、盈利的环节与基点

1. 商业地产开发

（1）创意园区办公楼

文化创意产业园办公楼建设将分阶段以出让、作价合股或自主开发等形式建设经营，写字楼出租的租金收入是该项目模块持续发展的主要利润来源。

（2）民俗风情街（商业长廊）

民俗风情街开发以出让、作价合股或自主开发等形式建设经营。

（3）星级饭店

星级饭店建设以地块出让或作价合股经营的方式进行。

办公楼与星级酒店项目，在空间位置上集合在同一规划范围，因此这一环节可以统一进行规划设计和营运概算。以该地块50亩的土地使用权为主要资产投入，分步开发经营。以容积率为2.0的商服用地基准价格计算，该地块的基准资产价值为：

33 333.5平方米×2.0×180元/米^2（合12万/亩）=1200万元

这一资产是进行项目开发的时候进行融资、作价合股的基准，也是计算未来项目投资收益的成本基础。

（4）院落式手工业会所

院落式会所的建设经营以合股、场所出租的形式开展。

院落式会所的开发形式，目前还属于比较前沿的商业形式，在福州也只有永泰葛岭这样较低土地成本的区位才具备开展此类项目的条件，但尽管如此，仍应该借鉴杭州、上海、北京等地同类项目的成功经验和模式。

2. 商业街商铺招商经营

海西文化创意产业园区的整体开发必须以民俗风情街为启动点和基点，依靠商业街的经营产生的现金流维持项目的日常运作，寻求机会滚动发展。

按目前为止的项目规划指标，未来园区内商业长廊将建成122 030平方米的沿街商业，按市场目标预测基本价格约为6亿元，按照30%出售、70%出租的控制比，便于进行不同形式的招商，由此产生出的现金流量：

出售：122 030平方米×30%×5000元/米^2=18 304.5万元

出租：122 030平方米×70%×25元/米^2/月×12月/年=2562.63万元

根据初步测算结果可见，商业街商铺的招商经营不仅可以实现自身的盈利，而且能产生足够的现金流量，成为整个街区开发的后续融资平台，并足以维持自身的日常运作。因此，商业街的经营尤其应该精心策划、精准定位、精确实施，才能收到预期效果。

3. 民俗风情园商住地块租售

园区内部的民俗风情园系院落式开发项目，是园区内对传统手工业和个性创意产业的传承部分。该部分远的可以学习参照北京四合院模式、成都宽窄巷模式，近的可以借鉴福州华侨新村及三坊七巷模式，以都市别墅为主要品种、保持高端品质，不拘一格，灵活经营。按照出租和出售两种形式，总体概算如下：

出售：100 270平方米×6500元/米^2=65 175.5万元

出租：100 270平方米/500米^2/栋×8000元/栋/月×12月/年=1925.2万元

可见，商住项目的持续能力也是十分可观的。

4. 旅游开发

创意园可借乐峰CB景区资源来实现以下环节：

线路开发：发展观光、商旅等旅游产品，吸引周边甚至全国游客。

纪念品：发挥福州、福建特色工艺品优势，开发丰富的旅游纪念品。

演出：以民俗风情为代表的区内和周边地区的文艺演出，容纳从地方戏曲到现代演艺的各种文艺表演，丰富旅游内容。

餐饮食宿：举办具有地方风味的美食文化节、山水、温泉泡澡养生风情的住宿格调，是旅游开发的重要环节。

互动体验：引进先进技术手段，组合福州其他旅游资源，创新体验互动式业态形式，是创意园区旅游开发的亮点。如博物馆展示、名家名作拍卖和设施体验、温泉SPA等。

区内观光人力车、流动摊亭：作为旅游交通辅助手段和风情景观，此类设施是必不可少的。在风格上需要与整个园区的景观统一设计。以上各个环节的策划设计实施可交由专门企划营销包装公司负责，联合其他部门和业界共同开发，共同投入，共同收益。

以永泰近年来的年接待游客量，争取实现翻一番的效果，和人日均消费在1000元左右的目标。

5. 影视拍摄基地

利用天然生态景观优势与影业公司联手，参照横店、九寨沟模式打造影视基地，扩大文化辐射效应，也能够为当地创造就业机会，增加收入。

6. 网络创意与电子商务

网络信息和电子商务是正在飞速发展的新媒体、新经济形式。在世界范围内各个城市都在竞相发展，塑造网络世界和虚拟空间中的鲜明形象，争夺眼球，提供信息。

主题动漫：永泰山水和福州的历史人物事迹，完全可以成为本地创意业界的题材和灵感来源，开发出更具质感的动漫作品来。

虚拟空间：要提高知名度和吸引力，有各种方式手段可以用来推广营销，其中最不应该忽视的就是借助电子和网络技术来营造虚拟空间和数字形象。这不仅因为网络信息已经成为重要的媒体传播渠道，更为关键的是因为掌握了网络就意味着占领了年轻人，锁定了网络一代就拥有了未来的主流市场。

中国的网络人开发运行了"九城""二十四城"等现实城市的网络镜像，法国人将北京紫禁城转换为数字化的互动虚拟故宫博物馆，并且都成功地将其发展成为商业模式。我们的经营管理者更不应该忽视这一点，让这个有价值的园区、有性格的城市在信息时代得到凸显，变得鲜活起来。

电子商务：通过网络开发新的商业模式，已经成为最有前途的商业前沿领域。Ebay、阿里巴巴提供了最具说服力的成功案例，携程网关于福州和永泰的旅游产品销售和信息反馈则成为影响福州文化创意产业市场的重要因素。

7. 信息服务与产业互动

（1）信息服务模式

开发、经营、管理一个体量巨大的文化、商务、旅游和居住功能齐备的园区，不啻于管理一个小型城市社会，信息的披露和沟通是极其重要的环节。而且，园区内外都将产生许多有商业价值的信息，这些信息也需要得到披露和流动。这一信息发布领域其实也存在不少商机。如经营者可以通过商会有偿发布、收集、获取商讯；交易者可以通过信息中介达成交易等，电子商务中的C2C、B2C、B2B等都是从中发展而来的。

（2）产业互动模式

园区的发展需要整个复杂的产业链条的共同作用，各种业态形式如休闲、娱乐、旅游和商务等环节需要共同的商业支撑体系提供服务，产业之间的相互交叉互动也会产生新的商业模式，如规模盈利模式和渠道盈利模式。

五、产业经营与经营资产的管理策略

1. 财务分析

（1）总体投资成本测算

▶── 表26-4 总体投资成本测算表

项目	单价（元）	总量	小计（万元）
征地费用	120 000	3323 亩	39 876
规划设计费	10 000	215 公顷	215
景观设计费	18	137 985 平方米	248.37
基础设施费	6	3323 亩	1.99
园林景观	600	137 895 平方米	8273.7
传媒产业园	1000	595 080 平方米	59 508
创意产业园	1200	874 250 平方米	104 910
传统手工坊	1000	26 400 平方米	2640
民俗风情街	1000	122 030 平方米	12 203
民俗风情园	1500	100 270 平方米	15 040.5
汤泉酒店	3800	65 880 平方米	25 034.4
汤泉度假村	1500	148 360 平方米	22 254
民俗博物馆	1200	24 570 平方米	2948.4
办公服务区	1000	79 040 平方米	7904
营销办公管理成本	约按预测收入的 2%		20 000
不可预见	总投入的 1%		3010
总计			324 067

由上表可以看出，按静态投资分析本项目税前总体投资额约达32.4亿元。预计完成投资周期年限为10年左右。因此，本案无疑会成为文化创意产业起步型投资项目的超大体量、长周期建设工程。要实现该项目规划构想必须实现政府与企业的强强联手，以及社会优势资源强势整合。

（2）融资压力

本案项目总建设体量巨大，前提涉及投入较多。在进入市场运作前，经营管理者在前期必须承担较大的资金投入。前期产生的资金投入项目及金额如下表：

▶— 表26-5 前期产生的资金投入项目及金额表

项目	单价（元）	总量	小计（万元）
征地费用	120 000	3323 亩	39 876
规划设计费	10 000	215 公顷	215
景观设计费	18	137 985 平方米	248.37
基础设施费	6	3323 亩	1.99
园林景观	600	137895 平方米	8273.7
不可预见	前期投入的 1%		5000
总计			56 615.07

由上表可见，前期本项目共需实现融资规模为5.7亿元。因此，必须实现政府与地方实力企业的强强联手，以出地、作价合股的形式共同组建管理平台。联手企业必须是实力上市公司或地方龙头企业。

（3）收益分析

本项目建成后，将集传媒出版、影视动漫、广告创意、工业设计、网络IT、高端手工艺品、民俗文化、演艺演出、旅游观光等多平台共存的先锋型行业于一身。从投资综合效益比上就可见一斑。

就商业部分而言，未来园区收入基本可分为两类：一是短线销售；二是长期持有，采取租售结合的经营管理思路。从现金收益的角度来看，我们可以做出如下分析：

①不动产出售

▶— 表26-6 不动产出售收入表

项目	总量（平方米）	单价（元）	小计（万元）	备注
传媒产业园	595 080	3200	190 425.6	
创意产业园	874 250	4000	349 700	
汤泉度假村	148 360	7000	103 852	
传统手工坊	7920	8000	6336	30% 出售
民俗风情街	36 609	6500	23 795.85	30% 出售

续表

项目	总量（平方米）	单价（元）	小计（万元）	备注
民俗风情园	30 081	6000	18 048.6	30% 出售
总计			692 158.05	

从销售情况上看，预计园区可实现销售收入约70亿元。预计销售周期为8～10年。

②不动产出租

▶── 表26-7 不动产出租收入表

项目	总量（平方米）	单价（元/米²/月）	月数	小计（万元）	备注
传统手工坊	18 480	25	12	5 544 000	70% 出租
民俗风情街	85 421	50	12	51 252 600	
民俗风情园	70 189	50	12	42 113 400	
总计				98 910 000	

从租金回报上看，预计园区可实现年租金收入在1亿元左右。

③酒店收入分析

园区内酒店按准四星级酒店完成建设，以每间45平方米计，预计房间数量为800间客房。按年入住率为70%测算。每间客房（按标房计）收取日租金以200元/日计。

800间×70%×200元/间/天×365天=40 880 000元

日管理成本以50元/间/天计，则年管理成本为：

800间×50元/间/天×365天=14 600 000元

则经营管理毛利润为2628万元。

结合投资分析，预计8年可实现成本回收。

年经营管理收入也可实现在2000万元左右。

酒店实际估值可达2亿元。

④博物馆收入分析

博物馆建设面积约25 000平方米，按中级标准建设。计划用于高端个性手工艺品（如寿山石、陶瓷、高仿品等）展示拍卖使用，以年拍卖收入取佣方式计取收入。预计年拍卖成交量可达2亿元。以此根据现行拍卖场地计租回报测算：20 000万元×8%=1600万元/年。

以此分析，5～8年亦可完成成本回收。

⑤部分民俗风情园（如影视基地）门票收入分析

按年100万人次游客分析为：100万人×25元/人=2500万元。

小结：以上收入尚不全面，如演出演艺等收入无法预测。初步小计本案项目10年内收入上百亿。足以满足建设前期及后期可持续经营的要求。因此，单从投资收益分析，本案完成具备可行性。

2. 调动多头资本介入

投资开发股份有限公司——承担出资、开发与日常经营；

商业发展有限责任公司——物管与整体开发管理；

文化旅游股份有限公司——旅游产品研发与设计；

酒店管理公司——商娱、休闲配套服务；

文化发展中心——构筑文化平台，集思广益、整合资源。

随着CB文化创意产业园的逐渐成熟，其中无论哪一个商业模块的开发经营，如商业长廊、民俗风情园、星级酒店、创意园区、传媒园区，都可以独立经营，并进行资产证券化，打包上市，并且上市公司的规模和盈利能力也属于中等偏上水平。

3. 地方对口政策扶持

入驻园区企业可享受四个方面的优势服务：

（1）优厚的财政扶助政策

广告类企业的税费率将从带征合计的 13.45％中给予3.25％～ 4％综合税赋的奖励，企业最低实际负担 9.45％的综合税赋。

非广告类企业的税费率依据经营类型有不同幅度的奖励，最多可奖励地方政府留成部分的50％。

（2）全程无忧的营业执照申办服务

传媒产业园管理委员会可在福州市内设有招商管理中心，配有一整套服务机构，无需往返市区，即可快捷办妥全部手续。

协助企业办理工商注册地迁移等各项手续。

注册范围涉及广告、传媒公司所需所有经营范围，包括发布及代理资质特许。

（3）建立专业尽职的园区管理与服务

创意产业园管理委员会在福州市中心设有纳税通道，专业办理纳税申报等相关事务。

创意产业园管理委员会招商管理中心提供会计代理、纳税代理、审计代理、工商年检等工商财务管理服务。

创意产业园管理委员会招商管理中心还提供代办劳动关系、劳动用工年检、各项社会保险等劳动人事管理服务，并创建人才交流平台。

（4）建立超强的政府支持力度，信用可靠

创意产业园管理委员会招商管理中心承诺的优惠税收奖励政策全部明文标示于双方合同中，及时兑现奖励税款。

4. 可行性分析结论

第一，创意产业园作为全球产业发展的先锋产业已受到世界各国包括中国政府在内的广泛重视。其产业的增值潜力已得到普遍认可。

第二，中国文化创意产业正在中央及地方各级政府相关政策扶持下蓬勃发展。产业范围各行业已表现出明显的整合趋势。

第三，福建文化创意产业较全国来讲起步较晚，表现出基础底子薄、人力匮乏、资源短缺，资金投入不足的现状。要想赶上全球乃至全国的产业发展步伐，必须走全面的社会优势资源整合化的道路。

第四，福州作为具有几千年文化沉淀的省会城市，有理由也有机会建立起文化创意产业基地，承担起朝阳产业孵化器和产业运动发机的重要角色。

第五，福州永泰乐峰CB拥有着得天独厚的山水景观资源，加上丰富的地热温泉，且在大福州城市化进程中环境资源受破坏最小，是发展文化创意产业最理想的场所。

第六，CB文化创意产业园无论从长期产业发展远景，还是从短期财务收益角度来看都是值得投资运作的项目，并且拥有着无可比拟的发展前景。就可行性而言，完全具备操作的现实基础，也符合大政策环境背景，完全可行。

27

专业市场

镇江市镇江新区农副产品批发市场营销策划报告

.... 第一部分 ....

项目分析

一、项目区位分析

1. 项目区域

项目位于镇江新区，距离镇江市区24公里，是镇江的重点发展区域。

项目位于大港新区南部，紧邻338省道，位于五峰山路与烟墩山路之间，周边新建45万平方米"万顷良田"安置区，为项目商业提供强有力的人口支撑。

随着新区城市中心的南移，金港大道以南至港南路、沿江公路被规划为新区的CBD。

（1）利基点

所处区域属于大港新兴板块，发展潜力大；

紧邻沿江大道，地块通达性良好。

（2）障碍点

偏离大港中心，配套不足；

紧邻安置小区，对项目形象造成一定的影响。

2. 区位地位

国家级经济开发区，镇江市物流基地之首，拥有最优化的物流业配套设施服务。

3. 区域交通

地块周边交通通达性良好，往镇江、丹阳、常州方向皆可到达，是新区的南门户。

二、项目产品分析

1.项目指标

占地43.5万平方米，总建筑面积约71.5万平方米，为该区域较大规模专业市场兼住宅的综合性项目。

项目整体分为A、B、C、D、E、F六个区域地块，各地块规划物业和经济指标如下：

表27-1 地块概况

地块A（农产品市场）			
项目		面积	单位
用地面积		47 147.68	平方米
总建筑面积		46 777.16	平方米
其中	粮油	10 076.05	平方米
	副食	3136.54	平方米
	农种	5596.50	平方米
	农资	1691.25	平方米
	客菜	13 068.13	平方米
	地菜	3280.63	平方米
	精品菜	3136.54	平方米
	经营管理	5755.84	平方米
	停车场配套	543.52	平方米
	设备配套用房	492.16	平方米
容积率		0.99	
基底面积		25 765.67	平方米
建筑密度		54.65%	
地块B（海鲜产品市场）			
项目		面积	单位
用地面积		72 684.97	平方米
总建筑面积		79 366.94	平方米

续表

其中	沿街商铺	52 758.03	平方米
	物流配送	3561.60	平方米
	冷藏	3199.50	平方米
	加工配送	3463.40	平方米
	果品	7748.29	平方米
	海鲜水产	5216.12	平方米
	荤食	855.00	平方米
	干货	855.00	平方米
	副食	855.00	平方米
	粮油	855.00	平方米
容积率		1.11	
基底面积		32 248.78	平方米
建筑密度		44.37%	

地块C（商业住宅）			
项目		面积	单位
用地面积		104 709.65	平方米
总建筑面积		25 7765.50	平方米
其中	住宅	20 9371.50	平方米
	沿街商铺	48 394.00	平方米
容积率		2.46	
基底面积		27 834.88	平方米
建筑密度		26.58%	

地块D（商业住宅）			
项目		面积	单位
用地面积		92 196.98	平方米
总建筑面积		209 736.65	平方米
其中	住宅	145 753.92	平方米
	沿街商铺	33 180.36	平方米
	步行街	30 802.37	平方米

续表

	项目	面积	单位
容积率		2.27	
基底面积		26 092.95	平方米
建筑密度		28.30%	
地块E（商业步行街）			
项目		面积	单位
用地面积		93 292.08	平方米
总建筑面积		128 453.79	平方米
其中	建材市场	85 152.05	平方米
	步行街	43 301.74	平方米
容积率		1.38	
基底面积		35 666.84	平方米
建筑密度		38.23%	
地块F（商业）			
项目		面积	单位
用地面积		41 831.57	平方米
总建筑面积		20 174.80	平方米
其中	商业广场	1185.91	平方米
	花卉市场	10 368.59	平方米
	盆景园	2574.31	平方米
	水族区	2276.52	平方米
	鸣禽区	2276.52	平方米
	画廊街	1492.95	平方米
容积率		0.48	
基底面积		16 906.23	平方米
建筑密度		40.42%	

　　本项目一期先行启动地块A农产品市场、地块B农产品市场、地块F花鸟市场、地块E沿街商业，故本报告主要针对上述地块进行阐释。

2. 项目产品

　　产品为打造农贸产品交易基地量身定做，规划目标为一站式现代化农贸产品交易大市场。

（1）规划亮点

仓储交易分离，使得货流与客流、仓储加工与交易有效隔离，互不干扰；

规划物业功能齐全，包括交易商铺、办公、综合服务、居住、加工、仓库和露天堆场等；

交通组织合理，道路均根据货运专业要求设计，人车、客运货运分流；

建筑设计风格沉稳大气；

注重绿色生态、人文景观的融入，品质较高。

（2）规划不足

各区域地块规模一般，如若单独上市则缺少规模效应，各区域难以单独形成专业市场气候；

沿街商铺"一托三""一托四"设计，导致大量商铺面积过大，商业价值明显降低，商铺的均好性差。考虑一、二楼相连，三、四楼单独楼层，通过增加连廊和公共楼道实现其商业价值。

3. SWOT分析

（1）优势（Strength）

①区位优势

属于国家经济开发区，是镇江重点发展区域，区域发展潜力巨大。

新区城市中心南移，市场建设与新区建设相辅相成，互相带动。市区主干道从地块穿过，便捷的交通、全新的规划，为项目预留了充足的发展空间。

②交通优势

专业市场的发展对交通资源的依赖性非常强。要做农产品流通的航母，就需要结合农业产业与物流产业，形成产业链的联结。身处"水、铁、公、空"综合性货运交通枢纽位置，便利的交通是项目成功的必要条件，为项目做大、做强奠定了基础。

③政府支持

作为新区重点民生项目，新区政府从一开始就对本项目给予了很高的期望和极大的支持。政府对于项目总体战略思想的提出以及在项目立项和运作过程中，都倾注了极大的心血，在后期运营时可提供各种相应的优惠政策，政企协作，资源整合，为共同打造农产品流通的航空母舰创造了良好的环境。

④产品优势

集合物流、加工、仓储、交易等功能齐全的农贸市场。

建筑规划均以农贸产品交易规划为目标，打造一站式现代化农贸专业大市场。

建筑品质较高，用材精良，均首屈一指。

（2）劣势（Weakness）

①配套服务

地块距传统的商业聚集区有一段距离，周边商业项目的开发尚待时日。因此，今后市场所需的配套服务在前期基本上需要靠内部配套来解决，相关市场的培育工作比较艰巨。而且，本项目规划了较大比重的配套商业物业，目前周边的配套现状尚无法满足项目的需求。

②开发经验

虽然项目得到政府的支持，但对于开发商和整个社会，都还是一个全新的领域，要求开发者对农产品流通、现代物流、商业地产运作等多个相关领域都有较深的理解，对于开发公司的管理团队来说，运营模式、管理队伍、资源整合能力都尚是一个巨大的挑战。

（3）机会（Opportunity）

①大环境

随着国家农业产业化进程的加快，完善各级市场的任务也越加紧迫，来自周围环境的有利影响基本有两个方面：一、政府的政策支持；二、农产品流通逐渐受到重视。

②区域发展

新区处于快速城市化的大建设时期，商业配套发展处于扩容期。新区商业配套发展大方向为专业大市场的规划。

（4）威胁（Threat）

①市场竞争

市场未来还有规划其他市场的可能性，存在隐性竞争威胁。同样，各地近两年都在加大农业专业市场建设，规模和档次也都逐渐走高，因此，来自同类产品的市场竞争也将越来越激烈。

②执行

项目现在还只停留在规划蓝图阶段。任何策略和规划的实施都离不开专业、科学合理的有效执行。这一过程会有太多的不确定因素，都有可能产生偏差，需要整合、协调、调动各方面的资源。

三、核心问题界定

本项目将树立镇江乃至华东及长三角农贸产品市场标杆的形象，未来将具有极强的市场辐射力。

因此，我们需要解决以下核心问题：

核心问题一：我们面对怎样的市场、怎样的环境？

核心问题二：如何进行项目定位，实现社会效益和经济效益并举？

核心问题三：如何销售招商、吸引客户进驻？

核心问题四：如何经营达到旺场，实现项目后期持续性发展？

······· 第二部分 ·······

市场分析

一、农产品批发市场专题分析

1. 中国农产品批发市场现状

中国农产品批发市场20多年来从无到有，迅猛发展，市场规模迅速扩大。2010年全国亿元以上农产品批发市场数量为1497家，比2009年增加了234家。农产品批发市场在满足城乡消费、扩大农产品流通范围、促进农民增收、推动农业产业化方面发挥了积极的作用，已成为解决"三农"问题的一个重要突破口。从全国范围来看，农产品综合市场成交额的年复合增长率约在15%。

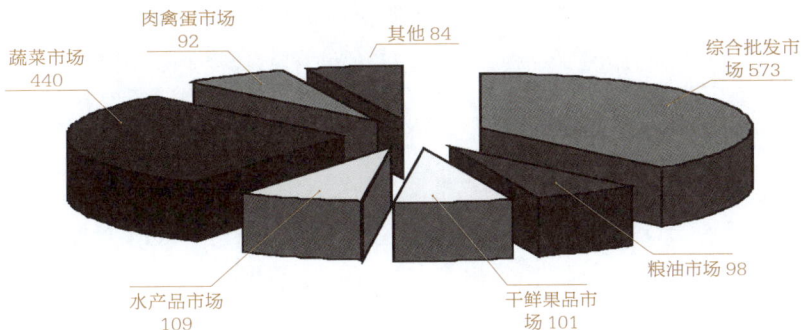

蔬菜市场 440
肉禽蛋市场 92
其他 84
综合批发市场 573
水产品市场 109
干鲜果品市场 101
粮油市场 98

▶── 图27-1 中国成交额亿元农产品批发市场对比分析

▶── 表27-2 2010年列入全国商品交易市场10强的农产品批发市场

序号	市场名称	交易额（亿元）
1	深圳布吉	256
2	北京新发地	213
3	广州江南蔬菜	184
4	常州凌家塘	115
5	重庆观音桥	112

序号	市场名称	交易额（亿元）
6	南京农副产品物流中心	105
7	商丘农产品	101
8	苏州市南环桥农副产品批发市场	94
9	青岛城阳	70
10	浙江农都农产品	65

2. 中国农产品批发市场发展前景

（1）生产

中国面积近1000万平方公里，气候类型复杂多样，北为暖温带、温带、寒温带，南为亚热带和热带，农产品品种上千种；中国有2.3亿农户，农业生产规模小且分散。

（2）消费

中国是一个消费大国，拥有13亿人口，每天要吃掉160多万头猪、2400多万只鸡。中国人饮食多样，有十大菜系，每个菜都有上千个品种，因此，农产品消费呈现分散化、多样化、个性化的特征。

（3）政府支持

中国是典型的"小生产、大流通"，需要批发市场发挥集散功能。农产品批发市场的未来发展潜力巨大。从国家统计局对全国各类商品交易市场的统计可以看出农产品综合市场保持着年15%的增长速度。对于关系国计民生的菜篮子工程，商务部最近也出台了一系列政策，加大扶持重点农产品流通企业的力度，对农产品未来的发展有积极的推动作用，把农产品批发市场作为流通设施加以规范和发展，并鼓励国际资本进入中国农产品市场。

3. 农产品批发市场的发展趋势预测

中国农产品批发市场自20世纪80年代初出现后，在政府的引导和政策扶持下，从零起步，从无到有，迅猛发展，迅速成为我国农产品流通的主渠道。多年来的实践证明，农产品批发市场在保障城市安全食品供应、搞活农产品流通、推动农业产业化、促进相关产业发展、带动农民增收等诸多方面都发挥了极大的积极作用，已经成为解决"三农"问题的有效途径。但是，在中国现代化、城市化、全球贸易一体化的进程中，农产品批发市场也面临着国内消费者食品卫生质量方面逐步提升的要求和农产品国际贸易的压力，亟须全面升级改造。当前，我国农产品批发市场呈以下发展趋势：

一是向规模化方向发展。我国亿元以上投资规模的农产品批发市场的数量逐年增加，市场单体规模迅速扩大，涌现出一批辐射能力强、社会知名度高的大型农产品批发市场。

二是专业农产品批发市场发展迅速。据一份并不完整的调查数据显示，在列入调查对象的1268家亿元以上的农产品交易市场中，专业市场有729家，比上年增加332家；综合市场539家，却比上年减少277

家；调查说明，近年来我国专业农产品批发市场新建数量出现了较强的增长势头。

三是经营环境有了改观，各地市场普遍进入新一轮升级改造期。根据全国城市农贸中心联合会行业组织的调查，2005年我国农产品批发市场的交易厅（棚）面积比2004年增长了82%，内设的检测室增加了50%。

四是配送功能正在逐步加强。目前，一些规模较大的农产品批发市场配合新型的电子设备，正在积极拓展面向零售终端的配送业务，农产品批发市场＋超市、配送中心＋超市等崭新的业态、模式得到了快速发展。

各地4000多家颇具规模的农产品批发市场承担了我国亿万家庭的餐桌食品供应，它们已经成为连接农村与城市、政府与家庭、生产与消费的重要纽带与桥梁。一些经济界人士认为，经历20多年的成长期，国内各地4000多家成熟的农产品批发市场本身也是一种稀有的市场资源，是朝阳产业。随着国家对各类农贸市场投资管理政策的调整和市场改造机遇的出现，4000多家农产品批发市场的投资价值、投资空间、投资回报等问题均有望成为吸引国内外新一轮投资者关注的热点。

4. 江苏省农产品批发市场现状

江苏既是现代化大省也是传统的农业大省，毗邻皖、浙、沪、鲁，区位优势明显，改革开放以来，全省先后建成各类农产品批发市场112家，2010年全省50家省级重点农产品批发市场快速发展，实现交易额1325.2亿元，同比增幅18.6%。目前，全省有省级重点农产品批发市场50家、农业部定点市场30家，其中年交易额突破100亿元的2家、超50亿元的10家、超30亿元的13家、超20亿元的19家，国家级农业产业化龙头企业6家。快速发展的农产品批发市场在一定程度上促进了当地农产品的流通。江苏省农产品批发市场的发展主要呈现三大特点：一是市场交易额迅速增长；二是市场带动能力逐步增强；三是市场品牌建设成效显著，市场强强联合效益显现。各市场在发展的同时，也注重发展"市场带基地"的经营模式。徐州农副产品中心批发市场已建立农产品生产基地200余个，带动农户20余万户。常州武进夏溪花木市场带动形成了22万亩的规模化花木种植基地、45个特色花木专业村。此外，各市场在发展过程中还注重品牌建设，充分发挥农产品品牌效益，同时实现强强联合。

但农产品批发市场的建设也存在市场规模小、辐射能力弱，冷藏和废污处理等基础设施建设不配套，农产品供求、预测分析、产销动态等信息服务滞后，信息资源缺乏整合等问题。相对于众多的农村人口及丰富的农产品品种和产量，农产品"卖难"问题仍然十分突出。

▶── **表27-3 江苏省主要农产品批发市场现状总体表**

市场数量市场类型		总数量（个）	其中		2010年交易额（亿元）
			产地市场	销地市场	
现有合计		112	56	56	1482.4631
其中	综合	52	22	30	880.248
	蔬菜	7	3	4	87.05
	干鲜果品	9	1	8	38.23
	水产品	15	12	3	149.23
	肉禽蛋	7	4	3	46.14
	粮油	9	4	5	103.869
	茶叶	2	1	1	45.6261
	花卉	9	8	1	112.87
	其他	2	1	1	19.2

5. 镇江市农产品批发市场现状

镇江目前拥有农产品市场近100家，基本形成以大型农产品集散中心为龙头、生鲜超市为主导、社区农贸市场为补充的农产品基本流通网络。镇江大型农产品集散中心目前仅有位于官塘的镇江市农产品批发市场和句容农博园2家，在建的有新区镇江食品商城、丹阳中国供销华东农副产品物流园以及本项目，镇江农产品市场发展起步晚，普遍存在以下问题和现象：

· 目前多数农副产品批发类市场的经营环境和模式不太适应城市经济发展的需要；

· 环境改善和经营成本的增加，尚未能有效提升销售额的增加，使得商户的利润在逐渐降低；

· 多数市场内存在产品经营分区不明确、交叉严重的现象，不能集中化、规模化、规范化；

· 中小型农贸市场内的配套机构和一些基础设施不完善，影响市场整体的形象和经营；

· 除镇江市农产品批发市场外，其他农副产品批发市场缺少统一规划，管理水平较低；

· 中小型市场的农产品档次低、技术含量低，经营呈现为"自给自足"的小农经济状态；

· 超市深加工蔬菜的出现使农产品消费人群细分化，导致农产品市场格局正发生变化；

· 多数农贸市场内部的通道设计和分区布置不合理，人车不分流，使得交通比较拥挤。

由于镇江大型农产品批发市场较少，其他社区农贸市场对本项目并不构成直接竞争关系，本项目未来主要竞争对手来源于镇江市农产品批发市场、镇江食品商城以及丹阳中国供销华东农副产品物流园等项目。

典型案例一：镇江市农产品批发市场

▶── **图27-2 镇江市农产品批发市场示意图**

项目区位：镇江市官塘桥

项目规模：总体规划用地1000亩，第一阶段用地310亩，首期用地151亩

经营范围：农副产品（蔬菜、果品、粮油、种子、农贸、饲料、化肥、苗木、花卉、茶叶、药材、畜禽蛋）的购销加工；副食品（食用油、南北货、山地货等）的批发；各类定型包装食品的批发；散装食品（干鲜蔬菜、干鲜果品、调味品）的批发；日用百货、劳保用品、厨房用品、针纺织品、钢材、建筑材料、五金交电、化工产品（危险品除外）、煤炭、汽车及配件的批发零售以及市场配套的物流、仓储、汽车修理；餐饮、娱乐；技术、信息中介服务；室内外装潢及物业管理。

经营布局：

▶── **表27-4 镇江市农产品批发市场经营布局**

1粮油区	14粮油区
2干货区	15检测中心、办公大楼
3、4、5蔬菜区	16宿舍楼、食堂
6、7家禽区	17水产区
8、9水果区	18海鲜区
10水产区	19家禽区
11、12蔬菜区	20冷鲜肉
13干货区	

商家来源：广东、福建、山东、安徽、河南、河北、内蒙古、四川、浙江、上海、苏北等地区；

管理模式：市场管理公司统一管理；

价格：销售价格8000元/米²，租赁价格500~1200元/月；

推广模式：每年一届年货展销会；

经营情况：目前一期租赁在80%左右，经营状况一般，只占整个镇江批发市场的30%左右。

项目总结：

本项目成功借鉴点——

由专业的招商管理公司统一管理；

招商先行；

政府资源整合，引进镇江粮油交易中心。

本项目不足——

与原产地对接不够，导致产品价格成本高，品种单一，与周边常州凌家塘等市场相比无任何竞争优势；

推广渠道单一，推广频率不足；

功能布局一般，缺少深加工等新兴业态的布局；

物流、仓储、冷库等配套缺乏。

典型案例二：镇江食品商城

项目区位：镇江市丁卯谷阳南路18号

项目规模：占地面积4.9万平方米，建筑面积7.7万平方米

经营范围：集食品批发、餐饮、娱乐为一体的全新"一站式"生活模式集散地

经营布局：项目设有"食品大卖场"和"优盛广场"两大板块，采取退台式商业设计，食品商城一楼为水产品；二楼为烟酒、茶叶；三楼为休闲进口产品、保健品。

商家来源：福建、浙江等

管理模式：商业管理公司统一经营、统一管理、统一招商、统一推广。

价格：租售结合，售后返租，一楼13 996元/米²，二楼12 996元/米²，三楼8998元/米²。包租合同10年一签，前5年稳定收益为每年7%，前3年一次性返还，第4年至第5年我们保底7%的回报率，第6年至第10年的回报率按当时市场行情的递增，开发商20%，业主80%。

推广模式：报纸、网络、户外、分销等多种渠道，赞助镇江金婚庆典等多个大型活动。

经营情况：一期销售销售率95%，目前招商中。

项目总结：

本项目成功借鉴点——

注重产品设计和规划布局，独有的退台式设计极大地提升了商业价值；

注重以龙头业态带动市场，选择了水产业等特色业态；

注重体验式商业打造，形成集吃、喝、玩、乐于一体的一站式商业城；

注重多渠道推广和品牌形象塑造，保证了项目销售和招商的顺利进行。

典型案例三：丹阳中国供销华东农副产品物流园

中国供销华东农副产品物流园占地310亩，总建筑面积30万平方米。功能区划分为展览展示综合服务大楼、交易区、仓储物流区、配套设施区。整个园区分为两期建设：一期建设展览展示综合服务大楼、农副产品交易区、日杂百货交易区、仓储区、配送区。二期建设水果蔬菜交易区、农资交易区。2013年整体建设完毕，初期实现年交易额50亿元以上，全面运营后达到上百亿元。它与中国供销集团一起，共

同打造国内一流的农副产品展示中心、交易中心和物流配售中心。

　　该项目属于政府重点招商项目，也是江苏省重点农副产品项目，与央企中国供销农产品批发市场控股有限公司合作，模式成熟，市场经营等均有所保证。同时该项目由于与本项目距离较近，对于本项目竞争压力较大。

6. 农产品批发市场专题分析总结

　　对于关系国计民生的菜篮子工程——农产品市场，无论是从国家还是地方都持支持政策，为农产品市场的发展和成长奠定了基础；

　　作为农业大省的江苏，目前现有的农业批发市场数量和档次规模远不能满足农副产品流通的需要，农产品市场发展和提档升级势在必行；

　　镇江市农副产品市场产业基础薄弱，目前基本还是以小型农贸市场零售为主，大型批发依然主要依赖周边城市，镇江切实需要功能齐全、产品丰富、价格实惠的大型综合农产品批发市场的出现。

　　成功的典型项目越来越注重产品规划、配套、渠道建设和经营管理的提升。

二、花卉市场专题分析

　　花卉可以反映出一个国家的文化、科学和艺术水平的一个侧面。这不但表现在花卉品种的丰富新奇和栽培技术的科学先进上，同时也表现在艺术布局和设计上。在某种意义上，它还象征着一个国家兴旺发达、生活丰富多彩的美好景象。改革开放以来，随着人民生活水平的不断提高，人们对花卉的需求日益扩大，有效促进了花卉生产的发展。目前，花卉已发展成为一个大型产业，成为人们生活中的重要组成部分。花卉作为商品大规模生产是在第二次世界大战之后。伴随着经济的复苏，花卉产业以其独特的魅力保持着旺盛的发展势头，成为世界上最具活力的产业之一。花卉产品成为国际贸易的大宗商品，消费量逐年稳步上升。

1. 中国花卉市场的现状

　　据统计，全世界花卉栽培面积已达22.3万公顷。其中亚太地区花卉栽培面积最大，而其中又以中国的栽培面积最广，目前中国已成为世界最大的花卉生产基地。自1984年到现在这20多年间，中国花卉种植面积增长44倍，产值增长70倍，出口创汇增长71倍。虽然我国的花卉栽培面积最大，但花卉产业却不十分发达，也因为经济发展等原因，我国的花卉消费也远远没有达到发达国家的水平。在经济比较发达的三个地区：欧盟、美国、日本形成了三个花卉消费中心。这三个消费中心的进口花卉占世界花卉贸易的99％，其中欧共体占主导地位，达80％，美国占13％，日本占6％。

我国花卉产业现状具体表现如下：

（1）面积、产值继续增长

由于人们生活水平的提高和环保意识的增强，各地兴起绿化美化的热潮，草坪发展较快，达1亿平方米。花卉面积增长较快的地区有江苏、河北、云南、河南、福建等地。花卉产品的整体质量有所提高，产品呈多样化，目前已由盆景和小盆花发展到鲜切花、盆花、观赏植物、草坪和传统盆景等五大类，初步满足了不同消费者对花卉产品的需求。

（2）区域布局明显优化

各地按照花卉产业化发展的要求，把资源优势转化为商品优势，由个体生产向商品化、规模化和专业化方向转变，由大田向大田和温室相结合的栽培方式转变，由分散经营向集约化经营转变，传统产区继续扩大优势，新区发展注意集中连片，有力促进了区域布局的调整和优化。目前，基本形成了以云南、北京、上海、广东、四川、河北为主的切花生产区域；以江苏、浙江、四川、广东、福建、海南为主的苗木和观叶植物生产区域；以江苏、广东、浙江、福建、四川为主的盆景生产区域；以四川、云南、上海、辽宁、陕西、甘肃为主的种球（种苗）生产区域。

（3）新品种和技术得到了广泛推广与应用

各地根据市场需求，加大新品种选育、引进和推广力度，如引进的国外优良品种有多头小菊、美女樱、郁金香等，自育成的新品种——旱小菊，抗逆性强，有利于园林绿化。将一些优良品种应用于生产，取得了明显的经济效益和社会效益。与此同时，各地注重提高花卉产品的科技含量，加大技术培训力度，提高花农的整体素质。花卉的技术研究有了新的进展。如针对南北不同气候，对生态优质盆花和种苗生产技术进行研究，保证"南花北调"和"北花南调"。另外，无土栽培、组培快繁及苗木脱毒技术也在花卉生产中得到应用。

2.江苏花卉市场的现状

江苏作为我国最大的花木主产地之一，目前已拥有6个国家级、11个省级"花木之乡"，全省花木面积接近70万亩，居全国第二。

近几年来，随着人民生活水平的提高、农业结构战略性调整的全面展开以及人们对环境建设的日益重视，花卉消费市场迅速升温。江苏省花卉行业抓住机遇得到快速发展，并呈现出下列趋势：

（1）生产总量迅速扩大，产品结构逐步调整

1990年至1993年，江苏省花卉种植面积一直稳定在10万亩左右，销售产值近2亿元。20世纪90年代中期以后，花卉产业的发展开始驶入快车道。1999至2001年，全省花卉种植面积连续跨上20万亩、30万亩、40万亩的台阶，实现了三年三大步。至2002年，全省花卉种植面积达54万亩，目前是70万亩，是1990年面积的7倍多，使花卉业成为种植业内增幅最大、最具活力的朝阳产业。

在生产面积大幅度增长的同时，花卉业内部也及时进行了产品结构的调整，积极发展适销对路的产品，打破了以观赏苗木尤其是以"广、雪、龙"唱主角的传统种植模式，形成了观赏苗木、盆景、盆栽花卉、鲜切花和草坪共同发展的新格局。

（2）区域化布局日趋合理，规模化程度明显提高

通过近几年农业结构的战略性调整，目前，江苏省已逐渐形成了苏南设施盆花苗木区、苏中苗木盆景花卉区、淮北苗木花卉区、连云港反季节切花花卉区、宁镇丘陵名花草坪花卉区等五大产区，面积达38万亩，占全省花卉总面积的90%左右。全省有花卉种植在万亩以上的大县（市）10个、3000亩以上的专业乡镇36个、500亩以上的专业村80个，全省从事花木生产经营的农户已超过30万户，其中经营面积20亩以上的大户有2600户，50亩以上的大户有1100户，100亩以上的大户370户，农民和社会各界投资开发花卉生产领域的热情日渐高涨。在产业规模不断扩大的同时，全省形成了一批各具特色的生产基地。在扬州、甫通等沿江地区建立了商品盆景基地，在无锡、苏州等城市近郊建立了盆栽花卉生产基地，在连云港市建立了以球根花卉为主的反季节切花生产基地，在常州、江都、沭阳、句容等广大农区建立了观赏苗木和草坪草生产基地，区域化经济特征日趋明显。

（3）龙头企业实力增强

江苏省在发展花卉生产的同时，积极培育一批龙头企业，实施龙头带动战略，发挥企业集团在技术、资金、信息、人才等方面的优势。

1992年，在武进夏溪镇成立了华夏花木园林集团公司，该公司发挥龙头作用，对外承接各类园林绿化工程，以过硬的技术和优质的服务赢得了信誉，树立了良好的企业形象，获得"全国花木优秀企业"和"江苏省花卉优秀企业"称号。集团公司还围绕产业化这一主题，做好"公司＋基地＋农户"这篇文章，以市场为导向，以基地为依托，带动农户发展生产。目前武进市已有各类花木公司50余个，花卉种植面积10万亩，从业农户3.7万余户，龙头企业的规模和带动效应得到了充分发挥。

如皋绿园自1984年创办以来，不断开拓进取，积极利用外资，成立了两个合资企业，开展盆景出口、绿化苗木生产、园林工程承接等项业务。该公司在注重自我发展的同时，还发挥示范辐射作用，把原来分散的、自发性生产的农户、苗圃组织起来，形成群体优势，公司自身也得到了发展，资产由原来的6000元贷款增加到自有资产4000多万元，成为集生产、科研、销售、服务于一体的花卉盆景专业化生产和园林工程建设相结合的集团公司。

近几年来，江苏省还涌现出一批上规模、上档次的花卉外资企业和民营科技型花卉企业，成为发展高效花卉业的典型。

（4）流通网络逐步形成

目前，江苏全省已有各类花卉市场112个，其中面积超过1000平方米的市场有61个。如花木重点产区武进市夏溪镇投资1500万元，建立了15 000平方米的花木交易市场，年交易额达5000万元。"如皋江苏花木城"的经营摊位不断扩大，目前已达300多个。素有"花木之乡"美誉的江都，从1992年开始，市政府及有关乡镇就先后投资几百万元建立花木市场。目前，如皋、江都、沭阳、武进等花木主产区普遍采取政府引导、花农投资的办法，沿路建起了"十里花市""花卉走廊"等吸引客户。在市场规模扩大的同时，配套设施和服务不断完善，通过"筑巢引凤"吸引众多的花卉生产企业和个人进场交易。目前全省有花卉经纪人3万多人，形成了庞大的销售网络。他们跑遍全国各地，不仅将产地的花木销出去，更重要的是带回了准确及时的市场信息，发挥了产销之间的桥梁作用。

（5）科技水平不断提高

江苏省花卉教学、科研、生产等有关部门实施科技兴花战略，在花卉基础理论研究和生产技术推广应用等方面深入探讨，取得了一批实用性强、有推广价值的科研成果。花卉良种的引进和选育丰富了栽培种类；无土草毯种植技术已大面积推广，应用了鲜切花栽培、贮藏、保鲜技术的研究已有所突破；设施栽培技术的运用有效地保证了节庆花卉的供应；商品盆景标准化生产技术的研究和推广应用已取得明显的经济效益；另外，在无土栽培、生物工程、无毒种苗繁育等方面都取得了一批新成果。在全国性花卉博览会上，江苏省参评的科技项目累计达100余项。1998年，江苏省启动了农业品种、技术、知识三项更新工程，全面推动农业现代化进程。科技兴花战略的实施加快了新技术、新品种的推广和应用，提高了产品的科技含量，为今后江苏省花卉业的发展奠定了坚实的基础。

3. 镇江花卉市场的现状

镇江市花卉市场发展较晚，发育成熟程度低，长期以来处于一种自发的、松散的经营管理模式，无法形成有效的竞争优势，阻碍了镇江市的花卉、绿化行业的发展步伐。

在花卉产品消费持续增长的过程中，市内各区不时出现小型花市，多为分散型自主形成的市场，没有统一的管理规划与宣传定位。虽然为居民提供了部分便利，但随着市政设施的建设和改造以及城市的发展，该类型的小型市场始终不能成长为花卉供应中心。

近年来，镇江市居民对绿化美化环境的需求越来越强，加之城市各项会议、节日用花及市民居室美化、绿化消费量日增，花卉苗木市场前景广阔。但镇江市该类市场目前品种不多，品级不高，还处于低投入、低成本、低技术式的生产状态，远不能满足城市发展的需要。

2004年，作为镇江市今年两大农业市场建设工程之一的市花卉苗木市场，在江苏省现代农业示范基地京口种苗繁育区开始建设。该市场建成后，项目占地面积250亩，建成后将形成拥有盆花、鲜花、盆景、树桩等500多个种类、6000多种花卉苗木的规模，成为镇江市同类市场的状元。

该市场由来自全国十大花卉苗木基地之一的常州夏溪镇的客商与省现代农业示范基地京口种苗繁育区联手，前期投资400万元，将以对接夏溪的先进经营理念、超市式零售、仓储式批发的方式，建成集批零贸易、展示观赏、租赁服务为一体的多功能市场，同时吸引鱼、鸟、宠物、古玩等文化产业进场，相关产业联动发展，形成城市东区特色文化交流中心。

该市场的建设是京口区高投入、高产出的新型农产品产销模式的尝试。该市场通过引进花卉苗木品种、技术，开展特色盆花的种苗繁育，实行"市场+龙头企业+农户"的生产模式，即由种苗工厂提供种苗、技术，由农民出地、出力，在统一的技术指导下进行盆花栽培，进入市场统一销售，实现专业化育苗、集约化生产、产业化经营，从而开辟农民增收新途径。

目前该市场一期已于2010年6月开业，一期工程建成盆景展示厅1200平方米、鲜花展示厅2000平方米、花卉超市2000平方米、露天交易区2000平方米、盆景交易区1200平方米及花卉一条街。

典型案例分析：常州夏溪花木市场

夏溪花木市场隶属于常州市武进夏溪花木市场发展有限公司，位于中国花木之乡——嘉泽镇，地域宽广，环境优雅，水陆空交通便捷，是一个集生产、经营、科研、推广、服务、旅游、观光于一体的现代农业示范区。

2000年以来，先后被上级政府及有关部门授予"农业产业化国家重点龙头企业""全国重点花卉市场""国家农业部定点市场""全国花卉生产示范基地""国家农业综合开发重点产业化经营项目""江苏省农业产业化重点龙头企业""江苏省重点农产品批发市场"等荣誉称号。

按照"立足夏溪、面向全国、汇集信息、搞活流通、促进发展"的总体思路，现已逐步建成了设施齐全、服务配套、交易量大、辐射面广、调节功能强、省内独一、全国闻名的大型花卉苗木专业化批发交易市场，形成了内联22.5万亩花木生产基地、5万多花农，外联全国20多个省市、一大批城市市场的产供销一条龙的产业化经营新格局。目前，已成为江苏、浙江、福建、广东、安徽、江西、辽宁、湖南、山东、上海等十省市及常州地区30多个乡镇的花木集散交易中心。

4. 花卉市场专题分析总结

我国有着世界级的花卉栽培面积，但花卉产业还很落后，正逐步由个体生产向商品化、规模化和专业化方向转变；

江苏作为我国最大的花木主产地之一，无论在区域布局还是产业化、技术和管理水平上均走在全国前列；

镇江市花卉市场发展较晚，发育成熟程度低，已不能满足当前消费需求，有市场空白急需填补。

第三部分

项目定位

商业地产的项目定位（主题特色）是项目运作的根本，它关系到整个项目销售、招商的难易程度，直接决定项目的整体营销和宣传推广策略。

商业地产项目定位的基本原则：错位原则、市场盲点、全新商业改变的开创。

根据我们对项目的理解及其他同类项目的综合调研，建议项目定位进一步明确如下：

一、形象定位

1. 主题定位

农贸产业主题城

形象定位说明：

本项目是传统农产品市场的"升级换代"经营场所，整体规划、统一管理、统一推广；

本项目将打造成为特色农产品的"综合展示窗口和交易中心"以及产业资源聚集地；

本项目未来发展配套镇江，面向长三角；

本项目采取行业规模化效应，以区隔竞争对手。

2. 项目案名建议

镇江新区农贸城

原有项目名"镇江新区农副产品批发市场"并不能涵盖项目所有物业业态，且缺少气势；

以"农贸城"命名，突出本项目高端定势和规模效应，定位农产品市场标杆之气魄；

3. 项目形象定位

江苏农批的先锋航标，农贸市场的示范基地

借由沿海开发的大势发挥本案独特优势，有效吸引镇江当地市场，并充分依托长三角强劲消费力，强力辐射全中国；打造江苏现代化程度最高、独一无二的农副产品品牌孵化基地。

4. 推广语建议

展农贸盛宴，创产业标杆

致力于打造"行业"的标杆示范；致力于为客商提供更广阔的贸易发展平台，实现质的飞跃。

二、业态定位

1. 农贸市场

农贸市场定位为：

龙头业态（土特产和调味品），建议临街商业3、4层为单独楼层，通过公共通道和连廊实现连通，定位为特产和调味品区；

海鲜水产、蔬菜批发、果品、荤食干货、农资农种等功能区；

展销区（定期组织农产品展销）；

物流配载区；

加工配送区；

冷藏。

（1）关于特产区

在去年的第十二届江苏农业国际合作洽谈会上，镇江15家农业龙头企业120多个品种的农副产品，包括恒顺调味品、恒馨稻鸭大米、金莲麻油、丹阳黄酒、三叶咸秧草、捧花蜂蜜、特色蔬果等深受消费者喜爱，具有一定的品牌资源，本项目特产区不仅汇集镇江名优特产，也引进外部特产农副产品，为镇江的名优特产提供了更大的市场平台，也为镇江及周边城市的个人及商家提供了更便捷的采购场所；

特产区的定位经营是镇江面向华东市场的窗口，对促进大港特产农业乃至整个城市的特产农业都有着深远的意义，可以很好地实现产业对接和当地农业深加工发展。在镇江特产中，锅盖面的面条、水晶肴蹄、香醋、蟹黄汤包、金刚脐已具备了较高的知名度。

（2）关于展销区

展销区：1F，面积500~1000平方米，提供农产品展销的功能区，分为展示区和展销区，展示区用于企业产品展示，装修设计较为新颖；展销区用于定期举办展销活动。

展销区的运营：

·每个月组织一次农副产品展销会；

·集中展示展销，产生轰动效应；

·产品直销，价格低于超市，聚集人气。

定期的展销活动，不仅为镇江及周边城市农产品或名优特产提供对外窗口，更能整合城市农产品企业或农作物大户（例如新区万顷良田产业户），开拓销售渠道及市场占有率，如邀请省市级零售、批发、餐饮、食品加工等相关协会，组织企业采购（重百、新世纪、永辉、家乐福、小天鹅等），与江苏农产品生产企业、专业合作社、规模种植大户进行广泛对接，通过各大商家四通八达的物流配送体系和遍布各地的网络终端，快速进入主城大市场。

展销会每月定期举办，在当地逐渐形成良性循环，由于价格低于超市，易于制造大批量人流进场，为项目其他产品及业态带来促进作用。

展销区更容易让农民直接面对市场及采购商，使优质农作物不仅卖得快，更能卖上价，是切切实实的利民平台。

展销区可作为商业持有部分，以收取租金获得长期收益。收益虽有限，但带来的社会效益和商业连带效益远远大于自身收益。

2. 花鸟市场

花卉市场定位为：

花卉交易区、苗木交易区、盆景园、工艺品区、水族区、鸣禽区、运输配送中心、办公区、停车场。

花卉市场和苗木市场：目前随着镇江城市化进程的加快，应多考虑家居和园林景观装饰需求，所以花卉市场应以观叶植物、中高档盆花、四季草花、花卉工艺、盆栽资材、会场布置、家居软装、开业庆典、时尚租摆、园林设计、园林施工、维护等业态为主；

水族区：观赏鱼及资材；

鸣禽区：宠物鸟及资材。

3. 商业步行街

餐饮娱乐休闲（3、4楼）

社区服务（1、2楼）

零售、特色商业（1、2楼）

商业步行街是作为整个市场和周边社区配套而存在的，所以业态以餐饮休闲和社区生活服务类为主，其中：

餐饮娱乐休闲：大型餐饮、KTV、足疗店、美容院、会所、网吧、健身房、快捷酒店等；

社区服务：银行、电信营业厅、移动营业厅、邮局、门诊、便利店、家装店、摄影社等；

零售、特色商业：服装、汽车美容、小型家电、快餐店、家纺、药店等。

三、客户定位

1. 农贸市场客户

（1）购买商铺纯投资的目标客户群定位

以镇江、大港、扬中三地的投资型人群为主，其他地区人群为辅。

（2）购买自用和租赁经营的目标客户群定位

镇江市及周边地区现有农产品的经营商户；

镇江及周边地区有一定经济实力的种菜、种果大户；

在此基础上，深度挖掘与农副产品生产、交易相关联业态的经销商户。

（3）消费农副产品的目标客户群定位

镇江及周边酒店餐饮行业、市民的日常消费、乡镇集市的批发零售商户；

特色果蔬及其他农产品主要面向外地批发商户、旅游客源；

农资和其他商品主要满足果蔬生产农户、市场经营户的生活及交易配套需求。

2. 花鸟市场客户

（1）租赁经营的目标客户群定位

常州夏溪镇是中国花卉苗木基地，市场发展成熟，离本案区域50公里左右，可借鉴镇江京口花卉市场的招商经验，挖掘外地客商资源进驻；

区域中小花卉经营户：大港及周边的花卉经营户；

区域花卉配套行业经营户：大港及周边的配套行业经营户；

区域产业户：区域花农、苗木种植户等。

（2）消费花鸟市场产品的目标客户群定位

镇江及周边批发零售商户；

镇江及周边市民的日常消费；

园林景观工程需求的企业消费。

3. 商业步行街客户

（1）购买商铺纯投资的目标客户群定位

以镇江、大港、扬中三地的投资型人群为主，其他地区人群为辅。

（2）购买自用和租赁经营的目标客户群定位

镇江市及周边地区现有的经营商户。

（3）消费商业步行街的目标客户群定位

各市场经营商和工作者的商务、日常消费需求；

周边社区及大港区域的日常消费。

四、价值提升建议

农产品批发市场作为市场体系的中心环节，如何提升市场硬件档次，加快农产品市场体系建设，这既是市场功能转型与创新所在，也是本项目实现特色产业升级和获取投资回报的必由之路；建议从以下几个方面重点提升，为本项目的高定位、差异化实现条件支撑，打造长三角最专业和先进的农贸市场。

1. 市场内铺位均采取普通硬化装修

通风良好，水磨地面，安装好水电、洗手间、楼梯护栏，每个摊位都有单独灯光，达到可使用状态；蔬菜、肉类、花木、鸟鱼等各种铺位都用不同颜色区分开来；商品摆卖部位的设施均使用不锈钢或具有高效抗菌功能的新型材料建造；每个摊位均设计为半封闭式格子间，档口内放置档主的物品，档内地面设有滤水槽，污水直接流入下水道中，"明渠"与"暗管"相结合等。

2. 利用大量先进的技术和管理技能

使农产品交易流通市场的功能更完备多样：如采取电子商务和现代管理实现商品标准化、代理储运、价格维护、信誉担保、结算服务、无公害检测等功能；同时采用先进的专业化经营，例如发展物流配送、连锁经营、拍卖经营、展会经营等，并开辟超市型零售专区及配套特色餐饮，这些都将变成一定的市场竞争力从而挑战老牌市场的市场地位。

3. 打造储藏保鲜设施

农产品在市场交易前后，因产品特点不同，都有一定的存储期，少则几小时，多则数天、半月甚至更长，很多农产品储藏还有特殊的保鲜要求。因此，建议本项目建立必要的农产品储藏保鲜设施，设置商品短期周转用房，配置冷库，其中包括有干货储存仓库、气调保鲜库、恒温库、冷冻库，其中专用保鲜库和低温库主要对蔬菜和水产品进行保鲜和快速冷冻、低温冷藏。同时市场在铺位设计上充分考虑经营户的经营需求和市场卫生管理要求，不同的商品要有不同的铺位设计，配置相应的坡度货架和专用水产、肉类柜台。

4. 农产品质量安全检测系统

批发市场是农产品流通的主要渠道，是控制上市农产品质量的关键环节，市场要有相对完善的质量检测系统，如成立检验检测中心，包括样品处理室和仪器检测室，购置快速检测仪器，农产品有毒有害物质残留分析仪器。检测农药残毒，并且在市场明显位置设立检测结果公示牌，体现市场的规范化、现代化。

5. 市场现代管理信息化系统

主要包括电子统一结算系统、市场交易安全电视监控系统、交易客户信息管理系统、市场物业、财务与人事管理系统等。同时建立电子商务系统，尝试开展网上交易。增加LED显示屏与触摸屏信息发布系统。及时将信息发布给市场相关的涉农企业、农产品经营者、农产品生产者，方便不同阶层的用户了解市场政策、行情。

6. 设置物流配送中心

面向全省招标，选择有实力、服务水平一流的品牌物业机构加入。市场物流配送中心将使经营户不用再投入大量资金用于购买、租赁车辆配送，从而使运营成本大大降低，也节省了很多精力。

7. 设置市场综合服务楼

成立市场的治安管理、工商管理、卫生管理、物业管理、水电服务、银行服务、通讯服务、生活服务机构等，设置投诉处理点，并配置称重设施和复秤设施，供市场各管理、服务部门开展工作所用。

8. 卫生保洁辅助设施

建设健全的公共卫生设施、完备的通风系统，设置公共厕所、垃圾分类收集和处理站、卫生消毒间，每个商铺都配备有必要的卫生保洁设施、消毒洗手设施，针对禽类销售商家提供防治动物疫病传播用的消毒隔离设施。

9. 软性管理

实行商品准入监管制度、经营者的教育培训制度，设立总导购台，给购物者和经营者提供一个清新优美的购物环境和"买得放心"的营业场所。

以上产品升级、配套的完善和打造，将使农贸市场这个传统的商业形态，真正接轨现代商业市场；打造长三角最具规模的农产品集散中心、价格形成中心和农贸信息传递中心。

第四部分

营销策略

一、核心思路

- 整体形象出击，细分三类市场
- 线上高举高打，线下精准营销
- 做深镇江本地，做大城市外围
- 租售政策并举，热销旺场同步

解析：前期通过报纸、电视、户外广告牌等主流媒体及大型活动，将项目作为一个整体对外进行推广，建立项目的整体形象和市场品牌，树立项目的高度和影响，即塑造项目的"五化"——规模化、特色化、专业化、形象化、现代化。由于一期的三类不同市场的客源（经营户）基本不一致，线下的渠道营销和小众媒体要针对三类市场做精准宣传。

基于项目面向长三角的战略定位，除了要提高在镇江的市场占有率，还必然要"走出去"外拓客源与客商，增强产业经济辐射力，开拓更广阔的市场，奠定江苏农副产品产业集群的地位。

在销售的同时启动招商工作，在项目前期运作中，通过招商引进部分知名企业和商家，营造农贸城项目的商业氛围与前景，给予目标客户强有力的投资信心，同时为后期带租约出售打好基础。实现项目的快速销售和长期经营，做到热销和旺市。

二、营销推广策略

1. 品牌推动造势宣传

在项目入市初期、品牌塑造期中要不断地推出号召力强、影响力大的活动，为整个大市场的整体形象宣传造势，建立项目高度。

事件1："江苏农批的先锋航标，农贸市场的示范基地"

镇江新区农贸城项目启动新闻发布会。

活动时间：项目入市前期。

活动目的：

· 作为引爆事件将项目导入市场，启动项目的入市推广；

· 作为政府重点打造和扶持项目，高调亮相，体现强大的背景与实力；

· 通过海量的新闻报道，借媒体之力，让项目在短时间内广泛聚焦。

活动形式：

· 政府、农贸协会、商会相关领导出席并发表重要讲话；谈项目对于镇江农贸产业的影响以及经济、社会意义；

· 本项目负责人和高管出席；介绍项目定位、市场品类、优势政策、品牌理念等；

· 邀请省内、镇江本地的主流媒体（电视、报纸、网络等），做活动前后的新闻宣传。

事件2："江苏农副产品基地，投资兴业聚宝盆"

镇江新区农贸城商业投资与经营价值分析报告会暨首期登记客户交流会。

活动时间：项目蓄客期。

活动目的：

· 与意向客户加强沟通，加深客户对产品的认知，提升购买信心；

· 借分析报告会全面阐释商业街规划特色及投资经营回报；

· 以专家的口吻对项目进行专项推介，增强权威性及可信性；

· 通过现场热烈的气氛促进客户预订。

活动内容：

· 邀请市领导讲话并参与座谈；

· 邀请对商业有丰富经验的讲师对市场商业街投资及经营价值进行分析；

· 邀请置业投资家对商铺投资进行分析讲解；

· 邀请部分意向客户针对选购商铺理由进行评析，做价值证言；

· 发请柬邀请登记客户及主要商户参加交流会；

· 以广告形式邀请所有商户参加，所有客户均可进行专家咨询，并与销售人员进行详细交流；

· 交流期间接受预订，可优先选取铺面。

事件3：镇江新区农贸城与"万顷良田"产业园合作签约仪式

活动时间：项目强势推广期。

操作形式：

与备受关注的"万顷良田"现代农业产业园项目强强联合，互惠互利，共同打造农贸产业"生产—展示—销售—物流"的强大产业链条，成就镇江乃至长三角最具规模的产业资源整合。通过隆重的签约仪式将事件广泛推广。

合作形式：

例如：本市场成为"万顷良田"产业园农资、农种的定点供货基地；成为产业园"蔬菜、粮油、花卉、深加工"等各种产品的直接销售市场；成为产业园"生态农业、观光农业、旅游农业"的形象展示窗口等。

"万顷良田"成为本项目重点商家和货源基地，形成批发市场的价格优势。

事件4：镇江新区农贸城业主联谊会

活动时间：项目首批销售期。

活动目的：

· 加强沟通，维系老客户关系；

· 借活动提升项目形象，增强未购买客户的信心；

· 强化人际传播，提高传播可信度。

活动内容：

· 举办一场大型联谊酒会；

· 邀请部分意向度较高的客户参与；

· 活动期间举办酒会及丰富多彩的联谊节目；

· 期间邀请市领导及部分商会会长参加，提高活动公信力。

事件5：镇江新区农贸城商业广场品牌商家签约仪式（针对商业街）

活动时间：项目持续销售期。

活动目的：即时公布签约的知名商家，增强经营者和投资者信心，为项目的持续热销带来兴奋点。

2. 借势政府，以会代销

借势政府资源，发挥自身优势，结合镇江新区农贸城经营分区的不同市场类型组织相关的主题性会议或活动，不断扩大影响、不断升级；并争取政府强有力的政策扶持，以增强客户信赖度。以会代销大型活动推广建议如下：

事件1：中国·镇江绿色生态旅游节暨农贸交流会

活动时间：项目推广期。

借势市农业部、商务部的资源，结合农贸产品的关联性，策办本次会展，站在全国的高度提升项目整体形象。

以此为突破口乘机与长三角乃至全国的农贸企业进行经济洽谈。

活动中可借机推出"旅游特产区"的商贸子活动，体现本项目的差异化和多元化。

事件2："新区农贸城杯"镇江首届农运会

活动时间：项目推广期。

活动目的：

利用农贸城的广场场地，以体育的眼球行销引发农贸产业链的营销走向；引起农贸产业链条的高关注度，达到营销宣传的目的；同时炒热项目现场。

事件3：镇江新区农贸城首届花鸟节（针对花鸟市场）

举办首届花鸟节。

事件4：镇江首届春节庙会（针对农贸市场）

举办首届春节庙会。

3. 新闻造势炒热市场

事件1：市民互动，制造社会话题

以镇江新区农贸城筹备处的名义与镇江当地主流报纸联合开展"市民谈农贸市场"的征文活动，发动市民提建议，为招商做前期舆论铺垫。

事件2：记者观察，吸引专业客群

以新闻记者采访的方式，系统报道本农贸市场的经营理念、管理模式以及市场的特色；

以新闻记者采访的方式，突出报道未来的农贸市场某一亮点。新闻宣传话题如下：

· 谁在市场中做大市场？——看镇江新区农贸城的商业机遇；

· 镇江农贸产业新名片；

· 镇江新区农副产品批发市场重写农贸商业格局；

· 农贸市场的红旗将从这里升起；

· 面向长三角，服务大镇江；

· 镇江最大规模的特产中心正式进驻新区商贸城；

· 镇江有了自己的"夏溪"——探访镇江新区农贸城花苗市场；

· 商业副中心崛起，农贸城商业街成为镇江又一消费地标。

4. 细分市场精准营销

（1）农贸市场

针对农业合作社、村集体开展定向推介、组织团购和合股销售活动。

最好能争取到当地旅游局在本市场特产区设立"旅游定点"合作单位，带来大量游客做定点旅游特产采购，给市场注入利好，为旺市提供长期客流。

"走出去"推广：参加周边其他城市的农贸展销会、商会，做定向推介，吸引外商。

通过渠道获取镇江其他农贸市场的商户信息，进行DM投递和短信轰炸，直接影响目标客户。

（2）花鸟市场

组织专业派发队伍到镇江其他大小花鸟市场进行外围派单，并有专车带客到售楼处，配合销售人员完成销售，派单人员计划4人，如有需要可要求销售人员配合。

"走出去"推广：到常州、南京等周边城市的苗圃基地、花鸟市场做定向推广，组织异地商户到项目地点参观。

组织商户组团认购，强化现场人气，促成商户抱团进场。

（3）商业步行街

区别于专业市场，商业街的购买客户相对宽泛一些，建议在推广前期在市区重要商圈设置外展场，吸引全市客户：选择周末两天或重大节假日，在市区重要人流聚集地设置外展场，外展场的设置与外展场造势和现场造势形成互动，同时，穿插演出、抽奖和有奖问答等方式增加人潮，并通过招商专车带有意愿的客户前往招商现场。

商业街的重点在于引入主力店。前期对品牌酒店、餐饮、购物商场等主力店做出筛选，主动以优惠条件进行洽谈。一个具有影响力的主力店入驻将引发头羊效应，对招商和销售能起到事半功倍的效果。

三、广告策略

1.项目广告诉求（价值点）梳理

镇江新区农贸城八大增值优势：

（1）规模NO.1：产业航母，财富中心

本市场总建筑面积约40万平方米，项目建成后，不论是商业规模还是产业格局，都将会成为镇江乃至华东地区具有代表性和前瞻性的产业中心。

（2）规划NO.1：现代化"一站式"农副产品批发交易中心

本案为"一站式"现代化农副产品批发交易中心，是集农副产品批发交易、花鸟市场交易、建材市场、办公、酒店、餐饮、娱乐等多种功能为一体的现代化主题商业集群，能充分满足消费者"一站式"的全方位消费需求。

（3）实力NO.1：政府形象工程，最强信心保障

本项目是政府形象工程，享受政策大力支持及优惠政策，使市场的前期打造和后期运营都有了信心保障。

（4）品牌NO.1：镇江未来的商业金名片

镇江农副产品物流中心汇聚蔬菜、果品、粮油、农资、农种、深加工等全系列产品，提供全方位配套服务，是长三角地区农副产品交易基地之一，产业集群效应明显，是镇江乃至华东地区未来的商业金名片。

（5）管理NO.1：专业管理，联合招商

专业物业管理公司贴心打理，整体规划，统一招商、统一管理、统一推广、统一开业，为入驻商家提供专业、贴心的服务；凭借健全完善的服务体系，全心全意为经营户营造一个诚信、安全、统一、便利的经营氛围。

（6）集客NO.1：超级磁场，顶级黄金旺铺

镇江农副产品批发市场紧邻338省道，随着高铁的贯通，镇江已融入上海2小时经济圈，项目建成后，形成多重辐射圈，具有明显的集客优势；江苏沿海开发上升为国家战略，镇江被定位为沿海中心城市，发展机遇前所未有，凭借得天独厚的地利人和，镇江、长三角、华东地区将形成本项目的三重消费圈层。

（7）前景NO.1：农贸旺地，一旺百旺

作为产业升级换代的重要形态，农副产品批发交易中心成为未来黄金产业之一；作为长三角地区一流的农副产品批发交易中心，本项目在政府强有力的支持下，未来前景一片光明。

（8）财富NO.1：投资独立产权旺铺，拥有"财富传家宝"

投资独立式产权商铺，就犹如投资了人生财富的原始股。金山、银山，不如"一铺在手"。拥有镇江农副产品批发市场独立产权式顶级黄金旺铺，也就拥有了一个足以造福三代的财富"传家宝"。

2.营销推广布局

第一阶段：筹备蓄水期

阶段重点：以政府公关为主，重在树立政府形象工程这一形象，增强市场信心；

主要工作：为保证按计划开盘销售而进行的各项准备工作，计划时间为60天；

现场准备方面：接待中心、宣传展板；

广告推广方面：项目整体推广思路、媒体组合、媒体计划、媒体预算、媒体发布；

销售工具方面：楼书、海报及第一期DM（镇江新区农贸城市场商报）；

人员准备方面：人员招聘、人员培训到岗等；

销售方式方面：租售说辞、现场接待、客户分析等。

媒体运用：

以户外广告（大港、市区和高速大牌）、电视广告、现场广告、定点广告、软性新闻广告、围墙广告等宣传方式为主，提前预热，为项目公开积累人脉。

第二阶段：公开发售期（开盘时间建议金九银十为较佳时机）

阶段重点：全面传播市场商铺的投资及经营价值，强调其商业的特质及不可复制性；利用大规模的传播及促销推广形成热销；

主要工作：开盘前期准备工作，计划时间为30天。

· 销售资料到位；

· 接待中心完成；

· 人员培训完毕；

· 开盘前项目及发展商形象宣传完成；

· 秋季展销会前准备完毕。

开盘工作内容：

· 接待来电、来访客户；

· 媒体反馈统计；

· 修正广告及媒体方案；

· 客户追踪及调查分析；

· 成交签约。

媒体运用：公开强销期间，需要以多种形式进行全方位宣传推广，以期达到将更多潜在客源转化为签约客户的目的。户外、报纸、电视、短信、DM、派单、道旗等方式全方位出击。

第三阶段：销售调整期（该阶段比较短促，主要用来调节开盘后遗症）

工作内容：调理房源信息，做有针对性产品推广，并为强销做准备。

· 接待来电、来访客户；

· 客户追踪；

· 成交签约；

· 广告内容修正；

· 客户调查分析（成交、未成交）；

· 业务人员再培训；

· 每日业务人员工作总结及例会。

媒体策略：以小众媒体维系项目热度，市场保温。

第四阶段：强销期

本阶段策略目的在于充分利用上阶段的热销局面，尽可能保温，做好客户维系，形成二次热销局面。

工作内容：

· 接待来电、来访客户；

· 客户追踪；

· 成交签约；

· 全方位广告支持；

· 客户调查分析（成交、未成交）；

· 广告、媒体修正；

· 促销活动的组织；

· 业务人员再培训；

· 每日业务人员工作总结及例会。

第五阶段：持销期

本阶段销售工作基本完成，主要进入尾盘清理阶段，重点工作也将从销售转入经营，配合市场开业进行人气促销的宣传工作成为我们的重点。

主要工作内容：

· 追踪客户全面成交；

· 减少广告发布量，加强针对性宣传；

· 进行项目进度形象包装、市场商户逐步开业广告；

· 配合其他销售方式（促销活动、外企宣传、派发、邮寄）；

· 阻力产品促销。

媒体运用：报纸广告、影视广告、DM、户外布标、道旗。

第六阶段：尾盘消化期

本阶段的主要工作内容是：在销售进入尾声期间再次努力，同样对整个销售阶段的业绩起着关键作用。同时注意对后续推广项目的客源积累。

主要工作内容：

· 接待来电、来访客户；

· 全力追踪积累客户；

· 有针对性地组织客户联谊会及产品说明会；

· 经营氛围的营造。

媒体运用：短信、电视字幕、户外、横幅等小众媒体。

四、销售策略

1. 核心策略

策略1：针对产品优劣，运用销售"三部曲"，尽快回笼资金，品牌带动、减轻压力、降低风险特别关键。

"三部曲"即阶梯式销售：

①优势产品（约40%）的销售，投资回本；

②赢利产品（约40%）的销售，投资回报及照顾关系客户；

③阻力产品（约20%）的销售，保本配套。

以"低开高走"策略、"大商家入驻"的形式迅速打开市场，带动优势产品的快速去化；以"升级硬件"为持续卖点，提高"赢利产品"的价格，获取高额投资回报；以"按时并隆重试营业"为卖点，促进"阻力产品"的销售。

策略2：销售与招商并举，以招商促销售，推动"带租约商铺"的销售。

策略3：对于投资者实行返租销售的方式。在签订买卖合同的同时需委托开发商统一招商经营（返租三年）；或推出5年120%增值回购政策，增强投资者的信心。

返租销售，即业主购买带3年租期的租赁合同的店铺。先由开发商统一向业主承租，再由开发商统一委托招商代理公司对外招商出租。购买后即办返租，即得返租回报，交铺前即可得到3年的全额回报，免除业主3年内的后顾之忧。给客户一个投资保障，增强购买信心。

操作程序：业主签订《购房认购书》的同时签订《返租协议确认书》，业主签订《购房合同书》的同时与开发商签订返租《租赁合同》。3年租金一次性从总价或首付款中扣除，或按月支付。

策略4：鼓励自营者购买，并给予适当优惠。

策略5：对于没有产权的摊位，销售3年、5年的商铺使用权，与带租约商铺产权销售结合；

策略6："稀缺"销售：在前期宣传上，放出"只卖一半，剩下一半只租不售的"消息，加强商铺的"稀缺性"；

策略7：推行"全员营销"策略，构建开放性销售网络；

策略8：充分挖掘"老带新"资源，出台"老带新"销售奖励机制。

2. 租售及价格策略

（1）农贸市场

平价入市/招商先行/中间交易区持有；

A区、B区沿街商铺实行产权销售的模式，整体均价1万元左右；

中间批发交易区为开发商持有，后期可转让他人承包。

（2）商业街

产权销售/部分主力店（超市）持有；

主题商业街，直接产权销售；

实现销售均价1.5万元/米^2；

面积较大的主力店，如超市、酒店，先招商，市场成熟后带租约销售或长期持有。

（3）花鸟市场

开发商持有/招商先行；

体量相对较小，风险较低；

建议先整体招商，把市场做旺，后期可转让他人承包或带租约销售。

3.营销回款计划

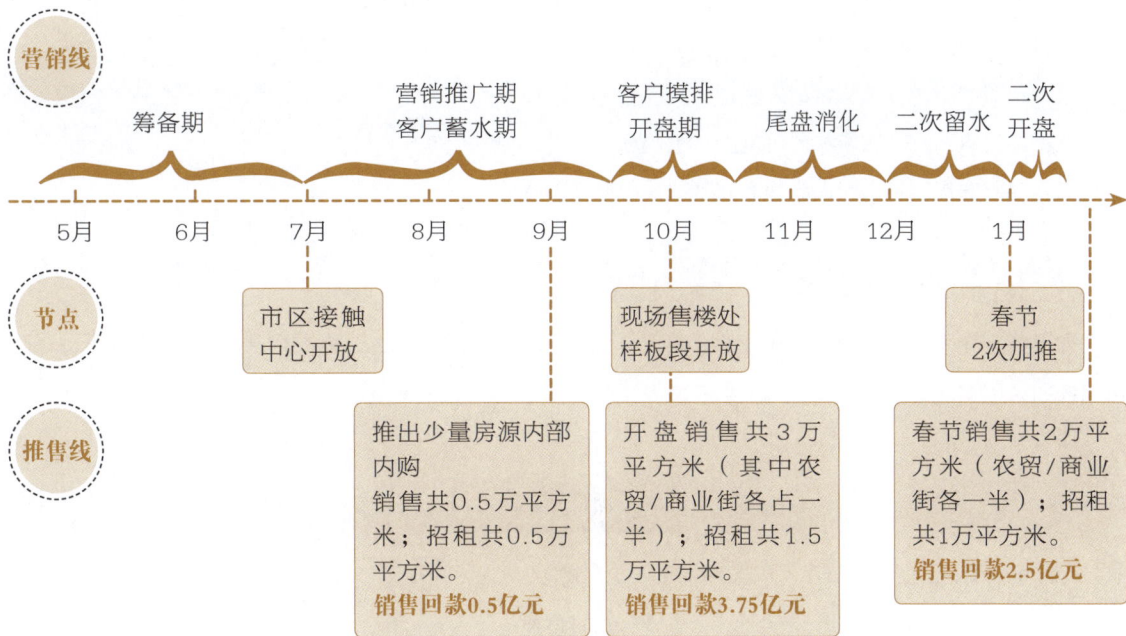

营销线

筹备期　　　　　营销推广期　　　　客户摸排　　　尾盘消化　二次留水　二次
　　　　　　　　客户蓄水期　　　　开盘期　　　　　　　　　　　　　开盘

5月　　6月　　7月　　8月　　9月　　10月　　11月　　12月　　1月

节点

市区接触中心开放

现场售楼处样板段开放

春节2次加推

推售线

推出少量房源内部内购
销售共0.5万平方米；招租共0.5万平方米。
销售回款0.5亿元

开盘销售共3万平方米（其中农贸/商业街各占一半）；招租共1.5万平方米。
销售回款3.75亿元

春节销售共2万平方米（农贸/商业街各一半）；招租共1万平方米。
销售回款2.5亿元

▶── 图27-3 营销回款计划

五、招商策略

1.招商策略说明

实力商家，品牌优先：在高起点的定位下，优先考虑知名企业、高档品牌代理商、实力强的品牌经营户、主力店。分散经营，统一规划卖场，科学合理分区，使区内商铺错位经营、互为补充、互相促进、相得益彰。为了避免经营商户良莠不齐，须全程跟踪，统一招商，严格筛选。

规划业态，做到专而不乱。

· 阶梯策略：让利启动（优势位置）—大众招商（二级位置）—旺场填充（边角位置）；

· 规模策略：主力商家—中型商家—小型商家；

· 品牌策略：国际品牌—国内品牌—区域品牌；

· 地域策略：远—近；

· 时间策略：制订倒计时计划；

· 目标策略：实行重点目标锁定，快速完成当期目标任务。

2. 招商优惠方式建议

以面积标准确定优惠：划分面积段，租赁的面积越大，租金越优惠；

以签约时间确定优惠：越早签约越优惠；

以交租时间确定优惠：越早入驻越优惠；

老带新优惠：凡老带新客户可享受特别优惠；

知名品牌的优惠：为引入品牌商家预留谈价空间。

3. 招商队伍架构

为形成工作团队之间的比较和竞争，建议分设2个小组，每组设主任1名、代表3名，参见以下招商队伍架构图：

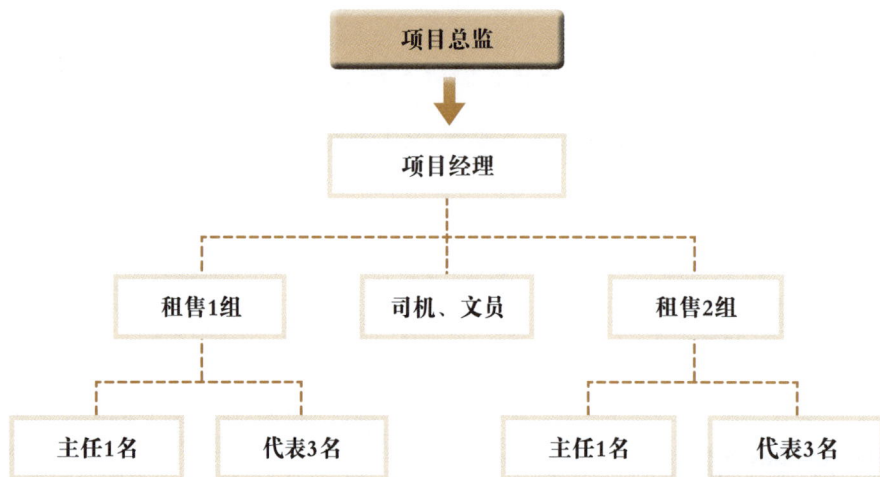

▶── 图27-4 招商队伍架构

4. 招商队伍培训

·组建专业精英队伍；

·制作招商及销售手册；

·培训着装、礼仪、仪容、态度、服务、口才等；

·熟悉项目资料和现场，理解项目的发展方向及优劣势；

·掌握租售工作流程和租售动态；

·了解周边竞争对手的优劣势，同客户沟通时做到有理有据；

·熟记项目基本工程数据，了解本专业市场的相关知识；

·本市场专业知识的培训。

5. 其他招商渠道

学术招商：把区域经济和产业经济作为推介主题，以论坛、访谈等多种形式进行学术推介；

中介招商：委托中介机构招商；

网上招商：在有关网站发布招商信息，如中国工业地产网和阿力士地产网；

专刊招商：在地产杂志及专刊上分期地进行项目宣传，此类专刊比较多，可适当选择；

展览招商：参加专题展览或者举办专题招商会；

以商招商：充分利用客户自身资源，通过入园企业相互介绍进行招商；

顾问招商：聘请专业招商顾问机构，统一筹划招商工作。

六、运营管理

1.组织架构图

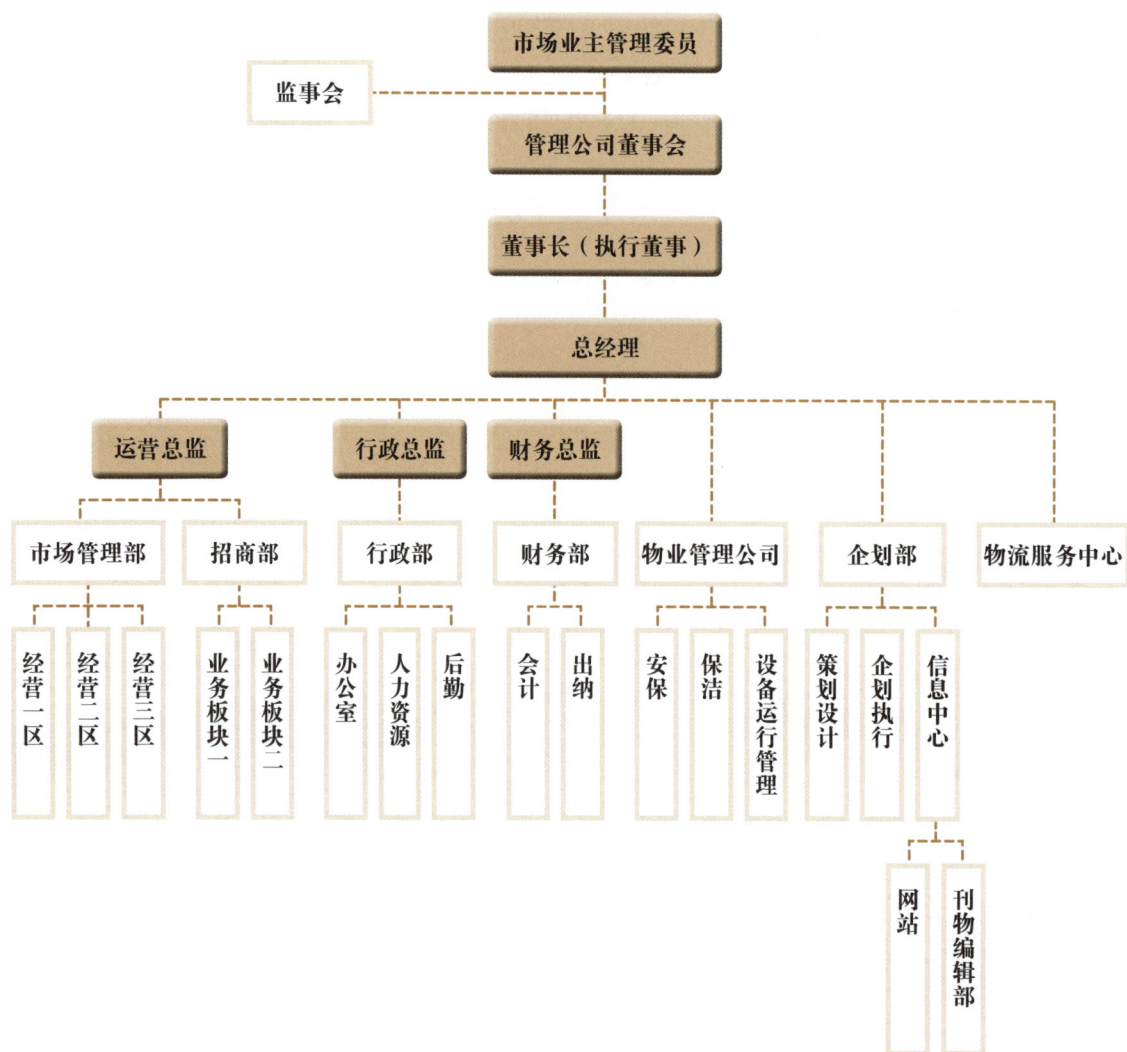

市场业主管理委员

监事会

管理公司董事会

董事长（执行董事）

总经理

运营总监　行政总监　财务总监

市场管理部　招商部　行政部　财务部　物业管理公司　企划部　物流服务中心

经营一区　经营二区　经营三区　业务板块一　业务板块二　办公室　人力资源　后勤　会计　出纳　安保　保洁　设备运行管理　策划设计　企划执行　信息中心

网站　刊物编辑部

▶── 图27-5 组织架构图

2.运营管理创新

本市场除参照当地现有的农贸市场进行管理外，还可以有所创新，实现管理的"四统一"，即统一理念、融合互动，统一规划、分类布置，统一形象、规范识别，统一规章、民主监督。

实行契约式管理与民主方式管理相结合，成立市场管理委员会自律组织。该委员会分别由物业公司、政府部门和商户代表组成。其中，商户代表由不同类别的商户选举产生，并由其担任该分类市场的小组长。其主要职责是向市场管理委员会或管理办公室反映商户的意见，向商户传达市场管理办公室的要求，组织学习或参加市场组织的各种活动，协调与市场管理办公室、消费者的关系，并以身作则，起表率作用。

开展民主管理活动，建立"流动卫生值日制度"。每周由不同类别的商户选人担任卫生值日，检查市场清洁卫生，给市场商户清洁卫生状况打分；建立"自律互助制度"，凡遇到消费者投诉的事情，由事发小组的小组长或商户代表找当事人谈心，帮助其协调关系和解决问题。建立"文明创优制度"，每年由不同商户的摊组推荐本组的文明商户，经市场管理办公室评审通过后，由市场管理委员会和市场管理办公室向其颁发"文明创优奖"证书，并张榜公布。

建立基层党组织。视商户党员多少的实情，成立党小组或党支部，充分发挥党员的模范带头作用，定期过组织生活，并开展"一帮一"创优活动。

在市场管理人员中，配备一名会英语的市场导购解说员，负责接待国外旅游团或外宾，并兼任市场播音员工作。

28
旅游地产

井冈山市旅游地产项目地块可行性分析及定位报告

一、总论

1. 项目概况

（1）项目名称

拿山乡红色文化创意旅游城。

▶— **图28-1 项目用地概况**

（2）项目拟建地区和地点

①项目拟建地区概况

　　项目位于江西省井冈山市，井冈山市地处江西省西南部，湘赣两省交界的罗霄山脉中段。全市现辖21个乡镇和街道办事处，总人口15.8万余人，总面积为1308.58平方公里。井冈山整个地势中部高，四周低，冈上多井状盆地，以山地为主，是典型的山区城市。

　　井冈山作为中国革命的第一个根据地，具有辉煌的历史和绮丽的自然风光，革命人文景观交相辉映，浑然一体，是一个集风光旅游、传统教育于一身的理想旅游避暑胜地。井冈山是第一批国家重点风景名胜区、国家级自然保护区、全国爱国主义教育基地和国家园林城、"中国旅游胜地四十佳之一""中国优秀旅游城市"和国家5Ａ级风景旅游区。井冈山旅游资源丰富，品位高、知名度大、震撼力强、组合条件好，"红""绿"相映的革命人文景观与秀美的自然风光融为一体，具有发展旅游产业不可多得的自然禀赋。这在全国重点风景名胜区之中是独一无二的，是"中国红色旅游第一城"和"全国红色旅游第一品牌"。

②项目用地概况

项目位于井冈山市新城区，北临井冈山市政府，南至火车站，西至物流中心，东至井泰大道，项目用地总面积约为400亩。

（3）项目建设内容

项目用地总面积约为400亩，拟打造成一个集旅游休闲度假、高端商务会议、高尚人文居住、红色主题文化、特色购物休闲于一体的综合性红色文化创意旅游城。

2. 可行性研究的方法和程序

对项目地块进行实地调研，了解项目概况；

实地考察竞争项目及区域内重点资源情况；

对相关负责人与消费者进行深度访谈；

收集与项目背景、环境相关的数据和资料；

收集项目潜在客源的需求及偏好数据；

综合分析并提出项目的产业设计与产品内容；

科学论证并得出项目发展目标与定位；

报告成文。

3. 可行性研究的原则

（1）可持续发展的原则

坚持以科学发展观为指导，遵循旅游经济的内在发展规律，培育资源节约型、环境友好型的绿色旅游体系。强调"保护是最明智的开发，开发是最好的保护"，对于珍贵的、不可再生的旅游资源，处理好开发与保护的关系，坚持以有效保护核心旅游资源和环境为前提，综合考虑经济效益、社会效益和环境效益，以保证旅游业得到可持续发展。在不同的发展阶段，确定不同的发展目标，明确相应的开发对象和开发程度，留有发展余地。加强资源保护和生态环境建设，实现旅游业的可持续发展。

（2）资源整合原则

本项目的发展要高度整合现有资源，使各类资源在旅游业的发展过程中错落分工、差异开发、形成合力、整体成长。唯有对资源进行充分整合，才能形成规模，创造具有影响力的旅游产品；才能避免分散、重复的旅游产品恶性竞争造成区域旅游整体利益流失；才能发挥本项目的旅游品牌效应，达到搭建新的融资平台、吸引新的资本投入的目的。

（3）市场导向原则

坚持以旅游市场需求为导向，以红色旅游产品开发为核心，以塑造项目地对旅游消费者的核心吸引力为准则，进行深度挖掘、个性包装，把本地块建设成一个有强大吸引力、能够产生巨大经济效益和社会效益的综合性旅游目的地。

（4）突出特色原则

鲜明的红色特色是旅游目的地的吸引力所在。本项目力求寻找并对接好区域红色旅游资源、旅游产品和旅游形象的独特性，将项目建设成为具有鲜明特色的商务、会务、度假、旅游目的地，使之成为江西红色文化第一站以及红色文化对外展示的窗口。

（5）统筹协调原则

报告以科学发展观和可持续发展理论为指导，以实现社会、经济和环境的可持续发展为根本目标，针对项目地的实际情况，规划特别强调城乡统筹、社区发展、资源开发与环境保护的协调关系。

二、项目发展背景

1. 旅游业发展背景

（1）国内旅游业发展概况

根据权威数据显示，2010年，我国旅游业三大市场实现了全面恢复与较快增长。国内旅游人数达21亿人次，比上年增长10.6%；国内旅游收入1.26万亿元，增长23.5%；入境旅游人数1.34亿人次，增长5.8%；入境过夜旅游人数5566万人次，增长9.4%；旅游外汇收入458亿美元，增长15.5%；出境旅游人数5739万人次，增长20.4%；全国旅游业总收入1.57万亿元，增长21.7%。与此同时，国内旅游呈现了以下几个特点：

①"当地人游当地"比重大。由于国内旅游总体发展趋势和长假期调整等因素的影响，郊区游、省内游和区域内游的数量大大增加，而跨省、市的远程旅游增幅有所降低。

②"十一"长假火爆异常。自从长假期制度实行以来，"十一"长假几乎成为每年国内旅游最为集中的时间。与此同时，2008年是"小黄金周"（即围绕新确定的清明节、中秋节和端午节的3天假期）启动的第一年，这样的短假期虽然使长距离旅游有所减少，但却大大带动了省域内、城市郊区的短途旅游、乡村旅游和自驾车旅游。

③特色旅游的竞争力增强。近年来深受各地政府和业界重视的乡村旅游、红色旅游、冰雪旅游、自驾车旅游以及与体育休闲相关的旅游产品得以长足发展，赢得了越来越多旅游者的青睐。

（2）江西旅游业发展概况

"十一五"期间，江西省旅游产业有了长足进步，旅游业逐步由粗放开发期走向发展期，由事业接待型走向经济产业型，全面推进重点旅游区（线、点）以及食、住、行、游、购、娱六大要素的系统建设，旅游客源不断拓展，旅游经济体制和运行机制发生深刻变化，旅游产业规模明显扩大，各个旅游环节都迈向新的阶段。

根据权威数据显示，截至2010年11月13日，江西年度旅游接待总人数首次突破1亿人次，旅游收入756.91亿元，与2005年相比，均增长了1倍以上，完成了"十一五"计划目标的108%和123.2%。其中，红色旅游引领全国，"十一五"期间，全省红色旅游累计接待游客达1.7亿人次，红色旅游综合收入累计达1194亿元。从某种程度上而言，旅游业已成为江西省国民经济新的增长点和支柱产业。同时，旅游业发展带动了交通、商贸、饭店、餐饮、文化、体育、信息、物流、休闲等服务业的发展，为工业、农业提供了新的市场空间，推动了房地产发展和新型社区建设，促进了生态环境和文化遗产的保护。

"十二五"期间，江西全省旅游行业将围绕"红色摇篮·绿色家园·观光度假休闲旅游胜地"进行总体定位，全力打造"中国红色旅游首选地、国际生态旅游必选地、世界观光度假休闲旅游胜地"三大品牌，加快赣北鄱阳湖生态旅游区和赣中南红色经典旅游圈、赣西绿色精粹旅游圈建设，着力打造以"四大名山（庐山、井冈山、三清山、龙虎山）、四大摇篮（中国革命摇篮井冈山、人民军队摇篮南昌、共和国摇篮瑞金、中国工人运动摇篮安源）等为重点的旅游目的地体系，力争建设成为红色旅游强省、生态旅游名省、旅游产业大省。

在"三个基地、一个后花园"的江西定位战略中，紧扣把江西建设成为"沿海经济发达地区居民休闲旅游的后花园"的发展战略，以"花园江西"作为全省旅游产业发展定位，进一步完善和提升"红色摇篮、绿色家园"的整体旅游形象。

江西山清水秀，旅游资源相当丰富，这里有世界文化景观庐山、革命摇篮井冈山、道教祖庭龙虎山、江南第一仙峰三清山、月亮之城中国宜春明月山、东江源头三百山、云中胜境武功山、珍禽王国鄱阳湖、世界瓷都景德镇、英雄城南昌、南国宋城赣州、红色故都瑞金、中国药都樟树、中国最美的乡村婺源、千古第一村流坑等等，还有羽仙飘临的仙女湖。

江西是旅游资源大省，但绝不是旅游产业强省。据有关资料显示，江西省的旅游资源丰富且有特色，在全国排名前10位，而以创历史纪录的2010年游客突破1亿人次、总收入818.32亿元计算，排名则在21位。这巨大的"剪刀差"说明，江西省旅游业远没有做强、做大、做优，有着极大的挖掘潜力。要加快省旅游业的发展，亟须从整体上提高旅游开发水平，开发高水准、高品质的旅游项目，撬动区域旅游的新发展。

（3）井冈山市旅游业发展概况

井冈山市是第一批国家重点风景名胜区、国家级自然保护区、全国爱国主义教育基地和国家园林城、"中国旅游胜地四十佳之一""中国优秀旅游城市"和国家5A级风景旅游区。近年来，城市基础设施建设的加强和城市环境面貌的改善，为提升井冈山市的旅游环境吸引力和城市吸引力创造了便利条件。

近年来，该市审时度势，适时提出了"高举红色旗帜、做足绿色文章、彰显家园魅力"的旅游发展战略。旅游业总体发展状况呈上升趋势，旅游综合接待能力和档次显著提升，旅游产业规模不断扩大，呈现加速发展的良好态势。据不完全统计，截至2010年，井冈山的星级宾馆已由2000年的4家增加到24家，其中6家四星、14家三星，总床位达1.7万余张；旅行社10家，直接从事旅游接待、旅游餐饮、旅游服务的人员达3.5万人，占全市总人口的22%，人均年收入达24 000元。2010年共接待游客453.61万人次，实现旅游总收入33.24亿元，较上年分别增长10.1%和12.1%，门票收入稳定在亿元大关之上。2011年以来，井冈山以建党90周年为契机大力发展红色旅游产业。据最新权威数据公布，截至当年7月8日，井冈山门票收入已突破亿元，接近前一年的全年水平。

井冈山作为"中国优秀旅游城市"和国家5A级风景旅游区，旅游资源数量丰富，但也较零散。据不完全统计，井冈山风景区分为11个景区、76处景点、460多个景物景观。旅游资源区域空间组合状况良好，景区以红色人文旅游资源占绝对优势，边缘地区和腹地地区以自然风光为主，其中地文景观类、生物景观类优势明显。

与国内其他中部地区城市相比，井冈山市旅游业的发展存在明显的不足。无论是国内旅游还是入境旅游，其旅游人数与旅游经济收入总量都偏小；旅游产品以红色旅游观光为主，适合时代要求的特色旅游项目比较匮乏，新区还尚未有标杆性、高品位的旅游目的地，这也成为本项目发展的重要因素。

2. 区位与交通分析

（1）区位分析

从宏观区位上看，井冈山位于江西省西南边陲，南靠广东、港澳等经济发达省区，东邻福建、浙江等沿海发达省份，与上海、北京等发达城市有铁路、航空线相通。井冈山与长江三角洲、珠江三角洲等发达地区经济距离适中，市场前景广阔，因此，该区域范围内的旅游项目的打造也极具战略意义。

从微观区位上看，项目位于井冈山市新城区，北临井冈山市政府，南至火车站，西至物流中心，东至井泰大道，项目用地总面积约为400亩，周边地形平坦，地势平缓，区域内水系发达，北面有拿山河纵贯而过。

（2）交通分析

由于本项目的区位关系，项目地的外部交通基本上依托井冈山市和吉安市的交通网络。目前，井冈山市交通设施建设在逐步完善，形成了"快捷畅通、四通八达"的公路、铁路和航空网，极大地提高了项目的可达性。

在公路交通方面，随着泰井高速公路的建成和通车，上井冈山的交通得到了很大的改善。江西省南昌、吉安、泰和等地每天都有长途汽车开往井冈山，可以通过赣粤高速、泰井高速直达井冈山市（茨坪）风景区，遂川方向也有长途汽车直达茨坪。另外，从赣州以及湖南长沙可以分别通过遂川和宁冈等地进入井冈山。

在铁路交通方面，京九铁路在井冈山设有停靠站点，通往上海、北京、广州、南京等多条铁路干线在市内越境而过，部分大城市已经开通了井冈山旅游专列，从这些地方出发到井冈山都很方便。

在航空交通方面，距井冈山市区约80公里的井冈山机场已经开辟了直达国内多个城市的航空班线，项目地靠近井冈山机场，距机场高速路口仅半小时车程，这为项目地输送远程客源提供了十分有利的条件。

3. 城市规划与发展分析

（1）城市中长远期规划分析

井冈山市城区原本所在地是地处井冈山风景名胜区中心的茨坪，但随着红色文化旅游的发展，景区建设与城市建设争夺用地的情况日益突出。茨坪作为井冈山市党政机关所在地、城市居民生活区，与景区周边生态环境保护的要求不相适应，既限制了城市的发展空间，又制约了旅游接待规模的扩大。

因此，"十五"期间井冈山市与宁冈县合并设立新的井冈山市，其城区的政府行政职能、城市生活职能等统一搬迁至厦坪、拿山一带，建设新城。茨坪则作为旅游接待中心和主要景区，龙市为接待次中心、主要景区和边贸重镇。

根据井冈山市中长远期城镇规划体系，将形成以新城区为中心，以茨坪、龙市为两翼，以319国道和白厦公路（从龙市经古城、鹅岭至新城区）为环形发展主轴的城镇体系空间结构。

新城区建设将保持良好的生态环境和自然景观，形成山、水、城一体的城市格局特色，建设一个与自然融合的、多样化的城市环境，城市绿地系统与周边山林、农田等大的绿色背景相呼应。规划采用核心扩散式布局结构，围绕中央绿地布置的行政中心、市民中心和游客中心共同构成城市中心区，环绕城市中心区布置居住用地、工业用地等。城区由三个组团构成，组团之间由三条城市绿轴分隔。

城区居住用地以二类居住用地为主，在其北部缓坡地及319国道以南地区可结合地形条件适量安排一类居住用地；围绕中央绿地分别布置行政中心、市民中心、游客中心，共同构成新城区城市公共活动中心区；新城区商业、金融、服务设施主要安排在市民中心和游客中心内部，以集中布局形式为主，结合地形在市民中心内部安排步行商业街，在游客中心内部安排旅游工艺品一条街，形成富有特色的购物、游憩、休闲相结合的空间；井冈山市是国家级风景名胜区，城市性质为生态旅游城市，新城区内不宜发展过多的工业用地，规划在东部组团和厦坪的北部各集中布置一片工业用地，主要安排以旅游工艺品制造、电子和高新技术为主的工业项目；在东部组团城市外环路的内侧布置一处集中仓储用地，与货物流通中心共同构成全市的物资存储、货物转运中心。

届时，以厦坪、拿山为基础建立的井冈山新城区将成为全国革命传统教育基地，生态旅游城市，井冈山市的政治、经济、文化中心。

（2）城市人口发展分析

井冈山市是新兴的城市，人口基础薄弱，截止到2005年，井冈山市城市人口3万人，城市建设用地351公顷，面临着茨坪搬迁至新城区和原有拿山、厦坪两个乡镇征地后的居民居住问题。

而到2020年，预计井冈山市城市人口达8万人，城市建设用地953公顷，如以现有全市人口15.8万人计算，则城镇化率将达到50%以上，随着城市化进程的加剧、大量人口的涌入，加上之前原有居民居住问题的矛盾，住房问题将成为城市建设发展中亟待解决的首要问题之一，因此，市场上急需大量高品质的、与井冈山市红色生态旅游城市形象相匹配的住宅，在建设新兴都市的同时，更满足人群日益增长的精神需求和物质需求。

4.城市经济与社会发展分析

（1）地区生产总值分析

单位：亿元

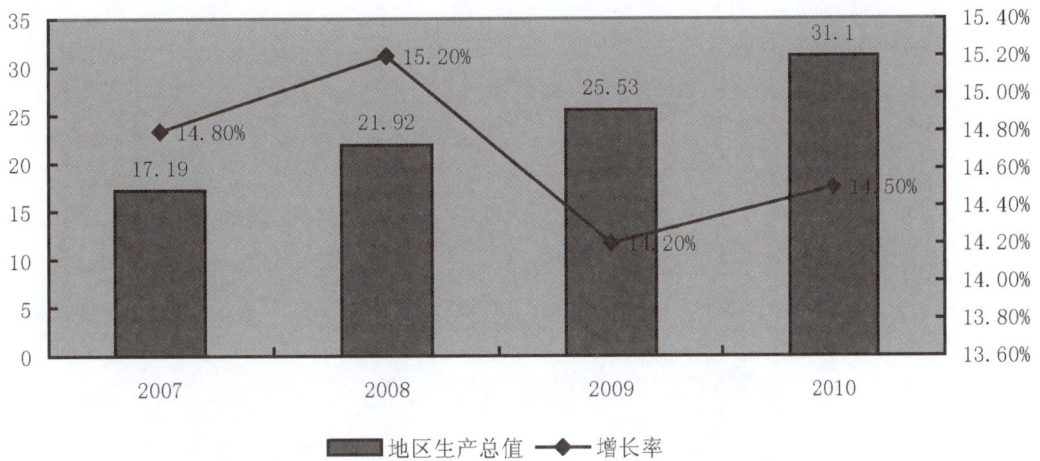

▶—— **图28-2 井冈山市近年地区生产总值**

2010年，井冈山市实现地区生产总值31.1亿元，增长率四年来均保持在14%左右，发展形势喜人。地区生产总值的稳步提升，势必加速城市化进程的步伐，为建设新型城市、扩大城市规模及提升城市品质都提供了良好的发展基础。

（2）三大产业及旅游行业分析

单位：%

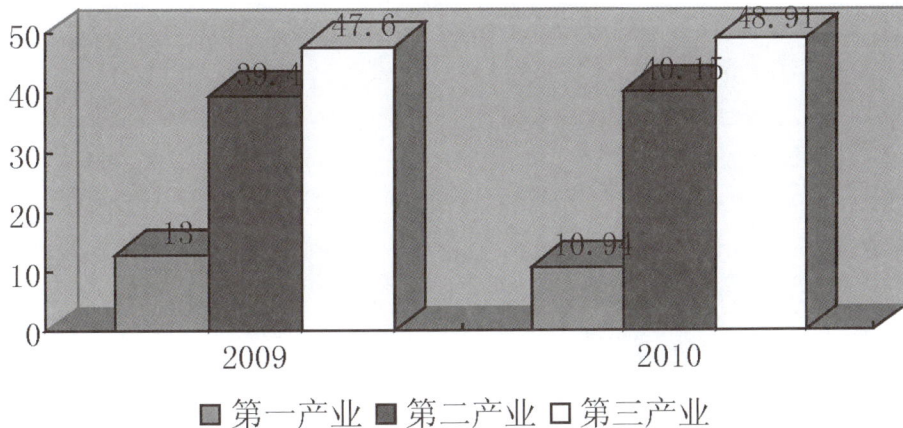

▶—— **图28-3 井冈山市三大产业历年比值**

当前，井冈山市三大产业比值由2009年的13：39.4：47.6调整为2010年的10.94：40.15：48.91，以农业为代表的第一产业的比值呈明显下降趋势，而作为以工业为代表的第二产业和以旅游服务业为代表的第三产业比值有了长足的发展。究其原因，主要是近年来，井冈山市大力发展工业园区建设，吸引了一大批有实力的企业入驻；并且以井冈山特有的井冈红色文化摇篮为依托，重点打造特色旅游文化，吸引了全国各地游客，拉动了当地的经济增长。可以预见，井冈山市也将以此为发展方向，充分利用独有的特色优势，重点加强工业化建设和旅游业发展。

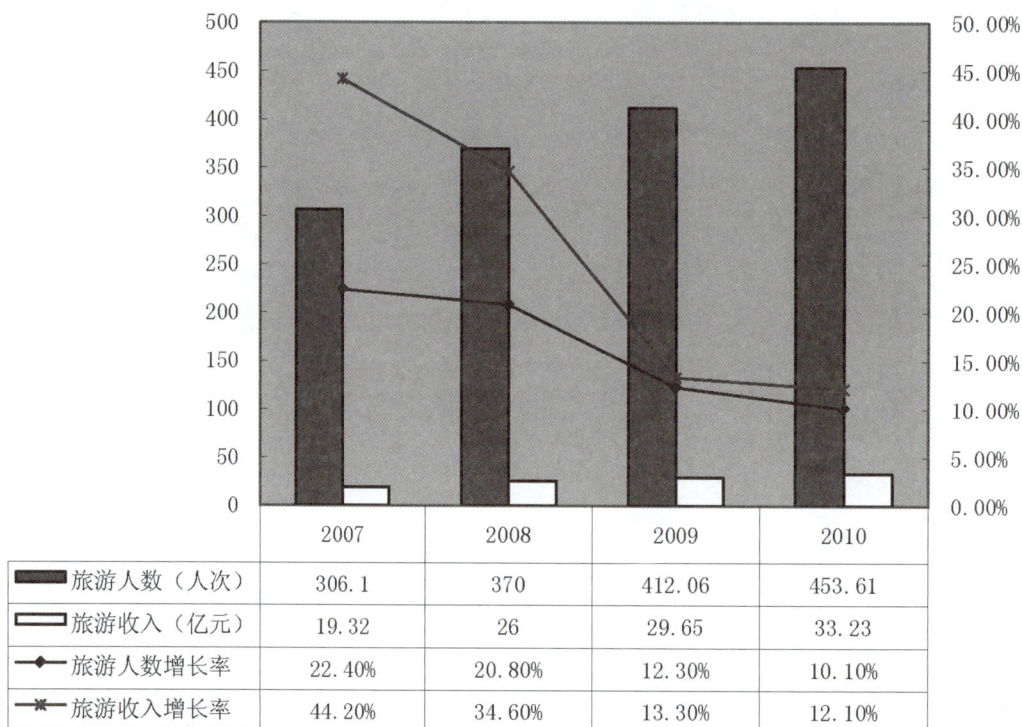

	2007	2008	2009	2010
旅游人数（人次）	306.1	370	412.06	453.61
旅游收入（亿元）	19.32	26	29.65	33.23
旅游人数增长率	22.40%	20.80%	12.30%	10.10%
旅游收入增长率	44.20%	34.60%	13.30%	12.10%

▶—— 图28-4 井冈山市近年旅游发展情况

旅游业作为井冈山重点发展的产业，近年来坚持以"生态井冈、红色摇篮"为主题，克服了上海世博会、广州亚运会和经济危机等因素的影响，旅游经济继续保持逆势上扬的发展态势，在旅游人数和创收上屡屡取得新高。

良好的旅游优势主题使井冈山市通过一系列大型节庆活动，如国际杜鹃花节、共和国庆典、红色旅游高峰论坛等，进一步扩大井冈山影响力，盘活旅游特色，并统筹开展旅游"大营销"。成立了30个专职营销工作组和102个乡镇部门营销工作组，深入国内大中型企业、大中专院校开展营销。创新推介方式，将旅游宣传、井冈山精神与红色文化拓展有机结合，陆续在北京、南京、上海、南通、承德、成都、厦门、澳门、深圳、香港、惠州、佛山等地分别举行了旅游营销推介会和井冈山精神宣讲会，组团参加了成都、厦门、重庆、广东等地的旅游展览会。

井冈山在积极实行"走出去"战略的同时，更是内练基本功，强化旅游管理和服务，完善旅游基础设施建设。成立井冈山旅游区综合执法办公室，制定了旅游管理办法。扎实开展景区（点）及窗口服务单位创优达标工作，精心实施"红色经典讲解提升计划"，对导游员、接待员、讲解员进行了针对性培训。进一步加大世界"双遗产"申报工作力度，目前已被列入国家"双遗产"预备名录。大力推进旅游项目建设，提升旅游接待设施档次。全国青少年井冈山革命传统教育基地项目开工在建；中信（梨坪）国际会议中心项目有序推进；首家按五星级标准建设的中泰来酒店已竣工；景区管理逐步实现智能化和数字化；井冈山革命烈士纪念塔保护改造、百竹园区前期改造、井冈山根据地烈士陵园维修改造、井冈山国家级自然保护区基础设施三期、五指峰生态休闲度假景区续建工程、领袖峰景点改造等项目顺利推进。

（3）人均可支配收入分析

单位：元

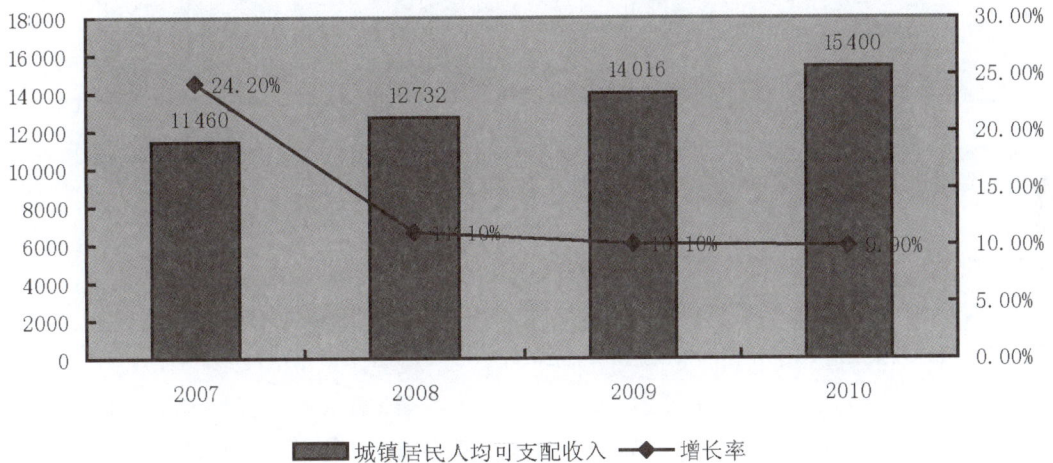

图28-5 井冈山市近年城镇居民人均可支配收入

伴随城市经济的蓬勃发展，井冈山市城镇居民收入水平不断提高，2007年至2010年在岗职工可支配收入增长至15 400元/人，同比增长率为9.9%。以此速度正常发展预计2011年井冈山市在岗职工人均可支配收入将有望突破17 000元关口。

总体上来看，在岗职工可支配收入的持续快速增长在一定程度上增加了购买力，随着城市居民对生活居住要求的不断提高，城市居民用于居住方面的支出将会进一步加大，这将在很大程度上激活城市建设不断向前发展。

（4）社会消费品总额分析

单位：亿元

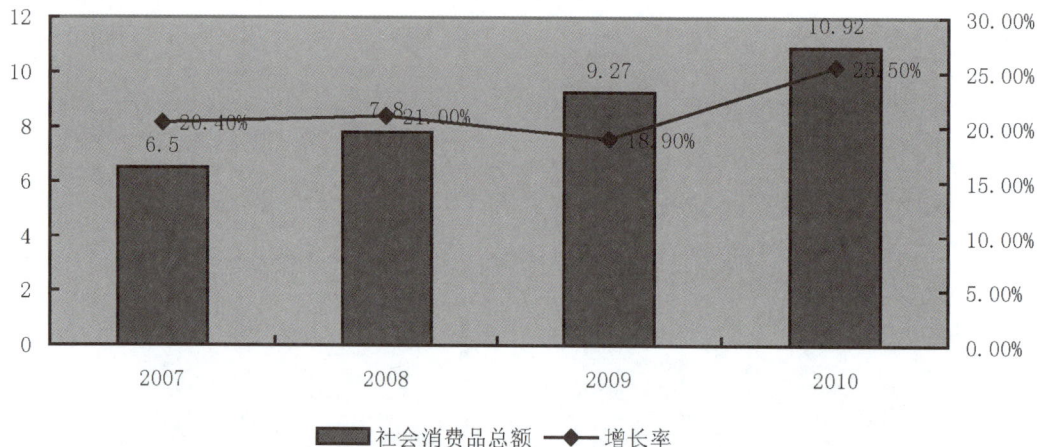

图例：社会消费品总额　增长率

▶— 图28-6 井冈山市近年社会消费品总额

可支配收入的提高使人民对生活的需求已经从最基本的生存型需求上升为改善型需求，对提升生活品质有着强烈的欲望，刺激了社会消费品总额的上升。

井冈山市社会消费品在2010年全面爆发，无论是总额还是增长幅度都创造了新高，分别为10.92亿元和25.5个百分点。在城市规模不断发展的今天，居民在考虑居住的同时，更需要与居住相配套的商业消费来维系日常的生活，商业的需求将在提高居民生活中扮演更为重要的角色。

小结

井冈山市作为一个新兴的城市，其经济发展起步晚，底子薄，但近年发展迅速，不论是城市经济发展水平，还是城市居民生活水准方面都得到了一定的发展。

作为一个以红色文化旅游为主要产业的城市，城市的建设与发展必须遵循这一特色，形成自身独特的优势，融入到井冈山旅游环境这一大产业链中来，才能在完善自身建设的同时，为构建优美和谐的旅游资源环境推波助澜，这也就要求本项目的立足初衷必须建立在此基础之上。

三、项目可借鉴案例

1. 休闲旅游地产概念

背依井冈山的大市场环境，就决定了本项目的属性为特色旅游地产。

特色旅游地产，顾名思义，就是以红色文化为背景，整合旅游、商务、休闲资源，以观光、教育、休闲、体验等多种形式为主的旅游项目，以优美的景观、良好的配套为主要特征的具有一定主题性的房地产项目，通过与特色旅游项目的嫁接和融合，互为依托，相辅相成，共同构建一个旅居结合的，融旅游、商务、爱国主义教育、休闲、度假、居住等功能于一体的大型综合休闲旅游社区。

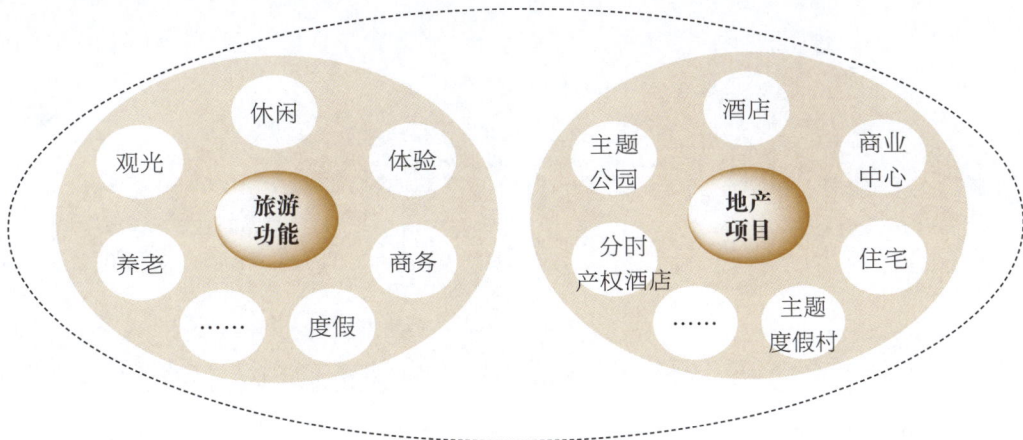

▶── 图28-7 集多种功能于一体的大型综合休闲旅游社区

2. 借鉴案例

案例研究选取全国范围内的成功案例，望通过比较研究，为项目的成功提供借鉴和突破建议。

▶── 表28-1 借鉴案例概况

项目名称	芙蓉古城	丽江悦榕庄	苏州李公堤
入选理由	改革四合院，形成五加一小院式的崭新休闲度假居住模式	中国顶级度假村酒店	滨水休闲度假精品
分类	休闲旅游区	顶级度假村	滨水休闲旅游区
地理位置	位于成都西郊青羊界，距市区二环路仅10分钟车程，与外环路文字立交桥相距仅1000米	丽江市古城区束河悦榕路	苏州金鸡湖西南岸
现状	成为都市休闲度假的理想之地	国内顶级的度假村	城市休闲度假的理想之地
旅游客源	成都及国内其他城市追求悠闲生活品质的都市人群	顶级高端游客，目前六成游客来自中国大陆，其他为中国香港、中国台湾、日本、新加坡游客，少量欧美客	以江、浙、沪三地为主，也有一些外籍人士
赢利模式	休闲旅游商业服务	酒店式经营	酒店经营-休闲旅游商业

（1）芙蓉古城

芙蓉古城是集居住、度假、休闲、投资于一体，融合各种中国民居建筑风格，以成都地域文化为项目内涵，老成都缩影式的极富传统色彩的休闲度假社区。

➤ **图28-8　芙蓉古城**

·芙蓉古城主要发展条件

A、休闲产业基础

成都为全国著名的休闲之都，休闲旅游意识深入人心；

当地休闲旅游亟需从低层次的消费升级为能够陶冶文化情操和带来精神享受的休闲度假项目；

城市中产阶级对于居住于休闲度假区的向往。

B、传统建筑的优势

川西建筑作为中国民居建筑文化和符号辉映全球；

芙蓉古城不仅是建筑的传承，更是文化的传承，在获得文化认可的同时打开了市场。

C、文化的集群、推广

项目大力挖掘、聚集当地饮食文化、童趣文化、天府街市文化、茶文化、水文化、民风民俗文化、地域文化，形成文化集群；

将各种文化转化为活动推广，扩大客户群体，聚集人气。

D、开发商的精心运作

优先发展地方旅游产业而后启动房地产开发的长线眼光；

推出享誉全国的"置信生活方式"，并得到客户认可；

聘用高水准的物业管理公司，并引入五星级的国际化优质酒店管理体系。

·芙蓉古城规划理念

芙蓉古城以川西民居、江苏民居、云南民居、唐风建筑等中国民居建筑风格为主题，以成都休闲文化为内容，各功能区以水系园林环境间隔和穿插，动静有致，统一和谐，有五大分区。

A、传统居住区

建筑风格多样，毗邻生态观赏型温泉，环境静雅。

B、特色商业区

特色休闲餐饮街、手工艺品街、商业购物街等。

C、文化休闲区

含诗书画社、青少年素质教育中心、中心休闲广场、MBA学术中心等。

D、运动保健区

设各种运动场、中老年人健康中心、诊所等。

E、宾馆会所区

建生态豪华会所、星级宾馆、博物馆等。

· 芙蓉古城运作模式

芙蓉古城项目以川西文化为灵魂，用深厚的川西文化包装古城，形成其独特的休闲旅游项目，成为城市旅游热点，再开发住宅地产项目，形成热销的局面。

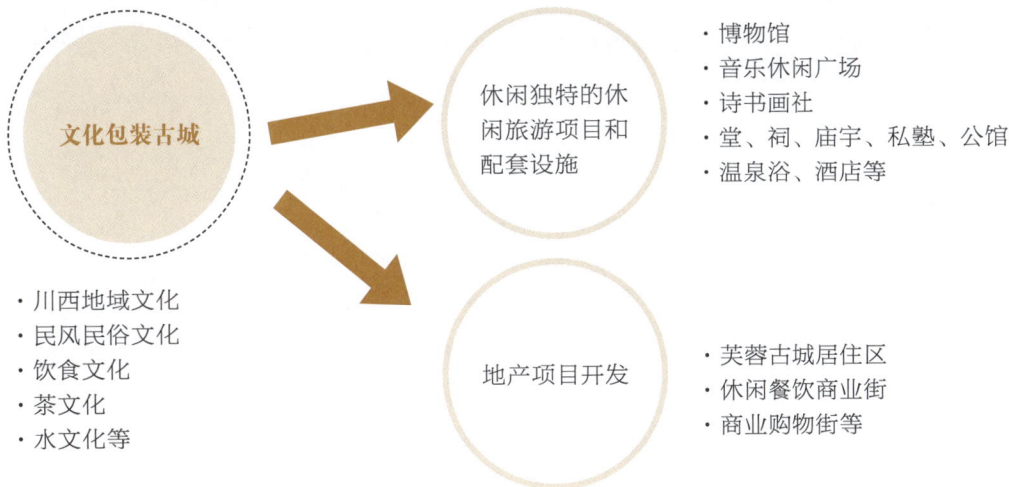

▶── 图28-9 芙蓉古城运作模式

（2）丽江悦榕庄

以全球高端人群为目标客户，提供集休闲、度假、商务、体验为一体的中国最美、最奢华的休闲度假酒店。

· 丽江悦榕庄主要发展条件

A、休闲产业快速增长

旅游形式从观光型向休闲、度假、商务型转变；

丽江高端客群的增多；

中国成为世界舞台的中心，受到全球关注，国外游客对中国越发感兴趣。

B、丰富的旅游、人文资源

项目周边香格里拉、玉龙雪山的美景和丽江的风情为项目提供了丰富的文化内涵；

丽江旅游资源基本满足客人前来休闲、度假、商务、旅游和探险的需求。

C、成功的度假品牌

悦榕庄作为悦榕集团顶级度假酒店品牌已得到世界认可；

以马尔代夫、普吉岛等海滨度假胜地为标杆的悦榕庄酒店为丽江酒店做了品质保障；

悦榕庄客户会为项目提供丰富的客源。

D、政府的大力支持

丽江市政府全力支持旅游产业发展、升级；

在政府的支持下，丽江已发展成为中国休闲旅游度假的理想之地，产业基础雄厚，城市发展需要提升品位。

·丽江悦榕庄规划理念

以丽江古城的建筑风格融合五星级的现代化酒店设施，营造优雅浪漫的度假风格，让客人沉浸在欢愉中，离开的时候确保得到"元气"的补充。

·丽江悦榕庄运作模式

顶级度假酒店品牌导入，占领中国顶级休闲度假酒店地位，形成品牌影响力，后期开发推出产权式酒店。

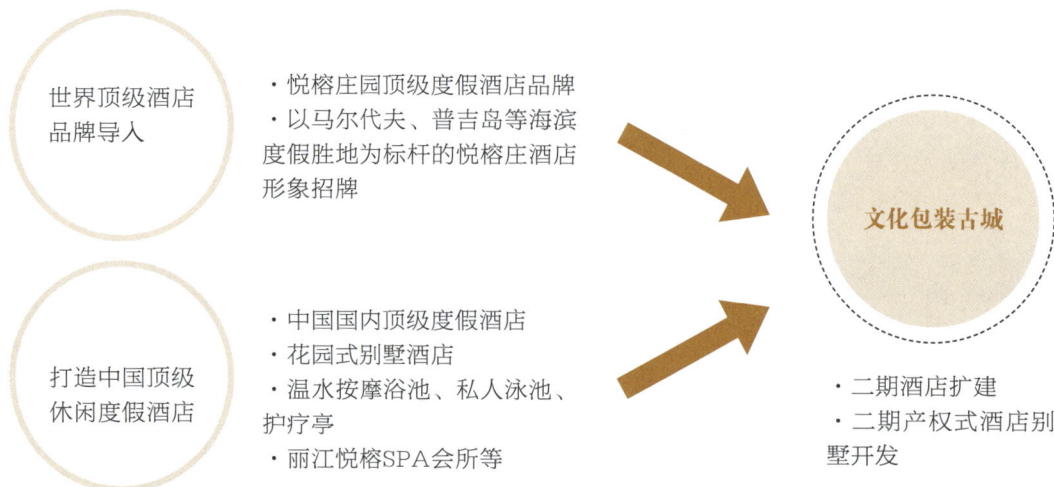

世界顶级酒店品牌导入
- 悦榕庄园顶级度假酒店品牌
- 以马尔代夫、普吉岛等海滨度假胜地为标杆的悦榕庄酒店形象招牌

打造中国顶级休闲度假酒店
- 中国国内顶级度假酒店
- 花园式别墅酒店
- 温水按摩浴池、私人泳池、护疗亭
- 丽江悦榕SPA会所等

文化包装古城
- 二期酒店扩建
- 二期产权式酒店别墅开发

▶— **图28-10 丽江悦榕庄运作模式**

（3）苏州李公堤

李公堤是中国最大的内城湖泊苏州金鸡湖中唯一的湖中长堤，全长1400米，系光绪年间元和县令李超琼所建。现已打造成为建筑面积近二十万平方米的现代苏州首席滨水休闲旅游区，该项目已成为苏州城市发展的新热点和新亮点。

·苏州李公堤主要发展条件

A、城市产业升级换代的外部因素

所在区域未来成为承接和优化古城区服务业扩散的功能，延伸和强化服务业的对外辐射力；

打造城市型休闲度假水城。

B、中西合并的建筑优势

一期保留了传统的苏州民居形态，多座小桥串联各岛，苏州古园林式布局，灰、白、黑三色的主色调尽显江南水乡神韵；

二期水巷邻里由18栋独立欧式建筑组成，以独具魅力的欧陆风尚建筑与新古典主义道桥亭台巧妙结合。

C、文化的集群、推广

建筑规划与景观规划相得益彰，并依托深厚的历史背景及文化底蕴，为商业注入流动的文脉，形成文化集群；

将各种文化转化为活动推广，扩大客户群体，聚集人气。

D、开发商的精心运作

整体规划、分期开发，前期开发以餐饮作为主题商业，加速带动客流，聚集人气；

择商引资，与品牌商家树立长期合作，永续经营的共识。

·苏州李公堤规划理念

分期开发，形成错位定位的规划理念，既相互承接又相互补充；区域动、静分离，烘托良好的商业氛围；同时依托深厚的历史背景及文化底蕴，打造成为城市休闲度假的天堂。

一期国际风情商业水街。定位：集高端特色餐饮、娱乐及观光、休闲、文化为一体的国际风情商业水街。

二期水巷邻里。定位：滨湖休闲娱乐时尚特区。

三期望湖角。定位：半岛临湖，绝版休闲商业领地。

·苏州李公堤运作模式

顶级度假酒店品牌导入，占领中国顶级休闲度假酒店地位，形成品牌影响力，后期开发推出产权式酒店。

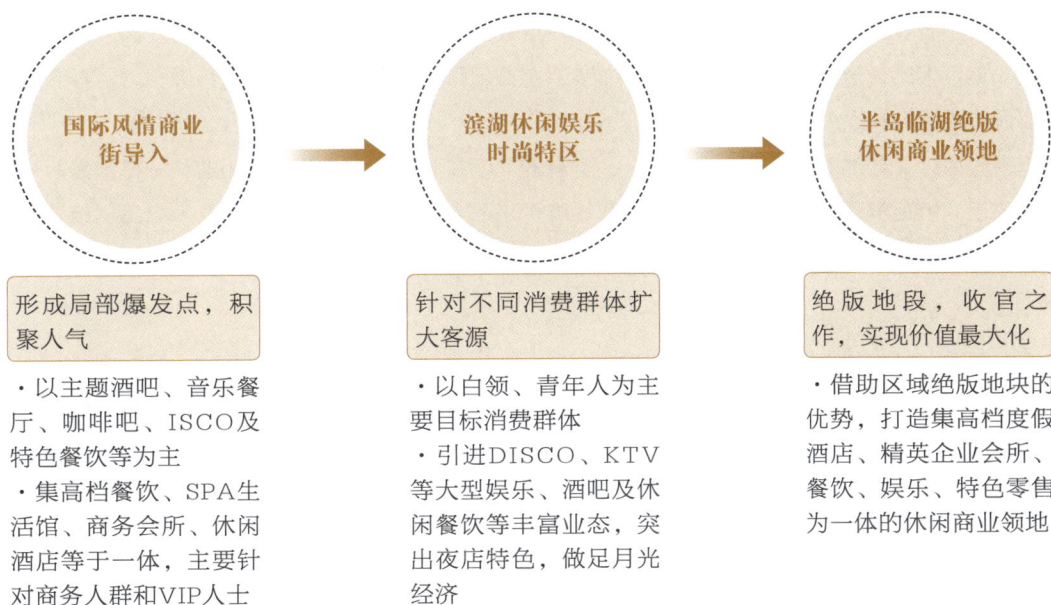

国际风情商业街导入 → 滨湖休闲娱乐时尚特区 → 半岛临湖绝版休闲商业领地

形成局部爆发点，积聚人气

·以主题酒吧、音乐餐厅、咖啡吧、ISCO及特色餐饮等为主
·集高档餐饮、SPA生活馆、商务会所、休闲酒店等于一体，主要针对商务人群和VIP人士

针对不同消费群体扩大客源

·以白领、青年人为主要目标消费群体
·引进DISCO、KTV等大型娱乐、酒吧及休闲餐饮等丰富业态，突出夜店特色，做足月光经济

绝版地段，收官之作，实现价值最大化

·借助区域绝版地块的优势，打造集高档度假酒店、精英企业会所、餐饮、娱乐、特色零售为一体的休闲商业领地

▶—— 图28-11 李公堤运作模式

四、项目认知及市场定位

1. 项目立足点

由前文数据分析可知，中国的旅游业日益兴旺，并且旅游业的形态逐渐向高端市场（休闲、度假等）发展。在旅游业大的市场环境下，在政府政策的导向下，中国现今的红色旅游也得到了快速的发展。井冈山的旅游业已经迎来了高速发展时期。同时，与旅游业相关的行业也会快速发展，旅游业将促使井冈山的经济快速上升。

井冈山同时具备了红色旅游和绿色旅游两种资源，并且在全国市场上少有竞争对手。在全国范围内，"红色旅游"地位能与井冈山媲美的有延安、韶山、瑞金等地，"绿色旅游"名气胜于井冈山的就数不胜数，但是两者兼备可与井冈山相比的几乎没有：要么有"红色旅游"资源的地方没有"绿色旅游"资源优势；要么有"绿色旅游"资源优势的缺乏"红色旅游"资源；再就是两者兼备的则名气不足，在地位上无法与井冈山相提并论。

同时从全国区域上看，井冈山所属地江西省处于珠三角和长三角的衔接处，并且属于泛珠三角范围内。但是现今江西省的经济水平远远落后于周边发达省市，在经济上是一个洼地，故将受到发达省市的直接经济辐射。井冈山市是江西省西南部的门户，在区位上更占据优势，加上自身独特的旅游资源和政府政策的支持，其经济必将实现巨大飞跃。

而且，根据井冈山新城区的规划，厦坪、拿山新城区将着力打造成为井冈山市的政治、经济、文化中心。同时，以之为基础建立的井冈山新城区将成为辐射全国的革命传统教育基地和生态旅游城市！

2. 项目形象策划

伴随着旅游业竞争的日趋激烈，旅游形象正日益成为旅游目的地生存竞争的关键性因素。好的旅游形象是一笔巨大的无形资产，对外可以提升城市旅游在国际、国内市场的竞争力和吸引力，对内可以提高旅游目的地整体素质，实现可持续发展。

纵观国内外，新加坡的"非常新加坡"、香港的"爱在此、乐在此"、广州的"一日读懂两千年"等主题突出、特色鲜明的形象给当地旅游业和经济带来巨大的繁荣和发展。因此，一个总体旅游形象一旦形成，并广为人知，就将形成巨大的吸引力。

3. 项目形象定位

本项目位于井冈山市拿山新城区核心地段，北临井冈山市政府，南至火车站，西至物流中心，东至井泰大道，项目用地总面积约为400亩。

本项目有良好的生态环境、鲜明的红色旅游文化主题，以及地处井冈山新城区现代时尚的休闲度假旅游产品体系，因此，该项目总体形象的确定应准确把握好资源、文化与产品的特色，提炼旅游形象的基础理念，再根据旅游形象定位应遵循的主题性、独特性、整体性、针对性等基本原则，进而确定其总体形象与细分市场形象。

据此，在项目运作过程中将依托井冈山得天独厚的红色资源优势，结合井冈山市目前的旅游业发展状况和现有旅游资源、旅游设施等因素，以建设"江西红色旅游文化第一站"为目标，围绕"红色、独特、人文、国际"主题，拟打造成一个以"红色文化"为依托，以"旅游产业＋创意产业"为鲜明旗帜的集旅游休闲度假、高端商务会议、高尚人文居住、红色主题娱乐、创意产业、购物休闲于一体的综合性红色文化创意旅游城！借此机会，极力打造一个能够名扬世界的红色文化宣扬基地和展示窗口，把红色文化通过这一载体推向世界。

4. 项目承载功能

依据项目定位，本案的目标市场及可承载功能可涉及：

（1）江西文化旅游产品集散地和展示窗口

江西物华天宝，乃文化大省。本案立意成为江西的独特文化名片，所展示及代表的不仅仅是井冈山红色文化。景德镇的陶瓷文化、赣州的客家文化、抚州和萍乡的傩文化、吉安的青铜文化……无一不是江西文化的魅力和生命力所在！

在全国大力提倡发展创意产业的背景下，省委书记苏荣在全省文化体制改革和文化产业工作会议上强调："江西的发展离不开文化产业的支撑，江西的崛起离不开文化产业的振兴。"要将文化产业作为我省战略性、支柱性产业来培育。要建设一批设施完备、功能齐全、辐射力大的文化产业示范基地和园区，打造一批具有较大影响力、广泛知名度的文化品牌。

本案不是简单地营造一个商业的经营场所，而是铸造江西文化艺术精华的研发、展示、交易、零售、培训等方面的创意平台，使得本项目的文化产业成为一个完整形态，构成呈现江西文化艺术的创意高地。以经营井冈山土特产、古玩、根雕及旅游纪念品为主，同时展示江西的历史文化及各地特色代表产品，提供对外文化交流平台，引领文化消费潮流，以多元化文化旅游商业业态链制造浓郁的商业及文化氛围，使前来井冈山的游客有着更广阔的选择面，同时对江西文化有着更为全面深入的认知和了解。

（2）江西创意产业展示平台

自2004年以来，我国政府为了扶持创意产业的发展，相继出台了一系列的产业优惠政策，明确提出要大力发展创意产业。

2009年，国务院正式下发《文化产业振兴规划》，标志着文化产业已上升为国家战略性产业。文化创意产业成为我国经济增长新引擎之一，以新理念和新模式推动各行业发展。当年，创业产业创造了中国17％的GDP。2010年3月26日，财政部、文化部、广电总局、新闻出版总署、银监会、证监会和保监会等九部委联合发布了《关于金融支持文化产业振兴和发展繁荣的指导意见》（以下简称"指导意见"）。《指导意见》是近年来金融支持文化产业发展繁荣的第一个宏观金融政策指导文件。

创意产业成为我国经济增长的重要战略产业之一，给我国部分城市带来了巨大的经济效益，全国各地都对创意产业制定了各种扶持政策。

井冈山依托特有的"红色文化根据地"、众多得天独厚的旅游资源以及其在全国范围内的影响力，具备了发展文化创意产业的先天优势条件，具有巨大的发展潜力和空间。但文化创意产业在井冈山尚属市场空白点。

本项目定位为个性化的文化创意产业园，引入艺术装饰品、瓷器、玉器、民间艺术家、原创工作室、中国民间绘画和乐器培训等业态，并重点吸引具有国家或地区影响力的创意产业项目、品牌艺术品项目，既能摆脱旧有的商业模式，又能走出一条差异化创新的商业之路。同时将井冈山市的创意文化产业水平提到一个新的台阶。

（3）红色文化研讨基地

该基地承载的主要功能是为媒体、专家和学者研究推广红色文化提供一个良好的互动平台，对井冈山红色文化起到保护、继承和发扬的作用，成为研讨红色文化的前沿基地。

为了早日形成研究氛围，带动红色文化事业，江西日报社将发挥自身的资源和品牌优势，与省内南昌大学、江西师大等名校的文化研究单位合作，聘请专家成立专家学术小组，并配合井冈山市委市政府邀请到的国内外著名新闻媒体、知名专家、学者等作为中心的研究力量入驻该中心，共同研究探讨红色文化的精髓，对红色文化进行深度研究和发掘，为红色文化的良好发展与推广建言献策。

红色文化研讨基地发展到一定的规模，将与文化传播公司、广告公司、策划公司等合作，邀请其为中心的推广出谋划策，借用外来资金对红色文化进行包装、宣传和推广，派出专家组、专业队伍以特定的主题参与全国、全世界各地的学术交流、文化展览等，向全世界展示井冈红色文化特色，而且该基地将定期举办"井冈山红色文化传播研究高峰论坛"，邀请国内各大媒体与知名人士出席论坛，借助各大媒体的影响力和号召力，将红色文化的博大精深推向世界。

（4）省级媒体阵地——江西日报井冈山分社

江西日报社作为中共江西省委机关报社，于1949年6月7日创刊，目前拥有子报、子刊、网站等8个主流媒体（《信息日报》《江南都市报》《新参考文摘》《新法制报》《大江周刊》《报刊精粹》《都市家教》、大江网），主导了众多的省内知名媒体，并积极发展了以商务印刷、地产、新型媒体等为辅的多元文化产业，在受众面和宣传、产业带动效应上在省内具有超强的优势。

江西日报井冈山分社的入驻，将积极引导井冈山红色文化的发展趋势，扩大井冈山红色文化在省内的传导效应，更能借助江西日报社的传播平台，将井冈山红色文化更好、更深地扩大到全国范围内。

（5）高端商务会议、培训基地

中国宏观经济和政局的稳定发展为商务活动的活跃提供了良好的外部环境。当中国的旅游业正在以前所未有的速度进行着日新月异的变化时，商务旅游作为旅游高端市场的主力军也在日益显现出优势和潜力，商务旅游正成为一块利润丰厚的蛋糕，且极具成长性。

现今，无论是政府、公司还是行业协会，都越来越趋向于把许多会议和培训选择在风景优美的旅游景区举行，因此旅游景区的会议和培训逐渐和旅游相结合，形成一种新的形态，即商务旅游。商务旅游不同于一般的旅游观光，它更侧重于商务会议、培训。

美国运通公司的一份调查报告显示，中国商务旅游市场的发展潜力惊人，规模已经达到法国、德国等欧洲主要国家的水平，如果保持目前的增长幅度，将在今后五年内翻一番，成为世界第三大商务旅游市场。

井冈山的商务、会议培训市场是非常活跃的。根据统计，各个政府机关、企业争相到井冈山进行红色文化培训，而井冈山已拥有井冈山干部学院、梨坪国际会议中心等众多国内知名培训和文化交流中心，仅干部培训一年就有8000多人次。同时，爱国主义教育培训也是潜在的稳定市场。

拿山乡红色文化创意旅游休闲城利用其完善的商务会议功能，提供良好的红色文化培训服务，与井冈山红色文化培训相得益彰，形成山上山下的互动和互补，能最大化地放大红色文化，成为井冈山红色文化的前沿基地。

（6）红色主题休闲娱乐产业

随着社会经济的快速发展和城市化进程的加速，人们的休闲娱乐越来越趋于个性化，而一些主题式的休闲娱乐场所也就悄然走红市场。

井冈山旅游资源丰富，若能将现代休闲娱乐与红色主题旅游业有机结合，将能使两者得到更加长期和可持续性的发展。但是目前总体上井冈山的娱乐设施配套奇缺，现有休闲娱乐项目的档次极低。仅井冈山主景区茨坪的部分宾馆内和挹翠湖公园旁有少数简单的娱乐保健项目。

故本案将以"红色文化"为主题，加强相应休闲娱乐设施的建设，弥补井冈山整体旅游接待功能上的不足，提升井冈山休闲娱乐配套产业水平，并使之成为助推井冈山文化旅游产业不断可持续发展的朝阳产业。

（7）旅游休闲度假

江西经济目前正处于一个非常重要的战略起点，它标志着消费结构和产业结构升级速度加快，对加速经济起飞意义重大。同时，这意味着江西省的消费形态也将逐渐转向享受型消费形态，休闲度假市场进入蓬勃发展阶段。

2010年，井冈山市旅游人数已突破450万，且每年正在以10%~15%的速度增长。庞大的旅游市场带来了井冈山市经济发展的新活力，但井冈山市接待能力较弱，制约了旅游经济的快速发展。

针对旅游观光接待市场，本项目既要提高旅游接待基地的容量和档次，又要开辟一个全新的旅游景区，使该项目成为整个井冈山市旅游的新核心区。作为以酒店为特色的本项目，在平时也能作为高级旅游接待场所，拉动城市经济的快速发展。休闲娱乐和疗养度假是该项目最重要的部分，这也是该项目未来利润所在。我国经济的发展促使我国高端旅游市场逐渐兴起，而根据分析，高端旅游市场的潜在利润远远大于一般旅游产品，且具有持续性、稳定性。

（8）井冈山新文化商业地标

作为井冈山新地标，本案紧依以国际机场标准建造的井冈山火车站，承接了直通全国各主要城市的重要枢纽功能，立志于塑造鲜明的井冈山城市商业地标及门户形象。门户的建设代表了一个城市的活力，是一个城市的象征，如南昌门户滕王阁、广州门户中信广场，都让人一下子记住了这些城市。本案在高度、规模、设施、气势和文化特色上为井冈山市的市区建设一个新标杆，将以出色的建筑设计、和谐的美感，表现出井冈山红色文化的城市内涵，展示出新井冈山市的生命力和激情。

（9）新城新中心·一站式城市商业综合体

目前，井冈山市正在积极将新城区打造成新的政治、经济、文化中心。但伴随着城市的发展扩大和人口的不断增长，目前仅有的商业圈已经远远不能满足大众日益增长的物质需求，而且不同业态、不同消费范围、不同消费层次都需要标志性的消费场所。

江西日报集团斥巨资打造的集商业、居住、酒店、展览、餐饮、会议、文娱等为一体的大型城市商业综合体，为大众提供一站式消费服务，满足市民多元化的生活需求。城市商业综合体的出现，将培养市民到新城购物的消费习惯，迅速引导井冈山市商业重心的转移，架设起新城市中心商业圈和景区商业圈的桥梁，在城市规模不断扩大的今天，将吸引更多的人群到新城区入住，能繁荣当地经济，提高地段的升值潜力，为新城区的发展提供一个良好的平台。

（10）高尚人文居住社区

人居的高尚追求是舒适、自然、和谐，在红色文化创意旅游休闲城，这些将被发挥到极致，引领高尚人文居住新潮流。该部分的功能定位主要是以人文居住为核心功能的环境优雅、配套设施齐全的高端居所。

项目将很好地利用拿山河这一优势，引活水到社区内部，增添社区的灵气和活力，构建"人近水、水亲人"的临水系景观带。同时，以成片的园林组团绿化小区，并点缀以景观小品、假山等，完美演绎观赏性、互动性、娱乐性与实用性，与红色文化产生良好的呼应，塑造深厚的社区人文生活氛围。

在建筑外立面上适时采用一些差异化色调，既能使社区品质脱颖而出，又能让整个社区很好地与井冈山自然绿色相融相生。而在建筑材料上，将引入恒温的先进建筑理念，打造"环保、节能、低碳、绿色"的新型社区。

高尚人文居住生活的建立，在解决当地居民居住问题的同时，又为井冈山市住宅市场树立了优秀的标杆，对推进当地社区居住品质奠定了坚实的基础。

5. 项目开发特色

（1）精心策划、统一规划

本项目具有投资大、规模大、影响大的特点。在项目开发之前，必须做到统筹全局、精心策划，进行科学缜密的统一规划。

（2）先树形象、营销先行

鉴于本项目主打"红色旅游文化特色牌"，同时结合某某传媒集团大腕的优势，必须营销先行，在市场上树立起本项目的高端形象。

（3）完善旅游接待设施的建设

井冈山风景区现有的基础设施有待改善，高档接待设施严重匮乏。所以在本项目的开发运作当中，也将相应加大投入旅游设施的建设，提高井冈山市的整体旅游接待水平。

（4）开发核心项目，大幅提升区域价值

历史原因造成井冈山拿山新城区发展还不够成熟，通过建造与红色文化旅游相关的高档娱乐休闲设施，可大幅提升区域价值。

（5）分期建设、滚动开发

分期建设、滚动开发的目的在于降低项目开发风险，利于市场的培育。

（6）区域物业持续经营

本项目是一个大规模的复合型物业，项目中的许多功能子项都将以长期持续经营的方式获益。整体区域运营的成功才能促使各个功能子项的成功。

（7）多媒体电子商务平台宣传管理

依托某某传媒集团现有网络媒体资源，以网络等多媒体手段及商务平台作为本案的辅助宣传管理平台，扩大项目的影响力，同时加强运营管理的信息化及专业化。

五、市场营销

1. 市场分析概述

通过市场分析，对本项目市场开发的定位为：深化项目周边市场，稳固并扩大国内市场，积极突破国际旅游市场。

在消费人群细分上，以市场为导向，以产品为对应，大力开发商务人士、度假人士、老年人、家庭等市场。

在消费层次细分上，近期以中端消费市场为主体，以高端消费市场为发展方向，同时全面扩大大众消费市场。

在消费行为细分上，关注自驾游、自助游与旅行社团队旅游。

在消费地域细分上，国内主要以周边城市和省内为基本市场，以长三角、珠三角以及闽中南区域为拓展市场，以环渤海经济圈及其他省份的客源为机会市场。近期，国外客源市场定位为潜力市场，特别是相邻国家以及已与昌北国际机场通航的国际城市。

2. 营销策略

现代旅游市场竞争激烈，本项目作为新建设的红色创意文化旅游度假项目，市场营销的第一步目标是留住旅游"过客"，再将"过客"转化成"留客"，最后进一步把"留客"转化成"回头客"。具体实施以下营销策略：

（1）三沿营销

沿铁路、沿公路、沿航线，逐个城市推进，逐一突破，实施"地毯式"的城市市场宣传促销。

（2）三对接营销

近期主动、紧密对接省会南昌以及广州、上海、深圳等大都市，借势发展，与上述城市形成"一程多站"式旅游线路。

（3）一体化营销

对项目内部进行产品整合、形象整合和品牌整合，突出项目主题，对外将项目旅游营销活动与南昌乃至江西省旅游影响相捆绑，合力营销。

（4）品牌营销

品牌营销产生的影响力是巨大的，其对旅游开发商、项目地以及政府都有不可估量的效益，因此，项目在营销中尤其要突出旅游品牌。

（5）差异化营销

针对不同的旅游客源市场采用不同的营销方式与手段。

（6）重点营销

为了更有效地提高项目资金的使用效率，在营销过程中，需要定位好重点市场与次重点市场，注重营销的倾斜。

3.营销方式

（1）互联网营销

网络是一种新型强势媒体，因其传播范围广、传播速度快等优势日益被人们接受和使用，已成为对外宣传的最有效手段之一。中国互联网使用者已经突破3.3亿，形成了一个庞大的群体。现在，互联网已经成为中国游客获取旅游信息和进行旅游预订的重要渠道之一。随着散客旅游的兴起，不通过旅行社而直接从网上预订交通票、酒店正在成为都市游客令人瞩目的旅游消费行为特征。

主要的互联网营销策略：第一，与大型门户网站合作。利用某某宣传平台以及其他主流门户网站的巨大影响力宣传旅游形象，推广旅游产品，将起到自建网站无法比拟的宣传作用。第二，建设项目旅游目的地营销系统。建设网站，发布信息，进行网站管理和行业信息沟通，向旅游者提供信息服务、交流渠道、后台管理和业务监测，让旅游局、旅游企业、旅游消费以及旅游媒体等多方主体都能了解本项目。第三，注册域名、商标或征集标志，加强原创性旅游知识产权保护，形成自己的品牌。

（2）电信营销

主要的电信营销策略：第一，建设基于中国移动通信手机平台的信息服务项目。与旅游局、江西移动公司等合作，让游客能方便地查询到项目的交通、景点、住宿、娱乐、购物等信息。第二，利用手机短信进行促销。项目可以根据自身经营业务的发展，定期发送手机短信等信息，传达度假区动态。

（3）社区营销

主要的社区营销策略：第一，选择好目标城市的社区，研究其社区的人口特征，推出符合其消费需求的旅游产品。第二，与街道办、社区居委会密切合作。以"旅游服务进社区"为特征的社区营销将会得到多方支持。第三，准备多样化的关于本项目的旅游促销宣传品发放给社区。

（4）联合营销

主要的联合营销策略：联合营销是营销成员各自以较少的资金投入、借助合力来获得较大的营销效果的手段。合作营销的要点：找好利益共同点，实现双赢；寻找对双方都重要的契机，制造新闻，形成轰动；充分利用对方的客户数据库，策划适合特定客户的旅游产品，积极宣传；共同做好客户服务。本项目可进行区域内的合作营销（吉安市以及南昌市范围内的旅行社、酒店、景区等）、区域间的合作营销（拓展到环鄱阳湖城市群）。

（5）会议营销

主要的会议营销：通过在项目区内举办大型会议会展项目，提高项目影响力。

4. 营销渠道建设

渠道策略是市场营销组合策略中的一个重要部分，应当根据不同的市场定位，确定相应的市场营销组合策略，针对不同的游客群体、产品、价格，设计相应的营销渠道策略，有的放矢，整合营销。

本项目营销渠道建设的主要工作有：

针对不同的细分市场，制定渠道策略。第一，周边与省内市场。因项目是新兴项目，尚未有鲜明的旅游形象，要选择与周边地区联动发展捆绑营销。第二，国内市场。在长三角、珠三角、闽中南地区及其他重点拓展区域，借助当地的旅行社、网络直销团体打开本项目在当地的知名度。第三，入境市场。采用网络直销开展旅游电子商务。

结合不同的产品类型创新渠道策略。本项目产品丰富多样，有度假型、休闲型、居所型等，因此，在营销渠道上也要求有相应的产品策略和价格策略，实施差异化营销。

大力发展网络营销渠道。依托现代科技发展的宏观环境，大力开发以网络为支持的电子化、信息化旅游直销系统。旅游目的地营销系统对外是目的地宣传服务系统，对内则是目的地管理系统。建立触摸式多媒体旅游信息查询系统，装备于各大宾馆、旅行社、主要停车场、旅游景区（点）、长途汽车站和游客信息中心。

5. 节庆活动营销

积极组织或申办各类节庆活动，是当今世界最为流行的旅游营销手段。节庆活动是展示旅游目的地文化与景观最直接的表达方式。在节庆中，旅游目的地环境、景观、设施等将为社区居民和游客展示真实的体验"场景"，提供丰富的"剧情"，提供可自主参与的、值得持续回忆的体验性"产品"，促进游客对旅游目的地的体验认同。

根据本项目的产品情况，将主要根据七一建党、十一国庆、党代会等重要时节，利用井冈山现有的大型红色山水实景演出红色剧场《井冈山》、中国红歌会"井冈山上唱红歌"以及井冈山国际杜鹃花节等众所周知的品牌活动来更为深入地宣传区域旅游文化，同时还可以根据信息集合以及品牌创新能力，更多地组织开展红色文化宣传活动，极力打造一个属于井冈山自己的类似于博鳌论坛性质的全国性、综合性红色文化基地，同时也可以使大型会议、论坛的举办与节庆活动联动，合力举办，拓展影响力，提升区域文化品位。

六、投资估算与资金筹措

1. 项目投资

目前项目周边地区开发、开放程度较低，为了改善整体投资环境和建立高档度假社区的发展基础，开发初期需要大量投资，用于基础设施建设。

红色文化创意旅游休闲城项目是一个非常有潜力的项目，于政于民于商都具有相当可观的效益。但前期的资金筹措以及运作又是一个相当严峻的问题，如何提高动态资金的利用率，将是减轻资金压力的关键，而政府的支持力度也是重中之重。

根据旅游地产开发经验，从大部分旅游地产项目的投入及回报来看，开发者将在投入开发后的一段时间内处于财务支出状态，且资金回收数额相当有限。这是由旅游产品这一特殊属性所决定的，旅游产品资金回收期相对较长，抗风险能力有待提高，令资金压力较大。只有通过其他方式来补充资金，如加入相应地产项目后，这些方面才能符合资本市场的要求。

经过调研和核算，项目开发在前期资金投入量较大，在项目旅游地产项目部分前期开发不足、基础设施建设方面投入较大的情况下，需要开发其他能快速回笼资金的项目，同时还需要得到政府的支持。鉴于此，恳切建议政府能在土地价格、报建费、税费等方面给予相应优惠，缓解资金压力，以在后期能够实现滚动开发。

2. 资金来源和融资建议

（1）融资方式

按照国内目前的资本市场环境，本案主要的资金来源为现有股东权益投资、引入合作投资伙伴和银行借贷。

（2）项目筹资方案

主要投资方作为国有企业，有各级政府作为权益投资的后盾，将可以更大程度地吸引投资者，以降低投资者所承担的财务风险，并提高招商成功率。

同时，吸引其他投资者合作开发或提高借贷比率可以大幅减少对自有启动资金的要求，降低资金缺口。

3.项目筹资策略

由于开发前期存有一定的资金缺口，引入合作伙伴投资应该在前期诸项目中重点考虑。关键投资商的成功引入对本案的发展至关重要，应该按科学系统的方法加以实现。

在旅游项目开发过程中，若因各种不可预测的市场因素导致资金中断，可通过地产板块弥补亏空，自主开发或引入二级开发商，维持资金总需求的平衡。

在招商引资的过程中，要对合作方和受让方的资质和特征进行考察，加强门槛的设定。对潜在关键投资商进行分析与综合排序；制定招商引资方案及沟通文件；进行初步沟通、谈判并达成协议。招商引资，首先应通过对潜在关键投资商在发展战略、关键技能、财务状况及沟通渠道等方面的分析，进行排序。根据分析，初步得出第一阶段吸引的潜在关键投资商重点目标，并进行招商引资筛选及优先综合排序。制定潜在关键投资商招商文件，注重宣传本案的宏观发展目标、本案对潜在投资商的价值定位，并利用财务模型演示业务发展蓝图。在制定招商方案及文件的基础上，应根据重点对潜在关键投资商展开接触与谈判。对于不同类型的投资商，根据其引进的重要程度，政府可给予相应的税收优惠政策。

七、项目社会评价

1. 对社会经济的影响分析

本项目的实施将贯彻"严格保护、统一管理、合理开发、永续利用"的规划方针，将积极推动井冈山及其周边区域旅游资源的开发与利用，推进当地旅游业的发展并培植新的经济增长点，进一步促进产业结构的调整，引导消费。

作为高起点、高标准的开发项目，其实施将促进井冈山区域的旅游服务水准与国际接轨，也对旅游要素的完善起推动作用，从而有利于区域旅游迈向国际化、高端化的道路；同时，提高整体市场的竞争力，改善旅游投资环境，实现旅游产业由规模型向效益型的转变。

本项目的实施还可促进经济交流，带动关联产业的发展，可为工业、建筑业、制造业等提供巨大的市场，带动和促进交通运输业、邮电通讯业、房地产业、对外贸易、餐饮业及文化娱乐业等第三产业的发展，使得许多相关产业可以借助旅游市场的持续繁荣而保持发展。

本项目作为井冈山红色旅游的一个有机组成部分，其成功开展将形成对井冈山旅游的有效补充，不仅可以提升以红色文化为代表的区域特色文化，还可以促进井冈山旅游品牌做大做强，提升井冈山城市整体形象。

2. 对生态环境的影响分析

本项目在井冈山市政府的支持和当地社会的重视下，会有非常良好的发展前景。但是，旅游经济的良好发展会引起游客量、游客旅游时间以及旅游活动的大量增加，对当地的自然环境如水体、空气、植被、野生物种和人文环境产生不良影响，使生态敏感地区开发压力增大、基础设施建设及维护成本提高等。

因此，在项目开发建设过程中，要充分认识到旅游开发对环境可能造成的危害，按照相关规定和要求科学制定区域开发详规，并在操作中严格按照规划执行，合理开发，以上的消极影响是可以减小或避免的。

3. 对社会文化的影响分析

本项目的开发实施对社会文化产生了积极影响。

旅游业是劳动密集型产业，项目合理有效的开发将拓宽当地居民的视野，提高居民的素质；增加当地居民的收入，提高生活水准；增强居民对新社区、新环境的自豪感，加深对当地文化的理解；促进文化交流、传播，增进相互了解，提高知名度；增加就业；增加当地商业和政府收入；基础设施和服务得到改善；增加保护资金投入。

4. 对旅游城镇建设的影响分析

本项目旅游业发展对井冈山市新城区拿山乡及其周边区域的发展具有重要意义，突出表现在城镇建设、城镇功能、产业结构调整等方面。

旅游业的发展将促进井冈山市新城区的城镇建设，规划的实施和项目的启动将进一步促进资源、人才、信息与物质的流动，进而促进城镇人口的聚集和人才的交流，有利于城镇的发展与建设以及区域竞争力的提高。同时，该区域的城镇产业将向着适应旅游业的方向进行，其城镇建设的观念将由一般城镇的建设向旅游城镇的建设转变，并塑造良好的新城镇形象——旅游城镇。同时，随着项目的实施，城镇综合环境将不断改善，交通、供水、供电、供气、教育、文化、娱乐等城镇功能更加完善，也将吸引更多的投资建设项目。

5. 项目远景展望

本项目不单是一个旅游商业项目，同时更是一个创意文化项目，项目的建成对本区域和周边都将产生极大的群体效应，既能产生极大的经济回报，又能带动整个周边的商业发展。

同时，本项目还将为区域的整体形象和文化建设产生一定的推动作用，将填补井冈山市文化市场的一项空白，为井冈山文化产业带来整体的提升，并成为辐射全省乃至全国的旅游文化休闲产业龙头。

八、项目风险分析

1. 风险概述

风险是不以人的意志为转移并超越人们主观意识的客观存在，具有可变性，这里指经济活动发生损失的不确定性，它有可能是基于人们对客观事物的认识能力的局限性，以及预测本身的不确定性导致项目实施后的实际情况可能与预测的基本方案发生偏差，致使预测结果带有不确定性。投资项目的风险就是指这种不确定性的存在导致项目实施后偏离预期结果、造成损失的可能性。

在项目实施过程中，各种风险在质和量上都随着项目的进展不断变化，有些风险可以得到控制，但每一阶段都可能产生新的风险。在项目的生命周期内，风险无处不在，无时不有。风险的大小既与损失发生的可能性成正比，也与损失的严重性成正比。

投资项目的风险分析就是通过对风险因素的识别，采用定性或定量分析的方法估计各风险因素发生的可能性以及对项目的影响程度，揭示影响项目成败的关键风险因素，提出项目风险的预警、预报和相应的风险对策，为投资决策服务。其目的是让各方都认识和控制风险，在有限的空间和时间内改变风险存在和发生的条件，降低其发生的频率，减少损失程度，但不可能消除风险；风险分析的另一个重要功能在于它有助于在可行性研究的过程中，通过信息反馈，改进项目设计方案或优选设计方案，从而直接达到降低投资项目风险的效果。

2. 风险因素识别

经分析，本项目主要的风险因素有：

市场风险：主要指旅游市场的不确定性。

工程风险：主要包括方案、工程性质、施工与工期等存在的各种不确定性给项目带来的风险。

环境影响：主要是指工程建设和生产期污染物排放可能对周围水资源、树木植被、自然环境等产生负面影响，致使项目不能顺利实施，仍需要增加大量投资进行治理等。

投资估算风险：主要指工程方案变动造成的工程量增加、工期变长以及人工、材料、机械台班费、各种费率、利率的提高。

财务风险：一是来自旅游市场的不稳定性；二是来自投资或经营成本费用的增加等。

政策风险：主要来自政府政策的变化、土地指标的获取与变更、项目立项等方面。

3. 风险分析

本项目在实施过程中存在产生风险的几个因素，其中包括技术、市场、价格等，经分析后，我们认为本项目风险较小，具体是：

（1）市场风险

根据近年来江西省与南昌市旅游发展情况看，旅游总人数年均增长率分别为27%与14.2%，旅游发展势头强劲，市场呈现可持续发展的态势，市场风险较小。

（2）工程建设风险

工程风险主要包括项目方案、工程施工、工期等不确定因素带来的风险。工程造价与工期是主要工程风险，其造价影响到整体项目的投入与产出比例，而工期延长将影响到项目的全盘计划。

（3）环境影响

本项目位于拿山乡，周边水源丰富，山地、森林植被条件较好，在开发过程中，若污染与破坏了环境，将导致追加投资成本。

（4）政策风险

本项目的立项需要政府大力支持和鼓励，更需要帮扶性政策的引导和给予信心。该项目如能在《鄱阳湖生态经济区规划》中给予立项，则能对项目长期发展起到关键作用。

项目首期投资额较大，仅靠旅游项目将难以收回成本，因此必须要靠后期的地产开发收益来弥补。需要政府在对项目规划的审批过程中予以理解、信任和支持。

4. 防范风险措施

根据对各类风险因素和风险程度的分析，本项目面临的主要风险已经明确，针对这些风险因素，本报告提出以下防范措施和降低风险的对策：

提升整体项目的品质，加大营销推广力度，增强项目的吸引力以及市场竞争力。虽然无法预测未来各类风险因素对项目的具体影响，但是可以把握好整体项目的品质，提升项目服务质量，降低市场风险。

加强工程管理，提高工程质量。可采取风险控制和风险转移两种形式。从内部的技术、工程、管理等方面制定相应措施，控制风险的发生；外部可采取分散、转移方式减少项目承担的风险等。

九、结论

本项目以优越的区位优势、便利的交通条件、丰富的自然资源以及良好的地质条件等优势资源为基础，具备发展集旅游休闲度假、高端商务会议、高尚人文居住、红色主题娱乐、购物休闲于一体的综合性红色文化创意旅游休闲城的潜质。

而在国际、国内休闲度假旅游形势看好的情况下，本项目能够选择差异化发展思路，立足于旅游产业的发展趋势，主推红色文化和红色旅游，顺应和符合国家一系列宏观发展政策，承接井冈山市的旅游发展，能够顺应市场对区域旅游产品的新需求，作为具有差异化特征的旅游产品，可有效对接政府层面发展红色旅游的指导精神，成为井冈山市乃至江西旅游的窗口与旗帜，具有明显的标杆作用。

本项目的建设为井冈山市文化展示和高品质旅游产品的开发起到了极大的促进作用，为井冈山市的旅游产品体系树立了一个新标杆和示范项目，是一项意义重大、影响深远的开发建设项目。

尤其目前项目基地交通可达性强，航空、铁路、高速公路等全方位、多层次、立体化的交通网络为项目发展带来了巨大的发展契机。项目的打造将带动区域周边相关产业的发展，推进井冈山市的旅游发展，战略意义深远。

总体看来：本项目总体定位准确，产品设置和业态组合创新，具有明显的差异性和唯一性，规划理念和开发模式独具特色，建设规模合理，符合国家宏观政策要求，符合环鄱阳湖生态经济区的建设要求，符合所在地和区域的旅游发展趋势，竞争优势突出，符合市场竞争的需要，市场前景广阔，其社会效益、经济效益以及环境效益、文化效益等综合效益显著，项目建设开发条件成熟，已具备成为一个可行的旅游投资项目的开发条件。

29

度假酒店

青岛市 ZX 胶州度假酒店
项目策划报告

第一部分

宏观市场概况

一、青岛概况

1. 基本情况

青岛，是中国东部沿海重要的经济中心和港口城市，是历史文化名城和风景旅游胜地。青岛以其所特有的港口贸易、海洋科研、现代工业、发达农业、金融服务、旅游度假等优势与开发潜力，成为中国最具有经济活力的城市之一。

地理位置：青岛位于山东半岛南端，东经120° 22'，北纬36° 4'，东、南临黄海，西、北接内陆。

气候：属暖温带半湿润大陆性气候，年平均降雨量775.6毫米，年均气温12.2℃，夏季平均气温23℃。最热的8月份，平均气温25℃，最冷的1月份，平均气温1.3℃，无霜期平均每年251天。

面积：总面积10 654平方公里，市区面积1102平方公里。

行政区划：青岛市辖5市7区，即胶州市、胶南市、即墨市、平度市、莱西市5个县级市，以及市南、市北、四方、李沧、城阳、崂山、黄岛7个区。

在中国的地位：青岛地处华北经济区和华东经济区的结合地带，与东北经济区跨海相连，并与朝鲜、韩国、日本隔海相望，是中国五大外贸口岸之一，享有省级经济管理权限。

青岛拥有国家批准的经济技术开发区、高新技术产业开发区、旅游度假区，被批准可以设立外资银行、合资开办大型商业零售企业。

2. 经济概况

（1）经济总量

2010年青岛实现生产总值（GDP）5666.19亿元。财政总收入1990.54亿元，地方财政一般预算收入452.61亿元，地方财政一般预算支出532.39亿元。全年国税系统税收收入995.17亿元，地税税收收入283.2亿元。

反映企业家对宏观经济环境信心的企业家信心指数于2010年末达到132.22，反映企业综合生产经营状况和经济效益的企业景气指数为142.22，企业家信心指数和企业景气指数均处于较景气区间。

单位：亿元

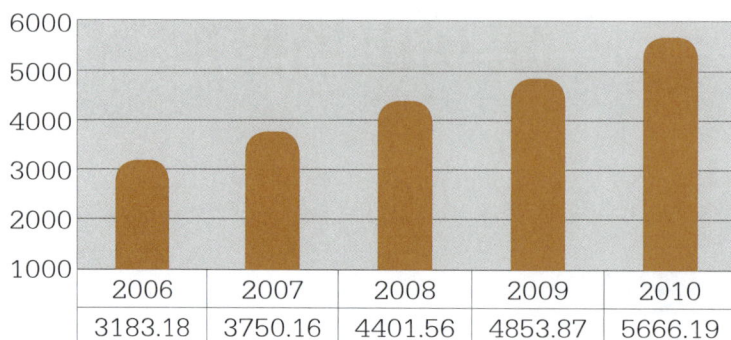

	2006	2007	2008	2009	2010
	3183.18	3750.16	4401.56	4853.87	5666.19

━━━ **图29-1 十一五时期GDP**

单位：亿元

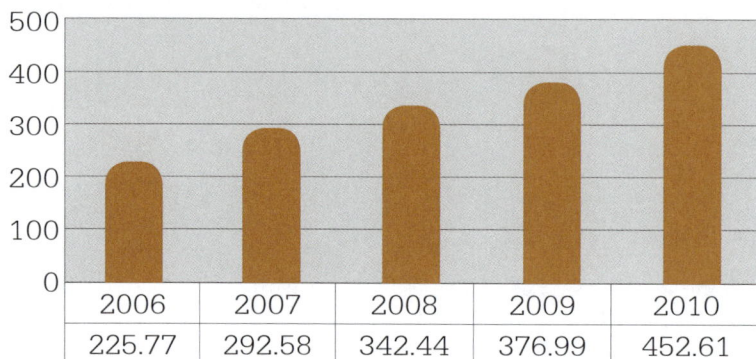

	2006	2007	2008	2009	2010
	225.77	292.58	342.44	376.99	452.61

━━━ **图29-2 十一五时期地方一般预算收入**

（2）工业与建筑业

　　2010年规模以上工业企业（年主营业务收入500万元及以上的工业法人企业）6037家，完成高新技术产业产值5573.36亿元，实现利税总额1122.55亿元，利润596.63亿元，资本保值增值率为121.5%，产品销售率为98.6%。全年建筑业实现增加值304.43亿元，实现利税总额47亿元。

（3）固定资产投资

　　2010年全市固定资产投资3022.5亿元，投资施工项目4894个，新开工项目2505个，竣工项目2048个；在建项目计划总投资规模8275.8亿元。2010年房地产开发完成投资602.4亿元，商品房竣工1020.5万平方米，销售房屋面积1360.7万平方米。

单位：亿元

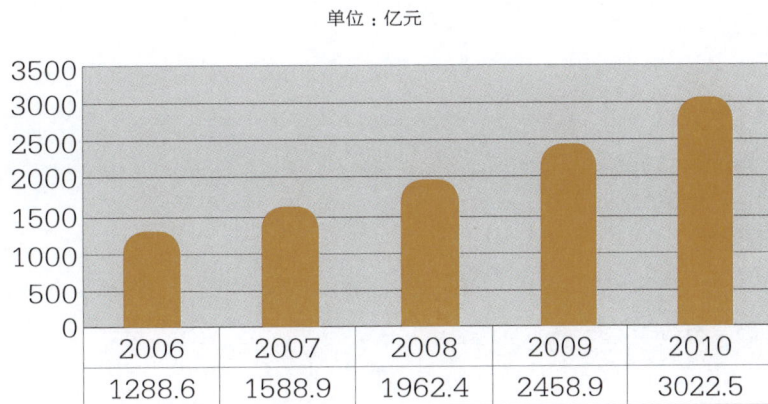

	2006	2007	2008	2009	2010
	1288.6	1588.9	1962.4	2458.9	3022.5

▶— **图29-3 十一五时期固定资产投资额**

单位：亿元

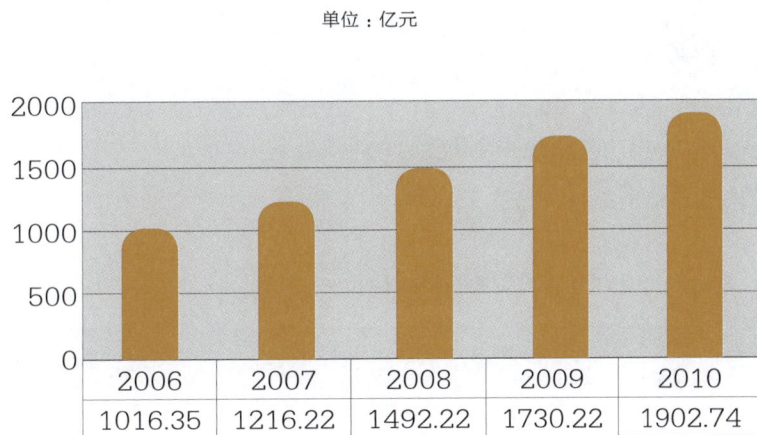

	2006	2007	2008	2009	2010
	1016.35	1216.22	1492.22	1730.22	1902.74

▶— **图29-4 十一五时期社会消费品零售总额**

（4）国内贸易

2010年社会消费品零售总额1902.74亿元。分地域看，城市市场零售额1571.62亿元；农村市场零售额331.12亿元。分行业看，批发和零售业实现零售额1664.08亿元；住宿和餐饮业实现零售额238.66亿元。

（5）对外经济

2010年，青岛地区（含中央、省级公司）外贸进出口总额570.6亿美元。外商投资企业是外贸出口的主体，出口额168.32亿美元，占全市出口额的比重为50.5%。青岛口岸对外贸易进出口总额1191.27亿美元。外商直接投资28.43亿美元。

（6）交通运输

拥有国内航线98条（包括港澳地区3条），国际航线10条，年航空访客吞吐量达到1110万人次，航空行货邮吞吐量23.19万吨。

（7）旅游业

2010年旅游收入580.04亿元。其中，国内旅游收入540.07亿元，国际旅游收入6.01亿美元。年接待国内外访客4504.7万人次，其中国内访客4396.65万人次，海外访客108.05万人次。A级旅游景区达到59处，星级饭店155家。

（8）城市建设

建成区面积282.23平方公里。青岛市区公车线路达205条，营运公交汽车、电车4664辆，出租汽车9639辆，城市道路总长3409.19公里。

（9）生活环境

2010年空气质量达标率为100%，市区空气质量优良天数331天，优良率90%。市区环境噪声平均值53分贝。市区植树106万株，建成区绿化覆盖率43%。市区园林绿地面积1.8万公顷，人均拥有公共绿地面积14平方米。公园数量80个。

（10）人口与收入

2010年末全市户籍总人口为763.64万人。其中，市区约有275万人，周边五市约有488万人。城市居民人均可支配收入2.49万元；人均消费性支出1.75万元；城市居民家庭食品消费支出占家庭消费性支出的37.4%，全市在岗职工平均工资2.85万元。

▶── 表29-1 2004—2010年青岛主要经济指标表

类别	2004年	2005年	2006年	2007年	2008年	2009年	2010年
国内生产总值（亿元）	2164	2696	3207	3787	4436	4890	5666
外贸进出口总额（亿美元）	270	330	391	457	536	449	571
固定资产投资额（亿元）	985	1403	1486	1635	2019	2459	3023
第三产业投资额（亿元）	421	585	645	762	1001	1306	1710
人均可支配收入（元）	11 089	12 920	15 328	17 856	20 464	22 368	24 998
消费品零售总额（亿元）	605.5	865.9	1016.3	1612.2	1492.2	1730.2	1902.7

通过以上指标可以看出，过去几年青岛经济一直呈现稳定健康的发展状态，而在"十二五"规划中，青岛经济发展的目标是在2015年GDP突破万亿。值得一提的是，在推动经济发展的同时，青岛还将遵照国家战略发展要求，着力发展绿色与低碳经济，推动第三产业在GDP中所占的比重，通过实施"环湾保护、拥湾发展"战略，建设以海湾型布局结构为主体的现代服务经济新体系。

3. 青岛的区域发展规划

根据青岛城市建设规划、"十二五"期间社会与经济发展纲要的安排，我们可以了解到由区域未来发展所带来的良好市场前景。

（1）区域规划的长期目标

青岛区域规划的长期目标是建设"全国重点中心城市""世界知名特色城市"。区域经济发展面临一系列重要机遇，其中包括：经济社会发展面临着经济全球化、国际产业转移速度加快带来的机遇；国家宏观调控和产业结构转型带来的机遇；山东省加快半岛城市群和制造业基地建设带来的机遇；国家大企业调整布局、台资企业延伸发展、内陆企业总部及研发中心东迁带来的机遇；国内区域经济合作日益加强带来的机遇；青岛自身优势的迅速积累与发展带来的机遇。

作为产业结构调整的受益方，港口、旅游、海洋三大特色经济规模将加快扩张，旅游服务业将成为可持续发展经济体系的重要组成部分。青岛将通过优化调整旅游业发展布局，建设一批精品旅游项目。引进世界知名酒店管理集团，建设一批世界知名品牌的高星级饭店。优化规范旅游服务体系，实现旅游产品体系由观光型向度假观光型转变、旅游产业增长方式由数量型向质量效益型转变、旅游设施和服务由国内标准向国际标准转变的目标。青岛未来的旅游业总收入目标为年均增长18%。

在决定市场需求的外部经济环境方面，商务型的需求随着世界500强企业已有77家落户青岛而不断增加。作为对传统旅游型需求的重要补充，随着当地人民生活水平和质量的提高而引发的消费方式的转变，将积极推进休闲型、享受型、发展型消费的需求。

（2）区域规划重点

按照青岛政府提出的"城市大框架布局战略"，将推进"三点布局"建设，提升中心城区势能；建设组团城区，推进城市化进程；争取使胶南、即墨、胶州撤市划区，拓展城市发展空间。同时，加快发展"五大组团"：鳌山、胶南、琅琊、红岛、田横组团的开发建设速度，明确产业布局结构，落实建设项目，完成组团城区主体框架的布局建设，发挥产业集聚、人口集中、辐射带动等功能，加快城市框架体系的建设进程。

（3）重点开发区域与限制开发区域

重点开发区域指发展潜力较大、集聚经济和人口条件较好、开发强度较低、依法批准的五市三区新增规划建设区和红岛、田横、鳌山、琅琊组团规划建设区以及产业发展的重点带、区。

限制开发区域指自然功能不宜改变、资源与自然环境承载能力相对较差、生态状况相对脆弱、不适宜大规模集聚产业和人口的特定区域，主要包括山区、生态林地、水源地、湿地、滨海岸线、沙滩、城市公园、风景名胜区等。

（4）重点发展区域

结合青岛的地域特征、区位优势和产业发展战略，坚持"布局引导、重点带动"，调整优化产业发展空间布局，加快发展"五带五区"。

①环胶州湾工业带

主要包括沿环胶州湾高速公路的四方片区、李沧片区、城阳区环海省级经济开发区、盐田开发区域、出口加工区等，建设环胶州湾东岸、北岸、西岸三个工业产业带。东岸产业带依托现有港口和较成熟的城市产业配套设施，重点发展港口物流和都市型工业，改造升级传统工业；北岸产业带按照红岛组团总体规划进行分区产业规划，吸引具有高技术含量、高附加值、高出口比重的轻型和无污染产业；西岸产业带依托枢纽港口和陆路集疏运体系，建设重化工业基地，发展物流业和加工服务业。

②海洋经济产业带

主要包括自北向南的即墨、崂山、市区、城阳、胶州、黄岛、胶南等沿海地区和近海海域。依据建设北方国际航运中心、海洋科技产业城和旅游度假中心的要求，科学编制和实施海洋功能区划，按照海岸带、岛屿、海域三个层次布局海洋产业，实施多层次、多领域、多渠道的海洋产业开发。

③西海岸现代制造业集聚区

包括青岛经济技术开发区、胶南城区、胶州南部区、东部新区及泊里重工业区。青岛经济技术开发区、胶南城区、胶州南部区、东部新区重点发展港口、物流、造船、石化、橡胶、家电、电子、汽车、医药、纺织、金属加工及其他临港加工业。泊里重工业区规划发展符合国家产业政策的钢铁加工业、建材工业、能源工业等。

④黄岛−胶州物流中心区

以保税区保税物流园区和胶州中铁物流园区为依托，通过疏港铁路、公路将两个园区连为一体，产生业务对接；充分发挥其连接国际、国内物流市场的功能，优势互补，实现陆路物流、海港物流、空港物流的有机整合，国内物流和国际物流紧密结合；突出发展物流信息平台，大力引进国际国内大型物流企业，形成"哑铃式"的物流中心区，逐步成为中国北方重要的国际国内商品、部件、物资的集中、储存、拼装、分拨、疏运中心区。

4. 小结

青岛地区的经济发展，具备提供一个范围广阔的、总量充足的大市场的积极条件。

旅游业是产业结构调整和转型要求下的受益行业，建设具有良好设施和管理水准的高端酒店符合行业重点扶持的要求。

在青岛地区的宏观市场发展所强调的重点区域中，多次包含了本项目所在区域。

二、胶州城市概况

1. 基本情况

胶州市地处黄海之滨、胶州湾畔，因东南临胶州湾而得名。

1987年2月，经国务院批准，在青岛地区首次撤县设市。

该市总面积1210平方公里，其中，城市建成区面积45平方公里，下辖11个镇、7个街道办事处、811个行政村、67个居委会。

全市总人口110万人，常住人口80.6万人，城区人口45万人。

该市享有"国家卫生城市""国家环境保护模范城市""国家园林城市""全国科技工作先进市""中国秧歌之乡""中国最具幸福感城市"等荣誉称号。

2. 经济概况

据胶州市国民经济和社会发展统计公报显示，截至2010年，该市以"环湾保护、拥湾发展"为战略目标，已完成"十一五"规划的各项目标任务，其全国县域经济竞争力由2005年全国百强县市第23位升至第17位，荣膺"2010年中国最具幸福感城市"，并为"十二五"阶段的持续发展奠定良好基础。

（1）经济总量

2010年，全市生产总值（GDP）完成557.06亿元，增长8.1%。全市GDP增幅分别高于全国（10.3%）2.8个百分点、全省（12.5%）0.6个百分点、青岛市（12.9%）0.2个百分点。

其中，第一产业增加值39.39亿元；第二产业增加值319.77亿元；第三产业增加值197.9亿元。三次产业比例，由2009年的6.6：58.9：34.5调整为7.1：57.4：35.5，第二产业比重下降，第一、第三产业比重提升。

（2）宏观经济效益

2010年全市实现地方财政一般预算收入26.38亿元，增长26.6%，其增长速度居青岛五市第一位。全部税收43.48亿元。

（3）对外贸易

呈现恢复性增长态势。2010年，全市进出口总值43.73亿美元，增长30.9%。其中出口总值32.62亿美元，增长32.3%，其总量、增幅均居青岛五市首位；进口总值11.11亿美元，增长26.9%。

（4）固定资产及第三产业投资

2010年规模以上固定资产投资362.2亿元，增长23.6%，总量、增幅均居青岛五市首位。其中，城镇投资完成205.7亿元，农村投资完成128.3亿元，房地产投资28.2亿元。第一、二、三产业投资比例由上年的1.1：68.2：30.7调整为今年的0.2：66.3：33.5，第三产业投资比重继续上升。

（5）城乡居民收入

2010年城镇居民人均可支配收入首次突破两万元，达2.21万元，增长12.2%；城镇居民人均消费性支出1.35万元，增长11.8%；农民人均纯收入突破一万元，达1.04万元，增长14%；农民人均生活费支出0.75万元，增长13.2%；全社会职工年平均工资为2.51万元，增长12.1%。

（6）消费品市场

2010年全市社会消费品零售总额完成163.5亿元，同比增长17.6%，增幅持续稳定在较高水平。

批发和零售业分别实现零售额17亿元和126.2亿元，同比增长23.4%和16.1%；住宿和餐饮业分别实现零售额0.5亿元和19.7亿元，同比增长11%和22.4%。

▶—— **表29-2 2007—2010年青岛胶州市主要经济指标表**

类别	2007年	2008年	2009年	2010年
国内生产总值（亿元）	418.56	474.1	515.1	557.06
增长率（%）	17.5	13.3	8.6	8.1
外贸进出口总额（亿美元）	40.96	46.2	34.6	43.73
增长率（%）	21.1	16	−22.3	30.9
规模以上固定资产投资额（亿元）	195.2	250.6	293.2	362.2
增长率（%）	25.5	28.4	24.7	23.6
第三产业投资额（亿元）	45.1	86.6	——	——
增长率（%）	68	92	——	——
人均可支配收入（元）	15 709	18 052	19 770	22 184
增长率（%）	18.8	14.9	9.5	12.2
社会消费品零售总额（亿元）	103.22	125.6	148.8	163.5
三次产业比例关系	6.9 : 58.7 : 34.4	6.7 : 57.5 : 35.8	6.6 : 58.9 : 34.5	7.1 : 57.4 : 35.5

3. 交通条件

胶州市地处胶州湾腹地最深、最开阔的位置，青银、青兰、环胶州湾、沈海四条高速公路和胶济、胶黄、胶新三条铁路客运专线贯穿境内，是内陆各省进出青岛、烟台、威海和通往青岛港、黄岛前湾港的重要门户，是山东半岛与内陆连通的交通枢纽。胶州市区距青岛流亭国际机场仅30分钟车程。

济南至青岛的济青高速公路、青岛至黄岛的环胶州湾高速公路、黑龙江同江至海南三亚纵贯中国东部沿海的同三高速公路穿越胶州，与204国道和四条干线形成了四通八达的交通网络。优越的交通条件是胶州对外开放的突出优势。

从半岛区域看，在东西走廊上，"三线两站"构筑起独特的区域价值。三线，即山东半岛"一体"发展的三条黄金通道，青银、青兰高速以及胶济铁路，胶州均处于咽喉位置。两站，即中铁联集青岛集装箱中心站以及胶济客运专线胶州市站。总投资8.7亿元的中铁联集青岛集装箱中心站已经正式运营，是中国铁道部在全国设立的18个集装箱中心站之一，也是山东省唯一的中心站；胶济客运专线胶州市站是青岛地区除青岛站以外唯一的电气化客运站点，将服务胶州、胶南、黄岛等地的400多万人口。

青岛海湾大桥连接线的建设正在加速推进，建成后胶州与青岛主城区的距离将缩短至23公里。

4. 历史文化

胶州有着4500多年的历史，是华夏文明发祥地之一。唐朝设立板桥镇，北宋时期发展成为全国五大商埠之一，是长江以北唯一的通商口岸，素有"金胶州"之称。

该市文化底蕴深厚，胶州境内三里河文化遗址集中国新石器时代晚期大汶口文化与龙山文化于一体，在全国绝无仅有。

本地区拥有丰富多彩的民间艺术，拥有300多年历史的"胶州大秧歌"驰名中外，全国保留剧种胶州茂腔、胶州剪纸等均享有国际声誉。

2006年胶州秧歌和胶州茂腔入选国家第一批非物质文化遗产。2008年该市被中国舞蹈家协会授予"中国秧歌之乡"的称号，成功举办首届中国秧歌节。2010年该市被中国民间文艺家协会授予"中国剪纸之乡"的称号。

5. 旅游资源

胶州先人曾创造了世界闻名的新石器时代原始氏族社会的三里河文化。该地区有西汉祓国旧址、明代养马城"牧马城"遗址等遗址14处以及大量的古墓、古庙宇和金石碑刻、书画诗文等。

（1）三里河文化遗址

位于胶州市城区南部的三里河村，是省级重点文物保护单位。三里河文化遗址共分两层，上层为龙山文化层，下层为大汶口文化层，完整地记录了新石器时代原始氏族社会的文化、生活状态，具有很高的学术价值和历史地位。

（2）艾山风景区

由艾山、东石、西石三个景点组成，距今已有一亿两千多万年的历史。位于青岛市胶州西南20公里处，是一处青山碧水、怪石突兀、古迹众多、融自然景观和人文景观于一体的国家AA级旅游风景区、省地质遗迹自然保护区。未来景区建设目标是地质公园、森林公园、青岛市级风景名胜区以及国家AAA级景区。

（3）胶河风景名胜区

景区内"胶河澄月"被誉为清乾隆年间"胶州八景"之一。建国前此景已不复存在，为再现这一迷人的景观，胶州市政府自1992年起，陆续投资建成澄月湖大型拦河蓄水工程，湖面面积5600多平方米，蓄水200万立方，形成十里碧波绕小城之美景，成为独具青岛地区田园风光特色的平原风景旅游区，2002年被评为青岛市级生态农业旅游示范点。

胶州三里河公园位于胶州市新城区，总占地面积31.8公顷，总投资1.2亿元。公园合理组织地形、水体、道路、建筑小品、自然植被等景观要素，展示出"一心两桥三园多丘十八景"的自然山水格局，成为具现代景观特色、富历史人文气息、适宜人居住与休闲娱乐的城市流水公园。公园免费向群众开放，先后荣获"亚洲最佳园林景观范例奖""国家AAA级旅游景区""国家水利风景区""山东省省级风景名胜区""山东人居环境范例奖"等荣誉称号。

（4）胶州城市规划

胶州市以"山东半岛蓝色经济区""胶东半岛高端产业聚集区"建设为基础，以"环湾保护、拥湾发展"为城市规划的主要依据。

胶州的城市规划以胶州湾产业新区、少海新城、胶州湾国际物流中心为三大发展平台，分别进入青岛市"拥湾发展"六片四区总体规划的一片一区和国家区域性物流中心发展布局。

目前已完成投资近百亿元，并将进一步推进城市发展由沿河到临湖、面海的新阶段。

据胶州政府2011年重点项目统计显示，其重点项目达60个，合计投资为685亿元。其中，公益事业项目7个、工业项目42个、服务业项目11个。

6. 小结

胶州市在青岛周边地区的市县当中属于经济发达、增速较快的区域，宏观市场容量尚有较大的提升空间。旅游业，特别是高端酒店设施与服务在当地处于开发初期，酒店项目经营有机会分享由经济发展所带来的市场机会与收益。在该地区具备的较强工业经济和加工经济发展的基础上，有望对商务旅行和客源进行深度培育和发掘。

三、宏观市场总结

青岛作为中国改革开放的第一批沿海城市，其经济发展的方式和成果长期为外界所瞩目。青岛是传统的旅游度假目的地，酒店业的经营具备一定的历史市场积淀和人脉资源基础。随着青岛经济和建设范围的不断扩大以及发展规划重点的转移，上述资源对周边地区的辐射作用开始显现并将不断加强，其对本项目的宏观市场意义和影响将越发重要。

胶州的经济更加具有活力和预测空间，或者说，其宏观市场的成长更加值得期待。胶州在青岛的经济版图中，无论是地理区位、资源配置还是行业重点规划上都占据着重要位置。胶州宏观市场的发展前景，使本项目所提供的经营环境展望更加直接和具体。

胶州具备悠久的、尚未充分开发的人文资源，为旅游业的发展及吸引旅访客源提供了基础。文化和历史资源的开发，可能形成另一个与胶州经济资源并重的、互补的优质市场。

胶州的旅游消费、商务消费、居民消费，目前都处于增长通道之中，距离形成稳定的比例，或者说形成一个成熟的客源市场，可能还需要较长的时间。这个特点对高端酒店来讲，既是选择方面的挑战，也是经营方面的机会。

······· 第二部分 ·······

项目区域概况

一、项目区域概况

1. 项目地理位置

少海新城位于胶州市区东南侧，东隔大沽河与青岛高新技术产业区相接，南临环胶州湾高速公路与胶州湾连通，西靠胶州湾工业园，北依胶州市经济开发区。

营旧路、正阳路以及未来城市轨道交通贯穿其中，规划总用地面积16平方公里，其中主体水面面积6.28平方公里。

本项目位于南湖、北湖交汇处，是从正阳路方向进入胶州的门户，也是少海新城景观带上的核心点。

2. 项目周边环境

少海新城前身是基于防洪排涝考虑开挖的东部滞洪区，湖水面积6.28平方公里。胶州市围绕这一水体资源的深度开发利用，着力开发建设少海新城，全面建设集自然生态、滨水休闲、高档居住、历史人文等功能于一体的城市滨水复合功能区，被列为"观世博、游山东"37个旅游大项目之一。

目前"一环两纵三横"的路网体系全线贯通，少海长堤、游人广场、万佛塔、慈云寺、板桥镇等景观吸引了众多访客前来休闲观光，婚庆庄园、白鹭洲度假村、奥特莱斯购物广场等商业项目也在有序推进。

3. 区域规划

为在新一轮竞争中抢占优势地位，在更高的平台上实现新的跨越，打造创新品牌，胶州市委、市政府在接轨大青岛、融入半岛都市群的发展战略中确立了建设少海新城的发展目标：规划建设集自然生态、滨水休闲、度假旅游、历史人文、高档居住等功能于一体的城市滨水复合功能区。

按照青岛市"环湾保护、拥湾发展"的战略部署，将落实青岛市服务业规划，与周围区域实现功能互补、互动发展。以"两湖、一带、两轴、三岛、多片区"作为主体框架，规划建设成为"宜居、宜业、宜游"的现代化服务型景区，以胶州历史文化为基础，在北湖西岸建设历史文化博览区，从而再现"千年古埠、北国江南"的城市风光，并与整个胶州市"一城四区两翼"的战略规划相符合。

"两湖"：由正阳路穿越形成的南湖与北湖组成。

"一带"：环湖景观带。

"两轴"：以北湖大型水景喷泉为中心，以点带线形成两条空间景观轴线。

"三岛"：即水云洲、观澜洲、白鹭洲。

利用水云洲原始地貌对植物物种进行合理配置，形成良好的景观效果；观澜洲规划定位为旅游度假村；白鹭洲位于南湖区内，集高档休闲、体育旅游、文化娱乐、生态湿地等多种功能于一体。

"多片区"：整个陆地区域按功能可划分为居住区、社区文化公园、滨水休闲区、历史展示区、欧洲镇、板桥镇、科普教研基地、体育休闲旅游公园、湿地公园。

城市风貌呈现地中海风情与亚温带风情，延续青岛市多元化的文化内涵，营建青岛市最缤纷多姿的国际滨水生活。

整个少海新城在建成后不但能提升青岛市城市建设的整体形象，而且在推动第三产业以及旅游业等方面提供了巨大的原动力，成为环胶州湾滨海景观带上新的观光热点。

根据胶州市城市总体规划、城市防洪规划、东部工业区总体规划，胶州市东部滞洪区的开发时限为十年左右，具体建设年限为2006年—2015年。

首先，进行湖区土方调配、地形改造，逐步形成可开发地块，形成巨大的环境优势；

其次，通过招商引资，吸引实力雄厚的投资商前来投资，进行基础设施、景观以及旅游设施的建设，从而构建出少海新城的基本框架；

最后，实施房地产开发，从而完成少海新城的整体建设，实现其经济价值。

少海的远景规划和显著的生态环境，吸引了多家国内外企业的目光，先后有10多家知名企业集团对开发建设少海新城表示出浓厚兴趣。目前，胶州市正按照该规划逐步实施工程建设，少海新城依据"成熟一片、开发一片、滚动发展"的原则，逐步完成整体开发。

4. 交通便利程度

本项目位于胶州市区东南侧，南临环胶州湾高速公路，营旧路、正阳路以及未来城市轨道交通贯穿其中，是从正阳路方向进入胶州的门户。

从本项目位置开车前往青岛流亭国际机场耗时需25分钟；而前往胶州市行政中心区耗时仅需不到10分钟，交通可达程度良好。

5. 景观度及能见度

"两湖""一带""两轴""三岛"等一系列的规划均围绕在本项目周边，可以肯定本项目未来的景观度在少海新城有着不可比拟的优越性；

本项目处于正阳路方向进入胶州的门户，项目周边基本属于低密度的低层建筑，而本项目酒店设计为高层建筑，与目前区域内的标志性建筑——慈云寺塔遥相呼应，相信未来本项目将与慈云寺塔构成一组标志性景观，其能见度和景观度都将是区域中的亮点。

二、总结

本项目位于少海南湖、北湖交汇处，是从正阳路方向进入胶州的门户，也是少海新城景观带上的核心点；

少海新城正在被胶州规划建设成为"宜居、宜业、宜游"的现代化服务型景区；

少海新城规划建设期为2006年—2015年，目前有10多家知名企业已经参与开发建设或正在与相关主管部门接洽；

未来，本项目的交通便利度、景观度和能见度在少海区域有着绝对的优越性。

第三部分

酒店市场

在此部分中，我们将从青岛和胶州酒店市场的需求与供给两个方面进行综合分析。

市场需求分析：市场需求的发展，体现在国际/国内到访访客人数的不断增加上，通过对访客的到访目的、消费偏好、来源地等数据进行统计，来总结市场需求的状况。

市场供给分析：市场供给的发展，体现在星级酒店数量的不断增加，酒店平均房价、平均入住率、经营利润的不断提高方面，而未来几年的酒店供给增量则预示着青岛酒店市场的总体发展趋势。通过对同级酒店项目进行深入调研，为本项目提供借鉴。

酒店市场未来预测：通过市场供需关系分析，结合相关政策与规划，判断未来酒店市场的走势。

一、青岛酒店市场

1. 市场需求

在本部分，我们根据区域访客的数量变化、访客消费能力与结构，研究青岛市酒店市场的需求状况。

（1）访客及旅游总收入

①国内访客

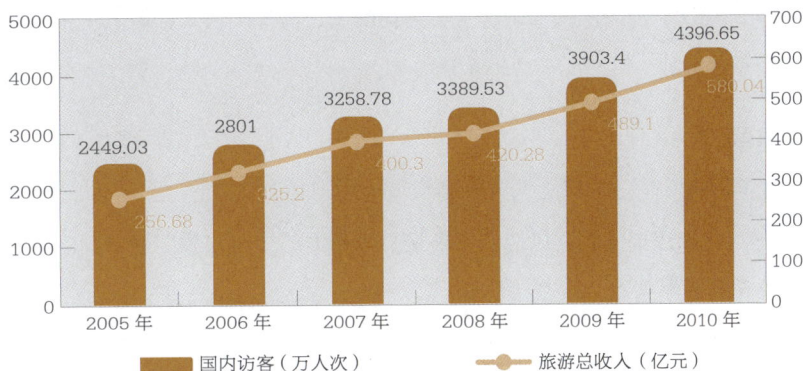

▶── 图29-5 2005—2010年青岛国内访客总人数及旅游总收入

统计数据显示，青岛市近年国内访客人数和旅游总收入呈平稳上升态势，自2005年到2010年逐年递增，平均增长率为13.5%。在2008年的金融危机期间仍保持了4%的增幅。2010年青岛市接待国内访客人数已达4396.65万人次，当年增速为12.6%。

在旅游总收入方面同样保持逐年递增的良好态势，2005年至2010年的平均增长率更是达到了接近21%的高增长值。

青岛市旅游抽样调查结果显示，2011年一季度该市共接待国内访客729.56万人次，同比增长10.26%，实现旅游总收入93.38亿元，同比增长15.82%，双双实现快速增长。

从旅游出行时间看，一日游逐渐成为旅游市场新的增长点。据统计，2011年一季度该市接待一日游访客（含本地一日游访客）201.28万人次，同比增长22.52%，实现总收入6.94亿元，同比增长33.39%。相比之下，过夜游市场相对平稳，人数和收入增幅分别为6.21%和14.61%。

②国际访客

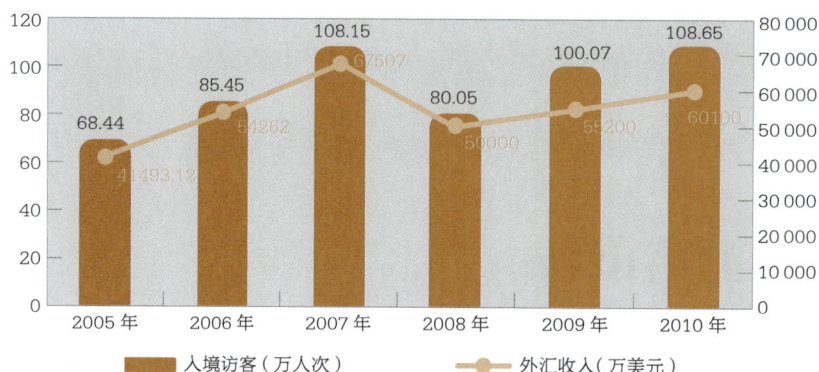

■—▶ **图29-6 2005—2010年青岛国际访客人数及旅游外汇收入**

如图所示，受2008年国际金融危机和甲型H1N1流感的消极影响，青岛地区国际访客人数及外汇收入随之下降，自2009年起，国际到访人数及外汇收入呈现恢复性增长。

青岛已逐步成为境外访客的重点到访目的地。2005—2010年的入境访客人数的平均增长率达17.4%，由此产生的外汇收入规模呈现相应的连续增长态势，2005—2010年平均增长率为19.2%。

按国际访客来源国统计，青岛的国际访客主要来自韩国、美国和日本，以上三个国家的入境人数多年位居青岛国际访客数量的前三位。

（2）到访目的

①国内访客

得天独厚的自然风光和浓郁的人文风情是青岛最具吸引力的旅游资源。随着国内生活水平的提高，青岛市的国内访客人数连年攀升。

下图细分了国内访客到访青岛的主要目的（2009年）：

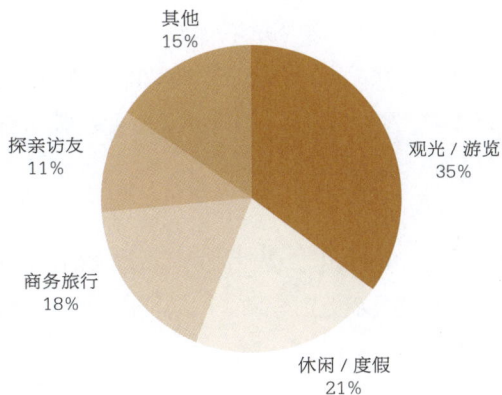

▶── **图29-7 国内访客到访青岛目的**

如图所示，国内访客到访青岛的主要目的是观光游览和休闲度假，两项合计超过了国内访客总数的一半以上。另有18%的访客以商务旅行为目的，由此可见，国内以出差、会议为主的商务人士所占比重相对较低。

②国际访客

山东省作为中国的旅游文化大省，为国际文化旅游人士所广泛关注。因此，以传统历史名胜地域的观光及沿海休闲度假为目的的到访，一直占据该省访客的较高比重；青岛市作为山东省文化和旅游重点城市，对国际旅游人士的吸引力在山东省位列前茅。

目前随着经济的飞速发展，山东省在国际商务市场上也颇具活力，这点从商务旅行及会议访客达到近40%的比例就能够充分体现，而青岛市作为山东省对外经济的窗口城市，其对山东省国际商务访客的贡献比例最为可观。

下图细分了国际访客到访山东省的主要目的（2009年）：

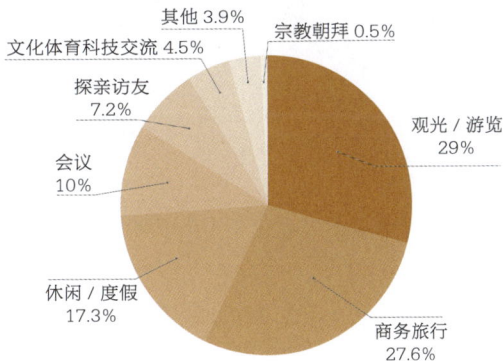

▶── **图29-8 国际访客到访山东省目的**

（3）消费能力

①国内访客

根据最新统计数据，2011年第一季度，国内访客人均花费1279.94元，同比增长5.04%，创历史同期最高水平。其中，一日游访客人均花费344.74元，同比增长8.87%，过夜游访客人均花费1636.26元，同比增长7.90%。购物、长途交通和住宿花费，居支出的前三位，分别占到国内访客人均花费的23.3%、21.1%和20.6%。

②国际访客

跟据统计，在2009年青岛入境旅游收入中，位居前三位的消费项目依次为：旅游购物、住宿和餐饮消费，以上占2009年入境旅游总收入的比例分别是18.8%、11%和9.7%。

（4）市场供应

在本章节将分析青岛市酒店市场的供应现状。

①星级酒店数量

根据青岛市旅游局的统计，截至2010年年底，青岛市共有星级酒店155家。

其中，五星级酒店8家、四星级酒店28家，高档酒店占星级酒店总数量的23%。

具体数量见下图：

单位：家

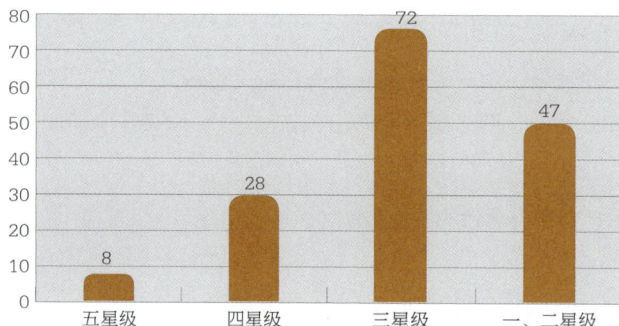

图29-9 星级酒店数量

②非星级酒店数量

截至2010年年底，根据青岛统计局数据显示，除155家星级酒店以外，青岛还有度假村6家、商务酒店61家、连锁酒店52家。

其中，经济型连锁酒店近几年在青岛犹如雨后春笋，这些酒店以其低廉的价格、特色化的经营方式吸引了大量到访客人。

③市场表现

在前述章节中，根据访客"到访目的"的数据显示，目前到访青岛的客源以观光旅游和休闲度假为主，上述访客对五星级酒店的需求程度并不是很高，因此青岛市四星级以下的酒店数量庞大，占酒店总量的77%。

④平均房价（元/间·夜）

据统计，自2007年以后青岛市的酒店市场五星级酒店平均价格明显下降，而四星级酒店价格呈现震荡格局，具体情况见下图：

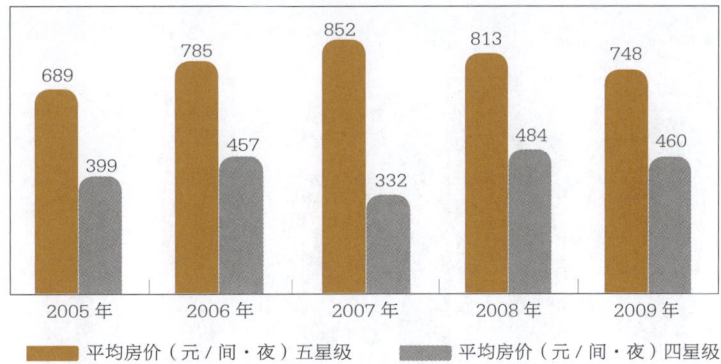

图例：平均房价（元／间·夜）五星级　　平均房价（元／间·夜）四星级

▶━━ **图29-10 高星级酒店平均房价**

由于2007年以来，新增五星级酒店数量较多，导致几家老牌五星级酒店必须依靠下调房价来获取市场份额，如丽晶、海天、海景花园等；因此，五星级酒店的平均房价水平自2007年开始呈现逐步下降态势，2009年五星级平均房价为748元/间·夜，与2007年的852元/间·夜相比，下降12.2%。

⑤出租率（%）

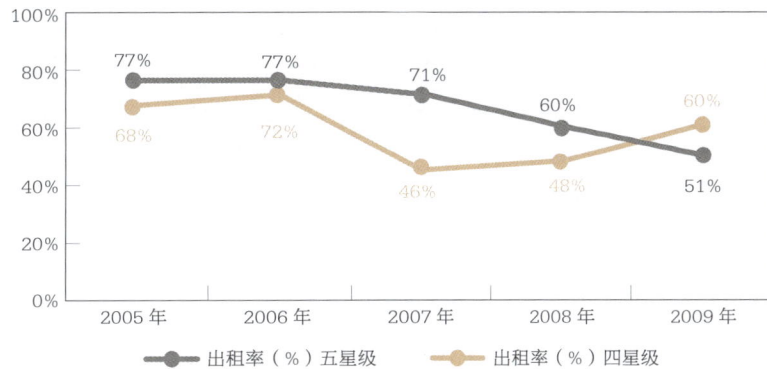

图例：出租率（%）五星级　　出租率（%）四星级

▶━━ **图29-11 青岛市酒店市场的出租率变化情况**

从以上趋势线的变化可知，青岛市五星级酒店出租率自2006年以来一直呈现下降趋势，2009年，五星级酒店的出租率仅为51%，较之2005年77%的出租率水平下降了33.8%，由此变化趋势分析，近几年来青岛市五星级酒店处于供过于求的状态，而国际金融危机的影响又进一步增加了这种状态延续的时间。

四星级酒店出租率的变化与五星级酒店有所不同。2007年市场供给的增加，一度导致出租率和平均房价双双降低，2008—2009年，奥运前后因素的影响以及国内一系列经济刺激计划的推动，导致国际金融危机阴影下的青岛国内访客不降反升。2008年青岛四星级酒店出租率和平均房价均有所提升。2009年，由于部分五星级酒店对下游市场份额的争夺，四星级酒店虽然保持了较好的出租率，但是不得不牺牲了平均房价。

⑥竞争分析

目前，青岛市挂牌五星级酒店共8家，斟选其中有代表性的几家酒店进行对比分析，其2010年全年的具体经营情况请见下图：

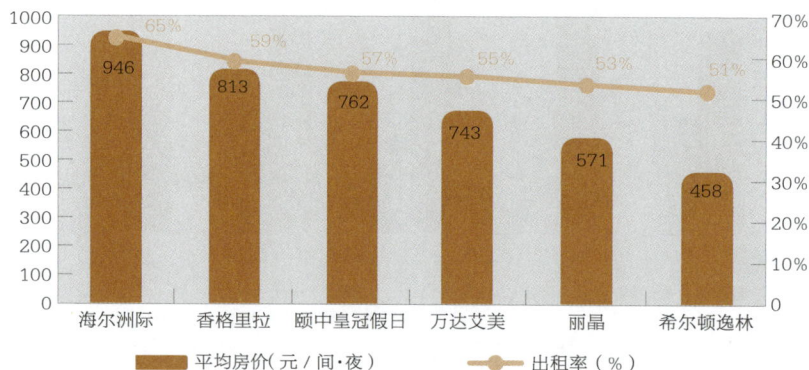

图29-12 青岛五星级酒店的经营情况

据上图显示，青岛市具有可比性的酒店的经营状况特点如下：

经营状况排在首位的是海尔洲际酒店，无论是出租率还是平均房价，都高于其他五星级酒店。主要原因除了酒店占据了青岛市区内的良好地理位置以外，还与洲际集团的全球推广销售优势以及酒店崭新的服务设施和现代的房间布局均有很大关联。

香格里拉酒店二期房价水平较高，达到了青岛五星级酒店的最高水平，但由于酒店总房间数量将近700套，其中一期的500套客房，无论从环境、面积（37平方米）到装修，已无法提升在同级酒店中的竞争力，所以拖累了整体酒店的出租率和平均房价水平，但是目前在同级市场中表现仍然不俗。

颐中皇冠假日酒店的设施和酒店服务均得到客人的好评，更由于其优越的地理位置和较好的客户口碑，虽然开业时间较长，但一直以来，无论是平均房价还是酒店的出租率均属前列。

万达艾美于2009年开业，设施较新，标准间面积为40平方米，房间总数348套，但是其地理位置和香格里拉、海尔洲际、颐中皇冠假日相比，离市政中心区较远，且周边环境尚不成熟，所以目前市场表现略低，潜力仍待挖掘。

丽晶酒店由于开业时间较早，设施维护不够，房间空间感较差，已经不能与新兴同级酒店相比，接待的旅游团队客人相对其他五星级酒店比例偏高，所以市场表现差强人意。

希尔顿逸林酒店开业两年，其市场表现水平处于青岛市五星级酒店下游，主要原因是酒店位于城阳区，高端商务客源不足，因此实际上是五星级酒店的标准，却按照青岛市四星级酒店的房价水平销售，平均房价只有458元/间·夜。

青岛其他几家老牌的五星级酒店，比如海天大酒店和汇泉王朝大饭店，由于格局和建筑均已老旧，已列入翻建计划中，目前不能参与市场竞争，此处不做详细分析。

（5）未来市场预测

① 未来供应

据青岛市官方统计，目前青岛已经开工建设和近期计划开工建设的四星级及以上酒店项目共有22个，建设总投资约108亿元。

五星级酒店包括青岛喜来登大饭店、凯宾斯基饭店、那鲁湾大酒店、半岛酒店、四季酒店等，这些酒店都将在两年内建成，其中大部分在2012年年底前建成，2013年投入使用。

而海天大酒店和汇泉王朝大饭店在已经公布的翻建计划中，都将升级成为城市地标或区域型地标建筑，借助其目前的地理位置优势，相信在未来建成后，也将成为新兴市场中极具竞争力的成员。

除了单体酒店的更新升级，未来几年内，青岛还要打造几个像中国香港的浅水湾、鲤鱼门一样的国际度假酒店集群地带，形成"避寒在海南，避暑到青岛"的中国滨海休闲度假格局，度假型酒店客房规模也将达到一万间左右。

可以预测，未来青岛市的高端酒店市场不但将进入一个更新换代和优胜劣汰的时期，也将进入一个快速增长的时期。

② 未来需求预测

自2009年以来，由于中国经济的持续发展，以及国家和各地区在旅游业方面的各种优惠推广活动，2008年访客增速放缓的状况已经迅速扭转。根据2005年至2010年青岛市访客总量的变化趋势可见，访客总量一直呈稳定增长的态势。

根据过去几年访客总量逐年快速递增的趋势来看，未来几年这种上升趋势还将持续，利用线性回归分析法对未来五年酒店市场需求趋势进行了预测。

具体如下图所示：

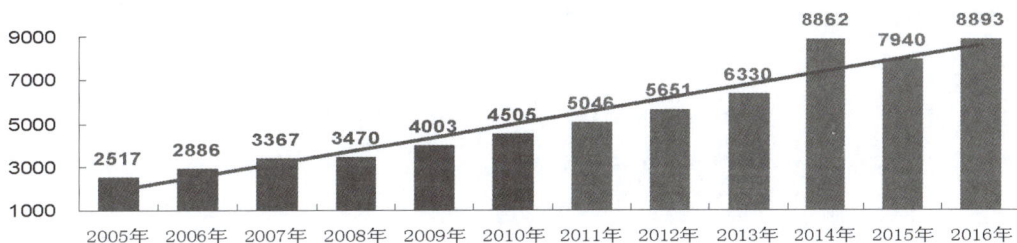

▶—— 图29-13 未来五年访客总量预测

目前，青岛市已经确定为2014年世界园艺博览会主办城市，2014年访客总量将出现明显上升态势，而在2015年恢复到正常上升通道。

③ 酒店市场预测

出租率：

青岛高端酒店在过去几年由于受到增量以及国际金融危机的双重影响，出租率有下降的态势，尤其是在2008年—2009年尤其明显。

根据目前经济恢复的状况来看，在未来几年出租率将恢复并进入上升通道，但是由于高端酒店供应量还在持续增加，上升将趋于缓慢并呈现震荡的趋势，同时预计2014年受青岛世界园艺博览会的影响，出租率将有一个峰值出现，之后将回到正常上升轨道，具体预测如下图：

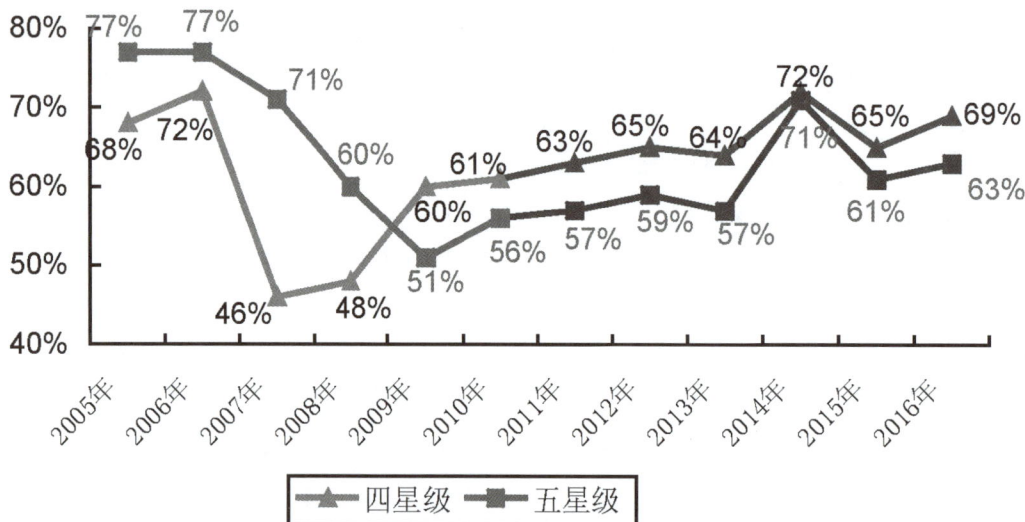

图29-14　未来高端酒店出租率预测

平均房价：

　　根据前面章节的分析，近几年青岛市四、五星级的高端酒店市场平均房价呈现下降趋势，分析其原因是由于竞争激烈及金融危机给市场带来的双重冲击造成的。

　　根据目前市场回暖的趋势来看，平均房价应该能够回归上升通道，但是由于青岛增量的消化还需假以时日，而市场还将有大量新增供给，所以上升幅度相对保守，速度不会太快，未来几年五星级酒店的市场平均价格将很难回到2007年852元的水准，价格将在750元至800元之间摆动，而四星级酒店由于上游市场争夺客源和供给量增加等因素，市场平均价格也将保持在400元至450元之间。

④**市场空间**

　　目前，青岛市四、五星级高端酒店的市场空间可从以下方面来推断：

　　第一，青岛市的五星级酒店市场正处于更新换代的繁荣阶段，国际酒店管理公司自2008年以来对青岛酒店市场的大举进驻，促使早期开业的高端酒店不得不重新布局和更新，如海天大酒店、汇泉王朝大饭店的原址重建工程，预示着更新型、更优质的高端酒店产品是被市场看好和需要的。

　　第二，目前，青岛市高端酒店，尤其是五星级酒店过分集中在青岛市区，尤其是市南区，导致区域内竞争激烈，而此区域外供给不足。

　　第三，外围地区及新兴区域内的高端酒店还十分匮乏，尤其是在青岛市制定"环湾建设"的全面外向型发展的大规划下，周边区域的酒店业发展需要与经济发展同步。

　　综合上述原因，青岛市高端酒店需要更加新型、更加独特的现代产品，同时其发展分布应当更加趋于分散，而不能够再过分集中在市区内。

2. 小结

　　青岛市在到访人数及旅游总收入两方面均呈逐年递增的良好态势；

近几年国内外访客在青岛的消费均呈现增长趋势，旅游购物和住宿费用所占比例最大；访客到访目的以观光游览和休闲度假为主，其次是商务及会议；

青岛市未来两年高端酒店供给将大幅增加，将给酒店市场带来较大的压力；

过去三年，青岛市高端酒店整体市场表现受到增量和金融危机的影响，目前正处于消化和恢复期，预计未来几年随着经济发展的带动及2014年世界园艺博览会的利好影响，高端酒店的整体市场表现趋于良好，并有望在2014年出现一个波峰型的增长，但是由于高端酒店供应的不断增加，高端酒店市场要面对诸多不确定因素。

二、胶州酒店市场

1. 市场需求

从前面章节可以看到，胶州市近几年的经济一直保持着稳定增长的良好态势，稳定和向好的经济情况是发展酒店业的基础。

胶州市作为大青岛规划的"环湾保护、拥湾发展"的一个重要组成部分，其经济发展和产业优化不断推动产业升级，同时吸引了众多国内外企业投资胶州，这些企业的进入将为酒店市场带来主要的商务客源。

预计未来几年，随着胶州市向休闲度假胜地和国家AAAA级旅游景区目标的靠近，以及着眼接轨大青岛发展格局、打造特色精品城市理念的完成，胶州将吸引更多的商务休闲和观光旅访客源，为胶州酒店市场的大力开发奠定良好的根基。

2. 市场供应

胶州的酒店数量不多，目前只有一家挂牌三星级酒店——胶州阳光大厦、一家挂牌四星级酒店——胶州世纪大酒店，另外还有胶州宾馆、华韩大酒店两家酒店，下表展示了胶州主要酒店的情况：

▶—— 表29-3 胶州主要酒店情况

名称	世纪大酒店	胶州宾馆	华韩大酒店	胶州阳光大厦
星级	四星	——	——	三星
地址	郑州西路	上海路	兰州路	胶州西路
客房数	204	97	90	90
开业/装修年份	2002/2008	2009	2006/2010	1997/2007

续表

前台优惠价	550元	400元	660元	238元
商务协议价	——	350元	——	168元
标准房面积	30平方米	27平方米	25平方米	21平方米

注：以上价格均包含早餐和服务费

（1）世纪大酒店

目前世纪酒店作为胶州当地规模最大、设施最全的四星级标准酒店，位于胶州市老城区。酒店周边环境脏、乱、差；酒店内部虽然近两年经过部分装修，但是管理和保养严重不到位，已经显得陈旧老派；酒店客房、餐厅及会议设施齐全，但是卫生、环境和服务远不能达到四星级酒店的水平。

（2）胶州宾馆

胶州宾馆目前属于胶州政府级接待酒店，酒店是由学校旧址改建的，2009年新装开业，整体规模不大，房间面积较小，酒店周边环境较好，目前来往胶州的商务人士，尤其是政府客户，多数选择胶州宾馆下榻。

（3）华韩大酒店

华韩大酒店为韩方投资，于2010年重新装修，设施比其他两家酒店新，因为客房数量少，且客源基本来自周边商务人士，所以出租率相对稳定。

（4）胶州阳光大厦

阳光大厦规模不大，开业时间早，房间面积较小，虽然是三星级酒店，并在2007年进行了重装，但酒店设施仍然差强人意，所以房价水平并不高，只略高于经济型酒店。

3. 市场表现

通过市场调研，归纳胶州市酒店目前的经营状况如下：

下图显示了胶州酒店2010年的平均房价和出租率：

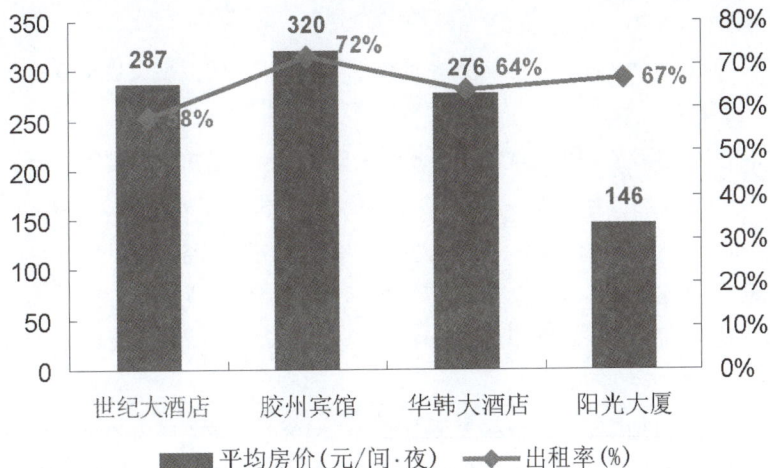

▶—— 图29-15 胶州酒店2010年平均房价和出租率

经济型酒店的房价水平在120~160元。

4. 未来市场预测

根据以上胶州酒店市场现状可知，目前胶州酒店业处于比较低端的状态，尚不能够满足胶州经济发展的需要，这样的状况将在近期得以改观，目前可知的两家即将开业的酒店将改变胶州酒店的市场格局，以下是目前已经立项并开工建设的酒店：

（1）喜来登酒店

绿城·青岛胶州项目位于胶州市行政文化中心中轴线世纪大道的两侧，绿城项目中将引进喜达屋酒店与度假村国际集团的喜来登品牌，酒店客房数量约275间/套，酒店包含早餐厅、大堂吧、特色餐厅、中餐厅、宴会厅、会议室、游泳池及SPA等多种功能区域，规划建设的这家酒店为26层，建成后将比胶州现有最高建筑要高出15米，成为胶州的标志性建筑，初步计划于2013年投入运营。

（2）时代锦江国际酒店

在青岛时代国际中心项目中规划建设了一家客房289间/套的五星级标准酒店，地上25层，地下2层，总建筑面积约7万平方米，聘请锦江管理集团入驻管理，酒店设2000余平方米的顶级私人会所，设置游泳池、健身房、会议厅、宴会厅、高级餐厅、KTV包间等。初步计划2013年投入运营。

（3）少海观澜洲五星级度假酒店

由青岛聚宝苑置业有限公司投资，规划面积约9.8万平方米，目前尚处于规划设计阶段。

通过以上开工建设或立项的酒店可知，在胶州市域内，酒店市场将在未来1至2年内翻开一页新的篇章，国际和国内著名管理品牌的入驻将为胶州酒店市场注入现代、时尚和品牌化的元素，胶州酒店市场将走出低端化的状态。

但是，从上面的信息中也不难发现另外一个问题，即将进入市场的喜来登酒店和时代锦江国际酒店的客房总数接近600间/套，规划设计尚未完成的少海观澜洲酒店项目尚未公布详细数据，保守预计，其客房数量不会低于200间/套，这样未来两年，可见的市场供应就已经在800间/套左右，这其中还未包括本项目及可能出现的其他项目。

根据以上分析，胶州市酒店在未来两年里将面临一个更新换代的时期，也将是一个竞争日趋激烈的时期。

未来随着胶州市经济的发展和规划实施的不断深入以及胶州旅游宣传力度的加大、酒店档次的整体提升，胶州酒店市场的表现将有上升机会，但是由于供给量的激增，又有制约上升速度的可能。

目前胶州酒店市场平均入住率约为64%（未包括经济型酒店及招待所），预计今后两年随着胶州酒店市场供应量的增加，市场平均住房率会有下行可能，而到本项目开业首年（2014年）这一情况将有所改善，尤其是世界园艺博览会这一利好因素，能够促进酒店整体市场向好，预计2014年胶州酒店的平均入住率能够达到60%左右。

在平均房价方面，目前胶州市场的价格属于中低端市场价格，未来当新的酒店特别是国际、国内品牌高端酒店进驻胶州时，胶州酒店市场的平均房价水平将被改写，但是由于市场层次的差异，胶州的五星级高端酒店市场的平均价格暂时无法达到青岛市区的平均水平，参照目前位于青岛城阳区的希尔顿逸林与市中心五星级酒店房价差40%左右的现实情况，同时考虑价格上涨等经济因素，保守预测到2014年，胶州五星酒店市场的平均价格在450~500元。

5. 小结

胶州经济的快速发展和城市的转型优化，为发展酒店行业带来了经济基础和客源基础；

胶州市目前酒店市场尚处于低端化局面，酒店市场有待改善和提高；

目前胶州酒店的市场表现受到酒店设施水准的制约，水准还有待提高；

胶州作为"环湾保护、拥湾发展"的核心圈层，其未来发展方向是胶州湾西海岸的现代化城区，可以预见市场对高端酒店的需求将逐步显现；

胶州酒店在未来2年内将进入一个更新换代的时期，也将是一个竞争日趋激烈的时期；

胶州酒店市场的表现将在2014年受到经济发展、供给增加、档次升级、大型活动等诸多因素的共同影响。

···· 第四部分 ····

SWOT 分析

一、优势

    本项目所处的胶州市，是在青岛地区宏观市场发展和规划当中多次提及和重点强调的区域，具备较好的发展前景、条件和机遇。

    近年来，青岛地区的经济发展和产业调整始终保持良性渐进状态，旅游业是其中受益最大的行业之一，具有良好设施和管理水准的高端酒店建设符合行业重点扶植的要求。

    胶州市在青岛周边地区的市县当中，属于经济发达、增速较快的区域，宏观市场容量有较大的提升空间。

    本项目位于少海南湖、北湖交汇处，是从正阳路方向进入胶州的门户，也是少海新城景观带上的核心点；未来本项目的交通便利度、景观度和能见度在少海区域有着绝对的优越性。

二、劣势

    青岛市高端酒店整体市场的经营表现纠结于供给和需求的差别增速。在达到稳定、理想及较为平衡的供给比例关系之前，行业竞争的力度中等偏强。

    胶州的旅游消费、商务消费、居民消费目前都处于增长通道之中，距离形成稳定的比例，或者说形成一个成熟的客源市场，可能还需要较长的时间。

    胶州市目前的酒店市场仍属于低端化市场。其质量、档次尚待提高、改善。胶州酒店的经营效益受酒店设施水准的制约，面临比较困难的阶段，需要有跨越性的进步。

三、机会

预计未来几年，随着经济发展的带动及2014年世界园艺博览会的利好影响，高端酒店的整体市场表现将趋于良好，并有望在2014年出现一个波峰型的增长。

胶州具备悠久的、尚未充分开发的人文资源，为旅游业的发展及吸引旅访客源提供了基础。文化和历史资源的开发，可能形成另一个与胶州经济资源并重的、互补的优质市场。

胶州作为"环湾保护、拥湾发展"的核心圈层，其未来发展方向是胶州湾西海岸的现代化城区，可以预见市场对高端酒店的需求将逐步显现。

胶州经济的快速发展和未来城市的转型优化，能够为发展酒店行业带来经济基础和客源基础。

四、威胁

青岛市未来两年高端酒店供给将大幅增加，将给酒店市场带来较大的压力，未来将要面对诸多不确定因素。

胶州酒店在未来两年内将进入一个更新换代的时期，也将是一个竞争日趋激烈的时期。

未来，本项目附近将有同类型的竞争项目出现，增大了在未来经营中的竞争威胁。

五、结论

前面的章节对青岛及胶州宏观市场、酒店市场及项目所在的少海新城区域进行了充分研究。通过以上SWOT分析可以看出，目前在青岛胶州投入高端酒店，其优势大于劣势，机会大于威胁。

综合分析其发展条件和机会，青岛胶州少海新城区域具备投入高端酒店的市场条件。同时，也要充分考虑投资的经济性和未来经营的差异化、特色化，尽力规避由于一般性供应增加所带来的行业同质化竞争。

······· 第五部分 ·······

项目定位

按照委托方提供的信息，本项目在少海新城区域的规划中被定位为五星级酒店，从而为本项目定位提供了档次标准，也意味着本项目的档次定位已经明确，而在本章节中，将着重讨论本项目未来主要客源情况以及适合的酒店设施和服务。

同时，也将通过客源及市场情况来讨论和建议本项目未来的客房规模，为之后的项目策划提供基础，最后将就本项目未来的经营管理模式和品牌使用提出建议。

一、客源定位

在综合分析项目周边规划的基础上，将结合前面章节的宏观市场分析、酒店市场分析，预判本项目大致的客源比例，导出本项目的主要客源，并通过目标客源的诉求来分析本项目的产品特征。

1. 客源划分

按照酒店业的通行惯例，可将客源类型基本划分为：散客、协议客户、预订中心、会议客户及度假旅游。

通过对青岛市场的了解，认为青岛市高端酒店客源类型也遵循着这一惯例，按照这些客源类型，下表分析了青岛市客源的主要特征：

▶── 表29-4 青岛客源主要特征

类别	客源数量	客源渠道	价格承受度	停留时间
散客	中	客户走入，从酒店前台获得价格。	高	中
协议客户	多	客户以公司或单位形式与酒店签署长年用房协议。	高	中
预订中心	中	订房中心代客户与酒店签署协议或预订。	中	中
会议客户	多	客户以公司形式与酒店签署会议协议。	中	中
度假旅游	多	通过旅行社与酒店签署协议。	低	短

从上表中可以看出，青岛酒店市场的协议客户、会议客户无论从数量上还是质量上都成了客源的主体，所以青岛市的高端酒店多以商务会议型为主，即酒店具备完善的商务设施，同时会议设施都呈规模化、档次化；而青岛市同时也是一个旅游目的地城市，尤其是在每年的夏季，度假旅访客源成为主体，所以青岛市区的高端酒店大多集中在海岸沿线。

而胶州由于区位和城市发展的不同，其客源的情况与青岛市区有一定的相似性，但还是有着明显的差异，胶州客源的情况需要分时段进行判断，即目前和未来。

胶州市目前还处于发展的起步阶段，在目前以及过去的时间里，胶州的酒店市场比较滞后，无论从数量和质量方面，都导致外界对其认知力偏低，散客和订房中心这类客人并不选择在胶州过夜，而选择留在青岛市区酒店。

胶州市并不是一个传统及成熟的度假旅游市场，所以当地的度假旅访客源有限；目前胶州酒店客源的主体是协议客户和会议客户，而这些客户从价格承受度上来说，也受到了当地酒店质量的制约。

近几年，胶州市对旅游资产的开发和宣传已经起步，同时借力国家及青岛对环湾开发的大力支持和推动，胶州无论是经济还是旅游业，在未来都将进入一个发展和提升的通道，预判未来胶州的客源情况将发生一些变化，具体请见下表：

▶— 表29-5 未来胶州客源预测

类别	目前数量	未来数量	客源渠道	价格承受度	停留时间
散客	少	少	客户走入，从酒店前台获得价格。	高	中
协议客户	中	多	客户以公司或单位形式与酒店签署长年用房协议。	高	中
预订中心	少	中	订房中心代客户与酒店签署协议或预订。	中	中
会议客户	多	多	客户以公司形式与酒店签署会议协议。	中	中
度假旅游	少	中	通过旅行社与酒店签署协议。	低	短

未来胶州酒店客源将依然以协议客户和会议客户为主，这一基本结构不会有太大变化，其他几类客源的数量都将有一定的提高，尤其是在预订中心和度假旅访客源方面。

随着国际国内知名品牌入驻胶州，这些品牌自有的订房网络将给胶州带来更多的客源，而知名品牌的市场认知度高，也会透过公共订房网络增加一定比例的客源。

随着未来胶州旅游开发的深入，旅游资源的利用也将为酒店市场注入一定的客源，尤其是胶州少海新城的旅游环境和周边自然环境一旦完善，会对胶州旅访客源的贡献最大。

由于胶州酒店市场的档次提升，作为其中坚力量的协议客户和会议客户的客源质量也将有一定程度的提高。

2. 本项目客源渗透度分析

本项目位于胶州市少海新城，规划建设集自然生态、滨水休闲、度假旅游、历史人文、高档居住等功能于一体的城市滨水复合功能区，整个少海新城在建成后在推动第三产业，如旅游业等方面将提供巨大的原动力，成为环胶州湾滨海景观带上新的观光热点。

根据这一规划，本项目借助位于少海新城和新景观区域的优越地理位置，在抢占旅游市场方面有着较强的优势，但是由于未来区域内观澜洲上还将出现另外一家高端度假型酒店，所以对吸纳旅访客源方面属于谨慎乐观。

少海新城位于胶州市区东南侧，东隔大沽河与青岛高新技术产业区相接，南临环胶州湾高速公路与胶州湾连通，西靠胶州湾工业园，北依胶州市经济开发区，本项目位于少海新城内，距离这些经济发展区域基本在30分钟车程以内，未来借助区位优势将与这些重要经济发展地带有一定的关联性，这里的企业客户对本项目有一定的渗透性，但是由于这些区域在未来可能有酒店类项目投入，所以渗透强度并不高。

从本项目位置前往胶州市行政中心区，耗时仅需不到10分钟，交通可达程度良好，但是由于胶州未来两个规模、档次都较高的酒店项目就位于行政中心核心区域内，这些竞争酒店将借助其地利截流掉较多的商务类客人，预计一些对居住环境比较看重的品质型商务客人也会对本项目有一定的渗透性，但是强度不大。

对于会议客户，尤其是跨地区举行的商务或主题型会议、论坛和培训，不会过多受到地理位置的影响，这类客户更注重的是会议地点的交通便利性和周边环境的优越性，本项目的交通便利程度和周围环境正适合这类客户。

对于酒店经营来说，会议客户的房价承受度虽然不是最高的，但是其综合消费是酒店所有客源类型中最高的，这样客源对酒店经营收入的贡献度较大，所以今后本项目的主要目标客源应该是会议客户。

3. 目标客源渗透比例预测

根据以上章节的客源渗透度分析可以看出，会议客户将是本项目的主要客户类型。借助项目区位的优势，能吸引到胶州大部分的旅访客人，同时依仗交通可达程度较好的优势，也能够吸引一定比例的协议客户，预测本项目今后客源比例如下图：

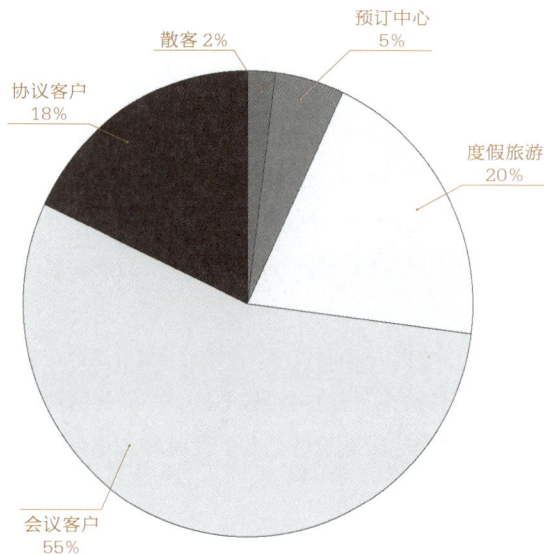

散客 2%
预订中心 5%
协议客户 18%
度假旅游 20%
会议客户 55%

▶── 图29-16 本项目未来客源比例预测

4. 目标客源诉求

本项目客源将以会议客户为主，辅以协议客户和度假旅访客人，这些客人对酒店设施及服务设施的需求度详见下表：

▶── 表29-6 目标客源诉求

项目	会议客户	协议客户	度假旅游
客房设施和服务			
房间面积	较大	大	适中
舒适程度	较高	高	较高
豪华程度	适中	高	适中
房内商务设施	高	高	低
服务要求	较高	高	适中

续表

项目	会议客户	协议客户	度假旅游
餐饮会议设施和服务			
中餐厅	高	较高	适中
咖啡厅	高	高	高
宴会设施	高	较高	低
会议设施	高	高	低
酒吧	适中	高	适中
特色餐厅	较高	高	适中
送餐服务	适中	高	低
娱乐健身设施			
运动健身设施	较高	高	低
游泳池	较高	高	适中
SPA健康设施	较高	高	适中
各种休闲娱乐设施	较高	高	适中
公共及商务服务设施			
商务中心服务	高	高	低
行李寄存服务	高	高	低
车辆接送服务	较高	高	低
大型客车租用	高	中	低
安全保卫	高	高	高

　　从上表中可知，酒店未来的设施配备需要以满足会议客户为主，其主要需求是：对客房要求空间感较强、房间舒适度较高、商务设施齐备；对餐饮会议要求会议设施齐备、餐厅可以满足早餐和大型集中用餐要求；对娱乐及健身设施要求具备一定的健身娱乐设施，能满足会议培训之余的活动要求即可；对公共及商务服务设施要求完善及有效。

二、规模定位

我们研究了青岛市五星级酒店的规模状况，目前青岛市五星级酒店的平均客房规模为460间/套，平均规模属于中型偏大，而2010年其整体平均入住率是56%左右，即平均每个酒店的日用房量是257间/套，而每天平均每家酒店有203间/套的客房空置。

目前胶州市酒店的情况是，目前被调研的四家胶州档次和规模较好的酒店规模都不大，平均房间数量在120间/套，而根据其入住率情况看，其平均每日的空置率也在30%以上。

未来胶州新面市的两家酒店其平均房间数量为282间/套，总房间数量为564间/套，这样加上之前的四个酒店480间/套，总供应量超过1000间/套，对于胶州这样一个酒店业尚处于发展阶段的地区，这样大量的供给将在一定时期内给市场带来较大的消化压力，而价格之争也将很难避免。

同时我们在全国范围内对与胶州同级别的县级城市做了初步的市场调研。目前，在青岛市辖的胶南、平度和莱西都尚未开设五星级标准酒店，而在县级市中与胶州市相当的如乐清、文登、诸暨、丹阳、荣成等，其高端酒店数量也非常有限，平均只有2家左右，且档次基本是在四星级的水平，其中高端酒店的规模多数都在200间/套左右，就是在江阴、昆山这样经济发展较好的县级市里的高端酒店，尤其是五星级标准的酒店，规模也多数控制在300间/套以内。

综合上述原因，综合考虑经营压力和投资风险，我们建议本项目房间数量控制在240~260间/套为宜，大规模、大体量的投入需要谨慎，可根据市场未来的发展和变化的情况审时度势处理。

三、管理模式分析与品牌推荐

1. 管理模式

目前在中国的酒店业市场上，按照管理模式来划分基本上分为三种经营模式：

自主经营：顾名思义，自主经营就是由投资方聘用或指定酒店总经理，由总经理组织管理团队，全权负责酒店的管理和经营。

特许经营：是指以特定的方式将所拥有的具有知识产权性质的名称、注册商标、成熟定型技术、客源开发预订系统和物资供应系统等无形资产的使用权，转让给受让企业，借此获取经济效益。其表现形式是由业主方聘用或指定酒店总经理，由总经理组织管理团队，全权负责酒店的管理和经营，但是对外加盟连锁品牌，使用该品牌统一的市场形象和销售网络，并向品牌持有人支付一定数额的品牌加盟费和年费。

委托管理：是通过合同约定的方式取得企业的经营管理权，运用法律约束的手段，明确委托人和受托人之间的义务、权利及责任，使合同约定的双方当事人的权益得到保护和落实。其表现形式是由业主聘请专业的酒店管理公司，由管理公司指派总经理并组成管理团队，全权负责酒店的管理和经营，并按照收入比例收取管理费用。

我们将三种经营模式对社会效益、酒店运营中的具体事项等方面进行比较后，总结出下表：

▶—— 表29-7 三种经营模式对比

项目		自主经营	特许经营	委托管理
经济效益	GOP	低	较低	高
	现金流入	低	较低	高
	投资回收年限	长	较长	短
社会效益	公众认可	低	较高	高
	形象	一般	较好	好
	税收贡献	小	较小	大
针对项目	管理体系建立	较落后	较落后	先进
	延续性	会受个人因素影响	会受个人因素影响	不受个人因素影响
	员工培训	不系统、不完善	不系统、不完善	系统、完善、人力资源丰富
	市场拓展	速度慢、范围小、不稳定	速度较快、范围较大、不稳固	速度较快、范围较大、稳固
	硬件维护	不系统、不完善	不系统、不完善	系统、完善
	产品质量	不稳定	不稳定	产品质量高且稳定
针对项目	远景发展	一般	较好	好
	知名度	低	中	高
针对业主	监管力度	低	低	高（需常与管理公司沟通）
	解约风险	一至三个月工资	品牌加盟费	解约赔偿（通常为2年管理费）

如上表所示，在自主经营管理模式下，酒店不使用任何品牌，以单一酒店的形式参与市场竞争，缺乏优势，其经营不容乐观。

特许经营的管理模式，由于品牌加盟的要求，对酒店软、硬件方面有较高的标准，可使服务保持一定的水平；另外特许经营的品牌都拥有全球销售或预订网络，利于酒店的对外宣传推广，并可以直接接受外埠及海外预订。加盟一个成熟和有一定的国际知名度的品牌不但对于酒店自身来说会有直接的利益，可吸引更多的商务客户，同时对于周边的商业或商务氛围也会带来一定利好。

使用委托管理的形式不但可以适当地规避社会经济环境和行业竞争带来的冲击，品牌的知名度也能够给酒店带来更广阔的市场和效益，同时借助品牌的知名度，可以更加迅速地扩大单个酒店的社会知名度。由于委托管理中的国际品牌管理公司均在全球拥有独立的销售和预订网络，利于项目的业务迅速发展并向国际化拓展。上图中显示，无论是社会效益、品牌认知度，还是酒店的软、硬件方面都比其他两种方式有明显的优势，并且可以长期维持在高水平。

为了更清楚地了解自主管理和委托国际（品牌）管理公司在经营方面产生的差异，我们选择了一些国内主要城市的房间价格进行对比，其价格差非常明显：

▶── 表29-8 国内主要城市酒店房间价格对比

	大连富丽华酒店	大连香格里拉酒店	价差比例
大连	976元/天	1221元/天	25.10%
沈阳	沈阳黎明国际酒店	沈阳中山皇冠假日酒店	
	582元/天	779元/天	33.85%
哈尔滨	哈尔滨福顺天天大酒店	哈尔滨香格里拉大饭店	
	508元/天	1079元/天	112.40%
长沙	长沙通程国际大酒店	长沙运达喜来登酒店	
	518元/天	1088元/天	110.40%
南京	南京金陵饭店	南京索菲特银河大酒店	
	648元/天	818元/天	26.23%
杭州	杭州大厦	杭州国大雷迪森广场酒店	
	798元/天	1104元/天	38.35%
郑州	郑州兴亚建国饭店	郑州索菲特国际饭店	
	598元/天	1088元/天	81.94%
常州	常州大酒店	常州富都商贸饭店	
	800元/天	1033元/天	29.13%
乌鲁木齐	乌鲁木齐鸿福大饭店	喜来登乌鲁木齐酒店	
	648元/天	1380元/天	112.96%

建议： 综合以上分析，建议本项目酒店采用委托管理的方式经营，并使用在市场上有一定知名度的品牌。

2. 品牌推荐

（1）国内管理公司品牌力分析

目前国内的管理品牌的量化指标不够缜密，人为因素过多，导致管理质量不稳定，同时由于服务行业标准很难明确界定，也导致了各管理公司的品牌质量良莠不齐。

国内品牌的公众认知度偏低。品牌特点不是非常显著，服务细节上的情感投入不到位，难以获得消费者的情感认同，尤其是国外消费者的高忠诚度。

（2）国际管理公司品牌力分析

国际品牌已经在其几十年的发展进程中完成并完善了其产品标准化和量化体系，产品的标准和质量已经被消费者广泛认同。

国际管理集团在打造自己旗下品牌的时候，已经按照客源定位和客源特点对品牌进行了特色细分，给消费者带来的不仅是装修和装饰特色上的视觉冲击，同时在服务上也得以充分体现。

国际品牌的酒店致力于打造品牌的亲和力，努力通过服务细节中的人文关怀让入住的客人感受到亲切，从而让更多消费者的忠诚度不断提高。

国际品牌管理公司均在全球拥有独立的销售和预订网络，利于项目的业务迅速发展并向国际化拓展。

借助品牌的知名度，可以更加迅速地扩大单个酒店的社会知名度。

综合以上信息，建议本项目可根据自身条件和企业的远景规划来选择合适的国际品牌，并委托持有该品牌的管理公司对本项目进行全面管理。

3. 适宜品牌推荐

目前国际酒店市场中的管理品牌众多，而国际公认的十大管理公司中，凯悦酒店集团、万豪酒店集团、希尔顿酒店集团的五星级酒店品牌由于其集团战略，目前暂不会将其高端品牌投放在县级市场，所以在此不予推荐；

国际十大品牌中的美国最佳西方酒店集团采用加盟挂牌的投放形式，我们认为并不适合本项目，因此建议不予考虑；

国际十大品牌中的喜达屋酒店集团的喜来登（Sheraton）品牌和洲际酒店集团的五星级品牌，温德姆国际酒店集团的豪生（Howard Johnson）品牌目前均已经投放青岛及胶州市场，已经在国际管理公司的"排他"范围内，不能够再投放；

目前还可以选择的品牌有：温德姆国际酒店集团的五星级品牌华美达大酒店（Ramada Plaza）、戴斯大酒店（Days Hotel&Suites）品牌；法国雅高酒店集团的铂尔曼（Pullman）品牌；精品国际酒店集团的凯富（Comfort）及美国卡尔森酒店管理集团丽笙（Radisson）品牌。

4. 本项目未来经营特色建议

根据以上章节的分析，首先建议将本项目当成一个国际品牌的度假型会议酒店来经营。

本项目是一个会议酒店，其经营初期主攻的客源市场将是高端商务会议，借助本项目得天独厚的自然环境和交通优势，吸引高规格的商务会议、公司培训、专题性会议、研究机构论坛等，这些优质的会议客源将成为本项目的客源主体，将对本项目收益贡献度较大。

在作为会议酒店的基础上，本项目需要强调是其度假型的特色，根据项目周边环境优美、临水而居、安静私密的特征，把握现代人对生活品质的要求，建立适合现代都市人追求的养生、休闲设施，无论是来开会、培训还是度假的客人，都能在这里找到静谧和休憩的环境，充分利用酒店周边水岸和禅寺等景观，使餐饮设施、健身、休闲等设施与其相互呼应，例如素食养生主题餐厅、清心禅室茶居、五行养生SPA、水岸瑜伽等。

据此，本项目可以建立起在本项目基础上的客源和经营特色，但是这样的设施和经营特色并不是完全独有的，这些内容是能够在今后的经营和市场竞争中被其他的竞争对手所效仿的，所以项目未来还需要营造更加独有的设施和专业服务才能够获得更加稳固的客源。

根据目前市场上"美丽经济""健康经济"大行其道的消费特征，可以考虑与相关的专业协会或机构合作，建立一个以"美丽一生"为主题的，提供健康、美容、养生一站式服务的专业机构，内容可以涉及伴随女人的各个时期的"完美"要求，例如一般女性的美容、塑型；孕期妇女的美容、健身；产期的母婴护理、产后塑型等，也可以设置一些知名美容专业机构或孕婴护理专业机构的研修中心、培训中心。

通过以上专业设施的建立，吸引目的性客源进入本项目，而通过完善的酒店设施，召集此类专业的会议、研修和论坛，并建成该类专业协会和机构的会议论坛基地、专业培训中心，这样不但能为本项目带来客源，同时也能够为本项目带来行业知名度，而这类独特客源将是周边竞争项目所难以获得的，也将成为本项目今后的稳定及特色客源。

项目产品策划

在前面章节中，通过对客源市场渗透度及目标客源的诉求分析，酒店未来的设施配备需要主要满足会议客户，其要求是：

· 客房：空间感较强，房间舒适度较高，商务设施齐备；

· 餐饮会议：会议设施齐备，餐厅可以满足早餐和大型集中用餐要求；

· 娱乐及健身设施：有一定的健身娱乐设施，满足会议培训之余的活动要求；

· 公共及商务服务设施：要求完善及有效。

下面将围绕这些要求进行本项目经营设施、公共设施及后勤设施的详细划分，并建议这些设施的相关设计要求，同时对机电设施提出要求。

一、设施建议

1. 客房

根据规模定位中的论证，我们提出240~260间/套客房的规模建议。据此进行客房面积模型拆分，并按照245间/套进行户型划分。

户型和面积的拆分具体见下表：

▶—— 表29-9 户型和面积拆分

项目	豪华客房	商务套房	豪华套房	行政客房
套内面积（平方米）	40	60	80	40
建筑面积（平方米）	57	86	114	57
房数（间）	175	10	5	55
百分比	71.43%	4.08%	2.04%	22.45%

目前，青岛市的新型五星级酒店房间面积一般在40~45平方米，而青岛香格里拉饭店二期的房间面

积达到了57平方米，在本项目中我们认为要达到较先进的水准，并能在一定时期内保持这一水平，同时也考虑投资效益等综合因素，建议标准房的面积应在40平方米（使用面积）左右。

根据本项目以承接会议类型客人为主的特点，套房的比例占总房间数量的比例不宜太大，以避免今后空置率高影响效益，同时套房的面积不宜过大，而对于一般五星级酒店常有的总统套房，在本项目中建议暂不考虑，可根据今后市场发展再行考虑。

建议在行政客房中，将多数房间定义为单人间（一张大床），而为了满足会议客户的需要，将豪华客房中80%的房间定义为标准间（两张床），这样确保酒店能够接纳300人以上的大中型会议。

设计要点及说明：

· 55间豪华行政客房建议考虑安排在高层区；

· 尽可能保证房间的统一形状、面积和布局，净层高不低于2.8米；

· 客房每一层楼须配备一个建筑面积在40~60平方米的工作间，工作间中应该包括：储物间、洗消间、员工洗手间等设施。

· 245间/套的房间数量是在整体户型和面积模拟拆分过程中确定的，实际酒店的房间数量需以设计过程中产生的最终结果为准；在之后的章节中，将按照245间/套作为标准值进行相关测算；房间的使用面积按照建筑面积的70%计算，今后酒店的具体情况还需按照实际设计而确定。

· 房间类型的名称是为了更清楚地显示划分特征，仅为建议。

2. 餐饮设施

根据调研发现，中国人的餐饮消费习惯是"包房消费"，青岛胶州也是这样的习惯，所以建议本项目中的中餐厅尽量以包房形式或屏风隔挡式为主，而大型集中的用餐可以使用宴会厅来接待，这样既能够照顾消费者的偏好，又能够满足会议用餐的需要。

其他餐饮设施建议：

咖啡厅，它可以作为项目中唯一的全日制餐厅，在主要满足客人早餐需要的同时，也可辅以一般全日零点和客房送餐的功能。

为了配合本项目亲水闲居的环境和现代人追求健康养生的时尚生活方式，建议设立一个特色养生餐厅，可考虑生态、素食等健康养生元素，也可以将禅茶文化融入其中，与本项目和慈云寺塔遥相呼应的景观合成为项目的一个亮点。

为配合项目的需要，同时为了能够满足现代人时尚养生的需要，建议改变一般酒店大堂酒吧的配备，而配备一个小型红酒吧，并建议将红酒吧与咖啡厅有机结合，但需注意尽量保证红酒吧区域相对私密。

下表显示餐厅类型和具体面积拆分：

▶—— 表29-10 餐厅类型及具体面积分布拆分

类型	餐位数量	餐位面积（平方米/餐位）	套内面积（平方米）	建筑面积（平方米）
咖啡厅	60	4.0	240	300
咖啡厅厨房	——	——	80	——

续 表

类型	餐位数量	餐位面积 （平方米/餐位）	套内面积 （平方米）	建筑面积 （平方米）
养生餐厅	60	5.0	300	375
养生餐厅厨房	——	——	120	——
中餐厅	150	5.0	750	938
中餐厅厨房	——	——	300	——
餐厅面积小计	——	——	1290	1613
厨房面积小计	——	——	500	625
红酒吧	30	5.0	150	188
合计	300	——	1940	2425

设计要点及说明：

· 咖啡厅考虑采用开放式，并设于酒店大堂区域，方便客人使用的同时，也可以作为客人住店期间的会客场所；同时红酒吧尽量与其靠近，方便通达的同时也能满足高端客人会客的私密要求。

· 中餐厅尽量按照包房设计，包括一个较大的包房，可以接待40~50人的小型宴会。

· 各餐厅的面积是通过餐位数量和餐位面积计算出来的，而厨房面积也是根据经验比例来划分的，最终餐厅面积的具体情况还需按照实际设计而确定。

· 餐厅类型或名称是为了更清楚地显示划分特征，仅为建议。

· 在之后的章节中，将以300个餐位及匡算出的总建筑面积为标准值进行相关测算。

3. 会议设施

配合本项目以会议客源为主的特色，建议配备充足先进的会议设施。

宴会厅规模需要配合客房接纳会议客人总量，满足同时接待300人的大中型会议；同时可分割成等面积3个厅，考虑与中餐厅包房有机结合，部分区域可肩负中餐厅大厅的功能。

如果条件许可，建议利用户外空间和环境作为宴会会议设施的延展部分，因为户外酒会和婚礼等类似活动时下日益受到欢迎。

下表显示会议设施和具体面积拆分：

▶—— **表29-11 会议设施和具体面积拆分**

房 型	接待人数	房间数量	单元内面积（米²/间）	套内面积	建筑面积（平方米）
宴会厅	300	1	900	900米²/间	——
多功能会议中心	300	1	600	600米²/间	——
中型会议厅	40	2	120	240米²/间	——
董事会议房	20	3	50	150米²/间	——
小计	660	——	——	1890米²	
会议前厅	——	——	——	225米²/间	
宴会厨房	——	——	——	300米²/间	——
合计	——	——	——	2415米²	3139

设计要点及说明：

· 宴会和会议厅周边需要配备足够的公共支持空间（如会议前厅、衣帽间等）；

· 大宴会厅的层高至少要有8米净高；

· 设置为宴会厅提供餐饮服务的内部送餐通道，宴会餐具储存需要与宴会厅在同一楼层；应设立与宴会厅相连接的会议室（贵宾室）和储藏室；

· 宴会和会议设施应该远离客房和酒店其他公共空间；

· 建议酒店设立一个可供会议客人进出的独立入口，便于管理会议团体，并且不打扰到其他住客；

· 宴会和会议的面积是通过接待人数计算出来的，而厨房和前厅面积也是根据经验比例来划分的，最终会议部分的面积还需按照实际设计而确定；

· 在之后的章节中，将以会议设施的总建筑面积为标准值进行相关测算。

4. 康体及娱乐设施

康体设施在高端酒店中的配备是必要的，尤其是运动健身设施，在酒店一般都提供给住店客人免费使用。

而在本项目中，同时考虑到周边别墅的居民在今后的生活中也有健身和休闲娱乐的需求，所以在分配其功能和面积时进行了综合的考虑，下表显示了康体及娱乐设施的类型和具体面积拆分：

▶—— 表29-12 康体及娱乐设施类型和具体面积拆分

类型	套内面积（平方米）	建筑面积（平方米）
游泳池	700	——
健身房	300	——
健身娱乐室	1200	——
室内网球场	700	——
SPA	1000	——
康乐区域面积小计	3900	5070

为了配合酒店设施和区域内的综合需要，建议配备1/2标准游泳池以及按摩池和儿童池；可以在健身房中划分不同的运动功能区域；室内网球场也可同时满足在室内打羽毛球的需要。

健身娱乐室中可考虑设置儿童游戏区域，同时也可以考虑设置KTV设施、小型私人影院等娱乐设施，这样不仅能丰富商务会议客人的娱乐需要，同时也为区域内的住户提供了一个休闲娱乐的场所。

SPA（水疗）设施是现在高端酒店的流行趋势，为了配合项目特点，建议仍然以健康养生为主题元素，但是由于其经营专业性较强，建议寻找适合的品牌营运或合作经营。

设计要点及说明：

· 以上康乐区域面积是在模拟拆分过程中产生的，实际面积须以设计的最终结果为准；

· 游泳池和健身区域可以共用更衣室，更衣室内需要考虑更衣区、淋浴区和卫生间，同时考虑配备桑拿设施；

· 儿童游戏区域内需设置儿童专用的卫生间和更衣区；

· 在之后的章节中将按照以上面积为标准值进行相关测算。

5. 公共区域

对于一家高档次的酒店而言，典雅宁静、设施齐备的公共区域是必不可少的，是客人入住酒店首先接触到的，也是给客人留下第一印象的地方。

大堂面积和高度方面要给客人以开阔的空间感；行政楼层会所可考虑安排在顶层，可同时具备接待、早餐廊和小型会晤室的功能。

另外根据国家星级评定标准的相关要求，在公共区域还需要考虑礼宾服务、行李寄存、贵重物品寄存、公共洗手间等设施。

具体面积建议请见下表：

▶━ **表29-13 公共区域具体面积建议**

类型	套内面积（平方米）	建筑面积（平方米）
大堂	500	——
商务中心	40	——
行政楼会所	200	——
行李寄存	20	——
礼品店	240	——
合计	1000	1300

设计要点及说明：

· 行李寄存处要设在礼宾部附近，而礼宾部需要与酒店前台靠近，便于提供服务；

· 商务中心设计小型会晤区（室）1~2间，方便客人临时开会、办公；

· 行政楼层的早餐廊无需配备专门厨房，但是需要配备面积适当的备餐间；

· 以上面积仅为建议，具体情况需要根据实际设计情况确定；

· 在之后的章节中，将按照以上面积为标准值进行相关测算。

6. 后勤配套设施

完善的后勤区域是保障酒店营运运行正常、有序和有效所必备的。

后勤设施面积在酒店项目中一般占酒店总体量的15%~20%，本项目中将地下车库的面积计入后勤配套区域面积，但并未含地面停车场面积。

具体规模建议请见下表：

▶━ **表29-14 后勤配套设施具体规模**

项目	建筑面积（平方米）	备注
员工后勤区域	1500	——
车库	4000	100个车位
设施设备用房	995	——
后勤设施小计	6495	——

设计要点及说明：

· 员工后勤区域中包括了员工更衣室、员工餐厅、各类库房和办公室，除了部分办公室外，其余设施均可以考虑放在地下层；

· 设施设备用房空间仅为预留，实际使用的面积需根据设备种类和型号方能确定；

· 车位数量目前核定为100个，均为地下，如果地面车位数量能够满足，可以适当按比例减少地下车位使用面积；

· 以上面积仅为建议，具体情况需要根据实际设计情况确定；

· 在之后的章节中，将按照以上面积为标准值进行相关测算。

二、本项目功能区面积汇总

根据各区域面积的划分，汇总后总面积如下表：

▶── 表29-15 各类功能区面积汇总

功能类型	建筑面积（平方米）	比例（%）
总面积	33 000	100.00
客房	14 571	44.15
餐饮会议	5564	16.86
康乐	5070	15.36
公共区域	1300	3.94
后勤	1500	4.55
车库	4000	12.12
设备设施	995	3.02

按照目前面积汇总后可见，本项目按照245间/套的客房规模，同时配套相应的餐饮、会议、康乐以及相关辅助设施后，其总建筑规模为33 000平方米。

说明：

· 以上面积仅为建议，具体情况需要根据实际设计情况确定。

· 在之后的章节中，将按照以上面积为标准值进行相关测算。

三、机电设施设备建议

1. 强电

主要内容为变配电、电力、照明、电气控制、防雷和接地等。

酒店供电电源是从城市电网引来的两路独立的高压电源。两路电源同时供电、同时使用、互相备用。当任一路电源损坏时，另外一路电源可以满足整个酒店所有的用电需求。当两路电源都损坏时，启动应急发电机。

设置自启动应急发电机组。应急发电机组的最大发电量应是酒店最大用电量的20%左右。当两路电源都发生故障时，柴油发电机组投入运行。从市电转成柴油发电机供电的时间要求在15秒之内。柴油机电源通过专用的应急配电装置向酒店内消防系统、消防电梯、应急照明、疏散照明等设备供电。

整个变配电系统选用一套电力管理系统（EMS），系统对整个供配电系统进行智能化管理，使整个系统更加安全可靠，同时通过它的智能化监控，使各个变电站实现无人或少人值班。

有关供电系统的工程有以下方面：动力配线工程、室内照明及灯饰安装工程（各区域照明应尽量选择暖色光源）、部分建筑物轮廓照明及灯饰工程、室外宣传广告设备安装工程、室外路灯和庭院照明以及停车场等室外照明安装工程。

防雷及接地系统：要防直接雷击、防雷电波侵入、防雷击电磁脉冲。保护接地和重复接地。提供对全部楼宇的保护，并按国家规范要求安装。

2. 弱电

程控交换机（电话）：采用独立的程控交换机电话系统。程控交换机要求具有成熟、稳定、可靠的酒店使用功能，例如计费、叫醒、分级打电话（分国际、国内、市话等）、语音信箱等。电话通信主要集中在三个功能区：电话系统、电话留言系统、电话计费系统。每个系统都应该是最先进的，并且是为酒店服务业设计的，系统之间必须是彼此相容的。建议电话机房尽量靠近前台办公室，包括传输设备室、交换机房及话务室。

移动通信信号覆盖：在大楼内设分布式移动通信中继传输系统，能有效地克服楼内屏蔽所造成的信号盲区，保证楼内各类手机（包括中国移动及联通SM/CDMA/3G系统的手机）通信时可靠的传输质量。设备由通信供应商提供。

计算机网络系统及终端配置：酒店的电脑房是整个电脑系统的主机位置所在。建议电脑机房位置与程控交换机机房相连。前台设酒店管理系统终端，该电脑系统是酒店专用系统，要求系统性能先进，管理界面清楚、成熟、稳定、可靠、功能丰富、易学易用、服务良好。要充分考虑系统的稳定性及易操作性，打印账单应有双语选择，电脑管理系统应能提供一次性总账单结账服务。需在前台客人办理入住、结账、查询的前台办公等岗位与电脑机房之间布设网络，此内网与外网分开，提高信息传送的安全性。电脑管理系统软件及设施接口包括POS机、程控交换机计费、电子门锁系统、宽带网（将上网时间计费传至酒店管理软件），也可包括停车系统。

有线宽带网和无线局域网系统：应向客房提供宽带网接入服务。本系统能为多种应用提供电脑网络支持环境，使客人充分共享各类酒店信息资源，能与外界联网。在大楼内部分特定区域设楼内无线局域网系统，保证酒店客人及酒店管理人员能方便地使用便携式电脑无线上网。

电视：电缆电视节目源接自城市电缆电视网，并设有卫星电视接收天线。酒店内电视网络设备均采用双向电视信号传输设备，电视信号由当地有线电视台引入，经电视前端设备处理后采用邻频传输方式传送到各个电视用户处。在大楼屋顶设我国收视平台鑫诺一号及VSAT等卫星接收天线各一套，用于接收CNN、HBO、ESPN、CNBC、NHK和凤凰卫视等国内外娱乐、经济、综合新闻等信号节目，经卫星前端设备处理后送至酒店电视网络中。

背景音乐及广播系统：建议在消防安保监控中心安装广播前端控制及分区话筒等设备。平时可播放背景音乐，当有紧急事故（如火灾、地震等）发生时可自动或手动分层或分区切换至紧急广播状态，以便及时疏散人群。在每一个功能区域，对于背景音乐或当地的广播音乐，均可加以选择及控制音量。在一些特殊区域则要单独设置专业广播设备。

车库自动计费系统：本系统为客人提供停车方便和安全保障，使车辆管理更完善规范。在地下车库出入口安装一套车库管理收费系统，对停车用户进行停车时间的统计和自动收费。

3. 垂直运输

客用电梯：配置客用电梯，其配置要满足每70间/套客房一部电梯。

服务电梯：服务电梯的配置要满足员工的使用需求。服务梯安装在员工后勤服务区域，可停留于酒店任何一层（特别是服务设施层及最高层），专门供进行房间服务、清洁管理和设施保养等作业的内部人员使用。

4. 给水系统

冷水供水系统：确保饮用水和烹饪用水的水质标准符合有关政府部门发布的健康标准要求。在市政管网压力允许的情况下，充分利用市政给水管网的水压，以达到节能、节电、避免二次污染的目的。其余生活用水采用贮水箱-变频给水加压泵组的供水方式：自来水从城市给水管网引入，进生活贮水箱，经变频给水加压泵组提升输送至各用水点。水箱采用优质不锈钢装配式制品，并配设二次供水消毒设备。

热水供水系统：采用中央热水系统。采用锅炉提供的蒸汽系统制备热水，集中供给各用热水点，并设有热水回水泵机械循环，以保证供水温度。

5. 排水系统

雨水接收排放系统：提供完整的雨水排放系统。屋面雨水经收集、初期弃流后，通过混凝、沉淀、过滤、消毒等处理后注入雨水利用池，并把收集的空调机冷凝水和地下水直接注入雨水利用池，由水泵加压，用作道路冲洗和绿化浇洒用水。

大楼使用的排水系统：污废水系统分流。提供具有完整透气系统的生活污水及废水管道系统。厨房排水经隔油池处理后，与粪便污水汇集，排入三级化粪池，经化粪池处理后再排入市政污水系统。根据国家环保法律，所排放的污水必须经过处理达到指标才能排放；或根据当地实际情况接入当地市政污水管道，送到城市污水处理厂处理达标后再外排。

中水系统：通过安全、可靠的中水收集利用系统，实现废水资源化；用生态处理方式，对酒店所排废水进行再生处理，并高效、合理地回用。

6. 空调

采用中央空调系统方式，空调水系统采用冷、热双管制系统；暖通空调内容包括冷、热源系统，空调系统，通风系统和防、排烟系统。

冷源：由双工况电制冷冷水机组与冰蓄冷装置组成。

热源：空调用热源利用锅炉产生的蒸汽或热水经换热器换热而得。

末端的风机盘管要设配合风机盘管的电动二通阀、温控开关和风机三速开关。各空气处理机（风柜）设温度传感器、温度控制器及比例式电动调节阀，保证其输出的冷量与负荷值相匹配。

空调水处理不当是引致冷冻水、冷却水及热水系统管道损坏及热交换率降低的主要原因，需要设置有效的空调水处理设备。

7. 消防及保安

酒店消防的整体设计应遵循《中华人民共和国高层民用建筑设计防火规范》等有关的国家规范、标准、规定，施工完毕后须由政府部门验收。酒店消防系统的项目大致包括：

消防安保控制中心，位置在首层，可直通室外，方便紧急状况下的使用。

火灾报警及联动控制系统。

自动喷淋及水幕系统。

消防栓水消防系统、消防报警电话、排风、排烟、增压风机系统。

消防水池。

气体灭火系统：气体灭火系统专门设置于发电机房、变压器室、开关室、计算机主机房、总机房、消防安保控制中心室等一些不能用水或其他材料灭火的重要设备室。

监控中心和监控系统：监控系统的设计安装应遵循有关的国家规范、标准、规定，适合酒店经营的具体要求。监控中心和监控系统的中央处理器、电脑硬盘录像机、视频自动切换器等设备一般设置在首层的消防安保控制中心，各监控摄像机安装在大楼内各主要出入口、重要通道、地下车库及电梯轿厢等处，对各处监视点的场面进行监视观察，可随时对各种情况进行录像存档。保证有充足并且先进的电脑硬盘刻录录像，并可保留影像至少一个月；数字系统图像资料存储方便，回放清晰；监控中心采用统一的工作平台将监控、报警集成。

入侵报警系统：在酒店各主要出入口、前台收银处、贵重物品库房、财务出纳室和重要机房等处安装各自相应的手动或脚踏报警按钮、门磁报警器等，报警信号传送至消防安保控制中心，并与电视监控设备联动，显示报警区域、报警时间，自动记录、保存报警信息，以保障客人的人身及财产安全。

保安巡更系统：该系统专门供保安部人员巡视酒店各区域所用；在大楼内各层电梯厅、楼梯处、车库等场所均设置巡更记录点，可控制保安人员在巡视过程中必须到达指定的地点；电子巡更系统管理主机设置在消防安保控制中心；各巡更点采用有线非接触式IC卡或无线方式记录。

双向无线对讲系统：该系统是多频率双向无线电对讲系统；可设置一套双向中继台对讲主机装置，

主机设备设在消防安保控制中心。

8. 其他建议

电子门锁：选择稳定、可靠、安全的系统。IC卡是可监控的，至少有150次开门记录；匙卡除开房门外还应兼有确认客人身份、客人在酒店及其配套设施刷卡消费并实时转入客人账户等功能；门锁系统的管理主机设置在前厅的接待台。要求智能卡设置的管理卡自身具有备电功能，满足断电使用功能的完整，要求智能卡门锁具有极高的时钟准确度，保证所有数据的真实可靠；要求管理软件操作简单；支持门禁系统，在主要通道、出入口和电梯内安装刷卡装置。

游泳池：应靠近康体中心，可单独设立男女更衣室、淋浴室、厕所等，也可与康体中心共用；游泳池必须具有循环净水和消毒设备；游泳池池壁及池底应光洁不渗水，呈浅色；池外走道不滑，易于冲刷，走道外缘设排水沟，污水排入下水道，通往游泳池走道中间应设强制通过式的浸脚消毒池。

健身设施：采用符合高档次酒店要求的器材，建议关键器材使用进口产品，如跑步机。

其他系统还包括：锅炉及其蒸汽、凝结水系统；中、低压天然气供应系统；能源综合管理系统，以计量酒店的水、电、燃气的用量。

四、环保节能建议

"绿色、节能、环保"应是本建筑绿色设计的宗旨，通过朴素而有效的技术手段，对能源和水消耗、室内空气质量和再生材料的使用等多方面进行控制，使酒店成为真正意义上的绿色建筑。

有关节能方面的意见和建议如下：

1. 建筑

增加围护结构热阻，建筑外墙系统采用环保节能幕墙系统。恰当使用Low-E（低辐射）玻璃，采用遮阳技术，以节省空调能耗。另可采用"双层皮"玻璃幕墙。

注重自然采光和通风。自然采光是经济而有效的节能方式，设计通过合理的形态处理，使大部分的功能空间都获得了良好的自然采光；遮阳系统可以阻挡一部分直射的阳光，减少过多的热量进入室内，既减少能耗，又创造了舒适的室内外环境。

2. 空调

冷水机组、水泵、风机等用电设备采用高效、节能产品；系统配件与材料采用环保、绿色产品。

空调冷却水循环使用，选用飘水量小、省电型冷却塔。

采用变风量空调系统，提高系统运行的节能潜力，改善环境的热舒适性。

空调冷水系统采用大温差系统，在输送同样的冷量时，减少了水泵输送能量；春秋两季尽可能利用室外空气进行自然通风,降低能耗,提高舒适度。

空调凝结水经收集后,用作道路冲洗和绿化浇洒用水。

3. 水

尽量利用城市自来水管网的供水压力直接供水。优化用能系统,合理设计供水压力,避免供水压力持续升高或压力骤变。

合理选择用能设备与产品,使设备在高效区工作,降低能耗。例如,选用高效、节能型水泵等产品。尽可能采用变频调速技术,根据负荷变化调节用能等。

选用贮热节能型热交换器产品,控制热水供水温度不高于60℃,并根据热水需求情况和系统水温对热水循环泵进行自动控制,确保节能运行。

合理应用太阳能等可再生能源,利用太阳能制备的热水量占生活热水消耗量的25%以上;对热水系统所有管道均加以保温,管道的绝热层厚度根据计算确定以符合绝热和节能要求。

采用分质供水,提高用水效率,生活用水、景观用水和绿化用水按用水水质要求分别提供。

选用节水型卫生洁具及配件;选用优质、可靠、性能高的阀门及配件。

4. 电

设置楼宇自动化管理系统(BAS),对各种智能建筑内所属各类设备的运行、安全状况、能源使用和管理等实行自动监测、控制与管理。

设置太阳能光伏发电系统,将太阳能转化成电能用于室内外照明。

采用智能照明节能控制系统,采用节能型照明器具。

采用性能先进的电气节能设备:采用低损耗、低噪音、标准化、小型化、智能化、少维护、环保型、节能型的性能价格比高的电气设备。

上述意见和建议还需业主与建筑设计师、各专业顾问和工程师根据当地情况探讨实施的可行性。

····················· 第七部分 ·····················

财务分析与经济评价

依据前面章节的项目市场定位及功能布局，本章节将对本项目的投资进行估算，并预测项目开业后十年的经营情况，同时利用项目收益法预测项目十年后的变现价值。最后根据以上数据结果评价项目经营成果，并计算项目整体现金流，对项目投资的经济效益进行分析与风险评价，进一步论证本项目作为五星级酒店开发经营的可行性。

一、基本经济指标

根据前期市场研究与酒店定位得出本项目基本经济指标如表29–15所示，总建筑面积为33 000平方米，其中客房建筑面积为14 571平方米，餐饮会议建筑面积为5564平方米，康乐设施建筑面积为5070平方米，公共区域建筑面积为1300平方米，后勤区域建筑面积为1500平方米，车库建筑面积为4000平方米，设备设施建筑面积为995平方米。

二、工程建设周期

本项目目前地块已经平整完毕，正处于前期策划与制定方案阶段，考虑本项目规模及酒店开业前需要一定的筹备期等，本项目于2014年初可正式开业。项目开发期包括策划、设计、建设、开业筹备等周期，共计2.5年。

三、资金使用计划

本项目资金运转主要分为三大阶段：第一阶段为项目开发期的资金投入，第二阶段为项目经营期产生的现金净流量, 第三阶段为项目出售资金流的回收, 即资产的变现价值。以下将分不同阶段估算与预测本项目开发所引起的资金运转情况。

1. 总投资成本估算

项目总投资是指在开发期内完成本项目开发建设至项目正式开业前所需投入的各项费用, 本项目土地成本经委托方通知可以忽略不计, 项目包括建安成本及费用、酒店开业筹备期费用等投资, 共计约2.61亿。其中:

(1) 建安成本及费用

依据估算, 项目工程建安成本及费用包括项目建筑主体及外装成本 (2100元/米^2)、机电工程 (1835元/米^2)、室外工程、辅助设备、内部装饰 (含活动家具、家电等2520元/米^2)、不可预见费用 (按项目工程建设成本的5%计列) 及其他建设费用 (包括设计、招投标、前期工作、工程监理、配套和增容等其他费用, 按建筑工程费的10%计列), 本项目的工程单位成本为7455元/米^2, 建安成本及费用共计24 600万元。

(2) 酒店开业筹备期费用

在一家酒店开业之前筹备期的花费, 通常被称为前期开办费用, 五星级酒店项目预计开业筹备期为6个月; 同时依照以前章节对本项目功能布局的估算, 除工程投资以外的开业前期费用, 包括营运物资采购费用、筹备期人员成本、财务与行政费用、市场推广费用、开业前清洁费用及不可预见费用等共计1495万元。

▶━ 表29-16 酒店开业筹备期费用

序号	项目	总投资 (万元)	所占比例
1	建安成本及费用	24 600	94.3%
1.1	建筑主体及外装成本	6930	26.6%
	地上结构工程	3960	——
	二次结构工程及初步装修	1320	——
	幕墙及外墙装修	1650	——
1.2	机电工程	6054	23.2%
	暖通、空调及通风工程	1980	——
	变配电和公共照明工程	1320	——
	给排水、中央热水系统工程	660	——

续表

序号	项目	总投资（万元）	所占比例
	弱电、通信、自动管理工程	660	——
	消防工程	594	——
	电梯	240	——
	后备发电机工程（含供油系统）	200	——
	其他工程	400	——
1.3	室外工程	300	1.1%
1.4	内部装饰（含活动家具、家电）★	7015	26.9%
	公共区域	650	——
	客房区域	3643	——
	餐饮区域	540	——
	会议区域	687	——
	康体娱乐区域	754	——
	后勤及厨房区域	201	——
	设备设施/车库区域	150	——
	SPA区域	390	——
1.5	辅助设备	1000	3.8%
	厨房及酒吧设备	500	——
	会议设备	200	——
	康体娱乐设备	250	——
	洗衣设备	50	——
1.6	不可预见费用（以上5项之和，为5%）	1065	4.1%
1.7	其他建设费用（以上6项之和，为10%）	2236	8.6%
2	开业筹备期费用	1495	5.7%

续 表

序号	项目	总投资（万元）	所占比例
2.1	营运物资采购费用	800	——
2.2	筹备期人员薪金与福利	325	——
2.3	财务与行政费用	100	——
2.4	市场推广费用	150	——
2.5	开业清洁费用	20	——
2.6	不可预见费用	100	——
	项目总投资合计	26 095	100%

★ 内部装饰各区域单位成本按照区域建筑面积计列，其他各项单位成本按总建筑面积计列。

2. 项目经营期预测

考虑本项目目前进展、项目成交后工程进度及开业前筹备阶段的时间等因素，预计本项目开业的时间为2014年初，以下对本项目开业后的经营情况进行了预测。

依据前章节对酒店市场经营情况的分析与预测可知，2014年项目开业时胶州酒店市场的平均价格在450~500元，市场平均入住率能够达到60%左右。

以目前区域市场特征结合2014年整体市场预测，本项目为目的性消费场所，竞争力较强，根据本项目不同客房类型综合计算后得出，平均房价为472元/间套；考虑到酒店经营需要一定的客源储备期，保守估计首年出租率略低于市场水平，为58%，经营稳定期出租率为68%。

▶── 表29-17 项目经营期预测

客房类型	豪华房	商务套房	豪华套房	豪华行政房
客房尺寸（平方米）	40	60	80	40
房间数量（间/套）	175	10	5	55
可供出租房（间/套）	175	10	5	55
出租率（%）	60%	50%	50%	55%
出租房数（间/套）	105	5	3	30
平均房价（元/天/间套）	450	680	880	480
每日收入合计（元）	47 250	3400	2640	14 400

根据本项目的功能划分，结合目前国际管理五星级酒店的经营情况对本项目客房、餐饮、辅助及租赁收入进行了详细的预测和经营成本费用分析，并综合考虑通货膨胀因素对未来十年的经营收入与成本的影响进行了预测；

详见附件：ZX胶州少海酒店项目十年经营预测

据预测与估算，项目十年经营期的资金运用如下所示：

▶━━ 表29-18 项目十年经营期资金运用

单位：万元

──	2014年	2015年	2016年	2017年	2018年	2019年	2020年	2021年	2022年	2023年
1.资金来源										
1.1客房收入	2459	2759	3045	3286	3502	3677	3871	4054	4257	4469
1.2餐饮收入	2244	2356	2474	2598	2728	2864	3007	3157	3315	3481
1.3辅助部门收入	258	271	284	299	314	329	346	363	381	400
资金来源合计	4961	5386	5803	6183	6544	6870	7224	7574	7953	8350
2.资金使用										
2.1营运成本及费用	2086	2210	2335	2456	2580	2702	2831	2963	3103	3250
2.2不可分配费用	1627	1704	1781	1849	1951	2093	2197	2300	2411	2527
2.3固定费用	250	250	250	250	250	250	250	250	250	250
资金使用合计	3963	4164	4366	4555	4781	5045	5278	5513	5764	6027
3.资金净额	998	1222	1437	1628	1763	1825	1946	2061	2189	2323

3. 十年后项目变现价值预测

依据项目十年期经营预测及项目后期收益4%的平均增长比率可得出本项目第十一年的息税折旧摊销前利润（EBITDA）为2085万元，将通过项目收益法预测第十年底项目的变现价值和资金净流入，便于进一步估算项目整体投资收益。

▶── 表29-19 十年后项目变现价值预测

项目	数值	备注
第十一年EBITDA	2085万元	——
资产本化率	7.5%	行业平均利润水平
年增长率	4%	经营后期平均增长率
折现系数	17.26万元	——
出售价值	35 998万元	10 908元/米^2
减：出售成本	——	
佣金成本	360万元	售价的1%
税金成本	5417万元	相关流转税、土地增值税
出售净收入	30 221万元	——
减：资产处置所得税	1133万元	——
项目出售净资金流入	29 088万元	——

四、收益分析与风险评价

依据上一章节的项目十年经营期预测，本项目经营稳定期经营毛利润（GOP）可达30%左右，基本达到同价位国际五星级酒店的收益率标准，以下将分别通过动静态指标分析，评价本项目的经济效益。

1. 静态分析指标与评价——投资利润率与回收期

静态指标值是在不考虑资金时间价值的情况下来衡量项目盈利能力的一种指标值。在大中型投资项目的投资机会研究或初步可行性分析阶段，有较多应用。

静态指标的计算一般通过损益表来进行。它们反映了本项目在开发经营期的利润总额、所得税及税后利润的分配情况。结合本项目规模的实际情况，选择投资利润率及回收期这两个静态指标来分析较为合适。

▶── 表29-20 项目损益表

序号	项目	数值
1	收入	
1.1	项目十年期经营收入	66 849万元
1.2	项目十年后出售收入	35 998万元
	小计	102 847万元
2	成本	——
2.1	项目开发投资成本	26 099万元
2.2	项目经营成本	49 453万元
2.3	项目销售成本	5777万元
	小计	81 329万元
3	税前利润	21 518万元
4	所得税	1133万元
5	所得税后利润	20 385万元
6	投资利润率	7.81%
7	投资回收期	15年

　　投资利润率主要用来评价项目的获利水平，是项目年投资利润与总投资额的比值；目前国际五星级酒店行业平均年收益水平为7%~8%；经测算，本项目的税后投资利润率为7.81%，税后纯利润为20 385万元，与行业平均水平相当。

　　投资回收期主要衡量项目投入资金的回收情况；目前国际五星级酒店行业平均回收期为12~18年；经测算，本项目投资回收期为15年，符合行业平均水平。

　　综合以上静态分析，本项目无论是投资利润率还是投资回收期两个静态指标都能够达到行业平均水平，本项目的投资利润率略高于同期银行贷款利率，即从静态上看，本项目投资从财务分析角度是可接受的。

2. 动态分析指标与评价——财务净现值与内部收益率

　　动态分析指标采用了折现现金流量的方法，考虑了货币的时间价值，能够如实地反映资金实际运用情况和全面体现项目整个寿命期内的经济活动和经济效益，其主要分析指标有财务净现值、财务内部收益率。

财务净现值（FNPV）是按事先规定的基准贴现率将计算期内各年净现金流量折现到建设初期的现值之和，是考察项目在计算期内盈利的动态评价指标。FNPV大于或等于零时，表明该项目在财务上是可以接受的，其值越大越好；当FNPV小于零时，表明该项目在财务上是不可接受的。

财务内部收益率（FIRR）反映了项目建设和经营期内各年费用与效益相抵后的净投资报酬率，即指项目在投资期内净现值等于零的贴现率。当财务内部收益率大于基准收益率时，则认为其盈利能力已满足最低要求。同时，财务内部收益率可以衡量投资项目所能承担的最高融资成本。投资项目的内部收益率越高，投资项目所能承受的融资成本就越高，投资风险就越小。

在本报告对项目的评价中，因项目资金全部为自有资金投入，选取同期银行存款利率5.25%为年基准贴现率，从现金流量表中可以计算出，项目的财务净现值为2469万元，大于零，即说明项目在财务上是可以接受的。

从现金流量表中计算得出，本项目财务内部收益率为6.47%，高于5.25%的基准收益率，说明项目收益略高于同期存款利率，但是项目收益水平低于同期银行贷款利率，融资风险较大。

▶── 表29-21 项目现金流量表

项目 ＼ 年份	2014	2015	2016	2017	2018	2019	2020	2021	2022	2023
现金净流入										
经营现金净流入	998	1124	1276	1395	1515	1564	1672	1773	1886	2005
十年后变现净值					29 088					
合计	998	1124	1276	1395	1515	1564	1672	1773	1886	31 093
期初现金流出										
第0期开发投资					26 095					
净现值（FNPV, i=5.25%）					24 69					
内部收益率（FIRR）					6.47%					

五、不确定性分析

经济评价所采用的数据有一部分是来自于对未来情况的预测和估算，由于无法准确预测各种数据的未来状态，也不能精确地控制它们的未来预期变动，这就使得这些数据计算出的经济评价指标不可避免地存在一定的不可确定性，这些不确定性可能给投资项目带来风险。

本节即通过分析不确定性因素对项目可能造成的影响，探讨可能出现的风险，进一步确认本项目投资在财务、经济上的可行性，不确定性分析的主要方法为敏感性分析法。

本项目作为国际五星级酒店经营，平均房价和出租率综合影响客房的租金收入，项目建设成本及费用的高低将直接影响投资成本。

将客房租金收入定为−10%~10%，建安成本为−10%~10%。当这两种因素分别在发生变化时，对酒店收益产生的影响对比分析如下：

▶── 表29-22 不确定分析

建安成本 \ 客房收入 FIRR	−10%	−5%	0	5%	10%
−10%	6.58%	7.09%	7.59%	8.05%	8.52%
−5%	6.02%	6.52%	7.01%	7.47%	7.92%
0	5.51%	5.99%	6.47%	6.92%	7.35%
5%	5.03%	5.5%	5.96%	6.41%	6.83%
10%	4.58%	5.04%	5.49%	5.94%	6.34%

从上表可以看出：

在大部分变动区域，本项目投资都可达到5.25%的基准收益率，只有在建安成本增长10%、客房收入降低至5%~10%，或建安成本增长5%、客房收入降低10%时，才出现小于基准收益率的水平。

本项目投资低于6.8%的同期银行贷款利率的变动区域占60%，也就是说本项目投资如全部为自有资金，尚可维持，一旦有银行贷款介入，必将承担较大的财务风险。

项目投资收益的变动幅度大于关键因素变动幅度，项目抵抗风险能力不强。

项目建安成本变化对收益的影响要大于客房租金收入变化对收益的影响，因此从项目投资收益角度来说应严格控制投资成本，同时应加强项目未来的运营管理能力，尽可能提高运营收入。

第八部分

综合结论与建议

一、综合结论

从本项目所处的市场环境来看，在青岛胶州少海新城区域投资建设高端酒店的条件已经具备。为获得投资回报的安全保障以及理想的投资收益，本项目需要对建设期的投资规模、投资进度做出合理的安排和控制。在经营期，还要求管理团队采取一定程度的差异化、特色化策略，防范由于当地酒店供应增加所引起的同业同质竞争及对经营效益带来的消极影响。

从本项目的财务分析和经济评价来看，当项目整体规模控制在33 000平方米的情况下，需投资约2.61亿元人民币。其静态投资分析显示，本项目税后投资利润率为7.81%，静态投资回收期为15年，从财务角度来看是可以接受的。同时，该指标也符合目前行业的平均水平。从动态投资分析中可知，本项目财务净现值为2469万元，大于零，说明本项目在财务角度也是可以接受的。通过现金流量的测算得出，本项目财务内部收益率（FIRR）为6.47%，高于同期银行存款5.25%的基准收益率。本项目收益水平高于同期存款利率，但低于同期银行贷款利率，具有一定的融资风险。

综上可见，在青岛胶州少海新城区域投资高端酒店项目基本可行，但存在一定的融资风险。

如果从项目整体开发的角度来衡量，投资方将酒店项目作为整体开发项目的一个组成部分进行投资收益综合测算的话，其风险应能得到有效的分散。同时，酒店项目引进的国际酒店管理公司及其品牌，对于整体项目的市场形象和定位都会起到重要的提升作用。

二、分期开发建议

按照胶州市政府的规划，ZX度假酒店项目总规模应为建筑面积45 000平方米。从市场分析、规模论证和财务分析等方面综合考虑，认为本项目暂不适合一次性投入45 000平方米的规模和体量。根据测算，本项目初期投入33 000平方米较为适合。另外12 000平方米，可作为酒店项目的第二期，建议投资方根据未来市场的变化，择取适当时机再行投入。

在本报告前述"经营特色建议"内容中提及的关于女性美容、塑型、孕产期养护等经营项目，可以考虑与第二期面积（12 000平方米）开发相结合，开辟此类专业服务机构的经营活动场所或培训中心。投资方应力求在打造一批特色专业服务经营项目的同时，与第一期的酒店经营形成互动。酒店着重开发为会议、培训、论坛的活动场所，而专业机构则为酒店补充特色客源。

由于此类专业机构具有独特的场地要求标准，在建筑格局及职能区域面积划分方面，建议委托方与专业服务机构充分沟通，共同开发，合作经营，这样既能保证专业化标准，亦能有效控制成本。

三、其他建议

根据财务分析，本项目在若干主要投资分析指标中已基本达到行业平均水平，但在以投资回报率比对同期银行贷款利率时显示出弱势。本项目的资金运作宜通盘考虑，其酒店部分投资必须控制融资成本；在建安成本投入和控制较为合理的情况下，在项目的建设期内，主要以自有资金投入项目建设。对于部分的、短期的项目融资情况，应充分考虑资金成本对本项目投资回报方面所带来的影响，以期在合理的财务杠杆作用下，提高股权投资收益水平，规避资金成本风险。